衡阳市蒸湘区志

（2001—2012）

衡阳市蒸湘区志编纂委员会 编

方志出版社
Publishing House of Local Records

图书在版编目（CIP）数据

衡阳市蒸湘区志. 2001—2012 / 衡阳市蒸湘区志编纂委员会编. —北京：方志出版社，2017.12
ISBN 978-7-5144-2647-2

Ⅰ. ①衡… Ⅱ. ①衡… Ⅲ. ①区（城市）—地方志—衡阳—2001—2012 Ⅳ. ①K296.44

中国版本图书馆CIP数据核字（2017）第273601号

衡阳市蒸湘区志（2001—2012）

编　　者：衡阳市蒸湘区志编纂委员会
责任编辑：顾　洁

出 版 人：冀祥德
出 版 者：方 志 出 版 社
地址　北京市朝阳区潘家园东里9号（国家方志馆4层）
邮编　100021
网址　http://www.fzph.org
发　　行：方志出版社发行中心
电话（010）67110500
经　　销：各地新华书店
印　　刷：深圳市新联美术印刷有限公司

开　　本：889 × 1194　1/16
印　　张：36.5
字　　数：1209千字
版　　次：2017年12月第1版　2017年12月第1次印刷
印　　数：0001 ~ 1000册

ISBN 978-7-5144-2647-2　定价：360.00元

《衡阳市蒸湘区志(2001—2012)》编纂委员会

2010.6—2012.2

2012.3—2013.12

2013.12—2016.8

《衡阳市蒸湘区志(2001—2012)》编辑部人员

主　　编　贺湘涛

副主编　谢鸿飞　　　龙睦刁

编　　辑　蔡　源

衡阳市地方志办公室审稿人员

杨伟东　　肖　泓　　胡朝伟　　蒋大英　　阙小兰(女)

周嘉晖(女)　申沁生

湖南省地方志编纂委员会终审验收人员

易介南　　邓建平　　陆清华(女)　杨　帆(女)　李章进

序（一）

“盛世修志”，自古亦然。“资治、教化、存史”，是前人对志书功能的精辟概括；“治天下者以史为鉴，治郡国者以志为鉴”，是前人治国安邦的经验之谈。在现代，“编纂社会主义新方志，是两个文明建设的组成部分，是社会主义建设的系统工程，是承上启下，继往开来，服务当代，有益后代的千秋大业”。①

《衡阳市蒸湘区志（2001—2012）》（以下简称《蒸湘区志》），在区委、区政府重视主持与省、市地方志工作部门的热心指导下，经编纂人员辛勤劳动，五易春秋，六改其稿，终成定稿，出版成书。这是全区人民生活中的一件大事，是社会主义精神文明建设的一项重大成果，可喜可贺！在这里，谨向全体编纂人员表示衷心感谢和崇高敬意！

岁月不断更新，往事值得追溯。蒸湘区自2001年4月成立以来，区委、区政府带领全区人民团结奋斗，锐意进取，在101平方公里的土地上，经过12年的艰苦努力，绘制出一幅又一幅新图。人民的业绩，必须载入史册；蒸湘风貌，应该全面展现。《蒸湘区志》以毛泽东思想、邓小平理论、“三个代表”重要思想和科学发展观为指导，全面、客观、准确地记述了全区山水人文、经济政治、民主法治、社会事业、文化生活等方方面面的情况，特别是重点记述了全区人民坚持以经济建设为中心，以改革开放为动力，以加快发展为目标，解放思想，实事求是，开拓创新，与时俱进，促进全区经济建设和社会发展所取得的成就与经验。这是全区人民实践活动的真实记载，是领导机关制订决策的客观依据，是干部群众创新思维的知识平台，是部门单位信息交流的传播媒介，是党团组织宣传教育的生动教材。

承前旨在启后，继往为了开来。我们真诚希望全区人民，特别是广大党员、干部，都要认真读志、用志，以志为鉴，扬长避短，再接再厉，勇往直前，为“富民强区”、建设“山水宜居新城”，谱写壮丽诗篇。

中共蒸湘区委书记　周玉梅

蒸湘区人民政府区长　林喜洋

2016年12月28日

---

① 1987年5月26日，江泽民同志在上海地方志编纂委员会成立大会上的讲话。

序（二）

《衡阳市蒸湘区志》的编纂工作，在区委、区政府的主持下，于2016年8月经湖南省和衡阳市方志部门审查批准出版。2017年8月，根据方志出版社的指导意见，对稿件再一次作了部分修改和补充。历经反复打磨、力求承前启后、继往开来，鉴古知今、服务当代，是一项十分艰巨而浩大的文化建设工程。该书于2019年9月出版发行，是一件值得庆贺的大事、喜事。

蒸湘区是2001年新成立的行政区。成立之初基础差、底子薄、负担重。区委、区政府充分发掘区位优势，科学定位发展方向，领导全区人民团结奋斗，敢为人先，不断进取，在建区后短短的十几年内，实现了现代农业稳步推进，新型工业节节攀升，商贸物流兴旺发达，科教文卫全面发展，财政税收快速增长，城市建设日新月异的巨大变化，跻身于全国科普示范区、全国义务教育均衡发展区、湖南省全面建成小康社会达标县市区、全省落实开放崛起等改革措施成效明显区、“全省加快推进新型工业化”红旗单位、湖南省书画之乡行列。

“记述往绩，昭示来兹”。《衡阳市蒸湘区志》客观地记述了区域内地理、人口、经济、文化等概况，全面地反映了全区社会发展、基础设施、特色地情，可谓“集大成于一体，纳百业于一册”，为社会各界了解、研究蒸湘区提供了较为权威的资料，为后世垂鉴提供了宝贵的教材。时值全区人民以习近平新时代中国特色社会主义思想为指导，全面贯彻落实党的十九大和十九届二、三中全会精神，推进“实力蒸湘、魅力蒸湘、活力蒸湘”建设之际，全区人民，特别是广大党员、干部要重视读志、用志；以志为鉴，总结经验、扬长避短，兴利除弊；以坚如磐石的信心，只争朝夕的劲头，坚毅不拔的毅力，努力建设最美城区。

是为序。

中共蒸湘区委书记　周法清

蒸湘区人民政府区长　袁谷平

2019年9月

衡阳市蒸湘区成立揭牌仪式

HENG YANG SHI ZHENG XIANG QU CHENG LI JIE PAI YI SHI

蒸湘区成立
揭牌仪式盛况
（2001年5月28日）

区直机关大院

QU ZHI JI GUAN DA YUAN

2009年10月之前坐落在莲湖路的蒸湘区机关大院（原郊区机关大院）

2009年10月之后坐落在船山大道的蒸湘区机关大院

市公安局蒸湘分局

区人民检察院

区人民法院

蒸湘区民政局

蒸湘区环境卫生管理局
蒸湘区城市管理执法局

蒸湘区教育文化体育局

乡镇机关和街道办事处

XIANG ZHEN JI GUAN HE JIE DAO BAN SHI CHU

长湖乡人民政府

雨母山乡人民政府

呆鹰岭镇人民政府

蒸湘街道办事处

红湘街道办事处

华兴街道办事处

联合街道办事处

部分村、社区办公楼

BU FEN CUN SHE QU BAN GONG LOU

①②③
④
⑤⑥

① 长湖乡立新二社区
② 联合街道幸福社区
③ 红湘街道联合新村社区
④ 长湖乡廖家湾社区
⑤ 呆鹰岭镇振兴村
⑥ 呆鹰岭镇中平村

雨母山乡东阳村

雨母山乡青松村

雨母山乡二塘村

雨母山乡灵山村

辖区内部分重点单位

XIA QU NEI BU FEN ZHONG DIAN DAN WEI

中共衡阳市委办公大楼

衡阳市人民政府办公大楼

衡阳华菱钢管有限公司

华新高新技术产业开发区管委会

中国人民银行衡阳市中心支行

南华大学

农村·农业

NONG CUN NONG YE

东阳铺小镇

春怡山庄

王乙皂小区

呆鹰岭镇高岭村农村别墅

雨母山乡东阳村罗家大屋组

雨母山乡竹雅村民居

雨母山乡灵山村文化广场

雨母山乡东阳村蘑菇基地

农村饮水安全工程——雨母水厂

呆鹰岭镇振兴村农家沼气池

雨母山乡群胜村个体养猪场

雨母山“百万花海”

雨母山乡灵山村蔬菜大棚

雨母山乡湘桂村葡萄基地

呆鹰岭镇鸡市村草莓基地

雨母山乡雨母村连片鱼塘

工业生产

GONG YE SHENG CHAN

衡阳钢管深加工产业园

呆鹰岭中小企业创业园

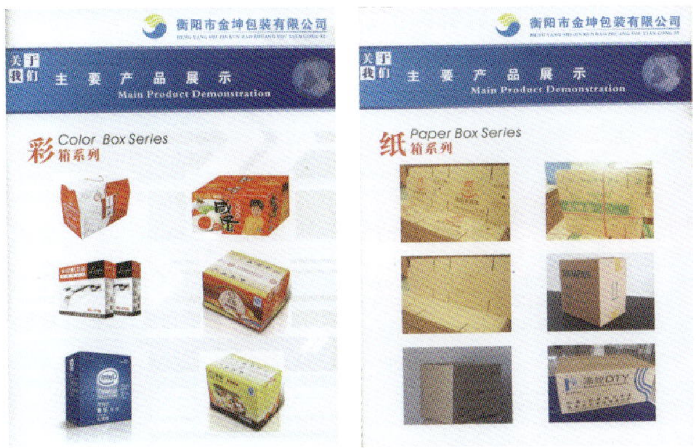

金坤包装厂彩箱系列产品

鸿菱石油管材

衡阳市良源机电设备有限公司（新界泵业）

衡阳市穗丰农机责任有限公司

湘变电工变压器厂产品系列

铭艺特种钢化玻璃厂产品系列

厨房设备酒店用品总汇

衡阳市银利实业有限公司

越高饲料厂

商贸服务

SHANG NAO FU WU

① 崇盛·晶珠广场
② 生源百货衡钢店
③ 鸿运数码广场
④ 香江百货
⑤ 步步高百货

生源百货
SHENG YUAN SUPERMARKET
出口/EXIT
入口/ENTER
生源衡钢店

鸿运数码

KFC

KFC

步步高百货
BETTER LIFE MALL

①

② ③

① 衡阳中心汽车站
② 华新汽车客运站
③ 衡钢鸿华物流公司

杨柳汽车贸易街区

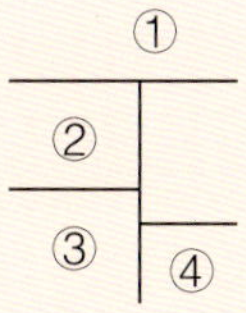

① 泰阳电器城营业厅
② 兴雁农贸市场
③ 衡阳市宏诚投资咨询有限公司
④ 腾跃工艺厂手工制作产品

林隐假日大酒店

神龙大酒店

布衣食代同新酒店

城市建设

CHENG SHI JIAN SHE

蔡伦大道

蒸湘夜景

愉景新城

冠都现代城

蒸湘雅郡

融冠·水映豪庭

金河湾1881

长湖乡大立安置小区

立新二社区

雨母山乡群胜村移民户住房

雨母山乡梓木村移民户住房

衡阳市弘辰房地产有限公司

湖南长坤建设有限公司

西站正街（局部）改造前后对比

建筑工地上的文化艺术围墙

教 育

JIAO YU

湖南交通工程学院

蒸湘中学

蒸湘区实验小学

蒸湘实验小学大立校区

长湖乡立新小学

蒸湘南路小学

蒸湘区清华园小学

蒸湘区愉景新城小学

都市村庄幼儿园

广东英豪衡阳幼儿园

蒸湘区实验小学文化墙

蒸湘区实验小学组织学生课外活动

清华园小学课外活动

蒸湘区社区学院传统国学教育

区关工委在西站路小学举办的"美丽中国·我的中国梦"演讲比赛

西站路小学学生参观蔬菜基地

学生体验交通指挥

衡钢小学武术社团训练剪影

立新小学有趣的亲子活动

文　化

WEN　HUA

雨母山艺术家部落

老年生活的“俏”模样

群众文化

歌舞表演进农村

衡阳市杂技团表演的柔术

1995年，衡阳市杂技团荣获“全国文化先进集体”称号

大雁腾飞

衡阳市歌舞剧团京歌演唱·贵妃醉酒

体　育

TI　YU

① 广场舞比赛

② 参加市九运会的蒸湘区代表团

自行车比赛

“雨母绿道”上的山地车赛

全民健身活动

全民健身日展示活动

卫 生

WEI SHENG

蒸湘区人民医院

区疾控中心

雅美医疗美容医院

雨母山乡卫生院

区妇幼保健院

蒸湘街道社区卫生服务中心

船山医院

消防灭火训练

民兵高炮训练

小学生应急疏散演练

社会事业

SHE HUI SHI YE

区委召开老干部座谈会

“爱心妈妈”关爱留守儿童结对帮扶活动推进会

举办创业、技能培训班

爱心企业为100位
老人送上新年礼包

劳动保障法律法规宣传活动

人才现场招聘会

举办“科技活动周”

举办“安全生产月”宣传活动

食品安全进校园暨告别“三无食品”集体签名活动

食品辨真伪咨询服务

开展“6·9”国际档案日活动

烟花爆竹执法行动

罗运京老人艺术人生档案

人文自然景观

REN WEN ZI RAN JING GUAN

帝喾祠

陆氏宗祠

陆家新屋

周子祠

①

② ③

① 谢彬墓

②③ 雁雨寺

赤松观

太虚圣境

飞 来 石

雨母山张公庙

呆鹰岭高岭寺

国防教育广场

衡阳市奇石文化博物馆

延安路大桥（合创大桥）夜景图

生态公园

船山公园

公园音乐喷泉

平湖公园

区委区政府召开座谈会，听取原区委、区人大、区政府、区政协主要领导对《蒸湘区志》的评审意见

参加《蒸湘区志（2001—2012）》评审会议人员合影

凡　例

一、《衡阳市蒸湘区志》以马克思列宁主义、毛泽东思想、邓小平理论、“三个代表”重要思想、科学发展观为指导，贯彻落实习近平总书记系列重要讲话精神和治国理政新思想新战略，坚持辩证唯物主义和历史唯物主义的观点和方法，实事求是地记述境内自然、经济、政治、文化、社会生活等各个方面的历史与现状，力求反映区情特色，体现时代特征。

二、本志为第一部《衡阳市蒸湘区志》，上限起于2001年衡阳市蒸湘区成立，下限止于2012年。为了记事的连续性和完整性，部分内容记述时间适当上溯和下延，照片下延至2015年。

三、本志由总述、大事记、专志、人物、丛录等组成，以专志为主。专志设篇、章、节、目4个层次，计24篇、92章、362节。鉴于部分事业由衡阳市直属单位管理，如邮政、电信、电力、粮食、规划、建筑、医药，故本志从略。

四、本志以志、述、记为主，图（照片）、表、录为辅。主要照片集中于卷首，其余图、表、录随文插附。

五、本志各种数据，一般以统计部门数据为主，统计部门缺乏，以单位总结、报告数据为准。统计部门数据与单位数据出入较大时，由有关部门与单位主管领导核定。

六、本志人物部分，由人物传略、人物名录组成。遵循“生不立传”的原则，以本籍人物为主，以正面人物为主。已故的社会名流、专家、学者、全国党代表、全国人大代表、全国政协委员和蒸湘区副处以上实职领导入传略；历任蒸湘区副处以上实职领导及蒸湘区管理的和蒸湘区籍的副处以上实职领导、高级职称人员、先进人物、劳动模范入名录；100岁以上的老人入寿星录；革命烈士入英名录。

七、全志资料来源于市、区档案馆、市志、专业志、年鉴、报刊、实地调查及当事人、知情人的口碑等。为节省篇幅，不注明出处。引文在文中夹注或页末注明。

八、各部门单位“历任领导”中，记述担任副科实职以上领导干部；机关部门、单位和个人奖励，记述获市委、市政府以上奖励，乡镇、街道还记述了获区委、区政府重点工作奖励。部门、单位奖励分别记述在各章、节中，个人奖励集中记述在“人物名录中”。志中标题格式、名称运用、时间表述、数字书写、计量名称、图表处理等，均按方志写作规定的要求处理，本《凡例》不再赘述。

九、行政区域、机构及职务名称首次出现均用全称，再次出现用简称，如志中的省、市、区，分别指湖南省、衡阳市、衡阳市蒸湘区；志中“省委”“市委”“区委”，分别为中共湖南省委、中共衡阳市委、中共衡阳市蒸湘区委的简称。

十、华兴街道由市高新技术产业开发区代管，本志除区划、面积、人口、人大、政协、军事、政法外，其余统计数据均不含华兴街道。

目　　录

第四篇 农 业

第五篇 工 业

第六篇 商贸服务业

第七篇 财政 税务

第八篇　金　融

第九篇　交通　旅游

第十篇　城市建设

第十一篇　城市管理

第十二篇 中共地方组织

第十三篇 人民代表大会

第十四篇 人民政府

第十五篇　人民政协

第十六篇　民主党派　工商联与群众团体

第十七篇　军事　法治

第十八篇　教育　文化　体育

第十九篇　科技　卫生

第二十篇　民　政

第二十一篇　人事劳动和社会保障

第二十二篇　社会风尚

第二十三篇　乡镇街道简介

第二十四篇　人　　物

附　　录

总　　述

一

蒸湘区是衡阳市新建城区。2001 年 4 月,经国务院批准,衡阳市进行行政区划调整,撤销城北区、城南区、江东区、郊区,成立石鼓区、雁峰区、珠晖区、蒸湘区。蒸湘区由原郊区、原城北区、原城南区、衡南县、衡阳县各一部分地域组成。原郊区党、政、军、群机关成建制转入蒸湘区。衡阳市蒸湘区于 2001 年 5 月 28 日挂牌,区人民政府驻莲湖路原郊区机关大院,2009 年 10 月搬迁至船山大道 18 号。

蒸湘区因蒸水贯穿全境流入湘江而得名。位于北纬 26°48′27″ - 26°57′39",东经 112°28′20″ - 112°36′00″。地处衡阳市城区西部,东起蒸湘南北路,南接雁峰区,西界衡南县、衡阳县,北临蒸水与石鼓区隔河相望。辖区东西最大直线距离 9.4 公里,南北最大直线距离 17.084 公里,总面积 101 平方公里,其中陆地面积 93.67 平方公里,占 92.74%;水域 7.33 平方公里,占 7.26%。2012 年末,全区辖蒸湘、红湘、华兴、联合 4 个街道,呆鹰岭镇、长湖乡、雨母山乡 3 个乡镇;下辖 40 个社区居委会、34 个村民委员会和 8 个村管理处、565 个居民小组、413 个村民小组和 69 个管理小组。2012 年年末辖区户籍总人口 238086 人,其中城镇人口 164438 人,城镇化率 69.07%。总人口中,男性 121918 人,占 51.2%;女性 116168 人,占 48.8%;少数民族 33 个,共 3066 人。人口密度为 2357 人/平方公里。

蒸湘区地处衡阳盆地中央,蒸水穿境而过,将全区分为东南、西北两个部分,东南大于西北。东部系城区,西南为丘陵,西北是岗地,蒸水河两岸为江河平原。海拔最高 238 米,最低 51 米。区域内属中亚热带季风湿润气候,四季分明,气温多变,雨季明显,夏秋多旱。年平均气温为 18℃,年平均日照时数为 1483.7 小时,年平均降水量 1351.5 毫米。主要河流有蒸水、柿江河、杉旭河、幸福河,境内共长 34.9 公里,总流域面积 132.4 平方公里。全区耕地面积 3.62 万亩,林地面积 4.5 万亩,可用于水产养殖的水面 1.1 万亩,可利用的草地面积 0.15 万亩。主要矿产资源有矿泉水、砂石和建筑石材。主要自然灾害有洪涝、干旱、冰冻、火南风等。

蒸湘区人文历史悠久。境内雨母山有上古时期华夏五帝之中的帝喾及舜帝驻跸的历史记载;有传承千百年的佛道香火;有抗日战争、解放战争的遗迹;有辛亥革命志士、抗日战争烈士的遗骸墓葬;有著名爱国学者谢彬墓等。山中风景绮丽,以"古、奇、幽、秀"著称,是传统教育、观光揽胜、休闲度假、烧香祈祷的胜地。

蒸湘区地理位置优越。境内驻有中共衡阳市委、市人民政府及其所辖的和省直部门直管的 91 个行政、事业机关;有衡阳市最大企业——衡阳钢管(集团)有限公司和市高新技术产业开发区;有中国人民银行衡阳市中心支行、中国建设银行衡阳市分行、中国农业银行衡阳市分行、中国交通银行衡阳市分行等国家银行管理机构和金融机构;有衡阳市广播电视中心,衡阳市最大的公办学校——南华大学和衡阳市最大的民办高校——湖南科技经贸职业学院,衡阳市全民文化健身广场等。蒸湘区堪称衡阳市政治、经济、金融和教育文化中心。

蒸湘区地灵人杰,先进模范人物辈出。在 2001 年建区后的短短 12 年中,全区先后涌现出"全国科技管理系统先进个人"雷鸣,"全国社区先进工作者"谢美丽,"全国建设系统劳动模范"张国英,"全国归侨侨眷先进个人""感动中国十大新闻人物"李丽,"全国道德模范提名奖"李丽、曾存粮,"全国优秀教师"李竹华,"全国文明礼仪教育标兵"李艳、廖雪花、谢灿、刘云群,"全国优秀人民警察"尹钢,"全国'三八红旗手'"黄茂林、唐立清,“全国巾帼建功标兵”易艳云、孙俊,“全国就业创业优秀个人”肖跃莲,“全国安全生产先进个人”张年传,“全国计划生育手术先进工作者”赵柏秀,“全国农村青年致富带头人”刘洪元,一等功荣立者黄喜军等。

二

蒸湘区成立之初,基础差、底子薄、负担重、人气低。对蒸湘区的地域构成,干部群众称之为“送富迎贫”“东拼西凑”,认为原郊区经济发达的地域都划出去了,而划进来的地域经济均比较落后。2000 年,原郊区国内生产总值 16.03 亿元,其中第一产业 3.34 亿元,第二产业 8.98 亿元,第三产业 3.71 亿元,财政总收入 6080 万元。2001 年,蒸湘区分别只有 9.06 亿元、0.79 亿元、5.79 亿元、2.48 亿元、4349 万元,各项经济指标均大幅减少。坐落在区域内的市高新技术产业开发区经济发达,但不归区管,由市直辖。从衡阳县划入的一个镇干部人数 886 名,相当于原郊区同等乡镇干部人数的 3 倍多,而且拖欠教师工资 100 余万元。人员接转时,划出的人均支出基数为 7000 元,而划入的人均支出基数只有 3400 元,不到划出的 1/2。面对如此区情、社情,中共蒸湘区委、区政府积极引导,发掘优势,精确定位,制订符合实际的发展战略,调动各方面积极性,顽强拼搏,负重奋进。经过一年摸区情,三年打基础,实现五年大变样。农业稳步推进,工业节节攀升,商贸兴旺发达,财政税收快速增长。

建区初期,因农业生产效益低,农民种粮积极性受到影响,纷纷外出打工、经商,出现了部分耕地抛荒现象。为此,区委、区政府提出“城市带动,城乡一体”的战略构想,认真落实党中央一系列惠农政策,全面完成农村电网改造,大力调整农业结构,切实推进土地流转,深入开展社会主义新农村建设。为了农业增效,农民增收,全区从以种粮为主的传统经营模式向经济效益好的种养业发展,突出菜、猪、鱼、果的生产。蔬菜生产,先后引进 171 个新品种,普遍推广温床、冷冻、营养钵等新的育苗方法和钢架大棚、各种拱棚、地膜覆盖、自动喷水等科技设施,提高了科技种菜水平。2012 年,全区蔬菜种植面积 22200 亩,总产量 5.24 万吨,分别是 2001 年的 2.60 倍、1.29 倍,并建成 7 个无公害蔬菜生产基地。生猪生产,通过优化种猪品质,完善动物防疫设施,推广无氮发醇床养猪新技术,发放能繁母猪补贴,开展“万户百头猪、万户千羽鸡”活动等,扩大了养殖规模。2012 年,全区生猪饲养量 14.78 万头,出栏 10.96 万头,分别是 2001 年的 1.78 倍、2.28 倍,并建成 4 个生猪标准化养殖示范小区、17 个标准化养殖示范场、318 户规模养殖户。渔业生产,通过科学调整品种结构,积极扩大饵料来源,推广使用渔业机械,改变传统型的养殖方法,实行立体、高效、生态养殖,促进了新的发展。2012 年,全区水产养殖面积 11800 亩,总产量 4400 吨,分别是 2001 年的 1.30 倍、1.44 倍,其中雨母山乡渔业生产基地被农业部列为“全国健康养殖示范区”。瓜果生产,主要种植葡萄、草莓、香瓜、西瓜等,尤其是把葡萄作为经济作物的重头戏来抓,成立了欧亚葡萄研究所和葡萄专业协会,引进国内外 39 个葡萄新品种,葡萄生产成为全区一个特色产业。2012 年,全区瓜果生产面积 7788 亩,总产 1.34 万吨,分别是 2001 年的 2.17 倍、5.21 倍。农业增加值从 2001 年的 0.79 亿元上升到 5.39 亿元,增长 7.59 倍。农业生产初步实现从传统农业向现代化农业过渡,从分散经营向集约化经营转变,从粗放型生产向科技型生产发展。高效、生态、休闲、观光农业呈现雏形。

2001 年,蒸湘区工业总产值 19.09 亿元,规模工业企业 5 家,规模工业总产值 0.84 亿元,在衡阳市 4 个城区中排列末位。针对新的区情,区委、区政府实施“城市带动,民营推动,开放促动,项目拉动”的工业发展战略,加快企业改制,加强环境优化,加大招商引资,加速园区建设,使工业经济成为区域经济的“领头羊”。企业改制工作从 2002 年开始,对 25 家区属工业企业和 34 家乡村集体工业企业,分别采取破产重组、拍卖出售、股份合作、全员购买、承载式整体转让等不同形式改制,到 2008 年 11 月,完成 24 家区属工业企业和 34 家乡村集体工业企业的改制工作,盘活了资产,增强了企业活力。为了优化发展环境,组织进行“树蒸湘形象,优发展环境”大讨论,成立治理经济发展环境领导小组,设立经济发展环境投诉服务中心,取消行政审批事项 21 项,实行“政务公开”,确立优化经济环境测评点和环境监督员,建立“项目代理制、检查报批制、挂牌保护制、环境评议制、责任追究制”五项制度，采取“一个项目、一名领导、一套班子、一抓到底”的措施，取得良好效果，有6个年度分别被市委、市政府评定为“优化经济发展环境先进单位”，2004年5月，被省商务厅等8个部办厅局推评为“湖南省十大投资环境诚信安全区”。在招商引资工作中，蒸湘区提出“项目兴区，项目立人”的口号，精心策划项目，多方引进项目，采取节会招商、小分队招商、网络招商、以商招商等方法，至2012年共引进100万元以上的内资项目455个，实际到位内资87.01亿元；引进30万美元以上的外资项目63个，实际到位外资1.56亿美元。2003年、2005年被评为“湖南省招商引资工作先进单位”，2006—2008年，连续3年获“湖南省利用外资先进单位”。在园区建设方面，蒸湘区充分发挥衡钢集团有限公司座落在辖区内这一优势，对接衡钢、服务衡钢，创建“衡阳钢管深加工产业园”，发展下游加工产品，壮大关联产业。至2012年，产业园入驻企业29家，完成销售收入35亿元，上缴税金1.8亿元。蒸湘区借力企业办园区的成功模式，不仅得到市委、市政府的充分肯定，而且被作为“衡阳经验”在全省推介。2010年12月被工信部批准为“国家新型工业化产业示范基地”。为了引导中小企业集聚发展，蒸湘区以小城镇为依托，建立呆鹰岭中小企业创业园，2012年入驻企业32家，实现工业产值13.2亿元，实缴税金3000余万元。两个园区的建设，打造了独具特色的“蒸湘工业板块”，蒸湘工业张开有力翅膀，实现历史性跨越。2006年，全区工业总产值87.96亿元，规模工业扩大到40家，规模工业总产值9.4亿元，分别是2001年的4.61倍、8.0倍、11.19倍。2012年，全区工业总产值300.16亿元，规模工业69家，规模工业总产值229.1亿元，分别是2001年的15.72倍、13.8倍、272.74倍。2001—2012年，蒸湘区有5个年度分别被市委、市政府评定为“开放性经济工作先进单位”或“推进工业化进程先进单位”。2007年，被省委、省政府评定为“全省加快推进新型工业化红旗单位”。

2001年城区行政区划调整时，蒸湘区商贸服务业发展水平较低，没有一个有名气的商店，没有一处规范的专业市场，没有一条繁华的商业街道，只有一些参杂不齐的商业门面。当年全区社会商品销售总额3.99亿元，只占全市社会商品销售总额的3.06%。如何走出这一困境，实现商贸服务业的新突破和跨越式发展？区委、区政府响亮提出“一心一意谋发展”“商贸活区”“商贸旺区”的口号，通过合理规划，大力引进，抓紧建设，优质服务，终于使数千商家纷至沓来，蒸湘大地商圈如画。在商业网点建设上，改造一批老店、兴建一批新店、发展一批名店，使商贸服务业不断向大商业、大市场、大仓储、大物业方向发展。2002年11月，引进台商朱克伟和客商欧阳斌，投资2.2亿元，兴建晶珠商业广场，成为集购物、餐饮、休闲、娱乐于一体的大型商业航母。2006年3月，获全国“‘百城万店无假货’示范商场”。2012年12月，引进长沙泰阳电器有限公司，兴办泰阳电器蒸湘旗舰店，2007年获全市家电行业唯一的“雁城名店”。2003年初，引进湖南四海神龙实业集团有限公司，兴办神龙大酒店，2004年8月被国家旅游局批准为涉外四星级旅游饭店，先后获得“衡阳市十大明星企业”“湖南省最佳星级饭店”“中国最具竞争力民营企业”等称号。2004年，开工建设杨柳汽车贸易街区，到2012年入驻企业23家，共销售22种品牌，年销售总额达12.15亿元，成为全市第一家乘用车（轿车）大型专业市场。至2012年，全区建有各类大、中型市场26个，大、中型宾馆（酒店）39家，建设培育了时尚精品、医药器械、汽摩配件、汽车贸易4条特色街道。全区商贸服务业网点从2001年的1562家发展到7873家，增长5.04倍；社会商品销售总额从2001年的3.99亿元增加到69.33亿元，增长17.38倍。社会商品销售总额在全市所占比重由2001年的3.06%提高至10.8%。2009年，衡阳市在境内红湘街道兴建的商业步行街，规划用地175亩，建筑总面积52万平方米，总投资40亿元，2011年被国家发改委授予“总部经济集聚区”牌子，开街营运后，将成为全市“商业名片”“核心商圈”。

农工商贸业的发展，带动了全区财政税收的不断增长和整个经济的快速发展。财政收入相继突破亿元大关、5亿元大关、10亿元大关，2012年达11.75亿元，其中地方一般预算收入1.95亿元，分别是2001年（财政收入7140万元、地方一般预算收入1873万元）的16.45倍和10.41倍。2001—2012年累计征收地方各税20.7267亿元，年均增幅38.25%。全区经济工作，从2006年开始进入发展快车道，2006年实现地区生产总值46.39亿元，是2001年（9.06亿元）的5.12倍。2012年实现地区生产总值146.04亿元，是2001年的16.12倍。

三

蒸湘区在致力经济建设的同时，注重抓好教育、科技、卫生、文化和体育各项工作，通过转变思想观念，深化体制改革，创新工作方式，改进工作作风，促使教育事业蓬勃发展，科学技术持续领先，医疗卫生不断增强，文化体育异彩纷呈。

教育方面，通过制订与实施校长负责制、中小学教职工全员聘任制、目标管理量化考核制、教师末位淘汰制、首席学科教师评选制、城乡"校对校"教师定期交流制、教职工低职高聘和高职低聘激励机制等一系列改革措施，进一步巩固和发展"普九"教育成果，促进教育向纵深发展。探索了从应试教育向素质教育转变的经验，开创了校有特色、教有特点、学有特长的办学模式，形成了德育教育"以学校为阵地、以家庭为基础、以社会为依托"的工作格局。2004 年，蒸湘区被市委、市政府评定为"巩固提高'普九'成果先进区"。2001—2012 年共投入现代教育装备经费 1690.3 万元，新建 184 个多媒体教室、33 个电脑室(含升级改造)、9 个电脑制作室，3 个学校建立局域网。2008 年 12 月获"湖南省电化教育工作先进单位"。2001—2007 年，省、市、区、乡共投入危改资金 1214.5 万元，改造 D 级危房 2834 万平方米，并且新建 5 栋教学楼，总面积 5671 平方米，2009—2012 年，建设合格学校 27 所。2001 年、2002 年、2005 年 3 次被评为衡阳市危改工作先进单位，合格学校建设 2009 年排名衡阳市城区第 1 名，2011 年、2012 年分别排名全市第 1 名。中小学教师学历合格率分别从 2001 年的 95.12%、97.2% 均提升到 100%，高级教师职称由 12 人增加到 39 人，并有特级教师 2 人，省优秀校长 1 人，全国优秀教师 1 人，全国文明礼仪教育标兵 4 人。2012 年，蒸湘区公办中小学校 32 所、教学班 322 个，在校生 15227 人，中小学适龄人口入学率 100%，小升初升学率 100%，中学生辍学率为零。各类民办教育机构由 2001 年的 15 所增加到 2012 年的 75 所，涵盖了幼儿教育、基础教育、成人教育、职业教育各个层次。船山英文学校以"弘扬王船山的治学精神"为宗旨，先后获得"湖南省民办教育特色实验学校""全国民办教育先进单位"等称号。湖南科技经贸职业学院是衡阳市第一所本科全日制民办高校，2012 年设 5 个系 40 个专业，在校生 12000 余人，2007 年被评定为湖南省职业教育先进单位，2008 年被教育部评估为"人才培养工作水平优秀学院"。

遵循"科学技术是第一生产力"的指导思想，区科技领导小组制定发展规划，确定科技兴区的发展道路，不断加强人才培训，开展科普宣传和科技服务，建立科技信息网络和科技示范基地，实行产学研结合，促进科技成果向现实生产力转化。2001 年，区直管科技人员 1040 人，其中具有高级职称 32 人。2012 年，区直管科技人员 1307 人，其中高级职称 81 人。2001—2012 年，建立 3 个科普训练基地，举办各类培训班 221 期，培训 11700 余人次。建立 11 个农业科技示范基地、14 个科技型农产品加工龙头企业、1500 户农村科技示范户。坚持每年开展"全国科普日""科技活动周""科技下乡服务月"等活动，帮助企业引进高科技人才 19 人，争取资金 2100 万元，引进开发科研项目 62 个，其中高新技术项目 16 个，帮助建立省级民营型科技企业 67 家、国家高新技术企业 1 家。与企业签定产学研项目 32 个，获市科技进步奖 52 项，其中一等奖 10 项，二等奖 28 项，三等奖 14 项。帮助企业申请专利 1220 项，批准 913 项。推广科技成果 37 项。撰写学术论文 146 篇，其中获市二等奖 38 篇、三等奖 67 篇。全区科技对经济增长贡献率达 68%。2008 年 12 月，人事部外专局批准区科技局引进的澳大利亚"美人指"葡萄示范基地为"全国引进国外智力成果推广示范基地"。在衡阳市科技工作目标管理考核中，蒸湘区 2003—2008 年连续 6 年名列第一。通过科技部每 2 年一次的复查考核，蒸湘区 2001—2012 年连续 12 年保持"全国科技工作先进区"称号。

医疗卫生服务体系覆盖城乡。全区医疗卫生工作以改革为动力，实现"以医疗为中心"向"以病人为中心"模式的转变，建立以区级医院、社区卫生服务中心(乡镇卫生院)、村卫生室为主体的三级医疗机构体系，疾病防治、计划免疫、妇幼保健、人口与计划生育管理不断增强。各种传染病的发病率得到有效控制。2001 年发现 1 例 2 号病(副霍乱)病例，疫情得到及时扑灭。2003 年，连续两个半月战"非典"，确保"非典"疫情未传入蒸湘区。2004 年 2 月，全区有 3 个乡镇的 5 个村发现高致病性禽流感，疫情及时控制无蔓延。同年 7

月,1 个村民小组发现霍乱疫情,确保无二代病例和死亡病例发生;儿童计划免疫实行建卡建证,麻疹、卡介苗、小儿麻痹症、百白破“四联”疫苗接种率各年度都在 97% 以上,有的年度部分疫苗接种率达到 100%。儿童系统管理和散居儿童管理亦走上轨道;2005 年完成接生员转轨,取缔家庭接生,全部实行住院分娩,规范母婴专项技术服务;人口和计划生育工作,通过强化国策意识,推行优质服务,加强阵地建设,改善设施条件,贯彻实施目标管理考核、风险抵押、“一票否决”、村(居)民自治等项制度,全区保持“低出生、低死亡、低自然增长”的人口再生产模式,人口自然增长率控制在 7‰以内,符合政策生育率达 95% 以上。2001—2012 年连续 12 年分别被评定为市、省优质服务先进单位(其中 2011—2012 年为省优质服务模范区),2012 年被国家人口和计生委评定为“全国计划生育工作优质服务先进单位”。

文化体育事业呈现出群众性、多样性、持续性的特点。各乡镇、街道成立文化站,配备文化指导员、业余文保员、社会体育指导员“三员队伍”,社区居委会和乡镇村共建有各种民间文体组织 207 个,长期参加活动的人员达 15000 余人。文化设施有文化馆 1 个,乡镇街道文化站 6 个,社区文化活动中心 29 个,中小学图书室 28 个、社区与村图书室 34 个,共计藏书 583158 册。境内有电影院 3 座、网吧 90 家、电子游戏厅 31 家。体育设施有体育馆 2 个,跳水中心 1 处,全民健身中心 1 处,体育场地 125 个,80% 的城市社区和 10% 的乡村安装了健身器材。区内群众文化体育活动丰富多彩,2001—2012 年,先后组织进行“菁菁校园”文化活动月、“和风蒸湘”首届群众文化艺术节、“纪念改革开放 30 周年群众文化活动月”、“社区周周乐”等文化活动;举办了“旭日蒸湘”“情系蒸湘”“腾飞蒸湘”“多彩蒸湘”“春满蒸湘”等大型文艺晚会;开展了“和谐之声”卡拉 OK 大赛、“爱祖国、爱蒸湘”千人红歌赛、少儿书画才艺现场比赛、“和风蒸湘”书法、诗词、美术、摄影比赛;参加市歌唱比赛,获独唱金奖 4 个、银奖 1 个;参加省绘画展览,获金奖 2 个、银奖 2 个,并获文化部“群星奖”1 个。文艺创作方面,创作出版了《蒸湘区军事志》《蒸湘区政协志》《历史的见证》《第一件大事》《人民公仆申希尧》《蒸湘区少儿书画作品展》《神奇的雨母山》《雁城骄子王全松》《情满蒸湘》《蒸湘诗联》(1 - 12 期)等书刊。区内群众体育与竞技体育并重,职工体育、学校体育、社区体育协调发展,每年定期开展机关乒乓球赛、羽毛球赛,中小学生田径运动会、冬季运动会,教育系统职工趣味运动会,8 月 8 日全民健身活动等。参加省、市各类比赛获奖甚多。2007 年 3 月 21 日,《中国文化报》以《衡阳蒸湘区“社区文化”惠泽 10 万居民》为题,报道了蒸湘区社区文化开展的盛况。

四

蒸湘区在城乡建设与管理上,着力做好“敞口、拓城、秀内”三篇文章,在交通路网建设、旧城改造、环境保护上下功夫,使内外交通四通八达,城乡面貌日新月异,城市品位大大提升,辖区变成宜居家园。

2001—2012 年,境内修建一环西路、红湘南路、船山西路延伸工程、蒸湘南路二期工程、立新大道、雁城西路、衡州大道等 10 条大道,改造红湘北路、解放西路、船山西路、常胜西路、蔡伦大道等 9 条主次干道和 101 条背街小巷,已构成“三横”“四纵”“二速”交通大动脉,即蒸湘路、红湘路、一环西路 3 条主横道,衡州大道、解放大道、船山大道、立新大道 4 条纵干道及衡枣、潭衡(西)2 条高速公路穿越其中。全区乡镇公路全长 18.9 公里,村级公路全长 101.9 公里,全部水泥硬化。境内有市中心汽车站、华兴客运站、西湖货运站等场站。市内有 35 条公交线路穿越辖区。另有物流公司 12 家。区内外交通便捷,物流通畅。

区内原有多处低矮、拥挤、杂乱无章的棚户区,主次干道两旁有大量违章建筑物、构筑物和吊挂式防盗网,严重影响市容市貌。按照全市统一安排,蒸湘区 12 年中共拆除违章建筑 23.5 万平方米,拆网 4.2 万平方米;改造棚户区 3 个,正在改造的 4 个;对太平小区、红湖塘小区、立新小区 3 个老的小区进行提质改造,土砖、红砖围墙一律推倒,空中网线全部下地,疏通了下水道、扩建了花坛和绿化带,增添了路灯和果皮箱。境内城区“四场一厕”(农贸市场、果蔬批发市场、夜市市场、停车场、公共厕所)建设改造任务圆满完成。呆鹰岭镇、长湖乡和雨母山乡的“五小设施”(小食堂、小厕所、小澡堂、小图书室、小文体活动室)全面配套。辖区内的商品房建设由低层向高层、由踏步楼梯房向电梯房、由单套式向复合式、由传统型向西洋型发展,建成近百个楼盘、数千栋楼房。2010—2012 年,区域内商品房销售量分别占市内 5 个区域(含 4 个城区和开发区)商品房销售总量的 61.3%、61.9%、60.2%,成为居民理想的居住场所。

2002 年,蒸湘区顺利完成城管体制改革,在全市率先推行城管下社区,实行定路段、定人员、定责任的管理模式。持续不断的开展整治活动,主要治理城市八乱(乱丢乱吐、乱搭乱放、乱贴乱画、乱吊乱挂),实行"门前三包"(包环境卫生、包门前整洁、包周边秩序),搬迁马路市场,取缔流动招牌、灯箱、广告,规范夜市摊担,清除"牛皮癣"(张贴或涂喷在墙壁上、地板上、树干上、卷闸门上的广告信息),拆除违章建筑等,城市管理步入经常化、规范化、制度化轨道,城市品味大幅提升。2002 年、2005 年、2006 年、2008 年 4 个年度在全市城市管理目标考核中夺得第一名,2003 年、2004 年、2010 年 3 个年度名列第二。

蒸湘区环卫管理实行"两级政府(衡阳市政府、蒸湘区政府)、三级管理(市主管部门、区政府、区环卫局)、四级网络(区政府,区环卫局,各街道班、组)"的管理体制。环卫作业实行公司化运作、货币化管理,对主、次干道每天实行三大扫、两细扫,背街小巷每天清扫两次,每天冲洗一条主、次干道,被污染的路面随脏随洗,街道全天保持整齐、清洁。环卫清扫面积由 2002 年的 40 万平方米增加到 2012 年的 221.05 万平方米。城区垃圾中转站由 2002 年的 23 座增加到 70 座,公共厕所由 27 座增加到 63 座(从 2012 年开始,所有公共厕所一律免费开放),环卫机动车由 9 辆增加到 49 辆。2003—2006 年,蒸湘区连续 4 年被评为全市"环卫管理第一名"。

蒸湘区认真传达贯彻全国第五次、第六次环境保护工作会议精神,明确环保工作由党政一把手亲自抓、负总责,工业结构调整大力倡导清洁生产,农业结构调整突出抓好绿色农产品和无公害产品生产,环境管理重点抓好油烟污染和噪声控制。通过举办培训班,开设专题讲座,利用每年"6·5"世界环境日、"9·16"世界科普日、"12·4"全国法制宣传日和"环保世纪行"等有利时机,开展环保宣传攻势,增强群众环保意识和法制观念。遵循"预防为主,防治结合"的原则,2001 年,全区建立 4.4 平方公里的中心片噪声控制区和 89 平方公里的烟控区,实行环境影响评价、"三同时"管理(环境保护设施必须与主体工程同时设计、同时施工、同时投产使用)、排污申报、排污收费四大管理措施。2006 年,对 13 家医院的废水排放进行治理整顿。2006—2012 年,有 870 个单位依法办理排污申报手续,区环保局向 422 家单位发放排污许可证,搬迁 5 家严重影响环境的门店与企业,查处 40 家非法排污企业,对 28 家排污严重超标且限期内不改的企业,依法强制关闭。2007 年,开展湘江流域水污染工矿企业基本情况调查、辖区内规模化禽畜养殖污染情况的调查。2007 年 3 月至 2009 年 3 月,完成第一次全国污染源普查。2012 年,开展农村环境综合整治工作。为保护生态环境,建设"绿色蒸湘",全区开展"三边造林"、"十万乔木进雁城"活动,2001—2012 年,共义务植树 26.1122万株,建设公共绿地 278.757 万平方米,城市绿化率达 37.04%。创建园林式单位 43 个,其中市级 28 个,省级 15 个。区机关大院既是市级又是省级园林式单位。

五

蒸湘区成立后,把创建文明城区、加强民主法治建设,维护社会稳定,改善人民生活摆在十分突出的位置。通过深入思想教育、全民热心参与、严格依法治区、认真落实政策,使文明创建卓有成效,民主法制有力推进,社会大局和谐稳定,人民生活大幅提升。

全区围绕"创建文明城市、争做文明市民"的目标,制订创建方案和文明单位评选、奖励办法,召开誓师动员大会和万人签名仪式,组织学习胡锦涛"八荣八耻"论述、《公民道德实施纲要》《文明市民手册》,开展社会主义荣辱观大讨论、"诚信政府、诚信机关、诚信公民"的"三个诚信"活动,"建设新农村,倡导新风尚"实践活动、"校园文明天天见"系列活动,"书香家庭在蒸湘"的"全民读书月"活动,"串千家门,听千家言"干部大走访活动,"文明进单位""文明进乡镇""文明进社区""文明进家庭"系列活动等。2004—2012 年,全区发放《文明市民手册》15.6 万份,各种宣传材料 14 万份,举办文明宣传橱窗 577 期,制作"讲文明、改陋习、树新风"永久性宣传牌 1185 块,组织观看文明创建片 500 余场次。组建"文明劝导""维护交通秩序""扶贫帮困”“义务巡逻”“院落绿地认养”5 类志愿者队伍 130 余支，队员达 30000 余人。在全区营造“人人学文明、个个讲文明”的良好氛围，涌现出一批学而不厌、身残志坚、孝老爱亲、爱岗敬业、助人为乐、无私奉献、拾金不昧、见义勇为先进典型人物。评选出文明单位 179 个，其中区级文明单位 97 个，市级文明单位 70 个，省级文明单位 11 个，全国文明单位 1 个。2008 年 11 月，蒸湘区被市委、市政府批准为衡阳市首个文明城区。12 月，被省委、省政府批准为“湖南省 2008 届文明城区”。长湖乡立新村被批准为“全国文明村镇”。

民主法治建设进一步加强。区人大常委会以法律为依据，坚持对“一府两院”的工作实施法律监督和工作监督，定期听取和审议“一府两院”工作报告。2002—2012 年，共组织开展 68 部法律法规贯彻实施情况的执法检查，听取 123 个大小单位的工作汇报，向区人民政府及其有关部门交办人大代表议案 2 件，代表建议、批评和意见 211 件。区人民政协和各民主党派、工商联、无党派人士的政治协商、民主监督、参政议政的作用进一步发挥。12 年中，区政协常委会听取 31 个单位的工作汇报，组织政协委员进行 67 个专项视察，开展 42 个课题调研，向区直有关部门交办 312 件委员提案。全面实施“四五”“五五”“六五”普法教育，开展“送法进村入户”活动，不断提高公民法律素质，公职人员的法制观念和依法办事能力普遍增强。依法治区、依法行政取得新的进展。区法制办公室于 2011 年获市政府“依法行政工作模范单位”，2012 年获市政府“依法行政工作先进单位”。

围绕创建“平安蒸湘”，蒸湘区通过开展“严打整治”“利剑行动”“创安一号”“春雷行动”“天网行动”“扫黑除恶”“烈日秋风”“金剑行动”等一系列专项斗争，刑事犯罪率逐步下降。从 2006 年开始，开展“零发案安全小区”创建活动，至 2012 年，有 76 个小区获得“零发案安全小区”称号，占辖区规模小区 82.3%，入室盗窃案件下降 73%。落实“一区一警”或“一区多警”制度，组建 140 人的专职巡逻队和 63 支共 800 人的义务巡逻队，面向社会招聘 62 名社会治安综合治理协管员，广泛延伸综治工作的触角。实施人民调解、行政调解、司法调解的“三调联动”机制。创新社会管理模式，构建区、乡镇（街道）、社区 3 级管理网络，用群众工作统揽信访工作，有效地预防和化解了各类社会矛盾，全区连续 7 年实现涉法涉诉访零记录，2002—2012 年连续 11 年实现群众赴省进京非正常访和集访零记录，保持社会大局持续稳定。蒸湘区 3 个乡镇、3 个街道有 4 个被评为全市社会治安综合治理先进单位。区政法委曾两次在全市政法工作会议上介绍经验。2007 年、2008 年，蒸湘区分别被评为“全省维护社会稳定和社会治安综合治理工作先进单位”。

蒸湘区始终坚持“执政为民”“以人为本”的思想理念，把民生工程作为优先发展的重要目标，不断巩固和完善社会保障体系。认真落实就业再就业政策，努力搭建就业平台，加强就业培训，开展就业援助，2001—2012 年，全区城镇新增就业 61900 人，其中失业人员再就业 46232 人，就业困难人员再就业 9325 人。实现农村劳动力转移就业 16226 人。城乡最低生活保障，采取“应保尽保、应退尽退、进退及时”的原则，2012 年，年均享受城镇低保户 5302 户、9978 人，人均月补差 279 元。年均享受农村低保户 1864 户、2893 人，人均月补差 121.92 元；社会养老保险范围不断扩大，参保人数逐年增多，2012 年全区社会养老保险各类参保人数为 10985 人；2002 年 1 月，启动城镇职工医疗保险，到 2012 年参保人数为 5647 人。2008 年 3 月，启动城镇居民医疗保险，到 2012 年参保人数达 75703 人。同年 7 月，启动新型农村合作医疗保险，到 2012 年参保人数达 49523 人，农民参合率达 99%；2005 年 6 月，蒸湘区建立和启动城乡医疗救助工作，包括门诊救助、住院救助、大病救助等，到 2012 年累计救助 2812 人，救助金额 613.85 万元；农村“五保”（吃、穿、住、医、葬）供养对象共计 151 人，其中集中供养 42 人，年人均供养标准为 6000 元，分散供养 109 人，年人均供养标准为 2600 元；2005—2012 年，新建“爱民房”211 栋，为 211 户农村因灾害、贫困、病残等原因造成的无房户解决了无处栖身问题；2012 年末，城镇居民可支配收入达到 21271 元，是 2001 年（5900 元）的 3.61 倍。农民人平纯收入达到 10733 元，是 2001 年（2436 元）的 4.4 倍；城镇居民生活消费支出 16292.01 元，比 2001 年（4758 元）增加 11534.01 元。农民生活消费支出 6929.53 元，比 2001 年（2552 元）增加 4377.53 元；城镇居民人均住房面积为 41.08 平方米。农村人均住房面积由 2002 年的 32 平方米增加到 2012 年 46.07 平方米，人均扩大 14.07平方米。

纵览 12 年历史，蒸湘区虽进入快速稳步发展时期，但与“富民强区、争创一流”和“争当科学发展排头兵”还有较大差距，主要表现在：支撑全局发展的大产业、大项目偏少，体制机制不顺，城区功能不全，制约因素较多,发展活力不足;名牌产品不多,外贸出口规模不大,旅游资源开发不够;农业科技水平不够高,抵御自然灾害的能力不够强,农民增收的长效机制不够完善;土地征用、房屋拆迁引发的社会矛盾增多,失地农民就业安置压力大,违章建筑屡禁不止;财政增资项目增多,开支压力加大,公共财力与公共服务需求仍不相适应;制售假冒伪劣产品等违纪违法行为时有发生。

展望未来,全区上下将携手并肩,为实现产业发展、现代服务业、城市管理、生态环境"四个领先"和宜学、宜业、宜商、宜游、宜居"五宜新区"而努力奋斗。

大　事　记

2001 年

4 月 4 日　国务院下发《关于同意湖南省调整衡阳市市辖区行政区划的批复》(国函〔2001〕34 号)文件。批准湖南省衡阳市撤销城北区、城南区、江东区、郊区,成立石鼓区、雁峰区、珠晖区、蒸湘区。

5 月 9 日　中共衡阳市委书记梅克保、衡阳市人民政府常务副市长谢青生到区调研视察,听取区委、区政府对区划调整的具体意见与要求。

5 月 12 日　郊区人民政府收到湖南省人民政府《关于调整衡阳市市辖区行政区划的通知》文件。

5 月 19 日　郊区人民政府收到湖南省民政厅《关于调整衡阳市市辖区内部行政区划的批复》文件。

同日　市委书记梅克保、副书记单保重,常务副市长谢青生、副市长杨邦伟再次到蒸湘区,传达市委、市政府对蒸湘区关于区划调整的意见与要求的答复意见。梅克保说:“这次区划调整,蒸湘区变动最大,困难最大,贡献最大,同时也要看到前景最好。”要求区几大班子讲大局,讲纪律,坚决贯彻市委、市政府的决定,把工作做细、做好。

5 月 22 日　中共衡阳市委、市人民政府召开市区行政区划调整工作会议,宣布衡阳市人民政府《关于市辖区和衡阳县、衡南县行政区划调整的通知》,并分别给石鼓、雁峰、珠晖、蒸湘区授牌、颁章。

5 月 24 日　中共衡阳市蒸湘区委、区人民政府召开欢送会,区划调整中分流到其他城区的农口系统副科级以上干部,各乡镇(场)党委、政府、人大、政协联工委主要负责同志作为代表参加欢送会。

5 月 28 日　衡阳市蒸湘区挂牌仪式在原郊区大院举行。市政府副市长王宏出席仪式并讲话。

6 月 2 日　市长徐明华、副市长王雄飞到蒸湘区就区划调整以来的一些遗留问题进行现场办公。徐明华说:“郊区伤筋动骨,举家搬迁,蒸湘区另起炉灶,在这种情况下保持了平稳过渡,为全市城区行政区划调整作出了重大贡献。”

6 月 13 日　在中国农工民主党衡阳市第五次代表大会上,蒸湘区人民政府副区长许满意(女)当选为农工民主党衡阳市主委。

6—7 月　全区区直机关和乡镇、街道集中开展“三个代表”重要思想学教活动。

7 月 19 日　区委召开第一次全体(扩大)会议,强调面对新的区情,在思想观念上要树立城市、服务、改革、创业、发展“五种意识”;在工作思路上要积极推进城乡一体化、农业产业化、企业民营化、城郊社区化“四化战略”。

7 月 20 日　区委、区政府向市委、市政府第一次报送《关于我区机关大院搬迁的请示》。8 月 6 日,市长徐明华批示:“同意政府机关搬迁,请计委按规定程序核批。”8 月 9 日,市委书记梅克保批示:“原则同意,请按有关程序报批。”

7 月下旬至 8 月上旬　蒸湘区完成区划调整中的人员交接工作。共移交行政事业单位人员 3217 人,接收行政事业单位人员 1631 人,保留原郊区行政事业单位人员 1617 人。

7 月下旬至 9 月下旬　全区进行乡镇机构改革,各乡镇行政机关统一设置 5 个综合办公室。

7 月　全区启动城市居民最低生活保障。

8 月 22 日　市政协主席袁宏尧、副主席唐云洲一行,到蒸湘区视察城市建设、管理与重点工程建设。

10月7日　代市长贺仁雨到蒸湘区视察区划调整后的工作情况。

10月12日　全区将16个事业单位经营的公司、站、所，转制为企业单位。

10月24—26日　长湖乡、雨母山乡、呆鹰岭镇分别召开区划调整后的第一次党代会，选举产生新的党委班子。

11月30日　全省山丘水利建设现场会在衡阳市召开，副省长庞道沐率与会人员参观了雨母山乡雨母村水利建设现场。

11月　衡阳市城管体制改革，将原来由市城管支队管理的各城区城管大队移交至各城区，归口区城管办管理。

12月4日　全区村一级班子"三个代表"学习教育活动正式启动。时间为两个月。

12月上旬　长湖乡、雨母山乡、呆鹰岭镇分别召开区划调整后的第一届人民代表大会，按规定进行换届选举。

12月14日　全区建立乡镇一级财政体制，采取"核定收入、税收共享、比例分成、递增补助"的管理方式。

12月19日　区委决定各街道工委书记兼任本街道人大联络组组长，街道办事处主任兼任本街道政协联络工委主任。

12月21日　蒸湘区工商业联合会召开第一届一次会员代表大会，选举产生执委27人，常委6人，肖东北为区工商联会长。

12月　蒸湘区按照衡阳市统一部署，对城区各居民委员会实行改革，将原居委会工作人员全部解散重新安置。居委会改称社区居委会，社区居委会工作人员公开招聘，其工资与工作经费纳入财政预算。同时，公安部门设立"一区一警"。

是年　蒸湘区被市委、市政府评定为"乡镇企业与民营经济工作先进单位""开放型经济工作先进单位""高新技术产业工作先进单位""计划生育工作先进单位"；被省委、省政府评定为"全省计划生育工作先进单位"；被科技部评定为"全国科技工作先进区"。

2002年

1月7—10日　蒸湘区政协全体委员会议在广通宾馆召开(这次会议未标明届次，因为从郊区到蒸湘区未换届选举)，出席会议的委员121人。会议补选3名政协常委。

1月7—10日　蒸湘区人民代表大会在市老干活动中心召开，出席会议的代表137人。会议补选3名人大常委会委员。

1月28日　衡阳市环卫工作由原来市环卫处统一管理分别下放到四个城区。蒸湘区环卫局成立。

1月　全区启动城镇职工医疗保险。

1月至3月30日　全区进行第一次村支部和村委会换届选举。

1月至4月上旬　全区城管体制改革进行第二步，即将原城管队员全部解散，重新公开招聘新队员。

3月15日至4月底　区委抽调460名干部组成27个工作队，深入到27个村，进行"三个代表"重要思想学教活动回访复查和为民办实事。

3月23日　区委常委会议研究确定，男年满53周岁、女年满49周岁的科级及科以下干部，改任非领导职务。男满55周岁、女满50周岁的干部，实行提前离岗休息。离岗后待遇不变，仍属于在职干部系列。

3月29日　区委党校落成(又称雨母山庄)，占地面积300亩，建筑面积3000余平方米。

4月2日　区政府建立雨母山自然保护小区，规划面积18810亩，其中林地12736亩。

4月中旬至5月下旬　蒸湘区进行第一次社区居委会换届选举。

4月23日　区工商分局干部赵书和，在与一名用汽油纵火焚烧工商分局办公楼的犯罪分子博斗中严重烧伤，送医院后医治无效死亡。5月，被追认为革命烈士。

月底　全区启动农村税费改革，改革的主要内容是，取消乡统筹费、农村教育集资费、屠宰费，取消或逐步取消统一规定的劳动积累工和义务工。

5月11日　衡阳市人民政府第十次常务会议决定，蒸湘区华兴街道划归市高新技术产业开发区代管（人大、政协、政法、武装工作除外）。

5月　立新开发区由原立新开发区管委会管理，改为长湖乡管理。

6月21日　街道党委变更为党的工作委员会，简称街道党工委。

7月24—25日　区境连降暴雨，全区受灾面积12400亩，房屋倒塌120间，直接经济损失1000余万元。

9月3日　蒸湘区政务大厅投入运行。

9月　长湖乡长湖村被湖南省精神文明建设指导委员会评为“省级文明村”；水利农机局局长李枫秋被省防汛抗旱指挥部、省人事厅记一等功。

10月9—11日　中共衡阳市蒸湘区第一次代表大会在广通宾馆召开，出席会议的代表169人，李安平当选为区委书记，邓准德选为区纪委书记。

10月21日　区政府将谢彬墓列为区级文物保护单位。

11月24日　省道315线（蒸阳大道）从华兴蒸水桥至鸡窝山段全面通车。

12月4—7日　政协蒸湘区一届一次会议在广通宾馆召开，出席会议的委员142人，毛菊桂当选为区政协主席。

12月5—9日　蒸湘区人大一届一次会议在市老干活动中心召开，出席会议的代表156人。大会选举夏俊生为区人大常委会主任，徐建中为区人民政府区长，孙齐文为区人民法院院长，黄茂林（女）为区人民检察院检察长。

是年　蒸湘区被市委、市政府评定为“优化经济发展环境先进单位”“开放型经济工作先进单位”“推进工业化进程先进单位”“计划生育工作先进单位”。招商引资工作获全市（12个县、市、区）第一名，城市管理工作获全市第一名；被省委、省政府评定为“全省计划生育工作先进单位”；继续保持“全国科技工作先进区”称号。

2003年

1月1日从2002年2月动工的红湘北路改造工程全面完工，是蒸湘区第一条样板街：路旁全部栽种桂花树，人行道全部铺设花岗岩地板，路旁管线全部下地。

2月21日　区委召开经济工作会议。确定新一年实施“城市带动、民营推动、开放促动、项目拉动”的发展战略。

3月14日　黄茂林、康小鹰、傅德寿、刘志文、胡家友、万学兰、王代瑞、赵美霞、何小玲、邹中平获全区“十佳道德标兵”。

4月23日　区委办公室下发《关于切实加强非典型肺炎防治工作的通知》，并成立5个防治“非典”工作督察组。

4月26日　区委下发《蒸湘区防治非典型肺炎应急工作预案》，明确应急处置的6条原则。

5月1日　全区300名干部下到34个村、28个居委会指导防治“非典”工作。

5月15—17日　衡阳市连降大雨，湘江、蒸水超过警戒水位2.6米，区内部分农村内涝严重。

5月　全区成立“三个代表”重要思想宣讲分队，深入乡镇街道及教育系统，系统宣讲“三个代表”重要思想。

6月10日至7月15日　全区乡镇、街道计划生育工作人员开展竞争上岗，按照规定步骤，共录用27名工作人员。

6月24日　全区以立新小区广场为主会场，衡阳卫校为分会场，组织开展“创建文明城市，争做文明市民”万人签名活动。

6 月下旬　全区防治“非典”工作取得阶段性成果，排查 78 个疑似病例，确保“非典”疫情未进入蒸湘区。

6 月　蒸湘区启动农村党员干部现代远程教育工作。

6—8 月　衡阳市持续高温，百日无雨，出现了 60 年一遇的大旱。全区 1.2 万亩中晚稻脱水，1.1 万亩经济作物脱水。

7 月 13 日　湖南省人事厅批准科技局引进的澳大利“美人指”葡萄种植基地为湖南省国外引智工程示范推广基地。

7 月 19 日　衡阳市加强县、乡公路建设的第一个项目——蒸湘区二塘至雨母山公路正式开工，市长贺仁雨主持开工仪式。

7 月　共青团员、市瑞华钢纤维制造有限公司董事长刘华亮在团中央十五大上当选为团中央委员，2008 年 6 月又当选为团中央十六大代表。

8 月 1 日　中共中央候补委员、省委常委、省委统战部部长石玉珍一行，到蒸湘区蒸湘街道太平一社区调研社区统战工作。

8 月 11 日　全区评选出“艰苦奋斗、勤谦为民”优秀领导干部 13 名，即肖隆喜、孙齐文、周小生、冯加业、陈光华、汤九生、罗冬干、王华、贺炳秋、尹熙明、全碧雄、周建衡、黄忠恒。

8 月 15 日　市委书记徐明华到区视察市医药化工厂。

8 月 18 日　蒸湘区“立新机电大市场”开业。

8 月 29 日　市发展计划委员会下文批复，同意蒸湘区在联合街道杨柳村开发建设衡阳市汽车贸易市场。计划占地面积 465 亩，总建筑面积 60 万平方米。

9 月 5 日　全区开展第一个“全民卫生日”活动(全市规定每周星期五下午为“全民卫生日”)。

9 月 7 日　蒸湘区实验小学教师王卫华在吉林某部队工作的丈夫彭文义，在吉林某农行存款 1 万元，农行在其存折上打印成 101 万元。夫妻发现后，立即将多余的 100 万元巨款退还给农行。双方均受到组织奖励。

9 月 9 日　区检察院从区机关大院搬迁至华新开发区新办公楼办公。

9 月 12 日　蒸湘区组织开展第一次无偿献血活动，有 350 人报名参加，其中符合条件的 203 人，共献血 65000 毫升。

9 月 17 日　区残联理事长夏斗生带领 17 名白内障患者去永州，接受香港特别行政区派出的“健康快车”的治疗。

9 月　科技部委托省科技厅到蒸湘区进行两年一次的“全国科技工作先进区”复查考核，蒸湘区在原郊区基础上继续保持“全国科技工作先进区”称号。

10 月 27 日　市委副书记、市长贺仁雨率市直机关 500 余名干部，到雨母山乡湘桂村参加冬修水利劳动，区直机关 282 名干部也同时参加，拉开了全区冬修水利序幕。

10 月　全区乡镇医院、卫生院由原来的块块管理为主，“上划”给区卫生局，实行条条管理为主。

12 月 25 日　共青团蒸湘区第一次代表大会召开，出席大会的代表 101 人，夏冰当选为团委书记。

月内　清理整治党政机关干部违规参与酒店、茶楼、娱乐场所经营活动。

是年　蒸湘区被市委、市政府评定为“财政税收工作先进单位”“招商引资工作先进单位”“推进工业化进程先进单位”“优化经济发展环境先进单位”“执行党风廉政建设责任制先进单位”“‘创建文明城市、争做文明市民’目标管理先进单位”；被省委、省政府评定为“招商引资工作先进单位”“信访工作先进单位”“计划生育工作先进单位”；继续保持“全国科技工作先进区”称号。

2004 年

1 月 14 日　区委、区政府决定，将农村党支部书记、村委会主任纳入社会养老保险体系。6 月 11 日，其他村干部也纳入此范畴。

1月29日　区委、区政府召开紧急会议，研究防治高致病性禽流感工作部署，组建指挥部。

1月30日　召开全区防治高致病性禽流感动员大会，并下发《蒸湘区高致病性禽流感防治工作方案》《蒸湘区重大动物疫情控制应急预案》。

2月1日　区委制定优化经济发展环境“五项制度”，即项目代理制、检查报批制、挂牌保护制、环境评议制、责任追究制。

2月18日　区委召开经济工作会议。明确提出“重建管打基础，抓项目建平台，强优势促发展，加压干争一流”的总体要求。

2—3月　全区发现高致病性禽流感疑似疫区3个、疫点5个，指挥部采取严格处理措施，使高致病性禽流感得到及时有效控制。

3月5日　区政府决定将雨母山乡群益村的陆氏宗祠列为区级文物保护单位。

3月24日　区委建立区领导与党外干部一对一联系制度，共安排26名区领导联系26名党外干部。

4月2日　晶珠商业广场全面开业。

4月29日　区委、区政府在晶珠广场举行“改陋习、树新风”“诚信衡阳”万人签名活动，大张旗鼓地宣传文明创建工作。

4月　蒸湘区突出“两个务必”教育，在广大干部中开展“戒赌兴学、戒奢兴俭、戒虚兴实、戒懒兴勤”的“四戒四兴”活动。

5月1日　蒸湘区老衡邵路改造成红湖仿古商业步行街。

5月21日　蒸湘街道太平一社区建立衡阳市第一家社区党建协调工作委员会。

5月　区人民政府副区长许满意(女)调离蒸湘区，任市政府市长助理。

7月13日　全省反腐败抓源头工作座谈会推介蒸湘区财政管理制度改革经验。

8—11月，蒸湘区在全区范围内开展“四树四为”(树立科学的发展观，为人民尽好责；树立正确的政绩观，为人民谋好利；树立牢固的群众观，为人民服好务；树立严明的法纪观，为人民办好事)教育活动。

9月1日　座落在蒸湘区呆鹰岭镇的衡阳市第一大民办高校——湖南科技经贸职业学院(原中南财经科技管理学院)建成招生。

9月27日　历经3年建设的雨母山雁雨寺落成。

11月22日　市残联在蒸湘区召开残协工作现场会，与会人员参观了廖家湾社区、大栗新村社区残协工作。

11月28日　蒸湘区新闻网开通，此为衡阳市第一家县(区)级新闻网。

12月10日　市委书记徐明华一行，到区视察呆鹰岭镇中心卫生院。

是年　蒸湘区被市委、市政府评定为“巩固提高普九成果先进区”“落实党风廉政建设责任制先进单位”“人口和计划生育工作先进单位”；被省委、省政府评定为“人口和计划生育工作优质服务先进单位”，被省商业厅等8个部办厅局推评为“湖南十大投资环境诚信安全区”；继续保持“全国科技工作先进区”称号。

2005年

1月11日　蒸湘区第一次全国经济普查工作顺利完成。

2—6月　全区进行第一批保持共产党员先进性教育活动，参加第一批教育的范围共30个单位的党委、党组。

3月15日　蒸湘区第一次妇女代表大会在广通宾馆召开，出席会议的代表101人，邓冬福当选为区妇联主席。

3—5月　全区进行第二次村支部和村委会换届选举。

4月20日　区人民政府常务副区长曾巧敏(女)调离蒸湘区，任市妇联主席。

5月10日　省政协副主席谢勇章率构建“和谐湖南”调研组,到蒸湘区太平一社区调研社区工作。

5月13日　市委书记徐明华到区视察。指示要把第三产业作为城区的主攻方向;依托城区资源,加快工业发展。

5月20日　区委召开一届四次全体(扩大)会议,作出《关于进一步发展民营经济的决定》。对邹可成、陶芳芳、夏俊生、邓准德等引资有功人员给予现金奖励。

同日　蒸湘区在全市各县(市、区)中,率先建立优化经济发展环境测评点和监督员制度。首批确定的测评点有17家,监督员为22位。

6月　蒸湘区建立和启动城乡医疗救助。

7—10月　全区开展第二批保持共产党员先进性教育活动,共195个支部。

7月14日　省委副书记戚和平到蒸湘区视察农业产业化情况,将呆鹰岭镇振兴村列为全省“生猪养殖专业村”。

7月　区委、区政府建立新提拔干部轮流到信访局挂职锻炼制度。每人挂职时间3个月,与原单位工作脱钩。

8月10日　全区开始实施“电影进社区、文明进家庭”活动。

8月16日至11月30日　全区开展城市管理百日集中整治活动。

8月19日　蒸湘区开始实施干部任前公示制度。

8月　按照市委安排,蒸湘区启动“乡村人才培训计划”(与市电大联合举办一村一名大学生学历教育)。

10月20日　原省人大常委会副主任董志文、省公安厅副厅长王东贵,到蒸湘区视察区法院、检察院、公安分局工作与建设情况。

10月25日　市政协主席刘增科、副市长谢宏治率省、市政协委员14人,到蒸湘区视察雨母山旅游资源开发情况。

10月　民建蒸湘区工作委员会成立。工委主任谢卫。

11月7—9日　衡阳市2005年县域经济现场调度会在雁城宾馆召开。李安平在会上作了《认清形势,找准差距,加压苦干,迎头赶上》的大会发言。与会人员参观了蒸湘区西安管件衡阳分公司、花香实业有限公司等6家新增企业。

11月30日　衡阳市城市规划局邀请国内5名专家及市相关职能部门、蒸湘区人民政府领导,在雁城宾馆召开雨母山风景名胜区总体规划方案评审会,副市长雷良玉、谢宏治出席。

12月23日　市委书记徐明华,到蒸湘区视察重点工程建设情况。

是年　蒸湘区被市委、市政府评定为“城镇建设管理先进单位”“落实8件实事先进单位”“人口和计划生育工作先进单位”“财政税收工作先进单位”“推进工业化进程先进单位”“招商引资工作先进单位”“优化经济发展环境先进单位”;被省委、省政府评定为“招商引资工作先进集体”“信访工作先进集体”“人口和计划生育工作优质服务区”;继续保持“全国科技工作先进区”称号。

2006年

1月31日　衡阳市氮肥厂、衡阳市汽车制配厂、衡阳市三建公司子弟学校(简称三厂子校),整体移交给蒸湘区管理。

2月6日　蒸湘区雨母山乡青松村村民李卫国等11人,乘坐私家面包车,在京珠高速公路广东清远段发生特大车祸,其中10人遇难。区委、区政府立即成立工作小组,协助有关部门做好善后工作。

3月1日至12月31日　蒸湘区完成第二次农业普查工作。

3月17日　市委常委、市政法委书记谢恒斌,区委书记李安平,分别率领市、区新农村建设工作队进驻雨母山乡雨母村,开展新农村建设试点工作。

3月31日　区委、区政府印发《关于建设社会主义新农村的实施意见》。确定雨母山乡雨母村、呆鹰岭镇振兴村为全区新农村建设示范村。雨母村被市委、市政府确定为全市“百村示范点”之一。

3月　蒸湘区开展“百万群众学理论活动”。

3月　蒸湘区地税局办税大厅获“全国三八红旗集体”;晶珠置业有限公司获全国“‘百城万店无假货’示范商场”。

4月1日　衡阳有色机械总厂设备厂子弟小学整体移交给蒸湘区管理。

4月　蒸湘区开始按照“管好自己的(直接管理的党员)、管活社区的(离退休党员)、辐射外来的(外来流动党员)”原则,对社区党员实行分类教育管理。

5月8日　蒸湘区政协常委、市安荣建筑工程有限公司法人代表蒋安荣,独资捐献260万元修建石鼓书院大观楼。

5月28日　区政府区长徐建中调离蒸湘区,任衡阳市劳动和社会保障局局长;唐文峰调入蒸湘区工作,任中共蒸湘区委委员、常委、副书记。5月31日,蒸湘区一届人大常委会第二十二次会议决定,唐文峰为区人民政府副区长、代区长。

6月中旬　区委副书记刘一华调离蒸湘区,任衡阳市国资委副主任;区委副书记、纪委书记刘定安调离蒸湘区,任衡阳市煤炭局副局长。

6月28—29日　中共衡阳市蒸湘区第二次代表大会在神龙大酒店召开,出席会议的代表203人。李安平当选为区委书记,李艳丽(女)当选为区纪委书记。

7月16—19日　因受热带风暴“碧利斯”影响,湘江超警戒水位4.2米。蒸湘区防洪堤出现21处大面积管涌和滑坡,全区3.6万人受灾,2000多户居民房屋破损,倒塌120间,农作物受灾面积7500亩。

7月25日　区委、区人大常委会、区政府、区政协、区人武部主要领导赴耒阳工兵团及某团3营,慰问参加蒸湘区抗洪抢险官兵。

8月中旬至11月下旬　蒸湘区进行第2次社区居委会换届选举。

8月18日　衡阳市城市规划局下发批复,同意蒸湘区机关大院迁建项目选址定位于长湖乡大立村立新大道北侧,用地面积300亩。

8月28日　区委书记李安平、区政府副区长罗为广,到省发改委汇报区机关搬迁选址情况,省发改委同意区机关选址从立新大道北侧变更到船山大道北侧。

8月19日　蒸湘区长湖片区综合开发项目开工庆典仪式隆重举行。此项目总用地面积2067亩,由香港冠都集团投资建设,开发建设期为3－5年。

8月21日　为加强党风廉政建设,蒸湘区建立和健全办事公开制、岗位责任制、服务承诺制、首问责任制、限时办结制、效能告诫制、绩效考核制、行政有错与无为问责制8项制度。

9月12日　区委下发《关于认真贯彻〈中共中央关于学习“江泽民文选”的决定〉的通知》。强调各级各部门要认真学习,紧密联系实际,指导和推动各项工作。全区副科级以上干部,每人购买一套《江泽民文选》。

9月25—27日　中共蒸湘区委书记李安平,区委副书记、代区长唐文峰,区委副书记邓准德等到长沙参加中部六省第一次投资贸易博览会。

9月28—29日　蒸湘区人大一届六次会议补选唐文峰为蒸湘区人民政府区长。

10月13日　雨母山雁雨寺主持释心开法师向衡阳市图书馆捐赠台湾翻印的古籍《乾隆大藏经》精装本一套(共168本)。此举弥补了市图书馆古籍宗教经书类图书的空白。

10月26日　蒸湘区工商业联合会召开第二届一次会员代表大会,选举产生执委35人、常委17人,刘衡学为工商联会长。

10月28日至11月3日　中共蒸湘区委书记李安平,区委常委、区委办公室主任祝和东率各乡镇、街道党政一把手,到四川、重庆、成都参观学习建设社会主义新农村经验。

11月3日　市政协主席刘增科,带领部分省、市政协委员和相关部门负责人,到雨母山乡群益村谢彬墓进行瞻仰与凭吊。

11 月 18 日　省委常委、省军区政委杨忠民少将视察蒸湘区人武部建设情况,并到南华大学征兵心理测试现场、国防生培训基地、核工业技术研究室调研,同时看望了大学内的海军国防生。

11 月 31 日　衡阳钢管(集团)有限公司小学整体移交给蒸湘区管理。

12 月 13 日　蒸湘区人民政府收到市人民政府办公室下发的《关于〈衡阳市蒸湘区呆鹰岭工业聚集区总体规划〉(2006—2020 年)的批复》。

12 月 18 日　市委常委会议研究决定,同意在蒸湘区联合街道范围内建设衡阳钢管深加工产业聚集区。

是年　蒸湘区被市委、市政府评定为“财政税收工作先进单位”“优化经济发展环境先进单位”“招商引资和旅游工作先进单位”“城镇建设和管理工作先进单位”“新农村建设先进单位”“人口和计划生育工作先进单位”;被省委、省政府评定为“人口和计划生育工作优质服务区”“信访工作先进集体”;继续保持“全国科技工作先进区”称号。

2007 年

1 月 2 日　蒸湘区神龙大酒店、晶珠云顶大酒店、泰阳商城被市政府授予“雁城名店”称号。

1 月　蒸湘区为优化经济发展环境,开始采取“一个项目(工程),一名领导,一套班子,一抓到底”的“四个一”措施,实行“包批手续,包办协调,包干经费”的包干制。

2 月 7 日　区委召开经济工作会议,提出实施“二三(产业)并重、城市带动、民营主体、项目立区”的发展战略。

3 月 6 日　湘南地区首家地震台——衡阳市地震台在蒸湘区呆鹰岭镇同康村挂牌成立。

3 月 17 日　省政协副主席孙载夫率省政协调研组,到蒸湘区红湘街道联合新村社区,就“构建和谐社会中矛盾纠纷排查化解工作”开展调研。

3 月 18 日　衡阳钢管深加工产业聚集区开工奠基,副省长徐宪平出席奠基仪式。该聚集区占地 870 亩,坐落在蒸湘区联合街道杨柳村。

3 月　为进一步加强非公有制企业党建工作,蒸湘区向区内 58 家非公有制企业党组织派驻党建指导员、党建联络员、企业服务员。

4 月 24 日　蒸湘区集中销毁 8 万余张(本)非法出版物、近 100 台赌博机、40 余块违禁电游板。

5 月 12—13 日　蒸湘区举办第一批失地农民转移就业培训班。

5 月 20 日　区政府新增雨母山乡的二塘村、湘桂村为新农村建设示范村。

6 月 13 日　蒸湘二中六年级学生刘晗为救落水同学邓建不幸溺水身亡,年仅 13 岁。

6 月 23 日　市长彭崇谷到区视察长湖片区建设情况。

6—7 月　全区组成 34 个调研组,200 余名机关干部参加“三最”(人民群众最关心、最直接、最现实的问题)调研活动。

6 月中旬至 8 月上旬　衡阳持续一个多月晴热高温,全区 95% 以上农作物不同程度受旱,水稻脱水面积 5453 亩,失收 220 亩;蔬菜受旱面积 4700 亩,花生、黄豆等经济作物 50% 以上失收。

8 月 6 日　区政府建立文明创建工作奖励机制,设立职能部门基础奖、乡镇街道月度工作奖、社区月度工作奖、年度工作优秀奖四个奖项。

9 月 1 日至 10 月 31 日　蒸湘区开展安全生产隐患大排查、大整改、大督查行动。

9 月 8 日　区委副书记、区长唐文峰在省青联九届一次全会上,再次当选为省青联九届常务委员会委员。

9 月 9 日　省人大常委会副主任戚和平、秘书长刘永寿到蒸湘区视察即将进行的人大换届选举准备工作。

9 月 12 日　蒸湘区总结党风廉政建设“四个延伸”经验,即向前延伸,防患于未然;向内延伸,培养良好

“官德”;向下延伸,抓好基层夯实基础;向后延伸,帮助违纪干部改邪归正。

9 月 20 日　区人民医院挂牌(原呆鹰岭医院改为区人民医院,保留呆鹰岭镇中心卫生院牌子)。

9 月　致公党蒸湘区工作委员会成立,唐小平为工委主席。

11 月 25—29 日　政协蒸湘区二届一次会议在市政协七楼会议室召开,出席会议的委员 154 人。毛菊桂当选为政协主席。

11 月 26—30 日　蒸湘区人大二届一次会议在市枫树林宾馆召开,出席会议的代表 162 人。大会选举罗厚坤为区人大常委会主任,唐文峰为区人民政府区长,谷敏为区人民法院院长,黄茂林(女)为区人民检察院检察长。

11 月 30 日　市委书记徐明华、市长彭崇谷到区考察长湖片区冠都现代城、广电中心建设情况和新建的平湖公园。

12 月 26 日　坐落在莲湖路的原郊区机关大院成功拍卖。该宗土地使用面积 13305 平方米,房产面积 21762.86 平方米,最终由长沙星河苑房地产开发有限公司以 7080 万元的价格拍得。

是年　蒸湘区被市委、市政府评定为“财政税收工作先进单位”“招商引资与旅游工作先进单位”“商贸流通工作先进单位”“新型工业化先进单位”“社会治安综合治理先进单位”“人口和计划生育工作先进单位”“社区工作先进单位”,获市政府“安全生产目标管理考核优秀单位”;被省委、省政府评定为“加快推进新型工业化红旗单位”“利用外资工作先进单位”“维护社会稳定和社会治安综合治理工作先进单位”“人口和计划生育工作优质服务区”;继续保持“全国科技工作先进区”称号。

2008 年

1 月 15 日　蒸湘区召开创文明城区决战阶段工作动员大会,要求各级各部门认识要更高,工作要更实,措施要更硬,决战 30 天,争创首批衡阳市文明城区。

1 月 16 日　济南军区某旅修理二连士官班长费波回雨母山乡东阳村探亲,正遇上家乡低温冰冻,他立即投入抗冰雪斗争。探亲一个月,抗灾 30 天,其先进事迹广为传播。

1 月中旬至 2 月上旬　一场罕见的低温冰雪袭击衡阳,境内 18.5 万人受灾,3500 人因灾致病,农作物受灾面积 4.8 万亩,绝收面积 1.95 万亩,3500 间民房被损,630 户房屋倒塌,2200 头大牲畜死亡,580 根电杆被压倒,道路、林业、水利设施严重受损。

1 月 31 日　区政府办公室发出《关于在全区开展“抗冰灾、送温暖”社会募捐活动的紧急通知》,号召全区广大干群为遭受冰冻灾害的困难人员奉献爱心。

2 月 5 日　区委、区政府召开紧急动员会,全面安排部署生产自救事宜。1300 名机关干部下基层抓自救重建工作。

2 月 17 日　区政协委员、“李丽家庭教育工作室”主任李丽(女),被中央电视台推评为“2007 年度感动中国十大新闻人物”。

2 月 25 日　区委经济工作会议在雁城宾馆召开。会议要求领导带头抓项目,部门联动抓项目,努力形成“引进项目全区化,服务项目自觉化,调度项目经常化”的良好氛围和工作态势。

3 月 15 日　全区 110 名干部组成 37 支工作队,深入受灾村、组,开展“救灾补损保目标,转变作风促和谐”活动。

3 月 18 日　蒸湘区启动城镇居民基本医疗保险工作。

3 月 27 日　区委授予李伯利、曹禄永、谢孝玲、邹顺徕、肖芳云(女)、罗锡桂(女)、刘洪元、刘治放 8 人“勤政廉政、富民强区”优秀领导干部称号。

3 月　蒸湘区环卫局局长罗锡桂(女),蒸湘区工商联副会长、鸿华汽运公司董事长侯光昆分别被推评为全市抗冰救灾“感动衡阳”人物。

4 月 17 日　市委书记张文雄,秘书长杨邦伟到蒸湘区企业、社区调研。

4月下旬至7月底　全区开展安全生产百日督察专项行动。

4月24日　衡阳市城市管理综合整治行动经验交流会在蒸湘区召开,区长唐文峰介绍了全区综合整治情况,与会人员参观了长湖乡立新二社区、红湘街道吉祥社区和蒸湘街道太平一、二社区。

5月上旬至中旬　蒸湘区干部、群众为四川汶川地震灾区捐款76.56万元。

5月中旬至8月底　蒸湘区开展迎奥运百日食品安全专项整治行动。

5月30日　市委决定:免去李安平中共蒸湘区委书记、常委、委员职务;任命唐文峰为中共蒸湘区委书记,不再担任蒸湘区人民政府区长职务;任命陈树生为中共蒸湘区委委员、常委、副书记,并提名为蒸湘区人民政府区长候选人。

5月　蒸湘区1772名党员为四川汶川地震灾区交纳“特殊党费”29.41万元,其中交纳1000元以上的党员36人。

6月6日　蒸湘区召开二届人大常委会第四次会议,接受唐文峰辞去蒸湘区人民政府区长职务,任命陈树生为蒸湘区人民政府副区长、代区长。

6月12日至9月底　区委统战部在《衡阳晚报》开辟《蒸湘民企风采录》专栏,3个月内连续宣传区内20余家民企典型。

7月中旬至8月底　蒸湘区开展“解放思想与衡阳发展”、“解放思想与蒸湘发展”大讨论活动。

7月　蒸湘区开始实行“书记区长大接访”活动。

8月22日　蒸湘区新型农村合作医疗保险正式启动。

8—10月　蒸湘区进行第3次村支部和村委会换届选举。

9月16—17日　蒸湘区人大二届三次会议补选陈树生为区人民政府区长。

10月22日　共青团衡阳市蒸湘区第二次代表大会在枫树林宾馆召开,出席会议的代表101人。大会选举罗琼(女)为团委书记。

11月3—4日　蒸湘区在南岳举办村支部书记和村委会主任培训班。

11月5日　省委宣传部副部长、省文明办主任罗志丹率考察组一行5人,到蒸湘区考察省级文明城区创建工作。

11月9日至12月初　蒸湘区开展“纪念改革开放30周年群众文化活动月”活动。

11月12日　市委书记张文雄率在衡国、省、市人大代表来蒸湘区雨母山乡雨母村,视察新农村建设情况。

11月14日　衡阳市首家残疾人法律援助中心在蒸湘区法律援助中心正式挂牌成立。

11月24日　衡阳市召开城市管理动员暨市级文明县城(城区)表彰大会。蒸湘区获全市首个文明城区称号,区委书记唐文峰获二等功。

11月下旬　蒸湘区在1镇2乡开始进行小食堂、小厕所、小澡堂、小图书室、小文体活动室的“五小设施”建设。

12月4日　蒸湘区召开城市管理动员大会,安排部署交通秩序、占道经营、环境卫生三大整治战役。整治活动为期3个月。

12月　蒸湘区被省委、省政府授予“湖南省2008届文明城区”称号。

12月　人事部外专局批准区“美人指”葡萄种植基地为“全国引进国外智力成果推广示范基地”。

年内　蒸湘区完成全国第二次经济普查。

是年　蒸湘区被市委、市政府评定为“财政税收工作先进单位”“优化经济发展环境先进单位”“招商引资与旅游工作先进单位”“商贸流通工作先进单位”“城市建设管理工作先进单位”“为民办实事先进单位”“人口和计划生育工作先进单位”“安全生产先进单位”“党风廉政建设先进单位”“新农村建设工作先进单位”“衡阳市文明城区”;被省委、省政府评定为“利用外资工作先进单位”“维护社会稳定与社会治安综合治理工作先进单位”“湖南省文明城区”“人口和计划生育工作优质服务区”;继续保持“全国科技工作先进区”称号。

2009 年

1 月　蒸湘区在全市率先建立村级劳动保障服务中心。

2 月 12 日　区委召开经济工作会议，明确提出 2009 年经济工作的总体目标是“保增长”，只有保增长，才能保发展、保民生、保稳定。

2 月 24 日　蒸湘区为纪念改革开放 30 周年暨庆祝获省、市文明城区称号，在市政府会议中心举办“多彩蒸湘”大型文艺晚会。

3 月 6 日　副省长徐明华到区视察“四水治理”项目的蒸水南堤堤防工程。

3 月 11 日　原湖南省常务副省长、省计生协会会长董志文、常务副会长张斌、秘书长梁文明到蒸湘区联合街道南三角线社区调研计生工作。

3 月 19 日　蒸湘区四大家主要领导、部分区直部门主要负责人和乡镇街道党（工）委书记共 38 人，赴郴州市桂阳县参观学习承接沿海产业转移、招商引资、项目建设等方面的经验。

3 月　区政府决定，将新农村建设雨母山乡示范片，由原来的雨母村、二塘村，湘桂村，扩大到东阳村、群胜村；呆鹰岭镇示范片，由原来的振兴村扩大到堰头村。

3—8 月　蒸湘区开展第一批学习实践科学发展观活动。参加第一批的共计 37 个单位、89 个党组织。

4 月 9 日　区委召开二届四次全体（扩大）会议。会议指出，全区经济工作的主要任务是促项目、保增长、扩就业、求发展。要求各级各部门积极主动干，咬住目标干，守土有责干，富有创造干，团结互助干，领导带头干。

4 月 10 日　蒸湘区 5 家社区卫生服务中心试行国家基本药物制度，对 100 种常用药物零差率销售，并实行 14 项免费公共卫生服务。

5 月 13 日　市委书记张文雄到区视察“四水治理”项目蒸水南堤堤防工程建设。

5 月至 2010 年 10 月　蒸湘区完成林改任务，落实了个人山林权属和集体山林权属，分别发放了林权证。

7 月 24 日　市委常委、宣传部部长阳新丽，对雨母山景区规划建设进行现场调研，同意将雨母山建成国内一流的文化主题公园，打造红酒文化基地、百姓休闲基地和影视文化创作基地。

7 月　蒸湘区结合“企业服务年”活动，在全区开展“访百家企业、征百条建议、解百个难点”的“三百”活动。

7—11 月　蒸湘区全面完成上级规定的“四场一厕”（农贸市场、果蔬批发市场、夜市场、停车场，公共厕所）建设任务。

8 月 31 日　蒸湘区无党派联席会召开成立大会。联席会由副区长、无党派人士杨艳斌（女）担任会长。

9 月 4 日　全市新农村建设现场调度会的与会人员，到蒸湘区雨母山乡新农村建设示范片实地参观。

9 月 20 日　蒸湘区“李丽家庭教育工作室”主任李丽（女）、蒸湘区飞翔大桶饮用水厂厂长曾存粮分获第二届全国道德模范提名奖。

9 月至 2010 年 2 月　蒸湘区开展第二批学习实践科学发展观活动。参加这一批学习的共计 63 个单位、95 个党组织。

10 月 18 日　蒸湘区启动“广场旬旬演”“社区周周乐”群众文化活动。

10 月 27 日　从 2008 年 8 月 19 日开工建设的蒸湘区新机关大院举行升国旗仪式，正式启用。

11 月 8—11 日　蒸湘区、珠晖区在市委党校联合举办乡镇党委书记、村（社区）党支部书记培训班，深入学习实践科学发展观。

11 月中旬至 12 月底　蒸湘区进行第三次社区居委会换届选举。

12 月 10 日　衡阳市计划生育村（居）民自治工作现场会在蒸湘区召开。蒸湘区成立后，计划生育工作连续 8 年被评为全省优质服务先进单位，村（居）民自治合格率达 96% 以上。

12 月 28 日　在全市“书香家庭在蒸湘——全民读书月”活动中,雨母山乡雨母村获“十佳‘书香村组’”,红湘街道冶金社区居委会获“十佳‘书香社区’”,区政协退休干部刘舜楼、罗莲英家庭及区人大干部肖玲玲、唐生德家庭获“十佳‘书香家庭’”。

12 月 30 日　衡阳市首个乡镇团委班子公推直选试点工作在蒸湘区呆鹰岭镇获得圆满成功。

年内　湖南四海神龙实业有限公司免费对全市返乡农民工实行定向培训 3000 余人,经考察测试合格后,从中优先录用 2000 余人到该公司工作。

是年　蒸湘区被市委、市政府评定为“财政税收工作先进单位”“项目建设先进单位”“招商引资与旅游工作先进单位”“优化经济发展环境先进单位”“城市建设管理工作先进单位”“人口和计划生育工作先进单位”“农业农村与新农村建设先进单位”“维护社会稳定与社会治安综合治理工作先进单位”“党风廉政建设工作先进单位”,被市政府评定为“农贸市场提质改造先进单位”“企业服务年活动优质服务单位”;被省委、省政府评定为“人口和计划生育工作优质服务区”;继续保持“全国科技工作先进区”称号。

2010 年

1 月 13—28 日　蒸湘区完成湘桂铁路扩能改造蒸湘区段 123 户、1.87 万平方米房屋拆迁任务,成为湘桂铁路全线第一个全部完成拆迁任务的县区,受到市重点办的通报表扬。

1 月 13 日至 5 月 31 日　根据全市统一安排,蒸湘区开展“十万乔木进雁城”活动。全区财政投入 380 万元,共栽种乔木 53564 株。

1 月 31 日　省人民政府授予雨母山乡雨母村“湖南省社会主义新农村建设示范村”荣誉称号。

2 月 1 日　区委召开经济工作会议,着重强调实施“十个一”行动计划,即做强一园、开发一山、盘活一区、构筑一圈、打造一片、美化一带、拉通一网、巩固一创、迁建一校、办好一事。

2 月 8 日　全省政府网站绩效评估结果发布:“中国 · 蒸湘”党政门户网位列全省 125 家县市区政府网站第 7 位、全省城区政府网站第 1 位。

4 月 1 日　市政府成立雅士林雨母山项目领导小组,组长谢宏治(市委常委、宣传部部长、副市长)。领导小组下设办公室,由蒸湘区政府区长陈树生任办公室主任。

4 月 18 日　中共蒸湘区委二届六次全体(扩大)会议召开。会议强调,要推进重点工作、重点项目(工程),必须强化一流的运作,创造一流的速度,实现一流的效益,树立一流的形象。

4 月 24 日　省军区司令员张永大少将到蒸湘区人民武装部视察指导工作。

4 月 28—29 日　衡阳市政法基层基础建设现场会在衡阳县召开。28 日,与会代表参观了蒸湘区红湘街道综治维稳中心、中泰峰境技防设施等现场。29 日,区委副书记邓准德在会上作了“着力基层打基础,突出防范保平安”的经验介绍。

同日　蒸湘区与衡阳市泰阳电器城签订协议,率先在全市试行家电下乡补贴。

5—12 月　全区农村开展“乡村清洁工程”活动。

6 月 12 日至 12 月　蒸湘区开展“公共服务进社区”活动。

同日　蒸湘区在区实验小学召开网上家长学校经验推介会。区实验小学网上家长学校自 2008 年创建以来,先后获“全国优秀家长学校”“全国青少年文明礼仪教育示范基地”“中国未成年人网脉工程实验基地”称号。

9 月 15 日　市委书记张文雄率市直相关部门负责人,到蒸湘区督察“公共服务进社区”工作。

11 月 1 日　以当日零时为标准时间,蒸湘区进行全国第六次人口普查。

11 月 15 日　根据全市统一安排,蒸湘区启动“畅通、整洁、绿化”三大工程,为期 3 个月。

11 月 22 日　省委副书记梅克保,省委常委、组织部部长黄建国一行,到红湘街道联合新村社区调研党支部开展创先争优活动情况。

11 月 25 日　中残联副理事长孙先德,到蒸湘区蒸湘腾跃工艺厂进行视察指导。

11 月 29 日　蒸湘区新建的政务服务中心、群众工作部、综治维稳中心、信访接待中心举行揭牌仪式。政务服务中心设有 19 个办事窗口,常驻人员为 30 人。

12 月 21 日　省委书记、省人大常委会主任周强率省直部门领导一行 10 人,到蒸湘区专题调研创先争优和群众工作。

12 月 26 日　蒸湘区衡钢深加工产业园,被工信部批准为“国家新型工业化产业示范基地”。

12 月 31 日　区委二届七次全体(扩大)会议召开。会议审议通过了《中共蒸湘区委关于制定我区国民经济和社会发展“十二五”规划的建议》。

是年　蒸湘区被市委、市政府评定为“财政税收工作先进单位”“固定资产投资和项目建设先进单位”“城市建设管理工作先进单位”“为民办实事先进单位”“新农村建设先进单位”“人口和计划生育工作先进单位”,被市政府评定为“安全生产目标管理绩效考核先进单位”“公共服务进社区活动先进单位”;被省委、省政府评定为“人口和计划生育工作优质服务区”;继续保持“全国科技工作先进区”称号。

2011 年

1 月 7 日晚　区交警大队巡逻中队民警王飞跃,在一环西路疏通 8 根倒塌的高压电杆中,为阻止 1 名小车司机靠近高压线,自己不幸被 1 万伏高压电击倒而牺牲,年仅 44 岁。1 月 26 日,王飞跃被省人民政府追认为“革命烈士”。

1 月 14 日　省委常委、省政法委书记、省公安厅厅长李江,带领来衡参加全省“用群众工作统揽信访工作经验交流会”的 60 余名代表,观摩了蒸湘区群众工作部和红湘街道联合新村社区群众工作室、社区警务室及“爱心超市”。

1 月 15 日　省委副书记、省长徐守盛一行视察蒸湘区群众工作部和联合新村社区,并到雨母山乡东阳村、群胜村看望慰问困难群众。

1 月 17 日　蒸湘区长湖乡立新二社区获第六批“全省城市体育先进社区”奖励。

1 月 19—20 日　区委召开经济工作务虚会,提出蒸湘区“十二五”期间的 11 大工作要点:立足大对接、着眼大发展、构筑大平台、谋划大项目、扶持大企业、培育大产业、保障大民生、强化大管理、推动大创新、营造大环境、建设大队伍。

2 月至 2012 年底　蒸湘区进行全国第一次水利普查。

3 月 31 日　“中国 · 蒸湘”党政门户网站,被省人民政府授予“湖南省优秀政府网站”称号。

3 月　全区乡镇党委进行换届选举。

3 月　区妇联开始发起“爱心妈妈”活动。发动社会各界爱心人士担任“爱心妈妈”,与留守儿童结成“一帮一”或“一帮几”对子,帮助解决留守儿童实际问题。

4 月 12 日　蒸湘区恢复干部参加劳动的制度。区直机关干部 200 余人到雨母山乡梓木村帮助疏通清理老水渠。

4 月中旬　区总工会组织区内国、省、市劳动模范到桂林疗(休)养。其中,全国劳模 1 人,省劳模 11 人,市劳模 12 人。

4 月 26 日　区委常委会议专题研究党务公开工作。成立以区委书记为组长的领导小组,区委办下发《关于全区党的基层组织实施党务公开的实施方案》。

5 月 4 日　区委组织部与区团委召开“五四”表彰大会,表彰第一届“蒸湘区十大杰出青年”:尹钢、尹光胜、王建军、刘俊利、张勇、宋小平、肖玲玲(女)、肖啸、廖道富、戴辉华;第一届“蒸湘区优秀青年”:刘婕(女)、刘芳(女)、杨亚平、唐雪林、曹亚平、曾黎明。

5 月 8 日　中共中央政治局常委、中央纪委书记贺国强,中纪委副书记黄树贤、吴玉良一行,到蒸湘区红湘街道联合新村社区居委会视察。

5 月 24 日　衡阳市食品药品监督管理局蒸湘分局挂牌成立。

5—7 月　蒸湘区进行第 4 次村支部和村委会换届选举。

6 月 22 日　区委常委、纪委书记李艳丽调离蒸湘区，任市审计局党组书记、副局长；区委常委、副区长刘红丹调离蒸湘区，任中共耒阳市委常委、组织部长；区委常委、统战部长贺熙欢调离蒸湘区，任市政协学习文史港澳台侨委员会主任。李来清、肖立建、张永英调入蒸湘区工作，分别任区委副书记，区委常委、副区长候选人，区委常委、组织部部长。

6 月　红湘街道在全市率先推行社区环卫工作市场化。全街道 7 个社区和 1 个村的环卫工作，由 1 人承包，一年承包费 73 万元。

6 月 30 日至 7 月 2 日　中共衡阳市蒸湘区第三次代表大会在区机关会议中心召开，出席会议的代表 207 人。会议选举唐文峰为第三届区委书记，陈树生、李来清为区委副书记，彭东阳为区纪委书记。

6 月　蒸湘区启动农村危房改造工程。

7 月下旬　雨母山乡雨母村获首批"全国人口和计划生育基层群众自治示范村"称号。

7—8 月　蒸湘区持续高温干旱，农作物受旱面积 11525 亩，其中重灾 2050 亩，干枯 1050 亩，饮水困难 5000 余人。

7 月至 2012 年 2 月　蒸湘区公安分局巡逻大队大队长黄喜军在新疆援助工作期间，立一等功。

8 月 4 日　由《人民日报》、《湖南日报》、湖南人民广播电台、湖南卫视、《潇湘晨报》等多家媒体组成的新闻采访团，到蒸湘区集中采访群众信访工作。

8 月 16 日至 9 月 16 日　衡阳市举行第九届运动会，蒸湘区派出 388 名运动员参加 27 个大项比赛，是参赛人员最多的代表团。比赛获总分 2979.3 分，居全市各代表团总分第二，其中青少年总分居全市第一。

9 月 7 日　全区召开推进企业工资集体协商工作会议，并进行业务培训。

10 月 13 日　省政协主席胡彪一行，到蒸湘区联合街道大栗新村社区居委会和衡钢集团有限公司实地考察。

10 月 23 日　中共中央政治局委员、书记处书记、中宣部部长刘云山，到蒸湘区联合街道大栗新村社区视察文化进社区情况。

10 月 27 日　蒸湘区成立中共蒸湘区非公有制经济组织工作委员会，周清任工委书记。

10 月 28 日　蒸湘区召开干部大会，对区委书记唐文峰开展述廉评议工作。

11 月 2 日　民政部副部长姜力（女）一行，到蒸湘区红湘街道联合新村社区视察社会救助工作。在听取情况汇报和实地察看后，姜力说："你们积极改进传统的社会管理和公共服务方式，较好地解决了居民各方面生活难题，经验值得推广。"

11 月 4 日　省委常委、长沙市委书记陈润儿率长沙市党政代表团，到蒸湘区考察群众信访工作。

11 月 11 日　蒸湘区召开工商联（总商会）第三届一次会员代表大会，出席会议的代表 109 人，选举产生执委 52 人、常委 17 人，谢云亚当选为工商联主席、总商会会长。

12 月 1 日　蒸湘区启动城镇职工医保、城镇居民医保和生育保险大医保系统，即实行全市医疗保险征缴、待遇享受完全统一的政策。

12 月 11 日　蒸湘区水土保持局挂牌成立，归口区水利农机局管理。

是年　蒸湘区被市委、市政府评定为"财政税收工作先进单位""项目建设先进单位""新型工业化先进单位""现代服务业先进单位""城市建设管理工作先进单位""社会治安综合治理工作先进单位""为民办实事先进单位""人口和计划生育工作先进单位"，被市政府评定为"乡村清洁工程优胜单位""企业服务年活动优秀服务单位""衡州大道建设'重大贡献奖'"；被省委、省政府评定为"人口和计划生育工作优质服务模范区"，被省纪委评定为"基层农村党风廉政建设先进单位"，省民政厅"县级社会救助工作规范化建设优胜单位"，省林业厅"防护林工程建设先进单位"，省畜牧水产局"养殖业项目管理工作先进区"，省综治委"2009—2011 年度平安铁路示范县市区"；继续保持"全国科技工作先进区"称号。

2012 年

1 月 19 日　蒸湘区雨母山乡雨母村获“全省农村基层党风廉政建设先进单位”。

1 月 29 日　衡阳广电推出《蒸湘三记》系列报道，即《项目兴区，加速前行》《为民办实事，打造生活品质之区》《创新社会管理，从服务做起》。

2 月 20 日　区委经济工作会议提出：继续围绕“富民强区，争创一流”的总体目标，突出“项目兴区、项目立人、以德为先、贡献排位”的工作导向，争做全市科学发展排头兵。

2 月 27 日　区委书记唐文峰调离蒸湘区，任中共耒阳市委书记。

3 月 3 日　白一峰调入蒸湘区工作，任中共蒸湘区委书记。

3 月 12—20 日　蒸湘区开展“捐植一棵树，共育爱心林”活动。具体要求：处级干部每人捐 500 元，正科级干部每人捐 300 元，副科级干部每人捐 250 元，科以下干部每人捐 200 元。栽种的树木将以捐植人姓名挂牌命名。

3 月下旬至 4 月底　市委组织部组织全市各县（市、区）机关科级干部在市委党校轮训，学习科学发展观，每人学习 5 天。蒸湘区共有 12 批参加轮训，轮训人员 226 人。

3 月　“中国·蒸湘”党政门户网，被评为“2011 年度湖南省优秀政府网站”。

4 月 12 日　区委召开“大走访、大调研、大服务”主题活动推进会，并作出“作风兴区”决定，要求干部在一线，问题解决在一线，政策落实在一线，成效体现在一线。

4 月 16 日　由区委、区政府主办，区档案局承办的蒸湘·兰台网正式启用。该网站是全市首个投入运行的县级政府档案网站。

4 月 27 日　全市精神文明建设工作现场会在蒸湘区召开。

4 月 28 日　蒸湘区总工会第一次代表大会暨劳模表彰大会在机关会议中心举行，出席大会的会员代表 101 人。大会表彰了 20 名区劳动模范。陈光华当选为区总工会主席（兼）。

5 月 23 日　蒸湘区召开创建“全国计划生育优质服务先进区”动员大会，要求全区上下坚定“创国优”信念，克难攻坚，全面提升计生服务水平。

5 月 28 日　为方便人民群众办事，蒸湘区在《衡阳晚报》上用 3 个专版公布区委书记、区长等 240 名各级领导干部的手机号码。

5 月 31 日　区委三届二次全体（扩大）会议召开，审议并通过了《关于加快推进“山水宜居新城”建设的意见》。

6 月 4 日　全市领导干部接访包案工作现场会在蒸湘区召开。区政府主要领导在会上作经验介绍。

6 月 6—30 日　蒸湘区率先在全市开展并全面完成 34 个行政村、374 个村民小组农村集体土地确权登记发证工作。

6 月 19 日　蒸湘区农村环境综合整治暨雨母山乡省级农村环境连片综合整治工作正式启动。

7 月 5 日　《新视报》专版推出《蒸湘，朝着山水宜居新城迈进》系列报道之宜业篇、宜学篇、宜商篇、宜游篇、宜居篇。

8 月 1 日　国家基本药物制度开始推广覆盖到全区 34 个村卫生室。

8 月 2 日　民盟蒸湘区工委召开成立大会（原为分散基层支部），张朝晖当选为工委主委。

8 月 8 日　省计生委副主任易露茜（女）一行 深入蒸湘区指导计生“创国优”工作。

8 月 16—19 日　蒸湘区青年歌手周尊友，代表衡阳市参加在永州市宁远县举行的“2012 首届中国九嶷山民歌节”，获得金奖。

8 月 19 日　坐落在蒸湘区的衡阳市高新技术产业开发区，被国务院批准为国家级高新技术产业开发区。

8 月　蒸湘区蒸湘街道社区卫生服务中心通过省级示范社区卫生服务中心评估，并被省卫生厅推荐为全国示范社区卫生服务中心候选单位。

9月2日 受国家计生委委托,省计生委副主任易露茜带领专家组一行10人,对蒸湘区计划生育创国优工作进行考察评估。

9月6日 蒸湘区召开区残疾人联合会第三次代表大会,出席会议代表79人。大会选举陈硕果为区第三届残联主席团主席,李伯利为第三届残联理事长。

9月11日 卫生部评估专家组在省卫生厅副厅长黄顺玲(女)陪同下,到蒸湘区就蒸湘街道社区卫生服务中心创建国家级示范社区卫生服务中心暨中国社区卫生协会培训基地进行考核评审。

9月17日 蒸湘区公安分局副局长龙波、区人大办公室秘书肖玲玲(女),分别被评为全市"十佳学习型党员"。

10月8日 辖区内所有公厕实行免费开放,包括区直管公厕27座,坐落单位公厕29座。

10月下旬 蒸湘区乡镇进行人大、政府换届选举。

10月25日 衡钢集团有限公司获中央宣传部、中央文明办、解放军总政治部授予的"全国军民共建社会主义精神文明先进单位"称号。

10月 蒸湘区进行第4次社区居委会换届选举。

11月27日 在上海举行的"第七届中国社区卫生服务发展论坛"上,蒸湘区蒸湘街道社区卫生服务中心被卫生部授予"全国示范社区卫生服务中心"荣誉称号。

11月28日至12月1日 政协蒸湘区三届一次会议在区机关会议中心召开,出席会议的委员171人。会议选举汪秋明为第三届区政协主席。

11月29日至12月3日 蒸湘区人大三届一次会议在区机关会议中心召开,出席会议的代表173人。会议选举单国平为第三届区人大常委会主任,陈树生为区人民政府区长,谷敏为区人民法院院长,罗名志为区人民检察院检察长。

12月14日 民进蒸湘区区委举行成立大会(原为民进蒸湘支部),周玉霖(女)当选为工委主委。

12月20日 全市2012年基础教育质量工作经验交流会在蒸湘区召开。

12月23日 2012年湖南省城市文明程度指数测评公布,蒸湘区顺利通过文明程度指数测评,在全省40个城市(城区、县区)测评中排位第7。

12月26日 蒸湘区在晶珠广场和市中心汽车站分别建立"爱心亭",开展便民志愿者服务活动。这是该区继"爱心超市"、"爱心妈妈"之后,精心打造的又一"爱心"品牌。

是年 蒸湘区被市委、市政府评定为"项目建设先进单位""新型工业化先进单位""现代服务业先进单位""农业农村工作先进单位""城市建设工作先进单位""为民办实事先进单位""人民防空工作先进单位""人口和计划生育工作先进单位",城区蔬菜基地建设获市委、市政府"重大贡献奖";获省蔬菜办"蔬菜标准园建设先进单位"、省畜牧水产局"养殖业生产先进单位",被省委、省政府评定为"人口和计划生育工作优质服务模范区";被国家人口和计生委评定为"全国计划生育工作优质服务先进单位",继续保持"全国科技工作先进区"称号。

第一编　地　理

第一章　区域　建置

第一节　区域位置

衡阳市蒸湘区位于衡阳盆地中央，衡阳市城区西部。地理座标北纬26°48′27″－26°57′39″，东经112°28′20″－112°36′00″。东起蒸湘南北路，与雁峰区、石鼓区接壤，南邻雁峰区，西界衡阳县、衡南县，北临蒸水与石鼓区隔河相望。辖区东西最大直线距离9.4公里，南北最大直线距离17.084公里，总面积101平方公里，约占衡阳市总面积的0.66%，占衡阳城区总面积的18.8%。区机关原驻莲湖路郊区机关大院，2009年10月搬迁至船山大道18号，距市人民政府3.5公里。

第二节　建置沿革

1980年8月，衡阳市撤销市革命委员会农村办公室，设立衡阳市郊区行政建制。至2000年末，原郊区管辖7乡、1镇、1街道、5个国有农场，即和平乡、酃湖乡、东阳渡乡、湘江乡、岳屏乡、西湖乡、松木乡，茶山坳镇，黄沙湾街道，金甲岭农场、酃湖渔场、白渔潭园艺场、松林茶场、湘江农场。下设105个行政村、10个居民委员会。总面积346.54平方公里。

2001年4月4日，国务院给湖南省人民政府下达《关于同意湖南省调整衡阳市市辖区行政区划的批复》（国函〔2001〕34号），同意湖南省衡阳市撤销城南区、城北区、江东区、郊区，成立雁峰区、石鼓区、珠晖区、蒸湘区。5月8日，湖南省人民政府下发《关于调整衡阳市市辖区行政区划的通知》。5月16日，衡阳市人民政府下发《关于市辖市区和衡阳县衡南县行政区划调整的通知》，明确撤销衡阳市郊区，成立衡阳市蒸湘区，并对原郊区所辖区域的调整和蒸湘区的地域构成作出规定。

原郊区的和平乡、酃湖乡、东阳渡乡、茶山坳镇、金甲岭农场、酃湖渔场、白渔谭园艺场和松林茶场划给珠晖区；原郊区的湘江乡（除杨柳村）、岳屏乡（除北塘村、联合村），岳屏村的打线坪、厉家村、雷公圹、单家冲4个村民小组和湘江农场划给雁峰区；原郊区的松木乡、黄沙湾街道及西湖乡的五一、建设、江霞、友爱4个村划给石鼓区；原郊区西湖乡的新桥、农场、金星、柘里4个村划给市高新技术产业开发区。

蒸湘区保留原郊区西湖乡的立新、大立、长湖、松亭4个村，原湘江乡的杨柳村，原岳屏乡的北塘村、联合村和岳屏村的胡家冲、麻家塘、观音塘、两路口、杏花村5个村民小组，共计7个半村。

与此同时，分别将原城北区（今石鼓区）蒸湘街道（含17个居委会），原城南区（今雁峰区）西站街道的风口、西站、幸福路、洪家湾、张飞岭、南三角线、大栗新村7个居委会，衡阳县的老呆鹰岭镇（含11个村2个居委会）及板市乡的土桥村、堰头村，衡南县原三塘镇东阳乡（除公益村、东风村外的12个村）和文昌乡的联胜村划入蒸湘区。

郊区区直机关的调整情况,按照“事随地走”“人随事走”的原则,郊区国土局、广播电视局、经委地矿局,建设局的规划股、建管站、房管所,科技监督局的质量监督股、产品质量检验所交市直接管理。撤销交通局,人员转市交通局安置。农业局、水电农机局、蔬菜副食品局、林业局、农业开发办、农村经营管理局、乡镇企业局、民政局的农村保险办、财政局的农税局等9个涉农单位的总人数(含离退休人员)分成8等分,蒸湘区保留1等分,珠晖区安排3.5等分,雁峰区安排2等分,石鼓区安排1.5等分。除此以外,郊区党、政、军、群机关成建制转入蒸湘区。此次蒸湘区保留郊区工作人员1617人,移交郊区工作人员3217人(5个国有农场作为企业移交,其人数未统计在内),接收来自城北区、城南区、衡阳县、衡南县4个县区的工作人员1631人。

衡阳市行政区划调整时,西湖乡更名为长湖乡,东阳乡更名为雨母山乡;保留蒸湘街道和呆鹰岭镇建制;另新组建红湘、华兴、联合街道。2012年末,全区辖蒸湘、红湘、华兴(2002年5月划归市高新技术产业开发区代管)、联合4个街道,长湖、雨母山2个乡,呆鹰岭镇1个镇。下设40个社区居委会、565个居民小组,42个村民委员会、482个村民小组。

衡阳市郊区移交人员汇总情况一览表

表1-1

单　　位	人　员　总　数			单　　位	人　员　总　数		
	合计	在职人数	离退休人数		合计	在职人数	离退休人数
珠晖区	1751	1528	223	市地矿局	13	13	—
雁峰区	614	507	107	市林业局	7	7	—
石鼓区	592	513	79	市财办	39	29	10
市高新技术开发区	30	30	—	市供销社	24	19	5
市国土局	65	63	2	市质量技术监督局	8	8	—
市交通局	48	46	2	市房地产产权监理处	8	8	—
市广播电视局	18	18	—	合　　计	3217	2789	428

说明:5个国有农场作为企业移交,其人数未统计在内;各单位移交人员的具体名单,见蒸湘区史志丛书之一《历史的见证》。

衡阳市蒸湘区接收人员汇总情况一览表

表1-2

单　　位	人　员　总　数			单　　位	人　员　总　数		
	合计	在职人数	离退休人数		合计	在职人数	离退休人数
衡阳县呆鹰岭镇	886	754	132	城南区西站街道	155	117	38
衡南县三圹镇东阳乡	320	274	46	合　　计	1631	1366	265
城北区蒸湘街道	270	221	49	郊区(保留)	1617	1378	239

说明:具体接收名单,见蒸湘区史志丛书之一《历史的见证》。

第三节　行政区划

一、2001年区划设置

2001年4月,蒸湘区成立之初,全区设蒸湘、红湘、华兴、联合4个街道,呆鹰岭镇、长湖乡、雨母山乡3个乡镇,下辖50个居民委员会、556个居民小组、42个村民委员会、482个村民小组。

2001年蒸湘区区划设置情况一览表

表1-3

乡镇街道	居民委员会		居民小组数	村民委员会		村民小组数
	个数	名　称		个数	名　称	
蒸湘街道	10	太平一、二、三、四,大元头、莲花、阳辉桥、红湖、温家台、马步桥	159			
红湘街道	13	学院村、学院西村、吉祥、红湖塘、解放西路、学院路、冶金汽修、联合西村、石坳、水库塘、联合新村、高岭、衡祁路	157	1	联合村	6
华兴街道	6	大吉、大利、金光、银光、紫金、紫银	99	8	长胜、互助、华兴、光辉、金星、拓里、新桥、农场村	69
联合街道	12	南三角线、洪家湾、风口、大栗新村、幸福路、樟树塘、西站、意兴、张飞岭、莲子塘、杏花村、麻家塘	97	3	杨柳、北塘、岳屏村	27
呆鹰岭镇	2	呆鹰岭街、新民街	6	13	高岭、松陂、振兴、中心、新平、鸡市、同康、溪田、新民、中平、新阳、土桥、堰头	149
长湖乡	7	立新一、二、三、四、五、红湘、衡邵	38	4	长湖、立新、大立、松亭村	34
雨母山乡				13	黄花、灵山、竹雅、二塘、雨母、东阳、新中、湘桂、群益、联胜、群胜、梓木、青松	197
合　计	50		556	42		482

说明:2001—2012年社区居委会调整变化情况,见第二十篇“民政”第二章第二节。

二、2012年区划设置

2012年末,蒸湘区设置蒸湘、红湘、华兴(2002年5月划归衡阳市高新技术产业开发区代管)、联合4个街道,呆鹰岭1个镇,长湖、雨母山2个乡,下辖40个社区居委会,42个村委会(管理处),565个居民小组,482个村民(管理)小组。

2012年蒸湘区区划设置情况一览表

表1-4

乡镇街道	社区居委会		居民小组数	村民委员会		村民小组数
	个数	名　称		个数	名　称	
蒸湘街道	8	太平一、二、三,红湖、温家台、大元头、莲花、阳辉桥	132			
红湘街道	8	吉祥、南华、红湖塘、石坳、学院路、联合新村、冶金汽修、衡祁	155	1	联合村	6
华兴街道	6	金山、银山、银光、祥光、蒸水、祥云	99	8	(管理处)长胜、互助、华兴、光辉、金星、拓里、新桥、农场	69(管理小组)

续表 1 - 4

乡镇街道	社区居委会		居民小组数	村民委员会		村民小组数
	个数	名　　称		个数	名　　称	
联合街道	8	风口、西站、意兴、莲子塘、洪家湾、大栗新村、幸福路、南三角线	122	3	杨柳、北塘、岳屏	27
呆鹰岭镇	1	新阳	7	13	高岭、松陂、振兴、中心、新平、鸡市、同康、溪田、新民、中平、新阳、土桥、堰头	149
长 湖 乡	8	立新一、二、三,廖家湾、衡邵、平湖、徐家洲、蒸湘世纪城	44	4	长湖、立新、大立、松亭	34
雨母山乡	1	雨城	6	13	黄花、灵山、竹雅、二塘、雨母、东阳、新中、湘桂、群益、联胜、群胜、梓木、青松	197
合　　计	40		565	42		482

第二章　自然环境

第一节　地质地貌

区境位于南华准地台湘中南部支盖层褶皱带中部,处于南岭上升和洞庭湖下陷的过渡地带——新华夏系第二复式沉降地带。属于燕山期以来的旋回盆地——衡阳盆地的中间部位。

一、地　层

全区地层以白垩系——第四系最为发育,其地层层次较多,但分布广泛、杂乱,第三系主要在七里山延伸来的雨母山一带中低山丘区域偶有出露。

(一)白垩系(K)

戴家坪组(Kzd)　该组分布较为广泛,大面积出露于长湖乡、高新技术开发区,雨母山乡、呆鹰岭镇等地也有分布,属河湖过渡相沉积物,下段主要岩性为紫红色巨厚层状长石石英砂岩,紫红色钙质泥岩,泥质砂岩,夹细砂岩,透镜状砾岩,紫红色含砾粗砂岩、夹泥质砂岩;顶部见紫红色薄层状细砂岩与泥质砂岩,泥岩互层,该组总厚度 599 - 1912 米。

东塘组(Dzdn)　为河流相沉积物,在境域内分布于呆鹰岭镇、雨母山乡、长湖乡等处。主要由紫红色、灰白色长石石英砂岩,紫红色砾岩,砂砾岩,泥岩及灰绿色钙质泥岩组成。总厚度 277 - 1330 米。

(二)第四系

境内第四系广为分布,类型多种,冲积、冲洪积、残积、坡积都有出露,厚度 0 - 28 米不等,主要发育于蒸水及其支流河岸两侧。

更新统(QP)　为冲积层,岩性为桔黄色网状亚黏土,下部为砂砾,卵石夹黏土层,砾石平均砾径 3 - 4 厘米,最大长轴达 17 厘米以上。分选性较差,滚园度好,定向性好,成分复杂,主要为脉石英及石英砂岩,次为硅质岩、板岩,该层有少量砂金产出,一般不具开采价值,在地貌上构成二、三级阶地。

全新统(Qh)　由粉砂质亚黏土、亚砂土和砂砾,或其他混合物组成。底部多有古河床砂卵石层,厚度变化较大,1 - 19 米不等,地貌上常反映为漫滩、边滩、心滩,组成一级阶地。

二、构 造

衡阳盆地位于新华夏系第二沉降带西部,湘东早晚期新华夏系褶皱带衡阳坳陷盆地的东凹陷带中部。衡阳盆地在海西期已具雏形,燕山晚期基本定形,喜山期仍有活动。盆地的形成系由华夏系北东向降起,断裂,与径向构造伴生成分成北西向断裂组成共轭剪切,以及祁阳山字型前弧向西推移和北部引张等综合因素作用的基础上,迁就利用前期构造的结果。因此,形成了境内复杂的构造形迹。在境内主要为北西向断裂构造和北东西断裂构造和平缓褶皱为特征的各种构造形态。

西东向断裂构造,走向20°左右,主要分布于呆鹰岭镇,延长数公里。宽约数厘米至数米发育碎裂岩带和片理带,一般为压碎性质。

北西向断裂构造,主要分布于长湖乡、雨母山乡,一般断续展布于北东向构造分布区,压扭,张扭性质均有出现,构造岩不发育,仅局部地段可见到构造角砾岩和碎裂岩。

石牛峰凸起带,即七里山延伸至雨母山地区,以石牛峰背斜为主体,走向30°,长约10公里。自雪峰期降起以来,经长期升降剥蚀,出露板溪群,上古生界和侏罗系等岩层,周围发育断裂,背斜东侧还有白垩系和下第三系组成的山田寺背斜,西侧有下、中侏罗系组成的雨母山向斜。

三、地 貌

由于受祁阳弧形构造及坳陷构造与新华夏构造发生联合、归并、交接,而成复杂构造形迹。印支运动、燕山运动使衡阳盆地周边先后两次上升成陆,奠定了“衡阳红色盆地”地貌轮廓。第三、第四纪以来,受喜山运动和新构造运动的影响,地面抬升,外力侵蚀,使基准面相对下降,切割作用加强,周边山地不断受到侵蚀剥蚀,形成山岭,高丘地貌;盆地内原来堆积的白垩系至第三系表面被流水侵蚀切割,失去了平埋形态,而形成峰峦起伏的丘岗地貌,沿湘江支流蒸水两岸受冲积、堆积作用,而形成河谷与溪谷平原。

蒸水穿境而过,将全区分为东南、西北两个部分。耸立于西南部的雨母山,海拔238米。沿蒸水两岸分布冲积平原,大小十几平方公里不等。雨母山乡西南部、东南部丘岗分布,向北往蒸水倾斜。呆鹰岭镇以高岭为最高点,广布低矮岗丘,向南往蒸水倾斜。至鸡窝山往东分布冲积平原,是该镇主要耕作区。

(一)平原

江河平原:境内主要有长湖町、呆鹰岭町。长湖町位于蒸水南岸,长6.8公里,最宽处3.8公里,面积约6.7平方公里;呆鹰岭町位于蒸水北岸,面积约4平方公里。均由河流冲积物、沉积物组成,具有二元结构,下部冲积物是砂砾石、砾石,上部是橘黄色砂质黏土和红色网状砂土,沿河两岸多为潮砂泥土,土层深厚,矿物养分丰富。但水田部分地势偏低,易受洪涝侵害。

溪谷平原:由冲积物组成,地势比降小,河谷较开阔,曲流较发育,沉积作用盛行,土层较厚,土质较肥,地表微向溪谷倾斜。主要分布在蒸水支流沿岸,其中较大的有雨母山町、石狮港町。

(二)岗地

境内分布广泛,地表组成物质以堆积物为主,切割较弱,呈缓坡起伏状,岗顶齐平,坡度5-15度,相对高度20-50米,下部土层颇厚,矿物养分丰富。但上部风化层浅薄,易被雨水冲刷流失,表层土壤砂重,偏酸,蓄水能力差。

(三)丘陵

境内唯有雨母山区为丘陵地,山区内有16座山峰,海拔200米以上的4座,120米以上的10座,最高峰海拔238米。雨母山,又名云雾山。山体为砂页岩物质,系石牛峰凸起带延伸而来,在市区西南部丘陵岗地间形成的一组孑立的山峰。因地形影响,其迎风坡易于起雾成云,常有云雾缭绕,故名。

第二节 水文气候

一、水 文

地表水 境内年平均降雨量1351.5毫米,折合水量1.350875亿立方米,其中约57%通过陆面和水面蒸发,返回高空。43%形成地表水和地下水,供灌溉和人、畜饮用。客水来源,仅有蒸水,系湘江一级支流。由于衡阳地区降雨量随季节变化差异很大,春夏两季流经境内的水量大,有时超过警戒水位,酿成洪涝灾害。秋冬两季枯水期,水位下降,径流量小,可供利用的客水有限,因而人均拥有自然水的水量明显不足。

蒸水及主要支流流域情况一览表

表1-5

河流名称	发源地点	全长(千米)	注入地点	流经蒸湘区情况		
				长度(千米)	具体范围	流域面积(平方千米)
蒸 水	邵东县雁鹅川	194	石鼓区石鼓嘴入湘江	22.3	呆鹰岭镇、雨母山乡、华新街道、长湖乡、蒸湘街道	87
杮江河	衡南县潭子山镇清水村	15.7	雨母山乡二塘村入蒸水	5.7	雨母山乡、华新街道	28
杉旭河	衡阳县文埠冲	32	呆鹰岭镇石狮港入蒸水	4.7	呆鹰岭镇土桥村、堰头村、新民村	3.4
幸福河	雨母山乡朱家堰	10.2	雁峰区白沙洲金龙村入湘江	2.2	雨母山乡、联合街道	14

地下水 境内地下水主要为松散岩类孔隙水和红层岩类孔隙裂隙水。

松散岩类孔隙水,约占总面积40%,分布在蒸水河谷地区。其中一级阶地孔隙水区,面积为10平方千米,分布于长湖乡、呆鹰岭镇、雨母山乡,含水层为全新统砂卵石层,厚度7-9米,地下水埋深2-10米,标高44-50米,上部为黏性土,有微弱承压;二级阶地孔隙水区,分布于高新技术开发区、雨母山乡、呆鹰岭镇等地,含水层为更新统砂卵石层,平均厚度6.6米;砂卵石层孔隙水,富水区不均一,水量变化大。据现有资料,水量丰富区长湖町、鸡窝山町等地。水量中等区,分布于雨母山麓雨母町、潜水流向垂直河谷,局部斜交。

红层岩类孔隙裂隙水,约占总面积60%,分布于高新技术开发区,呆鹰岭镇、雨母山乡等丘岗地带。含水层岩性以泥岩、泥灰岩、泥质粉砂岩,砂岩为主。红层岩孔隙裂隙水,是市区供水开发含水层。据417地质队资料,境内地下水总开采储量丰富,同时砂卵石层孔隙水补给条件好,在开采过程中尚可获得较丰富的补充储量。砂卵石层孔隙水,埋藏浅,适宜大规模开采利用,且境内地下水储存具双层结构(上层为砂卵石层孔隙水、下层为红层岩孔隙裂隙水)综合开发可获更大水量。

二、气 候

境内属亚热带季风湿润气候,具有四季分明、气温多变、雨季明显、夏秋多旱、夏暑期长、冬寒期短的特点。气候资源表现为:热量丰富,无霜期长,冷热变化大;降水充沛,分配不匀,干湿季明显;光能充足,太阳辐射强,光能潜力大。

(一)四季特征

春季 境内春季气温一般在10℃-20℃左右,时间为3月7日至5月5日,共60天。历年3月中旬前后,冷暖气温交替频繁,骤冷暴热,气温多变,雷暴、大风出现频次高,有时还夹有冰粒或冰雹。晚春有62%

的年份出现5月低温。

夏季 夏季气温通常在22℃ -38℃左右,时间为5月6日至10月2日,时间为150天。夏季由雨季盛期转入高温干旱期,历年小暑前后雨季结束,受到热带高气压控制,盛行高温低湿的“火南风”天气,极端最高气温41.3℃(2010年8月5日),且高温日数发生最多在8月,有“秋老虎”“秋剥皮”之说。

秋季 气温一般在10℃以上,时间为10月3日至12月1日,共60天,气候较为温和,秋高气爽,晴天多,雨日少,是全年晴天日数最多季节。晚秋,常出现持续阴雨天气,秋雨绵绵,影响秋收作物。

冬季 气温通常在10℃以下,时间为12月2日至3月6日,共95天。北方寒潮频繁南下,受高纬度冷气团控制,盛行偏北风,多阴冷潮湿天气,降水日数为50天,冬雪年年有。最大积雪深度可达16厘米,霜日最多26天,严寒期短,极端最低气温曾降至 -11.3℃(2008年1月12日至2月3日)。

(二)气象要素

根据衡阳市气象台有历史记载的统计数据,其中:

气温 境内历年平均气温为18℃,全年以1月最冷,月平均气温5.7℃。7月最热,月平均气温29.8℃。

降水 历年平均降水量为1351.5毫米,最多年2003年达1856毫米。80%的年份降水量在1100毫米以上,但降水月分配极不均匀,4—6月降水量为596.3毫米,占全年雨量的44.7%,期间各月降水量都在196.4毫米以上。7—9月降水量为252.0毫米,占全年雨量的18.9%。7月雨量减少到84.6毫米,8月比7月略多,9月骤减到41.5毫米。历年平均降水日数(含雨雪日)为163天。历年平均降雪日数为5.8天。

太阳辐射 历年平均总量为102.65千卡/平方厘米,光合有效辐射约占全年总辐射的50%。年内各季分配夏多于春秋,冬季最少。7月最多,2月最少。

日照 历年平均日照时数为1483.7小时,日照百分率38%。一年中,7月最多,2月最少,3—7月逐月增多,8月至次年2月逐月减少。

蒸发 历年平均蒸发量为1471.6毫米。其中旱季7—9月673.6毫米,占45.78%;雨季4—6月394.9毫米,占26.8%。月蒸发量最大是7月,平均为266.9毫米,最小是1月,平均42.8毫米。

湿度 历年平均相对湿度为78%,最大年度差为10%。11月至次年6月平均相对湿度都在77%以上,7—10月都在75%以下。全年以3月、4月最大,达83%;7月最小,为71%。

霜期与无霜期 历年平均霜日为14天,平均初霜日为12月5日,平均终霜日为2月14日。历年平均无霜期为293天。

风 云 雾 风:境内春秋两季为季风转换期,风向不稳定,但以偏北风居多。夏季主导风为偏南风,冬季主导风为偏北风。历年平均风速为2.0米/秒,月平均风速在1.8 -2.4米/秒之间。云:历年平均总云量7.3成。按总云量,以3月、5月阴天最多。按低云量,以7月晴天最多。全年云量分布,以365天计算,晴天占40.5%,阴天占54.6%,昙天占4.9%。雾:历年平均雾日18天,冬天雾日多于春天,夏天雾日最少。

蒸湘区部分年度主要气象要素月(年)平均情况一览表

表1 -6

气象要素	1月	2月	3月	4月	5月	6月	7月	8月	9月	10月	11月	12月	年平均
平均气温(℃)	5.7	7.0	11.7	17.5	22.5	26.2	29.8	29.2	25.4	19.7	13.1	8.2	18.00
降水量(毫米)	59.3	84.1	135.4	199.8	202.8	196.4	84.6	125.9	41.5	89.6	74.9	57.2	1351.5
降水日数(天)	14	15	19	19	18	14	9	11	8	12	11	13	163
太阳辐射量(千卡/平方厘米)	4.88	4.82	5.82	7.29	9.01	11.18	14.99	13.69	10.85	8.49	6.24	5.39	102.65
日照(小时)	70.2	60.1	74.1	96.3	115.8	127.9	236.3	208.3	150.2	130.2	113.1	101.2	1483.7
蒸发量(毫米)	42.8	44.1	66.6	100.4	132.5	162.0	266.9	232.4	174.3	119.7	75.9	54.0	1471.6
相对湿度	79	82	83	83	81	79	71	72	74	75	77	77	78

三、自然灾害

洪涝 洪涝为境内主要灾害。2002 年 7 月 24—25 日,衡阳市连降暴雨,洪水成灾;2003 年 5 月 15—17 日,湘江洪峰超过警戒水位 2.6 米;2006 年 7 月 16—19 日,因受热带风暴"碧利斯"的影响,湘江水位超警戒 4.2 米;2007 年 8 月 19—20 日,由于台风"圣帕"的影响,两日两夜特大暴雨,境内内涝严重。

干旱 由于受太平洋副热带高压控制,常出现规律性的夏秋干旱。夏旱多从 6 月开始,至立秋结束。秋旱从 8 月中下旬开始,到 10 月上旬结束,有的年份也发生夏秋连旱。2003 年 6—8 月,境内持续高温,百日无雨,出现 60 年一遇的大旱。2006 年 7—9 月,境内发生夏秋连旱 60 天。

大风 按瞬间风力 8 级、风速 17 米/秒以上计算为大风日,年均为 9 天,最多年为 45 天,也有个别年未出现,其出现时间以 4 月和 8 月最多。

冰冻 其强度以轻度、中度为主。最早出现在 12 月,最晚止于次年 3 月,主要集中在 1—2 月。最长一次冰冻达 23 天,出现在 2008 年 1 月 12 日至 2 月 3 日,最低气温达零下 11.3℃。

第三节 土壤 植被

一、土 壤

境内土壤成土母质,主要分为紫色砂页岩母质、近代河流冲积母质、石灰岩母质、红土红壤母质。

土壤的类型,主要有水稻土、紫色土、红壤和潮土。

水稻土 分布于蒸水及支流沿岸和丘岗中的垅田、冲田。面积 31650 亩,占农林地面积的 39%。分为淹育性水稻土、潴育性水稻土、潜育性水稻土和沼泽性水稻土。其中潴育性水稻土土壤层次分明,呈酸性或中性反应,水热状态良好,一般肥力较高,系稳定高产稻土,占水稻土面积的 86.03%。

紫色土 根据其酸碱度不同,分为酸性、中性、石灰性 3 个亚类,面积 26.2 平方公里,占农林地面积的 48.38%。其中石灰性紫色土土层浅薄,有机质含量低,磷、钾丰富。母岩松疏,易于崩解,矿质养分含量较高,肥力较好。

红壤 红色黏土层深厚,表层土色灰暗,心土和底土均为红色或棕红色粘实土层,底部为网状层或卵石层,土壤多呈酸性反应。面积 2.82 平方公里,占农林地面积 5.22%。

潮土 分布于蒸水河岸漫滩地段。土层深厚,土壤水分层理性强,呈中性或微酸性,自然肥力较高,深积物含有较多的原生矿物和有机物,泥砂比例适当,适宜种植各种经济作物。面积 4 平方公里,占农林地面积的 7.4%。

二、植 被

由于人类长期经济活动及其他原因,境内原生植物存在甚微,逐步演变成次生林和人工植被。山地植被类型主要有针叶林、阔叶林、竹林、经济林、灌丛和草丛。田土植被主要是水稻、豆类、油菜、棉花、瓜类、蔬菜等粮食作物和经济作物。水生植被主要有塘(河)藕、蒿笋、水浮莲、浮萍等。

第三章 自然资源

第一节 土地资源

蒸湘区总面积101平方公里,土地约151652亩,其中耕地面积36150亩(含水田31650亩、旱地4500亩),占总面积的23.84%;山地58000亩(其中有林地面积45000亩),占总面积的38.24%;水面11000亩,占总面积的7.25%;房屋、工矿、道路和田塍地埂等46502亩,占总面积的30.67%。

在全区土地总面积中,除去水域、工矿、道路及房屋等地外,余下94150亩土地中(因工业及城市用地,此数字仍处于动态变化中),参照湖南省土地分级标准划分为宜农宜林地,分为三级:

一等地,共31924亩,占农林牧地33.9%,主要分布于各乡镇沿河及溪谷平原、垅町,坡度小,地面平坦开阔,土层深厚,有效土层大于60厘米,障碍土层60厘米以下,有机质含量2.5%-4%,酸碱度适中,适种性广。

二等地,共36793亩,占农林牧地39.1%,主要分布于各乡镇的垅町或二排田、旱土,地面平缓,坡度小于7度,土层较深厚,质地偏砂,亦有偏黏,酸碱度适中,是较好的农用土壤。

三等地,共25433亩,占农林牧地27%,各乡镇均有分布,多为高岸田、深泥脚田或冷浸田。在丘岗地带则以中部以上或脊坡凸处地带,土质较差。间有岩石裸露,为旱坡或荒地。

第二节 植物资源

一、林木类

有85科452种。其中竹类有楠竹、刚竹、金竹、水竹、吊丝竹、麻竹等12种。树类有属国家一级保护树种的珙桐、水杉;属国家二级保护树种的有香果树、鹅掌秋、金钱松、台湾松、水松、福建柏等10种;属国家三级保护树种的有油杉、厚朴等7种。属省重点保护的有檫木、百日青、黄心夜合、金叶白兰花等9种。观赏植物主要有苏铁、南泽杉、广玉兰、含笑、白兰、七里香、红继木、樱花、龙爪柳、五叶松、山茶花、杜鹃、月季、玫瑰、桂花、君子兰等。近年来,呆鹰岭镇建立花卉苗木生产基地,除原有品种外,还引种了一些新的品种,满足了市场需要。

二、药材类

有47科109种。其中草本植物28属67种;藤本植物5属11种,灌木植物3属4种,乔木植物10属26种,草类1种。如:何首乌、野山楂、土伏苓、川心莲、淡竹叶、金银花、夏枯球、蒲公英、过山龙、白茅根、麦枯草、车前草、益母草、虎耳草、金钱草、凤尾草、钩藤、栀子、木瓜、半夏、薄荷、青蒿、瓜蒌、苍耳、当归、百合、菖蒲、丹参、苡米、葛根、菊花、党参、沙参、苦参、尾参、明东、白术、荆芥、胆草、泽泻、白芷、天冬、麦冬、白药、贯仲、木通、前胡、丹须、黄芪、苍术、牛七、杜仲、厚朴等。

三、草　类

品种繁多,可供牧渔用的主要有黑麦草、马鞭草、三叶草、鸭舌草、竹叶草、龙须草、冬茅草、鱼腥草、鸡眼草、鹅冠草、莎草、象草、灰菜、田菁、水芹、菱角、浮萍、水浮莲、水绣花、水葫芦、水花生以及水生经济作物席草等。

第三节　动物资源

兽类　有果子狸、花面狸、穿山甲、刺猬、黄鼠狼等10余种。改革开放后,由于人工造林和人为破坏减少,植被逐步恢复,一度少有的野兔、野山羊又逐渐多起来。

禽类　有山鹰、老鹰、猫头鹰、乌鸦、八哥、麻雀、竹鸡、斑鸠、鹧鸪、杜鹃、啄木鸟、喜鹊、燕子、伯劳、翠鸟、白头翁、相思鸟、蛇尾鸟、野鸭、水鸭等。其中留鸟由于生态环境变化,品种数量锐减,有些候鸟也少停留。

鱼类　主要有青、草、鳙、鲢、鲤、鲫、鳊、鲂、赤眼鳟、泥鳅、黄鳝、白鳝、银鲴等,引进鱼类主要有露斯塔野鲮、麦瑞加拉鲮、淡水白鲳、埃及胡子鲶、江西兴国红鲤、红荷包鲤、罗非鱼等品种。虾类有长臂虾、细足米虾、青虾、螯虾以及引进的罗氏沼虾等。

两栖类　主要有青蛙、泥蛙、蟾蜍、蛤蟆、河蟹以及引进的古巴牛蛙、美国青蛙等。

爬行类　常见的有青蛇、水蛇、眼镜蛇、菜花蛇、竹叶青蛇、草鱼蛇、青筋蛇、屋檐蛇、壁虎、鸡婆蛇等。还有龟、鳖、蜥蜴等。

软体动物　主要有河蚬、蚌蛤、三角帆蚌、皱纹冠蚌、田螺、石螺、福寿螺、蜗牛等。

环节动物　常见的有蚯蚓、蚂蟥(水蛭)。

节肢动物　常见的有蜘蛛、蜈蚣、线虫等。

昆虫类　益虫类有蜜蜂、赤眼蜂、蜻蜓、螳螂、七星瓢虫、大红瓢虫、异色瓢虫等;害虫类主要有蝗虫、天牛、椿象、二化螟、卷叶虫、稻飞虱、粘虫、青菜虫、松毛虫、斜纹夜盗蛾、蚊、蝇、蟑螂、蚂蚁、红蜘蛛等。

第四节　矿产资源

境内探明的矿产资源主要有岩盐、芒硝、石膏、铜、沙金、砂石、黏土、石材、矿泉水等。

岩盐、芒硝、石膏这三种矿产中心区均不在境内,只在沿石鼓区边沿有零星发现,开采价值不大。

铜,由雁峰区车江铜矿尾矿延伸过来,无开采价值。

矿泉水,雨母山区发现有自流的矿泉水,属含锶和偏硅酸型矿泉水,开采利用前景较好。

石材,呆鹰岭镇高岭、土桥、松陂等村建筑石材丰富,每年可为建筑市场提供上万吨建筑材料。

黏土,长湖町的蒸水河二级阶地堆积的黏土是上好的烧制砖瓦材料,但由于国家政策不允许开发利用,现在已渐停止开采。

此外,蒸水河床的沙金、砂石等也有一定储量。

第二篇　人　　口

燕湘区含有城市与农村区域，燕湘、红湘、联合、华兴4个街道和长湖乡（城中乡），人口集中，较为稠密；雨母山乡和呆鹰岭镇的农村部分，人口相对稀少。随着人们物质生活的不断改善，群众自我保健意识的逐步增强和医疗技术水平的大大提高，人们的身体健康得到了有效保障，无论是城市还是农村人口的平均寿命普遍延长，至2012年，全区总人口238086人中有60岁以上老年人口33899人，占总人口的14.24%，标志着燕湘区已进入老年型社会。

第一章　人口变动

第一节　总量变动

2001年燕湘区成立之初，全区共有56871户193834人，随着城市经济的不断发展，外来务工、经商人员不断迁入，总住户和人口总量在不断变化，至2012年12月，全区总住户86619户，户籍人口238086人，与2001年比较，新增人口44252人，年均增加3687.7人。

2001—2012年燕湘区人口总量变动情况

表2－1　　单位：人

年度	年末总户籍人口	净增人口	净增率%	年度	年末总户籍人口	净增人口	净增率%
2001	193834	—	—	2007	218632	2446	1.13
2002	196518	2684	1.38	2008	223972	5340	2.44
2003	200700	4182	2.13	2009	226894	2922	1.30
2004	206572	5872	2.93	2010	230282	3388	1.49
2005	211842	5270	2.55	2011	233970	3688	1.60
2006	216186	4344	2.05	2012	238086	4616	1.97

第二节 自然变动

2001—2012 年,蒸湘区共出生人口 27306 人,年均出生 2275.5 人;共死亡人口 14155 人,年均死亡 1179.6 人。人口出生率得到了有效控制,自始至终稳定了低生育水平。

2001—2012 年蒸湘区人口自然变动情况

表 2-2　　单位:人

年　度	出生人数	死亡人数	自然增长率‰	年　度	出生人数	死亡人数	自然增长率‰
2001	1815	1086	4.36	2008	2495	1463	4.90
2002	2045	1149	5.24	2009	2532	1052	5.65
2003	2280	1187	5.89	2010	2233	905	5.89
2004	2520	1275	6.71	2011	1937	929	5.48
2005	2557	1313	6.88	2012	2222	1051	6.29
2006	2248	1359	6.71	合　计	27306	14155	平均增长率 5.87
2007	2422	1386	6.48				

说明:此表中的出生、死亡人数未含华兴街道(该街道的计生工作由市直接管理)。

第三节 机械变动

2001—2012 年,蒸湘区共迁入 100821 人,迁出 84020 人,净增 16801 人。

2001—2012 年蒸湘区人口机械变动情况

表 2-3　　单位:人

年　度	迁　入	迁　出	净　增(减)	年　度	迁　入	迁　出	净　增(减)
2001	3257	5411	-2154	2008	12576	9122	3454
2002	4468	2339	2129	2009	5881	4704	1177
2003	5188	3276	1912	2010	7268	5509	1759
2004	6739	8322	-1583	2011	8669	7093	1576
2005	13213	9575	3638	2012	851	336	515
2006	17640	14346	3294	合　计	100821	84020	16801
2007	15071	13987	1084				

第二章　人口构成

第一节　城乡结构

一、农业人口

以户籍人口统计,2002 年,蒸湘区有农业人口 66062 人,占总人口的 33.62%。2012 年,全区有农业人口 73645 人,占总人口的 30.93%。农业人口的分布情况是:呆鹰岭镇 24422 人,雨母山乡 22576 人,华兴街道 10735 人,长湖乡 9146 人,联合街道 5579 人,红湘街道 1187 人。随着改革开放的不断深入,农业结构调整和农村多元化经济的发展,有相当一部分农民改变了身份,他们或亦工亦农,或从事第二、三产业,或长年外出务工。据 2010 年统计:从事机械加工的 1781 人,从事建筑业的 5938 人,从事交通运输业的 2674 人,从事饮食服务业的 14846 人,长年外出打工的 4455 人,总计脱离农业生产人口 29694 人,占农业总人口的 42.08%。

二、城镇人口

以户籍人口统计,2002 年,蒸湘区有城镇人口 130456 人,占总人口的 66.38%。2012 年,全区有城镇人口 164438 人,占总人口的 69.07%。11 年中,蒸湘区城镇人口增加了 33982 人,究其原因,一是城镇居民的生育,二是迁入人口大于迁出,三是招生、招工、聘用、投资购房时由农业户口改变成城镇户口,四是城市建设征地后,一些失地农民由农村居民转变成城市居民。2012 年,蒸湘区农业人口与城镇人口的比例是1∶2.23。

第二节　性别、民族结构

一、性别结构

2001—2012 年蒸湘区男女总人口及性别比一览表

表2-4

年　度	男性总人口	女性总人口	性别比(男:女)	年　度	男性总人口	女性总人口	性别比(男:女)
2001	100962	92872	108.71	2007	114125	104507	109.20
2002	102456	94062	108.92	2008	116582	107390	108.56
2003	104000	96700	100.75	2009	117709	109185	107.81
2004	108013	98559	109.59	2010	119204	111258	107.14
2005	110991	100851	110.05	2011	120360	113610	105.94
2006	113136	103050	109.79	2012	121918	116168	104.95

说明:此表数据以户籍人口统计。

二、民族结构

2010 年第六次全国人口普查,境内有少数民族 33 个、3066 人,占常住人口的 1.03%。其中蒙古族 96 人,回族 175 人,藏族 27 人,维吾尔族 14 人,苗族 636 人,彝族 22 人,壮族 211 人,布依族 41 人,朝鲜族 47 人,满族 212 人,侗族 19 人,瑶族 389 人,白族 9 人,土家族 1045 人,哈尼族 9 人,哈萨克族 11 人,傣族 1 人,黎族 12 人,傈僳族 3 人,佤族 6 人,畲族 11 人,拉祜族 1 人,水族 2 人,土族 32 人,仫佬族 8 人,羌族 2 人,毛南族 4 人,仡佬族 9 人,锡伯族 2 人,阿昌族 6 人,怒族 1 人,俄罗斯族 1 人,其他未识别的民族 2 人。

第三节　年龄、文化结构

一、年龄结构

以户籍人口统计,2004 年,蒸湘区 18 岁以下的青少年人口 41588 人,占总人口 20.13%;18－35 岁的青壮年人口 74259 人,占总人口 35.95%;36－59 岁的中年人口 72297 人,占总人口 35.0%;60 岁以上的老年人口 18428 人,占总人口 8.92%。2012 年,全区 18 岁以下的青少年人口 45387 人,总占人口 19.06%;18－35 岁的青壮年人口 62622 人,占总人口 26.3%;36－59 岁的中年人口 96178 人,占总人口 40.4%;60 岁以上的老年人口 33899 人,占总人口的 14.24%,比 2004 年增加 15471 人。

二、文化结构

蒸湘区成立后,随着教育事业的不断发展和广大人民群众对科学文化知识的强烈渴求,区内人口的文化结构不断发生变化,人们的整体文化素质得到提高。

以户籍人口统计,2002 年,蒸湘区 6 岁以上人口中,大专以上文化程度 17.85%,高中和中专文化程度 24.13%,初中文化程度 31.97%,小学文化程度 22.93%,文盲、半文盲 3.12%。2010 年全国第六次人口普查,蒸湘区 6 岁以上人口中,大专以上文化程度的占 31.15%,高中和中专文化程度的占 22.37,初中文化程度的占 29.47%,小学文化程度的占 15.9%,文盲、半文盲的仅占 1.11%。

第四节　婚姻、家庭

一、婚　姻

以户籍人口统计,2010 年,蒸湘区有男性 119204 人,其中已婚男性 53492 人,占男性总人数的 44.87%;女性 111258 人,其中已婚女性 51429 人,占女性总人数 46.22%。1980 年新《中华人民共和国婚姻法》明确规定的结婚年龄为:"男不得早于 22 周岁,女不得早于 20 周岁"。但在新观念、新思想的影响下,无论城市还是农村,晚婚晚育率大大提高,特别是在城市男女青年中,男性大都在 25 周岁以上,女性大都在 23 周岁以上才考虑结婚生子,晚婚晚育在蒸湘区已较为普遍。

二、家　庭

在 20 世纪 80 年代改革开放前,中国经济尚不发达,人们旧观念比较牢固,大都崇尚儿孙满堂,以"三世同堂”“四世同堂”为荣,大家庭多、户平均人口多。但随着社会经济的不断发展,人们的思想观念发生了变化,家庭规模趋向小户型、户均人口相对减少,总户数较之前大大增加。

2001—2012 年蒸湘区家庭状况简表

表 2－5　　单位:户

年度	2001	2002	2003	2004	2005	2006	2007	2008	2009	2010	2011	2012
家庭户数	56500	58722	58753	62818	65661	68875	71734	74830	75118	79493	83347	86619

说明:此表数据以户籍人口统计。

第三章　计划生育

第一节　机构队伍

一、计生机构

蒸湘区人口和计划生育局的前身系衡阳市郊区计划生育委员会,2001 年 4 月,衡阳市行政区划调整,撤销郊区,成立蒸湘区,郊区计划生育委员会更名为蒸湘区计划生育委员会。2002 年 5 月,区计划生育委员会更名为计划生育局。2005 年 2 月,区计划生育局又更名为区人口和计划生育局。内设机构有:办公室、政策法规股、统计股、宣传股、科技股、财务股、人事股、药具站、信访室。区计划生育协会办公室。下设区计划生育技术服务站、社会抚养费征收管理办公室、计划生育流动人口管理站 3 个副科级事业单位。2012 年,局机关在职干部职工 20 人,办公地点驻蒸湘区机关办公大楼 1 楼。

全区各乡镇、街道均设有计划生育办公室和计划生育协会,各行政村和社区居委会都配有计生专干,各村民小组都配有计生指导员。全区计生工作形成了梯形四级组织网络。

历任局领导及任职时间:

局　　长:彭东阳(2001.5—2001.10)　王　清(2001.10—2004.2)　肖松柏(2004.2—2004.12)
肖泽荣(2004.12—2008.6)　陈金生(2008.6—)

党组书记:罗福玲(女,2001.5—2003.1)　肖泽荣(2003.1—2004.12)
肖松柏(2004.12—2005.7)　刘前进(2008.6—)

纪检组长:胡太辉(2001.5—2002.5)　肖忠颖(女,2002.5—2003.1)
杨松滨(2003.1—)

副 局 长:刘骏驰(2001.5—)　胡太辉(2001.5—2003.1)　肖忠颖(2003.1—)
杨松滨(2005.7—)　王文元(2005.7—)

二、计生队伍

2001 年蒸湘区成立时,全局干部职工 20 人,其中:局机关工作人员 8 人,二级机构服务站工作人员 8 人、流动人口管理办公室 2 人(自收自支编)。2003 年调出 4 人,调入 3 人,共有工作人员 19 人。2004 年调出 2 人,调入 1 人,共有工作人员 18 人。2006 年调入 2 人,调出 1 人,共有工作人员 19 人。2007 年根据衡蒸编(〔2007〕05 号)通知,增加流动人口管理办公室全额拨款事业编 3 名,同年调入 4 人,共有工作人员 23 人。2008 年调入 3 人,调出 1 人,退休 4 人,共有工作人员 21 人。2010 年调入 1 人,共有工作人员 22 人。2012 年,公开选调计生服务站全额事业编制医务人员 7 名,计生局调入工作人员 1 名,退休 2 人,共有工作人员 28 人。

2001 年区划调整时,7 个乡镇、街道计生办共有工作人员 48 人。2003 年经过考试、考核等,区招聘领导小组决定聘用 27 人,为全额拨款事业编制。2012 年,根据创国优的要求,公开招聘 11 人,全区乡镇、街道计生办工作人员共 54 人。

全区 34 个行政村、34 个社区居委会(华兴街道 8 个村、6 个社区除外),都配有 1 名计划生育专干,共计 68 人。每个村民小组则配备 1 名计划生育女指导员。

第二节 计生宣传

一、宣传活动

2002 年,全年共组织大型宣传教育活动 5 次,制作宣传横幅标语 185 条,宣传板报 157 块,发放宣传资料 2 万余册,发放宣传活动奖品价值 8000 余元,接待群众咨询 16000 余人次。

2003 年,区计生局分别举办了政策法规培训班、计划生育业务培训班及计生工作人员上岗培训班,培训人员达 300 余人次。区计生协会成功举办了计划生育政策法规知识抢答赛,并在全市计生知识抢答赛中获集体三等奖。

2004 年,区计生领导小组组织各乡镇、街道在长湖乡、晶珠广场开展“5 · 29”(计生协会会员活动日)、“7 · 11”(世界人口日)两次大型宣传教育和服务活动。8 月,区计生局对各乡镇、街道、村计生专干进行业务培训,各乡镇、街道对村、组计生协会会员、村民小组长举办培训班共 18 期。

2005 年 1 月 11 日,是中国 13 亿人口日,区委宣传部、区计生局等有关部门组织 200 余名干部、学生分 4 个方块队,7 台宣传彩车在辖区内开展宣传活动,发放告广大育龄群众公开信 3 万余份。

2006 年 5 月,区、乡两级组织“协会活动拓展年”和“三湘农民健康行”宣传活动,为广大育龄群众宣传生殖健康科普知识。7 月,区人口和计生领导小组、区委宣传部组织各乡镇、街道和相关部门举办了“蒸湘区婚育新风进万家、百场戏剧巡演专场”活动。9 月,区人口和计生局举办了辖区省市属单位“关爱女孩行动知识竞赛”,衡钢集团代表蒸湘区参加全市知识竞赛,获二等奖。12 月 1 日“世界艾滋病日”,区人口和计生局、区计生协会与南华大学大学生“红丝带”防艾先锋队联合举办预防艾滋病文艺宣传活动,出动宣传车 56 台次,发放宣传资料 2.2 万余份。

2008 年,区人口和计生局组织各乡镇、街道积极开展“生育关怀——亲情牵手”、“生育关怀——幸福工程”、“生育关怀——计生系列保险”等活动,为育龄妇女提供生产、生活和生殖健康服务,投入 1.5 万元免费为流动人口发放电信 IC 卡 750 张。

2009 年,区人口和计生局组织各乡镇、街道与辖区内的省市属单位,筹资 30 余万元,分别在主要街道和交通线上,树立了 1000 余块高标准宣传广告牌;蒸湘街道、长湖乡分别在太平一社区和立新二社区,建立了婚育新风文化广场;雨母山乡打造了 4 公里长的“计生宣传一条路”;联合街道、呆鹰岭镇、长湖乡计生协会与蒸湘医院联合打造“计生宣传一条街”。

2011 年,区人口计生局将人口计生信息在蒸湘区党政门户网站进行公开和更新,完成蒸湘人口网建设,建立电子信访平台。

2012 年,区财政投入 100 万元在平湖公园打造了高品质的人口文化园,在区内主要干道船山大道、蔡伦大道沿路设置了人口文化宣传灯箱;制作融计划生育政策法规、避孕节育、优生优育、生殖保健等方面知识为一体的宣传册13万册，人口文化宣传用品9万份，并协调宣传、计生、新闻等部门开展以“三湘农民健康行”、“大走访”和“计生服务下基层，温馨和谐创国优”活动，深入村组，服务上门，共发放药品11500份，发放宣传套装（含环保袋、纸杯、围裙、毛巾、纸巾、宣传折页）5000份，服务覆盖面达90%。

二、阵地建设

2001年区划调整初期，全区6个乡镇、街道（未含华兴街道），只有3个单位建立“四位一体”（计划生育办公室、计生协会活动室、人口学校、计划生育服务所）宣传服务阵地，63个村和社区居委会，只有10个单位建立“三位一体”（计生协会活动室、人口学校、计划生育服务室）宣传服务阵地。对此，区委、区政府高度重视，确定在五年内建立健全乡级“四位一体”、村（社区）“三位一体”计生阵地，并采取了区级领导直接挂点、区直部门“一对一”帮扶、区财政拨付一部分资金等3项措施，使未建“三位一体”的53个村（居）委会，在2006年前均按省、市计生委的要求全部建立起来，并对原来的3个乡镇、街道的“四位一体”和10个村（居）委会的“三位一体”阵地进行了改造。其中，长湖乡大立村、立新村，呆鹰岭镇新阳村，蒸湘街道太平一社区、莲花社区，雨母山乡雨母村和二塘村“三位一体”阵地设施健全、环境一流，得到省、市计生委和计生协会领导好评。2009年，全区63个村（居）委会户外计生宣传阵地，按照省、市计生部门的要求，建立和完善了人口计划生育“八公开”（人口出生情况、生育证发放及延期情况、社会抚养费征收情况、独生子女保健费发放情况、奖扶对象情况、两次孕检不到位情况、村（居）民自治章程、举报电话）户外宣传栏，做到统一公开内容、项目，统一户外宣传栏标准规格。2012年，该区以创“国优”为契机，着力推进服务阵地建设。区计生服务站投入经费200余万元，对软硬设施进行了全面改造；3个乡镇服务所各投入60余万元进行提质改造；34个村服务室都按照功能适宜、温馨舒适的要求强化了建设。区服务站、乡服务所都达到“四优一满意”（管理优秀、技术优良、服务优质、环境优美、群众满意）的标准，并顺利地通过了省“国优”专家组评估验收。

第三节 节制生育

一、生育政策

2001年5月蒸湘区成立后，认真贯彻执行1999年8月3日、2002年11月29日、2007年9月29日湖南省人大常委会分别审议通过的3个《湖南省人口与计划生育条例》和《中华人民共和国人口与计划生育法》，提倡一对夫妇只生一个孩子；申请生育一孩的夫妇还必须取得由计划生育管理部门核发的“生育证”；申请生育第二胎的，须符合《湖南省人口与计划生育条例》中规定的几个具体条件。

2001—2012年蒸湘区生育情况一览表

表2-6 单位：人

年度	已婚育龄妇女	出生一孩			出生二孩			出生多孩	符合政策生育率%
		合 计	计划内	计划外	合 计	计划内	计划外		
2001	44165	1334	1329	5	463	385	78	18	94.44
2002	43566	1645	1645	0	397	349	48	3	97.51
2003	42270	1924	1918	6	354	318	36	2	98.07
2004	42650	1992	1992	0	526	492	34	2	98.57
2005	43162	2084	2084	0	470	390	80	3	96.75

续表2-6

年度	已婚育龄妇女	出生一孩			出生二孩			出生多孩	符合政策生育率%
		合　计	计划内	计划外	合　计	计划内	计划外		
2006	43990	1920	1920	0	328	309	19	0	97.53
2007	46898	2126	2126	0	296	281	15	0	97.32
2008	48093	2145	2145	0	350	321	29	0	98.16
2009	48813	2051	2049	2	481	415	66	0	95.04
2010	51429	1904	1902	2	418	329	89	0	95.37
2011	40123	1532	1532	0	404	318	86	1	95.71
2012	40326	1709	1709	0	512	409	103	1	95.32

说明:此表未含华兴街道。

二、节育措施

蒸湘区计生服务站和各乡镇、街道计生服务所指导已婚育龄夫妇,根据各自的条件,因人而异,普遍采取了以放置宫内节育器、使用避孕套、口服或注射避孕药为主的多种避孕节育措施,有效地促进了计划生育的落实。

2001—2012年蒸湘区计划生育节育措施情况一览表

表2-7

年　度	已婚育龄妇女数	使用各种避孕方法人数									综　合措施率(%)
		小计	男性结扎	女性结扎	放置宫内节育器	皮下埋植	口服及注射避孕药	避孕套	外用药	其他	
2001	44165	34683	109	11528	19770	97	130	2970	79	—	90.18
2002	43566	35269	160	12106	19397	93	118	3374	21	—	90.43
2003	42276	33700	111	10636	19510	95	51	3282	13	2	90.76
2004	42650	33980	95	10078	19988	107	45	3651	16	—	91.51
2005	43162	34558	80	9624	20543	108	33	4153	17	—	90.67
2006	43990	34482	75	9196	20843	108	16	4213	31	—	89.89
2007	46898	35032	69	9123	20804	156	21	4831	28		89.59
2008	48093	35406	66	8819	20568	156	20	5739	38		89.80
2009	48813	35409	63	8741	20036	159	24	6344	42		90.34
2010	51429	35301	61	9627	19220	107	53	5801	30	402	89.22
2011	40123	35633	37	9024	19968	95	37	6209	31	232	88.81
2012	40326	35606	32	8720	19713	48	37	7025	25	6	88.3

说明:此表未含华兴街道。

第四节 计生管理

一、基层基础工作

(一)计生“区情”摸底调查

蒸湘区计划生育工作情况由于地域、人员变动太大,详细情况不甚了解。为了切实掌握这一新的“区情”,区计生委于2001年7月10日至8月10日组织专门人员进行了详细的摸底调查,共入户调查41000户,访问育龄对象37000人,填写调查项目表格2849000页。其中,查出计内出生漏报75人,计外出生漏报190人,纠正各项逻辑差错7500处,清查出漏管对象690人。在调查摸底基础上,共建立已婚育龄妇女台账865册,户口底册865本,“三查”台帐92本。同时,建立乡镇、街道出生人口花名册、落实节育措施名册、新婚名册、死亡名册共计28册。

(二)坐落单位计生情况调研清查

根据市委办、市政府办《关于落实单位法定代表人计划生育工作责任制的意见》文件精神,辖区内坐落单位的计划生育工作,由当地计生部门进行管理与考核。对此,区人口和计生局以全面落实坐落单位法定代表人计划生育责任制为目标,进行广泛深入的调查研究,较好地掌握了坐落单位全员人口清查、计划生育各项数据、避孕节育措施落实、计划生育经费投入等各方面的情况。对全区232个坐落单位,共采集上交基础信息8346份,全部录入HYCIS系统,并与ZK2006进行了校核匹配。各乡镇、街道与坐落单位之间的信息共享、信息传递有章可循。城区坐落单位的计划生育工作,逐步实现规范化、经常化管理。

(三)区内全员信息采录

全员人口管理信息系统纳入管理的对象,为填报单位所辖行政区域内具有中国国籍的所有人口(中国人民解放军和武装警察部队的现役军人以及其他保密单位内的有关人员除外)。2010年,区政府安排25万元专项资金,区人口和计生局组成专门班子采集区内全员信息,共采集信息25.1万条(每条包含与户主关系、姓名、性别、民族、出生日期、公民身份证号码、文化程度、婚姻状况、户口性质、户籍地、流入/流出日期、现居住地12项内容),清理删除重复记录2.56万条,纠错3.3万条。2011年,全区抽调40余人次,集中核对15天,共检查信息11500条,补录出生72人,向其他县市区发送出生信息500余条,全面提高了全员人口信息质量。

二、队伍建设

2001年,区计生领导小组针对乡、镇、村、社区计生队伍结构不合理、专业技术人员太少、年龄与文化程度不相适应的3个问题,进行了组织整顿,从区计生委选派2人到新成立的街道任主管领导和计生办主任,选聘一批年龄在35岁以下、具有初中以上文化程度的女性村民任村级计生专干,对34个农业村的计生专干进行了3天的业务培训。

2002—2003年,举办3期村专干、社区居委会及辖区内行政企事业单位专干业务培训班,共培训基层计生专干180余人。2003年,区计生领导小组按照区委常委会议精神,召开4次会议专题研究队伍建设问题,出台3个文件,核定乡镇、街道计生人员编制32人,明确计生人员为全额事业编制,人员工资统一纳入财政预算。按照公开、公正、公平的原则,对乡镇、街道计生人员进行公开竞聘,竞聘录取27人,对录取者进行了3天的业务培训。

2006—2007年,区人口和计生局邀请市计生委法规科专家,就《中华人民共和国计划生育法》《湖南省人口与计划生育条例》《社会抚养费征收管理办法》《计划生育技术服务管理条例》等法规,进行3天业务培训,各乡镇、街道、村(居)计生专干共100余人参加了培训。2007年,蒸湘区、联合街道、红湘街道、衡钢集团、南华大学分别开展计划生育法律法规知识有奖答题活动,蒸湘街道开展《"法"与"生殖保健"》的宣传活动。当年,全区共有32名计生行政执法人员通过市法制办、市计生委考核,取得计划生育执法证。

2010—2011年,各乡镇、街道按照区人口和计生局要求,普遍开展岗位练兵活动。2010年岗位练兵活动的主要内容是计划生育药具知识。区、乡两级共组织练兵竞赛7场,参加竞赛的计生人员达110人次。10月,在省、市计生委组织的计划生育药具知识抢答赛中,蒸湘区代表队获得第3名,莲花社区计生专干阳玲玲被省计生委选入省代表队,参加在北京举办的全国人口和计划生育药具知识抢答赛。2011年岗位练兵活动的内容,以"学知识、懂运用、会服务"为主题,并举办了流动人口计划生育服务管理"一盘棋"信息化应用知识竞赛。

2012年7月,区人口和计生局从计统业务、科技药具、流动人口管理、政策法规、信息化建设等方面对各乡镇分管计生领导、计生办主任、微机员进行了业务培训,培训人员达120余人。

三、制度落实

(一)目标管理考核制度

2001—2004年,区委、区政府对计划生育实行党政一把手负总责、亲自抓的制度,实行区级领导带领部办委局干部包乡包村,乡镇、街道干部包村(居)包组工作机制。从上至下层层签定计划生育责任状,实行捆绑责任制,同奖同罚。计生工作由计生部门实行专项考核。

2005—2012年,区委将人口和计划生育工作纳入全区10项重点工作之一,继续实行区级领导包乡的工作机制,进一步量化、细化了各部门职责,健全和规范了综合治理责任制,督察考核制、信息通报制、联席会议制。计生工作由全区进行综合考核,考核结果在次年区委经济工作会议上进行表彰和奖励。

由于领导重视,措施得力,蒸湘区人口和计划生育工作实现了健康稳定发展。2001—2010年分别被评定为"衡阳市计划生育工作先进单位""湖南省人口和计划生育优质服务先进区";2011—2012年分获"衡阳市人口和计划生育工作先进单位""湖南省人口和计划生育优先服务模范区";2012年蒸湘区成功创建全国计划生育优质服务先进单位,区计划生育药具站被评为全省示范站。

(二)风险抵押制度

从2002年开始,区委决定将年终奖励机关干部、职工的一个月奖励工资作为年终考核项目的风险抵押金,当年计划生育的年终考核也列入其中。区委这项措施出台后,各乡镇、街道、村(居)委会都制定了适合本单位的考核方案和工作措施,层层签定计划生育责任状。其中,联合街道工委、办事处在与下属村(居)委会签定责任状同时,街道党政一把手、主管领导、计生专干每人缴纳400元风险金,村(居)委会党政领导每人缴纳1000元风险金。"风险抵押金"措施实行了两年,到2004年,改为实行"责任保证金",即区级领导和区直部门各向区计生领导小组缴纳600元保证金,乡镇、街道党政一把手、主管领导、计生办主任、村两委干部每人缴纳300元保证金。年终按照目标责任制考核结果,该奖的奖,该罚的罚。此项措施延续3年,到2007年,随着广大人民群众"国策意识"和干部的责任意识普遍增强,没有再实行"责任保证金"制,但计划生育目标管理责任制继续实行。

(三)"一票否决"制度

2003年,省委、省政府下发《关于进一步落实人口和计划生育"一票否决"制度的意见》,明确"一票否决"制度的适用对象及内容、适用情形、实施程序。蒸湘区根据上级文件精神,也下发《关于认真落实人口与计划生育"一票否决"制度的意见》,对实行"一票否决"作了详细说明。

2004年,区委、区政府对市天翔机电实业公司、呆鹰岭镇高岭村、雨母山乡联胜村进行重点管理,并作出严肃处理:高岭村、联胜村当年不授予荣誉称号、不评先、不评奖;撤销村支部书记、村计生专干职务;村委会主任按法定程序免职,扣发当年补贴的30%;各村限期一年内改变落后面貌;联系村的区级领导、部门领导、乡镇领导当年不评先、不评奖、不提拔、不调动;联系村的区直部门取消当年授予的荣誉称号与评先、评奖资格;其主要领导、分管领导一年内不评先、不评奖、不提拔调动、不提高工资。

2005年,区委、区政府对呆鹰岭镇堰头村进行黄牌警告,当年不授予荣誉称号,不评先、不评奖;村支部书记、村委会主任、村计生专干扣发当年补贴的30%,限期一年改变落后面貌;联系村的区级领导、部门领导、乡镇领导、乡镇计生办干部当年不评先、不评奖、不提拔、不调动;联系村的区直部门当年不评先、不评奖。对重点管理单位市新衡化工厂取消当年授予的荣誉称号和评先评奖资格,其主要领导、分管领导和计生专干一年内不得评先评奖、提拔调动、晋级。

(四)村(居)民自治制度

2001年,蒸湘区计划生育实行“村为主”制度。“村为主”的具体内容是,各村必须在组织领导、宣传教育、避孕节育、落实人口计划、业务统计、生殖健康监测、扶贫帮困、流动人口计划生育管理8个方面以依靠自身力量为主,尽可能不依赖或少依赖区、乡的力量。当年,全区“村为主”的比率较低,仅为61%。

2004—2005年,蒸湘区计划生育“村为主”开始向村(居)民自治过渡,目的是为逐步构建政府推动、民主管理、民主监督、维权自律的计划生育新机制。2004年3月,区计生局与区计生协会下发《蒸湘区计划生育村(居)自治试点工作实施方案》,在全区范围选定14个农业村、3个社区居委会进行试点。2005年,由试点阶段转向推广阶段。4月29日,区人口和计生局、区计生协会下发《关于做好计划生育村(居)民自治推广工作的通知》。年内,有26个村达到要求。

2006—2009年,全区村(居)民自治工作稳步推进,所有村、社区居委会均按要求、按程序推广落实。2009年12月,市委、市政府在蒸湘区召开全市村(居)民自治工作现场会,蒸湘街道莲花社区居委会被确定为全市示范点。

2010—2012年,蒸湘区全面推广“两委抓导向、协会唱主角、村民搞自治、计生上水平”的工作模式,全区计生村(居)民自治工作明显提高,合格率达100%。2010年12月雨母山乡雨母村被国家人口计生委、中国计生协会授予“全国人口和计划生育基层群众自治示范村(居)”荣誉称号。2011年,全区计生村(居)自治工作成效显著,经区政府考核验收,评选出模范单位6个、先进单位39个、合格单位18个。长湖乡松亭村被省人口计生委、省计生协评为“全省计划生育基层群众自治示范单位”荣誉称号。2012年10月,全省计生协会工作会议在湘西自治州召开,会上,区计生协会会长夏俊生作了“抓实领导联点、推行计生村(居)民自治”典型发言。当年,雨母山乡群胜村被省人口计生委、省计生协评为“全省计划生育基层群众自治示范单位”荣誉称号。

四、经费投入

区委、区政府严格按照每年省、市考核方案的要求,确保计生经费按时按量投入到位。2002年,乡镇人均不少于5元,街道人均不少于2元;2004年,乡镇、街道人均不少于3元;2005年,人均投入增加0.05元。按照2007年4月省人口和计生委、省财政厅《关于落实“十一五”期间人口和计划生育事业费投入的通知》规定,从2006年起,人均投入每人每年增加1.69元,蒸湘区全面落实,并在每年年末财政宽余的基础上适当追加经费。

2001—2012 年蒸湘区计划生育经费投入情况

表 2-8

年　度	人均投入(元)	预算数(万元)	追加(万元)	年　度	人均投入(元)	预算数(万元)	追加(万元)
2001	2.85	48.87	5	2007	6.43	139.41	5
2002	2.90	69.3	5	2008	8.12	184.22	5
2003	2.95	79.78	5	2009	9.81	197.25	15
2004	3	95.25	5	2010	11.5	254.2	3
2005	3.05	111.56	5	2011	16.06	277.9	24
2006	4.74	118.38	5	2012	37.36	296.2	414

说明:此表未含华兴街道,2012 年计生局创建国家优质服务先进区追加 400 万元。

五、优质服务

计生服务站、所、室建设　2005 年争取省级资金 30 万元,对区计生服务站进行了维修改造,增添了设施设备。2009 年,投入 210 万元将民政局和建管站一栋 2400 平方米的旧楼改造成计生、妇保大楼,将区计生服务站和妇幼保健院合并运行。2012 年 9 月成功创建“四优一满意”(管理优秀、技术优良、服务优质、环境优美、群众满意)服务机构。2012 年,雨母山乡服务所投入建设经费 50 万元,长湖乡服务所投入 20 万元,呆鹰岭镇服务所投入 40 万元进行全面改造,房屋、设备均达到上级要求,顺利通过全市“四优一满意”服务机构检查验收。全区 34 个行政村服务室各投入 2 万元用于添置办公用品及设备,均达到规范化建设标准。

推行避孕知情选择　蒸湘区每年免费为育龄群众提供避孕节育、生殖保健、优生优育的宣传、咨询与诊断,使其充分了解计划生育技术服务科普知识,免费发放《已婚育龄妇女生殖保健服务册》,已婚育龄妇女可凭册到服务站(所)享受计划生育免费检查和落实节育措施。节育措施可根据自身条件自主选择。

妇科病普查普治　对城区已婚育龄妇女进行一年一次妇科病普查普治,对农村育龄妇女进行一年 4 次“三查”服务。2002 年全区育龄妇女普查 24695 人,2006 年普查 28100 人,2010 年普查 29450 人,2012 年普查 32650 人,共查出各类疾病 2640 例。10 年中年均查环、查孕 23416 人次,查出各类妇科病 1640 例,妇科病普查率达 80% 以上。对检查者,建立健康检查花名册;对有病者,建议到医院进行有效治疗;对特困计生家庭的 4 名人员进行免费治疗,并跟踪随访到位。

出生缺陷干预　为预防出生缺陷发生风险,提高人口素质,蒸湘区认真按省、市要求,为辖区内家庭第一个孩子有出生缺陷以及年龄 35 岁以上待再生育的夫妇开展出生缺陷干预工作。2004 年,开展优生遗传检测 540 人。2006 年,优生遗传检测 518 人。2009 年,优生遗传检测 509 人,免费为 22 人作染色体 G 显带分析,为 4 名孕期妇女开展孕中期 B 超检查和唐氏综合症筛查。2010 年,优生遗传检测 685 人,免费为 14 人作染色体 G 显带分析,为 1 名孕期妇女开展孕中期 B 超检查和唐氏综合症筛查。2011 年优生遗传检测 784 人,免费为 16 人作了染色体 G 显带分析,为 2 名孕期妇女开展孕中期 B 超和唐氏综合症筛查。2012 年免费开展孕前优生健康检查 1420 人,免费为 12 人作染色体 G 显带分析,2 名孕中期 B 超及唐氏综合症筛查。

六、流动人口计生管理

2001 年 5 月蒸湘区成立后,将郊区流动人口管理办公室更名为蒸湘区流动人口管理办公室,定编 3 名,负责全区流动人口登记、清查、管理、服务工作。

2003 年,蒸湘区开展流动人口大清查,安排公安、工商、教育、农办、计生等 8 个部门 600 余人参加。清查工作分培训、试点、全面清查、质量检查 4 个阶段进行,为时 1 个月,查出辖区内流入人口 6812 人,流出人口 5342 人。从而澄清了流动人口中计生对象的底子,厘清了思路,制定了加强流动人口计生管理措施。

2005 年,在对流动人口清查的基础上,对流入本区居住 6 个月以上的已婚育妇女纳入常住人口管理。流动人口的计划生育工作,采取"对流入人口实行属地化管理、市民化服务,对流出人口实行主动性管理、互动式服务"的工作机制。区计生领导小组经常召集综治部门召开综治联席会议,互通情况,互报信息,切实推动综合治理部门履行好各自的工作职责。

2007 年,区委、区政府出台《关于加强流动人口计划生育工作管理的意见》,流动人口管理实行"部门联手责任制,辖区单位把关制,单位社区合同制"。并组建流动人口信息管理员队伍,采取"以奖代补"的形式,落实信息员报酬,提高工作积极性。各部门单位、社区条块结合每月组织一次清查,并及时通报信息,建账建册,确保管理到位。

2008 年,区人口和计生领导小组下发《关于进一步强化计划生育综合治理部门及相关部门职责的意见》,进一步量化、细化各计生综治部门的职责。公安、计生、劳动、教育等 11 个计生综治部门均设立专门职能股(室),6 个乡镇街道(不含华兴街道)均成立流动人口管理站,公安分局还为每个社区配备流动人口信息员 2 名。当年,全区流入人口 7305 人,已婚育龄妇女签定计生合同 3201 份,到位率 100%;孕检 2806 人,到位率 87.7%,流出人口办理婚育证明 2713 人,到位率 92%。

2010 年,蒸湘区以全员信息采录工作为契机,加大对流动人口工作的督察力度。新采录流入人口 3879 人,流出人口 1678 人。至 2010 年底,全区流动人口 2.4 万人。同时,服务工作也全面落实,各乡镇、街道流动人口管理站及时为流动人口提供环检、孕检服务,送发药具,提供生殖健康咨询等。在履行原有的管理职责外,进一步拓展和优化各项服务内容,为流动人口提供房屋租赁、就业务工等方面信息;开展法律咨询、法规教育、民事调解、维权等司法服务,使管理站真正成了流动人口之家。

2011 年,在流动人口的管理中,推行三种类型、一个重点、三个阵地的"三一三"管理机制。"三种类型":就是把流动人口分成男性、未婚女性和已婚育龄妇女三类,根据不同情况提供不同服务;"一个重点":就是重点做好已婚育龄妇女的跟踪管理和优质服务;"三个阵地":就是充分发挥用工单位、出租房主和居委会计生办三个阵地的作用。

2012 年,全区认真贯彻落实国家、省人口计生委关于流动人口计划生育区域"一盘棋"和"三年三步走"有关文件精神,统一制定流动人口登记管理建档制度、信息通报制度、办证验证制度、免费服务制度等,完善流出流入育龄人员计划生育协议书。广泛建立流动人口计生协会,推进流动人口计划生育"以房管人"和群众自治,并利用国家流动人口 PADIS 平台和省网络版 WIS 系统,建立畅通的信息交换渠道。

七、奖励扶助政策

独生子女保健费　蒸湘区人民政府下发的《蒸湘区计划生育奖励优待政策若干规定》确定:从 2003 年 9 月 1 日起,夫妻申领"独生子女父母光荣证"后,从领证之月至孩满 14 周岁止,按每月 5 元至 20 元的标准发给;独生子女父母退休后,可按本人基本工资增发 5% 的退休金。

自愿放弃再生育奖　《蒸湘区计划生育奖励优待政策若干规定》文件规定:凡符合《湖南省人口与计划生育条例》规定可以再生育一个子女的夫妻,自愿终生不再生育,由本人提出书面申请,经组织审核签订不再生育合同,落实一项长效节育措施后,可发给每对夫妻所在地(城镇或乡村)上年度人均可支配收入数额的奖金。

农村奖励扶助金　根据《湖南省全面推行农村部分计划生育家庭奖励扶助制度实施方案》文件规定:农村只有 1 个子女或 2 个女孩的部分计划生育家庭,夫妻年满 60 周岁后,由中央和地方财政安排专项资金,每人每年给予 600 元奖励扶助,直至亡故为止。

特别家庭扶助金　根据《湖南省计划生育家庭特别扶助制度》文件规定:独生子女死亡后不再生育或收养子女的夫妻,每人每年发放 1200 元扶助金,直至亡故为止;独生子女伤残(伤、病、残达到三级以上)后,不再生育或收养子女的,每人每年发放 960 元,直至本人亡故或子女康复为止。

调整“失独、伤残”计划生育家庭特别扶助对象扶助标准 区委办、政府办印发的《关于调整蒸湘区“失独、伤残”计划生育家庭特别扶助对象扶助标准的通知》文件规定:凡符合计划生育特别扶助政策的独生子女死亡家庭每人每年从国家规定的1620元提高到3600元,凡符合计划生育特别扶助政策的独生子女伤残家庭每人每年从国家规定的1320元提高到3120元。上述所增加的扶助经费从区财政列支。

调整独生子女保健费和免费孕前优生健康检查标准 区委办、政府办印发《关于调整蒸湘区独生子女保健费和免费孕前优生健康检查标准的通知》文件规定:独生子女保健费发放标准由每人每月10元提高到每人每月20元;计划生育免费孕前优生健康检查由每对240元提高到每对300元,目标人群从农村育龄夫妇扩展到城镇育龄夫妇。

蒸湘区计划生育奖励扶助情况一览表

表2-9

奖励扶助种类	年度	奖励扶助户	奖励扶助金额(元)	奖励扶助种类	年度	奖励扶助户	奖励扶助金额(元)
独生子女保健费	2003	1576	94560	农村奖励扶助金	2005	26	15600
	2004	1358	81480		2006	34	20400
	2005	1097	65820		2007	44	26400
	2006	1241	74460		2008	55	33000
	2007	1145	68700		2009	77	55440
	2008	1291	77460		2010	113	81360
	2009	1631	97860		2011	170	122400
	2010	1083	64980		2012	225	216000
	2011	1288	154560	特别家庭扶助金	2008	61	66770
	2012	2231	267720		2009	77	85440
自愿放弃再生育奖	2003	19	57000		2010	104	114000
	2008	2	6000		2011	117	128880
	2011	14	42000		2012	133	200460
	2012	0	0				

附:计划生育协会

一、机 构

蒸湘区计划生育协会(简称计生协会)成立于2004年5月25日,由会长、副会长、秘书长、理事组成。2004—2012年共选举产生2届协会领导成员。秘书长同时兼任计生协会办公室主任。计生协会办公室为副科级全额拨款事业单位,定编3人。除此之外,计生协会其他领导成员均为兼职。计生协会办公室办公地点驻蒸湘区机关办公大楼1楼。

历任领导及任职时间:

会　　长:罗佑生(2004.5—2008.11)　夏俊生(2008.11—)

常务副会长:肖泽荣(2004.5—2007.5)　王文元(2007.5—)

副 会 长:肖芳云(女)(2004.5—2012.11)　陈经忠(2004.5—2008.6)

罗葭初(2004.5—)　肖松柏(2004.5—)

胡田生(2007.5—2008.11)　　王国华(2008.11—2011.5)
李伯利(2008.11—)　　刘前进(2008.11—)
朱忠祥(2011.5—)　　李　松(2011.5—2012.10)

秘　书　长:邹建荣(2004.5—)

二、计生协会工作

(一)建立健全协会组织网络

2002年5月,区计生协会成立以后,按照省、市要求,在乡(镇)、街道、村(社区)均建立了计生协会,并配齐了会长和秘书长。2007年5月,全区对乡镇、街道、村(社区)普遍进行计生协会组织整建工作,通过整建,调整了4个乡镇(街道)、18个村(社区)计生协会会长,调整面分别达到66%和21%,从而形成了"五老(老前辈、老模范、老党员、老干部、老职工)主会、能人理会、群众参会"的格局。2009年,重视抓了新型经济组织、封闭式小区和流动人口集聚地计生协会的组建工作,先后建立10个民营企业计生协会、3个物业小区和3个流动人口集聚地计生协会。

(二)发挥计生协会在计生基层群众自治中的骨干作用

2004年,蒸湘区计划生育工作由"村为主"开始向村(居)民自治过渡,当年进行试点,2005年在全区推广。区计生协会把参与和推进计划生育村(居)民自治作为一项重要工作来抓。2007年编写印发了《蒸湘区计划生育村(居)民自治工作规范手册》,各村(社区)按照《手册》规定的程序和操作模式进行运作,并结合各自实际情况制定《自治章程》和各项制度。为了推进这项工作的开展,先后召开了4次经验交流会,推广了蒸湘街道莲花社区,红湘街道联合新村社区,联合街道南三角线社区,长湖乡大立村、松亭村,呆鹰岭镇中平村,雨母山乡雨母村等一批自治工作的先进典型。2009年12月,衡阳市计划生育村(居)民自治工作现场会在蒸湘区召开。2010年,全区计划生育村(居)民自治率达100%。2012年2月,省计生协会常务副会长张斌到蒸湘区视察工作,高度肯定蒸湘区计生协会在基层群众自治工作中发挥了骨干作用。2012年10月,区计生协会会长夏俊生参加全省计划生育村(居)民自治工作经验交流会,在会上介绍了经验。2001—2012年,全区有17个村(社区)获得"计划生育群众自治模范单位"称号,其中国家级1个、省级4个、市级12个。

(三)开展"生育关怀行动"

2006年11月6日,中宣部、中央文明办、中国计生协会等10部委联合下发《关于广泛开展"生育关怀行动"的通知》,文件指出"生育关怀行动"的主要任务是:广泛动员社会力量,关怀困难的计划生育家庭、关怀育龄群众的生殖健康、关怀独生子女、关怀女孩健康成长、关怀基层计划生育工作者;主要活动方式有紧急救助、经济帮扶、志愿者服务、亲情牵手、宣传倡导。根据上级文件精神,2007年5月18日,区人口和计生局、区计生协会联合下发《蒸湘区"生育关怀行动"实施方案》,各部门单位、各乡镇街道积极行动,在"生育关怀行动"中做了大量工作。

2007—2010年,全区开展各类宣传服务活动12次,出动宣传车40余台次,举办文艺演出5场,制作高标准的宣传标语牌800余块,发放宣传资料11300余份;广泛调查研究,摸清了"五关怀"对象的底子,弄清了目标人群的数量、比例、家庭现状和存在的主要困难及最急迫解决的问题;由28名区级领导、12名乡镇、街道主要领导和30个区直部门共为73户"五关怀"对象结成帮扶对子,支助资金22万元;采取区财政垫底,开展社会募捐的方法,建立起50余万元的"生育关怀基金";建立省、市、区"三结合"项目5个,争取各级项目经费15万余元,帮扶48户计生困难家庭,已有28户脱贫,9户进入小康家庭;实施"不孕不育援助活动",有63对夫妻得到该项目的援助;每年为独生子女户、两女户和计生贫困户举办2期劳动就业培训,已安排计生贫困家庭就业360余人;在开展"0－6岁贫困残疾儿童抢救性康复行动"中,为24名贫困聋哑子女提供康复服务;走访慰问贫困计生家庭129户,发放慰问金3.8万元;乡村两级为辖区内计生家庭办理计生系列保险21万余元。

2009 年后,蒸湘区加大生育关怀资金筹集力度,制定下发《蒸湘区"生育关怀"资金筹集管理办法》,到 2012 年,全区已筹集生育关怀资金累计达 65.8 万元,关怀计生特殊困难家庭 489 户,投入资金 18 万元。累计为 35616 户计生家庭购买计生系列保险,投入保费达 106 万元。同时,为广大育龄群众开展"三大关怀行动":第一,"生育健康援助"行动。与蒸湘医院合作,为 56 例不孕不育对象进行免费检查,将检查结果综合确认后反馈给不孕不育夫妇。第二,"阳光温暖"行动。在全区干部"大走访"活动中,把走访慰问计生困难家庭作为"大走访"一项重要内容,全区 2789 名区、乡干部深入村、社区,为 347 户计生困难家庭解决"生产、生活、生育"中实际困难和问题 147 个,送去关怀资金 14.2 万余元。第三,"三结合"项目帮扶行动。区人口和计生局先后争取省市"三结合"项目 5 个,资金 17 万元,乡村计生协会创办"三结合"项目 31 个,直接受益的计生困难家庭 113 户。

蒸湘区计生协会工作,2009—2012 年连续 4 年获得市计生协会一等奖。

第三篇　经济综合管理

第一章　发展与改革

第一节　机　构

一、机构沿革

蒸湘区发展和改革局的前身系衡阳市郊区计划统计局。2001 年 5 月区行政区划调整后，郊区计划统计局更名为蒸湘区计划统计局。2005 年 2 月，根据衡阳市委办公室、市人民政府办公室《关于县市区政府机构改革的意见》文件精神，蒸湘区计划统计局更名为区发展和改革局（简称区发改局）。2006 年 9 月，为推进农村公路建设，经报市编委批准，区发改局加挂交通局牌子，履行部分交通方面职能。2007 年 9 月，统计职能从发改局中分离，单独成立区统计局。局内设机构有：办公室、计划股、交通股、前期办。2012 年，有干部、职工 6 人。办公地点原驻莲湖路郊区机关大院内，2009 年 10 月搬迁至船山大道 18 号蒸湘区机关办公大楼 8 楼。

二、领导名录

局　　长：王国保（2001.5—2008.6）　　邓　鳃（2008.6—　）
党组书记：李德芳（2001.5—2002.3）　　王祥俊（2002.3—2003.5）
　　　　　罗齐佑（2005.7—2007.9）
纪检组长：欧阳健虹（女，2000.10—2002.3）　　刘　仁（2002.4—2010.3）
副 局 长：李德芳（2001.5—2003.3）　　欧阳健虹（女，2002.3—2005.8）
　　　　　刘　仁（2002.4—2010.8）　　汤文选（女，2002.6—2007.9）

第二节　规划编制与执行

一、规划编制

2001 年，是全国第十个五年规划的第一年，也是蒸湘区的开局之年。为了编制“十五”（2001—2005 年）规划，区计划统计局组成专门调查组，先后深入乡镇、街道，组织召开了 10 余个座谈会，进行广泛调查研究，在全区范围内听取各方面的意见和建议。在各部门的大力支持配合下，经过反复多次修改，初步形成《蒸湘区国民经济和社会发展“十五”规划（草案）（征求意见稿）》，然后又邀请原郊区离退休老干部和辖区内的国有大中型企业、高等院校的专家学者提出宝贵意见。经政府常务会议和区委常委会议讨论后，于 2002 年 12

月提请区人民代表大会一届一次会议审议通过。

2004 年年底,区委、区政府成立“十一五”(2006—2010 年)规划编制协调领导小组,下设办公室,制定出工作方案,作好前期准备工作。2005 年 4 月,召开全区“十一五”规划编制工作会议。在调查研究的基础上,先由各部门单位提出大体设想,然后由办公室集中综合编写出《蒸湘区国民经济和社会发展规划纲要(征求意见稿)》,印发各单位征求意见。经反复修改后,于 2006 年 2 月提请区人民代表大会一届五次会议审议通过。

2010 年年初,蒸湘区着手“十二五”(2011—2015 年)规划的编制工作,成立以区长陈树生为组长的编制工作领导小组,并聘请南华大学 2 - 8 名专家学者组成“十二五”规划决策咨询机构和专家委员会,由有关单位牵头,组成总体思路、产业建设、基础设施、社会发展 4 个大项、23 个小项的课题小组,广泛进行调查研究。5 月 10 日,召开全区“十二五”规划编制工作会议,印发《蒸湘区“十二五”规划编制工作方案》。随后分别召开了各乡镇街道、各部门单位、各大中型企业主要负责同志座谈会。10 月 12 日,区发改局综合各方面意见,草拟了《蒸湘区“十二五”国民经济和社会发展规划基本思路》。委托“十二五”规划决策咨询机构对《基本思路》进行论证。同时分别听取了区人大和区政协的意见和建议。11 月 2 日,集中召开自愿报名参加的各方代表 26 人的听证会,并将《基本思路》在蒸湘区党政门户网上公开发表,广泛收集群众意见。经综合整理,报区政府常务会议讨论后,12 月 31 日,区委常委会议研究提出《关于编制蒸湘区国民经济和社会发展“十二五”规划的建议》。区发改局根据《基本思路》和《区委建议》,综合整理出《蒸湘区国民经济和社会发展“十二五”规划纲要(草案)》正式文本,2011 年 3 月,提请区人民代表大会二届六次会议审议通过。当年,该局获省发改委“湖南省‘十二五’规划编制优秀奖”。

2001—2012 年,区发改局除编制“十五”“十一五”“十二五”3 个五年规划外,还先后编制蒸湘区各个年度的国民经济和社会发展计划《蒸湘区 2005—2026 年度库区及移民安置区基础设施及经费发展规划》《蒸湘区农村电网改造规划》《巩固退耕还林成果规划》《主体功能区规划》等。

二、规划执行

在“十五”规划期间,区委、区政府针对蒸湘区比原郊区经济规模缩小、基础减弱、负担加重的实际情况,立足区情,打好基础,转变思路,全面实施“城市带动、民营推动、开放促动、项目拉动”的发展战略,“十五”规划的执行情况良好。2005 年,全区生产总值 36.08 亿元,完成“十五”规划的 129.97%;财政总收入 8378 万元,为“十五”规划的 154%,其中地方一般预算收入 3183 万元,为“十五”规划的 134.9%;实现城镇居民可支配收入 8503 元,为“十五”规划的 112.5%;实现农村人平纯收入 3629 元,为“十五”规划的 120.1%。

“十一五”期间,区委、区政府找准定位,科学规划,抢抓机遇,大胆实施“项目兴区,项目立人”的战略举措和“十个一”行动计划,使全区经济走上了快速发展轨道。2010 年,全区地区生产总值 105.38 亿元,首次突破百亿大关,是“十五”末的 2.92 倍;财政总收入 7.42 亿元,是“十五”末的 8.86 倍,其中一般预算收入 1.36亿元,是“十五”末的 4.27 倍;实现城镇居民可支配收入 16315 元,较“十五”末增长 91.9%;实现农民人均纯收入 7155 元,较“十五末”增长 94.96%。2009 年,区发改局获市政府“重点工程组织协调管理先进单位”,2010 年获市委、市政府“项目建设年先进单位”。

“十二五”期间,区委、区政府带领全区按照“稳中求进”的总体基调,开拓创新,克服了金融危机带来的各种不利影响,实现了经济社会平稳较快发展。全区地区生产总值年均增长 13.5%,财政总收入年均增长 23.5%。城乡居民收入年均增长分别达到 14.2%、22.5%。

2001—2012 年蒸湘区主要经济指标完成情况一览表

表 3－1

指标名称	单位	第十个五年规划期									第十一个五年规划期										第十二个五年规划期			
		2001年实际	2002 年		2003 年		2004 年		2005 年		2006 年		2007 年		2008 年		2009 年		2010 年		2011 年		2012 年	
			实际	同比±%	实际	同比±%	实际	同比±%	实际	同比±%	实际	同比±%	实际	同比±%	实际	同比±%	实际	同比±%	实际	同比±%	实际	同比±%	实际	同比±%
地区生产总值(GDP)	亿元	9.06	10.90	20.30	12.30	12.84	27.79	15.28	36.08	15.0	46.39	20.7	63.44	18.7	80.34	6.9	86.25	11.2	105.38	15.3	128.97	14.2	146.04	13.2
其中:第一产业	亿元	0.79	0.83	5.06	0.93	12.05	1.15	3.23	1.28	4.9	1.37	3.9	1.99	4.4	2.57	5.3	2.66	5.3	2.95	3.8	3.22	4.2	3.59	4.2
第二产业	亿元	5.79	7.19	24.18	8.13	13.07	15.93	16.36	19.97	15.5	26.28	23.7	38.83	19.6	52.41	5.5	55.04	10.6	68.42	16.3	86	15.8	96.67	13.1
第三产业	亿元	2.48	2.89	16.53	3.24	12.11	10.71	15.74	14.83	15.2	18.74	18.0	22.62	18.50	25.37	9.0	28.55	12.3	34.01	14.6	39.75	12.0	45.78	14.1
财政总收入	万元	4349	5149	18.40	5950	15.56	7572	27.26	8378	10.64	22824	172.43	31020	35.90	38073	22.74	45900	20.56	74200	61.66	100200	34.9	117400	23.1
其中:地方一般预算收入	万元	1873	2074	10.73	2351	13.36	2753	17.10	3183	15.62	4262	33.90	5795	35.97	6713	15.84	10167	51.45	13615	33.77	18091	32.9	21770	20.3
社会消费品零售总额	亿元	3.99	4.43	10.9	4.82	8.80	5.39	11.74	6.67	16.26	7.01	12.9	17.02	19.3	22.47	23.87	27.06	20.6	39.67	29.1	59.08	23.4	69.33	17.4
全社会固定资产投资总额	亿元	3.17	1.40	-55.84	2.23	19.29	1.50	-32.74	2.62	76.9	2.19	-12.0	36.66	6.7	52.81	36.6	63.17	31.0	89.02	36.2	103.84	34.7	141.61	41.8
城镇居民可支配收入	元	5900	6480	9.83	7100	9.57	7958	12.08	8503	6.85	9013	6.67	11251	24.83	13122	16.63	14427	11.6	16315	13.1	18638	14.2	21271	14.1
农村人平纯收入	元	2436	2856	17.24	3021	5.78	3424	13.34	3629	6.7	4004	10.35	4749	15.59	5482	15.43	6232	13.7	7155	14.81	8566	19.7	10733	25.3

注:根据 2008 年第二次经济普查结果,对 2004—2008 年的经济指标完成数据进行了修订。

第三节 争取建设资金

为了解决加快发展与投入不足的矛盾,蒸湘区把争取国家及省、市对建设项目的资金支持作为一件大事来抓。成立了"争取建设资金"领导小组,认真分析国家投资方向,筛选对接国家投资项目,明确部门分工和工作步骤,制订责任目标和奖励机制,定期进行工作调度,适时派人赴省进京,不断加强与上级主管部门的联系与衔接,因而取得了较好成绩。据不完全统计,2002—2005 年,蒸湘区争取建设资金 1140.5 万元,完成农村电网改造、水毁工程、商品粮基地、乡村公路、疾病控制、退耕还林等一批重大建设项目。2007 年,争取资金 960 万元,完成境内蒸水防洪堤工程,农村学校远程教育工程、生猪发展、交通设施改造、区法院建设等项目。2008 年,争取上级无偿性建设资金 514 万元,主要用于改善农村基础设施和农村饮水工程等项目。2009 年,争取中央无偿项目资金 1923 万元,用于改善农村卫生基础建设、学校改造、环境治理等项目。2010 年,争取上级项目资金 1.46 亿元,用于建设社区服务中心、敬老院、计生服务站改造、中央技改等项目。2011 年,争取资金 5212 万元,用于农村基础设施、农村安全饮水、廉租房等项目。2012 年,争取资金 1961 万元,用于乡镇卫生院、小流域治理、防护林、水毁工程、生猪养殖等项目。

第二章　工商行政管理

第一节　机　构

一、机构沿革

衡阳市工商行政管理局蒸湘分局前身是衡阳市工商行政管理局郊区分局,2001 年 4 月,因衡阳市城区区划调整而更名。分局下设西园、石坳、常胜、立新、呆鹰岭 5 个工商所。2001 年,分局内设 13 个股室,2002 年,调整为 11 个股室,即办公室、工会、人事宣教股、法制股、纪检监察室、企业注册管理股、市场监督管理股、公平交易管理股、消费者权益保护股、消费者委员会、个体劳动者协会。2004 年,增设财务基建股、个体私营企业监督管理股、商业广告监督管理股,2006 年,增设信息中心。2008 年增设 12315 举报中心。2010 年,全局共设有 16 个股室,有干部职工 86 人。办公地点驻蒸湘区勤俭巷 4 号。

二、领导名录

局　　长:刘和登(2001.5—2001.7)　谢培亮(2001.7—2004)　桂慈军(2005—2007)
昌曙光(2007—2011)　王　毅(2012.3—)

副 局 长:唐连熙(2001)　练有为(2001—2003)　杨中秋(2001.7—2003)
刘培仲(2001—)　全宏良(2001.7—2004)　彭召成(2001—)
刘东平(2001.7—2003)　陈敬贵(2002—2003)　邹新民(2004—2009)
李向东(2004—)　欧蔚展(2004—2006)　罗　宁(2004—2007)
陈玉斌(2005—2008)　陈立昭(2005—2007)　彭选龙(2007—)
肖晓春(2008—)　伍代斌(2008—2009)　邓卫民(2008—2009)
胡伟文(2010—)　文　翔(2010—)

工会主席:王延斌(2001—2003)　刘柏阶(2004— 2010)　樊巨连(2005—2006)
刘兆民(2007—2009)　刘梅春(女,2010—)

第二节　工商注册登记管理

2001 年至 2004 年 6 月,工商注册登记采取申请人申请、受理人员受理、股长审批、局长核准等环节。从 2004 年 7 月 1 日起,工商部门改革注册登记流程,即在登记窗口和红盾信息网上提供相关登记资料、国家统一的登记表格,申请人填写后,受理人员现场受理、核准,只要申请材料齐全,符合法定形式,当天就能拿到《名称核准通知书》,10 天后可领取营业执照。同时,为了扶持企业发展,降低登记门槛,允许公司小企业注册资本分期到位。放宽对企业经营范围的登记,取消一些不必要的限制。在经营期限核准上,许可证载明有效期的,则按有效期核定;有效期不明确的,经营期限不受限制。对于租赁房屋经营的,不再根据租房合同期限核定。

2001—2010 年,分局共扶持特困企业 38 家,提供政策服务 420 次,减免费用 26 万元;协助 11 家企业融资 8400 万元;帮助 168 名下岗职工办理了营业执照,减免费用 20 余万元。

2001—2012 年,蒸湘区工商注册登记共计 14151 户,其中国有企业 51 户,集体所有制企业 100 户,股份合作制企业 40 户,私营企业 1173 户,个体户 12787 户。

2001—2012 年蒸湘区企业工商注册登记情况一览表

表 3－2　　　　单位:户

年度	工商注册登记数					
	小　计	国有企业	集体企业	股份合作制企业	私营企业	个体户
2001	860	26	23	11	19	781
2002	1480	—	27	10	35	1408
2003	988	11	1	5	54	917
2004	1087	4	8	9	105	961
2005	1161	7	30	4	76	1044
2006	984	—	4	1	82	897
2007	1043	—	1	—	79	963
2008	965	2	2	—	84	877
2009	1069	—	3	—	114	952
2010	1468	1	1	—	178	1288
2011	1490	—	—	—	189	1301
2012	1556	—	—	—	158	1398
合　计	14151	51	100	40	1173	12787

第三节　市场与公平交易执法管理

一、市场管理

(一)"依法经营"、"诚信经营"思想教育

分局机关和各工商所不断对企业、经营户进行《中华人民共和国合同法》《中华人民共和国商标法》《中华人民共和国广告法》《中华人民共和国反不正当竞争法》《中华人民共和国消费者权益保护法》等政策法规教育,引导企业、经营户"依法经营""诚信经营",严禁生产、销售假冒伪劣产品和短斤少两与不正当竞争行为。开展"金信工程"和"百城万店无假货"活动,提高企业与商店声誉。对辖区内从事房屋买卖、房屋中介、住宅装修、供电、供水、供气、有线电视、电信等部门发放有关文件和宣传资料,要求企业自查自纠,纠正与《合同法》相抵触的有关"霸王条款",净化市场经营秩序。2001—2010 年,衡阳益泰药业有限公司、市精创富康实业有限公司、湖南花香实业有限公司等 13 家单位被评定为市级"文明单位";蒸湘区农村信用合作联社等 6 家企业被评为市级"重信用、守合同"单位;神龙大酒店、晶珠云顶大酒店、泰阳电器城被市政府授予"雁城名店"称号;湖南省衡州建设有限公司获得国家级"重信用、守合同"单位;晶珠置业有限公司获全国"'百城万店无假货'示范商场"。

(二)"三无企业"和"经济户口"专项整治

2001 年,清理"三无企业"8 家,取缔 8 家;清理经济户口 2362 户,公告核销名存实亡企业 1650 户,个体工商户 5 户,私营企业 2 户,取缔无证照经营户 8 户,查处虚假出资 1 户、抽逃注册资金 2 户、擅自改变登记事项 12 户、不符合法定登记条件 3 户,罚款 10.5 万元。2003 年,查处无证经营户 244 户,补办营业执照 162 户,取缔 11 户,罚款 18590 元。2006 年,吊销未年检企业 89 户,整顿违规经营户 150 户,取缔无照经营 7 户,取缔无证网吧 3 户,罚款 32.015 万元。2008 年,分局加强了城乡接合部、居民小区、学校周边、闲置仓库、厂房、食品经营、易燃易爆、危险化学品等重点行业和地区的无照经营的查处力度,取缔了三个无照经营市场、3 个马路市场,全区无证照经营率控制在 1% 以内。2009—2012 年开展清理"三无企业"和经济户口专项整

治,清理“三无企业”12 家,取缔 13 家,改行 1 家,清理经济户口 7580 户,吊销名存实亡企业 70 家,取缔无证无照经营户 147 户,查处违反登记事项案件 22 起,查处无证无照经营案件 94 起,罚款 60 万元,取缔“步行街”马路市场 1 个,发展市场主体 3520 户。开展校园周边环境、网吧、烟花爆竹、成品油、非煤矿山、危险化学品经营市场专项整治行动 12 次,有效地把住了市场主体准入关。

(三)食品安全监管

分局成立以局长为组长的食品安全监管领导小组,层层签定责任状,并以网格监管为依托,把食品安全监管工作落实到每个网格监管责任区。2001—2010 年,全区各类食品经营主体市场巡查达到 95% 以上,共捣毁地下屠宰场 10 个,查处未经检疫的白板肉 2965 公斤,查处“潲水油”5700 公斤,放生野生青蛙 650 公斤、蛇 60 公斤。查获不合格药品 245 箱,假饮料、酱油、白酒 75 件,劣质食盐 151 公斤、月饼 500 公斤,责令过期失效、无 QS 标志食品下柜 6 万元。查处无证照经营食品户 48 起,超范围经营 32 起。2011—2012 年,实行食品经营主体全覆盖,巡查 100%,共检查不合格食品(饮料)10 余件,当即下柜,全部收缴,查处 3 起无证无照经营食品。

(四)“红盾护农”专项行动

为确保广大农民用上放心农资产品,该局在辖区内大张旗鼓地开展《农资商品质量法》宣传活动,走访了经营种子、农药、化肥的单位和个体工商户,与 42 家农资经营户签订农资经营责任状。积极推行和建立农资商品进销货台账和索证索票制度,用制度规范经营者的经营行为。在逐年对经营户进行摸底排查的基础上,还定期或不定期地对经营品种进行抽样检测。加大对无照生产经营农资和制售假冒伪劣农资的查处力度,2008—2010 年,查处不合格农资案 9 起,受理农资商品投诉 15 人次,为农民挽回经济损失 43 万元。2011—2012 年,共出动巡查执法人员 236 人次,执法车辆 120 台次,检查企业 200 多家,下达责令整改通知书 150 余份,查处销售假冒伪劣种子、农药、化肥农资案 6 起,为农民兄弟挽回经济损失 61 万余元。2012 年有 5 家企业被评为国家级“重信用、守合同”单位,有 1 家企业被评为衡阳市级“重信用、守合同”单位。

(五)培育和发展农村经纪人

2007 年,依据省局文件精神,制订了发展农村经纪人实施方案,明确了各工商所发展农村经纪人目标计划,并于每年 3 月召开农村经纪人培训会。2007—2012 年共发展农村经纪人 219 名、农村经纪人组织 12 个。

二、公平交易执法管理

2001—2012 年,区工商分局依法查处不正当竞争案件 38 起。查处假冒伪劣商品案件 151 起,案值 243.9 万元,捣毁制假窝点 25 个。查处商业贿赂案件 1 起,收缴当事人违法所得 120532.5 元。查处非法传销案 11 起,2 名非法传销组织者移送公安机关处理,收缴传销非法所得 86.6 万元,罚款 34.57 万元,捣毁传销窝点 143 个,解救被骗参加传销的群众 364 人,遣散参加传销人员 2092 人。2009 年,长湖乡立新一社区成功创建为全国第二批“无传销社区”。2009 年、2010 年,分局公平交易股被评为衡阳市防范和打击传销工作先进集体。

第四节 商标、广告管理

(一)商标管理

2001 年,区工商分局代办申报注册商标 4 件、核准 3 件。2006 年,代办申报注册商标 15 件、全区有效注册商标累计达 18 件,当年申报省著名商标 2 件获认定。2007 年后,蒸湘区申报商标数量快速增长,截至 2012 年,全区注册商标 567 件,先后有 9 件商标获省著名商标,即湖南花香实业有限公司的“花香”商标、湖南精创富康公司的“精创”商标、衡阳长宏锅炉公司的“南雁”商标、广衡化工有限公司的“湖南牌”商标、衡阳金雁米业粮食公司的“金雁”商标、衡阳安邦农资公司的“安邦”商标、衡阳贵成贸易公司的“誉湘龙”商标、衡阳伟业矿业公司的“冠源”商标、衡阳新发展饲料公司“衡泰”商标。2010 年“金雁商标”成功申报全国驰名商标。

(二)广告管理

2001 年,全区广告经营单位 12 家,广告从业人员 20 余人,广告经营额 80 万元。2002 年后,广告行业发展迅速,除传统的招牌广告外,电视广告、电子屏广告、户外立柱广告、媒体广告大量涌现。2010 年,区内有广告经营单位 40 家,从业人员达 200 余人,每年发布广告信息达数万件,年均广告经营额达 2000 万元以上。2011—2012 年全区新增广告企业 9 家,新增产值 600 余万元,新增广告从业人员 170 余人;全区共查处商标侵权案件 42 件,各类违法广告 18 件,责令停止违法广告 37 条,取缔虚假宣传广告 43 条。共罚没违法商标、广告涉案金额 7.6 万元。

第五节　保护消费者合法权益

一、机　构

区工商分局于 2001 年 10 月成立消费者委员会,2002 年设立消费者权益保护股,在乡镇街道设立 5 个基层分会,在村一级设立 24 个基层投诉站,聘请 93 名义务监督员。2008 年 10 月,分局内增设 12315 申诉举报中心,在家润多、晶珠商业广场及大中专院校设立 45 个申诉举报联络站,建立覆盖全区的消费者维权工作网络。

二、主要工作

区消委会利用每年“3 · 15”国际消费者权益保护日这一有利时期,通过讲座、咨询、有奖问答、文艺演出等形式,开展宣传活动,并与当地报纸、电台、电视台等媒体合作,开设“以案说法”“实话实说”“消费你我他”等栏目,全方位普及《消费者权益保护法》和消费知识。

2001—2012 年,区消委会共向社会印发宣传资料 54.2 万份,向媒体投稿 200 余篇。针对商家欺诈行为和消费潜在危险,在媒体上发布消费警示 353 条。区消委会和 12315 申诉举报中心共受理各类消费投诉 2699 件,调解率 100%,为消费者挽回经济损失 1752.4 万元。

2004—2012 年,组织创建“消费者信得过单位”活动,经过逐年考核评比,累计有 66 家企业被评为“消费者信得过单位”。

三、消委会历任领导及任职时间

秘 书 长:夏世久(2001.5—2003.12)　何　辉(2004.1—2005.12)
刘兆民(2008.1—2009.12)　刘军峰(2010.1—2010.12)
肖昌旺(2011.1—)
副秘书长:许百宁(2006.1—2007.12)

第三章 国土资源管理

第一节 机 构

一、机构沿革

衡阳市国土资源局蒸湘分局前身系衡阳市郊区国土管理局,2001 年 4 月行政区划调整后,因国土管理职能上收,成立衡阳市国土管理局蒸湘分局,为全额拨款正科级事业单位,由市局垂直管理。2002 年 3 月按照政府机构改革的有关规定,衡阳市国土、地质、矿产管理合并成立衡阳市国土资源局,衡阳市国土管理局蒸湘分局变更为衡阳市国土资源局蒸湘分局。分局内设机构有:办公室、用地耕保股、地籍测绘股、地产股、地质矿产管理股、执法监察队、财务股、重点办、信访办。分局下属机构有:长湖国土资源所、呆鹰岭国土资源所、雨母山国土资源所、中心国土资源所。2012 年,全局在职干部职工 66 人。办公地点驻船山西路 37 号。

二、领导名录

局　　长:肖金元(2001.5—2006.2)　罗　卫(2006.3—2009.10)　罗衡志(2009.10—)
副 局 长:颜亨国(2001—2005)　桂若钢(2001—2008)　徐有富(2003—2010)
　　　　周雪亮(2005—2012)　曹爱平(2008—)
工会主席:廖治保(2001—2007)　曹爱平(2007.3—2008)　李长久(2008—2012)
　　　　稂外清(2012.10—)

第二节 土地资源管理

一、基本农田保护

2001 年年末,蒸湘区的常用耕地面积 36150 亩,划定的基本农田保护面积 10825 亩。其中雨母山乡 8573 亩,涉及 10 个村、88 个村民小组的 1805 户;呆鹰岭镇 2252 亩,涉及 3 个村、20 个村民小组的 688 户。为了有效落实保护责任,分局将基本农田保护区划分为 232 块,统一编号,登记造册,实行一户一卡,每张卡上记载农户承包的基本农田范围、面积、保护的权力义务、奖惩办法及监督电话。同时,分局还建立了基本农田动态巡查制度,及时发现和有效制止破坏和非法占用基本农田行为,形成比较完善的基本农田保护长效工作机制。

二、建设用地管理

2002—2012 年,蒸湘区共开工建设重点项目 56 个,征集建设用地 21767.3169 亩。分局对每个项目的报批报建、征地拆迁安置工作都积极主动做好服务工作,对项目用地打桩、放线分界、测量等基础性工作均按照区委、区政府的要求按时完成。

2002—2012 年蒸湘区建设项目征地情况一览表

表 3 - 3

序号	项　　目　　名　　称	建设性质	供地时间	总面积（亩）
1	长丰集团有限公司	工业	2002.4.8	871.33
2	刘祥华等十二人	工业	2002.4.16	814.11
3	市金化实业有限公司	工业	2002.3.11	783.17
4	市金科威实业有限公司	工业	2002	113.91
5	黄花集团绿色食品有限公司	工业	2002	825.42
6	衡阳市富衡房地产分公司	工业	2002.8.17	6.66
7	衡阳市污水处理厂	工业	2003	1004.05
8	衡阳市华菱钢管有限公司	工业		1323.28
9	衡南东瑞生物实业有限公司	工业	2004	16.85
10	衡阳市花香实业有限公司	工业		18.56
11	衡阳市银利实业公司	工业		18.51
12	衡阳市镭目科技开发公司	工业		133.07
13	衡阳市中变成套设备有限公司	工业		40.71
14	衡阳市天隆粮油有限公司	工业		833.06
15	衡阳市湘变电工制造有限公司	工业		15.37
16	湖南博帮能源有限公司	工业	2005	835.92
17	衡阳市金坤包装有限公司	工业		790.24
18	衡阳市岑芳装饰材料公司	工业		802.32
19	衡阳市安利佳科技公司	工业		17.46
20	长丰集团有限公司	工业	2005	907.37
21	衡阳市蒸上制药器械有限公司	工业		3.22
22	衡阳鑫龙科技农业发展有限公司	工业		811.35
23	高卫汽车销售服务有限公司	工业		789.07
24	华利汽车销售服务有限公司	工业		9.90
25	衡阳风顺车桥（县架项目）	工业		94.23
26	衡阳风顺车桥（变分器项目）	工业		930.93
27	衡阳市艺术玻璃加工厂	工业	2006	870.21
28	衡阳华圣印刷有限公司	工业		794.26
29	华能经贸有限公司	工业	2007	771.60
30	新发展饲料有限公司	工业		771.37
31	显前科技有限公司	工业		808.80
32	国菱汽车销售服务有限公司	工业		15.51
33	天成汽车销售服务有限公司	工业		11.47
34	金阳科创冶金机械有限公司	工业		778.36
35	钢管深加工产业聚集区	工业		876.44

续表 3 - 3

序号	项　目　名　称	建设性质	供地时间	总面积(亩)
36	长湖区普通住宅(2007 年报部项目)		2008.3.27	90.00
37	长湖区安置用地(2007 年报部项目)		2008.3.27	47.53
38	衡阳市公交枢纽总站及保养场	公共设施	2008.7.30	147.06
39	衡阳市怡馨花园二期工程建设项目	住宅	2008.9.4	59.44
40	武警衡阳市反恐防暴中队及机关公寓楼置接用地		2008.10.7	47.55
41	湘桂铁路扩能改造工程	交通	2009	378.7645
42	衡枣高速公路连接线	交通		29
43	杨柳汽车 4S 店	商业		83.80
44	衡阳市瑞裕花苑	住宅	2010	20.04
45	衡阳市娃哈哈系列饮品项目	工业		25.43
46	华菱管线扩建工程职工公寓	住宅		2.68
47	衡阳市物流租赁项目	工业		2.13
48	衡阳市乡镇一批次	住宅	2011	327.21
49	衡阳市城市建设用地四批次	住宅		848.87
50	衡阳市中央储备粮库	基础设施		251.53
51	银泰鸿城	住宅		182.14
52	2010 年区位调整项目(蒸湘区商贸城一、二期,晶珠购物公园)	商业		195.441
53	立新大道安置用地	综合	2012	21.006
54	银泰红城三期	住宅		66.4669
55	金雁米业	综合		105
56	雨母山乡二塘村储备用地	综合		328.1385
合　计				21767.3169

第三节　土地资源利用

一、非农业用地清查

2001—2012 年,辖区建设用地 19084.8 亩,占土地总面积的 17.45%。其中,城镇用地 6698.25 亩,占建设用地面积的 35.09%,农村居民点用地 8706.15 亩,占建设用地面积的 44.87%;采矿用地 716.4 亩,占建设用地面积的 3.75%;交通水利用地 2730.45 亩,占建设用地面积的 14.3%;其他建设用地 233.55 亩,占建设用地面积的 1.23%。

二、待开发土地资源调查

2012 年,辖区待开发土地约 14483.7 亩,占土地总面积的 13.03%,其中水域 2822.55 亩,占土地总面积的 2.55%;自然保留地 2416.5 亩,占土地总面积的 5.5%;芳草地 8939.85 亩,占土地总面积的 13.16%,内陆滩涂 186.15 亩,占土地面积的 0.28%。

三、土地利用概况

（一）土地利用程度高

土地利用类型以耕地、林地为主，蒸湘区土地利用率达到 89.76%，土地垦殖率为 24.24%，高于全省平均水平，林地、耕地占土地总面积 68.54%。

（二）土地利用地域差异明显

耕地、林地、未利用地主要分布在呆鹰岭镇和雨母山乡，建设用地相对集中在街道所辖村和长湖乡。

（三）土地集约利用程度、土地利用效益逐年提高

蒸湘区土地集约利用程度不断提高，其单位土地国内生产值由 1996 年的 1153 元/亩增加到 2005 年的 2567 元/亩。同期单位建设用地固定资产投资额由 3133 元/亩提高到 7867 元/亩；单位建设用地第二、三产业增加值由 1.394 万元/亩提高到 2.201 万元/亩；单位农业用地第一产业增加值由 480 元/亩提高到 847 元/亩。

四、土地利用总体规划

蒸湘区成立后，区国土部门对土地利用的总体规划是：以节约集约利用土地为核心，合理安排建设用地，重点抓好小城镇城乡接合部建设，保障交通、能源、水利等基础设施和重点工业项目用地；科学安排新农村建设用地，加大农村居民点整理和迁并力度，优化城乡建设用地结构，提高土地利用效益；突出耕地保护，加强基本农田建设；改善土地生态环境，构建资源节约、环境美好、社会和谐的土地利用新格局。

第四节　矿产资源开发与管理

一、矿山地质环境调查

按照国土资源部的要求，2010 年对辖区内 10 家持有采矿许可证的页岩砖厂进行了地质环境调查，因区内矿山均为页岩砖厂和黏土砖厂，对地质环境的影响不大，符合矿产资源开发要求。

二、矿山企业管理

蒸湘区矿山企业矿种比较单一，均为页岩砖厂和黏土砖厂，辖区内共有页岩砖厂 20 家，黏土砖厂 5 家，因采矿许可证指标有限，先后有 10 家页岩砖厂办理了许可证。2011 年有 2 家页岩砖厂通过挂牌出让，还有几家申请办理采矿许可证的正在编制综合报告。通过开展深入整顿和规范矿产资源秩序"打非治违"集中行动，矿山企业管理逐步走上规范化、制度化轨道。

三、地质灾害防治

编制了《蒸湘区突发性地质灾害应急预案》，成立了以主管国土资源工作副区长为组长的地质灾害防治领导小组，认真开展地质灾害防治工作。一是积极开展隐患排查工作。2010 年，通过排查摸底，共发现了 8 处地质灾害隐患点，分局对每个隐患点都设置了警示牌，发放了"明白卡"，并明确责任领导、责任人和监测人。由于发现及时、处置及时，没有造成人员伤亡和较大的财产损失。二是大力开展隐患治理。针对排查发现的地质灾害隐患，分局认真按照"谁引发、谁治理、谁受益、谁参与治理"的原则，落实隐患治理工作。2011 年，分局将呆鹰岭镇同康村滑坡隐患点，申报省厅立项治理，争取到中央财政地质灾害治理专项资金

180 万元。2012 年,对呆鹰岭镇同康村二、三组,雨母山乡灵山村枇杷塘组、锅子塘组,黄花村彭雅组四处滑坡隐患点进行打捆治理。

第五节　土地执法监察

一、定权、发证、保护

国土分局在发放土地使用权证工作中严把质量关,做到了呈报资料及时,审核资料无遗漏,并及时将审核好的资料装档成册。2001—2010 年,全区共发放土地使用权证 51010 本,其中 2001—2003 年平均每年发证约 2000 本,2004—2007 年平均每年发证约 5500 本,2008 年发证 6128 本,2009 年发证 7040 本,2010 年发证 8842 本,2011 年发证 13088 本,2012 年发证 9600 本。2009 年,区国土分局配合市局测绘科,对辖区内非法编撰出版的地图予以收缴销毁,并对辖区内 14 处地理测量标志保护落实了保护责任制和责任人。

2012 年蒸湘区地理测量标志保护情况一览表

表 3 - 4

序号	点　名	类　别	等级	现状	座　落　地　点	保管员
1	雨母山	水准点	Ⅲ	完好	雨母山乡竹雅村	左才山
2	打石岭	三角点	Ⅲ	完好	呆鹰岭镇振兴村	刘治放
3	工商管理局	GPS	Ⅳ	完好	衡阳市蒸湘医院	蒋　华
4	四一七队	GPS	Ⅳ	完好	省地勘局 417 队	余发明
5	粮店	三角点	Ⅳ	完好	呆鹰岭镇粮站	王小龙
6	农机校	三角点	Ⅳ	完好	衡阳机电工程学校	王成良
7	衡荔 4	水准点	Ⅰ	完好	雨母山乡二塘村	李远胜
8	怀衡 95	水准点	Ⅰ	完好	长湖乡金星村	廖文高
9	怀衡 94	水准点	Ⅰ	完好	呆鹰岭镇西田村	周能富
10	怀衡 96	水准点	Ⅰ	完好	大元头公路管理站	廖俊细
11	潭衡 12	水准点	Ⅲ	完好	市西外环线衡枣高速公路管理处	黄立军
12	呆鹰岭	GPS 水准共用点	C 级	完好	呆鹰岭镇新阳村新阳组	许刚翠
13	国家大地控制点 0068 号	GPS 水准共用点	A 级	完好	高新技术开发区互助村六组	唐亚军
14		GPS	D 级	完好	呆鹰岭镇高岭村	肖高国

二、制止违法用地行为

国土分局对全区土地资源实施动态巡查责任制,针对国土资源违法行为,及时采取单独执法或与乡镇、规划及公安等相关职能部门联合执法的模式予以制止。2001—2012 年,共计执法 324 宗,拆除违章建筑 15.399 万余平方米。

2001 年,拆除 15 宗违章建筑,拆除面积 6000 平方米。

2002 年,拆除 10 宗违章建筑,拆除面积 4000 平方米。

2003 年,拆除 20 宗违章建筑,拆除面积 10100 平方米。

2004 年,对杨柳村三组、四组、五组在西外环路边的违章建筑进行拆除,共拆除 84 户 20000 平方米建筑物。

2005 年,对杨柳村十组等 20 余户违法建筑进行拆除,拆除面积 10050 余平方米。

2006 年,对长湖乡大立村、松亭村 80 余户违法建筑进行拆除,拆除面积 12000 余平方米。

2007 年,拆除 10 宗违章建筑,拆除面积 5100 平方米。

2008 年,拆除 15 宗违章建筑,拆除面积 5500 平方米。

2009 年,拆除 18 宗违法建筑,拆除面积 5100 平方米。

2010 年,拆除 20 宗违章建筑,拆除面积 30150 平方米。

2011 年,拆除 36 宗违章建筑,拆除面积 12990 平方米。

2012 年,拆除 20 宗违章建筑,拆除面积 33000 平方米。

第四章　物价管理

第一节　机　构

一、机构沿革

衡阳市蒸湘价格监督检查局的前身系衡阳市郊区物价检查所,属衡阳市郊区政府计划经济委员会下设的二级机构。1990 年 11 月上收于衡阳市物价局,更名为衡阳市物价局郊区物价检查所。2001 年 4 月行政区划调整后,更名为衡阳市物价局蒸湘物价检查所,2008 年 9 月又更名为衡阳市蒸湘价格监督检查局,为正科级行政单位。2012 年在职干部职工 6 人。办公地点原驻莲湖路郊区机关大院内,2002 年 5 月搬迁至湘江北路 23 号(原衡阳市物价局办公楼)。

二、领导名录

局（所）长:周光荣(2001.5—2002.6)　　周新文(2002.6—2009.1)
王黎明(2009.1—2012.10)　　王义城(2012.10—)

副局(所)长:周新文(2001.5—2002.6)　　王双红(女,2001.5—2003.4)
尹春明(2002.6—2009.1)　　彭治安(2009.1—)

第二节　物价政策宣传

2001—2002 年,为发挥价格信息的服务功能,把价格政策宣传到千家万户,主动与区内工商企业者建立价格信息联络,发行《湖南价格信息》《湖南医药价格公报》《衡阳价格信息》刊物 1500 余份。

2005 年,狠抓价格诚信建设,开展了“推进价格诚信、打击价格欺诈”宣传执法月活动。

2006 年,在纪念“12358”举报电话开通五周年之际,在莲湖广场悬挂“举报价格违法行为,请拨打

'12358'""明明白白标价、清清楚楚消费"等大幅标语，设立价格咨询、价格举报点，现场接受群众咨询和受理群众投诉，为群众排忧解难。

2008 年，组织相关单位在区各主要路段悬挂大幅标语，出动宣传车，宣传《中华人民共和国价格法》颁布实施十周年。

2009 年 3 月 1 日，《湖南省价格监督管理条例》开始施行。其间，广泛动员社会各方力量，采用标语、图片等形式宣传《条例》，并上街开展咨询和现场受理价格举报，引导群众运用《条例》，增强维护合法权益的能力。

2010 年 4 月，在全区所在村镇大力开展惠农政策宣传，让农民了解和掌握国家惠农相关政策，同时，对全区 13 家涉农价费单位的收费情况进行了专项检查，对存在乱收费行为的单位依法进行了处罚。

2011 年 3 月，受日本核电站泄漏事故不当传言的影响，部分群众抢购碘盐，由于宣传及时、检查到位，风波迅速平息，食盐价格未出现大幅波动。通过聘请农村义务物价监督员、设置价费公示牌(栏)、印制涉企收费登记卡、设立监督点等方式，实施价格政策服务、信息服务、维权服务；通过价格公共服务网站发布最新价格政策和价格信息，让人民群众足不出户就能了解到价格政策和价格动态，为构建和谐蒸湘营造良好的价格环境。

第三节　价格监督检查

2001 年，国家计委《关于商品和服务实行明码标价的规定》开始施行。根据省局和市局的安排，蒸湘物价检查所在全区开展了一次较大规模的物价整顿和规范明码标价及收费公示活动。4 月，衡阳市价格举报中心成立，开通"12358"价格举报电话，蒸湘物价检查所也相应开通"8231402"价格举报电话，当年及时办理投诉案件 41 起。5 月，根据全省统一安排，在第一个"五一黄金周"期间，重点检查了旅游中吃、住、行、购的价格。8 月，对乡镇涉农收费(价格)情况进行了调查。

2002—2003 年，对全区涉农收费(价格)公示情况进行检查，并统一制作涉农收费公示牌 190 块(2 米 × 2.80 米)发至各乡、镇。2003 年 2—4 月，受"非典"影响，衡阳市板兰根、抗病毒口服液及食醋、食盐、口罩等价格暴涨，对此，给经销单位下发了"遵守价格政策提醒通知"，并设立应急小分队，及时查处各类价格违法案件。

2004 年，全区农村义务教育阶段学校全部试行教育收费"一费制"。7 月，查处呆鹰岭镇财政所超范围收取新阳、新民、鸡市等村 20 户村民建房户的市政公用设施配套费每户 150 元，合计多收价款 0.30 万元。

2005 年，农资价格高涨。对 3 个乡镇的 44 个农资经营批发企业、门店进行价格监督和检查，发放"遵守价格政策、自觉明码标价提醒通知书"46 份、商品价格标价签 1 万余张，及时纠正 5 个企业擅自超限价销售碳铵的违价行为。开展教育收费"一费制"专项检查，对 1 所收取捐资助学款、2 所收取借读费、5 所收取信息技术教育费的学校进行了查处，共查处价格违法所得 4.85 万元。

2007 年，衡阳物价居高不下，蒸湘物价检查所对区域内粮油、猪肉、鱼、蛋的价格、供应量、销量等情况进行监测，为政府全面、准确了解市场价格变化，调控市场物价，发挥了重大作用。6 月，根据国家发改委《关于开展全国药品和医疗服务价格重点检查的通知》精神，查处了衡阳市百姓缘药业有限公司、同德祥医药有限公司、康馨医药有限公司等药品经销单位药品销售价格超过政府定价、政府指导价等价格违法行为。

2008 年衡阳特大冰灾期间，由所领导带队，对区内大中型超市、商场、液化气站、桶装水供应点、宾馆、招待所、主要农贸市场和车站、的士等经营单位和个人的商品价格和服务收费进行拉网式巡查，对不打表乱涨价的出租车和客运班车趁灾涨价的行为进行了查处。11 月，根据国家发改委、国家电监会《关于促进资源节约与环境保护，深入开展全国电力价格专项检查的通知》精神，对衡阳电业局雁西供电局的农电价格进行了检查，查处该局多收电费 41.99 万元。

2009年,在全区范围内开展价格公共服务进社区、进乡镇、进学校、进商场、进医院工作。成立呆鹰岭镇、雨母山乡、长湖乡、联合街道、蒸湘街道和金山社区价格公共服务站。有3个乡镇,4个街道办事处,24个行政村,32个社区,16所医院,34所学校用公示牌进行价费公示。3月18日,湖南省“百城万店无假货”活动启动仪式在衡阳举行,参加启动仪式的省、市州领导在参观香江百货光辉店后,对其明码标价工作给予很高评价。

2010年3月,政府决定禁止摩的在城区营运,一时的士营运生意兴隆,一些“的哥”“的姐”趁机随意喊价,不打表收费,大肆敛财,市民反映强烈。针对这一情况,蒸湘价格监督检查局兵分两路,轮番在市中心汽车站、华新汽车站和西湖停车场等主要路段,对的士票价进行价格监督检查。11月,衡阳推行“畅通、清洁、绿化”三大工程,相关部门大力整顿交通秩序,但由此引发的士营运市场严重供不应求,随意喊价,不打表收费行为再次泛滥。为根除这一顽疾,蒸湘价格监督检查局出动全部力量,在各主要路段布点,连续一个月进行的士票价检查,共查处的士营运不打表收费等行为54起,罚款3万余元。

2011—2012年,为减轻群众看病负担,蒸湘价格监督检查局多次深入全区各社区卫生服务中心和乡镇卫生院,对实施国家基本药物制度的情况进行严格监督检查。同时,对落实国家先后8次下调350种常用药品价格和3次下调常用医疗服务收费情况,进行了普遍检查监督。

衡阳市蒸湘价格监督检查局在价格监督执法过程中,始终坚持“事实清楚、证据确凿、定性准确、处理恰当,手续完备,程序合法”的工作方针,依法行政,秉公执法,2006年、2007年连续两年被湖南省物价局评为全省价格行政执法工作先进单位;2007年被湖南省物价局评为全省价格调节基金征管工作先进单位;2008年被衡阳市物价局评为年度绩效管理先进单位;2012年在全市价格监督检查案卷评比中荣获二等功。

第五章　统　　计

第一节　机　　构

一、机构沿革

2001年5月蒸湘区成立后,原郊区计划统计局变更为蒸湘区计划统计局。2005年2月,蒸湘区计划统计局更名为蒸湘区发展和改革局。2007年9月,统计职能从发改局中分离出来,单独成立蒸湘区统计局,为正科级行政事业单位。局内设机构有:办公室、业务股、法规股。2012年在职干部、职工9人。办公地点原驻莲湖路郊区机关大院内,2009年10月搬迁至船山大道18号蒸湘区机关办公大楼9楼。

二、领导名录

局　　长:郑　刚(2007.11—2008.6)　　唐继红(女,2008.6—)

党组书记:汤文选(女,2007.12—)

副 局 长:汤文选(兼,2007.9—)

第二节 统计报表

2001年，随着统计体制改革，统计报表由单纯性定期报表向定期报表与抽样调查相结合的方式过渡，并最终确定报表体系由农业、工业、建筑、房地业、固定资产投资、批零贸易和住宿餐饮业、劳动工资、高新科技、城镇住房调查和农村住户调查等专业统计报表共同组成，统计报表种类达50多种，数据指标达千余项。2005年10月，湖南省对企业基层统计实行“一套表”工作方式，蒸湘区从2005年统计年报和2006年定期统计报表中，全面推行工业企业、建筑业企业、房地产企业、批发零售贸易业企业、住宿餐饮业企业、服务业企业基层统计“一套表”，科技统计、劳动统计、固定资产投资统计等也纳入“一套表”中。2008年8月，根据上级文件指示，蒸湘区增加能源统计，能源统计月度报表主要有《工业企业能源购进、消费与库存》《工业企业能源购进、消费与库存附表》《主要耗能工业企业单位产品能源消耗情况》《工业企业用水情况》。年度统计报表主要有建筑业、房地产业、餐饮业的《能源购进、消费与库存》。

第三节 统计调查

一、经济普查

2004年，蒸湘区开展第一次经济普查，基本摸清区划调整后新区的第二、三产业经济基本情况。2008年，区人民政府组织开展了第二次经济普查，普查法人单位799个，其中单产业法人单位767个，多产业法人单位32个；单位从业人员59269人，产业活动单位1166个，个体经营户7759户。2010年1月，区统计局获“第二次全国经济普查国家级先进单位”。

二、农业普查

全国农业普查先后已开展两次，分别为1996年、2006年。第二次全国农业普查标准时点为2006年12月31日，时期资料是2006年度，主要普查内容包括农户家庭与人口特征信息、农村居民生活质量和基础设施、农村居民迁移、农村劳动力资源与就业状况、农业土地利用状况等生产条件和生产能力、农村投资规模、农业产业化水平、农村贫困的小区域估计基础信息、农业社会化服务水平、小城镇的发展水平、农村社会事业的发展水平等10个方面。根据衡阳市第二次农业普查办公室《单位普查表表式(第二套)》数据显示，蒸湘区2006年农业年末居住户14694户，农业年末居住人口51650人。经营园地面积1582.8亩，经营耕地面积36423.7亩，经营林地面积2261.2亩，经营养殖水面面积10779.2亩。农产品销售总收入8555.76万元，其中农作物种值业收入3400.13万元，林业收入151.56万元，畜牧业3159.87万元，渔业1844.2万元。

三、人口普查

人口普查分别于1953年、1964年、1982年、1990年和2000年在郊区开展了五次。蒸湘区进行的第六次全国人口普查标准时点为2010年11月1日零时。这次普查首次将居住在中华人民共和国境内的外籍人口纳入普查范围。与前五次普查不同的是，第六次全国人口普查的普查对象是在中华人民共和国境内居住的自然人。此次普查，蒸湘境内共计普查户85156户，普查人口300734人，其中常住人口298461人，户籍人口230282人，较区划调整以来人口状况发生了很大变化，蒸湘区的人口规模已由2001年区划调整时四个城区中最小，上升到各城区中登记人口、常住人口、户籍人口第二的位置。2012 年，该局获“湖南省第六次全国人口普查先进集体”。

四、妇女儿童“两纲”监测统计

2001 年后，对《蒸湘区 2001—2010 年妇女、儿童发展规划纲要》，每年进行“两纲”监测统计，重点监测妇女参政议政水平、妇女儿童受教育程度、妇女儿童的健康水平、妇女儿童生活质量等内容。

五、城镇住户调查

2004 年，按照上级主管部门要求，城镇住户调查业务放到城区一级开展，每三年进行一次样本框轮换，2004 年确定样本框为 300 户，2007 年、2010 年确定大样本框为 500 户，通过科学的抽样方法抽选出 50 户作为调查对象，每月对其家庭收入和支出情况进行详细登记，通过抽样取得全区城镇居民可支配收入、消费性支出等主要经济指标。

六、农村住户调查

农村住户调查的前身是农户家庭经济调查，1985 年开始，调查对象为 30 户，1986 年将调查面扩展到各乡镇，调查点扩至 100 户。2001 年区划调整以后，行政村数量由原郊区 105 个变为蒸湘区 42 个，调查农户重新选点，确定为 30 户，对其基本情况、生产经营、粮食、现金收支和实物消费量等指标进行调查。

七、其他调查

每月开展的调查有价格调查、企业景气调查，定期开展的调查有 1% 人口变动抽样调查、规模以下工业服务业抽样调查。2008 年对全区农户养殖生猪达 400 头，非农户养殖生猪达 100 头的规模户开展畜禽监测。2008 年受组织部门、政法系统委托，开展了组工干部形象满意度调查、群众安全感调查等。2011 年 5 月，该局获第二次全国 R&D 资源清查领导小组办公室“第二次全国 R&D 资源清查工作先进单位”。

第四节 统计服务

2001 年起每年编印《蒸湘区统计年鉴》，2003 年起每月编制《蒸湘区主要经济指标》，呈区领导各一份。2008 年，编制《乡镇街道重点工作考核主要指标》，随《蒸湘区主要经济指标》一起呈区领导阅，作为科学决策参考之用。

2001 年后，利用有效统计资源，强化统计服务意识，对外来办事人员做到“热心、细心、耐心”为社会各界提供统计法定数据百余起。2008 年起，实行统计分析和预测制度，每月对主要经济指标作纵、横向对比，写出 12 篇专业统计分析和 3 篇综合分析。2009 年、2010 年随着统计服务的深入开展，每年统计分析数量分别为 2008 年的 1.5 倍、2 倍。

2011 年，围绕社会关注难点和热点问题，加强对统计数据的深度分析。全年撰写全区经济形势分析 4 篇，专题统计分析 11 篇。撰写统计工作动态 52 期，其中被市局网采用 6 篇。2012 年，根据实际调查和统计分析，撰写全区经济分析 6 篇、专题统计分析 6 篇，统计工作政务信息 120 篇。针对全区服务业发展不平衡的状况和建设领域下滑的状况，分别撰写《蒸湘区 2011 年服务业年度发展报告》和《蒸湘区建筑、房地产业发展情况分析报告》，均对存在的问题分析了原因，提出了可具操作性的建议。

第五节　统计执法

根据《中华人民共和国统计法》和《统计违法违纪行为处分规定》,蒸湘区每年开展一次统计执法检查,重点查处纠正虚报、瞒报、篡改、伪造统计资料,拒报或屡次迟报统计资料的违法行为。其中较大的执法检查和统计巡查有:

2006 年,区统计局联合区人大、区监察局、区法制办对各乡(镇)、街道、区直各部门、各企事业单位开展统计执法大检查,确定 5 月 30 日前为自查时间,有 93% 的单位上报了自查表,10 月份抽取 10 个单位进行检查,发现大部分单位统计员执证上岗,统计数据有据可查、如实上报,个别单位存在统计意识不强、账表不符等问题,区检查组责令限期整改。

2008 年 9 月,区统计局开展统计巡查工作,巡查对象为全区 6 个乡镇(街道)统计站,重点巡查统计站机构队伍建设、法制建设、数据质量控制、统计改革、职业道德建设等方面的开展情况,了解各专业数据的处理方法,听取专业人员在各专业统计方法制度实施中的意见和建议。通过巡查工作发现各乡镇(街道)统计站在统计工作中有一些好的经验,如机构设置健全,党政一把手兼任统计站站长,统计站成员安排到了各村(居)委会一级,统计站有独立的办公场所,电脑、打印机、电话和传真机等办公设备完善,有专职的统计人员等。

2009 年,为落实《统计法》和《湖南省统计管理条例》,区统计局和市统计局一起,对全区各乡(镇)、街道、企事业单位进行了统计执法大检查,共发出通知和自查表各 300 余份,规定 5 月 30 日前为自查时间,有 97% 的单位上报了自查表,6—10 月,市、区两级联合执法队共抽取 8 个单位进行检查,发现部分单位统计人员在统计口径上有误解,个别单位依法统计意识淡薄等问题。检查结束后,检查组发出限期整改书。当年,区统计局加强了对统计法律法规的宣传和培训工作。

2011 年,在蒸湘区党政门户网上开设了“中国统计开放日”专题栏目,增强机关、企事业单位统计意识。制定了统计巡查、统计执法工作年度方案,严格按照上级部署对区内各企、事业单位、机关团体、乡镇街道进行了统计巡查。8 月,经市局统计巡查,全区统计法制工作得到充分肯定。

2012 年,区统计局获省统计局“湖南省县级统计工作规范化建设先进单位”。

第六章　审计监督

第一节　机　构

一、机构沿革

蒸湘区审计局的前身系衡阳市郊区审计局,2001 年 4 月衡阳市城区行政区划调整后,更名为蒸湘区审计局。局内设办公室(加挂政策法规股牌子)、审计业务综合股、固定资产投资审计股 3 个股室以及区领导干部经济责任审计中心。2012 年,全局在职干部、职工 7 人(其中具有中级职称 3 人)。办公地点驻蒸湘区机关办公大楼 6 楼。

二、领导名录

局　　长：傅德寿(2001.5—2008.6)　陆魁志(2008.6—)
党组书记：刘孝国(2001.5—2002.3)　唐继红(女,2005.7—2008.6)
　　　　　李康平(2008.6—)
纪检组长：何跃斌(2001.5—2003.1)　刘书莲(女,2003.1—2006.3)
　　　　　周元珍(女,2006.8—)
副 局 长：胡义卫(2001.5—2002.3)　何跃斌(兼,2002.3—)
　　　　　黄文洁(2002.3—2009.5)　唐继红(兼,2005.7—2008.6)
　　　　　李康平(兼,2008.6—)
总审计师：周元珍(兼,2005.7—)
区领导干部经济责任审计中心主任：戴聪慧(2012.12—)

第二节　审计工作

一、财政预算执行审计

根据《中华人民共和国审计法》规定，每年对同级财政预算执行情况进行审计。主要从财政资金收入情况、税收征收情况、财政金库解库情况和预算资金支配情况等方面监督是否依照《中华人民共和国预算法》和同级人民代表大会批准的当年预算方案进行财政收支管理、在资金支出上有无损失浪费、有无截留预算资金等问题，在全面核实财政收支真实合法的基础上，揭露和查处违规问题，提出审计意见和建议，并将同级财政预算执行审计情况分别向区人民政府和区人大常委会提交《审计结果报告》和《审计工作报告》，为人大监督、政府管理和调度预算资金提供依据。

二、行业审计

2001—2012 年，根据上级审计部门安排，对农村信用联社、检察院、地税局及退耕还林资金、地方政府性财务、粮食直补、社会保障资金和水稻良种补贴资金、教育“普九”化债和中小学校校安工程等开展行业审计，对发现的违规违纪问题提出审计建议，作出了处理。2007 年，遵照国家审计署安排，对农村养老保险进行了行业审计，为摸清国家农保基金底数、清理存在问题，探索建立新型农村养老保险制度提供了依据。当年还对 1995—2006 年农村社会养老保险基金征集、运营、发放及管理情况进行了审计，客观反映了基金营运过程中存在挪用基金利息弥补经费不足等问题，并进行了处理，该项目被评为 2008 年度全市优秀审计项目。

三、经济责任审计

2001—2012 年，共组织实施领导干部任期经济责任审计项目 52 个，并将审计结论以专题报告形式提交至区委组织部。

四、行政事业单位审计

坚持抓好行政、事业单位定期(财务收支)审计，重点加强对有预算外收入、有行政性收费和罚没收入以及有国家专项资金的单位的审计监督。2001—2012 年，共开展行政事业单位财务收支审计项目 67 个，查处违规资金1753万元,收缴财政137万元。

五、固定资产投资审计

从2008年起,区审计局加大区内固定资产投资审计力度,对政府机关大院、廉租房建设、背街小巷改造、中小学校舍维修、乡镇卫生院改造等工程项目开展预决算审计,共审计项目48项,核减金额1458.45万元。2010年,对教育系统中小学校舍新建和维修项目进行预决算审计,共审计项目13个,送审金额979.1万元,审定金额909.34万元,核减7%,为财政节约资金69.76万元。

2001—2012年,共完成审计项目199个,查处违规资金2505.02万元,核减工程建设项目预决算金额1458.45万元,收缴财政229.4万元。

区审计局于2004年获"市一星级文明单位",2009年获"市二星级文明单位",2012年获"市三星级文明单位"。

第七章 安全生产监督

第一节 机 构

一、机构沿革

蒸湘区安全生产监督管理局前身是区安全生产委员会办公室。2007年4月,根据上级指示精神,蒸湘区成立安全生产监督管理局(简称安监局),加挂蒸湘区安全生产委员会办公室牌子,为区人民政府主管安全生产综合监督管理的工作部门,2007年12月16日,区安全生产监督管理局正式挂牌。局内设机构有:办公室(综合协调股)、监督管理一股、监督管理二股。2012年在职干部职工3人。办公地点驻蒸湘区机关办公大楼东楼3楼。

二、领导名录

局　　长:刘　新(2007.6—2009.4)　　汤九生(2009.4—)

副 局 长:谢云勇(2007.9—)　　罗细森(2012.1—)

第二节 安全生产监督管理

2008年,区委、区政府出台《关于进一步加强安全生产工作的意见》,将安全生产纳入该区十项重点工作考核内容,建立区级领导挂点联系安全生产制度和安全生产目标管理考核制度,在全区各级各部门实行安全生产党政一把手负总责,做到"事事有人管,安全无盲区"。同时,该区在各乡镇、街道设立安监站,配备专职安监员,各村(居委会)设立兼职安管信息员,形成区、乡(街道)、村(居委会)三级监管网络。为提高全区人民安全生产意识,该区加大宣传力度,创新宣传形式,大力开展安全知识进工厂、进社区、进机关、进学校、进农村的"五进活动",实现普及安全知识"纵到底、横到边"。为确保安全不留死角,该区开展"百日督查""百日整治"活动。安监局对全区14家页岩砖厂进行了排查摸底,启动了非煤矿山安全生产许可证委托颁证前期工作,核发烟花爆竹零售经营许可20家,取缔长湖乡长湖村8组烟花爆竹市场,完成34家"危险化学品经营许可证"换证、发证的初审工作和11家经营非药品类易制毒化学品备案登记工作。在雨母山乡322

国道丁字路口增设减速带，呆鹰岭镇金雁加油站周边摊担被彻底清除，乐福大酒店、西湖饭店船山分店改造了自动报警系统和自动喷淋系统。对其他排查出的安全隐患，建立隐患台账，下达整改指令，做到责任、措施、资金、时限和预案“五落实”。全区在抗冰救灾期、防汛期、国庆长假和“两会、两节”等重点期间保持了平安稳定。全年全区发生各类安全事故44起，死亡23人、受伤15人，直接经济损失49.7万元，比当年控制指标减少50起，与2007年相比，减少死亡8人、减少受伤57人、减少损失2.8万元，同比分别下降79.2%、30%、79.4%、5.4%，没有发生一次死亡3人以上的重大事故。当年，区安监局获市人民政府“安全生产目标管理优秀单位”称号。

2009年，区安监局紧扣“安全生产年”“企业主体责任落实年”活动主题，扎实开展以安全生产宣传教育行动、执法行动、治理行动为内容的“三项行动”。区安委会出台了《蒸湘区安全生产事故隐患整改交办督办制度》《蒸湘区安全生产示范乡镇街道活动实施方案》。4月，安监局组织安委会成员单位分管负责人、乡镇街道分管负责人、安监站站长参加市安委会举办的全市安全生产应急管理知识培训班。“5·12”是全国防灾减灾日，安监局在中心汽车站前坪开展了隐患治理、事故预防、应急救援等内容的宣传活动，现场发放宣传资料500余份。6月，组织非煤矿山、危险化学品和烟花爆竹生产经营单位主要负责人到市安培中心参加年度再培训。12月，组织全区安全监管人员参加全市安全生产监督管理人员业务轮训。全年完成21家“危险化学品经营许可证”换证、发证的初审工作，13家经营单位非药品类易制毒化学品备案登记工作；对烟花爆竹经营点作了布点规划，确定25处经营点；在区政府组织下，联合公安、城管、工商、消防、法制、信息办等部门及长湖乡政府开展联合执法打击船山西路非法经营烟花爆竹行动3次，取缔非法经营店5家，疏散合法经营店2家；对全区2个危险化学品生产企业、11家加油(气)站、14家非煤矿山、21家烟花爆竹零售店开展安全隐患排查，共排查整治一般隐患48处、重大隐患1处，整改率100%；督促区发改局、雨母山乡等单位改造了雨母山乡江边小桥，督促呆鹰岭镇政府依法对存在安全隐患的农贸市场水塔成功实施爆破拆除；督促市石油公司对市政府交办督办的存在重大安全隐患的金雁加油站油罐进行了HAN改造；督促蒸湘区交警大队对市政府登报督办的呆鹰岭老桥东头路口进行整改，增设了减速带和交通标牌。当年，全区共发生各类事故59起，死亡24人，没有发生一起死亡3人以上的重大事故。当年，区安监局获市人民政府“安全生产目标管理优秀单位”称号。

2010年，区安委会根据《中华人民共和国安全生产法》等法律法规，制定《蒸湘区较大及以上安全生产事故应急救援预案》和《蒸湘区危险化学品事故应急救援预案》，起草《蒸湘区安全生产十二五规划》。开展“虎啸”“亮剑”行动，共排查整改各类隐患154起。开展联合执法打击船山西路非法经营烟花爆竹行动2次，取缔关闭非法经营烟花爆竹零售店6家。完成15家“危险化学品经营许可证”换证、发证的初审工作，22家经营单位非药品类易制毒化学品的备案登记工作以及20处烟花爆竹经营点重新整合疏散、布点规划工作。开展作业场所职业卫生网上申报和检测工作，有13家企业进行了申报与备案。6月，开展“安全生产月”活动，在崇盛晶珠百货、步步高商场、泰阳商城、区政府办公大楼等多个电子屏幕上反复滚动播放安全生产宣传标语，在城镇主要街道、社区悬挂大型宣传横幅共47条，制作永久性板报2张，组织腰鼓队宣传2次，放映安全生产警示片30场。在全区涉危行业企业和乡镇(街道)社区开展“三个一”活动(即一封安全生产公开信，一本《生产安全事故报告和调查处理案件》，一份生产经营单位安全生产主要职责)。给厂矿企业上安全生产课100余次，发放宣传挂图40份、宣传专刊80本。7月，组织非煤矿山、危险化学品和烟花爆竹生产经营单位主要负责人到市安培中心参加了年度再培训，10月，全局安全监管人员参加全省安全生产监督管理人员业务培训。本年度全区发生各类安全事故51起，死亡24人(含华兴街道)，其中道路交通事故死亡23人(其中华兴街道10人)，工矿商贸事故死亡1人，无一起死亡3人以上重大事故发生。区安监局获市人民政府“安全生产‘打非治违百日攻坚’专项活动先进单位”称号。

2011年，全区继续深入开展“安全生产年”活动，强化责任落实，严厉打击安全生产非法违法行为，狠抓重点行业(领域)安全生产专项整治。3—5月，开展“百日攻坚”专项行动，共组织6次集中执法检查，出动执法人员138人次，检查烟花爆竹经营户28户，取缔无证照经营9户，没收烟花爆竹3车，合计金额3万元，并报公安部门刑拘3人。6月，开展“安全生产月”活动，在晶珠广场、区政府大院、太阳广场巡回展出了“弘扬安全文化，创建平安蒸湘”大型图片展。11月，开展全区“安全生产大检查”，成立1个综合督察组和6个专项督察组,重点对辖区内非煤矿山、烟花爆竹、建筑施工场地、道路交通、危险化学品及人员密集场所进行安全大检查,取缔8家非法烟花爆竹经营户,责令19家建筑施工企业停产整顿。当年,全区共发生各类事故83起,死亡19人。区安监局获省人民政府“安全生产目标管理优秀单位”。

2012年,进一步落实安全生产责任制,强化安全生产监督执法,建立规范有序的安全生产秩序。一是组织联合执法行动。全区各部门共组织执法行动138次,出动执法人员4352人次,检查企业763家,发现隐患93处,实际关闭生产经营单位10家。区交警大队在执法中抓捕涉嫌犯罪人员13人,经济处罚75万元。特别是针对长湖乡船山路中心汽车站周边8家临时烟花爆竹非法经营店死灰复燃现象,再次开展联合执法打击取缔,当场抓捕1人,没收销毁非法烟花爆竹3万余元。二是开展校车安全大督察。年初和9月进行了2次校车安全督察,排查校车101辆。根据交警部门认定,全区校车车况基本符合要求。没有发现黑车、病车、低速载货汽车、三轮摩托车、拖拉机等违法接送学生的行为,全区校车驾驶员的资质全部符合要求。三是整治重点安全隐患。对事故多发的省道315呆鹰岭段,政府投入30万元,增设29块交通标志标识,安装高清摄像头;对联合小学护坡坍塌处,筹措资金10万元,进行了修复;6月13日,市四机械厂家属房前围墙倒塌,区政府多方协调筹资70余万元,组织抢险修复;对呆鹰岭镇堰头村危桥,区财政拨付20万元,进行了整治改造。当年,全区发生各类事故54起,死亡18人。

第三节　安全事故及责任追究

2008—2012年,辖区内共发生安全生产事故291起,实际死亡人数108人,其中道路交通事故死亡95人,占死亡人数的87.96%;工矿商贸事故死亡8人,占死亡人数的7.41%;其他事故死亡5人,占死亡人数的4.63%。

在事故责任追究方面,2010年10月9日,衡阳鸿涛机械有限公司发生一起高空坠落伤害事故,死亡1人,直接经济损失54.4万元。区安监局牵头组织区监察局、区公安分局、区总工会、区钢管深加工工业园区管委会等单位组成区政府“10·9”事故调查组,通过现场勘察和调查取证,查明事故发生经过和原因,认定事故性质为责任事故,根据《生产安全事故报告和调查处理条例》第37条的规定,给予衡阳鸿涛机械加工有限公司行政处罚5万元。

注:2008年、2009年工矿商贸安全事故的调查处理,是由市安监局组织进行的,故未列入;交通事故是由交警部门组织处理的,也未列入。

2008—2012年蒸湘区安全生产事故情况一览表

表3-5　　单位:人

年　度	安全生产事故(起)	实际死亡人数			
		道路交通		工矿商贸	其他
		直管辖区	华新街道		
2008	44	14	4	2	3
2009	59	14	7	1	2
2010	51	13	10	1	
2011	83	9	9	1	
2012	54	8	7	3	
合　计	291	58	37	8	5

说明:“其他”含消防、建筑、电力、水利等行业。

第八章　招商引资

第一节　政策与奖励

一、优惠政策

根据衡阳市人民政府2006年印发的《衡阳市城市供水管理暂行办法》《衡阳市加快城市基础设施建设暂行办法》《关于加快旅游业发展的意见》以及2007年印发的《关于进一步规范城市基础设施建设投资补偿的通知》等4个文件精神，招商引资主要优惠政策有：对符合政策引导方向、固定资产投资在5000万元以上、年实现利税达1000万元的项目，税收上可实行“两免三减半”（指外商投资企业可享受从获利年度起2年免征3年减半征收企业所得税的待遇）；对为重点产业企业配套、配套率达50%以上、固定资产投资在1000万元以上的，也可比照上述政策享受优惠；对重大城市基础设施建设项目，每投入1000万元，可用新增建设用地22亩－40亩进行补偿，或用旧城改造用地18亩－30亩进行补偿；对大型物流园区（15万平方米以上），城区内新建、扩建、改建的大型专业批发市场（营业面积10万平方米以上）、专业商场（营业面积3万平方米以上）等投资项目，可享受土地转让金20%－50%的减免；投资特色商业街、五星级酒店以及投资额5000万元以上的旅游设施、景点、会展中心等项目，可享受土地成本价。

二、奖励办法

2004年5月31日，蒸湘区委、区政府制定的《蒸湘区招商引资奖励办法》，主要内容有：

第一，区政府设立招商引资专项奖励基金，对符合国家产业政策的招商引资单位和个人，予以奖励。

第二，对引进区外、境外客商来区投资的中介人，待项目资金到位建成投产后，按下列标准给予奖励：1.凡引资人民币在100万元以上兴建生产型项目（含企业改制）的引资人，按引资总额的0.2%予以奖励；凡引资人民币在500万元以上的商业服务业项目的引资人，按引资总额的0.1%予以奖励。以上资金由政府专项奖励基金支付。2.对引进租赁投资的项目，且年租金在5万元以上，租期在5年以上的，按年度租金费用的3.5%给予一性次奖励，奖金由受益单位支付。

第三，引进项目资金的中介人由投资者书面确认，区经贸局审定，中介人的奖励，由区经贸局提出意见，区监察、财政和审计部门核实，报区政府主管经贸副区长审核，区政府常务会或区委常委会审定，区长审批，年底兑现，并依法缴纳所得税。

2005年5月20日，根据《蒸湘区招商引资奖励办法》，区委、区政府对“金海岸洗浴中心”引资人邹可成等奖励1.5万元；对“西安衡钢管件有限公司”引资人陶芳芳等奖励2万元；对引进“晶珠商业广场”有特别贡献者夏俊生等奖励2万元；对引进“湖南科技经贸职业学院”有特别贡献者邓准德等奖励2万元。

第二节 引资成果

蒸湘区成立后，区域面积比原郊区减少73.2%，经济规模减少43.48%，其中规模工业企业由28家减少到5家，外资企业由47家减至8家。为了尽快扭转这种局面，蒸湘区委、区政府及时调整工作思路，把招商引资作为经济发展的重中之重，积极借助外力，以解决投入不足与加快发展的矛盾。为此，专门成立外向型经济领导小组，设立了招商引资专项基金，分阶段编写出《蒸湘区招商项目汇编手册》，制订了招商引资优惠政策及奖励办法，逐年给区级领导及各乡镇、街道、部办委局下达招商引资任务。全区上下齐心协力，分别采取节会招商、小分队招商、网络招商、以商招商、产业集群招商、核心商圈招商等方法，取得满意效果。

2001年，蒸湘区引进规模以上民营企业7个，默奥集团衡阳有限公司、金衡稀土有限公司、裕华化工建材公司当年引进，当年投产。协成电器厂、东兴塑钢门厂等民营企业相继建成。9月7日，在耒阳科技发明节招商会中，蒸湘区亚都装饰公司与香港中艺装饰设计工程公司签订合资合同，引进外资176万美元；长湖玛钢件厂与英国克拉克钢铁公司签订15万美元的外贸出口合同。

2002年，引进台商朱克伟和客商欧阳斌，收购莲花大厦、来雁饭店，实行整体爆破后兴建"晶珠商业广场"，总投资2.2亿元，当年投资6300万元；投资30万美元的日月潭休闲中心建成开业；引进长沙泰阳有限公司，租用富安大厦场地，投资4000万元，改造成泰阳电器商城(蒸北店)。

2003年，引进广东客商莫运国整体收购衡阳市医药化工厂，投资1200万元进行CMP改造；美籍客商李金山出资1133万元收购衡阳市锻造厂；千山制药有限公司投资4800万元兴建千山大厦。当年，该区先后组团参加衡阳(西安)、衡阳(东莞)、衡阳(温州)、衡阳(深圳)招商引资洽谈会，4大招商活动共签订合同、协议6个，合同利用内资2600万元，合同利用外资900万美元。

2004年，新增湘交电工制造有限公司、乐鑫合金锰有限公司、华林锰业有限公司、光谱能源有限公司、聚源电力电器设备厂、四诚石灰有限公司、三春建材有限公司、富康实业有限公司共8家规模以上工业企业。

2005年，引进1000万元以上的内资企业有：西安石油管件衡阳分公司投资8000万元，金冠建材有限公司投资5000万元，绿多丰生物工程有限公司投资3500万元，花香实业有限公司投资3000万元，金坤纸业投资3000万元，整车成型车桥项目投资2000万元，鹏洋食品包装有限公司投资1800万元，欣凯科技有限公司投资1000万元。由湖南闽华水口山铅酸电池有限公司投资1.2亿元建设的铅板极厂落户在雨母山。

2006年，在区委、区政府的动员下，上年引进的西安石油管件衡阳分公司，将总部从西安整体搬迁到衡阳，注册成立鸿菱石油管材有限公司，当年完成产值1.1亿元，上缴税金2150万元。由美籍客商赵立彦和西安纳特公司共投资6100万元兴建的鸿瑞石油管材公司建成投产。由衡阳鸿宇机械加工有限公司投资6000万元，兴建鸿涛机械加工有限公司。由北京凯惠公司投资8000万元，兴建鸿大特种钢管有限公司。由湖南共创集团投资1.8亿元的鸿运数码广场，年底投入营运。

2007年，蒸湘区按照"城市带动、项目立区、民营主体、工业主导、二三并重"的发展思路，大抓项目建设，在省市组织的重大招商活动中，引进投资5000万元以上的工业项目5个(鸿成公司、鸿成高压气瓶管制造有限公司、浦盈钢管防腐有限公司、鸿锦石油钻具有限公司、科盈钢管有限公司钢管被覆技术项目)、商贸流通企业4个(东风雪铁龙4S店、五菱4S店、北京现代4S店、东风日产4S店)。

2008年，在衡阳(深圳)承接产业转移暨"深圳工业园"招商推介会上，蒸湘区与客商一举签订5个工业项目和1个三产项目，实现企业、客商、地方多赢的招商引资格局。

2009年，上海盈德气体投资有限公司一期投资2亿元，成立衡阳盈德气体投资有限公司，建设20000Nm^3/h工业气体(氧气)项目，10月建成投产。11月在衡阳市承办的第五届湘台会期间，引进浙江雅仕林集团公司，兴建雨母山雅仕林生态休闲博览园，总投资15.8亿元。12月，衡阳市荣华置业发展有限公司在呆鹰岭镇征地180亩，计划投资3亿元，建设湖南花鸟古玩文化市场。

2010年，当年开工建设的工业项目有友发彩钢、振瑞电力、金利环保、永佳重工、华彩印刷、金宇油脂、宏利制冷、鸿翔特种钢管、恺鸿新型建材、铭艺特种钢化玻璃等36个；三产项目有金钟精英城、五环大酒店、丹明珠酒店、东风标致4S店、宝马4S店、铃木4S店、华南商城、国仁堂等19个。

2011年，当年新开工投资2000万元以上的产业项目49个，新竣工投资2000万元以上的产业项目50个。

2012年，当年新开工兴建并办理注册的投资2000万元以上的产业项目34个，新竣工投产的固定资产投资2000万元以上的产业项目39个。

2001—2012年，全区共引进100万元以上的内资项目455个，实际到位内资87.01亿元；引进30万美元以上的外资项目63个，实际到位外资1.56亿美元。2003年、2005年分获“湖南省招商引资工作先进单位”，2006年、2007年、2008年分获“湖南省利用外资先进单位”。

2001—2012年蒸湘区组团参加部分节会招商情况一览表

表3-6

时　间	节　会　名　称	签订合同（协议）（个）	合　同　引　资	
			内资（亿元）	外资（万美元）
2001.9.7	耒阳“科技发明节”	2		176 （外贸出口）15
2002.4.21	衡阳（东莞）招商引资洽谈会			
2003.4.10	衡阳（西安）招商引资洽谈会	1	0.08	
2003.4.21	衡阳（东莞）招商引资洽谈会	3	0.18	500
2003.9.19	衡阳（温州）招商引资洽谈会	1		100
2003.10.15	衡阳（深圳）招商引资洽谈会	1		300
2004.4.20	衡阳（东莞）招商引资洽谈会	2	0.1	200
2004.9.19	衡阳（温州）招商引资洽谈会	1	0.1	
2005.10.18	衡阳（东莞）投资洽谈周	3	0.3	600
2006.5.26	衡阳（深圳）投资洽谈周			
2006.6	（深圳）招商引资洽谈会	3	0.55	615
2007.6	（长沙）招商引资珠洽会	2	0.5	
2007.10.24	（深圳）澳港台招商会	2	1.5	
2008.6.18	（上海）招商引资洽谈会	2	1.5	
2008.7.8	衡阳（深圳）承接产业转移暨“深圳工业园”招商推介会	6		
2009.5.20	（深圳）招商引资港洽周	3	1.68	1230
2009.11.5	衡阳承办第五届“湘台”经贸交流合作会	1	1.58	
2010.5.7	（广州）招商引资粤洽周	2	4	
2010.7.24	（上海）招商引资洽谈会	9	10	
2010.12.26	中国（衡阳）服务业改革发展高级研讨会	3	2.76	
2011.9.29	衡阳湘商大会	6	33	
2012.5.19	（长沙）第七届中博会	8	47	

2001—2012 年蒸湘区招商引资情况一览表

表 3 - 7

年　度	引　进　内　资		引　进　外　资	
	100 万元以上项目(个)	实际到位资金(亿元)	30 万美元以上项目(个)	实际到位外资(万美元)
2001	26	0.30	3	250
2002	42	2.00	6	466.50
2003	36	2.127	6	1200
2004	33	4.60	7	885
2005	41	8.183	7	878
2006	38	14.79	7	1055
2007	20	5.58	4	1130
2008	12	3.10	4	1432
2009	71	3.66	3	1680
2010	51	4.50	4	2016
2011	51	21.47	4	2050
2012	34	16.70	8	2557.90
合　计	455	87.01	63	15600.40

第四篇　农　　业

2001 年蒸湘区成立之初,全区农业人口由 2000 年的 16.79 万人减少到 6.5 万人,耕地面积由 11.625 万亩减少到 3.645 万亩。区委、区政府从 2001 年开始,大力调整农业产业结构,缩减水稻播种面积,扩大种、养业生产,引进新品种,推广新技术。2002 年实行农村税费改革,减轻农民负担。在稳定和完善家庭联产承包责任制的基础上,有效推进土地流转机制。为加强农业基础设施建设,对所有防洪堤、水库、山平塘和农业机械逐年进行除险加固与维修改造,2006 年全面完成农村电网改造,提高了防洪、抗旱能力。采取“公司 + 基地 + 农户”的模式,重视发展龙头企业,带动和促进农业生产发展。努力扩建生产基地,从传统农业向现代农业过渡,从分散经营向集约经营转化。2012 年,全区农业增加值 5.39 亿元,是 2001 年 0.79 亿元的 6.82 倍。与 2001 年相比,蔬菜种植面积由 8550 亩增加到 22200 亩,增长 1.6 倍,总产由 4.05 万吨增加到 5.24 万吨,增长 29.4%。生猪饲养量由 8.32 万头增加到 14.78 万头,增长 77.6%,生猪出栏由 4.8 万头增加到 10.96 万头,增长 1.28 倍。鱼类养殖面积由 9100 亩增加到 11800 亩,增长 29.7%,总产由 3050 吨增加到 4400 吨,增长 44.3%。瓜果生产面积由 3596 亩增加到 7788 亩,增长 1.17 倍,总产由 0.257 万吨增加到 1.34 万吨,增长 4.21 倍。全区高效、生态、休闲、观光农业呈现雏形。

第一章　机　　构

第一节　机构沿革

蒸湘区农村工作办公室的前身系郊区农业局。2001 年 7 月 27 日,组建蒸湘区农村工作办公室(简称区农办),加挂农业局、林业局、蔬菜副食品局、经营管理局、农业综合开发办牌子。2003 年 10 月,加挂农村能源办公室牌子。2005 年 7 月,蔬菜副食品局中的蔬菜工作职能转至农业局。2008 年 7 月,蔬菜副食品局更名为畜牧水产局。2012 年,区农办内设机构有:办公室、农业局、林业局、经营管理局、农业综合开发办、农村能源办、畜牧水产局。在职干部、职工共 16 人。办公地点原在莲湖路郊区机关大院内,2001 年 8 月搬迁至蒸湘北路 228 号,2009 年 10 月搬迁到船山大道 18 号蒸湘区机关办公大楼二楼。

区农办 2009 年度获市政府“为民办实事先进单位”,2010 年获市委、市政府“农业农村工作先进单位”称号。

第二节 领导名录

一、区农办历任领导及任职时间

主　　任:邓先传(2001.7—2003.1)　张成生(2003.1—2008.6)　肖泽荣(2008.6—)
党组书记:谢孝玲(2001.7—2002.3)　汤九生(2002.3—2004.3)　徐延文(2004.4—)
纪检组长:刘　娜(女,2005.7—)
副 主 任:李民和(2001.7—)　刘巧兰(女,2001.7—2005.6)
李伯利(2004.3—2008.6)　洪余剑(2005.7—)

二、区农办农业局历任局长及任职时间

李民和(兼,2001.7—2005.6)　洪余剑(兼,2005.7—)

三、区农办林业局历任局长及任职时间

徐延文(兼,2001.7—)

四、区农办经营管理局历任局长及任职时间

谢孝玲(兼,2001.7—2002.3)　汤九生(兼,2002.3—2004.3)
李伯利(兼,2004.3—2008.6)

五、区农办农业综合开发办历任主任及任职时间

胡金山(2001.5—2001.10)　李民和(兼,2001.10—2003.3)
李伯利(兼,2003.4—2005.9)　张成生(兼,2005.10—2008.6)
肖泽荣(兼,2008.6—)

六、区农办农村能源办历任主任及任职时间

李民和(兼,2003.10—2003.12)　刘　娜(女,2004.1—)

七、区农办蔬菜副食品局(2001.7—2008.7)历任局长及任职时间

刘巧兰(兼,2001.7—2005.6)　李民和(兼,2005.7—2008.7)

八、区农办畜牧水产局历任局长及任职时间

李民和(兼,2008.7—)

第二章　种植业

第一节　水　稻

一、水稻面积与产量

蒸湘区成立初,因农业生产效益低,农民种粮积极性受到影响,出现了少数农民弃农经商和耕地抛荒现象。2001 年,全区水稻播种面积 51431 亩,总产量 20251 吨,亩平 393.75 公斤。

2002—2003 年,大力调整农业产业结构,调减水稻面积,突出发展优质水果、时鲜蔬菜、花卉苗木、名优水产。2003 年,实种水稻 48750 亩,总产量 17045 吨。

2004 年,在国家惠农政策的激励下,水稻种植面积达到 52650 亩,总产量 19193 吨。

2005 年,全区水稻种植面积达到 55800 亩,总产量 21359 吨。

2008 年,全区水稻种植面积 53850 亩,总产量 22195 吨。

2010 年,清明节前后连续低温阴雨,早稻烂秧严重,造成早稻面积剧减,一季稻面积增加。全区水稻种植面积 46800 亩,总产 20556 吨。其中早稻面积 16800 亩,减少 23.6%。一季稻面积 11100 亩,增长 124.2%。

2012 年,全区水稻种植面积 47100 亩,其中早稻 17200 亩,一季稻 10900 亩,晚稻 19000 亩。

二、水稻品种

境内水稻品种 95% 以上为杂交稻,其余为常规稻。

2012 年蒸湘区水稻主要品种介绍表

表 4－1

类型	品　名	全生育期(天)	株高(厘米)	穗长(厘米)	每穗粒数	结实率(%)	平均亩产(公斤)	备　注
常规稻	湘早籼 19 号	113	87		94－114	81.6	468.3	迟熟早籼新品种
	湘早籼 21 号	104	75	16－20.5	90－96	86	450	早熟早灿新品种
	湘早籼 31 号	107	80		75－85	85	415	三等优质米品种
杂交稻	T 优 15	110	91.7	21.4	120.6	77.5	486.28	
	金优 974	109	81	23	108	75	481	
	T705	108	84		118	68－74	444.22	
	株丙优 819	105.4	80.9		107.8	81.5	489.78	
	Ⅱ优 42	108.9	87.7	19.4	112.9	81.8	559	一季稻品种
	冈优 416	140	119		159.3	78	549.2	同上
	T 优 597	116	103		113	79	457.1	晚稻品种
	末优 191	121.7	97	23.3	124.2	82.1	482.35	同上
	金优 207	115	100		125	80	470	同上

三、施　肥

有机肥料施用:少有堆积土杂肥、草皮、人畜粪作有机肥的,也少有种绿肥的;随着机械化的普及,晚稻生产普遍推行秸秆还田,作晚稻基肥,常年稻草还田面积达90%以上,稻草还田量一般在65%左右。

化学肥料施用:境内化学肥料施用量0.59万吨,其中,氮肥0.21万吨,磷肥0.23万吨,钾肥0.07万吨,亩平化学肥料用量达113公斤。2009年,农业部测土配方施肥项目落户城区,雨母山乡灵山村开始测土配方施肥试点,示范面积500亩。2010年,呆鹰岭镇同康村也实行测土配方施肥试点,面积300亩。计划用三年至五年的时间完成以上2处试点项目。

四、耕作制度

双季稻耕作制度　稻——稻两熟制仍然是境内主要耕作制度,2001年,境内双季晚稻面积3.1万亩;2002—2003年,调整农业产业结构,双季晚稻面积减少到2.1万亩;2004年,国家实行良补政策,晚稻面积又年年回升;至2009年,全区晚稻面积达2.5万亩。

菜——稻——菜耕作制　农户于每年4—5月份收割早菜后,种上一季稻,10月份收割稻谷后,又种上秋冬菜,面积稳定在300亩左右。这种模式主要集中在呆鹰岭镇的中心村和振兴村。

瓜(果)——稻耕作制　主要是草莓——稻和西(香)瓜——稻耕作制。此模式集中在呆鹰岭镇的鸡市村和雨母山乡的湘桂村,面积300亩左右。

稻——油菜耕作制　头年秋天播种油菜,次年春季开花,5月份收获后,再种上水稻。采取此种模式占全区油菜总面积的50%。

五、病虫害防治

境内水稻病虫害,主要是"三虫二病",即稻纵卷叶螟、二化螟、稻飞虱、纹枯病、稻瘟病。

2006年,受热带风暴影响,稻飞虱和稻纵卷叶螟分别呈特大发生和大发生,水稻二化螟中等偏重发生。

2007年上半年连续干旱,因蒸发量大喷药难以到达稻丛基部,防治效果下降。8月下旬,晚稻处于盛穗末期,一季稻处于破口抽穗期,大量的稻飞虱、稻纵卷叶螟成虫随9号台风"圣帕"入侵境内,造成外迁虫源和本地虫源混合发生,因防治及时,未发生大面积白叶和倒禾灾情。

2009年,病虫害发生严重,其中稻飞虱发生面积3.8万亩次,纹枯病发生面积2.5万亩次,二化螟和稻瘟病也有不同程度发生。

2010年4月中旬,因连续阴雨低温,农村烂秧严重,市农业生产督察组到雨母山乡灵山、黄花等村入户调查,烂秧率达55%;到呆鹰岭镇新民村入户调查,烂秧率45%。

第二节　经济作物

一、油料作物

境内农民早有种植油菜的习惯,前期以普通油菜为主,2001年后逐步发展"双低"(菜油中芥酸含量低于3%,菜饼中硫代葡萄糖甙含量低于30微摩尔/克)油菜,面积稳定在4000亩左右,主要基地在雨母山乡黄花、灵山和呆鹰岭镇堰头等村。2007年,国家制定出对"双低"油菜种植的优惠政策,即免费提供种子、给予硼肥补贴和补助工作经费等,推动了境内油菜生产的发展。是年,全区油菜种植面积达5300余亩,95%以上为“双低”油菜。2008 年,油菜种植面积达 9202 亩。2010 年,因上半年连续阴雨、内涝,水淹面积 1050 亩,造成 500 余亩绝收。2011 年,油菜种植面积 5713 亩。2012 年,油菜种植面积 5203 亩。

二、柑 橘

2001 年,境内有柑橘面积 1811 亩,主要基地在呆鹰岭镇农场,年产量 1900 余吨。2004 年,退耕还林工作开始,呆鹰岭镇振兴村和雨母山乡二塘村增加了部分柑橘种植,全区柑橘面积达 2200 亩。2006 年,由于柑橘树木老化、品质差、产值低,呆鹰岭镇农场将柑橘基地改造成林木种苗基地,后又被征用为商业开发用地,因而柑橘面积大大减少。2010 年,全区柑橘面积 1500 亩,年产量 1590 吨。2010 年后,柑橘呈放任生长状态,面积逐渐减少。

蒸湘区主要柑橘品种介绍表

表 4 - 2

品 名	品种来源	果形	单果重(克)	成熟期	主 要 特 点
宫 川	日本温州蜜柑系列	扁圆形	120 - 140	10 月中、下旬	果肉细嫩,汁多无核,甜而微酸
尾 张	同上	同上	80 - 100	11 月中旬	无核不化渣,适应性强,易丰产,耐储藏
沙田柚	广西容县沙田乡	洋梨形或倒卵形	1000 - 1500	11 月初	甜润多汁,香脆爽口,耐储藏,不变质
绾溪密柚	福建漳州平和县	长卵形或梨形	1500 - 2000	10 月下旬	肉质柔软,汁多化渣,酸甜适中

三、葡 萄

2001 年蒸湘区成立后,虽只保留了原郊区新桥村一个葡萄专业村(面积 1300 亩),但区农业和科技部门仍然把葡萄作为主要经济作物和特色农业来抓。2001 年 12 月,在雨母山乡雨母村成立欧亚葡萄研究所。2002 年,区政府机关工作人员投工投劳在雨母山乡二塘村新建葡萄园 50 余亩。同年,在境内推广保护葡萄生产的新方法——专用纸袋,推广面积 300 亩。2003 年,区政府号召全区机关干部采取投资入股形式参加农业结构调整,其中 4 万余元用于开发 50 余亩欧亚葡萄示范基地。2004 年,雨母山乡二塘村张家港、湾塘片等村民小组发展葡萄栽培面积 200 余亩。同年 10 月 16 日,全区葡萄栽培基地得到湖南省农业厅无公害农产品基地认定。2005 年,境内葡萄面积 3845 亩,总产达 5080 吨。2010 年,葡萄栽培面积 4600 亩,总产 6750 吨。2011 年,呆鹰岭镇松陂村外来种植户彭和平栽培葡萄 45 亩。2012 年,雨母山乡灵山村外来种植户邹剑栽培葡萄 60 余亩,并引进金手指、醉金香 2 个外地新品种。全区葡萄栽培面积 4705 亩,总产 6880 吨。

区内葡萄品种有欧美杂交和欧亚系列两个种群。欧美杂交种有巨峰、红瑞宝、红富士、滕稔、高妻等品种,以巨峰为主。欧亚系列主要有红地球、美人指、黑扎玛特等品种。

四、草 莓

草莓一般在晚稻收割后,栽种在稻田的大棚内,元旦及春节前后大量上市,生产期至次年 4—5 月。2006 年以前蒸湘区无草莓生产,2006 年,呆鹰岭镇鸡市村开始有草莓生产,2007 年发展为 30 余亩。2008 年,雨母山乡湘桂村新扩 30 余亩,全区面积达 140 余亩。2009 年,雨母山乡二塘村新扩 50 余亩,全区面积 200 余亩。2010 年,全区草莓面积为 250 亩。主要品种有丰香、章姬、红颜、法兰地。草莓价格 10 - 18 元/斤,亩产量 2000 余斤,亩纯收入可达 1.5 万元。2012 年,衡阳市天意家庭农场在呆鹰岭镇松陂村种植草莓 20 余亩,草莓价格有所上升,可达 18 - 30 元/斤。

五、西(香)瓜

2001 年,全区种植西(香)瓜 485 亩,总产 670 吨。2005 年,种植面积 3450 亩,总产 3594 吨。2008 年,种植面积 3300 亩,总产 6554 吨。2010 年,种植面积 3600 亩,总产 6386 吨。2012 年,种植面积 6000 亩,产量 1.2 万吨。涌现一些种植大户,如衡阳市荣联农业科技发展有限公司在雨母山乡灵山村新增种植面积 60 余亩;彭和平在呆鹰岭镇松陂村种植西瓜近 100 亩。

第三节 蔬 菜

一、蔬菜面积与产量

2001 年,全区蔬菜种植面积 8550 亩(其中商品蔬菜基地面积 3200 亩),总产量 4050 万公斤,总产值 2835 万元。

2002 年,全区蔬菜种植面积 10000 亩,总产量 4300 万公斤。呆鹰岭中心村开展田园设施建设,发展一个面积为 500 亩的蔬菜基地;同康村发展一个面积 600 余亩的蔬菜基地;联合街道杨柳村的第 8、9 组发展一个面积为 100 余亩的食用笋生产基地。

2003 年,全区蔬菜种植面积 12000 亩,总产量 5500 万公斤。长湖乡松亭村新建一个 1000 余亩大型无公害蔬菜基地,建蔬菜大棚 120 个,为当时衡阳市唯一被省政府授牌的大型无公害蔬菜基地。呆鹰岭镇新平村刘宏广投资 8 万元租用 15 亩稻田种植蔬菜,并与第二监狱签订生产销售合同,开始蔬菜订单生产。

2004 年,区内 10000 亩蔬菜无公害生产基地得到湖南省农业厅认定。

2008 年初,受低温冰雪灾害影响,全区蔬菜受灾面积 8300 亩,绝收面积 3000 余亩。在市委、市政府关心、支持下,呆鹰岭镇振兴村蔬菜基地被列入全市新菜地发展规划,规划面积 880 亩,当年建设 500 余亩。

2009 年,在退耕还林后续资金的支持下,呆鹰岭镇松陂村蔬菜基地发展到一定规模,面积 2800 亩。衡阳市怡箐源种养殖专业合作社在呆鹰岭镇新阳村新建一个 300 亩的蔬菜基地,建设蔬菜大棚 100 余个。

2010 年,全区蔬菜种植面积 15000 亩,总产量 6000 万公斤。

2011 年,雨母山乡灵山村、竹雅村作为蔬菜基地进行开发建设。呆鹰岭镇松陂 - 土桥片引进衡阳市绿琼本地菜农民专业合作社,发展蔬菜面积 460 余亩。

2012 年,雨母山乡灵竹片蔬菜基地引进衡阳市荣联农业科技有限公司,承租土地 1100 亩发展蔬菜生产,新增蔬菜面积 600 亩,新增蔬菜大棚 263 个。呆鹰岭镇松陂 - 土桥片引进鸡窝山种养殖专业合作社发展蔬菜面积 100 余亩。至此,全区建有中心、同康、新阳、松亭、杨柳、松陂 - 土桥、灵山 - 竹雅共 7 个无公害蔬菜生产基地,基地面积 8600 亩。

二、蔬菜品种

区内蔬菜品种繁多,按农业生物学分类,共有 14 类 74 种 230 个品种。其中,根菜类 4 种、12 个品种;白菜类 3 种、25 个品种;甘蓝类 3 种、18 个品种;绿叶菜类 11 种、12 个品种;芥菜类 3 种、11 个品种;葱蒜类 5 种、13 个品种;茄果类 3 种、29 个品种;瓜类 19 种、45 个品种;豆类 7 种、28 个品种;薯芋类 6 种、20 个品种;水生类 3 种、5 个品种;多年生蔬菜类 3 种、3 个品种;食用菌类 9 种、9 个品种;其它类 5 种。优良品种有杂交早丝瓜、台湾南瓜、美国西芹、樱桃蕃茄等。此外,中心村的早蕹菜、早苋菜、香料作物,同康村的香丝瓜等各具特色。

2012 年蒸湘区蔬菜品种名录

表4－3

类别	种名	地方品种	引进品种
根菜类	萝卜	黄泥萝卜、春不老、血管长	马耳早、浙长大、心里美、广东大萝卜
	大头菜	大叶、细叶	
	胡萝卜	红皮	黄皮
	芜菁甘蓝		凤尾菜
白菜类	大白菜		青麻叶、白麻叶、青杂粮号、青杂5号、小白口,玉青,夏阳白、翻心白、小杂56号、丰抗70
	小白菜	黄叶白、四月白、二乌白、青梗调羹白、乌金白	四月曼、五月曼、中箕白、白梗调羹白、青梗白
	菜心	紫菜苔	早菜苔、广东菜心、四九菜心
甘蓝类	结球甘蓝		黄苗甘蓝、鸡心包、牛心包、黑叶小平头、小平头、京丰1号、夏光甘蓝
	花椰菜		50天花椰菜、60天花椰菜、80天花椰菜、100天花椰菜、120天花椰菜、160天花椰菜、180天花椰菜、青花菜
	球茎甘蓝		园形兰头、扁园形兰头、红叶兰头
绿叶菜类	莴苣		红叶莴苣、桂丝红、二白皮、大尖叶莴笋、苦麻叶、湘阴莴笋、云南莴笋
	生菜		结球生菜
	芹菜		香芹、白芹、迟芹、美国芹菜
	菠菜		大园叶
	蕹菜		白梗、园叶、江西蕹菜
	苋菜		尖叶青苋
	茼蒿		大叶
	芫荽		园叶
	冬苋菜		
	菜	白梗、青梗	
	落葵		木耳菜
芥菜类	芥菜	大叶青菜、板叶园杆青菜花叶园杆青菜、大叶雪里蕻	紫叶青菜、红筋青菜、细叶雪里红、紫叶雪里红
	榨菜		草腰子、三层楼、三转子
	儿菜		
葱蒜类	园葱		红皮、黄皮
	葱		分葱、香葱、大葱
	蒜		东安大蒜、茶陵大蒜、南欧蒜
	藠	木藠、丝藠	
	韭菜	宽叶	细叶,铁杆子
茄果类	茄子	油罐茄、园红茄、长红茄	青茄、白茄、六叶茄、紫长茄、红线茄、湘早茄、白荷包茄、苏州牛角茄
	番茄		北京大红、早丰、早魁、矮红、中丰、蓉丰2号
	辣椒	伏地尖、牛角尖、大红椒、长牛角椒	大牛角椒、21号牛角椒、红辣椒、黄辣椒、广东光皮椒、湘研5号、湘研6号,湘晚13号

续表 4－3

类别	种名	地方品种	引进品种
瓜类	黄瓜	刺黄瓜、水黄瓜	津研1号,津研2号、津研4号、津研7号,湘黄1号、湘黄2号、早丰1号、津杂1号、津杂2号
	冬瓜	本地冬瓜、扁担冬瓜	长沙青皮青冬瓜、广东青皮冬瓜、粉皮冬瓜、粉皮1号、青杂1号、青皮冬瓜
	丝瓜	香丝瓜,线丝瓜	大丝瓜、肉丝瓜、青皮丝瓜、长棱丝瓜
	南瓜	垒蔸南瓜、大磨盘、甑箅南瓜	枕头南瓜、白皮南瓜、黄狼南瓜
	苦瓜	小麻子、大麻子	大顶苦瓜、长白苦瓜、蓝山苦瓜
	甜瓜		白玉、黄金瓜
	西葫芦		白皮、花皮
	笋瓜		黄皮笋瓜、金瓜
	瓠瓜	长瓠子瓜、长颈葫芦、大腰葫芦	
豆类	莱豆	园夹莱豆、矮生四月豆	白花玉豆、红花豆
	豇豆	十月红,白长豆角、花长豆角、花棚豆	金山豆角、三尺红、红咀燕、大豆角、之豇282、长豇1号
	毛豆	大粒黄、麻雀黄、白花青皮豆	六月白、湘秋2号、湘秋5号
	豌豆	白花豌豆	菜雪豆、荷兰豆
	蚕豆		白花蚕豆
	扁豆	青夹、紫夹、红筋	
	刀豆	藤刀豆	
薯芋类	马铃薯		园形、长园形、东农303
	芋	白荷芋、红荷芋、青荷芋、血荷芋	红茄芋、槟榔芋
	姜	竹杆姜	红爪姜、黄爪姜
	豆薯		园形凉薯、扁形凉薯、长园形凉薯
	山药	白薯、红皮红心棍子薯	白皮脚板薯、红皮脚板薯
	菊芋	白皮洋姜	
水生类	莲藕		鸭蛋头
	茭白	本地茭白	单季湘潭茭白、双季茭白
	荸荠	本地荸荠	
多年生蔬菜类	竹笋	楠竹笋	
	黄花菜		白花黄花菜
	石柏		石刁柏
食用菌类	木耳		黑木耳
	香菇		香菇
	蘑菇		双孢蘑菇
	平菇		凤尾菇
	猴头菇		猴头菇
	金针菇		金针菇
	白木耳		银耳

续表 4－3

类 别	种 名	地 方 品 种	引 进 品 种
食用菌类	草 菇		草菇
	鬼 笔		
其他（野生）	紫 苏		
	马齿苋		
	野 葱		
	枸杞菜		
	香 椿		

三、蔬菜栽培

（一）蔬菜育苗

露地育苗 选择坐北朝南靠水源地块作苗床，培育春夏或秋冬蔬菜苗，此类苗床虽无防护设备，但经济、省力，极为方便。另外，在夏秋高温季节利用瓜棚下空隙地，栽蔬菜的行间，培育芹菜、白菜、芥菜、甘蓝、莴笋等菜苗。这种露地方法更为简便，且能充分利用土地。

温床育苗 是在苗床四周用砖砌成床框，上盖玻璃盖，内填猪牛粪草等酿热物作培养土，然后播种，酿热物发酵增温，使种子发芽出苗。

冷床育苗 冷床与酿热物温床结构相同，所不同的是其地下部分不放发热物，播种后白天靠太阳辐射热提高温床，晚上加覆盖物保温。这种苗床保温性能差，一般只用于瓜豆育苗、茄果类蔬菜排苗。

遮阳竹棚育苗 此法是用竹杆搭高 2 米左右，搭建面积大小不等的遮阳棚，在夏季培育早秋菜苗，它能防止高温和暴雨，提高出苗率。但所需棚料多，成本高，又不便管理。

营养钵育苗 此法是将腐熟厩肥或堆肥，掺细煤灰、泥沙、塘灰作为营养土，制成圆钵状或圆筒形泥团，在泥圆中心播种育苗，这种营养钵体积小，搬动方便，在不良气候条件下，盖薄膜保温，菜苗可延迟定植，且定植后不缓苗，可提早产品出园。

（二）蔬菜种植

露地种植 区内菜农种菜传统方法是露地种植，就是在菜土中，采取间种、套种、混种的方式，以种植生长期短的速生叶类菜和瓜果豆类等细菜品种为主，提高复种次数，增加单位面积产量。全年复种次数一般为 4－5 次，多至 7－8 次。此外，还根据当地自然条件，挖掘土地潜力，充分利用塘边、圳边、路边、屋边等零星散地块种植各种蔬菜，做到寸土必争，见缝插针，以扩大种植面积，提高蔬菜产量。

保护地种植 就是在人工搭建的竹木拱棚、塑料大棚、钢架大棚内种植蔬菜。这种方法虽成本较高，但是可以生产反季节蔬菜，调节淡季蔬菜品种，便于浇水、施肥、控制温度，有利于管理和保护。蒸湘区成立后，继承郊区大棚蔬菜生产的经验，并且不断加大投入，扩大大棚生产规模。至 2010 年，先后在呆鹰岭镇、长湖乡、雨母山乡的 10 多个村发展大棚 300 余个，既提高了菜农个人收入，又为城市供应时鲜蔬菜作出了贡献。

（三）蔬菜培育

施肥 菜地施基肥多用人畜粪便，以前是直接施用，现在是腐熟后再用。追肥有尿素、碳铵、硫铵和磷酸二氢钾、氯化钾以及氮、磷、钾复合肥，形成了一套有机肥与无机肥相结合、氮磷钾三要素相配合的施肥方法。2010 年，境内开始实施测土配方施肥，同康村作为蔬菜测土配方施肥试点单位，项目推广工作还在继续。

浇水 过去肩挑瓢淋的浇水方式基本退出历史舞台，现在浇水主要有漫灌、滴灌、沟灌、喷灌等方法，如振兴蔬菜基地,采用的是从深水井抽水直接漫灌,中心村基地采用的是喷枪,新阳村基地采用的是滴灌等。

四、防治病虫害

(一)虫害

境内常见的有地老虎、菜青虫、菜螟、菜蛾、斜纹夜蛾、银纹夜蛾、甘蓝夜蛾、根蛆、黄守瓜、黑守瓜、瓜绢螟、烟青虫、棉铃虫、猿叶虫、二十八星瓢虫、菜叶蜂、豆芫菁,大豆食心虫、豆秆蝇、豆天蛾,潜叶蝇,蓟马、蚜虫、螨虫、蚂蚁等40余种。为害严重的主要包括以下虫害:

地老虎 每年4月上中旬,在茄子、辣椒、番茄、豆类、瓜类等蔬菜幼苗移栽后,地老虎咬断幼苗的根茎,造成缺苗。

菜青虫 此虫春秋两季均有发生,以秋季最重,危害包菜、花菜、白菜、萝卜等十字花科蔬菜。

菜螟 春秋两季均有发生,以秋季8-9月高温干旱危害最烈。白菜、甘蓝、花菜、萝卜、菠菜等嫩心被钻蛀后,轻则造成无心菜,停止生长,重则整株死亡,还可传播软腐病。

烟青虫 常在6—9月高温高湿天气里,钻蛀辣椒、茄子、番茄的果实,影响产量与品质。

蚜虫 终年危害各类蔬菜,使叶片卷缩凋萎,甚至枯死,并传播病毒病。一年中,以8—11月高温干旱天气发生量最大,秋黄瓜、秋豆角受害最严重。

(二)病害

区内常见的有幼苗猝倒病、白菜软腐病、白菜霜霉病、白菜病毒病、白菜根肿病、番茄青枯病、番茄病毒病、辣椒枯萎病、辣椒炭疽病、辣椒白绢病、茄子绵疫病、茄子褐纹病、瓜类白粉病、瓜类枯萎病、黄瓜霜霉病、黄瓜病毒病、黄瓜角斑病、豇豆锈病、菜豆炭疽病、菜豆根腐病、甘蓝黑茎病、萝卜黑腐病、莴笋霜霉病、生菜茵核病、蕹菜白锈病、菠菜霜霉病、葱紫斑病、生姜腐烂病、马铃薯晚疫病等50余种。

白菜软腐病,霜霉病、病毒病是境内三大病害,每年8—11月,当大白菜正值生长期至包心期常发此病。番茄青枯病常在5—6月高温高湿条件下番茄开花结果时发病,且蔓延快,造成毁灭性灾害。瓜类霜霉病,以黄瓜受害最重,常在4—6月间发病蔓延。瓜类枯萎病,多发生在夏秋高温高湿季节,菜田渍水最易发生此病,3-5天后即可全株枯萎。

此外,常见的还有蜗牛、鼠害、草害等。

(三)病虫害防治措施

农业部门认真贯彻“预防为主,综合防治”的植保方针,注重引进和选用抗病品种,主要采用多菌灵、托布津、退菌特、代森锌、代森铵、病霜灵等生物防治和菜青虫颗粒体病毒、BT乳剂、青虫茵、疫霜灵、庆大霉素等药物防治。

第三章　养殖业

第一节　畜　牧

一、猪

(一)生猪产业发展

2001 年,全区生猪存栏 3.52 万头,出栏 4.8 万头。

2003 年,全区生猪存栏 3.62 万头,较 2001 年增长 2.8%,出栏 7.8 万头,较 2001 年增加 54.1%。呆鹰岭镇和长湖乡被认证为生猪无公害养殖基地。

2004 年,区政府下发《关于加快推进生猪产业化的实施意见》,开展“万户百头猪,万户千羽鸡”的“双万工程”,养殖水平大提高,全区上规模的养殖户达 318 户,其中呆鹰岭镇 176 户,雨母山乡 78 户,长湖乡 64 户。雨母山乡被认证为生猪无公害养殖基地。

2005 年 7 月 14 日,省委副书记戚和平到区内视察,肯定全区生猪养殖上规模、上水平,并将呆鹰岭镇振兴村列为全省“生猪养殖专业村”。

2007 年,开始实施能繁母猪补贴政策。补贴标准 50 元/头,按中央、省、市、县 6∶2∶1∶1 比例分担,2008—2012 年,能繁母猪补贴标准提高到 100 元/头。由于政策落实到位,全区母猪饲养由 680 户增加到 716 户,能繁母猪由 3457 头增加到 4262 头。

2007—2012 年,全区利用中央财政下拨的 460 万元生猪标准化规模养殖场(小区)建设项目资金,先后建设 4 个标准化养殖示范小区(蒸湘良种出口场养殖小区、振兴国生养殖小区、雨母山吴芳养殖小区、松陂刘福和养殖小区)、17 个标准化示范场(松陂村肖启前养殖场,新阳村华勋环、张家发养殖场,振兴村张忠林、刘诗才、张伟生养殖场、二塘村刘庆山、长江农业开发公司养殖场,灵山村唐荣联、封漠荣养殖场,雨母村肖高兴养殖场,衡阳市农科所雁泰养殖场,同康村刘君、刘衡山、张海林养殖场,溪田村张建平养殖场,竹雅村张爱林养殖场),提高了全区生猪生产规模化、标准化、高效化水平。雨母山乡养殖基地被农业部列为全国健康养殖示范区,2008 年被省畜牧水产局授予全省先进健康养殖示范区。

2009 年,全区开展无氮发酵床养猪新技术推广。通过发酵床,把猪粪、尿液降解、消化,做到猪舍无污水外排,从源头上达到生态环保养猪目的。

2012 年,开展畜禽污染物减排和农村环境综合整治工作,对部分规模养殖场(小区)进行完善干湿分离设施,雨污分离设施,建二、三级净化池、沼气池、化尸池和干粪棚,减少粪便对环境的污染。

2001—2012 年蒸湘区生猪生产情况

表 4-4　　单位:万头

年　度	存　栏	出　栏	年　度	存　栏	出　栏
2001	3.52	4.8	2007	3.91	9.51
2002	3.60	5.8	2008	4.15	10.01
2003	3.62	7.8	2009	4.01	9.8
2004	3.71	8	2010	4.2	9.89
2005	3.93	8.3	2011	3.68	9.2
2006	3.95	8.9	2012	3.82	10.96

(二)生猪品种

地方品种 1990年代末,区内还有少量衡阳地方品种。由于市场淘汰,加上对地方品种保护意识不强,外来猪以生长快、瘦肉率高等优势,很快替代了地方品种,地方品种已基本消失。

良种引进 区内养殖品种以美国杜洛克、英国大约克和丹麦的长白猪为主。呆鹰岭镇生猪协会每年从湘潭唐人神集团、湖南新五丰和北京生猪资源公司购进良种生猪约500头。母猪基本实现外来良种二元杂交化,主要是长白×大约克的杂交系列,杜洛克主要作为公猪父本。三元杂交瘦肉型生猪占90%。2001年,全区有蒸湘良种出口一级原种猪场一个。2007年,雨母山乡二塘村刘庆山又成立三级原种猪场一个(2010年被取消)。

品种改良 2004年,蒸湘区良种出口场投资10余万元,建立生猪人工授精站,有种公猪10余头,除满足本场母猪配种外,还对外开展服务。年配母猪2000余胎次。2010年全区存栏母猪4240头,全部为良种二元杂交母猪,提高了产肉量和瘦肉率。

(三)猪饲料

饲料资源 区内有饲料厂5家,饲料品种有青饲料、配合饲料、蛋白饲料、预混料等多种,生产配合饲料有母猪料、大猪料和小猪料。

饲料种类 过去一直沿用的野菜、杂粮传统喂猪方法已被淘汰,现在98%以上农户采用配合饲料生喂,高温季节和母猪怀孕时期喂少量青饲料,如红薯藤、蔬菜叶及瓜果等下脚料,长湖乡一带则沿用泔水辅以饲料喂养。

(四)生猪饲养

农户养猪一般采用限量定时饲喂,仔猪一般每天3-4次,大猪每天2次。高温季节,怀孕母猪中间辅与少量青饲料。根据生长不同的阶段分别采用母猪料、大猪料、小猪料。生猪饲养阶段由原来的180天缩短为145天,料、肉比由原4∶1下降为3∶1。

区内养猪以舍饲为主,猪舍地面硬化,以便于清洗消毒防患寄生虫病。大猪猪舍面积一般为1∶1.2,母猪栏舍面积一般为1∶2.5。大型猪场多采用单列结构,并附设运动场,防疫、水电设施,配置有产仔床、哺乳床、母猪栏、肥猪栏。

2003年始,开展生猪无公害基础认证。对农户饲养生猪的饲料进行抽检,对规模养殖大户存栏大猪(75公斤以上)进行尿样检测,化验"瘦肉精"等违禁药物含量。生猪生产全过程必须严格执行饲料、兽药标准,不准使用违禁添加剂,从源头上抓质量安全监管,保证人民身体健康,促进公共卫生事业发展。

(五)生猪疾病防治

疫情 区内生猪常见疾病有猪瘟、猪口蹄疫、猪蓝耳病、猪丹毒、猪肺疫、猪流传行性感冒、猪传染性水泡病、仔猪黄白痢、仔猪副伤寒等;重点防治的猪病有猪瘟、猪口蹄疫、猪蓝耳病,其中口蹄疫系人畜共患病。2007年,长湖乡松亭村、呆鹰岭镇新阳村、雨母山乡雨母村爆发生猪高致病性猪蓝耳病,发病生猪1064头,占存栏的3.1%;死亡生猪359头,死亡率占发病数的33.7%,直接经济损失达71.8万元。

检疫 检疫包括生猪产地检疫、运输检疫、屠宰检疫和市场检疫,以及疫病检验和违禁物品的检测。

2001年,全区有石坳定点屠宰场一个,中小型集贸自由市场6个,有市场检疫员5人,产地检疫员9人,设有呆鹰岭振兴村产地检疫报检点,二塘装猪台检疫点。

2002年,全部屠宰检疫、市场检疫上交市动物卫生监督所管理。

2003年,开展免疫耳标管理,全年生猪耳标佩戴平均为4万套。对上市出销生猪严格凭免疫卡、耳标进行检疫,对没有耳标标识的生猪一律进行处罚。年检疫生猪5.6万头,检疫率约占生猪出栏总数的56.6%。

2005年,开展对生猪"瘦肉精"等违禁品整治活动,在生猪检疫环节增加瘦肉精尿样检测,屠宰场按5%的比例进行抽检,产地检疫按每户必检一头要求进行。

2008年,国家《农产品质量安全试行条件》颁布,区政府安排2万元专项资金,加大对违禁物品的查处。

2010年,区政府安排10万元专项资金,对病死猪全部进行无害化深埋处理。

2011年,组织区检疫人员参加全市动物卫生监督系统开展的知识竞赛与比武活动,掀起学习业务知识和专业技能高潮。

2012 年,加强对病死猪无害化处理监管工作,开展病死猪专项打击整治行动。辖区内年出栏生猪 50 头以上规模养殖场(小区)养殖环节病死猪无害化处理费用每头给与 80 元的补助,其中中央财政对市州给予 50 元的补助,省、县(市、区)共负担 30 元。年出栏生猪 500 头以上的规模养殖场,必须建立 1－2 个无害化处理池;年出栏生猪 500 头以下的规模养殖场及生猪散养户,以行政村为单位建立 1－2 个无害化处理池。

防治　根据 1997 年 3 月颁布的《中华人民共和国动物防疫法》,坚持“无病早防,有病早治”的原则,采取了春、秋两季全面开展生猪防疫注射和免疫补注相结合的防治措施,防疫的疫病有猪瘟、猪口蹄疫、仔猪伤寒、猪丹毒、猪肺疫。

2004 年,呆鹰岭镇同康村 3 头怀孕母猪发生五号病,雨母山乡联胜村 12 头小猪发生五号病,全部被扑杀,补偿资金 4600 元。

2007 年,按照修订后的《中华人民共和国动物防疫法》第 13 条规定,对辖区内生猪部分疫病实行强制免疫,免疫猪瘟、猪口蹄疫 10 万余头,免疫密度为 100%,猪蓝耳病免疫密度为 87%。对发生猪瘟、猪口蹄疫、猪蓝耳病疫点的生猪全部给予封锁、扑杀、消毒处理,对疫点周围 3 公里范围内生猪实行紧急免疫注射,并采取隔离措施。当年,区内部分地区发生高致病性猪蓝耳病,共扑杀生猪 401 头,每头发给补助费 600 元,按中央、省、县(区)5∶3∶2 比例分担。

通过开展动物疫苗免疫注射,动物疫病得到控制,特别是猪的常见传染病猪瘟、猪丹毒、猪肺疫、仔猪副伤寒、口蹄疫基本上得到控制,重大动物疫病如猪瘟、猪口蹄疫、猪蓝耳病没有爆发流行。

为了加强动物疫病防治工作的技术保障,2002 年,蒸湘区成为中央财政投资的《动物防疫基础建设项目》单位,项目投资 60 万元,配备动物防疫车辆、疫病检验仪器设备、无害化消毒处置装备。2008 年,蒸湘区获中央新增投资项目资金 44 万元(中央 29.3 万元、地方配套 14.7 万元),用于区级动物防疫监督体系建设,完善实验室建设标准,充实实验仪器设备设施。2009 年,区内 3 个乡镇获中央扩大内需投资项目资金 36 万元(中央 23.95 万元、地方配套 12.05 万元),用于乡镇动物防疫体系建设,新建和改建办公室、实验室,改善办公条件,配备一定的仪器设备。

二、牛

随着农业机械的推广应用,农机耕作越来越普遍,耕牛作为原始役用工具被逐渐淘汰,存栏大幅度下降,2010 年全区存栏仅 108 头,其中长湖乡 6 头、雨母山乡 64 头、呆鹰岭镇 38 头。2012 年全区存栏 100 头。品种主要是湘南役用水牛。

2001—2012 年耕牛疫病无病案记录,牛流行性感冒、牛炭疽病、牛出血性败血症、牛焦虫病等病很少见。牛的内科病、中毒病如牛农药中毒、牛饲料中毒、牛瘟胃积食、牛瘟胃膨气、牛前胃驰缓等病仍有发生。牛口蹄疫在区内尚未发生。牛口蹄疫是人畜共患的传染病,是国际检疫对象,一旦发生牛口蹄疫则坚决采取扑杀消毒措施。

三、羊　犬

(一)羊

因受饲养习惯和养殖条件的影响,区内无绵羊,山羊数量也不多。2004 年,呆鹰岭镇新阳村开始有人养羊,以后逐步发展,至 2010 年,全区存栏山羊 1190 头,其中呆鹰岭镇 660 头、雨母山乡 430 头、长湖乡 100 余头。养羊专业户 23 户,其中呆鹰岭镇 18 户、雨母山乡 4 户、长湖乡 1 户。羊的品种有浏阳黑山羊、马头羊和槐山羊等。山羊的主要疫病有羊痘、羊口蹄疫,多采取疫苗接种预防。一旦发生羊口蹄疫则采取扑杀消毒措施。

(二)犬

区内农民素有养犬习惯,一般一户一只,主要用于看门防盗。改革开放以来,由于广东等地市场对狗肉的需求旺盛,区内便出现了规模达20只以上的养犬专业户。种类均为本地土黄狗、土黑狗。随着群众生活水平的提高,人们喂养宠物犬越来越多。2005年,全区养犬2340只,其中城区有宠物犬450余只。犬的品种有藏獒、松狮犬、德国牧羊犬、北京犬、贵宾犬、沙皮犬等,一些厂矿、个体工商户、种养场地开始饲养狼犬,用于看守房产、防止偷盗。为防止狂犬病对人体的伤害,2004年,市政府明令禁止养犬,对无证流浪犬由公安、城管、卫生防疫、动物防疫部门联合执法队进行扑杀。

犬的传染病有狂犬病、犬瘟热病毒、犬细小病毒、犬传染性肝炎、冠状病毒。犬病预防主要有狂犬病单联苗、三联苗和五联苗。犬狂犬病是人、畜共患传染病,也是高居人、畜共患病之首的传染病,国内每年造成死亡人数达数百人之多。对发病犬、疑似病犬坚决予以扑杀。

四、鸡　鸭　蜂

(一)鸡

2001年,蒸湘区养鸡64.5万羽,其中出笼41万羽。湘黄鸡为主打品种。

2004年2—6月,区内3个乡镇的5个村(松亭、鸡市、同康、黄花、联胜村)暴发高致病性禽流感,区、乡镇领导干部分片下到乡、镇、村,按照省文件规定对禽流感疫点周围8公里范围内的鸡全部进行扑杀,全区共扑杀家禽16910羽。家禽扑杀标准为10元/羽,按中央、省、市、县(区)5∶3∶1∶1的比例分级负担。养鸡业受到严重影响。

2004—2005年,全区开展“万户百头猪、万户千羽鸡”的“双万工程”,养鸡生产得到恢复和发展。2005年,全区养鸡75万羽,其中出笼52万羽。当年,广西巨勤牧业公司与雨母山乡东阳村3户农民签订合同饲养湘黄鸡,由公司提供苗种、饲料、防疫技术及销售服务,3户家庭平均年出笼家禽3.5万羽。

2006年,呆鹰岭镇成立养鸡协会,发展会员52户,为群众提供孵化、防疫、品种供应等多项服务。

2009年,呆鹰岭镇新阳村毛林组张晶传家扑杀禽流感成年鸡6590羽。家禽扑杀标准为10元/羽,费用全部由区财政负担。

2011年3月,雨母山乡东阳村养殖户谢丰祝家禽发生禽流感,扑杀54日龄鸡2200羽;2012年2月3号,东阳村母塘组养殖户陈忠贤家禽发生禽流感,共扑杀成年鸡8306羽,鸭50羽。家禽扑杀标准为10元/羽,费用全部由区财政负担。

2001—2012年蒸湘区家鸡生产情况

表4-5　　单位:万羽

年　度	存　笼	出　笼	年　度	存　笼	出　笼
2001	23.5	41	2007	25.7	54.2
2002	22.9	40.8	2008	26	75.6
2003	23	50	2009	24.6	75.2
2004	25.8	47.3	2010	24.7	63.8
2005	23	52	2011	25.8	66.4
2006	26.8	59.5	2012	24.6	64.5

(二)鸭

区内农民养鸭无分散饲养,全部为专业户饲养。2010年,全区有养鸭专业户32户,养鸭17.8万羽。其中出笼13万羽。品种有本地麻鸭、北京鸭、樱桃谷鸭和焙尔鸭。饲养期为60—70天,成鸭每只重量3-4斤。

(三)蜂

全区有养蜂专业户3户，有意大利蜂400余箱，年产蜂蜜10余吨。

第二节 水 产

一、水产养殖水面

2001年，全区共有池塘面积9100亩。这些池塘绝大多数为分散的、以农田灌溉为主的、不规则的自然塘。

自2003年起，由于城市扩建，先后有1911.7亩池塘被征用为修路、建房或商业开发。旧塘被征用后，区委、区政府为缓解城市水产品供应与农村劳动力就业的压力，及时对农业产业结构进行调整。经过评估，一方面将稻田面积较多、离城市较偏远的雨母山乡和呆鹰岭镇部分低洼田和天水田改成池塘养鱼，共计新开鱼塘面积3755.30亩；另一方面将过去的老塘通过裁弯取直，挖深加高增加养鱼水面556.40亩。至2012年，全区养殖水面共计11800亩。其中新增面积基本为方块连片，鱼苗、鱼种、成鱼塘按比例搭配，进水口与排水口协调，确保水源稳定，经过多年经营，大部分已形成高产、高效的集约化养殖基地。区农办畜牧水产局2008年获省人民政府“健康水产养殖先进单位”。

2001—2012年蒸湘区水面养殖情况

表4-6

年度	养殖水面（亩）	水产品总量（吨）	总产值（万元）		年度	养殖水面（亩）	水产品总量（吨）	总产值（万元）	
			不变价	现行价				不变价	现行价
2001	9100	3050	1257.21	2440	2007	11000	4200	1731.24	3360
2002	9400	3200	1319.04	2560	2008	11000	4200	1731.24	3360
2003	9600	3400	1401.48	2720	2009	11500	4300	1772.46	3440
2004	10000	3750	1545.75	3000	2010	11500	4500	1854.9	3600
2005	10500	3800	1566.36	3040	2011	11800	4800	1978.56	3840
2006	11000	3900	1607.58	3120	2012	11800	4400	1813.68	3520

二、鱼类品种

区内池塘养殖的主要传统品种为鲢鱼、鳙鱼、草鱼、青鱼、麦瑞加拉鲮，搭配品种主要有鲤鱼、鲫鱼、鳊鱼、银鲷等，引进的名优品种有建鲤、湘云鲫、湘云鲤、加州鲈鱼、斑点叉尾鮰、南方大口鲶、淡水白鲳等。其中麦瑞加拉鲮养殖周期只需一年，亩产可达250－350公斤，市场畅销。李先科、宋亮英、吴康美（女）、罗林生、雷卫保主持的《麦瑞加拉鲮池塘养殖技术推广》课题研究，2001年分获湖南省农业丰收一等奖、衡阳市科技进步二等奖。

2001—2012 年蒸湘区养殖品种投放情况

表4－7

年度	传统品种		搭配品种		引进品种		年度	传统品种		搭配品种		引进品种	
	数量（万尾）	产量（吨）	数量（万尾）	产量（吨）	数量（万尾）	产量（吨）		数量（万尾）	产量（吨）	数量（万尾）	产量（吨）	数量（万尾）	产量（吨）
2001	980	2880	300	80	50	90	2007	1320	3600	590	180	160	420
2002	1000	2960	350	100	70	140	2008	1350	3540	600	180	180	480
2003	1100	3130	390	120	80	150	2009	1350	3520	650	190	190	590
2004	1200	3250	420	130	150	370	2010	1380	3660	750	200	200	640
2005	1280	3350	500	150	120	300	2011	1360	4030	600	180	190	590
2006	1300	3430	560	170	110	300	2012	1260	3430	620	190	180	580

三、水产养殖方法

（一）立体养殖

在塘水中养鱼，水面养鸭、鹅，塘边建猪舍养猪，塘埂种鱼草。猪粪为养鱼和种草提供有机肥料，鱼草就近喂鱼，鸭、鹅粪便可为鱼塘施肥外，还由于在水面的活动，增加水体溶氧，促进鱼类生长，达到省钱、省工，提高经济效益的目的。呆鹰岭镇新平村刘四军承包 40 亩鱼塘，年出水鲜鱼 2.12 万公斤，产值 16.9 万元，获纯利 4 万元。

（二）高效养殖

选择生长快、味道好、价格高、销售旺的鱼种进行养殖，达到事半功倍的效果。呆鹰岭镇土桥村肖文华承包 10 亩水面，养殖牛蛙，一年获纯利 18 万元。堰头村陈文新养殖鳜鱼，养殖水面由 2008 年的 100 亩扩大到 2010 年 145 亩，一年获纯利 30 万元。

（三）生态养殖

严格按照农业部无公害水产品生产操作规程执行。鱼塘每月灌注 1－2 次新水，每月使用 1 次微生物制剂调水，保持水质清新；鱼苗下池时严格消毒；投放饲料做到定时、定量、定位、定质；无病早防、有病早治，尽量使用生石灰、漂白粉、二氧化氯等无残留的鱼药。同时，在水中配备增氧机。雨母山乡陆桂明 2007 年承包 97 亩水面养鱼，全年总产量 97500 公斤，平均亩产 1005 公斤，一年获纯利 29.1 万元。

四、鱼病防治

鱼类疾病的发生与养殖水环境、鱼类自身的体质状况和饲养管理措施等因素密切相关。

鱼病有 3 种类型：病毒性鱼病，如草鱼出血病。传染性鱼病（细菌性鱼病），如鲢鳙鱼打印病、腐霉病、草鱼肠炎病。寄生虫引起的鱼病，如小瓜虫病、指环虫病。其他病害，如青苔、湖腚、泛塘等。

鱼病防治常用药物有：漂白粉、二硫分剂、生石灰、强氯精、三黄粉、板蓝根、阿维菌素、伊维菌素、诺氟沙星、硫酸辛霉素、氟苯尼考等。

第四章　林　　业

第一节　森林资源

一、森林面积与蓄积

2001 年，蒸湘区有林业用地面积 30000 亩，占土地总面积的 19.8%，其中有林地面积 27500 亩，占林业用地面积 91.7%。据 2009 年森林资源清查表明，境内林业用地面积增至 45000 亩，其中有林地面积 32000 亩，森林覆盖率 38%，森林蓄积量 15173 立方米。

二、林业分布

林种分布　境内西南部为雨母山丘陵区，一般海拔为 100－240 米，坡度为 15－45 度，土壤多为黄壤、黄红壤，土层厚度 30－60 厘米。该区域山峦重叠，沟壑相连，雨量充沛、气候温和，是全区主要产材区，林种以杉、松、杂、竹为主要的用材林。有林地面积占全区的 62%，森林蓄积量占全区的 78%。境内西北部为呆鹰岭岗地，地势相对平坦，一般海拔为 100－150 米，一般坡度为 5－30 度，土壤多为紫砂岩分化而成的紫色土和长期人工耕作而成的稻田土。本区域主要为柑橘、板栗、桃、李为主的经济果林，系全区水果主产区。

树种分布　境内树种繁多，全区有乔灌树种 53 科 246 种，优势树种有国家二级保护树种香樟，一般树种有苦槠、枫香、马尾松、油茶、鱼鳞木、檫木、栎类等。现保存完整的天然森林群落有：雨母山帝喾祠周围 106 亩天然香樟群；雨母山西南 320 亩的天然檵木林群。另外，雨母山周围 8 个村因封山育林形成 10000 余亩的针阔混交林，林相整齐。

第二节　植树造林

一、荒山造林

2001—2012 年，全区累计荒山造林 5950 亩，占全区林地面积 21.7%。每年由林业部门统一规划，采取工程造林、义务植树和大户承包等措施实施造林。春季造林以专业队为主，其他形式相补充。造林成活率达 85%，保存率达 80% 以上。土质好的山地主要种植：国外松、樟树、枫香、木荷等。紫色页岩山地主要种植：柏树、苦楝、刺槐等。

二、封山育林

蒸湘区建立后，为保护林业资源，对全区所有山林实行封山育林。封山期间，一律不得进山砍柴、伐树，违者轻则受经济处罚，重则提交司法机关处理。封山育林之前，各乡、镇通过会议、广播、电视、黑板报等进行宣传发动。对林区农户进行燃料结构改革，生活用火全部以煤代柴。封山育林过程中，林业部门采用封山与育林相结合的办法，在杂草繁茂以及天然苗木分布均匀的地块，进行人工补植，砍除天然苗木周边的杂草、灌木等抚育措施。至2012年,全区封山育林4万亩,形成雨母山乡、呆鹰岭镇2个封山育林片,每年森林蓄积量增长在4.5%以上。

三、退耕还林

从2002年开始,全区实施退耕还林工程建设。2002—2003年,上级下达蒸湘区退耕还林工程建设造林任务7500亩,其中退耕地造林3750亩,荒山荒地造林3750亩。为切实完成上级下达的各项任务,区政府与各乡镇政府、区直有关部门签订退耕还林工程建设目标任务责任状,把退耕还林工程建设纳入年度目标考核内容。到2003年底,共完成退耕还林7500亩。其中,退耕地还林3750亩,荒山荒地造林3750亩。按年度分,2002年退耕地还林2750亩,荒山荒地造林2750亩。2003年退耕地还林1000亩,荒山荒地造林1000亩;按林种分,生态林6496.7亩,占总面积的86.62%,经济林1003.3亩,占总面积的13.38%;按造林区域分,雨母山乡4186.2亩,呆鹰岭镇3313.8亩。

四、通道绿化

2011年,根据市委、市政府的安排部署,经市通道绿化领导小组现场规划,市政府下达蒸湘区300亩成片宜林荒山造林任务。区林业部门按照适地适树、多树种多林类的原则确定造林树种,由专业队伍实施,在潭衡西高速公路两旁造林140亩,其他地段荒山造林160亩。主要栽种柏树、夹竹桃、国外松等树种。

2012年,根据市长办公会议纪要和《衡阳市通道绿化和中心城区绿化提质工作实施方案》的要求,蒸湘区范围内的一环西路、国道322线,省道315线干道两旁30米范围内除水域、基本农田、建筑物、公路以外适宜造林的地段均纳入通道绿化工程建设。辖区通道绿化路网总里程达16.3公里,新造路网林带长度9270米,其中雨母山乡255米,联合街道569米,呆鹰岭镇8446米。新造林带面积87.9亩,其中雨母山乡11.5亩,联合街道25.6亩,呆鹰岭镇50.8亩。树种以樟树、杜英、枫香、杨树、桉树、夹竹桃、柏树、刺槐、苦楝等为主。对护坡和不规则地带采取条块结合,乔、灌、草相互搭配的方式栽植,以增加美化效果。

第三节　林业管理

一、山林权限

根据市委、市政府《关于全面推进集体林权制度改革的实施意见》以及有关法律法规,对全区集体林权制度进行了改革,在坚持集体林地所有权不变的前提下,依法将林地承包经营权和林木所有权,通过家庭承包方式落实到本集体经济组织的农户,确立农民作为林地承包经营权人的主体地位。对不宜实行家庭承包经营或者多数农户不愿意承包的"插花山"及土地条件很差的荒山、荒地等集体林地经营权,可由集体经济组织管理。村组集体经济组织可视情况保留林地总面积10%以内的集体林地,由本集体经济组织依法实行民主经营管理。已经划定的自留山由农户长期无偿使用,允许继承,不得强行收回,不得随意调整。对已经流转的自留山,要完善山林流转手续,办理林权变更登记。

2009年5月起至2010年10月底,全区林地除雨母山风景区外,共落实个人山林权属405处,面积1058亩;集体山林权属475处,面积19840亩。分别发放了林权证。确权林权发证率达96%。

二、森林防火防灾

(一)森林防火

2001年5月,区政府成立了森林防火应急指挥部。颁布了《森林防火令》,规定"十不准",即不准在林内吸烟,乱丢火种;不准乱烧石灰、砖瓦;不准烧山驱蜂赶兽;不准烧田埂茅草;不准在山林烧火土灰;不准在有林地旁放火烧荒炼山;不准在山林烧火取暖、野餐;不准在山林内明火夜行;不准在山林玩火;不准在山林焚香化纸。还规定,违反“十不准”尚未造成损失者,罚款10－50元,并给予警告;造成森林火警或火灾情节轻微者给予经济处罚,并处以治安拘留;情节严重者由司法机关追究刑事责任,并处以罚金。

指挥部规定,每年10月1日至次年的4月30日为森林防火期。全区在雨母山乡、呆鹰岭镇分别建立30－50人的民兵森林扑火应急分队。在林区和重要路段每公里设立20块永久性森林防火牌。防火期区林业局和各乡镇政府实行24小时值班制度。同时,各乡镇加强值班巡逻,设立多个岗哨点,发现有烟的地方在第一时间赶到现场,见火就灭。村级森林防火员定期和不定期在重点林区,火警易发地段定期检查,及时消除森林火灾隐患。村级防火信息员在高火警天气期间,鸣锣示警,提醒村民和过往行人,注意用火安全。

2002年清明节,雨母山发生森林大火,11点左右起火,区、乡干部及民兵应急分队280余人,经4小时奋战将火扑灭,过火面积480亩。

2008年3月,区人民政府印发《蒸湘区森林防火应急预案》,将预防森林火灾作出更具实效的安排。2012年7月进行了修订。

2001—2012年,全区未发生重大森林火灾。有6个年度被评为衡阳市防火先进单位。

(二)抗御森林冰灾

2008年1月中旬至2月上旬,一场百年不遇的低温冰雪袭击衡阳,极端最低温度达到－11.3℃,给全区林业造成重大损失。林地受灾面积达4万余亩,树木受损1.5万立方米,其中乔木0.9万立方米,灌木0.6万立方米。楠(毛)林受损0.1万亩,受损15万根;苗圃受损面积300亩,受损苗木500万株;经济林受损面积0.18万亩,受损5万株;林区受损道路和生物防火隔离带12公里。

冰害后,林业局组织全体干部职工和各乡镇林业站工作人员,深入到林业生产第一线,分片包干帮助乡镇科学防灾减灾,调苗木45万株,对工程造林和面上造林进行补植补造,同时组织群众培土培蔸,提高造林成活率。区政府组织全区干部职工近千人到林区清理断树残枝。对折断不能天然恢复且密度比较高的树木进行间伐,并重新补植补种;对林区损坏道路、房屋、标牌和生物防火林带进行修复。

三、林木采伐

为了保护森林,严禁乱砍乱伐,区政府制定竹木砍伐审批制度。

第一,集体所有林在上级部门下达计划指导下,由生产单位与林业部门签订合同按合同采伐更新。乡村在自有林木内(包括村民房前屋后的自有竹木)采伐1～3株用材林(围径在1.5尺以上)、竹子10根,或采伐松树、油茶树、果树、稀有珍贵树木者均应逐级审查,报林业部门审批。严禁采伐国家二级以上保护树种。境内所有单位、公路、铁路的林木,原则上只准间伐,或更新性的采伐。确需采伐的,由单位或个人写出报告,报林业部门审批。所有单位或个人需采伐树木,均由林业部门发给采伐证,方可采伐。

第二,凡进行基本建设(包括国防建设)和开采矿藏,必须采伐树木,或者占用林地和毁林造成的损失,由建设单位按国家规定给予补偿。境内所有林地实行限额采伐管理,凡国有(包括座落在区内的厂矿、机关单位等)、集体及村民责任山和自留山的林木,均属限额采伐范围。

自2009年开始,按照湖南省林业厅要求,各级林业部门在拿到本年度的商品材采伐指标后,必须下达至下一级,湖南所有林木采伐指标必须最终下达至农民或其他林权所有者手中,其他任何人不得占有。商品材采伐指标入村到户工程的实施,确保了辖区内竹木采伐指标的公正、公平下达和分配。

第五章 农业开发

第一节 综合开发项目

2001年,投资护砌雨母村排渍渠道300米。

2002—2003年,投资护砌湘桂葡萄基地渠道300米,在二塘村小桥塘坝植树200株。

2004年,投资在振兴村开挖渔塘8口,面积100余亩。

2005年,投资护砌雨母村排渍渠道600米,扶持呆鹰岭花卉苗木园和陈华葡萄园。

2007年,投资护砌雨母村排渍渠道600米,扶持二塘葡萄示范基地。

2008—2009年,投资护砌雨母村赤水塘渠道600米,扶持青松村楠竹基地、群益村和振兴村蔬菜基地。

2010年,投资30万元扶持呆鹰岭镇松陂—土桥片蔬菜基地建设翻耕、平整土地1800亩,雨母山乡群胜村硬化鱼塘护坡400米。

2011年,投资48万元扶持中心城区蔬菜基地建设,硬化渠道1.7公里。其中,振兴村渠道500米,群胜村渠道600米,竹雅村渠道300米,灵山村渠道300米。新建水井一口,平整土地700亩。

2012年,投资41万元扶持中心城区蔬菜基地建设,硬化渠道1.47公里。其中,二塘村渠道350米,振兴村渠道410米,竹雅村渠道360米,灵山村渠道350米。打深水井2口。

第二节 能源开发项目

2005年,推广、建设农村户用自流上浮式浮罩沼气池20口;安装太阳能热水器13台。

2006年,推广、建设农村户用自流上浮式浮罩沼气池40口;安装太阳能热水器22台;培训初级沼气施工技术员5名,拥有了自己的沼气施工队伍,基本保障了本区沼气施工和维护的需要。

2007年,推广、建设农村户用自流上浮式浮罩沼气池30口;安装太阳能热水器37台;培训中级沼气施工技术员2名。

2008年,推广、建设农村户用自流上浮式浮罩沼气池28口;安装太阳能热水器36台;培训初级沼气施工技术员2名。

2009年,推广、建设农村户用自流上浮式浮罩沼气池153口;安装太阳能热水器46台;2009—2010年,在呆鹰岭镇振兴村蒸湘出口良种养殖场投资280余万元兴建一座大型沼气综合利用工程,可解决30户居民生活用能源及40千瓦发电机组用能源;培训初级沼气生产工3名,高级工1名。

2010年,推广、建设农村户用自流上浮式浮罩沼气池47口;安装太阳能热水器50台。

2011年,推广、建设农村户用自流上浮式浮罩沼气池100口;安装太阳能热水器50台。

2012年,推广、建设农村户用自流上浮式浮罩沼气池80口;安装太阳能热水器100台。

能源办主任刘娜于2006年、2009年、2010年、2011年、2012年分别被评为湖南省农村能源建设先进个人。区能源办2009年度被评为全省农村能源建设先进单位。

2005—2012 年蒸湘区沼气节能减排情况

表 4－8

年度	沼气池（口）	沼气产量（立方米）	节约标煤（吨）	减少二氧化碳排放（吨）	年度	沼气池（口）	沼气产量（立方米）	节约标煤（吨）	减少二氧化碳排放（吨）
2005	20	14600	13	29	2010	47	34310	30.55	68.15
2006	40	29200	26	58	2011	100	73000	65	145
2007	30	21900	19.5	43.5	2012	80	58400	52	116
2008	28	20440	18.2	40.6	合　计	498	363540	323.7	722.1
2009	153	111690	99.45	221.85					

第六章　农村经济经营管理

第一节　农经综合管理

一、农业生产计划管理

农业生产计划由市人民政府下达到区，区人民政府安排到乡、镇及有农业生产的街道。计划的性质由指令性计划改为指导性计划。区农经局负责做好计划落实的组织指导工作。切实完善村、组双层经营，稳定联产承包责任制，鼓励农民按照市场需要自产自销，随行就市。建立家庭联产承包责任制合同档案，及时了解生产经营效益与收入情况。2007 年，进行了第二轮土地承包经营权证发证工作，全年共发证 14000 个。

二、农业劳动管理

农业实行家庭联产承包责任制，农业劳动力一般由家庭支配。2002 年 4 月，国家规定取消农村劳动积累工和义务工后，有的公益事业确需投入义务工时，必须由村、组召开“一事一议”的农民代表会议通过，由区、乡（镇）两级审批同意后方可进行。

三、村级财务管理

区农经局和乡镇经管站负责村级财务的清理与审计。2001 年以来，每年都要对部分村的财务情况进行清理整顿，并督促各村进行财务公开。2005 年，举办全区会计学习班，培训 54 人，其中村会计 34 人，乡镇经营管理人员 20 人。

第二节 农业减负

2001年11月20日,区委、区政府下发《关于实行减轻农民负担工作一票否决制度的决定》;2002年4月底,启动农村税费改革,实行“三个取消”(取消乡统筹费、教育集资费;取消屠宰税;取消劳动积累工和义务工);2003年3月,由区纪委牵头,对全区农业生产性费用和农民建房收费进行专项检查,查处违规收费90余万元,责令退还房主,并对责任人进行批评教育;2004年,认真贯彻中央一号文件精神,实行粮食直补、良种补贴和降低农业税的“两补一降”政策,全区发放“两补”资金84.43万元;2005年,实行农业税全额免征,进一步促进农民减负增收。农办系统按照农业、林业、畜牧业、“一事一议”等方面开展减负工作。

一、农业补贴

2005年,粮食补贴47.74万元,直补41.49万元。

2006年,粮食补贴61.93万元,直补41.53万元,综合补助45.05万元。

2007年,粮补47.28万元,直补43.08万元,综合补助101.47万元,油菜补助5.37万元。

2008年,粮食补贴67.34万元,直补43.07万元,综合补助229.38万元。

2009年,粮食补贴67.36万元,直补43.11万元,综合补助257.37万元。

2010年,粮食补贴61.68万元,直补43.11万元,综合补助25.75万元。

2011年,良种补贴73.84万元,双季稻补贴3.22万元,直补43.11万元,对种粮农民农资综合补贴30.98万元,油菜良种补贴257.37万元,退耕还林生活补贴9.37万元,退耕还林粮食补贴7.22万元。

2012年,良种补贴55.1万元,双季稻补贴40万元,直补42.24万元,对种粮农民农资综合补贴252.16万元,新增农资综合补贴61.25万元,油菜良种补贴62.47万元,退耕还林生活补贴5.4万元,退耕还林粮食补贴6.96万元。

二、林业补贴

2003—2007年,退耕还林补助每年约78万元;2008—2010年,退耕还林补助每年约66万元。2011—2012年,退耕还林补助每年约38万元。

三、畜牧业补贴

2007年,生猪补贴18.43万元,2009年,生猪补贴28.5万元。

四、“一事一议”补贴

2009年补44万元,2010年补72万元,2011年补174万元,2012年补198万元。

五、农业专业合作组织补贴

2007年补1万元,2008年补3万元,2009年补15万元,2010年补5万元,2011年补15万元,2012年补20万元。

第七章　水利　农机

第一节　机　构

一、机构沿革

蒸湘区水利农机局的前身系衡阳市郊区水电农机局,2001 年 5 月行政区划调整时易为今名。内设机构有:办公室、水利管理站、水政监督大队、防洪抗旱指挥部办公室、农机监理站、水土保持局(2010 年 8 月成立)。2012 年在职干部、职工 12 人。办公地点原驻莲湖路郊区机关大院内,2001 年 8 月搬迁至红湘北路 228 号,2009 年 10 月搬迁至船山大道 18 号蒸湘区机关办公大楼 8 楼。

二、领导名录

局　　长:李枫秋(2001.5—2011.9)　李先宏(2011.9—)
党组书记:李枫秋(兼,2001.5—2011.9)
纪检组长:李孝桥(2003.6—)
副 局 长:凌受平(2001.5—2008.1)　彭飞霞(女,2004.4—)　谢显良(2007.7—)
工会主席:刘志美(女,2001.5—)

第二节　水　利

一、水利工程建设

(一)蓄水工程

1.山平塘

2001 年,全区有各类型山平塘 2556 口,蓄水量 837.04 万立方米,可灌溉面积 22543 亩。秋冬,全区开展水利建设大会战,市直机关及区直机关、乡镇 1500 余人奋战在水利工地上。当年,全省山丘水利建设现场会在衡阳市召开,副省长庞道沐率与会人员参观了区内雨母山乡冬修水利现场。

2002—2005 年,雨母山乡雨母村、东阳村,呆鹰岭镇振兴村、高岭村共筹资 78 万元,使用机械开塘 186 口;雨母山乡灵山村筹资 32 万元,机械开塘 15 口,增加蓄水量 0.65 万立方米。2002 年,在全市“芙蓉杯水利知识竞赛”中,夺得第一名。

2006 年,全区完成各类水利工程 500 余处,投工 20 万个,完成土石方 30 万立方米。其中新开、硬化山平塘 105 口,山平塘清淤 330 口。

2007—2009 年,全区新增各类型山平塘 580 口,增加蓄水量 250.67 万立方米,可灌溉面积 5167 亩。

2010 年,全区完成第二批山平塘清淤 31 口,清淤量 4.21 万立方米。全区共有山平塘 3442 口,蓄水量 2400 万立方米,可灌溉面积 28710 亩。

2011 年,全区完成山平塘清淤 23 口,其中呆鹰岭镇 7 口,雨母山乡 16 口。

2. **水库**

2001 年,蒸湘区有小(一)型水库 1 座,小(二)型水库 9 座,总库容 356 万立方米,可灌溉面积 8600 亩。

2005 年,区水利农机局向省水利厅争取 35 万元资金,对 1958 年修建的雨母山乡红旗水库(后改名为雨母湖,系小(一)型水库)坝体渗漏部分及溢洪道进行维修加固,消除了隐患,确保库坝安全。

2007 年 9 月,投入 40 万元,对雨母山乡驻兵塘水库大坝加固硬化。

2008 年 10 月,投入 50 万元,对呆鹰岭镇松碧水库大坝翻新改造。

2009 年 7 月,投入 35 万元对雨母山乡大塘角水库大坝维修加固。9 月,投入 45 万元对雨母山乡菜丫皂水库大坝加宽加高,增加蓄水量 50%。

2011 年,对雨母山乡红旗水库大坝进行除险加固。

2012 年冬至 2013 年春,全区完成 6 座小(二)型水库(杉树皂、大塘角、松碧、金角冲、石狮堰、大兴)的除险加固。

(二)堤防工程

2001 年,全区有防洪堤 6 条(蒸水南堤、蒸水呆鹰岭堤、蒸水二塘堤、柿江河堤、杉旭河堤、旭东河堤),全长 31.1 公里,保护稻田、菜土、鱼塘 21052 亩,人口 58356 人。经过逐年维修加固。柿江河堤、杉旭河堤、旭东河堤防洪标准从 10 年一遇提高到 20 年一遇,其他 3 堤从 20 年一遇提高到 50 年一遇。其中蒸水南堤从 2010 年开始,采取堤路、风光带相结合的办法,完成第一期风光带建设。

(三)排灌工程

境内有固定排渍机埠 7 处,装机容量 505 千瓦;固定灌溉机埠 42 处,装机容量 1083.8 千瓦。

2002 年,对呆鹰岭镇 3 处排渍机埠和 13 处涵闸进行维修。2003 年,对 6 处涵闸、2 处排渍机埠进行维修加固。

2006 年,改造硬化雨母村排灌渠道 1860 米、红旗水库放水渠道 1700 米,疏通振兴村熬碧河渠道 2000 米。

2007—2008 年,对长湖乡王家堰排渍机房维修加固,新增 2 台机组,更换 2 台机组。对呆鹰岭镇的 4 处排渍机埠、13 处灌溉机埠和雨母山乡的 6 处灌溉机埠进行维修改造。重建黄美洲涵闸,维修振兴、堰头、荣林、站塘、新中、马头行等 17 处涵闸。

2009 年,全区维修清淤和新开渠道 58000 米。

2011 年,全区完成渠道清淤 10 公里,渠道护砌硬化 2800 米。

(四)饮水工程

2002 年,在呆鹰岭镇新阳村打深井 3 口,在雨母山乡雨母村打深水井 7 口,共解决 1300 余人的饮水问题。

2004 年,在呆鹰岭镇和雨母山乡共打井 8 口,完成 1012 人的安全饮水任务。

2006 年,在雨母山乡青松村建集中供水工程 1 处,解决 300 余人饮水安全问题。

2007 年,在联合街道杨柳村和雨母山乡青松村各建集中供水工程 1 处,解决饮水人口 1862 人。分散打井 45 口,解决饮水人口 1263 人。

2008 年,在雨母山乡东阳村建集中供水工程 1 处,在二塘村、群益村和呆鹰岭镇鸡市村共打井 10 口,总投资 164.76 万元,解决 4000 人的安全饮水。

2010 年,建呆鹰岭镇鸡市水厂 1 座,总投资 580 万元,解决 10100 人的安全饮水。

2012 年,投资 624 万元,在雨母山乡东阳村建雨母水厂 1 座,解决 12800 人的饮水安全。

(五)冬修水利

2001—2012 年蒸湘区冬修水利情况一览表

表4－9

年度	开工各类水利工程(处)	移动土石方(万立方米)	投入劳动工日(万个)	投入资金(万元)	年度	开工各类水利工程(处)	移动土石方(万立方米)	投入劳动工日(万个)	投入资金(万元)
2001	540	12.5	18	350	2007	480	12	28	680
2002	250	50	38	400	2008	370	8.5	20	760
2003	520	30	12	140	2009	350	8	18	580
2004	530	40	25	210	2010	380	9	19	560
2005	500	30	30	100	2011	260	6	12	650
2006	500	30	20	500	2012	168	85	28	2000

二、水利管理

(一)水工管理

2005 年,全区 3 个乡镇的水管站完成体制改革。改革后,呆鹰岭镇水管站定编 2 人,分流 4 人;长湖乡定编 1 人;雨母山乡定编 2 人。2008 年,3 个乡镇的排灌站完成体制改革。其中,呆鹰岭镇定编 6 人,分流 5 人;长湖乡排灌站与水管站共 1 人;雨母山乡定编 4 人,分流 1 人。对 15 名在编人员由区财政发工资,每人每月 900 元;10 名分流人员,则自谋职业,区财政发给每人每月 500 元生活补贴。

(二)水利设施管理

按照“谁建、谁管、谁有”的原则,实行分级管理。小(一)型工程由区管,小(二)型工程由乡镇管,跨组工程由村管,不跨组工程由农户管。各级都建立管理组织,确定专管人员,做到层层有人抓,处处有人管。

(三)灌溉管理

严格贯彻执行湖南省人民政府《关于加强水利管理的通知》精神,坚持“修管并重”,统一管水,固定水权,调余补缺。境内每台机埠都固定 1 人看护、抽水,灌溉中按照“五先五后”(即先用堰水,后用塘水;先灌远田,后灌近田;先灌高田,后灌低田;先灌胎禾,后灌扁禾;先用活水,后用死水)的原则进行。山平塘、水库以开标的形式落实管水员,推行浅灌,深蓄制度。山塘、水库承包既要向村、组缴纳承包费,又要按合同蓄水和放水灌田。村、组将承包费的 30% －40%,用于维修水利工程。雨母山乡红旗水库,由乡政府发包给个人,收入归乡政府。山塘、水库灌溉水费于 2001 年废止。电排、电灌水费,雨母山乡一直未收取,呆鹰岭镇 2005 年以前按个人实际田亩收取一点电费,2005 年后全部取消。

(四)水政管理

认真贯彻执行国务院颁布的《中华人民共和国水土保持法》《中华人民共和国防洪法》《中华人民共和国水法》以及湖南省人民政府颁发的《防洪条例》《河道管理条例》《水库大坝安全管理条例》的规定,加强检查与监督,确保水政执法走向健康发展轨道。

2001 年,水利农机局派出 7 人分别参加省、市执法培训班。在执法过程中,统一佩带上岗证,统一着装。在“世界水日”(3·22)和“中国水周”(3 月 22—28 日),由局领导带队,出动宣传车 16 台次,书写横幅 25 条,张贴标语 1500 余条,大力宣传上述“三法”“三条例”,并处理水事案件 10 起,调解水事纠纷 9 起,制止 38 起水事案件的发生和发展。

2002—2003 年,实行和完善单位取水登记,使依法取水、节约用水逐步走上规范化。

2004 年,编制《蒸湘区水土保持规划设计方案》,对衡阳钢管厂、蒸湘世纪城及杨柳汽车贸易街区的水土保持进行有针对性的治理工作,督促各单位编制水土保持方案。

2005 年,先后举办 2 期《中华人民共和国水法》、《中华人民共和国水土保持法》培训班,有 87 人参加学习。加强宣传力度,将《水土保持法》的有关条文翻印成小册子发给单位和个人,对辖区内所有开发建设性项目和砖瓦厂的水土保持情况进行一次调查摸底。

2006 年,水政执法人员直访 80 余个取水单位,共计 200 余天。依法处理凤凰纯净水厂水资源费缴纳案,陆细明破坏水利设施案及呆鹰岭防洪堤边国防光缆施工引发的水土保持设施补偿案等案件。

2007 年,积极配合市政府对境内河道取砂砾,预制构件等经营场地进行统一规范和整治行动。对修建潭衡(西)高速公路时损毁水利设施、涉河项目进行摸底调查,对某些违法行为进行查处。

2008 年,以省人民政府新颁布的《取水许可和资源费征收管理条例》及衡阳市水利局制订的取用水计划和总结暂行规定为契机,对辖区内所有用水单位进行全面调查摸底,对一些拒不办理取水许可证、不安装计量设施、拒缴水资源费的单位进行立案查处。5 月,当场制止市燃气公司在呆鹰岭镇杉旭堤外紧靠堤脚埋设燃气管道的行为。

2009 年 10 月,呆鹰岭镇杉旭河堤外不足 10 米处,有 3 户农民未办理任何手续,自建民房,已建起一层楼,并盖上预制板。水政监察大队收到举报后,立即通报镇政府,镇政府组织力量连夜将其拆除。当年,查处无证取水户 4 户。

2011 年,建立"四项制度"(用水总量控制制度;用水率控制制度;用水功能区限制纳污制度;水资源管理责任和考核制度),落实"三条红线"(水资源开发利用控制红线;用水效率控制红线;水功能区限制纳污红线),实行最严格的水资源管理制度。对全区工业企业"万元工业增加值用水量"建立名录库,对 66 家规模以上工业企业实际用水量进行摸底调查。对已办理取水许可证的 14 户取水户,分别下发年度取用水总结表和下一年度取用水计划申请表。先后 8 次委派近百人参加省、市培训,按照《第一次全国水利普查对象清查工作细则》的要求,2011 年 2 月至 2012 年底,全面完成全区第一次全国水利普查工作任务。

2012 年,利用"世界水日"和"中国水周"加大水法律法规宣传力度,悬挂横幅 100 余条,展板 6 块,粘贴宣传图片 500 余张,散发宣传资料近万份。开展监督执法活动 48 次,立案查处 2 起拒不履行水土保持义务的砖厂业主。

三、防洪抗旱

2001 年,区政府成立防洪抗旱指挥部,编制《防汛抢险方案》《防汛物资准备方案》。实行区级领导包乡,乡级领导包村,村干部包组的层层负责制。汛期重点部位专人看守,水利部门实行 24 小时值班制度,储备好各种物资,做到思想认识、责任意识、防洪预案、防洪值班、防洪检查、抢险队伍、抢险物资、失职处理 8 个到位。

2002 年春汛期间,长湖乡、雨母山乡各一处涵闸不能关闭,洪水继续陡涨,情况紧急,水利农机局从衡东请来 6 名潜水员,经过 20 小时连续奋战,化险为夷。

2003 年 5 月 15—17 日,衡阳市连降大雨,湘江、蒸水超过警戒水位 2.6 米,防洪堤面临严峻考验,部分农村内涝严重。经过对防洪堤加固和内涝排渍,减少了内涝损失,防洪堤未出现崩塌和缺口。6—8 月,全区持续高温,百日无雨,出现 60 年一遇的大旱。境内 1.2 万亩中晚稻脱水,1.1 万亩经济作物脱水。区内人民全力以赴投入抗旱救灾,减轻了旱灾造成的损失。

2006 年 7 月,受热带风暴"碧利斯"的影响,湘江水位陡涨,超警戒水位 4.2 米,区内防洪堤全面告急,出现 21 处大面积管涌和滑坡,部分堤段河水倒灌,3 万人民群众的生命财产安全受到严重威胁,区内外 12600 名干部、群众、官兵齐上阵,打桩垒石筑沙包,加高加固护大堤,共调用钢材 1.5 吨,砂卵 12000 立方米,麻袋 9000 条,编织袋 23500 条,棉被 50 床,并紧急转移村民 1320 人。经过连续 4 天 3 夜抢险,保住了堤身和群众安全。

2007 年 6 月至 8 月上旬,境内发生特大干旱。全区对 42 处电灌机埠、线路进行了全面维修,新架动力线 4000 米,新增 100 千伏安变压器 2 台,新增各类小型抽水机 500 余台,维修、清淤和新开渠道 158 公里。针对杉旭河上游断流,该区用风炮机械日夜开渠 1000 米引入蒸水倒灌。振兴村自筹资金疏通鳌碧河 2 公里，清淤2万余立方米。东阳、杨柳等村采取打井抗旱等，有效减轻了旱灾造成的损失。8月19—20日，受台风“圣帕”的影响，两日两夜的特大暴雨，致使长湖乡长湖片、立新五金机电大市场一带严重内涝，积水最深处达1米。长湖乡采取5台挖机昼夜作业，开渠排水，两天后内涝基本解除。

2010年6月，突如其来的一场大雨造成雨母山乡新中堤塌方100米，区防洪指挥部立即组织抢修，由于堤高水深，木桩无法落底，便从外地请来潜水员，实行人梯式打木桩，共打下96根木桩，再用麻袋装沙石填压，制止了防洪堤决口，保护了群众生命财产安全。

2011年7—8月，持续高温干旱，蒸湘区农作物受旱面积11525亩，其中重灾2050亩，干枯1050亩，饮水困难5000余人。对此，全区组织消防、环卫部门用洒水车送水，解决群众饮水问题；组织村民打井153口，千方百计扩大水源；呆鹰岭镇高岭、土桥村用挖机将杉旭河床挖深1米多，购置抽水设备56台，实行三级提水，抗旱保苗。

第三节　农　机

按照《湖南省农业机械管理条例》的规定，农业机械均以户经营，私有私管，农机作业实行有偿服务或出租收费。区农机监理站负责宣传教育、安全监理、技术推广、上牌、年检、驾照年审、组织抗旱等。坚持监理与管理齐头并举，服务与执法双管齐下。

2001年，蒸湘区有农用汽车150台，大中型拖拉机300台，碾米机50台，增氧机88台。全年出动路查150天，路查机车500余台次，纠正违章40余次，举办违章学习班4期，处理农机责任事故6起。

2004年，开展创建“文明监理，优质服务”示范窗口活动，塑造“开拓务实，优质高效，廉洁执法”的农机监理形象。编印农机安全小册子300余份，做到机手人手一份。年检车辆276台，审验驾驶员198人，农机安全事故大大低于往年。年终获全市农机化工作目标管理一等奖。

2005年，加大《道路交通安全法》的宣传力度，出动宣传车6台次，编发宣传资料2600份，订购农机杂志400份，营造农机安全生产氛围。重点打击农机各类违规行为，共出动人员750人次，路查机车1780台次，查处“黑车”非驾18台，无牌车辆27台，非法改装车辆20台，报废车辆8台。整治违章车辆400台次，纠正违章人员216人次。

2006年，举办农机培训班3期，培训驾驶员68人。检查农用机车800余台，纠正违章200余次。按照衡阳市农业机械局制订的《农机安全示范村》的文件精神，努力做好雨母山乡雨母村农机安全生产各项工作，该村各项指标达到“示范村”标准，并通过市局组织验收。全年圆满完成市局下达蒸湘区10万元农机购机补贴任务。获全市农机化工作目标管理一等奖。

2007年，出动人员148人次，路检机车483台次，查处非法改装车辆4台，报废车辆2台，纠正违章人员56人次，举办违章培训班2期，38人参加了学习。继续建设“农机安全示范村”2个（雨母山乡雨母村、二塘村）。又获全市农机化工作目标管理一等奖。

2008年1月，农机监理站8名工作人员及全区150台农用汽车全部移交给市交警支队管理。

2009年，办理新车入户65台，入保率100%。超额完成30万元农机购机补贴任务。创建雨母山乡二塘村为“农机安全示范村”。当年，蒸湘区获全市农机工作目标管理一等奖。

2010年，完成农机购置补贴100万元。当年，全区有大中型拖拉机20台，收割机10台，碾米机56台，增氧机305台。

2011年，完成农机购置补贴85万元，购买大型拖拉机15台，小型拖拉机20台，收割机12台。

2012年，完成农机购置补贴80万元，发展2家农机大户，其中，呆鹰岭镇中平村刘景龙拥有收割机6台、拖拉机3台、插秧机3台，确保本村稻田耕作，并向村外出租。雨母山乡灵山村何永清拥有收割机6台、大型拖拉机3台、插秧机3台，承包耕地1070亩，全部使用自家机械耕作。

第八章　移民开发

第一节　机　构

一、机构沿革

1995 年成立衡阳市郊区大源渡协调办公室,1998 年变更为郊区移民局。2001 年 5 月更名为蒸湘区移民开发局,隶属于区水利农机局。2004 年 4 月改属于区政府办公室。2012 年在职干部 3 人。办公地点驻蒸湘区机关办公大楼 1 楼。

二、领导名录

局　　长:胡金山(2001.5—2003.6)　　陈祥明(2003.6—2005.5)
　　　　李康平(2005.5—2008.8)　　黄文洁(2009.6—)

第二节　移民分布

原衡阳市郊区是白渔潭水库、斜陂堰水库、山峙门水库、斗山桥水库、双板桥水库、曹口堰水库等几个大中型水库的外迁移民安置区。移民安置从 20 世纪 50 年代末白渔潭水库修建开始,到 2000 年大源渡航电枢纽建成为止,郊区共安置移民 3055 人。2001 年衡阳市行政区划调整后,随着区域的变化,移民人数发生了变化,蒸湘区内共有水库移民 1109 人,具体分布如下表。

2001—2012 年蒸湘区水库移民人口分布表

表 4 - 10　　单位:人

乡(镇、街道)	村	户数	人口	乡(镇、街道)	村	户数	人口
呆鹰岭镇	新民村	30	155	雨母山乡	梓木村	15	83
	高岭村	11	71		二塘村	10	57
	新平村	9	41		群胜村	3	3
	鸡市村	8	46		青松村	1	1
	松陂村	7	49		灵山村	1	1
	振兴村	10	93		联胜村	1	1
	同康村	5	42		小　计	33	148
	堰头村	2	23	长湖乡	立新村	3	7
	新阳村	19	138		松亭村	15	91
	中平村	16	107		长湖村	1	1
	中心村	7	46		小　计	19	99
	土桥村	11	48	联合街道	岳屏村	1	1
	小　计	135	859		杨柳村	2	2
雨母山乡	黄花村	1	1		小　计	3	3
	湘桂村	1	1	合　计	25 个村	190	1109

第三节　移民扶持与开发

为改善库区和移民安置区的生产生活条件,2001—2006 年蒸湘区大中型水库移民后期扶持工作采取项目扶持方式,扶持的项目主要是:2001 年,石狮港涵闸项目建设;2002 年,杉旭河堤岸滑波体护砌工程项目建设;2003 年,堰头村蔬菜基地及重点移民村组水利基础设施项目建设;2004 年,柿江河堤岸护砌及机埠项目建设;2005 年,部分移民村农田水利配套设施项目建设;2006 年移民实用技术培训项目等。

从 2007 年开始,国家对大中型水库移民后期扶持政策进行了调整。2007 年,蒸湘区核定的大中型水库移民后期扶持总人数 1109 人,其中核定到人的 663 人采取直补到人方式予以扶持,每人每年按 600 元的标准由中央和省财政投资;核定到组的 446 人采取项目扶持方式予以扶持,扶持的项目主要有:2007 年,3 个乡镇部分农田水利设施建设及涵闸、机埠的维修项目;2008 年,部分移民村通村公路、山平塘清淤及移民安全饮水工程项目;2009 年,柿江河岸护砌工程项目;2010 年,启动移民后扶基地项目建设;2011 年,市农业示范园蔬菜基地建设项目;2012 年,移民库区防护工程维护项目。2001—2012 年,蒸湘区移民开发局累计投入后期扶持资金 906.8 万元,极大改善了库区和移民安置区的生产生活条件,不断增加了移民群众的收入,确保了库区和移民安置区的稳定。2001—2012 年,蒸湘区移民开发局多次荣获全市移民系统目标管理考核“先进单位”“为民办实事工作考核第一名”等荣誉称号。

第九章　新农村建设

第一节　机　　构

2006 年 4 月 13 日,区委办公室、政府办公室下发《关于成立蒸湘区社会主义新农村建设领导小组的通知》,明确建设领导小组组长:徐建中(政府区长),副组长:刘一华(区委副书记)、罗为广(副区长)。领导小组办公室设区农办,张成生兼任办公室主任。2008 年 12 月 12 日,因人员异动和工作需要,区委办、政府办对新农村建设领导小组作出调整:组长由陈树生(政府区长)担任,副组长邓准德(区委副书记)、罗为广(区人大副主任)、陈硕果(副区长)、陶敦建(区政协副主席)。领导小组办公室主任由农办主任肖泽荣兼任。

第二节　示范村分布

2006 年 3 月 31 日,区委、区政府确定雨母山乡雨母村、呆鹰岭镇振兴村为全区新农村建设示范村。

2006 年 8 月,雨母村被列入衡阳市 100 个社会主义新农村建设“示范村”,市委常委、市委政法委书记谢恒斌带队抓点。

2007 年 5 月 20 日,区人民政府决定,将雨母山乡的二塘村、湘桂村扩大为新农村建设示范村,与雨母村一道合为雨母山乡新农村建设示范片。

2009 年 3 月,区人民政府决定,雨母山乡示范片由雨母、二塘、湘桂 3 个村扩大到东阳、群胜、青松村。

同时,新增呆鹰岭镇堰头村为示范村,与振兴村合为呆鹰岭镇示范片。

2011年2月20日,衡阳市社会主义新农村建设领导小组决定,在雨母山乡雨母、东阳、群胜、群益、联胜5个村建设城郊新农村建设雨母山示范片,探索农村土地制度、农村集中建房方式(新型农村宅基地和房屋产权管理制度)、农村户籍制度、农村社会保障制度、城郊农村社区向城镇社区转变、发展农村合作组织等6个方面的改革路径。示范片定位为:衡阳市深化农村改革试验区、“两型”社会样板区、统筹城乡发展新农村建设先导区。

2011年3月,中共湖南省委社会主义新农村建设领导小组在全省启动实施“百城千镇万村”新农村建设工程试点,5月23日,蒸湘区呆鹰岭镇被定为全省“百城千镇万村”新农村建设工程试点镇。

第三节 新农村建设

一、新农村村庄规划

按照“城乡一体,镇村共建”和“节约、集中用地”原则,结合新农村建设和农业产业发展科学编制村庄规划。2006年,完成雨母、东阳、二塘、湘桂、振兴5个村的村庄规划及“五图一书”(现状图、用地规划图、道路管线工程规划图、环保环卫绿化图、近期建设规划图和规划说明书)的编制工作。2007—2012年,在2006年完成5个村庄规划的基础上,完成23个村的村庄规划及“五图一书”的编制工作,共计28个村,全区34个行政村(不含华兴街道8个村)编制率82.4%。

二、新农村产业

(一)种养业

雨母山乡二塘村的葡萄生产逐年扩大,并逐步向周边的新中、湘桂、雨母村发展,至2012年面积达4660亩,年产量6524余吨,年产值2600余万元,成为全省最大的葡萄栽培和销售集散地之一。雨母村大力发展渔业生产,2012年水产养殖面积1580亩,占村耕地面积的85%,年产销量2400吨,年产值1920万元,村组鱼塘承包集体收入达150万元,已成为“衡阳渔业第一村”。在该村的带动下,周边群胜、东阳等村也加紧发展渔业生产,形成了以雨母村为中心的4000亩水产养殖基地,年产鲜鱼5800余吨,年产值4200余万元。2007年被农业部列为全国健康养殖示范区。基地生产的草鱼,经国家工商行政总局批准,成功注册“雨母鱼”商标。2008年,群胜村引资200万元,在大皂组建成初具规模的600亩花卉苗木基地。

呆鹰岭镇振兴村依托蒸湘外贸出口良种场,将生猪养殖做大做强。全村520户,有184户养殖生猪,年出栏生猪27000头,户平出栏146.7头,成为湖南省生猪养殖专业村之一,尔后逐步向周边松陂、新阳、溪田、鸡市等村发展,培养壮大生猪养殖大户20余户,形成标准化的生猪养殖基地,生猪饲养量15万头,年出栏10万头,年产值上亿元。堰头村建立300余亩的鳜鱼养殖基地,年产鳜鱼200吨,年产值1000万元。该镇无公害蔬菜生产发展迅速,至2012年,全镇发展振兴、同康、中心、新阳、松陂、土桥6个村的蔬菜生产基地,面积近8000亩,成为衡阳市农产品重要供应基地。

2001—2012年,全区发展47个农产品加工企业、27个农业专业种养合作社、11个专业种养协会,建成基地1.4万余亩,带动农户4500余户,促进农业生产向专业化、规模化发展。

(二)休闲农业

休闲农业是利用田园景观、自然生态及环境资源,结合农林牧渔业生产、农业经营活动、农村文化及农家生活开展的供人们娱乐、体验“三农”生活的新型现代都市农业的一个重要内容。在学习借鉴外地发展休闲观光农业经验的基础上,雨母山乡确定将示范片建设成为市民郊游型的生态、休闲、观光体验园区,重点建设“一街二庄三线四园”，即一条渔业休闲街（东阳铺新街）、二处休闲农庄（罗家大屋和王乙皂休闲农庄）、三条休闲观光道路（雨母公路、东梓公路和东青公路）、四个休闲农园（大兴垂钓乐园、三堰市民开心菜园、雅士林生态休闲博览园和福乐尔农业观光园）。至2012年，建成碧桂山庄、母塘山庄、牛头山庄、春怡山庄等33家农家乐，日接待3000余人次。正在建设的有大兴垂钓乐园、三堰市民开心菜园、青松福尔乐观光园、罗家大屋休闲农庄、雅士林生态休博园、大皂花卉苗木休闲园、二塘长江农业展示园等近10个项目。

三、新农村环境

（一）基础设施建设

2006—2012年，全区硬化通乡（镇）公路18.9公里，通村公路101.9公里，通乡、通村公路硬化率为100%。建设和改造通组公路218.9公里、入户公路142.3公里。硬化禾坪18.25万平方米。建设农村集中供水工程4处、水厂2座，分散式打井55处，30300余人喝上安全饮用水，农民安全饮水问题全部解决。新建和维修各类水利工程2508处。全区34个行政村（不含华兴街道8个村），17个村的村部办公楼（村部活动中心）进行搬迁重建，另外17个村沿用的老办公楼也进行了维修改造。1乡1镇全部完成农网改造，实现户户通有线电视。呆鹰岭镇启动“蒸水新城”集中安置工程建设，集中安置5个村民小组的失地农民，安置面积达13万平方米。

（二）农村清洁工程

2006—2012年，农房“穿衣戴帽”17.79万平方米，雨母山乡“穿衣戴帽”率达50%。清垃圾、清淤泥、清路障的“三清”任务全部完成。7440户完成改水、改路、改厕、改厨、改圈的“五改”工作，建压缩式垃圾中转站2座、行车式和简易式垃圾中转站15座、垃圾池545个；配置大型垃圾清运车12辆、人力环卫车228辆、垃圾箱68个、户用垃圾桶17715个。“三边”植树34万株。建设沼气池478口，安装太阳能热水器341台。雨母山乡雨母村清洁能源使用率100%，95%的农户使用了无害化厕所。呆鹰岭镇制订《呆鹰岭镇乡村清洁实施方案》和《呆鹰岭镇乡村清洁考核办法》，建立“镇清运、村保洁、户三包”联动机制；每个村设立1个宣传栏，每月评选“文明卫生户”10户；各村主干道和农户庭院绿化率达100%。

四、新农村社会事业

（一）教育文化

全面落实农村义务教育“两免一补”政策，教育环境进一步改善，教育质量稳步提高。农村学校危房改造全部完成，并新建扩建部分校舍。全区适龄儿童入学率100%，小学升初中率100%。投资24万元，建成雨母山乡和呆鹰岭镇综合文化站。投资24万元，建设34个农家书屋。根据农民爱好，组织开展文化娱乐活动，农村群众性的文化体育活动开始活跃起来。

（二）医疗卫生

全区3个乡镇卫生院提级改造建设全面完成，门诊、住院、检验等科室设置健全，可满足当地群众基本医疗要求。其中呆鹰岭镇卫生院投入131.5万元，扩大规模，改善设施，已升格为区人民医院。长湖乡卫生院投入32万元维修、改造医疗用房1280平方米。雨母山乡卫生院投入59万元扩建医疗用房776平方米，维修、改造医疗用房1360平方米。投资226.8万元，稳步推进新型农村合作医疗，全面完成目标任务，农民参保人数达49523人，参合率达99%。农村孕产妇住院分娩累计补助达38万元，至2010年12月农村孕产妇平产基本免费。

2008年、2009年、2011年，蒸湘区分获“衡阳市新农村建设先进单位”。2008年长湖乡立新村获“全国文明村镇工作先进村镇”。2010年，雨母山乡雨母村获“湖南省新农村建设示范村”。

第十章　农村环境综合整治

第一节　机　构

2012年6月28日,区委办公室、政府办公室下发《关于成立区城乡环境综合整治工作领导小组的通知》,明确领导小组顾问:白一峰、陈树生。组长:李来清,副组长:张永英、邹可成、罗为广、陈硕果、彭顺利、陶敦建、王国保。办公室主任:邹顺徕,副主任:李伯利、雷志宏。

第二节　农村环境整治

2012年8月14日,区委办公室、政府办公室《蒸湘区城乡环境综合整治实施方案》规定,用2-3年时间全面完成农村片区内“三清三基二统一化”的工作任务。“三清”即清洁家园、清洁水源、清洁田园;“三基”即农村基本不见垃圾、基本消除马路市场、农户基本完成“五改”(改水、改厨、改厕、改浴、改圈);“二统”即农村垃圾统一分类处置、乡镇污水统一集中处理;“一化”即推进路边、屋边、水边“三边”绿化。2012年,重点完成3项任务:全面消灭暴露生活垃圾、全面取缔马路市场、全面禁止小(二)型以上水库化肥及饲料养鱼和整治畜禽养殖污染。

一、整治部署

宣传发动　2012年6月19日,区委书记白一峰、区长陈树生率全区500余名干部在雨母山乡东阳村举行了农村环境连片整治项目启动仪式。各乡镇街道多次召开乡、村干部会议,进行安排部署,加大宣传力度,全区累计悬挂横幅400余条,发放《公开信》《指导宣传画》等宣传资料2万余份,发放农村环保手册1万本,《农村文明卫生手册》2万余本,设立永久性宣传牌270块,在市区级媒体上稿43篇,进村入户广播宣传200余次,全区开展“干部清扫日”活动11次。

经费投入　2012年,区财政安排环境整治专项经费210万元,另增拨150万元用于农村大型垃圾中转站建设和配备专用垃圾清运车,同时,整合各类项目资金达2200万元。

人员设备　全区各乡镇街道均成立6人以上的专业环卫清洁队伍,负责集镇、市场、主次干道环卫保洁,各村聘请2人以上的专职清洁员,负责村组道路的环卫保洁,村民小组再聘请义务清扫员负责组内的日常卫生保洁。年底,全区农村专职保洁人员达139名,其中公益性岗位24名。各乡镇街道已购置大型垃圾清运车12辆,人力环卫车228辆,户用垃圾桶17715个,垃圾箱68个,建垃圾池545个,已建压缩式垃圾中转站2座、简易式和行车式垃圾中转站15座。

考核奖惩　全区建立健全了农村环境综合整治考核机制,采取明检、暗检、督办等方式对乡镇、街道实行不定期检查,每月评比排名、年度总评表彰。已累计进行暗检51次、明检17次,拍摄影像3000余张,下达《限期整改通知书》55份,提出整改问题1685处,及时整改1637处;各乡镇(街道)对本单位的环境综合治理工作进行定期或不定期督察,结合《限期整改通知书》和检查情况对村组提出整改意见。兑现月度奖励110万元、处罚11万元,年终奖励12万元。

二、整治重点

水源整治　蒸水河、杉旭河、柿江河保持水面洁净卫生,无漂浮垃圾,坡岸无乱搭乱建、乱倒垃圾,河道护栏、桥梁、闸坝等设施完好清洁,全面整治非法砂场、预制场。红旗水库禁止人工养鱼,松陂水库等小(二)型以上水库全面禁止化肥及饲料养鱼。规模养殖场实现畜禽粪尿无害化处理。搞好农村生活污水处理,实行雨污分流,呆鹰岭镇、雨母山乡做好机关所在地及农贸市场的排水管网配套工程,达到管网排放。

道路整治　湘桂铁路、潭衡西高速公路沿线两旁、竹(雅)黄(花)公路、呆石公路振兴木材市场至衡阳县交界段、乡村主要干道及其两旁全面清理乱堆乱放,清除卫生死角,清除暴露垃圾,清除飘散的杂物和白色垃圾。

村庄整治　所有村庄房前屋后、辖区内田园、河塘沟渠、村组道路、农业生产基地无暴露垃圾,无乱堆乱放,无露天粪坑,水面无漂浮垃圾。严格规范村民建房,做好未列入城市规划的村庄绿化。

庭院整治　农户房前屋后的晒谷坪、水沟、绿化区等保持整洁,无乱贴乱画,配备户用垃圾桶,生活垃圾分类入桶入池;庭院内干净,无污水,柴草、农具、杂物整齐堆放;室内整洁,物品摆放有序;厨房、厕所清洁卫生。养殖禽畜管理规范,牲畜粪便进行无害化处理。做好庭院绿化、美化、亮化。

环境卫生　加强清扫保洁,垃圾日产日清,实现清扫全覆盖、保洁全天候;组织单位、门店和居民开展垃圾大扫除活动,全面清理卫生死角、暴露垃圾,清除污泥积水;提质改造、兴建垃圾中转站,管护垃圾收集设施设备;教育市民讲究公共卫生,不乱贴乱画、不乱扔乱扫,生活垃圾袋装出户,装修垃圾及时清运。

三、整治成果

开展农村环境整治工作的半年中,全区加大水体污染的整治力度,清洁水库山塘138口、45万平方米,清理沟渠65条、9390米,落实水源保护责任,全面禁止小(二)型以上水库化肥养鱼,投资538万元建设雨母湖饮用水水源保护区,9座小(二)型水库全部纳入饮用水水源保护区建设,设立标准牌、警示牌102块;加大规模养殖场的整治力度,31个规模养殖场基本做到了废弃物无害化处理;加大马路市场的整治力度,衡祁路马路市场、省道315线的呆鹰岭集贸市场整体搬迁,国、省道两侧马路市场取缔率100%;加大庭院、公路整治力度,清扫庭院422个,清洗公路73公里,清除卫生死角383个,清理垃圾915吨。

全区农村环境整治工作,2012年第三季度获市城区第3名、第四季度获市城区第2名。呆鹰岭镇中心村、雨母山乡灵山村获得2012年二季度衡阳市农村环境整治先进村称号。

第五篇　工　业

2001年5月，蒸湘区成立时由于地域构成等方面的原因，全区工业经济与原郊区相比相差甚远。工业企业49家（不含个体户工业，以下同），工业增加值5.64亿元，分别只有原郊区2000年的24.16%、65.13%。规模工业5家，只有原郊区的21.43%。对此，区委、区政府实施"城市带动、民营推动、开放促动、项目拉动"的发展战略，开展"工业倍增""企业年"活动，注重企业改革改制，优化经济发展环境，广泛招商引资，以扶优、扶强为重点，大力推行新型工业化。2003年，初步形成机械加工制造业、轻工化工业、冶金机电业三大支柱产业，规模工业企业发展到19家，工业增加值上升到7.81亿元，被市委、市政府评定为"全市推进工业化进程先进单位"。2004年11月，首届湖南诚信建设成果展在长沙举行，蒸湘区被省商务厅等8个厅局推评为"湖南十大投资环境诚信安全区"。2006年，为引导工业集聚发展，经市委、市政府批准，蒸湘区在呆鹰岭镇创建中小企业聚集区（后改为创业园）；为了扩展衡钢集团钢管下游产品的生产，打造世界级钢管产业群，市委、市政府决定在蒸湘区联合街道境内建设衡钢钢管深加工聚集区（后改为产业园）。两个园区的建立，使全区工业发展进入快车道。2007年，全区实现工业增加值33.47亿元，被省委、省政府评定为"全省加快推进新型工业化红旗单位"。2012年，蒸湘区实现工业增加值86.22亿元，是2001年的15.4倍；规模以上工业企业69家，是2001年的13.8倍。

蒸湘区规模以下工业企业2001年的总产值约占全区工业总产值的69%，有着举足轻重的地位。随着新型规模工业的迅速发展，规模以下工业产值在全区工业总产值所占比例大幅下降。2003年，占全区工业总产值的40.62%，2006年降至11.7%，2009年降至1%，2010年略有回升，约占全区工业总产值的1.7%。2011年起，区统计局对规模以下工业不再作统计报表。

2001—2012年蒸湘区工业企业发展情况

表5－1　　单位：个、人、亿元

年度	个数（不含个体户工业）	从业人员	总产值	增加值	年度	个数（不含个体户工业）	从业人员	总产值	增加值
2001	49	4744	19.09	5.64	2007	131	14149	112.37	33.47
2002	51	4253	23.56	6.82	2008	170	26513	146.24	46.59
2003	120	6126	26.79	7.81	2009	168	19424	165.33	48.65
2004	109	5081	31.05	13.37	2010	167	29151	217.56	61.05
2005	119	5749	37.57	16.09	2011	178	28395	247.13	77.13
2006	122	5635	87.96	21.84	2012	197	30504	300.16	86.22

第一章 机 构

第一节 机构沿革

2001年,蒸湘区工业、商贸服务业由区外经贸局(乡镇企业局)管理。2002年7月,外经贸局撤销,组建蒸湘区经济贸易发展局,加挂乡镇企业局、民营经济办公室、招商局牌子。2005年2月,更名为蒸湘区商务局。2007年加挂旅游局牌子,履行旅游局职能。2010年12月,更名为区经济贸易局,加挂区旅游局、区招商合作局牌子。局内设机构有:办公室(兼安全委员会办公室)、外贸招商股(兼商贸旅游股)、乡企民经股、工业发展股、政策法规役、综合股。2012年,全局在职干部职工17人。办公地点原在莲湖路144号,2009年10月搬迁到船山大道18号蒸湘区机关办公大楼9楼。

第二节 领导名录

局　　长:王殿生(2000.7—2012.12)
党委书记:李长青(2002.3—2003.1)　　周平扬(2003.1—2009.4)
纪委书记:陈慧娴(女,2002.6—2005.7)　　付丽薇(女,2005.7—)
副 局 长:周平扬(2002.3—2003.1)　　欧阳飞(2002.6—)
　　　　周玉霖(女,2005.7—)
工会主席:付丽薇(2002.6—2005.7)　　陈冬球(2005.7—)

第二章 工业隶属

第一节 省属、市属工业

湖南华菱衡钢(集团)有限公司,是境内唯一一家省属国有工业企业,原名衡阳钢铁厂,始建于1958年,1978年改名衡阳钢管厂,1997年更名为衡钢(集团)有限公司,1998年加入湖南华菱钢铁集团公司,是中国第二大专业无缝钢管生产企业,拥有员工5800人,其中专业技术人员2000余人,企业总资产123亿元。能生产直径720毫米以下各类规格、品种的热轧、冷拔无逢钢管,通过了质量、环境、职业安全健康三大管理体系认证和国际产品质量认证,产品出口50多个国家和地区,出口创汇率51%,位居国内同行首位。2012年生产铁87万吨,钢125万吨,钢管115万吨,实现工业总产值82.99亿元。

企业发展得到历届党和国家领导人的高度重视,乔石、朱镕基、尉健行、吴官正、曾培炎、刘云山等先后到企业视察。公司先后获得全国“五一劳动奖状”、全国设备管理先进单位、全国重合同守信用先进单位、全国厂务公开先进单位、全国十大宣传典型企业、全国军民共建社会主义精神文明先进单位、湖南省文明标兵单位等荣誉称号。

2001年,区内有油漆厂、氮肥厂、水泥厂、二水泥厂、客车厂、机动车灯厂、无线电二厂、锰制品厂、四机械厂、医药器械厂、互感器厂、有色冶金设备厂等市属国有中、小型企业。其中,氮肥厂于1958年2月开始筹建,20世纪60年代初,因国家压缩基建投资而停工缓建。1963年8月续建,1965年投产,是湖南省首家5000吨型小氮肥厂。1992年10月,4万吨/年尿素生产线建成投产,1999年“双钱”牌尿素获省名优产品。企业先后被评为“湖南省先进单位”“衡阳市科技型企业”。2005年6月,氮肥厂进行改制,被香港建滔化工公司托管。2006年2月,因生产亏损等方面的原因,建滔化工公司停止氮肥、尿素等生产,只生产煤气供衡钢集团使用。1965年创建的衡阳锰制品厂,主要产品有:电解金属锰、五氧化二钒、碳酸锰、硝酸锰、电解二氧化锰等,其中电解金属锰是出口免检产品,1986年被评为省优产品。1990—1998年,锰制品生产因多种因素急剧下降。1999年,电解锰车间实行租赁承包。2008年,因经营不善停产改制。衡阳客车厂的前身先后为衡阳机械厂、衡阳机床厂、湖南叉车总厂三分厂,1980年更名为衡阳客车厂。1981年试产“雁峰”牌HY680型柴油大客车50辆,1983年投入批量生产,被评为省优产品。1989年部分客车开始出口孟加拉国。1990年为北京亚运会生产发电车,并为部队生产污水净化车、面包车。1995年后由于亏损严重,遂将场地租给私人,继续生产。2005年进入破产程序,12月30日终止客车生产。其他市属工业企业,除油漆厂外,2012年已全部改革改制,有的破产重组,有的股份合作,有的承债式整体转让。衡阳市油漆厂改制尚未完成,2012年实现工业总产值2861.7万元,企业员工194人。

第二节 区属工业

2001年4月蒸湘区成立时,共有9家区属工业企业,工业总产值1422.8万元,从业人员1334人。

9家区属工业企业中,长堤皮件厂、电子电器厂、渔用饲料厂是原郊区留下的区属企业;另外接收6个区属工业企业,即从衡阳县转入衡鹰电器厂,从石鼓区转入医药机械设备厂,从雁峰区转入消防器材厂、衡阳锻造厂、医药化工厂和摩擦材料厂。这些企业经过一段时间运行后,到2008年11月全部完成改革改制工作。共计盘活资产4699.02万元,置换企业职工身份736人,退养职工297人,安排退休470人。

2003—2008年蒸湘区区属工业企业改制情况

表5-2

改制时间	企业名称	企业净资产(万元)	负债资产(万元)	改制方式
2003.3	衡阳衡鹰电器	-96.91	170.56	破产拍卖
2003.5	衡阳锻造厂	+231.3	902.3	承债式整体转让
2003.8	衡阳医药化工厂	-158.54	399.23	承债式整体转让
2003.8	衡阳消防器材总厂	+260	1123	承债式转让、私人股份合作
2003.10	衡阳市长堤皮件厂	-1585.1	1851.4	破产拍卖
2006.8	衡阳市渔用饲料厂	+84.4	137	国有改民营
2006.8	衡阳市摩擦材料厂	+318	136.72	承债式整体转让
2008.1	衡阳医药器械设备厂	+268.8	622.7	承债式整体转让
2008.11	衡阳市电子电器厂	-156.4	173.9	破产拍卖

第三节　集体工业

2001 年,全区 6 个乡镇、街道(不含华兴街道)共有集体工业企业 34 家,实现工业总产值 3248.9 万元,从业人员 2494 人。

2003 年,有 9 家集体工业改制为私营企业,余下的 25 家集体工业企业实现工业总产值 919 万元。2004 年,又有 16 家企业改制为私营,余下的 9 家集体工业企业实现工业总产值 764 万元,职工 395 人。2005 年,余下的 9 家企业全部改制为私营企业。

第四节　个体私营工业

蒸湘区成立后,一方面由于不少集体工业改制成为个体私营工业,另一方面由于区委、区政府采取政策扶持、工作支持等措施鼓励发展个体私营工业,因而全区个体私营工业发展势头良好。2001 年,全区个体私营工业 751 户、从业人员 2199 人、工业总产值 7428 万元,到 2010 年个体私营工业发展到 851 户、从业人员 3330 人、工业总产值 2.645 亿元,分别为 2001 年的 1.13 倍、3.79 倍、3.56 倍。虽然个体私营工业在全区整个工业中所占比重不大,但在创造就业岗位、满足市场需要、方便群众生活等方面发挥了重要作用。

2001—2010 年蒸湘区个体私营工业发展情况

表 5－3

年度	个体户数（户）	全部从业人员期末数(人)	工业总产值（万元）	年度	个体户数（户）	全部从业人员期末数(人)	工业总产值（万元）
2001	751	2199	7428	2006	689	1287	7085
2002	739	1444	3800	2007	708	1356	8189
2003	562	1582	3882	2008	606	1487	9145
2004	559	1211	3185	2009	697	1663	10865
2005	627	1503	6535	2010	851	3330	26445

说明:从 2011 年开始,统计部门对个体私营工业不再进行统计。

第五节　股份制工业

衡阳鸿鑫实业有限公司原系衡钢(集团)有限公司下属子公司,2006 年 4 月改制为股份制企业。总资产 3700 万元,企业员工 246 人。主营弯头弯管、水冷件钢管加工和生产性废钢加工、购销,是一家集工、商、贸于一体的综合性企业。旗下拥有 3 家子公司:2007 年 6 月成立鸿锦石油钻具有限公司,2008 年 1 月收购鸿铭科技有限公司,2008 年 5 月成立银泓再生资源回收利用有限公司。系衡阳市“民营企业 50 强”。2012 年工业总产值 5.46 亿元。

2006 年 7 月,由衡钢(集团)有限公司与衡阳鸿宇机械制造有限公司共同投资创建的衡阳鸿涛机械加工有限公司,注册资金 300 万元,固定资产 1200 万元,企业员工 530 人。主要经营范围:芯棒加工、锯片修磨、模具加工、油管加工、钢管包装、钢管表面处理。系衡阳市“民营企业 50 强”。2012 年工业总产值 9022 万元。

2007 年 4 月,由衡钢(集团)有限公司与上海浦成金属材料有限公司合资组建的衡阳鸿成高压气瓶管制造有限公司,是一家专业化高压气瓶管生产企业,年深加工能力为 1.2 万吨,产品主要用于天然气罐、液化气罐、消防用罐、军工与国防用管、高压电站用管、油缸管、液压支柱管等。2012 年工业总产值 9520 万元。

衡阳鸿锦石油钻具有限公司,2007 年 6 月由衡阳鸿鑫实业有限公司与西安纳特石油技术有限责任公司、山西风雷机械制造有限责任公司共同投资建立,注册资金 3000 万元。主要生产和销售石油钻杆、钻链、钻头等石油勘探钻采系列设备。2012 年工业总产值 3079 万元。

2010 年,蒸湘区有股份合作企业 1 家,股份有限公司 6 家,有限责任公司 52 家,工业总产值 138.86 亿元。2012 年,全区有股份合作企业 1 家,股份有限公司 9 家,有限责任公司 54 家,工业总产值 223.88 亿元。

第六节　港澳台商及外商投资工业

蒸湘区共有港澳台商及外商投资工业企业 4 家。

2000 年 10 月,由衡钢(集团)有限公司、台湾众距工业股份有限公司和湖南华菱科技发展有限公司合资成立的衡阳科盈钢管有限公司,是国内 PE 防腐装备水平较高、大中小规格兼容的防腐钢管生产厂家,主要产品有 2PE、3PE、FPE 防腐钢管,外防腐年产能力 100 万平方米,内防腐年产能力 20 万平方米。产品广泛应用于石油、天然气、化工行业,覆盖全国 16 个省、市,并出口苏丹、叙利亚、阿尔及利亚、伊拉克、哈萨克斯坦等多个国家,出口量达到 50% 以上。2012 年工业总产值 5314 万元。

2006 年成立的鸿瑞石油管材有限公司,是由衡阳鸿宇机械制造有限公司与美籍客商赵立彦合资兴办的一家工业企业,注册资本 800 万元,企业员工 200 人。主要生产销售石油工程用油管、套管及管材附件;特殊螺纹油套管及配件;石油备件,石油管材新产品,以及从事管材新技术的研究与开发。产品主要销往国内外各大油田。系衡阳市民营科技企业,衡阳市“民营企业 50 强”。2012 年工业总产值 9874 万元。

衡阳盈德气体有限公司成立于 2008 年 12 月,是由上海盈德气体投资有限公司(英属维尔京群岛)、湖南盈德气体有限公司和衡阳华菱连轧管有限公司共同投资组建的中外合资企业,注册资金 1.2 亿元,主要为衡钢及衡阳周边地区用户提供工业用氧气、氮气、氩气与相关服务。2012 年工业总产值 9091 万元。

衡阳金冠混凝土有限公司,是 2005 年成立的一家中港合资企业,注册资本 1000 万元,总投资 5120 万元。主要从事预拌商品混凝土的生产与销售,可提供各种强度等级的普通混凝土及抗渗、抗折、缓凝、早强、耐腐蚀等特种混凝土。年产能力 60 万立方米以上。2012 年工业总产值 4.3 亿元。

第三章　工业门类

2012 年,蒸湘区境内共有 69 家规模工业企业(规模工业 2010 年以前是指产品销售收入 500 万元以上,2011 年改为 2000 万元以上的工业企业)。主要有机械加工、冶金、石化、建材、轻工、医药、食品工业 7 大门类。其中,机械加工企业 13 家,占企业总数的 18.8%;冶金企业 26 家,占企业总数的 37.7%;石化企业 5 家,占企业总数的 7.2%;建材企业 8 家,占企业总数的 11.7%;轻工业企业 8 家,占企业总数的 11.6%;医药企业 2 家,占企业总数的 2.9%;食品企业 7 家,占企业总数的 10.1%。

第一节 机械加工业

2003年以前，境内机械加工业有6家企业。衡阳市湘江锅炉厂于1981年7月挂牌成立，主要生产高效节能系列锅炉、保温材料。2006年，该厂从雁峰区黄白路搬迁至蒸湘区雨母山乡梓木村。衡阳市大成锅炉有限公司创建于1985年(原名衡阳大众锅炉厂)，1993年成为国家B级锅炉专业生产厂家，生产锅炉2个大类5个系列30多个品种，远销全国各地。1986年成立的衡阳市欣凯实业有限公司是国家机械工业部轿车定点生产厂家之一，主要生产各类型的轻、重汽车前后桥。多次被评为省、市“先进单位”“民营企业贡献大户”。同年成立的衡阳市茂泰雁城农业机械有限公司是国家机械工业重点企业，定点生产拖拉机、低速货车基地之一，产品性能优良，质量可靠，多次获部、省优质产品，产品出口30多个国家和地区。衡阳德义隆实业有限公司成立于2001年3月，主要生产各种高、中、低压高强度蝶阀和波纹管铜油阀，产品耐压、抗老化、无泄漏性能强，质量可靠。2003年1月成立的衡阳万选冶金设备制造有限公司，专门从事粉末冶金设备的研发、生产与销售。通过对300L－600L可倾斜式球磨机的研发攻关，获得实用专利6项、发明专利1项。2010年5月，公司从解放西路搬迁至呆鹰岭中小企业创业园。

2004年，新增4家企业。衡阳润泰车轮有限公司是一家专业生产各式车轮总成厂家，产品规格达50余种，年生产车轮50万套。主要产品获部优、省优，公司先后获省“先进企业”、省“科技示范企业”、全国“乡镇企业先进企业”等称号。衡阳合兴钢圈有限公司以生产载货汽车、拖拉机、农用车钢圈为主业，年产值过亿元。衡阳云龙电器有限公司是生产经营配电屏、电表箱、控制柜、控制台等电器设备的专业企业。具备从设计、制造到安装配套一系列生产服务能力。衡阳湘变电工制造有限公司是湖南省高新技术产业，主要生产节能电力变压器以及欧亚箱变、美式箱变等各式特种变压器。公司获“中国质量万里行”质量先进单位、湖南省“‘质量兴湘’百佳单位”称号。

2009年，衡阳金阳科创冶金机械有限公司于12月建成投产，主要产品有：冶金轧钢设备、卷筒、卷取机、煤气洗涤机、大型钢结构铆焊件、缆线回转器(专利产品)等，是国内知名的冶金矿山设备制造企业。

2010年，新增2家企业。衡阳市雁城不锈钢制品有限公司于7月建成投产，是集不锈钢材料制品生产、销售、服务于一体的专业厂家。同年新建的湖南光源输变电有限公司，是生产变压器外壳、美变外壳、非金属箱变外壳、不锈钢外壳、综合配电箱、电表箱及电力成套设备的专业厂家。是当前国内同行业领先、湖南省一流的现代化全封闭、防尘生产企业。

2012年，全行业工业总产值28.34亿元，利润总额1.528亿元，上缴营业税0.18亿元、增值税0.89亿元，平均从业人员3421人。

第二节 冶金工业

冶金工业是蒸湘区规模工业第一大行业，该行业共有26家工业企业。

2001年蒸湘区成立之初，坐落境内的冶金企业有6家。除衡阳华菱钢管(集团)有限公司外，1969年10月成立的衡阳市鹏润锻造有限公司，主营各种汽车、摩托车、柴油机、工程机械等零部件精模锻件及加工制造，年产值过4亿元。1975年成立的衡阳伟业冶金矿山机械有限公司，主要生产15－5000吨选矿设备，年产值过4000万元。衡阳市瑞华钢纤维制造有限公司的前身是岳屏钢纤维厂，系1987年建成投产的全国第一家不锈钢纤维厂，新生产的不锈钢纤维于1989年获冶金部与湖南省科技进步奖；1990年获农业部优质产品奖；1991年在“七五”全国星火计划成果博览会上获银奖；1992年在埃及参加中国实用技术及产品贸易展览会获金奖。2004 年改制为今名,专门生产熔抽耐热不锈钢纤维,年产值过 2 亿元。

衡阳市圆明实业有限公司,1998 年由原衡阳西城阳极板厂更名注册成立。公司主要生产电解锌用多元阳极板、节能性阴极板、电解锰用多元阳极板。其中公司开发生产的电解锌用阳极板和节能型阴极板均已获得国家专利证书。2000 年 10 月,由衡阳钢管(集团)有限公司、台湾众钜工业股份有限公司合资成立的衡阳科盈钢管有限公司,是一家管道防腐企业,主要产品有 2PE、3PE、EPE 防腐钢管,产品出口 10 余个国家,出口量达 50% 以上。

2003 年,新建 2 家企业:衡阳鸿菱石油管材有限责任公司是衡钢(集团)有限公司与西安纳特、衡阳鸿宇机械制造有限公司组建的合资公司,具有年加工成品油管、套管 50 万吨,生产接箍 300 万只产能规模。从 2004 年起连续 6 年被评为衡阳市"民营企业 50 强",2009、2010 年被评为衡阳市"优秀民营企业",2004—2008 年被评为湖南省"A 级纳税信誉单位",2007 年、2008 年、2011 年被湖南省经委评为"小巨人"企业。同年成立的衡阳铭仕铜套金属有限公司,是从事铍钴铜套及机械润滑铜套、铜衬套、轴瓦的专业厂家,并承接各类机械加工零部件业务和各类铆焊业务。年产值过亿元。

2004 年成立的衡阳市鸿联管业有限公司,主要生产油管模具,年产值过 2 亿元。

2006 年,中共衡阳市委、市政府决定在蒸湘区联合街道境内建立衡钢钢管深加工聚集区,扩展衡钢集团钢管下游产品的生产。园区建立后,一批以"鸿"字头冠名的企业相继入园创业,当年入园企业 6 家,即衡阳鸿瑞石油管材有限公司、鸿宇机械制造有限公司、鸿涛机械加工有限公司、鸿鑫实业有限公司、鸿大特种钢管有限公司、鸿运钢渣处理有限公司。其中,衡阳鸿宇机械制造有限公司,拥有 1 个控股子公司和 4 个参股公司,注册资金 1960.8 万元,总资产 1 亿元,企业员工 300 余人,具有机加、铆焊、铸造、热处理、机电设备维修安装等综合加工能力,年产值 9000 余万元。衡阳鸿大特种钢管有限公司,是由衡钢(集团)有限公司参股的一家生产直径 355 规格以上的无缝钢管企业,注册资金 2000 万元,企业员工 140 人,公司生产的无缝钢管高端产品,98% 出口欧美、中东与韩国等国际市场。衡阳鸿运钢渣处理有限公司,主营废钢渣的回收与加工处理,年产值过 3 亿元。

2007—2008 年,共有 6 家企业落户衡阳钢管深加工产业园。2007 年落户的有:衡阳鸿锦石油钻具有限公司、衡阳鸿成高压气瓶管制造有限公司、衡阳浦盈钢管防腐有限公司。其中,衡阳浦盈钢管防腐有限公司,是由上海浦成金属材料有限公司和衡阳科盈钢管有限公司共同投资兴建的一家钢管防腐企业,注册资金 700 万元。主要进行钢管外表面和内表面防腐加工,每年可进行外防腐加工 80 万平方米、内防腐加工 50 万平方米,产品广泛应用于天然气及成品油输送工程。2008 年落户的有 3 家,即衡阳鸿铭科技有限公司、衡阳鸿基钢结构工程有限公司、衡阳盈德气体有限公司。其中,衡阳鸿铭科技有限公司是一家专门生产油、套管生产配套企业,注册资金 450 万元,主要产品有:油套管钢塑保护环、油套管螺纹密封脂、快干硬膜防锈涂料,年产值 7000 万元。衡阳鸿基钢结构工程有限公司,是衡阳鸿基建设工程有限公司旗下的一个子公司,专业从事钢结构建筑设计、生产制作、施工安装与维修,年生产能力达 15000 吨、彩板 100 万平方米。

2009 年新增企业 2 家。衡阳振玮电力设备有限公司于 2 月建成投产,注册资金 118 万元,主要生产高低压屏、电力成套设备和五金器材,年产值过 2 亿元。衡阳鸿和管业有限公司成立于同年 5 月,注册资金 100 万元,业务经营范围:各种管道、通用机械部件的加工与销售,政策允许的金属材料、建材、五金交电、机械设备的批发与零售及废旧物资回收,年产值过亿元。

2010 年,招商引进天津新重冶金机械制造公司投资兴建的衡阳鸿翔特种钢管有限公司,是一家钢管深加工企业,主要产品有钢管生产过程中使用的实心、空心芯棒,铸管管模具以及钢管精加工的内膛外拔、内外修磨等。公司的空心芯棒制造工艺及铸管管模制造工艺系国内首创。

2011 年,新增企业 2 家。衡阳衡德建材有限公司于 8 月建成投产,注册资金 500 万元,占地面积 60 亩。公司专门从事对衡钢(集团)有限公司炼铁水渣进行深加工及资源化利用。可年处理炼铁水渣 60 万吨,年生产水渣微粉 60 万吨,年产值达 2 亿元。同年 12 月建成投产的衡阳鸿源管业有限公司,注册资金 1000 万元。公司主营业务为大口径 1200 毫米以下、壁厚 100 毫米以下高精度冷拔管、热扩管,高中压锅炉管的生产、加工、销售、服务及钢管的热处理、加工、销售。产品 30% 销往国际市场。

2012年,全行业工业总产值128.09亿元,利润总额2.07亿元〔未含衡阳华菱钢管(集团)有限公司-2.05亿元〕,上缴营业税0.697亿元、增值税4.78亿元,平均从业人员16190人。

第三节　石化工业

化学原料及化学制品制造业在蒸湘区境内有较长的历史。1956年6月,衡阳市油漆厂建成投产,为全国定点涂料、油漆生产厂家,能生产18大类、上千个花色品种的涂料及油漆产品,年综合生产能力2万吨。1970年创建的衡阳市化工研究所,主要从事精细化工的研究、开发和生产,主要产品有:氮肥变换催化剂、无毒增塑剂、高档防腐涂料等。1997年创建的衡阳银利实业有限公司,是一家专业从事新型建材研制、生产的股份制科技企业,生产聚羧酸高性能减水剂等外加剂系列产品20余种,新型防水材料4种,注册商标为"雁星"牌和"三通"牌,其中"三通"牌STA高效水泥助磨剂被中国产品质量体系认证中心授予全国十佳名优品牌。2000年成立的衡阳市宏润橡胶有限公司,主要生产各型号的橡胶输送带、滚筒铸胶等,产品广泛应用于采矿、冶金、化工等行业运输部门运输散粒状物料。衡阳市消防器材总厂是2001年由区属集体企业改制而成的一家民营企业,专门从事消防产品的开发、生产、销售与服务,主要经营灭火器、干粉灭火剂及泡沫液灭火剂。

2012年,全行业工业总产值5.76亿元;利润总额0.31亿元;上缴营业税0.06亿元、增值税0.34亿元;平均从业人员1022人。

第四节　建材工业

1999年创建的衡阳市三春建材实业有限公司,是以研制、生产、销售及安装施工为一体的新型建材企业。主要产品有:轻质隔墙板、空心陶粒砖砌块与欧式构件系列,注册商标为"三春"牌。公司自主研发5项专利技术。是衡阳市首家采用全自动砌块成型机生产砌块的企业,是湖南省新型墙体材料优秀生产企业。2004年成立的衡阳市四诚冶金石灰有限公司,主营石灰石、冶金石灰生产与销售,年产值过3亿元。2005年成立的衡阳金冠混凝土有限公司,年产混凝土60万立方米以上。可为各类工程提供各种强度等级的普通混凝土及抗渗、抗折、缓凝、早强、耐腐蚀等特种混凝土。是衡阳市建设规模最大、设备能力强、配套设施齐全的商品混凝土企业之一。衡阳市铭艺特种钢玻璃有限公司创建于2006年9月,是衡阳市唯一一家集研发、生产、安装、销售、服务于一体的综合性专业生产高档玻璃深加工和铝合金门窗的特种企业。生产加工的主要产品有:各种规格的钢化玻璃、弯钢玻璃、LOE镀膜玻璃、中空玻璃、夹胶玻璃、工艺玻璃和各种规格铝合金门窗制作加工等,年产值过3亿元。衡阳湘浙水泥实业有限公司,是2007年8月由衡阳市水泥厂改制成立的民营企业,其生产的"湘江"牌水泥商标获湖南省著名商标。2009年成立的衡阳市友发彩钢制品有限公司,主要生产彩钢瓦、PVC塑料瓦、夹心瓦、活动房板、保温棉等新型建材产品,系国家提倡的环保节能建筑材料。2009年,衡阳市邦奥伟业环保建材科技有限公司成立,是专业从事研制开发建材外加剂的科技型企业,以砂浆外加剂系列、混凝土外加剂系列、外墙外保温系列、干粉砂浆系列四大全新、节能、环保型产品为主导,产品技术指标达到国际先进水平。2012年成立的衡阳市龙鑫五金有限公司,是由原衡阳市制钉厂改制成立的私营企业,主要产品有五金模具、五金挂件、铝材配件。年产值过6000万元。

2012年,全行业工业总产值17.92亿元;利润总额0.88亿元;上缴营业税0.156亿元、增值税0.649亿元;平均从业人员1720人。

第五节 轻工业

蒸湘区轻工业以纸品生产和印刷为主,2001 年以来一直呈稳步发展态势。2001 年创办的湖南花香实业有限公司,主要生产卫生巾、纸尿裤及日常生活类卫生纸品。公司先后获得"湖南省名牌产品""湖南省著名商标""湖南省质量信得过单位",及"衡阳市文明单位""衡阳市工商局免检企业"等荣誉称号。衡阳华圣印刷有限公司成立于同年 11 月,注册资金 180 万元,企业员工 110 人。主要经营纸张印刷、制版装订。2002 年,衡阳森信纸业有限公司建成投产,年产 1 万吨各类生活用纸,是目前湖南地区规模最大的一家实现循环用水、零排放的绿色环保生活用纸基地,年产值过亿元。2004 年衡阳鹏洋食品包装印刷有限公司成立,公司运用高科技设备生产小食品塑料包装及包装袋彩色印刷,产品科技含量和附加值较高。2005 年 2 月,衡阳金坤包装有限公司成立,主要生产经营纸箱、纸板、纸制品的加工及包装、装潢、印刷品印刷,2008 年公司产品被评为省"名牌产品",并获全市"环保优秀企业"称号。2006 年,衡阳大成赏石文化有限公司建立,主要进行各种观赏石的加工,并投资 1.2 亿元,历时 5 年建成 1 所以寿石文化为主体的大型综合型奇石文化博物馆,拥有国内外奇石和园林石近 5000 立方米。衡阳市欣腾特种耐火材料有限公司的前身是衡阳市雁峰欣腾特种耐火材料厂,成立于 2008 年 3 月,2011 年从雁峰区搬迁至蒸湘区雨母山乡梓木村,主要生产系列不定型耐火保温材料,产品广泛应用于冶金、建材、机械、化工等行业。2010 年 9 月,衡阳佳达印务有限公司成立,专业设计承印各种彩色印刷业务。

2012 年,全行业工业总产值 17.09 亿元;利润总额 0.76 亿元;上缴营业税 0.12 亿元、增值税 0.5 亿元;平均从业人员 1788 人。

第六节 医药工业

蒸湘区医药企业共 2 家。衡阳市双利中药设备公司创建于 1993 年,坐落于呆鹰岭镇正街,原名衡阳蒸上制药器械制造有限公司,2009 年更名如此,是一家生产不锈钢制药器械的专业厂家。衡阳益泰药业有限公司成立于 2003 年,是湖南省生产外用药主要基地之一,专门从事酊剂、油剂、溶剂、搽剂制造与销售。

2012 年,全行业工业总产值 5.4 亿元;利润总额 0.3 亿元;上缴营业税 0.035 亿元、增值税 0.22 亿元;平均从业人员 496 人。

第七节 食品工业

蒸湘区食品行业以粮油收储、加工、销售以及饲料生产为主营业务。

1994 年创建的衡阳市精创富康实业有限公司,是一家经营水、米、油、营养米粉及配送服务的民营企业。拥有生产经营场地 12000 平方米,粮油种植 3 万余亩,有员工 416 人,直辖连锁店 80 余家。其"精创·富康"商标 2005 年 11 月获"湖南省著名商标",2007 年 11 月当选衡阳市首届"十佳放心饮用水",是"衡阳市农业产业化龙头企业""湖南省非公有制企业质量信得过单位""中国乡镇企业(家)协会理事单位"。2000 年创建的衡阳市科利民饲料有限公司,年生产"三黄鸡"饲料 4 万吨以上,产品占有衡阳市"三黄鸡"鸡用饲料 40% 以上的市场份额。2002 年 1 月,衡阳市金雁粮食购销有限公司被湖南省定为省级农业产业化龙头企业,公司年加工能力15万吨,生产优质粮油1000吨,机制饲料2万吨。公司生产的“金雁”牌大米,系著名商标、湖南名牌,国家质量免检的“全国放心米”。湖南金宇农业科技开发有限公司成立于2002年,注册资金500万元。主营食用油脂压榨、精炼、灌装;农副产品种植、养殖;农业基地建设及涉农项目开发。是衡阳市“农业产业化龙头企业”。其“誉湘龙”商标被评为“湖南省著名商标”“中国名优品牌”,“誉湘龙”食用油获中国湖南第七届(国际)农博会金奖。同年成立的衡阳新发展饲料有限公司,年产各种饲料5万吨,是致力于饲料研制、开发、生产的现代化民营科技企业,按产品市场占有率和销售额排名衡阳市同行业前5名。2003年9月成立的衡阳市东耀粮食购销有限公司,是一家集粮食收购、储存、加工生产及销售于一体的企业。公司固定资产2300万元,企业员工20人,2008年被衡阳市政府批准为“农业产业化龙头企业”。2006年成立的衡阳康地饲料有限公司,以全新的电脑配方,生产“越高”牌猪、鸡、鸭、鱼四大系列饲料20余个品种、5万余吨,年产值过2亿元。

2012年,全行业工业总产值26.5亿元;利润总额1.43亿元;上缴营业税0.124亿元,增值税0.846亿元;平均从业人员2863人。

2001—2012年蒸湘区规模工业企业主要指标完成情况

表5-4　　单位:亿元

年度	工业企业(个)	工业总产值(现价)	工业增加值(现价)	年均从业人员(人)	年度	工业企业(个)	工业总产值(现价)	工业增加值(现价)	年均从业人员(人)
2001	5	0.84	0.22	1256	2007	47	110.95	38.77	11761
2002	12	1.46	0.37	1806	2008	57	141.18	53.75	24175
2003	19	2.21	0.68	2402	2009	65	139.61	48.65	17100
2004	34	3.11	0.95	2820	2010	66	143.25	54.0	26600
2005	39	6.55	1.95	2869	2011	71	193.65	68.79	27300
2006	40	9.4	2.67	3318	2012	69	229.1	79.0	27500

说明:由于统计口径改变,2007—2012年的工业总产值中含区域内省市工业部分。

2012年蒸湘区境内规模工业企业名录

表5-5

企业名称	产品	法人代表	地址	
衡阳铭仕铜套金属有限公司	铍钴铜套、铜衬套、轴瓦	谢顺生	蒸湘街道	温家台社区
衡阳市云龙电器有限公司	配电屏、电表箱、控制柜、控制台、电器开关箱	尹建清	蒸湘街道	红湖社区
衡阳万选冶金设备制造有限公司	有色冶金设备	雷激扬	红湘街道	衡祁社区
衡阳市铭艺特种钢化玻璃有限公司	建筑安全玻璃深加工	蔡冬秋	红湘街道	衡祁社区
衡阳市油漆厂	油漆	刘仁和	红湘街道	石坳社区
衡阳市三春建材实业有限公司	新型建材	伍春晖	红湘街道	联合村
衡阳华圣印刷有限公司	印刷、制版装订	唐华捷	红湘街道	冶金社区
衡阳华菱钢管有限公司	热轧、冷拔无缝钢管	赵建辉	联合街道	大栗新村10号
衡阳鸿锦石油钻具有限公司	石油钻杆、钻铤	雷　霆	联合街道	钢管深加工产业园
衡阳市鸿涛机械加工有限公司	芯棒、锯片、油套管接箍料加工	胡克勤	联合街道	钢管深加工产业园
衡阳鸿成高压气瓶管制造有限公司	高压气瓶管	郑正盛	联合街道	钢管深加工产业园

续表 5－5

企业名称	产品	法人代表	地址	
衡阳鸿基钢结构有限公司	彩钢 EPS 复合板、C 型钢、钢结构	屈地林	联合街道	钢管深加工产业园
衡阳鸿翔特种钢管有限公司	钢管加工	张延农	联合街道	钢管深加工产业园
衡阳鸿铭科技有限公司	油套管专业产品	雷　霆	联合街道	钢管深加工产业园
衡阳鸿宇机械制造有限公司	钢管模具、钢管加工设备	彭清林	联合街道	钢管深加工产业园
衡阳鸿菱石油管材有限公司	石油与天然气用油管、套管、铅杆、接箍	李宝进	联合街道	钢管深加工产业园
衡阳鸿大特种钢管有限公司	管线管、气瓶管、锅炉管、油套管	罗　强	联合街道	钢管深加工产业园
衡阳鸿瑞石油管材有限公司	石油工程用管、套管及管材附件	彭清林	联合街道	钢管深加工产业园
衡阳鸿鑫实业有限公司	生产性废钢购销装卸、加工	雷　霆	联合街道	钢管深加工产业园
衡阳市鸿德建材有限公司	建筑材料	刘华亮	联合街道	钢管深加工产业园
衡阳鸿源管业有限公司	钢管生产	廖武平	联合街道	钢管深加工产业园
衡阳市科盈钢管有限公司	无缝钢管	唐　鹿	联合街道	钢管深加工产业园
衡阳盈德气体有限公司	工业氧气、氮气、氩气等	顾小平	联合街道	钢管深加工产业园
衡阳浦盈钢管防腐有限公司	钢管内、外表面防腐加工	赵建新	联合街道	钢管深加工产业园
衡阳鸿运钢渣处理有限公司	钢渣处理　再生物质	毛衡邵	联合街道	杨柳村
衡阳鸿联管业有限公司	钢管加工	王　琳	联合街道	北塘村
衡阳鸿和管业有限公司	钢管加工	谢孝美	联合街道	北塘村
衡阳瑞华钢纤维制造有限公司	熔抽耐热不锈钢纤维	刘华亮	联合街道	大栗新村
衡阳东耀粮食购销有限公司	粮油收购、储存、加工、销售	罗卫东	联合街道	岳屏村
衡阳龙鑫五金有限公司	五金产品	王建平	联合街道	洪家湾社区
衡阳市德义隆实业有限公司	变压器用阀门	胡淯晾	联合街道	洪家湾社区
衡阳科利民饲料有限公司	饲料	左建勋	联合街道	洪家湾社区
衡阳园明实业有限公司	电解锌、锰用多元阳极板、阴极板	苏　勇	联合街道	洪家湾社区
衡阳鹏润锻造有限公司	金属锻造	刘　钧	联合街道	风口社区
衡阳宏润橡胶有限公司	各种类号、橡胶输送带、滚筒铸胶	刘诗云	联合街道	风口社区
衡阳市茂泰雁城农业机械有限公司	拖拉机、低速货车	莫运琴	联合街道	风口社区
衡阳市消防器材总厂	消防器材	冯　李	联合街道	幸福路社区
衡阳市化工研究所	催化剂、精细化工产品	宋海平	联合街道	幸福路社区
衡阳四诚冶金石灰有限公司	冶金、石灰	唐顺茂	联合街道	幸福路社区
衡阳湘浙水泥实业有限公司	水泥	张乐平	联合街道	幸福路社区
衡阳市益泰药业有限公司	医疗、医药、保健中药	莫运国	联合街道	幸福路社区
衡阳市大成锅炉厂有限公司	锅炉	刘　钧	联合街道	南三角线社区

续表5－5

企业名称	产品	法人代表	地址	
衡阳精创富康实业有限公司	桶装水、米、油、营养米粉	李卫华	联合街道	莲子塘社区
雁城不锈钢制品有限公司	不锈钢型及制品的加工	谢　鹏	呆鹰岭镇	中小企业创业园
衡阳振玮电力设备有限公司	高低压、压屏、箱制作及线路器材镀锌	罗　鹏	呆鹰岭镇	中小企业创业园
衡阳金阳科创冶金机械有限公司	开卷机、卷机卷筒及矿产机械	廖湘涛	呆鹰岭镇	中小企业创业园
衡阳友发彩钢制品有限公司	彩钢瓦、夹工瓦、建材加工	祝友生	呆鹰岭镇	中小企业创业园
衡阳双利中药设备有限公司	医疗、制药器械	刘菊莲	呆鹰岭镇	中小企业创业园
衡阳金冠混凝土有限公司	预拌混凝土生产与销售	邓其祥	呆鹰岭镇	中小企业创业园
衡阳康地饲料有限公司	饲料	彭文良	呆鹰岭镇	中小企业创业园
衡阳金坤包装有限公司	纸板、纸箱	何　飞	呆鹰岭镇	中小企业创业园
衡阳鹏洋食品包装印刷有限公司	小食品包装及彩印	刘清华	呆鹰岭镇	中小企业创业园
衡阳市湘变电工制造有限公司	变压器	王　惠	呆鹰岭镇	中小企业创业园
湖南金宇农业科技开发有限公司	食用油	刘平贵	呆鹰岭镇	中小企业创业园
衡阳新发展饲料有限公司	家禽、家畜饲料	陈海涛	呆鹰岭镇	中小企业创业园
衡阳大成赏石文化有限公司	观赏石加工及销售	刘炫伶	呆鹰岭镇	中小企业创业园
衡阳花香实业有限公司	卫生巾、卫生用品	莫运庆	呆鹰岭镇	中小企业创业园
湖南光源输变电有限公司	配电设备	陈国槐	呆鹰岭镇	中小企业创业园
衡阳金雁粮食购销有限公司	粮、油	唐加宝	长湖乡	衡邵社区
衡阳市湘江锅炉厂	机械、机电设备锅炉、烘烤、干燥设备	冯　李	雨母山乡	梓木村
衡阳银利实业有限公司	混凝土外加剂	高羽杰	雨母山乡	梓木村
衡阳森信纸业有限公司	纸品、成品原纸	梁　锋	雨母山乡	梓木村
衡阳欣凯实业有限公司	车桥	周双喜	雨母山乡	梓木村
衡阳市润泰车轮有限公司	钢圈	刘梅艳	雨母山乡	梓木村
衡阳佳达印务有限公司	印刷品	魏光亚	雨母山乡	梓木村
衡阳合兴钢圈有限公司	钢圈	何小国	雨母山乡	梓木村
衡阳欣腾特种耐火材料有限责任公司	耐火材料	周三生	雨母山乡	梓木村
衡阳市伟业冶金矿山机械有限公司	选矿设备	王国伟	雨母山乡	二塘村
衡阳邦奥伟业环保建材科技有限公司	建材外加剂	左山盘	雨母山乡	二塘村

第四章　工业园区

第一节　衡钢钢管深加工产业园

衡阳钢管(集团)有限公司坐落在蒸湘区范围内,该公司是衡阳市钢铁冶炼及生产钢管的龙头企业,也是全省乃至全国的钢管名牌企业。过去,该公司下游加工产品一直没有形成。为了更好地对接衡钢、服务衡钢,蒸湘区提出"建设衡阳钢管深加工产业区"的战略构想。2006 年,中共衡阳市委、市政府决定在蒸湘区联合街道范围内建立衡阳钢管深加工产业聚集区(后改为深加工产业园),并成立由市长为组长的园区协调工作小组,衡钢集团成立园区管理办公室。蒸湘区则组建园区管理委员会,负责园区征地拆迁方面的协调服务、园区招商引资、为入园项目全程代办报建、报批手续等各项工作。园区管委会主任:刘红丹(兼,2006.8—2009.9)、唐续武(2009.9—)。

该园区计划分二期建设,按照标准产业园区统一规划、统一设计。第一期建设占地 870 亩。2003 年,蒸湘区引进的西安石油管材有限公司,在衡阳成立分公司。2004 年投产,当年即实现产值 4000 万元,上缴税金 200 余万元。由于公司发展势头良好,2006 年 5 月,公司将其总部从西安搬迁至衡阳,改名为衡阳鸿菱石油管材有限公司。在这一典型企业带动影响下,衡钢的一些辅助分厂,如鸿宇、鸿华、鸿鑫、鸿基即从衡钢中分离出来,另外从省内外引进或企业之间相互组建的鸿大、鸿瑞、鸿锦、鸿成、鸿铭等企业迅速集聚在产业园,园区冠以"鸿"字头的企业就有 19 个。至 2012 年,园区建成标准厂房 26 万平方米(含南北两栋办公楼),总投资 30 亿元。入园企业 29 家,从业人员达 3500 余人。2012 年完成销售收入 35 亿元,上缴税金 1.8 亿元。2010 年 12 月被工信部批准为"国家新型工业化产业示范基地"。园区管委会于 2010 年、2011 年分别被市人民政府授予"全市工业园区'三比三超'竞赛先进单位"。

衡阳钢管深加工产业园入驻企业名录

表 5－6

序号	企业名称	经营范围	负责人
1	衡阳鸿成高压气瓶管制造有限公司	高精度冷拨气瓶的生产和销售	丁　文
2	衡阳鸿锦石油钻具有限公司	石油钻具加工及销售,附属制品的销售	雷　霆
3	衡阳浦盈钢管防腐有限公司	钢管防腐加工及销售	赵建新
4	衡阳市金化高压容器有限公司	天然气、煤气压力气罐,其他压力容器罐	彭庆华
5	衡阳天鸣动力有限公司	压缩空气生产、经营	肖懿君
6	衡阳鸿大特种钢管有限公司	钢管热扩加工、销售	罗　强
7	衡阳鸿菱石油管材有限责任公司	所有 API 系列油管、套管、各种规格的金属密封特殊接头油井管	李宝进
8	衡阳鸿涛机械加工有限公司	芯棒加工、锯片修磨、工模具加工及油管加工服务	隋　黎
9	衡阳鸿鑫实业有限公司	废钢购销、装卸、加工、钢管深加工	雷　霆
10	衡阳科盈钢管有限公司	生产及销售防腐钢管、钢管涂漆	唐　鹿
11	衡阳衡钢鸿华物流有限公司	汽车运输、修理、汽车配件的销售和物流管理	候光昆
12	衡阳鸿基建设工程有限公司	房屋建筑施工总承包	屈地林

续表 5－6

序号	企业名称	经营范围	负责人
13	衡阳凯迪生活服务有限公司	物业管理、园林绿化、餐饮服务	夏广进
14	衡阳鸿瑞石油管材有限公司	石油工程用管、套管及管材附件；特殊螺纹油套管及配件	彭清林
15	衡阳银泓再生资源回收利用有限公司	废钢购销、装卸、加工	雷　霆
16	衡阳市鸿菱置业公司	房屋建筑施工	屈地林
17	衡阳鸿基起重设备科技有限公司	钢构设计、生产、施工	屈地林
18	衡阳鸿宇机械制造有限公司	机械设备制造、加工、机电设备安装维修	彭清林
19	衡阳鸿铭科技有限公司	保护套、防锈漆、螺纹密封脂等项目	雷　霆
20	衡阳盈德气体有限公司	特种工业气体生产、销售	顾小平
21	衡阳鸿翔特种钢管有限公司	芯棒加工	张延农
22	衡阳鸿源制管有限公司	高精度大口径冷拨管生产和销售	廖武平
23	衡阳鸿德建材有限公司	水渣综合利用	刘华亮
24	湖南衡钢百达先锋能源科技有限公司	煤气提纯	刘光穆
25	衡阳鸿远异型钢管有限公司	异型钢管加工	周少洲
26	衡阳华通钢管商贸有限公司	地质管加工	李盛柏
27	衡阳中北钢缆有限公司	镀锌钢丝、钢绞线及物流配送	廖志强
28	衡阳鸿常机化有限公司	钢管深加工、机械配件维修加工、石灰石、冶金石灰生产、销售	唐俊杰
29	衡阳鸿基建筑劳务有限公司	建筑木工、钢筋、混凝土、模板、钢脚架、担供劳务有偿服务	屈地林

第二节　呆鹰岭中小企业创业园

呆鹰岭镇是蒸湘区唯一的小城镇，位于衡阳市西部，与衡阳市高新技术产业开发区隔河相望。该镇地理位置优越，交通条件便利，为了发挥这一城镇优势，呆鹰岭镇提出创建中小企业聚集区，得到区委、区政府积极赞同，随即向市委、市政府申报，2006 年 12 月 13 日市人民政府予以批复。该中小企业聚集区（后改为中小企业创业园）位于呆鹰岭镇溪田、同康、新阳、新平、振兴、鸡市、中平 7 个相连村范围，占地面积 608 亩。到 2012 年，入驻企业 32 家，从业人员 1900 余人，形成制造业、包装业、建材业、纸业为主的中小企业集聚群，实现工业产值 13.2 亿元，上缴税金 3000 余万元。

蒸湘区呆鹰岭中小企业创业园入驻企业名录

表 5－7

序号	企业名称	经营范围	负责人
1	衡阳双利中药设备有限公司	不锈钢制药器械	沈少利
2	衡阳新发展饲料有限公司	生产销售畜禽水产饲料；饲料添加剂的销售	陈海涛
3	衡阳花香实业有限公司	卫生纸、卫生巾	莫运庆
4	湖南宏利制冷空调设备有限公司	大型制冷空调主机、中小型商用、家用中央空调	廖洪军
5	衡阳湘变电工制造有限公司	S9 系列、S11 系列卷铁芯节能电力变压器，欧式箱变、美式箱变，特种变压器	王　惠

续表5－7

序号	企业名称	经营范围	负责人
6	衡阳鹏洋食品包装印刷有限公司	生产小食品塑料包装及包装袋彩色印刷	刘清华
7	衡阳金坤包装有限公司	纸板、纸箱、印刷	何　飞
8	衡阳嘉利艺术玻璃制品厂	印花玻璃及门窗玻璃制品	曾艳丽
9	衡阳金冠混凝土有限公司	各种强度等级的普通混凝土及抗渗、抗折、缓凝、早强、耐腐蚀等特种混凝土	郑　东
10	衡阳大成赏石文化有限公司	观赏石加工及销售	刘炫伶
11	衡阳铭艺特种钢化玻璃有限公司	玻璃制品的深加工、铝合金门窗	黄维平
12	衡阳康地饲料有限公司	浓缩饲料、配合饲料、添加剂预混合饲料	彭文良
13	衡阳振玮电力设备有限公司	高低压屏、电力成套设备、五金交电	罗　鹏
14	湖南金宇油脂有限公司	食用茶籽油、茶籽油、大豆油及湘菜原料配送	刘平贵
15	衡阳雁城不锈钢制品有限公司	不锈钢门窗	谢　鹏
16	衡阳友发彩钢制品有限公司	彩钢瓦、夹心瓦的加工及销售	祝友生
17	衡阳金阳科创冶金机械有限公司	机械加工	廖湘涛
18	衡阳光源输变电有限公司	电气机械、民用配电、控制电器	陈同槐
19	衡阳华炬电器实业有限公司	高低压成套电控设备及联动台,电阻器等起重电器设备	王圣初
20	衡阳蒸上制药器械有限公司	各种医疗器械	刘菊莲
21	衡阳万选冶金设备制造有限公司	有色冶金设备制造,工矿备品备件,不锈钢加工、制造	雷激扬
22	衡阳经华车用清洁能源有限公司	车用液化石油气充装	谢竹林
23	衡阳利波建材有限公司	下水管加工、制造	彭建波
24	衡阳华能经贸有限公司	电表箱制造及销售	曹湘锋
25	衡阳广顺名家具有限公司	家具制造及销售	刘光辉
26	衡阳皇朝家俬有限公司	家具制造及销售	王新明
27	衡阳精创富康食品科技有限公司	饮料、纯净水、豆制品、米粉的研发、生产、销售	李亦辰
28	衡阳中盈环保科技发展有限公司	紫外光解油烟净化器、风机	何佳城
29	衡阳环鑫机械租赁有限公司	塔吊生产及租赁	胡卫国
30	衡阳瑞安消防设备有限公司	消防器材	吴　鹏
31	衡阳湘桂苑工程机械制造有限公司	铝合金门窗	陈　非
32	衡阳电力开关有限公司	电力设备制造	何　艳

第六篇 商贸服务业

蒸湘区商贸服务业由蒸湘区商务局归口管理。

2001 年，蒸湘区商贸服务业发展水平较低，只有批零业、餐饮业、服务业 1562 家，从业人员 6800 余人。社会消费品零售总额 3.99 亿元。在区委、区政府“二、三(产业)并重”“商贸活区”思想指导下，按照统一规划、合理布局、形成网络、规范管理、方便生活、有利流通、带动产业、促进繁荣的总体原则，蒸湘区实施以重点带一般、以专业带综合、以城市带乡镇、以流通带产业的“四带战略”。从 2003 年开始，在商业网点建设上，采取改造一批老店、兴建一批新店、发展一批名店的办法，到 2008 年，在城区每 3000 米范围内建有一处大型超市和专业市场，每个社区境域内建立 10 分钟服务圈，集中家庭生活用品、文化娱乐和医疗卫生服务。农村居住比较集中的村庄和院落，都建立了小卖部、服务社、修理店等便民服务点。

区内商贸服务业，保留了百货、副食、五金、日杂、餐饮、住宿等传统服务业。从 2002 年开始，金融、电信、物流、商贸、信息技术等新型现代服务业逐步兴起，既有方便生活、提升质量的生活服务业，又有面向工业、农业、建筑业的产前、产中、产后服务的生产性服务业，其中发展最快的产业有租赁和商务服务业，从 2001 年的 3 家企业，从业人员 12 人，注册资金 2.5 万元，到 2012 年发展为 653 家企业，从业人员 1545 人，注册资金 4277 万元；信息传输、计算机服务和软件业，2002 年只有 2 家企业，从业人员 16 人，注册资金 213 万元，到 2012 年发展为 244 家企业，从业人员 1307 人，注册资金 3718.88 万元。

蒸湘区不断引导商贸服务业向大商场、大市场、大酒店、大仓储、大物流方向发展，既方便群众生活，又体现规模效益。2001—2012 年，全区引进、改造、新建衡西大市场、立新五金机电大市场、西园农产品批发市场、姚家山钢材市场、晶珠商业广场、鸿运数码广场、香江百货、步步高广场等一批较大规模的商场。逐步培养解放西路医药器械一条街、船山西路汽摩配件一条街，蒸湘北路时尚精品一条街、杨柳汽车贸易街区等专业特色街道。交通运输、仓储业也从 2001 年的 1 家企业、从业人员 8 人，注册资金 500 万元，到 2012 年发展为 53 家企业，从业人员 159 人，注册资金 2910 万元。

随着市场经济的发展，流通领域的竞争越来越激烈，各种经营业态在竞争中逐步转变。过去分散单一的百货店、南货店、五金店、烟酒店、日杂店等经营业态逐步转变为专卖店、超市、购物中心、商业广场等经营业态，并向大型化、综合型、连锁型方面发展。2008 年以后，电话购物、送货上门的经营方式已普及。集销售、配送、安装、售后服务为一体的专业化市场已形成。少数超市开始推行手机付款或用“购物券”结账，无店铺经营和“网上购物”逐步流行起来。

2012 年，蒸湘区商贸服务业发展到 7873 家，从业人员 48712 人，实现社会消费品零售总额 69.33 亿元，分别比 2001 年增长 5.04 倍、7.16 倍、17.38 倍。

第一章　批发零售业

第一节　批零业概况

蒸湘区商品批发零售业发展较快。2001 年,全区经工商登记注册的批零企业 84 户,从业人员 273 人,注册资金 146.8 万元,年销售额 1.01 亿元;2006 年批零企业 156 户,从业人员 624 人,注册资金 2335.05 万元,年销售额 24.95 亿元;2012 年批零企业 3663 户,从业人员 10989 人,注册资金 14128 万元,年销售额 64.06亿元,分别比 2001 年增长 43.61 倍、40.25 倍、96.24 倍、63.43 倍。

2001—2012 年蒸湘区经注册登记的批零企业情况一览表

表 6 - 1

年度	户数(户)	从业人员(人)	注册资金(万元)	年销售额(亿元)	年度	户数(户)	从业人员(人)	注册资金(万元)	年销售额(亿元)
2001	84	273	146.8	1.01	2007	209	1045	1458.95	15.21
2002	119	387	347.27	3.49	2008	190	950	1990.7	19.03
2003	52	156	109.7	3.80	2009	350	1400	2704.51	23.1
2004	94	470	936.93	4.28	2010	580	2320	4880.85	34.79
2005	115	575	720.8	5.12	2011	3108	9324	10539	47.0
2006	156	624	2335.05	24.95	2012	3663	10989	14128	64.06

第二节　大中型商场及交易市场

在批零企业中,蒸湘区拥有崇盛晶珠广场、泰阳电器城、鸿运数码广场、步步高百货等大、中型商场 8 个,拥有家润多超市、香江百货、步步高超市、步步高广场等主要超市 16 个,并建有各类交易市场 31 个,其中农贸市场 17 个,农产品批发市场 2 个,工业品批发市场 2 个,专业市场 10 个。立新五金机电大市场主营五金、机电、水暖器材、电线电缆,有商业门面 1000 余个,经营户 253 家,营销全国 160 余家企业产品,年交易总额超过 1 亿元。姚家山钢材市场有销售门面数十家,年销售钢材 12 万吨以上,年交易额达 6 亿元以上。杨柳汽车贸易街区有 23 家企业入驻,经营 20 余种品牌汽车,年销售额达 12.15 亿元。西园农产品批发市场年交易额达 16 亿元。

一、大中型商场

蒸湘区大中型商场名录

表6－2

名　　称	地　　址	营业面积（平方米）	职工人数（人）	法人代表	建成开业时　间	总投资（万元）	年均销售额（万元）
泰阳电器城	蒸湘北路43号	1450	60	梁瑞清	2003.2.18	6000	22000
崇盛晶珠广场	船山西路2号	18000	250	欧阳斌	2004.4.2	27000	30000
鸿运数码广场	解放西路16号	15000	220	王本华	2006.8.24	16000	30000
昇昇泰珠宝店	蒸湘北路与船山西路交界处	1000	8	段亮星		2000	1000
海尔专卖店	船山西路16号	1500	20	廖雄辉	2006.4.24	50	3000
步步高百货	解放西路2号	18000	100	朱刚平	2009.10.20	5000	14000
鸿鑫精品家具城	蒸湘北路与立新路交叉处	2500	4	李　超	2010.9.14	3000	
高档百货	立新路与长湖街交叉处	8000					

二、大中型交易市场

蒸湘区大中型交易市场名录

表6－3

名　称	地　址	类　　型	建设面积（平方米）	总投资额（亿元）	年交易额（亿元）
衡西综合市场	静园路6号	农副产品综合市场	35000	0.4	7
西园农产品批发市场	衡州大道21号	农产品批发市场	110000	12.5	16
姚家山钢材市场	衡祁路95号	生产资料市场	260000	2.5	6
立新五金机电大市场	立新开发区5－7栋	生产资料市场	13000	0.25	1
衡阳二手车交易市场	解放西路71号	二手车交易	13800	1	0.1

蒸湘区杨柳汽车贸易街区入驻企业名录

表6－4

序号	入驻时间	注册资金（万元）	注　册　名　称	法人代表	销售品牌	年销售额（万元）
1	2007年	200	衡阳中意汽车销售有限公司	彭忠云	比亚迪	5000
2	2009年	1000	衡阳天禧汽车销售有限公司	罗　星	长安福特	7500
3	2008年	600	衡阳卓越汽车销售有限公司	陈启利	一汽马自达	10000
4	2009年	1200	衡阳晨峰汽车销售有限公司	张俊峰	凯美瑞	10000
5	2009年	500	衡阳华佳汽车销售有限公司	梁　涛	一汽奔腾	5000
6				梁　涛	东风标致	7500

续表 6－4

序号	入驻时间	注册资金（万元）	注　册　名　称	法人代表	销售品牌	年销售额（万元）
7	2009 年	500	衡阳超强汽车销售有限公司	陶军元	长安 · 铃木	5000
8				陶军元	东风 · 悦达起亚	7500
9	2009 年	300	衡阳车生活汽车销售有限公司	李亚兵	东南 · 三菱	5000
10	2009 年	300	衡阳经典汽车销售有限公司	陈启利	铃木	建设中
11	2005 年	600	衡阳华利汽车销售公司	陈启利	北京现代	5000
12	2009 年	600	衡阳高瑞汽车销售有限公司	殷高卫	大众 · 斯柯达	5000
13	2009 年	1200	衡阳鹏峰汽车销售有限公司	张　斌	本田 · 讴歌	建设中
14	2007 年	1000	衡阳高程汽车销售公司	殷高卫	宝马	建设中
15				殷高卫	东风本田	10000
16				殷高卫	东风日产	10000
17	2007 年	500	衡阳国菱汽车销售公司	付　杨	五菱	2500
18	2008 年	200	衡阳顺成汽车销售公司	刘毅卿	奇瑞	4000
19	2006 年	600	衡阳天成汽车销售公司	毛长衡	东风雪铁龙	5000
20	2009 年	200	衡阳宝雁汽车销售有限公司	刘小武	雪佛兰	5000
21	2009 年	200	衡阳鑫和汽车销售有限公司	陈建祥	一汽奔腾	5000
22	2010 年	800	衡阳帝华汽车销售有限公司	任志梅	帝豪	7500
23	2010 年	500	衡阳津湘万华汽车有限公司	邓贵阳	马自达 3	建设中

第二章　服务业

第一节　住宿餐饮业

2001 年,蒸湘区有住宿餐饮企业 892 家,从业人员 2212 人,年销售额 0.17 亿元。大多数企业规模小,以个体经营为主。2003 年开始,晶珠云顶大酒店、神龙大酒店等一批上规模、上档次的住宿餐饮企业进驻蒸湘区后,带动影响了全区住宿餐饮业的变化和发展。到 2012 年,全区共计餐饮企业 826 家,其中大、中型酒店、宾馆 39 家,内有星级酒店、宾馆 9 家(含准 5 星级 1 家,4 星级 1 家,3 星级 3 家,2 星级 4 家),从业人员 5740 人,年销售额 4.78 亿元。

蒸湘区部分大中型宾馆、酒店名录

表6－5

酒店(宾馆)名称	地　址	建成开业时　间	法人代表	职工人数	床位(张)包厢(间)	附设服务项　目	年均营业额(万元)	星级
林隐假日酒店	解放大道43号	2008.2			343	餐饮、休闲娱乐、住宿		准5星
神龙大酒店	蒸湘北路3号	2003.8	许清武	643	173(90)	住宿	4000	4星
金悦大酒店	解放西路435号	2004.10			117	休闲、住宿		3星
华天之星酒店	解放西路86号	2007.9	苏金花	30	158(70)	住宿	400	3星
湖湘大酒店	解放西路409号	1998.3	刘志军			餐饮、住宿		2星
乐福大酒店	蒸湘北路75号	1996	唐先军		90	住宿		2星
电力宾馆	船山西路1号	1993.1	刘成贵	100	50	住宿	120	2星
电力食府	船山西路1号	1993.1	刘成贵	83	12	餐饮	207	
金穗酒店	蒸湘北路37号	1995.8	周　伟	36	20	餐饮、住宿	132	
曲园酒楼(蒸北)	蒸湘北路43号	1998.5	何　总	90	20	餐饮	162	
一鸣家常菜馆	蒸湘北路31号	2000.1	徐红霞	188	45	餐饮	247	
地苑宾馆	太平小区18栋	2000.1	盛芙蓉	8	15	住宿	56	
国瑞宾馆	常胜西路6号	2000.5	杨玲春	13	20	住宿	132	
晶珠云顶大酒店	船山西路2号	2003.5	欧阳斌	132	40	餐饮	185	
富安宾馆	蒸湘北路45号	2004.3	张辉林	19	30	住宿	79	
江南御食坊	船山西路1号	2005.4	黄江南	20	20	餐饮	102	
江洋海鲜大酒店	船山西路　号	2005.10	李德操	170	28	餐饮	244	
鸿福宾馆	解放西路3号	2007.1	熊忠莲	8	90－(65)	住宿、茶	50	
冶金酒店	常胜西路4号	2007.3	邓成明	35	30	餐饮	114	
雁军大酒店	船山西路23号	2008.7	刘英毅	30	91	住宿	79	
龙门酒店	立新路18号	2009.1	胡　斌	22	18	餐饮	99	
雨辰宾馆	解放西路88号	2010.1	励　江	32	123－(84)	住宿、茶	370	
仪和酒楼	立新路都市村庄28栋	2010.2	钟丽英	28	30	餐饮	185	
风雅颂原始森林山庄	大栗新村	2010.6	刘　衡	120	20	餐饮		
君豪酒店	解放西路19号	2011.1	肖定瑞	17	68	住宿	120	

第二节　社会服务业

蒸湘区社会服务业主要有美容美发、照相文印、休闲娱乐、修理、干洗、洗浴、家政、婚姻、殡葬服务等项目，工商部门统称为“居民服务和其他服务业”。2001年，全区在工商部门登记注册的居民服务和其他服务业共7户，从业人员16人，注册资金50.81万元；2006年共计37户，从业人员148人，注册资金322.1万元；2012年共计1023户，从业人员3069人，注册资金3806万元，分别比2001年增长171.86倍、191.81倍、74.91倍。

2001—2012 年蒸湘区经注册登记的居民服务和其他服务业情况一览表

表 6 – 6

年　度	户　数	从业人员	注册资金(万元)	年　度	户　数	从业人员	注册资金(万元)
2001	7	16	50.81	2007	36	180	311.30
2002	19	57	15.25	2008	51	204	241.80
2003	8	24	15.50	2009	91	364	365.80
2004	16	48	38.20	2010	160	480	555.25
2005	15	50	227.60	2011	939	2817	3395
2006	37	148	322.10	2012	1023	3069	3806

第三章　商贸街区及企业选介

第一节　贸易街区

一、杨柳汽车贸易销售街区

杨柳汽车贸易销售街区是衡阳市第一家乘用车(轿车)专业市场,街区于 2004 年开始建设,第一期用地 300 亩,2012 年,已有奥迪、广汽丰田、东风本田、东风日产、东风雪铁龙、一汽马自达、一汽奔腾、长安马自达、长安福特、北京现代等 23 家 4S 店(含整车销售、零配件、售后服务、信息反馈)入驻。正在建设中的二期工程总面积 315 亩,有 10 家开工建设。第二期建成后将成为湖南省最大的乘用车销售专用市场。

二、衡阳商业步行街

衡阳商业步行街位于蒸湘区红湘街道常胜西路及解放西路之间地段。2009 年,该项目被中共衡阳市委、市政府列入“三年塑城”计划的“三大标志性工程”和“四大重点工程”之一。2011 年 4 月,湖南省政府将衡阳商业步行街项目作为全省唯一的现代服务业升级改造示范项目,列入“2011 年全省五十个重大工程”,由省政府重点调度推进。同时,国家发改委将本项目作为“总部经济聚集区”,纳入 2011 年度国家现代服务业引导资金重点支持计划。

2010 年,商业步行街建设正式启动,规划用地 175 亩,建筑总面积 52 万平方米,总投资 40 亿元,由共创集团独家投资开发,将把商业步行街建成湖南省第一条立体步行街,集大型购物中心、特色商铺、甲级写字楼、五星级酒店、五星级影城、高档公寓等多业态组成的国内领先、省内一流的大型城市综合体,成为全市的“核心商业街区”。

第二节　商贸企业选介

一、崇盛晶珠广场

崇盛晶珠广场是一个大型综合性商业项目，于2002年兴建，2004年建成投产，共5层楼房，总建筑面积57105平方米，营业面积56757平方米，1－4楼为崇盛晶珠百货、晶珠国际美食城、云顶饭店、云顶咖啡馆。负一楼为家润多超市，营业面积8000平方米，主营百货、服饰、五金家电、床上用品、生鲜食品、烟酒副食等。2005年被评为衡阳市"诚信、维权先进单位"，2007年被评为衡阳市"百城万店无假货活动示范区"。广场年营业收入3亿余元，实缴税金过千万元。

二、神龙大酒店

酒店坐落于蒸湘北路3号，2003年8月开业，由二幢大楼组成，主楼高22层，总建筑面积35000平方米，拥有设备齐全的客房173间（套），配有中央空调、程控电话、闭路电视、音响系统、保险柜及冰箱等。酒店还设有中、西餐厅，各式茶室、商场、商务中心、美容美发、健身房、足浴中心、乒乓球、KTV、棋牌室以及多功能会议厅等服务设施，大楼顶楼的旋转餐厅可俯瞰雁城。辅楼为酒店行政办公区域、盐浴中心及员工活动区域。

2004年8月18日，酒店荣膺国家四星级旅游饭店。并先后被授予"中国最具竞争力民营企业""湖南省星级旅游饭店优秀品牌奖""湖南省最佳星级饭店""2005年泛珠三角最佳服务旅游饭店""衡阳十大明星企业""2009年湖南省旅游饭店金星奖"等众多荣誉称号。

2010年酒店共接待国内外游客4679人次。

三、林隐假日大酒店

林隐假日大酒店是衡阳市首家由衡、港合资开发的集餐饮、休闲娱乐、住宿、旅游度假为一体，以"和"文化为主题的大型园林式超豪华酒店。于2008年2月开业，位于华兴街道解放大道43号，占地146亩，建筑面积4.7万平方米。酒店拥有343间（套）客房，房间装修舒适温馨，格调优雅。酒店具有流水潺潺、花香鸟语、飞瀑蜿蜒、山花浪漫的生态园景，其中餐大厅可同时容纳500多人用餐，是衡阳市目前唯一准五星级酒店。

四、泰阳电器商城

衡阳新泰阳电器有限公司于2002年由长沙泰阳有限公司引进蒸湘区，下辖蒸湘店、西渡店、云集店、耒阳店、珠晖店、售后物流配送中心6个经济实体，其中泰阳电器商城为旗舰店，位于蒸湘北路43号。商城经营面积1450余平方米，仓储面积20000余平方米，经营家电品种近万种。流动资金6000万元，在职员工60余人，年实现销售额近2.2亿元，上缴税金200多万元。2007年，商城被衡阳市授予家电行业唯一的"雁城名店"称号，并被市财政局授予"政府采购协议定点供应商"。2006—2010年，连续五年被评为衡阳市"消费者信得过单位"。

五、鸿运数码广场

鸿运数码广场位于解放西路16号，于2006年兴建，占地面积11.7亩，总建筑面积26000平方米，1－3层为专业的IT数码卖场，有220户经营户；4－8层为衡阳市首家精装修酒店式公寓；负1层是近4000平方米潮流服饰商场。IT 数码卖场配有专业清晰的导购系统,自动扶梯、观光电梯、背景音乐、中央空调、地下停车场、智能网络管理系统,使得整个卖场既高档舒适,又可满足消费者“一站式购物”的服务需求,是辐射衡阳及整个湘南地区规模最大、档次最高、品种最全、服务最好的 IT 数码商业旗舰。

六、家润多超市衡阳晶珠店

家润多超市衡阳晶珠店位于蒸湘区船山路 2 号晶珠广场负一层,建筑面积 11000 平方米,营业面积达 8000 平方米,于 2004 年 4 月 2 日开业,主要经营烟酒、副食、奶及奶制品、洗化用品、水果、蔬菜、服饰、百货、五金家电、床上用品、生鲜食品等。超市卖场整体设计、建筑以及卖场内的设计布置、电梯、监控、中央空调等设备设施全部采用当前国际最先进的技术。超市还建立了网上销售渠道和网上销售超市,为客户提供方便快捷的选购方式。

超市共有职工 170 人,年均销售 7000 万元,上缴税收 130 万元。2005 年被评为衡阳市“诚信、维权先进单位”、2007 年被评为“衡阳市百城万店无假货活动示范店”。

七、衡阳市西园农副产品批发大市场

衡阳市西园农副产品批发大市场是衡阳市最大的农产品批发市场,成立于 1994 年,是国、省、市“菜篮子”重点工程项目,农业部定点农产品批发市场,商务部“双百市场”重点实施企业,湘南地区最具规模的农产品集散地。市场占地 206.17 亩,总资产达 1.43 亿元。市场经营范围包括蔬菜、水果、水产品以及禽蛋和调味品等,销售辐射湘潭、株洲、永州、邵阳等周边地区及赣东、粤北、桂北等邻省临界地区。市场担负衡阳市城区及周边城镇近 200 万居民所需蔬菜 85% 的供应量,40% 的水产品供应量,销售辐射省内外 2000 万人口,年交易量 8 亿公斤,年成交额 16 亿元。

附:区属商贸服务业及建筑业改制

2001 年,蒸湘区区属商贸服务企业及建筑房产企业有 15 家,即:区物资公司、工贸物质总公司、乡镇企业供销公司、四建公司、鸿达房地产开发公司、中天建设开发总公司、房地产开发总公司、市第二建筑设计院、农业基本建设工程队、建材化工原料公司、种子公司、农机公司、外贸公司、招待所、液化汽站。这些公司分属区直各部门单位管理,为各部门的事业单位。2001 年 10 月,经区企业改制办公室办理改制程序,全部由事业单位转制为企业单位,实行租赁或承包式经营。从 2004 年开始,这 15 家企业通过股份合体、破产拍卖、承债式整体转让等不同形式,至 2008 年 11 月,除第四建筑工程公司外,全部完成改革改制工作。共计盘活资金 5708.92 万元,退养职工 67 人,安排退休职工 187 人。呆鹰岭镇、联合街道的两家集体商贸服务业企业,也分别于 2006 年和 2007 年改为私营企业。

第七篇 财政 税务

2001 年以前，衡阳市各城区实行分税制财政体制。2001 年随着城区行政区划调整，各城区实行新的财政共享体制。当年，全区财政总收入 4349 万元，其中地方一般预算收入 1873 万元，可用财力很少，财政相当吃紧。

从 2002 年起，区委、区政府加大招商引资力度，扩大商贸服务业，鼓励非公有制经济发展，积极开拓财源、组织收入，同时加强财政管理，控制非生产性支出，严格执行“收支两条线”。2002 年 1 月，撤销 15 个行政单位的会计岗位，改由财政局委派会计。2003 年 5 月，撤销会计委派制，成立“会计核算中心”，取消单位银行账户，实行“集中管理，统一开户，分户核算”的办法。2004 年以后，重新规定重点工程工作人员补贴标准、党政机关小汽车配备规定、行政事业单位公务接待标准等，并全面实施所有行政事业性收费和服务性收费公示制度，全区财政状况迅速好转。2006 年财政总收入 22824 万元，地方一般预算收入 3390 万元，分别是 2001 年的 5.25 倍、1.81 倍。2012 年财政总收入 117400 万元、地方一般预算收入 21770 万元，分别是 2001 年的 26.99 倍、11.62 倍。

地税分局紧紧围绕“保增长”的税收征管工作主线，夯实征管基础，抓住税收管理链条，逐步实现了税收管理的科学化、精细化、规范化，全面提升了税收质量和效率，2012 年共征收税费 59334 万元，是 2001 年 2728 万元的 21.75 倍。国税分局始终把组织税收收入摆在首位，以组织税收收入为中心，统筹安排，周密运行，市区级税收收入实现阶梯式跳跃增长，2012 年完成税收收入 67975 万元，是 2004 年 2024 万元的 33.58倍。

第一章 财 政

第一节 机 构

一、机构沿革

蒸湘区财政局前身系衡阳市郊区财政局，2001 年 4 月行政区划调整后更名如此。局内设机构有：办公室（人事教育股），综合规划股，预算税政法规股，国库股，行政政法、教科文股，经济建设股，农业股，社会保障股，企业股，产权统计评价股，农村综合税费改革办公室，财政监督局共 12 个。二级机构有：工资统发中心、政府采购管理办公室、会计核算中心、乡镇财政管理局、非税资金管理局、国库集中支付中心共 6 个。下辖机构有：呆鹰岭镇财政所、长湖乡财政所、雨母山乡财政所、蒸湘街道财政所、红湘街道财政所、联合街道财政所。办公地点原驻解放西路 66 号，2009 年 10 月搬迁至船山大道 18 号蒸湘区机关办公大楼 2 楼。2012 年，全局在职干部、职工 43 人。

二、领导名录

局　　长:康小鹰(2001.5—2003.1)　邹可成(2003.1—2011.7)　欧阳宏伟(2011.8—)
党组书记:石社元(2001.5—2003.2)　李先宏(2005.4—2010.12)　欧阳宏伟(2011.8—)
副 局 长:唐继红(女,2001.5—2005.8)　肖　红(女,2001.5—)　李承明(2001.5—)
　　　　刘　勇(2004.5—)
纪检组长、工会主席:董冬英(2003.4—2009.4)
总会计师:刘向东(2001.5—)
非税局局长:钟　波(2001.5—)
财政监督局局长:宋会云(女,2002.12—)
会计核算中心主任:罗　军(2005.5—)
国有资产管理中心主任:李英杰(2012.10—)
财政投资评审中心主任:刘美荣(2012.10—)
乡镇财政管理局局长:雷美容(2012.10—)

三、人员队伍

2001—2012 年蒸湘区财政系统人员队伍情况一览表

表 7-1　　单位:人

年　度	局机关	乡镇街道财政所	财政系统合计	年　度	局机关	乡镇街道财政所	财政系统合计
2001	29	39	68	2007	39	41	80
2002	44	39	83	2008	39	40	79
2003	40	38	78	2009	40	34	74
2004	39	42	81	2010	40	28	68
2005	41	42	83	2011	39	27	66
2006	40	40	80	2012	43	24	67

第二节　财政体制改革

一、由分税制改为共享制

2001 年以前,全市各城区实行分税制财政体制。2001 年随着城区区划调整,各城区实行新的财政共享体制。一是税收按行政区划全部实行属地征收;二是扩大共享税收范围。城区共享税收由增值税、营业税、个人所得税、企业所得税 4 种扩大到 10 种,将原属于市级固定税收的土地增值税、资源税和属于区级固定税收的房产税、印花税、城镇土地使用税、车船使用税调整为市区共享税收;三是取消原体制补助和体制上解,全部纳入共享税收财力统一进行计算;四是调整共享税收分成比例。依据各区事权及相应财权占该行政区范围共享税收总规模的实际比重分别计算确定。市财政 77.25%、各区财政平均为 22.75%,其中蒸湘区为城区财政的 28.86%,高于城区平均水平,为城区中最高比例;五是完善体制结算和考核机制。对共享税收实行加成分成的办法,即各区范围内的增值税、企业所得税达到或超过上年基数的,实际增长率超过 9% 以上的部分,市对区实行加成分成,按其共享税收比例的 120% 予以分成;区范围增值税、企业所得税没有达到上年基数的，其他共享税收增收部分应先扣除增值税、企业所得税减收部分，再计算增长比例。

2005年，衡阳市对城区财政体制进一步完善。一是取消增值税和企业所得税超收减半分成办法，超收部分按共享体制比例4∶6分成；二是将其他共享税收超收奖励政策，按实际增长9%调整为增长10%；三是增加了对区新办工业企业实行单独税收考核。属于市级部分，从企业投产年起市财政连续5年将市级部分返还给区财政；四是被认定为搬入开发区的企业，以企业搬迁的上年度税收入库数为基数，基数全额划转市和区，超基数部分开发区分成50%，另50%部分由市财政与区按共享比例结算划转；五是对利用乡镇企业、区街集体企业土地引入新的工业项目，上缴市本级的土地收入、契税，实行先征后返，在项目投产后兑现。但由于市级财力不足，至2012年，市对区的税收考核政策暂未完全执行。

二、乡镇财政体制调整

2001年区划调整后，区对乡镇实行一级财政体制管理。体制为"核定收入、税收共享、比例分成、递增补助"，即农业税部分为乡镇固定收入，乡镇范围内的工商税为区乡按75∶25分成。街道财政列为区本级全额负担。由于市对区体制未重新调整，乡镇财政体制一直沿用到2007年。2008年区对乡镇财政体制在2001年的基础上重新调整，进一步完善乡镇财政政策。一是对乡镇街道通过自主招商在本辖区内独立引进、立项实施新办的工业企业所形成的税收（不含建安营业税），按区级实得部分全额对乡镇街道奖励；二是乡镇街道通过自主招商在本区异地落户的工业项目所产生的税收，按区级实得部分，对引进地乡镇与坐落地乡镇实行6∶4比例分成；三是乡镇街道对辖区内闲置的厂房、办公大楼、仓储招商盘活所产生的税收，按产业性质分成。四是对农民建房的耕地占用税由乡镇街道财政所征收，区级实得部分，实行区、乡（街）5∶5分成；五是通过乡（街）积极努力协税，对在本区内生产而在外区缴税的工业企业，争取到本区进行征管纳税的，实行一次性奖励。对引进、盘活的工业企业税收经区认定后，实行从企业纳税第一年起，连续五年享受体制分成激励政策。

第三节　财政收入

一、财政收入

财政收入由国税、地税和财政部门共同完成。其中，由国税部门征收的有增值税、企业所得税、银行利息个人所得税。由地税部门征收的有营业税、房产税、印花税、城镇土地使用税、土地增值税、车船使用和牌照税、企业所得税、个人所得税、资源税。由财政部门征收的有农业税、农业特产税、耕地占用税、屠宰税及行政事业性收费收入、罚没收入、其他收入。

根据中央、省税收政策的调整，2002年屠宰税取消，屠宰税任务并入地税；企业所得税和个人所得税进行了调整，中央与地方实行5∶5分成，2003年以后实行6∶4分成，省、市区再按3∶7分成，中央、省、市分成后，蒸湘区所得税实际所得比例为8.08%（省级企业所得税不参与市区分成）；2004年，农业特产税取消，农业税下调1%；2005年，农业税全部取消，至2010年，除耕地占用税移交地税部门征管外，蒸湘区国地税部门征收税种没有发生变化，财政部门负责行政事业性收费收入、罚没收入及国库存款利息收入等非税收入征管。

2012年，蒸湘区国税部门完成税收总额36620万元，占总收入规模的31.17%；地税部门完成税收总额77367万元，占总收入规模的65.86%；财政部门完成税收总额3484万元，占总收入规模的3%。

2001—2012年，蒸湘区四大主体税种增幅较快，2001年四大税种完成数为6006万元，2012年四大税种完成83525万元，是2001年的13.9倍，其中增值税2001年完成3300万元，2012年完成32396万元，是2001

年的9.8倍;营业税2001年完成1489万元,2012年完成31082万元,是2001年的20.87倍;企业所得税2001年完成231万元,2012年完成11214万元,是2001年的48.54倍;个人所得税2001年完成956万元,2012年完成8833万元,是2001年的9.24倍。该区2003年、2005年、2006年、2007年、2008年、2009年、2010年、2011年共8个年度获全市“财政税收工作先进单位”。

2001—2012年蒸湘区财政收入情况

表7-2　　单位:万元

项　目	2001	2002	2003	2004	2005	2006	2007	2008	2009	2010	2011	2012
总收入	7140	9023	10736	13935	17739	22824	31020	38073	45922	74264	100287	117471
为预算的%	105.5	118.6	109.9	118.5	108.3	113.9	117	110	106	140.51	119.76	106.68
较上年增长%	10.3	26.4	19	29.8	27.3	28.66	35.91	22.74	20.62	61.71	35.04	17.13
一般预算收入	1873	2074	2351	2753	3183	4262	5795	7031	10167	13615	18091	21770
为预算的%	111.8	102.5	108.6	111.7	108.3	121	122.5	110.3	131.2	121.7	120.7	112.6
较上年增长%	18.2	10.7	13.4	17.1	15.6	33.9	35.97	21.3	44.6	31.9	32.9	20.3
工商各税	6399	8180	9853	13145	17118	22003	30003	36915	42904	70850	94851	111515
区级固定收入	741	843	883	790	621	821	1017	1158	3018	3414	5436	5956

说明:总收入口径包括上划中央、省和市区级收入部分。

二、非税收入

蒸湘区非税收入成为区财政收入的重要财力,2001—2012年共完成非税收入总计为33270.7万元。

为加强非税收入管理,区财政局从2004年9月开始,全面贯彻执行《湖南省非税收入管理条例》,由“执法征收、银行开票收款、财政监督管理”的方式改为“单位开票、银行代收、财政统管、收入过渡”,由财政部门统一在代理银行开设非税收入汇缴结算专户,收入直接上缴财政。2005年,全面启动非税网络系统,将代理银行的财政进行网络对接,由财政部门统一在银行开设专户,非税收入使用的票据由财政部门统一发放和管理,实行征缴分离,委托银行开票收款,有效地促进执收单位应收尽收。从2009年6月24日起,对原有非税系统进行了全面升级,通过单位、银行、财政直接联网,实现数据共享,提高了非税工作的科学性、规范性。

2001—2012年蒸湘区非税收入情况一览表

表7-3　　单位:万元

年　度	非　税　收　入	年　度	非　税　收　入
2001	2149.1	2008	2415.6
2002	2444.1	2009	2651
2003	2292.6	2010	3144
2004	2458.6	2011	2982
2005	3261.5	2012	3484
2006	3140	合　计	33270.7
2007	2848.2		

第四节　财政支出

2001 年,随着新区的建立,市财政根据区划调整范围重新核定了蒸湘区收入和支出基数。经市局核定,蒸湘区与市级的共享收入比例为 28.86% 。区级财力构成为:工商各税地方部分的 28.86% 、耕地占用税、行政和罚没收入全额部分,增值税上划返还、所得税上划固定补助部分,一般性转移支付收入,均衡性转移支付收入,专项转移支付收入、上级专项追加及财政结算补助部分等组成。财政支出严格按照“保工资、保运转、保民生、保重点、保平衡”的原则,蒸湘区财政在区划调整后十分艰难的情况下,通过积极培植财源,强化征管,加强协调,不断提高收入质量和区级可用财力,不断提高区财政保障能力。2001—2012 年,蒸湘区在确保财政负担人员工资发放的前提下,重点保障文教卫、社会保障和农林水事务支出,其中文教卫累计支出 68923 万元,占总支出的 29.27% ;社会保障和就业支出 46424 万元,占总支出的 19.72% ;农林水事务支出 12936 万元,占总支出的 5.5% 。

2001—2012 年蒸湘区财政支出情况

表 7 - 4　　　　单位:万元

项目＼年度	2001	2002	2003	2004	2005	2006	2007	2008	2009	2010	2011	2012	合计
合　计	4246	5430	6559	7628	8804	10445	15409	21237	26588	33713	42504	52807	235370
一般公共服务	1280	1519	1670	1930	2733	3161	3477	3455	3405	3975	5099	7590	39294
国　防	19	19	19	20	19	19	21	37	37	37	37	34	318
公共安全	190	188	191	204	239	295	537	648	687	767	1077	1154	6177
教　育	1253	1209	1229	1465	1694	1734	3140	4467	5281	6111	8267	12277	48127
科学技术	6	6	6	8	6	24	28	32	22	29	48	63	278
文化体育与传媒	29	18	21	24	24	35	26	33	51	142	198	216	817
社会保障和就业	159	623	1291	1426	1697	2255	4169	5107	6826	6866	7579	8426	46424
医疗卫生	188	199	190	274	310	388	793	1383	2469	3606	4878	6091	20769
环境保护	18		36	24		23	39	69	113	112	99	1603	2146
城乡社区事务	73	692	990	793	581	539	840	1091	1419	1281	2482	3974	14755
农林水事务	186	153	159	252	2998	382	509	953	1134	1828	2511	4571	12936
交通运输						114	207	265	194	139	99	5	1023
其他支出	845	804	757	1208	1203	1476	1623	3697	4950	8810	10130	6803	42306

说明:本表科目是按照 2007 年实行的新政府收支分类科目编制,2007 年以前的按相应支出科目转换后填列。

第五节　财政管理

一、预算管理

按照“一级政府、一级财政”的要求,区财政负责区本级及所属乡镇、街道的预算编制。2001 年,区财政编制一级预算单位43个。预算编制坚持“以收定支、收支平衡”的原则。区级预算(含乡镇收支预算)由区人民代表大会通过,区政府实施。预算的工资按财力打足,公用经费即差额人员经费实行统一标准安排。建区12年来,预算执行良好,支出水平得到有效增长。

2004年,全区开始推行部门预算。2008年,全区44个单位,全部纳入一级预算。在城区率先完成区级部门预算改革管理。

乡镇同步按照“一级政府、一级预算”要求,单独编制年度预算。由于区财政对乡镇的人员经费和公用经费实行了包揽,乡镇财政预算内的预算与区财政代编的乡镇预算是一致的。乡镇未单独设立金库,财政资金根据各乡镇(街道)用款需要按进度由区金库直接拨付到各乡镇街道预算户。

根据上级要求,从2010年起,蒸湘区乡镇街道实行了“乡财区管”的预算管理模式,由乡财局监管乡镇街道预算内资金。

二、国有资产管理

区人民政府于2001年8月30日下发《关于加强行政事业单位国有资产管理的意见》,明确规定蒸湘区国有资产的范围、购置(建)、使用、管理、处置、非经营性资产转经营性资产的管理及加强对国有资产管理的组织领导等内容。

对国有资产中闲置门面、房产的处理,由个别交易改革为集中公开竞拍,不仅让“死钱”变“活钱”,而且达到了增值效果。2001—2012年对国有资产累计处置值达2712万元,实现增值1500万元。

区财政局于2003年、2004年分获市人民政府“全市财政重点工作专项考核城区第一名”,2007年获市政府“三星级文明单位”,2008年、2009年、2011年分获市政府“全市重点工作突出贡献单位”,2010年获省财政厅“湖南省财政系统先进集体”,2001、2012年分获省财政厅“全省财政金融与债务工作三等奖”,2012年省财政厅“全省财政综合工作先进单位”等奖励。

第六节　财政监督

区财政局对蒸湘区各乡镇(街道)、区直各部门财政、财务收支情况及内部管理制度进行了监督检查,内审面达100%,对单独开户的乡镇(街道)、教育系统、重点工程的财务收支情况随时抽查,确保资金安全、专款专用、账物相符。2001—2012年,区财政局开展财政监督检查35次,同时联合审计局、监察局对减轻农民负担、中小学收费、行政事业性收费开展检查13次。查出有违纪的单位14个,有违法行为的个人10人,查出违纪违规金额共614万元(其中截留罚没收入34万元,乱发钱物12万元,“小金库”14万元,其他违纪554万元)。作出相应处理单位14个、违纪个人6人,停发各单位长期停薪留职(吃空饷)人员工资18人。

2001年5月,蒸湘区成立后,连续保留“工资统发中心”,全区所有全额拨款单位全部实行由财政统一发放工资。

2002年1月,建立会计委派制度,撤销区直机关15个行政单位的会计岗位,改为由财政局委派会计。3月,成立服务“政府采购中心”(后改为“政府采购管理办公室”),共开展物资、工程三类,采购10938万元,比市场价格节约资金1240万元,节约率为10.19%。

2003年5月,撤销会计委派制度,成立“会计核算中心”,取消单位银行账户,实行“集中管理、统一开户、分户核算”的办法。

2004年5月,区委办、区政府办下发《关于重申重点工程工作人员工作补贴发放标准及有关事项的规定》。6月,区委办、区政府办下发《关于进一步加强党政机关小汽车配备和使用管理的通知》。7月,全面实施所有行政事业性收费和服务性收费(价格)公示制度。

2006 年 1 月,区委办、区政府办下发《关于进一步加强行政事业单位公务接待管理的通知》。9 月,区委办、区政府办下发《关于加强重点工程项目资金监管的通知》。

2012 年 8 月,区政府下发《蒸湘区关于进一步规范财政财务管理的实施意见》。

第二章 税 务

第一节 地方税务

一、机 构

(一)机构沿革

2001 年 4 月,市区行政区划调整后,衡阳市郊区地方税务局更名为衡阳市地方税务局蒸湘分局。2006 年 8 月,更名为衡阳市蒸湘区地方税务局。局内设机构有:办公室、人事教育科、监察室、收入核算科、征管和科技发展科、税政法规科、稽查局、税源管理一科、税源管理二科、税务一分局、税务二分局、信息中心、办税服务大厅共 13 个部门。办公地点原驻蒸湘北路 48 号,2002 年 4 月搬迁至太平小区 16 栋。2012 年在职干部、职工 82 人。

(二)领导名录

局长(兼党组书记):佘南涛(2001.2—2010.12) 王文吉(2010.12—)

纪检组长:梁兆亿(2001.2—2009.3) 欧卫平(2010.12—)

副 局 长:尹小平(女,2001.2—2003.9) 李永桥(2001.2—)

龙建华(2001.2—2011.5) 张 艳(女,2003.9—2007.9)

胡梦麟(女,2007.7—2010.12) 裴 璐(女,2010.12—)

朱 映(2012.8—)

工会主席:李国荣(2003.6—2009.3) 朱 映(2010.12—2012.8)

陈会员(2012.8—)

二、开征税种

地税部门主要负责地方税种 12 税 6 费的征收,12 税是:营业税、资源税、城市维护建设税、房产税、土地使用税、土地增值税、印花税、车船使用税、企业所得税、个人所得税、契税、耕地占用税;6 费是:教育费附加、防洪保安基金、社保费、文化事业费、工会经费、残保基金。

三、税收收入

2001—2012 年,蒸湘区地税局连续 12 年超额完成各项税费任务目标,累计组织征收地方各税 207267 万元,年均增幅 38.25%,跨越 5 亿元大关,实现税收收入连续 12 年以 28% 的高基数高比例增长。2011 年组织入库 45944 万元,比上年净增 16440 万元,增长 55.7%。2012 年组织入库 59334 万元,为年计划的 105.06%。

2001—2012 年蒸湘区地税局地税收入情况

表 7－5　　单位：万元

项目＼年度	2001	2002	2003	2004	2005	2006	2007	2008	2009	2010	2011	2012
营业税	1271	1964	2467	3075	3705	4822	7378	8790	10930	14511	15936	21949
企业所得税	231	195	178	162	210	369	469	1024	1045	3269	3872	6819
个人所得税	766	770	811	937	1475	1581	1930	3404	4137	4516	7456	6623
城建税	35	202	114	213	125	260	332	160	289	512	1084	2961
印花税	15	23	18	46	63	111	133	185	287	562	984	743
车船税	4	6	7	13	14	19	22	29	26	40	51	35
土地增值税	3	0	30	35	115	80	217	774	559	2534	4394	8350
土地使用税	59	77	55	80	98	98	101	130	690	1214	1910	831
房产税	153	157	115	244	251	296	413	425	534	1280	2310	1580
资源税	3	0	—	—	—	—	1	1	3	—	4	53
屠宰税	80	—	—	—	—	—	—	—	—	—	—	—
固定投资方向调节税	3	—	—	—	—	—	—	—	—	—	—	—
契　税	—	—	—	—	—	—	—	—	—	—	3704	4455
耕地占用税	—	—	—	—	—	—	—	—	—	—	2454	2472
税收合计	2623	3394	3795	4805	6056	7636	10996	14922	18500	28474	44159	56871
教育费附加	100	116	136	63	90	87	138	93	148	327	767	1249
文化事业费	5	3	3	3	4	8	18	26	38	73	135	133
防洪基金	—	—	—	—	—	92	110	119	133	197	232	270
残保金	—	—	—	—	—	15	19	36	47	78	104	141
工会经费	—	—	—	—	—	102	116	125	142	153	206	308
社保费		17	12	15	18	33	75	144	185	219	341	362
税费合计	2728	3530	3946	4886	6168	7973	11472	15465	19193	29515	45944	59334

四、税收管理

蒸湘区地方税务局紧紧围绕“保增长”的税收征管工作主线，夯实征管基础，紧紧抓住税收管理的“链条”，逐步实现税收管理的科学化、精细化、规范化，全面提升了税收质量和效率。该局先后获得“湖南省文明单位”“湖南省模范职工之家”“湖南省依法办事示范窗口单位”“全省地税系统先进单位”“全国三八红旗集体”等荣誉称号。局长佘南涛 2009 年获省人事厅、省文明办二等功奖励，副局长胡梦麟(女)获省妇联“湖南省巾帼建功先进个人”，副局长李永桥获省残联“湖南省扶残助残先进个人”称号。局办税大厅 2009 年被省局评定为“四星级办税服务大厅”，2012 年被评为“五星级办税服务大厅”。

2007 年，该局按照科学“定格”、合理“定员”、严格“定责”、准确“定标”的“四定原则”，率先在全市地税系统建立和推行“网络式”税收管理模式。向全局税管员划分 29 格“责任田”，变过去“一人进厂、各税统管”的粗放管理模式为专业化、科学化、精细化管理模式。

2008 年，在上一年的基础上，将管辖范围的区域、街道、建筑物等利用电脑三维绘制出细致、具体、直观，让人一目了然的税收“网格式”管理电子地图。

2009—2010 年,全面完善征管数据采集、审核、录入、维护等一系列操作规程,建立健全数据“采集—分析—反馈”互动机制,完善“网格式”的各项后续管理工作,打造了蒸湘征管品牌。该局录入电脑管税户达 5498 户,录入率达 100%。

2011 年,该局提出“理念先行、业务带动、全面突破”的征管指导思想,着重在完善制度体系、强化税收征管和加强征管质量考核等方面下功夫。推出了征管质量常态化考核举措,即将税管员的日常工作细化为税源巡查、税收管理、纳税评估等五大类 19 项指标,制订详细的考核标准,明确每项工作什么时间完成、采取何种方式、达到何种程度、实现何种目标,让每个税管员知道“做什么”和“怎么做”。通过电脑数据核查和上户实地核查相结合的方法,定期通报情况,定期召开征管质量点评分析大会,把税收考核工作归于常态。

2012 年,按照“重基础、重考核、重绩效”的征管质量考核原则,进一步完善《税收征管质量常态化考核管理办法》,将纳税评估、个体税收征管、企业申报率、税源巡查、发票管理、重点税源压欠等各项指标纳入考核范围,设立专项考核基金,实行奖惩并重、重奖重罚制度,有效激发了干部工作活力,全局税务登记率、纳税申报率和税款入库率显著提高。该局月平均入率税收,75% 以上在办税大厅申报实现。

该局对发票实行规范化管理,分别制定《蒸湘区地方税务局发票管理办法》和《蒸湘区地方税务局劳务、建安、运输、销售不动产发票专项管理制度》,加强了发票发售和发票代开工作。在发票监督方面,对窗口代开发票实行三级审核、缴销制度,要求发票管理员做好发票领、用、存台账,对发票销售和缴销情况进行不定期抽查,坚持按季盘点,确保帐帐、账实相符;加强发票违法违章处罚、发票缴销和发票兑奖工作。截至 2012 年,累计发售发票 13559925 笔,受理发票代开达 86329 人次;发票违章罚款 575 户,共缴销发票 222720 户次;发票兑奖近 102823 户次,金额达 627 万元。

第二节 国家税务

一、机 构

(一)机构沿革

2001 年 4 月市区行政区划调整后,衡阳市郊区国家税务局更名为衡阳市国家税务局蒸湘分局。2006 年 8 月,又更名为衡阳市蒸湘区国家税务局。局内设机构有:党委办公室、行政办公室、信息中心、征收管理科、政策法规科、监察室、人事教育科、收入核算科、工会、财务管理科、税源管理一科、税源管理二科、税源管理三科共 13 个科室。下设机构有办税服务大厅、立新税务分局。2012 年,全局在职干部 125 人。办公地点驻立新一社区道源路新苑巷 1 号。

(二)领导名录

局　　长:陈英龙(2001.5—2009.10)　孙　俊(女,2009.10—2011.12)　邹启权(2012.1—)

党组书记:陈英龙(2001.5—2009.10)　甘伟明(2009.10—)

纪检组长:谢　敏(2009.6—)

副 局 长:柏慧华(2001.5—2009.10)　周金桥(2001.5—2005.7)　唐小平(2001.5—2005.7)
祝元衡(2001.5—2005.5)　魏　艳(2003.6—)　邹彦元(2005.5—)
何　铭(2005.5—2008.12)　李　勇(2009.10—)　谢　敏(2009.10—)

二、税种税率

蒸湘区国税局主要负责征收和管理区内的增值税、消费税、企业所得税。

(一)增值税

对在中国境内销售货物或者提供加工、修理修配劳务以及进口货物的单位和个人征收。增值税纳税人分为一般纳税人和小规模纳税人。对一般纳税人,就其销售(或进口)货物或者提供加工、修理修配劳务的增加值征税,基本税率17%,低税率13%,出口货物为0%(国务院另有规定的除外);对小规模纳税人,实行简易办法计算应纳税额,征收率一般为3%。增值税的纳税期限一般为1个月,纳税人应在次月的1—10日的征期内申报纳税。

(二)消费税

对在中国境内生产、委托加工和进口应税消费品的单位和个人征收。征税范围包括烟、酒和酒精、化妆品、贵重首饰和珠宝玉石等18个税目。消费税根据税法确定的税目,按照应税消费品的销售额、销售数量分别实行从价定率或从量定额的办法计算应纳税额。消费税的纳税期限与增值税的纳税期限相同。

(三)企业所得税

对中国境内的一切企业和其他取得收入的组织(不包括个人独资企业、合伙企业),就其来源于中国境内外的生产经营所得和其他所得征收。企业所得税以企业每一纳税年度的收入总额,减除不征税收入、免税收入、各项扣除以及允许弥补以前年度亏损后的余额,为应纳税所得额。企业所得税的税率为25%。企业所得税按纳税年度计算,纳税年度自公历1月1日起至12月31日止。企业所得税实行按月或按季预缴、年终汇算清缴、多退少补的征收办法。企业应当自月份或者季度终了之日起15日内,向税务机关报送预缴企业所得税纳税申报表,预缴税款;自年度终了之日起5个月内,向税务机关报送年度企业所得税纳税申报表,并汇算清缴,结清应缴应退税款。

三、税收征管

(一)税收收入

2001年后,蒸湘区国家税务局始终把组织税收收入工作放在首要位置,以组织税收收入工作为中心,统筹安排,周密运作,市区级税收收入实现了阶梯式跳跃增长。2004年完成税收2024万元,2005年完成税收2488万元;2006年完成税收39540万元;2007年完成税收48021万元。2008年,该局克服了年初罕见的冰雪灾害以及国际金融危机带来的影响,勤抓细管,努力完成上级下达的税收入库任务,为国家和地方建设提供充裕的财政保障。近几年来,该局市区税收实现了跨越式发展。2008年,累计完成税收收入43667万元,市区级税收达15606万元;2009年,完成税收收入44544万元,市区级税收达18262万元;2010年,由于受以美国为首的西方国家对中国出口钢管收取高额反倾销税,对蒸湘区的钢管出口产业造成重大冲击,但该局完成了税收收入31630万元,市区级税收入达27574万元,同比增长51%;2011年完成税收收入39442万元,市区级税收实现强劲增长,入库37512万元;2012年,完成税收收入67975万元,完成了市局和区政府下达的税收任务,实现了"零新欠"工作目标。

(二)日常征管

1. **税务登记**。根据国家税务总局1998年7月颁发的《税务登记管理办法》,2001年分局按照税收征管范围,实行统一代码,分别登记,分别管理,认真清理漏征、漏管户,全面加强户籍管理。至2008年,共进行了4次税务登记证的查验补办工作。

2. **税源管理**。2002年,分局成立信息中心,实行自动化办公,与工商、地税、统计、公安、房管、银行等部门的基础信息进行交换与共享,建立了税源管理全部门协作机制,与交警、农机部门协作,加强车购税管理。依托信息化手段改革发票管理模式,强化以票控税。2007年7月1日起,在全区推广启用税控收款机,推广对象为从事商业零售,拥有固定经营门面、摊位或其他经营场所及月销售收入达到增值税起征点(5000元)的纳税人。运用第三方信息开展评估,防范因评估不当引发税收执法风险,制止账外账、两套账等恶意偷税行为。

3. **税收申报**。2001年以前,税收申报以直接上门申报为主,由纳税人自行计算、自行申报、自行缴税,税务机关开具征收。2002 年,国税局开通电子报税系统,推行网上认证、远程抄报系统;推行企业所得税汇算清缴软件申报,辅导企业做好年度纳税申报和关联交易业务申报,加强税基管理。对进出口税管理,做到及时退税、足额退税和安全退税。

4. **个体税收征管**。2001 年以前,对个体户实行足额缴税、定点开票和查实征收的管理办法,要求符合条件的业务建立复式账,对没有达到建账标准和查账征收条件的个体户,按季、半年或一年核定一次应税收入额和应纳税额。2004 年 7 月 1 日起,个体工商户销售货物的起征点由现行的月销售额 2000 元统一提高到 5000 元,销售应税劳务的起征点由现行的月销售额 1500 元统一提高到 3000 元。分局通过严格税务登记,加强户籍巡查,对个体双定户未达起征点的严格调查审批,堵塞征管漏洞,增强个体税源监控能力。规范执法、合理定税,为个体私营经济发展提供公平的税收环境。

2001—2012 年,分局实现行政复议、诉讼和纠纷零发生。2010 年、2012 年分别获省局"全省县市区局优秀领导班子",2011 年获"湘国税系统'优秀领导班子'""省级巾帼文明岗",2012 年获"省依法办事示范窗口单位""湖南省 2012 届文明单位"等奖励。局长孙俊 2011 年获全国妇联"全国巾帼建功标兵"称号。

第八篇　金　　融

第一章　银行业

第一节　中国农业银行股份有限公司衡阳蒸湘支行

一、机　构

（一）机构沿革

中国农业银行股份有限公司衡阳蒸湘支行的前身，为中国农业银行衡阳市郊区办事处，成立于1984年。1994年3月，经中国人民银行衡阳市中心支行批准，中国农业银行衡阳市郊区办事处更名为中国农业银行衡阳市郊区支行。2002年4月，经中国人民银行衡阳市分行批准，中国农业银行衡阳市郊区支行更名为中国农业银行衡阳市蒸湘支行。2009年1月，经中国银行监督委员会衡阳市银监局批准，中国农业银行衡阳市蒸湘支行更名为中国农业银行股份有限公司衡阳蒸湘支行。内设机构有：综合部、客户部、业务管理部。下辖6个对外营业网点，即：支行营业部、鸿都分理处、先峰分理处、雁峰分理处、黄茶岭分理处、意中分理处。支行办公地址：衡阳市蒸湘区蒸湘南路16号。

（二）领导名录

行　　长：李凤云（1999.1—2003.1）　周晓春（2003.2—2006.10）　胡汉良（2006.11—2007.6）
邓小亮（2007.10—2009.9）　刘仕成（2009.9—2012.7）　许利阳（2012.8— ）

副 行 长：丁振华（1999.1—2003.2）　刘　磊（1999.1—2006.10）　杜志坚（1999.1—2003.3）
谢新平（2003.2—2006.10）　蒋振华（2003.2—2004.2）　王梧华（2004.2—2007.10）
许利阳（2006.11—2009.9）　李晓喜（2009.9—2011.1）　周　蓉（2009.9— ）
李　骞（2009.9— ）

二、金融业务

（一）业务种类

存款产品：吸收公众存款，活期、定期、教育储蓄、“双利丰”通知存款等。

贷款产品：发放短期、中期、长期贷款，个人助业贷款、个人住房按揭贷款等。

金穗借记卡：金穗借记卡具有存款、取款、转账、消费等功能，分为普通借记卡、贵宾卡、联名卡、主题卡等。贵宾卡根据存款额度不同又分为金卡、白金卡、钻石卡三种。

金穗信用卡：金穗信用卡除具备金穗借记卡的功能外还具有信用透支功能，可先消费后还款，享受最长56天的免息期，提供消费分期还款功能，可选择3、6、9、12、24期还款，卡种分为标准卡、白金卡、公务卡、大学生U卡、商务卡等。

理财产品：本利丰、汇利丰、安心得利、安心快线、股票基金、货币基金、基金定投、保险销售、国债销售、

"传世之宝"黄金销售等。

代理业务:代交电费、话费,代理政策性银行、外国政府和国际金融机构贷款业务,贷款承诺,组织或参加银团贷款,发行、代理发行、买卖或代理买卖股票以外的外币有价证券,外汇票据承兑和贴现,自营、代客外汇买卖,外币兑换,外汇担保,资金信誉调查、咨询、见证业务,企业、个人财务顾问服务,证券公司客户交易结算资金存管业务,证券投资基金托管业务,企业年金托管业务,产业投资基金托管业务,合格市场境外机构投资者境内证券投资托管业务,代理开放式基金业务,金融衍生产品交易业务。

电子渠道:个人网上银行、手机银行、95599 电话银行、金穗支付通、POS 商户、电子商务等。

自助渠道:自动存取款一体机、自动取款机、自助终端等。

中间业务:短信通、三方存管、银期转帐、银商通、西联汇款等。

外汇业务:外汇存款、外汇贷款、外汇汇款、外汇借款。

结算业务:办理国内外结算、办理票据承兑与贴现、发行金融债券、代理发行、代理兑付、承销政府债券、买卖政府债券、金融债券、从事同业拆借、买卖、代理买卖外汇、结汇、售汇。

(二)存款、贷款

2001—2012 年蒸湘支行存、贷款情况一览表

表 8-1　　单位:万元

年　度	存　款	贷　款	年　度	存　款	贷　款
2001	59977	37559	2007	130811	69020
2002	63684	27358	2008	152744	58384
2003	69162	34574	2009	179578	45034
2004	47802	26523	2010	193008	60827
2005	57946	27787	2011	135206	50570
2006	118759	69133	2012	154881	48416

农业银行蒸湘支行,2010 年获市人民政府"'双文明'先进单位",2011 年获省分行"文明单位"称号。

第二节　衡阳市蒸湘区农村信用合作联社

一、机　构

(一)机构沿革

衡阳市城郊信用联社成立于 1951 年。2002 年 6 月,随着衡阳市行政区划调整,原衡阳市城郊信用联社一分为四,蒸湘区辖内的长湖、东方红、呆鹰岭、雨母山等信用社组成衡阳市蒸湘区农村信用社。按照国务院对农村信用社深化改革的整体安排和部署,蒸湘区农村信用社于 2005 年启动组建统一法人改革工作,2007 年 12 月 22 日,正式挂牌成立衡阳市蒸湘区农村信用合作联社。内设机构有:综合管理部、人力资源部、信贷业务部、业务拓展部、财务会计部、稽核审计部、资产保全部等 12 个部室。下辖 1 个营业部,8 个信用社,6 个分社,共 15 家营业网点,覆盖蒸湘区全境。2012 年联社在职干部、职工 137 人。办公地点驻船山西路 28 号。

(二)领导名录

理 事 长:陈萍萍(女,2002.6—2008.12)　邬小平(2009.1—)

副 主 任:王云峰(2002.6—2006.6)　陈林旭(2002.6—2006.6)　张永国(2006.7—)

刘小林(2006.7—2010.11)　戴志华(女,2010.12—)

(三)网点分布

蒸湘区农村信用合作联社营业网点分布情况一览表

表8-2

序号	网点名称	营业地址	联系电话
1	营业部	衡阳市船山西路28号(联社办公楼一楼)	0734-8191249
2	联合信用社	解放西路28号(衡阳市核六所旁边)	0734-8161466
3	联合信用社头塘分社	衡阳市华新开发区西园批发市场对面	0734-8852594
4	联合信用社长胜分社	衡阳市华新开发区芙蓉路10号(市国土局对面)	0734-8852347
5	东方红信用社	衡阳市蒸湘区学院路10号(南华大学东门旁边)	0734-8230161
6	东方红信用社蒸湘分社	衡阳市蒸湘北路57号(衡南县烟草公司旁边)	0734-8198714
7	立新信用社	衡阳市红湘北路与立新大道交汇处	0734-8159480
8	立新信用社立新分社	衡阳市船山西路(蒸湘区长湖乡政府旁边)	0734-8801520
9	高新信用社	衡阳市华新开发区解放大道粮食局大楼(华新大酒店旁边)	0734-8192377
10	一中信用社	衡阳市华新开发区天柱路6号(市一中对面)	0734-8570956
11	呆鹰岭信用社	衡阳市蒸湘区呆鹰岭镇91号	0734-8575428
12	呆鹰岭信用社蒸阳分社	衡阳市呆鹰岭镇鸡市村上市组	0734-8573032
13	雨母山信用社	衡阳市雨母山乡二塘村	0734-8631254
14	雨母山信用社东阳分社	衡阳市蒸湘区雨母乡东阳村(雨母山乡政府旁边)	0734-8635077
15	延安路信用社	衡阳市华新开发区愉景湾小区南大门	0734—230581

二、金融业务

(一)业务种类

支付结算业务:全国农村信用社个人储蓄业务通存通兑、大额资金实时支付、小额批量支付、银行本汇票结算、票据贴现与承兑、同城交换等。

存款业务:吸收社会公众及单位活期存款,办理定期、定活两便、通知存款等业务。

信贷业务:有服务"三农"的农户小额信用贷款、农户联保贷款、农民工创业贷款、林权抵押贷款、"公司+农户"贷款等产品;有服务社区居民的个体工商户贷款、个人住房贷款、个人消费贷款、下岗职工再就业贷款等产品;有服务中小企业的固定资产抵押贷款、仓单质押贷款、短期流动资金贷款、小企业联保贷款等产品,对具有一定实力和信誉较好的中小企业办理银行承兑汇票业务。有面向社区居民的福祥便民卡,实行存贷款一卡通用,可在全省农村信用社办理贷款放款和归还业务,随借随用,随用随还,灵活方便。

中间业务:代收水电费、电话费、有线电视费等,代发各种工资、民政救助、粮食补贴、农村低保等各类涉农补贴、城镇低保补贴等;办理市直单位非税收入汇缴业务;办理小额贷款人身意外保险、抵押财产保险,代理销售各类保险业务,代收保险费,代付保险金等。

福祥借记卡业务:该卡为银联标准卡,集储蓄、转账、消费、理财等多种功能于一体,可办理存取现金、跨行转账、刷卡消费、查询等业务;"农民工银行卡"特色服务,解决了农民工携款难、取款难问题。

福祥贷记卡业务:该卡是为广大农户和个体工商户、中小企业者"量身定做"的一项金融创新产品。具有期限长、额度大、办理快、用途广、费用省、服务优等特点,具有消费支付、存取现金、转账结算、小额消费信贷等多种功能。有普卡、金卡和公务卡等品种,可一次授信、循环使用,无需再次申请,授信有效期限长达三年,最高授信额度达50万元。

"农民工银行卡"特色服务:客户可持签约各银行借记卡在联社营业网点办理存取现业务,实现了农民工外地打工挣钱,家门口取钱的愿望。

电子及自助业务:96518电话银行、网上银行、自动取款机、POS机特约商户。

(二)业务发展情况

2001—2012年蒸湘区农村信用合作联社存、贷款情况一览表

表8-3

年度	存款金额(万元)	贷款业务			
		金额(万元)	其中		
			三农贷款(万元)	农村工商业贷款(万元)	其他贷款(万元)
2001	19241	15142	1856	10439	2405
2002	21860	15400	2618	9074	3161
2003	26328	17946	3025	10041	4284
2004	30144	21184	3422	9536	7901
2005	35158	26315	3213	84992	9306
2006	44732	28528	3392	9790	10582
2007	57982	39498	3392	12819	13468
2008	76065	53134	15488	12135	10912
2009	94568	67403	3995	35764	11311
2010	118589	74247	10457	36648	13673
2011	153159	84387	12386	37878	176877
2012	178604	95233	12835	40214	19279

三、获奖情况

蒸湘区农村信用合作联社获奖情况一览表

表8-4

年度	奖励名称	颁奖单位	年度	奖励名称	颁奖单位
2004	三星级文明单位	衡阳市委、市政府	2008	省级文明单位	湖南省委、省政府
2007	芙蓉标兵岗	湖南省总工会	2010	综合考核优胜奖	湖南省农村信用社联合社
2007	综合考核进步奖	湖南省农村信用社联合社	2010	先进基层党组织	湖南省农村信用社联合社
2008	巾帼文明岗	湖南省总工会	2011	先进基层党组织	湖南省农村信用社联合社

第三节 蒸湘区境内其他金融(管理)机构

境内除有农行蒸湘支行和蒸湘区农村信用联社外，还有中国人民银行衡阳中心支行、中国建设银行衡阳分行、交通银行衡阳分行等19个金融(管理)机构。

蒸湘区境内其他金融(管理)机构表

表8－5

名　　称	成立时间	主要负责人(2001—2010)	地　　址
中国人民银行衡阳中心支行	1978	行　长:夏凡生 文绍明、张运生	蒸湘区常胜西路10号
国家外汇管理局衡阳市中心支局	1985.9	局　长:肖凡生 文绍明、张运生	解放路64号
中国银行业监督管理委员会衡阳监管分局	2003.12	局　长:徐瑞生 李训明	华兴街道
中国农业银行衡阳分行	1979.11	行　长:曹启政 陶伟梁、张　强	解放西路6号
中国银行衡阳分行城北支行	1981	行　长:谭新宇 周　辉	船山西路32号
中国银行衡阳分行衡阳支行	1981	行　长:刘志伟	蒸湘区大栗新村社区
中国建设银行衡阳分行	1979.5	行　长:贺遵清 王吉良、文爱华	蒸湘北路35号
中国农业发展银行衡阳分行	1994	行　长:肖天野	解放西路26号
交通银行衡阳分行	1988	行　长:聂玉辉	解放西路9号
招商银行衡阳分行	2010.6	行　长:张位富 总经理:杨　昱 胡　敏	解放大道18号
中国民生银行衡阳分行	2010.1	行　长:王国平	解放大道16号
中信银行衡阳分行	2011.12	行　长:刘　波	解放大道38号
广发银行衡阳分行蒸湘支行	2011.5	行　长:谢小平 总经理:曾奇峰	蒸湘南路2号
华融湘江银行来雁支行	2001.10	行　长:肖志农	船山西路1号
中国邮政储蓄银行衡阳市分行	2008.3	局　长:王　文 丁岳衡、何中意	长丰大道30号
衡阳市企业信用担保投资有限公司	2007.6	总经理:刘红粒	长丰大道35号 海关大楼
衡阳市湘银小额贷款有限公司	2004.4	董事长:邹越男	红湘南路9号
衡阳市蒸湘区大明小额贷款有限公司	2011.5	总经理:李淑美	解放大道33号
湖南鼎和投资担保有限公司	2010.8	董事长:李建村	华新街道晓霞路33号

第二章　保　　险

第一节　中国人寿保险股份有限公司衡阳市蒸湘支公司

一、机　构

中国人寿保险股份有限公司衡阳市蒸湘支公司的前身系衡阳市郊区支公司,成立于1987年1月。2001年4月,城区行政区划调整后变更为蒸湘支公司。内设经理室、综合部、个险部,在辖区内设立了2个农村营销服务部,在编员工7人。为了业务发展需要,公司聘用了108名保险代理人。办公地点驻解放大道20号。

历任领导及任职时间:

经　　理:唐东升(2000.1—2003.12)　　李明定(2004.1—2009.7)
　　　　　江　涌(2009.8— 2011.6)　　周余庆(2012.7—)
副 经 理:李铁石(2000.1—2003.12)　　黄小澄(2000.1—2003.12)
　　　　　刘铁军(2004.1—2009.12)　　颜美林(2009.8—2011. 6)
　　　　　罗　燕(女,2004.1—2005.12)

二、保险业务

(一)保险种类

人寿保险、健康保险、意外伤害保险等各类人身保险业务;人身保险的再保险业务;国家法律法规允许的或国务院批准的资金运用业务;各类人身保险服务、咨询和代理业务;国家保险监督管理部门批准的其他业务;企业财务保险;家庭财产保险;建筑工程保险;安装工程保险;货物运输保险;机动车辆保险;责任保险;信用保险;保证保险;农业保险。2009年8月由于资源整合,公司整合为个险专业化公司。

(二)保费和理赔

2001—2005年中国人寿衡阳市蒸湘支公司保费、赔款一览表

表8-6　　单位:万元

年　度	保　费	赔　款	备　注	年　度	保　费	赔　款	备　注
2001	780	158		2007	2420	280	
2002	810	203		2008	2615	299	
2003	920	220		2009	2450	320	个险业务
2004	1126	233		2010	331	132	个险业务
2005	1280	251		2011	412.34	246.32	个险业务
2006	1860	266		2012	438.09	263.47	个险业务

三、获奖情况

中国人寿衡阳市蒸湘支公司获奖情况一览表

表 8 - 7

年度	奖励名称	颁 奖 单 位	年度	奖励名称	颁 奖 单 位
2004	先进单位	中国人寿保险公司湖南分公司	2008	先进单位	中国人寿保险公司湖南分公司
2006	先进单位	中国人寿保险公司湖南分公司	2008	三星级文明单位	市委、市政府
2007	先进单位	中国人寿保险公司湖南分公司			

第二节 中国人民财产保险股份有限公司衡阳市蒸湘支公司

一、机 构

中国人民财产保险股份有限公司衡阳市蒸湘支公司的前身是衡阳市郊区支公司,成立于 1987 年 1 月。2001 年 4 月,衡阳市行政区划调整后变更为蒸湘支公司。内设 1 个综合部、3 个营业部,在编员工 11 人,根据业务发展需要,聘用近 100 名兼职保险代理人。办公地点驻蒸湘北路 27 号。

历任领导及任职时间:

经　　理:李绍明(2001.1—2001.12)　刘　煜(2002.1—2002.12)　苏清学(2003.1—2003.12)
谭　赣(2004.1—2005.12)　李衡军(2006.1—2009.12)　龙　杰(2010.1—)

副 经 理 刘　煜(2001.1—2001.12)　龙　杰(2002.1—2003.12)　李衡军(2002.1—2005.12)
陈柏林(2004.1—2005.12)　黄玉忠(2006.1—2007.12)
魏小文(2006.1—2006.12、2008.1—2008.12)　周启应(2007.1—)
赵玲玉(女,2010.1—2012.7)　胡　铭(2010.1—)　肖德健(2012.3—)

二、保险业务

(一)保险种类

财产损失保险、责任保险、信用保险、意外伤害保险、短期健康保险、保证保险等人民币或外币保险业务;与上述业务相关的再保险业务;各类财产保险、意外伤害保险、短期健康保险及其再保险的服务与咨询业务;代理保险机构办理有关业务;国家法律法规规定的或国家保险监管机构批准的其他业务。

(二)保费和理赔

2001—2012 年中国人财衡阳市蒸湘支公司保费、赔款一览表

表 8 - 8　　单位:万元

年　度	保　费	赔　款	备　注	年　度	保　费	赔　款	备　注
2001	1200	720		2007	1111	1000	
2002	1300	1050		2008	1439	1700	
2003	1400	1200		2009	1689	1800	
2004	1522	1360		2010	2380	2300	
2005	1443	1380		2011	2051	1298	
2006	1361	1270		2012	2581	1425	

三、获奖情况

中国人财衡阳市蒸湘支公司获奖情况一览表

表8－9

年度	奖励名称	颁　奖　单　位	年龄	奖励名称	颁　奖　单　位
2002	文明单位	市委、市政府	2005	文明单位	市委、市政府
2002	先进单位	中国人民保险公司湖南分公司	2012	先进集体	中国人民财产保险公司湖南分公司
2002	货物运输保险业务星级支公司	中国人民保险公司湖南分公司			

第三节　蒸湘区境内其它保险机构

境内除有中国人寿保险蒸湘支公司、中国人财保险蒸湘支公司外，还有中国人财保险衡阳分公司、中国人寿保险衡阳分公司、中华联合财产保险衡阳分公司等11个保险机构。

蒸湘区境内其他保险机构表

表8－10

名　　称	成立时间	主要负责人（2001—2010）	地　　址
中国人民财产保险股份有限公司衡阳分公司	1980	总经理：郭学辉 陈　新、李素卫	蒸湘北路27号
中国人寿保险股份有限公司衡阳分公司	1996	总经理：刘功生 周荪林、杨　旗 宇卫国	解放大道20号
平安财产保险公司	1995	陈秋林	船山路11号
平安人寿保险公司	1996	甘曙光	解放路141号
太平洋财产保险公司	2000	肖　军	蒸湘南路29号
太平洋人寿保险公司	2001	廖社生	船山路11号
泰康人寿保险公司	2002	陈　嘉	湘江北路22号
天安财产保险公司	2003	贺利华	常胜西路19号
华安财产保险公司	2003	刘贤君	蒸湘南路6号
新华人寿保险公司	2003	张　琦	蒸湘南路69号
中华联合财产保险衡阳分公司	2005	总经理：刘树清	衡邵路107号

第九篇　交通　旅游

第一章　交　　通

第一节　机　　构

蒸湘区成立以前，原郊区曾设交通局管理区内的交通及建设。2001 年 5 月，原郊区交通局成建制移交给衡阳市交通局管理。2006 年 9 月，为推进农村公路建设，经区编办批准，蒸湘区发展和改革局加挂交通局牌子，履行交通局的部分职能。交通局局长由发改局局长兼任。

区交通局 2009 年、2011 年、2012 年分获市人民政府“全市高速公路协调服务工作先进单位”。2010 年、2011 年分获市人民政府“全市交通运输发展目标管理二等奖”。

第二节　公　　路

107 国道衡阳城区改线工程　从北京至深圳的京广公路，编号为 G107 线。1994 年，为缓解 107 国道通过市内而造成的车流量大的压力，衡阳市决定对 107 国道市内城区路段改造为西外环路（后改名一环西路）。西外环线从松木乡荷叶塘（107 国道 K1792 +400 处）南下过蒸水，通过蒸湘区华兴街道，跨 322 国道和湘桂线，接衡枣高速公路衡西连接线（K2 +159、277）处，全长 25.058 公里，于 2003 年 12 月 26 日正式投入营运，其中蒸湘区境内长 11.2 公里。

蒸阳大道　在原省道 1814 线基础上改造，东起市高新技术开发区蒸水桥，西至衡阳县城西渡镇，全长 17.6公里。蒸湘区境内（蒸水桥至呆鹰岭镇鸡窝山）长 6.183 公里。

旅游公路　从雨母山乡二塘村 322 国道至东阳桥头，长 4.6 公里。该路原为农村机耕道，2003 年 7 月开始，雨母山乡采取集资、赞助方式，将该路加宽加高，于 2004 年建设成双向车道的沙石公路，2007 年全部硬化成水泥公路。

062 县道金罗线　在蒸湘区、雁峰区境内，东起衡阳市钢管厂金属仓库，经杨柳、兴隆、301 厂，南止罗金桥，全长 9.16 公里，四级砂石路，有涵洞 38 处，与衡枣公路、322 国道、西外环线、214 省道线相通。

054 县道大同线　市内大元头至呆鹰岭镇同康村，全长 10.767 公里，该路系原省道 1814 线的一段，315 省道线改建，将其调编为县道。

045 县道呆方线　起于呆鹰岭镇，止于衡阳县石市乡方家大屋，长 38.44 公里，蒸湘区境内长 6.5 公里。

214 省道衡同线　为原 1807 省道线，北起衡阳市汽车西站，西至郴州所属桂阳县城郊同益村，全长 231.843千米，在境内长 2.6 公里。

315 省道龙宋线　自攸县龙下到邵东县宋家塘，全长 292.5 公里。在衡阳市蒸湘区长湖塘立交上跨 107 线城区改线西外环线，境内长 4.8 公里。

322 国道衡友线　衡阳至友谊关公路，编号 G322，起于衡阳市汽车西站，止于广西友谊关，在境内长 6.5 公里。

衡枣高速公路　衡阳至永州枣木铺，2000 年 12 月 20 日正式开工，2003 年 12 月 20 日全线建成通车。途经蒸湘区联合街道、雨母山乡，境内长约 3.2 公里，路宽 40 米，双向 4 车道。联合街道杨柳村设置附属衡西连接线，长 8.512 公里。

潭衡（西）高速公路　湘潭至衡阳（西），途经蒸湘区呆鹰岭镇、雨母山乡 12 个村、65 个村民小组，境内长 14.19 公里，在雨母山乡有进出口 1 个。在二塘村设置附属连接线 4.824 公里。

按照国家“十一五”交通规划要求：全国 100% 的乡镇、70% 的行政村都要通水泥路。截至“十一五”末，蒸湘区所有乡镇和建制村均全部通水泥公路，5 年间该区共修建通乡水泥公路 18.9 公里，通村水泥公路 101.9 公里。

蒸湘区农村公路水泥硬化情况一览表

表 9－1

所在区域	公路名称	起点	终点	途经村	里程（公里）	路宽（米）	硬化年度
雨母山乡	雨竹路	柿子坪	六八塘	东阳、雨母、竹雅、灵山	4.1	3.5－5	2005
	东唐路	东阳桥头	唐老屋	东阳、青松	3.1	3.5	2006
	吴赤路	吴公桥	赤水塘	雨母	1.8	3.5	2006
	石雨路	石板桥	雨竹路	新中	3.6	3.5	2007
	二雨路	二塘小桥眼	东阳桥头	二塘、新中、雨母、东阳	4.6	6	2007
	大三路	大皂	三堰	群胜	1.5	3.5	2007
	阳龙路	阳家湾	龙头冲	联胜	1.7	3.5	2007
	东梓路	西外环	东阳桥头	梓木、群胜、东阳	5.3	5	2008
	灵竹路	灵山村徐家	竹雅村	灵山、竹雅	2.5	4.5	2008
	杨新路	杨柳小学	新中村石板桥	杨柳、群益、新中	5.8	3.5	2008
	徐黄路	灵山村徐家	黄花桥	黄花	4.3	3.5	2008
	老码路	322 国道老街	码头行	二塘	1.5	3.5	2008
	阳唐路	阳家湾	唐新屋	青松	1.6	3.5	2008
	畔田路	畔龙桥	杨家祠堂	群益	0.5	3.5－4.5	2008
	梓群路	东梓路大塘角	群益正塘	梓木、群益	4.6	3.5	2008
	仁老路	仁塘	老木塘	群益	0.6	3.5	2008
	东上路	东阳桥头	上锄金塘	东阳、青松	3.2	3.5	2008
	竹罗路	竹雅桥	罗家冲	竹雅	0.5	3.5	2009
	正朱路	正塘	朱家堰	湘桂、互助	1.1	3.5	2009
	王伍路	王乙皂	伍家湾	群胜	2.1	3.5	2009
	三荷路	三堰	荷叶塘	群胜	1.4	3.5	2009
	二菜路	二塘桥	菜雅塘	二塘	1.0	3.5	2010
	堰公路	堰塘	公益	联胜	1.3	3.5	2010
	花映路	花钱井	映山	青松	0.7	3.5	2010
	栗王路	栗木塘	王家皂	联胜	0.7	3.5	2010
	丁陶路	丁家坳	陶家湾	群胜	1.0	3.5	2010
	雨公路	雨母中学	公益	联胜	5.0	3.5	2010

续表 9-1

所在区域	公路名称	起点	终点	途经村	里程（公里）	路宽（米）	硬化年度
联合街道	氮钢路	氮肥厂	钢管厂	北塘	3.0	4.5	2008
	上袁路	上马塘水库	袁家皂	杨柳	0.9	6.0	2009
呆鹰岭镇	振兴路	振兴枫树	衡阳县六中	新阳、振兴、新民	2.2	6.0	2005
	长新路	长塘	新屋组	新平	1.0	3.5	2006
	同心路	桐梓平	齐心	振兴	0.9	3.5	2006
	新堰路	衡阳县六中	堰头村部	新民、堰头	3.7	3.5	2007
	启前路	呆鹰岭中学	前进	新阳	1.4	3.5	2007
	高李路	高家台	李老屋	中平	1.6	3.5	2007
	贾香路	贾里	香花	振兴	0.8	3.5	2007
	同高路	同康	高岭小学	同康、高岭	2.7	3.5	2008
	土松路	白马塘	火箭组	土桥、松陂	4.2	3.5	2008
	鸡高路	东塘口	马村	鸡市、高岭	4.4	3.5	2009
	致富路	贾里	群益	振兴	1.1	3.5	2009
	溪中路	溪田组	刘四屋	溪田、新平、中心	2.4	3.5	2009
	呆板路	呆鹰岭	板桥	新阳、振兴新民、高岭、土桥	6.5	5.0	2009

第三节　水　路

一、航　道

区内通航河道1条，即蒸水。蒸水（又名草河）为湘江支流，全长194公里，其中流经蒸湘区22.3公里。航道宽为150－200米，年平均流量为48立方米/秒。蒸水航道民国时期十分繁忙，是通往衡阳县的水上交通要道。但1959年西渡水利枢纽修建及上游逐级筑坝后，径流大减，自1970年断航。1999年大源渡航电枢纽蓄水后航道等级提升，蒸水水域蒸湘区段全年可通800吨以上船舶。

二、渡　口

2005年以前，蒸湘区共有3个渡口，即呆鹰岭镇中心村杨泗桥渡口、新民村松亭渡口和雨母山乡二塘村码头行渡口。由于公路交通快速发展，渡口逐渐失去其存在的意义，2006年撤销杨泗桥渡口、码头行渡口，2010年9月和2011年12月分别撤销新民松亭渡口和长湖乡松亭渡口。

第四节　铁　路

西合铁路　为衡阳电厂煤运专线，1971年开始修建，总投资903万元。在衡阳火车西站接轨，线路由南向北，穿越雁峰区、蒸湘区、石鼓区、岳屏乡、长湖乡、东方红渔场，跨蒸水，直达合江套来雁塔下衡阳电厂。铁路正线长7.5公里，另有站线、专用线长5.3公里，全长12.8公里。1982年10月1日建成通车。后因公路网络迅速发展,2000年后基本停止使用。2012年8月,市委、市政府决定将西合铁路改建成西合公路。

湘桂铁路 从衡阳通往广西,经过蒸湘区联合街道、雨母山乡,在境内长约9.4公里。21世纪初期,全线分段实施扩能改造,衡阳市内重新修建一条电气化复线(原线改为货运线路),复线途经雨母山乡梓木、群胜、新中、雨母、竹雅5个村,长6.45公里,2009年4月动工,2012年10月通车。

第五节 桥 梁

蒸阳大桥 位于华新开发区。跨越蒸水,连接蒸阳大道。蒸阳大桥为11孔20米跨径预应力空心板桥,全长244.13米,桥面宽为26.6米,2002年3月26日正式动工,2003年1月27日竣工通车。工程总投资879.19万元。

一环西路跨湘桂铁路桥 位于雨母山乡头塘,在107国道城区路段改线之西外环路上,全长503米,跨越湘桂铁路、322国道。

解放西路立交桥 位于国道107线段至衡阳西外环线与解放西路及华新大道的交叉口处,系分离式互通立交。该桥于1997年7月开工,2001年9月竣工,是衡阳市首座大型立交桥。

长湖塘立交桥 是跨越一环西路的一座中型立交桥。2005年5月建成,全长73米,4孔,跨经总长60米,桥面宽16.5米。

西合铁路立交桥 跨解放西路,于1986年修建,该桥3孔,长36.3米,宽13.85米。

第六节 场 站

衡阳中心汽车站 原称汽车西站,坐落在解放西路广场北侧,占地面积39亩。2005年,华新汽车站正式营业后,该站改为衡阳中心汽车站。2009年,市委、市政府决定将中心汽车站予以搬迁,新址位于长湖乡船山路与一环西路交汇处,当年8月开工建设,2011年2月22日建成启用,占地110余亩,总投资1.5亿元。为国家一级甲等大型长途客运站,进站营运车辆850台,每日发送800余个班次,发送旅客3万人次。

华新汽车站 在市高新技术开发区内,位于华兴街道解放大道49号,占地面积119.18亩,属国家一级甲等客运站。平均日发班车310次,日发送旅客1.51万人次。

衡阳西湖货运站 位于蒸湘区廖家湾,属二级站,占地面积11000平方米,站面积4800平方米,库房面积200平方米,堆场面积600平方米。1998年12月竣工。货物吞吐能力为3.5万吨。

衡阳零担货运站 位于雁城路,邻近火车西站,占地面积3528平方米,站房582平方米,库房454平方米,堆场300平方米,停车场2485平方米。1989年竣工,总投资107万元。

西合车站 是国铁衡阳火车西站与西合铁路管理处的交接站,为铁路货运站。1980年底建成,1982年正式投入使用。初建时只有3股道,1988－1992年扩建到6股道,全线分布21组道岔。该站有库房2566平方米,货棚834平方米,货场2948平方米。建有机车水鹤一座,机车简易洗炉棚1个,有运输室、调度室、办公室等配套设施。一次可发列车47辆,最大存车量110辆,一批作业最大装卸量60辆,年货运吞吐能力150万吨,与国铁中型车站规模相同。2000年后改为水果批发市场。

第二章 旅 游

第一节 机 构

蒸湘区旅游局是全区旅游业的主管部门。2001—2004 年,区旅游局工作由区经济贸易发展局兼管。2005 年,区经济贸易发展局更名为商务局,商务局加挂旅游局牌子,商务局安排一位副局长分管旅游工作。

第二节 雨母山风景区

雨母山原名云雾山,因地形影响,易成云起雾,常有云雾缭绕而得名。清雍正年间,执政衡阳的朱道台因久旱不雨,百姓遭灾,便慕名来雨母山赤松子坛祈雨,“虔诚祈拜,雨泽立降”,因说今云雾山无雾,是雨母赐雨,并赐送亲题“雨母山”金匾,是以更名雨母山。2006 年,衡阳市规划成立雨母山风景名胜区,其特点是:

地理位置优越 雨母山位于蒸湘区雨母山乡境内,东连南岳七十二峰之首峰迴雁峰,南靠衡南县海拔 510 米的石牛峰,西接衡南县重镇三塘镇,北邻湘江支流蒸水。主峰海拔 238 米,相对高度约 200 米。距市委、市政府驻地约 10 公里。是衡阳市近郊面积最大、生态最好的一处山清水秀的好地方。

交通条件便利 湘桂铁路及复线、322 国道、衡(阳)枣(永州枣木铺)高速公路、潭(湘潭)衡(西)高速公路穿境而过。衡阳市 K1 路旅游公交车从石鼓书院直达雨母山,规划还修建一条长 10 公里、宽 64 米的“景观大道”,从黄巢公园直达雨母山。截至 2012 年进山公路有 3 条:一是东面从二塘 322 国道经雨母村进山(正门),二是南面从衡阳钢管厂经东阳村进山,三是西北面从三塘经竹雅村进山,均系水泥公路。环山公路和环城公路网已经连接,可谓山里山外,四通八达。

经济资源丰富 雨母山核心区域面积 4.8 平方公里,组合区域面积 20 平方公里。山上植物 53 科 246 种,有林面积 12736 亩,且有保存完整的 106 亩天然香樟林群落、320 亩天然木继木林群落。一般野生动物有野鸡、野猪、野兔、豪猪、山雀、斑鸠、白鹭等 30 余种。国家二级保护动物有穿山甲、虎蚊蛙、白鹇、麝、白颈长尾雉等 10 余种。山中有中型水库 1 座、小型水库 7 座、小溪 3 条、大小桥梁 10 座。周围农村盛产稻谷、茶叶、柑橘、湘莲、塘藕、荸荠,葡萄、草鱼;天然矿泉水系当地特产。

生态环境优雅 雨母山由 16 座大大小小的馒头山,构成起伏不断的山中景观。森林覆盖率达到 78%,空气新鲜,形成天然的生态氧吧,城市的后花园。山中流水潺潺,清澈见底,群山倒映,美不胜收。山区四季分明,雨量充沛,冬暖夏凉,气候宜人。春日杜鹃花开,漫山红遍,竹笋破土,春意盎然;夏夜凉风习习,星光闪烁,湖光映月,鱼跃人欢;秋日山里山外,果实累累,俯拾即是,车载斗量;冬季银装素裹,北国风光,梅花竞放,分外娇娆。

文化底蕴深厚 4000 多年前,华夏五帝之一的帝喾平叛术器,将其斩首于此山,后舜帝南巡为帝喾建祠祭祀,成为全国除河南内黄县帝喾陵以外的第二处祭祀帝喾的活动场所,反映了衡阳历史和与中原文化历史脉络相连之久远;千百年来,山中隐藏着二帝巡游的遗踪,令人神往;各方僧道到此云游,佛香道火经久不息,宗教文化积淀厚重;历史上的反清复明、抗日战争、解放战争以及解放后的“三线”建设,都在雨母山留下了历史遗迹;山中还长眠着辛亥革命志士、抗日战争烈士的遗骸;历代达官贵人来此狩猎巡游、题词作画、勒石留名,无数的神奇故事在民间广为流传……凡此种种,都是雨母山宝贵的历史文化遗产。

第三节　人文景观

一、帝喾祠

帝喾是我国古代"三皇、五帝"中的"五帝"之一。在他尚未继承帝位、封任辛侯的时候,颛顼(zhuān xū "专须")七十八年(公元前2334年),术器盘踞衡阳,兴兵作乱。辛侯受颛顼帝之命,率兵前来征讨,全歼叛军,并将术器斩首于雨母山上。清乾隆二十八年《清泉县志》记载:"案,雨母为治内镇山。尝考《竹书纪年》:'术器作乱,辛候灭之'。沈约曰:'辛侯即帝喾,初封辛侯也。'衡湘传闻,帝喾逐术器于衡阳,斩其首,犹自挚以走,喉言问于途人,告之曰:'已死,乃僵'。"今其地谓之败阵坡、落马桥。

帝喾祠是舜帝南巡到达衡阳为祭祀帝喾而修建的。《清泉县志》载:"昔传重华耒狩,即其地祀帝喾焉。"(重华—指舜帝)。

帝喾祠位于雨母山飞来石之下、石狮子垅正上方。该祠占地3600平方米,分为前殿、后殿、观音殿、注生殿和厢房。建筑庄严典雅、工艺精美。前殿为名山洞府,帝喾塑像镇坐其中。后殿为圆通宝殿,内有由青铜铸造的千手观音。前殿两边的对联是:

圣泽无边德勋长兴天地在,

仙缘有份坛名永垂宇宙间。

帝喾祠历经数千年风雨沧桑,多次被毁,据已查明的历史记载有二次大修和一次重建。第一次大修是明朝工部左侍郎王诏于明成化十四年(1478年)修葺。第二次大修是清乾隆二十八年(1763年),衡州清泉知县江恂进行修缮。1944年6月,侵华日寇进犯衡阳,占据雨母山,帝喾祠遭到极大破坏,祠内和尚、尼姑有的逃跑,有的病死,人去祠空,无人管理,1951年全部倒塌,成为一片瓦砾废墟。1993年,当地人民群众自愿出钱、出物、出力,在原地按原貌进行重建。

二、飞来石

飞来石位于雨母山东侧石狮子垅岭上,是由3块形态各异的石头组成的一个大石堆。传说是从南岳衡山飞过来的,故名飞来石,此岭就叫飞来石峰。

传说4000多年前的帝喾时代,飞来石上面可摆24桌酒席。后经几千年的日晒雨淋、风化侵蚀和人为破坏,体积越来越小,形状也发生了变化。20世纪50年代,飞来石还有5座巨石,巍然屹立,巨石上方有一个小水井,那时小朋友常爬上去,用手捧水喝,或吮吸,清甜可口。1958年,全民大炼钢铁,因巨石上锈迹斑斑,有人误认为飞来石是铁矿石,就用锤敲铁撬,把能搬动的石头都抬走了。2006年,飞来石只剩3块巨石组成,高3.9米,周长13.8米。

三、赤松子坛

赤松子是古代传说中的得道仙人,系神农雨神,也是帝喾雨师,能呼风唤雨。《列仙传》载:"赤松子者,神农时雨师也。服水玉以教神农,能入火自烧。往往至昆仑山上,常止西王母石室中,随风雨上下。炎帝少女追之,亦得仙,俱去。至高辛时,复为雨师。今之雨师本是焉。眇眇赤松,飘飘少女,接手翻飞,冷然双举。纵身长风,俄翼玄圃。妙达巽坎,作范司雨。"

赤松子坛是赤松子在衡阳求雨的地方,该坛就设在飞来石上。每当久旱不雨,只要赤松子登坛作法,就"雨泽立降"。久旱遇甘霖,人们欢喜若狂,农作物茁壮成长,一片丰收景象。人们为感谢赤松子,称赤松子为"雨之母",赤松子坛为"雨母坛"。清乾隆二十六年(1761)年,清泉知县江恂因公至山,用篆书题写"赤松子坛”四字(从右至左,字径0.25厘米×0.25厘米)于飞来石南面,以彰古迹。

四、落马桥

落马桥位于雨母山乡竹雅村贺家冲组,是竹雅村贺家冲与衡南县三塘镇三元村秋薄井的界河桥。原称石板桥,公元前2334年,辛侯奉命平定术器之乱,将术器追至桥上落马,辛侯斩首术器于此,故称“落马桥”。300多年前,秋薄井的谭家人一直不旺,便请人看风水,说是对河贺家山是鸬子化身,而河西秋薄井山是鱼的化身,鸬、鱼相克,鱼要被鸬子吃掉。于是谭家人中的大力士们把桥拆掉,将桥墩搬至下游500米处,仍按原桥形状垒起,上盖10块条石板供人行走。桥搬迁后,风水未变。1989年,修建乡村公路,当地组织人工废除桥面石板,铺成钢筋水泥,桥面可以通车,但桥墩依旧。现桥面长35.7米,宽3.5米,高4米。

五、挖钱井

挖钱井座落在青松村牛头山脚下,此地两边是青山,只有一条狭窄小道西通广西桂林,东通衡阳常宁等地。明朝时期,有一位江湖阔佬患腹痛腹泻病,久治不愈,身带盘缠四处寻医问药,路过此地,口渴难忍,见山脚石缝有泉水溢出,便用手捧水解渴,不料顿感腹中清凉,疼痛感消失。再往前行走,感觉越来越清爽,不再腹泻。于是,他便原路返回,把看病的钱币投入接水喝的石缝中,以谢“圣水”治病之恩。后来当地百姓发现石缝中有不少钱币,便挖石取币,谁知石缝太窄太深,挖进一寸,钱币便往石缝里掉一寸。久而久之,钱币没挖出,反倒在石缝中挖出了一口水井,后人便称此井为“挖钱井”,因而远近闻名。井水清凉可口,清澈透明,没有任何杂质。越遇天旱,泉水越大,可供附近上千人饮水。

六、皂荚树

皂荚亦称“皂角”。该树位于青松村皂荚树组村级公路旁。树高约14米,树粗3.3米,树龄600年以上。春夏开黄白花,秋季结满长条形果子——皂荚。该树全身是宝:荚果可治痰多咳喘、中风口噤,亦可用于洗发、洗衣之用;荚子能润肠通便,主治肠燥便秘;荚刺能祛毒排脓,主治痛肿疮毒。树干木质坚硬,是制作家具、农具的上等好料。当地群众十分喜爱并尽力保护这颗皂荚树。1944年,日寇侵略衡阳,企图放火烧掉这颗树,他们在树周围堆放了柴草,已经点燃火把,正准备放火时,恰巧天公作美,突然下起大雨,皂荚树免于一死。每当春夏时节,枝叶繁茂,皂荚树就象平地撑起一把巨伞,小孩在树下追逐嬉戏,大人围坐在树干边乘凉、纳鞋、打毛线,或者谈天说地,别有一番情趣。

七、雨母湖(原红旗水库)

雨母湖座落在雨母山以南、七里山之间,是1958年由当地红旗人民公社社员修建的一座中型水库。水库坝高30米,坝面宽4米,坝长200米。水库水面330亩,最宽水面有300余米。水面蜿蜒曲折,全长1000余米,跨越灵山、东阳、青松3个村,周边其他10个村均可受益。既可用于水利灌溉,又可发展渔业生产,还可休闲钓鱼、乘船浏览两岸风光。

八、雨母山庄

雨母山庄位于帝誉祠西北山脚下(原名区委党校),2002年3月29日落成。占地面积30亩,共有房屋4栋,建筑面积3000余平方米,设大小教室2个,大小会议室2个,食堂1个,餐厅7间,标准客房40间,豪华套间12套,共计100余张床位。同时设有茶座、舞厅、美容美发、灯光球场等活动场所。整个山庄在三面群山环抱之中,林木葱葱,景色宜人,是学习、会议、休闲的理想选择之地。

九、雁雨寺

雁雨寺位于帝喾祠正下方石狮子垅,占地30亩。2004年9月27日举行落成庆典,2005年10月23日举行开光仪式,正式对外全面开放。整个寺庙为三级梯田式结构。第一级为山门,第二级为天王殿,第三级为大雄宝殿(佛堂),总建筑面积4400平方米,其佛堂1000平方米,48根立柱。整个建筑庄严、雄伟、典雅。不仅能容纳众多的烧香拜佛者,而且比丘住房还能为100多位香客提供住宿。是蒸湘区重要的宗教场所。

十、陆家新屋

清乾隆二十九年(1764),雨母山乡的陆氏族人,在群益村修建了陆氏宗祠,占地面积1700平方米。该建筑具有明代建筑风格。1856年,同族人士陆成祖(1838—1891),投笔从戎,参加清军,曾统领湖北襄河水师正左营、健捷正营、健捷左营和陆军成胜左右两营。因战功突出,保至记名提督,晋赠"振威将军"。功成名就后,准备建造府第,为了区别于老的"陆氏宗祠",地点选在离宗祠不远的新桥村(现蒸湘区华兴街道新桥管理处),经过3年努力,于光绪七年(1881)十一月十五日落成。该屋依山伴水,坐北朝南,条石基础,砖木结构,墙为青砖墙,屋顶盖小青瓦,楼面扎木板,圆木梁柱和横梁上雕有镀金龙凤花草。木制门窗,窗台制有推拉板。正面建四扇悬山墙,墙上画有古代人物,嵌有清代瓷盘和护墙铁杆。设有槽门和2条侧门及16个小瞭望窗,窗上雨棚有浮雕。二进四厢,共有房屋32间,建筑面积2170平方米。2005年重新维修。时任湖南省文物局局长谢辟庸称:该屋是衡阳市区现存的为数极少的古代居民建筑之一,具有较高的历史和艺术价值。整个建筑装饰十分讲究,木雕、彩绘、堆塑内容丰富,工艺精湛,为研究晚清民居建筑和装饰风格提供了重要的实物资料。

1944年衡阳保卫战期间,奉命驰援衡阳解围的国民革命军62军曾在此与侵华日寇116师团发生遭遇战,至今墙上的炮眼、弹洞仍然清晰可见。因此,陆家新屋既是罕见晚清建筑,又是珍贵的抗战遗址。2006年6月,经湖南省人民政府批准,陆家新屋为省重点文物保护单位。2008年,衡阳市将"陆家新屋"开辟成"抗战纪念馆"。

十一、赤松观

赤松观始建年代不详,毁于1944年日寇炮火。根据2007年湖南省宗教事务局《关于同意恢复重建衡阳市赤松观的批复》文件批准,2010年5月11日湖南省道教协会筹资开始动工重建。

赤松观位于雨母山飞来石南面。占地面积36亩,建筑面积3156.48平方米,由三进院落、五个殿堂组成。第一进为灵官殿,供奉护法神王灵官;第二进为吕祖殿,供奉八仙之一的吕洞宾祖师和功名之神文昌帝君;第三进为赤松殿,供奉赤松观主神太虚真人赤松子;左侧是慈航殿,供奉救苦救难的慈航道人(观音),掌管世间婚姻的月老、赐人子孙的送子娘娘;右侧是财神殿,供奉武财神关圣帝君、救死扶伤的药王孙思藐、人文始祖五帝之一的帝喾。生活区有丹房1栋,由2个院落和花园组成,可供道士、道姑或香客住宿。

新赤松观于2012年落成,该观与雁雨寺(佛教)毗邻而居,成为继中国南岳后又一个佛、道共存圣地。

十二、谢彬墓

谢彬原名作法,字兰桂,号晓钟,祖籍衡南县东阳乡石桥村(现为蒸湘区雨母山乡群益村)。1887年出生于衡阳县金兰寺。1904年考入清泉高等小学堂,1911年毕业于衡州府中学堂,1912年进入日本早稻田大学专攻政治经济学。在留日期间,与孙中山、黄兴、廖仲凯、林伯渠、董必武。黄炎培等人结识,献身国民革命的意志更加坚决。1914年参加了孙中山创立的"中华革命党",为阐发孙中山的三民主义、捍卫共和、反对帝制写了许多文章,甚为孙中山所赏识。

1916年,谢彬从日本学成回国,在湖南督军公署任职。同年10月,奉孙中山之命,以财政部特派员身份前往新疆考察,历时15个月,写成30余万言的《新疆游记》,孙中山欣然为之作序,称赞他为“诚古人所谓大丈夫哉,亦吾所钦为有志之士也”,还说读了此书,“其兴起吾国前途之希望,实无穷也”。新疆归来后参加了五四运动。1919年在上海主编《民心周报》,后任中华书局特约编审。与当时名流李大钊、陈独秀、蔡元培、胡适之等人均有交往。在此期间写成《中国关税史》《中俄划界痛史》。1921年,他回到衡阳,讲学于第三师范,著有《记载文范》《周秦诸子研究》《民国政党》《蒙古问题》等书。

1923年,应孙中山之召,在广州大本营任经济顾问。不久,专程赴云南考察,归来后,写成《云南游记》《中国丧地史》《全国一周》等书。1924年后,写出《中国邮电航空史》《西藏交涉史》《国防与外交》《西藏问题》等书。1926年参加北伐战争,先后任国民革命军第6军(林伯渠任政委,程潜任军长)、第8军(唐生智任军长)秘书长。以后调任国民党政府军事参议院参议,代行军事参议院院务,授中将军衔。

大革命失败后,因愤世嫉俗,曾息隐家园,潜心著述,著有《中国铁道史》《短篇游记》《经济学新论》《家庭经济新论》《中国政治学》《中国债史》《新湘军志》等。抗日期间一度受聘于湖南大学,任历史系主任、教授。1947年,任衡阳船山中学校长。

谢彬是一位著名的爱国者、杰出的著作家。他毕生著述30多种1000万余字,公开出版的就有27种。周恩来总理赞扬他“是个宝贝,……是位博学多才的人,是一本活字典”。

谢彬于1948年9月病故,终年61岁。他死后与夫人合葬于雨母山乡群益村。墓地约100平方米,墓碑为汉白玉石,碑面为刘大年书“爱国学者谢晓钟夫妇之墓”,碑左是国父孙中山为《新疆游记》所作之序亲笔石刻,两旁还有石碑刻有程潜、程星龄、唐生智等人的题词。程潜的题词是“清风如在”,唐生智的题词是“歼我明懿”。墓地周围饰以柱头圆雕及各种瑞兽。2002年10月21日,蒸湘区人民政府将谢彬墓列为区级文物保护单位。2004年7月,区人民政府拨款,区委统战部牵头,对谢彬墓进行了维护修缮。

第四节　旅游开发

2001年,蒸湘区把雨母山旅游资源开发作为发展经济、招商引资的工作重点之一,做了大量前期考察、论证工作,编辑了以雨母山旅游开发项目为主的《蒸湘区招商项目汇编》手册。7月,区长徐建中拜访了香港中华慈善总会会长郑苏薇女士,就雨母山旅游开发项目进行推介,双方达成了共同开发意向。

2002年3月,雨母山庄落成,占地面积30亩,建筑面积3000余平方米,设有客房、教室、会议室、食堂、餐厅及活动场所等。4月2日,区人民政府决定,建立雨母山自然保护区,并就有关问题下文通知。

2003年2月28日,区委、区政府成立雨母山旅游区建设协调领导小组。组长:罗厚坤(区委副书记),副组长:汪秋明(区委常委、组织部长)、刘红丹(区委常委、雨母山乡党委书记)。

2004年9月27日,从2001年底动工修建的雨母山雁雨寺建成。该寺占地面积30亩,建筑面积4400平方米,分为山门、天王殿、大雄宝殿3级梯式结构,为当时蒸湘区唯一合法宗教场所。

2006年3月21日,衡阳市城市规划委员会发文,经专家评审通过,同意衡阳市规划设计院2005年12月编制的《衡阳市雨母山风景名胜区总体规划方案》。该《方案》将雨母山规划成旅游活动区、郊游休闲度假区、民俗文化观光区、游乐猎奇探险区、雨母圣山幽静区5个区域。

2008年5月23日,衡阳市公共交通公司开通了从石鼓书院至雨母山客运站的旅游公交专线(K1路)。

2009年7月10日,蒸湘区人民政府与市广播电视局签订《中国南岳衡山·雨母山影视文化创作基地合作开发意向书》。计划用地3000亩,总投资10亿元,预计8—10年打造中南地区最具影响力、最具特色、最大的影视文化创作基地。7月14日,市委常委、宣传部部长阳新丽到雨母山现场调研,同意将雨母山建成国内一流的文化主题公园,打造红酒文化基地、百姓休闲基地和影视文化创作基地。11月6日,蒸湘区人民政府与浙江雅仕林集团公司签订“雨母山雅仕林生态休闲博览园”合同,计划总投资20亿元。

2010年2月21日,市长张自银在雨母山庄主持召开市长办公会,专题研究推进雨母山整体开发问题。

进一步明确雨母山开发定位为郊游性生态公园，要求由市规划局牵头，面向国际或国内进行招标设计，加速编制高标准的总体规划，同意先期启动雅仕林雨母山体育生态公园和会所建设。4 月 1 日，市委常委、副市长谢宏治主持召开会议，专题研究雅仕林项目建设问题，明确市政府成立雅仕林雨母山项目领导小组，谢宏治任组长，蒸湘区政府区长陈树生任领导小组办公室主任。5 月 11 日，经湖南省宗教事务局批准，湖南省道教协会对始建于清初、毁于 1944 年侵华日寇炮火的雨母山赤松子观开始动工重建，占地面积 36 亩，建筑面积 3156.48 平方米，2011 年完成主体工程建设。

第十篇　城市建设

从郊区到蒸湘区，最大的区情是由农村变为城市。面对工作环境、工作对象的变化，2001 年 7 月 19 日，中共蒸湘区委第一次全体(扩大)会议提出：在思想观念上要树立城市意识、服务意识、改革意识、艰苦创业意识和发展意识。要求全区各级各部门要迅速把工作重点从农村转向城市，学会研究城市、建设城市、管理城市、经营城市。

2001—2012 年，蒸湘区积极配合省、市部门在辖区内修建了一环西路、衡枣高速公路连接线、红湘南路、潭衡西高速公路、立新大道、衡州大道等 10 条大道，改造了红湘北路、解放西路、船山西路等 9 条主次干道和 101 条背街小巷，城市骨架全面拓展。按照衡阳市安排，开展了城内“四场一厕”(停车场、水果批发市场、菜市场、夜宵市场、公共厕所)和乡镇“五小设施”(小食堂、小澡堂、小卫生间、小阅览室、小文体活动室)建设。新建了平湖公园、城西污水处理厂、市中心汽车站、蒸水南堤风光带。水、电、气基础设施跨越蒸水河，到达呆鹰岭镇。

与此同时，有计划、有步骤地改造老城区。先后对太平小区、红湖塘小区、立新小区进行了提质改造。区内破旧房屋得到改造，砖砌围墙一律推倒，空中网线全部下地，低矮、拥挤、杂乱无章的棚户区，有 4 个得到改造，有 3 个正在改造中。

为保护生态环境，建设“绿色蒸湘”，全区开展了“三边(城边、水边、路边)植树”“捐植一棵树，共育爱心林”“十万乔木进雁城”“创建园林式单位”等活动。至 2012 年，全区共义务植树 26.1122 万株，建设公共绿地 278.757 万平方米，城市绿化率达 37.04%，创建园林式单位 43 个，其中市级 28 个，省级 15 个。

2012 年 7 月 7 日，中共蒸湘区委下发《关于加快推进山水宜居新城建设的意见》，提出以产业新城、生态新城、文化新城、和谐新城等为重要支撑，争取用 3－5 年时间，初步把蒸湘区建设成为生态环境优美、社会文明和谐、产业结构合理、城市功能完善的现代山水宜居新城区。

第一章　机　　构

第一节　机构沿革

蒸湘区建设局的前身为衡阳市郊区建设局，2001 年 5 月郊区建设局更名为蒸湘区建设局。内设机构有办公室、市政建设股、法制股、重点办、绿化办。2012 年，全局在职干部、职工 21 人。局办公地点原驻市红湘北路 8 号，2009 年 10 月搬迁至船山大道 18 号蒸湘区机关办公大楼 9 楼。

第二节　领导名录

局　　长：陆元德（2001.5—2001.11）　陆魁祝（2001.12—2004.12）
　　　　　文建常（2004.12—2006.4）　肖芳云（女，2006.4—2008.6）
　　　　　郑成庚（2008.6— ）
党委书记：何加倦（2002.3—2005.6）　郑成庚（2005.7—2008.6）
　　　　　晏建才（2008.6— ）
副 书 记：陆魁祝（2001.12—2004.12）　文建常（2004.12—2006.4）
　　　　　肖芳云（2006.4—2008.6）
纪委书记：陈冬球（2002.3—2005.7）　李亚辉（女，2009.5— ）
副 局 长：王立刚（2001.5—2002.3）　何加倦（2001.5—2003.1）
　　　　　李诗凡（2001.8—2002.3）　肖军生（2002.3—2005.8）
　　　　　郑成庚（2003.1—2008.6）　钟成海（2006.4— ）
工会主席：晏建才（2005.7—2009.4）　王　巍（2009.5— ）

第二章　道路建设

第一节　道路修建

按照衡阳市职责划分，城市主干道（双向6车道以上）和次干道（双向4车道）的修建、维护、改造由市级负责，区级负责背街小巷（双向2车道）的修建、维护与改造。2001—2012年，蒸湘区积极支持配合省、市部门在辖区内修建了一环西路、衡枣高速公路衡西连接线、红湘南路、蒸湘南路延伸工程、潭衡西高速公路、立新路、衡州大道、雁城西路、石塘路、西合路的相关路段。

一、一环西路（107国道衡阳市城区路段改线工程）

107国道途经衡阳城区。1994年，市委、市政府决定将107国道城区路段改建成市一环西路，起于松木乡荷叶塘，南下跨蒸水、322国道、湘桂铁路，利用衡枣高速公路衡西连接线，过湘江三桥，接107国道，全长25.058公里。该路途经市郊区5个乡镇、2个国有农场的19个行政村、50个村民小组，长19.7公里。郊区范围内共征地1710.09亩，拆迁居民住房328户、村民住房320户，房屋总面积74643.2平方米。该路于1996年11月破土动工，其征地拆迁工作绝大部分都是在郊区完成的。2001年4月衡阳市行政区划调整，郊区撤销后，分别由蒸湘区、雁峰区、珠晖区接手，按照各自的地域划分，相继完成后期和扫尾工作，其中蒸湘区境内长11.2公里。该路于2003年4月10日全线贯通，投入试运行，12月26日正式通车营运。

二、衡枣高速公路衡西连接线

衡枣高速公路衡西连接线，北起杨柳跨线桥，南至衡枣高速衡西收费站，全长8.512公里。途径蒸湘区联合街道杨柳村、雨母山乡梓木村,共9个村民小组,长3.2公里。该线原设计路面宽25.5米,从城市建设发展需要出发,市政府向省政府请示,将路面加宽到40米,并将其中6.11公里路段与市西外环路"合二为一",获得批准。蒸湘区共征地408.5亩(含建衡枣高速公路管理处征地90.5亩),拆迁村民住房27户和1所杨柳小学,总面积3376平方米。全线于2003年12月26日正式通车。2004年4月,蒸湘区被湖南省衡枣高速公路建设指挥部评定为征地拆迁和协调工作先进单位。

2009年5月,市人民政府决定对衡西连接线进行提质改造,将路幅宽由原来40米拓宽到65米,并增设地下管线沟、地下人行通道、绿化、路灯、环卫设施、交通设施等。其间,蒸湘区征地43亩,拆迁房屋2418.62平方米,8天时间内全部完成任务。

三、红湘南路

红湘南路是红湘北路向南的延伸。北起解放西路,南与衡州大道(火车西站附近)相接,全长1130米,路幅宽26米,其中车行道14米,双向4车道,两侧人行道各6米,是蒸湘区境内的一条城区次干道。该工程由蒸湘区采取市场运作方式,引进衡阳市福泰房地产开发有限公司承建,区城市建设投资公司作为国家开发银行贷款主体和道路建设协调管理部门,参与道路建设。建设期间,得到市政府及市直相关部门的大力支持。公路途经红湘、联合2个街道的3个村民小组,征地44.85亩,涉及3个仓库、6个改制企业、近500户居民的房屋拆迁,总拆迁面积达5万余平方米。不仅拆迁面积大,而且地下网线密布,地上杆线林立,并要从3座山中穿越,因此施工环境相当艰难,加之贷款资金不能及时到位,工程进度非常缓慢。从2004年9月25日正式动工,到2008年12月20日竣工交付使用,持续了4年多时间。共挖运土石方38万立方米,清淤换土47200立方米,填土夯实37400立方米,铺设改性沥青路面15820平方米。

四、蒸湘南路二期工程

蒸湘路由蒸湘北路和蒸湘南路组成,是城区南北方向的一条主干道。蒸湘南路一期工程从解放大道至湘桂路,全长1.01公里,于2003年12月建成通车。二期工程从湘桂路至四方新屋南侧,全长6.82公里,路幅宽64米,其中车行道34米,两侧绿化带各9米、人行道各6米。该路途经蒸湘区联合街道北塘村和南三角线、风口、洪家湾3个社区居委会,长983米,共征地94.17亩,房屋拆迁涉及到火车西站、市煤炭局、市汽车制配厂、市氮肥厂、市锅炉厂、区三厂子弟学校等12个国有企事业单位、203户住户,总拆迁面积47467.99平方米(其中居(村)民住房20456.02平方米,企事业单位用房27011.97平方米)。征地拆迁工作从2005年6月开始,到8月完成。整个道路二期工程于2008年11月30日建成交付使用。

五、潭衡西高速公路

从湘潭至衡阳(西)高速公路,途经蒸湘区呆鹰岭镇、雨母山乡2个乡镇、12个村、65个村民小组,主线长14.19公里,附属连接线4.824公里。境内共征地1800余亩,拆迁房屋221户、6.2万平方米。蒸湘区按照"一个项目、一名领导、一套班子、一抓到底"的模式和要求,扎实推进工程进度。2007年4月,区协调指挥部派出16名工作人员起草摸黑奋战21天,就完成村民征地拆迁工作,成为湖南省内重点工程大面积征地拆迁速度快、效果好的范例,被市委、市政府评为一等奖。蒸湘区拆迁工作经验被市八大媒体采访推介,《衡阳日报》配发评论员文章《蒸湘速度的启示》。该路于2011年10月15日全线通车。

六、立新大道

立新大道东起蒸湘北路易赖西街口,西至蒸水河边城西污水处理厂,全长5140米。该路是蒸湘区境内一条东西方向的城区次干道。2007年7月28日动工修建,由"冠都"集团全额投资,路幅宽32米,其中车行道22米,双向4车道,两侧人行道各5米。途经蒸湘街道红湖、杨辉桥、温家台3个社区,长湖乡立新、大立、长湖、松亭4个村的23个村民小组，共征地173亩，拆迁10家企业和153户居民房屋3.3万平方米，到2009年7月，从蒸湘北路易赖西街口至松亭村松亭小学一段正式通车，剩余1000余米暂未修通。

七、衡州大道

衡州大道东起武广高速铁路的新园路，西至京珠高速复线潭衡西高速，全长18.7公里，路幅宽64米，双向6车道。该大道是城区东西方向的一条主干道，堪称衡阳市城区“第一大道”。大道第一期工程长8.45公里于2006年1月开工建设，2009年7月正式通车。第二期工程建设于2009年8月启动，长10.25公里，其中途经蒸湘区红湘街道联合村，联合街道岳屏村、北塘村、杨柳村，意兴、西站、幸福路社区居委会以及雨母山乡的湘桂、二塘村，长约4公里。境内共征地660亩，涉及35家企业、919户居（村）民的房屋拆迁，总拆迁面积15万平方米。为了打好拆迁“攻坚战”，区委、区政府先后从区直机关、乡镇街道抽掉215名干部（其中9名区级领导），组成17个工作组，深入细致做好群众工作，从2009年8月5日开始动拆，到2010年2月7日圆满完成了蒸湘区历史上拆迁量大、矛盾复杂、参与人员多的征地拆迁工作。

八、雁城西路

雁城西路东起蒸湘南路，西至石坳农贸市场，全长1.6公里，路幅宽23米，其中车行道15米，两侧人行道各4米。该路段全在蒸湘区境内，地处城市中心，房屋密集，人口众多。途经红湘街道联合村、联合街道岳屏村，共征地148亩，拆迁14个单位、276户居民住房共6.06万平方米，修建安置房11栋。2006年11月，衡阳市引进香港裕合国际发展有限公司修建，到2010年9月底，从石坳农贸市场至土地庙一段建成通车，土地庙至蒸湘南路口280米长的地段，因市无线电二厂改制未完，无法拆迁，暂未打通。

九、石塘路

石塘路一期工程，西起西合铁路，东至石坳路油漆厂，全长870米，需拆迁房屋2.1万余平方米，预计投资6808.7086万元。2011年已办理道路立项、规划用地手续，完成了道路施工图设计。2012年开始动工建设10000平方米的拆迁安置房，西段征地拆迁工作已经完成，东段因市油漆厂要改制搬迁，尚未完成。

十、西合路

西合公路原是市内一条西合铁路，1982年10月1日建成通车，全长12.8公里，其中：正线长7.5公里，支线长2.679公里，站线长2.63公里。主要用于运送煤炭、粮食、水果、液化气、危险化学物品等。后随着公路运输网络的日益完善和沿途某些企业停产关闭，西合铁路的运输功能完全丧失，而阻碍交通、污染环境、浪费资源等副作用逐渐显露出来。经过充分讨论，市委、市政府于2012年8月16日作出规定：将西合铁路建成西合公路。

西合路蒸湘段南起衡州大道，北至蒸水南堤，全长4.5公里，沿途涉及3个街道1个乡。24个企事业单位。因公路扩宽，需征地75.16亩、拆迁房屋29722.39平方米，迁坟603座。征地拆迁工作于2012年第四季度开始，分二期进行，2013年完成部分拆迁工作。

第二节 道路改造

一、红湘北路

红湘北路南起解放西路,北至衡州监狱家属区。该路的提质改造是分三段进行的。

红湘北路南段(解放西路至船山西路),全长1806米。2002年初,市人民政府确定4个城区各改造一条样板路,蒸湘区选择了这一路段。从2002年2月至12月底,经过10个月的努力,投入资金380余万元,拆除沿路两旁违章建筑8000余平方米和吊挂式防盗网4.4万平方米,清洗外墙5.31万平方米,硬化路面2.53万平方米,铺设人行道板1.43万平方米。做到全路段路旁全部栽种桂花树,路旁人行道全部铺设花岗岩板,路旁管线全部下地,是4个城区各改造一条样板路中标准最高的一条。

红湘北路北段(船山西路至立新路),全长540米。2004年7月至8月,对路面进行全面维修,两侧人行道由水泥路面改铺彩板砖4000平方米,更换路沿石400米,硬化土路口5个250平方米,新装果皮箱30个。

红湘北路北段延伸线(立新路至衡州监狱家属区),全长425米。该路段属于新建城市道路,由衡南县亚鑫建筑工程公司于2007年9月18日至12月18日承建。路幅宽26米,其中车行道14米,双向4车道,两侧人行道各6米。铺设水泥路面5950平方米,铺设人行道彩板砖5100平方米,道路两旁栽种樟树142棵。

二、解放西路

解放西路在蒸湘区境内,东起蒸湘路交叉口,西至华兴立交桥,全长1.9公里。改造工程从2003年5月8日启动。按照市委、市政府要求,车道改水泥路面为改性沥青混凝土面,人行道板换成火烧花岗岩板,管线全部下地,临街建筑物按统一规划设计要求的标准和风格实施立面改造,蒸湘区负责改造工程中两旁房屋的拆迁。为此,蒸湘区成立协调领导小组,至9月30日止,共拆迁房屋6.3万平方米,清洗墙面18.6平方米,粉刷墙面4.7万平方米,使该路面貌一新。

三、老衡邵路(红湖塘路)

老衡邵路从市中医院后面的蒸湘北路口,到鸿运数码广场一侧的解放西路口,全长550米,宽13米,是全市一条有名的脏乱差的小街道。2003年,区委、区政府决定将其改造成一条样板街——红湖仿古商业步行街。采用市场运作方式建设,7月11日开始动工,先后拆除违章建筑1万余平方米,清运渣土7600立方米,水泥硬化路面7500平方米,铺设人行道花岗岩板7000平方米。沿街兴建9栋综合楼、89个门面,建筑全部采用仿古园林式风格,画雕结合,小品点缀装饰。到2004年5月1日建成营业。

四、船山西路

船山大道由船山东路与船山西路组成,是市内一条东西方向的主干道。原船山西路东起蒸湘北路,西至西外环路跨线桥,全长1.8公里。2003年8月进行提质改造,将原路幅宽28米加宽到44米,其中车行道21米,双向6车道,两侧绿化带各5米,人行道各6.5米。车道改水泥路面为沥青路面,人行道板改成花岗岩板,空中管线全部下地。蒸湘区负责改造工程中道路两旁房屋拆迁工作,从8月28日至9月25日,共拆迁房屋5万余平方米(其中民房3万余平方米),拆除吊挂式防盗网1万余平方米。整个道路改造于12月30日完成。

2006年5月,市委、市政府决定在原省道1814线的基础上,建设船山西路延伸工程。该工程从西外环路跨线桥到蒸水风光带,途经蒸湘区长湖乡长湖村、松亭村2个村的7个村民小组,全长3.2公里,将路幅由原来11米加宽到44米,双向6车道。蒸湘区组织强有力班子,负责协调征地92.2亩、拆迁房屋12536.6平方米,安置46户、169人。整个延伸工程于年底竣工通车。

2010年6月,衡阳市启动对船山西路延伸工程的提质改造,将原路幅44米扩宽至84米,其中车行道44米,双向8车道,两侧绿化带、人行道各20米。需征地187.2亩(其中路幅征地79.2亩,安置征地108亩),拆迁房屋100866平方米(其中项目拆迁68400平方米,安置地拆迁34266平方米)。蒸湘区组成专门班子,日夜坚守征拆一线,历时二个月,完成征地拆迁任务,确保提质改造工程顺利进行。同年12月,船山西路提质改造全面完成。

五、常胜西路

常胜西路在蒸湘区境内,东起蒸湘北路,西至南华大学东大门,全长860米。2004年7月动工改造,到9月完工,更换路沿石850米,拆除吊挂式防盗网1000平方米,更新和新装路灯46盏,新装果皮箱44个。北面人行道增添花坛,种植花、草1000平方米。

六、天马山南路和衡祁路

天马山南路起于天马山立交桥,途经老汽车西站广场,至衡祁路变电站,全长989米。主路面宽8米,两侧人行道各2－9米不等。从2005年6月27日动工,至9月21日全部完工,共投资183万元,维修路面3100平方米,铺设沥青3500平方米,铺彩色人行道板砖5300平方米,砌路沿石1500米,维修下水道880米,路旁栽种樟树138棵,建花坛200平方米,安装路灯21盏、果皮箱38个。

七、蔡伦大道

蔡伦大道是一环西路的改名。该路于2003年建成通车后,因车流量大,适应不了新的形势,市委、市政府决定将老322国道至衡大高速公路交叉路口段改造成蔡伦大道,全长6620米。路幅宽由原40米加宽至65米,其中车行道45米,双向6车道,绿化带2米×6米,人行道2米×4米。车道改水泥路面为沥青路面,人行道为花岗岩贴面,配套建设排水、路灯、交通标识和环卫设施。该路改造分三段进行:座落在市高新技术开发区内的南段(船山西路跨线桥至322国道)长3200米,由市建设局负责承建,2006年6月动工,12月底竣工;座落在蒸湘区内的北段南头(船山西路跨线桥至蒸水桥)长920米,由香港冠都国际集团公司出资组织建设,蒸湘区负责做好征地35.45亩、拆迁房屋18600平方米的工作,2006年8月动工,2008年6月竣工交付使用;座落在石鼓区内的北段北头(蒸水桥至衡大高速与西外环路交叉口),长2500米,由浙江雅士林集团公司投资修建,2007年11月动工,2009年10月竣工通车。

八、S315线(鸡市段)

315省道线(鸡市段)从华新开发区蒸水桥到呆鹰岭镇鸡窝山,与蒸阳大道相接,途经呆鹰岭镇新阳、中平、新平、鸡市4个村、29个村民小组,全长6.183公里。该路段在2001年之前,已由衡阳县筑好路基。2002年下半年,蒸湘区以市场运作方式,对其进行改造,征地15亩,拆迁民房48户,将路面加高0.3米,加宽3米,并进行路面硬化,形成路幅宽40米,其中车行道36米,双向4车道,两侧人行道各2米。2009年,投资4000万元,将全段路面铺设改性沥青,两侧安装路灯344盏。

九、道源路

道源路原名立新开发区一纵道,又名新院路。南起船山西路,北至立新大道,全长700米,宽14米。由于年久失修,早已破损不堪。2010年9月12日动工改造,将路基开挖,重新夯实路面,铺筑水泥混凝土,并铺设15公分厚的沥青层。对下水道实施改造,共埋设直径为500毫米的排污管2条、直径600毫米的雨水管2条。人行道铺设花岗岩火烧板。两侧花坛重新修复。全部改造工程于12月9日竣工通车。

十、背街小巷

蒸湘区的背街小巷改造,是按照全市统一部署进行的。改造的标准是:路面硬化、平整、无积水、无坑洼;下水道畅通,无污水外溢,井盖平整齐全;人行道平整,铺设的道板不松动、无残缺;路灯设施齐全,亮灯率达到100%;因地制宜进行绿化,配套完善环卫设施和消防设施。从2003—2012年,共改造背街小巷101条,全长30.059公里,共耗资1748.6万元。2004—2008年,蒸湘区连续5年获全市背街小巷改造工作第一名。

蒸湘区改造背街小巷情况一览表

表10-1

年度	条数	被改造道路名称	总长度(公里)	耗资金额(万元)
2003	2	红湘小区路　勤俭东巷	0.5	62
2004	15	联合新村路　学院路　静园路　石坳路　红湖塘路　太平路　来雁路　易赖西街　立新小区一、二、三纵道　立新小区一、二、三横道　红湘路	12.42	330
2005	12	西站正街　勤俭西巷　爱民路　瓦子坪路　市场路　老衡邵路　大元头市场路　衡祁路西二巷　青华山路　两路口路　公平路　胜利山小学路	3.5	232
2006	7	南平路　北平路　船山巷　市游泳场路　衡祁路西一巷　廖家湾路	1.95	176
2007	4	西合粮库路　西合路口路　勤俭北巷　红湘北路北段延伸线(新建道路)	1.229	140
2008	15	天宇路　蒸湘世纪城东一巷　星城巷　书香路　广电中心路　观音塘路　西站小学左巷　煤气站路　城南电业局路　客车厂路　规划设计院路　乡镇企业局路　爱尔眼科西巷　许家村路　立新北路	2.25	327.6
2011	17	规划局北巷　廖家湾南段　裕康巷　立新二纵道南段　立新五巷　湘环苑北巷　湘环苑南巷　立新二纵道北段　立新九巷西段　立新后巷东段　立新一巷　立新七巷　立新六巷　立新49栋北巷　立新安置四组　立勤路　黄古塘路	3.788	235
2012	29	公平路—长湖路　公平路—太平中路　太平西路—北平路　北平路—太平北路　太平东路　太平北路　北平路　南平路　便民路　瓦子坪路东段　瓦子坪路西段　公平路　银瑞路　爱莲路　电力路　太平55—60栋道路　文英路　学院北路　红湖塘支路　静园路一巷　静园路二巷　蒸江市场旁路　农开办路　衡钢外环路—2号门路　衡钢新街口—幼儿园路　幼儿园—衡钢中学站　衡钢中学—14路车站　衡钢中学—医院路　怡馨花园—幼儿园路	4.422	246
合计	101		30.059	1748.6

第三章　小区提质改造

蒸湘区成立前后，各坐落单位和房地产开发商先后在辖区内建设了93个居民住宅小区。随着时间的推延，小区建设规划越来越好，标准越来越高。为了提高城市品位，改善居民生活环境，蒸湘区有计划地对2001年以前建设的太平小区、红湖塘小区、立新小区3个老的小区进行了全面提质改造。

第一节　太平小区

太平小区原为郊区西湖乡太平村农业用地，1982年规划为城市居民小区，1985年3月动工，1995年建成。小区占地32.8万平方米，先后建有单位住宅和商品房168栋，有居民3万余人，是全市最大的一个居民小区。小区内设有太平一社区和太平二社区两个居委会。

2002年2—4月，在挂点联系的市委副书记单保重的组织安排下，该区组织突击队，对太平小区一社区进行了重点整治。修整小区道路面积4123平方米，铺设水泥道板2200平方米、彩色道板318平方米，安装照明路灯108盏。将7个单位家属院的砖砌围墙推倒，修建通透式围墙3766米，对太平小区花园进行了翻新改造，在花园中央开辟500平方米的圆形活动场地，新修石子游路(健身路径)413米，铺设草皮1800平方米，栽种桂花、铁树、红桎木等名贵树种77棵，建设女贞绿篱2464米，安装园林灯11盏，并制作4幅大型壁画，让太平小区花园变了模样。

2005年4—5月，蒸湘区又重点整治了太平小区二社区。区、街两级筹资60余万元，改造了社区内4条道路，硬化路面、空坪17400平方米；砌筑花坛68个，修补花池248米，新挖花池坊496.4米，加填黄土468平方米，种植樟树124棵、乔木446株，新增绿地2700平方米；新建、改建下水道194米，疏通下水道410米，修补散水沟3846米，清理化粪池64个，补换化粪池盖板24块、沟盖板110块。使小区内做到了路平、沟通、地绿、灯亮。

第二节　红湖塘小区

红湖塘小区位于原静园宾馆及老衡西市场，由于城市建设经费投入不足，小区环境极差。2003年，区委、区政府成立“一点一线”指挥部，决定对“一点”——红湖塘小区和“一线”——红湖塘路(老衡祁路)进行提质改造。对小区的改造是从4个方面进行的：①拆除违章建筑7377平方米，拆除吊挂式防盗网6312平方米，清运渣土3894立方米，清沟378米，清理化粪池6个。②改造静园路，硬化路面1650平方米，新砌下水道150米，砌筑沉砂井28个，安装路灯8盏。③清洗外墙4826平方米，外墙涂漆18476平方米，平整硬化地面2000平方米。④改造围墙560平方米，建文化墙165米、680平方米，砌花坛526平方米。使小区变了模样。

第三节 立新小区

立新小区原是郊区长湖乡立新村的一块农业用地，在全国大搞开发区的热潮中，郊区于1993年开始筹建立新个体私营经济开发区（简称立新开发区），于1994年10月动工修建，首期开发用地300亩，采用“前店后厂、上宅下店”的建筑格局，到2000年，先后建成3条纵道、15条横巷，56栋房屋、1000余个门面和1个集贸市场，总建筑面积40余万平方米。建设初期，该小区由于没有纳入城市统一规划，所以规划起点低，市政基础设施落后，道路硬化率只有50%，而且房屋间隙小，绿地稀少。

2004年4月至6月，蒸湘区区委、区政府成立立新小区文明创建领导小组，对小区内3条纵道和15条横巷全部进行了维修，并且打通了第2纵道，硬化路面6100平方米；拆除乱搭乱建的违章建筑4000余平方米、围墙400米、吊挂式防盗网12000平方米、废电杆40根；添置花盆170盆，新植树270棵，新增绿地4300平方米；新装路灯48盏，添置果皮箱80个，而且改造了小区用电设施，成立了清扫保洁队，实行全天候清扫保洁。由于创建成绩突出，被市创建文明城市领导小组评为第一批优胜单位。

2009年9月，衡阳市民政局将立新小区第一纵道命名为道源路，第二纵道命名为向明路，第三纵道命名为家福路。小区内十五条横巷，由船山西路向立新路依次排列命名为“立新一巷”到“立新十五巷”。

第四节 示范片区

按照市人民政府的安排部署，蒸湘区于2011年、2012年分别对示范片区进行了提质改造。

2011年，示范片区提质改造范围为蒸湘北路以西，蔡伦大道以东，船山西路以北，蒸水南堤以南，总面积2.419平方公里，涉及立新、大立2个村及立新一、立新二、廖家湾、温家台、大元头、莲花、红湖、阳辉桥8个社区。5月开工后，共投入资金3160万元，提质改造道路21条，修复路面41260平方米，铺设沥青37650平方米，铺花岗岩人行道板32540平方米；修筑下水道14620米，疏浚下水道26630米，化粪池清淤3062座；安装消防栓30座；栽种树木32660株；拆除防盗网39470平方米、雨棚12674米、违章建筑1340平方米、广告牌1440块；规范停车位686个、非机动车位2450个；对违章占道经营进行专项整治5次，规范各类摊担215处，并搬迁了立新九巷马路市场、立新广场夜市、停车场，清理城市“牛皮癣”45000余条；添置垃圾收集桶1260个、果皮箱1080个、保洁车156辆，清理陈年垃圾及屋顶垃圾450吨，清洗外墙186560平方米、粉刷墙面8450平方米；安装路灯84盏；统一更换门店广告牌9760平方米，实行一店一牌，并做到规格、尺寸、字体、色调、安装“五统一”；安装路段和楼栋标志标牌394块，新装小区信息栏、广告栏、阅读亭63处；规范管线29800米，砌管线沟70米，整改自来水管14430米，移装水表3160块；建设文化墙1400平方米，实现平改坡12栋8064平方米；安装彩灯1处。全力打造立新小区健身广场，新建2个塑胶羽毛球场、1个塑胶篮球场，添设6张乒乓球台，在广场周边配备健身器材，建成了居民休闲、运动的理想场所。

2012年，示范片区提质改造范围：东起蒸湘北路，西至一环西路，南起解放西路、北至船山西路，涉及蒸湘街道的太平一、太平二社区，红湘街道的联合新村、学院路、南华、红湖塘、吉祥社区及联合村，长湖乡的衡邵社区、立新村。另将衡钢生活区作为单独一个项目列入片区提质改造范围。总面积2.272平方公里，共投入资金2800余万元。

片区道路改造：修筑路面13447平方米，铺设沥青45389平方米，铺花岗岩人行道板18738平方米；修筑下水道5890米、疏浚下水道20250米，清淤化粪池1914座，建设改造花坛12450平方米，设置道路标志及标线52688米。

配套设施完善:新建消防栓3个,安装路灯39盏,新增垃圾桶551个,保洁车135台,果皮箱239个。新栽乔木613课,灌木3421平方米,阅报亭51个,健身器材12套。

片区环境整治:拆除违章建筑408平方米、门店招牌(广告牌)2144平方米、临时棚701平方米、防盗网1273平方米,清理"牛皮癣",管线整理60494米。

临街建筑"穿衣戴帽":外墙清洗41218平方米,新增门店招牌4373米。

第四章　房屋建设

第一节　机关办公用房建设

一、区机关办公用房

蒸湘区成立后,2001年5月至2009年10月仍然使用原郊区机关大院(市莲湖路6号)办公。因郊区机关大院地处石鼓区范围内,故蒸湘区区委、区政府多次向市委、市政府书面请求搬迁。2006年8月18日,衡阳市城市规划局下发《关于同意调整蒸湘区机关大院迁建项目用地规划的批复》。《批复》指出:"同意你区机关大院拆建项目选址定位于长湖乡立新村立新大道北侧,用地面积300亩",后又调整为215亩。考虑到立新大道北侧位置较偏,群众来此办事不便,区委、区政府领导便与长湖片区综合开发商——香港冠都国际集团有限公司衡阳阿波罗置业有限公司负责人协商,相互置换土地81.3亩,将机关大院新址向南移动1000米,位于船山西路北侧、船山西路与长丰大道交汇处(长湖乡长湖村3组和市高新技术开发区金星村10组内),阿波罗置业有限公司表示同意,双方于2007年7月3日签订《土地置换协议》,8月10日报经省建设厅批准同意。土地手续办好后,该区对新址内的97户住房进行了拆迁,拆迁面积32600平方米。

2007年12月26日,郊区机关大院实施拍卖(该宗土地使用面积13305平方米,房产总面积21762.86平方米),最终由长沙星河苑房地产开发有限公司以7080万元的价格拍得。

2008年8月19日,蒸湘区新机关办公大楼正式动工,由衡阳市雁能建筑设计研究有限公司设计,河北远大工程咨询有限公司监理,湖南省第四工程公司承建。整个建筑由三部分组成,即正面为办公大楼主楼,东侧为政务中心,西侧为会议中心。建筑为框架结构,总建筑面积30504.2平方米。其中,办公大楼主楼为12层(地下2层,地上10层),建筑面积23900平方米;政务中心4层,其中:地下2层(含半地下结构)、地上2层,建筑面积3638.76平方米;会议中心4层,其中地下2层(含半地下结构)、地上2层,建筑面积2965.44平方米。

2009年10月27日,蒸湘区机关大院举行升国旗仪式,正式投入使用。全区区直系统除民政局、教育文化体育局、司法局、科技局、环卫局、城管办、人民法院、人民检察院、疾病控制中心、妇幼保健院、人力资源和社会保障局的就业局11个单位分散在市内多个地点外,区委、人大、政府、政协及其所属的37个单位均集中在新机关大院办公。

二、乡镇(街道)办公用房

蒸湘区下辖2乡1镇,长湖乡和呆鹰岭镇一直沿用老的办公用房。其中,长湖乡办公楼进行过装修,呆鹰岭镇办公楼进行过部分改造。

雨母山乡办公楼始建于20世纪70年代,共3层,砖木结构。因年久失修,基脚下沉,墙面四周有多处横向裂缝,横梁(樟木)也有不同程度的腐烂。2009 年,衡阳市危房鉴定中心鉴定为 D 级危房。为了机关干部的安全,乡党委决定将原办公楼推倒重建。2009 年 7 月动工,12 月底竣工投入使用。新办公楼共 3 层,总建筑面积 2300 平方米,除全乡所有站所办公室外,另设有大会议室、小会议室、食堂等,系一栋综合性的现代化办公楼。总投资 120 万元。

蒸湘区共设 4 个街道办事处,其中蒸湘街道和华兴街道一直沿用老的办公用房。

红湘街道办事处系新组建单位,借用区财政局原一栋五层楼房中的两层楼房办公。2007 年 12 月,衡阳有色冶金机械总厂破产改制,经区领导和街道领导多次协商争取,该厂将位于解放西路 29 号的一栋两层楼的食堂与澡堂无偿赠送给街道办事处。街道办事处对此楼进行了维修改造,共投资 120 万元,将其改造成两栋连体楼房,中间为四层,两侧各两层,建筑面积 1309.17 平方米,成为一栋全新装修、设备齐全的办公楼,并办好自有产权手续。2009 年 7 月投入使用。

联合街道办事处成立后,先借用该街道岳屏村的岳屏招待所第五层楼办公。2007 年,街道办事处出资 119.90 万元,购买了市远大房地产开发有限公司开发建设的"雁城花苑"E 栋第二层,稍加改造后作为办公用房,同年 6 月投入使用,面积 632 平方米。地址是市西站正街 9 号。

三、村部办公用房

蒸湘区共有 42 个行政村,除华兴街道 8 个村外,蒸湘区直接管辖 34 个行政村。2001—2012 年,34 个行政村中有 17 个行政村沿用老办公用房,有 17 个村的村部办公楼进行了搬迁重建。

蒸湘区各乡镇街道新建村部情况一览表

表 10 - 2

所在乡镇街道	村部名称	村部旧址	新建村部时间	新建地址	总投资(万元)	总建筑面积(平方米)
雨母山乡	黄花村	山冲组	2007 年	水架塘组	13	280
	灵山村	灵山小学	2007 年	大水组	20	600
	竹雅村	竹雅小学	2007 年	村林场	18	240
	二塘村	二塘街	2010 年	豆腐塘组	21	500
	新中村	新塘组	2009 年	社公塘组	22	350
	群胜村	毛塘组	2008 年	三堰组	50	700
	青松村		2009 年	郑家组	19	260
呆鹰岭镇	高岭村	村小学	2009 年	陈屋组	18	270
	松陂村	村小学	2005 年	月塘组	8	110
	振兴村	村小学	2006 年	桐子坪组	23	360
	新平村	村小学	2010 年	村安置小区	100	400
	鸡市村	村小学	2008 年	上市组	100	1000
	同康村	刘泽民家	2009 年	六组	100	270
	中平村	村小学	2007 年	伍家台和吕老屋组	15	240
	新阳村	村小学	2006 年	莲花组	200	1000
	土桥村	村小学	2008 年	上院子组	10	210
	堰头村	肖林春家	2008 年	褚大屋组	7	102

第二节　机关职工宿舍建设

2001—2007 年,蒸湘区人民政府及其所属各部门单位均未新建机关干部宿舍。考虑到郊区撤销、蒸湘区成立后,机关干部调进调出较多,有的干部没有住房,有的干部住房面积太小,加之机关大院整体搬迁后,干部居住分散,上班较远,乘车不便,区委、区政府决定从机关大院规划用地中留出部分土地新建机关干部宿舍,取名“蒸湘雅郡”,位置仍在立新大道北侧(长湖乡大立村 4 组、5 组和松亭村 11 组内),占地面积133.7 亩。

2008 年 8 月 18 日,成立蒸湘雅郡协调建设小组,由区委副书记邓准德任组长,祝和东、李艳丽(女)、刘红丹、邹可成、陈光华(常务)、王国保(常务)任副组长。当月组织集资报名,10 月 6 日进行第一次集资交款,集资交款户共 788 人。12 月,组织“三通一平”(水通、电通、路通、场地平整)及围墙、护坡建设。年底,经单位推荐,成立蒸湘雅郡业主委员会,由政协副主席陶敦建任主任,高冬生、罗初银为副主任。

2009 年 2 月,经专家评审,总体规划设计方案由中南工大设计院中标。方案多次修改后于 9 月 9 日经衡阳市城市规划委员会审议通过。按照规划设计,该项目设计楼房 24 栋,其中楼梯房(6 +1)7 栋、156 户;电梯房(11 +1)6 栋和(17 +1)11 栋,共 826 户;另建会所 1 个,中心花园 1 个,老干活动中心 1 所,地下停车场 1 个,地上车库 150 个。10 月,由市迪尔设计院进行施工图设计。

2010 年 4 月,进行桩基和地下室招标报名。6 月 7 日,经定价抽签,桩基工程由衡阳长江建筑工程公司中标,地下室工程由衡南工程公司中标。8 月 5 日,蒸湘雅郡项目举行奠基开工典礼,两工程公司进入场地施工。至 2010 年 6 月底,桩基和地下室工程基本竣工。通过公开招标,地面工程分别由衡阳市衡州、长坤、鸿宇、鸿翔、禹班、启辉 6 个建筑公司中标承建,至 2011 年底,6 个标段的 24 栋住宅主体工程完工。2012 年开始装饰。

第三节　保障性住房建设

一、棚户区改造

棚户区是指城市建成区范围内,简易结构房屋较多、使用功能不全、房屋建成年限较长、建筑密度较大、基础设施较差、安全隐患突出、集中成片 50 户以上的居住区域。

2011 年 3 月,蒸湘区接到省、市相关文件后,迅速组织各乡镇街道做好全区棚户区的前期调查摸底和资料申报工作。4 月 11 日,区委、区政府成立蒸湘区城市棚户区改造领导小组,主要组成人员是:政委唐文峰,组长陈树生,副组长祝和东、刘红丹(常务)、冯加业、邹可成、张荣华、蔡冬云、雷鸣。领导小组下设办公室,郑成庚(建设局长)兼任办公室主任。4 月 22 日办公室全部按省、市资料申报要求,分别到市规划局、市国土局、市住建局和市环保局办理了规划选址意见书、项目用地批文、设计方案批文和环评报告批文,且上报省建设厅审批通过。按照轻重缓急原则,当年计划改造南华大学北门、湘粤名城周边、雁城西路旁 3 个棚户区,涉及 1178 户,需拆迁房屋面积 102455 平方米。完成征地拆迁工作后,即开工建设 1178 套住房,总建筑面积 102455 平方米。当年竣工 253 套,建筑面积 42355 平方米。

2012 年,蒸湘区上报 4 个棚户区改造项目,涉及 1291 户,即立新棚户区 79 户,大立村棚户区 354 户,船山西路棚户区 740 户,神龙大地棚户区 118 户。共需拆迁房屋面积 124838.8 平方米。规划建设住房 2170 套,总建筑面积 287845.56 平方米。当年,4 个棚户区改造的征地拆迁工作全部完成,大立村、船山西路、神龙大地3个棚户区改造项目安置地建设已全面动工,立新棚户区改造项目安置房建设进入甲乙双方签订合同阶段。

二、廉租房建设

蒸湘区廉租房建设2009年开始启动,市政府下达3年任务3200套(2009年500套、2010年1000套,2012年1700套)。该区选择2处建设用地,一是红湘街道联合新村联合山头,占地42.9亩,拆迁户420户,拆迁面积2.5万平方米,安置面积2.2万平方米,拟建廉租房392套。该项目于2009年底完成拆迁任务,2011年6月破土动工,至2012年底,8栋安置房建设全部完成;廉租房建设为29层电梯房,已建至25层。二是雨母山乡湘桂村蒸德家园,占地410亩,拆迁户115户,拆迁面积4.8万平方米,迁坟415座,拟建安置房9栋、廉租房32栋共2000套。该项目于2011年6月动工,至2012年底,9栋安置房建设基本完工,32栋廉租房在建19栋,均完成主体工程建设。

第四节　商品房建设

一、建设及销售概况

2005年以前,辖区内机关事业单位开展集资建房,形成许多单位家属院落,大多是7层以下的楼梯踏步房。2005年以后,由于国家政策不允许非法集资建房,因而商品房建设不断增加,而且住房建设由低层向高层、由楼梯踏步房向小高层或高层电梯房、由单套式向复合式、由传统型向西洋型发展。辖区内先后建起了富安大厦、憬华花苑、都市村庄、蒸湘教苑、中天星城、中泰峰境、名仕华府、广电花园、芙蓉佳苑、衡阳名郡、香榭丽舍、香格里拉、蒸湘世纪城、融冠·水映豪庭、冠都现代城等数十个楼盘、数百栋住房。商品房销售情况良好,据衡阳市房地产信息中心公布的统计数据,2010年,衡阳市城内5个区域(蒸湘区、珠晖区、石鼓区、雁峰区、高新区)累计销售住宅商品房24731套,其中蒸湘区内销售15171套,占销售总量的61.3%。2011年、2012年分别占市内5个区域销售总量的61.9%、60.2%。

二、楼盘选介

(一)都市村庄

位于红湘北路76号。由中房集团衡阳房地产开发公司分三期建成。占地面积150亩,建筑面积11万多平方米,共建有楼梯房7栋、12层电梯房8栋、会所1栋,总户数718户,户型110－280平方米不等。建有游泳池、综合球场、健身房。容积率为2.1,绿地率35%,绿化面积18000多平方米。村庄以5800平方米的休闲广场为主轴,雁园、龙园、凤园环绕四周,体现和谐、优雅、美观、环保、现代的设计理念,将历史文化、园林景观、小区建筑、休闲娱乐巧妙结合,构成小区独有生态环境。为扩大空间,庄内建筑一层均采用架空处理,提供业主360个车位。采用智能化全封闭式物业管理,以楼宇对讲、闭路电视监控、周边防范报警、电子巡更、消防联动报警、停车场管理、小区出入口自动道闸等智能系统提供全天候安全保障。

(二)蒸湘世纪城

位于立新大道40号。由衡阳市房地产管理局下属百花房地产开发公司开发建设,是以国家住宅工程中心实验基地和省“安居示范工程”标准规划建设的大型住宅小区。工程分二期开发,第一期工程占地面积120亩,建筑面积16万平方米,共建有楼梯房26栋、会所1栋,总户数816户,分别有10多种户型,绿地率40%,500个固定停车位。第二期工程名为香槟小城,由衡阳吉锐房地产开发有限公司投资建设。占地面积110亩,建有楼梯房2栋、电梯房4栋,总户数890户,户型为95平方米的二室二厅到308平方米的五室三厅。绿率地35.2%，容积率4.76。小区内设有大型休闲健身会所、双语幼儿园、游泳池、篮球场、羽毛球场、中心广场。园内大树林立，绿荫环绕，小桥流水，景观步道。该世纪城具有优美的居住环境，完善的配套设施，丰富的历史文化内涵和全方位的物业管理，是21世纪新型居住小区。

（三）中泰·峰境

位于红湘南路10号。由衡阳中泰银联房地产开发有限公司投资建设。占地面积153.0亩，总建筑面积36万平方米，分为三期开发，建有楼梯房6栋、电梯房14栋，总户数2667户，户型为88－310平方米不等。该项目处在一个生态园林山地上，小区通过5米高架空层和景观带，将花园住宅、豪华会所、国际幼儿园收纳于青山绿水之中，为住户营造一个交流、休憩的共享空间，并借助国外最好的设计师，融入最新的生活理念，在健康、文化、生活和服务等方面投入巨资，为雁城人民提供全新理念的高品质的生活场所。

（四）融冠·水映豪庭

位于立新大道32号。由衡阳融冠房地产开发有限公司投资建设。占地面积270亩，总建筑面积500000平方米。分四期开发，建有楼梯房15栋、电梯房18栋，总户数3860户。设计了多层、小高层、高层、洋房、叠拼等居住形态，36－180平方米的一居到五居户型。绿地率36.58%，建筑密度20.1%，容积率2.9。建筑立面采用西班牙风情欧式建筑风格，红瓦坡屋面，米黄色外墙，花岗岩底层贴面，铁艺花架、钟楼等传统西班牙建筑元素，色彩明亮高贵，热情奔放。所有建筑坐北朝南，大开向、大格局、大视野，入户花园，超大阳台，外飘270°的八角落地窗。内有近5000平方米的商务会馆，有健身房、瑜珈室、棋牌室、羽毛球场、幼儿园等，沿立新大道还规划了一条12000平方米的西班牙风情商业街。是城中定位高端的西班牙风格大盘。

（五）冠都现代城

位于船山大道、蔡伦大道与立新路之间，由香港冠都国际集团有限公司衡阳阿波罗置业有限公司开发建设。总占地面积3184.5亩，规划为3个功能区共23个地块，其中A区为居住区16个地块，B区为公共配套区4个地块，C区为商业服务区3个地块。总建筑面积约500万平方米，总投资43亿元，总住户27098户，至2011年建成18－26层电梯房39栋。整个建筑以科学规划理念，引入“公园式”模式，各功能区采用了不同的表达方式与品质特色，强化各小区的识别性与独特性。小区内规划有三大主题公园、78万平方米的新加坡式的纯美园林，3.1公里长的空中景观长廊，6000平方米现代图书馆，1个城市商务中心，1个亲水广场，三大情景商业休闲区，二大会所，7所幼儿园，2所小学，2449个停车位。采用新加坡物业管理模式，24小时全天候高科技智能化安防系统。冠都现代城将成为蒸湘区可容纳12万人的现代化综合开发的长湖新片区。

第五章　城市绿化

第一节　“三边”绿化

一、义务植树

2002年以来，每年植树节（3月12日），区政府均组织区直机关、事业单位干部职工在呆鹰岭镇、雨母山乡或“三边”（城边、水边、路边）参加义务植树活动。2002年义务植树60000棵，2003年42000棵。2004—2009年少数不能投劳的单位，采取“以资代劳”的方法完成每人3棵的任务。2012年，全区开展“捐植一棵树，共育爱心林”活动，要求机关处级干部每人捐500元，正科级干部每人捐300元，副科级干部每人捐250元，一般干部每人捐200元。栽种的树木将以捐植人姓名挂牌留念。至2012年，全区共义务植树261122棵。

2002—2012 年蒸湘区义务植树情况一览表

表 10 - 3　　单位:棵

年　度	义务植树数	年　度	义务植树数	年　度	义务植树数
2002	60000	2006	4000	2010	53564
2003	42000	2007	3800	2011	46211
2004	4000	2008	3200	2012	25347
2005	4000	2009	15000	合　计	261122

二、建设公共绿地

蒸湘区广泛动员各乡镇街道、各坐落单位、各住宅小区,充分利用水边、路边、屋前屋后、空坪隙地,种植树木花草,建设公共绿地,改善生态环境,打造宜居新城。

2005 年,全区范围投资 253.8 万元,新建绿地面积 4.88 万平方米。其中,太平小区投资 10 万元,新建公共绿地 2800 平方米;南华大学投资 6 万元,新建公共绿地 1200 平方米;中房集团都市村庄投资 10 万元,新建公共绿地 1000 平方米;中天星城投资 30 万元,新建公共绿地 2000 平方米;湖南科技经贸职业学院投资 35 万元,新建公共绿地 8000 平方米;衡钢集团有限公司投资 42.8 万元,新建公共绿地 2.38 万平方米;蒸湘世纪城投资 120 万元,新建公共绿地 1 万平方米。

2007 年,衡阳市下达该区完成公共绿地建设 5000 平方米的任务,实际完成 28 万平方米,完成市任务的 56 倍。其中,长湖乡新建公共绿地 27.8 万平方米,红湘街道新建公共绿地 2000 平方米。

2009 年冬和 2010 年春,浙江雅仕林集团有限公司,为了开发建设雨母山休博园,在租赁的 3500 亩山地中,先期进行林相改造 1100 余亩,共投资 3000 余万元,种植珍贵、优势树种 30 余种,其中有桂花 2386 株,银杏 2426 株、罗汉松 968 株、红豆杉 3466 株、广玉兰和红花玉兰 2501 株、香樟 4936 株,紫荆 336 株、紫薇 317 株、乐昌含笑 709 株、枫香树 421 株、茶花 400 株、鹅掌秋 400 株,迎春花 7600 株、女贞 86000 株、春鹃和夏鹃 101000 株等。

2010 年 1—5 月,蒸湘区按照市委、市政府的部署,积极开展“十万乔木进雁城”大型绿化活动,成立高规格的领导班子,制定了实施计划,将植树任务分成五种类型:小游园、小广场由区政府负责;背街小巷由区直部门负责;社区小公共绿地由各乡镇街道负责;单位院落由各座落单位负责;在建楼盘由楼盘开发商负责。1 月 18 日,召开全区动员大会,到 5 月 31 日,共植树 53564 棵(其中大乔木 42226 棵,小乔木 11338 棵),完成市政府下达任务 14500 棵的 369.4%。全区共打造了区机关大院、太平小区花园、红湘南路口、红湘北路(市农业局旁)、雁城西路、立新大道西段、老 1814 线、315 省道线、永华花苑等 11 个亮点。共投入资金 515 万元,其中区财政 380 万元,区直各部门 70 万元,各乡镇街道 65 万元。

2002—2012 年蒸湘区公共绿地建设及绿化覆盖率一览表

表 10 - 4

年　度	完成公共绿地建设(平方米)	绿化覆盖率(%)	年　度	完成公共绿地建设(平方米)	绿化覆盖率(%)
2002	21400	29.5	2008	40000	35.85
2003	217810	33.90	2009	66800	36.10
2004	48000	33.42	2010	27000	37.03
2005	48800	34.93	2011	4560	37.04
2006	2030000	35.17	2012	3200	37.04
2007	280000	35.45			

第二节　园林建设

一、公共园林建设

(一)平湖公园

平湖公园位于蒸湘区船山西路与蔡伦大道交会处，坐落于长湖乡长湖村内。2006年11月开始，由市高新技术开发区投资建设，占地面积498亩，其中征地400亩，租赁水库98亩，拆迁房屋3.92万平方米。该公园是衡阳市区规划面积最大的开放式健身休闲公园。园内体育设施一应俱全，建有篮球场(2个)、排球场、网球场、羽毛球场、门球场、溜冰场、乒乓球场。群众健身设施集中国内目前最齐全的花样品种，并且建有少儿游玩器材；园内水上休闲别开生面，有一个98亩水面的石狮堰水库，水上设有咖啡船，建有目前衡阳唯一的吊索桥，全长65米，可载荷32吨。湖边有回廊、酒吧、钓鱼台，且有耗资200多万元的彩色音乐喷泉，能伴随音乐旋律节拍，360度上下左右旋转喷出60米高的水柱，其规模和档次排名全省前列。该公园于2007年10月1日正式对外免费开放，绿地总面积28.22万平方米。由长湖乡长湖村负责管理，平湖公园管理处与长湖村村委会，实行一个机构、两块牌子。

该区境内大型公园还有生态公园、杨柳(船山)公园、太阳广场，均由市高新技术开发区投资建设、直接管理。

(二)蒸水南堤风光带

2004年，衡阳市启动流经衡阳市城区的湘水、耒水、蒸水的“三江六岸”的规划建设，按照“保护优先、开发有序”的原则，注重自然生态景观与人工生态景观的协调一致，建设堤、路、风光带相结合的“塑城工程”。蒸水流经蒸湘区沿河两岸为雨母山乡、呆鹰岭镇和长湖乡。蒸水南堤东起市公路局，西至高新技术开发区，全长8.5公里。南堤风光带建设分三期进行，第一期工程为西外环线蒸水桥上下游各600米，总长1.2公里，于2010年2月动工，年底竣工交付使用。第二期工程为市公路局至新院路口，全长1.46公里，于2011年7月30日动工，至2012年底完成。修建好的风光带宽30米，其中车行道18－20米。风光带内修筑了花岗石栏杆、亲水平台、草皮护坡、休闲亭及景观，并建有停车场。

二、创建园林式单位

蒸湘区把创建园林式单位作为创建文明城区的一项重要工作来抓。每年年初，将创建任务量化、细化到各乡镇街道和有关座落单位，并签定目标责任状，确保创建任务落到实处。2002—2012年，该区共创建园林式单位43个，其中省级15个，市级28个。

蒸湘区省、市级园林式单位一览表

表10－5

座落区域	单位名称	市级	省级
蒸湘街道	市电业局	√	√
	市公路局	√	
	市环保局	√	
	市农业局	√	
	中国人民银行衡阳市中心支行	√	
	长沙医学院衡阳分院	√	

续表 10－5

座落区域	单　位　名　称	市　级	省　级
蒸湘街道	蒸湘区地税局	√	
	蒸湘区实验小学	√	
	中房都市村庄	√	
	憬华花园	√	
红湘街道	市中医院		√
	南华大学		√
	市艺术学校	√	√
	中国农业银行衡阳市分行	√	√
	95338 部队	√	
	市工商局	√	
	蒸湘区公安分局	√	
	衡阳县公路局	√	
联合街道	衡钢集团有限公司		√
	市水文局	√	√
	衡枣高速公路管理处	√	√
联合街道	华湘香榭丽舍小区		√
	市六中	√	
	市气象局	√	
	市石油公司	√	
呆鹰岭镇	湖南科技经贸职业学院		√
	市机电工程学校	√	
	湖南花香实业有限公司	√	
	湖南湘变电工制造有限公司	√	
长湖乡	蒸湘区人民政府	√	√
	衡阳广播电视中心		√
	市长途线路局		√
	市规划局		√
	中央储备粮衡阳直属库	√	√
雨母山乡	市第三人民医院南院	√	
	市伟业矿山机械有限公司	√	

第六章 环境保护

第一节 机 构

一、机构沿革

蒸湘区环境保护局的前身系郊区环境保护局,2001年5月郊区环境保护局更名为蒸湘区环境保护局,内设机构有:办公室、管理股、监理股,二级机构有环境监测站。2002年10月,根据《关于环境保护局管理股更名为区环境保护监察大队的批文》,环境监理股升级为蒸湘区环境监察大队,属副科级事业单位,系局二级机构。2005年增设法制股。2010年,增设固体废弃物与大自然保护股。蒸湘区环境保护局移交给衡阳市环境保护局管理,更名为衡阳市环境保护局蒸湘分局。内设机构有:办公室、环境监察监测股、环评与生态保护股、污染防治股、辐射与固体废物管理股。2012年,全局在职干部、职工36人。办公地点驻蒸湘北路勤俭巷6号。

区环保分局2001年获省爱委会"文明卫生单位",2011年获市纠风办"市直政风行风建设示范单位",2012年分获"湖南省环保系统第六届文明建设先进单位""湖南省环保系统先进集体"称号。

二、领导名录

局　　长:蒋家林(2001.5—2009.4)　周平扬(2009.4—)
党组书记:贺光龙(2001.5—2003.7)　陈高军(2005.10—)
纪检组长:李小英(女,2001.5—2005.7)　吴莹琰(女,2005.7—)
副 局 长:夏爱民(2001.5—2003.10)　李培虎(2001.5—)
　　　　　何　莉(女,2003.4—)　陈高军(2003.10—)
　　　　　谭敏雄(2006.4—2008.8)
工会主席:彭小龙(2005.8—)
监察大队大队长:张　欣(2005.7—2012.12)
教 导 员:陈高红(2007.8—2012.12)

第二节 环保宣传

2002年1月,蒸湘区认真传达贯彻国务院召开的第五次全国环境保护电视电话会议精神,区委、区政府作出四项决定:一是切实加强对环保工作的领导,由区、乡(镇、街道)各级党政一把手亲自抓,负总责;二是在经济结构调整过程中,突出环境保护。工业结构调整要大力倡导清洁生产,农业结构调整要突出抓好绿色农产品和无公害农产品的生产;三是社区环境管理要重点抓好油烟污染和噪声控制;四是以贯彻此次会议为契机,在全区进行广泛深入的环境教育。4月,环保局在区委党校开设环保专题讲座,重点讲述环境保护与可持续发展、环境保护的法律法规等方面的内容。6月5日,利用"世界环境日"开展各种宣传活动,包括环境知识咨询、版报展出、演讲比赛、环保灯会等,唤起人们的环保意识,提高人们的法制观念。

2003 年,广泛开展儿童环境教育活动,在区属各中小学开设环境教育课程,统一发放环境保护读本,不定期地组织环保工作者给中小学生讲授环保知识和环境保护的重要性。“6 · 5”世界环境日,全区制作版报 20 块,横幅 15 条,集中在蒸湘街道太平小区花园展出,并开展了环保义务咨询和群众环保歌曲比赛,对获胜者给予了物资奖励。

2006 年,利用“6 · 5”世界环境日、“9 · 16”世界科普日、“12 · 4”全国法制宣传日,开展宣传教育活动。通过出动宣传车、悬挂横幅标语、展出版报、发放宣传资料等形式,广泛宣传环保知识及政策法规,同时设立咨询台,现场解答市民有关环保方面的疑难问题,受到群众普遍欢迎。

2007 年,全区认真传达贯彻全国第六次环境保护大会精神和国务院《关于落实科学发展观,加强环境保护的决定》。重点围绕“污染减排与建设环境友好型社会”的主题,开展形式多样的宣传活动。2007 年、2008 年的“6 · 5”世界环境日,均在晶珠广场举行大型环保宣传活动,两个年度的活动都获得全市一等奖。

2007—2009 年,环保局连续 3 年各举办一期“核与 X 光辐射”培训班,全区各医疗单位派人参加学习。

2001—2010 年,区环保局每年举办一期各企事业单位环保专干学习班,以便学习环保知识,增强环保意识,指导环保工作。

2001—2010 年,根据省、市“环保世纪行”活动组委会的安排部署,蒸湘区由区人大农经城环工委牵头,组织环保局、教育文化体育局、农村工作办公室、水利农机局、商务局、卫生局、建设局、城管办、环卫局、国土分局等单位,每年开展一次“环保世纪行”活动。每次活动成立一个组委会,确定一个活动主题,当年三、四月开始启动,到九、十月份完成。采取上下结合、普遍宣传与重点宣传相结合、开展活动与执法检查相结合的方法,综合运用会议、墙报、板报、广播、培训、演讲、演出、知识竞赛等多种宣传形式,造成立体宣传攻势,提高了广大干部群众的环境意识和法治观念,增强了各级政府环境保护责任,促进了企事业单位污染源的治理。这是环境与资源保护事业的一个创新。

2011 年第 40 个世界环境日,该局紧紧围绕“共建生态文明、共享绿色未来”的中国主题,精心组织,周密布置,通过悬挂横幅、条幅、彩球,开设咨询台、宣传板报,派发宣传手册,组织文艺演出等方式,在晶珠广场举办了隆重的宣传纪念活动。提高了公众参与环保的热情,增强了环保意识。

2012 年,根据市局安排,认真组织辖区内的人民群众参与湖南省“资源节约、环境美好”知识竞赛活动。在第 41 个世界环境日,该局全体干部职工参加了火车站广场“6 · 5”世界环境日宣传活动。

第三节 污染防治

2001 年,蒸湘区建立中心片噪声控制区,其范围为蒸湘北路以西,蒸水河以南,雁城西路以北,系交通干线为骨架的中心片,面积 4.4 平方公里。片内设测量点 6 个,每日白天和夜间各测量一次。

2002 年,重点治理油烟污染和噪声扰民工作,建设红湘北路无油烟一条街;清理整顿蒸水河道挖沙船和向河道两侧乱倒垃圾,使蒸水河岸脏、乱、差的现象得到根本改观;通过各工业企业的污染减排,全区 39 家工业企业,全部实现达标排放。

2003 年 7 月,区人民政府下发专门通知,要求座落在本区范围内的餐馆、酒店、学校食堂务必在 10 月底前安装油烟净化装置,严禁向高空和下水道排放油烟。10 月,组织对饭店、饮食店、排档进行环保检查,强制安装 28 台油烟净化器;配合区人民政府开展“毒鼠强”的收缴、销毁工作,在全区范围收缴“毒鼠强”4000 余公斤,于 11 月 3 日全部运往湘乡水泥厂,由省环保局监督统一焚化销毁。

2004 年,抓好管道燃气和清洁能源的推广工作,逐步淘汰 4 吨以下燃煤锅炉,大力推广使用清洁能源的锅炉;督促 10 家餐饮单位安装了油烟净化器;圆满完成烟控区的创建工作,烟控区覆盖面积 89 平方公里,覆盖率达 100%;噪声监测点由 15 个增加到 95 个,其中区域环境噪声点 63 个,城市交通噪声点 32 个;在太平一社区开展“绿色社区”创建工作，通过区环保局和蒸湘街道的不懈努力，太平一社区绿地覆盖率达到30%。

2005年5月26日，市人民政府下发《关于实施〈衡阳市2005—2007年环境保护三年行动计划〉的决定》，蒸湘区担负有水污染治理、大气污染治理、固体废弃物污染防治、生态环境整治等方面的任务。对此，区人民政府作出了具体安排。当年，区环保局对餐饮、住宿、洗浴、污染、理发与美容保健、娱乐场所、建筑施工、汽车维护8个行业的油烟控制、污水排放及其噪声情况，进行了全面检查，对其中超标的16个单位，下达了限期整改通知。

2006年，对13家医院废水排放进行了治理整改；对幸福河、蒸水河沿岸的排污企业进行2次检查，对其中18个限期治理项目实行全程监管；严抓建筑工地噪声控制，对夜间12点以后作业噪声超过50分贝者，限令停止作业；处理米罗咖啡、曲园酒楼等油烟扰民事件12起；处理黄金海岸等噪声扰民事件5起；对红湘街道联合村6组水井污染问题进行了协调处理。

2007年，蒸湘区人民政府下发《关于落实科学发展观，切实加强环境保护的意见》，规定全区一段时期内环境保护的目标、任务、要求；船山医院、湘运职工医院、协诚微创医院废水治理工程，全部通过市局检查验收；完成湘江流域水污染工矿企业基本情况调查；配合省厅完成了辖区内规模化畜禽养殖污染情况的调查。当年，衡钢集团投资6377万元，以天然气代替重油能源，投资6638万元用于废水治理，投资2100万元新增3台除尘设备，大大削减了废气、废水与烟尘排放量。

2008年，爱尔眼科医院和衡阳男科医院完成污水治理项目；完成了衡钢集团所有污染治理设施运行情况的摸底调查工作；对全区所有放射源单位进行了安全检查，对未办理“辐射安全许可证”的企业进行了集中培训，并补办“辐射安全许可证”，其中有4家单位通过了省厅验收。配合市局对涉及辐射的废弃物进行了集中填埋。督促湘浙水泥实业有限公司和恒立水泥实业有限公司废弃放射源的收储工作，杜绝了辐射安全问题的发生。

2009年，全面贯彻执行省委、省政府关于对湘江流域实施3年整治的指示，加快了蒸湘区段重金属污染治理工作；认真组织完成幸福河流域与市锰制品厂2个治理项目的申报工作，其中幸福河流域环境综合整治项目作为第一批项目启动；全区工业企业通过工程减排、结构减排、管理减排和推广清洁能源等手段，主要污染物二氧化硫在上年的基础上削减730.88吨，化学需氧量削减50.25吨，削减率分别为20.8%、20.96%；全面完成新型工业化中的各项环保指标任务，确保了蒸湘区顺利通过全市新型工业化考核验收。

根据国家普查办的统一部署，蒸湘区从2007年7月至2009年3月，开展了第一次全国污染源普查。这次普查的范围为长湖乡、雨母山乡、呆鹰岭镇3个乡镇以及蒸湘、红湘、联合3个街道内的所有排放污染物的工业源、农业源和生活源。为了搞好普查，全区组织各类培训8批160人次，其中国家培训2人次，省级培训12人次，市级培训10人次，区级培训136人次。普查工作分为准备、普查、总结3个阶段进行。共普查对象1602家，其中工业源89家，农业源1120家，生活源393家，形成了蒸湘区第一套最完全、最客观的污染源基础性数据，为项目污染治理和产业结构调整提供了科学依据。2009年6月，经国家、省、市三级普查办的严格审核和评定，蒸湘区被评为全国污染源普查工作先进单位（全市5个城区唯一一家），区环保局长蒋家林被评为全国污染源普查工作先进个人，唐葵和陈高军被评为全省污染源普查工作先进个人。

2010年，以幸福河和蒸水河段沿岸排污企业为重点整治地区，使幸福河和蒸水河的水质得到进一步有效治理。其中，化学需氧量减排项目2个，总量削减751吨；二氧化硫减排项目1个，总量削减420吨；认真开展了废油环境事项检查，对辖区内产生、收集、存储、运输、处置和综合利用情况进行了全面调查摸底，督促企业规范了管理；对重点行业企业环境风险进行了全面排查，填报《全国重点行业企业环境风险及化学品检查表》，并进入信息化管理。对排查出的存在安全隐患的衡阳市橡胶制品厂和金发电镀厂2家单位，分别提出了具体整改措施，并督促整改到位，努力将环境风险降到最低点。

2011年，编印《蒸湘区环境保护“十二五”规划大纲》，确定了当年重点减排目标。通过结构调整、管理减排和推广清洁能源等手段，主要污染物二氧化碳、氮氧化物、化学需氧量和氨氮在上年的基础上分别削减852.64吨、27.13吨、40.42吨、9.05吨。7月，省环保厅对辖区内的市污水处理厂进行督察，按照省厅要求，该局设污水处理督察员1名，每月2次向省厅报告实际参数。

2012 年,编制《蒸湘区“十二五”主要污染物总量减排规划》、《蒸湘区“十二五”主要污染物总量减排工作方案》及《蒸湘区 2012 年主要污染物总量减排计划》,将减排任务分解落实到重点企业。督促衡阳华菱钢管集团有限公司等重点企业做好清洁生产审核验收工作。完成了重金属污染治理项目上报工作。开展了饮用水源保护工作和蒸水河沿途排污口巡查工作。在 2011 年向省环保厅申报开展雨母山乡农村环境连片整治项目后,2012 年开始正式实施,项目范围包括雨母山乡 10 个行政村,项目内容实现清洁水源、清洁家园、清洁田园和清洁能源“四大”目标。

第四节　环保执法

2002 年,市政府交办治理蒸湘区无缝管钢厂“三废”问题,区环保局多次与厂方交涉,督促其落实治理工作,并下达限期治理通知书。该厂治理资金始终无法到位,区人民政府责令停业整顿;根据群众反复投诉,对庆旺、永乾等 6 家餐饮店油烟扰民问题,实行了行政处罚,6 家餐饮店主动安装了除油烟装置。

2003 年 4 月,区环保局开展“打击环境违法行为,保障人民身体健康”专项行动,查出湘衡喷型电镀厂、经发电镀厂、鸿运橡胶厂 3 家企业排污严重超标,责令其进行整改。5 月复查时,3 厂不仅没有整改,而且继续生产,于是区人民政府下达了关停令。7 月 10 日,对超标排污的 40 家酒店、排档下达期限治理通知书,之后,对群众反映强烈、治理无望的 12 家排档实行强制关闭。

2004 年,立案查处 5 家违法企业,其中关停 2 家,搬迁 2 家。根据人大代表建议,取缔了太平小区内影响居民生活环境并存在安全隐患的 20 余家废品回收店。

2005 年,出动执法人员 1200 余人次,查处了 35 家非法排污企业,对 10 家企业下达限期整改通知书,并督促全部完成整改任务,达到预期效果。受理群众污染投诉案 18 起,办结 16 起,办结率为 90%。

2006 年 6 月 1 日,蒸湘区人大常委会办公室下发《关于开展环境保护执法检查的通知》,6 月 6 日,区人大常委会召开全区“环保执法检查动员大会”。这次检查,由区人大常委会 6 名正副主任和 8 名工作人员组成 3 个检查组,共检查区直 5 个部门和 7 个乡镇街道,检查后形成《关于检查蒸湘区贯彻实施环境保护法律法规情况的报告》,指出了成绩与问题,提出了改进建议和意见。当年,全区出动执法人员 950 余人次,检查 380 家企业,查处违法企业 8 家,依法关停常裕服装厂洗水车间等 2 家不法企业。对立新二社区 15 栋的水泥店和易赖西街的石膏店实施搬迁。

2007 年,出动执法人员 460 余人次,通过检查后向排污企业送达行政处罚事先告知书 230 份,制定并送达行政处罚决定书 110 份,向区人民法院递交 8 份申请强制执行书。处理湖南安帮农资有限公司行政复议案件 1 起和潭衡(西)高速公路第 12 合同段申辩案件 1 起。

2009 年,开展湘江环保执法、整治违法排污企业、排查环境安全隐患等环境执法专项行动。出动执法人员 300 余人次,检查企业 80 余家,依法关停衡阳山信实业、衡阳市华林锰业、衡阳乐鑫锰合金厂等 7 家严重污染企业。对 405 家单位征收了超标排污费。受理 81 起环境污染投诉案件,办结 79 起,办结率 97.5%。

2010 年,检查 8 家重点行业企业,其中 2 家关停,1 家搬迁。对 380 家单位征收超标排污费,及时全额上缴上级财政。受理群众投诉案件 111 起,办结 105 起,有 6 起转交给市环保部门处理。

2011 年,开展危险废物环境污染整治、冶炼企业环保整治、“打四黑除四害”、水上餐饮整治等专项行动。对涉及放射源的单位进行安全检查,全面清查区内涉重金属等重点行业、重点单位的危险废物产生、收集、利用和处置单位共 7 家(生产企业 3 家,汽车综合企业 4 家),经现场检查后建立台账进行汇总上报,并下达《蒸湘区涉危险废物企业整改意见》,要求各企业确保在 2012 年 5 月 30 日前整改到位;将原有的 7 枚废弃放射源送贮至省辐射管理中心,督促未办理《辐射安全许可证》的单位办理该证,监察医疗射线装置单位 2 家,要求被查单位做好年度工作总结;开展冶炼企业环保整治专项行动,由区政府组织联合执法,对衡阳市圆明实业有限公司、衡阳橡胶制品厂进行环保整治,分别下达环保监管的监察通知,对其电闸进行查封,并上报区政府对该两家企业依法实施取缔关停。

2012年,开展湖南省核技术利用辐射安全综合检查、危险废物环境污染整治、涉重金属冶炼企业环保整治、水上餐饮整治等专项行动,共出动人员346人次,检查企业114家。检查过程中发现一家水上餐厅正在装修,工作人员立即对其下达了整改通知书,要求停止环境违法行为。对可能造成环境风险的圆明实业、塑料厂两家企业进行涉重金属矿采选、冶炼专项环境执法检查,两家企业已关闭,并填报了《涉重金属矿采选、冶炼企业检查整治表》,做好了录入工作。

第五节　环境管理

一、环境影响评价

环境影响评价,是环保部门对新建、扩建、改建等基本建设项目的环境影响的评价。区环保局在环境影响评价工作中,严格按照环保法律的要求,分类管理,分级审批,把好企业环保准入关。2004—2010年,蒸湘区共审批环境影响评价登记表246份,审批率为100%。2004年,对2001年以来的建设项目进行了一次全面清理,对没有依法执行环评制度的大地香菜馆、亦鑫塑料加工厂、衡阳市铁桃工业油脂加工厂等12家企业,限期补办了审批手续。2010年,对2004年以来的建设项目环评手续的情况进行了清理和汇总。2011—2012年,严格按照《中华人民共和国环境影响评价法》和《建设项目环境影响评价分类管理名录》规定,共审批环境影响评价登记表44份,审批新建项目环评报告表10份。

二、"三同时"管理

"三同时"管理,是指建设项目中的环境保护设施必项与主体工程同时设计、同时施工、同时投产使用。蒸湘区环保局认真执行这一制度,做到从源头上控制新的污染源。2006—2012年,该区共验收"三同时"项目137个,"三同时"执行率均为100%。

三、排污申报

凡有污染源的企业,必须进行排污申报,经环保部门考察评估后,如排污在允许标准范围以内,则发给排污许可证。为了做好排污申报工作,2003—2007年,区环保局每年举办一期《排污申报》培训班,共有400多个单位派人参加了培训。2001—2012年,全区有870个单位依法办理了排污申报登记手续。区环保局向422家单位发放了排污许可证。

四、排污收费

遵照省、市关于排污费征收的具体规定,蒸湘区2002—2012年共征收排污费1211万元。具体征收情况如下:

2002—2012年蒸湘区排污费征收情况一览表

表10－6

年　　度	征收总额(万元)	年　　度	征收总额(万元)
2002	32	2008	140
2003	41	2009	160
2004	55	2010	180
2005	80	2011	124
2006	61	2012	198
2007	140	合　计	1211

第十一篇　城市管理

2001年8月1日，区委、区政府下发《关于加强城市管理工作的意见》，把城市管理纳入创建文明城区范畴，作为各级领导干部目标管理责任制的重要内容。在市容市貌的管理上，采取综合治理与专项整治相结合的办法，城管部门与临街门店业主签订《城管公约》，实行“门前三包”，禁止“城市八乱”（乱贴乱画、乱搭乱建、乱扯乱挂、占道经营、店外经营、乱停乱靠、乱设广告牌），并且有计划地拆除违章建筑、搬迁马路市场，规范早茶夜市，随时清除“牛皮癣”、取缔流动招牌、广告、灯箱，城市面貌焕然一新，城市品位大幅提升。2008年4月，衡阳市城市管理综合整治行动经验交流会在蒸湘区召开。

在环境卫生管理上，全区实行“两级政府、三级管理、四级网络”的管理体制，环卫局内部改革采取“内部管理企业化、各级岗位竞聘化、运作经费承包化”的工作模式。环卫作业，对主、次干道每天进行三大扫、两细扫，每天冲洗一条街道；对背街小巷每天清扫两次；对垃圾清运，做到及时、安全、密闭；对公厕管理，做到“七无六净”（无痰涕、烟头、纸屑，无粪便堵塞，无积尘蛛网，无污垢积水，无蛆蝇，无外溢恶臭，周围3米内无垃圾杂物；蹲位净、地面净、墙壁净、门窗净、门板净、取粪口净）。环卫作业日清扫面积由2002年的40万平方米增加到2012年的221.05万平方米。环卫设施不断更新、添置，环卫机动车由9辆增加到49辆，公共厕所由27座增加到63座，垃圾中转站由23座增加到70座。2003—2006年，蒸湘区连续4年被评为全市环卫管理第一名。2008年，蒸湘区被评为衡阳市首个文明城区和湖南省文明城区。

第一章　机构队伍

第一节　机　构

一、机构沿革

蒸湘区城市管理办公室的前身，系衡阳市郊区城市管理委员会办公室。2001年5月，更名为蒸湘区城市管理办公室（简称为区城管办）。其托管单位——区城管大队，原由市城管支队统一管理，2001年11月，衡阳市城管体制改革，将原来由市城管支队管理的各城区城管大队移交至各城区，隶属各城区城管办，为市、区双重管理机构。2005年8月，衡阳市城市管理行政执法局正式挂牌工作，蒸湘区城管大队更名为衡阳市城市管理行政执法局蒸湘区大队（简称为区城管大队），隶属关系不变，其编制、经费与人事行政管理分离。2002年3—5月，各乡镇街道相继设立城管办公室，人员配备3－5人。2012年5月，城管体制改革，蒸湘区城市管理办公室更名为衡阳市城市管理行政执法局蒸湘分局，区城管大队撤销，设立街道（乡镇）城管大队。2001年，区城管办办公地点设在向农路62号，2002年搬迁至莲湖路政府大院南栋3楼，2009年又搬迁至红湘北路228号2、3楼。2012年，区城管分局在职干部职工19人。

二、领导名录

城管办(分局)历任领导及任职时间:

主　　任:李诗凡(2001.5—2002.2)　谢孝玲(2002.2—2008.6)　周世忠(2008.6—2012.6)

局　　长:周世忠(2012.5—)

纪检组长:刘胜利(2003.1—)

副 主 任:周永秋(2001.5—2002.3)　江常军(2002.3—2011.7)　周龙武(2002.3—)

城管大队历任领导及任职时间:

大 队 长:江常军(2003.1—2011.7)

教 导 员:周龙武(2007.7—2013.4)

副大队长:刘盛国(2003.1—)　黄忠恒(2003.9—)　刘　俊(2007.7—)

副教导员:张学军(2004.12—)

工会主席:姜　星(女,2009.5—)

第二节　队　伍

2001 年底,区城管大队有队员 35 人,分别安排在蒸湘、红湘、联合街道和长湖乡,实行区、街道(乡)双重管理。

2002 年 1—4 月,按照全市统一部署,将原城管队员全部解散,重新公开竞聘。35 名队员中 25 人竞聘成功,落聘 10 人,新聘 19 人。在长达 3 个半月的招聘期间,区城管大队做到了招聘、工作两不误。44 名队员参加全市统一组织的 20 天集中封闭训练后,于 4 月 29 日正式上岗,编成一、二、三、四中队和夜市稽查中队,由城管大队统一管理,采取定员、定岗、定责任的"三定"管理模式,实行中队分片包干负责制。5 月,制定《蒸湘区城市管理工作考核实施细则》和《蒸湘区城管执法人员量化管理考核实施细则》,坚持每周考核一次,建立各人记分台账。

2003 年 9 月,推进城管下街道,将原一、二、三、四中队调整组建为蒸湘街道、红湘街道、联合街道、长湖乡四个中队和夜市稽查中队,仍然实行中队包干负责制。

从 2005 年开始,打破中队包干负责制,直接将路段分配给每位队员,做到责、权、利挂钩,实行定人、定位、定奖罚,严格责任追究制。8 月,出台《蒸湘区城管行政执法制度汇编》,包含了各级领导工作职责、政治业务学习、廉政建设、财政管理、车辆管理、考勤及请销假等项制度,并制定了执法人员货币化管理及考核办法,即每月拿出 1000 元,奖励工作成绩突出的中队和个人;对路段管理效果差的个人,每扣 1 分则扣工资总额 1% 的标准予以处罚,城管中队长和分管大队领导也按同样比例处罚。

2008 年,城管队员开展"百日练兵"活动,强化军事训练、体能训练、法规学习,进行路段管理经验交流,获全市"百日练兵"组织奖和方队会操第 1 名。城管队员廖葳被评为全市"十佳城管队员"。当年,每个队员与负责路段的 1000 名门店业主签定《城管公约》。根据城管工作的需要,聘用了 15 名"4050"人员为城管协理员。

2009 年,为进一步提高城管队员依法行政意识,举办"周末法律学校",城管办先后 9 次邀请市法制办和市局法制科领导给城管队员上法制课,重点学习城管执法的相关法律知识,并对一些典型案例进行讨论分析。进一步建立完善《蒸湘区城管大队路段管理考核奖惩办法》。新组建雨母山乡和呆鹰岭镇 2 个城管中队,从而建立覆盖全区的区、乡镇(街道)、社区三级城市管理网络。至此,区城管大队共有 7 个中队、49 名城管队员。

2010—2011 年，在全体城管工作人员中开展了上班点名、路段点岗、考核点绩“三点”活动，并开展“最佳执法案例、最佳执法心得、最佳执法标兵”的创评活动。

2012 年 5 月，区城管大队进行体制改革，按照权、责、利统一的要求，将城市管理工作重心下移到街道（乡镇），区成立城管分局，6 个街道（乡镇）设立城管大队，变现行点、线、面管理（区大队管主次干道、广场，街道（乡镇）管背街小巷）为按照属地原则进行管理，形成分级负责、以块为主的城市管理体制。至此，区城管分局有中队 7 个，执法队员 51 人，并统一聘用协管员 70 人。

第二章　市容管理

第一节　市容综治

2001 年 8 月 1 日，区委、区政府下发《关于加强城市管理工作的意见》，明确城市管理工作的指导思想、主要工作任务、当前工作重点及组织领导等问题，促进城市管理工作步入经常化、规范化、制度化轨道。8 月 13 日，区委、区政府召开全区城建城管工作动员大会，号召全区各级各部门，切实把工作重心转向城市建设与管理上来，人人关心、支持和参与城建城管工作，共同创造美好新城区。会议部署开展为期一个月的整治活动，全面整治城区脏、乱、差的问题。

2002 年 2—4 月，在市委副书记单保重的亲自蹲点挂帅下，全区突出开展太平一、二社区文明创建工作：发出《致太平小区全体居民的公开信》10000 份；投入资金 35 万元，将太平小区中心花园实行翻新改造，开辟 500 平方米的圆形活动场地，新修石子游路 413 米，铺设草皮 2863 平方米，栽种桂花、红桎木、樟树、水杉、铁树 420 棵，添置园林灯 15 盏、果皮箱 7 个，制作 4 幅大型墙壁画。对小区内 2 条主要道路安装路灯 82 盏。同时制定了小区文明市民公约，落实了治安巡逻、清扫保洁、物业管理等项规章制度。8 月，区委组织城管、公检法司联合行动，对衡钢集团周边环境进行集中整治，先后出动 750 人次，对周边暂住人口、流动人口，住房出租、电游、网吧等，进行拉网式清查，发现问题，当即处理。其中，对影响环境的 17 家废品收购点，责令搬迁。公安人员连续蹲点守候 5 天，抓获 24 名违法人员，依法给予治安处罚。8—10 月，全区开展文明卫生整治行动，重点搞好“门前六包”（包卫生、包绿化、包秩序、包无摊担、包无乱贴乱画、包无乱停乱放车辆），治理“城市八乱”（乱丢乱吐、乱搭乱放、乱贴乱画、乱吊乱挂），推行生活垃圾袋装化。

2003 年 3 月，全区进行为期半个月的户外广告整治活动，共取缔广告牌 374 块，面积 4100 平方米，在全市表彰会上获得先进单位。4—5 月，为配合防治“非典”工作，区城管办对放养狗、猫等宠物及家禽进行逐一捕杀，共捕杀宠物 66 条、家禽 280 只，劝其饲养户自己处理宠物 156 条、家禽 420 只。5 月，衡阳市创建文明城市领导小组办公室编发《文明市民守则》，蒸湘区进行了深入广泛的学习与宣传，共出动宣传车辆 28 台次，发放《文明市民守则》5.2 万份，学习资料 500 份、录音带 50 盒，营造浓厚的创建氛围。9 月 22 日，区委、区政府召开全区创建文明城市综合整治动员大会，安排部署“四大整治”行动，即大力整治市容市貌，大力整治交通秩序，大力整治治安秩序，大力整治市场秩序，并将整治任务具体分解到部门、单位、人头。当年，将《衡阳市城市管理处罚规定》翻印 7 万份，发到基层单位和人员手中，要求每个单位、每个家庭、每个市民学《规定》、懂《规定》、守《规定》。当年，区城管办获市人民政府“城区户外广告清理整治先进单位”。

2004 年 3 月 10 日，区委、区政府召开全区城市建设管理、文明城市创建及社区建设动员大会。动员全区人民，包括省、市座落单位，进一步强化城市意识，同心同德，奋力拼博，把蒸湘区城市建设管理、文明城市创建和社区建设推上新的台阶。是年，城管部门组织开展大小整治 206 次，出动人员 5192 人次，治理流动摊担9800余起,取缔流动招牌、广告、灯箱8800处,取缔乱吊乱挂横幅、标语5760条,清除“牛皮癣”37万余条,整治乱停乱放单车、摩托车、汽车(以下简称“三车”)450辆。

2005年8—11月,全区开展城市管理百日整治行动。整治的重点是流动摊担、早茶夜市、招牌广告和“三车”乱停放。通过整治,共治理流动摊担10011起,取缔不规范早茶夜市850处,取缔流动招牌、灯箱、广告7800块,取缔乱吊乱挂横联、标语4860条,整治“三车”乱停放350处,清除“牛皮癣”11万余条,抓获制癣者69人次。9月,区委、区政府组织专门班子,开展“划行规市”行动,对解放西路、天马山南路、蒸湘南北路范围内的五金机电、水暖器材、电器照明、机械设备的经营户,动员、组织搬迁到立新五金机电大市场。

2006年4月,对全区主次干道的临街门面垃圾外丢、外扫、外倒和摊担外摆的“四外”行为进行整治,发放整改通知书4500份,整治门店575家。8月,根据区人民政府的决定,取缔了解放西路立交桥下的马路市场;将长湖乡自发木材交易市场搬迁至呆鹰岭镇振兴村木材市场内。是年,城管部门开展各类整治活动230次:早茶夜市专项整治25次,烧烤摊点专项整治15次,户外广告专项整治6次,违章占道专项整治40次,校园周边环境专项整治5次,“三车”乱停放专项整治139次。

2007年,全区共开展各类整治活动230次,出动车辆480台次。查处无证无照经营户35户,清除“牛皮癣”13万余条,在辖区内划定23个固定擦皮鞋位置。该区城管工作在市创建办专项考核的45周内,上红牌榜52次,位列全市第一。

2008年4月24日,衡阳市城市管理综合整治行动经验交流会在蒸湘区召开。会上,区长唐文峰介绍了全区城市管理综合整治工作情况。参会人员参观了长湖乡立新二社区、红湘街道吉祥社区、蒸湘街道太平一、二社区,大家对各社区优美、整洁、文明、舒适的环境给予了高度评价。针对“牛皮癣”清除任务重、易反弹、难根治的特点,公开招聘专业清洗人员15人,与群众一道共同动手,洗出本色,刷出原貌。年内抓获制癣者16人,在电视台公开曝光。

2009年,对各类占道棚亭进行了专项整治,主要是邮政报刊亭、爱心助残亭、环卫移动公厕、废弃公交站台、民政地名信息亭及其他单位和个人擅自建设的各类棚亭等。通过整治,共拆除邮政报刊亭6个、环卫移动公厕2个、废弃公交站3个,迁移民政地名信息亭3个,规范爱心助残亭16个。

2010年,4月和10月先后两次开展“集中整顿月”活动,整顿的重点是门店外摆,废品收购站、汽车(摩托车)修理店门外占道作业。同时,强化夜市管理,一年中规范夜市摊担180余个,规范夜市门店70余家。所有夜市要求做到“五个统一”,即统一经营时间、统一灯箱标识、统一铺设地板胶、统一垃圾容器、统一摆放位置。11月,衡阳市开展“畅通、整洁、绿化”三大工程,蒸湘区积极参与,11月26日召开实施“三大工程”动员大会,分为宣传发动,组织实施,畅通、整洁工程总结提高,绿化工程综合验收,绿化工程后期管护5个阶段进行。在宣传发动阶段,城管部门发放《致市民公开信》2500份,制定“门前三包”(包环境卫生、包门面整洁、包周边秩序)金属牌3900块,统一挂在临街单位、门店内,签定“门前三包”承诺书3900份。“三大工程”计划于2011年2月底结束。

2011年,蒸湘区进行示范片区提质改造,区城管大队对改造片区2.419平方公里范围内的门店招牌、广告牌,社区摊担、夜市进行了摸底排查,共开展29次整治行动,拆除广告牌1780块,对门店招牌、广告栏、信息栏和摊担进行统一规范化管理。

2012年,区城管分局成立女子城管宣传队,开展“虹桥”行动,进店入户宣传城管法规,在城市管理工作者和服务对象之间架起一座心灵沟通的桥梁。在红湘路、立新路规范夜市摊担80余个,做到统一经营工具、统一铺设地板胶、统一置放垃圾容器。规范设置各类摊群摆放点及瓜果销售点共210个,并派出6组人员连续蹲守25天,一方面进行宣传监督,一方面主动为瓜农服务。

蒸湘区城市管理工作,在2002年、2005年、2006年、2008年全市城市管理目标考核中夺得第一名,2003年、2004年、2010年名列第二。区城管办2010年获市人民政府“文明城区创建工作先进单位”。

第二节 拆违拆网

违规违章建筑物、构筑物和道路两旁住房吊挂式防盗网,严重影响市容市貌,全区在城市管理工作中持续不断地开展拆违拆网行动。

2001 年 10 月 12 日至 12 月 20 日,按照市委、市政府的统一部署,全区开展大规划的拆违活动,这次拆违活动分两个阶段进行。第一阶段(10 月 12 日至 11 月 5 日),主要是拆除主次干道及马路市场的违法违章建筑。第二阶段(11 月 16 日至 12 月 20 日),主要是拆除小区内、车站周边、学校周边的违法、违章建筑。在这两个阶段中,全区 20 余名区级领导、33 个区直部门和 400 多名区、街干部分片包干,连续作战,共拆除 40051 平方米的"两违"建筑和红湖劝业、大元头两个马路市场。

2002 年 1 月底至 2 月中旬,拆除衡西马路市场乱搭乱建的违法违章建筑 11000 平方米。3 月,在太平小区内,拆除道路两旁 571 户的吊挂式防盗网近 30000 平方米。

2004 年 3 月,全区对《衡阳日报》公布的 67 处占用消防通道的建筑物、构筑物全部拆除,并顺利通过市检查验收。4 月 15 日至 6 月底,针对西外环路沿线部分村民违章建房情况,区委、区政府成立清理整顿领导小组,李安平任组长,徐建中任第一副组长,刘一华任常务副组长,并成立由区委常委刘红丹、区人大常务副主任万克和、副区长刘建辉分别任组长的 3 个群众工作组。通过摸底调查,沿线 111 户建房户中,有 84 户未办任何手续。经过召开宣传动员大会、学习政策法规、工作组上门做工作,终于化解了民怨,消除了对立,对 84 户违法违规建房户全部平稳拆除,拆除面积 20000 余平方米。6 月,在立新二社区,拆除围墙 400 米,拆废电杆 40 根,拆防盗网 12000 平方米。

2005 年 3 月 15 日,区人民政府根据部分村民在红湘南路规划用地范围内抢建房屋、抢种农作物的恶风,发布《关于严禁在红湘南路规划用地范围内违规建房、抢种农作物的公告》。随后,组织人员拆除抢建的房屋,刹住了抢建风。8 月,区委、区政府组织区直相关部门、国土、规划、公安共 400 余人,对杨柳村十组 20 余户违法违规建筑物进行拆除,拆除面积 10000 余平方米。

2006 年 9 月,长湖乡大立村、松亭村 80 余户村民趁冠都集团进驻开发之机,抢建房屋,多次劝阻无效,区委、区政府从区乡两级干部中抽调 400 余名精兵强将,集中进行拆除,拆除面积 12000 余平方米。

2007 年 10 月下旬,长湖乡按照区委、区政府指示精神,对农民违规建房进行全力清扫、重拳出击,共拆除大立村违规建房 2700 平方米,拆除松亭村违规建房 2450 平方米,遣散建房民工 260 余人,拦截建材运输车辆 18 台,对违规建房起到一定的遏制作用。

2009—2010 年,区政府成立专门执法队伍,加大拆违工作力度,先后组织 30 多次拆违行动,共拆除"两违"建筑 605 处,建筑面积 63112 平方米。立案查处 6 处,建筑面积 4464 平方米。整改补办手续 39259 平方米,得到市领导好评。但在拆除过程中,执法队伍深感拆除工作难度很大,主要是部分村民受利益驱动,以"违"谋利。重点工程设在那里,违章建筑就建在那里,甚至有的要两三年后才动工的重点项目,违章建筑便闻风而建。所以,违章建筑屡禁不止。

2011—2012 年,全区开展小型拆违工作 22 次,拆除违章建筑 6950 平方米。

第三章 环卫管理

第一节 机构队伍

一、机 构

2002 年 1 月,衡阳市人民政府将环卫工作由原来市环卫处统一管理分别下放到四个城区。1 月 28 日,蒸湘区环卫局成立,系正科级事业单位,内设办公室、市容管理股和基建设备股。下设清扫队、清运队、清厕队、市容监察队和环卫有偿服务费征收办公室。

2003 年 3 月,环卫局内部改革,对环卫作业实体部门实行公司化运作、货币化管理。将清扫队更名为道路清扫公司,清运队更名为垃圾清运公司,清厕队更名为公厕清洗公司。9 月,为推进环卫下社区,环卫局成立社区清洁服务公司,在太平小区等地段进行试点。

2004 年 2 月,环卫局将市容监察队并入市容管理股。

2006 年 4 月,环卫局撤销环卫有偿服务费征收办公室,分设门前清扫收费队和垃圾代运收费队。9 月,环卫工作下社区,各社区配备了环卫作业人员。环卫局撤销社区清洁服务公司,相关业务交给相关街道和社区。

2007 年,将门前清扫收费队和垃圾代运收费队分设为收费一中队、收费二中队、收费三中队。因环卫基建项目减少,撤销局基建设备股。

2008 年 3 月,红湘街道率先成立街道环卫所,配备一名专干担任环卫所所长。其他乡镇街道的环卫工作,仍由乡镇街道城管办管理。

2011 年 3 月,环卫局成立道路清洗公司,配备清洗作业人员 50 名,将道路清扫保洁提升为清洗保净。

蒸湘区环卫局刚成立时的办公地点设在原区政府大院北栋四楼,2003 年 9 月调整到解放西路 176 号四楼,2009 年 9 月搬迁至红湘北路 228 号四、五楼。

历任局领导及任职时间:

局　　长:胡田生(2002.3—2006.4)　罗锡桂(女,2006.4—2012.12)
党委书记:周永秋(2002.3—2004.3)　罗锡桂(2004.3—)
纪委书记:何玉龙(2002.3—2003.1)　张卫东(2003.1—)
副 局 长:张卫东(2002.3—2006.4)　周中平(2003.1—)　谢茂群(2006.4—2007.12)
　　　　　雷志宏(2009.4—)　许　逸(2009.5—)
工会主席:何玉龙(2003.9—)

二、队 伍

2002 年 1 月,环卫局在职干部、职工 156 人,其中干部 32 人,职工 124 人,退休职工 76 人,临时工 77 人。当年为促进环卫工作规范化,先后制定了各办、股、队岗位职责、目标管理、百分制记分考核办法等一系列规章制度,形成《蒸湘区环卫局制度汇编》。局成立综合考核领导小组,建立双重业务督察考核评价体系。

2003 年,环卫局对道路清扫保洁,分路段在职工内部实行招标承包责任制;对垃圾清运司机,根据垃圾清运量核发工资和油票;对垃圾中转站和公厕管护人员,根据实际工作量的大小计发工资和作业工具费;对其他人员，亦按工作轻重、责任大小和工作效果计发报酬。全员推行百分制记分考核办法，并实行末位淘汰。此举提高了员工的工作积极性和责任感。

2004年1月，环卫局清扫班长张国英（女），被建设部评定为全国建设系统劳动模范。3月，环卫局对各实体部门的目标管理进行了重新调整，在实行经费、目标任务双重承包管理的基础上，赋予各实体部门人事、经费的调配权，采取包死基数、自负盈亏的包干制，实现了真正意义上的公司化运作。

2005年3月，环卫局对局待岗人员进行一次竞聘上岗活动。分别从清扫、清运、征收3个部门调整出18个岗位，供待岗人员竞聘。全局13个待岗人员参加竞聘，其中8人竞聘收费岗位，5人竞聘清运岗位，无一人竞聘清扫一线岗位。同时，对局内中层干部实行双向选择竞聘制。经过自我报名、资格评审、竞职演说、党委审定等程序，选拔一批中层正、副职干部。年内，末位淘汰3人，作下岗处理。

2006年，加强职工教育培训，在全局系统开展劳动技能比武活动，鼓励职工岗位成才。10月，区人民政府给环卫补充公益性岗位130个，其中给区环卫局和社区各安排65个。

2007年，环卫局举办一期社区环卫作业人员培训班，有近100人参加了培训。2004—2007年，环卫局接收转业、退伍军人安置和外单位调入人员7人。

2008年1—2月，环卫局全体干部、职工全力投入抗冰救灾斗争。环卫局局长罗锡桂（女）在指挥铲雪除冰中不慎摔倒，造成左手腕骨粉碎性骨折。她到医院固定包扎后，吊个绷带又回到现场，连续坚持11天不下火线。3月，罗锡桂获市委、市政府“抗冰救灾二等功”，被群众推评为“感动衡阳”人物之一，被省妇联评定为“巾帼建功标兵”。当年，区政府在就业资金中出资142.8万元，购买公益性清扫保洁岗位198个。其中，区环卫局安排116个，社区安排82个。

2009年4月，区环卫局正式出台二线人员下一线作业制度。每逢重大检查考核和周五“全民卫生日”，全局所有干部职工均下一线作业或督察。8月，区环卫局编内聘用专业技术人员5人。区政府对环卫工作投入20万元，增加社区公益性清扫保洁岗位28个。

2010年，搭建学习平台，坚持每月业务例会前，抽出一小时进行思想政治教育和法规政策学习。年初，对一线清扫保洁人员、垃圾中转站和公厕管护人员，逐标段逐岗位进行现场培训示范，全面推广环卫作业标准化，安全操作程序化。对局内全体驾驶员进行了一次交通法规知识专题培训。12月6日，清扫公司经理何庆大被省政府授予“劳动模范”称号。年内，增配环卫清扫保洁人员50人。

2011年1月，环卫临时工工资由600元/月提升到800元/月。3月，对新组建的道路清洗公司作业人员进行专业技术培训，共培训清洗作业人员38名、作业司机10名。同月，全市开展“十万干部百乡千村万户大走访”活动，环卫局选派10名党员干部进村组、入社区，为村（居）民解决实际问题。年内，该局对每个岗位、每项工作均进一步健全了规章制度，并汇编成册，严格执行，使每项工作运转有序，内部管理日臻完善。

2002—2012年，环卫局办理职工退休22人，调出8人，死亡8人。2012年，全局在编职工136人，其中干部31人，职工105人，临时工395人，退休职工81人，各社区聘用环卫临时工288人。

通过加强队伍建设，不断提高管理水平，环卫局2008年获市一星级文明单位，2010年获市二星级文明单位，2012年获市三星级文明单位。

第二节　环卫作业

2002年，是环卫工作由市管下放到区管的第一年。为了掌握情况，区环卫局对区域内环卫工作状况进行了一次全面摸底调查。尔后，发给各单位、门店、住户一封公开信，要求各门店自备垃圾容器，环卫工人沿途摇铃收集垃圾；各单位在自家院落设立垃圾收集点，由环卫局清运队负责铲运。从4月28日起，在解放西路、静园路推行垃圾袋装化试点。年内，组织干部职工和发动各乡镇街道开展10余次清理陈年积存垃圾大会战，共清运垃圾2300吨。当年，环卫局完成日清扫道路面积40万平方米，日清洗道路里程73公里，日清运垃圾262吨,日清洗公厕16座。

2003年,为响应市、区两级政府环卫下社区号召,落实“两级政府、三级管理,四级网络”的环卫工作管理体制,改变社区环卫工作落后面貌,区环卫局制定了《蒸湘区街(乡)环境卫生管理质量考核办法》,考核采取定期和不定期两种方式,实行扣分与扣款相结合的办法。检查考核结果在《蒸湘环卫通报》上公布。当年,日清扫道路面积由40万平方米增加到54万平方米,日冲洗道路里程80公里,日清运垃圾280吨,日清洗公厕19座,日管护垃圾中转站25座。

2004年4月,清扫公司成立专门的清洗班,加强对主次干道的清洗作业。清扫公司为确保道路清洗保洁落实到位,在建立了标段长负责制的基础上,对每个标段又分成数个责任段,将责任落实到人,确保道路清洗保洁经常化;清运公司将垃圾清运工作分成3个作业片区,进行承包管理,并将垃圾清运和中转站管护捆绑在一起,实行同奖同罚,确保垃圾收集容器化、运输密闭化,避免了因吊运不及时而造成中转站垃圾堆积和运输途中撒漏。加强对社区环卫工作的考核力度,坚持每天一督察,每周一考核,每月一评比。

2005年,环卫局加大市容管理考核督查力度。在全市每月环卫综合考核前,局内组织一次模拟综合考核,确保各项工作落到实处。在全市综合考核时,实行业务扣分责任连带制,即市考核中的扣分及罚款,局市容管理股、各业务部门、当事人各承担20%、10%、70%的责任。9月,在全市第100个“全民卫生日”活动竞赛中,蒸湘区环卫局获“红旗单位”。

2006年,在环卫作业中,全面导入精细化管理理念,对主干道、样板路,每天实行三大扫、两细扫,全天巡回保洁,保洁时间从凌晨4:30至晚上10:30。对背街小巷每天清扫两次。每天冲洗一条主次干道,被污染的路面做到随脏随洗。垃圾运输做到安全、及时、密闭。公厕管理做到“七无六净”。进一步调整、充实、改进社区环卫管理办法,实施“政府引导、街道负责、行业管理、社区自治、财政补贴”的社区环卫管理新思路,发挥了各街道社区属地管理优势和环卫部门行业管理优势,形成搞好社区环卫工作的合力。

2007年,环卫局干部、职工积极开展创先争优活动。年内,创建了常胜西路1条文明样板路、解放西路等6条“星级马路”、红湘北路中转站等6座“星级垃圾中转站”、冶金公厕等6座“星级公厕”。指导雨母山乡、呆鹰岭镇和长湖乡,在城郊接合部设立垃圾收集点23个,配备环卫工人若干名,着力打造城市外围清洁圈。

2008年1—2月,一场罕见的低温冰雪袭击衡阳,城区大面积停电、停水,交通受阻。环卫局干部职工全体出动,垃圾清运车辆全部上阵,参加声势浩大的铲雪除冰行动。铲除冰雪后,全局人员又连续作战,投入抢运城区积存垃圾的战斗。4月1日,环卫局正式接管立新大道东段的清扫保洁任务。当天,组织局机关干部职工对该段进行了一次全面整治。年内,环卫考核范围不断扩大,西外环路、322国道、老1814线、315省道线、雨母山旅游路、雨母山乡与呆鹰岭镇机关驻地及境内学校、新农村建设示范点均列入环卫日常管理考核范围,在全市率先将环卫管理辐射到新农村建设示范点,努力打造城乡清洁工程一体化。环卫局在原设一个道路清洗班的基础上,又增设一个清洗班,每天启用2个清洗班、2台洗路车实行4班制清洗作业。当年,环卫局日清扫道路面积99万平方米,日清运垃圾330吨,日冲洗道路里程135公里,日清洗公厕27座,日管护垃圾中转站49座。2006—2008年,蒸湘区连续3年被市政府评为环境卫生管理第一名。

2009年,环卫局创新环卫作业方式,采取晚上机械冲洗与白天人工清洗结合的办法,每周4天时间循环清洗解放西路、船山西路,3天时间清洗辖区内其他主次干道。4月29日,全市环卫系统举行劳动技能比武,蒸湘区环卫局夺得道路冲洗第1名。当年,在城区主次干道增加晚班(20:00—23:30)垃圾收集人员13人。

2010年,环卫局接管呆鹰岭镇境内老1814线和315省道线城区段环卫清扫清运工作。值“五一”“五四”两节之际,组织干部职工、共青团员60余人,对两个路段进行集中整治和全面清理,对沿线临街门店进行环卫宣传教育,发放《致呆鹰岭镇临街门店业主的一封信》400余份。按照全市统一部署,从11月中旬开始,蒸湘区开展“畅通、整洁、绿化”三大整治工程,环卫局于11月17—24日,组织各乡镇街道出动260余人、车辆30台次,对辖区内暴露垃圾进行集中清除,共清除生活垃圾1400余吨。从12月1日起,环卫局又开展了集中清洗大行动。当年,环卫局日清扫道路面积增加到174.6万平方米,日清运垃圾增加到370吨,日冲洗道路里程238公里,日管护公厕27座,日管护垃圾中转站53座。

2011年,环卫局在全市率先启动社区环卫作业市场化。1月,区环卫局将天马山南路清扫保洁业务由一对夫妻承包。4月,又将315省道、1814线的道路清扫保洁业务实行了私人承包,并将考核扣分直接与承包经费挂钩。年内改革清洗作业方式,清洗作业以夜间为主白天为辅。对道路做到随脏随洗,积灰扬尘现象消除,路见本色。当年,接管了中心汽车站坪、道源路、东铺路、立新路西延伸段等新建路段,增加清扫保洁人员26名。年内对日常环卫作业,实施清扫、清洗、清运、清理、清洁、清爽的"6S"管理,促使干部职工在作业过程中关注细节、珍视细节、改善细节,就像打理自家客厅一样,打造城区区容区貌。是年,该区环卫主体业务考核成绩排名全市城区第一名。

2012年,环卫局推行夜间机械化垃圾收集,专门配置2台垃圾收集车,在夜间22:30至次日凌晨3:00收集主次干道的暴露垃圾,确保了主次干道的环境卫生状况白天与夜晚一个样,又减轻了清扫人员清晨大扫的工作量,实行清扫保洁全天候、无缝隙。9月,区环卫局将辖区27座直管公厕对市民全部免费开放使用。为确保公厕免费开放使用后管护水平不下滑,对原收费公厕管护人员每月增加补贴150元,此举赢得了市民群众的一致好评。当年,区环卫局日清扫保洁作业面积221.5万平方米,日清运垃圾370吨,日管护公厕27座,垃圾中转站70座,日清理果皮箱600个。

第三节　环卫设施

蒸湘区环卫局成立时,市环卫处分配给蒸湘区垃圾中转站3座,垃圾斗30个(含高台垃圾斗3座)、垃圾屋12座、公厕16座、果皮箱200个、环卫作业机动车9辆(大多接近报废)、交通工具车1辆、三轮摩托车10辆(多数破烂)、土地1.2亩(以此划给蒸湘区环卫局债务50万元)。当年,区财政投入9万元给环卫局添置垃圾运输车1辆。市人民政府对蒸湘区环卫设施建设实行倾斜政策,财政投资新建垃圾中转站19座,由坐落单位和开发商投资新建垃圾中转站1座、公厕11座。

2003年,市财政投资新建中转站3座、公厕3座(其中红湖步行街公厕因建华亿明珠大楼被无偿拆除)、环卫工班房1座(建筑面积100余平方米)。由坐落单位和开发商配套新建垃圾中转站2座。规定管护人员对垃圾中转站、公厕等环卫设施每天一次消毒。

2004年,区环卫局自筹资金改装大修翻斗运输垃圾车1辆,区财政投资添置果皮箱440只,市环卫处统一购买分配洒水车1辆,发动坐落单位新建垃圾中转站7座、公厕4座(其中移动公厕2座)。

2005年,区财政投资3.2万元更换、修补果皮箱160只,发动各街道、坐落单位自建垃圾中转站2座、公厕4座。维修刷新中转站22座,维修翻新垃圾运输车5台,维修自管公厕11座。

2006年,区环卫局自筹资金改装大修翻斗运输垃圾车2辆,区财政投资3万元添置果皮箱116只,项目配套新建垃圾中转站2座,开发商配套新建公厕4座。因修建平湖公园,无偿拆除中转站1座、公厕1座。2003—2006年,蒸湘区连续4年被市政府评为环卫设施建设第一名。

2007年,市财政拨款10万元、区环卫局自筹资金4.75万元,购置洒水车1辆。发动坐落单位自建垃圾中转站4座、公厕2座。在主次干道添置果皮箱150只,为社区添置垃圾收集车50部。对所有垃圾中转站、公厕和车辆进行了一次全面维修。

2008年,区财政投资18万元,添置翻斗运输垃圾车2辆。市财政投资添置翻斗运输垃圾车1辆、多功能摆臂式液压车1辆、洒水车1辆、垃圾收集车100部;市财政还投资140万元,规定蒸湘区新建公厕12座、新建垃圾中转站7座。区委、区政府高度重视,迅速成立环卫设施建设领导小组,由区环卫局牵头,组织各街道、长湖乡和相关职能部门共同参与选址、设计、发包、监督施工,仅4个月时间就在全市率先完成当年环卫设施建设任务,其建设速度、标准质量受到市检查验收组的充分肯定和高度评价。当年因创建文明城市,按照市政府的要求,统一拆除了移动公厕。

2009年,市委、市政府实施"四场一厕"惠民工程(停车场、水果批发市场、农贸市场、夜宵市场与公共厕所),给蒸湘区环卫局下拨104万元,要求新建公厕3座,提质改造公厕19座。区环卫局认真研究,抓紧工作,在规定的时间里,圆满完成任务,使提质改造后的公厕建设标准和卫生管理标准跃上了新的台阶。因修建蒸湘南路二期工程和衡州大道,北塘村中转站和客车厂中转站被拆除。

2010年,因红湘街道联合村旧城改造,1座公厕被拆除。年内,市财政投资给区环卫局添置多功能摆臂式液压车2辆、多功能清洗车2辆、多功能清扫车1辆;全区添置保洁车114辆,果皮箱60个,新建垃圾房244座。另自筹资金60万元,配套建设6座垃圾中转站。

2011年,区环卫停车场建设项目已获市发改委立项,拟在长湖乡松亭村征地28.5亩,工程建设投资约1073万元。年内,市财政为该区投资新添置高压水车3台、多功能清洗车1台、电瓶高压清洗车4台、翻斗车4台、垃圾收集车2台。年内报废处理4台翻斗车。区财政在示范片区环卫设施配置任务中,投资新建垃圾中转站1座,提质改造中转站3座,添置移动垃圾桶600个、果皮箱300个、板车43部。并在中心城区各社区共添置移动垃圾收集桶2400个,提质改造老化中转站2座。

2012年,蒸湘区环卫设施设备进一步改善:垃圾中转站由2002年的23座增加到70座,公共厕所由2002年27座增加到63座(含非环卫产权的公厕)。环卫机动车辆由2002年的9辆增加到49辆。

2002—2012年蒸湘区环卫局环卫作业及设施设备建设情况一览表

表11-1

项目 年度	日均清扫道路面积(平方米)	日均冲洗道路(公里)	日均清运垃圾(吨)	垃圾中转站			公厕			环卫机动车(辆)
				座数	产权归属		座数	产权归属		
					环卫	单位		环卫	单位	
2002	40万	73	262	23	22	1	27	16	11	9
2003	54万	80	280	28	25	3	29	19	10	9
2004	63万	87	290	35	25	10	33	19	14	15
2005	70万	92	300	37	25	12	37	19	18	15
2006	72万	98	310	38	25	13	40	19	21	18
2007	80万	110	320	42	25	17	42	19	23	24
2008	99万	135	330	49	28	21	54	27	27	24
2009	125.1万	150	360	47	27	20	57	27	30	30
2010	174.6万	238	370	53	27	26	56	27	29	38
2011	174.6万	248	370	54	28	26	56	27	29	49
2012	221.5万	258	370	70	43	27	63	27	36	49

第四节　环卫收费

2002年,区环卫局成立后,环卫有偿服务收费人员参加了市物价局举办的收费专管员培训班,认真学习环卫收费相关文件规定,规范环卫有偿服务收费行为。为了掌握第一手资料,环卫局抽调专人进行调查摸底,对坐落单位和临街门店的垃圾产量、职工人数、经营面积进行全面清查核算,并登记造册。按照市物价局、财政局的规定,道路清扫保洁费的标准是:临街店铺每米每月6元,临街非店铺及围墙每米每月1.5元;垃圾清运费的标准是每吨每公里2元;垃圾处理费的标准是:生产、经营单位每吨8元,非生产、经营单位每人每月0.6元,餐饮、娱乐、服务单位根据营业面积大小每家每月60－200元不等。按照上述标准,当年环卫局收取环卫三项有偿服务费65万元。各街道社区居委会,则参照兄弟城区的做法,向坐落居民户(单位自行管理或实行物业管理的区域除外）每月收取3－5元的有偿服务费，以解决所聘环卫作业人员工资及作业工具费的来源问题。12月1日，市物价局、财政局下发《关于规范和调整我市环卫有偿服务收费的通知》。调整后的道路清扫保洁费的标准是：临街店铺每米每月6元，临街非店铺房屋及围墙每米每月1.5元，临时摊位每个每月20元；垃圾清运费的标准是，每吨每公里2元；垃圾处理费的标准是：生产、经营单位每吨8元，非生产、经营单位每人每月0.6元，餐饮、娱乐、服务单位根据营业面积大小每家每月50－220元不等，建筑垃圾渣土每吨4元（见表11－2），此标准一直执行到2006年底。2003年，环卫局收取环卫三项有偿服务费100万元。

2004年，实行办事公开制度，环卫收费项目、收费标准和计费办法公示上墙，增加了环卫收费工作的透明度。对一些垃圾代运交费大户，其合同金额多少，由局领导集体审定。环卫收费实行收支两条线，大额收费一律转账，小额收费月内上交。收费队伍佩证上岗，接受群众监督。

2006年，环卫有偿服务收费，推行“下设底线、上不封顶”的承包政策。门前清扫和垃圾代运两个收费队，除自行包干队员工资、防暑防寒、车辆耗油和车辆维修等一切费用外，全年尚需完成局里规定的指标任务，超收部分按一定比例分成。

2007年1月15日，市物价局、财政局下发《关于重新明确环卫有偿服务收费的通知》，明确道路清扫保洁费、垃圾清运费、垃圾处理费的收费标准仍和原有标准相同，只是将建筑垃圾渣土处理费改为每平方米建筑面积2元（见表11－3）。以上3种收费项目，环卫局以往采取不同队伍分别收取的方式，坐落单位和经营业主误以为多头多项收费，抵触情绪较大。针对这一情况，环卫局打破传统的收费方式，将3种费用合而为一，由同支队伍对同一对象收费。全区划分为3个片区，设立3个收费中队，每个中队负责一个片区。同时，推动文明收费、优质服务，坚决杜绝索拿卡要行为，这样赢得坐落单位和经营业主的认可，其社会效益和经济效益明显提高。当年收取环卫有偿服务费142.34万元。

2009年2月5日，市人民政府办公室下发《关于收取城区生活垃圾处理费的通知》，确定从2009年2月1日起，取消环卫三项有偿服务收费项目，改为统一收取城区范围内生活垃圾处理费。收取范围及收费标准是：机关事业单位按单位职工总人数每人每月2元；厂矿企业、医院、院校、市场等，按实际垃圾量每吨98元；经营场所按不同行业的营业使用面积每月每平方米0.3－1.5元；营运车辆按车辆类别每辆每月4－10元；城市居民、暂住人口按自来水消耗量每立方米0.3元，随水费收取，对没有纳入自来水公司代收的住户按每户每月6元。收取城区生活垃圾处理费后，各街道社区居委会不再向居民户收取卫生费。按照这一新的标准，2010年环卫局收取城区生活垃圾处理费169万元，自来水公司代收返拨卫生费73.3万元，其中下拨社区43.98万元。

2002年衡阳市环卫有偿服务收费项目和标准明细表

表11－2

收　费　项　目	计费单位	收费标准（元）	执收单位	备　　注
一、垃圾处理费				各单位所产生的垃圾不论自运或委托环卫处运到垃圾处理场的，均收取垃圾处理费。主要用于弥补垃圾处理等经费不足
1.住宿业垃圾处理费	每床·月	0.6	市环卫处	按宾馆、旅社、酒（饭）店、招待所的经营床位收取
2.餐饮业垃圾处理费 营业面积：300平方米及以上 101－300平方米 100平方米以下	每家·月	220 120 60	市环卫处	按营业面积大小分档计收垃圾处理费
3.文化娱乐业、服务业垃圾处理费 营业面积：300平方米及以上 101－300平方米 100平方米以下	每家·月	200 100 50	市环卫处	夜总会、歌舞厅、卡拉OK厅、影院、放映厅、电游室、茶馆、美容、美发、按摩、桑拿、足浴、室内游泳、修理业等，均按营业面积大小分档计收垃圾处理费

续表 11－2

收 费 项 目	计费单位	收费标准(元)	执收单位	备 注
4. 生产、经营单位垃圾处理费	每吨	8	市环卫处	指上述1、2、3项经营行业以外的各类生产经营企业、市场、商场等单位所产生的垃圾,均按垃圾量计收垃圾处理费
5. 非生产、经营单位垃圾处理费	每人·月	0.6	市环卫处	按城区党政机关、企事业单位、外地驻衡机构等单位的正式职工、合同工、临时工人数总和对单位计收
6. 建筑垃圾渣土处理费	每吨	4	渣土管理所	凡收取了建筑垃圾渣土处理费的,不得再对其运输车辆收取清扫保洁费,如其在运输过程中有严重撒漏情况,只能按城市管理有关规定处罚。建筑渣土单位之间调剂,应到市渣土管理所办理有关手续,其收费减半
二、垃圾清运费	吨·公里	2	各区环卫局	凡将垃圾倾倒在环卫专用设施或按合同委托环卫部门代运的均须交纳清运费。单位有清运能力的,可自行运至环卫部门指定的垃圾场,不缴纳清运费。将垃圾自运到垃圾转运站的,由垃圾转运站按实际运距计收清运费
三、道路清扫保洁费				主要用于城区道路、广场等公共场所清扫保洁经费开支
1. 临街单位、店铺门前			各区环卫局	仅限对临街一层房屋的单位和个人,均按临街实际宽度计费
(1)临街非店铺房屋及围墙等	临街宽度每米·月	1.5		由产权单位缴纳
(2)临街店铺	临街宽度每米·月	6		此项收费由店铺经营业主缴纳
(3)临时摊拉	每个·月	20		
2. 建筑施工污染保洁费	建筑面积 m^2	2	渣土管理所	由施工单位一次性缴纳。收取了建筑施工污染保洁费,不再收取清扫保洁费,如其在运输沙卵等过程中有严重撒漏情况,只能按城市管理有关规定处罚
四、公厕清扫保洁费	每人·次	供纸0.5 不供纸0.3	各区环卫局	此项收费仅限于有专人负责清扫保洁,经物价部门批准并悬挂由物价部门统一制发的《公厕收费标价牌》的,方可收费;对收费公厕附近宿舍无卫生间的居民实行月票,每人每月不得超过1元

说明:此标准由衡阳市物价局、财政局于2002年12月1日制定。

2007年衡阳市环卫有偿服务收费项目和标准明细表

表 11－3

收 费 项 目	计费单位	收费标准(元)	执收单位	备 注
一、垃圾处理费				各单位所产生的垃圾不论自运或委托环卫处运到垃圾处理场的,均收取垃圾处理费。主要用于弥补垃圾处理等经费不足
1. 住宿业垃圾处理费	每床·月	0.6	市环卫处	按宾馆、旅社、酒(饭)店、招待所的经营床位收取
2. 餐饮业垃圾处理费 营业面积:300平方米及以上 101－300平方米 100平方米以下	每家·月	220 120 60	市环卫处	按营业面积大小分档计收垃圾处理费

续表 11 -3

收费项目	计费单位	收费标准（元）	执收单位	备注
3. 文化娱乐业、服务业垃圾处理费 营业面积:300 平方米及以上 101 -300 平方米 100 平方米以下	每家·月	200 100 50	市环卫处	夜总会、歌舞厅、卡拉 OK 厅、影院、放映厅、电游室、茶馆、美容、美发、按摩、桑拿、足浴、室内游泳、修理业等,均按营业面积大小分档计收垃圾处理费
4. 生产、经营单位垃圾处理费	每吨	8	市环卫处	指上述 1、2、3 项经营行业以外的各类生产经营企业、市场、商场等单位所产生的垃圾,均按垃圾量计收垃圾处理费
5. 非生产、经营单位垃圾处理费	每人·月	0.6	市环卫处	按城区党政机关、企事业单位、外地驻衡机构等单位的正式职工、合同工、临时工人数总和对单位计收
6. 建筑垃圾渣土处理费	每平方米（建筑面积）	2	渣土管理所	凡收取了建筑垃圾渣土处理费的,不得再对其运输车辆收取清扫保洁费,如其在运输过程中有严重撒漏情况,只能按城市管理有关规定处罚。建筑渣土单位之间调剂,应到市渣土管理所办理有关手续,其收费减半
二、垃圾清运费	吨·公里	2	各区环卫局	凡将垃圾倾倒在环卫专用设施或按合同委托环卫部门代运的均须交纳清运费。单位有清运能力的,可自行运至环卫部门指定的垃圾场,不缴纳清运费。将垃圾自运到垃圾转运站的,由垃圾转运站按实际运距计收清运费
三、道路清扫保洁费				主要用于城区道路、广场等公共场所清扫保洁经费开支
1. 临街单位、店铺门前			各区环卫局	仅限对临街一层房屋的单位和个人,均按临街实际宽度计费
(1)临街非店铺房屋及围墙等	临街宽度每米·月	1.5		由产权单位缴纳
(2)临街店铺	临街宽度每米·月	6		此项收费由店铺经营业主缴纳
(3)临时摊拉	每个·月	20		
2. 建筑施工污染保洁费	建筑面积 m^2	2	渣土管理所	由施工单位一次性缴纳。收取了建筑施工污染保洁费,不再收取清扫保洁费,如其在运输沙卵等过程中有严重撒漏情况,只能按城市管理有关规定处罚
四、公厕清扫保洁费	每人·次	供纸 0.5 不供纸 0.3	各区环卫局	此项收费仅限于有专人负责清扫保洁,经物价部门批准并悬挂由物价部门统一制发的《公厕收费标价牌》的,方可收费;对收费公厕附近宿舍无卫生间的居民实行月票,每人每月不得超过 1 元

说明:此标准由衡阳市物价局、财政局于 2007 年 1 月 15 日制定。

2009年衡阳市城区生活垃圾处理费收费项目和标准明细表

表11-4

征收范围	收费标准	备注
1. 城市居民、暂住人口	0.3元/吨(用水量),对个别无法纳入自来水公司代收的住户按6元/户·月收取	低保等特殊群体全免
2. 机关团体、事业单位	2元/人·月	由单位支付
3. 营运车辆		
(1)中巴	8元/辆·月	
(2)的士	4元/辆·月	
(3)货车	10元/辆·月	
(4)大客	8元/辆·月	
(5)船舶	180元/辆·年	
4. 厂矿企业、宾馆、招待所、医院、车站、码头、院校、驻军等部门	按实际垃圾量98元/吨收取	垃圾处理费98元/吨(含收集37元/吨、运输23元/吨、处理38元/吨三个环节)
5. 经营场所		
(1)餐饮业	0.5-1.5元/平方米·月	按地段分档次计收
(2)茶座、酒吧、网吧、休闲、保健、美容美发	0.5-1.0元/平方米·月	按地段分档次计收
(3)修理、洗车	1-1.5元/平方米·月	按地段分档次计收
(4)废品店、冷作加工、广告装潢、临街诊所	1元/平方米·月	
(5)花店、水果店	1元/平方米·月	
(6)屠宰场	0.3元/头	
(7)煤场、洗灰场、沙石场	2元/平方米·月	
(8)停车场	0.3元/平方米·月	
(9)早、夜市、摊点	2元/点·天	
(10)其它经营场所	0.5-1元/平方米·月	按地段分档次计收
(11)市场(含超市及各类专业市场)	1.2元/平方米·月或按实际垃圾量98元/吨收取	

注:地段分类及分档次计收方法:1. 一类地段为雁城路以北、明翰路以南、红湘路以东、京广铁路以西的范围。2. 二类地段为湘桂线以北、蒸水南堤以南、光辉路以东、衡茶路以西除一类地段以外的范围。3. 三类地段为一、二类地段以外的其它地段。4. 表内按地段分档次计收的项目按一类地段取收费标准上限,二类地段取收费标准中间值,三类地段取收费标准下限。

说明:此标准由衡阳市人民政府办公室于2009年2月5日下发。

第五节　环卫监察管理

2002年，区环卫局组织环卫监察队员参加了市法制办举办的行政执法人员培训班，参加培训人员均取得行政执法证和上岗证。环卫局结合推行垃圾袋装化，制定了环境卫生综合整治工作方案及星级道路创建工作方案，印发宣传资料3000余份，组织环卫监察队伍，对解放路、静园路、汽车西站坪、解放西路等路段进行了重点整治。还临时从环卫局内部抽调40人作为卫生监督员，佩带袖章，昼夜上路宣传和执法。年内，从环卫监察队抽调5人，归口市容管理股管理，组成环卫巡回执法队，对内检查环卫作业质量，对外实行环卫纠章执法。其他环卫监察队员，分路段实行责任包干，来回查处垃圾乱倒、垃圾篓乱放等违规行为。同时主动与临街门店和单位协商设立垃圾收集点，禁止随意乱设乱倒。环卫工作开始由被动“扫”和“运”逐渐转为主动“查”和“管”。

2003年，开展“创建文明城市，争做文明市民”活动。一是加大环卫宣传力度。结合联合国环境署部署开展的“使世界清洁起来”和“世界环境卫生日”等活动，出动宣传车在市区巡回广播宣传；组织人员在主次干道临街门店和单位散发有关宣传资料4000余份，增强市民“雁城是我家，卫生靠大家”“爱护环境卫生，创建美好家园”的环境卫生意识。二是加大环卫监察力度。对乱扫、乱倒、乱扔垃圾等陋习行为，实行宣传教育、规劝制止、扣物罚款等递进措施，促使市民爱护环境卫生，争做文明市民。

2004年，局环卫监察队并入市容管理股，使市容管理股集环卫督察、环卫执法、环卫考核三项职能于一体，其综合管理效能明显提高。当年，市容管理股对区内下达环卫督察督办整改通知单418份，对乡镇街道下发环卫通报41期。开展环卫集中综合整治活动5次，纠章681起。重点整治了门店外扫行为，门店外扫现象得到遏制。

2005年，严格内部管理，精简环卫执法人员，造就了一支执法文明、有令即行、有禁即止的环卫执法队伍，较好地履行了市容监察职能。年内开展执法纠章500余起。在环卫百日集中大整治活动中，配合城管集中整治红湘路夜宵摊担达20余天。

2006年，开展环卫执法和环卫收费“三公开一满意”活动。即环卫执法和收费依据公开、处罚标准和收费标准公开、投诉举报电话公开，执法和交费对象满意。环卫部门以政策宣传解释到位、环卫作业优质服务到位的诚心和耐心，努力营造文明执法、文明收费、主动交费的和谐互动氛围。

2007年，组织环卫监察队员开展“四外”整治活动。在早、中、晚垃圾外扫、外丢、外倒、外堆高峰时段，安排环卫监察队员在城区繁华地段设立监督岗，分兵把守，来回巡查，发现问题，严肃处理。年内，下达整改通知单200余份，纠章300余起。

2008年，建立环卫投诉快速处理机制。在报纸、电视、网络等媒体公开环卫投诉电话，主动受理市民投诉。为及时处理市民投诉问题，成立快速反应处理小分队，接到投诉电话后立即赶赴现场处理，并根据问题处理的难易程度，实行限时处理承诺制和责任追究制。

2009年，组织市容监察队员逐路逐户加强宣传教育，对屡教不改“四外”行为严重的门店进行集中整治，年内整治门店“四外”行为500余次；组织市容监察队员全天候24小时分组轮流值班上路蹲点守候，发现渣土运输车辆污染路面行为，责令现场整改或按章处罚。年内整治渣土运输车辆带泥、撒漏行为为360余次。

2010年，建立基建工地、临街门店装修管理台账，对基建工地实行“一点一员”式包点责任制，全程跟踪监督，督促建设施工单位、渣土运输单位在进行渣土运输、处置过程中做到按规定时间、线路行驶，按规定高度材质围档施工、硬化进出口道路、配备相应的冲洗设施，做到净车出场，保持施工作业周边整洁卫生，防止尘土飞扬和污水流溢。

2012年，区环卫局市容监察队由原来的12人增至17人，采取分散与集中相结合的执法方式，对城区道路各个路段的“四外”整治和渣土管理，分散安排专人负责督察规劝，遇有屡劝不听不改者，则采取集中执法方式,从严处罚。同时,安排执法人员对施工工地昼夜跟踪管理,落实被污染路段泥巴铲除及冲洗效果。年内发放《致门店老板们的一封信》5000余份,组织集中执法行动百余次,参加市渣土办组织的渣土管理统一整治行动2次,联合公安、交警、街道、乡镇组织的统一执法行动1次。通对整治,区域内渣土运输车辆改装加盖举措得到落实,施工工地进场道路得到硬化,进出工地车辆冲洗设备得到完善,查处门店“四外”行为800余次,车辆撒漏带泥行为700余起。

第十二篇　中共地方组织

中共衡阳市蒸湘区委员会的前身为中共衡阳市郊区委员会,成立于1980年8月22日。2001年5月衡阳市行政区划调整后易为今名。至2012年底,全区有基层党委17个,总支、支部372个,中共党员6712人。

第一章　组织机构

第一节　区委常委会

2001年5月,衡阳市郊区党政群军机关成建制转入蒸湘区,中共蒸湘区委设书记1人,副书记5人,常委15人,委员27人,候补委员3人。2002年10月召开中共蒸湘区第一次代表大会,设书记1人,副书记4人,常委15人,委员25人,候补委员4人。2006年6月召开中共蒸湘区第二次代表大会,设书记1人,副书记2人,常委15人,委员31人,候补委员5人。区委书记李安平于2008年5月调离,市委任命唐文峰继任。2011年6月召开中共蒸湘区第三次代表大会,设书记1人,副书记2人,常委13人,委员31人,候补委员5人。区委书记唐文峰于2012年2月调离,市委任命白一峰继任。

2001年5月至2012年12月中共蒸湘区委员会历届组成人员一览表

表12－1

届　次	职　务	姓　名	籍　贯	任　职　时　间
过渡时期无届次(2001.5—2002.10)	书　记	李安平	祁阳县	2001.5—2002.10
	副书记	徐建中	常宁市	2001.5—2002.10
		夏俊生	衡阳县	2001.5—2002.10
		毛菊桂	祁阳县	2001.5—2002.10
		谭伟龙	衡东县	2001.5—2002.9
		谭树理	耒阳市	2001.5—2002.9
		邓准德	桂阳县	2002.3—2002.10
		刘一华	衡南县	2002.9—2002.10
	常　委	赵振华	衡东县	2001.5—2002.10
		曾巧敏(女)	衡阳县	2001.5—2002.10
		彭燮斋	湘潭县	2001.5—2002.10
		万克和	市郊区	2001.5—2002.10

续表 12 - 1

届　次	职　务	姓　名	籍　贯	任 职 时 间
过渡时期无届次(2001.5—2002.10)	常委	罗厚坤	衡南县	2001.5—2002.10
		刘建辉	衡南县	2001.5—2002.10
		祝和东	市郊区	2001.5—2002.10
		陆魁志	衡阳市	2001.5—2002.10
		常印平	山东费县	2001.5—2002.10
		李艳丽(女)	道　县	2001.5—2002.10
第一届(2002.10—2006.6)	书　记	李安平	祁阳县	2002.10—2006.6
	副书记	徐建中	常宁市	2002.10—2006.5
		夏俊生	衡阳县	2002.10—2002.11
		毛菊桂	祁阳县	2002.10—2002.11
		刘一华	衡南县	2002.10—2006.6
		邓准德	桂阳县	2002.10—2006.6
		罗厚坤	衡南县	2002.10—2006.6
		刘定安	衡阳县	2005.3—2006.6
		唐文峰	衡阳市	2006.5—2006.6
	常　委	祝和东	市郊区	2002.10—2006.6
		曾巧敏(女)	衡阳县	2002.10—2005.4
		李艳丽(女)	道　县	2002.10—2006.6
		汪秋明	江苏沭阳县	2002.10—2006.6
		单国平	衡东县	2002.10—2006.6
		贺熙欢	祁东县	2002.10—2006.6
		常印平	山东费县	2002.10—2004.3
		刘红丹	衡阳县	2002.10—2006.6
第二届(2006.6—2011.6)	书　记	李安平	祁阳县	2006.6—2008.5
		唐文峰	衡阳市	2008.5—2011.6
	副书记	唐文峰	衡阳市	2006.6—2008.5
		邓准德	桂阳县	2006.6—2011.6
		陈树生	祁东县	2008.5—2011.6
	常　委	祝和东	市郊区	2006.6—2011.6
		万荣禄	祁阳县	2006.6—2008.2
		冯加业	衡阳县	2006.6—2011.6
		刘红丹	衡阳县	2006.6—2011.6
		李艳丽(女)	道　县	2006.6—2011.6
		邹可成	衡阳县	2006.6—2011.6
		汪秋明	江苏沭阳县	2006.6—2011.6
		单国平	衡东县	2006.6—2011.6
		彭东阳	祁东县	2006.6—2011.6
		贺熙欢	祁东县	2006.6—2011.6
		刘环建	江西萍乡市	2008.2—2009.2
		李定慧	衡南县	2009.2—2011.4

续表 12－1

届　次	职　务	姓　名	籍　贯	任　职　时　间
第三届（2011.6— ）	书　记	唐文峰	衡阳市	2011.6—2012.2
		白一峰	山西武乡县	2012.3—
	副书记	陈树生	祁东县	2011.6—2013.3
		李来清	衡山县	2011.6—2013.7
		林喜洋	衡东县	2013.3—
		黄　辉(女)	南岳区	2013.7—
	常　委	王　华	邵阳市	2011.6—
		尹熙明	衡阳县	2011.6—
		冯加业	衡阳县	2011.6—2014.3
		李　欣	湖北钟详县	2011.6—
		彭东阳	祁东县	2011.6—2014.3
		邹可成	衡阳县	2011.6—
		肖立建	衡阳县	2011.7—2013.7
		张永英(女)	常宁市	2011.7—2013.7
		周宏辉	衡阳县	2013.7—
		殷苌茗	安乡县	2013.7—
		彭顺利	衡阳市	2014.4—

过渡时期区委委员：

丁平涛　丁永水　王晓奇　陆元德　贺　军　贺湘涛　郭裕泉
彭荣昭　蒋如龙　戴金良

候补委员：

王殿生　邓先传　康小鹰

第一届区委委员：

王　华　邓三德　冯加业　华连生(女)　孙齐文　张成生　周承富
胡忠勇　黄茂林(女)　廖东笙

候补委员

王殿生　肖隆喜　陆魁祝　黄荣华(女)

第二届区委委员：

王　华　毛菊桂　文建常　邓三德　许朝斌　孙齐文　汪仲兆
陈硕果　周承富　胡忠勇　夏　冰　郭裕泉　黄茂林　曹禄永
彭伟初　夏俊生　粟　晓

候补委员：

王国保　王殿生　肖隆喜　肖芳云(女)　邓冬福(女)

第三届区委委员：

毛菊桂　邓　嬲　肖军生　肖芳云　谷　敏　邹顺徕　汪仲兆
汪秋明　张荣华　陈光华　易艳云(女)　罗　琼(女)　罗厚坤　单国平
黄茂林(女)　曹禄永　彭伟初　彭顺利　粟　晓　廖东笙

候补委员:

王殿生　李先宏　郑成庚　罗锡桂(女)　邓冬福(女)

第二节　区委工作机构

2001年5月,蒸湘区成立时设区委工作机构7个,即纪委、区委办公室、组织部、宣传部、统战部、政法委、机构编制委员会办公室;部门管理机构2个:区直属机关工作委员会、信访办公室;直属事业单位1个:档案局。

2012年12月,区委工作机构设置如下:

工作机构7个:纪律检查委员会(与监察局合署办公)、区委办公室、组织部、宣传部、统战部、政法委、机构编制委员会办公室

部门管理机构1个:直属机关工作委员会

直属事业单位2个:档案局、信访局(由区委、区政府双重管理,以区政府管理为主,列入区委机构系列)

2001年5月至2012年中共蒸湘区纪委(监察局)副科实职以上领导人员一览表

表12-2

职务	姓名	任职时间	职务	姓名	任职时间
纪委书记	邓准德	2001.5—2005.4	常委	罗　健(兼)	2006.6—
	刘定安	2005.4—2006.6		刘峥嵘(兼)	2006.6—2010.12
	李艳丽(女)	2006.6—2011.6		朱忠清	2009.5—2011.7
	彭东阳	2011.6—		蒋　承	2010.12—
副书记	阳春光	2001.5—2006.6		彭澄清	2010.12—
	周小生	2001.5—2012.9	监察局局长	陶敦建	2001.5—2003.1
	陶敦建	2001.5—2003.1		周小生	2003.1—
	曹湘玲(女)	2003.4—	副局长	陆魁伟	2001.5—2004.12
	钟柏喜	2011.6—		粟　晓	2001.5—2003.1
常委	唐续武	2003.1—2009.8		唐续武	2001.10—2009.9
	邓　勰	2005.8—2006.4		陈政军	2004.12—
	谢培武	2006.6—		彭澄清	2010.9—

2001年5月至2012年中共蒸湘区委办公室领导人员一览表

表12-3

职务	姓名	任职时间	职务	姓名	任职时间
主任	祝和东	2001.5—2011.7	副主任	蒋如龙	2001.5—2007.4
	邹可成	2011.7—		汪仲兆	2001.5—2003.1
副主任	王国华	2003.1—2011.4		邓　勰	2006.4—2008.1
	谢先铸	2003.1—2006.4		文建常	2007.12—2011.9
	王　清	2004.2—2011.4		谢孝玲	2008.6—2013.6
	李　松	2005.7—2011.9		李　嵩	2009.5—2013.5

2001年5月至2012年中共蒸湘区委组织部副科实职以上领导人员一览表

表12－4

<table>
<tr><th>职　务</th><th>姓　名</th><th>任　职　时　间</th><th>职　务</th><th>姓　名</th><th>任　职　时　间</th></tr>
<tr><td rowspan="4">部　长</td><td>罗厚坤</td><td>2001.5—2002.9</td><td rowspan="4">副部长</td><td>陈硕果</td><td>2002.6—2003.1</td></tr>
<tr><td>单国平</td><td>2002.9—2006.6</td><td>刘克幼(女)</td><td>2003.1—2006.8</td></tr>
<tr><td>汪秋明</td><td>2006.7—2011.7</td><td>谢先铸</td><td>2006.8—</td></tr>
<tr><td>张永英(女)</td><td>2011.7—2013.7</td><td>周　清</td><td>2008.6—</td></tr>
<tr><td rowspan="2">副部长</td><td>陈光华</td><td>2001.5—2008.6</td><td>远教中心主任</td><td>周三清</td><td>2009.5—</td></tr>
<tr><td>邓三德</td><td>2001.5—2002.6</td><td></td><td></td><td></td></tr>
</table>

2001年5月至2012年中共蒸湘区委宣传部副科实职以上领导人员一览表

表12－5

<table>
<tr><th>职　务</th><th>姓　名</th><th>任　职　时　间</th><th>职　务</th><th>姓　名</th><th>任　职　时　间</th></tr>
<tr><td rowspan="5">部　长</td><td>曾巧敏(女)</td><td>2001.5—2001.7</td><td rowspan="2">副部长</td><td>周世忠</td><td>2002.6—2008.6</td></tr>
<tr><td>谭树理(兼)</td><td>2001.7—2002.4</td><td>刘峥嵘</td><td>2002.6—</td></tr>
<tr><td>李艳丽(女)</td><td>2002.4—2006.6</td><td>文明办主任</td><td>蒋福员</td><td>2009.5—</td></tr>
<tr><td>彭东阳</td><td>2006.6—2011.7</td><td rowspan="2">新闻办主任</td><td>谢铁平</td><td>2004.9—2011.9</td></tr>
<tr><td>尹熙明</td><td>2011.7—</td><td>成振锋</td><td>2012.1—</td></tr>
<tr><td rowspan="2">副部长</td><td>周　辉</td><td>2001.5—2002.6</td><td>网宣办主任</td><td>王佩莉(女)</td><td>2012.10—</td></tr>
<tr><td>陈硕果</td><td>2001.5—2002.6</td><td></td><td></td><td></td></tr>
</table>

2001年5月至2012年中共蒸湘区委统战部领导人员一览表

表12－6

<table>
<tr><th>职　务</th><th>姓　名</th><th>任　职　时　间</th><th>职　务</th><th>姓　名</th><th>任　职　时　间</th></tr>
<tr><td rowspan="3">部　长</td><td>丁永水</td><td>2001.5—2002.9</td><td rowspan="3">副部长</td><td>邓立安</td><td>2001.5—2011.4</td></tr>
<tr><td>贺熙欢</td><td>2002.9—2011.6</td><td>谢显良</td><td>2001.5—2005.7</td></tr>
<tr><td>张永英(女,兼)</td><td>2011.6—</td><td>廖章海</td><td>2011.9—</td></tr>
</table>

2001年5月至2012年中共蒸湘区委政法委副科实职以上领导人员一览表

表12－7

<table>
<tr><th>职　务</th><th>姓　名</th><th>任　职　时　间</th><th>职　务</th><th>姓　名</th><th>任　职　时　间</th></tr>
<tr><td rowspan="3">书　记</td><td>万克和</td><td>2001.5—2002.9</td><td rowspan="6">副书记</td><td>汤九生</td><td>2006.4—2009.4</td></tr>
<tr><td>汪秋明</td><td>2002.9—2006.6</td><td>罗美生</td><td>2007.8—</td></tr>
<tr><td>冯加业</td><td>2006.7—</td><td>杨安平</td><td>2008.6—</td></tr>
<tr><td rowspan="6">副书记</td><td>刘益寿</td><td>2001.5—2003.7</td><td>何湘衡</td><td>2010.6—2011.9</td></tr>
<tr><td>戴金良</td><td>2001.5—2008.6</td><td>肖隆喜</td><td>2011.9—</td></tr>
<tr><td>钟柏喜</td><td>2001.5—2006.4</td><td>唐林峰</td><td>2012.1—</td></tr>
<tr><td>贺先辉</td><td>2002.6—2011.4</td><td>纪检组长</td><td>刘宏春</td><td>2012.1—</td></tr>
<tr><td>陈恒星</td><td>2003.1—2009.4</td><td>维稳办主任</td><td>唐林峰(兼)</td><td>2012.1—</td></tr>
<tr><td>石社员</td><td>2003.1—</td><td></td><td></td><td></td></tr>
</table>

2001 年 5 月至 2012 年中共蒸湘区委编制办公室领导人员一览表

表 12－8

职　务	姓　名	任　职　时　间	职　务	姓　名	任　职　时　间
主　任	龙朴香(女)	2001.5—2006.4	副主任	邓小华	2001.5—2004.2
	华连生(女)	2006.4—2009.3		武奇峰(女)	2004.2—
	刘湘涛(女)	2009.3—			

第二章　党的代表大会

第一节　代表产生

一、代表名额

中共蒸湘区第一次代表大会代表名额 169 名,其中各级领导干部(副科以上实职干部)101 名,占 60%;专业技术人员 36 名,占 21%;先进模范人物 32 名,占 19%。武装部代表 2 名,占 1%。妇女代表 26 名,占 15%。45 岁以下代表不少于 50%(85 人)。

中共蒸湘区第二次代表大会代表名额 203 名,其中领导干部和基层党组织负责人 123 名,占 60.6%;专业技术人员 41 名,占 20.2%;先进模范人物 39 名,占 19.2%。武装部代表 2 名,占 1%。妇女代表 39 名,占 19.2%。少数民族代表 3 名,占 1.5%。年龄在 45 岁以下的代表 119 名,占 58.6%。

中共蒸湘区第三次代表大会代表 207 名,代表中,领导干部和基层党组织负责人 125 名,占 60%;各类专业技术人员 43 名,占 21%;先进模范人物 39 名,占 19%。武装部代表 2 名,占 1%。妇女代表 52 名,占 25%。少数民族代表 4 名,占 2%。年龄在 45 岁以下的代表 112 名,占 54%。

二、代表产生办法

区委按照各单位党员人数和党组织个数,并根据工作需要,将代表名额分配到若干个选举单位。各选举单位根据各自的实际情况,通过采取召开党员代表大会或党员大会的形式,组织进行选举。具体程序是:1. 各选举单位按照分配的名额,采取自下而上的方式提名,经过反复酝酿协商,根据多数党组织或多数党员的意见,提出代表候选人初步人选。2. 各选举单位对候选人初步人选进行考察。3. 各选举单位召开党(工)委会确定代表候选人初步人选名单,并进行公示。4. 区代表资格审查领导小组对各选举单位上报的代表候选人初步人选名单进行审查,分别征求区纪检、政法、检察、审计、计生、信访等部门的意见,并提出具体的审查意见。5. 区委常委会对代表候选人初步人选进行审查。6. 各选举单位召开党员代表大会或党员大会,采取无记名投票的方式实行差额选举(差额不少于应选代表名额的 20%)。

第二节　代表大会

一、中共蒸湘区第一次代表大会

这次大会是在区划调整后，于2002年10月9—11日召开。参加大会的代表共169名。区委书记李安平作题为《与时俱进，团结拼搏，加快推进我区现代化建设进程》的工作报告，纪委书记邓准德作题为《紧贴中心，服务大局，深入推进党风廉政建设和反腐败斗争》的工作报告。会议要求全区上下要以“三个代表”重要思想为指导，全面贯彻落实中共十六大精神，始终坚持以经济建设为中心，牢牢把握“改革、发展、稳定”大局，实施“城市带动、民营推动、开放促动、项目拉动”的发展战略，大力加强党的建设、社会主义精神文明建设和民主法制建设，促进经济、社会协调发展，加快推进全区现代化建设进程。大会选举产生了第一届委员会委员25人、候补委员4人。

二、中共蒸湘区第二次代表大会

大会于2006年6月28—29日召开。参加大会的代表共203名。区委书记李安平、区纪委书记李艳丽分别代表一届区委和区纪委向大会作了工作报告。会议肯定，第一届区委认真贯彻落实“三个代表”重要思想，立足新区情，确定新思路，圆满完成“十五”计划各项预期目标，为蒸湘区以后一个时期加快发展奠定了坚实基础。第一届区纪委在建立健全教育、制度、监督并重的惩治和预防腐败体系，协助区委抓廉政建设、查处党内违纪案件、优化经济发展环境等方面做了大量卓有成效的工作。会议要求全区上下要正确认识经济和社会发展面临的新形势，切实增强紧迫感、责任感和使命感，务实创新，与时俱进，把加快发展作为富民强区的第一要务，把广大党员和干部群众的智慧凝聚到经济建设上来，在全区上下进一步形成加快发展的强大合力。大会选举产生第二届委员会委员31人、候补委员5人，选举出席中共衡阳市第九次代表大会代表8人。

三、中共蒸湘区第三次代表大会

大会于2011年6月30日至7月2日在区机关会议中心召开，参加大会的代表207名。会议听取和审查了区委书记唐文峰所作的题为《全面落实科学发展观，为建设现代宜居新城区而努力奋斗》的工作报告；听取和审查了纪委书记彭东阳所作的题为《开拓进取创一流，服务全局促发展，全面推进党风廉政建设和反腐败斗争》的纪检工作报告。大会认真总结了区二次党代会以来的发展成就与基本经验，提出了今后五年发展的总体要求和奋斗目标。会议号召全区人民抢抓机遇，顽强拼搏，锐意进取，乘胜前进，为将蒸湘区建设成为现代宜居新城区而努力奋斗。大会选举产生了第三届委员会委员31人、候补委员5人，选举出席中共衡阳市第十次代表大会代表10人。

附一：蒸湘区历次党代会代表名单

第一次代表大会代表名单（169名）

长湖乡代表团（14人）

贺湘涛	万克和	颜朝林	周承富	文建常	陈祥明	张梅云（女）
贾志祥	杨善玲（女）	万忠福	唐跃庚	罗林策	谢　韦	许秋生

雨母山乡代表团(22 人)

罗厚坤　陶敦建　张成生　刘红丹　彭伟初　吴利生　周丽华(女)
李在金　谷丽萍(女)　何玉生　左珍定　李江华　贺长测　左华社
何尚明　李远胜　陆秀众　唐耀熬　陆忠元　夏忠晓　费明根
邓仕祝

呆鹰岭镇代表团(22 人)

邓准德　阳春光　冯加业　邹可成　蒋恒祝　肖松柏　周德应
刘康凤(女)　刘梅君(女)　万先奇　刘景富　刘治放　刘谋广　刘先良
刘运利　肖飞雄　钟彦寿　刘泽民　褚秋元　黄基余　贺爱国
肖功交

蒸湘街道代表团(12 人)

单国平　常印平　陈光社　罗佑生　周小生　彭东阳　刘国永
伍松青　唐林峰　刘锦玲(女)　王小平　尹万娥(女)

红湘街道代表团(13 人)

李艳丽(女)　贺熙欢　罗为广　王　华　肖芳云(女)　曹湘玲(女)　粟　晓
唐续武　朱天宝　何英雄　陈林旭　胡冬生　王　全

联合街道代表团(15 人)

彭燮斋　罗章琪　阳春生　康小鹰　胡忠勇　陈爱初　廖东笙
汪礼禄　钟成海　廖小梅(女)　吴文东　谢树富　刘绍香(女)　周承军
黄年秀(女)

区直机关代表团(35 人)

李安平　徐建中　曾巧敏(女)　祝和东　黄茂林(女)　孙齐文　周　泽
曹先国　蒋如龙　刘益寿　陈光华　邓立安　邓三德　傅德寿
蔡冬云　王　清　王国保　谢孝玲　陈恒星　雷　鸣　李诗凡
钟家友　龙朴香(女)　刘克幼(女)　黄荣华(女)　华连生(女)　汤九生　周世忠
刘康元　陈明清(女)　陈亚衡(女)　李民和　董冬英(女)　刘向东　尹芝美

区属战线一代表团(17 人)

夏俊生　刘一华　汪秋明　王殿生　李长青　陈慧娴(女)　周平扬
廖俊恒　张仲玉　何小玲(女)　严远生　罗亮娥(女)　刘光智　黄冬生
秦声元　陈学斌　胡春桃(女)

区属战线二代表团(19 人)

毛菊桂　刘建辉　阳莼良　陆魁祝　何加倦　罗齐佑　罗召华
陈宪云　周永秋　罗锡政　邹顺徕　肖军生　唐超英(女)　余新生
宋德喜　周承美(女)　李秀红(女)　李淑梅(女)　谭祖花(女)

第二次代表大会代表名单(203 名)

长湖乡代表团(18 人)

王成纲　王晓红(女)　尹熙明　许义元　杜告生　杨良斌　杨其学
杨善玲(女)　吴辉华　张军维　陈硕果　罗林策　段茂伍　祝和东
唐跃庚　蒋达政　雷　鸣　蔡冬云

雨母山乡代表团(27 人)

文建常　邓　成　邓仕祝　邓昌延　左文通　全碧雄　刘绍金

阳宏伟　阳福业　李江华　李远胜　杨安桥　何尚明　谷丽萍(女)
陆元玖　陆秀众　罗　冬　周丽华(女)　周宏英(女)　单国平　夏忠晓
唐耀鳌　黄茂林(女)　黄建军　彭召秋　廖雪森　颜　云

呆鹰岭镇代表团(25人)

万先奇　尹渐鸿　刘　健　刘龙发　刘先良　刘运利　刘泽民
刘治放　刘绍进　刘前进　刘谋定　刘景富　李红丽(女)　肖文志
肖军生　肖启胜　汪秋明　陈亚衡(女)　周能荣　胡大发　黄仕芳
曹禄永　蒋国华(女)　蒋恒祝　褚秋元

蒸湘街道代表团(17人)

万荣禄　朱天宝　刘红丹　李　文(女)　李辉凤(女)　杨邦生　汪仲兆
易艳云(女)　罗佑生　周龙武　周德应　莫敏芝(女)　唐振荣　唐续武
黄露青(女)　庚文斌　谢孝玲

红湘街道代表团(17人)

王　华　朱章亮　刘小梅(女)　李艳丽(女)　何英雄　陈经忠　陈祖国
罗　健　罗细枝(女)　钟柏喜　夏俊生　黄亚君(女)　曹湘玲(女)　盛　夏
彭顺利　彭淑娥(女)　魏后冲

联合街道代表团(17人)

毛志勇(女)　毛菊桂　邓准德　刘建会　刘著章　李穗萍(女)　陆魁寿
罗为广　周承富　段德辉　钟家友　夏　冰　唐　云　粟　晓
谢美玲(女)　谢培武　雷广宇

区直机关代表团(29人)

王国保　邓　鑁　邓三德　邓冬福(女)　邓立安　冯加业　朱忠清
华连生(女)　刘巧兰(女)　刘锦玲(女)　汤九生　孙齐文　李　松　李　斌
李先宏　李安平　李枫秋　李诗凡　邹可成　沈芝龙　陆魁志
陈光华　陈顶生　周小生　周世忠　贺湘涛　郭裕泉　彭伟初
傅德寿

区属战线一代表团(27人)

丁平涛　万学兰(女)　刘建辉　刘春生　刘爱初　阳春生　阳莼良
肖　玲(女)　肖芳云(女)　肖松柏　肖隆喜　何　凯　张基彬　邹顺徕
欧阳姣云(女)　罗召华　罗章琪　罗锡桂(女)　周　乐　郑成庚　赵春明
夏文光　唐文峰　唐度凤(女)　陶敦建　彭东阳　谭庆煌

区属战线二代表团(26人)

王　植　王　辉　王方军　王殿生　邓贵宝　石蒙伟　付丽薇(女)
刘光智　刘光曦　许　明　许朝斌　李京玲(女)　肖泽荣　邹高山
陈爱初　罗厚坤　周平扬　周俊杰　周翠英(女)　胡忠勇　贺国强
贺熙欢　莫　莉(女)　唐　平(女)　康小鹰　雷　英(女)

第三次代表大会代表名单(207名)

长湖乡代表团(18人)

王成纲　王晓红(女)　尹熙明　冯时旺　刘　芳(女)　刘朝荣　汤九生
许义元　杨其学　张梅云(女)　罗林策　周杨军　钟家友　祝和东
耿　燕(女)　唐跃庚　谢茂群　雷桂英(女)

雨母山乡代表团（28 人）

邓仕祝	左建华	朱传昌	刘龙发	刘绍金	汤初生	阳宏伟
阳福业	李在青	李江华	肖军生	肖芳云（女）	肖泽荣	吴明海
何　晶（女）	何尚明	陆　君	陆元玖	陆春华	罗厚坤	周宏英（女）
单国平	贺才利	夏忠晓	唐竹英（女）	黄建军	彭建平（女）	谭云兰（女）

呆鹰岭镇代表团（27 人）

万先淇	王　华	文晓辉	冯小玲（女）	伍小乔	刘　健	刘龙发
刘平衡	刘运利	刘治放	刘谋定	肖中元	肖文龙	肖劲松
肖禄斌	吴利生	何顺生	邹顺徕	汪秋明	陆魁志	罗细森
屈国良	赵国文	夏　冰	曹禄永	谢纯竹（女）	褚秋元	

蒸湘街道代表团（18 人）

龙　剑	叶信铎	朱天宝	刘　新	李　欣	杨跃红（女）	张永英（女）
陈光华	陈祖国	欧红波	易艳云（女）	罗为广	罗美玲（女）	季　敏（女）
周　滔	贺　芯（女）	黄亚君（女）	黄露青（女）			

红湘街道代表团（18 人）

王国保	毛菊桂	刘建辉	阳晓丽（女）	李云年	李来清	罗　健
罗锡桂（女）	郑　刚	胡冬生	贺　华（女）	唐振荣	陶国英（女）	盛　夏
彭顺利	雷　鸣	雷志红	廖志娟（女）			

联合街道代表团（18 人）

冯加业	刘治美（女）	刘建会	刘著章	刘景福	李穗萍（女）	肖立建
陈锡国	易云燕（女）	周龙武	周世忠	周春花（女）	贺湘涛	黄茂林（女）
蒋　承	粟　晓	廖俊平	廖俊香（女）			

区直机关代表团（27 人）

文建常	邓　勰	邓冬福（女）	朱忠清	刘巧兰（女）	刘峥嵘	刘前进
刘湘涛（女）	刘锦玲（女）	汤文选（女）	李　松	李　斌	李先宏	杨安平
吴兰湘（女）	汪仲兆	陈硕果	罗　琼（女）	罗良军	周承富	胡大发
钟柏喜	唐文峰	陶敦建	曹湘玲（女）	彭伟初	谢先铸	

区属战线一代表团（26 人）

丁平辉	王成满	王延仁	尹　钢	龙　波	龙睦习	许　明
阳莼良	李亚辉（女）	李竹华	李枫秋	肖隆喜	邹可成	张荣华
陈友娟（女）	陈慧娴（女）	欧阳姣云（女）	罗召华	周　清	郑成庚	晏建才
彭东阳	曾钟贤（女）	谢轶平	廖雪花（女）	谭　璇		

区属战线二代表团（27 人）

王玉健	王殿生	邓三德	邓发生	邓贵宝	邓准德	付丽薇（女）
成吉林	杜宇戟	杜春生	李　彬	李桂香（女）	谷　敏	邹高山
陈冬球	陈建衡（女）	陈树生	莫运国	夏　敏（女）	唐华捷	唐度凤（女）
彭澄清	谢文彬	谢培武	雷　英（女）	廖东笙	颜建虹	

附二：蒸湘区出席衡阳市、湖南省党代会代表名录

（一）蒸湘区出席中共衡阳市第九次代表大会代表名录表

表 12－9　（以姓氏笔画为序）

姓名	性别	出生年月	工作式单位及职务	姓名	性别	出生年月	工作单位及职务
许朝斌	男	1968.03	衡汽集团党委副书记	陈硕果	男	1968.08	长湖乡党委书记
李安平	男	1955.08	区委书记	林同军	男	1946.11	衡阳市人大常委会副主任、党组副书记
李艳丽	女	1962.10	区委常委、纪委书记	唐文峰	男	1967.06	区委副书记、代区长
汪秋明	男	1958.09	区委常委、组织部长	雷　鸣	男	1956.08	区科技局局长

（二）蒸湘区出席中共衡阳市第十次代表大会代表名录表

表 12－10　（以姓氏笔画为序）

姓名	性别	出生年月	工作单位及职务	姓名	性别	出生年月	工作单位及职务
李安平	男	1955.08	政协衡阳市委员会副主席、党组副书记	夏忠晓	男	1965.09	雨母山乡雨母村党支部书记
李来清	男	1970.12	区委副书记	唐文峰	男	1967.06	区委书记
张永英	女	1971.04	区委常委、组织部长、统战部长	陶国英	女	1971.09	红湘街道联合新村社区主任
陈树生	男	1963.03	区委副书记、区长	谢恒斌	男	1955.08	中共衡阳市委常委、政法委书记
易艳云	女	1969.02	蒸湘街道党工委书记	彭东阳	男	1967.01	区委常委、纪委书记

（三）蒸湘区出席中共湖南省第十次代表大会代表名录表

表 12－11　（以姓氏笔画为序）

姓名	性别	出生年月	工作单位及职务	姓名	性别	出生年月	工作单位及职务
唐文峰	男	1967.06	区委书记	陶国英	女	1971.09	红湘街道联合新村社区主任

第三章　决策纪要

第一节　优化发展环境

2001 年，区人民政府成立行政审批制度改革领导小组，取消行政审批事项 21 项。

2002 年，全区成立治理经济发展环境领导小组和经济发展环境投诉服务中心，查办影响经济发展环境各类案件 63 件，全部及时处理到位。

2004 年，区委制定优化经济发展环境“五项制度”，即项目代理制、检查报批制、挂牌保护制、环境评议制、责任追究制；坚持项目行政审批全程代理制，实行项目洽谈、签约、引进、开工建设“一条龙”服务；在全区各部门单位开展“树蒸湘形象，优发展环境”的大讨论。

2005年,在全市各县(市、区)中率先建立优化经济发展环境测评点和监督员制度,首批确定测评点17家、监督员22人,适时公布测评结果通报,并出台《蒸湘区经济发展环境投诉服务中心工作细则》。

2006年,区政府下发《关于清理规范行政许可项目的通知》,取消与上级精神相违背的许可项目15条;在全区上下营造服务经济发展环境"有错要问责,无为也要问责"的思想理念。

2008年,在全区开展"走访千家企业,促优化工作"专项活动,区优化办采取送名片、送政策、送服务等措施,与辖区内广大企业主充分沟通,竭力为其发展排忧解难;对2007年度优化经济发展环境工作先进单位给予8000元奖励,对优化工作不力的单位进行点名批评。

2010年4—7月,对全区重点工程项目和衡钢深加工产业园区企业进行全面走访,征求业主意见和建议,协调解决各种实际问题。9月,区委下发《蒸湘区优化经济发展环境测评点及监督员管理暂行办法》及《关于确定2010—2012年度蒸湘区优化经济发展环境测评点和监督员的通知》,明确撤销5家企业测评点资格,重新认定34个测评点、45名监督员。

2011年,出台《关于进一步规范涉企检查优化环境的通知》,实行涉企检查备案制、"企业宁静日"制度,确保全区不发生一起违规检查及投诉事件。

全区优化经济发展环境在2002年、2003年、2005年、2006年、2008年、2009年分别被市委、市政府评定为先进单位,2004年获"湖南省十大投资环境诚信安全区"称号。

第二节　创建文明城区

做好宣传发动工作。2001年8月,区精神文明建设指导委员会印发《蒸湘区文明社区创建方案》,明确指出,创建文明城区,先从基层单位抓起,然后全面铺开。2002年3月,全区成立文明创建工作领导小组,由区委书记任组长,政府区长任第一副组长,负责全区文明创建工作的指导、组织和协调。2003年6月,区委批转宣传部《关于"创建文明城市,争做文明市民"活动工作方案》,召开平安创建大会,开展万人签名活动。2004—2005年,组织全区人民深入学习《文明市民手册》,开展"比文明素质,比优美环境,比优良秩序,比优质服务,比发展业绩"的"五比竞赛"活动。2006—2007年,组建督察班子,建立督查网络,对文明创建工作做到日督察、周通报、月评比。普遍开展"讲诚信、改陋习、树新风"单位承诺,组织安排区直机关、乡镇街道举办"文明在我心中,文明在我手中,文明在我脚下"主题演讲比赛,形成"人人都是文明城区创建参与者,人人都是文明城区创建责任人"的浓厚氛围。

搞好城乡环境卫生。2002年1月,蒸湘区环卫局成立后,认真落实"两级政府、三级管理、四级网络"的环卫工作管理体制。对道路清扫保洁,实行招标承包责任制,采取公司化运作、货币化管理方式。大力开展"星级马路""星级公厕""星级垃圾中转站"创先争优活动。坚持星期五"全民卫生日"制度。确保全区域、全天候保洁。在农村,深入开展农村清洁工程,进行农村环境综合整治,实施清垃圾、清淤泥、清路障,改水、改路、改厕、改厨、改圈"三清五改"工作,改变村容村貌。

开展"平安蒸湘"创建活动。2004年12月,区委、区政府下发《关于开展平安创建工作的实施意见》,以"平安蒸湘"创建活动为契机,分别制定"平安乡镇街道""平安村(社区)""平安单位""平安校园"的标准与措施,推行区级领导联点创安、区直部门包点创安制度。成立专业巡逻队和义务巡逻队,构建"点、线、面"相结合的群防群治网络。2006年,在全市率先开展"零发案小区"创建工作,2007年开展"无毒社区"创建工作,成立人民调解、行政调解、司法调解"三调联动"领导小组,对社会矛盾纠纷实行一月一排查、一月一调度、一月一通报。2008年,举办农村"法制宣传月"活动,建立农村警务室、农村治保会、治安巡逻队、调解委员会,发动群众联防自治。

经过全区人民共同努力,2008年蒸湘区获得衡阳市首个"文明城区"和"湖南省文明城区"称号。

第三节　改进工作作风

蒸湘区成立以来，区委、区政府逐年制定区级领导、区直部门联系乡镇、街道、社区、企业、学校责任制，逐年进行目标考核。

2002 年 3 月，区委抽调 460 名干部组成 27 个工作队深入基层为群众服务。

2003 年 3 月，区直机关 109 名干部组成 26 个工作队下乡开展送政策、送法律、送科技、送温暖"四上门"服务活动。

2004 年 1—2 月，开展干部下农村"察民情、送温暖"活动。区委、区政府要求，参加这一活动，机关一个不能少，干部一个不能漏。

2005 年 1 月，区委抽调 92 名机关党员，深入社区、村组为民办实事。8 月 9 日，区委制定《关于进一步改进领导作风的意见》。

2007 年 5 月，区委成立领导干部作风建设领导小组。6 月 5 日，区委办、政府办印发《蒸湘区领导干部作风建设实施方案》，决定在全区开展以转变"五大作风"（思想作风、干部学风、工作作风、领导作风、生活作风），解决"五个突出问题"（精神不振、学风不浓、工作不力、为政不廉、纪律不严）为主题的领导干部作风建设活动。6—7 月，就人民群众最关心、最直接、最现实的问题，大力开展"围绕'三最'搞调研、排忧解难促发展"活动。

2008 年 9 月，开展"串千家门、听千家言"干部大走访活动，要求每名干部走访群众须 30 户以上。

2009 年，结合"企业服务年"活动，在全区开展"访百家企业，征百条建议，解百个难点"的"三百"活动。

2010 年 6 月 3 日，区委办、区政府办印发《蒸湘区机关干部"八项注意"的通知》，要求全体机关干部必须做到：不阳奉阴违，不无所事事，不擅离职守，不敷衍塞责，不铺张浪费，不索拿卡要，不参与赌博，不搬弄是非。

2011 年 3 月，蒸湘区参加全市开展的"十万干部百乡千村万户大走访"活动，三分之一的机关干部下基层，走访调查，为民服务。4 月 11 日，区委办、政府办印发《蒸湘区干部参加劳动实施方案》，要求把干部参加劳动作为必修课，严格执行"1024"劳动制度，即区机关事业单位干部参加劳动的时间每年不少于 10 天，乡镇街道干部每年不少于 24 天。

2012 年 3 月，全区开始开展"大走访、大调研、大服务"作风建设主题活动，42 名区级领导率领近 1000 名机关干部，深入农村、社区、企业、学校、重点工程项目，察民情、讲政策、解难题、办实事。4 月 12 日，该区召开大走访、大调研、大服务"三大"主题活动推进会，并作出"作风兴区"决定，强调作风建设是永恒的主题，必须长抓不懈。同日，区委办、政府办下发《蒸湘区作风建设四条规定》。5 月 28 日，该区将所有在职区级领导、区直单位和市管部门党政班子成员共 242 人的姓名、职务、主要分管工作及手机号码，在《衡阳晚报》上以 3 个整版的篇幅向社会公布，以增强信息透明度，方便群众办事。

第四节　重视民生工程

2001 年 6 月，全区启动城市居民最低生活保障制度。11 月，区委、区政府决定在全区实行减轻农民负担一票否决制度，下发《关于减轻农民负担工作一票否决制度的决定》。2002 年 1 月，启动职工医疗保险。

2003 年 4—5 月，全区 300 名干部下到 34 个村、28 个社区指导防治"非典"工作。

2004 年 7 月，启动"爱民房"建设工程，主要为农村因灾害、贫困、病残等原因造成的无房户解决无处栖身问题。在先进性教育活动中,该区采取对困难群众建立“爱心服务卡”、对孤寡老人统一按照“五保户”标准供养、协调安排部分残疾人劳动就业、对居民特困户全部纳入低保“四大举措”,改善弱势群体生存状况。6月,全区建立和启动城乡医疗救助工作。

2006年1月,全面启动农村低保工作。4月,进一步强化农民负担监督机制,发放农民减负卡1.3万户,发放率为100%。

2007年1月,建立临时生活困难救助制度。2008年初,全区遭受低温冰雪严重自然灾害,区委抽调110名干部深入受灾村、组开展“救灾补损”工作。3月,启动城镇居民医疗保险。6月,建立廉租房租赁补贴。7月,全面实施农村新型合作医疗。11月,开始对乡、镇进行小食堂、小厕所、小澡堂、小图书室、小文体活动室的“五小设施”建设。从当年开始,在社区(村)建立“爱心超市”,免费为特困人员提供基本生活必需品。

2009年2月,为解决返乡农民工的实际困难,区委书记唐文峰亲自与返乡农民工结成帮扶对子,并号召党员干部与返乡农民工结成452对帮扶对子。4月,在5个社区卫生服务中心,试行国家基本药物制度,对100种常用药物进行零差率销售,并免费实行14项公共卫生服务。

2010年6月,开展“公共服务进社区”活动。2011年3月,区妇联开始发起“爱心妈妈”行动,帮助解决留守儿童实际问题;6月,开始启动农民危房改造工程。

2012年3月,启动全区“学雷锋服务年”活动,组织志愿者队伍进社区,开展关爱空巢老人、留守儿童、残疾工、农民工服务活动。12月,在晶珠广场和中心汽车站分别建立“爱心亭”,开展便民志愿者服务活动。该区非常重视待业青年、下岗失业人员的就业与再就业工作,努力搭建就业平台,不断提供就业信息,积极做好推荐工作,2001—2012年,新增城镇就业人员61900人,安排失业人员再就业46232人,完成农村劳动力转移就业16226人;完成企事业单位职工养老保险47256人、离退休人员养老保险14240人;实现职工医保5647人、居民医保75703人,新型农村合作医疗保险参保人数49523人,参保率达99%。

第五节　注重廉政建设

2001年6月,在“三个代表”学教活动中,全区广泛开展一场思想作风大整顿。9月,区纪委为区直部门单位和乡镇街道领导班子成员共184人分别建立“廉政档案”。

2003年上半年,全区开展“艰苦奋斗、廉洁从政”主题教育活动。8月,全区开展“艰苦奋斗、勤廉为民”优秀领导干部评选活动,共评选出13名“艰苦奋斗、勤廉为民”优秀领导干部。

2004年,全区各级党组织认真组织学习《中国共产党党内监督条例》和《中国共产党纪律处分条例》。7月,全省反腐败抓源头工作座谈会推介蒸湘区财政管理制度改革经验。

2005年3月3日,全区召开反腐败工作会议,会上表彰8个廉政建设先进单位,并给予重奖。8月24日,区委办印发《蒸湘区贯彻执行党风廉政责任制实施办法》。

2006—2007年,为加强党风廉政建设和反腐败工作,蒸湘区建立健全办事公开制、岗位责任制、服务承诺制、首问责任制、限时办结制、效能告诫制、绩效考核制、行政有错与无为问责制等8项制度,并总结出党风廉政建设“四个延伸”的经验:向前延伸,防患于未然;向内延伸,培养良好官德;向下延伸,抓好基层夯实基础;向后延伸,帮助违纪干部改邪归正。

2008年3月,在全区反腐败工作会议上,区委、区政府授予8人“勤政廉政·富民强区”优秀领导干部称号。7月,区委举办全区科级领导干部廉政教育培训班,中共衡阳市纪委领导、区委书记唐文峰、区长陈树生分别讲了廉政党课。

2009年,全区推行农村党风监督员制度,从各村老党员、老干部中推选出34名监督员。

2010年3月,全区反腐败工作会议要求各级各部门在党风廉政建设和反腐败工作中做到“七个突出”:突出反腐倡廉教育,突出落实反腐倡廉制度,突出转变干部作风,突出履行监督职责,突出加大对权力的制约,突出纠正不正之风,突出加大查办腐败案件的力度。全区各级党组织认真学习《中国共产党党员领导干部廉洁从政若干准则》。

2011 年,区委成立党务公开领导小组,制定《中共蒸湘区委权力公开透明运行工作实施方案》《中共蒸湘区委目录》《中共蒸湘区委权力公开透明运行流程图》《中共蒸湘区常委会议事决策“三三”工作制度》。

2012 年 8 月,区委召开农村党风廉政建设工作会议,针对实际情况,进一步提出具体要求。

第四章　纪检监察

1980 年 9 月,恢复郊区建制后,设立中共衡阳市郊区委员会纪律检查委员会,属区委工作机构。1981 年 6 月,改称中共衡阳市郊区纪律检查委员会。1988 年,成立郊区监察局。1993 年,中共衡阳市郊区纪律检查委员会与郊区监察局合署办公,成立郊区纪委(监察局)。2001 年 5 月,衡阳市郊区调整为蒸湘区,郊区纪委、监察局变更为蒸湘区纪委、监察局,归口区委系列。内设机构有:办公室、党风廉政监督室、纪检监察室、执法监察室、信访室、案件审理室、行政效能监察室。2012 年在职干部职工 14 人,办公地点驻蒸湘区机关办公大楼 7 楼。

第一节　反腐倡廉

一、党风党纪教育

2001 年 8 月,在全区机关干部中进行为期一个月的“警示教育”,组织党员干部分 23 场共 1300 人次观看《扭曲的权力》等电教片,全区副科级以上干部写学习心得 201 篇,其中 9 篇论文在省、市以上刊物发表。8 月 5 日,组织全区副科以上干部 300 余人,在静园宾馆听取了全市勤政廉政先进典型巡回报告团的专题报告。

2002—2005 年,全区各级以支部为单位组织党员干部观看《蒋艳萍案件警示录》《公仆风采》《为民书记郑培民》《扭曲的人生——李真贪污受贿案剖析》等正、反典型电教片 52 场,观看人次达 3600 余人次。2003 年,全区上下开展“艰苦奋斗、廉洁从政”主题教育。2004 年,全区各单位相继召开民主生活会进行自查自纠。2005 年,区委书记李安平给全区副科级以上党员干部上党课:《坚持党的根本宗旨,始终不渝地做到立党为公、执政为民》。

2006 年,在纪检监察系统开展“做党的忠诚卫士,当群众的贴心人”主题实践活动。区纪委、监察局机关组织集中学习,各自撰写了自我剖析材料,并召开专题整顿会议,开展批评与自我批评。5 月,全区各级党组织掀起了学习贯彻《党章》活动高潮。9 月,乡镇党委换届后,区纪委主要领导与全区新任副科级以上的 28 名党政干部进行了廉政集体谈话,并赠送廉政歌曲光碟。

2007—2010 年,全区围绕“廉洁从政”主题,深入开展党风党纪教育。2007 年春节、中秋节前夕,区纪委给全区各级党政干部发廉政贺卡、送廉洁书信,进行廉政提醒。区委书记李安平、区长唐文峰分别给全区正科以上实职领导讲廉政党课。2008 年,认真传达上级加强农村基层党风廉政建设工作会议精神,组织观看《堕落的灵魂——雷渊利案剖析》警示教育片。2009 年,分别举办了副科级领导干部和村“两委”成员廉政教育培训班。2010 年,认真学习和贯彻《廉政准则》,开展“学廉政准则、讲廉政故事”演讲比赛,全区有 12 个单位 13 名选手参赛。

2011年,以建党90周年为契机,组织开展反腐倡廉形势主题宣讲、反腐倡廉成果网上展览、纪念大会、文艺晚会等宣传活动。组织党员干部观看《试水》《廉政中国》警示教育片,扎实开展"书香机关"干部主题读书活动、廉政文化"六进"工作。10月28日,蒸湘区召开干部大会,对区委书记唐文峰开展述廉评议工作。11月,区纪委收集反腐倡廉诗词、漫画,制作100余块廉政文化宣传牌,打造雨母山廉政教育一条街,在东阳、群胜、灵山等村建设廉政文化村。全区参与各级纪检监察机关举办的培训班共169人次。全年在《中国纪检监察报》上稿1篇,中央纪委《研究与动态》上稿4篇,省、市纪委上稿46篇。

2012年,在全区播放《廉政中国》电教片50余场次,发放《领导干部廉洁从政教育读本》200本;区委书记白一峰讲授题为"坚守从政道德,保持党的纯洁性,争当打造'山水宜居新城'排头兵"的廉政党课,获全市廉政党课评比活动二等奖;区纪委在全区开展廉政党课学习心得评比活动,共收到105份学习心得,评选特别奖2名、一等奖2名、二等奖3名、三等奖5名;深入宣传陈超英先进事迹,区纪委书记彭东阳撰写的《做陈超英式可亲可信可敬的纪检监察干部》一文在省纪委和《衡阳日报》发表。全年在中央、省、市上稿119篇。

二、廉政制度建设

2001—2005年,区委、区政府调整了区党风廉政建设领导小组,重新修订《党风廉政建设责任状》,逐年下发《党政领导党风廉政建设责任制分解表》,将领导班子成员和有关部门要负责的工作具体细化到每一件、每一项,责任落实到具体单位、具体人,并实行百分制考核。2002年,全区15个行政事业单位取消单位会计,实行财政会计委派制;推行政府采购制度,全年先后3次向社会公开招标,购置电脑、中巴车等,标的40万元,节约资金4万余元。2003年,出台3项谈话制度,即区纪委负责人与下级党政主要负责人谈话,领导干部任前廉政谈话、诫勉谈话。2004年,区委将党风廉政建设责任制与全区十项重点工作一起部署,一起考核,一起奖惩,规定各乡镇、街道、区直部门一把手是党风廉政建设责任制第一责任人,对本单位的党风廉政建设负总责。

2006—2009年,为了节约财政开支,加强经费监管,全区出台了一系列文件。2006年,区委办、政府办下发了《关于加强行政事业单位公务接待管理的规定》,严格规范公务接待标准及接待费用审批途径;2007年,在全市率先出台《蒸湘区国库集中支付改革试点方案》和《蒸湘区国库集中支付改革网络设备建设方案》。为强化重点工程资金监管,区政府出台《关于加强重点工程项目资金监管的通知》和《关于重申重点工程补贴发放的通知》;2008年,区委办、政府办出台《关于厉行节约严格财政支出管理的通知》。区财政局出台《关于扣减厉行节约运行经费的通知》,即逐月从各单位预算经费中扣留厉行节约调减数额,结转为下年度正常经费使用。全区全年节约各类资金111.3万元。

2010年,区纪委、监察局下发《关于对农村党风监督员实行绩效考核的意见》,将党风监督员评为优秀、良好、称职、不称职四个等次,对评为称职以上等次的,除全额发放基本工资外,还由乡镇街道财政配套奖励1000元、800元、600元。4月,中共衡阳市纪委对全区党风监督员制度落实情况进行督导,给予高度评价。7月,根据市纪委安排,对全区正、副科实职领导干部建立电子廉政档案,加大了对领导干部的监督力度。

2011年,成立区委权力公开透明运行工作领导小组,大力开展区委权力公开透明运行工作,要求全区各级党组织广泛开展党务公开工作,编发5期《党务公开工作简报》。

2012年3月,区委下发《关于进一步加强党风廉政建设责任制推进惩防体系建设的意见》。开始实行乡科级党政正职述廉评议工作,有2名乡科级党政正职在纪委全会上进行了述廉评议。

三、领导干部廉洁自律

2001—2005年,全区各级领导干部上缴红包礼金78人次16.558万元,其中区级领导干部退缴7.77万元。各级领导干部拒收红包礼金14.5万元。2001年,对5名基层领导干部超标准报销手机话费问题进行处理,责令当事人退缴话费1.5万元。对区内某局违规购买一台走私车问题进行了查处,责令该局长写出深刻检查,将小车交区国资局予以公开拍卖。2002年,有2名领导干部共超标话费600元,如数补交区财政。

2003年，领导干部的通信工具全部由个人购买，手机话费严格按规定报销。各乡镇、街道都建立了机关食堂，上级来人检查工作一律在机关食堂就餐。2004年，对36名党政干部拖欠公款问题进行了清理，追缴资金1.47万元；对呆鹰岭医院违规购车进行了严肃处理，给予该院院长党内警告处分；制止了区信用联社一起超标购置小车行为。2005年，区委办、区政府办向全区各单位下发《关于重申严禁公费旅游的紧急通知》，规定各单位到市外参观学习、考察2天以上的，须向区委、区政府主管领导请示，并提前5天报区纪委备案，经区主管领导及区纪委审查同意后方可外出。

2006—2012年，全区各级领导干部共拒收红包礼金14.5万余元，上缴红包礼金47.48万余元。2007年，区纪委依纪否决拟提拔重用干部1人。2008年，认真开展清理纠正“小灵通”捆绑固定电话的问题，全区共清理出捆绑电话9部，其中县处级1部，均在规定时间内清理到位，为国家挽回损失1万余元。2011年，对党政机关公务用车进行了清理，查清全区公务用车125台，其中一般公务用车78台，执法执勤用车47台，没有发现超编、超标及其他违规问题。

四、纠正行业不正之风

2002年3月，区纠风办与区物价所对全区农民建房收费进行专项检查，共查出违规收费13万元；4月，开展治理中小学乱收费专项检查，责成有关学校将违规收取的99.99万元全部清退给学生；7—8月，组织开展医疗机构专项治理，共查处不规范行医行为43起，取缔无证行医9起、坐堂行医3起、点外设点3起，查处假劣药品15种。

2004年，区纠风办全年共查处违规收费学校5所，清退违规收费12万元，收缴违规资金0.8万元，给予其中2所学校1万元和0.2万元的处罚。对全区各执法部门的着装进行了清理，共清理着装单位12个，取缔区环卫局、区文化稽查大队、区水利局等违规着装单位9个，清理脱装人数65人，纠正非法着装违规资金6.1万元。

2005年，查办教育乱收费案件3起，清退3所学校教育乱收费资金1.45万元，对相关责任人进行诫勉谈话和批评教育。开展机关党政干部拖欠公款清缴工作，全年共退缴机关干部、职工因公借款67.09万元，对因私借款2.1万元逾期不归还的由区财政从其工资中扣回。查处一起区公安分局在清理无牌无证摩托车过程中乱作为行为。

2006年，区纠风办全面规范办学行为，将区教文体局批办的佳苗特长培训学校停办，对2所学校的乱收费行为、1所学校部分教师购买教辅资料收受回扣问题进行了查处。共查出违规资金418397元，收缴66814元，对5名责任人进行了诫勉谈话。对2001年以来医疗卫生单位医药购销、基本建设情况进行全面调查摸底，组织卫生行政主管部门工作人员、各级卫生医疗机构工作人员开展自查自纠，整顿医护人员收受回扣、开单提成、收受红包等方面问题。

2007年，查处实验小学6年级部分教师发动学生寒假期间参与某民办学校非法办学行为。督促落实中央关于义务教育阶段农村学生免学杂费的政策，取消了电脑维护费、导刊、学具等收费项目，农村学生减轻负担100余元，初中生减轻负担200余元。针对非盈利性医疗机构外包临床科室、超范围执业、无证执业、违规医疗广告等问题进行执法检查，累计处罚54家，取缔非法机构1家，查处虚假医疗广告2家，没收价值约1500元的药品。

2008—2009年，清理违规收费项目2个，涉及金额3.83万元。查处各类学校乱收费53.31万元，给予相关责任人组织处理4人次，处理家教家养教师2名。取缔无证行医2家，处罚5家，罚款8400元，没收药品16件次。

2012年，查处教育乱收费2起，金额48940元，查处违规收取择校费3起，金额36200元。开展医药购销领域治理商业贿赂专项工作，对游医药贩、无证行医、超范围经营，擅设专科违规医疗广告等违规违法行为进行全面治理。推进政风行风建设，从人大代表、政协委员中聘请了4名行风评议督导员，对7家基层(窗口)单位进行了行风评议。

第二节　案件查处

2001—2005 年,全区共立案查处党员干部违纪违法案件 58 件,处分党员干部 59 人,其中科级干部 9 人,纠正违纪金额 7.6 万元,收缴违纪资金 67 万元,为国家挽回经济损失 80 余万元。2001 年,查处蒸湘街道副主任李××等人采取“大头小尾”、白条收据不入账等方式贪污、私分公款 13 万余元大案。2003 年,查处区建管站站长刘××受贿案大案,并移送司法机关处理。2004 年,查处区检察院副院长杨××妨害社会管理秩序大案。2005 年,查处区政府办党组成员、区移民局局长陈××受贿大要案,陈××受到开除党籍、行政撤职处分,并移送司法机关处理。

2006 年,全区共立案查处党纪、政纪案件 6 起,处分党员干部 5 人,其中副科级以上干部 4 人,为国家挽回直接经济损失 10 万余元。全年案件查办突出 2 个重点,一是加大责任追究力度,共对 3 名党员干部实行了问责;二是重点查处公安干警违纪违法案件,查处公安干警违纪案件 4 件,占全年查办案件总数的 66%。

2007—2012 年,全区共立案查处党员干部违纪违法案件 58 件,处分党员干部 50 人(其中正科级干部 6 人)、其他人员 4 人,挽回经济损失 24.9 万余元。

第三节　行政监察

一、执法监察

2003 年,对区公安分局、呆鹰岭派出所、呆鹰岭镇武装部政审把关不严,造成呆鹰岭镇不合格青年袁×参军入伍后被退回的事件,严格进行责任追究,给予负有直接责任的 3 名科级干部党内警告等处分。

2004 年 4 月,对区建设局局长陆××在区划调整以来,在明知不可为的情况下,越权为申办房产证的村民补办建房手续;在城市规划区内,越权为联合街道杨柳村 28 户村民办理工程规划许可证;对未取得建设工程规划许可证的严重影响城市规划的建设项目,以罚代法,未按规定予以拆除或没收,造成政府赔偿拆迁损失 83.6 万元等违纪问题予以立案调查,对陆××给予撤销党内职务、行政撤职处分。7 月,《衡阳日报》以《蒸湘区计生局“老爷作风”惹民怨》为题,披露区计生局部分工作人员作风简单、服务态度粗暴的情况,执法监察室迅速成立调查组对《衡阳日报》及衡阳电视台的记者、反映情况的人员逐一进行调查了解,对计生局职工进行个别谈话,查清事实后对负有直接责任的一名副局长和一名工作人员给予行政警告处分,对局主要领导责成其写出书面检查并在全区予以通报批评。

2006 年 5 月,对区教文体局所辖的 4 个教育办 2004 年以来财务管理及财经纪律执行情况进行监督检查,发现教育办向所属学校违规收取各项费用、超标准列支业务招待费、违规发放各项补助、私设“小金库”及截留、挪用专项资金等行为,共收缴违纪资金 97635.2 元,对负有领导责任的教育办负责人,由局纪委给予诫勉谈话。建议教文体局将教育办及其工作人员的违纪行为在全区教育系统内通报批评。

2007 年 1 月,对雨母山乡林业站站长周××不认真履行监管职责,导致座落在雨母山风景区的东阳村森林资源遭盗伐一事立案查处,给予其行政警告处分。

2008 年 8—9 月,对联合街道杨柳村原支部书记唐×直接组织和参与杨柳村一组、十组、十一组非法占用耕地的行为予以立案调查,并给予党纪政纪处分。9—12 月,组织力量对区教文体局所属中心校的财务、低保及政府类的投资项目实施监察,收缴违纪金额 12 万余元。

2009 年 4 月,对衡阳市大展实业有限公司在区新机关大院园林景观工程串通投标一案进行查办,建议有关单位宣布该公司中标无效,并重新组织招标。5月,对区教文体局所属各中小学、区卫生局所属卫生防疫站、妇幼保健院等单位在岗人员工资统发情况进行监督检查,发现以上单位均存在"吃空饷"行为,区监察局对违纪单位负责人进行诫勉谈话,责令整改,并建议财政局停发18位长期停薪留职人员的工资。

2011年,加强对节能减排政策和环境保护政策落实情况的监督检查,督促关停了道安特沥青有限公司等4个项目。对呆鹰岭镇振兴蔬菜基地建设资金存在的4个方面问题向呆鹰岭镇下发交办函,督促其整改落实。深入开展"小金库"专项治理工作,查处"小金库"案件1起,查出违规资金1.8万元,对2名当事人给予撤职处分。

2012年,加强环境保护执法监察工作,关闭了恒立水泥、山信实业等项目。处理环境投诉41起。督促落实土地矿产法律法规,查处8宗违法用地行为。加强项目建设信息公开工作,该项工作在全省排名第6位,在全省、全国进行典型经验推介。督促价格部门做好管理通胀预期工作,查处8宗有问题的公司,打击商家价格欺诈行为。

二、行政效能监察

2004年5月,根据省市要求,蒸湘区在全市率先成立区纪委行政效能监察室,配备专职干部1人。当年多次组织对全区机关效能、重点工程项目进行数次效能监察,编发专题通报2期。

2005年2月,区委、区政府成立以区委书记、区长为正副组长的区提高行政效能工作领导小组,区优化办与区纪委行政效能监察室合署办公。6月中旬至7月初,行政效能监察室会同区委督查室对区乡机关干部作风进行明察暗访,并在全区大会上予以通报。8月,行政效能监察室对全区行政机关贯彻实施《中华人民共和国行政许可法》(简称《行政许可法》)情况进行专项督察,督促各单位建立健全相关规章制度。全年行政效能监察室共受理投诉10件,查处行政机关工作人员乱作为、不作为、慢作为事件3起,给予纪律处分3人。

2006年初,区政府下发《关于清理规范行政许可项目的通知》,行政效能监察室与区法制办对区直行政机关行政许可项目进行检查,取消与上级精神相违背的许可项目15条。行政效能监察室将各单位规章制度归类整理,汇编成册。全年共对3个单位管理不严导致工作人员作风懒散予以通报批评。

2007年,行政效能监察室加强明察暗访,全年共开展作风督查10次,下发作风督察通报5期,点名批评2人,提出整改建议16条。

2008年,在全区开展作风建设明察暗访40余次,提出整改建议15条,下发督察通报2期。

2009年4月,呆鹰岭镇发生疑似禽流感后,为确保疫情不蔓延,行政效能监察室连续7天对防疫工作进行督查,督促相关责任单位积极履行疫情防控职责,将疫情消灭在萌芽状态。5—8月,多次对呆鹰岭镇、雨母山乡早、中稻生产进行督察,下发督察通报3期,确保区内无大面积抛荒、连片抛荒现象发生。7月11—15日,对雨母山乡在湘桂铁路扩能改造工程交地工作进行连续督察,下发督察通报1期,保证了重点工程项目顺利推进。7月15—16日,22—24日,连续多次对全区"四场一厕"建设情况进行督察,促进"四场一厕"提质改造进程。9月25日—10月9日,对市重点工程衡州大道蒸湘区段征拆进度进行督察。11月1—2日,针对新机关搬迁工作进行督察,严防借搬迁之机造成国有资产流失和铺张浪费。

2010年6月,区委办、政府办下发《蒸湘区"机关效能建设年"活动实施方案》,全区各单位按照区委、区政府要求,制定相应方案,"机关效能建设年"活动全面铺开。6月30日,区纪委、监察局下发《关于在区直有关单位开展专项效能监察和重要岗位效能监督的方案》,分别对区财政局、教文体局、环保局等7个单位行政执法机构的重要岗位及分管领导依法履职情况进行效能监督。当年,行政效能监察室多次配合区政府办、重点办、区国土分局、规划分局对全区违章建房情况进行督察督办,拆除、制止违章建筑10000余平方米,狠刹了违章建筑抢建之风。

2011年,对全区机关作风建设、粮食生产、森林防火、示范片区提质改造工作多次开展专项督察。对全区违章建房、重点工程建设等进行督察督办,促进机关效能建设和重点工程项目有序开展。对个别单位及干部不作为、慢作为、乱作为,严格追究责任。

2012 年,不定期对各乡镇街道、区直各部门单位执行《蒸湘区作风建设四条规定》的情况进行明察暗访。完善电子监察软、硬件建设,加强对区政务服务中心各项行政审批事项的全过程监控。建立电子监察月报制度,共发出电子监察月报 10 期 800 余份。加大行政效能问责力度,办结群众投诉举报 3 起。

第五章　组织建设

第一节　机　构

2001 年 5 月,中共衡阳市郊区区委组织部更名为中共衡阳市蒸湘区委组织部。内设机构有办公室、干部组、组织组、干部档案室。下辖区委党校,为正科级事业单位(2009 年 5 月撤销);党员干部现代远程教育管理中心,为副科级事业单位。区委老干部局(正科级单位)归属组织部管理。2012 年,组织部干部职工 9 人(不含老干局),办公地点驻蒸湘区机关办公大楼 5 楼。

蒸湘区委党校座落于雨母山王公土皂内,2001 年底动工兴建,2002 年 5 月投入使用。占地面积 23 亩,总建筑面积 2086 平方米,主要由教学楼、餐厅、会议室、茶楼、客房、灯光球场组成,可同时容纳 100 余人学习。为加速雨母山整体旅游开发,支持衡阳市精创富康实业有限公司搞好项目建设,2004 年 10 月,区委、区政府将党校转让给富康公司作为项目实施办公场所。根据《关于撤销四个城区区委党校的通知》精神,区委党校于 2009 年 5 月撤销。

历任校长、副校长及任职时间:

校　　长:邓三德(2001.5—2002.6)　陈硕果(2002.6—2003.1)　刘克幼(女,2003.1—2006.4)
　　　　　陈光华(2006.4—2008.6)　谢先铸(2008.6—2009.5)

副 校 长:周世忠(2001.5—2002.6)　廖章海(2002.6—2009.5)

第二节　党员队伍

一、党员教育

“三个代表”学教活动　2001 年 6 月 4 日,区委成立“三个代表”学教活动领导小组。6 月 9—15 日举办“三个代表”学教活动培训班。6—7 月,全区区直机关和乡镇街道集中开展“三个代表”学教活动,区委组织 16 个学教指导组进行学习指导。9 月,区直机关和乡镇街道组织进行“三个代表”教育“回头看”。2001 年 12 日—2002 年 1 月,全区村级班子开展“三个代表”学教活动,区委成立 5 个督察组进行督查、指导。2002 年 3 月 5 日至 4 月底,区委抽调 460 名干部组成 27 个工作队,进行“三个代表”学教活动回访复查。这期间,所有参学对象通过上辅导课、看电教片、写学习心得、交流学习体会等方式,基本掌握了“三个代表”重要思想的深刻内涵及其辨证关系,进一步增强了党的性质的认识,提高了为人民服务的自觉性。据不完全统计,全区机关干部在“三个代表”学教活动期间,共走访群众 11.2 万人次,发放征求意见表 5.5 万份,召开座谈会 1300 余次,收到群众意见 2.4 万条,经过分类整理后,各部门、单位坚持边整边改,共为群众解决各种遗留问题 380 余个,为基层群众减轻负担 200 万元。党员、干部通过送政策、送法律、送科技、送信息、送医药、送文化、送资金"七上门"服务活动,为基层群众送科普资料近5万册,组织科技培训216期,受训群众9200人次,资助贫困户166家,扶持科技示范户87户,开展义诊义检5000余人次。2003年1月,区委组织部获省委组织部"2001—2002年度全省先进组织部门"奖励。

先进性教育活动 2005年,党中央决定,在全党开展以实践"三个代表"重要思想为主要内容的保持共产党员先进性教育活动(简称先进性教育活动)。根据上级统一安排,蒸湘区先进性教育活动紧紧围绕"提高党员素质、加强基层组织、服务人民群众、促进各项工作"的目标和"规定动作不走样、自选动作有创新"的要求,周密部署,精心组织。整个先进性教育活动分二批次进行。第一批次从2005年2月初开始,至6月下旬结束,全区有党政群机关、人大、政协、法院、检察院共30个单位,732名党员参加。区委派出3个督察组进行督察、指导。第二批次从2005年7月上旬开始,至10月中旬结束,全区乡镇、街道、农村、社区和商务、卫生、教育、建设等系统及衡汽集团、四海神龙有限公司、农村信用社等单位195个党支部、4215名党员参加。区委派出5个督察组进行督察指导。每个批次的教育活动均分为学习动员、分析评议、整改提高三个阶段。每个批次教育中均组织安排了优秀党员先进事迹报告会。教育活动期间,为288户困难群众和129名生活困难的党员建立了"爱心档案",详细记载其基本情况、家庭成员、存在的主要问题及困难原因,并按照党员区级领导"一帮一"和区直部门党员"二帮一""三帮一"的形式,与其结成对子,从多方面进行扶助。据初步统计,先进性教育活动期间全区共筹措资金30余万元,走访慰问困难群众390余户,帮助解决问题和困难300余个。

学习实践科学发展观活动 根据上级统一安排,蒸湘区学习实践科学发展观活动从2009年3月开始,到2010年2月基本结束。学习实践活动紧紧围绕"党员干部受教育、科学发展上水平、人民群众得实惠"这个活动目标,准确把握"坚持解放思想、突出实践特色、贯彻群众路线、正面教育为主"的基本原则,突出基层特色,创新活动载体,确定"走出机关抓项目、服务群众促发展"的活动主题,实行"民情连心卡、帮扶创业卡、行政绩效卡"为主要内容的"三卡"促学制度。学习实践活动分二个批次进行。第一批从2009年3月开始,至2009年8月结束,参加单位有区党政群机关、人大、政协、公检法和企事业单位。蒸湘街道和太平一社区作为市委试点,雨母山乡、雨母村和实验小学作为区委试点参加第一批活动,共计37个单位、89个党组织、2703名党员。3月25日,区委下发《中共蒸湘区委常委班子开展深入学习实践科学发展观活动的实施方案》。4月20日,该区区委理论学习中心组(扩大)将学习课堂搬到衡钢180、潭衡西高速公路、杨柳汽车销售街区等8个项目现场,讲评进度、查摆问题、现场督办、交流体会,实现了学习方式创新。第二批从2009年9月开始,至2010年2月结束,参加单位有乡镇街道、村、社区及基层医院、中小学校、新经济组织和新社会组织,共计63个单位、95个党组织、2026名党员。每批学习实践活动分为学习调研、分析检查、整改提高三个阶段。通过学习实践活动,全区在经济发展、干部作风、服务民生、社会和谐等方面取得较好成绩。

党员干部现代远程教育 党员干部现代远程教育是指通过卫星电视教育(天网)、互联网教育(地网)、光盘教育等三位一体的现代传播手段,对党员干部进行思想政治、实用技能、致富本领教育培训的一种现代教育培训方式。

2003年,按照省、市统一安排,蒸湘区开始启动党员干部现代远程教育工作。6月,新建雨母山乡东阳村、梓木村和呆鹰岭镇振兴村、新阳村4个远教站点,其中振兴村属A级站,即扩展型站点,其他3个属B级站,即基本型站点。

2004年5月,区机构编制委员会批准设立党员干部现代远程教育管理中心,为全额拨款事业单位(2008年11月升格为副科级单位)。6—10月,新建雨母山乡雨母村、湘桂村、灵山村和呆鹰岭镇鸡市村、中平村、新平村、新民村7个B级站点。

2007年3月,区委组织部出台《蒸湘区农村党员干部现代远程教育终端接收站点管理员考核评比办法》,加强对远教站点管理员的管理力度。

2008年3月,在雨母山乡雨母村召开全区远程教育工作现场会,表彰奖励优秀站点管理员,授予雨母山乡雨母村管理员陈少先、灵山村管理员何光明、呆鹰岭镇振兴村管理员张黎明3人为"优良终端站点管理员"称号。7月,新建雨母山乡黄花村和呆鹰岭镇松陂村2个B级站点。

2009年6月,市委远教中心与市文化局联合开展远教与文化信息共享工程建设,为全区所有行政村配置了电脑、投影仪等现代设备。

2010年10月,新建高标准的红湘街道联合新村社区远教站点(为全区第一个社区远教站点)。至此,全区远教站点增至35个。各站点定期组织党员群众进行集中学习,灵活多样化的个性学习,较好地发挥了远教站点的信息优势,产生一定的社会效益和经济效益。

2011年4月,组织各站点操作员、大学生村官、部分村民及村干部后备人员共92人参加市远教办组织的业务培训。5月,新建长湖乡立新二社区远教站点,全区远教站点增至36个。8月8日,全国党员教育电视片观摩交流活动在蒸湘区举行,该区圆满完成了活动的各项议程,得到省、市领导的高度评价。

二、党员发展

2001年,全区发展党员61名,其中工作一线党员49人,占80%;高中以上学历党员53人,占87%;35岁以下党员52人,占85%;女党员17人,占28%;农村党员23名,占38%。

2004年,针对部分党组织发展党员的入党材料零散、混乱且不够规范的状况,区委组织部制作出《衡阳市蒸湘区发展党员培养考察材料汇编》,将整个党员发展流程的所有表格汇编成册,册内设置入党志愿书、支部会议记录、外调资料等粘贴处,促进了全区党员发展材料的规范、整洁。

从2005年开始,区委组织部改变过去由基层党委自行组织入党积极分子培训的做法,统一集中举办全区入党积极分子培训班,提高了入党积极分子培训的规格和质量。

2006年,为改善党员队伍结构,有计划地实行"三个倾斜":向生产一线倾斜,向广大青年倾斜,向党组织力量薄弱的地方和单位倾斜。在党员发展过程中,坚持实行培训考试、群众考评、组织考察的"三考"制度。7月,全区各级党组织认真学习了中共湖南省委《关于在发展党员工作中实行培训制、票决制、公示制、责任制的意见》,按照"四制"的要求,规范了发展党员工作,提高了发展党员质量。

2007年,区委组织部按照党员发展"四制"的要求,重新修改了《衡阳市蒸湘区发展党员培养考察材料汇编》,新增支部大会票决、发展党员公示和组织部审查等内容,全区所有新发展党员的入党材料均由组织部审核把关,使入党材料更加完善、规范。全年新发展的135名党员全部参加了1-2次集中培训,全部落实了票决制、公示制。

2009年,集中举办入党积极分子培训班,来自区直部门、乡镇街道、企事业单位共174人参加了培训。

2010年,严格坚持"两前"培训制度,加强党的基础知识、政治理论的培训,举办入党积极分子培训班1期,有162人参加了培训。举办新发展党员培训班1期,有133人参加了培训。

2001—2012年,全区共发展新党员1519人,延长党员预备期9人,取消预备党员资格1人。

2001—2012年蒸湘区发展党员情况一览表

表12-12　　　　单位:人

年　度	发展党员数	年　度	发展党员数
2001	61	2007	135
2002	95	2008	131
2003	131	2009	138
2004	181	2010	133
2005	110	2011	136
2006	118	2012	150

第三节　基层党组织建设

一、农村党组织建设

2001年5月区划调整后，区委对全区党建扶贫驻点村及时作了调整安排，各派驻单位在驻点村，共投入资金近30万元，兴办养殖场18个，开挖渔塘300亩，栽种葡萄200亩。9月6日，区委组建9个工作组，由区级领导带队，分别进驻12个村（居委会），帮助进行基层党支部建设和后进村党支部集中整顿工作。10月下旬，长湖乡、雨母山乡和呆鹰岭镇按规定进行换届选举，为了确保基层党政班子革命化、知识化、年轻化，区委对这次换届从年龄上划了一条界线，即男满50周岁、女满48周岁，不再进入乡镇领导班子。

2002年1月，全区进行第1次村支部和村委会换届选举，调整村"两委"成员19人，其中村支部书记4人，村主任2人，优化了村班子结构。

2003年，区委派出5个工作组分别进驻雨母山乡和呆鹰岭镇的5个村，开展农村基层组织建设和小康示范村建设。各工作组按照"建设一个好领导班子、培养锻炼一支好队伍、选准一条发展经济的好路子、完善一个好经济体制、健全一套好的管理制度"的"五个好"的要求，大力加强驻点村班子建设、党员队伍建设，指导帮助驻点村因地制宜找准经济发展路子。各驻点村增加集体经济收入2万—5万元，农民人均纯收入增加100余元。

2004年1月，区委、区政府决定，将农村党支部书记和村委会主任纳入社会养老保险范畴。6月，其他村干部也纳入社会养老保险范畴。5月，区委出台《关于加强村"两委"主要负责人管理的意见》，规定村"两委"主要负责人的异动需报经区委组织部备案审批。6月，呆鹰岭镇振兴村党支部被评为全省农村党的建设"'三级联创'活动、'五个好'村党组织"。当年调整村"两委"成员18人，选派了一批思想进步、作风优良、有经济头脑和发展眼光的年轻人充实到村"两委"。

2005年3—5月，全区进行第2次村支部和村委会换届选举，提倡村"两委"成员交叉任职，共选举产生150名村干部，比上届减少38人，有24个村实现支部书记和村主任"一肩挑"。蒸湘建筑安装工程公司副总经理刘绍进，毛遂自荐，高票当选为松陂村党支部书记。

2006年3月，区委、区政府印发《关于建设社会主义新农村的实施意见》，确定雨母山乡雨母村、呆鹰岭镇振兴村为全区新农村建设示范点。全区实行"领导联村、部门包村、多方援村"的工作格局，全面推进社会主义新农村建设。

2007年，组织部出台《关于加强党的基层组织建设的实施意见》，对全区农村"三级联创"工作进行了全面部署和统一规划。6月，雨母山乡青松村被市委评为"五个好"村党支部。选送立新村支部书记冯时旺参加省委组织部组织的赴南山村学习培训，选送振兴村支部书记刘治放参加市委组织部组织的赴华西村学习培训。

2008年8—10月，全区进行第3次村支部和村委会换届选举。选举结束后，在南岳对新当选的书记、主任进行了为期3天的异地集中封闭式培训，区委、区政府主要领导亲自授课。9月，接收大学生村官2人，分别安排在东阳村、新阳村。呆鹰岭镇中平村被评为全省"五个好"村党支部。

2009年9月，蒸湘区接收大学生村官5人，分别安排在雨母村、群胜村、新平村、中平村、鸡市村。11月8—11日，蒸湘区、珠晖区在市委党校联合举办乡镇党委书记、村（社区）党支部书记培训班，深入学习科学发展观。

2010年5月19日，区委组织部、区委宣传部下发《关于在党的基层组织和党员中深入开展创先争优活动的实施意见》，并召开动员大会。7月22日，区委办公室下发《关于推进全区学习型党组织建设的实施意见》,要求从2010年起,用3年左右的时间,在全区集中开展建设学习型党组织活动,力争在2010年、2011年、2012年分别有20%、50%、80%以上的基层党组织达到学习型党组织标准。8月10日,区委办公室转发市委办《关于在全市基层党组织和广大党员中开展"从我做起、向我看齐"活动的意见》,要求广大党员叫响"从我做起、向我看齐"。9月,接收大学生村官5人,分别安排在长湖村、立新村、湘桂村、群益村、新平村。

2011年5月25日,区委办下发《关于在全区党的基层组织实行党务公开的实施方案》。5—7月,全区进行第8次村支部和村委会换届选举,新一届班子成员从年龄、文化程度、性别结构等方面较好地达到了上级规定的要求。换届后,对村两委班子成员进行了一次轮训,并组织村、社区党支部书记参加了全市轮训班学习。8月,举办入党积极分子培训班1期,有200余人参加了学习。9月,接收大学生村官10人,分别安排在雨母村、东阳村、二塘村、中心村、中平村、新阳村、立新村、大立村、北塘村、杨柳村。

2012年,开展"基层组织建设活动年"活动,制订了《蒸湘区基层组织建设年活动实施方案》。实行区委常委联点基层党建工作,并选派了118名党员干部到村、社区和非公企业及社会组织担任"第一书记""科学发展指导员""党建工作指导员"。开展干部下乡"大走访、大调研、大服务"活动。按照好的、较好的、一般的、较差的4类村级组织,有针对性地开展"组织联建、产业联兴、文明联促、公益联办、困难联扶"的"五联共进"活动。

二、非公企业党组织建设

2001年,区委组织部把非公有制企业党建工作摆上重要议事日程,制定工作方案,并明确责任,加强调研,定期或不定期深入各单位开展督察,形成了齐抓共管局面。当年新成立2个非公有制企业党支部。同时,注重引导非公有制企业党组织围绕企业发展开展多种党建主题活动,如衡阳市鑫汇集团成立党支部后,通过党支部协调企业主创造性地开展工作,促进了业务发展,该集团全年共开发商品房面积30万平方米,上缴税金100余万元。

2003年,进一步强化区经贸局、区建设局等主管部门的责任,加大非公企业党组织组建力度,做好改制企业党员关系接转及支部组建工作,确保全区改制企业支部组建率达90%以上。同时,明确非公企业实行属地管理原则,强化各乡镇街道党(工)委的责任。为提高企业党建工作实效,区委组织部会同工商、税务、工商联、经贸局等部门开展了为期一个月的调研活动,做好企业主思想工作,打消他们的疑虑。在各级领导的重视和努力下,全区非公企业党委(支部)组建率比2002年增加近30个百分点。涌现崇业公司党委、消防器材厂党支部等一批示范党组织。

2004年10月,经区委常委会研究,同意成立衡阳四海神龙实业有限公司党委,设党委委员7人,由刘光曦任党委书记,下设神龙大酒店总支委员会、公司机关支部委员会、聚龙我家联合支部。12月,根据上级要求,改制后的衡阳汽车运输集团有限公司(简称衡汽集团)将党组织关系整体移交给蒸湘区管辖,公司党委由蒸湘区委直管,转入党员1300余名。全区建立非公企业党组织31个。

2005年,以先进性教育活动为契机,注重增强非公企业党员意识,扩大党组织影响力。衡汽集团华新分公司在党员员工中开展"亮出党员身份、为党徽增光彩"活动,收到较好效果。四海神龙实业有限公司董事长许冬生积极向党组织靠拢,区委组织部对其进行了深入考察,并广泛征求了公安、税务、计生等部门的意见,将其发展为预备党员。

2006年,四海神龙实业有限公司党委趁公司业务发展之机,加大党建力度,新组建神龙百度党总支和蒸阳大酒店党总支,共4个党支部,增强了党组织的凝聚力和号召力。

2007年,根据中央精神,区委组织部建立健全了全区非公有制企业党建台帐和规模以上非公有制企业台账,实行月报制度,进行动态管理。全年新建32家非公有制企业党组织,其中13个独立党支部,19个联合支部或挂靠社区党支部,发展26名非公企业员工入党。湖南民生堂药店有限公司党总支通过设立"党员示范岗"和创办企业内部刊物,积极宣传和发挥企业党员的先锋模范作用,增强了党员员工的党员意识和责任意识。

2008 年，新组建中凌集团党支部和四海神龙有限公司神龙寿岳国际大酒店党总支。衡汽集团深入开展支部书记上党课竞赛、积极创建“红旗党支部”“党员示范车”“党员示范岗”等系列活动，6 月，被中共衡阳市委评为全市先进非公有制企业党组织。

2009 年，对未建立党组织的规模以上非公有制企业，实行区级领导和区委组织部联点负责制。7 月 10—12 日，区委统战部举办非公有制经济人士培训班，150 名非公企业负责人参加了培训。四海神龙实业有限公司党委积极引导优秀员工向党组织靠拢，全年发展 8 名党员。

2010 年，积极推进非公企业党组织规范化建设，为非公企业指派了党建指导员，帮助指导示范点企业建立了党建工作办公室和党员活动室，建立健全“三会一课”、党组织工作职责、支部书记工作职责、党员组织生活、教育管理等一系列规章制度。

2012 年 2 月，区委成立全区非公有制企业党的工作委员会，由区委组织部副部长周清兼任工委书记。非公有制党工委以实现非公企业发展和党建工作“双赢”为目标，积极探索加强非公企业党建工作的新路子，总结出“议经营大计，促企业发展；议服务质量，促品牌创建；议权责保障，促企业和谐”的“三议三促”党建工作模式。在对全区隐性党员和有 30 名以上员工的企业进行“地毯式”摸排的基础上，灵活运用“单独组建、区域联建、派员组建、挂靠组建、行业统建”等方式，新建党组织 83 家。至年底，全区非公企业建立党委 4 个、党总支 7 个、党支部 203 个，党员总数 1255 人。

2012 年蒸湘区党组织建设情况表

表 12－13

	党委	党总支	支部	党员数	农村党员		女党员		35 岁以下党员		高中以上学历党员	
					人数	%	人数	%	人数	%	人数	%
区直机关	7	4	63	2065			363	17.6	403	19.5	1921	93
乡镇街道	6		25	1023	135	13.2	302	29.5	177	17.3	925	90.4
村、社区			63	2243	1541	68.7	335	14.9	388	17.3	1307	58.3
非公企业	4	7	203	1255			279	22.2	119	9.5	651	51.9
其　他			7	126			13	10.3			15	11.9
合　计	17	11	361	6712	1676		1292		1087		4819	

三、“创先争优”活动

2010 年，全区各级党组织和广大党员紧紧围绕“五个好、五带头”的工作要求，以创建先进基层党组织、争当优秀共产党员为主要内容的“创先争优”活动。全区成立领导小组及其办公室，制订《关于在全区党组织和党员中深入开展创先争优活动的安排意见》，明确创建目标和具体内容。为营造活动氛围，积极参加全市组织的“三十万党员宣誓承诺”活动，将宣传发动工作进机关、进农村、进社区、进企业、进课堂。坚持活动每推进一步，就开展一次“回头看”。全年召开调度会 23 次，巡回式督察 7 次，编印简报 35 期。年底通过对 17 个基层单位抽查，90% 的党员实现承诺项目。

2011 年，继续抓好党员宣誓承诺工作，要求承诺内容具体，切合自身实际，具备可操作性。开展领导点评活动，将点评情况上墙公示，然后组织群众测评。在窗口单位和服务行业开展“三亮三比三评”“五心服务”活动。通过扎实工作，该区“创先争优”活动取得突出成绩，红湘街道联合新村社区、联合街道大栗新村社区及区群众工作部创新了“四会四议”“三有两评”“用群众工作统揽信访工作”等典型经验，中央领导贺国强、刘云山，省、市领导周强、徐守盛、黄建国、蒋建国、胡彪、李江、张文雄、张自银等先后亲临视察指导，其党建工作经验在全国、全省推广。

2012年,组织各基层党组织和广大党员开展“四化两型先锋行”“惠民服务先锋行”“喜迎十八大,再创新佳绩”等主题活动,使“创先争优”活动进一步深化。继续开展年度承诺、实事承诺、专项承诺的公开承诺活动,由联点区级领导进行点评,群众进行评议,确保公开承诺、践诺、评诺工作落到实处。当年,红湘街道联合新村社区党支部受到中央组织部表彰,雨母山乡雨母村党支部成为全省先进典型,另外还评出4个市级先进基层党组织和2名市级优秀共产党员。

第四节　党员干部队伍建设

一、短期培训

全区党员干部学习培训主要是参加党校培训,党校培训有两种方式,一是根据市委组织部下达的任务,选送干部到市委党校、省委党校参加调训;二是在区委党校自行举办培训班。

2001年,选送到省委党校调训的干部有2人;选送到市委党校调训的有20人,其中县干班6人,青干班4人,科干班3人,妇干班1人,党外干部班2人,基层组工干部班4人。全年自行举办3期培训班,其中举办了1期青年干部培训班,1期组工干部培训班和1期村干部培训班,参训人员达150余人。

2003年,选送1人参加全国政协干部培训班学习;选送到省委党校调训1人;选送到市委党校调训的共有26人,其中县干班8人,青干班6人,科干班8人,妇干班4人。全年自行举办培训班3期,其中,组工干部培训班1期,25人参训;科干班1期,50人参训;青干班1期,50人参训。

2004年,选送到省委党校调训2人;选送到市委党校调训16人,其中县干班8人,科干班8人。全年自行举办培训班4期,其中,5月举办1期组工干部培训班,9月举办1期《行政许可法》和计生知识培训班,11月举办1期科干班和1期青干班,分别邀请市委党校、市委讲师团、市检察院等单位专家领导授课。

2005年,选送到市委党校调训20人,其中县干班3人,中青班2人,科干班9人,党外干部班2人,妇干班2人,选调生班2人。全年自行举办培训班4期,其中,10月举办1期科干班和1期青干班,11月举办2期副科以上干部《中华人民共和国公务员法》培训班。

2006年,选送到中央党校调训2人,省委党校调训4人,市委党校调训23人。全年自行举办培训班2期,即1期科干班和1期青干班,共54人参训。

2007年,选送到市委党校调训10人,其中县干班2人,中青班2人,科干班6人。

2008年,组织参加市委党校在职县处级领导干部学习党的十七大精神轮训班9期,41名区级领导干部参加了培训。此外,选派调训干部23人,其中上派跟班学习1人,参加省级培训1人,赴日本学习1人,参加市级培训20人。

2009年,参加市委党校县干班3期,4名区级领导参加了培训;参加市委党校调训4期8人,其中,中青班2人,科局长理论进修班3人,新农村建设专题研讨班1人,乡镇长班2人。5月,根据上级精神,衡阳市四个城区党校予以撤销,城区的干部培训工作由市委党校统一承办,年底选送12名副科级领导干部以及12名机关中层干部,分别参加市委党校首次举办的城区科干班和中青班培训。

2010年,全区共选送58名干部参加省、市两级党校培训。其中,省委党校正县级中青班1人,乡镇党委书记班1人;市委党校县处级干部班3期3人,乡镇党委书记班1人,中青班1人,科局长理论进修班3人;城区科干班2期24人,城区中青班2期24人。

2011年,选送参加市委党校培训27人,其中,中青班1人,城乡规划建设管理班2人,城区科干班12人,城区中青班12人。

2012年,选送参加省委组织部领导干部境外培训班1人,省委党校县市区委副书记任职培训班1人;市委党校县处级干部进修班3期3人,女干部培训班1人。

二、学历培训

鼓励机关干部积极参加各类学历培训,出台政策由单位报销部分学费。2001 年,报名参加市委党校学历教育的有 50 余人。区检察院根据《中华人民共和国检察官法》修改后的要求,有 14 人参加本科学习,2002 年有 11 人参加本科学习。2003 年,全区报名参加市委党校学历教育的机关干部有 60 余人。区法院按照《中华人民共和国法官法》的要求,积极参加"电大""函授""业大"学习,2001—2003 年,全区有 17 名 45 岁以上的法官参加专科学习,有 15 名 45 岁以下的法官参加"专升本"学习。2004 年,全区有 26 人报名参加市委党校学历教育。从 2005 年起,市委组织部启动"乡土人才培训计划",与市电大联合举办"一村一名大学生"学历教育,至 2010 年,全区有 78 名农村优秀青年参加了学习。

三、挂职锻炼

挂职锻炼采取了两种形式:一是区委从区直机关干部中选派年轻干部到本区乡、镇、街道任职;二是市委组织部从区内选派少量科级以上领导干部到外地任职。

2001 年 6 月,区委选派法院黄亚君到联合街道任办事处副主任;选派检察院杨艳斌到红湘街道任办事处副主任。

2002 年 3 月,选派检察院廖雪森到雨母山乡任乡长助理,2003 年 1 月改任副乡长。

2003 年 1 月,选派法院易善凯到雨母山乡任乡长助理;8 月,市委组织部安排区委常委、政府常务副区长曾巧敏(女),到上海市浦东新区维坊新村街道办事处任副主任;9 月,市委组织部安排区委副书记刘一华到深圳市龙岗区南澳镇任党委副书记。

2004 年 5 月,选派教育系统王振到蒸湘街道任工委委员。5 月,市委组织部选派区委常委、组织部部长单国平到江苏省苏州市平江区任区长助理,呆鹰岭镇镇长曹禄永到江苏省常州市溧阳市天目湖镇任镇长助理。

2005 年 4 月,市委组织部选派区委常委刘红丹到湖南省信息产业厅任信息化推进处副处长。7 月,区委建立新提拔干部轮流到区信访局挂职锻炼制度,要求所有新提拔的区直机关干部必须到信访局挂职锻炼 3 个月,与原单位工作脱钩。至 2010 年 9 月,到信访局挂职锻炼的干部共 15 人。

2007 年 4 月,选派检察院李江文到联合街道办事处任副主任,选派环保局谢涛到红湘街道办事处任副主任。

2011 年 2 月,市委组织部安排政府副区长陈硕果到省旅游局市场处任副处长。

第五节　领导班子建设

一、调配管理

2001 年,区委组织部根据《党政领导干部选拔任用工作暂行条例》的规定,严格按照民主推荐(民意测验)、单位呈报、组织考察、初步审查、部务会讨论、区委常委会研究决定的程序办事,使干部任免工作规范有序。对领导干部在年度考核、民意测验中,满意票达不到 60%,经考察属于不称职者,适时作出降、免、调的处理。

2002 年 3 月,根据上级指示精神,结合本区实际情况,实行"改任非领导职务"和"提前离岗休息"政策:男年满 53 周岁、女年满 49 周岁的科级领导改任非领导职务;男满 55 周岁、女满 50 周岁的干部提前离岗休息,离岗后待遇不变,仍属于在职干部系列。从 2008 年开始,不再实行提前离岗休息政策,只实行到龄改非领导职务政策。

2003 年上半年,在区建设局、蒸湘街道中层干部中实行竞聘上岗,共选拔中层干部 12 人。8 月,全区开展“艰苦奋斗、勤廉为民”优秀领导干部评选活动,共评选出王华、冯加业等 13 名优秀领导干部。12 月,开展清理整治党政机关干部违规参与经营酒店、茶楼、娱乐场所工作,发现 3 名领导干部的配偶与子女参与,全部自纠解决。

2004 年,区委组织部出台《蒸湘区科级领导班子、领导干部和公务员队伍考核实施办法(试行)》,规范了干部考核工作。提拔 5 人担任科级领导干部,对全区科级后备干部及时进行调配。

2005 年,区委组织部出台《关于进一步规范干部考察工作的意见》,既考察干部八小时之内,又考察八小时之外,实行“四个圈子”考察法,即同事圈、管理圈、生活圈和服务圈,力争多层次、多角度、全方位考察了解干部情况。全年新提拔科级干部 24 人,交流提拔 6 人,降职 1 人,免职 2 人。8 月 29 日,区委办、政府办下发《关于加强行政、事业单位借调人员管理的通知》,借调人员必须遵循“逐级呈报、编办审核、编委审批、办理手续”的程序。

2006 年 6 月,区委换届时,减少 2 名区委副书记职数,同时增设 1 名常委副区长,政府班子中常委人数达到 3 人。8 月,根据区委决定,全区副科级以上干部每人购买一套《江泽民文选》。9 月 12 日,区委下发《关于认真贯彻〈中共中央关于学习“江泽民文选”的决定〉的通知》,强调各级各部门要认真学习,紧密联系实际,指导和推进各项工作。

2007 年,坚持“能者上、平者让、庸者下”的原则,对全区科级干部进行 4 次调整。其中,对 4 名在重点工程建设中作出突出贡献的副职干部提拔到正职岗位,对 2 名乡镇党政主要领导同时免职调离,树立“有为有位,无为免位”的用人导向,在全区领导干部中引起了强烈反响。考核 37 个科级领导班子和 191 名科级领导干部,并做了考核定等工作。

2008 年 3 月 27 日,区委召开二届纪委三次全会暨全区反腐败工作会议,授予邹顺徕、罗锡桂(女)等 8 人为“勤政廉政、富民强区”优秀领导干部称号。全年提拔正科级干部 11 人、副科级干部 15 人,改非 6 人,免职 1 人。考核 34 个科级领导班子和 247 名科级领导干部,作了具体评价,形成综合材料,并整理成册。

2009 年,考核 43 个科级领导班子和 260 名科级领导干部,作了具体评价,形成综合材料。评选出 9 个优秀领导班子、29 名优秀领导干部。重点加强对部门单位和乡镇街道党政一把手的跟踪管理,发现不良苗头,组织部长亲自找其谈话,及时疏导,确保班子团结,工作正常有序。

2010 年,对 34 个科级领导班子和 247 名科级领导干部进行了考核,评选出优秀领导班子 13 个、优秀领导干部 37 名。

2011 年 4 月 12 日,根据市委指示精神,蒸湘区恢复干部参加劳动的制度,区直机关干部 200 余人到雨母山乡梓木村疏通清理老水渠。当年,对 3 名领导干部的近亲拟提拔前征求市委组织部的意见,对其中 2 名作出暂缓提拔的决定。

2012 年,制订出台《蒸湘区机关事业单位工作人员年度考核奖励及结果运用暂行办法》,较好地激发了全区干部干事创业的积极性。出台《蒸湘区党政机关及事业单位借调工作人员管理暂行办法》,克服人员借调的随意性,促进干部有序合理流动。

二、监督机制

(一)述职评议

从 2001 年起,区四大家主要负责人在全区领导班子和领导干部年度考核会上进行公开述职,四大家班子其他成员进行书面述职。同时,区委每年派出考察组对全区所有科级领导班子和领导干部进行年度考核,区直单位由行政一把手公开述职,其他班子成员书面述职;乡镇街道由党政一把手公开述职,其他班子成员书面述职。

(二)离任审计

蒸湘区成立以来，凡党政一把手离任，都要进行离任审计，并公布审计结果。对干部群众反映的问题，组织部协同纪委、审计局加以查实并及时处理。2005 年 7 月，区委、区政府成立领导干部经济责任审计工作领导小组，并出台《蒸湘区党政领导干部经济责任审计暂行办法》，促进党政领导干部经济责任审计工作的科学化和规范化。2011 年，对 15 名工作单位变动的主要负责人进行经济责任离任审计，为历年来离任审计人数最多的一年。

（三）任前公示

2005 年 8 月，区委办印发《蒸湘区干部任前公示制度》，确定对拟提拔的干部，在本人所在单位和居住地，进行不少于 7 天的公示，广泛听取群众意见，区委组织部公布了举报电话，对举报者严格保密。

（四）岗位交流

2006 年，区委制订《党政干部交流工作的实施意见》，对干部交流的对象、范围、方法、程序、纪律等方面作了详细规定，促进干部交流的规范化、制度化和经常化。

（五）民主测评

2008 年 7 月 16 日，全区首次在科级领导干部会议上，对新提拔、交流的 23 名科级领导干部的满意度进行了民主测评。其满意和基本满意率之和超过 95%。2009 年 2 月，区委全会对 2008 年度提拔的 3 名科级正职进行民主测评。2010 年 3 月，区委扩大会议对 2009 年度选拔任用的 9 名正科实职干部进行了民主测评。

第六章　宣传教育

中共衡阳市郊区区委宣传部成立于 1980 年 9 月，2001 年 5 月更名为中共衡阳市蒸湘区委宣传部。内设机构有：区精神文明建设指导委员会办公室（简称区文明办）、新闻办（2004 年 9 月成立）、网络新闻宣传管理办公室（简称网宣办，2012 年 4 月成立）。2012 年在职干部、职工 6 人。办公地点驻蒸湘区机关办公大楼 7 楼。

第一节　理论学习

一、区委中心组学习

区委理论学习中心组，由区委书记任组长，全体区委常委及政府副区长为固定成员，有时扩大到全体在职区级领导。区委宣传部负责具体组织实施。中心组制订理论学习制度，逐年有理论学习计划安排，中心组成员配备专门的学习记录本。学习时间每年集中学习不少于 4 次 15 天。其中 2002 年集中学习 6 次 19 天，2006 年、2007 年各集中学习 9 次 18 天。学习内容，根据上级指示精神，结合当时国内外形势以及本区中心工作和存在的突出问题，分别安排 4 – 18 个专题，主要有：邓小平建设有中国特色社会主义理论，“三个代表”重要思想，保持共产党员先进性，党风廉政建设，党的十六大、十七大、十八大会议精神，立党为公、执政为民，“八荣八耻”，科学发展观，解放思想与蒸湘发展，构建和谐社会以及现代经济、科技、法律等。学习形式主要是专题讲座、专题报告、专题发言等。2005 年 10 月 30 日，全体区级领导参加全市组织的领导干部理论考试。2009 年 4 月，在学习实践科学发展观活动中，把学习课堂搬到 8 个重点工程项目建设现场，实现了学习方法的创新。2012 年，邀请市委党校专家组成专门班子，开展区域经济发展课题研究，课题组长、市委党校原校长范定生作了考察研究报告。每次集中学习,区委中心组均紧密联系实际,着重解决一个突出问题,因而保证了学习效果。据5个年度的统计,区委中心组成员共撰写理论文章118篇,在各类报刊发表74篇,其中区委书记李安平发表文章16篇。

二、干部学习

2003年,全区干部理论学习以“三个代表”重要思想、十六大会议精神为主题,采取集体学习和自学相结合的方法,普遍做到有学习笔记,有发言提纲,有心得体会,有考勤记录。3月,开展学习十六大精神演讲大赛。4—5月,组织开展学习贯彻十六大精神征文活动,共收到53篇理论(调研)文章。5月,全区成立“三个代表”重要思想宣讲分队(共5人),深入各单位系统宣讲“三个代表”重要思想。8月4日,区委批转宣传部《蒸湘区学习贯彻“三个代表”重要思想工作方案》,学习时间安排2个月,分为学习宣传、查找差距、解决问题、总结表彰4个阶段进行。全年各级干部撰写理论文章、心得体会4690篇。

2004年,全区范围开展“四树四为”(树立科学的发展观,为人民尽好责;树立正确的政绩观,为人民谋好利;树立牢固的群众观,为人民服好务;树立严明的法纪观,为人民办好事)教育活动,推介11个先进典型,组织54个文艺宣传队宣传演出364场次,开通全市第一家县(区)级对外宣传平台——蒸湘新闻网。选派10名骨干参加了省、市举办的理论骨干培训班学习。各级干部撰写理论文章和心得体会5360篇。当年,该区肖玲玲、沈惠敏、易云燕3人发起成立“读书圈”,取名叫做“铿锵三人行”,后来这个“圈子”发展有固定成员22人。她们每月召开读书会,轮流担任讲课,推荐好书新书,交流学习心得,参加各种征文,并建立读书QQ群,参与者上千人。她们说,坚持读书受益匪浅,不仅生活充实,身心愉悦,而且增长知识才干,还潜移默化地影响着自己的子女。

2005年,保持共产党员先进性教育活动分两批进行,举办6场优秀党员先进事迹报告会。开展“蒸湘巨变在身边”征文活动,共收到征文121篇。组织干部参观《勿忘历史,强我中华》大型图片展览。11月初,组织全区374名科级干部参加了理论考试。

2006年,开展“百万群众学理论”活动,学习《江泽民文选》和新党章等,发放《理论学习宣传资料》6万份,制作宣传板报280块,组织6支理论宣讲分队,宣讲72场次,听众达2万余人。学习胡锦涛“八荣八耻”论述,进行社会主义荣辱观大讨论,教育系统针对中小学生实际,自编《八荣八耻拍手歌》《八荣八耻新童谣》。结合中国工农红军长征胜利70周年,组织全区党员干部、青年学生近2万人参观了《不朽的丰碑》大型图片展览。

2007—2008年,开展“书香机关”读书活动,规定必读和选读书目,引导各部门单位摒弃原集中学习时仅读原文的方法,采取学习辅导、主题讨论、交流心得体会等灵活多样的学习形式,积极贴近工作、贴近实际、贴近生活。深入开展“解放思想与蒸湘发展”大讨论,组成34个调研组,围绕“三最”搞调研,就人民群众最关心、最直接、最现实的问题,“串千家门、听千家言”,走访群众19800人,收集意见、建议近5000条,解决群众生产生活中的困难和问题965个。

2009年,重点进行十七届三中、四中全会精神传达贯彻和科学发展观学习活动。组建5支宣讲队伍、34个宣讲小组、186名宣讲人员,开展“十七届三中全会精神进农家”宣讲活动,发放宣传资料1.8万份。组织全区副科级以上干部,听取“十七届四中全会精神”形势任务报告会。结合学习科学发展观,开展“三问”(农民群众所想、所忧、所盼)调研活动,收回调查问卷1.7万份,收集群众意见建议2600余条,各级干部共写调查报告226篇。11月20日,全市“书香家庭在蒸湘”活动在蒸湘区晶珠广场全面启动。12月28日,雨母山乡雨母村获全市“十佳‘书香村组’”,红湘街道冶金社区获全市“十佳‘书香社区’”,区政协退休干部刘舜楼、区人大秘书肖玲玲家庭分获全市“十佳‘书香家庭’”。

2010—2012年,围绕“全员学习、科学学习、创新学习、终身学习”的学习型机关建设目标,依托“书香机关”读书活动,对机关干部的学习,提出“七个有”的规范化要求,即有学习计划、有学习制度、有学习材料、有学习笔记、有学习载体、有学习场所、有固定学习时间,并建立学习考勤、学习档案、学习检查考核等制度。

建立蒸湘街道、检察院、法院、教文体局等8个单位理论学习示范点。在学习贯彻党的十七届五中、六中和十八大会议精神时,不仅邀请专家学者进行辅导,而且逐年组建宣讲分队深入基层进行宣传教育,3年共宣讲97场次,举办各类形势政策教育活动80余场次。2010年评选"书香家庭"10户。2012年,区公安分局副局长龙波和区人大办公室秘书肖玲玲分别评被为全市"十佳学习型党员"。

第二节 思想道德教育

该区思想道德教育以"讲诚信、改陋习、树新风"为主题,以"科学理论武装人,文明之风感召人,先进典型激励人"为主要方法。

2002年,全区广泛实施公民道德素质教育。太平小区小学大队部成立护路队、护绿队,推出"五小"好标兵;部分社区一些老党员、老干部、下岗工人组成服务组;南华大学的"青年志愿者"分赴各社区,广泛开展为民办好事活动。4月23日,区工商分局干部赵书和,眼见一名犯罪分子用汽油纵火焚烧局办公楼,他挺身而出,与之搏斗,不幸严重烧伤,送医院抢救无效死亡,5月被追认为革命烈士。12月,区人民检察院检察长黄茂林(女),被评为衡阳市"十佳道德标兵"。

2003年,全区开展"十佳道德标兵"评选活动,黄茂林、康小鹰等10人获全区"十佳道德标兵"。9月7日,区实验小学教师王卫华的丈夫在吉林某农行存款1万元,结果农行在存折上错误地打成101万元,夫妻俩发现后,立即将多出的100万元巨款退还给农行。夫妻均受到组织奖励。

2004年,全区上下认真学习《公民道德实施纲要》,在晶珠广场举行"改陋习、树新风""诚信衡阳"万人签名活动,大张旗鼓地宣传文明创建工作。7月20日,区委办印发《蒸湘区加强和改进未成年人思想道德建设工作方案》,明确内容、责任、组织实施等方面的要求。

2006年,制订下发《关于开展社会荣辱观宣传教育的实施意见》,区直机关、乡镇街道开展"树立正确荣辱观、争当人民好公仆"主题活动;农村开展"建设新农村,倡导新风尚"主题活动;教育系统开展"校园文明天天见"系列活动。组织商家、店铺认真学习《关于开展衡阳市"百城万店无假货"活动示范点评选活动的公告》,宣传"百城万店无假货"活动的有关精神及意义,营造"百城万店无假货"活动声势。全区有18个单位申报参评,其中晶珠置业有限公司荣获全国"百城万店无假货"示范商场。

2007年,开展"诚信政府、诚信机关、诚信公民"三个诚信教育活动,各办事机关实行向人民群众公开承诺制。6月13日,区衡汽集团育才学校六年级学生刘晗与同学邓建结伴回家,经过一工地时,邓建到水坑中洗脚,不小心滑入深水处,刘晗见后奋不顾身跳进水坑,使劲将邓建推向岸边,在一个路人帮助下,邓建被救上岸来,而刘晗却沉入水中,因溺水太久抢救无效,献出了年仅13岁的生命。

2008年,全区中小学以"做一个有道德的人"为主题,从"说、唱、读、做、评"五方面入手,开辟文明教育论坛,构建道德育人环境。2月,区政协委员、"李丽家庭教育工作室"主任李丽(女),被中央电视台推评为"2007年度感动中国十大新闻人物"。3月,区环卫局局长罗锡桂(女)和区工商联副会长、衡钢鸿华汽运公司董事长候光昆,分别被衡阳市人民推评为全市"抗冰救灾感动衡阳"人物。5月24日,蒸湘区飞翔大桶饮用水水厂厂长曾桂粮因遭车祸,医治无效死亡。他因借钱办厂、住院手术欠下54.5万元的巨债。其兄曾存粮主动要求承接"飞翔"水厂和弟弟全部债务,对弟弟所写的全部欠条都改写成自己的名字,郑重承诺,用3年时间偿还这笔巨债。曾存粮弟债兄还、诚信经营的事迹感动了衡阳,感动了湖南,衡阳市迅速掀起学习曾存粮的热潮。曾存粮获"衡阳市十大新闻人物"。

2009年,全区组织中小学和幼儿园开展基本道德规范、文明行为规范和中华经典诗词诵读活动;以"做一个有道德的人"为主题,开展未成年人思想道德建设创新案例评选活动。曾存粮荣获"湖南省诚信道德模范"奖。9月20日,曾存粮和区"李丽家庭教育工作室"主任李丽,分别获得第二届全国道德模范提名奖。

2011年,全区开展"全民义工志愿服务"活动。从机关干部、在校学生、社区居民中,招募3000余名志愿者,参与互帮互助、社会公益、困难帮扶、照顾孤寡老人和残疾人等志愿服务。全年共组织3次大型活动,为上万名群众解决了工作和生活中的一些实际问题。9月19日,围绕第九个“公民道德宣传日”,组织卫生、科技、司法等部门开展宣传、服务活动,展出宣传板报80块,发放宣传资料2000份,义务咨询110人次,发放药品价值5000余元。

2012年12月9日,退休干部、蒸湘街道太平一社区清扫班长徐燕燕(女)被授予“衡阳市第二届道德模范”提名奖;蒸湘区腾跃工艺厂厂长肖跃莲(女)被授予衡阳市“身边雷锋·衡阳好人”提名奖。

第三节　文明创建

2002年,蒸湘区成立以区委书记为组长、区长为第一副组长的文明创建工作领导小组,负责全区文明创建工作的指导、组织和协调。

2003年,印发《关于“创建文明城市,争做文明市民”活动工作方案》,深入开展文明创建“大动员、大宣传、大讨论、大曝光”活动,出动宣传车28台次,发放学习资料500本,组织29支文艺小分队,在社区、学校、广场、企事业单位共演出250场次。在衡阳卫校体育场和立新广场,开展“万人签名”活动。

2004年,召开平安创建动员大会,下发《关于开展“平安蒸湘”创建活动的实施意见》。深入学习《文明市民守则》,将《文明市民守则》下发到每个单位、每个家庭,共发放6.6万份,整体发放率达97.4%,居全市第一位。对1.2万余人进行文明知识考试,平均成绩达99.2分。创办文明宣传橱窗,共出宣传板报577块(期)。组织54个艺演小分队,参演人员2656人,共演出364场次。各条战线开展文明知识抢答赛,参赛人员达1500余人。

2005年,出台《蒸湘区文明单位评选、奖励和管理办法》,组织开展文明行业、文明村镇、文明社区、文明单位的申报评选工作。启动“电影进社区”“文明进家庭”活动,在社区、广场、学校放映革命传统和爱国主义教育影片50场、100部。继续发放《文明市民守则》9万份,对辖区路段315家门店和54个单位发放《示范路段创建倡议书》,组建一个文明示范路段创建工作责任网格和一支督查队伍,开展经常性工作。招募102名“社区志愿者”,开展活动30余次,参与活动的居民群众4000余人次。

2006年,制订下发《衡阳市创建全国文明城市工作先进市蒸湘区2006年度工作方案》,组建3套督查班子,建立4级督查网络。开展了“讲诚信、改陋习、树新风”普遍承诺活动。开展“创建服务型机关——为民办实事,做人民好公仆”和“创建节约型机关——节约一张纸、一度电、一升油”等活动,推进机关文明建设和廉政建设。

2007年,区委、区政府研究决定申报创建衡阳市文明城区,为此,专门召开动员会,作出全面安排部署。所有区级领导、部门单位各联系一个文明创建点,形成分片包干制度、领导批办制度、联席会议制度、阳光公示制度,构建责任体系、奖惩体系、督查体系。组织安排区直机关、乡镇街道、坐落单位举办“文明在我心中、文明在我手中、文明在我脚下”为主题的演讲比赛,吸引近万名群众观看。组织全区上下开展城市卫生大清扫、城市管理大整治活动。当年,区委宣传部获省委宣传部“全省宣传系统‘四创四争’先进集体”。

2008年1月,召开创建文明城区决战阶段动员大会,要求各级各部门认识要更高,工作要更实,措施要更硬,誓夺首批衡阳市文明城区。经过调整、充实,成立高规格的领导小组,进一步完善工作责任制,形成“以区统揽,部门负责,三级联动,创建办组织协调,群众支持参与”的创建工作高潮。采取录相讲评、对比讲评、现场讲评的方式,每月召开一次创建工作讲评联席会议。加大督查力度,把督查结果与全区目标管理挂钩,与评先评优、干部使用挂钩,实行重奖重罚。11月,蒸湘区获衡阳市首个文明城区。12月,蒸湘区被省委、省政府授予“湖南省2008届文明城区”称号。2002—2008年,全区共评出文明单位170个次,其中:全国文明村镇1个,省级文明单位8个,市级文明单位64个,区级文明单位97个。

2010年5月13日,区委办、政府办印发《蒸湘区巩固文明城区创建工作实施方案》。6月17日,《衡阳市文明礼仪基本常识》发放仪式在蒸湘区举行。市委常委、宣传部部长谢宏治在讲话中，要求全市各部门要宣传好、学习好、运用好《衡阳市文明礼仪基本常识》的内容，全面营造“人人学文明、个个讲文明”的良好氛围。

2011年，为进一步巩固省级文明城区创建成果，在全区开展基层文明竞赛活动，印发《蒸湘区2011年基层文明竞赛活动工作要点》，将基层文明创建工作逐步深化。开展“先进文化进社区”系列活动，包括红色文化进社区、廉政文化进社区、健康文化进社区、和谐文化进社区等。实施“乡村清洁工程”。评选文明村镇、文明家庭和星级农户。长湖乡立新村荣获“全国文明村镇”称号。

2012年，广泛招募充实社区志愿者，建立“文明劝导、维护交通秩序、扶贫帮困、义务巡逻、院落绿地认养”5类志愿者队伍共130余支，志愿者人数达30000余人，引领社区群众开展各项服务活动。在各社区、村建立“爱心超市”，免费为特困人员提供基本生活必需品。在晶珠广场和中心汽车站，建立“爱心亭”，为过路群众提供信息、休息、饮水、指路、失物招领等方面的服务。4月，衡阳市精神文明建设工作现场会在蒸湘区召开。10月，衡钢集团有限公司获中央宣传部、中央文明办、解放军总政治部授予的“全国军民共建社会主义精神文明先进单位”称号。

第四节 通讯报道

严格遵守党中央、省、市委确定的舆论导向，紧紧围绕经济建设这个中心，按照区委、区政府的工作部署，组织策划通讯报道工作。该区常年保持一支38－40人的通讯报道队伍，2001—2012年在各种媒体见稿7460篇，其中：中央级媒体77篇，省级媒体105篇，市级媒体7278篇。

2002年，大力宣传报道全区两个文明建设的亮点和群众关注的热点。2月，该区率先在全市改造完第一条红湘北路样板街后，区新闻办多次在报刊、电视宣传该样板路取得全市“三个第一”的好成绩，即：第一条人行道板为花岗岩；第一条道路两旁全部种植桂花树；第一条区管道路管网全部下地。4月，邀请部分媒体记者到雨母山采风，在《衡阳日报》推出整个版面的《掀起雨母山的红盖头》，刊登文章10篇，照片6幅，提高了雨母山的知名度和美誉度。7月，连续3天在报上发表和电视播出蒸湘区为改善环境面貌，建设垃圾中转站的情况，特别是清水塘垃圾中转站建设完成。年底，突出报道了呆鹰岭镇的大棚蔬菜和雨母山乡的鱼塘连片开发，为农业产业结构调整提供了启示。

2003年，集中推介区域经济、企业改制、文明创建、城市建设与管理、治理经济发展环境、再就业等11个典型报道，特别是将区科技局局长雷鸣，作为省、市重大典型，在《科技日报》、《湖南日报》、《科技导报》、《湖南科技报》、《衡阳日报》、衡阳电视台等中央、省、市媒体报道。

2004，区委、区政府高度重视对上对外宣传工作，专门成立了新闻办公室，并积极筹措5万元资金，率先在全市建成红网、衡阳新闻网子站——蒸湘站，开通了衡阳蒸湘新闻网，搭建了全市第一家县（区）级对外宣传平台。举办2期基层通讯员培训班，有38人参加了培训。

2005年，新闻报道精品凸显。在中央、省、市20余家媒体上推介了该区在第一批共产党员先进性教育活动中建立“爱心档案”、为民办实事的重大典型；发掘了长湖乡立新村一组唐运旺和唐云贵夫妇6年如一日赡养96岁孤寡老人范进秀的真情故事；认真策划并组织拍摄了大型系列报道《飞越蒸湘》、大型电视专题片《蒸湘星光灿烂》。并浓墨重彩地推出《蒸湘嬗变》上下集；邀请衡阳市诗词学会部分会员，赴雨母山举办“雨母山·秋吟”活动，《衡阳晚报》以两个专版进一步宣传推介雨母山。全年在网上发布各类动态新闻、消息310条。

2007年，以落实科学发展观、构建社会主义和谐社区等内容为主题，在各媒体推出一些好的典型和经验。其中，该区农民在新农村建设中以技术入股而发家致富的经验先后被《衡阳日报》《湖南科技报》《农民日报》《人民日报》采用；在全市修建潭衡西高速公路时，该区在不到20天的时间内，就完成征地拆迁任务，

《衡阳日报》以《潭衡西的蒸湘速度》为题予以报道,并配发评论员文章《蒸湘速度的启示》;区环卫局女工吴中凤10多年来忘我工作、爱岗敬业的优秀事迹被《衡阳日报》、《湖南日报》专题报道;《农民争上农技培训班》被《经济日报》予以刊发;《衡阳蒸湘区"社区文化"惠泽10万居民》被《中国文化报》采用;《湖南衡阳"失地农民"争当"谋生高手"》被中央人民广播电台予以播发;《蒸湘区崛起钢管关联产业群》被《湖南日报》头版头条予以重点推介。

2008—2009年,成功地组织"改革开放30周年""抗冰救灾""十七大精神润蒸湘""政法蒸湘行""乡镇风采录""劳模风采录""亮点——实践科学发展观""十七届三中全会精神进农家"等大型主题采访报道活动。突出宣传区环卫局局长罗锡桂(女)在抗冰救灾一线连续奋战11昼夜,甚至在左手摔成粉碎性骨折后仍不下一线的优秀事迹;济南军区某部修理营二连班长费波,在雨母山乡东阳村探亲休假期间,积极参加除冰清雪、抢修电网的优秀事迹;区飞翔大桶饮用水厂厂长曾桂粮,因遇车祸救治无效死亡后,其兄曾存粮主动承诺偿还弟弟欠下的54.5万元的债务。宣传报道后,市委书记张文雄批示:"曾存粮这样的诚信典型要好好宣传,为打造诚信衡阳营造舆论氛围,要在衡阳倡导一种讲诚信的风气!"衡阳市迅速掀起"学习曾存粮、做诚信商人"的活动热潮。中央电视台、《经济日报》《中国青年报》《农村青年》《湖南日报》等20余家媒体作了全方位报道。

2012年,加强舆论引导,紧扣上下各方"关注点"。在十八大期间的宣传报道中,在《湖南日报》《湘声报》分别推出了《蒸湘如画》《蒸湘如此多娇》专版;在衡阳市"喜迎十八大、欢歌颂雁城"活动中,在《衡阳晚报》刊发宣传专版;在《衡阳晚报》推出了反映该区经济、社会、民生、项目建设成果的7篇"走读蒸湘"系列报道;《蒸湘区大兴现代服务业》在《湖南日报》A1版头条予以刊发;《蒸湘区"爱心超市"奏和谐》在《湖南日报》B1版头条予以刊发,《"爱心超市"演绎"全民雷锋"》被《经济日报》刊发。人民网、凤凰网等国内知名网站对该区重点项目建设工作经验进行了重点推介。

2001—2012年蒸湘区新闻稿件见报情况表

表12-14

年度	中央级媒体	省级媒体	市级媒体	市级头版头条	年度	中央级媒体	省级媒体	市级媒体	市级头版头条
2001	1	1	607	8	2008	6	13	528	18
2002	1	1	625	9	2009	7	14	612	15
2003	2	4	648	11	2010	5	10	616	14
2004	2	4	653	11	2011	17	10	535	—
2005	4	12	568	10	2012	16	13	661	—
2006	—	4	698	12	合计	77	105	7278	123
2007	16	19	527	15					

第七章 统一战线

1983年12月,中共衡阳市郊区区委统战部成立,2001年5月衡阳市城市区划调整后,变更为中共衡阳市蒸湘区区委统战部。2002年7月,区委、区政府将中共衡阳市蒸湘区委台湾工作领导小组办公室(衡阳市蒸湘区人民政府台湾事务办公室)并入区委统战部,2005年4月22日区委常委会议决定,在区委统战部加挂区委台办牌子。2007年5月设立蒸湘区民族宗教事务管理局,归口区委统战部管理。2012年,区委统战部在职干部5人（含工商联、台办、民族宗教事务局）。办公地点驻蒸湘区机关办公大楼7楼。

第一节　民主党派工作

蒸湘区有民革、民盟、民建、民进、农工民主党、致公党、九三学社7个民主党派。2012年，有民主党派工委4个、支部（支社）38个、成员（社员）680人。

民主党派基层组织建设　认真贯彻落实中共中央〔1989〕14号、中共中央〔2005〕5号文件精神，指导和帮助各民主党派基层组织完成2002年、2006年和2010年三次换届选举工作。2005年，建立全市第一家县区级民主党派活动室。2006年开始，建立由区内各党派基层支部负责人参加的民主党派工作例会制度，每个季度一次，定期组织学习，定期通报情况，定期征求意见，定期交流经验。指导各民主党派组建区工委，到2012年底，除民革和农工民主党外，民盟、民建、民进、致公党4个党派均设立区工委。区财政给每个民主党派拨付1万元工作经费。

党派成员参政议政　从2003年开始，每年集中组织一次各民主党派成员学习党的路线方针政策，中央和省、市、区当年的重要会议和文件精神。2007年，政协换届期间，对各民主党派推荐的政协委员候备人选进行政协委员的权利、职责、义务等方面的教育。组织了十七大报告专题辅导讲座及民主党派经验交流会。2009年5月15日，邀请市委统战部领导给民主党派成员讲课，以提高党派成员的参政议政能力。

民主党派基层组织作用发挥　2006—2012年，连续7年在民主党派基层组织开展创建“四型”（学习型、服务型、创建型、实干型）和“六好”（班子建设好、组织设置好、服务队伍好、服务能力好、服务机制好、服务业绩好）支部活动，鼓励各基层支部和党派成员积极开展参政议政、民主监督、社会服务和岗位建功，每年有6－7个基层支部在创建活动中被评为先进单位。2001年以来，全区党派成员有210件提案得到各级政府和部门的重视和采纳，在各种报纸杂志上发表论文30余篇。

民主党派开展调研活动　2001年以来，组织各民主党派基层单位和成员深入开展调查研究，累计向各级报送调研报告和理论研究文章200余篇，其中报送区委统战部有84篇。

第二节　工商联工作

2001年5月蒸湘区成立时，全区有非公有制企业3268家，规模以上非公有制企业5家。2012年末，全区有非公有制企业8291家（含个体工商户），规模以上非公有制工业企业45家。

工商联组织建设　2001年12月21日，指导和帮助区工商联召开第一届工商联会员代表大会，选举产生蒸湘区第一届工商联执委会。2002年1月，区委批准成立区工商联党组。2006年8月16日，经过认真筹备，区委统战部指导和协助区工商联成功完成区工商联第二届执委会换届工作。2011年11月11日，区工商联召开第三次会员代表大会，选举产生第三届工商联领导班子。先后指导区工商联建立和完善会长会议、执委会议、会员管理、政治学习、会员服务等系列管理制度，促进了工商联工作的民主化、科学化、正规化和制度化建设。同时，不断发展壮大工商联队伍，采取多种措施，充分发挥工商联在区域经济建设中的主力军作用。

非公制经济人士教育培训　建区以来，先后组织区工商联执委参加省、市委统战部组织的非公有制经济人士理论培训班3期共85人次；区委统战部先后举办经济管理、应对金融危机、技术创新、统战理论、法律等培训班18期，参加学习培训的共1500余人次。先后组织非公有制经济人士学习全国第19次和20次统战工作会议精神、中共中央〔2005〕5号文件、中共十六大和十七大精神、“三个代表”重要思想和科学发展观理论,累计达1200人次。2003年7月,区委统战部发出通知,在全区非公有制经济人士中开展“比发展,比贡献”活动。2005年,在工商联会员中开展“争当优秀会员”活动,至2011年共表彰优秀工商联会员57人次。从2007年起,根据省委统战部统一部署,对非公有制经济人士开展综合评价工作,至2010年,对45名非公有制经济代表人士进行了综合评价,为非公有制经济人士的政治安排提供了科学依据。2011年,突出“同心同行”(“与党同心”、“与‘十二五’同行”)主题教育;围绕建党90周年和辛亥革命100周年,组织“重走红色路”、举办“颂歌献给党”一系列纪念活动。衡钢鸿华物流有限公司董事长候光昆、弘辰房地产开发公司董事长谢晨晖分别被评为衡阳市2011年度“十大杰出经济人物”。

为非公制企业办实事 2001年以来,先后2次组织对全区非公有制企业的现状、存在的困难与问题等进行综合调研,撰写《蒸湘区民营经济发展状况调查》,提出加快发展非公有制经济的意见和建议,被区委转发。从2004年开始,受区委委托,连续6年在全区非公有制经济中组织开展优秀民营企业和优秀民营企业家评选工作,以区委、区政府名义表彰优秀企业家10人次,优秀企业44个次;组织银企洽谈会2次,积极为全区非公有制企业搭建融资平台,签订融资意向2亿元;组织全区性非公有制企业信息技术协作交流会2次,为非公有制企业建立互通有无、协作交流的平台;整理省、市明令取消的收费项目和现行行政收费项目目录,印制《工商联会员实用手册》,提供给会员学习使用;聘请区法律援助中心主任龙斌为区工商联法律顾问,为非公制经济人士免费提供法律咨询、维权等服务;与《衡阳晚报》共办《蒸湘民企风采录》系列报道20期,对全区20家优秀企业和先进人物进行全方位报道,并树立肖跃莲等一批典型。2008年,为受冰灾的非公有制企业争取救灾资金30万元。2001年以来,累计为40余家非公有制企业办理协调、维权、服务等各类实事150余件,为企业挽回经济损失376万元。

第三节 对台工作

2002年和2005年,两次开展全区台情调查,登记在册台属67户,台胞69人。2004年,帮助原台湾“考选部”部长助理谢宗微落实其先父——辛亥革命名人谢斌墓为区级文物保护单位,并于2007年筹集3000余元经费对该墓进行了修缮。2006年,开展在台中上层人士和区内定居台胞调查,登记在册定居台胞4人;同年,接待回衡探亲的原台北市警察局副局长陆泳。2008年,与区政府办联合开展侨情调查,登记在册的归国华侨16人,侨居国外华侨4人,外籍华人9人,侨属侨眷127人。2009年11月,在衡阳市承办的第五届湘台经贸洽谈会期间,负责接待台湾综合研究院高级文化顾问、台湾著名学者周天黎先生等4名台商,合作引进台资企业2家。2001—2012年,中秋节走访慰问重点台属、台胞,累计达65人次,接待台胞台属90人次,帮助台属办理赴台手续9人次,帮助处理台属纠纷8起,推荐台属政协委员3名,为台胞、台属办实事21件。

第四节 基层统战工作

2001年5月蒸湘区成立后,及时落实乡镇街道统战委员的配备,并在乡镇街道党(工)委中明确1名分管副书记,确保基层统战工作有人抓有人管。2003年8月1日,中共中央候补委员、省委常委、省委统战部部长石玉珍到蒸湘区蒸湘街道太平一社区调研社区统战工作,对该社区的统战工作给予充分肯定。9月1日,经区委同意,区委办公室印发《蒸湘区贯彻统一战线工作“四个纳入”实施办法》(“四个纳入”:将统战工作纳入各级党委的重要议事日程,纳入县市区相关目标管理考核内容,纳入新闻宣传部门的宣传计划,纳入各级党校的培训和教育内容)。根据省、市委统战部的安排部署,在蒸湘街道太平一社区、联合街道莲子塘社区、红湘街道吉祥社区、长湖乡廖家湾社区4个社区开展社区统战工作试点。2004年,在继续办好4个区级社区统战工作试点的基础上扩大试点单位,6个乡镇街道各办一个试点,乡镇街道成立社区统战工作领导小组,社区确定统战联络员,每个试点社区都制作了宣传栏,各试点社区发放宣传资料3000份,向统战对象发出公开信100份。针对社区统战工作人员缺乏统战工作知识和经验的实际情况,举办统战知识讲座,购买下发《统战知识手册》,组织试点社区居委会主任专程到湘潭市参观学习。当年开始,对乡镇街道统战工作实行年度目标管理考核。2005年,全区28个社区都建立和完善社区统战工作网络,制订社区统战工作制度,社区统战工作全面铺开。2012年3月19日,全区统战工作会议表彰10个统战工作先进单位、20名优秀个人。年初,对基层统战工作目标管理进行修改完善,下发《蒸湘区乡镇街道目标管理责任制考核细则》。

第五节　党外干部工作

一、党外干部安排使用

2001年7月16日,区委常委会议专题研究统战工作,会议指出:"统战部门要把党外干部的培养、选拔、考察、推荐作为一项经常的、长期的工作抓紧抓好,做到培养一个、成熟一个、配备一个。党外人士的政治安排在区人大、政协换届时,按中央和省委文件的规定落实。"2001年,区人大、政府、政协三个班子中都配备了党外领导干部。2003年,全区6个乡镇街道和司、法、检均配备党外副职,政府16个职能部门配备10个。2008年,政府职能部门做到应配尽配。党外领导干部正职实职安排实现零的突破,区计生局和区残联两个部门的一把手由党外干部担任。至2012年,全区副科级以上党外干部38人,其中,副处实职6人,部门一把手6人。在做好党外人士实职安排时,同时做好党外人士的政治安排。2002年区一届人大、政协换届时,安排党外人大代表22名,党外人大常委委员4名;安排党外政协委员83名,党外政协常委17名。2007年区二届人大、政协换届时,安排党外人大代表31名,党外政协委员92名、政协常委22名。2012年换届后,该区有非中共政协委员103名,占委员总数的60.2%,非中共政协常委22人,占常委总数的66.7%;非中共人大代表47人,非中共人大常委6人。

二、党外干部教育管理

2001年以来,每年召开一次党外干部座谈会,通报和总结分析党外干部工作情况,听取党外干部的意见和建议。2003年、2007年,两次开展党外干部使用情况调查,了解党外干部作用发挥情况。2004年3月,区委办公室下发《关于区级领导联系党外干部的通知》,明确区委、区人大、区政府、区政协26名区级领导联系党外干部名单和联系的具体要求,全面落实区级领导联系党外人士制度。从2005年开始,在全区党外干部开展以"四看四比"(比党性看忠诚、比担当看作为、比作风看形象、比本领看业绩)、"六好"为主要内容的创先争优活动,共有38人次被评为优秀党外干部。2009年8月31日,成立蒸湘区无党派人士联系会议,为无党派人士提供政治学习园地、锻炼成长平台。2011年4月,建立《党外干部年度履职报告制度》,其履职情况作为评先评优及提拔任用的重要依据。为提高党外干部的综合素质,2001—2012年,选送到省、市社会主义学院学习的党外干部39人次,参加市、区党校干训班学习的党外干部73人次,区委统战部共举办6期理论培训班,参加学习的党外干部共180余人次。

三、党外后备干部队伍建设

2003年3—4月,在全面调查摸底的基础上,对区直部门单位和乡镇街道机关行政、事业单位中年龄在45周岁以下、大专以上文化的党外干部建立个人资料信息库和党外后备干部资料库,制定党外后备干部培养计划,并向市委统战部推荐6名党外后备干部。2012年,全区有县处级党外后备干部2人,科级党外后备干部11人。

第八章 编制工作

第一节 机 构

2001 年 5 月,衡阳市区划调整后,撤销原中共衡阳市郊区机构编制委员会,成立衡阳市蒸湘区机构编制委员会(简称大编委),实行委员制。编委主任由政府区长兼任,其他委员由常务副区长、组织部部长、编办主任、财政局局长、人事劳动局局长担任。2002 年,根据《中共衡阳市蒸湘区委机构编制委员会办公室职能配置和人员编制方案》,设置中共衡阳市蒸湘区委机构编制委员会办公室(简称区编办),是区机构编制委员会的常设办事机构,为区委、区政府负责全区行政管理体制改革、机构改革和机构编制管理的综合协调部门,既是区委的工作机构,又是区人民政府的工作机构,列入区委机构序列,定行政编制 1 名。《中共衡阳市蒸湘区委机构编制委员会办公室职能配置和人员编制方案》文件还明确衡阳市蒸湘区事业单位法人登记管理办公室更名为衡阳市蒸湘区事业单位登记管理局,负责全区事业单位登记管理工作,与区编办实行一个机构、两块牌子,定全额拨款事业编制 1 名。2005 年根据衡阳市编办《关于贯彻执行国务院第 411 号令、中编办〔2005〕15 号和湘编办〔2005〕16 号文件精神的通知》,蒸湘区事业单位登记管理局作为归口区编办管理的副科级全额拨款事业单位单独设立。2012 年,区编办在职干部 3 人。办公地点驻蒸湘区机关办公大楼 7 楼。

第二节 区直机构设置

2001 年 5 月,衡阳市行政区划调整时,原郊区党、政、军、群机关成建制转入蒸湘区,原郊区称谓全部改为蒸湘区。蒸湘区区直机构设置如下:

区委工作机构 7 个:纪委,区委办(政策研究室、督查室、保密局、党史办),组织部(老干局、党校),宣传部,统战部(民族宗教室、工商联、台办)、政法委(综治办),编办;部门管理机构 2 个:区直机关工委、信访办公室;直属事业单位 1 个:档案局。

区人大工作机构 6 个:人大办公室、选举任免联络工委、财政经济工委、农村经济城建环保工委、内务司法工委、科教文卫工委。

区政府组成局 16 个:政府办(行政科、法制办)、人事劳动局、民政局、财政局、经委、计生委、建设局、农业局、水电农机局、教育局、文体局、卫生局、司法局、监察局、审计局、计划统计局;政府工作局 5 个:科技局(科协)、林业局、蔬菜副食品局、乡镇企业局、外贸局;直属事业单位 5 个:环境保护局、经营管理局、农业开发办公室、城管办、物资局。

区政协工作机构 5 个:政协办公室、提案委员会、财政经济委员会、教科文卫委员会、法制群团委员会。

群团机构 4 个:总工会、团委、妇联、残联理事会。

2001 年 7 月 27 日,区委组建农村工作办公室,加挂农业局、林业局、蔬菜副食品局和经营管理局牌子;明确水电农机局加挂移民局和农业开发办牌子。

2001 年 11 月,区城管大队成立,隶属区城管办,为市、区双重管理机构。

2001 年 12 月 19 日，区会计委派与核算管理中心成立，归口财政局管理。

2002 年 1 月 28 日，区环卫局成立，属正科级事业单位。

2002 年 3 月，蒸湘区教育局和文化体育局合并为蒸湘区教育文化体育局。

2002 年 5 月 30 日，区人防办公室成立，属区政府议事协调机构的常设办事机构。

2002 年 6 月 6 日，区医疗保险基金管理中心成立，为全额拨款副科级事业单位，归口区人事劳动和社会保障局管理。

2004 年 5 月，区党员干部现代远程教育管理中心成立，属全额拨款事业单位，归口组织部管理，2008 年 11 月，升级为副科级单位。

2005 年 2 月，蒸湘区计划统计局更名为蒸湘区发展和改革局。

2007 年 2 月 6 日，区卫生防疫站更名为区疾病预防控制中心，与区卫生监督所一个机构、两块牌子。

2007 年 4 月 23 日，区人民政府信息化工作办公室成立，为区政府正科级直属事业单位。

2007 年 4 月，区安全生产监督管理局成立，加挂蒸湘区安全生产委员会办公室牌子，为区政府正科级工作部门。

2007 年 5 月，区民族宗教事务局成立，为区政府副科级单位，归口区委统战部管理。

2007 年 8 月，统计职能从发展和改革局中分离出来，单独成立蒸湘区统计局，为区政府正科级工作部门。

2008 年 12 月 15 日，区重点工程项目管理领导小组办公室成立（简称重点办），为区政府直属正科级全额拨款事业单位。

2009 年 6 月 12 日，蒸湘区钢管深加工产业园区管委会成立，为区政府直属正科级全额拨款事业单位。

2010 年 12 月 24 日，蒸湘区环境保护局移交给衡阳市环境保护局管理，改称为衡阳市环境保护局蒸湘分局；蒸湘区卫生监督所中的食品卫生（餐饮行业）监督职能移交给衡阳市食品药品监督管理局管理，并移交 13 人，成立衡阳市食品药品监督管理局蒸湘分局。

2012 年 8 月 1 日，蒸湘区杨柳汽车销售街区管理委员会成立，为区政府直属正科级全额拨款事业单位。

第三节　党政机构改革

一、区直机构改革

2002 年 4—7 月，根据国、省、市文件精神，结合蒸湘区实际情况，蒸湘区进行第一次党政机构改革。改革后，党政机构设置如下：

区委工作机构 7 个，分别是区纪委（区监察局与其合署办公）、区委办公室、区委组织部、区委宣传部、区委统战部、区委政法委（区社会治安综合治理办公室与其一个机构两块牌子）、区委机构编制办公室、区委处理法轮功问题领导小组办公室（加挂区人民政府防范和处理邪教问题办公室，为区委正科级工作机构，不占区委机构限额，由区委政法委管理）。区委部门管理机构 2 个，分别是区直属机关工委（由区委组织部管理）、区信访局（由区委办、政府办管理，以政府办管理为主，列入区委机构序列）。区委直属事业单位 1 个，即区档案局。

政府工作部门 16 个，分别是区政府办公室、区计划统计局、区经济贸易发展局（加挂区乡镇企业局、区民营经济办公室、区招商局牌子）、区教育文化体育局、区科学技术局、区监察局（与区纪委合署办公，不占政府工作部门机构限额）、区民政局、区司法局、区财政局、区人事劳动和社会保障局、区建设局、区农村工作办公室（加挂区农业局、区林业局、区蔬菜副食品局、区农村经营管理局、区农业综合开发办公室牌子）、区水利农机局（加挂区移民开发局牌子）、区卫生局、区计划生育局、区审计局、区环境保护局。区政府议事协调机构的常设办事机构2个,分别是区城市管理办公室、蒸湘区人民防空办公室(既是区国防动员委员会的常设办事机构,又是区政府人民防空工作主管部门)。

撤并后保留牌子的机构5个,分别是区委保密委员会办公室(区国家保密局)并入区委办公室,保留牌子;区委老干局并入区委组织部,保留牌子;区委台湾工作领导小组办公室(台办)并入区委统一战线工作部,保留牌子;区政府法制办公室为区政府办公室内设机构,对外保留牌子;区爱国卫生运动委员会办公室为区卫生局内设机构,对外保留牌子。

机构改革后,全区共有行政编制258名,其中区直机关139名、乡镇机关65名、街道机关30名、乡镇财政所行政编制24名;全区共有政法专项编制106名,其中检察院44名、法院46名、司法局16名。

2005年1—2月,根据中共衡阳市委办公室、衡阳市人民政府办公室《关于市县区政府机构改革的意见》,结合蒸湘区实际情况,进行第二次政府机构改革。改革后,区人民政府机构设置如下:政府工作部门15个,分别是区政府办公室(加挂区安全生产委员会办公室牌子)、区发展和改革局(加挂区统计局牌子)、区商务局(加挂区乡镇企业局、区民营经济办公室、区招商局牌子)、区教育文化体育局、区科学技术局、区监察局(与区纪委合署办公,不占政府工作部门机构限额)、区民政局、区司法局、区财政局、区人事劳动和社会保障局、区建设局、区农村工作办公室(加挂区农业局、区林业局、区蔬菜副食品局、区农村经营管理局、区农业综合开发办公室牌子)、区水利农机局(加挂区移民开发局牌子)、区卫生局、区人口和计划生育局、区审计局。区政府议事协调机构的常设办事机构2个,分别是区城市管理办公室、区人民防空办公室。区政府部门管理机构1个,即区政府法制办公室(正科级,由区政府办公室管理)。区政府直属事业机构1个,即蒸湘区环境卫生管理局。保留牌子的机构1个,即区爱国卫生运动委员会办公室,为区卫生局内设机构,对外保留牌子。

2010年12月,根据省、市文件要求,结合蒸湘区实际情况,进行第三次政府机构改革。改革后,区人民政府机构设置如下:政府工作部门16个,分别是区政府办公室(加挂区政府法制办公室、区民族宗教事务局牌子)、区发展改革和科学技术局(加挂区交通运输局牌子)、区经济贸易局(加挂区旅游局、区招商合作局牌子)、区农村工作办公室(中共蒸湘区委农村工作部,加挂区农业局、区林业局、区水利农机局、区畜牧水产局牌子)、区教育文化体育局、区监察局(不计区政府机构个数,与区纪委合署办公,列入区委机构序列)、区民政局、区司法局、区财政局、区人力资源和社会保障局(加挂区公务员局牌子)、区住房和城乡建设局(加挂衡阳市城市管理行政执法局蒸湘分局牌子)、区卫生局(对外保留区爱国卫生运动委员会办公室牌子)、区人口和计划生育局、区审计局、区统计局、区安全生产监督管理局、区人民防空办公室。区政府直属事业机构3个,分别是区人民政府信息化工作办公室、区重点工程项目管理领导小组办公室、区钢管深加工产业园区管委会。部门归口管理的事业机构2个,分别是区政务服务中心(由区政府办公室管理)、区环境卫生管理局(由区住房和城乡建设局管理)。

二、乡镇街道机构改革

2002年1月7日,根据国、省、市文件和会议精神,区委、区政府出台《关于乡镇机关事业单位机构改革的实施意见》文件,对全区的乡镇街道进行机构改革。改革后,全区2乡1镇3个街道(不含华兴街道)行政机关统一内设5个综合性办公室,分别是党政办公室、经济贸易办公室、社会事务办公室、综合治理办公室、计划生育办公室。1个司法所,1个财政所。乡镇街道均设立人民武装部。

改革后,长湖乡除中小学、卫生院外,设置事业单位8个,分别是农业科技服务中心、农村经营管理站、计划生育服务所、文化广播电视站、法律服务所、城建环卫所、企业服务站、畜牧水产站。雨母山乡除中小学、卫生院外,设置事业单位9个,分别是农业科技服务中心(由农技站、农机站、林业站合并而成)、水利管理站(排灌站并入)、农村经营管理站、计划生育服务所、文化广播电视站、法律服务所、城建站、企业服务站(劳动站并入)、畜牧水产站。呆鹰岭镇除中小学、卫生院外,设置事业单位10个,分别是农业科技服务中心(由农技站、农机站、林业站合并而成)、水利管理站(排灌站并入)、农村经营管理站、计划生育服务所、文化广播电视站、法律服务所、城建站、企业服务站(劳动站并入)、社保所、畜牧水产站。

2003年9月6日,区委、区政府下发《关于进一步做好乡镇机构改革人员分流实施意见》文件,对机构改革后的乡镇街道进行定编、定岗、定人的"三定"工作。通过"三定"后,乡镇由原有行政编86名,减少21名,实定编65名,精简24.4%。其中呆鹰岭镇定编28名,长湖乡定编18名,雨母山乡定编18名,待分配编制1名。街道原有行政编制33名,减少3名,实定编30名,精简0.91%,其中蒸湘、红湘、联合3个街道各定10名。乡镇、街道财政所行政编制24名,按每个乡镇5名、街道3名进行分配。另外,每个街道配备10名自收自支事业编制,其人员采用聘用制,实行竞争上岗。乡镇事业站所事业编制由238名减为167名,减少71名,精简29.8%。

2012年2月28日,根据国、省、市文件和会议精神,区委、区政府出台《关于印发〈蒸湘区乡镇机构改革方案的实施意见〉的通知》文件,对全区的乡镇进行了新一轮的机构改革。改革后,全区2乡1镇均设4个综合性办公室,即党政综合办公室、经济发展办公室、食品安全和安全生产监管办公室、综合治理办公室。人口和计划生育办公室为乡镇机关内设机构,不占乡镇机关内设机构限额,与人口和计划生育服务站合署办公。党政综合办公室加挂统计管理办公室牌子,设立综合统计员、文化专干岗位。经济发展办公室,设立企业专干(招商引资专干)、重点工程专干岗位。食品安全和安全生产监管办公室,设立安全生产监督专干、食品安全监督管理专干、交通安全监督专干岗位。乡镇设立监察室,与乡镇纪委合署办公。乡镇街道设立人民武装部,依法履行国防动员、民兵训练、预备役管理等职能。

改革后,经整合乡镇原有事业站所,全区2乡1镇设立农业综合服务站、村镇建设和规划管理服务站、文化综合服务站、民政和社会保障服务站、人口和计划生育服务站、水利管理服务站等6个事业站所。整合农技、农机、动物防疫职能,不再保留农机站、农技站、动物防疫站,合并为农业综合服务站,加挂农产品质量监管服务站和动植物疫病防控站的牌子;整合村镇规划、城建城管、环卫职能,不再保留村镇规划站、城建城管站、环卫所,合并为村镇建设和规划管理服务站;整合文化、广播职能,不再保留文化站、广播站,合并为文化综合服务站,同时负责农村体育和爱国卫生工作。整合民政、劳动就业保障职能,不再保留民政办、劳动就业保障站,合并为民政和社会保障服务站,负责劳动就业、农村医保、社保、养老保险等劳动社会保障工作和农村低保、民政救助、民政优抚等民政工作。农村经营管理站与经济发展办公室联合办公。原区直部门管理并使用区直部门编制的林业站维持现有管理模式不变,但要理顺与乡镇政府的关系,其人事调整与负责人的任命必须征求乡镇党委政府的意见,且组织关系实行属地管理。

改革后司法所为区司法局在乡镇的派驻机构,使用专项编制,实行区乡两级共管,以区为主的管理体制,其党的组织关系实行属地管理,人事任免等重要事项按有关规定征求乡镇党委政府意见。

2012年2月28日,根据市编委《关于核定蒸湘区乡镇行政事业编制的通知》文件精神,重新核定2乡1镇行政事业编制如下:

第一,行政编制以2001年乡镇机构改革时核定的行政编制65名为基数,此次按10%的比例精简后,核定乡镇行政编制59名加上原核定的选拔高校毕业生到农村基层工作编制2名,现核定蒸湘区乡镇机关行政编制总额61名。具体分配到乡镇行政编制数:长湖乡16名,雨母山乡17名(含2011年核定的选拔高校毕业生到农村基层工作编制1名),呆鹰岭镇28名(含2011年核定的选拔高校毕业生到农村基层工作编制1名)。

第二,乡镇机关后勤服务事业编制按乡镇行政编制总额的6%的标准核定。全区3个乡镇共配后勤事业编制4名,具体分配到乡镇后勤事业编制为:长湖乡1名,雨母山乡1名,呆鹰岭镇2名,人员实行聘用制。

第三,乡镇公益性事业站所的人员编制按与乡镇行政编制1.2∶1的比例配备。全区3个乡镇配备乡镇公益性事业站所事业编制为107名,具体分配到各乡镇事业站所为:长湖乡31名、雨母山乡32名、呆鹰岭镇44名。

第四节 事业单位改制

2001 年 10 月,根据中共中央办公厅《关于事业单位机构改革若干问题的意见》文件和上级指示精神,为适应事业单位机构改革工作的需要,加快事业单位“脱钩、转制、分类、搞活”的步伐,经区委、区政府研究,决定将全区实行企业化管理的 16 家事业单位成建制转为企业,其人员编制退出事业管理序列,有关人员工资及社保待遇、人事调配由区人事劳动和社会保障局按企业标准和有关政策执行。这 16 家转为企业的单位是:区物资总公司、区工贸物资总公司、区乡镇企业供销公司、衡阳市鸿达房地产开发公司、衡阳市中天建设开发总公司、衡阳市第二建筑设计院、区房地产开发总公司、区农业基本建设工程队、衡阳市第四建筑工程公司、区建材化工原料公司、区种子公司、区外贸公司、区农机公司、区政府液化气站、区政府招待所、大元头市场管理处。

第五节 机构、人员编制

2002—2012 年蒸湘区机构设置数统计表

表 12 - 15　　单位:个

年份	区委		政府			人大工作机构	政协工作机构	法院	检察院	群众团体	事业单位	乡镇	街道
	工作机构	部门管理机构	工作机构	议事协调机构	部门管理机构								
2002	8	2	16	2		6	5	1	1	3	114	3	4
2003	8	2	16	2		6	5	1	1	3	124	3	4
2004	8	2	16	2		6	5	1	1	3	124	3	4
2005	8	2	15	2	1	6	5	1	1	5	122	3	4
2006	8	2	15	2	1	6	5	1	1	8	127	3	4
2007	8	2	17	2	2	6	5	1	1	8	130	3	4
2008	8	2	17	2	2	6	5	1	1	6	136	3	4
2009	8	2	17	2	2	6	5	1	1	6	142	3	4
2010	9	1	16			6	5	1	1	6	142	3	4
2011	9	1	17			6	5	1	1	6	161	3	4
2012	9	1	17			6	5	1	1	6	164	3	4

说明:事业单位包括区直属事业单位、各部门二级机构事业单位、乡镇街道事业单位、学校和卫生系统。

2002—2012 年蒸湘区编制与实有人数统计表

表 12－16　　单位：人

年份	总计		行政		机关事业		后勤		事业	
	编制	人数	编制	人数	编制	人数	编制	人数	编制	人数
2002	2499	2564	404	430	107	118	31	35	1957	1981
2003	2353	2446	364	471	127	74	37	41	1825	1860
2004	2564	2507	364	457	139	78	38	41	2023	1991
2005	2538	2486	367	397	218	218	38	42	1918	1829
2006	2705	2707	367	402	218	239	38	35	2082	2031
2007	2905	2801	409	440	235	244	36	37	2225	2080
2008	2922	2831	409	442	230	230	40	45	2243	2109
2009	3363	2977	409	444	225	225	40	45	2689	2263
2010	3086	2964	413	448	221	221	40	45	2412	2250
2011	3209	3010	409	453	221	222	41	45	2538	2290
2012	3307	3010	412	453	227	222	41	45	2627	2290

说明：以上统计数据不含华兴街道。

第六节　编制管理

2004 年，《中共衡阳市蒸湘区委机构编制委员会及其办公室工作规则》规定，蒸湘区机构编制工作实行归口管理、集体领导和“三个一”的审批制度，即凡机构、编制事宜，各部门、单位应写出专题报告，归口报送区编办“一家”按权限审批、承办；重要事项经区大编委会或区委常委会议审批，由主管领导“一支笔”签批；有关机构编制事项，由机构编制部门“一家”发文。同时，对机构编制事宜实行按权限分级审批，并明确日常机构编制业务的审批手续。

第九章　其他党务

第一节　直属机关工作

一、机　构

中共衡阳市蒸湘区直属机关工作委员会（简称区直工委）由 12 人组成，其中第一书记 1 人，书记 1 人，副书记 1 人，委员 9 人。下设 34 个支部、133 个党小组、671 名党员。2012 年区直工委在职干部 2 人，办公地点驻蒸湘区机关办公大楼 4 楼。

历任领导及任职时间：

第一书记：祝和东(2001.5—2011.7)　邹可成(2011.7—)
书　　记：曾庆国(2001.5—2002.3)　黄荣华(女,2002.4—2006.4)
　　　　　彭伟初(2006.4—)
副 书 记：黄荣华(2001.5—2002.3)　凌小梅(女,2012.1—)

二、区直工委主要工作

2001年6月,组织21名新党员到井冈山参观学习,并进行入党宣誓。6月30日,召开庆祝中国共产党建党80周年暨总结表彰大会,表彰14个先进党支部、10名优秀党务工作者、39名模范共产党员。6—7月,各基层支部认真开展"三个代表"学教活动。7月30日,区委办、政府办联合下发《衡阳市蒸湘区"双联"工作实施方案》,全区成立"双联"(县以上领导干部、领导机关联系困难企业、联系困难职工)工作领导小组,领导小组办公室设区直工委。当年安排被联企业14个,带队区级领导28人,参联单位22个,工作队长、队员28人。9月,根据区委安排,区直机关各党支部进行为期一个月的"警示教育"。

2002年,严格党员的管理教育,健全组织生活制度,提高"三会一课"和民主评议党员工作的质量,加强民主集中制建设。大力倡导艰苦奋斗、勤俭节约的作风,反对铺张浪费,反对享乐主义。9月10日,召开直属工委党员代表大会,选举出席中共蒸湘区第一次党员代表大会代表29名。

2005年2—6月,根据区委统一安排,区直机关各党支部认真组织开展保持共产党员先进性教育活动,教育中紧密联系工作实际和机关党员队伍建设现状,查摆问题,分析形势,制订改进措施。3月4日,在区委召开的先进党员优秀事迹专场报告会上,区直机关党员干部雷鸣、周永秋分别作了典型发言。

2006年,围绕提高党组织的凝聚力,区直工委对机关各支部进行全面调查摸底,对30个支部班子成员作了及时调整,确保支部工作正常开展。6月中旬,召开机关党员大会,表彰10个先进党支部,10名优秀党务工作者,40名模范共产党员,选举出席中共蒸湘区第二次党员代表大会代表31名。对"双联"工作,及时调整"双联"工作领导小组,派出"双联"工作队,确定年度工作目标,实行"定人员、定任务、定时限、定奖惩"的"四定"考核制,并4次进行督查调度,使"双联"工作落到了实处。

2007年,强化班子建设,区直机关有7个支部改选或补选支部成员,调整充实机关党务干部18人。强化制度建设,各支部进一步健全"三会一课"、党员活动日、民主评议党员、廉政建设等一系列规章制度,其中组织部支部重新修订内部11项管理制度。强化考核评比,注重虚功实做,把软指标加以硬化,共制定5个方面18项考核验收标准,评出11个先进党支部。强化阵地建设,普遍做到有办公室、活动室,有会议记录、档案材料等,特别是检察院支部建有阅览室、电教室、乒乓球室、卡拉OK演唱室,把支部建成"党员之家"。6月,在区直机关开展"党在我心中"知识抢答赛,有11支代表队、33人参加了比赛;在雨母山开展了打气枪、投栏框、捆脚双人跳等趣味游戏活动,区直机关600余人参加了活动。"双联"企业由原来14个增加到28个。

2009年,区直机关有9个支部换届选举,补选19名支部委员。培训入党积极分子27人,批准9名新党员、11名预备党员转正。表彰10个先进党支部,20名优秀党务工作者,40名模范共产党员。"双联"工作进一步拓宽领域,扎实推进。被联企业由原来28家增加到61家,挂点联系的区级领导由原来的16名增加到29名,并有30个单位担任责任部门,做到组织领导到位、工作责任到位、考核督查到位、经费保障到位。被联企业发展态势良好,职工生活改善。

2011年,按照《湖南省机关党建工作条例》的要求,审批新成立机关党支部4个,改选5个支部,选配3名支部书记。建立党建工作"立体考核机制",按照"细化、量化、科学化"的要求,实行定性与定量相结合的考核制度。以全区参加全市"十万干部百乡千村万户大走访"活动为契机,区直机关671名党员均参加了走访调研,收集到群众需要解决的问题71个,已经解决22个,对其它因自身条件不允许的,则向有关部门提出了建议。七一前后,组织开展"千名党员读书活动",学党章、学党史,进行党性、党风、党纪教育;举办"我爱蒸湘”文艺会演,各支部踊跃参加,其中有11名区级领导亲自参加演出。全年机关各支部组织党员干部外出参观、学习交流、文体活动共30余次,有效地增强了支部向心力、凝聚力。“双联”工作自2002—2012年连续10年获衡阳市先进县(市、区)。

第二节 档案工作

一、机 构

衡阳市蒸湘区档案局的前身为衡阳市郊区档案馆,成立于1986年,1994年改为郊区档案局。2001年5月衡阳市行政区划调整后,郊区档案局更名为蒸湘区档案局,属正科级事业单位,归口区委办管理。2012年在职干部2人。办公地点驻蒸湘区机关办公大楼8楼(档案馆)。

历任领导及任职时间:

局　　长:谭冬梅(女,2001.5—2002.3)　　陈明清(女,2002.3—2006.4)
　　　　　刘锦玲(女,2006.4—2012.1)　　陈　玲(女,2012.1—)
副 局 长:陈明清(女,2001.5—2002.3)　　武奇峰(女,2002.3—2002.4)
　　　　　谢志红(女,2002.6—2012.3)

二、档案馆(室)建设

区档案馆 2000年,郊区档案馆晋升为省一级档案馆,实现档案安全管理防火、防盗、温湿度控制自动化、电子文件光盘存储。2001年,蒸湘区档案馆馆藏42个部门七大门类(文书、科技、国土、城建、婚姻、声像、干部死亡)的档案,共11000卷;各种图书、资料1210册,其中有乾隆年间的《清泉县志》、《衡阳县志》,光绪年间的《船山公年谱》等22卷(册)历史资料。2004年,馆藏党政文书、科技、纪检监察案件、国土、会计、工程、婚姻、声像和死亡干部档案九大门类,61个全宗档案17800卷;图书、资料1450册。2005年馆藏九大门类62个全宗档案28000卷(册),馆藏资料1260册。2006年配置了4门10列密集架,更换办公设施。至2008年,馆藏九大门类65个全宗档案35121卷,馆藏资料1563册。2009年,区治搬迁,新办公大楼建设的档案馆面积达1280平方米,库房、现行文件服务中心、整理室、检索室、消毒室均单列,其中库房面积680余平方米,档案密集架增加到80列580立方米,能满足50年以上的档案储藏,同时按要求配备完善档案设施,落实了库房“防尘、防盗、防火、防光、防高温、防潮、防湿、防虫、防鼠”等九防措施,馆藏九大门类65个全宗档案48354卷(册),资料2227册。2012年建设“蒸湘·兰台”信息网,http://daj.zhengxing.gov.cn\,组建“蒸湘·兰台”QQ群,4月16日正式启用,是全市首个投入运行的县级政府档案网站。

基层档案室 2001年,全区有基层档案室34个,其中省一级档案室11个,二级档案室23个。2002年开始,加大村、社区建档工作力度,由乡镇街道负责所属村(社区)建档,区直相关部门负责下属机构的建档工作。至2003年,60%的村(社区)完成建档案室工作。区国税分局、区审计局两单位档案室升省一级档案室,区信用联社档案室,升省二级档案室。2005年,全区建立村级财务、集体经济、计划生育、税费改革、第二轮土地承包、党务政务等内容的档案,其中文书档案220卷,会计档案1682卷;8个社区建立计划生育、城建城管、低保、社保、社区党建、社会治安共100余卷。2006年,区人事劳动和社会保障局档案室成功申报省二级档案室;太平一、太平二、莲花、联合新村、吉祥、幸福路、南三角线、廖家湾、立新一、立新二10个社区的档案室全部实现了规范管理;新阳村、湘桂村、立新村3个村档案室进行了规范建设。2008年,全区28个社区全面建档,达到“四有”(有人员、有资料、有柜子、有制度)要求,雨母山乡大部分村建立了档案室。

三、档案接收

原衡阳市郊区档案接收 根据中共衡阳市委办公室《关于加强城区行政区划调整的档案管理的通知》要求,蒸湘区成立区档案接收工作领导小组,2001 年,接收了农口撤并机构单位的文书、会计、职称等档案。2002—2003 年,接收了原郊区 7 乡 1 镇 1 街道、5 个国有农场、8 个农口部门、4 个移交到市管部门(原郊区广播电视局、交通局、国土局、房改办)、3 个机构改革撤并部门(原郊区文体局、经委、行政科)等单位会计档案、职称档案 78 袋,5514 卷;资料 5 袋,113 册。2007 年开始,对长湖乡、区直各部门单位 1994—2001 年属永久、长期保存的文书、会计、专业技术档案全面接收,至 2008 年原郊区档案移交工作基本完成。

重点工程档案接收 2002 年开始,对区内已经完成的重点工程档案进行接收,当年接收 107 国道郊区路段指挥部文书、会计、工程档案共 472 卷(册)。2003—2010 年共接收奥林匹克体育中心项目蒸湘区征地拆迁指挥部、潭衡(西)高速公路蒸湘区征地拆迁指挥部、衡枣高速公路蒸湘区征地拆迁指挥部等 5 个重点工程各类档案资料共 1364 卷。

改制企业档案接收 2003 年,接收衡阳市锻造厂、衡阳市医药化工厂、郊区供销公司文书档案 108 卷、会计档案 1560 卷、工程档案 472 卷。2004—2005 年接收市消防器材厂、鸿达公司等 7 个区、乡集体企业改制前的文书、会计、工程档案 6000 余卷。2006—2007 年,接收渔用饲料厂、摩擦材料厂、衡拖一分厂以及 7 个区直公司等区乡集体企业改制前的档案。2008 年接收了中天公司、衡鹰电器厂和医疗器械设备厂 3 家区直企业,以及湖南省锰矿公司衡阳公司档案。2009 年接收了城南运输公司档案。2010 年接收了市电子电器厂档案。在接收企业档案时,对企业过期的档案进行了监督销毁工作,确保了企业在改制时无一例遗失档案事件。

林改档案接收 为确保各乡镇集体林权制度改革档案工作顺利通过市检查验收,2012 年,区档案馆开展林改档案业务培训,并多次派人具体指导,区林改档案终以 97 分的高分顺利通过市林权制度改革档案验收。当年共接收林改档案 36 卷。

部门单位档案接收 2012 年底,将所有区直部门单位、乡镇街道“蒸湘十年”(2001—2011 年)档案全部接收进馆,共接收 3482 卷、25203 件。

四、档案整理保管

为加强档案的整理保管,2001 年起,采取“六集中”(集中时间、集中地点、集中人员、集中文件材料、集中打印、集中装订)的方式,进行整理、立卷、归档工作。2002 年,成立区档案鉴定领导小组,对档案库房清理盘底,将已过期档案资料鉴定清理造册进行销毁。2002—2003 年,清理过期档案 1382 卷(册),资料 4 万余份。2004—2005 年清理过期档案 2136 册。2006—2012 年清理过期会计档案 2117 卷。2001—2012 年,共指导全区 76 个单位整理归档文件材料 378345 件。2012—2013 年,为区新办公大楼、衡阳石油管、石塘路等 10 个重点工程项目,提供档案整理归档服务。每年档案卷宗质量合格率达 100%,受到上级部门的表扬与推介。

五、档案开发利用

区档案馆注重档案资料的开发利用,为经济建设、行政管理和编史修志等方面发挥作用。2003 年,区纪检监察、审计部门通过查阅撤并单位的会计档案顺利完成单位撤并和离任的审计工作,为区财政挽回经济损失 20 余万元。2006 年,为区委办、政府办编写《神奇的雨母山》一书提供了雨母山在中华人民共和国成立前的历史资料,该书全面推介了雨母山的自然概况、景点风光、历史传说。在编史修志方面,先后为《衡阳市志 · 蒸湘区篇(1978—2008)》《蒸湘区志》《中共衡阳市郊区历史》《历史的见证》等 10 余本书籍编写提供了宝贵资料。2001—2012 年,共接待来访、查阅档案 5430 人次,使用资料 9497 册(卷),为解决编制、人事任免、工资调升、干部录用、国土权限、婚姻、民事纠纷等提供了可靠真实的依据。

六、档案执法

加强档案法规的宣传。2003年,档案局与区依法治区办一起将《档案法》及其《实施办法》、《湖南省档案管理条例》纳入普法教育内容,并组织150名机关干部参加市档案局组织的档案法规和业务知识竞赛。2008年开展贯彻国家档案局8号令、《湖南省档案管理条例》颁布10周年的宣传活动。

加强档案执法队伍的培训。至2004年底,经省、市培训考核通过,共有8人获得省、市颁发的执法联络员证书。

加强档案执法年检。每年年底由区委办、区政府办、区人大内司委、区档案局联合对各乡镇街道、区直各部门档案进行年检年审、执法检查。2001—2012年共检查单位381个,表彰121个,纠正16个单位在执法档案法规中存在的问题,确保档案安全保管。同时,对违反档案法规的个人进行追究,原郊区农业局1名干部在区划调整前借阅10卷档案不愿归还,2002年11月,区档案执法员上门执法,当场收回其借阅的档案。2010年6月,区人大对区政府贯彻实施"一法一条例"(《档案法》、《湖南省档案管理条例》)情况进行执法检查,在区二届人大常委会第十八次会议上,区档案局长受区人民政府委托,专题向区人大常委会报告全区贯彻实施"一法一条例"的情况,区人大常委会通过审议,对区政府贯彻实施"一法一条例"情况给予充分肯定。

2004—2005年,区档案局被市委、市政府评定为"全市目标管理考核先进单位";2004—2012年,被市档案局评定为"全市档案工作先进单位"。

第三节　督察工作

一、机　构

蒸湘区区委督查室为区委办公室归口管理的正科级行政单位。2012年在职干部3人。办公地点驻蒸湘区机关办公大楼4楼。

历任领导及任职时间:

主　　任:彭荣昭(2001.5—2005.6)　　王　清(2005.6—2010.9)
　　　　　唐家军(2011.8—)

副 主 任:刘峥嵘(2001.5—2002.6)　　唐家军(2005.7—2011.8,2010.9—2011.7主持全面工作)

二、工作情况

根据上级有关指示精神,区委督查室的工作任务主要是开展决策督察、督察调研(民情调查)及重点工作目标管理考核等。

2001年5月,蒸湘区成立前,区委确定由区政协主席贺湘涛牵头,区委督查室负责组织协调,组成6个调查组,对新区区情及发展思路进行调研,形成6个专题调研报告,区委理论学习中心组分别对6个报告进行了集体研讨,确定为区委、区政府近期决策依据。10月,组织开展区划调整情况的督察调研,形成专题报告,报市委、市政府。

2002年,督察城市基础建设、社区建设和农村税费改革各项工作。督察调研教育工作,形成蒸湘区教师队伍建设和教育负债情况两个调研报告,其中蒸湘区教师队伍建设调研报告被市委督查室转发。中共衡阳市委、市政府改革对各县、市、区党委、政府工作的考核办法,将原来由市委宣传部牵头组织的"双文明"考核评比,实行由市委督查室牵头组织对各县、市区重点工作目标管理考核。对此,区委、区政府成立区重点工作目标管理考核领导小组,领导小组办公室设区委督查室,区委办主任兼任考核办主任,政府办主任和区委督查室主任任考核办副主任。为抓好各项重点工作,区委、区政府每年均下发全区重点工作目标管理考核意见,建立季度分析、半年讲评、年终考核等工作制度。

2003 年,督察“非典”防治、防汛抗旱等工作;督察调研 31 家企业(其中 17 家区属集体企业,14 家乡镇街道集体企业)改制情况,为区委、区政府开展“企业改制年”活动提供科学依据。

2004 年,对全区民营经济发展状况进行了全面调查,为区委、区政府召开民营经济会议和制定加快民营经济发展的意见提供了第一手资料。

2005 年,开展对环卫收费运转艰难情况的调查,写出专题调研报告,市委、市政府高度重视,对该区环卫经费给予了重点倾斜。区考核办对全区重点工作建立台账管理制度,区直台帐管理部门和各乡镇街道每月对重点工作定量指标完成情况向考核办报送工作台账。

2006 年,开展城市规划控制区农民建房问题调查,对农民无房户和住房困难户砌房难办手续及违章建筑屡禁不止的原因进行全面分析,提出了对策建议,市委督查室将调研报告转呈市政府领导参阅。

2007、2008 年,围绕“项目兴区”战略,建立重点工程月督察制度。推介雁城西路建设解决农民生活出路,以发展用地换发展用房的办法,中共湖南省委办公厅刊发了此文。10 月,区委常委会议决定:被评为市级以上先进单位的工作部门,区财政给予配套奖金;每项工作评选一个区直部门为突出贡献单位,在编制、干部提拔等方面优先考虑。同时,对工作不力、在全市排位最后的工作单位,给予“黄牌警告”,单位和领导成员当年不参加评先。2008 年共表彰突出贡献单位 6 个。

2009 年,对全区“企业服务年”活动进行督察推介,对安置房建设情况进行了调查。协调解决企业发展困难问题 12 个。

2010 年,重点抓“公共服务进社区”的督察工作。专项督察办理市委书记张文雄对立新小区环境脏乱差问题的批示,有关部门进行了认真整改,张文雄书记对整改效果作了肯定性批示。

2011 年,重点抓全区执行力、落实力建设督察,对中共蒸湘区第三次代表大会、区委经济工作会议等区委、区政府重要会议和重大决策立项督办。9 月,全市安全生产重大事故频发,区委督查室组织区政府督查室、监察局、安监局、建设局、食安办等部门对建筑工地、非煤矿山、烟花爆竹、危险化学物品进行专项督察,对 27 处隐患进行了认真整改,实现全区安全生产形势良好。10 月 9 日,由区委督查室牵头,区政府督查室、发改局、重点办联合组织全区重点工程现场观摩会,全体在职区级领导、区直部门及市管相关部门主要负责人、各乡镇街道党政主要负责人参加,实地察看 17 个重点工程项目现场,这是建区以来第一次组织的大规模现场观摩,接着进行讲评调度,推进了重点工程建设。

2012 年,对全区“大走访、大调研、大服务”作风建设主题活动进行全程督察,年初督促各部门计划安排,季度督察进度情况,年底进行对账检查,并组织现场民意测评。当年,区直及市管各部门单位、乡镇街道共为村、社区、学校、企业、医院办实事 346 件,承诺兑现率 98.2%,群众满意率 81.1%,区委办、区政府办和区审计局、区纪委监察局、区委组织部和区委统战部、区住建局、区安监局、区农办、区商务局等 8 支工作队受到区委、区政府表彰。是年 6 月开始,对农村环境综合整治开展跟踪督察,督察区直部门联系乡镇街道、乡镇街道干部包村、村干部包组的落实情况。10 月,对信访突出问题专项督办,督促化解信访积案 12 件。在重点工作考核中,严格执行“一票否决”制。对蒸湘街道发生的一起赴京非正常上访和联合街道幸福路社区内的市水泥厂发生的一起重大安全生产事故,均实行“一票否决”。

2001—2012 年主要督察活动情况

表 12－17

年度	配合市委、市政府组织开展决策督察(次)	全区性决策督察(次)	督察调研民情调研(次)	领导批示件办理(件)	区委系统政协委员提案办理(件)
2001	5	8	4	7	
2002	11	12	9	17	19
2003	12	18	8	16	21
2004	14	17	7	15	17
2005	17	16	6	14	14
2006	21	18	4	9	18
2007	16	21	4	16	16
2008	18	24	5	11	19
2009	19	22	4	12	13
2010	21	37	6	13	15
2011	24	39	4	31	15
2012	27	43	3	27	17

第四节　机要保密

一、机　构

1995 年 9 月，成立中共衡阳市郊区区委机要室。1997 年 4 月，成立衡阳市郊区国家保密局。2001 年 5 月蒸湘区成立后，分别更名为中共衡阳市蒸湘区委机要室、蒸湘区国家保密局。机要室和保密局实行合署办公。2007 年 10 月，根据中共衡阳市委机构编制委员会《关于规范全市机要机构名称的通知》，区委机要室更名为区委机要局，仍与保密局合署办公。2012 年在职干部 4 人，办公地点驻蒸湘区机关办公大楼 4 楼。

历任局领导及任职时间：

机要保密局局长：李　松(2003.1—2011.9)　盛　夏(2011.9—)

保 密 局 副 局 长：李　松(2001.5—2003.1)　刘美玉(女，2006.4—)

机 要 局 副 局 长：刘　强(2009.6—)

二、工作情况

机要保密工作的主要职责是：电报译传办理，密码及设备管理，文件收发、传阅及整理归档，国家秘密载体和计算机信息系统保密管理，失泄密事件查处，执法检查，印鉴管理。

2001 年 7 月，区保密局副局长李松参加全省保密依法行政培训班学习。8 月 7 日，区委办印发《衡阳市蒸湘区领导干部保密工作责任制》，共 17 条，其中第 3 条规定各级党政领导干部必须遵守的“十不”保密守则，并要求保密工作要与业务工作同部署、同检查、同落实。8 月 14 日，区委办、政府办印发《关于认真做好定密工作的通知》，要求各单位对照《国家秘密及其密级具体范围的规定》，重新开展确定密级和保密期限的工作。

2003 年 3 月 21 日，区委调整密码工作领导小组，组长由区委副书记罗厚坤担任，区保密局局长李松任领导小组办公室主任。7 月 21 日，区委办公室印发《关于严禁用涉密计算机上国际互联网的通知》，重申中共保密委员会关于涉密计算机管理的五项规定，并于 7 月 21 日至 8 月 5 日，采取自查、问卷调查和重点抽查的方式，对全区用涉密计算机上国际互联网问题进行一次全面检查，发现个别单位存在上述问题，立刻给予纠正。

2004 年，2 人参加市保密局举办的保密知识培训班学习。区委办举办 1 期办公室业务知识培训班（含机要保密内容），有 52 人参加学习。全区播放保密教育录像片 23 场次，发放保密宣传资料 1200 余份。制订《涉密人员分工负责制度》《计算机及网络保密管理制度》《在国际互联网上发布信息保密管理制度》。

2005 年 6 月 27 日，区委办、政府办印发《全区办公室系统有关工作规范（试行）的通知》，其中，规范了收文处理程序，明确了文件管理制度。当年制订《涉密计算机维修、更换、报废保密管理制度》《数字复印机、多功能一体机保密管理制度》《涉密移动存储介质保密管理制度》。

2006 年 3 月 10 日，根据《2004 年湖南省党政密码工作要点》和《衡阳市县市区直、乡镇（街道）党政机关计算机加密通信网建设方案》精神，区委办公室印发《蒸湘区区直、乡镇（街道）党政机关计算机加密通信网建设方案的通知》，确定用加密通信网取代传真通信网，要求各乡镇（街道）5 月 5 日前完成加工密通信网的安装调试工作，区直部门逐步开通。5 月 15 日，区委办公室、政府办公室印发《关于在全区办公室系统开展优质服务竞赛活动的实施意见》，其中对机要保密工作提出了考评计分细则。8 月 4 日，区委办公室行文，调整区委保密委员会，由区委常委、区委办主任祝和东任保密委员会主任。

2007 年 1 月，区委保密局被评为全省 2005—2006 年度保密工作先进单位。年初，按照上级要求，与全区所有副处级以上干部签订了《蒸湘区副处级以上领导干部保密追究责任书》，给每位区级领导发放了《领导干部保密工作手册》。3 月中旬，根据上级指示精神，联合区公安分局、工商分局等部门在全区范围内开展清理取缔涉密文件资料交易专项行动。采取内紧外松的原则，通过召开座谈会、明查暗访和重点抽查等方式，未发现上述交易行为。8 月，区委办举办一期办公业务培训班，有 48 人参加了学习。8—9 月，对全区乡镇（街道）、涉密单位的保密法规宣传教育、要害部门管理、涉密计算机登记管理、领导干部保密工作责任制落实情况进行了全面检查。

2009 年 6 月 5 日，区委常委会议专题听取保密工作情况汇报，研究解决保密工作中存在的困难和问题。6 月、11 月分别对全区保密工作进行了督促检查。7 月，以《保密工作》杂志上刊登的典型案例为教材，对全区涉密人员进行了警示教育。10 月，对区委、区政府机关搬迁期间的废旧文件资料，保密局租用封闭式货柜车送交市局集中销毁；对存有涉密资料的磁介质等，实行物理粉碎性销毁，从源头上杜绝失密事件的发生。11 月，举办 1 期“信息公开下的保密工作”培训班，培训保密干部 80 余人。

2010 年 3 月，区保密局被评为全市 2009 年度保密工作先进单位，局长李松被评为全省保密工作先进个人。

2011 年 3 月，区保密局被评为全省 2010 年度保密工作先进单位，局长李松被评为全省保密工作先进个人。当年，该区加强对区四大家、公检法及审计、科技等重点涉密部门的保密法制教育和警示教育，取得较好成绩。随着计算机的普及、电子政务的公开，保密工作的难度加大了。据此，进一步加强各种新涉密介质的监管，对需上传到“蒸湘区党政门户网”的文件资料，进行层层把关，经领导审核后才可上传。

第五节　史志编修

一、机　构

(一)蒸湘区党史办公室

区党史办属区委办公室内设机构,由区委办公室一名副主任分管。党史办主任:彭云昭(2001.5—2009.4)2006年5月,成立区党史联络组,配合党史办工作。组长:贺湘涛。

(二)蒸湘区区志办公室

区志办属区政府办公室内设机构,由政府办公室一名副主任分管,主任:李精忠(1992.1—2003.4)。1992年1月,衡阳市郊区成立地方志编纂委员会及其办公室,开始《衡阳市郊区志》的编写工作。1997年1月,《衡阳市郊区志(1942—1992)》正式出版。2001年5月蒸湘区成立后,区人民政府对区志办人员作了部分调整后开始继续编写《衡阳市郊区续志(1993—2001.5)》,2003年4月完成出版。之后,区志办工作暂告一段落。

(三)蒸湘区史志办公室

2009年4月10日,区委常委会议研究决定,将区党史办和区志办合并,成立区史志办公室,由区委办公室一名副主任分管。2010年6月9日,为搞好中共衡阳市郊区、蒸湘区历史及《蒸湘区志》的编写,区委办、区政府办下发《关于成立区史志编审委员会的通知》,区委常委、区委办主任祝和东任编审委员会主任,副主任6人,委员28人。决定抽调贺湘涛、谢鸿飞、龙睦习、蔡源4位退休老同志组成编辑部,由贺湘涛任主编,谢鸿飞、龙睦习任副主编,蔡源任编辑。编辑部设党史编写组和区志编写组。

二、工作情况

2001—2012年,区党史办(史志办)逐年完成《中共蒸湘区委大事记》的编写,2003—2012年逐年完成《中共衡阳市委执政纪事·蒸湘区篇》和《中共湖南省委执政纪事·蒸湘区篇》的撰写工作。

2005年6月至2006年10月,由贺湘涛担任主编,编写出版《神奇的雨母山》一书,是全面系统推介雨母山的第一本宣传资料。2012年3月,又改编出版《神奇的雨母山》(第二版)。

2008年,区党史办按照市委办的安排,完成《衡阳市改革开放三十年·蒸湘区篇》的编撰工作。

2010年10月,区史志办完成蒸湘区史志丛书之一《历史的见证——从衡阳市郊区到蒸湘区区划调整资料汇编》;11月,完成《衡阳市志·蒸湘区概况(1978—2008)》编写工作。年内,进行了蒸湘区革命遗址和历史文化遗址普查,共普查10余处,经筛选后确认革命遗址1处(八路军驻衡办事处廖家湾招待所旧址),历史文化遗址3处(衡阳保卫战外围雨母山之战旧址、谢彬墓、国民革命军第十军将士公墓旧址),并完成普查报告。

2011年12月,区党史联络组与区关工委、区教文体局合作,编辑出版《青青的音符——献给伟大的中国共产党成立90周年》一书。

2012年4月,区史志办撰写《蒸湘区志(2001.5—2010.12)上卷·征求意见稿》;8月,完成《中华人民共和国政区大典·湖南卷·衡阳分卷·蒸湘区篇》;12月,撰写《中共衡阳市郊区历史(1921—2001.5)》讨论稿。

第六节　老干部工作

一、机　构

(一)老干部工作领导小组

区老干部工作领导小组成立于2003年3月,设组长1名,副组长3人,成员16人。

组　　长:罗厚坤(2003.3—2006.8)　　汪秋明(2006.9—)

副 组 长:曾巧敏(女,2003.3—2005.4)　　单国平(2003.3—2006.8)

祝和东(2003.3—2006.8)

(二)老干部工作局

蒸湘区老干部工作局(简称区老干局)的前身系衡阳市郊区老干局。成立于1992年11月。1994年12月,根据上级指示精神,老干局并入区委组织部,属内设老干办公室。2001年5月蒸湘区成立后,郊区老干办公室更名为中共蒸湘区委老干局,归口组织部管理。区老干局下辖老干活动中心和老年大学。老干活动中心和老年大学原同设在郊区区委办公楼一楼。2009年10月,因区机关搬迁,郊区区委办公楼拆除,老干活动中心暂设在蒸湘区司法局和商业新村各1处;老年大学暂设在区实验小学。2012年区老干局在职干部职工3人。办公地点驻蒸湘区机关办公大楼1楼。

区老干局管理服务对象是全体离休干部和副处级以上退休干部。2001年5月区划调整前,共管理服务离休干部20人,退休干部65人。2012年底,共管理服务离休干部3人,退休干部57人。

历任局领导及任职时间:

局　　长:陈光华(组织部副部长兼,2001.5—2006.4)　　高子清(女,组织部副部长兼,2006.4—)

副 局 长:陈平安(女,2001.5—2004.10)　　欧美琪(女,2005.7—)

二、组织老干部学习

老干部学习主要是依托老年大学组织进行,2001—2008年,老年大学每年分上、下两学期开展教学活动,开设课程主要是常见慢性病的防治、老年卫生保健、简易太极拳及时事政治等。2009—2012年,开设课程主要是诗词、楹联、书法、绘画、摄影、文艺等,每月授课2次,老干部自愿报名参加。授课人均是邀请市委讲师团讲师、市委党校教授、退休老领导、市内卫生专家及文化名人等。2003年,组织老干部参加学习党的十六大知识竞赛,获市优秀组织奖。2005年7月,成功地承办衡阳市第14次老年教育工作会议。

三、关心老干部生活

对于离休干部,主要是协助有关部门,严格执行党的政策,落实政治、生活两项待遇(离休干部的生活待遇包括离休费、医药费报销、交通费、健康休养、护理费、无固定收入配偶或遗孀生活补助等)。2002年,对离休干部建立离休费保障机制、医药费保障机制和财政支持机制,每年确保离休干部基本离休费的按时足额发放及按湖南省"三个目录"的规定实报实销医药费。2001—2002年解决区划调整前拖欠的离休干部"离休费和医药费"共计17600元。对退休干部的政治待遇、生活待遇按国家相关政策规定执行。

区政府拨款对老干活动中心先后购置了象棋、扑克、字牌、乒乓球台、桌球台、健身器材,供老干部开展文娱和健身活动。每年都订阅了《湘潮》《老年人》《自我保健》杂志及《衡阳日报》,人手一份,供老干部们阅读学习。2004—2007年,连续4年组织老干部参加四城区象棋联谊赛。2005年组织老干部参加"富康杯衡阳市老干部乒乓球赛",获团体第一名。2008年组织全区离退休干部,举办有利于老年身体健康、心情轻松愉悦的趣味运动会。

每两年组织老干部进行1次健康检查。从2008年开始,因老干局未配公车,老干部每人每月发交通费40元,2010年增至每月80元。从2009年开始,每年夏季集体安排老干部到南岳等地避暑3天。对生病住院的老干部派员前往看望,对去世的老干部派员前往吊唁。

四、发挥老干部作用

广泛听取老干部意见。每年重阳节、春节均召开老干部座谈会,区四大家主要领导及相关部门领导亲临会场,通报全区工作情况,听取老干部的意见和建议。每年人大、政协"两会",特邀部分老干部参加,让其进言献策、参政议政。

充分发挥老干部特长。区委、区政府根据老干部的个人特长,推荐与聘请部分老干部担任一些群众组织的领导和从事某些实际工作。如周泽任《衡阳市郊区志》《衡阳市郊区续志》主编,蒸湘区关工委第一任主任;刘舜楼分别担任区诗词楹联学会和区书法绘画摄影协会第一会长;陈光社任书法绘画摄影协会会长、区第三任关工委主任、区老年大学校长;谢鸿飞任诗词楹联学会会长,《蒸湘区志》副主编;夏忠和任区第二任关工委主任和党风廉政建设监督员、依法治区督查员;段汉清任区老年科协会长,曹福址任区老年科协副会长;夏俊生任区计生协会会长;贺湘涛任区党史联络组组长,并担任《蒸湘区志》主编;龙睦刁任《中共衡阳市郊区、蒸湘区历史》副主编和责任编辑。

积极组织老干部关心下一代。区关工委前后三任主任均由老干部担任。多年来,关工委在开展主题教育、组织"五老队伍"、创建"家长学校"、帮扶留守儿童等方面,为青少年的健康成长做了大量卓有成效的工作。区关工委2004年、2005年、2007年、2012年分别获省关工委"全省关心下一代工作先进单位"称号。

五、组织老干部参观活动

2002—2007年,区委、区政府每年安排老干部在省内参观游览1次。2008—2012年,改为一年省内,一年省外。先后在省内参观游览耒阳蔡伦纪念馆、竹海,衡东罗荣恒故居、锡岩仙洞,邵东崀山,邵阳南山牧场,湘西凤凰古城,长沙世界之窗、海底世界、贺龙体育场;省外参观游览了井冈山、北京、大连、青岛、上海华东五市、桂林、贵阳、遵义等地。先后3次组织老干部参观本市城市建设及视察本区重点工程建设项目、重点生产基地和新农村建设新貌,并听取陪同参观的相关领导通报有关工作情况。

附:关心下一代工作委员会

一、机　构

(一)区关工委

衡阳市郊区关心下一代工作委员会(简称关工委)成立于1998年4月,2001年5月衡阳市行政区划调整后更名为蒸湘区关工委,下设办公室,办公室主任由区老干局局长兼任,办公地点设区老干局。

历任区关工委领导及任职时间:

顾　　问:申希尧(2001.5—2003.3)　刘文星(2001.5—2003.3)
　　　　　罗永柏(2001.5—2003.3)　刘舜楼(2001.5—2003.3)
　　　　　周　泽(2003.3—2004.4)　夏忠和(2006.9—　)
名誉主任:夏俊生(2001.5—2006.8)　罗厚坤(2003.3—2006.8)
　　　　　汪秋明(2006.9—　)
主　　任:周　泽(2001.5—2003.3)　夏忠和(2003.3—2006.8)

陈光社(2006.9—)

副 主 任:单国平(2003.3—2006.8)

(二)基层关工委

2001 年 5 月,区教育局成立区内第一个基层关工委组织。

2002 年 5 月,区内第一个街道关工委——蒸湘街道关工委,全市第一个社区关工委——蒸湘街道太平一社区关工委挂牌成立。

2003 年,全区各乡镇街道、社区全部成立关工委。乡镇、街道关工委主任由党委书记兼任,副主任由德高望重的离退休老同志担任并负责日常工作;社区关工委主任由社区主任兼任,社区老同志负责日常工作。

二、工作情况

2001 年,建立校外辅导站 43 个,聘请"五老"人员 123 人为校外辅导员。开展《钢铁是怎样炼成的》读书活动、"党在我心中"演讲比赛、庆祝中国共产党诞生 80 周年系列活动。

2002 年,开展《公民道德建设实施纲要》宣传教育 15 场;"十佳文明小市民"评选活动;学生参与社区文明创建,成立护绿队、护路队、服务队、宣传队。

2003 年,开展"我是五好小公民"征文活动;党的十六大精神和"三个代表"重要思想宣传报告会共 25 场,参加青少年达 14100 余人。向外界求援 21600 元支助 12 个贫困学生的学费。

2004 年,全面学习和贯彻《进一步加强和改进未成年人思想道德建设的若干意见》,狠抓社区内青少年思想教育工作。6 月,蒸湘街道太平一社区关工委被评为湖南省"社区青少年教育先进单位"。区实验小学正式挂牌成立全区第一所家长学校。9 月,在区中、小学开展"中华魂"读书、征文活动。

2005 年,对青少年进行诚信教育,提高思想认识,做诚信人,办诚信事。开展"热爱生命,远离毒品"的主题教育活动。在城乡孩子之间开展"手拉手"献爱心活动,城乡孩子同上一堂课、同演一台戏、同吃一桌饭,拉近孩子之间的距离,加深城乡孩子的感情,开阔孩子们的视野,做到城乡孩子互助互励,品学双赢。

2006 年,在全区普及家长学校,提高家教水平,探索亲子共建学习型家庭的经验。配合相关职能部门整顿网吧等娱乐场所,严肃网吧管理。

2007 年,以落实中央八号文件精神为契机,开展"八荣八耻"教育活动,把社会主义荣辱观引入课堂;组织学生观看《雷锋——我们的榜样》电视宣传片,写心得体会。是年,区实验小学的家长学校荣获首批"湖南省示范性家长学校"称号。

2008 年,迎接奥运、纪念改革开放 30 周年,结合抗冰救灾、汶川大地震中涌现出的先进人物和先进事迹,开展爱国主义教育活动。是年 6 月,全区中小学以"爱之星火,可以燎原"为主题,开展向灾区献爱心捐款活动。10 月在蒸湘北路小学开展"庆奥运、学英雄、树新风"大型文艺会演,在全区中小学开展"激情奥运、阳光校园"征文活动,并将获奖作品编辑出版《青青的音符》一书。全年筹集扶贫助学金 10000 元,支助贫困学生 10 人。

2009 年 5 月底至 6 月中旬,以区实验小学为重点,分别在南华大学礼堂、晶珠广场举行了"蒸湘区迎国庆、讲文明、树新风"文艺演出两场。开展"出校园、进社区、学雷锋做好事、树新风"活动。9 月,聘请"五老"人员 13 人成立"网吧、娱乐场所电游厅义务监督队",并授牌挂证上岗,采取定期与不定期相结合方式对辖区内网吧等娱乐场所进行监管,净化了青少年健康成长的环境。区关工委与市延安精神研究会建立协作关系,在全区中、小学校建立联系点,研究会成员到联系点宣讲革命传统,担任校外辅导员、家长学校执教员。

2010 年 4 月,邀请"五老"队伍成立"青少年普法教育宣讲团",定期到全区中、小学开展"关爱明天、普法先行"为主题的普法教育活动。6 月,在区实验小学召开了网上家长学校推介会,市、区级相关领导亲临会场,全区中小学校负责人参加了会议。9 月,区关工委、教文体局开展了以普及法律常识为内容的中小学生手抄报竞赛活动。11 月 26 日,区关工委、区教文体局、区团委联合在神龙大酒店举办了以"法律在我心中"为主题的全区中小学生演讲比赛,展示区内中小学生良好的法律素质,积极向上的精神面貌。

2011 年，在全区中小学开展庆祝中国共产党成立 90 周年，积极推进以社会主义核心价值体系为主题的“光辉的旗帜”读书征文活动，并将征文获奖作品，结合主题教育创作的优秀诗歌汇编出版了《青青的音符》第二辑。6 月，区关工委、妇联、团委联合动员学校女教师、机关女干部在全区开展“为留守儿童找爱心妈妈”的活动，全区有 60 名女教师、女干部与留守儿童结对建立了帮助对象。

2012 年 10 月，在太平一社区召开“关心下一代，我们在行动”的全区关工委工作推进会，推广该社区整合社区资源，形成强大合力，全方位关心青少年成长的先进工作经验。是年，区关工委在雨母山乡给 50 名贫困学生发放 25000 元的午餐补助。

第十三篇　人民代表大会

第一章　机　　构

第一节　区人大常委会

2001年5月,衡阳市行政区划调整,衡阳市郊区人民代表大会常务委员会更名为蒸湘区人民代表大会常务委员会(简称区人大常委会)。区人大常委会是区人民代表大会(闭会期间)的常设机构,对区人民代表大会负责并报告工作。区人大常委会由主任、副主任和委员组成。蒸湘区第一届人大常委会内设机构有:办公室、选举任免联络工作委员会、财政经济工作委员会、农村经济城建环保工作委员会、内务司法工作委员会、教科文卫工作委员会。第二届人大常委会增设规范性文件备案审查室。办公地点原驻莲湖路郊区机关大院内,2009年10月搬迁到船山大道18号蒸湘区机关办公大楼5楼。2012年有在职干部、职工29人。

一、常委会主任、副主任

蒸湘区历任人大常委会主任、副主任名录

表13-1

届　次	职　务	姓　名	籍　贯	文化程度	任职时间
过渡时期无届次(2001.5—2002.12)	主　任	彭燮斋	湘潭县	大学	2001.5—2002.12
	副主任	陈光社	耒阳市	大学	2001.5—2002.12
		周顺发	广东普宁县	大专	2001.5—2002.12
		高冬生	祁东县	大专	2001.5—2002.12
		罗佑生	祁东县	大专	2001.5—2002.12
		郭裕泉	广东增城市	大专	2001.5—2002.12
		李省英(女,兼)	衡南县	大专	2001.5—2002.12
蒸湘区第一届(2002.12—2007.11)	主　任	夏俊生	衡阳县	大学	2002.12—2007.11
	副主任	万克和	衡阳市郊区	大专	2002.12—2006.6
		罗章琪	常宁市	高中	2002.12—2007.11
		罗佑生	祁东县	大专	2002.12—2007.11
		郭裕泉	广东增城市	大专	2002.12—2007.11
		阳春生	衡阳市郊区	大专	2002.12—2007.11
		何淑雅(女,兼)	衡阳市	硕士研究生	2002.12—2007.11

续表 13-1

届 次	职 务	姓 名	籍 贯	文化程度	任职时间
蒸湘区第二届（2007.11—2012.11）	主 任	罗厚坤	衡南县	大学	2007.11—2012.11
	副主任	刘建辉	衡南县	大学	2007.11—2012.11
		罗为广	衡阳市	大学	2007.11—2012.11
		陆魁伟	衡阳市郊区	大专	2007.11—2012.11
		陈光华	衡南县	大专	2007.11—2012.11
		周承富	衡阳市	大专	2007.11—2012.11
蒸湘区第三届（2012.12— ）	主 任	单国平	衡东县	大学	2012.12—
	副主任	邹顺徕	祁东县	大学	2012.12—
		陈政军（兼）	湖南韶山市	大学	2012.12—
		王殿生	衡阳县	大专	2012.12—
		肖芳云（女）	祁东县	大学	2012.12—
		罗锡桂（女）	衡阳市	大专	2012.12—

二、常委会委员

（一）郊区第六届与蒸湘区第一届过渡阶段（2001.5—2002.12）17 人

彭燮斋　陈光社　周顺发　高冬生　罗佑生　郭裕泉
李省英（女）　龙建明　石爱斌　周书明　文家兰（女）　许盘柱
石社员　罗葭初　肖珍宜　雷飞云　邹小敏

（二）蒸湘区第一届（2002.12—2007.11）17 人

夏俊生　万克和　罗章琪　罗佑生　郭裕泉　阳春生
何淑雅（女）　王礼康　朱平均　阳华康　张坤秀（女）　陈光华
陈经忠　陈政军　陈祖国　胡国庆（女）　黎新春

（三）蒸湘区第二届（2007.11—2012.11）18 人

罗厚坤　刘建辉　罗为广　陆魁伟　陈光华　周承富
陈祖国　陈经忠　王礼康　黄亚君（女）　陈明清（女）　肖松柏
谢先铸　王美明　曹晓娟（女）　华文英（女）　谢云亚　谢顺生

（四）蒸湘区第三届（2012.12— ）21 人

单国平　邹顺徕　陈政军（兼）　王殿生　肖芳云（女）　罗锡桂（女）
罗为广　陈光华　周承富　王礼康　黄亚君（女）　陈明清（女）
肖松柏　刘衡学　刘锦玲（女）　谢　潋（女）　段亮量（女）　刘炫伶（女）
谢先铸　谢顺生　陶宏伟

三、常委会各办、委、室主任、副主任

办公室主任：陈祖国（2001.5— ）

副　主　任：王礼康（2001.5—2002.3）　申　弼（2002.6—2008.6）　陈　鹏（2012.2— ）

选举任免联络工委主任：文家兰（女）（2001.5—2002.3）　张坤秀（女）（2002.3—2006.4）
陈明清（女）（2006.4— ）

财政经济工委主任：阳华康（2001.5—2008.6）　陈经忠（2008.6—2011.4）

刘衡学(2011.4—)

农村经济城建环保工委主任:周书明(2001.5—2002.3)　王礼康(2002.3—)

内务司法工委主任:石爱斌(2001.5—2002.3)　陈政军(2002.3—2004.12)

黄亚君(女)(2004.12—)

教科文卫工委主任:许盘柱(2001.5—2002.12)　陈经忠(2002.3—2008.6)

肖松柏(2008.6—)

规范性文件备案审查室主任:戴久有(2009.6—)

第二节　乡(镇)、街道人大组织

乡(镇)人大设立人大主席团,主席团设主席1人、秘书1人、委员若干人。主席团为乡(镇)人大的常设机构,主持本级人民代表大会会议,乡(镇)人民代表大会每次会期1-2天,主要议程是听取和审议人大、政府工作报告,作出相应决议,选举本乡(镇)人大主席团主席,正、副乡(镇)长,审议决定本行政区重大事项。各乡(镇)人民代表大会每届任期3年(根据相关法律规定从2007年起,乡镇人大任期与区县相同,任期改为5年),蒸湘区于2001年12月、2004年4月、2007年11月、2012年12月先后进行了4次乡(镇)人大换届选举。乡(镇)人大主席团在本级人民代表大会闭会期间,负责将本级人大代表所提建议、批评和意见交有关部门办理并负责答复,组织本级人大代表听取和评议本级政府的工作,组织人大代表视察工作,开展活动等。街道设立人大联络组,系区人大常委会派出机构。联络组设组长1人(由街道工委书记兼任)、联络员1人。联络组负责组织本街道辖区内的省、市、区人大代表视察工作,开展活动。

蒸湘区乡(镇)人大主席团主席名录

表13-2

单　位	主席姓名	任职时间	单　位	主席姓名	任职时间
长湖乡	朱平均	2001.12—2007.11	雨母山乡	杨安平	2006.4—2008.6
	杨良斌	2007.11—2010.11		彭克俊	2008.6—
	王成纲	2010.11—	呆鹰岭镇	蒋恒祝	2001.12—2007.11
雨母山乡	肖泽荣	2001.12—2003.1		黄伟生	2007.11—2011.3
	彭伟初	2003.1—2006.4		赵国文	2011.3—

蒸湘区街道办事处人大联络组组长名录

表13-3

单　位	组长姓名	任职时间	单　位	组长姓名	任职时间
蒸湘街道	彭东阳	2001.5—2002.11	红湘街道	郑　刚	2011.7—2012.12
	汪仲兆	2002.11—2009.4	联合街道	廖东笙	2001.5—2006.4
	易艳云(女)	2009.4—		粟　晓	2006.4—
红湘街道	王　华	2001.5—2007.11	华兴街道	贺　军	2001.5—
	彭顺利	2007.11—2011.7			

第二章　人大代表

第一节　代表产生

蒸湘区人民代表大会代表由选民直接选举产生。境内凡年满18周岁的公民，除依法剥夺政治权利者外，都有选举权和被选举权。区人大常委会按照上级规定的人口比例，确定代表名额。通过自下而上酝酿、协商的办法，推荐产生代表候选人名单。每届代表选举，都要划分选区，进行选民登记。根据选民多少，分配各选区名额。各选区在法定选举日，按照候选人多于当选人的原则，实行差额选举。

2002年9月25日至11月17日，蒸湘区进行第一届人民代表大会代表选举。全区划分为161个选区，11月15日为法定选举日，共选出区第一届人民代表大会代表156名。

2007年7月1日至10月28日，蒸湘区进行第二届人民代表大会代表选举。这次代表的选举是与乡、镇人大代表选举同步进行的。全区划分106个选区，10月26日为法定选举日，共选出区第二届人民代表大会代表162名。

2012年7月1日至2012年10月28日，蒸湘区进行第三届人民代表大会代表选举。这次代表的选举仍然是与乡、镇人大代表选举同步进行的。全区划分101个选区，10月26日为法定选举日，共选出区第三届人民代表大会代表173名。

第二节　代表构成

第一届156名人大代表中，农民代表占代表总数的17%，工人代表占代表总数的13.5%，干部代表占代表总数的44%，知识分子代表占代表总数的20%，其他方面的代表占代表总数的5.5%。代表中妇女代表22名，占代表总数14.1 %，民主党派和无党派代表23名，占代表总数15%。

第二届162名人大代表中，农民代表占代表总数的15%，工人代表占代表总数的30%，知识分子代表占代表总数的13%，干部代表占代表总数37%，其他方面的代表占代表总数的5%。代表中妇女代表19名，占代表总数的12%，民主党派和无党派代表34名，占代表总数21%。

第三届173名人大代表中，工人、农民、专业技术人员代表99名，占当选代表总数的57.2%；党政干部代表53名，占代表总数的30.6%；少数民族代表2名，占代表总数的1.2%；其他方面的代表19人，占代表总数的11%。代表中非中共党员代表47名，占代表总数的27.2%；妇女代表25名，占代表总数的14.5%；连任代表67名，占当选代表总数的38.7%。

第三章　重要会议

第一节　代表大会

蒸湘区人民代表大会每届5年。2001年4月至2002年11月为衡阳市郊区第六届和蒸湘区第一届之间的过渡阶段。2002年12月至2012年12月,历经蒸湘区第一届、第二届、第三届人民代表大会。

一、第一届人民代表大会

过渡时期人民代表大会

2002年1月7—10日召开。2001年4月蒸湘区成立后,原郊区党、政、群机关成建制转入蒸湘区。因原郊区第六届人大尚未届满,蒸湘区人大又未马上换届选举,所以这次会议,既不能称为郊区人大六届六次会议,又不能称为蒸湘区人大一届一次会议,故称为过渡时期人大会议。出席会议的人大代表137名。大会听取了区人大常委会主任彭燮斋作《蒸湘区人大常委会工作报告》以及孙齐文所作的《衡阳市蒸湘区人民法院工作报告》和黄茂林所作的《衡阳市蒸湘区人民检察院工作报告》,大会通过了《关于全区国民经济和社会发展"十五"计划纲要》,补选了3名人大常委会委员。

一届一次会议

衡阳市蒸湘区第一届人民代表大会第一次会议于2002年12月5—9日召开。出席会议代表156人。会议听取和审议了彭燮斋所作的《蒸湘区人大常委会工作报告》、孙齐文所作的《蒸湘区人民法院工作报告》、黄茂林所作的《蒸湘区人民检察院工作报告》,并通过上述报告的决议。会议选举夏俊生为区一届人大常委会主任,万克和、阳春生、何淑雅(女,兼)、罗佑生、罗章琪、郭裕泉为副主任;王礼康等10人为常委会委员;徐建中为区人民政府区长,刘建辉、许满意(女)、罗为广、康小鹰、彭东阳、曾巧敏(女)为副区长;孙齐文为区人民法院院长,黄茂林(女)为区人民检察院检察长。选举万克和等32人为市十二届人民代表大会代表。

一届二次会议

2003年3月24—25日召开,出席会议代表158人。会议听取和审议了区长徐建中所作的《政府工作报告》、区计统局局长王国保所作的《蒸湘区2002年国民经济和社会发展计划执行情况与2003年国民经济和社会发展计划草案的报告》(简称计划报告)、区财政局局长邹可成所作的《蒸湘区2002年财政预算执行情况与2003年财政预算草案的报告》(简称财政报告),并通过上述报告的决议。

一届三次会议

2004年2月24—27日召开,出席会议代表157人。会议听取和审议了政府工作报告、计划报告、财政报告、人大常委会工作报告、法院工作报告和检察院工作报告,并通过上述6个报告的决议。通过了《蒸湘区人民代表大会议事规则(草案)》。增补王雄飞、张自银、姚志辉为市十二届人大代表。

一届四次会议

2005年3月6—9日召开,出席会议代表157人。会议听取和审议了政府工作报告等6个工作报告,通过了相应决议;会议依法补选黄亚君(女)为区人大常委会委员。

一届五次会议

2006年2月21—24日召开,出席会议代表157人。会议听取和审议了区长徐建中所作的《关于蒸湘区国民经济和社会发展第十一个五年规划纲要的报告》以及计划报告、财政报告、人大常委会工作报告、法院工作报告和检察院工作报告,通过了上述6个报告的决议。

一届六次会议

2006年9月28—29日召开,出席会议代表157人。会议补选唐文峰为蒸湘区人民政府区长。

一届七次会议

2007年3月6—9日召开,出席会议代表159人。会议听取和审议了政府工作报告等6个报告,通过了这6个报告的决议。

二、第二届人民代表大会

二届一次会议

2007年11月26—28日召开,出席会议代表162人。会议听取和审议了唐文峰所作的《政府工作报告》、夏俊生所作的《蒸湘区人大常委会工作报告》、谷敏所作的《蒸湘区法院工作报告》和黄茂林所作的《蒸湘区人民检察院工作报告》;会议选举罗厚坤为区二届人大常委会主任,刘建辉、罗为广、陆魁伟、陈光华、周承富为副主任;王礼康等12人为人大常委会委员;唐文峰为区人民政府区长,单国平、刘红丹、杨艳斌(女)、王华、邓三德、陈硕果为副区长;谷敏为区人民法院院长,黄茂林(女)为区人民检察院检察长。选举王一荐等43人为衡阳市第十三届人民代表大会代表。

二届二次会议

2008年4月28—30日召开,出席会议代表161人。会议听取和审议了政府工作报告、计划报告和财政报告,通过了这3个报告的决议。

二届三次会议

2008年9月16—17日召开,出席会议代表163人。会议补选陈树生为区人民政府区长。

二届四次会议

2009年2月24—27日召开,出席会议代表160人。会议听取和审议了政府工作报告等6个报告,通过了6个报告的决议。

二届五次会议

2010年3月9—11日召开,出席会议代表159人。会议听取和审议了政府工作报告等6个报告,通过了6个报告的决议。

二届六次会议

2011年3月1—3日召开,出席会议代表162人,会议听取和审议了政府工作报告等6个报告,通过了6个报告的决议。

二届七次会议

2012年3月13—15日召开,出席会议代表158人,会议听取和审议了政府工作报告等6个报告,通过了6个报告的决议。

三、第三届人民代表大会

三届一次会议

2012年11月29日至12月3日召开,出席会议代表173人,会议听取和审议了陈树生所作的《政府工作报告》、罗厚坤所作的《蒸湘区人大常委会工作报告》、谷敏所作的《蒸湘区人民法院工作报告》、罗名志所作的《蒸湘区人民检察院工作报告》,通过了上述4个报告的决议。会议选举单国平为区三届人大常委会主任,邹顺徕、陈政军、王殿生、肖芳云(女)、罗锡桂(女)为副主任,王礼康等15人为人大常委会委员;陈树生为区人民政府区长,肖立建、王华、杨艳斌(女)、陈硕果、彭顺利、吴小平、罗琼(女)为副区长;谷敏为区人民法院院长,罗名志为区人民检察院检察长;选举王常英(女)等33人为衡阳市第十三届人民代表大会代表。

第二节 人大常务委员会会议

2002年12月区一届人大一次会议选举区人大常委会委员17人，2007年11月区二届人大一次会议选举区人大常委会委员18人。两届人大共举行常委会会议55次（其中第一届33次，第二届22次），审议专项工作报告145项，提出书面审议意见667条，作出决议、决定72个。

一、第一届常委会会议

区第一届人大常委会从2003年1月至2007年11月，共举行了33次会议。

一届一次常委会的主要内容是，审议通过《蒸湘区人大常委会2003年工作要点》，根据区人民政府区长徐建中的提请，审议通过有关人事任免。以后各次常委会会议的主要内容有：分别审议通过各年度人大常委会工作要点，决定各年度人大例会召开的时间、议程、日程等有关事项；研究通过《蒸湘区人大常委会议事规则》《蒸湘区人大常委会组成人员守则》《蒸湘区人大常委会讨论、决定重大事项办法》《蒸湘区人大常委会述职评议工作办法》《蒸湘区人大常委会计划审查监督办法》《蒸湘区人大常委会司法监督工作办法》等11项规章制度；听取和审议区人民政府关于农业产业化进程、退耕还林、环保工作、重点工程建设、“四五”普法工作、移民工作、文化市场管理、各年度财政预算执行及收支情况、《蒸湘区国民经济和社会发展第十一个五年规划纲要》等方面的情况报告；关于湖南省《法律援助条例》《科学技术成果推广条例》《非税收入管理条例》《档案管理条例》以及中华人民共和国《义务教育法》《民办教育促进法》《统计法》《劳动法》《人民防空法》《行政监察法》《传染病防治法》《国土管理法》《消费者权益保护法》《防洪法》《治安管理处罚条例》等法律法规贯彻实施情况的报告；听取区政府部门负责人的述职报告，并进行评议；通过有关人事任免事项，接受部分区人大代表辞职请求，研究区人大代表补选办法等。

二、第二届常委会会议

区第二届人大常委会从2008年3月至2012年11月，共举行22次会议。会议主要内容有：研究各年度人大工作要点；研究各年度优秀人大代表和先进联络组表彰名单；听取人大常委会各工委执法检查情况的报告或调研情况的汇报；决定区人大各年度例会召开的时间、议程、日程等有关事项；听取驻区市人大代表的述职报告；听取和审议将要在人大年度例会上所作的政府工作报告、计划报告、财政报告等；听取和审议区人民政府关于农村水利基础设施建设、工业园区建设、合格学校建设、发展学前教育、城市建设与管理、国土管理、低保资金管理与使用、计生基础设施与计生队伍建设、医药卫生体制改革、生猪产业化工作等方面的情况报告，关于上年度人大代表所提议案、建议、批评和意见办理情况的报告，关于湖南省《人口计划生育条例》《全民体育健身条例》《职业教育条例》《科学技术普及条例》《科学技术进步条例》以及中华人民共和国《中小企业促进法》《劳动合同法》《安全生产法》《残疾人保障法》《母婴保健法》《城乡规划法》《食品安全法》等法律法规贯彻实施情况的报告；开展专项工作审议；通过人事任免等。

第四章　人大职权行使

第一节　重大事项决议、决定

为确保区人大工作的有效开展和促进全区经济和社会发展，区一届、二届人大常委会共作出重大事项决议、决定72个，例如：《蒸湘区人大常委会关于在区人大代表中开展“创先争优”活动的决定》《蒸湘区人大常委会关于进一步加强法制宣传教育的决议》《蒸湘区人大常委会关于加强预防犯罪工作的决议》等。

第二节　工作监督与法律监督

一、工作监督

区一届人大任期内，区人大常委会先后16次听取和审议区人民政府关于二、三产业发展和招商引资工作等专项报告，4次听取和审议重点工程建设情况专项报告，15次听取和审议“三农”问题的专项报告，3次听取教育工作专项报告，2次听取人口和计划生育报告，先后19次听取人事、社会保障、农村低保、卫生、传染病防治、文化市场管理、治安、人防、档案、消费者权益保护等项工作的专题报告，分别对这些工作提出了意见和建议。同期，先后10次牵头组织开展了蒸湘区“三湘农民健康行”“三湘农产品质量安全行”“环保世纪行”活动；针对全区经济发展中的重点问题和人民群众关心的热点问题，先后12次组织人大代表对全区重点工程建设、背街小巷改造、工业园区建设、招商引资工作、城市建设与管理、教育事业发展、卫生体系建设、环境保护、公安执法、失地农民的生活现状及其出路等问题进行调研和视察，共听取123个大小单位汇报，召开各种座谈会69次，提出意见、建议134条，其中，向区政府及其有关部门交办意见、建议106条，向市人大常委会和市政府提出意见、建议28条。

区二届人大任期内，先后15次听取和审议区政府关于招商引资、中小企业发展、民营经济发展、就业与再就业、低保资金管理与使用、残疾人保障等专项工作报告，17次听取和审议重点工程建设专项报告，7次牵头组织开展“三湘农民健康行”“三湘农产品质量安全行”“环保世纪行”活动，32次对全区重点工程建设、工业园区建设、文化建设、农村水利建设、安全饮水工程、乡村清洁工程等进行专项调研和视察。精心选择社会救助、城市基础设施建设、公共卫生服务体系建设、社会保障、为民办实事等民生工作开展专项工作评议，向区政府提交了整改意见交办涵，为促进民生事业的发展构建和谐蒸湘发挥了积极作用。

2004—2006年，先后分3批对区人大及其常委会选举任命的区人民政府组成人员、区人民法院院长、区人民检察院副检察长共29人开展了述职评议。2007年后，市人大要求不再对单位负责人进行述职评议，改为专项工作评议。2007—2012年，先后进行“社会救助”“城市基础设施建设”“公共卫生服务体系建设”“社会保障”“落实惠农政策”“为民办实事”“加强审判管理，确保司法公正”7个专项工作评议。

二、法律监督

为保障宪法和其他各项法律法规在全区的贯彻实施，2002—2012年，区人大常委会共组织开展68部法律法规贯彻实施情况的执法检查，配合省、市人大常委会检查、视察24部法律法规的贯彻实施情况，对检查中发现的问题，提出了意见，并进行了书面交办和督办。

2003年，区人大常委会在全省率先制定并审议通过《蒸湘区人大代表监察听审办法》，先后组织30余名代表旁听了区人民法院审理的案件6件。根据全国人大常委会《关于完善人民陪审员制度的规定》和高检院的有关规定，一、二届人大任期间，常委会共任命37名区人民法院人民陪审员，审查同意区人民检察院聘用人民监督员23名；重点转办、交办、督办司法案件179件，对群众反映强烈的涉法、涉诉案件，常委会及时转交有关机关处理，有27件执法不当的案件得到纠正或部分纠正。

第三节　议案、建议和意见办理

区一届、二届人大会议期间共收到代表议案2件并立案2件；收到代表建议、批评和意见211件。区政府及其有关部门对代表所提议案、建议、批评和意见非常重视，通过推行办理工作责任制在规定时间内全部办理完毕，并答复了代表。2002年12月区一届人大一次会议，邓仕祝等16位代表提出的《关于加快雨母山休闲度假旅游区公路建设的议案》，区政府认真办理，在财力紧张的情况下，精心安排、多方筹集100余万元，很快完成了公路土方、护坡、涵闸等工程建设。2006年5月，区一届人大五次会议，周宏达等16位代表提出《关于加快我区社会主义新农村建设步伐的议案》，对此，区委、区政府先后召开常委会，进行专题研究，出台《关于建设社会主义新农村的实施意见》，提出“培植新产业、建设新村庄、培养新农民、塑造新风貌、建好村班子”的奋斗目标，成立社会主义新农村建设领导小组，召开全区动员大会。各乡镇街道也根据各自实际，制订详细工作规划，开展抓规划驱动、抓典型示范和抓基础设施建设，到2012年，全区新农村建设取得阶段性成果。

第四节　人事任免

蒸湘区一届人大常委会制定人事任免办法，二届人大常委会进行修订。一、二届人大常委会共依法任免本级国家机关工作人员166名；主持补选区人大代表83名，补选市人大代表8名；先后接受徐建中、唐文峰辞去区人民政府区长职务，接受许满意、曾巧敏、彭东阳、单国平、刘红丹辞去区人民政府副区长职务，接受孙齐文辞去区人民法院院长职务，接受黄茂林(女)辞去区人民检察院检察长职务，接受陈政军、谢云亚分别辞去一、二届区人大常委会委员职务；决定任命谷敏为区人民法院代理院长，肖立建、彭顺利、吴小平为区人民政府副区长，罗名志为区人民检察院代理检察长。

第五节　代表工作

2001年，区人大常委会将区直机关区人大代表和乡镇街道区人大代表混合编成7个联组，将驻区省、市人大代表组成1个联组，每个代表联组全年活动不得少于4次。蒸湘区一、二届人大常委会共组织区代表联组活动246次，驻区省、市人大代表联组活动48次。12年中，有13个区代表联组受到区人大常委会的表彰，驻区省、市人大代表联组有6个年度受到市人大常委会的表彰。

2003年12月，区一届人大常委会第7次会议通过了《蒸湘区人大常委会关于在区人大代表中开展“创先争优”评选表彰活动方案》,代表们积极开展了“创先争优”活动,一批先进单位和个人受到了表彰。对履职、守纪不好的代表予以通报批评,并劝退1名代表。

2009年6月,区二届人大常委会第12次会议通过了《蒸湘区人大常委会开展驻区市人大代表述职工作方案》。2009—2011年,先后有27名驻区市人大代表分别在常委会上进行了会议或书面述职,并在会上进行了民意测评。通过述职,增强了市代表履职责任。

第六节　来信来访接待

区一届人大常委会共受理群众信访5700余人(件)次,办理全国人大、省、市人大转交的信访案件126件。区二届人大,常委会共受理群众来信来访305件1638人次,办理省、市人大转交的信访案件108件。对人民群众来信来访中的合理诉求,及时协调有关部门进行交办,均得到比较满意的处理,维护了群众的合法权益,促进了社会和谐稳定。

附一:蒸湘区一至三届人大代表名单

一届一次会议代表(156人)

蒸湘街道代表团(28人)

彭东阳	邱韵波	程新玲(女)	伍祥乐	王吉良	郑远桥	文绍明
刘功生	蒋显良	马　超	颜佳才	文小荣	龚彩福	谢伯亮
汤智生	李百顺	单国平	陈萍萍(女)	胡国庆(女)	王　涛	王　剑
刘少平	邓小珍(女)	佘南涛	周顺发	罗章琪	陆魁祝	易艳云(女)

红湘街道代表团(28人)

王　华	胡冬生	王明成	王礼康	陈　锋	陈光华	邹长城
何淑雅(女)	袁国安	于国君(女)	封期楚	申锦林	张森林	周　彧
邓　平	胡兴国	申生友	成吉林	匡　华	胡国标	左小平
刘华春	孙晓光	刘常松	康小鹰	贺青春(女)	夏俊生	罗召华

华兴街道代表团(11人)

贺　军	万克健	张未生	陈阳湘	黄良模	曾初良	李远松
王迪生	刘景友	李云平	刘利民			

联合街道代表团(28人)

廖东笙	张永林	李丽华(女)	谢美玲(女)	陆魁寿	邓启夏	谭绪茂
费烈孝	刘永生	张建国(女)	丁振华	李　安	李卫华	陈余华
谭谦益	何　平	周宏达	谢树伟	谢恩友	高冬生	万克和
刘华亮	贺忠玉(女)	黎新春	毛成斌	李安平	毛菊桂	全德幼(女)

呆鹰岭镇代表团(20人)

蒋恒祝	罗佑生	阳华康	陈经忠	冯加业	邹可成	莫运政
刘小阳	刘谋衡	刘龙发	刘先良	许刚翠	王菊英(女)	张忠林
肖启胜	肖高国	谢小英(女)	徐建中	孙齐文	刘志文	

长湖乡代表团(23 人)

朱平均	冯时旺	刘玉燕(女)	王代瑞	阳春生	王国保	刘诗清
许干标	陈英龙	谢美丽(女)	王大可	李剑波(女)	符建国	刘　新
刘景行	莫运国	周　智	周承富	文建常	张坤秀(女)	陈祖国
曾巧敏(女)	胡忠勇					

雨母山乡代表团(18 人)

肖泽荣	华连生(女)	左珍定	张成生	夏忠晓	刘红丹	邓仕祝
陈晓桃(女)	李远胜	华连福	周双喜	刘志伟	廖可兵	罗厚坤
郭裕泉	陈政军	黄茂林(女)	肖隆喜			

第一届区人民代表大会期间,有 26 名区人大代表因工作异动或离开本行政区,辞去或终止区人大代表资格,他(她)们是:康小鹰、彭东阳、张成生、周承富、肖泽荣、易艳云(女)、刘景发、刘志伟、陈政军、王吉良、文绍明、马超、文小荣、李百顺、封期楚、胡兴国、谭谦益、何平、谢恩友、王迪生、袭彩福、陆魁祝、张永林、费烈孝、曾初良、符方元。

因工作需要,另行补选 32 名区人大代表,他(她)们是:陈硕果、彭伟初、曹禄永、汪仲兆、邹可成、肖金元、何尚明、黄淑艳(女)、邓贵宝、罗双庆、龙青云、唐加宝、尹熙明、汤九生、黄亚君(女)、柏明刚、邓准德、夏新春、谭德明、李星星、蔡建明、莫运国、王友生、符方元、杨安平、邓成、尹开球、谢顺生、曹新希、张晓飞、李唐、邹学宽。

二届一次会议代表(162 人)

蒸湘街道代表团(27 人)

汪仲兆	王友良	王礼康	尹开球	叶信铎	刘元山	刘建辉
许文洪	李龙华	李素卫	何庆大	佘南涛	张伯一	陈建颖
陈萍萍(女)	贺仁忠	桂慈军	夏俊生	黄露青(女)	曹华泰	曹春华
盛良平	梁瑞清	彭剑波	蒋水文	谢先铸	谢顺生	

红湘街道代表团(26 人)

王　华	于国君	王永红	王诚喜	龙馨华	华文英(女)	刘泽华
许冬生	李星星	李艳丽(女)	严碧英	佘　颖(女)	陆魁伟	陈向阳
陈祖国	罗召华	罗佑生	周克忠	胡冬生	贺　勇	贺青春(女)
袁国安	唐拓平	谢云亚	谢晨晖	谭德明		

华兴街道代表团(15 人)

贺　军	万克健	刘利民	刘春林	汤　勇	邹学宽	张未生
陆细玲	陈映森	唐　勇	唐度元	黄良模	曹晓娟(女)	蒋孝仲
蔡建明						

联合街道代表团(27 人)

粟　晓	王美明	邓启夏	邓贵宝	刘功芳	刘华亮	刘辉萍(女)
李卫华	李安平	李宝进	肖　克	肖松柏	邹高山	陈书伟
罗双庆	罗为广	罗浩宁	罗章琪	周孝生	周宏达	屈地林
侯光昆	贺忠玉(女)	黄俊斌	曹希新	谢树伟	雷　霆	

呆鹰岭镇代表团(23 人)

蒋恒祝	邓准德	伍建华	刘龙华	刘志文	刘绍进	刘绍志
刘福生	许刚翠	肖高国	何　飞	谷　敏	汪秋明	张忠林
陈明清(女)	罗　卫	周承富	莫运政	莫运庆	夏　冰	唐文峰
曹禄永	颜佳才					

长湖乡代表团(23 人)

杨良斌	毛菊桂	邓　柳(女)	尹佳仲	尹熙明	龙青云	冯时旺
刘诗清	刘洪元	许秋生	阳春生	李建波(女)	张筱红(女)	陆元松
陈光华	陈英龙	陈经忠	陈硕果	林泽根	胡忠勇	唐加宝
符建国	谢美丽(女)					

雨母山乡代表团(21 人)

杨安平	邓仕祝	左华新	冯　李	朱传昌	阳宏伟	李远胜
肖军生	何尚明	宋颜敏	张森林	陆　君	陈小桃(女)	罗厚坤
单国平	夏忠晓	郭裕泉	唐华捷	黄亚君(女)	黄茂林(女)	蒋云良

第二届区人民代表大会期间,有 17 名区人大代表因工作异动或离开本行政区,辞去或终止区人大代表资格,他(她)们是:胡忠勇、陈硕果、杨安平、蒋恒祝、张伯一、王华、李安平、陈萍萍(女)、罗双庆、蒋孝仲、邓柳(女)、宋毅敏、汪仲兆、桂慈军、唐拓平、谭德明、蔡建明。

因工作需要,另行补选 17 名区人大代表,他(她)们是:刘朝荣、张荣华、彭克俊、黄伟生、邓昌衡、李德斌、彭顺利、陈树生、唐生德、邬小平、昌晓光、易艳云(女)、罗俊、曹幼元、陈美玉(女)、欧红波、易建国。

三届一次会议代表(173 人)

蒸湘街道代表团(27 人)

王　毅	王礼康	王吉文	王建华	邓红军	邓建华	邓昌衡
叶信铎	刘元山	刘建辉	刘锦玲(女)	邬小平	张基彬	肖仁贵
肖芳云(女)	陆魁寿	周平扬	周孝辉	易艳云(女)	欧召春	罗建初
罗鹭康	段亮量(女)	梁瑞清	彭东阳	彭剑波	蒋水文	

红湘街道代表团(26 人)

于国君(女)	王永红	龙馨华	刘志成	刘泽华	华文英(女)	许清武
严碧英(女)	张永英(女)	杨亚平	邹越男(女)	陆魁伟	陈祖国	周克忠
罗　俊	罗锡桂(女)	郑　刚	柳现军	胡冬生	贺　勇	赵付业
钟训勇	曾存粮	曾安军	谢晨晖	潘成杰		

华兴街道代表团(22 人)

万克健	刘国平	何小文	张未生	张沙丽(女)	李联建	肖湘鹏
陆细玲	陈　平	陈石敏	孟德保	罗树春	贺　军	唐度元
陶宏伟	曹定兴	曹晓娟(女)	曾宏华	曾祥顺	谢毅强	雷龙运
谭　毅						

联合街道代表团(26 人)

邓启夏	叶　强	刘功芳	刘华亮	李卫华	李星星	李穗萍(女)
肖松柏	陈美玉(女)	单国平	周孝生	屈地林	罗为广	罗开健
郑中华(女)	候光昆	贺忠玉(女)	唐生德	夏广进	粟　晓	谢　潋(女)
谢先铸	谢树伟	谢顺生	雷　霆	谭绪茂		

长湖乡代表团(24 人)

王水林	王成纲	尹佳仲	冯时旺	龙青云	刘殊麟	刘莉萍(女)
刘朝荣	刘衡学	许秋生	李小元	李来清	李建波(女)	邹启权
陈光华	陈政军	罗林策	唐加宝	唐跃庚	高东明	曹春华
游晨辉	雷桂英(女)	谭　健				

雨母山乡代表团(24 人)

王　储	王国平	左才卫	左华新	刘　丽(女)	朱传昌	李在青

李富国 肖军生 邹顺徕 陆　君 陆春华 陈忠宏 陈映森
陈树生 周双喜 周晓秋 罗厚坤 夏忠晓 黄亚君(女) 彭克俊
蒋学耕 谢铁平 颜新衡

呆鹰岭镇代表团(24 人)

白一峰 王殿生 刘　新 刘龙发 刘志文 刘治放 刘绍志
刘炫伶(女) 刘谋定 许刚翠 向　飞 李浙衡 陆　好(女) 陈明清(女)
周承富 欧红波 罗衡志 赵　恒 赵国文 夏　冰 莫运庆
莫运雪 黄维平 谢　鹏

附二:蒸湘区出席全国、湖南省、衡阳市人民代表大会代表名录

蒸湘区出席第十一届全国人民代表大会代表名录(2008—2013)

表 13－4

姓　名	性　别	出生年月	工作单位及职务
肖利琼	女	1970.7	市电业局客户服务中心 95598 电力呼叫中心班长
谢　辉	男		湖南共创集团

蒸湘区出席湖南省第九届人民代表大会代表名录(1997—2002)

表 13－5

姓　名	性　别	出生年月	工作单位及职务
张朝维	男	1951.7	衡阳市公安局局长
陆一天	男	1958.9	衡阳市日升房地产开发公司总经理
胡友春	男	1947.2	衡阳市邮电局局长
钟国政	男	1943.9	衡阳市公路局局长
许满意	女	1953.3	衡阳市郊区人民政府副区长
陆魁祝	男	1955.4	衡阳市郊区建设局局长
贺正友	男	1955.8	衡阳市郊区湘江乡高兴村党支部书记
彭夔斋	男	1944.10	衡阳市郊区人大常委会主任

蒸湘区出席湖南省第十届人民代表大会代表名录(2002—2007)

表 13－6

姓　名	性　别	出生年月	工作单位及职务
王文桃	男	1958.10	衡阳市电业局局长
杨友良	男	1961.7	武警衡阳消防支队队长
陈传文	男	1968.8	衡阳市嘉华房地产总经理
林同军	男	1946.11	衡阳市人大常委会常务副主任
黄茂林	女	1954.3	蒸湘区检察院检察长
腾南斌	男	1952.3	衡阳市交通局局长
潘桂妹	女	1960.1	湖南省石化公司副总经理
徐明华	男	1953.3	衡阳市政府代市长

蒸湘区出席湖南省第十一届人民代表大会代表名录(2007—2012)

表13-7

姓　名	性　别	出生年月	工作单位及职务
杨琪君	男	1951.2	衡阳市人民政府副巡视员　公安局长
吴建成	男	1951.11	衡阳市国土资源局局长
赵建辉	男	1963.9	衡钢集团总经理
秦继红	男	1964.4	衡阳市地方税务局局长
徐建中	男	1954.4	市劳动和社会保障局局长
唐文峰	男	1967.6	中共蒸湘区区委书记
黄茂林	女	1951.2	蒸湘区人民检察院检察长
滕南斌	男	1951.2	衡阳市交通局党委书记

蒸湘区出席衡阳市第十一届人民代表大会代表名录(1998—2002)

表13-8

姓　名	性　别	出生年月	工作单位及职务
丁平涛	男	1952.3	郊区人事劳动局局长
王方安	男	1947.1	衡阳市人大内务司法委员会副主任委员
王晓奇	男	1950.10	衡阳市公安局郊区分局局长
尹文友	男	1946.12	衡阳市人大常委会委员、市人大内务司法委员会主任委员
刘仕良	男	1965.6	郊区东阳渡乡新塘村村民
刘秀生	男	1954.11	郊区酃湖乡科技副乡长
李代华	男	1953.8	市农办主任
李省英	女	1947.10	郊区人大常委会兼职副主任、郊区二中教师
杨汉清	男	1950.10	衡阳市湘衡盐矿矿长
陈光社	男	1942.10	郊区人大常委会副主任
余永奎	男	1940.8	衡阳市人大常委会委员、选举任免联络工作委员会主任
林同军	男	1946.12	衡阳市人大常委会副主任
罗安民	男	1955.12	郊区人民政府区长
罗安荣	男	1947.3	衡阳市中级人民法院院长
高绍巨	男	1943.9	衡阳市人大常委会委员、市委组织部副部长
黄亚君	女	1968.10	郊区人民法院审判员
彭爕斋	男	1944.10	郊区人大常委会主任
胡爕海	男		市人大常委会委员、市油漆厂厂长
钟国政	男	1943.9	衡阳市公路局局长
曾凡才	男	1949.12	郊区民政局副局长
戴经良	男	1953.9	衡阳市人大常委会委员、郊区政法委副书记
李安平	男	1955.8	中共蒸湘区区委书记(城南区转来)

续表 13－8

姓　名	性　别	出生年月	工作单位及职务
贾德江	男	1952.6	衡阳医学院外语系主任
雷双悬	男	1945.1	衡汽集团总经理
兰丽华	女	1943.11	中国农业银行衡阳市分行党委副书记
刘前进	男	1967.7	衡阳县呆鹰岭镇党委副书记、纪委书记
邓贵宝	男		衡阳市第一汽车运输公司
徐文波	男		城南区消防化工厂厂长

蒸湘区出席衡阳市第十二届人民代表大会代表名录(2003—2008)

表 13－9

姓　名	性　别	出生年月	工作单位及职务
万克和	男	1950.9	蒸湘区人大常委会常务副主任
王文桃	男	1958.10	衡阳市电业局局长
冯　李	男	1962.7	衡阳市消防器材厂厂长
冯晓明	男	1954.2	衡阳石油分公司总经理
匡代玮	男	1955.8	衡阳市人大农经委主任委员
刘之悦	男	1935.10	南华大学教授
刘祥华	男	1963.5	衡阳千山制药机械公司总经理
刘新朝	男	1950.1	衡阳市人大常委会副秘书长
阳荣华	男	1961.7	衡阳市人大教科文卫工委副主任委员
杨友良	男	1961.7	武警衡阳消防支队队长
李　安	男	1951.12	衡阳市水利局局长
李卫华	男	1965.2	衡阳市精创富康实业公司董事长
李安平	男	1955.8	中共蒸湘区区委书记
李百顺	男	1957.8	衡阳市公安局交巡警支队队长
张承林	男	1953.3	衡阳氮肥厂厂长
陆魁祝	男	1955.3	蒸湘区建设局局长
陈萍萍	女	1968.11	蒸湘区农村信用联社主任
林同军	男	1946.11	衡阳市人大常委会常务副主任
周宏达	男	1953.11	衡阳市饮食服务公司总经理
郑成华	男	1961.7	衡阳市城市规划局局长
胡忠勇	男	1956.8	蒸湘区公安分局局长
贾德江	男	1952.6	南华大学外国语学院院长
夏俊生	男	1951.2	蒸湘区人大常委会主任
徐建中	男	1954.4	蒸湘区人民政府区长
唐觉林	女	1957.4	衡钢集团审计部副经理
符建国	男	1955.2	衡阳市长途线路局局长

续表13－9

姓 名	性 别	出生年月	工作单位及职务
彭燮斋	男	1944.10	蒸湘区人大常委会原主任
蒋焕民	男	1963.9	衡阳市国税局局长
曾初良	男	1967.8	衡阳市地税局局长
雷双悬	男	1945.1	衡汽集团总经理
滕南斌	男	1952.3	衡阳市交通局局长
颜佳才	男	1954.12	衡阳市公路局局长

蒸湘区出席衡阳市第十三届人民代表大会代表名录(2008—2013)

表13－10

姓 名	性 别	出生年月	工作单位及职务
王一荐	男	1972.8	衡阳市佳德房地产开发公司董事长
匡代玮	男	1955.8	衡阳市人大常委会秘书长
刘东生	男	1952.11	衡阳市人大教科文卫委员会主任委员
刘华亮	男	1980.4	衡阳市瑞华纲纤维制造有限公司董事长
刘建辉	男	1955.9	衡阳市蒸湘区人大常委会党组副书记、副主任
刘福生	男	1950.8	湖南科技经贸学院董事长
刘新朝	男	1950.11	衡阳市人大常委会办公室调研员
许冬生	男	1968.1	衡阳四海神龙实业有限公司董事长
李卫华	男	1962.2	衡阳市精创富康实业有限公司董事长
李仲辉	男	1963.10	衡阳市一中校长
李安平	男	1955.8	衡阳市政协副主席
李素卫	男	1960.12	中国人民财产保险公司衡阳分公司总经理
吴立萍	男	1954.6	衡阳市人大城乡建设环境保护委员会主任委员
吴建成	男	1951.11	衡阳市国土资源局局长
张玉林	男	1957.9	衡阳市政府秘书长
张未生	男	1958.5	衡阳市蒸湘区华兴街道金星村主任
陈树生	男	1963.3	衡阳市蒸湘区人民政府区长
陈建颖	男	1966.5	衡阳市湘江外滩管理中心主任、建设工程监理公司董事长
陈映森	男	1966.5	衡阳市城建投资公司董事长
陈萍萍	女	1969.1	蒸湘区农村信用合作联社理事长
曹小攀	男	1963.6	中石化湖南衡阳石油分公司总经理
林同军	男	1946.11	衡阳市人大常委会原副主任
罗厚坤	男	1955.5	衡阳市蒸湘区人大常委会主任
周宏达	男	1953.11	衡阳市荣达实业有限公司董事长
郑 萍	男	1970.9	衡州建安公司总经理
屈地林	男	1958.2	衡阳鸿基建设工程有限公司董事长
胡忠勇	男	1956.8	衡阳市公安局经济犯罪侦查支队支队长
秦继红	男	1964.4	湖南省地税局
刘云夔	男	1964.1	衡阳市地方税务局局长

续表 13 - 10

姓　名	性　别	出生年月	工作单位及职务
夏俊生	男	1951.2	衡阳市蒸湘区人大常委会正县级干部
徐建中	男	1954.4	衡阳市劳动和社会保障局局长
唐文峰	男	1967.6	中共衡阳市蒸湘区委书记
唐加宝	男	1962.10	衡阳市金雁粮食购销有限公司董事长
唐乔枫	男	1966.10	衡阳市王牌广告装饰有限公司董事长
黄荣葆	男	1952.7	衡阳市安全生产监督管理局局长
曹希新	男	1963.8	衡阳长宏锅炉有限公司董事长
盛良平	男	1962.1	衡阳市城市建设开发总公司总经理
雷　霆	男	1967.12	衡阳鸿鑫实业有限公司董事长

第十四篇　人民政府

第一章　机　　构

第一节　领导机构

2001年5月，衡阳市郊区人民政府更名为蒸湘区人民政府。2002年12月至2012年12月，共选举产生2届区人民政府领导成员。办公地点原驻莲湖路郊区机关大院，2009年10月27日搬迁至船山大道18号蒸湘区新机关大院。

2001年5月至2012年12月蒸湘区人民政府区长、副区长名录

表14－1

<table>
<tr><th>届　次</th><th>职务</th><th>姓名</th><th>性别</th><th>籍　贯</th><th>文化程度</th><th>任职时间</th><th>备　注</th></tr>
<tr><td rowspan="7">过渡时期
无届次
（2001.5—
2002.12）</td><td>区　长</td><td>徐建中</td><td>男</td><td>常宁市</td><td>大专</td><td>2001.5—2002.12</td><td></td></tr>
<tr><td rowspan="6">副区长</td><td>曾巧敏</td><td>女</td><td>衡阳县</td><td>大学</td><td>2001.5—2002.12</td><td>常务副区长</td></tr>
<tr><td>罗章琪</td><td>男</td><td>常宁市</td><td>大专</td><td>2001.5—2002.12</td><td></td></tr>
<tr><td>许满意</td><td>女</td><td>临湘县</td><td>大专</td><td>2001.5—2002.12</td><td></td></tr>
<tr><td>阳春生</td><td>男</td><td>衡阳市</td><td>大专</td><td>2001.5—2002.12</td><td></td></tr>
<tr><td>刘建辉</td><td>男</td><td>衡南县</td><td>大学</td><td>2001.12—2002.12</td><td></td></tr>
<tr><td>康小鹰</td><td>男</td><td>衡山县</td><td>研究生</td><td>2001.7—2002.12</td><td></td></tr>
<tr><td rowspan="11">第一届
（2002.12—
2007.11）</td><td rowspan="2">区　长</td><td>徐建中</td><td>男</td><td>常宁市</td><td>大专</td><td>2002.12—2006.5</td><td></td></tr>
<tr><td>唐文峰</td><td>男</td><td>衡阳市</td><td>大学</td><td>2006.5—2007.11</td><td>2006.5—2006.9副区长、代理区长</td></tr>
<tr><td rowspan="9">副区长</td><td>曾巧敏</td><td>女</td><td>衡阳县</td><td>大学</td><td>2002.12—2005.4</td><td>常务副区长</td></tr>
<tr><td>许满意</td><td>女</td><td>临湘县</td><td>大专</td><td>2002.12—2003.7</td><td></td></tr>
<tr><td>刘建辉</td><td>男</td><td>衡南县</td><td>大学</td><td>2002.12—2007.11</td><td></td></tr>
<tr><td>康小鹰</td><td>男</td><td>衡山县</td><td>研究生</td><td>2002.12—2007.11</td><td></td></tr>
<tr><td>罗为广</td><td>男</td><td>衡阳市</td><td>大学</td><td>2002.12—2007.11</td><td></td></tr>
<tr><td>彭东阳</td><td>男</td><td>祁东县</td><td>大学</td><td>2002.12—2006.7</td><td></td></tr>
<tr><td>陆魁伟</td><td>男</td><td>衡阳市</td><td>大专</td><td>2004.6—2007.11</td><td></td></tr>
<tr><td>单国平</td><td>男</td><td>衡东县</td><td>大学</td><td>2006.7—2007.11</td><td>常务副区长</td></tr>
<tr><td>刘红丹</td><td>男</td><td>衡阳县</td><td>研究生</td><td>2006.7—2007.11</td><td>区委常委</td></tr>
</table>

续表 14 - 1

届　次	职务	姓名	性别	籍　贯	文化程度	任职时间	备　注
第二届(2007.11—2012.12)	区　长	唐文峰	男	衡阳市	大学	2007.11—2008.6	
		陈树生	男	祁东县	研究生	2009.4—2012.12	2008.6—2008.9 副区长、代理区长
	副区长	单国平	男	衡东县	大学	2007.11—2012.12	常务副区长
		刘红丹	男	衡阳县	研究生	2007.11—2011.6	区委常委
		杨艳斌	女	吉林长春市	大学	2007.11—2012.12	
		王　华	男	邵阳市	大学	2007.11—2012.12	
		邓三德	男	桂阳县	大学	2007.11—2012.12	
		陈硕果	男	衡南县	大学	2007.11—2012.12	
		肖立建	男	衡阳市	研究生	2011.7—2012.12	常务副区长
		彭顺利	男	衡阳市	大学	2011.7—2012.12	
		吴小平	男	衡阳市	大学	2012.10—2012.12	
	区长助理	张荣华	男	常宁市	大专	2008.11—2012.12	

第二节　工作机构

一、区政府直属机构

根据国、省、市文件精神,区人民政府先后于 2002 年 4 月、2005 年 1 月、2010 年 12 月进行过 3 次机构改革,第 3 次改革后的机构设置如下:

政府工作部门 17 个:区政府办公室(加挂政府法制办公室、区民族宗教事务局牌子)、区发展改革和科学技术局(加挂区交通运输局牌子)、区经济贸易局(加挂区旅游局、区招商合作局牌子)、区农村工作办公室(中共蒸湘区委农村工作部,加挂区农业局、林业局、水利农机局、畜牧水产局牌子)、区教育文化体育局、区监察局(不占政府机构数,与区纪委合署办公,列入区委机构序列)、区民政局、区司法局、区财政局、区人力资源和社会保障局(加挂区公务员局牌子)、区住房和城乡建设局(加挂衡阳市城市管理行政执法局蒸湘分局牌子)、区卫生局(对外保留区爱国卫生运动委员会办公室牌子)、区人口和计划生育局、区审计局、区统计局、区安全生产监督管理局、区人民防空办公室。

区政府直属事业机构 3 个:区人民政府信息化工作办公室、区重点工程项目管理领导小组办公室、区钢管深加工产业园区管委会。

部门归口管理的事业机构 2 个:区政务服务中心、区环境卫生管理局。

二、乡镇、街道机构

蒸湘区设 2 乡 1 镇 4 个街道办事处,即:长湖乡、雨母山乡、呆鹰岭镇、蒸湘街道、红湘街道、华兴街道(2002 年 5 月划归市高新技术开发区代管)、联合街道。乡镇街道行政机关统一内设 5 办 2 所,即:党政办公室、经济贸易办公室、社会事务办公室、综合治理办公室、计划生育办公室,司法所、财政所。事业站、所,各乡镇街道不等。

三、市直部门分支机构

2001年,市直部门在区内设分支机构11个,即:区国税分局、区地税分局、区国土分局、区工商分局、区公安分局、区交警大队、农行蒸湘区支行、市运输管理处蒸湘运管所、区物价所、区粮站、区信用联社。2012年,市直部门在区内设分支机构12个,即:区公安分局、区国土分局、区规划分局、区国家税务局、区地方税务局、区工商分局、区环保分局、区交警大队、区公安消防大队、农行蒸湘支行、区信用联社、蒸湘价格监察检查局。

2001年5月至2012年蒸湘区人民政府办公室主任、副主任名录

表14-2

职　务	姓　名	任职时间	职　务	姓　名	任职时间
主　任	罗为广	2001.5—2002.7	副主任	邓　成	2003.1—2006.4
	邓三德	2002.7—2008.6		文建常	2004.3—2004.12
	邹顺徕	2008.6—2012.12		胡田生	2006.4—2009.4
副主任	蔡冬云	2001.5—2001.10		汪礼禄	2006.4—
	陆魁祝	2001.5—2001.11		李桂生	2006.4—
	朱佛春	2001.5—2002.3		申　弼	2008.6—
	罗向东	2001.5—2003.1		李伯利	2008.6—
	李康平	2002.3—2008.6		李　斌	2009.5—
	陈宪云	2002.6—		黄文洁	2009.5—2013.3
	肖芳云(女)	2003.1—2006.4		文建常	2011.9—
	陆魁志	2003.1—2008.6			

第二章　重要会议

第一节　区人民政府全体会议

区人民政府全体会议由区长、副区长、正县级干部、副县级干部、政府党组成员,区人民政府各办、局(公司、中心)和各乡镇人民政府、街道办事处的行政主要领导组成。同时,邀请区委书记、区人大常委会主任、区政协主席和区人武部政委出席,根据需要可吸收不是区人民政府成员的有关部门、单位的主要领导列席会议。政府全体会议由区长召集和主持,特殊情况可由经区长授权的常务副区长召集和主持。政府全体会议每年召开1至2次,特殊情况区长或经区长授权的常务副区长可临时召开。区人民政府全体会议的议事内容:传达贯彻上级国家机关的重要指示和决定;决定和部署区人民政府的重要工作;通报全区经济和社会形势,协调各部门的工作;讨论通过需按法定程序由区人民政府全体会议决定的事项。

第二节 区人民政府常务会议

区人民政府常务会议由区长、副区长、正县级干部、副县级干部、政府党组成员、区人民政府办公室主任组成,区人民政府办公室副主任、区法制办主任列席会议,同时,邀请区人大、区政协各一名分管副职和区人武部部长出席。根据需要可吸收有关部门主要领导列席会议。政府常务会议必须有超过半数以上组成人员出席方可举行。政府常务会议由区长召集和主持,特殊情况可由经区长授权的常务副区长主持。政府常务会议一般每个月召开 1 至 2 次,特殊情况可由区长或经区长授权的常务副区长临时召开。区人民政府常务会议的议事内容:传达贯彻上级国家机关的重要指示和决定;讨论由区人民政府发布的重要规章、行政措施、决定;讨论决定以区人民政府名义授予的或以区人民政府名义推荐上报的集体、个人荣誉称号和奖励,决定政府机关工作人员的任免和奖惩;讨论区人民政府机构设置和人员编制;讨论决定区人民代表大会及其常委会决议的执行意见;讨论通过提请区人民代表大会及其常委会审议的议案、工作报告;讨论全区经济社会发展规划、计划和财政预算;改变或撤销区长办公会议等不适当的决定;讨论决定区人民政府涉及全局性工作的重大问题;通报区人民政府工作情况,分析形势,安排部署相关工作。

第三节 区长办公会议(专题会议)

区长办公会议(专题会议)由区长或经区长授权的副区长、正县级干部、副县级干部召集和主持,根据需要不定期召开。根据会议议题确定参加人员,会议纪要需常务副区长审核,报区长签发。区长办公会议(专题会议)的主要内容:听取区直及市管各部门单位有关情况的工作汇报,部署有关工作;研究、处理和协调某些专项问题和日常工作遇到的重要问题;讨论决定提交区人民政府常务会议研究的议题。

第三章 施政举要

第一节 狠抓项目建设

从 2002 年开始,蒸湘区逐年收集、整理招商引资项目库,制定《区级领导、区直部门招商引资任务分解表》;除派人参加全国性的“高交会”“厦交会”“广交会”外,还组团参加省、市组织的“沪洽周”“深洽周”“莞洽会”“中博会”“世博会”“湘台会”、湖商大会等一系列招商、经贸洽谈活动,形成“政府带动、部门联动、企业主动、社会推动”的大招商格局。2004 年 2 月,《政府工作报告》提出,实施“城市带动、民营推动,开放促动,项目拉动”的“四动”战略。2005 年,制定《招商引资优惠政策》,建立招商引资联席会议制度。2006 年 6 月,区二次党代会提出,实施“二三(产业)并重,城市带动,民营主体,项目立区”的发展战略。2007 年,全区采取“一个项目,一名领导,一套班子,一抓到底”的“四个一”措施,实行“包批手续、包干征拆、包办协调”的“一条龙”服务。为了打造引进项目的载体与平台,2004—2007 年全区先后兴建了立新五金机电大市场、杨柳汽车贸易销售街区、衡阳钢管深加工产业园和呆鹰岭中小企业创业园。2008 年 2 月，区委经济工作会议要求各级各部门自我加压，下大决心，努力形成“引进项目全区化，服务项目自觉化，调动项目经常化”的良好氛围和工作态势。12 月，全区成立重点工程项目管理领导小组办公室（简称重点办）。2009 年，区委、区政府明确当年为“企业服务年”，印发《蒸湘区开展“企业服务年”活动实施意见》，强调全力实施“项目兴区、项目立人”的战略举措。2010 年，认真贯彻全市“项目建设年”活动计划，制定《蒸湘区开展“项目建设年”实施意见》，坚定不移地实施“做强一园、开发一山、盘活一区、构筑一圈、打造一片、美化一带、拉通一网、巩固一创、迁建一校、办好一事”的“十个一”行动计划。2011—2012 年，继续掀起项目建设高潮，洽谈项目抓签约，新上项目抓开工，建成项目抓投产，扎实做好每一个项目的高效运转。突出“项目兴区、项目立人，以德为先，贡献排位”的工作导向，争当科学发展排头兵。据 2008—2012 年统计，全区引进并已实施的经济项目共 210 个，其中，工业项目 56 个，三产项目 154 个。5000 万元以上的项目 41 个，亿元以上的项目 14 个。2001 年，全区工业总产值 19.09 亿元，财政总收入 0.714 亿元。2012 年，全区规模以上工业总产值 299.16 亿元，财政总收入 10.668 亿元，分别增加 14.9 倍、15.67 倍。

第二节　加强城建城管

2001 年 8 月，区委、区政府下发《关于加强城市管理工作的意见》，并召开全区城建城管工作动员大会，号召全区各级各部门，切实把工作重心从农村转向城市建设与管理上来，安排部署为期一个月的整治活动，重点搞好“门前三包”（包卫生、包绿化、包秩序）和治理“城市八乱”（乱丢乱吐、乱搭乱放、乱贴乱画、乱吊乱挂）。2003 年 9 月，全区开展“四大整治”行动，即：大力整治市容市貌，大力整治交通秩序，大力整治治安秩序，大力整治市场秩序。2005 年 8—11 月，全区开展城市管理百日整治行动，重点整治流动摊担、早茶夜市、招牌广告等。2006 年 4 月，对主次干道临街门面垃圾外丢、外扫、外倒和摊担外摆的“四外”行为进行专项整治。2008 年 4 月，衡阳市城市管理综合整治经验交流会在蒸湘区召开，区长唐文峰在会上介绍了经验。12 月 3 日，区委、区政府成立区城市建设管理委员会，由区委副书记、区长任主任，区委专职副书记任副主任，管委会下设办公室，负责综合、协调、督查考核等日常工作。同日，区委办公室、区政府办公室为加强城市管理下发 2 个文件，其中，《蒸湘区城市建设管理一票否决制实施办法》，明确城市建设管理年度目标综合考核未达标、单项考核低于 60 分，因工作严重失职、渎职，造成严重社会影响的，实行一票否决。《关于建立以街道（乡镇）为主的城市管理机制的通知》，指出城市管理实行重心下移原则，以块为主、条块结合原则，长效管理原则。对街道（乡镇）城市管理职责、管理方式、管理措施作出明确规定。2010 年 4 月和 10 月，先后两次开展“集中整顿月”活动。11 月，积极参与衡阳市开展的“畅通、整洁、绿化”三大工程，发放《致市民公开信》2500 份，制作“门前三包”金属牌 3900 个，签订“门前三包”合同 3900 份。2012 年，创新工作思路，成立女子宣传队，开展“虹桥”行动，进店入户宣传城管法规，在城管工作者和服务对象之间架起一座心灵沟通的桥梁。同时，对夜市摊点和瓜果销售，规划固定场所，实行定点管理。

第三节　坚持为民办实事

2004 年年初，时任湖南省省长周伯华在省十届人大二次会议上向全省人民承诺，要为人民办好 8 件实事。4 月，省 8 件实事考核办公室下达给衡阳市 36 项考核指标，衡阳市给蒸湘区下达新增城镇就业、改造背街小巷、养老保险扩面、城镇拆迁安置、无公害生猪养殖、疾病预防控制、农村新建沼气池、改造乡镇敬老院 8 件实事 29 个考核指标，区人民政府自加 2 项指标。实际完成情况是，市下达的 29 个指标中，16 个指标

100%完成,13个指标超额完成,自加的2项指标也全部完成。

2005年,衡阳市给蒸湘区下达扩大就业与再就业、继续抓好通村公路建设、完善城镇社会保障体系、抓紧农村中小学危房改造、推行农村部分计划生育家庭奖励扶助制度、改善城市人居环境,做好农村五保户供养工作8件实事13个考核指标,区人民政府自加3项指标。经考核验收,蒸湘区在市下达的13个考核指标中,有5个指标100%完成,8个指标超额完成,其中,通村公路建设完成目标任务的140%,农村中小学危房改造完成目标任务的150%。自加的3个项目有2个项目全部完成,增建垃圾中转站7座,实际完成2座,为目标任务的29%。

2006年,蒸湘区应办的8件实事是:就业与再就业、通村公路建设与背街小巷改造、农村沼气池建设、社区用房建设、农村计生扶助制度落实、城市人居环境、爱民房建设、农村客运站建设共12项考核指标,区政府自加项目4个。结果,市下达的考核指标中,4个指标100%完成,8个指标超额完成,其中工伤保险扩面和医疗保险扩面,分别完成目标任务的159%、141%。区政府自加的4个项目中,有2项全部完成,社区用房建设完成57%,农村客运站建设完成50%。

从2007年开始,将"8件实事"改称为"为民办实事",实行一事一指标,共16项考核指标,2008年为25项考核指标,2009年为26项考核指标,2010年为18项考核指标,2011年为26项考核指标,2012年为14项考核指标。6年中,"为民办实事"共125项考核指标,实际完成情况是:125项指标中,有80项100%完成,45项超额完成,其中2007年"零就业"家庭实现就业,2008年新建农村安居房,2009年改造县乡公路、新建乡镇到村水泥(沥青)路,分别完成目标任务的196%、225%、186%、270%。2005年、2008年、2010年、2011年、2012年分别被市委、市政府评定为"为民办实事先进单位"。

第四节 开展"公共服务进社区"活动

2010年年初,市委书记张文雄在深入各城区社区居委会调研后,于4月30日召开4个城区党政主要负责人、市直相关部门主要负责人会议,明确2010年在城区中开展"公共服务进社区"活动("公共服务进社区"包括公共卫生服务、公共文体服务、全民终身教育服务、社会管理服务、劳动保障服务和城市配套设施服务六个方面)。市"六进办"规定蒸湘区119项具体任务,即:公共卫生服务项目1个,公共文体项目51个(社区文化活动室18个、街道文化站2个、全民健身工程31处),幼儿园提质改造11所,社区办公用房建设19个,劳动保障平台建设11个,城市配套设施项目26处。8月中旬,将原来119项增加到137项。

对此,区委、区政府成立了区"公共服务进社区"工作领导小组,召开了动员大会,区委办、政府办下发《关于开展"公共服务进社区"活动的通知》,将所有任务分解到各单位,并明确责任领导、责任人和落实时间。通过各街道、社区的不断努力,区委、区政府领导多次督查指导,至12月上旬,全区6大项目137个小项目圆满完成,共投入资金2319万元(其中国、省、市财政投入1744万元)。活动成果引起省委领导及媒体高度关注,时任中共湖南省委书记周强,省委副书记梅克保,省委常委、组织部长黄建国等曾先后到区视察,政协衡阳市委员会组织在衡的国、省、市三级政协委员也到区视察。12月1日,《人民日报》《湖南日报》《湖南卫视》、湖南人民广播电台等十大媒体采访团作了采访报道。

第五节 实施"十个一"行动计划

为实现"富民强区"战略目标,2010年2月,区委、区政府经过科学论证,决定实施"十个一"行动计划,即:做强一园(衡钢钢管深加工产业园);开发一山(雨母山风景区);盘活一区(呆鹰岭中小企业创业园区);

构筑一圈(市区核心商圈);打造一片(建设长湖新区开发片);美化一带(蒸水南堤风光带);拉通一网(辖区内所有路网);巩固一创(省、市文明城区创建成果);迁建一校(支持和推进南华大学新校区建设);办好一事(民生大事)。

2010—2012年,区委、区政府把"十个一"行动计划作为全区工作的重点,进一步调整、充实了各项领导小组。区长陈树生于2010年4—5月,对"十个一"行动计划分别召开专题调研会或现场办公会,制订各项工作方案,促进具体落实。通过3年努力,"十个一"行动计划取得实质性成果。如:衡钢深加工产业园第一期工程807亩已全部入驻企业;雨母山已重建赤松观,雅士林生态休闲博览园正在建设中;衡阳市商业步行街于2011年12月10日开盘,已引进沃尔玛、美国万豪酒店、香港新世界百货、中影新南国影院等四大商业巨贾入驻,2011年国家发改委将此项目作为"总部经济聚集区";蒸水南堤风光带第二期工程顺利完成;2012年10月,蒸湘区顺利通过省级文明城区复查测评工作等。

第四章　综合政务

第一节　法制工作

一、机　构

2001年5月,郊区人民政府法制办公室更名为蒸湘区人民政府法制办公室(简称法制办),为副科级单位,2005年2月升格为正科级单位。

历任主任及任职时间:

罗向东(2001.5—2003.1)　陆魁志(2003.1—2008.6)　汪礼禄(2008.6—)

二、法律培训

2001—2002年,区法制办举办全区行政执法人员培训班4期,共有300余人参加了学习。2004年6月,为贯彻实施《行政许可法》,全区在职区级领导和副科级以上干部250余人参加集中培训。2008年4月,区法制办率先在全市整理汇集《法律学习手册》,在全区各部门单位进行学习宣传;11月,按照省政府指示,全区举办行政机关领导干部和行政执法人员培训班,集中学习《湖南省行政程序规定》。2011年5月,为贯彻落实《国有土地上房屋征收与补偿条例》,区法制办组织全区分管重点工程的区级领导、重点工程指挥长,各乡镇街道分管领导及工作人员集中培训学习征地拆迁方面的法律法规。2011年第三季度,组织全区副科实职以上领导干部集中学习《行政强制法》。2012年9月,举办行政执法及"两证"(行政执法证、行政执法监督证)换发工作培训班,邀请相关专家分别就《湖南省政府服务规定》及如何依法行政等内容进行培训。培训后,区法制办分别指导区直各行政执法机关组织本机关进行综合法律知识和专业法律知识的培训与考试。

三、地方性政策法规清理

2001—2002年,根据中央和省、市要求,为履行中国加入世贸组织的承诺,区法制办对建区以来区委、人大、政府发布的规范性文件进行清理,确认建区以来发布的14件规范性文件合法有效。2003—2004年,区法制办共审查区政府规范性文件7件,区政法系统规范性文件8件和政府通告8件内容的合法性。2005年9月,按照《湖南省规范性文件备案审查办法》,区法制办印发《关于执行规范性文件备案审查制度的通知》,

开始在全区范围内实施区直部门和乡镇街道规范性文件备案审查制度。2008 年 8 月,按照《湖南省行政程序规定》中关于规范性文件管理的要求,区政府办公室印发《关于做好规范性文件清理和管理的通知》,对规范性文件统一登记编号与印发规则作了明确规定。10 月,区委、区政府发布《关于建设教育强区的决定》,区法制办审查合法性后统一登记编号为 ZXDR - 2008 - 00001,这是全区统一编号的第一份规范性文件。2010 年 6 月,区法制办提请区政府同意,印发《关于规范性文件发文和备案审查工作制度的通知》,并召开工作会议,部署规范性文件发文和备案工作。

四、行政执法检查

2002 年 11 月,区法制办邀请区人大内司委并会同区监察局对全区 30 个行政执法部门开展执法检查。2003 年 4 月,会同有关部门对全区涉农执法收费情况进行专项治理;6 月,会同区人大组织区人大代表对全区义务教育法律法规的贯彻实施情况进行执法检查。2004 年 8 月,印发《关于结合"行政执法证"年检,切实加强"行政执法证"管理的通知》,开展行政执法证年检工作,共检查 56 本,注销 5 本,新办 18 本;10 月,会同区委督查室组织监察、物价部门对全区各部门单位收费公示制进行全面督查。2007 年 8 月,为贯彻实施《湖南省行政许可监督检查规定》和市政府办公室《关于贯彻落实〈湖南省行政许可监督检查规定〉的实施意见》,区法制办对全区行政机关实施行政许可情况进行普查,明确各机关行政许可事项、权限和实施程序。

五、行政复议与行政诉讼(应)诉

2001 年,全年收到行政复议申请 5 件,决定不予受理 2 件,转送有关复议机关 1 件,受理并作出复议决定 2 件。2003 年,代理区政府行政诉讼应诉案件 2 件。2011 年,共办理 5 件行政复议案件,除 1 件被提起诉讼外,其余 4 件做到息诉罢诉。

六、全面推进依法行政

2005 年,《湖南省全面推进依法行政五年规划(2005—2009)》文件下发后,区法制办及时予以转发,并召开相应会议,进行具体安排部署。2006 年 3 月,按照衡阳市人民政府法制工作会议要求,区法制办开始推进全区行政执法机关行政责任制工作,不断明确执法岗位职责,执法操作规程,执法内部监督机制和执法评议考核办法等。2008 年 9 月,市政府召开全市贯彻实施《湖南省行政程序规定》暨市县依法行政工作会议,确定蒸湘区作为全市加强行政程序建设、推进依法行政示范单位之一。2010 年 10 月,根据《湖南省行政程序规定》中关于重大行政决策实行听证的要求,区法制办提请区政府召开衡钢小学、北塘小学两校合并扩建决策听证会,副区长杨艳斌全程听取草案汇报和公众代表意见,市政府法制办副主任万潜平、执法监察科科长曹卫清莅临指导。这是全市城区首例重大行政决策听证会,市法制办决定在全市推广。11 月,区法制办提请区政府就蒸湘区国民经济和社会发展"十二五"规划的基本思路,举行决策前的公众听证会。12 月,区法制办将上述两次决策前公众听证会的情况向全区作了公告,指导全区深入开展决策听证工作。2011—2012 年,区委成立法治蒸湘建设领导小组及专项工作机构,印发《蒸湘区法治建设实施纲要》,分别制定 2011 年、2012 年度《蒸湘区人民政府依法行政考核方案》,相关单位负责人与区政府签订依法行政工作责任状,并就立新小区提质改造和全区烟花爆竹设点销售两项重大决策,分别举行公众听证会。2011 年,区法制办获市政府"依法行政工作模范单位",2012 年获"依法行政工作先进单位"。

第二节　民族宗教工作

一、机　构

2004年9月,区委统战部下设民族宗教办公室。2007年5月,蒸湘区成立民族宗教事务局,为副科级单位(局长高配为正科),归口区人民政府办公室管理,定编2人。2011年政府机构改革,在区人民政府办公室加挂民宗局牌子。办公地点驻蒸湘区机关办公大楼3楼。

历任民宗办主任、局长及任职时间:

民宗办主任:谢显良(2004.9—2005.8)　　刘衡学(2005.8—2007.5)

民宗局局长:刘衡学(兼,2007.5—2011.11)　　聂　虹(女,2011.12—)

二、民族工作

蒸湘区属少数民族散杂居地区,据2010年第六次全国人口普查,境内有33个少数民族,共3066人,占当年常住人口的1.03%。

2001—2012年,先后举办3期《民族工作条例》学习班,学习民族理论、民族政策及民族法律法规,增强民族团结意识,推进民族团结和社会稳定;认真落实党的少数民族政策,着力维护少数民族合法权益。每年高考期间,严格把关变更民族成分、少数民族"两种考生"资格审核工作,落实好少数民族考生高考加分政策;加强少数民族服务管理工作,帮助解决外来少数民族人员就业、子女入学、医疗保障、法律援助等方面的实际困难和问题100余起。按照省、市相关文件规定,自2012年起将少数民族服务管理工作纳入社会管理综合治理考评范围;团结少数民族,妥善处理涉及少数民族矛盾纠纷180余起;注重加强少数民族代表人士队伍建设,有4人担任区政协委员,有1人任副处级干部,有2人任科级干部。

三、宗教工作

(一)宗教分布

蒸湘区境内宗教有佛教、道教、伊斯兰教、天主教、基督教。至2012年,共有宗教场所15个,其中,规模影响较大的登记场所有5个,分别为佛教场所1个、道教场所1个、基督教场所3个,教职人员及信徒约5万余人。

佛教　最早传入境内的佛教始于南北朝梁武帝天监十二年(公元513年),"文化大革命"期间,境内所有宗教活动都被停止。中共十一届三中全会后,宗教政策得以落实,境内宗教活动正常开展。

雁雨寺是蒸湘区唯一经登记的合法佛教活动场所,位于雨母山乡雨母山石狮子垅。2001年11月筹资300余万元修建,2004年9月竣工,占地30亩,总建筑面积4400平方米,由山门、放生池、功德碑廊、天王殿、大雄宝殿、寿佛殿、藏经阁、方丈室、法堂、讲堂及客堂、斋堂、客房、配殿等建筑群组成。寺内有僧尼10人。2005年10月18日举行佛像开光法会,2007年5月24日至5月31日(农历四月初八至十五日)举行"千手观音"开光法会暨水陆法会,吸引了众多信众参加。

历任住持:释慧如法师(2004.9—2005.7)、释心开法师(2005.7—2013.3)。

道教　道教在南北朝时传入衡阳。境内雨母山赤松观始建年代不详,明清曾多次修缮。1944年毁于日寇炮火。2007年11月经湖南省宗教协会申请,湖南省宗教事务局批准同意重建赤松观,2010年5月动工,2013年5月31日落成开光。重建后的赤松观占地面积36亩,建筑面积3156.48平方米,分为朝拜区、生活区和游览区。主体建筑由三进院落,五个殿堂组成。2012年观内有坤道士6人,住持为王理炎道长(区政协常务委员)。

伊斯兰教 伊斯兰教传入衡阳,始于清初,是随着回民来衡定居而传入的。20 世纪 80 年代后,随着外来务工、经商人员增多,迁入蒸湘区境内的伊斯兰教信众也增多。辖区内无申请登记的活动场所。

天主教 天主教始于清顺治十八年(公元 1661 年)传入衡阳。2012 年蒸湘区境内没有申请登记的天主教活动场所,信众具体人数不详,均在市天主教堂参加宗教活动。

基督教 基督教于清光绪十六年(公元 1890 年)传入衡阳。至 2012 年蒸湘区境内有 3 个聚会堂点。

火车西站聚会点于 1995 年 9 月经衡阳市民族宗教事务局批准登记,2001 年 5 月区划调整从城南区划入蒸湘区。地址是火车西站东山 20－1#,占地面积 30 平方米,建筑面积 20 平方米,负责人邹金香。

华新开发区聚会点于 1998 年 9 月由衡阳市民族宗教事务局批准登记,场所地址是华新开发区青峰街 51－15 栋 301 室(华新富民花园石榴园),建筑面积 270 平方米,负责人汤翠英。

立新开发区聚会点是 2006 年 12 月经衡阳市民族宗教事务局批准登记,场所地址为立新开发区老干所隔壁(为租赁场地),负责人蒋桥生。

(二)宗教管理

蒸湘区成立以来,结合每年普法活动,举办培训班、讲座,或者召开座谈会,加大《宗教事务条例》的宣传力度,加强与宗教活动场所负责人的交流,不断提高法制观念与管理水平;积极争取领导支持、重视,2007 年民宗局成立以来,区委、区政府领导多次听取宗教工作情况汇报,多次到重点宗教场所视察调研,对雁雨寺和赤松观建设过程中出现的实际问题,区领导几次出面协调解决;2008 年开展全区基督教专项调研,形成调研报告。对各宗教场所进行安全大检查,对存有安全隐患的雁雨寺下发了整改通知书。2012 年 5 月 30 日,副区长王华带领政府相关部门负责人到雁雨寺现场勘查,仍发现存在安全隐患,对每处隐患提出整改意见,并以区安全生产委员会的名义下发督办令,限期整改到位;2010 年,在蒸湘区统一战线开展的“情系灾区、奉献爱心”活动中,宗教界人士捐款 2000 元。在 2012 年区民宗局开展的“蒸湘区宗教慈善周”活动中,宗教人士捐款 5712 元;2012 年 6 月 16 日,组织全区统战委员和教职人员学习讨论《衡阳市民族宗教工作系统法制宣传教育第六个五年规划》,将每年 7 月定为“民族宗教政策法规宣传月”;是年,在各宗教场所开展“和谐寺观教堂”创建活动,要求各场所严格按照衡阳市“十佳宗教活动场所”评选标准,对照检查,切实加强自身建设。

第三节　信访工作

一、机　构

2001 年 5 月,衡阳市城市区划调整,衡阳市郊区信访办公室更名为蒸湘区信访办公室(简称信访办)。2002 年 4 月,区信访办更名为信访局,为直属正科级事业单位,由区委、区政府管理,以区政府管理为主,列入区委机构序列;在全区 6 个乡镇、街道(不含华兴街道)分别设立信访办公室,配备信访专(兼)干 1 人,村、社区设信访信息员 1 人(由村主任、社区主任兼任),形成“横到边、纵到底”的信访工作网络。

2005 年 8 月,蒸湘区成立区处理信访突出问题及群体性事件联席会议,由区委或政府领导担任召集人,一般一月召开一次调度会,遇有突发事件随时召开联席会议。

2008 年 9 月,蒸湘区人民政府成立信访事项复查复核委员会,委员会主任由区政府常务副区长担任,主要职责是负责处理信访人对乡镇街道、区直部门信访问题处理不服、要求上级部门进一步调查核实处理的信访事项。

2010 年 10 月,中共蒸湘区委成立中共蒸湘区委群众工作部,与区信访局合署办公,实行一个机构,两块牌子。2012 年,区信访局在职干部 5 人。办公地点驻蒸湘区机关办公大楼东楼 1 楼。

区信访办(局)历任主任、局长、副局长及任职时间:

主　　任:张坤秀(女,2001.5—2002.4)

局　　长:陆魁志(2002.4—2008.6)　　申　弼(2008.6—)

副 局 长:贺登元(2002.4—2011.9)

区委群众工作部部长、副部长及任职时间:

部　　长:申　弼(2010.10—)

副 部 长:贺登元(2010.10—2011.9)

二、群众来信来访接待

2001—2002年,时值区划调整初期,人民群众来信来访的主要问题是区划调整中的遗留问题,如:划出划入单位的债权债务、边界不清引起的土地权属纠纷、储金会资金的兑付等。对此,区委、区政府对信访工作采取三项措施,即:要求各级领导干部实行"一岗双责",除处理好本职工作外,还要处理好与本职工作相关的信访工作;建立区级领导信访接待制度,在每月5号各安排1名区级领导接待群众来访;推行信访公开承诺制,信访承办者向信访人公开承诺,在规定的时限内处理或答复信访问题。2002年,全区信访总量862件次,其中,来信与上级转交信件240件,个访84人次,群访(2-5人)20批64人次,集访(5人以上)45批474人次。对这些来信来访,区信访局按照"分级负责、归口办理"的原则,分流归口到相关职能部门处理。

2003年开始,区委、区政府将信访工作纳入全区十项重点工作之一。年初,各乡镇、街道行政一把手与区长签订信访工作目标管理责任书。年度考核评比结果,在次年初区委经济工作会上予以通报,对信访工作先进单位和个人,分别授予奖牌和荣誉证书,并颁发奖金。

2004年以来,随着城市建设步伐加快,重点工程建设引发出来的信访问题多,如城市拆迁、住房安置、征用土地、土地征用款分配、失地农民生活出路等。全年信访总量1243件次,其中来信123件,来访1120人次。当年5月,区委、区政府出台信访工作责任追究制,按照"谁主管、谁负责"和"属地管理"的原则开展工作,凡出现赴省、进京上访人员,均由当地主管领导派人接回。

2005年,区级领导接待日由原来每月5号一天,改为每月10号和25号两天,并事先告知,让上访人心中有数。同时,让律师参与区级领导一同接访,向上访群众解答有关法规和政策方面的问题,帮助上访群众释惑解疑。当年全区信访总量1043件次,含来信106件,来访937人次,分别比上年减少16%、16%、14%。其中,区级领导全年接访412人次,批阅群众来信52件,占全年信访总量的44%。五一劳动节期间,呆鹰岭镇储金会30余储户因储金未兑付,准备到北京集体上访,区信访局获得这一信息后,迅速组织一批干部分头上门做工作,使他们打消了上访的念头,避免了一起集体赴京上访事件。

2006—2007年,进一步建立健全信访工作网络,全区6个乡镇街道(不含华兴街道)全部配齐专职信访干部,村、社区居委会各明确一名信访信息员,全区上下信息渠道更加畅通。两年中共接待群众来信来访6046件次,其中来信98件,来访5985人次;区级领导接待日共接待群众来访799人次,批阅群众来信53件。原郊区食品化工厂退养职工来访反映,郊区企业改制时,对"4050"人员一次性买断工龄后,因他们无力缴纳从改制起到退养年龄前这段期间全额社保经费,造成到退休时不能加入社保,故多次到区政府上访,要求办理社保手续。区领导接访后,经过认真研究,决定拨出专项经费,将这部分人纳入社保范畴。

2008年7月,开始实施"书记大接访"活动。区委书记坚持每月第一周星期一、政府区长坚持每月第一周星期五接待来访群众,其他工作日每天安排一名区级领导接访,并将接访领导姓名、职务、接访时间对外公布。一年中,全区信访总量2916件次,含来信114件,来访2802人次。其中,区级领导接访723人次,批阅来信59件。通过信导接访,群众反映的大量矛盾和问题得到及时化解和有效处理,进一步密切了党群、干群关系,减少了重复访和越级访。区信访局局长陆魁志在处理信访矛盾和问题中成绩突出,被市人民政府记二等功。

2009—2010年,全区信访工作进一步加强。建立了"月例会"制度,即每月第一周的星期一,由信访、综治部门召开全区信访维稳工作会议,对近一个月的信访维稳问题进行形势分析,对热点、难点问题集体会商把脉;开通省电子政务内网,实行网上接访办理;加大信访后勤保证,区财政除保证信访工作正常经费外,还下拨信访矛盾处理经费,为信访局配备了工作用车;区政府设立司法、信访救助资金30万元,用于解决部分上访群众家庭困难并停访息诉(2011年起救助资金追加到每年60万元)。2009年全国"两会"期间,长湖乡上访老户谢茂桂买了车票准备到北京上访,长湖乡信访信息员得知后,立即向区信访、维稳部门反映,区信访、维稳部门快速应对,马上派人上火车做谢茂桂的思想工作,谢很感动,行至武汉时下车返回。10月,区信访局长申弼被省联席办、省维稳办授予北京国庆60周年"信访维稳工作先进个人"。2010年,全区信访维稳工作出现"一减、三降、三为零"局面,即群众越级上访减少,初信初访、重信重访、越级正常访降低,赴省进京集访、非正常访、重复非正常访为零。

2011—2012年,全区信访总量3062件次,其中,来信141件,来访2921人次。2011年信访总量比上年下降35%。2012年11月,申弼在中共十八大期间的信访维稳工作中,受到省维稳办、联席办的通报表彰,并记三等功一次。

三、群众信访案件办理

2002年开始,全区实行领导包案制,区分管领导、联系点领导为信访案件处理的牵头人,区直部门单位一把手、乡镇街道党政一把手为信访案件处理的第一责任人,实行包调查、包处理、包稳定。当年,全区信访自立案60件,结案57件,结案率95%。

2004—2005年,区委、区政府成立以4位区委常委为召集人、区直各部门主要负责人为成员的信访联席会议制度,专门负责处置信访突出问题及群众性事件。长湖乡长湖村"四属户"(农村妇女嫁给军人、干部、教师、工人,户口无法迁移仍留在本地的农户)共62户、146人,强烈要求与本地村民一样分配土地征用款,而被绝大多数村民拒绝,导致这部分人多次集体到市、省上访,并上诉法院,法院难以判决。为此,区信访联席会议多次研究,并走访村民和"四属户"上百次,经过反复做工作,最终确定"四属户"按村民的60%进行分配,终于解决了这一久拖不决的问题。2005年,区委、区政府交办信访案件18件,在规定时间内全部办理完毕。

2006—2007年,全区信访自立案103件,按照领导包案制度的规定,采取"一起案件、一名领导、一个班子、一套方案、一抓到底"的办法,在规定时间内结案85件,结案率83%。区委、区政府交办案件38件,市信访局交办案件41件,均全部办理结案。2001年区划调整中,原城南区区属企业城南运输公司划入蒸湘区时,该公司已于1997年停业,167名职工仅靠低保维持生计。他们多次到市政府上访,要求解决企业改制及职工生活问题。区信访联席会议认真研究,并反复与市有关部门协商,最终从雁峰区划入资金70万元,区财政多方筹资200万元,对城南运输公司进行企业改制,对167名职工分别作出置换身份、退养、退休安排。原郊区西湖乡的江霞、五一、友爱3个村的村民100余人借口曾在西湖工程队务过工,要求参与西湖工程队企业改制(区划调整之后,西湖工程队划归蒸湘区长湖乡管理),享受工程队职工待遇。他们先后到长湖乡、区政府上访。区政府对他们的要求否定后,他们不服,多次集体堵机关大院门,打伤工作人员,并到市政府上访。市信访局与区信访局以及市相关部门成立联合调查组,对此进行调查处理,维持区政府的裁决,他们还是不服。2009年,市信访局组织相关部门专家、人大代表、政协委员、法律工作者参与听证会,听证会最终裁决陈烈军等不具备职工身份,不能参与企业改制。

2008年开始,区联席办制定《蒸湘区区级领导信访事项包案情况责任分解表》,将区内重大信访积压案件、重点工程(项目)建设过程中矛盾纠纷案件及人民群众利益诉求等案件,逐一分解给各位区级领导,要求按时解决。一年中,区级领导共包案31件,全部按时办结。区信访局自立案件56件,办结48件,结案率85.7%。联合街道辖区内衡邵路平安花苑开发商在市商业银行贷款230万元后卷款潜逃,致使商业银行向法院起诉查封了平安花苑180户已交款的购房户的住房、门面,引发购房户大规模集体到市上访。之后,市政府责成蒸湘区政府专门成立处理平安花苑遗留问题工作小组,工作组历经一年半时间,最终妥善处理好一系列矛盾和问题，将房屋产权证办到住户手中。随后，区信访局又成功处理了蒸阳花苑、湘环苑等1056户购房户与开发商的矛盾与纠纷，并为业主协调办理了房屋产权证。

2009年，在信访案件办理与督查方面，开通信访绿色通道，遇到重、特大信访案件，做到“快阅读、快录登、快呈递、快交办”。一年中，共办理国家、省、市领导交办案件18件，全国人大、中央联席办交办案件4件，省联席办交办案件3件，本级信访案件27件，化解积案16件，完成信访复核案件1件，实行三级终结案件1件。

2010—2011年，共办理国家、省、市信访部门交办案件23件，本级信访案件37件，化解积案16件。

2012年6月4日，衡阳市领导干部接访包案工作现场会在蒸湘区召开，区委副书记、区长陈树生在会上作了经验介绍。8月20日，蒸湘街道已依法终结上访老户周辉、肖淑兰、郭志刚到北京重复非正常上访，区委决定对这一事件负有领导责任的街道工委书记、办事处主任给予通报批评，对街道分管稳控工作的纪委书记实行就地免职处理。

四、推行以群众工作统揽信访工作新模式

2010年10月，区委成立群众工作领导小组，由区委专职副书记任组长，区直18个涉及群众工作的部门主要负责人为成员。群众工作领导小组在区委组织部设立办公室，在区信访局设立群众工作部，在乡镇、街道设立群众工作站，在村、社区居委会设立群众工作室。形成部、站、室上下联动、左右协调的群众工作网络。群众工作领导小组每月召开一次专题会议，研究解决具体问题。

同年11月，区委、区政府投入400余万元新建1000余平方米、功能完备的人民群众来信来访接待中心、政务服务中心、综治维稳中心。中心以区委群众工作部为主体，实行“信访接待中心、政务服务中心、综治维稳中心”三署合一，联合办公。同时，组织与民生紧密相关的民政、劳动、人事、国土、城建、卫生、教育、农林、水利等13个部门入驻中心，设立17个办事窗口，对反映问题和前来办事的群众实行“一站式接待、一条龙服务、一揽子解决”，将三署合一的中心打造成“民生超市”，既方便群众办事，又有利于问题快速解决。12月1日，国家信访局副局长张恩玺率调研组到蒸湘区进行信访工作调研，12月21日，省委书记、省人大常委会主任周强视察蒸湘区信访工作。

2011年1月14日，省委常委、省政法委书记、省公安厅厅长李江，带领来衡参加“全省用群众工作统揽信访工作经验交流会”的60余名代表观摩蒸湘区群众工作部和红湘街道联合新村社区群众工作室及“爱心超市”。1月15日，省委书记、省长徐守盛一行视察蒸湘区群众信访工作。3月15日，国家信访局研究室副主任孙宽平一行，到蒸湘区调研群众信访工作。8月4日，由《人民日报》《湖南日报》《三湘都市报》《潇湘晨报》、湖南人民广播电台、湖南卫视、湖南经视等10余家媒体组成的新闻采访团，集体采访蒸湘区群众信访工作。

2002—2012年，区信访局连续11年被市委、市政府评定为全市“信访工作先进单位”。2003年、2005年分别被省委办、省政府办评定为“全省信访工作先进单位”；2009年获省信访局“全省信访工作先进单位”；2012年获省信访局“全省信访系统创先争优活动先进集体”。2010—2012年，蒸湘区先后接待13个省、市、县（区）的领导到区观摩、考察、指导信访工作。

第四节　信息化工作

一、机　构

2007年4月，蒸湘区政府信息化工作办公室（简称信息化办）成立，属正科级事业单位，归口区政府管

理。2012 年在职干部 6 人。办公地点驻蒸湘区机关办公大楼 7 楼。

主　任:谢铁平(2007.4—2011.9)　　朱忠清(2012.2—)

副主任:陈　玲(女,2007.12—2012.2)

二、电子政务建设及应用

电子政务建设　2007 年一次性地投入 300 余万元,搭建起内、外网独立运行的、可与省、市及各业务部门互通兼容的电子政务统一平台。2009 年 12 月,区电子政务统一平台顺利通过衡阳市信息化专家委员会专家组的验收。

“中国 · 蒸湘”党政门户网站建设　2004 年 11 月,蒸湘区开通全市第一家县(区)级新闻网——蒸湘区新闻网。2008 年,信息化办以“夯实基础、突出重点、强化功能、凸显服务”为建设目标,完善了“中国 · 蒸湘”党政门户网站建设。网站设有新闻、政务、商务、旅游四大频道、23 个专题、72 个栏目,提供最新政务要闻、工作动态、政策法规、最新文件、人事任免、政府实事、网上办事、便民服务等各类信息。至 2010 年年底,公众可通过网上办事大厅,实现行政许可事项和非行政许可事项在线办理。网站除提供大量及时的蒸湘新闻、政务公开、网上办事、便民服务信息外,还先后建成蒸湘视频、在线访谈、供求信息、人才市场等一些特色栏目。按照“统一域名、统一备案、统一标识、统一信息发布系统、统一基本栏目、统一计数器、统一公务邮箱、统一网络平台”的“八统一”原则,继续开发和制作了全区各乡镇街道、区直各部门单位的子网站,逐步完善信息发布和公开平台。

政府信息公开工作　2008 年 6 月和 2009 年 7 月,区人民政府分别下发《关于印发蒸湘区政府信息公开办法的通知》和《关于做好“中国 · 蒸湘”党政门户网内容保障工作的通知》,将“中国 · 蒸湘”党政门户网站内容保障任务细化落实到各乡镇街道和区直各部门单位;网站按信息公开要求部署运行信息直报系统,对各单位信息的报送和采用情况,由系统在网站上进行实时发布。2012 年,重新修订信息主动公开、依申请公开、发布协调、保密审查、受理举报、考核及统计等 7 项制度和规范。至年底,通过“中国 · 蒸湘”党政门户网发布各类新闻、政务信息等 21436 条,其中政务类信息 16049 条,实现了信息共享。

行政许可在线办理及电子监察工作　按照衡阳市的统一部署,区信息化办在“中国 · 蒸湘”党政门户网上搭建了电子政务行政审批与电子监察系统。该系统以依法清理和规范权力为基础,以政务公开为原则,以电子政务为载体,以网上政务大厅为平台,推动各项权力网上规范、公开、透明、高效运行。进一步构建权力阳光运行机制工作覆盖区政府所有部门。

2009 年上半年,网上行政审批与电子监察系统建设开始实施,由区纪委监察局牵头,区法制办、区信息化办负责权力事项的规范确认,对全区涉及行政审批单位的各类行政审批业务进行梳理,最终确认 256 项事项,其中,行政许可 184 项、非行政许可 15 项、公共服务事项 57 项。经过梳理,规范了行政审批流程,量化办理时限。下半年,全区拥有行政许可在线办理单位的多个项目软件开发完毕,行政许可项目的电子监察系统支撑平台建成并运行。监察部门依托该系统实现对各部门行政权力情况的全面、实时的电子监察。正式运行后将实现“审批公开、限时办结、首问负责、服务承诺、责任追究”的操作模式。从源头上治理不正之风和预防腐败,促进服务政府、责任政府、法制政府和廉洁政府建设。

三、信息化推进及信息产业

利用信息技术改造和提升传统产业　为提高企业专业技术人员应用信息技术的技能,区信息化办以服务企业发展为宗旨,组织辖区内相关企业 20 余人分 5 批参加了全省企业信息化建设人才培训班。组织区内多个企业单位参加了全省信息技术应用“倍增计划”项目、利用信息技术改造和提升传统产业试点的申报工作。2009 年度有鸿瑞石油管材和花香实业 2 家公司成功申报全市中小企业信息化试点企业,得到上级政策和资金的扶持。

新农村信息化建设　“中国 · 蒸湘”党政门户网紧扣信息化服务“三农”工作主线,积极推行新农村信息化建设,实施信息化"惠民行动"工程。依托中国衡阳新农村网平台,及时发布区内农产品品种、数量、质量等信息,搭起了网上农产品交易平台,为本区的农产品走出去服务。至2010年12月底,全区每个乡镇确定了新农村信息化建设信息员,并在雨母山乡雨母村建立新农村信息化建设示范点。

四、信息化服务民生

发挥网上办事窗口作用　"中国·蒸湘"党政门户网充分发挥网上办事的窗口作用,设置了公共服务专栏,全面搜集、及时更新公众最迫切需要了解的教育、交通、社保、住房、医疗等13类公共服务信息,提供信息查询、表格下载等服务。增强了群众办事的便利性,节约了群众办事成本。

全市网上行政审批系统建成后,在"中国·蒸湘"党政门户网设置了网上行政审批大厅,全面公开审批项目、依据、程序、申报材料、承诺时限、收费标准、审批人员、办公电话等,并告知办理须知、实施程序、递交申报、结果公告等办事流程,深受企业、群众的一致好评。

加大网络舆情办理力度　为促进社会和谐,建设阳光政府,信息化办在"中国·蒸湘"党政门户网上为公众反映诉求开辟了多种渠道。其中,"政府论坛""书记、区长邮箱""政务邮箱"等互动性栏目已成为政府与群众沟通的重要渠道。有关蒸湘区的网络舆情动态,由区信息化办分类整理之后送交相关部门处理,并明确要求各相关部门和单位在规定的时间内,必须对网民提出的问题作出答复。对于区委书记、区长作出批示的重要舆情信息,各相关部门必须在7个工作日之内处理完毕,并公开在"中国·蒸湘"党政门户网上予以回复,确保"件件有回音、事事抓落实"。截至2012年底,回复各类论坛帖子1210件,其中,"书记、区长邮箱""政务邮箱"邮件678件,各大论坛帖子、网友留言532件。

2008—2010年,区信息化办连续3年获市政府"全市信息化工作先进单位";2007—2010年,区信息化办连续4年获"全市电子政务工作先进单位";2011年、2012年,分获"全市电子政务工作红旗单位";2009—2012年,"中国·蒸湘"党政门户网站连续4年被省人民政府授予"全省优秀政府网站"称号。

第五节　重点工程

一、机　构

2008年9月,蒸湘区重点工程项目管理领导小组办公室(简称重点办)成立,为正科级事业单位。2012年在职干部5人。办公地点驻蒸湘区机关办公大楼3楼。

主任:李桂生(2008.9—)

二、重点工程项目管理

区重点工程项目领导小组对每个重点工程项目均签订责任状,实行"一个项目、一名领导、一套班子、一抓到底"的责任制,要求每个工程项目在启动之前,必须出台《工作方案》《征地拆迁补偿方案》和《安置方案》。对工程项目实行一月一报表,一季一调度,半年一小结,年终一考评。量化考核标准,采用百分制,评定一、二、三等奖。

2009年,全区列入重点工程项目管理48个,投资总额96.57亿元,年度计划投资35.98亿元(其中续建项目6个,计划投资15.07亿元;新建项目42个,计划投资20.91亿元),实际到位资金23.43亿元,资金到位率65%,其中续建项目完成投资10.31亿元,为年度计划的68.4%,新建项目完成投资6.91亿元,为年度计划的33.04%;项目共需征地8042.86亩,已完成4946.62亩,占62%;项目共需拆迁房屋527368平方米,已拆迁 326770 平方米,占 62%;项目共需安置房 326770 平方米,已建成安置房 155178 平方米,在建 104230 平方米,准备启动建设 107640 平方米。

2010 年,全区列入重点工程项目管理 45 个,其中新建项目 22 个,续建项目 23 个。当年新建项目开工 17 个。项目共需征地 1728 亩,拆迁房屋 268808 平方米,建设安置房 112558 平方米。45 个项目投资总额 158.3479 亿元,年度计划投资额 34.4668 亿元,当年完成投资额 42.8 亿元,为年度计划的 124.17%。是年,蒸湘区成立了重点工程项目督查小组,重点工程项目周边环境综合治理领导小组;出台了《蒸湘区重点工程项目考核办法》和《蒸湘区重点工程项目财务管理办法》。

2011 年,全区列入重点工程项目管理 23 个(其中省、市级 21 个,区级 2 个),开工 23 个,开工率 100%。年度计划固定资产投资 27.88 亿元,实际完成 35.11 亿元,为年度计划的 125.93%。全年共完成征地 2216.75 亩,拆迁房屋 314367.84 平方米。组织拆违行动 49 次,拆除违章建筑 36716 平方米。至年底,省级重点工程项目全面完成年度工作任务。

2012 年,衡阳市确定为"项目建设年",涉及境内重点工程项目共 33 个。其中由区实施的项目 24 个,协调服务项目 9 个。开工 33 个,开工率 100%,项目完工 11 个。全年计划投资 37.74 亿元,实际完成 38.54 亿元,为年度计划的 102.12%。项目共征地 1153 亩,拆迁房屋 243700 平方米。对协调服务项目,积极协助项目业主争取上级优惠政策,办理相关审批手续,化解各种矛盾纠纷 76 次。为了抓好控违拆违工作,当年组织 3 次集中宣传月活动,书写外墙标语 40 幅,宣传横幅 100 幅,制作广告宣传牌 200 块,印发宣传单 5000 份。组织拆违 45 次,拆除违章建筑 42155 平方米。是年,市政府下达该区土地储备任务 800 亩,实际完成土地储备征地拆迁并交地 1109.366 亩,为年度任务的 138.67%。

区重点办 2009 年、2010 年、2011 年、2012 年年度分别被市人民政府评定为"重点工作建设组织协调管理先进单位",2011 年、2012 年年度分别被市委、市政府批准为"项目建设年"活动先进单位。

第六节　应急管理

一、机　构

2008 年 6 月,蒸湘区成立应急管理办公室(简称应急办),属区政府机构系列,归口区政府办管理,为副科级单位。2012 年在职干部 2 人。办公地点驻蒸湘区机关办公大楼东楼第 3 层。

历任主任及任职时间:

邓　成(2008.6—2009.7)　申　弼(2009.7—2010.9)　贺登元(2010.9—)

二、应急工作

(一)建立预案体系

2008 年,根据市应急"横到边、竖到底"预案体系要求,区应急办建立了全区预案体系。区人民政府将应急预案的编制、修订工作纳入重要议事日程,并创新了预案管理办法,实行预案催办单位制度。

(二)制订应急预案

根据市应急委印发的专项预案通知精神,2008 年 6 月至 2012 年 12 月区应急办先后制订了《蒸湘区突发公共事件总体应急预案》《蒸湘区重大动物疫情控制应急预案》《蒸湘区火灾事故应急救援预案》《蒸湘区群体性上访事件应急预案》《蒸湘区防汛应急预案》《蒸湘区重特大洪涝灾害救灾应急预案》《蒸湘区民用爆炸物品安全事故应急预案》《蒸湘区危险化学品事故应急救援预案》《蒸湘区突发地质灾害应急预案》《蒸湘区经济安全事故应急预案》《蒸湘区自然灾害救济预案》《蒸湘区森林火灾应急预案》《蒸湘区林业生物灾害应急预案》《蒸湘区农业重大有害生物及外来生物入侵突发事件应急预案》《蒸湘区环境事件应急预案》《蒸湘区处置大规模恐怖袭击事件应急预案》《蒸湘区低温雨雪冰冻恶劣天气道路交通安全管理工作应急预案》《蒸湘区石油保障重大事件应急预案》《蒸湘区旱灾应急预案》《蒸湘区突发公共事件新闻发布应急预案》以及长湖乡、雨母山乡、呆鹰岭镇、蒸湘街道、红湘街道、联合街道的《突发公共事件总体应急预案》。2012 年 7 月，将以上应急预案，编辑成《蒸湘区应急预案汇编》，印发给全区各区直部门和乡镇街道。

（三）开展预案备案

区应急办成立后，除了制订全区性和各乡镇街道应急预案外，还要求辖区内各生产经营单位同样制订应急预案，并下发《关于开展全区生产经营单位应急预案管理工作的通知》。至 2012 年 12 月，完成 179 家生产经营单位 618 份事故应急预案的备案工作。

（四）加强基础建设

为加强基层单位应急工作建设，区应急委在对基层单位应急工作的组织及发动群众等具体事项周密安排的基础上，还要求各应急专项指挥部办公室和各乡镇街道积极开展应急知识宣传，认真组建应急队伍，强化应急信息报送、预报预警训练。2011 年 5 月 20 日，区西站路小学 1000 余名学生举行防震救灾应急演练。2012 年 5 月 10—16 日，全区举办应急知识宣传周活动。5 月 18 日，在区实验小学开展防震救灾应急疏散演练，全校 2500 余名师生在预定时间内全部安全撤离。

（五）健全应急报送

区应急办成立后，进行了区、乡镇（街道）、村（社区）三级应急信息报告网络建设，调整充实各级信息直报的组织机构和人员。编辑了《应急工作》《应急动态》《值班要情》等应急刊物，确保区领导及时掌握全区各类公共安全信息，为开展应急处置工作奠定了坚实基础。

第七节　政务服务

一、机　构

2002 年 9 月，蒸湘区政务服务中心（简称政务中心）成立，办公地点原驻郊区机关大院人大、政协办公楼 1 楼，总面积 200 平方米。2009 年 10 月 27 日，蒸湘区机关办公大楼落成启用，原政务大厅停止使用。2010 年 11 月 29 日，蒸湘区政务服务中心正式挂牌，驻蒸湘区机关办公大楼东楼第 1 层，总面积 700 余平方米，配套微机 34 台，触摸屏 1 台，电子显示屏 1 台。

历任领导及任职时间：

政务大厅负责人：邓三德（政府办主任兼）（2002.8—2009.10）

政务中心主任：李　斌（2010.11—　）

二、政务服务工作

2002 年 9 月始，蒸湘区政务大厅常驻部门 11 个，常驻人员 20 人，可办理行政许可事项 14 项，非行政许可项目 34 项，公共服务项目 26 项。进驻大厅的各部门单位工作人员实行一岗双责，随时接待群众、服务群众。至 2009 年 10 月，共为群众办事 37800 余件，群众满意率 99% 以上。

2010 年 11 月，蒸湘区政务服务中心常驻部门 13 个，设有办事窗口 17 个，常驻窗口人员 34 人。可办理行政许可项目 49 项，非行政许可项目 24 项，公共服务项目 256 项。政务中心工作全力推行阳光下运作，从加强窗口队伍、增加服务职能、提升服务质量入手，做到一日一考评，一月一考核，一年一总结。至 2012 年底，两年时间为群众办事 6552 件。

第十五篇　人民政协

第一章　机　　构

第一节　区政协机构

政协衡阳市蒸湘区委员会的前身系衡阳市郊区政协，成立于1984年3月。2001年5月衡阳市行政区划调整后更名。内设机构有：办公室、提案委员会、法制群团委员会、财政经济委员会、学习文史委员会、科教文卫委员会。2002年9月，将提案委员会和法制群团委员会合并成提案法制群团委员会。2005年7月，撤销学习文史委员会（文史工作归口办公室），成立城市建设管理委员会。2012年在职干部职工15人。办公地点原驻莲湖路郊区机关大院内，2009年10月搬迁到船山大道18号蒸湘区机关办公大楼6楼。

一、区政协主席、副主席

蒸湘区政协历届主席、副主席名录

表15－1

届　次	职　务	姓　名	性别	籍　贯	文化程度	代表界别	任职时间
过渡阶段（2001.5—2002.12）	主　席	贺湘涛	男	湘潭县	大专	中共	2001.5—2002.12
	副主席	颜朝林	男	衡南县	中专	中共	2001.5—2002.12
		丁永水	男	衡阳市	高中	中共	2001.5—2002.12
		陆魁伟（兼）	男	衡阳市	大专	特邀	2001.5—2002.12
		谢鸿飞（兼）	男	衡阳县	本科	教育	2001.5—2002.12
蒸湘区第一届（2002.12—2007.11）	主　席	毛菊桂	男	祁阳县	大学	中共	2002.12—2007.11
	副主席	陶敦建	男	永州市	大专	中共	2002.12—2007.11
		丁平涛	男	衡阳市	中专	中共	2002.12—2007.11
		陆魁伟（兼）	男	衡阳市	大专	特邀	2002.12—2004.6
		谢鸿飞（兼）	男	衡阳县	本科	教育	2002.12—2007.11
		杨艳斌（兼）	女	永州市	大学	医药卫生	2002.12—2007.11
		阳德衡（兼）	男	衡南县	研究生	经济	2002.12—2007.11
		陈政军（兼）	男	湘潭县	大学	特邀	2005.3—2007.11

续表 15－1

届　次	职　务	姓　名	性别	籍　贯	文化程度	代表界别	任职时间
蒸湘区第二届（2007.11—2012.12）	主　席	毛菊桂	男	祁阳县	大学	中共	2007.11—2012.12
	副主席	陶敦建	男	永州市	大专	工商联	2007.11—2012.12
		王国保	男	辽宁彰武	中专	台属、侨属、宗教、少数民族	2007.11—2012.12
		陈政军（兼）	男	湘潭县	本科	特邀	2007.11—2012.12
		云　平（兼）	男	河南武陟县	大专	教文体	2007.11—2012.12
		陈金生（兼）	男	衡南县	大学	农林科技	2007.11—2012.12
		谢云亚（兼）	男	衡阳市	本科	工商联	2011.3—2012.12
蒸湘区第三届（2012.12—）	主　席	汪秋明	男	江苏沐阳	大学	中共	2012.12—
	副主席	汪仲兆	男	衡阳县	研究生	经济	2012.12—
		云　平（兼）	男	河南武陟县	大专	教文体	2012.12—
		陈金生（兼）	男	衡南县	大学	医卫	2012.12—
		谢云亚（兼）	男	衡阳市	大学	工商联	2012.12—
		吴兰湘	女	辽宁沈阳	大学	工青妇	2012.12—

二、历届政协常委

第一届政协（2002.12—2007.11）常委共 35 人

毛菊桂　陶敦建　丁平涛　陆魁伟　谢鸿飞　杨艳斌（女）
阳德衡　陈政军　李诗凡　云　平　邓立安　刘庆平
刘克幼（女）　刘骏驰　刘衡学　孙祁安　李　丽（女）　李伯利
吴兰湘（女）　肖东北　何　灿　陈群慧　罗葭初　罗俊娥（女）
周扬民　周建明　莫运庆　唐超良　蒋世杰　蒋安荣
曾庆林　谢　卫　谢云亚　谢显良　颜小平

第一届政协期间，因工作异动，先后有肖东北、陆魁伟、蒋安荣辞去政协常委职务；因工作需要，另行补选刘克幼（女）、吴兰湘（女）、陈政军、罗俊娥（女）、曾庆林、谢显良为常务委员。

第二届政协（2007.11—2012.11）常委共 36 人

毛菊桂　陶敦建　王国保　陈政军　云　平　陈金生
谢云亚　吴兰湘（女）　邓立安　尹冬英（女）　刘巧兰（女）　刘永春
刘骏驰　刘衡学　朱平均　阳素华（女）　孙祁安　杨慧龄（女）
李　艳（女）　李伯利　肖湘鹏　何　灿　张扩军　陈其芳
陈智荣　陈锡娥（女）　罗俊娥（女）　罗葭初　高翊杰　唐立清（女）
黄文洁　谢　卫　颜小平　周　清　廖章海　江常军

第二届政协期间，因工作异动，有杨慧玲（女）、刘衡学辞去政协常委职务，朱平均于2011 年1 月12 日因病去世；因工作需要，另行补选周清、廖章海、江常军为常务委员。

第三届政协（2012.12— ）常委共 33 人

汪秋明　汪仲兆　云　平　陈金生　谢云亚　吴兰湘（女）
王理炎　尹冬英（女）　龙　芳（女）　刘　健　刘　滨　刘永春
刘巧兰（女）　刘向东　江常军　李　艳（女）　李凤发　李伯利

李意辉　何　灿　张扩军　张贵香（女）　陈智荣　罗葭初
金应灵　周　清　周玉霖（女）　高翊杰　黄文洁　廖章海
熊正为　滕丽华（女）　颜小平

三、历任秘书长、各室（委）主任

秘　书　长：陈钧起（2001.5—2002.12）　李诗凡（2005.3—2007.11）
吴兰湘（女，2007.11—2012.12）
办公室主任：李繁荣（2001.5—2001.9）　周扬民（2001.10—2002.2）
李诗凡（2002.3—2007.11）　吴兰湘（2007.11—2012.12）
提案委员会主任：蔡家能（2001.5—2001.9）
法制群团委员会主任：朱书幼（女，2001.5—2002.2）
学习文史委员会主任：蒋世杰（2001.5—2002.2）
财政经济委员会主任：周扬民（2002.2—2003.8）　吴兰湘（2003.9—2007.11）
陈智荣（2007.11—　）
科教文卫委员会主任：魏读菊（女，2001.5—2002.2）　罗葭初（2002.3—　）
提案法制群团委员会主任：何　灿（2002.3—2012.12）
城市建设管理委员会主任：蒋世杰（2002.3—2007.11）　朱平均（2007.11—2011.1）
江常军（2011.9—　）

第二节　乡镇、街道政协组织

乡镇、街道政协组织称之为政协联络工委，各联络工委设主任 1 人、联络员 1 人。按照区委决定，街道政协联络工委主任由街道办事处主任兼任。

各乡镇、街道政协联络工委主任名录，见第二十三篇“乡镇街道简介”。

第二章　政协委员

第一节　委员产生

根据《中国人民政治协商会议章程》（以下简称“政协章程”）的有关规定，每届地方政协委员会的组成人数、界别设置、构成比例，均由上届政协常委会商定，报经同级党委审定批复。政协委员的产生，需经推荐、考察、协商、确定四个过程。党委批复后，区政协换届领导小组及时召开会议，进行具体部署。首先由各党派、团体、单位按照分配的名额进行民主推荐，中共党员的推荐名单由区委组织部归口，非中共党员的推荐名单由区委统战部归口。对所有推荐人选，经统战部、区政协、组织部联合考察后，一并提交区政协主席会议协商讨论，最后由区政协常委会议讨论决定。

区政协每届任期内，都有因工作关系或其他原因需要增补或辞免委员，由本届政协常委会协商决定。

第二节　委员构成

2002年11月26日，区政协召开过渡时期第8次常委会议，确定区政协第一届委员会由10个界别149名委员(暂缺7名)组成。142名委员中，中共党员61人，占43%，非中共党员81人，占57%。平均年龄40.6岁，其中40岁以下76人，占委员总数的53.5%；41－50岁的54人，占38%；51岁以上的12人，占8.4%。本科学历以上的38人，占委员总数的26.8%；大专学历的61人，占42.9%；中专、高中学历的36人，占25.4%；初中学历的7人，占4.9%。

2007年11月8日，区政协召开第一届委员会第23次常委会，确定区政协第二届委员会由10个界别161名委员(暂缺8名)组成。153名委员中，上一届继任委员58人，占总数的37.9%，新进委员95人，占总数的62.1%。中共党员63人，占委员总数的41.2%；非中共党员90人，占58.8%。最大年龄55岁，最小年龄30岁，平均年龄43.2岁。本科学历以上的72人，占47.1%；大专学历的44人，占28.8%；中专、高中学历的34人，占22%；初中学历的3人，占2%。

2012年11月20日，区政协召开第二届委员会第二十五次常委会，确定区政协第三届委员会由10个界别171名委员组成。新一届委员中，继任委员60人，占总数的35.1%，新进委员111人，占总数的64.9%。中共党员68人，占39.8%；非中共党员103人，占60.2%。平均年龄43.8岁，其中40岁以下的47人，占总数的27.5%；"80后"的12人，占总数的7%。大专以上学历的151人，占总数的88.3%，其中，研究生以上学历的11人，占6.4%，具有中级以上职称的71人，占41.5%，具有副高以上职称的21人，占12.3%。

第三章　重要会议

第一节　全体委员会议

过渡时期全体委员会议　2002年1月7—10日召开。2001年4月蒸湘区成立后，原郊区党、政、群机关成建制转入蒸湘区。因原郊区第五届政协尚未届满，蒸湘区政协又未马上换届选举，所以这次会议，既不能称为郊区政协五届六次会议，又不能称为蒸湘区政协一届一次会议，故称为过渡时期委员全会。出席会议的委员121人，区委书记李安平在开幕式上作重要讲话，政协副主席颜朝林作政协常委会工作报告，政协主席贺湘涛作《中国入世问题》的时事报告。与会人员列席了区人大全体代表大会。

一届一次会议　2002年12月4—7日，在广通宾馆召开，出席会议的委员142人。区委书记李安平在开幕式上作重要讲话。会议听取和审议了政协副主席丁永水所作的《蒸湘区一届一次会议筹备工作报告》、政协副主席颜朝林所作的政协常委会工作报告、提案法制群团委员会主任何灿所作的提案工作情况报告。列席了区人大一届一次会议。会议选举毛菊桂为区第一届政协主席，陶敦建、丁平涛、陆魁伟(兼)、谢鸿飞(兼)、杨艳斌(女，兼)、阳德衡(兼)为副主席，云平、邓立安等21名常务委员。

一届二次会议　2003年3月24—25日，在广通宾馆召开，出席会议的委员139人。会议主要议程是：列席区人大一届二次会议，通过《关于加强委员自身建设的规定》，补选刘克幼(女)为区政协常委。

一届三次会议　2004年2月23—26日，在广通宾馆召开，出席会议的委员138人。会议听取和审议了区政协常委会工作报告和提案工作情况报告;列席了区人大一届三次会议;补选吴兰湘(女)为区政协常委;听取了刘骏驰等6位委员大会发言;表彰了一批先进集体和先进个人。大会期间,区委书记李安平、区长徐建中到会作了重要讲话。

一届四次会议 2005年3月5—8日,在广通宾馆召开,出席会议的委员151人。区委书记李安平在开幕式上作重要讲话;会议听取审议了区政协常委会工作报告、提案工作情况报告;列席了区人大一届四次会议;听取了阳德衡等5名委员大会发言;补选陈政军为政协副主席(兼),李诗凡为政协秘书长,罗俊娥、曾庆林、谢显良为政协常委;表彰了一批先进单位、先进个人。

一届五次会议 2006年2月20—23日,在莲湖酒店召开,出席会议的委员151人。会议听取审议了区政协常委会工作报告、提案工作情况报告;列席区人大一届五次会议;听取了李丽(女)等4名委员大会发言;免去谢显良区政协常委职务,补选刘衡学为政协常委;表彰了一批先进单位、先进个人。

一届六次会议 2007年3月5—8日,在市政协七楼会议室召开,出席会议的委员151人。会议听取审议了区政协常委会工作报告、提案工作情况报告;列席了区人大一届六次会议;听取了欧阳敏等5名委员大会发言;表彰了一批先进单位、先进个人。

二届一次会议 2007年11月25—29日,在市政协七楼会议室召开,出席会议的委员154人。会议听取审议了政协主席毛菊桂所作的政协常委会工作报告和政协副主席丁平涛所作的提案工作情况报告;列席了区人大二届一次会议;会议选举毛菊桂为区第二届政协主席,陶敦建、王国保、陈政军(兼)、云平(兼)、陈金生(兼)为副主席,吴兰湘(女)为秘书长,邓立安等25人为常务委员。

二届二次会议 2008年4月27—29日,在市政协七楼会议室召开,出席会议的委员158人。会议听取了汤九生等4名委员大会发言;列席了区人大二届二次会议;举行政协基本知识讲座;举办政协文艺汇演。区委书记唐文峰在闭幕式上作了重要讲话。

二届三次会议 2009年2月23—26日,在市政协七楼会议室召开,出席会议的委员161人。会议听取审议了政协常委会工作报告、提案工作情况报告;列席了区人大二届四次会议;听取郑成庚等4名委员大会发言;协商通过有关人事任免;表彰了一批先进单位、先进个人。

二届四次会议 2010年3月9—11日,在市政协七楼会议室召开,出席会议的委员161人。会议听取审议了政协常委会工作报告、提案工作情况报告;列席区人大二届五次会议;听取罗衡湘等5名委员大会发言;表彰了一批先进单位、先进个人。

二届五次会议 2011年3月1—3日,在区机关会议中心召开,出席会议的委员159人。会议听取审议了政协常委会工作报告、提案工作情况报告;列席区人大二届六次会议;听取王成纲等5名委员大会发言;表彰了一批先进单位、先进个人。

二届六次会议 2012年3月13—15日,在区机关会议中心召开,出席会议的委员159人。会议听取审议了政协常委会工作报告、提案工作情况报告;列席区人大二届七次会议;听取罗锡桂等5名委员大会发言;表彰了一批先进单位、先进个人。

三届一次会议 2012年11月28日至12月1日,在区机关会议中心召开,出席会议的委员171人。会议听取和审议了毛菊桂主席所作的政协常委会工作报告和王国保副主席所作的提案工作情况报告;列席了区人大三届一次会议;区委书记白一峰在闭幕式上作重要讲话;会议选举汪秋明为第三届区政协主席,汪仲兆、云平(兼)、陈金生(兼)、谢云亚(兼)、吴兰湘(女)为政协副主席,秘书长由吴兰湘兼任。

第二节　政协常务委员会会议

一、过渡时期常委会会议

2001年5月至2002年11月，先后召开8次常委会，就蒸湘区成立后的基本区情、战略定位、工作思路等重大事务及打击刑事犯罪、政府机构改革、扩大财源、加大科学研究、搬迁机关大院等问题进行了协商，并提出意见和建议。听取了区法院、区经贸局、区教文体局等单位的工作汇报，开展了讨论。通过了一批政协干部的人事任免。

二、第一届常委会会议

2002年12月至2007年11月，先后召开23次常委会。其间，组织学习了新修改后的《政协章程》；协商了各年度区财政预算；听取了区委办、政府办对各年度政协委员提案办理情况的汇报；听取了区公安分局、工商分局、国税分局、地税分局、审计局、监察局、卫生局、人事劳动和社会保障局、检察院、发展和改革局、科技局、民政局等单位的工作汇报，开展了讨论，提出了意见和建议；通过了一批政协干部的人事任免和政协委员的终止和增补。

三、第二届常委会会议

2007年11月至2012年11月，先后召开25次常委会。

2008年6月20日，蒸湘区二届政协召开第三次常委会，听取和审议了区人口和计划生育工作情况的报告，建议发扬优点，突破难点，主攻重点，克服弱点；听取和协商了全区重点工程建设情况的汇报，建议加紧启动新项目、加快完成老项目、加速推进大项目；建立和完善重点工程建设的各项管理制度，抽调骨干力量成立重点工程建设办公室。对此，区人民政府于2008年9月成立区重点工程建设管理小组办公室。

2009年6月4日，区二届政协召开第八次常委会，会议听取和审议了区人民法院工作情况的汇报，常委们建议：要追求审判工作的综合效益；要注重发挥联动机制作用；要扩大人才储备，优化队伍结构。在听取全区民营经济发展情况的汇报后，常委们建议，要根据实情，制定出本区民营经济总体发展规划和阶段性发展目标，走专业、特色、规模、品牌之路；要重点扶植钢管深加工产业链，发展壮大钢管配套产业群，做大做强园区坐落企业，加快园区扩展步伐。

2010年6月8日，区二届政协第十三次常委会听取了区环保工作情况汇报，建议要着力抓好环境监管，对辖区内的工业、企业、餐饮业污染的监督结果适时予以公布；要做到执法与发展兼顾、预防与治理并举，文明执法、防止以罚代管；要继续加大环保法律法规宣传力度，注意宣传形式的多样性、有效性。会议听取了全区发展与改革工作情况的汇报，建议要积极向上争取项目建设资金，加大争资跑项力度；要强化政府投资项目的监督管理，严格实施项目法人责任制、工程监理制、施工合同制及质量终身责任制；要加强经济运行的监测、预测、预警工作，准确把握经济运行中的苗头性、倾向性问题，及时研究对策。

2011年8月9日，区二届政协第十八次常委会听取了区民政局关于社会救助工作情况汇报，建议要增加投入，完善救助资金筹资体系；部门联动，完善社会综合救助体系；政策扶持，完善救助工作造血体系；进一步加强民政资金的监管力度。会议听取了区人社局关于社会保险工作的情况汇报，建议要进一步提高认识，为民谋最大的福祉；进一步做好、做实、做强社保工作，切实发挥社会保障“减震器”“安全阀”的作用；要加大社保政策的宣传力度，做到社保政策家喻户晓；要加强政策研究，全面提升全区社会保障水平。

2012年5月29日，区二届政协第二十三次常委会听取了区城管办主任周世忠关于城市管理工作的汇报,建议要进一步理顺体制,提高城管人员执法能力和综合素质;要进一步提高认识,增强信心,更好发挥城市管理在构建和谐社会中的作用;要增强责任意识,切实解决城市管理中的热点难点问题;要进一步创新工作机制,加大宣传力度,提高市民素质,形成齐抓共管的合力。

第四章　履行政协职能

第一节　政治协商

一、整体协商

区政协每年一次的全体委员会议,因时间集中、委员集中、领导集中,是委员政治协商的好机会。每次全会,委员们认真听取政府工作报告、计划报告、财政报告、法院工作和检察院工作报告,并组织开展讨论,对事关全区政治、经济、文化和社会生活中的重大问题进行整体协商,充分发表意见;在一、二届政协全会上,区政协安排了29名委员大会发言,分别就某一方面的工作,向区委、区政府提出意见与建议;在全会期间和全会后,委员们通过自身感受、调查研究和听取民意,抓住全区工作中的热点、难点问题,积极撰写提案,提出合理化建议,许多建议纳入领导决策范围。

二、专题协商

区政协常委会、主席会是专题协商的重要形式,具有较强的针对性、时效性。2001年5月至2012年12月,区委、区政府先后安排了蒸湘区基本区情、战略定位、工作思路、扩大财源、中小学校调整布局、"普九"教育、打击刑事犯罪、调整农业产业结构、搬迁机关大院、政府机构改革、科技工作、城市建设与管理、民营经济发展等27个专题与政协常委会或主席会议进行协商讨论。2002年1月15日,区政协邀请区委书记李安平、区长徐建中、副书记毛菊桂、常务副区长曾巧敏、区委办主任祝和东、副区长罗为广参加政协主席会议,协商由政协主动提出的7个方面的问题,即:雨母山的开发、呆鹰岭的定位、立新开发区的管理、城市拆违后的善后处理、为大中型企业的服务、杨柳工业园的论证、全区经济工作的力度与政策。听完政协主席、副主席的发言后,书记、区长分别表态:站得高、看得远,抓住了蒸湘区当前经济工作的要害,马上召开党政联席会研究,纳入工作规划和行动方案。这次协商,成为郊区、蒸湘区最重要的一次政治协商。

三、对口协商

从2001年开始,区政协4个专门委员会,按照各自职责,分别与区委、区政府的各部、办、委、局建立对口联系制度,专委会人员适时参加各部门的重要会议、重大活动,随时沟通情况、交换意见。除此之外,每年还召开相关部门联席会,进行对口协商,形成了一条畅通的协商渠道。

第二节　民主监督

一、监督评议

2001—2012年，每年安排2－3个单位为监督评议对象。区政协事先派出调查组，对被监督评议单位的工作情况进行调查，然后召开政协常委会，分别听取被监督评议单位主要领导的工作汇报和调查组的情况介绍，常委们充分发表意见，进行监督评议。12年中，区政协常委会共听取了31个单位的工作汇报，并进行了监督评议。

二、视察监督

为了及时了解各部门、各方面的工作情况，发现问题，区政协有计划、有步骤地安排专项视察。2001年5月至2012年12月，共安排了公安执法、中小学收费、减轻农民负担、背街小巷改造、社区救助服务、幼儿教育、通村公路建设、廉租房建设等67个专项视察。委员们在深入实地调查、掌握第一手材料的基础上，充分发表自己的意见和建议，促进了部门、单位工作，发挥了民主监督作用。

三、行风监督

2003年，根据工作需要，区政协挑选了38名政治素质高、责任心强的委员分别担任公、检、法、工商、税务、文化部门特邀监督员。他们不断听取群众意见，随时保持与部门沟通，有效地推动了这些部门的依法行政和公正执法，提高了执法人员的廉洁意识，转变了作风和行风。

第三节　参政议政

一、参与中心工作

据2005年统计，全区有40余名政协委员创办工厂、承包企业，安排就业人员3000余人。一、二届政协期间，区政协机关负责联系长湖乡的全面工作、呆鹰岭镇新民村的计划生育工作及衡邵社区居委会的社区建设。3位驻会正副主席各联系一个点外，还分别负责全区园林式单位创建及立新机电市场筹备、船山西路改造、红湘南路延伸、南华大学北大门旧城改造、蒸湘雅郡等重点工程建设，均全力以赴、尽心尽责。特别是在抗洪抢险、抗治非典型性肺炎、预防禽流感、抗冰救灾等突击工作中，政协各组成单位和广大政协委员都始终战斗在群众最需要的地方。在2008年抗冰救灾工作中，区政协委员、环卫局局长罗锡桂（女），既当指挥员，又当战斗员，由于体力透支，不幸摔伤，导致左手腕骨粉碎性骨折。她重伤不下火线，经包扎固定后，又回到抗冰救灾第一线。群众推评她为抗冰救灾"感动衡阳人物"。政协委员黄伟生、曹国富，为发展鸡窝山饮食服务一条街，积极与业主洽谈店面，协调关系，并多次与电业部门协商，共筹集资金400万元，架通供电专线，确保投资业主和沿线居民用电。副主席王国保在联系雨母山乡新中村新农村建设时，为该村争取项目资金40万元，建成一个200余亩的油菜基地，为农业增产增收打下基础。

二、开展专题调研

2001年5月至2012年12月，区政协围绕改革发展大局，先后分批次组织政协委员就整合教育资源、人才培养引进、特色农业发展、社会管理创新、征地拆迁安置、城中村改造等重点课题开展调研,形成42篇调查报告,起到了积极的参政议政作用。2001年5月蒸湘区成立前后,由区委书记李安平亲自出题,区政协主席贺湘涛牵头,组织区直机关44名干部组成6个课题调研组,通过40余天的调查研究,写出6份调研报告,为区委、区政府掌握新区区情,研究新区发展思想,提供了决策依据。2008年下半年,为营造优越的经济发展环境,区政协组织部分政协委员深入各重点工程和相关职能部门,对全区征地拆迁情况进行深入调研,发现了一些急需解决的问题,在调研报告中提出4条合理化建议,得到区委、区政府的认同和采纳。该调研报告同时受到市领导的高度认可,2009年2月作为市政协全会发言材料,向全市予以推介。

三、组织委员视察

2002—2012年,区政协在第一、二届任期内,先后对中小学危房改造、背街小巷改造、片区提质改造、退耕还林工作、市场管理工作、水利设施状况、食品药品管理、村级公路建设、青少年思想道德建设、社区卫生服务中心建设和廉租房建设等11个方面的工作组织委员进行了专题视察。视察过程中,委员们看现场、查资料、听汇报,并且听取群众意见。根据视察项目中存在的问题和困难,有针对性地提出意见和建议,供区委、区政府及职能部门参考。

第四节　提案工作

一、提案收转督办

2002年12月至2007年11月,区政协一届会议期间,提案委员会共收到委员提案363件,其中委员个人提案279件,联名提案84件。经审查,将内容相同的19件合并为8件,2件作来信处理,实际立案350件。这些提案,有312件交区委、区政府31个部门、6个乡镇(街道)办理,有38件因蒸湘区职权所限,不便办理,由提案委员会请该区的市政协委员,以他们名义报送市政协交市直有关部门办理。区承办单位对312件提案回复率为100%,委员对回复满意或基本满意率达90%以上。

委员曾国富、华勋环在一届一次会议上提交的《关于调整农业产业结构、促进农业产业化》提案,建议引进高新技术、优良品种,加强农民培训、引导农民闯市场。区农办积极行动,牵头组织,在2003年建成部分特色村。其中,雨母山乡雨母村建成连片鱼塘1000余亩,二塘村、湘桂村建成千亩葡萄生产示范片,呆鹰岭镇振兴村建成养猪专业村,户平饲养牲猪20-30头。

委员陈群慧在一届一次会议上提交的《关于搞好原衡西市场拆违后的整合与美化的建议》提案,建议对衡西市场科学规划、招标开发。红湘街道、区建设局等单位在区政府主管领导组织下办理落实,投资500万元把原衡邵路改造为长560米,宽13米仿古商业步行街。

2007年11月至2012年12月,区政协二届会议期间,提案委员会共收到委员提案404件,经审查立案395件,转市有关部门办理32件,本区办理363件,承办单位回复率100%,委员对回复满意的288件,占79.34%;基本满意的75件,占20.66%。

委员王成纲在二届一次会议上提交的《高度重视解决失地农民生活出路问题》的提案,认为城市扩建,大量土地被征用,不少农民失去了赖以生存的土地,导致就业、生活等方面出现了暂时困难,建议采取有效措施解决这一问题。区委、区政府对此十分重视,先后组织人员对失地农民情况进行了专题调研,开办了失地农民就业辅导培训班,不断向失地农民提供就业信息,并于2009年在全市率先将失地农民纳入社会养老保险。

委员李艳在二届四次会议上提交的《加大教育投入,从根本上解决区实验小学“大班额”问题》的提案,区教文体局积极采纳，从多方面争取资金920万元，在实验小学、立新小学等学校新建教学楼9000平方米，增加学位2400个，有效缓解了小学“大班额”难题。

委员刘衡学、肖跃莲分别在二届四次会议上提交的《关于提高我区产业承接转移能力的对策的建议》《重视东西部劳动密集型产业转移》的提案，区商务局、发改局联合办案，主动发布招商信息，采取小分队招商、网络招商、以商招商等办法，年内承接沿海地区产业转移的20余个企业落户该区，这些企业共投资5亿余元，安置劳动力1000余人。

二、优秀提案目录

2002年12月至2007年11月蒸湘区政协第一届委员会优秀提案目录

表15－2

年　度	案　号	提案者	案　　由
2003年第一次全会	第33号	邓立安、肖东北	关于加强非公有制经济组织中中共党组织建设问题的建议
	第44号	何　灿	关于加强征收个人所得税工作的建议
	第77号	唐超良	区四大机关早日搬迁，拉动我区经济发展
	第3号	陶国英	进一步加强社区综合治理，创建良好的社会治安环境
	第18号	陈群慧	关于搞好原衡西市场拆违后的整合与美化的建议
2004年第三次全会	第4号	付丽薇	招商引资应建立奖励机制
	第27号	刘衡学	关于加强网吧管理的建议
	第33号	李诗凡	必须加强对外来租住人员的管理
	第53号	陶国英	关于进一步加强社区建设的几点建议
	第58号	谢云亚	关于加强我区区、乡镇（街道）企业改制工作的建议
2005年第四次全会	第47号	阳德衡	优化经济环境，促进国企发展
	第49号	陶国英	创新务实，加快社区建设步伐
	第50号	王圣初	大力发展民营经济，培育新的财源增长点
	第46号	罗葭初	加强基层文化建设，繁荣蒸湘文化事业
	第70号	刘克幼	关于建立“爱心档案”长效机制的提案
2006年第五次全会	第23号	周建明	关于采取综合措施制止上访人员堵区政府机关大门行为发生的建议
	第36号	谢先铸	征用农村土地应给被征地农民留足生产、生活用地
	第39号	何　莉	关于加强我区环保工作的几点建议
	第60号	易光辉	调整产业结构，提升本区产业竞争力
	第10号	陆魁财、王春生	关于请求解决雨母山乡百姓办事、机关干部上班乘车难的提案
2007年第六次全会	第12号	刘衡学	坚持新型工业化方略，加快推进工业化进程
	第51号	何　灿、朱　坤	关于提高社区居委会管理人员待遇的建议
	第31号	候光昆	营造良好环境，建设好管材新加工工业园
	第25号	周建明	关于切实加强村级收入票据管理的建议
	第27号	谭德云	关于加固改造立新小区防洪排涝设施的提案

2007 年 11 月至 2012 年 11 月蒸湘区政协第二届委员会优秀提案目录

表 15－3

年　度	案　号	提案者	案　　由
2008 年第二次全会	第 45 号	陈智荣	重新定位雨母山,迅速启动其开发
	第 82 号	肖朝晖、刘骏驰	关于对我区公务员、科技人员实行定期健康检查的建议
	第 34 号	王成纲	高度重视解决失地农民生活出路问题
	第 52 号	黄伟生	关于加强呆鹰岭镇工业园聚集区建设的提案
	第 63 号	莫运国	关于解决我区黄沾塘马路建设问题的提案
2009 年第三次全会	第 3 号	刘衡学	关于加快搬迁市中心客运站,尽快建成商业步行街的建议
	第 18 号	何　灿	关于做好我区新机关大院管理工作的建议
	第 62 号	彭清林	失地农民的安置事关项目的引进及蒸湘区的发展
	第 33 号	刘巧兰	加强科技人才队伍建设,努力提高蒸湘发展动力
	第 1 号	王聪颖	积极引导返乡人员自主创业
2010 年第四次全会	第 8 号	陈智荣	关于加快长湖片区开发进度,打造现代“长湖新城”的建议
	第 12 号	周　清、吴兰湘	关于在新区机关大院门前路段设立安全标识的建议
	第 13 号	许兴贵	关于规范食品安全管理的提案
	第 70 号	肖跃莲	重视东西部劳动密集型产业转移
	第 67 号	刘永春	关于禁止在已征用土地上私自抢建房屋、抢种苗木的建议
2011 年第五次全会	第 37 号	周丽华	关于农村建房管理的建议
	第 24 号	王成纲	以区政府搬迁为契机,开发建设长湖片区
	第 25 号	郑成庚	加大拆迁力度,优化投资环境
	第 7 号	刘　新、朱　坤	关于在乡镇街道成立老年托管中心建议
	第 70 号	尹冬英、宁玉英	关于增加中心汽车站公交运营线路、完善配套设施的建议
2012 年第六次全会	第 1 号	汤九生	维护人身健康,切实抓好公众食品安全监管
	第 6 号	徐延文	规范城边农村住房建设的建议
	第 56 号	李　艳	建立区域性文化建设的长效机制
	第 58 号	杨光伟	建议拆除西合铁路,改建为公路
	第 68 号	何　灿	关于我区党政机关实行阳光财务的建议

第五节　文史征编

文史工作是人民政协工作的一项重要内容。在文史工作中,区政协坚持为人民服务、为社会主义经济建设服务的方针,坚持实事求是和存真求实的原则,突出“三性”(统战性、史料性、可读性)、“三亲”(亲见、亲闻、亲历)特色,从 2001 年至 2012 年底,区政协共征集各类文史资料 120 余万字,其中,为市提供资料 8 万余字,为省提供资料近 1 万字。

2001 年 8 月,出版发行《衡郊文史(第四辑)》,共 7.83 万字。

2008 年 2 月,出版发行蒸湘区政协工作回眸第一辑《风雨同舟》,共 86 幅彩照 13.35 万字;第二辑《光辉历程》,共 16.26 万字。

2012 年 12 月，出版发行蒸湘区政协工作回眸第三辑《和衷共济》，共 84 幅彩照 36.54 万字。

第六节　社会服务

2001—2004 年，区政协委员积极开展“写一件提案、提一条合理化建议、办一件实事、反映一条社情民意”的“四个一”活动；2005 年开展“五个一”活动（增加“介绍一位引进资金或技术的客商”）；2006—2010 年开展“六个一”活动（增加“参与一次学习议政活动”）。10 年中，政协委员为人民群众办实事、好事 6000 余件；反映社情民意 960 余条；组织开展送医疗、送科技、送法律“三下乡”活动 75 次，义务诊疗数万人次，赠送科技、法律知识读本 8400 余册；组织政协委员扶贫帮困、支援灾区、捐资助学，支持地方和家乡建设共计捐款 1480 余万元。如：罗俊娥委员所带领的市安荣房地产有限公司累计捐款 1000 万余元，其中重修衡阳市石鼓书院捐款 260 万元，支援谭子山镇修路 110 万元，支援农村改水改厕、硬化鱼塘捐款 53 万元，资助双峰县新建一所希望小学 25 万元。张扩军委员以个人名义和公司捐款方式出资 70 万元为家乡建校、修路、支助贫困学生、支援社区建设。欧阳敏委员为家乡修路捐款 17.8 万元，为汶川、玉树地震和衡阳冰灾捐款 6 万元，为光彩事业捐款 3 万元。许清武委员一次性捐助扶贫款 15 万元。谢晨飞委员从 2005 年起，每年为南华大学贫困学子提供 10 个免费住宅指标，并为 40 个贫困学生提供勤工俭学岗位。肖跃莲委员身残志坚，不等不靠，用自己的双手创办蒸湘腾跃工艺厂、蒸湘明莲服装服饰有限公司，解决 1300 余人的就业问题，其中安排残疾人 181 人。李丽委员 1 岁多时患上小儿麻痹症，40 岁时又遭遇严重车祸，她以自己病痛身残种种磨难和数次工作屡屡受挫的人生经历，去感化教育人们，热情服务社会，先后多次被邀请到湖南、陕西等省市监狱、戒毒所及大、中、小学巡回演讲，听众达 10 万余人次，她给上述人员回信 1000 余封，接听电话 800 余个，寄送书籍 500 余本。使一些服刑人员立功减刑，帮助近百名厌学儿童重返校园，数十名中学生戒除网瘾，近万名学生树立起自信心。同时，义务推荐、安置 52 名两劳刑释刑解人员就业。

附一：历届区政协委员名单

一届一次会议委员名单（142 人）

（一）中共界

毛菊桂	邓三德	汪仲兆	钟柏喜	单辅仁	陈爱初
肖金元	周世忠	陆魁志	税外清	刘　煜	朱传阶

（二）工会、青联、妇联界

黄荣华（女）	陈群慧（女）	刘克幼（女）	何　灿	李跃秀（女）	李昌荣（女）
夏　冰	付丽薇（女）	曾　萍（女）	刘　平	何　莉（女）	陶国英（女）
周继凤（女）					

（三）工商联界

陶敦建	肖东北	莫运庆	蒋安荣	王圣初	刘光辉
刘文革	刘雄鹰	刘晓舟	熊新文	苏　勇	欧阳敏
许清武	陆魁明	谢晨飞	胡罗雄	王继秋	

（四）农林科技界

丁平涛	许先西	李伯利	袁良意	陈绍林	闵会林

曾国富	陆魁会	胡金山	王春生	伍南华	王吉秀(女)
华勋环	林金昌	王友良	胡起源		

(五)经济界

阳德衡	肖　红(女)	刘庆平	周扬民	欧阳建虹(女)	唐先国
符欣荣(女)	刘　钧	刘少华	邓春耕	周奕琼	沈运军
刘衡学(2006年转入工商联界)		凌　飞	唐小波	黄文洁	刘晓明
谢　卫	陈　熹				

(六)教育文体界

谢鸿飞	云　平	李鸽鸣(女)	傅戈雁	何鹤林	陈　明
邹少民	李竹华	陆秀颀	周能荣	黄红梅(女)	朱　坤
黄　艳(女)	周书成	王曼娟(女)			

(七)医药卫生界

杨艳斌(女)	颜小平	刘骏驰	罗福玲(女)	罗葭初	尹熙明
范水莲(女)	陈雄新	肖朝辉	易光辉	曾海燕(女)	

(八)城管城建界

胡田生	谢云亚	陈素生	周雪徕	李诗凡	何加倦
陈金生	凌成国	谢培亮	江常军	杜亚玲(女)	郭履建
陆秀喜	肖功利				

(九)台、侨属,宗教、少数民族界

唐超良	李　丽(女)	邓立安	蒋世杰	文书广	王代初
释慧如	释净裕	刘　慧(女)	朱大慧(女)	张晶晶(女)	刘建朴(女)

(十)特邀

陆魁伟	周建明	肖芳云(女)	谢显良	洪余剑	刘国永
汪礼禄	肖东生	孙祁安	潘国庆	唐立清(女)	杨顺利
傅长胜					

2003年3月14日,增补谢先铸(中共界)、肖松伯(特邀)、杨安平(特邀)、李桂生(特邀)、粟晓(特邀)、文斌(中共界)、尹佳仲(经济界)、张华杰(工商联界)为委员,同日,汪仲兆、肖芳云(女)、洪余剑、刘煜辞去委员职务。

2004年2月16日,增补吴兰湘(女,工青妇界)、龙建华(经济界)、唐续武(中共界)、许刚全(城管城建界)、黄金界(工商联界)、王植(工商联界)、唐国华(教育文体界)、李祝民(工商联界)、谭德云(特邀)为委员。同时,免去肖东北、何加倦、朱传阶、罗福玲(女)、李昌荣(女)、李跃秀(女)、傅戈雁、熊新文委员职务。

2005年2月25日,增补陈政军(特邀)、肖湘鹏(城管城建界)、曾庆林(经济界)、黄伟生(特邀)、罗俊娥(女,工商联界)、邓冬福(女,工青妇界)、肖军生(城管城建界)、欧红波(中共界)、李柄宏(工商联界)、陆魁财(农林科技界)、许秋生(农林科技界)、申健美(女,工青妇界)为委员。同日,蒋安荣、肖松柏、尹熙明、周奕琼、秾外清、符欣荣(女)、陆魁会、刘光辉、周书成辞去委员职务。

2006年2月10日,增补罗远光(城管城建界)、伍松青(中共界)为委员;同日,欧红波、邹新民辞去委员职务。

2006年5月24日,增补刘著章(特邀)、彭顺利(特邀)、易艳云(女,特邀)、旷金秀(女、工商联界),胡淆琼(经济界),侯光昆(经济界)为委员;同日,李桂生、汪礼禄、粟晓、杨安平、肖军生、单辅仁辞去委员职务。

二届一次会议委员名单(153人)

(一)中共界

毛菊桂	彭伟初	刘峥嵘	吴兰湘(女)	邓　勰	唐续武
汤九生	陆魁志	李康平	刘湘涛(女)	庾文斌	陈爱初
刘英毅	谭湘民	肖湘鹏	潘国庆		

(二)工会、青联、妇联界

邓冬福(女)	阳素华(女)	何　灿	何　莉(女)	刘　平	桂若钢
滕丽华(女)	沈少利	刘　芳(女)	陈忠宏	周丽华(女)	申健美(女)
王聪颖(女)	王　菁(女)	尹冬英(女)	黄圣荣	胡玲琳(女)	

(三)工商联界

陶敦建	刘衡学	杨顺利	李向东	王春生	周双喜
肖跃莲(女)	曾庆善	欧阳敏	陆魁明	旷金秀(女)	雷激扬
曹顺娥(女)	高成钢	张扩军	彭清林	刘晓舟	

(四)农林、科技界

陈金生	李伯利	胡金山	谢显良	肖高华	王吉秀(女)
伍南华	王宗国	尹立君	陈金龙	王　林	宁玉英(女)
高翊杰	唐云飞	魏后冲	刘巧兰(女)	谭建龙	

(五)经济界

刘向东	黄文洁	陈智荣	周玉霖(女)	龙建华	魏　艳(女)
汤永忠	许清武	刘　钧	莫运国	张邦国	谢庭知
罗俊娥(女)	胡淆晾	谢　卫	张春贵(女)	王祥衡	张　强

(六)教育文体界

云　平	李　艳(女)	陈其芳(女)	周能荣	陆秀颀	伍月英(女)
曹玉平	周益群	魏启生	仇　辉	陈　明	刘朝晖
杨光伟	许朝辉	杜勋云			

(七)医药卫生界

颜小平	刘骏驰	罗葭初	瞿红樱(女)	谢品刚	范水莲(女)
周洪华	胡志祥	肖朝辉	易光辉	唐国华	唐朝克

(八)城管城建界

罗锡桂(女)	江常军	朱平均	郑成庚	刘绍生	陈晓斌
陆秀喜	张基彬	夏永红(女)	凌成国	陈锡娥(女)	欧吉青
刘永春	赵小平				

(九)台、侨属,宗教、少数民族界

王国保	文书广	唐超良	邓立安	向玉萍(女)	汤向平
马再群	伍春晖	许兴贵	李　丽(女)	肖万义	

(十)特邀

陈政军	黄伟生	唐立清(女)	孙祁安	王　惠(女)	王成纲
李祝民	彭秀富	全碧雄	易艳云	朱　坤	彭顺利
刘著章	肖东生	曾云治			

2008年4月21日,增补罗湘衡(中共界)、宋萍(女,教育文体界)、肖霞(女,城管城建界)为委员;同日,陈爱初辞去委员职务。

2009 年 2 月 17 日，增补张贵香(女、医药卫生界)、申弼(中共界)、吴利生(特邀)、罗琼(女、工青妇界)、郑刚(特邀)、周清(中共界)、徐延文(农林科技界)为委员；同日，李康平、陆魁志、彭顺利、黄伟生、张强辞去委员职务。

三届一次会议委员名单(171 人)

(一)中共界

汪秋明	彭伟初	刘峥嵘	盛 夏	周 清	申 弼
贺才利	肖隆喜	廖志娟(女)	曹湘玲(女)	廖俊平	李康平
邓 成	彭澄清	刘 芳(女)	邹泽南	雷少林(女)	邓小华
杨小林					

(二)工会、青联、妇联界

吴兰湘(女)	刘湘涛(女)	朱天宝	李 璞(女)	王含章(女)	王济菊(女)
何 灿	胡玲琳(女)	龙 芳(女)	夏永红(女)	胡爱华(女)	肖 霞(女)
邹红艳(女)	周 辉(女)	谢美玲(女)	殷 青(女)	尹 骅(女)	王 菁(女)

(三)工商联界

谢云亚	唐续武	高翊杰	赵训海	李锦华(女)	李意辉
彭晨哮	吴大银	谢庭知	周玉霖(女)	王 惠(女)	梁丽娟(女)
赵英豪	李 辉	马再群	罗 强	王祥衡	黄圣荣
胡淯晾					

(四)农林、科技界

刘巧兰(女)	李伯利	董 军	宋 璟(女)	邓仕祝	陈金龙
罗林生	彭飞霞(女)	刘 滨	褚秋元	肖高华	廖先满
肖文志	黄文洁	王红中	李建国	陆 宁	

(五)经济界

汪仲兆	陈智荣	刘向东	廖章海	邓 勰	唐继红(女)
周益群	邹彦元	曾海斌	谢云勇	陈智慧	李永桥
肖晓春(女)	刘新红	梁 洪	张扩军	刘 健	尹冬英(女)
马蕊红(女)					

(六)教育文体界

云 平	罗葭初	李 艳(女)	王 岳	江春燕(女)	魏启生
邹建设	管顺国	续 翔	陈雄新	陈云新	熊正为
王 琦(女)	吴晓宏(女)	李秀红(女)	廖春虹(女)	张中兰(女)	

(七)医药卫生界

陈金生	颜小平	谢品刚	范水莲(女)	彭 琳	张贵香(女)
唐朝克	周洪华	肖平红(女)	王德明	黄余良(女)	瞿红樱(女)

(八)城建城管界

周世忠	李桂生	张少清	江常军	晏建才	曹爱平(女)
肖挽澜	唐运华	李德斌	欧慰星	袁华利	彭 钢
刘永春	赵小平	张 隽	秦文涛	周中平	陈高军
蒋昕呈					

(九)台、侨属，宗教、少数民族界

文书广	聂 虹(女)	张 楠(女)	蒋珍萍(女)	王理炎	刘建华

谢芸鸿(女)　肖跃莲(女)　朱　斌　姜志胜　唐超良　葛　明

(十)特邀

刘友良　滕丽华(女)　李凤发　张伶俐(女)　谢力平　金应灵
刘德楚　陈卫兵　龙煌耀　杨光伟　封鹏飞　冯赛松
龙　斌　颜娟华(女)　高尚海　陈美琼(女)　孙祁安　陈国安
黄露青(女)

附二:蒸湘区任湖南省、衡阳市政协委员名录

1998年2月至2003年2月蒸湘区任政协湖南省第八届委员名录

表15－4

党派与界别	姓　名	性别	出生年月	工作单位及职务
民　盟	甘润良	男	1963.4	南华大学医学院肿瘤研究所副所长、民盟市委主委、衡阳市政协副主席(兼)
九　三	王超然	男	1935.2	衡阳卫校高级讲师、九三学社衡阳市委主委、衡阳市政协副主席(兼)
教　育	何彬生	男	1953.7	湘南医学专科学校校长

2003年2月至2008年2月蒸湘区任政协湖南省第九届委员名录

表15－5

党派与界别	姓名	性别	出生年月	工作单位及职务
中　共	刘增科	男	1947.10	中共衡阳市委副书记、衡阳市政协主席
民　盟	甘润良	男	1963.4	衡阳市政协副主席(兼)、民盟衡阳市委主委、南华大学肿瘤研究所副所长
工商联	刘国思	男	1954.9	衡阳市政协副主席(兼)、衡阳市工商联合会会长
民　进	欧阳展之	男	1948.11	衡阳市政协副主席(兼)、衡阳市文化局副局长、民进衡阳市委主委
经　济	陈绍林	男	1963.3	衡钢集团公司技术中心主任工程师
民　进	李龙华	男	1959.12	衡阳市中凌能源实业有限公司董事长兼总经理、衡阳市海联会副会长、衡阳市台联副会长
中共民盟	刘启静	男	1964.10	衡阳市科技局副局长
中　共	李桂英	女	1950.6	衡阳市总工会副主席

2008年2月至2013年2月蒸湘区任政协湖南省第十届委员名录

表15－6

党派与界别	姓名	性别	出生年月	工作单位及职务
中　共	王雄飞	男	1957.5	中共衡阳市委副书记、纪委书记
中　共	伍祥乐	男	1957.7	衡阳市总工会党组书记、副主席
中　共	刘伦策	男	1952.6	中共衡阳市委常委、统战部部长
中共民盟	刘启静	男	1964.10	衡阳市科技局副局长
工商联	刘国思	男	1954.9	衡阳市政协副主席(兼)、衡阳市工商联合会会长
农　工	许满意	女	1953.3	衡阳市人民政府副市长、农工党衡阳市委主委

续表 15－6

党派与界别	姓名	性别	出生年月	工作单位及职务
医药卫生	何淑雅	女	1957.9	南华大学科技处处长、生命科学与技术学院生化与分子生物学研究所所长、硕士生导师
经　济	吴国军	男	1968.8	衡阳钢管(集团)有限公司发展部战略室主任兼并购室主任
民　进	欧阳展之	男	1948.11	衡阳市政协副主席(兼)、民进衡阳市委主委、衡阳市文化局副局长
农　业	彭素云	女	1965.2	衡阳市农产品质量检验检测中心主任

1998 年 3 月至 2003 年 3 月蒸湘区任政协衡阳市第八届委员名录

表 15－7

党派与界别	姓名	性别	出生年月	工作单位及职务
民　盟	唐显庆	男	1957.4	南华大学医学院基础部组胚室主任
民　进	李少友	男	1939.11	衡阳市教委副主任、民进市委主委(兼)
农　工	李祥庆	男	1940.12	农工党市委前进诊所
九　三	王超然	男	1935.2	衡阳市政协副主席(兼)、九三学社市委主委、衡阳卫校高级讲师
九　三	文远猷	男	1942.5	衡阳卫校讲师
共青团	欧阳惠斌	男	1963.10	南华大学计算机学院电工教研室副主任
总工会	朱太璋	男	1950.10	衡阳市交通局工会主席
妇　联	龙　玲	女	1942.8	南华大学医学院数理教研主任
青　联	吴　起	男	1968.11	衡阳市公安局郊区、蒸湘区分局副局长
工商联	李湘衡	男	1950.12	衡阳市金狮公司董事长
科　协	杨和平	男	1958.9	南华大学医学院分子生物中心
科　协	何进中	男	1943.1	衡阳市郊区农业局干部
经　济	李寅初	男	1945.8	衡阳电业局党委书记
经　济	周力群	男	1956.5	衡阳钢管厂总工办副总工程师
教　育	周国强	男	1952.3	衡阳市教委副主任
教　育	谢鸿飞	男	1949.5	衡阳市郊区、蒸湘区政协副主席(兼)、衡阳市郊区一中校长
医药卫生	许雪君	女	1942.12	衡阳市中医院内科主任
特　邀	万克平	男	1952.10	衡阳市蒸湘生活炉具厂厂长
特　邀	王玉屏	男	1938.9	衡阳市农业局干部
特　邀	尹启建	男	1949.7	衡阳市雁胜实业发展公司经理
特　邀	刘晓星	男	1966.4	衡阳新世纪实业有限公司总经理
特　邀	陆魁寿	男	1965.10	衡阳市郊北塘建筑公司经理
特　邀	单文周	男	1954.9	衡阳市农业局副局长
特　邀	贺湘涛	男	1945.2	衡阳市郊区、蒸湘区政协主席
特　邀	聂运生	男	1955.3	衡阳市交警支队队长

2003年3月至2008年3月蒸湘区任政协衡阳市第九届委员名录

表15－8

党派与界别	姓名	性别	出生年月	工作单位及职务
中 共	朱玉萍	女	1961.9	衡阳市政协副主席、华新开发区管委会主任
中 共	刘增科	男	1947.10	中共衡阳市委副书记、衡阳市政协主席
中 共	肖金莲	女	1955.2	中共衡阳市委统战部副部长
中 共	肖逢春	男	1948.10	中共衡阳市委副秘书长
中 共	何友平	男	1949.2	衡阳市政府副秘书长
中 共	陈树生	男	1963.2	中共衡阳市委宣传部副部长
中 共	蒋先勤	男	1956.5	中共衡阳市委组织部副部长
中 共	谢理国	男	1948.7	Q中共衡阳市委政法委副书记
民 革	王以群	女	1958.6	南华大学期刊社副社长
民 革	邓定林	男	1960.9	衡阳市蒸湘区立新法律服务所主任(司法局)
民 革	刘君龙	男	1966.4	衡阳市水利局排灌站副站长
民 革	赵 宇	男	1962.8	衡阳市电业局高压运行管理所所长
民 盟	甘润良	男	1963.4	衡阳市政协副主席(兼)、民盟衡阳市委主委、南华大学肿瘤所副所长
民 盟	朱开悉	男	1964.7	民盟衡阳市委副主委(兼)、南华大学经济管理学院院长
民 盟	吴端生	男	1956.4	南华大学实验动物学部主任兼实验动物学教研室主任、实验动物学研究室主任
民 建	万克平	男	1952.10	蒸湘锅炉厂厂长(衡阳市衡祁路107号)
民 建	李鹏飞	男	1967.10	衡阳市审计局副局长、民建衡阳市委副主委(兼)
民 建	赵幸福	男	1964.6	衡阳市国税稽查局副科长
民 建	颜学良	男	1964.11	衡阳市财政局产权科副科长
民 进	欧阳展之	男	1948.11	衡阳市政协副主席(兼)、衡阳市文化局副局长、民进衡阳市委主委
农 工	龙双涟	男	1964.4	南华大学组织胚胎学教研室科研秘书、副教授
农 工	刘吉元	男	1964.9	农工党南华总支副主委、南华学报编辑部主任
无党派	许云生	男	1965.4	衡阳市物价局副局长
共青团	冯海艳	女	1975.7	共青团衡阳市委副书记
总工会	朱太璋	男	1950.10	衡阳市交通局工会主席
总工会	肖买松	男	1948.12	衡阳市总工会副主席
总工会	庞胜进	男	1949.10	衡阳市工商局副局长、副书记
妇 联	华连生	女	1958.3	蒸湘区妇联主席
妇 联	李康莲	女	1956.3	衡阳市乡镇企业局人事科科长
妇 联	彭利军	女	1954.8	衡阳市妇联副主席
妇 联	曾海燕	女	1969.1	衡阳市政府行政复议应诉科科长
青 联	陆伟国	男	1968.10	方正证券衡阳营业部总经理助理(蒸湘区常胜西路)
工商联	尹启建	男	1949.6	衡阳市雁胜实业有限公司董事长(衡祁路188号)
工商联	刘国思	男	1954.9	衡阳市政协副主席(兼)、衡阳市工商联会长
工商联	李湘衡	男	1950.12	衡阳市鼎望贸易有限公司董事长(衡阳市解放西路联合村泉塘4号)

续表 15-8

党派与界别	姓名	性别	出生年月	工作单位及职务
工商联	邱祖政	男	1951.5	衡阳市西园蔬菜批发市场董事长
工商联	范千政	男	1959.7	衡阳市千高实业有限公司董事长(华新开发区新北街16号)
工商联	黄长庚	男	1949.10	衡阳市工商联副会长
工商联	蒋　俭	男	1955.1	衡阳市大昌家居建材公司董事长(华新开发区日鑫建材市场)
工商联	蒋化日	男	1953.10	衡阳市工商联副会长
社科联	肖天野	男	1957.1	衡阳市农业发展银行行长
社科联	黄隆顺	男	1947.9	衡阳市社科联主席
台　联	张元初	男	1953.2	衡阳市台联会长、衡阳市高新技术开发区副主任
台　联	高雪梨	男	1962.1	衡阳市天驰药品有限公司董事长(衡邵路2号)
台　联	唐超良	男	1964.11	衡阳市聚源物资实业公司经理(蒸湘区联合街道天马山南路)
台　联	谭家益	男	1957.9	衡阳市台联公司总经理
侨　联	单新元	男	1948.3	衡阳市侨联副主席
侨　联	梁红丽	女	1960.12	衡汽集团财务科
科　技	尹卫东	男	1957.2	南华大学基础医学院副院长
经　济	杨光伟	男	1962.5	衡钢集团人力资源部干部
经　济	李子实	男	1957.1	清华紫光古汉生物制药股份有限公司董事、总经理
经　济	李湘华	男	1952.10	衡阳市石化集团公司副总经理、工会主席
经　济	肖启俭	男	1949.10	衡阳市经委副主任
经　济	贺石生	男	1949.10	衡阳市商贸工作委员会工委书记
经　济	蒋循国	男	1948.5	衡阳市一商总公司副总经理、纪委书记、工会主席
农　业	张同义	男	1949.11	衡阳市农办副主任、党组成员
农　业	周小宁	女	1963.1	衡阳市水利水电工程管理站副站长
农　业	唐春元	男	1953.2	衡阳市林业局副局长
农　业	陶贵衡	男	1964.8	衡阳市农业综合开发办计划财务科科长
农　业	戴任之	男	1957.12	衡阳市农业局党委副书记
教　育	马俭平	女	1957.1	衡阳市教育局局长助理
教　育	肖高君	男	1964.7	衡阳市一中教育集团船山实验中学校长
教　育	周国强	男	1952.3	衡阳市教育局党委书记
体　育	冯迎春	男	1957.11	衡阳市游泳学校教练
文化艺术	谭明生	男	1950.10	衡阳市文化局局长、党委书记
新闻出版	韦　刚	男	1970.4	衡阳有线电视台策划部副主任
新闻出版	邓秋林	男	1956.7	衡阳市广播电视局党组副书记、副局长
新闻出版	张文霞	女	1967.10	衡阳市新华书店门市部主任(市常胜西路99号)
医药卫生	李朝田	男	1950.3	衡阳市药品监督管理局副局长、党委副书记
医药卫生	廖喜燕	女	1955.3	衡阳市中医院
特　邀	万先政	男	1952.6	中共衡阳市委统战部纪检组长
特　邀	王东成	男	1950.12	中共衡阳市纪委常委、正处级纪检监察员、监察局副局长

续表 15－8

党派与界别	姓名	性别	出生年月	工作单位及职务
特　邀	王继良	男	1955.8	中共衡阳市委直工委副书记
特　邀	王超然	男	1935.2	衡阳市卫校高级讲师
特　邀	王新民	男	1951.2	衡阳市财政局副局长
特　邀	毛菊桂	男	1953.9	蒸湘区政协主席
特　邀	汤智生	男	1950.9	衡阳市司法局副局长、党组成员
特　邀	杨汉成	男	1961.11	衡阳市检察院检察长助理
特　邀	杨承友	男	1963.9	衡阳市规划局副局长、党组成员
特　邀	杨艳斌	女	1966.1	蒸湘区政协副主席(兼)、区人民法院副院长
特　邀	李佳光	男	1953.6	衡阳市外经贸局副局长、党委副书记
特　邀	李绍宁	男	1950.9	衡阳市对台办主任
特　邀	李德生	男	1949.9	衡阳市人事局副局长、党组副书记
特　邀	吴建成	男	1951.11	衡阳市国土资源局局长、党组书记
特　邀	宋志国	男	1958.5	衡阳市交警支队政委、党委副书记
特　邀	宋桂福	男	1957.7	衡阳市地税局副局长
特　邀	张运生	男	1949.4	衡阳市人民银行副行长、党委副书记
特　邀	岳学旺	男	1970.1	衡阳德泰医药有限公司副总经理、衡阳瑞源药业有限公司新特药公司经理
特　邀	周小喜	男	1970.7	衡阳欣凯实业有限公司总经理(衡阳市台湾路3号)
特　邀	胡孟言	男	1937.5	衡阳市工商联
特　邀	贺福明	男	1960.6	衡阳市消防支队政委
特　邀	贺熙欢	男	1962.5	蒸湘区委常委、统战部长
特　邀	唐　嵩	男	1962.10	湖南衡州律师事务所主任(衡邵路附27号)
特　邀	唐衡明	男	1956.8	衡阳市民族宗教事务局局长
特　邀	蒋道生	男	1962.8	衡阳安荣建筑工程有限公司副总经理(衡阳市蒸湘南路1号)
特　邀	谢先来	男	1954.9	衡阳市计委副主任、党组副书记
特　邀	谢厚新	男	1954.2	中共衡阳市委政策研究室副主任
特　邀	谭树理	男	1956.11	衡阳市计生委党组书记
特　邀	魏诗祥	男	1956.10	衡阳市劳动和社会保障局副局长、党组副书记、社保局长

2008年3月至2013年3月蒸湘区任政协衡阳市第十届委员名录

表 15－9

党派与界别	姓名	性别	出生年月	工作单位及职务
中　共	朱玉萍	女	1961.9	衡阳市政协副主席、衡阳市高新技术开发区管委会主任
民　革	王以群	女	1959.6	南华大学期刊社副社长
民　革	袁国华	男	1974.12	衡阳市财政局非税收入管理局副科长
民　盟	吴端生	男	1956.4	南华大学生命科学与技术学院党总支书
民　建	苏吉山	男	1957.11	衡阳市县乡公路管理处副处长

续表 15－9

党派与界别	姓名	性别	出生年月	工作单位及职务
民　建	唐长久	男	1963.1	南华大学人文社科科学院副教授
民　建	谢　卫	男	1963.2	衡阳市审计局经责审计一科科长
民　进	杨顺利	男	1964.2	衡阳蒸湘建材公司总经理
民　进	陆魁伟	男	1956.1	蒸湘区人大副主任、民进衡阳市委副主委
农　工	肖新荣	男	1963.4	南华大学化学化工学院制药工程系主任
致　公	刘日煊	男	1956.12	衡阳市政协副主席、致公党衡阳市委主委、衡阳市劳动与社会保障局副局长
九　三	唐北湘	男	1970.3	衡阳市政府研究室主任科长
九　三	唐圣松	男	1962.12	南华大学生命科学与技术学院院长
共青团	莫彬彬	男	1969.8	湖南莫彬彬律师事务所律师
共青团	谭建华	男	1973.2	共青团衡阳市委副书记、党组成员
妇　联	向玉萍	女	1977.1	中华联合财产保险公司蒸湘支公司副经理
妇　联	彭利军	女	1954.8	衡阳市档案局局长
妇　联	谢先含	女	1954.10	衡阳市妇联副主席
青　联	许清武	男	1972.1	衡阳四海神实业有限公司总经济师、区工商联副会长(市蒸湘北路3号)
青　联	康永利	女	1981.2	衡阳市青莲酒店董事长兼总经理(解放西路56号)
工商联	王湘艳	女	1956.8	衡阳市工商联纪检组长、党组成员
工商联	刘国思	男	1954.10	衡阳市政协副主席、衡阳市工商联会长
工商联	邱祖政	男	1954.10	西园集团总经理、衡阳市工商联常委(解放大道21号)
工商联	蒋化日	男	1953.10	衡阳市工商联副会长、副书记
科　协	刘初生	男	1956.6	衡阳市质量技术监督局副局长
社科联	罗卫国	男	1963.2	中共衡阳市委党史研究室副主任
社科联	谭崇恩	男	1966.1	衡阳市社科联主席
台　联	张元初	男	1953.2	衡阳市高新技术开发区副主任、衡阳市台联会长
科　技	周小喜	男	1970.7	衡阳欣凯实业有限公司总经理(华新开发区台湾路3号)
科　技	欧阳敏	男	1965.12	湖南联瑞物资有限公司总经理、蒸湘区工商联副会长(衡祁路95号副93)
科　技	彭红光	男	1957.11	衡阳市科技局副局长、副书记
经　济	王　恺	男	1967.11	衡阳市质量技术监督局特种设备科副科长
经　济	宋京生	男	1962.6	衡阳市商务局党组书记
经　济	彭振霖	男	1965.9	衡阳市经委副主任
农　业	文石林	男	1964.12	中国农业科学院衡阳红壤实验站常务副站长
农　业	曹敏慧	男	1965.10	衡阳市林业局副调研员
农　业	谭金献	男	1955.11	衡阳市人民政府农村工作办公室副主任、党组副书记(正处)
农　业	戴任之	男	1957.12	衡阳市农业局党委副书记
教　育	喻仲辉	女	1959.	衡阳市一中教师
教　育	彭文武	男	1970.5	湖南科技经贸职业学院副董事长、副校长
文化艺术	李安元	男	1955.10	衡阳市文化局党委书记、局长

续表 15－9

党派与界别	姓名	性别	出生年月	工作单位及职务
新闻出版	韦 刚	男	1970.4	衡阳电视台策划部主任
新闻出版	唐修德	男	1953.5	衡阳市广播电视局副局长
新闻出版	聂永红	男	1967.1	湖南有线衡阳网络总经理
医药卫生	陈国辉	女	1966.10	衡阳市第二精神病医院财务科长
医药卫生	屈文策	男	1969.1	湖南民生堂药店连锁有限公司董事、总经理
医药卫生	谭树理	男	1956.11	衡阳市计生委党组书记、副主任
社会福利和社会保障	周小凤	女	1963.1	衡阳市残联理事长、党组书记
社会福利和社会保障	胡志强	男	1965.11	衡阳市仁友公共交通有限公司董事总经理(红湘北路59号)
社会福利和社会保障	贺　华	女	1971.	蒸湘区红湘街道劳动保障站站长
社会福利和社会保障	魏诗祥	男	1956.10	衡阳市劳动和社会保障局党组书记、副局长
特　邀	万金华	男	1968.1	中南建筑工程公司工程师(红湘北路)
特　邀	于吉林	男	1962.11	衡阳市市政工程公司经理(蒸湘北路45号)
特　邀	毛菊桂	男	1953.9	蒸湘区政协主席
特　邀	王　平	男	1965.12	衡阳市台办副主任
特　邀	王柱生	男	1956.4	衡阳市食品药品监督管理局党组成员、副局长
特　邀	王海箭	男	1978.6	红苹果家居生活园总经理(红湘北路)
特　邀	王爱军	男	1956.2	衡阳市委政策研究室副主任
特　邀	王继良	男	1955.8	衡阳市直工委副书记
特　邀	卢　蔚	女	1962.9	衡阳市委统战部副处级研究员
特　邀	张　鹞	男	1963.8	衡阳市财政局行政政法科长
特　邀	张森林	男	1955.10	衡阳市交通局副局长、党委副书记
特　邀	李训明	男	1964.1	衡阳银监分局局长、党委书记
特　邀	杨承友	男	1963.9	衡阳市规划局副局长、党组成员
特　邀	肖集林	男	1954.4	衡阳后勤保障旅政治部主任
特　邀	陈冬初	男	1973.10	衡阳市大禹房地产开发有限公司总经理兼衡阳市伟恒矿业公司董事长(华新开发区长湖路)
特　邀	陈伟明	男	1958.9	衡阳市民宗局局长
特　邀	陈克强	男	1964.6	衡阳市程鹏实业有限公司董事长(日鑫大市场大门右侧三楼)
特　邀	陈素生	男	1962.12	衡阳市公路局党委书记、副局长
特　邀	陈群洲	男	1965.2	中共衡阳市委统战部副部长
特　邀	周仟寿	男	1953.5	衡阳市交警支队正处级侦察员、党委副书记、副支队长
特　邀	周法清	男	1964.10	衡阳市国土资源局党组副书记、副局长
特　邀	林乐伦	男	1961.3	衡阳市人事局副局长
特　邀	罗维芳	女	1957.3	中共衡阳市委组织部副部长(兼)、老干局长
特　邀	郑远桥	男	1956.8	衡阳市国税局副局长
特　邀	贺熙欢	男	1962.5	中共蒸湘区委常委、统战部部长

续表 15 – 9

党派与界别	姓名	性别	出生年月	工作单位及职务
特　邀	凌小平	男	1965.5	深圳装修公司衡阳分公司经济师(蒸湘北路 33 号)
特　邀	唐长明	男	1959.11	湖南康洁科技发展有限公司董事长兼总经理、中国粮油协会理事(蒸湘南路 29 号石油大厦 5 楼)
特　邀	唐奇英	男	1956.7	衡阳市工商局副局长
特　邀	夏建平	男	1960.11	衡阳市外侨办外事科科长
特　邀	高鸿升	男	1962.7	衡阳市环保局党组副书记、副局长
特　邀	曹华泰	男	1954.8	衡阳市楚材城乡建筑工程公司董事长、总经理(蒸湘北路附 111 号)
特　邀	梁瑞清	男	1964.11	泰阳电器城总经理(蒸湘北路 43 号)
特　邀	彭清林	男	1963.4	衡阳鸿宇机械公司董事长兼总经理(蒸湘区大栗新村 10 号)
特　邀	谢先来	男	1954.9	衡阳市发改委副主任、党组副书记
特　邀	蔡熙中	男	1963.5	湖南天戈律师事务所主任(衡阳市司法局院内)
特　邀	颜东程	男	1958.11	衡阳市城市管理行政执法局党组副书记、副局长

第十六篇　民主党派　工商联与群众团体

第一章　民主党派与工商联

第一节　中国国民党革命委员会地方组织

一、组织机构

中国国民党革命委员会(简称民革)　蒸湘区基层组织设有3个支部:民革衡阳市委蒸湘支部、民革衡阳市委南华大学支部、民革衡阳市华新支部,共有民革成员60人。

民革衡阳市委蒸湘支部　原为民革衡阳市委第十支部,成立于2001年4月,2011年5月更名为民革衡阳市委蒸湘支部,2012年有民革成员34人。主委:胡钧荣(2001年4月至2011年4月),李伯利(2011年5月—)。

民革衡阳市委南华大学支部　成立于2007年5月,2012年有民革成员10人。主委:刘朝晖(2007年5月—)。

民革衡阳市华新支部　成立于2011年5月,2012年有民革成员16人。主委:袁国华(2011.5—)。

二、民革地方组织主要活动

(一)参政议政

2001—2012年,60名民革成员中,有衡阳市政协委员4人,蒸湘区政协委员5人,有10余人分别在市人民政府、区人民政府、华兴开发区管委会担任副科以上实职。在历年工作中,他们认真参与视察调研,广泛收集社情民意,积极撰写提案,充分行使"参政议政"职能。如市政协委员王以群撰写的《目前大学生思想道德现状与建设措施》《关于治理高校周边环境的问题》;市政协委员胡钧荣撰写的《我市城区排水设施有待进一步完善》《整合利用核能源技术优势,为发展衡阳经济做贡献》;区政协委员朱坤撰写的《加快雨母山旅游开发,建好衡阳后花园》;区政协委员刘朝晖撰写的《加强交通管理,建设和谐蒸湘》等提案,均得到市、区有关部门的重视和采纳。2002年12月,王以群被评为民革湖南省委先进信息工作者。2004—2010年,黄磊衡被市政协特约为社情民意工作信息员。

(二)爱岗敬业

2006年3月,朱坤被评为蒸湘区优秀党外干部。王以群被南华大学评为模范女职工。9月,刘君龙被评为湖南省防汛抗灾先进个人,并获一等功奖励。2008年3月,唐立清(女)被中国妇联授予"全国三八红旗手"荣誉称号。冯枥莹(女)被评为蒸湘区优秀指导老师。李伯利被评为蒸湘区优秀党外干部。2009年9月,尹慧(女)获蒸湘区优秀教师称号;12月,获衡阳市教育技术装备站颁发的优秀教学论文一等奖、多媒体制作竞赛一等奖2份、二等奖1份和2010年度优秀教学论文一等奖。12月,冯枥莹获衡阳市教育学会颁发的年度优秀教学论文一等奖、优秀课件一等奖、优秀教案一等奖,2010年度优秀教学设计一等奖2份。2011年3月9日,李伯利获评市先进残疾人工作者;2012年11月,获评2012年度区优秀政协委员。

(三)服务社会

2005年12月,夏永红被评为民革湖南省委“社会服务先进个人”。民革成员踊跃参加为2003年11月3日衡阳珠晖区特大火灾、2008年2月衡阳冰灾、2008年5月四川汶川地震灾害3次捐款。袁铁湘自费购买向四川地震灾区捐赠灾区急需的“84消毒液”100箱。2008年9月28日,黄磊衡、尹中、陈美琼、刘升华参加民革衡阳市委组织的在岳屏公园东大门举行的法律咨询服务活动。2010年11月16日,以上4人参加民革市委组织的在石鼓广场举行的法律咨询服务活动。2011年6—11月,3个支部的部分成员参与民革市委组织的“关爱抗战老兵”活动,慰问参加过衡阳保卫战和中国远征军的老兵,给他们送去美好祝福和慰问金。2011年12月,参与民革衡阳市委在湖南衡山、南岳举办的以“辛亥百年,忠烈千秋”为主题的海峡两岸专题书画作品展览活动。2012年5月,李伯利、尹中等参与民革衡阳市委组织的“衡阳市蒸湘区乡镇财政调研活动”。

(四)理论研究

2005年12月,王以群撰写的《反应堆系统人因事件分析与预防方法及应用》论文,获国防科工委国防科学技术三等奖;王以群与他人共同撰写的《网络信息资源共享研究》论文,获衡阳市第七届社会科学成果三等奖。朱坤撰写的《论民主党派干部素质问题》,被评为蒸湘区统战理论调研优秀论文。

第二节　中国民主同盟地方组织

一、组织机构

中国民主同盟(简称民盟)　蒸湘区设有1个工作委员会、9个基层支部:民盟机关支部,民盟南华大学一、二支部,民盟南华大学附二医院支部,民盟市一中支部,民盟市六中支部,民盟衡钢支部,民盟市艺术支部,民盟蒸湘支部,共127名成员。

民盟蒸湘区工作委员会　成立于2012年8月,主任委员:张朝晖;副主任委员:谢云勇、杨丹慧(女)。

民盟机关支部　成立于1984年9月,是以民盟市委机关及附近零散盟员组成的一个综合支部,有盟员24人。支部主委:贺丽莎(女,2001.4—2002.6)、罗文江(2002.7—2013.4)。

民盟南华大学一支部　前身系民盟衡阳医学院支部,成立于1981年。2000年中南工学院与衡阳医学院合并为南华大学,2001年支部更名为民盟南华大学一支部。2012年有支部成员21人,其中有教授6人、博士3人。支部主委:吴端生(2001.4—2010.9)、张朝晖(2010.9—)。

民盟南华大学二支部　前身系民盟中南工学院支部,成立于1987年10月。2000年中南工学院与衡阳医学院合并为南华大学,2001年支部更名为民盟南华大学二支部。2012年有支部成员25人,其中有教授3人、博士4人、博士后1人。支部主委:李延馨(2001.4—2005.11)、陈明(2005.11—)。

民盟南华大学附二医院支部　成立于1992年7月,原坐落在雁峰区,2009年随院迁至市高新技术产业开发区,有支部成员13人。支部主委:钟国文(2001.4—2002.6)、谭玲玲(女,2002.7—)。

民盟衡阳市一中支部　成立于2003年7月,学校原坐落在雁峰区,2006年随同学校搬迁至蒸湘区。2012年有支部成员8人。支部主委:邹慕恒(2003.7—)。

民盟衡阳市六中支部　成立于1979年,2012年有支部成员7人。支部主委:朱忌(2001.4—)。

民盟衡钢(集团)有限公司支部　成立于2005年11月,2012年有支部成员6人。支部主委:王聪颖(2005.11—)。

民盟衡阳市艺术支部　前身系民盟衡阳市青少年宫支部,成立于1999年4月。2010年4月更名为艺术支部,支部改设在市广电中心,有支部成员16人。支部主委:廖际萍(女,2001.4—2005.11)、彭新社(2005.12—)。

民盟衡阳市蒸湘支部　成立于2010年7月,有支部成员7人。支部主委:谢云勇(2010.7—)。

二、民盟地方组织主要活动

(一)参政议政

2001—2012年,127名民盟成员中,有省政协委员2人,民盟湖南省委委员2人,市政协委员8人(其中常委2人,甘润良任市政协第八届、第九届兼职副主席),民盟衡阳市主委2人、副主委2人、委员5人,区政协委员3人(其中常委2人)。南华大学正、副处级干部5人。2001年以来,民盟成员向省、市、区提交提案70余件,撰写社情民意信息稿件30余条。

民盟机关支部盟员潘文莹撰写的《遏制衡阳大型超市、商场恶意欠款,促进衡阳经济良性发展》《关于在我市举办金融投资理财博览会的建议》等多件提案被评为市政协优秀提案。罗文江撰写的《关于构建"西南云大"经济圈公路网的建议》得到市委书记张文雄的批示,《对衡阳市"十二五"规划编制工作的几点建议》得到市长张自银的批示。盟员谢宏、罗文江、颜娟华多次被市政协评为反映社情民意先进个人。谢宏、颜娟华撰写的《关于加强人民政协民主监督作用的思考》获市政协举办的人民政协成立60周年理论征文活动一等奖。

南华大学一支部撰写的《关于市区道路人行道设置的建议》《关于衡阳市政府与南华大学合作办学的建议》《关于治理衡阳市区摩托车违章行驶现象的建议》《关于禁止摩托车在市中心城区载客营运的建议》《关于我市科技创新的建议》等20余件提案,受到市委、市政府有关部门的重视和采纳。另撰写调研报告10余份,其中,《以"三个代表"重要思想为指导,切实做好基层盟务工作》《加强民主党派参政议政能力建设的着力点》《如何加强校风教风学风建设》《民盟组织建设的新情况新问题及其对策》《以科学发展观为指导,加强民主党派后备干部队伍建设》等调研报告,获得有关部门表彰。

南华大学二支部撰写的《关于加强市政府同高校的联系与合作,建立衡阳科技创新体系》《关于转播中央电视台CCTV-9电视节目》《改善衡阳投资环境,扩大民营资本投资领域的几点想法》《加快企业改制步伐,强化工业兴市措施》《加大城市规划的监督力度》,《关于合并市建设局、建工局的建议》《关于提高我市婚前医学检查率的建议》《关于加强校园饮食卫生管理的建议》"、《东洲岛开发的建议》《关于在全市开展"塑造衡阳人新形象"为主题教育活动的建议》《南华大学新校区的环境污染问题亟待关注》《此处的交通隐患不容忽视》等提案均得到市委、市政府有关部门的采纳和部分采纳。民盟成员朱开悉教授提交的《在衡阳市媒体开展认识衡阳、热爱衡阳、建设衡阳讨论或征文的建议》被评为市政协优秀提案。

(二)爱岗敬业

南华大学一支部甘润良留学美国(博士后)、现为国务院政府特殊津贴专家,湖南省优秀中青年专家,湖南省新世纪121人才、湖南省高校学科带头人,中国病理生理学会肿瘤专业委员会委员。主持3项国家自然科学基金,曾2次获得湖南省科技进步奖、1次获得湖南省自然科学奖,已在国际、国内重要学术刊物如Cancer Science、Journal of Digestive Diseases、World J Gastroenterol、Tumori等杂志发表学术论文60余篇。吴端生教授任中国实验动物学会理事,水生实验动物专业委员会副主任,湖南省动物学会副理事长,湖南省实验动物学会副理事长,湖南省实验动物专家委员会主任委员。先后主持省自然科学基金、省科技厅、省教育厅等科研项目多项,发表学术研究论文30余篇,主编并出版《实验动物学》《生命科学实验教程——实验动物学实验指导》《现代实验动物学技术》等教材4部,被湖南省民主同盟委员会和湖南省人事厅授予湖南省民盟系统先进个人,并记三等功。梁晓秋教授为湖南省普通高等学校青年骨干教师,现主持国家自然科学基金项目、湖南省自然科学基金项目等多项科研课题的研究,在FEBS Letters、Oncology Reports、European Journal of Pharmacology等刊物上发表科研论文共20余篇,获得湖南省科学技术进步三等奖1项。宋颖高级实验师先后获得湖南省科学技术进步三等奖、湖南省高等教育教学成果三等奖各1项，连续3年获得湖南省教育工会芙蓉百岗明星称号。金海燕教授获得湖南省高等教育教学成果三等奖1项。张朝晖博士、副教授，系中华预防医学会卫生毒理学专业委员会委员、湖南省预防医学会卫生毒理学专业委员会常委、湖南省第十届青年联合会常委，在国内外学术期刊发表论文20余篇，获得湖南省科学技术进步三等奖1项。

南华大学二支部黄曙东教授、戴立操老师从事科研课题获国家国防科工委科技进步二等奖1项，获省国防科技进步奖一等奖1项；发表论文EI 4篇，在国家期刊见稿20余篇。邹其红老师公开出版《电工电子实验与计算机仿真》上下册、《EDA技术仿真实验》2部教材。熊小民老师制作的多媒体课件获国家"大成杯"软件大赛三等奖1项、湖南省软件大赛一等奖2项。李延馨盟员任衡阳戏剧家协会《雁梅京剧票友社》副社长，被南华大学聘为大学生京剧社教练，带领学生到长沙参加京剧演出大赛获得银奖，接受中央电视台Ⅱ频道记者的采访报道。

(三)理论研究

南华大学二支部朱开悉教授被市政府聘为经济研究员，撰写的《推进湖南新型工业化进程的十个问题》获湖南省"推进我省'三化'进程献计献策活动"二等奖；撰写的《民企参与产权购并，国企改组改造的重要方式》获市委统战部、宣传部、《衡阳日报》等单位举办的"崇业杯"征文赛一等奖。马汉钦撰写的《融贯中西，再铸民魂》一文，获2006年度湖南省高校统战理论研究论文三等奖；撰写的《在共产党的领导下不断发展民主》，获2009年度衡阳市政协统战理论研究论文三等奖；撰写的《将体育课列入中考和高考项目是促进中学生全面发展的必要保证》一文，获民盟湖南省委基础教育研究会优秀论文三等奖。

第三节　中国民主建国会地方组织

一、组织机构

中国民主建国会(简称民建)　蒸湘区基层组织设有1个工作委员会、4个基层支部：民建蒸湘区支部、民建南华大学支部、民建南华大学附一医院支部、民建衡阳钢管厂支部。2012年有民建会员104人。

民建蒸湘区工作委员会　成立于2005年10月，主任委员：谢卫，副主任委员：许朝晖、华文英、甘爱国、杨光伟。

民建蒸湘区支部　成立于2003年10月，2012年有民建会员63人。支部主委：许朝晖(2003.10—)。

民建南华大学支部　成立于2003年10月。2008年12月，民建衡阳市委将南华大学支部一分为二，设立南华大学支部和南华大学附一医院支部。2012年南华大学支部有会员13人。支部主委：甘爱国(2003.10—2008.11)、华文英(女，2008.12—)。

民建南华大学附一医院支部　成立于2008年12月，2012年有民建会员10人。支部主委：甘爱国(2008.12—)。

民建衡阳钢管厂支部　前身系民建衡阳钢管厂小组，成立于1988年，2003年10月在小组基础上成立支部，2012年有民建会员18人。支部主委：杨光伟(2003.10—)。

二、民建地方组织主要活动

(一)参政议政

2001—2012年，104名民建会员中，有市政协第九届委员3人(其中常委1人)，市政协第十届委员7人(其中常委2人)，市政协第十一届委员7人(其中常委2人)，市人大第十三届人大代表1人；蒸湘区第二届人大代表1人，蒸湘区政协第一届委员5人(其中常委1人)，蒸湘区政协第二届委员7人(其中常委1人)，蒸湘区第三届人大代表1人，蒸湘区政协第三届委员8人（其中常委3人）。2006年，会员伍春晖撰写的《加强推进建筑节能的力度刻不容缓》被民建湖南省委员会和湖南省献策办采用。2007年，民建蒸湘区工委各支部会员撰写社情民意、提案共63件，其中被中国民主建国会中央网站采用7件，被中国民主建国会湖南省委员会采用8件，被政协衡阳市委员会采用1件。2008年，民建蒸湘区工委各支部在政协衡阳市第十届委员会第二次会议期间提交提案16件，会员唐春生撰写的《关于解决粮食生产潜在危机及其战略对策》的提案，被评为优秀提案，《关于粮食安全生产的几点思考》和《关于加强我市植保工作的建议》两篇社情民意被中国民主建国会湖南省委员会和市政协采用，并引起市委、市政府的重视。2011年，民建蒸湘区工委各支部会员报送社情民意19篇，其中民建中央网站采用3篇，省政协采用1篇，省委统战部采用2篇，民建湖南省委采用2篇，市政协采用4篇，共计12篇次。廖春虹撰写的散文诗《起航》，被民建中央"建党90周年征文"采用。2012年，民建蒸湘区工委各支部会员报送社情民意16篇，其中民建中央网站采用2篇，三湘统战网采用3篇，民建湖南省委采用3篇，市政协采用4篇，衡阳统战网采用1篇，共计13篇次。会员伍春晖提出的《尽快将西合铁路改建为城市次干道的建议》被评为优秀提案。

（二）服务社会

2004年以来，在民建衡阳市委的倡导下，以各支部为单位每年的春节前组织部分会员对民建困难会员进行走访，并送去慰问金。2009年9月，民建蒸湘区工委组织会内的有关注册会计、律师等专家走访会内企业，考察调研，全面了解会内企业在生产经营过程中遇到的困难和问题，提出解决问题的办法与建议。

（三）理论研究

2007年，南华大学支部唐长久教授撰写的统战论文《关于加强民主党派理论建设的几点建议》，被中国民主建国会中央网站、《湖南民建》、三湘统战网采用；论文《论新世纪新阶段民主党派政党性质》分别获湖南省委统战部和衡阳市委统战部一等奖；2009年撰写的《从"体制外合作"到"体制内合作"》获市政协纪念中国人民政协成立60周年征文一等奖；2011年撰写的调研论文《政治发展视野下民主党派政治资源优化配置探析》，被市委统战部评为一等奖，被省委统战部评为优秀调研成果二等奖，并报中央统战部参评全国优秀统战理论成果；2012年撰写的论文《基于政党适应性理论的民主党派界别特色问题研究》获湖南省政协一等奖、省委统战部特别奖、市委统战部一等奖。

第四节　中国民主促进会地方组织

一、组织机构

中国民主促进会（简称民进）　蒸湘区设有1个工作委员会、6个基层支部：民进衡阳市委机关支部、民进衡阳市蒸湘区工委直属支部、民进衡阳市法律支部、民进衡阳市南华支部、民进衡阳市六中支部、民进衡阳市一中支部。共有会员126人。

民进蒸湘区工作委员会　2012年11月成立，主任委员：周玉霖（女），副主任委员：曹运长、管顺国、吴永恒。

民进衡阳市委机关支部　成立于1984年6月（成立之初有成员3人，一直未设主任，由本会市委机关代管）。2012年有支部成员51人，成员涵盖了民进市委机关专职干部、教师、民营企业主。机关支部在组织关系上属本会市委管辖，但为便于开展活动，在属地上划归蒸湘区工委。支部主任：刘诗华（1992.11—1996.4）、陈丽华（女，1996.5—1999.4）、于远少（1999.5—　）。

民进衡阳市蒸湘区工委直属支部　前身为民进郊区联合支部，成立于1989年10月。2001年5月，衡阳市行政区划调整，撤销郊区，成立蒸湘区，民进郊区联合支部更名为民进蒸湘支部。2012年11月，民进蒸湘区工委成立后，更名为民进蒸湘区工委直属支部，有会员15人。支部主委：陆魁伟（1989.10—2011.10）、管顺国(2011.10—)。

民进衡阳市法律支部　前身为民进衡阳市医卫法律支部,成立于2002年7月。支部成立后,由于逐年加入民进组织的法律界和律师会员不断增多,会市委根据七届市委会换届工作方案,主委办公会议决定撤销医卫法律支部,单独组建法律支部,将医卫届会员调整划归其他相关支部。2011年12月22日,法律支部正式成立,有会员20人。支部主委:申建美(2002.7—2011.12)、吴永恒(2011.12—)。

民进衡阳市南华支部　2012年11月成立,有会员8人。支部主任:曹运长(2012.11—)。

民进衡阳市六中支部　1983年9月成立,2012年有会员14人。支部主委:黄翊平、黄家瑞、黄尚夫(1990.3—1996.7)、谭象贤(1996.7—2002.7)、朱慧敏(女,2002.7—)。

民进衡阳市一中支部　衡阳市一中最初是与衡阳市八中、衡阳市十五中等学校组成联合支部,成立于1991年4月。随着一中发展入会的民进会员不断增多,联合支部于1997年4月16日向会市委呈报《恢复民进衡阳市一中支部的报告》,经四届会市委第三次主委办公会议研究,同意撤销联合支部,单独设立一中支部。1997年5月22日正式成立民进衡阳市一中支部,2012年有会员18人,支部主委:周慧颖(女,1997.5—2012.12)、李成效(2012.12—)。

二、民进地方组织主要活动

(一)参政议政

2004年,罗葭初执笔写的关于《整合义务教育发展资源》被市政协评为优秀调研论文;2005年写的《对政协政治协商的几点看法》被区委统战部评为优秀统战调研论文。周玉霖(女)2005年撰写的《统一战线始终是中国革命和建设的一大法宝》和2006年撰写的《充分发挥统一战线法宝作用,努力构建社会主义和谐社会》被评为区统战调研优秀论文;2009年撰写的提案《关于机关事业单位工作人员带薪年休假的建议》得到区政府人事部门的采纳;2010年撰写的《蒸湘区招商引资现状问题与对策》引起区政府的高度重视,并列为2010年区政协第二届四次会议上的发言材料。陆魁伟撰写的《民主党派如何为经济建设服务》,2006年被评为全市统战论文三等奖。2009年1月,向玉萍(女)撰写的《关于解决衡阳市制钉厂居民楼日常生活用水供应困难的建议》,被市政协评为优秀提案。

(二)爱岗敬业

民进衡阳市一中支部始终要求会员在各自工作岗位上以有所作为为首任,坚持爱岗敬业、争先创优,在一中树立良好的支部形象,会员中担任班主任8人,备课组长3人,有3人获得校园"十佳教师"称号,有2人先后加入中国共产党,会员李成效获2012年度衡阳市青年"五四"奖章。民进衡阳市法律支部主任吴永恒被评为2008—2012年度衡阳市"十佳优秀律师"。民进衡阳市蒸湘区工委直属支部,围绕中心,服务大局,各方面工作卓有成效,常年评选为民进衡阳市委先进支部,先后3次被民进省委评为先进支部。

(三)服务社会

2005年4月,民进蒸湘区工委直属支部从市人民路小学请来特级教师到雨母山乡东阳小学送教;2010年5月,支部又从市实验小学请来音、体、美高级教师到雨母山乡群益小学送教,并送去现金3000元和价值9000元的图片影碟。该支部还几次组织送文化下乡、送医药下乡、送科技下乡活动。民进衡阳市一中支部,先后组织会员到川口钨矿、常宁塔山、衡东开荣等偏远地区送教或举办讲座,为偏远山区学校送去新理念、新方法;组织本校会员积极参与灾区捐赠、助残捐赠、特殊捐赠20余次。民进衡阳市法律支部,积极开展"法律进社区"公益活动,挂牌定期进社区服务,大力宣传法律知识,开展普法教育,免费提供法律咨询和法律援助,鼎力打造民进衡阳市委"法律服务"这一特色社会服务品牌。2012年5月25日,由民进蒸湘区工委直属支部承办的"送教捐书"雨母山乡活动得到市民进、蒸湘区政协、蒸湘区教育局等部门的一致好评。原支部主任陆魁伟随行捐赠了"东学光芒辉四海 阳光学子誉三湘""东韵国风芳万代 阳春学府育群贤"的两幅字画,悬挂在雨母山小学校长办公室。2012年11月11日,衡阳市委统战部在珠晖区湘水明珠广场举行"同心系湘江 保护母亲河"活动。活动结束后,支部成员组织坐落在蒸湘区的衡阳市技师学院的50名环保志愿者，在母亲河东岸捡拾垃圾，用实际行动投身到环保活动之中。

（四）理论研究

刘群辉撰写的论文《英语辞格 antithesis 之浅说》发表于《湖南教育学院学报》（2002 年第 5 期），《浅谈英语中表“花费”意思的常见动词搭配》发表于华中师范大学主办的《中学生英语》（高中版）（2002 年第 5 期）。胡以婷撰写的论文《谈英语课堂的艺术性》发表于 2003 年 3 月《当代教育论坛》，《交际法在英语教学中的应用》发表于 2007 年 12 月《中国科教创新》杂志，《谈商务英语翻译中的文化差异》发表于 2008 年 2 月《科技创新导报》。周玉霖 2000 年撰写的论文《浅谈跨文化交际与中学英语教学》获省一等奖，《英语教学中人文教育的内涵》发表于 2003 年《湖南教育》第 14 期，《英语教学要挖掘激情因素》发表于 2004 年《湖南教育》第 12 期。祝翠云 2009 年撰写的论文《蒸湘区 2008 年 5 岁以下儿童死亡分析报告》和《蒸湘区 666 例新生儿听力筛查分析》二篇文章，在当年的湖南预防医学会儿童保健专业委员会学术交流会上交流。

第五节　中国农工民主党地方组织

一、组织机构

中国农工民主党　蒸湘区基层组织有 5 个支部：农工南华大学支部、农工蒸湘支部、农工市中医院支部、农工华兴支部、农工附二医院支部。2012 年共有农工民主党员 88 人。

农工民主党南华大学支部　前身是农工民主党衡阳医学院支部，成立于 1983 年 9 月，2001 年更名为农工民主党南华大学支部，2012 年有党员 27 人。党员中有教授 9 人，副教授 7 人，研究员 2 人，主任编辑 1 人，高级实验师 4 人；具有博士学位的 4 人、硕士 10 人、学士 10 人；具有博士生导师资格的 1 人、硕士研究生导师资格的 14 人。支部主委：唐国华（2001.4— ）。

农工民主党蒸湘支部　前身系农工民主党衡阳市郊区支部，成立于 1997 年，2001 年更名为农工民主党蒸湘支部，2012 年有党员 9 人。支部主委：刘骏驰（2001.4— ）。

农工民主党市中医院支部　前身系农工民主党中医院小组，成立于 1982 年，时有党员 3 人。1985 年 3 月成立农工民主党衡阳市中医院支部，2012 年有党员 18 人，其中高级职称 10 人，中级职称 8 人，硕士研究生导师资格 4 人，被衡阳市卫生局评选并授于“衡阳市名中医”荣誉称号 1 人。支部主委：肖朝辉（2001.4—2010.6）、黄新艳（女，2010.7— ）。

农工民主党华兴支部　成立于 2009 年 12 月 12 日，有支部党员 12 人。支部主委陈其芳（2009.12—2010.4）、刘荣华（2010.4— ）。

农工民主党附二医院支部　成立于 1984 年。2012 年有支部党员 22 人。支部主委周曾林、袁法果、王德明（2009.12— ）。

二、农工民主党地方组织主要活动

（一）参政议政

88 名农工民主党党员中，有省人大代表 1 人，市政协委员 4 人（其中常委 2 人），区政协委员 7 人（其中常委 4 人）。多年来，农工民主党蒸湘区各基层支部党员向市、区政协提交提案 85 件。其中，农工南华大学支部向市、区政协提交提案 53 件，内有 7 件被市政协列为重点督办提案。刘吉元撰写的提案 25 件，其中《关于依法加强城管警察执法规范化的建议》获衡阳市政协十届一次会议优秀提案奖。该支部连续 10 年荣获农工衡阳市先进支部，2 次被评为农工民主党湖南省委优秀基层支部。农工蒸湘支部递交提案 12 件，支部主委刘骏驰撰写的调研报告《新形势下，我区计划生育工作建设与发展》在 2004 年区政协一届三次会议上作专题发言,并收录入区政协《光辉历程》一书。农工衡阳市中医院支部向市、区政协递交提案20件(区政协15件,市政协5件),市政协委员廖喜艳撰写的《关于建立一所高质量老年公寓的建议》被衡阳市政协评为2005年优秀提案;肖朝辉撰写的《关于对蒸湘区科技人员定期健康检查的建议》被蒸湘区政协二届三次会议评为优秀提案。

(二)服务社会

2002年3月28日,农工蒸湘支部全体党员,在农工衡阳市委主委、蒸湘区人民政府副区长许满意的带领下,与农工衡阳市委、南华大学统战部、蒸湘区计划生育委员会、呆鹰岭镇党委、政府共同协作,在呆鹰岭镇集贸大市场设置计生知识宣传台,政策法规咨询台,优生、优育、生殖健康讲解台、避孕药具服务台,开展计划生育大型宣讲、咨询、服务活动。农工南华大学支部参加本次活动的有9名教授或主任医师,自带计生胚胎标本15具,宣讲人口政策形势3场次,现场咨询服务2300人次,发放计生科技、政策服务宣传折页12000份,发放避孕药具1800人(份),参与活动的干部群众15000人,当天衡阳电视台晚间新闻予以报道。农工华兴支部全面贯彻落实科学发展观,围绕全市经济发展和社会进步等重大问题,深入开展以引资引智、调查研究、社会服务、爱岗敬业为主要内容的"四个一"活动。

(三)理论研究

农工南华支部在学校开展创"三优一提工程"中,先后向学校提出《关于教学实验中心管理体制改革的建议》等调研建议35份,大部分建议被学校采纳;撰写统战理论研究论文20篇,分别获得南华大学统战理论调研2006年、2007年、2008年、2009年年度组织奖;刘吉元撰写的《论"君子"风范与民主党派代表人物的修养》,获衡阳市委统战部2007年理论调研优秀论文二等奖,并被湖南省委统战部统一战线调研成果选编《求实创新》一书收录;唐国华撰写的《简论当代中国民主党派的政党建设》一文发表在《农工湘讯》2008年第3期季刊上;唐朝克撰写的《加强农村卫生室建设》一文发表在《前进论坛》2009年第11期月刊上。刘骏驰2006年撰写的《浅谈参政党的政治定位》和2008年撰写的《谈积极处理五大关系,解放思想促进和谐》两篇论文均在省政协网上发表。

第六节 中国致公党地方组织

一、组织机构

中国致公党 蒸湘区基层组织设区工作委员会,辖5个基层支部,2012年有致公党员59人。

致公党蒸湘区工作委员会 成立于2007年9月,下辖蒸湘、一中、华兴3个支部。2011年3月分拆成5个支部,即:蒸湘一支部、蒸湘二支部、华兴一支部、华兴二支部、一中支部。区工委主委:唐小平(2007.9—2011.4)、尹冬英(女,2011.5—)。

致公党蒸湘支部 成立于2002年9月,原有党员20人。2011年3月,蒸湘支部分拆成2个支部,即:蒸湘一支部,有党员10人;蒸湘二支部,有党员11人。蒸湘支部主委:李丽(女,2002.9—2005.4)、李坤留(2005.5—2011.3)。蒸湘一支部主委:肖挽澜(2011.3—);蒸湘二支部主委:朱斌(2011.3—)。

致公党市一中支部 原坐落在雁峰区,成立于1999年9月,2006年9月随校一起迁入蒸湘区。2012年有党员11人。支部主委:詹梦卿(1999.9—)。

致公党华兴支部 成立于2007年8月,原有党员13人。2011年3月,华兴支部分拆成2个支部,即:华兴一支部,有党员16人;华兴二支部,有党员11人。华兴支部主委:尹冬英(女,2007.8—2011.3)。华兴一支部主委:尹冬英(2011.3—);华兴二支部主委:曾怀民(2011.3—)。

二、致公党地方组织主要活动

(一)参政议政

2001—2012 年致公党 59 名党员中,有省政协委员 1 人,市人大代表 1 人,市政协常委 1 人、委员 6 人,区政协常委 1 人、委员 8 人。刘日煊为中国致公党十三大代表,致公党湖南省委第三、四届常委,政协衡阳市第九、十届兼职副主席。唐小平为致公党衡阳市委副主委。尹冬英为致公党市委委员,蒸湘区工委主委,衡阳市政协委员,蒸湘区政协常委。欧阳建功享受国务院特殊津贴。

2005 年 7 月,刘会明写的《人性化设计可回收垃圾桶》的意见,获得市政协"优秀社情民意"奖;2007 年撰写的《关于我市农村医疗卫生体系存在的问题与建议》,2008 年撰写的《关于建设多级电影院,繁荣电影市场》的提案,分别获得市政协"优秀提案"奖。2005 年李坤留撰写的《以科学发展观为指导,尽快作好城区周边规划》的调研报告,受到市领导的高度重视,并在 2006 年市政协全体委员会议上作书面发言;2009 年 6 月,他完成了由市委统战部牵头、各民主党派联合调研的《构建衡阳"西南云大"半小时经济圈》课题中的子课题报告《规划先行,推进衡阳"西南云大"经济圈的科学运行》,使之最终形成了市政协十届三次会议第 164 号集体提案《关于构建"西南云大"经济圈公路网的建议》,得到市委书记张文雄的专门批示。梁丽红(女)2008 年撰写的《关于大力推进我市物流业发展的建议》,获市政协"优秀提案"奖。2010 年 1 月,刘日煊撰写《关于推进我省城乡居民医保一体化的建议》,并在政协湖南省十届三次会议上作大会发言。尹冬英撰写的《关于增加中心汽车站公交营运线路,完善配套设施的建议》获 2011 年蒸湘区政协优秀提案。肖跃莲(女)在蒸湘区二届三次全会上被评为优秀政协委员。尹冬英 2009 年被致公党湖南省委评为优秀致公党员,2010 年在蒸湘区二届四次全会上被评为优秀政协委员。

(二)理论研究与宣传报道

李坤留撰写的《社区统战工作初探》《提高参政能力构建和谐社会》和《浅谈加强对党外干部的培养》3 篇文章,先后在《衡阳日报》上发表,《社区统战工作初探》获 2004 年市委统战部理论调研论文优胜奖。肖挽澜撰写的《衡阳公路 60 年》获市委组织的新中国成立 60 周年征文三等奖,并在 2009 年 9 月 26 日《衡阳日报》上刊出;《船山故里的开拓者》分别被《中国致公》杂志和湖南致公网采用。尹冬英撰写的《难忘红薯香》《人生之叹》等多篇文章入选《三湘统战网》,并被《湖南致公》《衡阳晚报》报刊采用。

(三)服务社会

身残志坚的全国优秀侨眷——李丽,以自身与病魔抗争 30 多年的苦难经历和她对人生的感悟作教材,多年奔赴全国各地,教育和感化了许多服刑人员、问题学生和矛盾家庭,为构建和谐社会贡献力量。先后获评 2003 年度衡阳"十大新闻人物",2004 年度优秀女民营企业家,2007 年度"感动中国十大新闻人物"和全国"三八红旗手",担任 2008 年北京残奥会火炬手,2009 年获全国第二届道德模范提名奖和全国归侨侨眷先进个人等荣誉。李坤留在驻胜利山社区党建工作队时,被市委、市政府记三等功。肖跃莲身体残疾,自筹资金创办毛线针织厂,安排 1000 余名下岗女工再就业,产品畅销国内外,被评为湖南省优秀致公党员,被授予"衡阳市十佳巾帼创业明星""衡阳市创业能手"和"衡阳市劳动模范"等称号。

第七节　九三学社地方组织

一、组织机构

九三学社　蒸湘区基层组织设有 6 个支社,2012 年有社员 116 人。

九三学社南华大学一支社　前身系"九三学社衡阳医学院小组",成立于 1982 年 4 月,成立时有社员 7

人,是九三学社在衡阳市的第一个基层组织,直属九三学社湖南省委领导。1983年更名为“九三学社衡阳医学院支社”,2003年3月再次更名为“九三学社南华大学一支社”,2012年有社员32人,其中具有高级职称25人,中级职称7人。支社主委:易光辉(2001.6—)。

支社社员中,贾德江于2002年6月当选为九三学社湖南省委委员。2004年,尹卫东、唐圣松同时被国务院学位委员会、湖南省学位委员会批准为博士生导师,成为衡阳市第一批博士研究生导师。社员中,有第五届省政协委员1人,第八届省人大代表1人。第六届衡阳市政协委员4人,第七届市政协委员2人(其中常委1人),第八届市政协常委1人,第九届市政协委员2人(其中常委1人),第十届市政协常委1人,第十至十二届市人民代表大会代表、常委会委员各1人。区人大代表1人,区政协委员1人。

九三学社南华大学附二医院支社 成立于1988年3月。2012年有社员27人,其中退休12人,在职15人,在职15人中担任行政与临床医技部门科室主任、副主任10人。有石鼓区人大代表1人、石鼓区政协委员1人。支社主委:邓宏军(2010.6—)。

九三学社湖南环境生物职业技术学院一支社(简称九三湘环一支社) 前身系“九三学社衡阳市卫生学校支社”,成立于1989年4月。2005年8月,衡阳市卫生学校与湖南林业专科学校合并后,支社更名为“九三学社湖南环境生物职业技术学院医学部支社”,2009年11月更名为“九三学社湖南环境生物职业技术学院一支社”,有社员29人。其中具有高级职称18人,中级职称11人。支社主委:王仡之(2001.4—2010.6)、陈雄新(2010.6月—)。

支社社员中有第六、八届湖南省政协委员各1人,第六、七届衡阳市政协委员各2人(其中常委各1人),第八届市政协常委1人,第九届市政协委员1人。蒸湘区人民代表大会代表、常委会委员1人,区政协委员2人。王超然(九三学社市委主委)任衡阳市政协第八届(1997.12—2002.12)委员会兼职副主席。

九三学社林业支社 成立于1993年11月。2012年有社员9人,其中具有高级职称8人,中级职称1人。支社主委:王原誉(2001.4—2005.7)、王衡芽(2005.8—)。

九三学社蒸湘区一支社 成立于2007年4月14日。2012年有社员11人,其中具有高级职称5人、中级职称6人。有第九、十届湖南省政协委员各1人,第十届市政协委员1人,区政协委员1人。支部主委:仇辉(2007.4—2012)。

九三学社蒸湘区二支社 前身系“九三学社水口山有色金属集团公司直属小组”,成立于2006年4月,2007年4月更名为“九三学社蒸湘区二支社”。2012年有社员8人,其中具有高级职称1人、中级职称6人。支社主委(组长):吴新洲(2006.4—2007.4)、李桂生(2007.4—2010.6)、李璞(2010.6—)。

二、九三学社地方组织主要活动

(一)参政议政

2005年1月,由贾德江带头提出的《进一步采取有效措施,整治全市网吧,规范网吧经营行为》议案,被衡阳市人大十二届三次会议列为1号议案。2005年9月,贾德江被九三学社湖南省委评定为参政议政先进个人,陈雄新为宣传信息工作先进个人,九三学社湘环一支社为优秀基层组织。2009年,唐北湘的《关于启动九衡合作的建议》,获市政协优秀提案奖。刘炫伶(女)撰写的《请给莲湖广场美美容的建议》《关于开展“市民文明教育年”的建议》《关于尽快安装城区至鸡窝山路段路灯的建议》均得到市政府有关部门的重视和采纳;《保护我市地面文物的几点意见》被评为市政协优秀社情民意信息稿奖。2010年3月,九三学社湘环一支社分别被九三学社湖南省委、衡阳市委评为优秀基础组织。贾德江、刘炫伶分别被评为市政协优秀政协委员。

(二)服务社会

2004年4月,湘环一支社到石鼓区西湖一村社区和松木乡开展医疗健康咨询专家义诊活动,免费提供了价值千余元的药品,发放健康资料千余份。2007年11月,赴石鼓区角山乡开展义诊、送药下乡活动。2009年6月赴衡阳县库宗乡开展科技下乡活动;2011年南华大学附二医院支社开展送医药下基层服务社会活动,3月到祁东县归阳镇对55岁以上老人进行视力建档工作;4月对石鼓区60岁以上老年人眼病进行排摸;6月6日“爱眼日”在太阳广场、莲湖广场等地开展义诊。2012年,南华大学附二医院支社耳鼻喉教研究主任艾文彬完成国家援疆工作载誉而归。蒸湘二支社社员王松坚经多次向国家安全生产监督总局申报,2012年顺利申请到“中央国有资本经营预算安全生产保障能力建设项目资金”近5200万元,该资金可建成湖南省最先进、规模最大的矿山救护大队。

(三)理论研究

彭素云的《多措并举,充分发挥委员的主体作用》获市政协纪念中国人民政协成立60周年理论征文三等奖。陈羿汐的《科学发展观与统一战线问题研究》获全市统战理论调研成果优秀奖。王芬的《关于新时期民主党派自身建设问题研究》获全市统战理论调研成果优秀奖。王衡芽的《我国林业保险发展态势浅析》获中国科协第10届年会优秀论文一等奖;《浅谈林业科技在冰灾后的恢复重建措施》获中国科协第10届年会优秀论文二等奖;《衡阳市森林资源现状与持续发展对策》获2008(中俄韩)高层学术论坛优秀论文成果一等奖;《特大冰灾对衡阳市森林资源的影响及恢复重建初探》获2009年中国管理科学院专家委员会首届“共和国60华诞重大学术前沿理论”金奖;《衡阳市山河水库综合治理及开发利用研究》获2009年中国社会发展研究院优秀论文一等奖;《协调发展是现代林业建设的必由之路》2011年2月获世界学术成果研究院学术委员会、世界文献出版社“世界重大学术思想(成果)特等奖”,并入编《世界重大学术思想获奖宝典》(中华卷);《浅谈常宁集体林权制度改革》2011年8月被中国领导干部理论参考丛书编纂委员会评为一等奖,9月在《中国农业》正刊上发表。于翠萍的《衡阳市工程未成造、幼龄林冰雪灾害成因及其应对措施》获中国科协第10届年会优秀论文三等奖。

第八节　工商业联合会

一、组织机构

1989年5月成立衡阳市郊区工商业联合会筹备委员会,1996年10月成立郊区工商业联合会(商会),2001年5月变更为蒸湘区工商业联合会(总商会)。2012年在职干部2人。全区有会员200余名,会员企业近100家。办公地点驻蒸湘区机关办公大楼7楼。

历任会长及任职时间:

丁云生(1996.10—2002.1)　肖东北(2002.1—2003.7)　谢显良(2003.7—2005.7)
刘衡学(2005.7—2011.2)　谢云亚(2011.2—)

二、代表大会

2001年12月21日,蒸湘区工商业联合会第一届一次会员代表大会召开,大会选举产生执委27人、常委6人,肖东北为会长,李卫华、苏勇、欧阳保、左小平、许清武、谢树留为副会长。

2006年10月26日,蒸湘区工商联第二届一次会员代表大会召开,大会选举产生执委35人、常委17人,刘衡学为会长,谢云亚、许清武、李祝民、蒋道生、伍春晖、侯光昆、李炳宏、朱胜利为副会长。

2011年11月11日,蒸湘区工商联第三届一次会员代表大会召开,大会选举产生执委52人、常委17人,谢云亚为主席(总商会会长),廖章海、王惠、王友良、许清武、欧阳敏、侯光昆、殷高卫、黄维平、彭清林、谢芸鸿、谢辰晖为副主席,王祥衡、陆魁明、贺勇、彭秀富为商会副会长,伍春晖为秘书长。

三、工商联工作

(一)学习培训

2001—2012 年,区工商联组织非公有制经济人士共 1400 余人次学习中共十六大、十七大、十八大会议精神及“三个代表”重要思想;开展以树立科学发展观为理念的讨论会、座谈会、联谊会共 22 场次。组织民营企业家及企业管理人员参加由区委统战部、区工商联举办的“非公有制经济经营管理知识”“经济管理和现代企业发展趋势”“民营中小企业如何在金融危机中求生存、求发展”“中小企业怎样技术创新”“统战理论知识”“区域经济发展形势分析”“企业合同法”等内容的培训班 20 期,参加学习培训的共 1800 余人次。

(二)典型宣传

2005 年 5 月 20 日,区委召开一届四次全体(扩大)会议,作出了《关于进一步发展民营经济的决定》,表彰衡阳四海神龙实业有限公司、衡阳晶珠置业有限公司、衡阳曲园酒楼有限公司、衡阳市消防器材总厂、衡阳市雁超房地产开发公司 5 家企业为 2004 年度优秀民营企业;许冬生、欧阳斌、谢云亚、蒋安荣、何泗健、冯李、曹晓庚、刘华亮、苏勇、王圣初 10 人为 2004 年度优秀民营企业家。

2006 年 2 月 17 日,区委召开经济工作会议,会议对衡阳晶珠置业有限公司、西安衡钢石油管材有限责任公司衡阳分公司、衡阳四海神龙实业有限公司、湖南省衡阳市汽车运输集团有限公司、共创鸿运数码有限公司、湖南民生堂药店连锁有限公司、新泰阳电器有限公司、衡阳市蒸湘工程建设有限公司、衡阳市弘辰房地产开发有限公司 9 家民营企业授予“2005 年度优秀民营企业”称号。

2007 年 2 月 7 日,区委经济工作会议表彰衡阳鸿菱石油管材有限公司、衡阳鸿宇机械制造有限公司、衡阳晶珠置业有限公司、衡阳鸿鑫实业有限公司、衡阳四海神龙实业有限公司、衡阳鸿华汽车运输有限公司、衡阳市四诚冶金石灰有限公司、湖南民生堂药店连锁有限公司、衡阳长宏锅炉有限公司、衡阳市江洋海鲜酒家 10 家民营企业为 2006 年度优秀民营企业。

2008 年 2 月,全区评选出衡阳鸿菱石油管材有限公司、衡阳鸿宇机械制造有限公司、衡阳鸿瑞石油管材有限公司、衡阳汽车运输集团有限公司、衡阳鸿华汽车运输有限公司、衡阳四海神龙实业有限公司、衡阳鸿鑫实业有限公司、衡阳市沐林房地产开发有限公司、湖南崇盛商贸有限公司、湖南民生堂药店连锁有限公司 10 家民企为 2007 年度优秀民营企业。6 月 12 日至 9 月 10 日,区委统战部与区工商联在《衡阳晚报》开辟《蒸湘民企风采录》专栏,连续 3 个月宣传报道了蒸湘腾跃工艺厂、衡阳鸿宇机械制造有限公司、衡阳衡钢鸿华物流有限公司、湖南四海神龙实业有限公司、衡阳汽车运输集团有限公司、湖南民生堂药店连锁有限公司、新泰阳商城、湖南衡阳湘变电工制造有限公司、市首龙渔牧发展有限公司、市金坤包装有限公司、衡阳长宏锅炉有限公司、市弘辰房地产有限公司等 20 家民营企业,并推荐非公有制经济代表人士参与衡阳市首届“民营企业 50 强”“十大杰出经济人物”“创业之星”等评选活动。

2009 年 2 月,全区评选出衡阳鸿涛机械加工有限公司、衡阳鸿宇机械制造有限公司、衡阳鸿腾石油管材有限公司、衡阳四海神龙实业有限公司、衡阳鸿菱石油管材有限公司、衡阳鸿基建设工程有限公司、衡钢鸿华物流有限公司、湖南民生堂药店连锁有限公司、衡阳鸿鑫实业有限公司、衡阳市弘辰房地产有限公司等 10 家民企为 2008 年度优秀民营企业。

2011 年,区工商联积极组织会员及全区非公经济代表人士参加“衡阳市 2011 年度‘十大杰出经济人物’评选”活动。经过层层评审,衡阳衡钢鸿华物流有限公司董事长侯长昆、衡阳弘辰房地产开发有限公司董事长谢晨晖荣膺衡阳市 2011 年度“十大杰出经济人物”荣誉称号。

2012 年,区委统战部、区工商联积极推荐区内民营企业和会员参评衡阳市第五届优秀民营企业家评选活动。衡阳鸿宇机械制造有限公司董事长兼总经理彭清林,蒸湘腾跃工艺厂厂长肖跃莲,衡阳市金雁粮食购销有限公司董事长兼总经理唐佳宝,衡阳爱尔眼科医院 CEO 张玲,衡阳汽车运输集团有限公司总经理杜宇戟等 5 人被评为衡阳市第五届优秀民营企业家。

(三)参政议政

区工商联紧密围绕全区改革开放、经济建设和社会发展的大政方针，围绕非公有制经济健康快速发展，积极参政议政、建言献策。2001—2012 年，在《省工商联》《湘声报》《衡阳晚报》等报刊上发表文章 18 篇，上报市工商联调研文章 7 篇，上报省、市工商联有关信息 116 篇。第一届区工商联会员中，有区政协委员 10 人，区人大代表 7 人，市政协委员 3 人，市人大代表 2 人；第二届区工商联会员中，有区政协委员 19 人，区人大代表 14 人，市政协委员 4 人，市人大代表 5 人；第三届区工商联会员中，有区政协委员 24 人，区人大代表 17 人，市政协委员 5 人，市人大代表 5 人。他们深入实际，调查研究，共撰写意见建议和提案议案 300 余件，涉及经济发展及环境、新农村建设、基础设施建设、人才培养和科技创新等诸多方面，受到区委、区政府的高度重视。其中，政协委员王聪颖撰写的《积极引导返乡人员自主创业》、政协委员彭清林撰写的《失地农民的安置事关项目的引进及蒸湘区的发展》、政协委员许兴贵撰写的《关于规范食品安全管理的提案》、政协委员肖跃莲撰写的《重视东西部劳动密集型产业转移》、政协委员刘永春撰写的《关于禁止在已征用地上私自抢建房屋、抢种苗木的建议》等提案，均被区政协评为优秀提案。

（四）服务企业

2001—2005 年，通过定期或不定期地召开座谈会，走访企业等形式，随时听取、了解企业存在的困难和问题，尽最大努力为企业协调矛盾，解决困难。如针对非公有制企业非正常成本开支、土地、资金、人才和优惠政策落实等热点问题，进行专项调研，并及时向党委、政府反映和呼吁；整理省、市明令取消的收费项目和现行行政收费项目目录，印制《工商联会员实用手册》，提供给会员学习使用。三春建材实业有限公司在扩产改造时遇到了资金困难，区工商联得知后先后数次与银行沟通联系，争取到了银行的支持。

2006 年“3·15”前夕，有的部门借查假打假名义向坐落在船山西路汽摩经营户乱收费，引起经营户极大不满并纷纷准备迁址，区工商联得知后及时向区委、区政府反映，并联合区经委调查核实，及时制止有关部门的乱收费行为，稳定了经营户。

2007 年，推荐湖南花香实业有限公司进入省“小巨人”企业计划；协调解决了当地村民向三春建材实业有限公司强揽业务的矛盾；为呆鹰岭中小型工业聚集区几家民企解决了环卫部门收取高额垃圾清运费问题；平息了广电中心工程建设遭村民阻工闹事的风波；协助区交警大队、区城管大队对姚家山钢材市场开展了两次为期一个月的交通秩序整治活动，为 200 余名经营户营造了良好的社会环境和交通环境。8 月 31 日，在神龙大酒店举办全区非公有制经济交流协作会，收集 100 余个蒸湘区非公有制企业产品、技术、供求信息，形成《资料汇编》在会上发放，有 5 对企业根据情况介绍和现场提供的信息资料，当场结成“姻亲”，实现了区域经济良性互动。

2008 年，天吉轿车销售受到不公平竞争待遇，经区工商联与相关部门进行沟通、调解，在最短时间内恢复了正常经营，维护了天吉汽车销售有限公司的合法权益。在冰灾期间，区工商联积极争取上级部门的赈灾资金 30 余万元，帮助受灾严重的企业尽快恢复生产。

2009 年，开展“企业服务年”活动。工商联干部先后走访 30 余家企业，深入了解经济危机对区内企业的影响，在掌握第一手材料后，确定对 20 余家非公企业作为重点跟踪联系和服务对象，积极为其排忧解难。6 月 19 日，与市工商银行华兴支行携手合作，组织 20 余家民营骨干企业，举行银企合作洽谈会，搭建加深沟通与联系的平台，仅衡钢鸿华物流有限公司就被工行一次授信 2000 万元。

2011 年，区工商联配合区委、区政府做好姚家山钢材市场搬迁工作。一方面积极为市场寻找过渡经营场地。另一方面与商会班子成员深入各经营户耐心细致地做好思想工作，于年初促成市场的顺利搬迁。区工商联通过沟通协调，促成衡阳铭艺特种钢化玻璃有限公司、衡阳湘变电工制造有限公司分别与衡阳融达典当有限公司达成 200 万元、100 万元的短期借贷合作协议。区工商联还积极为校企合作搭建平台，使衡阳衡钢鸿华物流有限公司成为湖南科技经贸职业学院学生的定点实习基地。

2012 年，以“大走访、大调研、大服务”活动为契机，深入开展走访调研活动。工商联领导干部先后走访非公企业 40 余家，深入了解他们的生产经营情况，收集合理的诉求和对工商联工作的建议等，及时与政府相关职能部门沟通协调，为企业作好政策指导，解惑释疑，使企业的诉求得到及时反映和合理解决。9 月，召集非公企业与民营金融机构融资洽谈会，为非公企业搭建融资新平台。帮助新入会员衡阳市德义隆实业有限公司寻找合适生产场地。与区法律援助中心合作,组建非公经济法律援助服务中心等。

据不完全统计,2001—2012 年,区工商联为非公企业解决各种困难和问题 330 余个,办实事 550 余件。

(五)光彩事业

区内广大非公有制经济人士发扬“致富思源,富而思进,扶危济困,共同富裕,义利兼顾,德行并重,发展企业,回馈社会”的光彩精神,积极参与农业开发、投资办厂、招工扶贫、再就业工程、教育办学、国土绿化、捐赠帮扶等光彩事业。

2002 年,区工商联部分会员单位为雨母山乡公路扩建硬化捐资 30 余万元。

2003 年,区工商联会员参与区委统战部“情系教育、捐资助学”大型现场损赠活动,共捐资 23 万余元。

2005 年,衡阳市金雁粮食购销有限公司采取“公司 + 基地 + 农户”的经营模式,将扶农、惠农理念贯穿整个生产经营过程,公司订单面积 30 万亩,2007 年增至 80 万亩,2010 年超过 100 万亩,合同金额达 1.29 亿元。

2006 年,衡阳市首龙渔牧发展有限公司采取订单式合作,保底价收购的“公司 + 基地 + 农户”的运作模式,走产业化发展道路,公司订单金额 4800 万元、养殖面积 8000 亩;2007 年订单金额 8500 万元、养殖面积 1.5 万亩;2008 年订单金额 1.7 亿元,养殖面积超过 3 万亩,覆盖蒸湘区、衡南县、祁东县 3 个区、县。2011 年开始,该公司又延续“公司 + 基地 + 农户”的运作模式,积极在南岳区发展生态蜗牛养殖,并在市华新开发区开设蜗牛养生馆,打造产、供、销一体化产业链。

2008 年,在年初南方抗冰救灾和四川汶川“5·12”抗震救灾中,全区非公有制经济人士捐款捐物共 270 万元,区工商联副会长、衡阳衡钢鸿华汽运公司董事长侯光昆被推评为抗冰救灾“感动衡阳人物”。湖南民生堂药店连锁有限公司及许清武、欧阳敏等资助 26 名贫困学生共计 50.32 万元。

2009 年,湖南四海神龙集团有限公司情系返乡农民工,该公司培训中心为全市返乡农民工再就业免费培训 7 批共 3000 余人,经考察测试合格后,从中优先录用 2000 余人到该公司工作。从 2009 年起,工商联执委陆魁明(现为总商会副会长),租赁雨母山乡联胜村、群益村 500 余亩荒山植树造林,兴建“农家乐”,发展生态休闲观光农业,先后投入资金 3000 余万元,安排农村剩余劳动力 50 余人。

2011 年,区工商联积极组织引导全区非公企业参与“尊老爱幼,扶贫帮困”感恩社会光彩大行动。活动中湖南联盛物资贸易有限公司、湖南高卫投资集团有限公司、湖南四海神龙集团有限公司、衡阳鸿宇机械制造有限公司、衡阳市时通置业有限公司、湖南宏城投资咨询有限公司等 20 余家非公企业资助雨母山乡贫困学生 36 人,资金合计 27.82 万元。衡阳衡钢鸿华物流有限公司、衡阳湘变电工制造有限公司、衡阳铭艺特种钢化玻璃有限公司、衡阳鸿鑫实业有限公司、衡阳市正益石化有限公司衡阳嘉菇钢铁有限公司、衡阳市雨联生态园林有限公司、衡阳市银利实业有限公司、衡阳市金坤包装有限公司、湖南长坤建设有限公司等非公企业全年参与社会公益事业损款总计 200 余万元,以实际行动树立非公经济人士的良好形象,为和谐蒸湘做出积极贡献。

2012 年,在区委统战部的指导下,区工商联积极号召本区非公有制经济企业和人士参与“非公有制经济人士情系‘三区、三老’感恩社会光彩大行动”(三区:革命老区、贫困地区、边远山区;三老:老革命、老党员、老模范)。衡阳鸿鑫实业有限公司、湖南高卫投资集团有限公司、衡阳金坤包装有限公司、衡阳银利实业有限公司、湖南长坤建设有限公司等会员企业和非公有制经济人士共捐助“三区”资金 117.4 万元,物资价值 15.9 万元;看望慰问“三老”12 人,捐助现金和物资合计 13500 元。广大会员还积极投身各类公益事业和光彩事业,据不完全统计,区工商联会员为困难社区、特困家庭解决实际困难 20 余个,共资助贫困学生 30 余人,为社会公益事业捐助资金和物资价值合计 50 余万元。

2001—2012 年,区内非公有制企业接收 13 家国有、集体企业改制后的下岗工人 573 人再就业。全区非公有制经济人士为社会公益事业捐款捐物累计达 1300 余万元。

(六)“双百”活动

2007—2012 年,按照市委统战部、市工商联关于在全市开展“百企联村、共同发展”暨“百企联三农,共建致富路”活动的整体部署,区工商联积极动员广大民营企业与农村村级组织建立对口联系,通过“一联一、一联多、多联一”等多种形式，开展村企合作。市首龙渔牧发展有限公司、湖南四海神龙实业集团有限公司、市金雁粮食购销有限公司、衡阳衡钢鸿华物流有限公司、衡阳雨联生态园林有限公司等20余家企业参与雨母山乡雨母村、呆鹰岭镇中心村等3个乡镇的24个联系村点的新农村建设，为其发展农业生产和休闲旅游项目等，提供资金、信息、技术等方面的服务。对接项目11个，安排农村劳动力就业4000余人，修建鱼塘100余亩，为农村改电、改房及修建村部活动中心等共捐资300余万元。衡阳市弘辰房地产有限公司、中泰国际集团衡阳房地产开发公司左华政、湖南花香实业有限公司、衡阳雨联生态园林有限公司等捐款325万元，支持修建通村公路40余公里。

第二章　群众团体

第一节　工　　会

一、区总工会

1982年，衡阳市郊区工会成立。1990年12月，经衡阳市总工会批准，郊区工会更名为郊区总工会。2001年5月衡阳市行政区划调整后，郊区总工会更名为蒸湘区总工会，内设蒸湘区困难职工帮扶中心。2012年在职干部3人。办公地点驻蒸湘区机关办公大楼4楼。

历任总工会领导及任职时间：

主　　席：杨　程（2001.5—2002.3）　　罗为广（兼，2002.3—2004.12）
　　　　　郭裕泉（兼，2004.12—2008.6）　　陈光华（兼，2008.6—）
副 主 席：刘建国（2001.5—2009.4）　　潘剑华（女，2003.4—）
　　　　　朱天宝（2011.9—）

二、基层工会

2001年5月蒸湘区成立时，全区基层工会组织有50家，工会会员4920人。2012年12月，全区有6个乡镇街道（不含华兴街道）工会联合会和4机关工会联合会，乡镇街道工会联合会主席由同级副职兼任。有基层工会422个，其中，企业独立工会289个、行业工会3个、区域性工会27个、机关行政事业单位工会103个，共有工会会员39961人。全区共有基层工会干部410人，其中，有12个单位配有专职工会干部14人，其余均属兼职。

三、工会工作

（一）夯实组织基础

区总工会以新建企业工会组织为主体，通过试点示范、以点带面、整体推进，使工会组建领域不断拓展，组织覆盖面不断扩大，职工入会率不断提高。在此基础上，区总工会帮助已建工会建章建制，开展各种有益活动，加强规范化建设。

2001年6月21日，精创富康公司工会组织建立后，企业主李卫华拨款建立了工会办公室、职工活动室，并按规定拨给工会活动经费。该企业2003年被市总工会列为全市民营企业工会工作试点单位，李卫华被当选为省工会十三大代表。2002年6月8日欣凯实业有限公司工会建立后，积极组织职工进行技术培训，开展劳动竞赛和各种文体活动，该工会被市总工会评为全市民营企业先进基层工会。2007 年，区总工会在中凌能源有限公司召开非公企业工会组织规范化建设现场会，推动了全区非公企业工会组织规范化建设。到 2010 年，全区产值 500 万元以上的规模企业工会组织有 90% 达到规范化建设的基本标准。区总工会 2005 年、2006 年、2007 年、2012 年先后 4 年在全市工会工作目标管理考核中获一等奖。2001—2012 年，区总工会共有 51 项（次）工作被省、市总工会评为先进单位。2010 年、2012 年呆鹰岭镇工会、红湘街道工会先后被评为全省“六好乡镇工会”。

2001—2012 年蒸湘区组建工会组织与发展会员情况

表 16 - 1

年　　度	组建工会组织（个）		发展工会会员（人）	
	任务数	实际组建数	任务数	实际发展数
2001 年 5 月接收	44	50	4500	4920
2001	68	78	2000	2084
2002	21	31	1000	1023
2003	12	12	1400	1470
2004	26	26	1400	1410
2005	15	15	1300	1333
2006	20	21	3000	3200
2007	30	32	6000	6300
2008	45	23	5500	3083
2009	25	27	3000	2876
2010	20	13	3000	3122
2011	30	30	3000	3000
2012	50	64	5000	6140
合计	406	422	40100	39961

（二）推进企业改制

全区各级工会教育和引导职工主动融入全区工作大局，支持区委、区政府各项改革改制措施，正确认识和对待企业改制中利益格局的变化和利益关系的调整，切实保障职工在改制过程中的知情权、参与权、监督权。区中天公司、四建公司、建设局、商务局等相关单位的工会组织妥善处理好改制企业职工的信访问题，确保了区属和乡村集体企业改制工作的顺利进行。到 2008 年 11 月，全区 23 家区属企业（其中工业企业 9 家、商贸服务企业 9 家、建筑与房地产企业 4 家、运输企业 1 家）和 34 家乡村集体工业企业，除 1 家建筑企业外，其余全部完成了改制工作。

（三）开展劳动竞赛

2003 年 7 月，在市总工会、市安全生产委员会、市经济委员会开展的“以加强宣传培训，促进安全生产”为主题的“安康杯”竞赛活动中，蒸湘区公安消防大队获优秀组织奖，消防大队李华新获先进个人。

在 2002—2004 年全市第四轮“芙蓉杯”十万女职工素质达标竞赛活动中，区农村信用联社被评定为全市“芙蓉标兵岗”，区卫生局被评为“百优女职工集体”，信用联社主任陈萍萍获“岗位状元”称号。区财政局工会主席董冬英被评为全市“优秀女职工干部”，区环卫局清扫公司船山西路二标段长吴中凤获全市“芙蓉百岗明星”称号。

在 2005—2007 年全市第五轮“芙蓉杯”竞赛中，区农村信用联社被评为竞赛先进单位，农村信用联社立新分社获省级"芙蓉标兵岗"称号,呆鹰岭镇医院、环卫局船山西路一标段分别被评为全市"芙蓉标兵岗",农村信用联社党委书记陈萍萍为"全市女职工工作最佳支持者",李丽家庭工作室主任李丽、农村信用联社职工宋霞云、区中西医结合医院唐度凤、蒸湘北路小学校长贺青春分获全市"芙蓉百岗明星"称号。2007 年,区总工会被评为全市"女工工作先进单位"。

在 2008—2010 年全市第六轮"芙蓉杯"竞赛中,农村信用联社为全市"优秀女职工集体",区总工会副主席潘剑华为全市"2007—2009 年度为女职工办实事、办好事特殊疾病工作先进个人",农村信用联社营业部柜台为全市"芙蓉标兵岗"。

2012 年,全区有 34 家工业企业和服务企业参加区总工会组织的"爱岗敬业争先锋,建功立业在蒸湘"的劳动竞赛,评选出 11 名区"劳动模范"和 9 名"优秀劳动者"。

(四)组织扶贫帮困

2001 年,精创富康公司一职工家庭失火,造成重大损失,公司工会发动员工为其捐赠 1700 元现金和部分衣物。

2004 年,四建公司职工向青松患癌症住院,急需医药费,工会主席周承美在本人 20 个月未领到工资的情况下,仍履行好职责,发动公司员工为其捐赠现金 6000 元。

2006 年,全区开展"金秋助学"活动,各级工会共筹资 1.6 万元,资助 20 名困难职工子女圆了上学梦。9 月,区总工会成立困难职工帮扶中心,制定帮扶中心信访接待、生活救助、就业援助、法律援助等制度。

2007 年,开展"双困""低保"情况调研,对全区 52 家企业应纳入"低保"的贫困职工(含退休人员),全部纳入低保,人均补差为 85.1 元,实现应保尽保。

2008 年,建立全区困难职工档案,按照全国总工会的要求进行网上登记建档,至 2012 年底,全区建立困难职工电子档案 477 名,为帮扶工作提供真实依据,实现了帮扶中心工作的标准化、规范化、信息化管理。发动各级工会会员向四川汶川地震灾区捐款 15 万元。

2010 年,区总工会筹措资金 6 万元,慰问困难职工 136 人。开展"金秋助学"活动,对 3 名特困学生进行了资助。

2011 年,帮扶困难职工 41 人,帮扶资金 7.6 万元。

2012 年 4 月 10 日,区委办、政府办印发《关于调整"双联"和困难职工帮扶工作领导小组的通知》,将领导小组办公室设在区总工会(原设区直工委),总工会副主席朱天宝兼任办公室主任。当年帮扶困难职工 127 人次,帮扶资金 9.2 万元。扶贫帮困工作获全市先进集体。

2001—2012 年,区总工会组织慰问困难职工 1517 人次,累计发放慰问金 84.8 万元。

(五)维护职工权益

订立劳动合同　2002 年,全区有 46 个企事业单位的工会与业主签订集体劳动合同。2003 年,对部分签订集体合同的单位进行检查,多数企业行政和工会对执行集体合同是认真负责的。2004 年,区委、区政府成立新建企业推行平等协商签订集体合同领导小组。为更好地维护女职工合法权益和特殊利益,2007 年,区总工会组织 22 个单位签订女职工权益保护专项集体合同,2008 年组织 75 个单位签订这一合同,2010 年签订 50 个,2012 年签订 81 个。

加强民主管理　主要措施,一是建立职工代表大会制度。每个企业每年都要召开一次以上职工代表大会或职工大会,让职工行使自己的民主权力。二是开展民主评议领导干部。各单位职工积极配合组织人事部门,对本单位的领导干部进行民主评议。三是实行厂务公开。全区事业单位、校务(院务)公开推行面达到 100%,规模以上民营企业厂务公开率达到 85.2%,非公企业厂务公开率达 77%。如中凌集团、欣凯公司等成立厂务公开领导小组,制定厂务公开实施方案,设立厂务公开专栏。2006 年,区实验小学被评为全市校务公开工作先进单位。2008 年,中凌集团被评为全市厂务公开先进单位,被省总工会授予"员工信得过单位"称号。

开展"建家"活动　认真贯彻执行《建设职工之家管理办法》,将区内非公企业工会建设成为展示职工风采的创业之家、维护职工权益的维权之家、提高职工技能的学习之家、丰富职工生活的文化之家。区内泰阳电器有限公司、湖南民生堂药店连锁有限公司、中凌能源有限公司、欣凯实业有限公司等民营企业,在工会组建后,先后开展"建家"活动,增强凝聚力,激发工作积极性,丰富员工的文化生活。2002年,蒸湘中学、长湖学区、太平小区小学被区总工会授予"模范职工之家"称号。中凌能源有限公司、蒸湘建筑工程公司、蒸湘区信用联社2007年被区总工会授予"模范职工之家"称号。

启动工资集体协商 2011年8月,全区启动工资集体协商工作。区委、区政府从总工会、劳动保障部门、各乡镇(街道)劳保站抽调专人组成指导员队伍负责该项工作。9月7日,全区召开推进企业工资集体协商工作会议,并进行业务培训。经动员督促,当年有47家用人单位与其工会签订《工资集体协商协议》。2012年又有30家企业签订协议。以上77份《工资集体协商协议》,内容完整、程序合法、双方代表具备协商资格,合格率达100%。2012年,工资协商工作获全市二等奖。

(六)做好女工工作

2004年,贯彻省总工会1号文件精神,全区为251名企业女职工组织进行了妇科检查,为教育系统570名女职工购买了防癌保险,并为5名特困单亲女职工做好事、献爱心。

2005年3月6日,区卫生局、区总工会、区妇联联合下发《关于在全区开展女职工乳腺癌、妇科病普查普治的通知》,普查对象为全区行政、企事业单位以及驻区国、省、市属行政、企事业单位的女职工。至年底,共为1600名女职工进行普查,其中查出乳腺癌12人,妇科病850人,分别提出治疗意见。

2006年,该区组织500余名女职工参加平安防癌保险,组织参加全市"联通杯"女职工普法维权知识竞赛,获优秀组织奖。

2007年,全区组织800余名女职工参加平安防癌保险。区总工会被评定为全市"女工工作先进单位"。

2008年,组织女职工参加全市"迎奥运·树形象"健美操竞赛,获二等奖。

2009年,为迎接新中国成立60周年,区总工会在三·八妇女节组织千名妇女游雁城。五·一劳动节前夕,举行全区歌唱祖国歌咏比赛。

2010年,组织全区1000余名女职工免费参加妇检,组织1000余名女职工参加平安防癌保险。

2011—2012年,开展女职工专项健康检查,为女职工购买防癌保险1000余份。

(七)评选劳动模范

2001年5月蒸湘区成立时,从衡阳市郊区、城南区、城北区、衡南县、衡阳县共接收国、省、市劳动模范17人,其中,全国劳模1人,省劳模8人,市劳模8人。

2004,蒸湘区经过层层推选和上级批准,获省劳模1人、市劳模2人。2005年推评省劳模3人。2008年推评市劳模2人。2010年推评省劳模2人、市劳模2人。

至2012年,蒸湘区共有劳动模范29人,其中,全国劳动模范1人,湖南省劳动模范14人,衡阳市劳动模范14人。区总工会对国、省、市劳模均建立了劳模档案。每年五一劳动节期间都要组织劳模开展各项活动,2003年、2008年、2010年先后3次组织劳模外出参观学习。2011年4月中旬,区总工会组织24名劳模(其中,国劳模1人、省劳模11人、市劳模12人)到桂林疗养。每年元旦、春节期间,区总工会都要对困难劳模进行走访慰问,共慰问劳模34人次,发放慰问金15万元。

第二节 共青团

一、组织机构

区团委 1982年,共青团衡阳市郊区委员会成立。2001年5月,衡阳市城区行政区划调整后,共青团郊区委员会更名为共青团蒸湘区委员会,内设机构有:区少工委、区希望工程办公室、区青少年活动中心。2012年在职干部1人。办公地点驻蒸湘区机关办公大楼4楼。

历任区团委领导及任职时间：

书　　记：邹可成（2001.5—2003.3）　　夏　冰（2003.3—2008.10）
　　　　　罗　琼（女，2008.10—）

副 书 记：武奇峰（女，2001.5—2001.6）　　罗　琼（2003.12—2008.10）
　　　　　廖成伟（2008.10—）　　邓菁菁（2012.3—）

基层团组织　2001 年 5 月蒸湘区成立时有乡镇团委 2 个，街道团委 1 个，企事业单位、区直部门团委 2 个。2012 年，全区有 14－28 岁的青年 61058 人，其中共青团员 2402 人。设有团委 13 个（其中乡镇团委 3 个，街道团委 3 个，学校团委 3 个，企事业单位、区直部门团委 4 个），团支部（总支）101 个。

"大团委"建设　根据 2012 年 10 月 10 日《共青团中央关于印发〈乡镇实体化"大团委"建设工作实施方案〉的通知》精神，蒸湘区在乡镇实体化"大团委"建设工作中新建团（总）支部 73 个。

二、团员代表大会

2003 年 12 月 25 日，在广通宾馆召开共青团蒸湘区第一次团员代表大会，正式代表 101 名，列席和特邀代表 129 名。这次大会总结了过去几年的工作成绩和经验，提出了今后三年全区共青团工作的主要任务。大会选举产生共青团蒸湘区第一届委员会委员 15 人。25 日下午召开团区委第一届一次会议，会议选举夏冰为第一届委员会书记，罗琼（女）为副书记。

2008 年 10 月 22 日，在市老干活动中心召开共青团蒸湘区第二次团员代表大会，正式代表 101 名，列席和特邀代表 129 名。大会选举产生共青团蒸湘区第二届委员会委员 15 人。22 日下午召开团区委第二届一次会议，会议选举罗琼为第二届委员会书记，廖成伟为副书记。

三、共青团工作

青少年素质教育　2003—2004 年，组织青少年参加"湖南省雷锋家乡学雷锋活动"，区团委书记夏冰获得"湖南省雷锋家乡学雷锋先进个人"称号。先后 3 次组织 4000 余名青少年听取著名儿童文学作家晓玲叮当题为"抓住梦想的翅膀"的巡回讲座，引导青少年为梦想而学、为实现梦想而作。

2005 年，举办《知心姐姐》青少年心理健康巡回报告会 3 场，全区学生家长 4000 余人参与听讲。6 月，开展"法律进社区"活动，组织大学生青年志愿者为社区青少年进行法律宣传，提供法律服务，南华大学有 20 名在校大学生受聘担任社区法制副主任。为响应市委、市政府提出的"创建全国文明城市"的号召，组织中小学生利用周末进行文明宣讲和文明交通劝导活动，不仅让成年人懂得遵守交通安全、公共文明的重要性，也让孩子们从小养成良好的安全文明习惯。

2007—2008 年，开展"迎奥运讲文明树新风"主题教育活动，组织 2000 余名中小学生参加主题教育征文竞赛，共选出 84 篇优秀征文编辑出版《青青的音符》第一辑。以"我与祖国共奋进，我为崛起献青春"为主题，先后组织开展演讲、辩论、歌咏比赛等 20 余项活动。

2009—2010 年，以纪念五四运动 90 周年为契机，召开"弘扬'五四'精神，争做发展先锋"动员大会。为促进蒸湘区发展，举办了"蒸湘发展与青年责任"主题论坛活动。为调动广大团员青年学习积极性，先后举办了团干部读书班、青年读书笔会、读书征文、专题讲座等多种活动，促使其不断提高思想政策、理论水平。

2011 年，以建党 90 周年为契机开展"红歌赛""红色短信征集赛"等活动。为贯彻实施"两法一条例"（《未成年人保护法》《预防未成年人犯罪法》《湖南省未成年人保护条例》），组织开展了"未成年人保护行动"和"为了明天——预防青少年违法犯罪工程"。

2012 年，通过召开报告会、座谈会、研讨会等多种形式，在广大团员青年中，深入开展普法教育、廉洁教育、国防教育和革命传统教育，进一步培养青年爱国主义情操，增强法制观念和艰苦奋斗精神。

青春建功活动　2003—2004 年，在全国人民抗击"非典"的斗争中，全区广大团员青年积极深入社区、农村，宣传防"非典"知识、清理卫生死角。特别是医疗卫生战线的团员青年，发扬救死扶伤、无私奉献的崇高精神,临危不惧,舍己为人,始终奋战在抗击“非典”第一线。在围绕推进农业产业化进程中,推出了以雨母山乡二塘村刘海源创办的水果基地为代表的一批示范基地。在企业改革、创业中,市精创富康实业有限公司董事长李卫华荣获团省委“鲲鹏奖”、衡阳市“十大优秀青年”荣誉称号;共青团员、市瑞华钢纤维制造有限公司董事长刘华亮,在7月召开的团中央十五大上当选为团中央委员,2008年6月又当选为团中央十六大代表。在推进“四化”进程中,蒸湘区信用联社主任陈萍萍获得衡阳市“五四青年奖章”;区城管办刘俊获得衡阳市“杰出青年卫士”称号。

2005年,在开展“青春建功新农村行动”“文化、科技、卫生三下乡”活动中,全区团员青年捐赠科技书籍8050本,建立各类示范基地4个,培养有文化、懂技术、会经营的新型农村青年18名,推进了现代农业发展。

2006年,组织大学生青年志愿者进社区,为社区青少年进行法律宣传,提供法律服务。区团委与南华大学共同挂牌建立大学生志愿者服务基地3个,长湖乡立新二社区被评为全市“大学生进社区工作先进单位”。

2007年,以服务农村青年为主线,在长湖乡进行农村青年中心建设的试点工作,重点指导、帮助长湖乡团委围绕建设、运转、管理等关键环节,大力开展服务青年“增收成才”活动,积极探索青年中心联系、服务、引导、组织青年的具体途径和共青团发挥核心作用的工作机制。年底,共青团长湖乡委员会被团省委评为优秀基层团组织。

2008—2009年,为建设生态城区,提升青少年健康、节约、环保理念,建造“共青林”纪念林地320亩。开展农村青年学科技、用科技活动,建立16家希望图书室。长湖乡大立村党支部书记刘洪元,2009年被团省委评为“农村青年致富带头人”,2010年被团中央评为“农村青年致富带头人”。

2010年,发挥共青团组织优势,争取劳动、农业、科技、教育等部门支持,建立4个农村青年转移就业培训基地,全年培训农村青年817人次,培养农村青年经纪人、农村青年农业产业化带头人和农村青年致富牵头人共25名。

2011年5月4日,区委组织部与区团委召开“五四”表彰大会,表彰第一届“蒸湘区十大杰出青年”:尹钢、尹光胜、王建军、刘俊利、张勇、宋小平、肖玲玲(女)、肖啸、廖道富、戴辉华;第一届“蒸湘区优秀青年”:刘婕(女)、刘芳(女)、杨亚平、唐雪林、曹亚平、曾黎明。

服务青年就业创业 2008年,团区委联合区人事劳动和社会保障局开展“争当和谐先锋,促进青年就业”大型招聘活动,提供就业岗位3075个,帮助近1000名下岗青工实现再就业。

2009年3月,成立蒸湘区青年就业创业协会,吸纳会员421名,年内帮扶青年就业创业达2560人次。年底,建立2个青年就业创业见习基地,举办“创业青年培训班”,及时邀请专家现场指导,帮助青年积累工作经验,提高就业创业能力,为企业选人用人搭建平台。

2010年,全区各级团组织通过加强与银行的协调,加大创业贷款发放力度,向42名创业青年发放了617万元的青年创业贷款,并为29名创业青年提供了创业服务。

2011年,开展青年就业创业见习基地活动,为应届大学生提供见习岗位。

2012年,开展技能知识培训讲座,对创业青年农民进行培训,并先后召开35次青年创业座谈会。

希望工程工作 区划调整以来,开展了“圆梦大学”扶贫助困活动,积极争取“圆梦大学”“芙蓉学子”助学金17万元,帮助46名贫困学生圆了大学梦。2009年,团区委与市美协和金锤拍卖有限责任公司合作,将社会爱心人士捐赠的部分物品公开拍卖,共为希望工程筹集11万元善款,帮助43名贫困儿童入学。

青年志愿者工作 2007年12月,成立蒸湘区第一个志愿者服务队,有志愿服务人员30人。

2008年1月中旬至2月上旬,在罕见的低温冰雪期间,全区各级团组织积极响应区委、区政府号召,组织青年志愿者参加扫雪除冰、服务困难青年群体活动。3月5日,团区委组织100余名机关青年志愿者举行以“绿色有限、爱心无限”为主题的灾后重建植树活动。在“5·12”四川汶川地震发生后,区内青年志愿者们发起“我们心在一起”“一腔热血献灾区”等募捐、献血活动,共募集捐款7万余元,献血3万毫升。团区委全年组织青年志愿队28个、370余人,利用“双休日”和空闲时间开展以“学雷锋、做好事”为主题的活动52次。

2009年,积极推进志愿者行动,健全志愿者队伍管理体制,广泛开展了“同在一片蓝天下”等青少年志愿服务活动。多次组织中小学生志愿者利用周末进行文明宣讲和文明劝导活动，提高了青少年的文明素质，增强了青少年的社会责任感。

2010年，团区委进一步完善素质服务工作机制，在区级建立总服务队，乡镇街道建立志愿服务分队，村（社区）建立志愿服务小队，形成覆盖全区的志愿服务组织网络。开展了环保、助残、敬老、心理及法律援助等志愿服务行动。启动了社区90岁以上老人志愿服务项目，为9位90岁以上老人提供“一对一”志愿服务。对32个社区有志愿服务需求的残疾人、孤寡老人、特困老人、空巢老人等开展扶助活动。区青年志愿者协会被评为“全市精神文明建设先进集体”。

2011年3月22日，发起了“共护蒸水河，打造现代宜居城区，争当保护母亲河排头兵”青年志愿者服务活动，来自区直机关志愿者服务队、湖南科技经贸学院志愿者服务队、备战志愿者服务队共300余名共青团员，分赴蒸水河沿岸和各广场清扫垃圾，发放倡议书，宣传环保意识，倡导绿色出行。

2012年3月5日，是第13个中国青年志愿者服务日。全区各青年志愿者服务队，利用各自特长，走向街道、广场，开展“续写雷锋日记，争当时代先锋”主题活动。12月，团区委联合区民政局、城管办等单位在晶珠广场和中心汽车站各设一个“爱心亭”，开展志愿者服务活动，服务内容包括公益宣传、短暂休息、免费饮水、指路、提供政务信息等，得到市民的好评和赞誉。

附：少先队

蒸湘区在全区各小学、中学（初中部）建有少先队组织，每所学校设立1个少先队大队，大队下设中队、小队。2012年，全区共建有少先队大队33个，中队541个。有少先队辅导员266人（其中，总辅导员1人，大队辅导员33人，中队辅导员232人）。

2003年，团区委将一批道德品质好、业务素质高、组织能力强、富有青春活力的教师充实到辅导员队伍，提高了全区少先队工作的水平，涌现出一批省、市级优秀辅导员和少儿工作先进单位，蒸湘北路小学、太平小区小学（后改为区实验小学）被评为省级“红领巾示范学校”，太平小区小学获全国少先队“红旗大队”称号。

2004年10月13日，少先队建队纪念日，衡阳市第四届“十佳少年”颁奖暨“手拉手”启动仪式在区实验小学隆重举行。区实验小学刘炤、蒸湘北路小学刘慧敏2位同学被评为市“十佳少年”，区实验小学黄艳荣老师获市“十佳辅导员”称号。

2005年，在衡阳市少先队第二次代表大会上，区实验小学阎怡妃同学被评为市“十佳少年”，蒸湘北路小学王燕老师被评为市“十佳辅导员”，长湖小学尹慧老师获“少先队功勋奖”，实验小学李艳校长获“育苗奖”。

2006年，衡钢小学、西站路小学、立新小学被评为省“红领巾示范学校”，区实验小学李艳校长获省少先队工作“十佳校长”，西站路小学陈锦同学被评为市“十佳少年”、郑珊老师被评为市“十佳辅导员”。

2007年，结合“五四”“六一”、长征70周年等重大节日和纪念日，深入进行以爱国主义、“民族精神代代传”为主题的教育，举办了“我为队旗喝采”歌咏比赛和中小学生日常行为规范知识竞赛。

2008年，开展关爱留守儿童大行动。南华大学大学生青年志愿者担任区农村留守儿童的“知心哥哥、知心姐姐”后，创建了“留守儿童之家”6个。开展了“一帮一”结对、城乡联谊送温暖、心理健康辅导、“希望工程”重点扶助等活动，有近千名留守儿童得到了资助。立新小学吕丹老师被团省委和省少工委评为“优秀少先队辅导员”。

2009年，积极协同有关单位做好预防青少年违法犯罪工作，成立青少年法律援助中心2个，建立青少年维权岗12个。蒸湘北路小学范敏老师被团市委和市少工委评为“优秀少先队辅导员”。

第三节 妇女联合会

一、组织机构

(一)区妇联

蒸湘区妇女联合会的前身为郊区妇女联合会,成立于1982年,2001年5月更名为蒸湘区妇女联合会,内设机构有妇联办公室、妇儿工委办公室,2012年在职干部2人,办公地点驻蒸湘区机关办公大楼4楼。

历任妇联主席及任职时间:

肖芳云(女,1996.10—2001.6)　华连生(女,2001.10—2003.1)

邓冬福(女,2003.6—2011.9)　刘锦玲(女,2012.1—)

(二)基层妇联组织

2001年5月蒸湘区成立时,全区有乡镇妇联2个,街道妇联1个。2012年,全区共有基层妇女组织110个,其中,乡镇妇联3个,街道妇联3个,企事业单位、区直部门妇委会42个,村妇代会34个,社区居委会妇联28个。

二、妇女代表大会

2005年3月15日,在市老干活动中心召开蒸湘区第一次妇女代表大会,有正式代表101名,列席和特邀代表129名。这次大会总结了过去几年的工作成绩和经验,提出了今后五年全区妇女事业发展的总目标。大会选举产生区妇联第一届执行委员会委员19人。经第一届执委会第一次会议选举产生执委会常委9人,选举邓冬福为区妇联主席。

三、妇联工作

(一)"双学双比"活动

"双学双比"活动是指围绕农业发展、农民增收,在农村开展的"学文化、学科技、比成绩、比贡献"的活动。

2001年,长湖乡大立村朱家台张良英等18名农妇合股投资150万元种植30亩园林花卉,年收入达100万元。

2003年,"双学双比"的重点以推进"巾帼科技致富工程"为突破口,开展"百万农家女,十项新技术"推广普及活动和"万名农家女养殖竞赛"活动,举办20期培训班,培训妇女近5000人。雨母山乡竹雅村周继凤、长湖乡大立村周菊香被评为衡阳市"养殖女状元";呆鹰岭镇振兴村有年出栏牲猪500头以上的养殖女能手30余人,其中肖小莲家有猪舍1万余平方米,养母猪200余头,年出栏仔猪2000余头。

2004年,继续开展"百万农家女,十项新技术"推广培训活动,举办培训班5期,培训500余人,转移农村富余劳动力100余人。

2005年,以市妇联组织"十万妇女学科技"活动为契机,加强农村妇女科技致富活动培训,提高致富水平。呆鹰岭镇振兴村陈善菊被评为全国"双学双比女能手"。

2006年,"双学双比"活动以"争当新女性,建设新农村"为主题,雨母山乡雨母村、呆鹰岭镇振兴村确定为区妇联示范村,各乡镇街道妇联均定一个示范村,重点突出环境整治和基础设施建设,大力整治村容村貌,实现道路硬化,庭院净化、村庄美化。6月8日,区妇联在呆鹰岭镇振兴村群益组召开"庭院净化活动"现场会。呆鹰岭镇妇联,组织女干部捐资1800元,帮助农户改厕18座。呆鹰岭镇鸡市村桥上组妇委会自筹资金6万余元,参与新修村道0.5公里。

2007年,全区开展以“学好技术,建好新村”为主题的“双学双比”活动。区妇联组织全区200多名妇女代表,在雨母村参加养鱼、养猪、种殖葡萄培训。经过各级妇联组织的引导,农村妇女参与农业产业结构调整的积极性不断增强。

2008年,雨母山乡二塘村村民吕玉春被评为衡阳市“好母亲”;呆鹰岭镇中平村华勋凤等10人被评为区“五好女性”(好母亲、好妻子、好媳妇、好女儿、好邻居)。

2011年,区妇联在农村继续深化“双学双比”活动,打造“学习型”妇联组织,同时依托“双学双比”这个载体,引导农村妇女发展专业经济合作组织,提高增收致富本领。

(二)“巾帼建功”活动

“巾帼建功”活动是指在城镇职业女性中开展的建功立业活动。

2002年,在职业女性中开展“巾帼文明岗”“巾帼建功标兵”活动。区环卫局船山西路清扫班被评为衡阳市“巾帼文明岗”;区检察院检察长黄茂林被评为“全国三八红旗手”。

2003年,围绕提高女性就业能力,帮助下岗女工实现再就业为目标,进一步推进“巾帼创新业”工程。蒸湘街道太平二社区妇联在社区设立服务楼、家电维修中心、美发美容中心、社区超市、茶楼、上门送报刊等服务项目,安置下岗女工近200名。区财政局会计核算中心被评为衡阳市“巾帼文明岗”。

2004年,依托区人事劳动局职业技术培训中心,区妇联培训下岗女工100余名。在太平一社区、立新一社区设立家政服务站,为下岗女工提供就业岗位200个。是年,区公证处被评为衡阳市“巾帼文明岗”。

2005年,区信用联社被评为衡阳市“巾帼文明岗”;新雁城农业机械有限公司董事长王菁被评为衡阳市“巾帼创业明星”。

2006年,区实验小学被评为衡阳市“巾帼文明岗”;区实验小学校长李艳被评为衡阳市“巾帼建功标兵”。

2007年,区政府副区长杨艳斌被评为衡阳市“巾帼建功标兵”。

2008年,区人事劳动局长肖芳云、区环卫局长罗锡桂分别被评为衡阳市“巾帼建功标兵”;区司法局副局长唐立清被评为“全国三八红旗手”。

2009年,衡阳市潇湘世家餐馆文化有限公司总经理胡玲琳、衡阳市华融建筑集团有限公司财务总监罗俊娥分别被评为衡阳市“巾帼创业明星;区妇联主席邓冬福被评为全省妇联系统先进个人并被省人民政府荣记二等功;蒸湘街道党工委书记易艳云被评为“全国巾帼建功标兵”。

2011年,区法院办公室荣获全省“巾帼文明岗”称号;长湖中心校书记(兼)立新小学校长王晓红荣获衡阳市“巾帼建功标兵”称号;区统计局荣获衡阳市“巾帼文明岗”称号;蒸湘街道党工委书记易艳云荣获衡阳市“巾帼建功标兵”称号;区财政局党组成员、副局长肖红荣获衡阳市“三八红旗手”称号;区雨母山乡群胜村荣获衡阳市“巾帼示范村”称号;区国税局局长孙俊被全国妇联授予“全国巾帼建功标兵”荣誉称号。

2012年,区人力资源和社会保障局、红湘街道联合新村社区党支部荣获衡阳市“巾帼文明岗”称号;蒸湘街道党工委书记易艳云、雨母山乡妇女主任唐竹英荣获衡阳市“巾帼岗位明星”称号。

(三)“五好文明家庭”创建活动

区妇联把创建“五好文明家庭”活动作为各年度重要工作,做到有计划、有布置、有检查、有总结表彰。

2003—2004年,在农村重点开展“美德农家”活动,区妇联以呆鹰岭镇振兴村为活动示范点,各乡镇街道也都建立活动示范点,通过人人参与,逐步在农村树立做美德家庭成员,建美德家庭的行为理念,形成健康文明、向上和谐的良好家风。

2005年,在各社区开展“和谐家庭社区志愿者行动”,倡导并鼓励辖区内热心公益事业、在培育子女和处理家庭关系方面有丰富经验、具有较好口头表达能力的机关干部、学校教师和社区居民,以志愿者的身份,深入到社区召开以家庭教育为主题的座谈会或主办讲座,传授先进的家庭教育经验。

2007年,进一步开展和谐家庭建设。六一前夕,在区实验小学召开“文明教育进家庭”现场研讨会。相继开展“创平安家庭”“廉政文化进家庭”系列活动,评选出10个平安家庭和20名廉内助。

2008 年,与区委宣传部、区关心下一代委员会、区教文体局等部门联合开展“迎奥运、献爱心、树新风”主题教育活动,与区文明办、环保局共同开展节能减排家庭社区行动。长湖乡衡邵社区被评为“节能环保社区”,黄水灵家庭被评为“节能环保优质家庭”。当年,全区共评出“五好文明家庭”“学习型家庭”“书香家庭”“美德农家”200 余户,其中联合新村社区陶伟梁家庭和石坳社区罗宏影家庭被市委、市政府授予“十佳文明家庭”称号,联合街道肖玲玲家庭、呆鹰岭镇陈善菊家庭被授予全省“五好文明家庭”荣誉。

2009 年 11 月 20 日,全市“书香家庭在蒸湘”活动启动仪式在区内晶珠广场举行,会议向全市家庭发出“享受阅读乐趣,共创书香家庭”倡议书,推荐家庭读书目录,组织 1000 名与会人员签名活动,并向在场的部分市民赠书。市委组织部长曾仁忠、市妇联主席曾巧敏和蒸湘区四大家主要领导参加会议。区政协退休干部刘舜楼家庭、联合街道肖玲玲家庭、衡钢小学李竹华家庭被评为衡阳市“书香家庭”。

(四)维护妇女儿童合法权益

区妇联坚持一手抓发展,一手抓维权,加强源头参与,推动重点、难点问题解决,有效地维护妇女儿童的合法权益。

广泛宣传、普及法律法规 每年三八妇女节期间都认真组织对《中华人民共和国妇女权益保障法》《未成年人保护法》、新《婚姻法》《湖南省人大常委会关于预防和制止家庭暴力的决议》等法律、法规知识的学习和宣传,不断增强人民群众的法律意识,努力营造维护妇女儿童权益的良好氛围。

着力构建社会化、法律化维权网络 2004 年,建立妇联干部担任人民陪审员、劳动法律监督员的制度。2005 年,在全区各乡镇、街道派出所建立家庭暴力投诉站,在乡镇街道司法所设立了妇女儿童维权站,使维权网络进一步完善。2006 年,创新维权机制,在全区形成社会化维权工作格局,区妇联建有区、乡镇(街道)、村(居委会)信访网点 67 个,能及时准确处理各类信访案件。2008 年,区妇联主席邓冬福被评为全省妇联系统信访工作先进工作者。至 2010 年,区妇联共处理各类信访案件 500 余起。2011 年,共接待妇女群众来信来电来访 82 件,受理率 100%,办结率 98%。2012 年,区妇联以《妇女保障法》颁布实施 20 年为契机,以中共十八大提出的“坚持男女平等基本国策,保障妇女儿童合法权益”为主题,开展了第十四个三八妇女维权周活动。

(五)关爱妇女儿童健康与生活

关心妇女儿童身体健康 2007 年以来,区妇联在每年的三八妇女节期间,都要组织部分妇女到蒸湘医院进行免费妇科检查。2010 年六一儿童节期间,组织全区 7 岁以下儿童到区妇幼保健院进行健康检查。2011 年三八妇女节期间,区妇联联系医院对全区范围内的所有妇女进行以“两癌”普查为主的免费妇科检查。2012 年三八妇女节期间,区妇联、区总工会联合蒸湘医院对全区范围内的所有妇女开展“衡阳市第四届女性健康节”的大型妇女妇科普查公益活动;六一儿童节期间,区妇联联合区妇幼保健院开展 7 岁以下儿童健康体检活动。

开展困难群体救助活动 大力实施“巾帼扶贫”行动和“春蕾计划”,每年都组织对贫困儿童和贫困母亲进行慰问。2009—2010 年,发动社会各界捐款和争取资金 20 余万元,帮助 100 余名贫困学生重返校园,资助 400 余名贫困儿童学费。2011 年 3 月,区妇联牵头,与区教育文化体育局、区关心下一代委员会、共青团蒸湘区委员会共同发起“爱心妈妈”活动,发动社会各界爱心人士担任“爱心妈妈”,与留守儿童结成“一帮一”或“一帮几”对子,帮助解决留守儿童的实际问题。关心下岗女工就业、再就业,区各级妇联组织积极配合劳动人事等部门实施再就业工程和巾帼社区服务工程,组织下岗失业女工参加技能培训,在社区创造条件安置失业女工。据统计,区各级妇联组织共帮助 800 余名下岗失业妇女重新找到工作岗位。

(六)培养选拔妇女干部

积极配合区委组织部制定实施“九五”“十五”工作规划中关于培养选拔女干部、发展女党员的工作规划。选拔了一批优秀女干部走上领导岗位。至 2012 年,全区有在职副科级以上女干部 95 人,其中县处级 7 人。区二届人大有女代表 19 人,二届政协有女委员 42 人;区三届人大有女代表 25 人,三届政协有女委员 54 人。她们认真行使人民赋予的权利,在参政议政、民主监督中发挥了不可替代的作用。

第四节　科学技术协会

一、组织机构

（一）区科协

衡阳市蒸湘区科学技术协会（简称区科协）的前身系衡阳市郊区科学技术协会。2001年5月，衡阳市郊区调整为衡阳市蒸湘区，郊区科学技术协会变更为蒸湘区科学技术协会。区科协与区科学技术监督局合署办公，两块牌子，一套人马。2012年8月，区科协从区科技局分离出来，独立建制，为正科级群众团体，配主席一名，副主席一名（兼职），定全额拨款事业编制2名。

历任主席：雷　鸣（2001.5—2005.6）　　刘巧兰（女）（2005.6— ）

（二）基层科协

2012年末，全区有老年科学技术工作者协会1个，乡镇老科协分会3个，街道老科协分会3个，区直部门、单位老科协分会7个，社区居委会老科协小组23个。

（三）群众生产合作组织

2001—2012年，全区先后成立了振兴牲猪养殖协会、鸿发渔业专业养殖协会、欧亚葡萄协会、中心蔬菜种植协会、群益蔬菜种植协会、呆鹰岭养鸡协会等28个专业种养殖协会；成立了首牧渔业、陈华葡萄、怡箐源种养、鑫旺种养、鸡窝山草莓、雨母山大兴养殖、盛华良种肉鸽养殖、堰头村翠冠梨、灵山蔬菜种植、国瑞种养、衡阳市新农种养殖、鸡窝山种养、鸿发种养殖等27个专业合作社，建立农村科技示范户1500户。

二、科协工作

（一）科普宣传

“全国科普日”活动。每年9月份第3个星期日为“全国科普日”，区科协在“科普日”中，均组织开展科普知识讲座、科普图片展览和科技进社区等活动。2001—2012年，共开展科普讲座24场，送科普资料75000份，更新制作展板200块，巡展30场，建设科普宣传栏12个，科普活动室12个。

“科技活动周”活动。每年5月份第3周为全区“科技活动周”，区科协紧紧围绕“科技支撑引领，创建新型蒸湘”为主题，通过科普宣传、医疗卫生服务、文艺演出、专业知识讲座等一系列活动，普及科学知识，倡导科学方法，激发全区劳动者的聪明才智和创新潜能。2001—2012年，组织宣传车巡回宣传12次，在各社区广场安排科普宣传展览12次，回答人民群众科技咨询380余人次，组织科技（医务）人员义诊50余次，发放科普书籍8万册。

“三下乡”活动。按照市、区有关部门的部署，区科协协同区农办、卫生局、教文体局等部门在每年三月份开展一次科技、文化、卫生“三下乡”活动。2001—2012年，区科协深入乡、镇、街道，采取科普展览、科技咨询、文艺演出等群众喜闻乐见的形式开展科普宣传，共制作科普宣传展板400余块，发放科普资料及科普图书50000余份（册），受益群众达10万人，激发了群众爱科学、学科学、用科学的热情。

“食品安全宣传周”活动。2011年、2012年6月份第3周，区科协协会同区食安办、卫生局、工商分局、农办等部门在辖区小区广场举行食品安全宣传周活动，现场设立咨询服务台、真假辨别台和投诉举报台，分派专业人士解答群众的疑问咨询，接受食品相关问题的投诉，利用广场电视和宣传车循环播放《食品安全法》知识。同时，还组织专家走进学校、企业、社区讲课，通过多渠道、全方位宣传食品安全的科学知识，让食品安全理念深入人心，促使全社会人人关心食品安全，共同维护食品安全。

“防灾减灾日”活动。2009—2012年每年5月12日，区科协与区科技局组织制作防水灾、风灾、地震知识图板在人流密集的晶珠广场、立新广场等地展出。

(二)科技培训(与科技局共同进行,见第十九篇第一章第三节)

(三)科技服务(与科技局共同进行,见第十九篇第一章第三节)

(四)科技竞赛(与科技局共同进行,见第十九篇第一章第三节)

2011 年,区科协获省科协"全国科普日、防灾减灾日"活动先进集体,获市科协"全市科协工作目标管理考核先进单位";区欧亚葡萄协会被中国科协评为"科普惠农兴村计划"先进单位。2012 年,区科协获省科协"全国科普日"活动先进集体,获市科协"全市科协工作目标管理考核先进单位";红湘街道联合新村社区被中国科协评为全国"科普示范社区"。

附:老年科学技术工作者协会

一、组织机构

蒸湘区老年科学技术工作者协会(简称老科协)于 2001 年 11 月 14 日召开第一次会员代表大会,有 48 名会员代表参加,会议选举产生了第 一届会长、副会长、常务理事、理事共 16 人。2006 年 12 月 6 日,召开第二次会员代表大会,参加的会员代表 48 人,会议选举产生了第二届会长、常务副会长、副会长、理事共 19 人。到 2012 年,蒸湘区老科协有 13 个分会、48 个老科协小组,353 名会员,其中,具有高级职称的会员 31 人,中级职称的会员 96 人,初级职称的会员 226 人,乡土能人会员 30 人。

历任领导及任职时间:

名誉会长:夏俊生(2001.11—2004.2)　罗厚坤(2004.3—2006.11)
陆魁伟(2004.3—2008.6)　邓准德(2006.12—)
杨艳斌(女,2008.7—)

会　　长:段汉清(2001.11—)

常务副会长:曹福祉(2006.12—)

副 会 长:曹福祉(2001.11—2006.11)　许先西(2001.11—)
何进中(2001.11—)　宋亮英(2001.11—2006.12)
胡金山(2006.12—)　刘　娜(女,2006.12—)
陈冬球(2008.6—)

秘 书 长:何进中(2001.11—2006.11)　曹福祉(2006.12—2011.12)
许先西(2011.12—)

二、老年科协工作

(一)组建老年科协分会

2002 年年底至 2003 年年初,区老科协会长段汉清、副会长曹福祉、许先西,深入 3 个乡镇和 7 个区直部门协调解决组建老年科协分会问题,并商讨有关事宜。

2004 年 3 月,区委、区政府召开 3 个乡镇、7 个区直部门分管科技工作的领导会议,研究组建老年科协分会事宜。至年底,全区有长湖乡、呆鹰岭镇、雨母山乡、区教文体局、建设局、卫生局、财政局、水利农机局、农办、经贸局(后改为商务局)共 10 个单位建立了老科协分会,新增会员 96 人。

2007 年 6 月,蒸湘街道、红湘街道、联合街道按区老科协章程组建街道老科协分会,23 个社区组建老科协小组,新增会员 112 人。

(二)组织业务培训与技术指导

2001 年，副会长何进中深入雨母山乡二塘、湘桂、联胜、群益等村，对果农进行技术指导。副会长宋亮英在二塘村、雨母村现场施教村民开挖渔塘、安装排水设施、渔塘消毒、鱼病防治等技术。

2003 年，区老科协针对辖区内多数果农缺乏精细栽培技术的实际情况，给果农讲课 4 次，听众 160 余人次。9 月，区老科协确定雨母山乡二塘村为葡萄种植示范村，该村已种植葡萄 600 亩，挂果 300 亩，亩平产量 2500 斤，亩平纯收入 2000 元。

2004—2006 年，区老科协与相关部门联合举办各类技术培训班 70 期，印发科技资料 5322 份，培训农民 1500 人；推出科技示范园 2 个、科技示范户 60 户、教育示范点 1 个。

2007 年，将高级兽医师吴广琪编写的《猪病防治》和高级农艺师、副会长何进中编写的《衡阳市露地栽植葡萄主要病虫害防治表》分别打印 600 份、1000 份，分发到 3 个乡镇的种养户手中。呆鹰岭镇振兴村的刘诗荣、张兴吾、邹家生 3 户养猪户在老科协的技术指导下，当年出现 3 头母猪下仔猪 59 头的奇迹。

2008—2009 年，区老科协组织科技人员给农民上技术课 59 次，听课人数 2600 余人次，印发科技资料 54960 份。建立科技示范园 2 个、科技示范户 430 户，科技扶贫户 6 户。2009 年，区老科协在呆鹰岭镇和雨母山乡的 6 个村试种翠冠蜜梨 200 亩，成活率 85%，长势良好。

2010—2012 年，区老科协与乡分会，共举办科技讲座 49 次，听课人数 4100 人次，印发科技资料 16.39 万份。呆鹰岭镇老科协分会在松陂村、土桥村新建的蔬菜基地，指导农民种植蔬菜 800 亩；指导鸡市村村民种植台湾桃 30 亩、甜瓜 20 亩、扩种草莓 100 亩。镇畜牧水产站老科协小组，指导土桥村残疾村民肖文华建泥蛙苗繁育基地，面积 30 亩，年纯收入 10 万元。2011 年，组织专家开展葡萄综合配套栽培技术研究，摸索出一套完整、科学的葡萄高产高效栽培技术，建有欧亚葡萄示范基地 1000 亩，优质苗圃基地 200 亩。培养技术骨干队伍 500 余人、科技示范户 1500 户。基地采用高效栽培技术种植葡萄，产量比常规栽培提高 27.6%。大力开展学术交流，认真实施“科普助力计划”和“金桥工程”，切实加强基层科协组织和科普阵地建设。2012 年，引进优良葡萄品种红巴拉多，在宜潭茶园葡萄基地试种。

（三）开展文化体育与社会服务活动

2004 年 4 月 16 日，区老科协与市老科协、区卫生局共同组织市、区老医生 16 人到呆鹰岭镇土桥村义诊，给村民把脉看病 300 余人次。

2005 年 5 月下旬，区老科协与省老科协自我保健中心驻衡联络站 5 位医生为老科协会员、区机关退休干部及家属 73 人进行体检。

2007 年 6 月，区老科协选派张国琪、盛友生、许贵绪 3 人参加省老科协举办的“312”经络自我保健锻炼法学习。7 月，在红湘街道举办第一场“312”经络自我保健锻炼法讲座，听课者 108 人。10 月，举办全区老科协会员象棋扑克比赛，参赛者 45 人。

2008 年，区老科协副会长、区商务局老科协分会会长陈冬球在湖南长坤有限公司改制过程中，积极提供政策服务，帮助排忧解难，使该公司改制工作顺利进行。区老科协副会长、区农办老科协分会会长刘娜，跑村串户，组织与指导呆鹰岭镇、雨母山乡、联合街道共 10 个村新建沼气池 30 口，不仅改善了居住环境，而且为新建沼气池的农户节约能源经费 30 万元。是年，全区参加“312”经络自我保健者达 860 余人，有 5000 余人参加腰鼓队、太极拳、门球、乒乓球、棋艺、书法老年文化体育队伍。

2009 年 5 月 14 日，市老科协、区老科协、区卫生局老科协分会，邀请 3 名专家及 6 名医护人员到呆鹰岭镇松陂村进行义诊，给 340 名村民看病，当场发放价值 6400 元药品（其中市老科协 3800 元，区人民医院 2600 元）。8 月，衡南县三塘镇某化工厂液氨泄露，污染中心村、新平村 300 亩水稻、100 亩蔬菜，受害村民意见很大。受镇政府委托，呆鹰岭镇老科协分会与该化工厂协商解决赔偿问题，由厂方赔偿 2 个村的村民 20 万元，并指导村民采取技术补助措施，降低经济损失 10 万元。9 月 7—10 日，为庆祝新中国成立 60 周年，区老科协举办书法、绘画、摄影作品展览，参展作者 20 人，展出作品 95 件。

2010 年，红湘街道老科协分会举办“312”经络自我保健锻炼法讲座，听讲人数 50 人。联合街道大栗新村、莲子塘、幸福路 3 个社区开展经络锻炼活动，参加人数达 150 余人；街道老科协分会在全街道 3 个村、8 个社区建立太极拳、腰鼓队、门球队等 9 支队伍，参加人数达 2000 余人。

第五节　残疾人联合会

一、组织机构

(一)区残联机构

蒸湘区残疾人联合会(简称区残联)的前身系郊区残疾人联合会,成立于1998年8月,为副科级单位,归属区民政局管理。2001年5月更名为蒸湘区残疾人联合会。2003年10月升格为正科级单位,归口区政府办管理,区残联执行理事会理事长由区政府办副主任兼任。2012年在职干部3人。办公地点驻蒸湘区机关办公大楼1楼。

历任领导及任职时间:

理 事 长:蒋太平(1998.8—2003.9)　　夏斗生(2003.9—2008.8)

　　　　　李伯利(2008.8—)

书　　记:谢志红(女,2012.3—)

副理事长:蒋太平(2003.10—2004.11)　钟祥元(2007.8—)

(二)基层残联、残协

2001年5月蒸湘区成立后,在6个乡镇街道(不含华兴街道,以下同)均设立残疾人联合会,配有专(兼)职干部。2008年,全区34个行政村、34个社区居委会均设立残疾人协会。2011年根据衡阳市《关于进一步加强和规范残疾人组织建设和实施意见》的通知精神,各行政村和社区居委会全部配备专职委员或联络员,专职委员每月发900元,联络员每月发100元。至2012年12月,全区残疾人工作者共81人。

二、残联工作

(一)康复服务

2001—2012年,全区共为贫困残疾人免费发轮椅、助听器、助视器、拐杖等辅助器具共1647件。

2003年9月17日,区残联理事长夏斗生,带领17名白内障患者赴湖南省永州市,接受香港特别行政区派出的"健康快车"的治疗,对其中9名符合条件的患者,免费摘除白内障。至2012年,全区共为469名白内障患者实施免费复明手术,效果良好。2004年,区残联被评为"全市社区残联工作先进单位"。2011—2012年,对213名低视力(弱视)进行康复训练,配用助视器25名,培训低视力家长15名、盲人定向行走40人。2012年,全年免费治疗并康复低视力3000余人。

2005年8月28日,组织8名肢体残疾人赴长沙市福尔泰假肢厂进行免费普及型假肢装配。至2012年,先后共为81名肢体残疾人进行免费假肢装配。2011年,区残联免费为12名贫困残疾人发放轮椅,为肢体残疾康复训练95名,肢体残疾儿童康复6名。

2007年,争取和投入康复资金共3万元,对联合街道大栗新村1名脑瘫患儿进行为期6个月的康复治疗。2011年,送1名脑瘫患者到省博爱医院进行为期3个月的康复训练。2012年,智力残疾儿童康复5名,培训智力残疾儿童家长40名。

2008年10月,对呆鹰岭镇中平村残疾儿童肖百巍的聋儿语言康复进行补助。2011年,完成聋儿康复任务5名,培训聋儿家长10名。2011—2012年,为13名贫困听力残疾人发放助听器。

2009年11月,通过康复服务后的聋儿肖百巍参加湖南省"首届聋儿语训明星大赛",获得二等奖。当年,区残联组织4名智力残疾人参加衡阳市乒乓球比赛,4名残疾人参加中国残联主办的"残疾人喜迎建党90周年"征文及书法比赛。2012年,推荐15人参加残疾人少年运动员选拔。全年开展残疾人"文化活动周”活动2次。

2010年5月，投入资金77600元，将10名0－6岁贫困残疾儿童分别送到湖南省儿童医院、衡阳市妇幼保健院等专业康复机构，进行为期4－6个月的免费康复训练或配发辅助器具。

2011年，资助1名残疾人大学生到南华大学研究生学院深造。当年，在红湘街道联合新村社区建立一个专业性的低（弱）视力康复中心。

2012年，创建残疾人康复示范社区6个；新办残疾人日托间照料站1个，当年托管智障残疾人6人；对危及社会公共安全的10名精神病患者实施特别救助。在呆鹰岭镇（原169医院内）筹建了衡阳创智残疾人康复托养中心。

（二）就业安置

根据市残联的安排部署，2001—2012年，共举办各种职业技能及实用技术培训19期，参训残疾人493人次。通过按比例就业、集中安置、分散安置等多种形式，新增安置274名残疾人就业。

2005年11月23日，衡阳市首批统一制作的5个“爱心助残书报亭”投入营运，分别分配给蒸湘区联合街道、红湘街道、蒸湘街道、长湖乡的残疾人经营，安置了5名残疾人就业。

2006年4月，向衡阳市裕华化工厂推荐并集中安置4名残疾人就业。7月，与“特变电工”——湘岳电器有限公司衔接，集中安置残疾人11人。

2007年1月，衡阳市第二批“爱心助残书报亭”建成，分配该区5个，安置5名残疾人就业。9月，通过免费的盲人按摩技能培训，参训的5名残疾人全部在曹氏按摩安置就业。

2008年，免费为残疾人举办计算机、皮鞋加工、手工编织等实用技术培训，参训116人，共安排57名残疾人就业。着力宣传和鼓励残疾人以个体经营、种、养、加工的形式从业，全区新增残疾人就业147人。抓住福利企业年检年审的契机，新增就业人员17人。9月2日，组织8名残疾人参加省残联的“春风行”按摩技术培训，其中有4名参训学员在“颐尔康”盲人按摩机构就业；10月，在衡阳市橡胶制品厂冶炼分厂集中安置8名残疾人就业。

2009年6月，组织手工编织和缝盘挑撞职业技能培训110人次，在衡阳市蒸湘腾跃工艺厂新增73名残疾人就业；7月，举办牛蛙及淡水鱼养殖实用技术培训，参训残疾人120人次，新增个体从业39人。当年蒸湘区被评为“市政府为民办实事——1600名残疾人职业技术实用技术培训项目工作先进单位”。

2010年5月，组织10名残疾人参加全市残疾人专场人才招聘会，有3人安置就业；8月，举办蘑菇种植及计算机技术培训，参训90人次，新增就业21人。

2011年7月，组织电器技能培训，参训10人，就业2人；8月，组织大棚蔬菜实用技术培训，培训学员50人，新增就业3人。中残联和区残联指导衡阳市益泰药业有限公司，发挥其适合残疾人集中就业的优势，办成福利企业，集中安置残疾人11人。

2012年，衡阳市益泰药业有限公司新增残疾人就业3人。全区通过举办70人参加的果树栽培实用技术培训和30人参加的GMP职业技术培训，共增就业60人。

为解决残疾人就业和培训资金，区残联按照上级文件精神，从2006年开始，收缴残疾人就业保障金（简称“残保金”），对国家行政、事业单位、自收自支团体、各类企业及其他经济组织实行残保金、财政代扣和税务代征，当年地税代征残保金6万余元，2007年地税代征15万余元。从2009年起，与地方财政有经济经费领拨关系的机关、团体和事业单位，实行残保金财政代扣。当年代扣残保金30余万元。2010年，财政代扣残保金32万余元。2011年，财政代扣10万余元。2012年，财政代扣11万余元。

（三）扶贫帮困

2001—2010年，区残联在每年“助残日”、春节期间走访、慰问特困残疾人，发放慰问金、物共32万元。

2003—2009年，通过争取专项资金、募集社会资金，资助各类残疾学生或残疾人子女就读小学、中学、大学196人次。

2008年和2012年，区残联争取省、市专项资金36万元，对残疾女工肖跃莲创办的衡阳市蒸湘腾跃工艺厂进行生产车间和产品陈列室装修，添置30余台缝盘设备、20余台制衣设备，改善了工人的生产条件，巩固了该厂1280名员工(181名残疾人)的就业成果;为改善该厂的生产条件,区委、区政府在2009年、2011年,先后二次送去立式空调4台,价值4万余元。2010年4月,该厂法人代表肖跃莲被市委、市政府评为"创业能手""劳动模范"。7月23—28日,该厂的精美毛线手工织品,作为湖南6个参展单位之一,参加上海世博会生命阳光馆湖南周展示,省委书记周强等一行来到生命阳光馆,看望了肖跃莲,对她的事迹给予肯定。8月1日中国广播网、中央人民广播电台"中国之声"栏目,对肖跃莲进行专门报道。世博会参展期间,肖跃莲拒绝游客高价购买她亲手纺织的精美毛线织品,而无偿赠送给世博园生命阳光馆作为永久性收藏。2011年肖跃莲获"湖南省十佳残疾人创业就业明星"和"湖南省自强模范"两项殊荣。2012年,肖跃莲被国务院评为"全国创业就业先进个人"。

2009—2010年,区残联先后投入资金15万余元,扶持10名残疾人从事牛蛙、鸡、鱼、鸽等种养殖业;通过包帮带扶等措施,帮助150户残疾家庭逐步摆脱了贫困。2012年,建立扶贫基地26个,扶持贫困残疾人535名,发放帮扶资金46万元。

2011年,地税分局慰问雨母山敬老院残疾人托养中心残疾人8000元;区残联深入乡镇街道走访36户贫困残疾户,发放特困慰问金2万元。

2011—2012年,对330名残疾人发放4万元的燃油补贴。2012年,区残联争取和投入资金13万元,对25户贫困残疾人家庭进行门洞拓宽、路面坡化、扶手安装等无障碍改造。

(四)信访维权

2003年、2004年、2006年,区残联被评为"市残疾人信访维权工作先进单位",理事长夏斗生被省残联评为2006年度"信访先进个人"。2008年11月4日,"衡阳市残疾人法律援助中心"在蒸湘区法律援助站正式挂牌成立,标志着衡阳市残疾人有了自己正式的维权机构。2010年4月11日,省残联、省司法厅等9部门联合确认"蒸湘区残疾人法律援助站"为省级残疾人法律援助工作站,与衡阳市残疾人法律援助中心合署办公。2008—2012年,该法律援助中心接待残疾人来访来电法律咨询410件,共办理各类残疾人援助案件27件,维权案件97宗,其中刑事案件15宗,民事案件82宗;减免律师费13.6万元,为当事人挽回经济损失493万余元。

至2012年12月,全区共有残疾人7246人(不含华兴街道),占全区总人口的3.9%,其中,男性4025人,女性3221人。已办证2356人,占全区残疾人总数32.5%。

按残疾类别分:肢体残疾2410人,视力残疾1328人,听力残疾1014人,言语残疾427人,智力残疾570人,精神残疾828人,多重残疾669人。

按残疾级别分:一级残疾538人,二级残疾1204人,三级残疾2717人,四级残疾2787人。

第十七篇　军事　法治

第一章　军　　事

第一节　军事机构与驻军

一、军事机构

蒸湘区人民武装部　前身是衡阳市郊区人民武装部。2001 年 5 月衡阳市行政区划调整后更名，加挂蒸湘区人民政府征兵办公室牌子，为正团级单位。内设机构有：军事科、政工科、后勤科。接受军队、地方双重领导。

2001 年 5 月至 2012 年蒸湘区人民武装部领导名录

表 17－1

职务	姓　名	任职时间	职务	姓　名	任职时间	职务	姓　名	任职时间
部长	常印平	2001.5—2004.3	政委	晋敦琦	2001.7—2003.3	副部长	王孝义	2001.5—2003.3
	王元国	2004.3—2005.4		黄煊云	2003.3—2006.2		刘景友	2003.3—2004.3
	邓国军	2005.4—2009.2		万荣禄	2006.2—2008.2		黄德贵	2004.3—2006.3
	刘环建	2009.2—2010.4		刘环建	2008.2—2009.2		蒋孝仲	2006.3—2009.2
	曾　臻	2010.4—2012.2		李定慧	2009.2—2011.4		欧红波	2009.2—
	王文豪	2012.2—		李　欣	2011.4—			

2001 年 5 月至 2012 年蒸湘区人民武装部科长名录

表 17－2

部门	姓　名	任职时间	部门	姓　名	任职时间	部门	姓　名	任职时间
军事科	钟文革	2001.5—2003.5	政工科	根外清	2001.5—2003.12	后勤科	董爱昌	2001.5—2001.12
	黄德贵	2003.5—2005.5（副部长兼）		欧红波	2004.1—2004.12		刘景友	2002.1—2003.1（副部长兼）
	蒋孝仲	2006.4—2009.2（副部长兼）		杨正明	2005.1—2005.12		黄德贵	2003.2—2005.3
	欧红波	2009.2—（副部长兼）		庚文斌	2005.12—2009.2		邓细解	2005.3—2008.3
				肖国成	2009.2—2011.4		李荣华	2008.3—2012.5
				刘　辉	2011.4—2012.5		胡启辉	2012.5—
				陈卫兵	2012.5—			

二、驻　军

(一)广州军区衡阳陆军预备役后勤保障旅

中国人民解放军衡阳陆军预备役后勤保障旅于1999年4月开始筹建,2000年1月18日召开成立大会并举行阅兵式,中共湖南省委常委、省军区司令员张德仁少将为保障旅授予“八一”军旗。

(二)广州空军第六空防工程处

1954年7月,部队正式组建,称空军第三修建分部修建总队。1960年为广州军区后勤部修建总队。1975年8月改为×××部队。1987年3月与武汉空军工程兵第六总队合并为空军第六空防工程处,隶属于广州军区后勤部领导。

(三)陆军第169医院

1952年为中南军区第73陆军医院,1954年8月改称中国人民解放军第169医院。1994年6月,陆军第165、198医院并入169医院,院址为原165医院院址。境内留下一个门诊部,改称为169医院第二门诊部,实行对外承包。

(四)总参通信部驻衡阳地区军事代表室

驻境内某工厂。

(五)武警衡阳消防支队蒸湘区大队

1985年成立衡阳市郊区公安分局消防股,1996年9月成立郊区公安消防大队,武警序列称“中国人民武装警察部队衡阳市郊区消防大队”,2001年5月更名为衡阳市蒸湘区公安消防大队(辖一个中队),2005年入驻船山西路15号。2011年升格为副团级单位。

第二节　兵　役

一、兵役登记

区内兵役登记工作一般与征兵前的宣传发动同步进行。2001年后,兵役登记的重点,由20世纪的注重于登记面的大小,人员的多少,改革为更注重登记的质量和实效。在适龄青年参加登记时,工作人员通过目测和与登记对象简单交谈,了解他们的思想动态、身体素质、参军愿望、家庭状况,从而选好、选准预征对象,为向部队输送合格新兵打下牢固基础。2004年8月,蒸湘区人武部向辖区内各乡镇、街道、大学、厂矿发出通知,要求各单位以《兵役法》和新《征兵工作条例》为依据,认真做好年度兵役登记工作,凡在本年12月31日前年满18岁的男性青年,持身份证到兵役登记站进行登记,或委托家属代为登记。2005年9月,区人武部按照上级下发的《征兵工作管理系统》开展兵役登记工作。为防止出现漏登,各基层武装部对外出打工的适龄青年,通过其家属或有关部门进行联系,令其回乡参加兵役登记。当年全区共有29人从江苏、上海、广东、深圳等地赶回登记。兵役登记结束后,各基层武装部向区人武部上报“四册”:《兵役登记人员花名册》《应服兵役人员名册》《不服兵役人员名册》《推荐预征对象人员名册》。

二、征　兵

2001年以来,蒸湘区每年10—11月开展兵员征集,按照宣传发动、报名登记、目测初审、体格检查、政治审查、审批定兵、交接新兵等程序进行。

在体格检查阶段,区征兵领导小组事前均要组建体检队伍,设立新兵体检站。体检过程中,医务人员一律佩戴统一制作的体检工作证,凭证上岗。体检站门口,由武警战士站岗,防止无关人员进入。按照新兵体检标准,实行单科淘汰制。参检青年有一项不合格,体检表就地收回,保证入伍对象体检绝对合格。

在政治审查阶段,区、乡镇(街道)均成立政审组,重点审查个人思想、行为表现,切实把好初审、复审、公示关,落实逐级审查、交叉联审、部门会审、张榜公布等系列政审操作程序。在审查过程中,坚持"三走访"(学校、家庭、单位)、"四见面"(本人、家长、老师、亲友),坚决杜绝政治不合格的应征青年混入部队。

在审批定兵阶段,为防止个人专权,压制民主,搞"一言堂",均采取集体定兵方式。首先,各乡镇(街道)按征兵指标和体检政审合格人数,好中选优,初定应征名单,然后上报区征兵办公室。区征兵办经综合分析、反复评选,并征得接兵部队干部同意后,由区征兵领导小组召开定兵会议,作出最后决定。定兵后,将定兵人员、档案、服装等交给接兵部队人员,并协助接兵部队人员做好新兵安全输送工作。

三、预备役

1958 年 5 月,中央军委召开的全国兵役工作会议确定"将民兵、预备役合而为一,民兵即预备役,预备役即民兵,统一编为民兵"。合编后,民兵队伍分为基干民兵、普通民兵两种。28 岁以下的退出现役的士兵和受过军事训练的人员,以及选定参加军事训练的人员,编为基干民兵;其余 18 - 35 岁符合服兵役条件的男性公民,编为普通民兵。基干民兵为一类预备役,普通民兵为二类预备役。

(一)士兵预备役

蒸湘区人武部通过逐年民兵整组登记统计,2001 年至 2012 年有民兵总数××××人。

(二)军官预备役

2004 年,区政府、区人武部共同组成预备役军官登记领导小组,共有成员 9 人,区政府常务副区长曾巧敏任组长,区人武部政委黄煊之任副组长。同年,经衡阳警备区、衡阳预备役后勤保障旅任命的预备役军官有:蒸湘区区委常委、区政府常务副区长曾巧敏预任为政治部副主任;区建设局局长陆魁祝被预任为副营职干事兼勤务连政治指导员。

(三)预备役训练

蒸湘区预备役士兵(即基干民兵)年度训练包括政治教育和军事训练,一般每年训练 15 天(其中政治教育 2 天),由区人武部负责组织,或集中训练,或分散训练,区人武部派干部分头下去指导、督促。预备役军官训练由衡阳警备区组织。

第三节 民 兵

一、组织建设

2001 年 5 月,衡阳市行政区划调整后,原郊区民兵组织建制全部被打乱,蒸湘区民兵组织需要重建。2001 年 6 月,中共蒸湘区委、区人民政府、区人民武装部根据新区特点,共同研究确定,全区设置 27 个基层人民武装部,其中,乡镇 3 个,街道 4 个,企事业单位 20 个。根据人员质量、数量及分布状况,建立 1 个民兵应急分队连,辖 6 个排,7 个专业技术分队,即:高炮分队、电子通信分队、汽车运输分队、医疗救护分队、电力保障抢修分队、工程抢修分队、修理分队。

2002 年 7 月,为加强衡阳市未来反空袭作战中的防空工作,确保重点目标和人民生产财产安全,中共衡阳市委、市政府、衡阳警备区决定组建衡阳市民兵高炮团,其中,蒸湘区内组建民兵高炮营 1 个,辖 4 个连。蒸湘区委常委、副区长曾巧敏担任高炮团副团长,区人武部副部长兼后勤科长刘景友兼任高炮团政治部主任,区人武部军事科长钟文革兼高炮团×营营长。年内,衡阳预备役后勤保障旅汽车×连调至衡阳钢管厂,该连由衡阳市第一汽车运输公司、衡阳市交通运输总公司组成,连部设钢管厂。后勤保障旅旅直分队警卫勤务连设蒸湘区建设局。

2003 年,遵照总参谋部文件精神和衡阳警备区民兵整组有关指示,蒸湘区进一步调整基干民兵结构,全区建民兵分队 8 个。其中,民兵应急分队 1 个;专业技术分队 7 个,包括高炮营、高机连、防空导弹排、侦察连、通信连、军械修理队、网络专业队。当年,对邮电通信、电子对抗、医疗救护、工程抢修、车辆维修进行了专业对口组训。

2005 年,按照“编实队伍,完善组织,突出重点,优化结构,确保质量”的原则,进一步加强了民兵组织建设。在基干民兵中,7 个乡镇街道各设 1 个步兵连。全区设民兵应急分队 1 个连,防空分队 1 个营,专业技术分队 3 个连。

2006 年,因受企业改制方面的影响,全区基层武装部减少到 12 个,辖乡镇街道武装部 7 个,企事业单位武装部 5 个。编有作战分队 4 个,其中,高炮营 1 个,心理战分队 1 个,光电干扰分队 1 个,空中设障分队 1 个。设勤务保障分队 3 个,其中,通信分队、医疗救护分队、军械修理分队各 1 个。另设民兵应急分队 5 个,其中新设森林防火分队 1 个。

2008 年,以军委新时期军事战备方针为指导,着眼任务,编实队伍,突出重点,打牢民兵组织基础。通过整改,全区编有作战队伍 7 个,其中,高炮营 1 个,汽车分队 1 个,高机营 1 个,心理战分队 1 个,光电干扰分队 1 个,空中设障分队 1 个,伪装防护分队 1 个。其他队伍,设步兵独立连 1 个,勤务保障分队 1 个,抢救抢修分队 1 个,对空观察分队 1 个,民兵油料装备维修分队 1 个,森林防火分队 1 个。

2009 年,全区基层武装部减少 1 个,为 11 个。民兵应急分队中新建反恐维稳分队 1 个。

2010 年,全区共有基层武装部 13 个(金华科技有限公司武装部和科技贸易职业学院武装部为新建单位)。民兵应急分队中,新建非战争军事行动应急专业分队 1 个。

2011—2012 年,全区基层武装部减少 1 个,为 12 个。民兵组建情况与上年保持一致。

二、政治教育

蒸湘区民兵预备役人员的政治教育内容,主要进行《中华人民共和国兵役法》《中华人民共和国国防法》《民兵工作条例》、“三个代表”重要思想以及各个时期的形势任务教育。教育方法坚持主题教育和专题教育相结合、集中教育和分散教育相结合、“走出去”与“请进来”相结合。教育时间,基干民兵的政治教育一年不少于 4 次,以集中教育为主;普通民兵的政治教育,主要结合征兵、整组、重大节日和纪念日进行,一年不少于 2 次。

2001 年,组织广大民兵预备役人员学习《民兵工作条例》和《国防法》,明确任务与职责,增强使命感和责任感。

2002—2003 年,各基层人武部充分利用民兵军事训练、民兵整组和征兵时期,广泛开展“三个代表”重要思想学教活动,通过学习辅导、集体座谈、知识竞赛、典型介绍等多种方式,增强实践“三个代表”和做好各项工作的自觉性。

2006 年,区人武部在民兵预备役人员中广泛深入开展以“落实科学发展观,履行使命做贡献”的主题教育和社会主义荣誉观教育,引导广大民兵预备役人员进一步坚定理想信念,增强履行国防义务的自觉性和积极性;结合纪念红军长征胜利七十周年,大力宣扬人民战争的光荣传统;抓好党的对台方针政策与台海形势教育、民兵地位和职能使命教育、人民战争和以劣胜优传统教育,较好地解决了广大民兵预备役人员战斗意识淡化和战斗意志不强等问题,强化了民兵预备役人员“常备不懈”的观念,克服了“后备无用”的模糊认识,从而激发民兵预备役人员切实以临战的姿态、实战的标准,积极投身军事斗争准备之中。

2007 年,区人武部根据湖南省军区编写的《民兵政治教育教材》的内容,结合全区民兵预备役工作实际,编印下发了《蒸湘区民兵政治教育材料》。在深入抓好“四个”教育的基础上,重点抓了以“赞颂新成就、履行新使命、迎接十七大”为主要内容的主题教育。利用民兵训练、执行任务、开展重大活动等时机,进行集中教育。对外出务工的民兵,抓住回乡探亲、休假、过节等时机,进行相对集中教育;对外出务工人员相对集中的地区，采取走出去或函授的方法，开展跟踪教育。人武部将民兵预备役人员的政治教育纳入基层武装部目标管理考核范畴，确保了民兵政治教育人员、时间、内容和效果的"四落实"。

2008年，区人武部针对全区民兵预备役工作实际，优选教育内容，创新方式方法，认真落实教育准备制度、备课制度、考勤登记制度和考核验收制度，在全区民兵预备役人员中以"信念、使命"为主题，广泛开展了战斗精神、形势战备、拥护改革教育；结合北京"奥运会"的举办，开展了以爱国主义为核心的国防教育。全年基干民兵集中教育时间达到16课时，普通民兵集中教育达到5次。

2009年，区人武部坚持以中国特色社会主义理论体系为指导，认真贯彻落实《军队思想政治教育大纲》，积极探索新形势下民兵预备役政治工作的特点和规律，深化民兵政治工作改革，着力增强民兵预备役思想政治建设的科学性。采取参观革命遗址、组织正反辩论、官兵代表发言等多种形式，重点抓好以"忠诚于党、热爱人民、报效国家、献身使命、崇尚荣誉"为主要内容的当代革命军人核心价值观教育。同时，人武部还运用《亲吻潇湘红土地》系列丛书、《民兵政治教育读本》，结合庆祝建国60周年，在民兵预备役人员中开展光荣传统教育、党史军史教育和爱国主义教育，大力培育民兵预备役人员的战斗意志、战斗精神和战斗作风。

2010年，区人武部全面贯彻全军战斗精神培育座谈会精神，大力推进战斗精神培育工作的常态化、规范化，注重在军事训练、执行急难险重任务中锤炼民兵预备役人员的战斗意志，培养不怕吃苦、英勇顽强、敢打必胜的战斗作风。

2011年，组织人武、专武干部及民兵预备役人员，认真学习中共中央办公厅、国务院办公厅、中央军委办公厅印发的《民兵政治工作规定》（以下简称《规定》），畅谈民兵政治工作的优良传统，进一步加深对民兵政治工作重要性的认识。同时，对照《规定》找差距，分别制定改进措施。

三、军事训练

2001年9月，区人武部组织全区民兵集中时间进行军事训练。其中，基干民兵新兵训练15天；专业对口技术分队训练5天；民兵应急分队训练15天；军事专业技术分队训练15天。

2003年，区人武部组织长湖乡、雨母山乡、呆鹰岭镇、联合街道、华兴街道和衡钢集团公司应急分队民兵共125人，进行为期15天的轻武器射击、队列和盾牌警棍操等课目训练，经考核，各项成绩达标。嗣后，组织单、双高炮专业分队进行年度训练，训练时间30天，参训民兵60名，每10名编一个班，训练项目为兵器理论、单手操作、野战指挥所开设、军语传递、一米测距、射击效果观察等。

2005年8月，区人武部组织民兵应急分队180人进行15天训练，完成条例学习、队列训练、轻武器实弹射击、军体拳、警棍盾牌操和政治教育等训练课目，经考核及格率为85%，优良率为80%。9月，组织9名专武干部和54名民兵营长进行为期10天的业务技能训练。主要内容为民兵整组、征兵知识、枪械、美（台）军事知识、国防教育等科目。经考核，合格率为100%。是月，组织衡钢集团、衡阳氮肥厂、衡阳水泥厂和衡阳冶金汽修厂共60名民兵参加的单、双37高炮专业训练30天，并按火炮、通信、侦察等专业不同而训练不同课目，确保了训练的有效性。年内衡阳警备区在衡阳县人武部举办民兵报务员业务培训，蒸湘区联合街道和长湖乡2名年轻民兵骨干参加，取得良好成绩。

2006年，区人武部组织完成了156名民兵应急分队复训任务；挑选2名民兵参加警备区组织的为期15天的高炮指挥训练；完成了122名民兵专业分队和民兵营长训练任务。修订完善了反空袭、抢险救灾、人民防空、应付突发事件等战备方案34个。

2007年，区人武部组织民兵分三期完成上级下达的270名民兵应急分队复训任务；挑选2名民兵参加省军区组织的军事比武；召回1名退伍战士返回原单位进行复训；组织50名民兵应急分队人员参加了市军事汇报表演，并获二等奖。

2008年，区人武部完成了280名民兵军事训练任务，并组织完成了2100名民兵整顿编组任务。

2009年，区人武部派15名民兵骨干参加了警备区举办的民兵森林防火分队骨干集训，组织30名专武干部、民兵营长在南岳进行了业务培训，分三期完成了280名民兵军事训练任务。组织完成了38个应急预案的修订工作,落实了"春节"、"两会"、清明节、"五一"节、国庆、"湘台会"等重要时期各项战备工作。国庆前夕组织民兵进行了战备拉动,快速演练。

2010 年,3—4 月,组织雨母山乡森林防火民兵应急分队 40 人和"四会"教练员进行了为期 14 天的业务训练。5 月,组织 28 名专武干部和民兵干部集训 7 天。7 月,组织长湖乡、呆鹰岭镇、联合街道和衡钢集团的民兵应急分队 80 人进行了 10 天的基础科目训练。8 月,组织呆鹰岭镇、联合街道两个单位的民兵高炮分队 24 人进行了为期 10 天训练。

2011 年,4 月 4—15 日,在雨母山乡组织民兵森林防火分队进行技术训练;5 月 2—6 日,在区民兵训练基地组织 1 期专武干部和民兵干部业务集训;6 月 7—22 日,在衡钢集团训练基地对部分应急分队民兵进行了业务培训;9 月 5—29 日,在衡钢集团训练基地对双 37 高炮分队进行了大炮、炮弹结构、专用工具与附件 3 个兵器理论科目和炮班的编成、分工与队形、炮手基本操作 3 个兵器操作科目以及射击准备、各种项目射击 2 个科目的技术训练。参加市警备区组织的民兵骨干专业"四会"教学集训,获枪带炮射击训练第 1 名。

2012 年,4 月 17—26 日,组织 40 名森林防火分队民兵进行技术训练;5 月 5—14 日,组织 80 名应急分队民兵进行了反恐维稳科目训练;7 月 10 日至 8 月 3 日,组织民兵防空兵营 150 人进行双 37 高炮专业集训,并选拔参加省军区高炮实弹射击成员。9 月 1—3 日,区防空兵营 1 个炮班参加省军区高炮实弹射击,获得 2012 年省军区民兵高炮实弹射击"命中奖",炮手欧阳润健被评为"优秀炮手"。

第四节　党管武装

2001 年 5 月蒸湘区成立后,由区委书记李安平任中共蒸湘区人武部党委第一书记。6 月,区委成立维护军人军属合法权益领导小组,区人民法院成立审议涉军案件合议庭,区人武部与司法局联合成立涉军法律事务援助中心。当年,妥善处理了 169 医院 1 名副师职干部的小孩家庭纠纷案件。针对人武部民兵训练经费难筹集的实际情况,区财政采取统筹办法,按财政供养人员每年每人 20 元标准收取,统一拨付区人武部使用。区委书记李安平被中共衡阳市委、市人民政府、衡阳警备区授予"党管武装先进个人"称号。

2003 年 3 月,为了加强基层党管武装工作,区委确定从当年开始,开展基层党管武装述职工作,各乡镇、街道党(工)委书记为述职对象,按要求每年在相关会议上作述职报告。7 月,区委成立区民兵改革领导小组,并召开城市民兵工作改革和民兵预备役整组工作会议,强调民兵改革工作按要求严格落实,党管武装要加强责任考评,要把武装工作列入各级党政年度计划,武装工作所需经费纳入财政预算。当年,区委、区政府为 2 名人武部随军家属安置了工作,为 7 名人武部职工解决了医保问题。

2004 年 4 月,针对人员异动,区委、区政府及对调整区人民武装委员会,区委副书记、区人民政府区长徐建中任主任,区委常委、政府常务副区长曾巧敏(女)和区人武部部长王元国任副主任。6 月,成立区国防动员委员会,区委书记李安平为第一主任,区人民政府区长徐建中为主任。

2005 年 8 月,区委召开议军会议,回顾总结了全区党管武装工作所取得的成绩,指出了存在的问题,并对提高民兵预备役军事训练质量、训练经费增加、廉洁征兵、随军家属安置等问题作出相应决定。12 月,区委、区政府成立退伍军人安置领导小组,区委副书记刘一华任组长,区人武部部长邓国军、区政府副区长罗为广任副组长。年内,区委、区政府贯彻落实党管武装 7 项制度,提拔使用 2 名专武干部,解决人武部工作经费、农村民兵训练补助费共 29.6 万元,为人武部更换 2 台指挥车 15 万元。

2006 年 5 月,区委调整区维护军人军属合法权益领导小组,区委副书记、区长唐文峰任组长,区人武部政委万荣禄、区政府副区长单国平、区人大常委会副主任阳春生和区政协副主席丁平涛任副组长。区人武部和信访局及时了解掌握涉军人员上访动态,化解矛盾,杜绝了军队退伍人员集中赴省、进京上访现象。2002—2006 年,妥善处理涉军纠纷 43 起。

2008 年 5 月,由区委书记唐文峰任中共衡阳市蒸湘区人民武装部党委第一书记。区委、区政府调整区武委会，区委副书记、区政府区长陈树生任主任，区委常委、常务副区长单国平、区人武部部长邓国军为副主任。同时，对国防动员委员会、全民国防教育委员会，预备役军官登记领导小组均进行了调整。

2009年5月，区委、区政府调整区国防动员委员会，区委书记唐文峰任第一主任，区委副书记、区长陈树生任主任，区委副书记邓准德、区委常委、常务副区长单国平、区人武部部长刘环建、政委李定慧任副主任。区人武部坚持每周与区维稳办、公安局、民政局、信访局联系，及时了解和掌握退伍人员动态，建立蒸湘区重点人员台帐，并制定了《涉军群众上访劝阻预案》，有效防止了涉军人员进京上访现象。

2010年，区政府为解决人武部炮阵地建设拨款6万元，为进藏新兵奖励15万元。除统筹年度民兵训练经费外，另解决人武部工作经费80.5万元。

2012年，除民兵训练经费外，区政府给人武部解决工作经费66万元。为解决人武部办公楼和民兵训练基地狭小问题，区委、区政府研究，将人武部办公楼和民兵训练基地整体搬迁，在长湖乡松亭村征地23.53亩，次年付款210万元。2003—2012年，该区共为10名人武干部随军家属安置工作。

第五节　国防教育

2001年6月，蒸湘区成立国防教育委员会，乡（镇）、街道等基层单位相应成立国防教育委员会25个，由分管党群工作的副书记分管国防教育工作，基层人武部部长和党委宣传委员具体负责国防教育工作的落实。全区把国防教育纳入全民教育体系，结合每年征兵开展"国防教育月"活动，采取"抓领导带群众、抓机关带基层、抓厂矿学校带农村"的方式，不断扩大国防教育辐射面。7月31日，区委书记李安平带领区委、区人大、区政府和区政协领导到民兵训练基地，与区人武部干部职工一道过军事日，体验军事生活。8月，李安平又组织区级领导参加实弹射击和观看"台军情况透视"录像片，增强党政领导抓武装工作、抓国防教育的责任感和使命感。9月15日是蒸湘区成立后第一个"国防教育日"，由区委安排部署，区人武部牵头，组织呆鹰岭镇、长湖乡、衡阳钢管集团、衡汽集团和217队5家单位出动4台彩车，并由衡阳卫校录制国防教育磁带，在衡阳市区主要路段进行国防宣传，发放国防宣传资料和进行国防知识咨询。是年，全区2个乡（镇）、街道、18个企事业单位和42个村的民兵乡土文化队利用元旦、春节、"八一""十一"等重大节日，开展国防教育宣传、文化体育娱乐活动100余场次。

2003年4月，根据上级有关文件精神，区人武部制定《基层武装部、民兵营（连）基础建设细则》，要求各基层武装部建立"三室一家"（即办公室、资料室、国防教育室、青年民兵之家），以长湖乡武装部"三室一家"为样板，接受上级检查验收。是年，全区对基层国防教育进行评比，雨母山乡、南华大学、衡阳卫校和蒸湘街道武装部被区委、区政府和区人民武装部授予"国防教育先进单位"；任锡光、刘朝荣、刘春风、李江生、李文被授予"国防知识竞赛先进个人"称号。

2005年，全区认真贯彻《中华人民共和国国防教育法》，成立区国防教育领导小组，以街道人民武装部牵头，党、群、工、团形成合力，根据各自的工作性质，抓好本行业、本系统的国防教育。长湖乡、蒸湘街道成立社区国防站，按照经常教育与集中教育相结合，普及教育与重点教育相结合、理论教育与行为教育相结合的原则，把国防教育列入街道党建的重要内容，通过开展国防教育，促进街道中心工作，提升社区两个文明建设水平。是年全区出动宣传车3台20余次，悬挂横幅160余条，张贴标语1800余张，累计有100余万人次接受国防教育。

2008—2009年，衡钢集团有限公司在"八一"节，分别组织公司中、高层管理人员开展"军事日"活动，进行实弹射击，参观本公司国防教育室；在《衡钢报》、衡钢有线电视台开辟国防教育专栏，进行"两法一条例"等国防知识宣传，激发广大干部、员工拥军爱国的热情和报效祖国的责任意识。

2011年，在企业受金融危机影响极其困难的情况下，衡钢集团投入20余万元改造建立"三室二库"（即武装部办公室、国防教育室、民兵活动室，器材库、资料库），更换了办公物品，添置了教学设备，订购了报刊杂志,配备了电脑电话,完善了软件资料,并购置了多媒体设施和应急分队训练器材,开创了衡阳建设标准最高、建设规模最大、各种资料最全的国防教育基地建设先河。衡阳警备区专程到衡钢组织召开了现场会,并将这一建设模式向全市进行推广,驻衡部队先后组织8批次近1000人来衡钢参观学习。广州军区副政委刘良凯中将、政治部主任郑卫平、政治部军转办主任陈贵斌、湖南省军区司令员张永大、省民政厅副厅长、省双拥办主任祝青云、湖南省军区后勤部副部长贺小坤、衡阳警备区司令员叶定江等领导先后亲临观察,对公司民兵预备役建设、国防教育、军民共建工作给予了充分肯定和高度评价。

第六节 拥政爱民

拥政爱民是人民解放军的优良传统,驻蒸湘区部队官兵,在履行本职工作的前提下,积极参加地方经济建设、抢险救灾、扶贫帮困和军民共建工作,为地方党政部门分忧,为境内百姓造福。

一、参加地方经济建设

2001年,衡阳陆军预备役后勤保障旅投资20万元,为驻地呆鹰岭镇新阳村修建一条宽4米、长220米的便民大道,驻地群众立碑铭文为“连心路”。组织100名现役和预备役官兵到衡阳县西渡镇正文村参加义务劳动,帮助村民修排水沟80余米,平整道路2条,搬运垃圾5吨,改善村容,传播文明。

2001—2005年,空防六处共承建地方工程20余项,其中长沙市西环南路道路工程,湖南芷江机场扩建工程,广州白云机场道路建设,西双版纳口岸机场扩建工程,新疆库尔勒机场迁建工程,云南文山机场石方及排水工程以及福建宁德东桥开发区站前路等大型施工项目,均按质按期完成。

2002年,区委、区政府开展对紫色页岩改造,区人武部组织民兵在雨母山乡雨母村改造紫色页岩30亩。

2006—2010年,由区人武部牵头,协调驻地部队支援地方新农村建设,捐资5.45万元,新建沼气池8口,建成通村公路9.58公里,完成打深水井10口,解决了667人的安全饮水问题,新建农村文化书屋4间。

二、抢险救灾

2002年4月5日,时值清明节,雨母山乡因个别村民扫墓乱烧纸钱酿成森林火灾,区人武部接区政府通知后,速调衡钢集团和长湖乡民兵应急分队50余人奔赴现场,奋战4个多小时,终于扑灭大火。7月3日上午,因河水上涨,位于呆鹰岭镇堰头村芝塘组的蒸水堤发生十几处管涌群,情况十分紧急。区人武部政委晋敦琦组织呆鹰岭镇民兵应急分队30人火速奔赴抢险地段,民兵们冒着39度的高温,抢装、抢运沙卵石6车,泥土10车,肩挑人扛,经过6个多小时连续奋战,堵住了管涌群,排除了险情,保护了1500余人民群众的生命财产安全,2000多亩稻田免遭水灾。

2003年,蒸湘区6次出动民兵应急分队计500余人次,完成蒸水大堤抗洪抢险、城市道路改造、抗击“非典”、维护社会治安、配合部门执法等急难重险任务。是年5月,在防治“非典”期间,区组织民兵防治“非典”应急分队,对华新开发区两幢家属楼进行隔离,及时切断“非典”传播途径,确保居民生命安全。衡阳陆军预备役后勤保障旅完成衡阳市委、市政府交给的赴粤招商返衡人员身体状况隔离观察任务,有效遏制“非典”在衡阳地区蔓延,被湖南省政府评为“抗击非典先进集体”和省军区“非典防治先进单位”。9月4日晚,遵照衡阳警备区命令,区人民武装部迅速调集衡钢集团、长湖乡和联合街道民兵应急分队80余人,在30分钟内集结,赶赴衡山县店门镇门村森林火灾现场,奋战1个半小时,将火扑灭,受到警备区表彰。衡阳“11·3”特大火灾事故发生后,衡阳保障旅油料营和卫生营部分官兵参加了在火灾中被掩埋的消防官兵的抢救,现役官兵为受灾群众捐款6300元。空防六处官兵为受灾群众捐款5.2万元。

2005年,衡阳保障旅发挥预备役部队寓军于民的优势,先后组织部队官兵2000余人次参加扑灭山火,

500余人次参加防灾治病。是年4月，衡东县霞流塘村、柳叶塘村、岳塘村和剪头村突发山林大火，洋塘河坝发生森林火灾，该旅油料补给连和油料运输二连150名预备役官兵立即赶赴现场，经过10多个小时奋战终于扑灭山火，挽回经济损失50余万元。是年，区人武部制订防汛抢险应急方案，明确民兵参与抢险的组织领导、人员来源、任务部署、险情处置等，使抢险救灾工作制度化、规范化。

2006年清明节，雨母山林区因群众焚烧纸钱引发火灾。区人武部组织应急分队民兵100余人，投入灭火战斗，经过3个多小时奋斗，扑灭了山火，挽回经济损失60余万元。

2007年7月，在抗击台风“圣帕”造成的洪涝灾害中，区人武部组织驻地部队先后出动人员1180人次，车辆59台次，转战11个受灾点，转移被困群众3820人，物资50余吨，并为灾区捐款3.2万元，衣物200余件。

2008年年初，一场罕见的低温冰雪袭击衡阳，衡阳保障旅出动兵力2400人次，车辆100余台次，破冰保交通120余公里，运送物资165吨；野战炊事车分队连夜奔赴京珠高速郴州良田段开设服务站，为滞留司乘人员制作热食6700余份；积极参与灾后援建工作，组织全体官兵修渠2公里，整治受损桔园150亩，给特困家庭送去慰问金2万元。

2009年年初，在冰雪灾害中，区人武部共组织出动人员1476人次，车辆48台次，铲雪除冰。组织50名民兵应急分队人员帮助维修群众受损的房屋，清理因被冰雪压倒的树木，到田园劳作，帮助受灾家庭恢复生产。区人武部干部、职工捐款6850元，并走访慰问2户受灾严重的军属，送去慰问金5000元。

2010年，区人武部协调组织驻地部队和民兵进行抗旱救灾，出动兵力760人次，捐款2.4万元，打深水井5口，解决了500余人的安全用水问题。

三、扶贫帮困

2001年，长湖乡立新村罗锡义，曾参加抗美援朝，家庭十分困难，区人武部将他作为长期资助对象，逢年过节，部领导带领干部、职工前去看望，送去慰问金和礼品，使罗老晚年过得开心快乐。

2002年7月，区人武部利用“八一”建军节期间走访慰问转业、复员、退伍军人之际，捐资1000元，慰问两位特别困难的抗美援朝的老战士。

2005年10月，雨母山乡青松村二等乙级伤残军人蒋宏达家庭经济困难，且无住房，区民政局补助6000余元，区人武部协调该村购买建材和组织帮工，盖起一栋70平方米的住房，使之有了安身之处。

2006年6月，区人武部协调相关职能部门落实10名退伍士兵优抚政策，帮助5名退役士官落实最低生活保障待遇。

2007年4月，衡阳保障旅主动为毛林塘组一名白血病患者联系住院事宜，送去慰问金3000元。

2008年5月，衡阳保障旅领导深入联系点，到太山村访贫问苦，给10户贫困户送去慰问金和粮、油等慰问品。

2009年7月，协调驻地部队资助贫困学生200名。区人武部干部、职工捐赠11900元，帮助8名特困学生。

2010年7月，衡阳保障旅团以上干部开始为南岳学院4名贫困大学生每人每年资助2000元。

四、军民共建

2001年，衡阳保障旅政委张志初带队到衡阳县第六中学进行共建活动，签订共建协议并正式挂牌，张志初被聘为名誉校长。按协议约定，保障旅是年拿出5000元设立“新旅奖学金”，奖励各年级前3名品学兼优学生。5名旅首长和司令部、政治部与15名贫困学子结成爱心助学对子。

2003年，保障旅继续履行与衡阳县六中共建协议，并与驻地新阳村结成共建对子。是年，给35名贫困学生发放助学金，解决经济困难，其中12名学生考入大学；为农户送去农业科技知识书籍，帮助提高农业生产技术水平。

2005 年,区人武部积极整合驻区部队资源,协调驻军建立 5 个新农村联系点。按衡阳市创建全国“双拥模范城”目标要求,召开驻军协调会 3 次,协调驻区部队投入资金 5 万元,制作宣传标语牌 50 余块,清理垃圾 300 余吨。驻区部队深入开展“温暖进家庭、和谐进社会”活动,进一步巩固“双拥结对”成果。衡阳保障旅开展“军徽在雁城闪光”活动,组织部队参加地方“三个文明建设”,为构建和谐衡阳与创建“双拥模范城”贡献力量。该旅旅首长和旅直部门分别与衡阳县六中 16 名贫困学生、苏眼井社区 6 户贫困家庭结成帮扶对子,共捐款和发放“新旅奖学金”2 万余元,使爱心工程直接进学校、进社区、进家庭,密切军政军民关系。利用节假日开展学雷锋活动,组织预备役官兵开展为民义诊、修理家电、理发、清洁卫生活动 20 余次。是年,该旅卫生营被湖南省军区评为“学雷锋学李向群学劳模”标兵单位,旅司令部管理科卫生所所长熊子玉被评为“学雷锋学李向群学劳模”标兵个人,该旅政治部、卫生营分别被市委、市政府表彰为“创建文明城市,争做文明市民”红旗单位和优胜单位,保障旅被衡阳市推荐为湖南省拥政爱民模范单位。衡钢集团有限公司党委副书记周宏达被全国双拥工作领导小组、中央宣传部、中央文明办、民政部、总政治部授予“全国军民共建社会主义精神文明先进个人”称号。

2006 年,区人武部协调驻军 95338 部队建立 5 个新农村联系点,组织驻军与地方协调会 3 次。为搞好军民共建,驻军投入 5 万元,制作宣传标语牌 50 块、清理路边垃圾 200 吨。区人武部在阳辉桥社区,组织民兵打扫街道,清除城市“牛皮癣”,资助该社区 8000 元资金;在鸡市村,自筹资金 1 万元,资助村民改厨、改厕,向村民赠送科技书籍 2000 余册,新农村建设知识手册 600 余份;并与 8 名贫困学生、4 户贫困家庭结对子;为该村争取水利建设经费 2000 元。

2007 年 3—4 月,区人武部组织驻地部队与特困家庭和伤残退伍军人结对帮扶,发放扶贫金 3 万余元。在“3·15”学雷锋活动中,组织民兵预备役人员疏通下水道 50 余米,义务巡诊 300 余人次。

2008 年 6 月,区人武部协调驻军 600 余名官兵以及民兵预备役 100 余人,在全市各交通路口对来往行人进行文明劝导,并教育违规司乘人员严格遵守交通规则,文明驾车。衡阳保障旅给共建单位衡阳县六中捐送“新旅奖学金”5000 元。8 月,衡钢集团有限公司先后与衡阳保障旅、衡阳武警支队结为军民共建单位。公司每年邀请部队领导到公司作一次形势战备教育报告。2009—2011 年,为衡阳武警消防支队支持建设资金 12 万元。2011 年为衡阳武警支队支援建设钢管 20 余吨,价值近 15 万元。

2009 年 3 月,区人武部协调部队和民兵 2220 人次开展“植树周”活动,栽种树苗 9 万余株,绿化荒山 500 余亩。协调驻区部队建立扶贫点 43 个、新农村建设联系点 13 个。

2010 年 3 月,衡阳保障旅组织开展“三学”活动,组织现役和预任编官兵 300 余人次,为 40 路公交车打扫卫生,为地方百姓进行义诊,清理呆鹰岭镇路面垃圾,上门与孤寡老人谈心及解困等。积极参加衡阳市组织的“十万乔木进雁城”活动,植树近万株。

2012 年 7 月,衡钢集团有限公司被中央宣传部、中央文明办、解放军总政治部授予“全国军民共建社会主义精神文明先进单位”称号。

第七节　人民防空

一、机　构

2002 年前,蒸湘区人民防空工作由衡阳市防空部门直接管理。2002 年 3 月,蒸湘区人民防空办公室(简称区人防办)挂牌成立,定编 3 人,6 月,经区编委同意,内设蒸湘区人防管理站,为事业单位;2003 年增加行政编 1 个;2005 年,区人防办内设机构有办公室和人防管理站,人员增至 5 人;2006 年增加 2 人;2009 年增加 1 人;2012 年在职干部、职工 8 人。办公地点驻蒸湘区机关办公大楼 8 楼。

人防办历任领导及任职时间：

主　　任：钟家友（2002.3—2011.9）　　邓　成（2011.9— ）
副 主 任：吕孝嘉（2003.1—2009.4）　　刘国树（2012.10— ）

二、人防教育

2001—2004 年，区人防办印发人防宣传资料 9000 余份，发给机关、学校及工商企业，健全了人防工作网络，开展了一次人防知识演讲赛、一次人防征文比赛，组织辖区内人防工事坐落单位有关人员进行了一次人防工作培训。

2005—2007 年，分别在晶珠广场举办人防知识图片展览，发放宣传资料 3500 余份，热心解答部分市民提出的有关人防知识问题，并在衡阳市六中以图片、资料为载体，对学生进行"三防"（防核武器、防生化武器、防化学武器）教育。

2008 年，结合《中华人民共和国防空法》颁布 10 周年和改革开放 30 周年，区人防办出版报 2 块，放电影 1 场，发放《中国人民防空》杂志等资料 1000 余份，在防空警报鸣放日发手机人防短信 200 余人，利用移动警报车上街巡回宣传，在报刊发表人防文章 3 篇。

2009 年，将衡阳市六中、衡钢中学、蒸湘中学、市船山实验中学、市实验中学 5 所中学三年级的 3084 名中学生全部纳入人防教育，每人配发《人防知识与技能》《公众防空防灾手册》《永远的蓝天》3 本教材各一套。在街道、社区散发、张贴人防宣传单 1000 余份，制作人防宣传板 2 块。

2010 年 4 月，在晶珠广场开展了人防宣传活动。10 月，组织进行了疏散演练训练，有 500 多居民参加了这一训练。11 月，圆满完成了全市组织的"衡防－10"实兵演练，取得了规格高、规模大、效果好的结果。12 月，继续加大对 5 所中学学生的"三防"教育，共有 27758 名中学生接受了教育，初级中学人防知识普及率达 100%，人防知识考试及格率达 98%。当年在报刊发表人防文章 6 篇。

2011 年 4 月，在晶珠广场举办了以"防空防灾，警钟长鸣"为主题的人防宣传活动。10 月 22 日，组织并派专业人员现场指导衡钢中学师生开展了人员疏散与自救互救演习，增强了青少年的防空防灾意识，提高生存和防护能力。"11·1"全省警报鸣放日，区人防办在南华大学东门内坪设立了宣传站点，开展了有奖人防知识问答。并先后 4 次在区委、区政府和有关部门单位办公楼，摆放展板，进行人防宣传教育，参观人数达数千人，反响良好。

2012 年，是人防宣传教育进社区工作的第一年，区人防办将红湘街道的冶金社区、联合新村社区，蒸湘街道的太平二社区，长湖乡廖家湾社区纳入了人防教育范围，并全力打造了冶金社区人防宣教基地。完成了在辖区内社区人防教育普及率达 15% 以及建设一个人防宣教基地的工作任务。

三、防空警报建设

2002 年，蒸湘区接收雁峰区、石鼓区人防办移交的南华大学、气象局、锅炉厂、钢管厂、衡南县保险公司防空警报器 5 台。年内，区人防办对 5 台警报器进行了维修，经省检查组检查，从资料到现场均得满分。

2003 年，区人防办购置 3 台电声防空自动警报器。2006 年，购置 1 台车载防空移动警报器。2009 年，购置 1 台电声防空警报器。2010 年购置 1 台电声防空警报器和 1 台移动警报车，将钢管厂、锅炉厂的防空警报器由单位自控升级为电动防空警报器；2011 年，锅炉厂警报器报废，随即新增一台电声防空警报器。

至 2012 年，蒸湘区共有防空警报器 12 台，其中电声防空警报器 6 台，电动防空警报器 4 台，车载防空警报器 2 台。通过统一规划、科学布点、稳步推进防空警报器建设，蒸湘区防空警报器音响覆盖、鸣响率均达 100%，能满足战时与平时的需求。每年 11 月 1 日上午 9 时 30 分至 49 分为全区警报器鸣响时间。

四、人防工程管理

2002 年，按衡阳市人防办指示，蒸湘区接收雁峰区、石鼓区移交人防工程两万多平方米。是年，组织对全区地道、坑道坐落各单位的人防掩蔽工程进行检查，发现问题督促单位维护，杜绝破坏人防工事现象发生，人防工事维护完好率达到95%，平战结合利用率为80%。

2004年，是衡阳市人防工程达标年。按市人防工作会议要求，衡阳市人民政府与蒸湘区人民政府签订目标管理责任状。区政府召开全区人防工作会议，并与区内各企事业单位签订目标责任状，要求健全各种管理制度，实现三个转变(管理粗放型向制度化转变、工程随意型向规范化转变，功能性向自觉性转变)，分片包干，责任到人，确保全区应达标的人防工程达标。区人防办据此成立区人防工事维护管理领导小组，全面加强对全区人防工事维护管理，提高城市整体防护能力。在工程管理工作中，全区以13个企事业单位为重点，以点带面，逐步推进，收到好的效果。年底，衡阳市组织检查验收，全区所辖工事主体结构基本完好，没有严重断裂塌陷、严重渗漏，墙面无大面积脱落，照明线路基本齐全，灯具无缺损，内部墙面无污物，地面无纸屑、烟头、积水，卫生良好。13个单位的人防工事全面达到标准。是年，区人防办被衡阳市人防办评为“2004年度单位人防工程维护管理先进单位”。

2005年，全区投入资金10万元，整修人防工事通道3000米，防水堵漏200平方米，疏通排水沟2500米，清除洞内淤泥及垃圾500立方米，安装照明线路2000米，安装防盗铁门6扇。年内，对某单位人防工事被损坏案行政执法，查实共创集团建设某项目时，未经允许和报批，擅自拆除人防工事口部伪装房，并将基桩打入人防工事内13处，造成920平方米人防掩蔽部报废，使抗力五级人防工程失去功效。区人防办与市人防办相关部门联合执法办案，作出行政处罚，罚款收缴到位。位于衡钢集团两千余平方米的五级人防工事，由于大源渡截流等原因造成洞口内灌水浸泡，无法管理使用，申请报废，经区人防办与市人防办多次现场勘查，查实整个工事丧失基本功能，批准其报废，并按补偿到位原则给予补偿。

2006年10月，位于解放路某单位数百平方米的人防工事在开发中损毁，经人防办现场勘探和调查，该工事已全面报废，依法依规对开发公司作出处罚。

2007年5月，位于衡祁路某单位人防工事在开发中损毁，经人防办现场勘察，该工事已全面报废，依法依规对开发公司作出处罚。

2008年，为增强执法人员的责任意识和执法水平，选派2名工作人员参加衡阳市人防办组织的学习培训，2009年又选派1人到湖南省人防办参加法制培训。

2009年4月，经人防办现场勘查，某单位的人防工事(属早期人防工事)，因兴建市重点工程导致该工事全面报废，遂依法依规对开发公司作出适当处罚。当年，制定了人防地面指挥所建设规划，完成了蒸湘区人口疏散计划，从疏散对象、疏散时机、疏散方法、疏散保障、疏散组织指挥六个方面，对防空预案进行了补充和细化。

2010年3月，位于衡祁路某单位的早期地下人防工程，因开发公司施工不当而损毁，经区人防办现场勘查并报市人防办同意，该人防工程整体报废。5月，某小学人防工事因年代久远，洞顶多处裂缝或塌陷，存在极大安全隐患。区人防办迅速进行现场勘验，并报请上级主管部门，及时采取了有效保护措施，从而消除了安全隐患。

2012年，蒸湘区新建人防工程在数量上居全市各城区第一。

2004年、2005年、2007年蒸湘区人防办被衡阳市人防办授予“单位人防工程维护管理工作先进单位”称号；2007年10月，该办修订的《蒸湘区防空袭预案》，被市国防动员委员会授于“全市城市防空袭预案修订先进单位”称号，并获全市防空袭预案修订二等奖；2009、2011、2012年，蒸湘区人防工作被市国防动员委员评定为“全市人防工作先进单位”；2010年荣获“全省人民防空先进单位”称号。

第二章　综治维稳

第一节　机　构

蒸湘区政法委是全区综治维稳的主管部门，下设办公室、执法监督室、区社会治安综合治理委员会办公室（简称综治办）、区维护社会稳定工作领导小组办公室（简称维稳办）、区铁路护路联防工作领导小组办公室（简称联防办）、区国安办合署办公。区综治委下设五个专门工作领导小组：流动人口管理工作领导小组、刑释解教人员安置帮教工作领导小组、铁路护路联防工作领导小组、学校及周边治安综合治理工作领导小组、预防青少年违法犯罪工作领导小组，办公室分别设在区公安分局、区司法局、区铁护办、区教文体局和团区委。2012 年，区政法委在职干部、职工 15 人，办公地点驻蒸湘区机关办公大楼 6 楼。

第二节　社会治安综合治理

一、群防群治体系

2001 年 10 月，蒸湘区组建夜间巡逻队，招聘队员 30 名，对背街小巷和重点区域实行夜间巡逻。2003 年，全区 31 个社区配备 37 名社区民警，加强社区治安警力。同年，成立一支 40 人的专业巡逻队，执行街道和公共场所的巡逻任务。2005 年，专业巡逻队扩充到 80 人，另组建 63 支由 800 人参加的义务巡逻队，并落实看门、守栋护厂、护院人员 778 人。2006 年，建立“治安中心户”和“楼栋长”治安网络，区内 24 个行政村和 28 个社区设立治安中心户长 402 人，楼栋长 386 人。2009 年，区公安分局组建特别行动大队，专门担负巡逻降案和处理突发事件任务，督促辖区内各单位、企业配备专职保安员 400 余人，实行从门卫向保安的重大转变。同年，建立 9 个农村警务室，组建农村治保会、治安巡逻队、调解委员会，加强农村联防自治。在重点区域、重点路口、要害部门、高发案地区安装电子监控探头 79 个，在公安分局建立电子监控室；在 186 个小区门栋安装了电控门，安装电子监控器 96 个；29 个社区警务室（不含华兴街道 6 个社区）进行全面提质改造，警务装备全部做到“六有”，即：有专门的办公室（含电话、电脑、数码相机、档案柜）、警务区域图、24 小时闪烁警灯、警民联系牌、警民联系箱、警务公布栏。2011 年，组建区巡警大队，提出扁平化指挥，动态化出警，网格化巡逻的新思路。在辖区的重点场所、部位设 16 个巡逻执勤点、3 条巡逻线和 33 个巡逻面，实现辖区无缝覆盖。在全市率先成立区流动人口与出租房屋综合管理办公室，全年新录入流动人口信息 38993 条，出租屋信息 13802 条，办理居住证 32688 个。至 2012 年，全区构建了具有本区特色的“点、线、面”相结合的群防群治防控网络体系，有效改善了全区社会治安环境，与 2001 年相比，2012 年社会治安年发案率下降了 73%。

二、“平安创建”工作

2004 年，针对社会治安环境严峻的局面，蒸湘区开展创建“平安蒸湘”活动，区委、区政府于 12 月 6 日召开“平安创建”动员大会，制定《关于开展平安创建工作的实施意见》下发至各部门，并分别制定了“平安乡镇街道”“平安村（社区）”“平安单位”“平安校园”的标准与措施。推行区级领导联点创建、区直部门包点创安制度,实行月督察、季调度、半年讲评、年度考核的方法。当年在全区开展了打击“两抢一盗”专项斗争,加大“严打整治”力度,重点打击严重刑事犯罪、黑恶势力犯罪行为;共捣毁严重犯罪团伙5个,与2003年同期相比,“两抢一盗”日均发案3.11起,发案率下降了32.2%。2005年,蒸湘区深入开展“平安创建”宣传工作,编印发放《致全区人民公开信》及各种资料26000份,张贴标语2000余条,制作永久性标语牌123块,制作宣传栏26个,组织宣传车在全区巡回宣传,让“平安创建”深入人心。2006年,针对区行政机关、企业单位较为集中,独立成院的小区较多的特点,采取以“政府主导、公安主抓,整合民力,警民共建”的方式,在全市率先开展“零发案安全小区”的创建工作,当年,授牌“零发案安全小区”12个。2007年,聘请南华大学35名学生担任村(社区)法制义务辅导员,加强法制教育,推进中小学德育教育基地、社会实践活动基地和校外活动中心“三大基地”建设,配齐配强法制副校长,提高青少年的法制意识。同时加强技防工作,在省长途线路局等26个重点单位安装了监控设备,在泰阳证券公司等8个单位安装了报警系统,在社区开展“无毒社区”创建工作。2007、2008年,蒸湘区分获湖南省“维护社会稳定和社会治安综合治理工作先进单位”,2009年评为衡阳市“社会治安综合治理先进县(市、区)”。2009—2012年,加强治安管理和服务,将辖区内的93家宾馆、酒店、113家网吧、娱乐场所、100余家特业店铺统一登记造册,对业主和从业人员组织治安法律知识培训,对经营场所实行不定期清查,在全区农村举办“法制宣传月”活动,免费发放《农民简明普法读本》5280册,《法律援助宣传手册》2000册,《土地法》和《土地承包法》15000册,《信访条例》9850册,提升了群众学法、知法、用法、守法的公民意识。通过“平安创建”活动,全区先后共评出1个一类“平安乡镇街道”、6个治安模范村(社区)、18个“零发案安全小区”、47个“平安单位”、18805户“平安家庭”。

第三节 维护社会稳定

一、维稳责任制

2001年,区、乡镇(街道)成立了党政一把手负总责的维护稳定工作领导小组,与各级、各部门签订工作责任状,做到党政领导亲自抓,政法部门全力以赴,相关部门紧密配合,建立维护稳定工作机制。2005年,区级领导和区直部门联系各乡镇(街道)、村(社区)工作中,推行联点捆绑责任制,年底,按市对乡镇(街道)、区对村(社区)考核排类情况同奖同罚,排在前3名村(社区)给予奖励,后2名的村、社区给予“黄牌警告”,出现严重影响社会稳定的实行“一票否决”。2009年,进一步落实党政主要领导维稳工作第一责任人制度,实行各级各部门主要领导负总责,一名副职领导分管,其他领导干部按联点分工负责的维稳工作责任制。区委书记唐文峰主动把自己摆在维稳工作的核心地位,既对决策部署负总责,又对抓落实负全责。区委书记、区长坚持接待日亲自接访制度,面对面接待上访群众,区内有重大矛盾纠纷,区级领导必须亲临现场处置。

二、矛盾纠纷调解处理

2003年,全区各乡镇建立“司法调解中心”,不断完善调解工作机制,对各类突发事件苗头,按照“可散不可聚、可顺不可激、可解不可结”的原则,将矛盾纠纷化解在萌芽状态。全年对“法轮功”练习者分批办班18期,经教育转化56人;破获“法轮功”案件3起,捣毁地下窝点2个,抓获6人,刑拘5人。2004年,积极推行处理信访突出问题及群众性事件联席会议制度,发挥人民调解维稳第一道防线作用。圆满解决长湖乡长湖村62户146名“四属户”参加分配村组征地补偿款的问题。2005年,对涉军、涉法等热点问题,实行落实控制与调解疏导工作,以诚心换民心,“213”群体几次预谋组织大的进京上访,均事前得到化解。当年组织动员各方面力量组建治安信息员队伍,深入社区、村庄、单位、家庭,逐一排查社会矛盾,摸清实情,坚持一月一排查、一月一调度、一月一通报。对重点问题、重点人员逐一登记造册，建立工作责任台账，挂牌督办，妥善处理。2006年，蒸湘区确定30万元人民币作为司法信访维稳救助基金常备金。辖区内一年中出现矛盾纠纷341起，由于各单位调解组织及时介入，调解处理成功率达100%。2007年，全区成立人民调解、行政调解、司法调解三调联动领导小组，各乡镇街道成立"社会矛盾纠纷调处中心"，构建大调解工作体系。全年成功调解简单治安案件和民间纠纷145起。雨母山乡湘桂村八、九两个组渔塘纠纷历时9年，通过反复做工作，双方接收调解意见。在调解矛盾纠纷中，做到严格依法办事，严格落实政策，全区52名企业军转干部的医疗保险和养老保险全部落实，瓦解了全市企业军转干部赴省串联事件。船山医院等6起非正常死亡事件，均按政策得到及时调解处理。2008年，省环境生物学院南校区拆房建围墙时，遭到学校周边居民阻工，经区、街道调解，终于化解矛盾。2003—2012年，全区共排查和及时处置各类矛盾2720余起，消除了集体上访和矛盾激化现象。

三、社会管理和稳控工作

2007年，加强对流动人口管理，做到来有人登，住有人管，同时大力推进旅馆业信息系统建设。对刑释解教人员，在衡钢集团建立安置帮教基地，逐人列管，并动员社会各方面力量参与。全年8名刑释解教人员均做好安置帮教工作。对闲散青少年，逐人建立档案，100%落实监护和帮教措施，对社会吸毒人员，以社区为单位，逐人建立档案，100%纳入社区组织管理；对网吧、废旧物品收购店等特种行业，落实管理责任和管理措施；开展对法轮功练习者回访帮教，转化痴迷者3人。2009年，以创"人民满意的社会治安、人民满意的和谐氛围、人民满意的政法队伍"活动为契机，全力排查化解矛盾纠纷，先后12次对社情民意进行分析研判，做到早发现、早研究、早处理。为解决区划调整时的历史遗留问题，区财政拨出40万元专项资金，解决市食品化工厂、市中天公司等企业的职工"社保"问题，稳定了一大批群众。同时，对无理重访、缠访、恶访、越级访等违法信访行为进行严厉打击，拘留12人、劳教1人，由公安机关训诫稳控16人次，有力控制住了违法上访的歪风。开展学校周边环境治理，打造"平安校园"，全年共取缔学校附近"黑网吧"24家，抓获针对学生的抢劫、盗窃嫌疑人92名，维护了学校周边的治安秩序。2011年至2012年，加强重点人员审理，建立刑释解教人员、社区矫正人员、吸毒人员和特殊病违法犯罪人员的管理台账，对重点人员实行"四包一"办法包案稳控。坚持说服教育和惩治处理相结合，对一些"扛旗"式的带头人物实行严惩：中天星城与万联阁双方业主围绕拆建围墙之争引发多次矛盾，区公安分局将故意挑起矛盾带头闹事的李某依法予以刑事拘留；原一汽运公司职工与改制后的市陆运实业有限公司围绕搬迁之事引发多次矛盾，造成了市陆运实业有限公司直接经济损失50余万元，区公安分局将带头闹事、挑起矛盾的骨干分子刘二宏、魏诗国刑事拘留。此后还成功处置了9起群体性闹事和上访事件，确保了大局稳定。

第四节　见义勇为表彰

蒸湘区建立了见义勇为奖励专项基金10万元，按照《湖南省见义勇为人员奖励和保护条例》有关要求，由区综治办负责对见义勇为人员奖励和保护工作，在每年的全区政法工作会议上给予表彰。2006—2010年，受到区人民政府表彰的有：贺湘成、廖海庆、廖道君、陈金龙、廖桂英、邓玉华、邓玉社等。

2006—2010 年蒸湘区表彰的见义勇为人员情况一览表

表 17 - 5

姓　名	表彰时间	主　要　事　迹
贺湘成	2006 年	2005 年 6 月 22 日,路过衡祁路时,遇到一男子正在追赶一抢劫手机犯,虽犯人一手握石、一手持刀,他奋不顾身地冲上前去,扭住犯人双手使之跪倒在地,并协助公安民警将其扭送到公安机关
廖海庆	2007 年	2006 年 6 月 14 日下午,协助衡西市场治安员将抢劫犯罪嫌疑人抓获归案
廖道君	2008 年	2008 年 7 月 28 日,在蒸水南堤风光带发现一辆红色小车被劫持,他当即一边拨打 110 报警,一边驾车拦截,终于协助民警制服劫匪,解救人质
陈金龙	2009 年	2009 年 1 月 31 日下午,驾私车果断追拦两名飞车抢夺犯罪嫌疑人,在周围民众配合下将两名犯罪嫌疑人控制住,直到警察到来
廖桂英(女)	2010 年	2009 年 10 月 4 日上午,为制止精神病人阳小亮持刀伤人,自己被捅伤,经鉴定为八级伤残
邓玉华	2010 年	兄弟俩于 2009 年 12 月 1 日配合蒸湘公安分局特别行动大队,成功抓获 2 名飞车抢夺犯罪嫌疑人
邓玉社		

第三章　公　　安

第一节　机　　构

衡阳市公安局蒸湘分局前身是衡阳市公安局郊区分局,成立于 1973 年 7 月,2001 年 5 月随衡阳市行政区划调整而更名。下设 8 个股室,5 个直属大队,1 个执勤室、7 个派出所。即:纪委(监察室)、政工室、工会、办公室、法制办公室、行财装备股、户政股、网监股;国内安全保卫大队(加挂蒸湘分局出入境管理股牌子)、刑事侦察大队、治安巡逻(防暴)大队、经济犯罪侦察大队(加挂蒸湘分局经济犯罪举报中心)、禁(缉)毒大队(加挂蒸湘区禁毒委员会办公室牌子);西站执勤室;红湘派出所、华兴派出所、联合派出所、蒸湘北路派出所、长湖派出所、呆鹰岭派出所、雨母山派出所。2012 年机构改革后,分局设有 3 个综合部门,7 个直属大队,7 个派出所。分别为:警令办、政工室、纪委 ;法制大队、人口大队、经侦大队、刑侦大队、治安大队、禁毒大队、国保大队;红湘派出所、联合派出所、华兴派出所、长湖派出所、蒸湘北路派出所、雨母山派出所、呆鹰岭派出所。2012 年在职干警 331 人。办公地点驻解放西路 59 号。

历任局长和副科以上实职领导及任职时间:

局　　长:胡忠勇(2000—2007)　张荣华(2007—2012)　吴小平(2012—)

政　　委:陈爱初(2000—2007)　谭　璇(2007—)

纪委书记:凌高潮(2002—2011)

副 局 长:袁公权(2000—2002)　廖润东(2000—2002)　颜亚平(2000—2002)
凌高潮(2002—2011)　郑森林(2002—2012)　罗衡湘(2002—)
肖乔峰(2002—)　唐耀兵(2004—2010)　张同生(2004—)
钟竹青(2010—)　龙　波(2010—)　陈向阳(2010—)

政工室主任:全德义(2000—2002)　何玉竹(2002—2010)　曹湘南(2010—)

第二节　队伍建设

2003 年，分局贯彻公安部“五条禁令”，在分局机关各直属所、队中开展了清理整顿公安民警违规参与经营娱乐场所、酒店、茶楼专项行动。共查出 8 名民警与 4 家娱乐场所、酒店、茶楼的经营活动有牵连，均责成其退出、转让或停业。为了实现“队伍不出事，工作往前推”，分局针对队伍建设和业务工作中存在的“多发性、常见性、低劣性”问题，多措并举，先后实施了“周一宣誓”“周五工作回顾”制度，制定“十条铁规”，签订队伍建设责任书等一系列制度措施，落实“五条禁令”。7 月，分局组织学习贯彻“三个代表”重要思想，集中时间，集中精力，广泛开展学习讨论、理论征文、民情调查、演讲比赛、知识竞赛等丰富多彩的学习活动，使“三个代表”重要思想在民警中入脑入心，学以致用。

2005 年，按照上级安排部署，认真开展“保持共产党员先进性教育”活动，紧密联系单位、个人实际，查摆问题，制定改进措施，树立“立警为公”“执政为民”的思想理念和工作作风。当年分局荣获全省执法质量考评优秀单位、全市公安机关目标考核优秀单位。

2007 年，组织开展“强理念、提素质、树形象”专题教育，认真学习上级规定的文件，广泛听取基层单位和个人意见，找准存在的问题，积极开展批评与自我批评，进一步修订各项规章制度。当年获全市公安机关综合考评优秀单位、全市“人民满意公安局”。

2008 年，分局启动“廉洁从警防违纪”短信警醒提示制度。由分局政工纪检部门结合队伍建设和业务工作实际，精心编写了 30 条廉洁从警防违纪短信，通过手机每天定时向全体民警进行滚动发送，时刻进行警醒提示，做到警钟长鸣，防范于未然。是年，分局获市局集体嘉奖。

2009 年，分局特别行动队被市人民政府表彰为“突出贡献单位”，国安大队被省公安厅评定为“全省优秀公安基层单位”，华兴派出所被公安部授予“全国青年文明号”称号。

2010 年，华兴派出所获市人民政府“全市政风行风评议先进单位”，获省公安厅“全省公安机关基层执法示范单位”；国保大队获省公安厅“全省公安国保战略支撑点工作先进单位”和公安部“全国公安国内安全保卫战略支撑点”。

2011 年，分局深入开展以“大兴‘忠、正、实、廉’之风”为主要内容的作风建设活动。以开展“大走访”开门评警和“万名干警帮万户”活动为抓手，深入走访联系群众，主动听取群众意见，自觉接受群众评议，着力解决突出问题。全年共走访群众 2 万余人，走访企业 1500 余家，走访困难家庭 2400 余户，召开警民恳谈会 20 余次，解决群众实际困难 1000 余件，弘扬了“为民、务实、勤政、清廉”的机关作风。随着网络应用越来越广泛，民警工作新增了信息化的内容，当年分局全面启动提高民警信息化应用水平，每月举办一期信息化建设与应用培训班，各所队负责人及专干参加了培训，有效提升了公安队伍打击犯罪效能和核心战斗力。是年，华兴派出所获省公安厅“湖南省示范窗口”、获省人民政府“全省人民满意的公务员集体”，蒸湘北路派出所分获省公安厅“公安机关大走访‘开门评警’先进集体”“湖南省示范窗口”，国保大队获公安部“全国公安国内安全保卫战略支撑点”。

2012 年，区公安分局被省公安厅评定为“全省公安机关综合考评优秀单位”，雨母山派出所和呆鹰岭派出所分获省公安厅“湖南省示范窗口”。

第三节 惩治犯罪

一、专项惩治行动

2001—2012 年,分局组织开展严打整治行动,共破刑事案件 8769 起,执行逮捕刑事犯罪嫌疑人 1856 人,送劳教 879 人,追捕网上逃犯 574 人。

2003 年开展"严打整治"斗争,共破刑事案件 2546 起,抓获刑事违法犯罪人员 470 人,执行逮捕 406 人,劳教 174 人。

2004 年开展惩治"两抢一盗"专项斗争,逮捕犯罪嫌疑人 140 人,送劳教 90 人。

2005 年开展"利剑行动",共破获刑事案件 789 起,执行逮捕 150 人,劳教 55 人。获全市夏秋严打专项行动先进集体。

2006 年开展"创安 1 号"严打整治专项行动,破获各类刑事案件 1517 起,执行逮捕 148 人,劳教 83 人。

2008 年开展"春雷行动""迎奥运、保平安严打整治百日会战""扫黑除恶"等一系列专项斗争,严厉惩治"两抢一盗"犯罪、地下"六合彩"犯罪、毒品犯罪、黑恶势力犯罪。共破获各类刑事案件 2118 起,执行逮捕 298 人,追回网上逃犯 130 人,劳动教养 101 人。

2009 年,分局开展"金剑行动","社会治安整治行动",特种行业清查行动,"平安蒸湘 01"整治娱乐场所、"平安蒸湘 02"打击摩托车犯罪等一系列集中整治行动,共破案 1364 起,执行逮捕 346 人,劳教 31 人。

2010 年开展"天网行动",破获"两抢一盗"现行案件 432 起,执行逮捕(直诉)368 人,劳教 21 人。破获督办案件 5 起,摧毁黑恶势力团伙 4 个。追回网上逃犯 143 人(其中本省外市逃犯 4 人,外省逃犯 16 人),破获毒品案件 21 起,缴获毒品 1741.04 克。起诉"两抢一盗"案件 78 起。

2011 年分局按照市局的统一部署,开展"百日会战""三打三整一清"行动,继续深化"打击工程建设领域黑恶犯罪"专项行动;全年共侦破"两抢两盗"案件 318 起,逮捕 233 人,直诉 99 人,劳教 42 人,强制戒毒 129 人,行政拘留 725 人,治安裁决 942 起,抓获网上逃犯 210 人,破获毒品案件 37 起,缴获毒品 1416.6 克,捣毁涉恶团伙 3 个。

2012 年,分局以严打整治"百日风暴"专项行动为契机,全年共破现行案件 476 起;破毒品案件 28 起,缴获毒品 1050.95 克;破涉黄涉赌刑事案件 14 起,破"打四黑除四害"案件 3 起;破其他案件 36 起。打掉黑恶势力团伙 2 个,刑拘 321 人,逮捕(含直诉)310 人,劳教 46 人,强制戒毒 148 人,行政拘留 847 人,治安裁决(含所内裁决、调解)1122 起;抓获本地逃犯 37 人,抓获本省外市逃犯 5 人,抓获外省市逃犯 9 人。

二、侦察破案

2001 年 5 月至 2012 年年底,全区侦察立案 17430 起,破案 8769 起,其中性质恶劣的大案要案侦破 341 起。

2003 年,蒸湘北路所抓获 2 个飞车抢夺团伙,1 个持刀抢劫团伙,破案百余起,逮捕 11 人。华兴所先后捣毁 4 个犯罪团伙,其中 2 个入室盗窃团伙、1 个长期在 322 国道上行窃过路司机钱物的盗窃团伙和 1 起专门抢劫的士司机犯罪团伙,共逮捕 32 人。长湖所破获了 1 个重大抢劫团伙,逮捕 7 人。

2004 年,分局捣毁了以陈新言为首的强奸团伙;破获了 3 月 16 日晚发生在呆鹰岭镇的恶性抢劫案件、"4·15"森林公园抢劫案、"8·23"特大抢劫杀人碎尸案、"10·28"故意杀人案。

2005 年,分局于 2 月 19 日,打掉了一个在全市作案 40 余起、涉案金额 12 万余元的飞车抢夺团伙,抓获犯罪嫌疑人 5 名,缴获作案时使用的大功率摩托车 3 台。3 月 25 日,成功破获用小车尾随单身女路人,伺机持刀抢劫的案件。侦破了“12·28”涉枪大案，逮捕7人，追回涉案枪支8支，子弹29发。

2006年1月8日，分局刑侦大队仅用2天时间成功破获了“一鸣菜馆”特大入室抢劫案，先后侦破了“6·1”现行持刀抢劫案、“6·16”故意杀人案、“6·19”特大持刀抢劫案，“7·20”特大飞车抢夺案，市局挂牌督办的“9·6”特大持刀抢劫强奸案。7月24日，成功破获了一个长期在蒸水河南堤持刀抢劫路人的特大犯罪团伙（共有成员11人），破获蒸水河沿岸系列持刀抢劫案件20余起。

2007年，分局破案、逮捕、劳教、强制戒毒、治安拘留五项任务人均完成数居全市第一。全年抓获宋××抢劫团伙、周×抢劫团伙、唐××抢劫团伙、梁×入室盗窃团伙，打掉了陈××入室抢劫团伙、龙××抢劫团伙、陈××特大盗车团伙、王××特大入室盗窃团伙、蒋×特大流窜盗窃团伙、肖××特大入室盗窃团伙；侦破了发生在呆鹰岭鸡窝山、长湖乡医疗器械厂周边系列抢劫的士司机案。共破获黑恶团伙5个，抓获涉案人员32人，其中一个是衡阳城区历来最大的集贩毒、故意伤害、寻衅滋事、敲诈勒索于一身的黑恶团伙，17名黑恶骨干成员全部落网。

2008年，分局破获各类犯罪团伙38个，其中“两抢一盗”团伙21个，黑恶势力、地痞地霸团伙7个，贩毒团伙3个，抓获各类犯罪团伙成员123人。破获团伙犯罪案件563起，破获省厅、市局督办的特大团伙案件14起。先后摧毁了在华兴开发区频频作案的飞车抢夺团伙，破获了春节期间针对返乡民工实施抢劫的特大抢劫团伙，破获了省厅督办的肖××特大入室盗窃团伙，破获了王×特大持刀抢劫团伙、刘××特大持刀抢劫团伙、罗××特大抢劫汽车团伙。

2009年5月，分局刑侦大队智破案中案，一举破获两个利用技术开锁入室抢劫、盗窃的团伙，抓获罗某等10余名犯罪嫌疑人。先后破获“6·25”故意杀人案、“6·30”平湖公园持刀抢劫案、“7·2”张××抢劫团伙案、“7·5”衡西市场抢夺案、“8·7”技术开锁盗窃团伙案、“8·10”涉枪抢夺、盗窃团伙案、“8·14”抢夺白金项链案、“9·21”非法持枪案等一系列盗抢案件、“10·10”流窜盗窃摩托车团伙案等一系列盗抢案件。

2010年，全年共摧毁涉恶团伙、地下“出警帮”3个，抓获涉恶犯罪嫌疑人24名。辖区发生的“2·21”“6·6”“6·14”“8·6”“9·23”等命案均成功告破，连续7年实现了命案全破的目标。特别是“2·21”南华大学故意杀人案发生后，分局专案组民警先后辗转江西、上海、甘肃、海南等地，行程逾万里，成功将案犯抓获。华兴开发区“8·6”枪击焚车杀人案发生后，分局精心部署，迅速将案件破获，并从案由入手深挖犯罪，成功牵出幕后涉黑涉恶犯罪团伙，该团伙被列为公安部督案件。6月3日，在市局局长徐发科、副局长吴起的指挥下，分局特别行动队成功摧毁市局挂牌督办的地下“了难帮”，抓获肖俊军等14名违法犯罪嫌疑人，其中逮捕3人、劳教5人、治安拘留6人。

2011年，分局成功侦破了“1·27”系列驾车掳人抢劫案、“3·1”拦路抢劫案、“6·18”残杀女婴案、“7·12”故意杀人案、“7·24”恶性轮奸案、“8·19”特大贩毒案、“8·30”网络赌博案、“10·24”招摇撞骗案等一批重特大案件。

2012年，破获发生在市城区的系列飞车抢夺案件27起。3月2日，刑侦大队和华兴所联手破获一抢夺团伙，抓获骨干成员2名。5月16日，刑侦大队破获“5·15”故意伤害致死案，刑拘5人。5月28日，蒸湘北路所成功处置长沙“4·12”命案逃犯劫持人质事件，抓获犯罪嫌疑人1名。8月11日，刑侦大队成功侦破“8·9”故意伤害致死案，刑拘1人。

第四节　治安保卫

2001—2012年，全区发生治安案件29966起，查破15330起，治安拘留违法人员6636人次。查处毒品案件464起，逮捕206人次，送戒毒所强制戒毒1379人次，没收毒品3209.94克，麻古59420粒、毒资338万元。抓获卖淫嫖娼、容留卖淫嫖娼和强迫卖淫人员561人，逮捕311人，送劳教1724人，拘留2657人。查禁赌博案件451起，收缴赌资900余万元，捣毁赌具2000余件。

一、群防群治队伍建设

蒸湘区成立后,分局在辖区内相继建立并完善了治保会、联防队等组织,实行了全方位的联防协作和治安承包,并发动群众自防、自卫、自治。2001 年 10 月,组建一支有 30 人参加的夜间巡逻队,对背街小巷和重点部位实行夜间巡逻。2003 年,成立一支 40 人的专业巡逻队,执行街道和公共场所的巡逻任务。2005 年,专业巡逻队由 40 人扩大到 80 人,并组建了 63 支 800 人参加的义务巡逻队,在 28 个社区建立治保会。同时,面向社会招聘 62 名社会治安综合治理协管员。从 2006 年开始,在全市率先开展"零发案安全小区"创建工作,到 2012 年已有 76 个小区获得"零发案安全小区"称号,占辖区规模小区 82.2%,入室盗窃案件下降 73%。2011 年,政府出资征集 140 名专业巡逻队员、80 名社区信息员、30 名监控员。2012 年,每个乡镇街道新组建一支不少于 10 人的专业巡逻队伍,按实有人口每 3000 人配备 1 名信息员,在试建单位华兴街道和红湘街道增加信息员 50 名。这支队伍为公安机关提供破案线索 336 条,破获各类治安案件 393 起,协助公安人员抓获犯罪嫌疑人 152 名。

二、查禁毒品

2005 年 3 月 9 日,分局禁毒大队通过 7 个多月的艰苦努力,成功摧毁一个特大跨省贩毒团伙,抓获涉嫌贩毒犯罪嫌疑人 7 人,缴获毒品海洛因 160 余克,毒资 40 余万元。

2006 年,破获涉毒刑事案件 202 起,逮捕贩毒犯罪嫌疑人 26 人,摧毁陈 × × 特大贩毒团伙、何 × × 特大贩毒团伙、梁 × × 特大贩毒团伙,缴获毒品海洛因数百克,麻古 10000 余粒,收缴毒资 75 万元。全年强制戒毒 204 人。

2007 年分局全年破获特大贩毒团伙 3 个,抓获毒贩 23 人,缴获麻古 20000 余粒,冰毒、海洛因上千克,惩罚吸毒人员 500 余人。12 月 12 日,分局经过一个多月的苦心侦查,架网守侯,成功破获了一起特大贩卖毒品麻古、冰毒案,摧毁一个特大贩毒网络,抓获贩毒犯罪嫌疑人 4 人,查获毒品麻古 12000 余粒、冰毒 300 余克、毒资 19 万余元。

2008 年,捣毁肖均启特大武装贩毒团伙、蒋周永跨省家族式特大贩毒团伙、谢金良特大贩毒团伙,缴获毒品麻古 13000 余粒、冰毒 400 余克、海洛因 100 余克。

2009 年,分局禁毒大队连续捣毁 3 个贩毒团伙,抓获王 × ×、邓 × 等 19 名毒贩,缴获麻古 12420 粒、冰毒 357 克、海洛因 142.94 克、仿"六四"式手枪一把、子弹一发;7 月 15 日,分局刑侦大队抓获欧阳 × × 等 7 名犯罪嫌疑人,缴获毒品海洛因 3100 余克,毒资 150 余万元;全年共铲除涉黄涉毒涉赌窝点 33 个。

2010 年,分局以"催网络、破大案、抓毒枭、缴毒资"为主攻方向,深入打击涉毒违法犯罪。共摧毁贩毒团伙 2 个,抓获贩毒犯罪嫌疑人 21 人。4 月 1 日,禁毒大队捣毁以王 × × 为首的特大武装贩毒团伙,抓获贩毒嫌疑人 8 名,缴获冰毒 1000 余克、麻古 2000 余粒、仿"六四"式手枪一把、子弹 8 发以及大量制贩毒工具。4 月 28 日,禁毒大队、华兴派出所联手摧毁一特大武装贩毒团伙,抓获犯罪嫌疑人 3 名,缴获仿德式手枪 3 支、子弹 19 发、麻古 2000 余粒、冰毒 50 余克、现金 13 万元,冻结毒资 60 余万元。

2012 年 5 月 20 日,禁毒大队破获一起团伙贩卖、运输毒品案件,抓获犯罪嫌疑人 3 名,收缴毒品"冰毒"和"麻古"共计 500 余克、毒资 2 万余元、用于贩毒的"北京现代"小轿车 1 辆以及大量的吸毒工具。

三、综合治理专项行动

2004 年 4 月 10 日,分局根据《中共中央、国务院关于进一步加强社会治安综合治理工作的意见》要求和公安部《关于严厉打击侵害师生人身财产安全违法犯罪活动,切实维护高校及周边治安秩序的紧急通知》精神,开展为期 45 天的专项治理。出动警力 472 人次,车辆 80 多台次,依法清理出租房屋 25 家、网吧 26 家,取缔违规经营网吧 4 家、录像厅 1 家,收缴黄色光碟 150 盘,老虎机、苹果机 84 台,督促流动人员办理暂住证

58 人，抓获抢劫、盗窃犯罪嫌疑人 12 人。

2006 年，分局积极开展"查禁黄赌毒，整改隐患"专项行动，从 8 月 10 日起，分局先后出动民警 600 余人次，相继对南华大学、市一中、市六中、电大、湖大分校、湖南科技职业技术学院等 20 所学校周边 200 米范围内的电子游戏厅等娱乐场所进行清理整治。依法清查出租房屋 88 家、旅社 108 家、网吧 49 家、录像厅 8 家、歌舞厅 2 家、音像书刊点 8 家，下达整改通知书 20 份；取缔黑旅社 35 家、违规经营网吧 22 家、录像厅 1 家，收缴黄色光碟 160 盘，老虎机、苹果机 69 台，并进行了集中销毁。

2009 年 7 月 29 日，分局接到群众来信举报，市汽车西站旁交通酒店二楼有一地下卖淫窝点，不仅从事卖淫活动，还找各种借口对旅客实施敲诈勒索。分局特别行动队摸清该卖淫团伙的人员组成及作案手法后，于 7 月 31 日迅速出击，抓获涉嫌卖淫嫖娼、拉客招嫖、引诱容留、介绍他人卖淫及敲诈勒索的违法犯罪人员 24 人。8 月 22 日，联合派出所经缜密侦查，一举端掉位于麻家塘小区内的地下六合彩窝点，抓获违法犯罪人员 11 名，当场收缴赌资 3 万余元、冻结存款 40 余万元。

2010 年 8 月初，分局治安大队兵分三路，对摆放水果赌博机进行赌博的场所予以痛击，砸毁赌博机 128 台。9 月 4 日晚，治安大队 20 余名民警分 5 组对华兴开发区、立新开发区、太平小区等多家发廊进行查处，在"云峰""思雨""东云""阿倩"美容美发店查处涉嫌卖淫嫖娼的肖××等 9 人。

2012 年 3 月 1 日，禁毒大队通过清查宾馆，发现并查处了一起特大聚众赌博案，行政拘留 3 人，收缴赌资 36 万余元。3 月 13 日，治安大队侦办的"飞英"赌博案取得重大突破，专案组民警辗转湘粤桂闽四地，抓获犯罪嫌疑人 8 名，冻结赌资 700 余万元。3 月 16 日，华兴所破获一外地流窜作案的盗窃高档轿车财物团伙，抓获广西南宁籍犯罪嫌疑人 3 名，破案 18 起，涉案价值 15 万元，缴获干扰器、解码器、接收器等一批高科技作案工具。3 月 18 日，刑侦大队利用 DNA 数据库成功破获一起特大盗窃保险柜案，捣毁一个在湖南省长株潭等地流窜盗窃保险柜的犯罪团伙，抓获骨干成员 2 名。5 月 26 日，分局治安大队和国安大队根据公安部和市局统一部署，速破一起部督案件，刑拘 1 人。5 月 27 日，红湘所成功破获南华大学系列盗窃案 10 余起，抓获犯罪嫌疑人 2 名。7 月下旬，治安大队成功侦破钢管厂特大盗窃案，刑拘 7 人。在市局相关支队的配合下，经侦大队侦破"6·12"诈骗家电下乡补贴案，刑拘 14 人。

四、处理群体性突发事件

2003 年 5 月 6 日，静园宾馆 200 余名职工担心宾馆改制后，工作无着落，医保、退休工资等问题无法解决，打着"惩治腐败"的横幅到市政府上访，要求政府给一个满意的答复；5 月 21 日上午，湘运公司 50 余名职工聚集在市政府上访，要求提高赔偿拆迁费用。分局得知这些信息后，及时向区委区政府及市局汇报，积极做好现场控制疏导工作，确保没有发生冲突事件。

2004 年 3 月 15 日，衡阳市四机械厂职工，因没有按时领到月工资而集体罢工；3 月 18 日上午，静园宾馆 100 余名职工到市政府上访，要求解决企业破产后职工的生活保障问题，以及几年前单位集资建房扫尾工程问题；5 月 26 日，衡汽集团因股份制改革，股权转让分配不公而引发职工闹事，堵门、堵车，罢工、串联上访，车站两天全线停开；"2·13"群体（部分退伍军人）为了自身利益，也经常组织串联上访。面对这些情况，分局都能积极主动掌握情况，及时向党委政府汇报，采取积极有效措施，较好地防止了事态发展。

2006 年 5 月 10 日 8 点 30 分，原西湖工程队临时工 100 余人在市政府门口集结，将市政府南大门封堵，分局在多次工作无果的情况下，组织警力配合市局防暴大队对聚众上访的人员进行强行驱散，将刘××、崔××、李××3 名执迷不悟的顽固分子在调查核实事实的基础上行政拘留 7 天。7 月 24 日，衡阳市电业局 30 余名以集体合同工安置的退伍军人因为个人待遇问题，采取过激、违法行为，散发传单，拉扯横幅，并 24 小时堵塞该局机关后院大门，造成电业局执行公务、生产及客户车辆出入受阻，影响了市委、市政府关于抗洪抢险的紧急指示贯彻落实。对此，分局国安大队在 24 日、25 日派人到现场进行劝阻，要求依法依规上访，并张贴《信访条例》。在多次劝说无效的情况下，采取了有力措施驱散闹事人员，确保了全市抗洪保电工作的顺利进行。9 月 29 日，"2·13"人员欲纠集 600－800 人到市政府上访，分局接到情报后，立即向市局汇报并抽调警力 100 余名,赶往市委市政府会同市局国安支队、防暴支队进行劝阻,经过大量的说服教育和耐心细致的思想工作,较好地维护了党政机关的正常工作秩序。

2007 年“五一”期间,分局成功劝阻了全市企业 300 名军转干部欲在 5 月 8 日组织赴省串联的活动。10 月 6 日,分局国安大队又将煽动、策划跨省串联集会的为首分子黄××、曹××依法拘留。

2011 年年初,中天星城与万联阁双方业主围绕拆建围墙之事引发多次矛盾冲突,引起了市局、区委区政府领导的高度重视,分局于 3 月 17 日成立专案组,对其中带头闹事、挑起矛盾的骨干分子李某依法予以刑事拘留。4—5 月,分局成功处置了“4·18”雁城世家业主到市委群访、“4·20”衡汽集团职工围堵华新客运站、“5·23”附二医院医患纠纷。6 月 25 日,分局国安大队将在移动公司门前散发“法轮功”邪教组织宣传资料的周某当场抓获,并处以 15 日行政拘留。8 月 30 日,沐林美郡业主到市委集体上访,并组织非法游行,分局进行了快速处置,对主要组织者依法给予处罚。10 月 24 日,华新开发区部分村民到市政府闹访,分局在市局统一指挥下成立专案组,对骨干成员依法惩罚,刑事拘留 3 人,行政拘留 7 人。

2012 年,4 月 17 日 8 时许,分局国安大队在静园路当场抓获散发反动宣传资料的唐某、许某,并处以 15 日行政拘留。6 月 12 日,分局经调查取证、深入摸排,成功协助省厅有关部门抓获 1 名新疆籍恐怖案件嫌疑人。原市一汽运公司职工与改制后的市陆运实业有限公司围绕搬迁之事引发多次矛盾,造成了市陆运实业有限公司直接经济损失 50 余万元,7 月 6 日,分局依法将带头闹事、挑起矛盾的骨干分子刘××、魏××刑事拘留。8 月 30 日,上访老户肖××、周×、罗××因涉嫌聚众扰乱公共秩序罪被依法刑事拘留。9 月,分局发现区内反日游行示威苗头,及时掌握、上报游行组织人员、游行路线、事件规模等信息,积极引导游行活动有序进行。当年,分局还先后成功处置了“2·27”呆鹰岭加气站的士司机围堵闹事事件、“4·13”“龙的传人”网吧命案上访事件、“4·28”市三医院被害医生家属闹事事件、“5·6”两名精神病患者伤人事件、“5·18”呆鹰岭加气站的士司机围堵闹事事件、“5·29”“水利新村”承建商到水利局闹事事件,“6·5”衡阳县卫生系统退休职工到市政府上访事件,确保了区内稳定。

第五节 特种行业管理

一、旅馆业管理

2002 年,全区有旅馆业 240 家,其中一般宾馆 16 家,旅社 171 家,招待所 53 家。2003 年,进一步规范旅馆业管理,减少治安乱源,结合“非典”防治工作,全面检查旅馆业场所经营活动,严格住宿登记和会客登记制度,及时整改一批不按规定进行住宿登记的宾馆。2005 年,在市局的组织下共清理整顿旅店 213 家(含个体 114 家),对经常聚众赌博、窝赃销赃、卖淫嫖娼的旅店,实行停业整顿,对主要责任人给予处罚。2008 年,分局进一步加大旅馆业的清理整顿力度,查封取缔有严重违法活动的旅馆 37 家,停业整顿 15 家,挂牌警告 22 家。2010 年,为加大对旅馆业的治安防范力度,分局开办法制培训班 3 期,督促帮助旅馆业建立健全规章制度。2012 年,分局组织对辖区内的旅馆业开展全面清理整顿,并与经营业主一一签订了治安责任状,对不符合治安要求的 8 家进行了停业整顿,对非法经营的 6 家,依法进行了取缔。

二、印铸刻字业管理

中华人民共和国成立后,1950 年 2 月,衡阳市公安局将刻字、印刷列入特种行业重点管理。规定印刷刻字业除向市工商局申领营业执照外,并须呈请市公安局审核,发给许可证后,方可正式营业。如有迁移、扩充、更换字号、歇业、转业、转正等,均须向该区派出所订正或注销。2002 年,为了规范管理,严格控制滥制泛制公章,选择了其中规模大、设备先进、技术力量强的承制公章业务店,并收集有关资料送市局一并送往省厅输入电脑，实行全省信息联网管理，结束了传统落后的管理模式和方法。2005 年，全面完成了印章治安信息网络建设，理顺了印章审批程序。2009 年，印章业治安管理信息系统在分局设立了分站，归口治安部门，工作进展顺利。2011 年，依法取缔 2 家非法刻制店，对规模小，生产设备简陋的个体摊点取消其承制公章业务。

三、旧货业管理

2001 年，在物资、供销、工商等部门配合下，分局开展了一次集中清理整顿废旧金属收购业行动。对全区 152 家废旧金属收购点、站、公司逐一进行资格审查，重新审核发证。2003 年，取缔不合格收购店 2 家，停业整顿 7 家。查破治安案件 5 起，抓获各类违法犯罪嫌疑人 9 人，收缴废旧金属 13 余吨，缴获赃款、赃物折款 4.16 万元。无证经营者一律取缔。2004 年，为配合惩治街头犯罪，惩治抢劫、盗窃机动车、金银首饰的犯罪分子，堵塞其销赃窝赃渠道，对全区寄卖店逐一进行审核登记发证。2007 年，分局配合全市打击突发性犯罪，集中警力，利用一个星期时间，对全区寄卖店进行一次清查行动，收缴可疑手机 13 部，金银首饰 20 余克以及价值 2000 元的其他物资。2010 年，为配合全市打击多发性犯罪，加强了对典当行、寄卖店、废品收购店检查整治，通过整顿吊销许可证 23 个，收缴一批来源不明物品。同时，加大对二手手机市场的清查力度，抓获违法人员 9 名，收缴来路不明的手机 20 部。2012 年，重点整治旧货业中的废金属收购业、信托寄卖业和二手手机市场，清理证照，没有特业许可证的一律取缔；清查超范围经营和非法经营违禁物品；认真查处进行盗窃、销赃窝赃等案件。

四、公共娱乐场所管理

2001 年 7 月，在省公安厅统一部署下，对全区公共娱乐场所进行重新审核登记发证工作，由业主根据整治的目的、要求，按照标准进行自查自纠，对明显不符合要求，达不到标准的，由业主自行转业改行，处理机具。2002 年，联合文化部门对各娱乐场所逐家进行审核，对规模大、40 台机子以上、无赌博机具的场所，发给文化经营许可证。2005 年，分局根据国务院、公安部、省公安厅、市公安局指示，又开展整顿和规范歌舞厅娱乐场所治安秩序专项行动。2006 年，分局对利用色情引诱拉客宰客、卖淫嫖娼突出的汽车西站区域进行整治，并查处一淫秽表演团体，该表演团体先后在衡阳县、衡东县和耒阳市等地组织表演，对 4 名组织者给予刑事拘留。2009 年，把管理模式转变为服务模式，对娱乐休闲场所的管理，以宣传、教育为主，尽最大努力给广大场所经营者营造一个好的合法经营环境。

五、危险爆炸物品管理

2001 年，分局投入资金 1 万元改建分局机关枪库，落实枪弹分离管理，做到两人值班，双人双锁保管。2004 年，分局会同工商、物资、供销部门对全区 1349 个重点生产、储存、使用爆炸物品的单位进行清理、整顿。发现隐患漏洞 17 处，责令 6 个单位停产整顿，全面建立健全规章制度。2005 年，开展 3 次公务用枪安全检查，进一步加大对民用枪支的收缴工作，共收缴各类民用枪支 26 支。2007 年年初，对烟花爆竹非法生产厂家、储存点、销售点进行了统一清查。8 月，开展民用爆竹物品专项整治行动，共查处各类涉爆案件 21 起，查处违法人员 65 人。2010 年，先后 3 次开展危爆物品大检查。同年，分局举办了爆破员培训班。2011 年年初，与民爆单位、各单位负责人签订责任书，定期或不定期开展安全检查，层层落实责任制，杜绝了安全事故的发生。2012 年，分局治安大队对船山西路“烟花爆竹一条街”开展重点整治，对其中非法经营者一律责令自行取缔，唯有业主尹祝莲仍挂“财源鲜花店”招牌开门营业，在多次宣传教育无果的情况下，分局依法作出行政拘留 5 日和收缴店内所有烟花爆竹的处罚。

第六节 户政管理

一、居民身份证管理

1986 年，全市开始颁居民身份证，凡年满 16 周岁以上公民应当申请领取居民身份证。身份证为 15 个号码，有效期为 10 年、20 年和长期三种。

2002 年 4 月 27 日，市政府召开各县（市、区）长会议，布置第二代居民身份证换发准备工作（第二代身份证由 15 个号码改为 18 个号码），分局制订了可行方案，采取定人、定点、定时、包质量的“三定一包”措施，组织户籍民警和户证员上门核对户口，查重补漏，整理纠错。

2008 年，全区开始换发第二代居民身份证。按照上级规定，第一代身份证到 2013 年元旦为止，作废不再使用。对此，分局及时做好宣传工作，动员尚未换取者抓紧换取第二代身份证。至 2011 年，全区还有近 3000 人未换发二代证。对此，8 月 29 日，分局人口与出入境大队主动走出去，在呆鹰岭镇几个村设点办证，此次办证 98 人。

2012 年 7 月以来，针对区内部分 16 周岁以上人员无图像和未及时换发二代身份证的实际情况，分局人口与出入境大队携带简便器材，深入偏远乡镇，先后在 5 个村设立临时服务点 6 个，为群众照相办证 500 余人。至 8 月底，全部完成 993 名 16 周岁以上无图像人员的图像采集工作，工作进度居全市第一。

二、常住人口管理

分局各派出所设有专职户籍民警，负责接待日常户口登记工作和辖区内出生、死亡、迁入、迁出 4 项异动登记工作，年底对本区人口变化异动情况进行年度统计。

2001 年 5 月蒸湘区成立后，简化了办理户口手续，取消了市内迁移的准迁证和迁移证。全市实行三级联网办理户口异动登记。当年全区户籍人口 19.3834 万，其中男 10.0962 万，女 9.2872 万，非农12.6734万。

2002 年，户政部门不断完善服务措施，将户口审批每月一次改为随到随批。全区办理迁入 4468 人、迁出 2339 人。

2003 年，市公安局对大中专院校学生户口迁移政策明确规定，凡考取普通高等学校、普通中等专业学校的学生，入学时间可自愿选择是否办迁移手续。当年迁入 5188 人，迁出 3276 人。

2008 年，加强对常住人口信息的录入，全区常住人口信息微机录入率达 100%。

2010 年，根据国、省、市安排，以 11 月 1 日零时为标准时间，全区开展第六次全国人口普查。分局派人参与全区联合调查小组，认真做好人口信息入户调查采集，按照“院不漏栋、栋不漏户、户不漏人、人不漏相”的原则进行。通过半年努力，查清全区常住人口为 298461 人，其中男性 153594 人，女性 144867 人。

2012 年，全区总住户 86619 户，户籍人口 238086 人，其中男性 121918 人，女性 116168 人。

三、流动人口管理

对流动人员管理，蒸湘区成立了流动人口管理办公室，各街道社区和驻城村设立流动人口与房屋出租信息员。对辖区内所有从事劳工、经商的流动人口，都须登记造册，办理暂住证，并进入“湖南省社区流动人口管理信息系统”。对租赁房屋居住的流动人口，承租方和出租方都要签具《出租房屋治安安全责任书》。

2001 年，分局把流动人口管理作为人口管理工作的重点，认真开展暂住人口和出租房屋管理服务工作，清查暂住人口 10228 人，出租房屋 11556 间，并一一签订了治安责任书。同时，以出租房屋、中小旅社为重点，定期和不定期开展清查，通过清查抓获各类逃犯 96 名，查破各类治安案件 249 起，发现并整改各类不安全隐患 118 处。

2004 年,根据市局印发的《关于对外来人口清理整治方案》,对外来人口进行重点整治,对外来人口集中地区,即城郊结合部、集贸市场、基建工地、公共娱乐场所、繁华街道、旅馆、酒店、招待所等进行严查。对影响社会治安管理的"三无"(无合法证件、无固定住所、无正当生活来源)流浪乞讨人员进行收容,严厉惩罚外来人员进行抢劫、盗窃等违法犯罪活动,破获一批积案,抓获一批隐藏在外来人口中的"三逃"(劳改、劳教、负案在逃)人员,并挖出各类违法犯罪嫌疑人 131 人。

2005 年,进一步加大对暂住人口的清理整顿和管理,清理暂住人口 14512 人,出租房屋 2897 户,新登记暂住人口 7159 人,取缔非法出租房屋 59 户,收容遣送"三无人员"221 名。

2008 年,通过暂住人口管理,破获大小案件 84 起。

2012 年,在市局的组织下,分局各派出所对流动人口和出租房屋进行调查摸底和清理整顿。全区流动人口共计 34361 人,其中办理暂住证 28420 人;出租房屋 5904 户,其中 5033 户签订了责任书。为了做好流动人口管理和窗口接待服务工作,区人口与出入境大队提出了"一二三"几大举措:一是围绕一个中心,即以顺应民意为工作着力点,开展上门照相、办证服务,进行走访调研、征求意见等;二是加大两种力度,即加大摸排管控力度,加大督促指导力度;三是推行三项制度,即领导带班制、全员上岗制、特殊办证制。

四、出入境管理

(一)外国侨民管理

2010 年开始,分局对辖区内的外籍教师和留学生进行了核查,南华大学外籍教师 2010—2012 年每年都是 8 人,留学生 2010 年 3 人,2011 年 18 人,2012 年 33 人。

2011 年 7 月 25 日,分局人口与出入境管理大队副大队长张馨月到衡阳市一中,与来自美国的女教师 Lisa(中文名:丽莎)亲切交流,询问在校的工作和生活情况,送上公安机关的关怀。

2012 年,分局人口与出入境管理大队举办了外国人管理工作培训会,辖区神龙、林隐等各大酒店、宾馆负责外国人住宿登记的前台经理参加了培训,会上组织学习了《中华人民共和国出入境管理法》,并对法规中的新法律条文进行了解释、说明。暑假期间,分局人口与出入境管理大队成员深入辖区学校,对外籍教师和留学生分别进行了走访与交流。9 月 25 日,住宿在衡阳雨辰商务酒店的美国人 David 已身无分文,分局副大队长张馨月查实情况后,立即给予多方帮助,即当场给予现金 200 元,为其解决餐饮问题;又打国际长途与其妻子取得联系,其妻子购买了返程机票后,公安机关派人将其送到车站。

(二)华侨、港澳台同胞入出境管理

为进一步落实公安部〔1996〕53 号文件精神,在加强境外人员管理工作中,为有效控制漏管、漏报现象,要求对港澳台同胞的临时入境申报率为 95% 以上。

2004 年,华侨、港澳台同胞到区 1447 人,办理台胞延期暂住手续 56 人次。2005 年,入境到区的 1462 人次,办理台胞延期暂住手续 84 人次。2006 年,入境到区的 2813 人次,办理台胞延期暂住手续 251 人次。2007 年,入境到区的 2448 人次,办理台胞延期暂住手续 247 人次。2008 年,入境到区的 3591 人次,办理台胞延期暂住手续 355 人次。2009 年,入境到区的 2358 人次,办理台胞延期暂住手续 192 人次。处理涉台非法婚介 1 起 2 人,逾期居留 2 人。2010 年,入境到区的 3799 人次,办理台胞延期暂住手续 443 人次。2011 年,入境到区的 3643 人次,办理台胞延期暂住手续 287 人次。多次往返的 31 人,处理逾期居留 3 起。2012 年,入境到区的 3212 人次,办理台胞延期暂住手续 219 人次。依法将一 非法居留的尼日利亚籍男子 Chinedu onumonu 遣送至广州白云机场出境。

(三)公民因私出入境管理

1. 出国审批

2001 年,公安部根据改革开放的需要,提出了出入境管理工作服务于经济工作的方向,出台了 6 项改革措施,湖南省公安厅出台了 10 项改革举措,取消了公民因私申请出国必须提交境外邀请函和签发护照附发

出境卡的做法,进一步简化了申请出国手续,方便群众申请出国护照。2011 年公民办理护照审批权限下放到分局人口与出入境管理大队。2012 年蒸湘区共审批出国手续 4100 人。

2. 往返港澳台地区审批

2000 年,湖南省公安厅出台了商务赴港澳台的新规定,企事业单位、三资企业因贸易、商务洽谈、监装设备、参展、处理索赔、就业培训、技术交流等非公务性赴港澳台人员,须提交前往港澳台事由相应证明证件和户口身份证及单位派遣函,均可获得批准商务赴港澳台证件。2000 年 3 月,省公安厅将探亲和一次性商务赴港澳台的审批、制证、发证权下放到衡阳市公安局出入境管理科。2011 年 9 月,审批权限下放到分局人口与出入境管理大队。2012 年,蒸湘区共审批赴港粤台地区 5500 人。

第七节 交通管理

一、机 构

衡阳市公安局交通警察支队蒸湘区大队的前身系市公安局交警支队郊区交警大队,2001 年 5 月,蒸湘区成立后改名如此。2001—2006 年,大队下设办公室、机动巡逻中队、事故处理中队、船山西路大元头形象岗中队、汽车西站中队、船山西路中队 6 个分支机构,共有民警 52 人。2012 年,下设综合业务中队、高新中队、机动巡逻中队、事故处理中队、大元头形象岗中队、中心汽车站中队、呆鹰岭中队等 7 个分支机构,共有民警 49 人。办公地点原驻船山西路与红湘路交汇处,2007 年迁至华新开发区长丰大道市交警支队院内。

历任大队领导及任职时间:

大 队 长:李茂群(2000.5—2002.9) 刘利民(2002.9—2010.5) 刘 伟(2010.6—)

教 导 员:文书广(2002.9—)

副大队长:刘晓敏(2002.9—2006.2) 朱 骏(2002.9—) 段吉祥(2002.9—)
彭富荣(2002.9—2006.2) 王建平(2002.9—2008.2) 刘功松(2008.2—2010.5)
周春成(2010.5—) 谭庆瑞(2010.5—)

二、交通秩序管理

区交警大队管辖蒸湘区(含华新开发区)内 1 条国道(322 国道 26.3 公里)、1 条省道(S315 省道 16.3 公里)、3 个大型场站(中心汽车站、华新车站、西湖货运场)及 3 个乡镇、4 个街道办事处的道路交通安全,道路总里程 276.6 公里。

2003 年,蒸湘区成立道路交通安全委员会,由区政府副区长康小鹰任主任。开展交通安全专项整治,重点抓春运交通安全管理,整治无牌无证货运车辆非法营运和报废车辆上路行驶问题,加大事故"黑点"排查力度,加大交通安全村(社区、学校)的创建力度,积极与有关部门衔接,推动辖区内交通标志、标线和信号灯等设施建设。

2004 年,以《中华人民共和国道路交通安全法》颁布一周年为契机,大力开展宣传活动,制定《落实道路交通安全法八条措施》。组织辖区内各单位分管安全工作的负责人共 170 人参加两期道路交通安全法培训班。成立区交通安全社会化管理小组,并以区政府名义下发《关于加强交通安全社会化管理实施方案》。在 3 个乡镇、4 个街道、34 个行政村、28 个社区、54 所大中小学校开展交通安全创建活动。

2005 年,全面落实"大队领导包片、民警包点、包路段"安全责任制,层层签订责任状。建立快速出警机制,大队领导与事故处理中队民警坚持 24 小时值班制度,做到辖区内遇有交通堵塞,城市街道 10 分钟以内,国、省道 40 分钟以内有干警疏导,确保区内道路交通安全畅通。健全科技工作网络,交通违法信息处理微机化，雷达测速仪和酒精测试仪装备齐全，技术性能良好。在辖区内中小学生中开展“关爱生命、安全出行”为主题的作文征文比赛。

2006年，积极开展平安畅通县（市）区创建活动，区成立领导小组，下发《蒸湘区平安畅通创建工作实施方案》。区大队制订《恶劣气候条件下交通疏导分流预案》和《突发事件交通疏导预案》，并组织演练。先后开展“利剑行动”“预防特大交通事故百日竞赛”“无牌无证机动车整治”“警车整治”等专项行动。

2007年，区大队建立辖区交通流量、道路状况台账，建立以智能交通监控系统为平台的快速反应应急处置机制。采取守点、管面、巡线相结合的交通秩序管理模式。在国道沿线设立交通信息报告员。先后开展“创安1号”“春运三反”（反超载、反超速、反疲劳驾驶）、“安全生产月”“交通秩序乱源点整治”等专项活动。大队成立交通安全宣传小组，安排宣传专干，配置宣传专用车辆。

2008年，民警执勤落实白手套、白帽子、白皮带和反光背心。交通管理信息化建设日趋完善，辖区内机动车、驾驶员、交通流量、交通事故、交通违法行为等信息录入量达80%，辖区主要路口均安装了灯控电子卡口。

2009—2010年，围绕创建文明城市，狠抓交通秩序整顿，有针对性地开展“严重交通违法行为集中整治”“城区乱停乱放车辆集中整治”“三无车辆集中整治”“酒后驾驶集中整治”、机动车涉牌涉证“天网行动”“‘泥头车’整治”等专项整治活动。严格强化校园周边交通安全标志、标牌，学校绿色通道设置率达100%。

2011—2012年，大队组织民警开展信息化应用培训，全大队42名民警均能熟练运用警务通、执法记录仪、酒精测试仪等警用装备开展执勤执法工作，提升了民警执法及信息化应用水平。

2003—2012年，蒸湘区创建交通安全乡镇、企业、学校、社区86家。区交警大队共纠正违章驾驶217059起，查扣无牌、无证、套牌、假牌机动车13468台次，排查、整治事故“黑点”4处，治安拘留无证驾驶人员667人，刑事拘留68人。全区除乡村道路交通标志标线有待进一步完善以外，市区道路已全部施划和设置交通标志和标线，安装交通信号灯40台，设置交通电子警察路口45个，有效整治了交通秩序。

2001—2012年，大队连续12年获全市春运道路安全管理先进单位。2005年，记集体三等功一次。2006年，被省公安厅授予“执法质量考评优秀单位”称号，被市委、市政府评定为“三星级文明单位”。2005、2008、2009、2010年分别获省“文明执法示范窗口单位”称号。2011年，获全省县（市）公安交警部门综合考评进步奖。2012年，被省公安厅评为全省县级公安交警大队道路交通管理工作评估优秀单位。

三、车辆管理

蒸湘区范围内有机动车辆33518辆，其中列入重点管辖的车辆有衡汽集团客运分公司81车队、90车队、91车队、100车队、湘高速、骏达旅游公司的客运车辆共340台，校车和接送幼儿的车辆120台，危险物品运输车辆195台。境内中心汽车站、华新车站、西湖货运场3个场站日均进出车辆上千车次，交通安全环境十分复杂。

2003年，学习祁东经验，落实客运车辆户籍化管理措施，对辖区内284台客运车辆建立了台账，实行一人一卡、一车一档的管理模式。与车辆驾驶员签订交通安全责任状，做到民警人人有车管、车车有人管。春运期间，严格核发春运临检合格证、准驾证。

2004—2006年，改进车辆年检年审方法，实行集中审验与分散审验相结合、上门服务与定点审验相结合、车驾审验与车辆保险相结合的方法。查扣中途卸客转运车辆60台次，查扣超载车72台、超速车1976次，查扣报废客运车辆2台，督办车辆保险4795台，收缴摩托车遮阳伞369把。

2007—2012年，突出客运车辆进出场站的安全检查，做到“五个不许出站”，即：车辆超员不许出站，车辆安全门打不开不许出站，车辆加装座（铺）不许出站，车辆机件不合格不许出站，车辆设置小凳小椅不许出站。突出校车和接送幼儿车辆的安全检查，各年检查率均达到100%。查扣中途卸客转运车辆70台，客运超员（载）241台，货车载人80起，查扣无牌无证机动车226台，二轮摩托车载客516台，假牌、套牌车40台，督办车辆保险2010台，收缴摩托车遮阳伞2595把。

2001—2012 年,区交(巡)警大队平均每年审检车辆 3000 台以上。

四、驾驶员管理

区交(巡)警大队管辖的机动车驾驶员共 31652 人,其中客运车辆、校车、危险品车辆驾驶员 853 人被纳入户籍化管理。

2003 年,协助民政部门成立蒸湘区驾驶员协会,及时组织活动,进行联络沟通和信息交流。从 2006 年起,规定责任民警与车主、驾驶员每周发一次信息,每半月通一次电话,每月见一次面。对驾驶员的信息实现户籍管理微机化,动态信息更新率达 100%。

区交警大队先后 15 次组织重点车辆驾驶员集中培训,参训人员达 3000 余人次。对因故未能参加培训的,则择机进行"补火"教育。2006 年,还派人远赴广东,对蒸湘区籍的重点车辆驾驶员开办交通安全培训班。2008 年,又由教导员带队前往广州、岳阳,对辖区挂靠在外的重点车辆驾驶员进行面对面的安全教育,确保安全教育不留死角。

在驾驶员年审年检上,大队多次召开车属单位、安全联组、保险公司负责人会议,公开审验程序、收费标准,事先发动车属单位将车辆行驶证、驾驶证集中,由大队年检年审后再发给车主和驾驶员,这样极大地方便了群众,提高了年审年检率。2001—2012 年,大队共对驾驶员进行了年审约 14.2 万人次。

在违章处罚上,大队严格规范执法、文明执法,做到无"黑案"、无弄虚作假、无隐案瞒案现象。并且实行罚缴分离,对违章驾驶员,按规定开具公安交通管理强制措施凭证或《公安交通管理简易程序处罚决定书》,同时告知违章驾驶员在法定时间内持凭证或决定书到大队处罚中心接受处理,避免了执法的随意性。2001—2012 年,大队共处理违章案 217059 起,未出现一起因当事人不服或处罚不公而投诉的现象。

五、交通事故处理

区交警大队坚持"安全第一,预防为主"的方针,2006 年,开展"预防特大交通事故百日竞赛"活动,并制定《交通事故定期分析通报制度》。2008 年建立交通事故案例剖析讲评制度,坚持每季对重大交通事故进行剖析与讲评,并通报车属单位和驾驶员,以便从中吸取教训。2009 年,进一步完善《道路交通事故处理程序规范》。2010 年,成立交通管理情报分析工作小组和研判室,坚持每周进行一次交通事故情报研判、每月一次工作小组分析、每季一次联席会议通报。强化对交通肇事逃逸案件的侦破指导,采取有效措施,有针对性地进行交通事故预防工作。

2010 年,大队事故处理中队的 7 名民警均取得事故处理中级以上职称,全部实行持证上岗。37 名道路执勤民警均具备处理简易程序交通事故资格,占民警总数的 86.5%。

在道路交通事故处理上,实行"阳光"作业制度,防止"暗箱操作"。公开办事程序,成立事故认定委员会,坚持事故认定集体研究,事故处理达到公开、公正、公平的目标。

2003—2012 年,辖区内交通事故立案 12710 起,其中重大事故 242 起,死亡 253 人,受伤 867 人,直接经济损失 764.73 万元。46 人被追究刑事责任。发生交通事故逃逸案 37 起,侦破 31 起。

第八节 消防管理

一、机 构

1985 年,衡阳市郊区公安分局成立消防股,设股长 1 名,监督员 1 - 2 人。1996 年,成立衡阳市郊区公安消防大队,武警序列称"中国人民武装警察部队衡阳市郊区公安消防大队"。2001 年 5 月,衡阳市行政区划调整后,郊区公安消防大队更名为蒸湘区公安消防大队。2005 年,区公安消防大队组建成立消防中队。2011 年,区公安消防大队升格为副团级单位。2012 年,区公安消防大队共有官兵 41 人。办公地点原驻蒸湘区公安分局院内,2005 年搬迁至船山西路 15 号。

公安消防大队历任大队长名单:黄义明、李华新、王瑞明、刘知敏、邹中奇、周正将、甘向前、陈峰。

二、防 火

(一)消防训练

大队贯彻“练为战”的指导思想,以“冬训”为契机,以“新训”为重点,大力推进执勤岗位练兵,广泛开展消防业务理论、消防技能、战术应用、体能训练为主要内容的练兵活动。2008 年以来,大队采用干部跟班作业、老兵带新兵互相达标等方法开展贴近实战、夜间演练等训练科目,使官兵熟练掌握手中装备,熟悉责任区水源道路以及区内 60 个重点单位建筑内部消防设施情况,制订灭火预案 50 份,全面提升了部队打大仗、打恶仗的能力。

(二)消防宣传教育

按照“政府指导、部门联动、条块结合、群众参与”的指导思想,区消防大队扎实推进区内消防宣传教育“进学校、进企业、进社区、进农村、进家庭”工作。每年 3 月中小学生安全教育日,大队官兵都到区内中小学校开展消防常识讲座,组织学生进行火场逃生训练,参观消防演练。每年 6 月安全生产月,大队官兵在辖区内单位、工厂、企业开展消防疏散演练或指导工厂、企业开展消防技能、火灾扑救演习和训练。利用“119”消防宣传周,大队深入农村、社区开展消防宣传教育,在各乡镇、村委会、街道办事处、交通要道等醒目位置设立宣传栏,形成了覆盖城乡的消防宣传网络。对区内各单位开展“四个能力”的建设,促使各单位人员掌握本单位消防基本情况,熟悉基本消防器材的使用方法,掌握逃生自救能力和引导疏散的能力,对特种岗位人员必须经消防安全培训合格才能上岗。通过宣传教育培训,提高了全社会的消防安全素质。2009 年,雨母山乡雨母村、华兴街道金山社区建设成为全市消防工作示范点,副省长刘力伟、市委书记张文雄视察时均给予高度评价。

(三)消防监督

大队消防安全重点单位界定标准,对辖区内 100 家规模企业和火灾危险性较大的重点单位由大队列管,其它单位由公安分局行文按照管辖范围和权限授权给各派出所列管,并制定了各派出所执法的工作量及考评标准。大队对所有重点单位建立了电子档案。同时,根据不同情况,大队历年来集中开展了“消防产品专项治理”“加油站专项治理”“‘三小场所’专项整治”“清剿火患战役”“建筑消防设施专项整治”“学校消防安全专项治理”“建筑外墙专项治理”等一系列专项消防执法监督。在每年的“两会”、春节、国庆、夏防、冬防以及“奥运安保”“十八大安保”等重大节日和重大活动期间,组织消防工作大检查、排查、整改各类消防隐患,严密防范各类火灾事故的发生。2001—2012 年,大队共检查单位 19470 余个次,发现整改火灾隐患 46900 余处。各公安派出所共检查各类单位、场所 1405 家,发现火灾隐患 417 处,整改火灾隐患 416 处。

三、灭 火

(一)消防设施建设

硬件建设 2001—2012 年区消防设施硬件建设有了长足发展,在原有基础上,按照器材配备标准,大队共投入经费 960 万元,配备了 1 台压缩空气泡沫消防车,2 台水灌消防车,1 台抢险救援车,基本防护装备 588 件,特种防护装备 86 件,抢险救援器材 47 件,灭火器材 2309 件。

软件建设 大队本着随时“拿得出,打得赢”的思想,建立了消防安全重点单位台账,开展了消防安全重点单位户籍化管理及网格化排查工作,做到情况明,底数清。对 100 家消防安全重点单位进行实地灭火演练,制定了灭火预案 100 份,对辖区进行水源道路“六熟悉”,制定了消火栓分布图,并建立了水源坐标卡。

(二)重大火灾处理

2001—2012 年,全区共发生火灾事故 3456 起,其中重大火灾 0 起,造成伤亡 0 人,经济损失 6900 万元。消防大队处理火灾的基本要求是,坚持 24 小时值班备勤制度,官兵保持随即待命状态,保证能冲得出,打得赢。2001—2012 年共接警出动 3770 余次,其中 2011 年 9 月 26 日 14 时 48 分,商业步行街 12 楼坍塌,有 5 名人员被埋压,大队官兵赶到现场后,迅速展开救援,15 时 12 分成功救出 3 名被困人员,15 时 40 分,增援官兵陆续赶到现场,经过 1 个小时的奋战,所有被困人员全部成功救出。17 时许,大队与其它增援官兵对西南区的疑似生命迹象点进行挖掘,27 日凌晨 4 时 30 分,现场所有疑似点均已排除人员被困可能;2011 年 11 月 14 日 14 时 14 分,乐福大酒店 2 楼大厅起火,烟雾弥漫,有数十人被困于楼上,大队官兵到场后,一边组织疏散救人,一边组织官兵扑灭火灾,同时组织减话稳定被困人员情绪,20 分钟后明火被扑灭,但由于浓烟弥漫被困人员解救十分困难,14 时 30 分增援官兵到达,分 4 个小组对楼上人员进行疏散,于 15 时 10 分左右共抢救出受困群众 80 余人。

第四章 检　　察

第一节　机　构

蒸湘区人民检察院的前身系郊区人民检察院。2001 年 5 月,行政区划调整后更名为蒸湘区人民检察院。2001 年内设机构有:反贪污贿赂局、渎职犯罪侦查局、侦察监督股、民事行政检察股、控告申诉检察股、监所检察股、公诉股、技术股、政工室、纪检监察室。经过改革调整,2010 年内设机构为:反贪污贿赂局、反渎职侵权犯罪局、侦查监督科、公诉科、民事行政检察科、监所检察科、控告申诉科(含举报中心)、检务督察科、预防职务犯罪科、检察信息技术科、法警大队、办公室、政工科、纪检监察室,共 14 个部门。2012 年在职干部职工 56 人。办公地点原驻莲湖路郊区政府大院,2003 年搬迁至华新开发区西外环线路 23 号。

历任院领导及任职时间:

检　察　长:黄茂林(女,2001.5—2012.9)　罗名志(2012.10—)
副 检 察 长:丁平忠(2001.5—2002.4)　杨江生(2001.5—2004.12)
左方生(2001.5—2009.4)　包上游(2002.3—)
刘康元(2002.7—2009.4)　陈顶生(2004.12—)
廖雪森(2009.4—)　吴国益(2009.4—)
胡　笑(2010.8—)
检察长助理:孙祁安(2002.4—)
纪 检 组 长:廖雪森(2006—2009)　罗长军(2009—)

第二节　队伍建设

2001 年,为彻底打破"大锅饭",搬掉"铁交椅",大胆实行人事改革,在全市检察系统中首创对中层干部实行竞争上岗,对一般干警实行双向选择,5 名干警落岗后,经待岗培训重新安排。为提高干警政治、业务素质,加大学习教育力度,实施教育时间、教育内容、教育组织"三个规范",开展"三心工程",树立"三种形象”,即:抓“专心”工程,树立爱岗敬业形象;抓“公心”工程,树立公正执法形象;抓“爱心”工程,树立护法卫民形象。当年,区检察院被省检察院授予“机关基层建设‘五好’检察院”称号。

2002年,以优化经济发展环境为主要内容,进行教育整顿。通过自我剖析、执法大检查、讲评大会等形式,认真查纠检察队伍中存在的作风问题,做到问题不查清不放过,认识不澄清不放过。通过整顿,干警作风大为改观。当年,检察长黄茂林(女)被市委、市政府评定为全市“十佳道德标兵”。

2003年,认真开展“提素质、树形象”教育整顿活动。通过领导动员、学习文件、座谈走访、到全国模范检察院——祁东县检察院学习取经,犯罪服刑人员现身说法,向社会各界发放征求意见表等形式,明确了单位和个人存在的主要问题,有的放矢地分别制定了改进措施。按照检察官法的要求,两年来有25人参加“专升本”学历培训,全部达到法律本科水平。

2005年,积极开展“保持共产党员先进性教育”活动,着重抓好学、摆、改、立四个环节,帮助和引导干警弄清“为谁执法、为谁服务”的问题,把“立警为公”“执政为民”的要求具体落实到执法办案和各项工作中去。强化岗位培训,各业务部门根据业务特点成立业务小组,院领导定期给干警上辅导课,先后选送20人次参加省、市业务培训班,组织44名干警参加全省检察机关岗位技能闭卷考试,普及电脑操作与计算机培训,全院上下形成了“勤学习、多思考、善总结”的氛围。当年3月,区检察院被省检察院评定为“全省文明接待室”。

2007年,区检察院与公安、法院、司法部门一道,开展“强理念、提素质、树形象”专题教育活动,突出抓好“学、访、查、论、建”五个环节,着重解决“慢作为”“不作为”“乱作为”问题。年底,区检察院获全市“文明标兵单位”,院办公室连续6年被市检察院评为先进集体,检察官廖雪森高票当选衡阳市“十佳青年检察官”。

2008年,围绕“提升检察机关形象,提高人民群众满意度”,大力开展“创群众满意”活动,组织全体干警大走访,深入社区、村组征求意见。发放“创满意”活动公开信8000余份,调查表2000余份,走访群众1500余户,征求群众意见89条,化解矛盾11起。强化内部管理,层层签订3个责任状(党风廉政建设、“一岗双责”、八小时以外管理),用制度规范行为。当年,区检察院被最高人民检察院评定为“全国文明接待室”,被市委、市政府评定为“全市文明标兵单位”;院办公室被省检察院记集体二等功;廖雪森、欧阳艳红被评为全市“杰出青年卫士”;刘宏春被评为全市政法系统“人民满意干警”。

2011年3月,区检察院被省文明办评定为“省级文明单位”。

2012年,深入开展“政法干警核心价值观”主题教育活动,着力培养全院干警的职业道德和素养。全年共组织干警参加上级和本院的各种学习培训活动30余次。有1名干警顺利通过司法考试,检察队伍的专业化程度进一步提高。积极参加区委组织的“大走访、大调研、大服务”活动,深入企业、农村以及与经济发展密切相关的部门开展服务。帮助化解矛盾纠纷9起,帮扶困难群众50户,发放帮扶慰问金13000元。

第三节　刑事检察

一、审查批捕

2001—2010年,区检察院共受理公安机关提请报捕案件1442件2659人,受理检察院自侦部门决定逮捕案件18件21人,已审结1460件2680人,审结率为100%,其中批准或决定逮捕1369件2471人,不批准逮捕108件237人,退回补充侦察3件6人。

2001年,该院把“严打、整治”作为维护社会稳定的重大举措,变文来文往为人来人往,变坐堂办案为上门催案,坚持严审细查、快审快结。全年提前介入重特大案件42件88人,纠正公安机关不应立案而立案的3件4人。全年所有批捕案件均在3天内审结批捕,有的还做到当天受理,当天审结批捕。

2003年,为确保稳、准、狠地惩罚犯罪行为,区检察院对案件的每一个细节、每一份证据均做到认真审查、仔细甄别,当年批捕准确率和起拆案件有罪判决率都达到 100%。如罗××、曾××、周××团伙抢劫案,公安机关起诉意见书认定其作案 2 次,该院在审查中通过认真阅卷、提审与深挖,认定和查证其作案 4 次。此案经法院审理,上述 3 名被告分别被判处有期徒刑 10 年。

2005 年,针对刑事犯罪案件高发的情况,区检察院始终保持对刑事犯罪的打击态势,始终坚持“两个基本”(基本事实,基本证据)和“稳、准、狠”的原则,建立了侦查、批捕、起诉联席制度、提前介入制度,参与支持了普通程序简易审,大大提高了办案效率。全年受理公安报捕案件 202 件 394 人,受理自侦部门决定逮捕案件 2 件 3 人,审结 204 件 397 人。其中批准逮捕 190 件 366 人,不批准逮捕 14 件 31 人。案件批捕准确率和起诉案件有罪判决率均达到 100%。

2006—2010 年,区检察院准确把握宽严相济的刑事司法政策,坚持该严则严,当宽则宽。5 年中防止错捕案件 11 件 34 人,追捕犯罪嫌疑人 34 件 46 人,立案监督 21 件 25 人,通知公安机关立案侦查 9 件 14 人。2008 年 6 月,公安机关以涉嫌强迫交易、敲诈勒索提请批准逮捕犯罪嫌疑人唐××等 8 人,该院认真审查后,认为该案属于经济纠纷,不涉嫌强迫交易、敲诈勒索罪。经检察委员会讨论决定对唐××等 8 人不批准逮捕,从而防止了错捕案件的发生。2009 年,犯罪嫌疑人陆某常年从事办假证业务,公安机关抓获后只被行政拘留 15 天。该院通过调查,认为公安机关对该案处理不当,随即发出要求说明不立案理由通知书,公安机关接到通知后,立即立案并报捕,纠正了有罪不罚的现象。2010 年,区检察院在调研中发现,2008 年对涉嫌掩饰隐瞒犯罪所得收益罪的犯罪嫌疑人向××等 5 人批准逮捕后,公安机关在未告知检察院的情况下,分别对其取保候审,起诉阶段不能到案,取保时限严重超期的情况,于是,对公安机关下达了《纠正违法通知书》,要求说明理由并进行追逃,从而纠正了执法不严、违法不究的现象。

2011—2012 年,区检察院围绕“平安蒸湘”建设目标,依法严厉打击严重影响社会治安和群众安全感的刑事犯罪。共受理提请批准逮捕案件 364 件 540 人,经审查批准逮捕 306 件 453 人。加强诉讼监督,对公安机关应当立案而不立案,监督立案 7 件 11 人;对公安机关不应当立案而立案的,监督撤案 11 件 13 人;对应当逮捕而未提请逮捕的,依法追捕 16 件 28 人;对一般性的违法活动提出检察建议和书面纠正违法意见 20 件次。

二、审查起诉

2001—2002 年,受理公安机关移送审查起诉的各类刑事案件 157 件 246 人,受理自侦部门移送起诉 8 件 9 人,审结 165 件 255 人,审结率 100%。其中向法院起诉 144 件 220 人,不诉 4 件 9 人,经侦查审判监督追诉 17 人,抗诉 1 件 1 人。2002 年审查梁×抢劫案时,发现同案人胡××构成抢劫罪,即向公安机关提出追诉建议,被采纳并将胡××抓获归案,起诉后,法院判处有期徒刑 3 年。当年,区检察院被市检查院评为先进集体。

2003—2005 年,受理公安机关移送审查起诉的各类刑事案件 484 件 913 人,受理自侦部门移送起诉 17 件 25 人,审结 469 件 863 人,退回补充侦查 93 件 209 人,公安撤诉 6 件 15 人,移送区外检察机关 9 件 17 人,其中向法院起诉 459 件 844 人,不诉 10 件 19 人,经侦查审判监督追诉 3 件 9 人。2004 年,该院起诉阳××贪污案,法院一审判决无罪,经抗诉后被判有罪;起诉楼×、罗×强奸、敲诈勒索案,法院一审没有认定两人犯强奸罪,经该院抗诉后认定两人犯强奸罪,被法院判处 10 年有期徒刑。此两例抗诉案件,被省人民检察院收入《全省抗诉成功案例汇编》。2005 年,区检察院起诉 176 件 332 人,系该院历年起诉人数之最。

2006—2010 年,受理公安机关移送审查起诉的各类刑事案件 795 件 1349 人,受理自侦部门移送起诉 23 件 31 人,退回补充侦查 24 件 37 人,公安机关撤回 4 件 8 人,移送区外检察院 11 件 24 人。其中提起公诉 684 件 1188 人,不诉 64 件 101 人,追诉 10 件 27 人,抗诉 1 件 2 人。2009 年,在办理成××伪造单位印章一案时,该院审查发现还存在伪造居民身份证行为,而公安机关未认定,于是及时提出建议,该案后以两罪重新移送起诉,得到依法判决。

2011—2012 年,受理移送起诉刑事案件 429 件 669 人,经审查提起公诉 348 件 492 人。根据区委统一部署，与公安机关、人民法院密切配合，积极投入集中惩治专项整治行动，从重惩治严重暴力犯罪、黑恶势力犯罪以及“两抢一盗”等侵财性犯罪和毒品犯罪，上述几类案件约占案件总数的60%。邓××、伍××涉嫌抢劫罪、薛××涉嫌诈骗罪等起诉后均被判处10年以上有期徒刑。

第四节　反贪污贿赂检察

2001—2005年，受理经济案件线索62件，经初查立案侦查20件31人，其中贪污8件13人、贿赂8件14人、挪用公款4件4人，属大要案件6件6人，结案率为100%，为国家和集体挽回经济损失520万元。如2004年5月立案侦查原衡阳市粮油工程公司经理何××（副处级），在1996年6月利用职务之便，挪用公款30万元借给他人进行营利活动，一直未归还。区检察院依法提起公诉，法院一审判处有期徒刑10年。

2006—2010年，受理经济案件线索52件，经初查立案侦查23件25人，其中贪污2件3人、贿赂17件18人、挪用公款4件4人，属大要案件13件14人，结案率为100%，为国家和集体挽回经济损失458万元。如2009年立案侦查原衡阳市电子工业总公司纪委副书记陈××挪用公款一案，陈××负案在逃，通过网上追逃，于2010年3月12日被株洲市石峰公安局抓获，经侦查查实陈××挪用下岗职工生活费1208629.06元，数额巨大未归还，依法提起公诉后被法院判处有期徒刑12年，剥夺政治权利2年。同年立案侦查农业银行衡阳分行业务部总经理李××、江东支行副行长刘××共同受贿397000元，被法院分别判处有期徒刑5年、10年。

2011—2012年，反贪部门坚持把关系国计民生领域危害严重、影响恶劣的职务犯罪作为查办重点，严厉打击，毫不手软。反贪部门共初查犯罪案件线索37件，立案侦查9件11人。积极参与省、市检察院侦查一体化办案，不断提升办理大案、要案的能力。坚持“系统抓，抓系统”，不断提升查处“窝案、串案”的能力，如在查办衡阳市星城房地产公司董事长陈××行贿一案的过程中，办案干警深挖串案，全面突破，成功侦破衡阳市建行3人受贿案。

第五节　渎职侵权检察

2001—2005年，共受理线索33件，经初查立案侦查7件7人，撤案3件3人，其中玩忽职守3件4人，徇私枉法2件2人，泄露国家机密2件2人，为国家和集体挽回经济损失80万元。

2006—2010年，共受理线索33件，经初查立案侦查7件7人，撤案3件3人，其中玩忽职守2件2人，滥用职权2件2人，徇私枉法1件1人，行贿1件1人，受贿1件1人，为国家挽回经济损失100万元。2006年，立案侦查市质监局计量测试中心计价室主任陈某为完成创收任务，违规与出租车主签订协议，调快计价器一案，经查实提起公诉，陈某以滥用职权罪被判处有期徒刑6个月，缓刑1年，并敦促该局纠正了坑害消费者行为。该案被省检察院评为“2006年全省及渎职侵权十大典型案例”，被全国最高人民检察院选为《全国惩罚和预防渎职侵权违法犯罪成就展案例资料》。

2011—2012年，共受理线索13件，经初查立案侦查1件1人，查办的石鼓工商分局大桥工商所副所长封××案，系湖南省检察机关第一起以涉嫌放纵制售伪劣商品犯罪行为罪立案侦查的案件。经查，2008年以来，陶某购置价值170余万元的伪劣白酒，销往大桥工商所管辖的商店。封××收受陶某“恩惠”庇护其犯罪，还把该所协管员介绍给陶某，帮其销售假酒。

第六节　控告申诉检察

2001年,为拓宽举报线索来源,开展“举报宣传周”活动,建立“检察长接待日”制度,重新制定举报奖励机制。

2002年,大力推行“首办责任制”,即首次承办人为首办责任人,责任人对办理案件全程负责,想方设法把问题解决在首办环节。此经验在全市检察系统的控申部门推广。

2005—2010年,深入开展创建省级文明接待室活动,向社会公开举报电话和邮箱。2005、2006年,控申接待室分别被命名为“全省检察系统文明接待室”,2008、2010年,分别被最高人民检察院评为“全国检察系统文明接待室”。在办理信访案件中,该院坚持“信访工作无小事”的执法办案理念,以“带案下访、无案宣传、化解矛盾、维护稳定”为基本要求,坚持每月下访1-2次,做到“有矛盾在基层排查化解,有疑难在基层说理息诉”。

2012年,办理刑事申诉案2件,填补该院刑事申诉案件多年的空白。积极探索司法救助制度,协调有关部门对1名刑事被案人提供资金救助。

2001—2012年,区检察院共受理群众来信209件,接待群众来访350人次,受理举报线索93件,由控申部门初查81件,移送立案2件。控申工作2003—2012年连续10年实现“三无”(无进京上访、无赴省上访、无信访积案)工作目标。

第七节　民事行政检察

2001—2012年,共受理民事申诉案件52件,立案审查52件,向市人民检察院提请抗诉41件,建议市检察院向省检察院提请抗诉1件,决定终止审查5件,申诉人撤诉1件,向区法院发再审检察建议4件,办理“四四三”案件(即审判人员违反《民事诉讼法》第四十四条第三款的规定)1件。

在历年受理的民事申诉案件中,2001年为最高年份,共11件;抗诉的最高年份也为2001年,共10件,受理民事申诉案件的最低年份是2006年,仅1件;抗诉的最低年份也是2006年,只1件。

第八节　监所检察

2001年,对公、检、法三机关超期羁押问题提出书面纠正意见书12份,提出口头纠正意见30余次。办理留所服刑犯又犯罪案件1件1人。监所检察科与办公室共同撰写的《纠正超期羁押与法制建设》的论文,在省检察学会召开的“诉讼时限理论研讨会”上被评为优秀论文。

2002年,对公、检、法三机关超期羁押的问题提出15次口头和3次书面纠正意见,办理又犯罪案件1件,同时对2名人犯进行传染病检查,对其中1名重症病人犯,经与法院衔接,作出暂予监外执行的裁定。

2003年,对监外执行犯进行了一次专项检查,将每人情况认真调查核定,防止脱管、漏管。对全区在押人员做到关口前移,继续坚持“早预防、早发现、早纠正”的“三早”方针,杜绝了超期羁押的现象。

2004—2005年,对全区公安派出所进行了普遍走访,就落实假释、保外就医人员的教育、改造等方面的情况进行了检查,发现问题及时纠正。对全区羁押在市一看守所的在押人犯375人逐一进行登记、检查。配合市看守所查办脱逃案 1 件 1 人。至 2005 年年底，监所检察共监督减刑 120 人、假释 76 人、保外就医 30 人，纠正超期羁押 40 人次。

2006—2008 年，办理又犯罪案件，起诉 8 件 13 人，其中法院判处 10 年以上 1 人，5 年以上 4 人。2007 年，为贯彻落实中央综治委等 5 个院、部《关于开展核查纠正监外罪犯脱管漏管专项行动意见》的文件精神，配合法院对 2004 年 7 月 1 日至 2007 年 6 月 30 日止被判处管制 39 人、剥夺政治权利 22 人、缓刑 150 人、给予监外执行 10 人逐一建立档案，做到管理责任到人。在上级考核验收中，达到"底数清、脱管漏管情况清、脱管漏管原因清""三个清"的要求。

2009—2010 年，监所检察工作的重点仍然是对监外执行罪犯的管理监督工作，要求每个社区都建立帮教小组，责任到监管民警和社区矫正组织及负责人。

2011—2012 年，监所科积极参与社区矫正，对社区服刑人员依法严格审查，对全区监外执行犯 67 人分别建立档案，进行全面检查，防止监外执行犯脱管。对 300 余名在押人员逐一登记台账，加强监督检查，严防超期羁押。针对检查中存在的问题，向有关单位发出 11 份检察建议书和 4 份纠正违法通知书。

第九节　预防职务犯罪

2001 年，区检察院成立预防职务犯罪中心，检察长黄茂林任中心主任。通过走访、召开联席会议等形式，与全区 100 余个单位进行了沟通联系，及时掌握了开展预防工作的第一手资料。

2002 年，认真贯彻省、市、区人大常委会《关于加强预防职务犯罪工作的决议》，积极开展重点行业和领域的职务犯罪预防，与全区 113 个单位建立了预防犯罪联系点，与 60 个单位签订了依法廉政共建责任状，对衡钢集团等 8 个单位挂牌予以保护。3 月，在衡钢集团有限责任公司召开了全区第一次预防职务犯罪工作现场经验交流会，衡钢集团、建设银行、区国税局等单位介绍了经验。

2003 年 4 月，区委批转区检查院《关于进一步加强预防职务犯罪工作的报告》，并成立了预防职务犯罪领导小组。5 月，召开了全区预防职务犯罪工作会议。8 月下旬开展了"预防宣传日"活动，有上万人次参加了这一活动。

2004—2007 年，分别召开了全区预防职务犯罪暨经验交流会，对 36 个单位进行了表彰。2004 年对 3 个发案单位有针对性的发出检察建议书 3 份。2005 年 8 月，区检察院成立"预防职务犯罪工作股"。2006 年与衡阳公路桥梁建设有限公司、蒸湘工商分局、移动通信衡阳分公司等 5 个单位分别设立了"预防职务犯罪联络室"。2007 年，完善、健全行贿犯罪档案查询系统，录入案件 18 件。8 月，与衡阳市地税局省级税收征收分局、衡阳鸿华汽车运输有限公司分别设立"预防职务犯罪联络室"。

2008—2010 年，召开全区预防职务犯罪工作会议 2 次，表彰预防工作先进单位 14 个。召开各类座谈会 6 次，开展警示宣传教育活动 22 场次，上法制课 9 次。开展个案预防 3 件、重点预防 4 件、系统预防 7 件。2008 年立案查处市石油公司某油库主任刘某利用掌握油库电脑发油系统提单恢复密码的职权变卖柴油，非法取得现金 45000 元，被法院判处有期徒刑 3 年、缓刑 4 年。与中石化衡阳分公司、中央储备粮衡阳直属库等 4 家单位设立了"预防职务犯罪联络室"。

2011—2012 年，召开全区预防职务犯罪工作大会 2 次，立项开展预防调查 7 件，结合查办职务犯罪案件，提出和撰写个案（类案）分析报告 5 件，发出检察建议 4 份。开展警示宣传教育 13 次，近千人次受教育，共向坐落单位发放宣传资料 500 余份。向相关单位提供预防咨询意见 4 次，完成行贿犯罪档案信息录入，受理并向相关单位提供行贿犯罪档案查询 129 件次。

第五章　法　　院

第一节　机　构

蒸湘区人民法院的前身系郊区人民法院,2001 年 5 月行政区划调整后,郊区人民法院更名为蒸湘区人民法院。院内设机构有:办公室、政工室、纪检监察室、立案庭(含信访室)、刑事审判庭、民事审判一庭(前称民事审判庭)、民事审判二庭(前称经济审判庭)、行政审判庭、审判监督庭(简称审监庭)、审判案件管理办公室(简称审管办)、执行局(前称执行庭)、法警大队,共 12 个。派出机构 1 个:呆鹰岭法庭。2012 年在编干部、职工 53 人。办公地点驻船山西路 19 号。

历任院领导及任职时间:

院　　长:孙齐文(2001.2—2007.11)　谷　敏(2007.11—)

副 院 长:陈罗万(2001.5—2002.3)　刘孝怡(2001.5—2002.3)

刘成前(2001.5—2009.4)　陈才喜(2001.5—2004.3)

孙祁安(2001.5—2003.3)　谷　敏(2001.5—2007.10)

陈亚衡(女,2007.2—)　杨艳斌(女,2003.6—2007.12)

许　斌(2009.4—)　李利民(2009.4—)

滕丽华(女,2009.4—)

历任副科实职以上领导名单及任职时间:

政工室主任:毛小满(2007.8—)

法警队队长:曾光辉(2009.6—)

执行局局长:石　丹(2009.6—)

呆鹰岭法庭庭长:张社生(2009.6.23—)

第二节　队伍建设

2001 年,区人民法院干警认真学习"三个代表"重要思想,深入开展评选"优秀党员""办案能手""优秀法律文书"等创先争优活动;以存在问题为突破口,大力整顿思想、作风、纪律,出台"禁止上班娱乐、禁止旷工、禁止酗酒"3 条禁令。一年中,按照考勤制度处罚 40 余人次。院领导班子成员主动将每月手机费用下降 30%。有 3 名干警被市中院评为先进个人。

2002 年,大力整顿"冷、硬、横、推"及"索、拿、卡、要"等严重影响法官形象的行为,全院干警共拒请吃、请玩 100 余人次,拒收礼金 10000 余元。3 人参加市中院组织的《民事诉讼证据规则》考试,获团体总分第 1 名,并考出全市最高分。书记员刘军参加首届全国司法考试,获全市第 3 名。围绕公开、公平、公正的原则,对所有中层干部岗位全部实行竞争上岗。之后,对全院干警进行双向选择,每个干警都走上适合自己的工作岗位,无一人落岗。

2003 年,制定严格的学习制度与规划,确定每周五为干警学习日,院党组中心组学习扩大到各庭室主要负责人。为落实“司法为民”要求，专门设立信访接待室，对来访群众做到“一张笑脸、一把椅子、一杯热茶、一声问候”。按照《中华人民共和国法官法》的要求，45 岁以下的法官“专升本”培训率达 100%。该院审委会委员参加上级法院组织的培训班，结业考试获团体总分第 1 名，并获个人第 1 名。10 月，3 名女法官参加全市法律知识竞赛，笔试囊括前 3 名，抢答赛获团体总分第 2 名。当年，副院长刘成前获省高院二等功。

2004 年，积极开展“司法公正树形象”和学习任长霞、蒋庆等活动，工作作风和工作方法大改进。院长主审案件 5 件，副院长主审案件达 8 件以上，每个领导旁听监审案件达 20 件以上。全院调查研究成风，先后上中央报刊材料 2 篇，上市级报刊材料 21 篇，市中院采用稿件 20 篇。当年，该院被评为市二星级、区三星级文明单位。

2005 年，通过前 3 年“专升本”业务培训，该院共有 12 人通过自考、成人高考，有 19 人通过专项培训。至此，院领导 5 名成员大学本科率达 100%，31 名在职法官本科学历达 54.8%。通过电脑达标测试活动，45 岁以下干警基本达到每分钟打字 30 个以上。进一步规范司法行为，在原有 38 项制度的基础上，又补充制定了 29 项制度，并将 67 项制度汇编成册。当年，该院被省高院评定为“全省优秀法院”“全省法院案件质量检查评比优胜单位”；副院长谷敏被市委、市政府评定为“优秀青年卫士”。

2008 年，大力开展业务培训，全院干警业务考试及格率达 100%，有 2 人通过国家司法考试。在全市第二次案件质量检查评比中，该院案件平均得分 99.53 分，名列全市第一。开展“大走访”活动，走访坐落单位 112 个，收集意见建议 200 余条。建立干警执法档案 38 件。全年有 8 名干警拒收当事人“红包”共 13000 元。当年，获市委、市政府“全市政法系统创人民满意先进集体”；获省高院“全省基层法院司法状况考评优秀单位”称号；立案庭获省高院 2007 年度“全省文明立案窗口”称号。

2009 年，狠抓廉政建设，制定了法官“当庭宣誓承诺”制度，即在开庭前，案件承办人当庭宣读公正廉洁承诺书，并将承诺书存入案卷；设立 24 小时举报录音电话，随时收集干警违法违纪线索；设立“廉政保证金”，即每个干警交纳一定数额的保证金到纪检监察室，如年内无违法违纪行为，退还该保证金并给予同等数额的奖励，反之则给予同等数额的处罚；建立“一岗双责”责任制，副院长与院长、庭长与副院长之间签订责任状，既要管好审判工作，又要带好分管队伍。当年，该院被市委、市政府评为“全市双文明建设三星级队伍”，被省高院评为“基层法院司法状况考评优秀单位”。

2010 年，开展大兴“忠、正、实、廉”为主要内容的“作风建设年”和“机关效能建设年”活动，切实转变司法作风，严格规范法官语言、规范法规行为，按照“从我做起，向我看齐”的要求，努力争创一流的工作业绩。当年，该院办公室被省妇联评为“湖南省巾帼文明岗”，民一庭庭长刘军被省高院评为“全省法院办案标兵”，政工室主任毛小满被市政府记二等功，他写的论文获全国法院系统第二十二届学术讨论会优秀奖及第三届“中国法治论坛”优秀论文奖。

2011 年，开展“司法建设公信年”、社会主义法治理念再学习再教育等一系列改进司法作风、提高司法水平的活动。当年，该院开展新一轮人民陪审员增选工作。在基层群众中一次性增选了 5 名人民陪审员，使人民陪审员总数达到 33 名，按上级法院的要求提前完成任务。上半年人民陪审员参审率达 95% 以上。当年，民一庭被评为“全省法院先进集体”。

2012 年，开展政法干警核心价值观、“人民法官为人民”主题教育活动，干警的思想政治素质不断增强，队伍面貌焕然一新。当年，该院民事审判一庭被湖南省高级人民法院评为“全省法院先进集体”，院长谷敏被市委、市政府给予嘉奖并记二等功，民一庭庭长刘军被评为全省“优秀青年卫士”，民一庭副庭长李志锋被评为省“办案标兵”。

第三节 审判改革

2001 年,在全市法院系统首创制定《岗位目标管理办法》,成立考评小组,对考评项目采取百分制扣分办法,将扣分情况与承办法官的岗位津贴、下乡补贴、生活补贴及奖金发放紧密挂钩。建立和完善了书记官单列管理制度,成立书记官处,实行排期开庭,审书分离,强化审判环节的规范管理与监督,全面落实公开审判制度。

2002 年,围绕公正与效率主题,将普通和简易程序审限时间分别内定为 90 天和 40 天,对超审限案件一律作不合格案件处理;推行听证制度,全年进行听证 62 场次;改革审判方式,在全市率先推行庭前证据展示(交换)制度。法官开庭时着法官袍,并正式使用法槌;开展庭审观摩竞赛活动,全年观摩庭审 27 场次。

2003 年,制定《审判流程管理办法》,对立案审查、排期开庭、庭前准备、文书送达、案件审理、审限跟踪、质量评查、结案归档等各个环节实行科学管理与监督;制定了《执行工作流程管理规则》,防止执行工作中的随意性,确保执行公开公正;制定了《审判委员会工作规则》,为增强审委会委员的工作责任心,规定委员每发表一次错误意见扣罚 20 元(主管院长加扣 10 元),年内累计发表错误意见 4 次(主管院长 3 次),提请人大常委会免除审委会委员资格;为强化合议庭功能,制定了《关于加强合议庭建设的若干意见》,对合议庭的权、责作出了明确规定;重新聘请了 20 名人大代表、政协委员作为公正执法监督员。

2004 年,该院民二庭作为全市法院裁决文书改革试点单位,在市中院的指导下,编写了新的文书样式,在全市基层法院试行,次年在全市推广。

2008 年,完善人民陪审员制度,在全区各界聘请 28 名人士担任人民陪审员,享有审判员同样的审判权利。改变过去只限于审判刑事案件有 1 名人民陪审员,扩大到民事商事(经济)、行政、再审案件都有 1 名人民陪审员参加合议庭审判案件。

2009 年,改变过去"行政案件不适用调解"这一传统思路,创新模式,建立行政案件协调机制,全年通过协调解决的行政诉讼案件占 50%,未出现因行政纠纷影响干群关系或引发矛盾的情况。进一步完善了《司法绩效及案件质量考评办法》,将办案人员的办案数量、结案率、办案质量和效果等要素列入各自档案,每月对各庭和干警的工作状态进行排名,起到较好的激励作用。

2011 年,区法院贯彻《刑法(修正案八)》新规定,"特殊、优先"关爱少年犯成长,设立专门合议庭,积极探索适合未成年人身心特点的审判方式,完善未成年人刑事案件从宽处理机制。积极配合社区矫正工作,对于可能判处非监禁刑的轻微刑事案件,在判决前向社区矫正中心发出委托调查评估函,由其向被告人所在地基层组织对被告人平时表现及判后社会危害性进行调查,并向法院出具评估意见,作为判处非监禁刑的重要依据。同时,对部分判处非监禁刑的罪犯适用禁止令,禁止其在考验期内从事特定活动,进入特定场所、区域。

2012 年,"数字法院"系统初步建成。该系统投入运行以来对案件审理起到了监督作用,促使干警严格依法办案,其数据信息经过分析、研判,将为日后的科学指导审判工作、提升司法绩效发挥应有作用。积极参与社区矫正,判前做好对被告人的社会危险性评估,判后帮助犯罪人员积极融入社会,降低重新犯罪率。全面实施量刑规范化改革,规范自由裁量权的行使,防止量刑不均衡等问题。积极推进小额诉讼程序的适用,从速化解纠纷,减少当事人诉累。

第四节　刑事审判

2001—2003 年,共受理刑事案件 321 件,审结 332 件(含旧存),判决犯罪人员 546 人,其中判处 5 年以上有期徒刑 144 人。对刑事审判着重强化职业意识、质量意识和审判规律意识“三个意识”,从而确保审判质量和效率有了新的突破,受到省高院和市中院的充分肯定,连续 3 年获全市法院“严打、整治斗争”先进单位;2003 年刑事审判庭获省高院集体三等功。

2004—2008 年,共受理刑事案件 922 件,审结 955 件(含旧存),新案结案率为 98.15%,判决犯罪人员 1761 人,其中判处 5 年以上有期徒刑 285 人。2005 年审结刑事犯罪案件 200 件,为该区刑事犯罪案件最高年分;2008 年判决犯罪人员 372 人,为刑事犯罪人数最高年份。

2009—2010 年,共受理刑事案件 297 件,审结 284 件,结案率 95.6%,判决犯罪人员 475 人。2009 年 8 月开庭审理郑××、艾×等 8 名犯罪团伙流窜抢劫盗窃案,8 名罪犯于 2007 年至 2008 年 9 月,先后流窜到湖南、广东 7 个市县,分别实施抢劫 1－5 次、盗窃 2－8 次不等,涉案财物 7 万元－25 万元不等,1 人被判处有期徒刑 19 年,7 人被判处有期徒刑 20 年。2008 年 4 月开庭审理原衡阳市粮食局党委书记、局长范××受贿、挪用公款案,该犯利用职务之便,于 2001—2009 年 6 月先后 14 次收取 8 个单位 9 人人民币 843374 元,并指使下属单位负责人将公款 100 万元挪作他人使用,自己从中谋取利益。两罪并处本应从重惩处,但念其在市纪委“双规”期间能如实供述市纪委未能掌握的大部分受贿事实,认罪态度较好,并积极清退了全部赃款,有悔改表现,依法从轻判处有期徒刑 12 年,剥夺政治权利 1 年,没收财产 7 万元。

2011—2012 年,共受理各类刑事案件 336 件 521 人,审结 341 件 531 人(含旧存),新案结案率达 98.93%。刑事审判贯彻“宽严相济”政策,打防并举保稳定。重点打击“两抢一盗”、毒品犯罪以及其他严重危害群众生命财产安全的犯罪,增强群众的社会安全感和认可度。严惩职务犯罪,判处了齐××、焦××等一批腐败分子,纯洁党员干部队伍。严厉打击侵犯知识产权和制售假冒伪劣商品等各种破坏市场经济秩序的犯罪,依法审理了汤某、李某假冒 LV 注册商标案,保障市场经济健康有序发展。

2001—2012 年,区法院共受理各类刑事案件 1876 件,审结 1912 件(含旧存),判处罪犯 3313 人。在各类刑事案件中,“两枪一盗”“侵犯人身安全”“诈骗”犯罪占 70%。对“两枪一盗”、涉毒、拐卖妇女儿童、贪污受贿、组织教唆等重大犯罪分子,依法实行从严从重惩处;对未成年人犯罪采取教育感化、从轻或减轻处罚方针。同时认真贯彻“刑事均衡量刑”在实际工作中的运用,避免刑罚畸轻畸重案件的发生。所结案件,经上级法院检查全部合格,并且无超期审判的案件。

第五节　民事审判

民事案件是区法院审理的各类案件中最多的一类。2001—2012 年共审结 4192 件,平均每年 349.3 件。在民事案件中,离婚案件所占比例最大,12 年中共审理 1566 件,占 37%。交通事故损害赔偿、房屋买卖租赁案件各占 26%。其他依次是债务、健康损害赔偿、继承、邻里关系、赡养纠纷案件。

在审理各类民事案件中,区法院坚持“调解优先,调判结合”的工作原则,将调解工作贯穿于立案、审判、执行全程,讲究调解艺术,丰富调解手段,拓宽调解领域。历年所结民事案件中调解率近 50%。其中,2002 年达到 60%,2003 年达到 79%,2004 年达到 80%,被市中院评定为全市民事调解工作先进单位,并在全市民事调解工作会议上作了经验介绍;民二庭被市委、市政府评定为“人民满意的政法基层单位”;民一庭副庭长张维春,在历年审结的民事案件中,调解率均达到 90% 以上,成为名符其实的“调解能手”。2011 年,区法院在民事审判中推行“交叉调解”制度。对于调解难度较大、原承办人久调不决的案件,针对具体案情、当事人的性格特征,结合审判人员的办案风格,经庭长指定或合议庭协商,将案件交由合议庭成员之外的其他人员进行调解。该举措的推出避免了承办法官在调解中的先入为主,化解了当事人对法官的对立情绪,增强了调解效果,2011—2012 年,在审结的民事案件中,调撤率达 72.05%。2011 年 12 月,民一庭被省高院授予“全省法院先进集体”称号。

第六节 商事(经济)审判

2001—2012 年,共审结各类商事案件 2643 件,标的金额 57364.7 万元。主要涉及企业之间、金融部门、证券部门等商事合同纠纷的案件。

在商事案件审理中,承办人员克服单纯就案办案观念,树立既严格执法又热心服务的思想,对案件尽力做到“快审、快执、快结”,并针对相关问题提出司法建议,帮助企业完善生产经营管理制度,堵塞漏洞,避免损失和纠纷发生。同时,对那些不讲诚信、搞欺诈、“吃大户”、损人利己等违约行为依法予以制裁。

2001 年,加大对企业服务力度,帮助宏大空调设备公司追回欠款 40 万元。对企业经济纠纷案件采取“先上车后补票”的办法,全年缓交诉讼费 80 余万元。

2002 年,商事(经济)庭在走访衡钢集团时,了解到东北、山东两家企业拖欠衡钢 140 余万元,并有转移财产逃避债务迹象,如不采取紧急措施将导致巨额财产受损。该庭当即接受诉前财产保全申请,分别派人前往沈阳、烟台,查封了债务人 170 吨钢材和 3 台叉车,最大限度地保护了债权人的合法权益。当年,帮助东方红信用社收回 12 笔逾期贷款的 80%。

2004 年,商事审判的重点放在为优化经济发展环境、为国有企业改制和民营经济服务上。先后走访辖区内 14 家国有企业,接待 20 余人次来访,帮助企业收回货款 200 余万元。对涉及改制企业的案件,做到“三个优先”,即优先立案、优先审结、优先执行。

2005 年,体恤民情,关爱民生,积极办理“三农”案件,为农民工追回劳动报酬 10 余万元。民二庭荣获全市“人民满意的政法基层单位”称号。

2006 年,帮助衡钢等企业收回债权 1000 余万元。

2009 年,衡阳华润医药化工有限公司状告衡阳紫光古汉集团股份有限公司,对其 675143 元的投资款拖欠数年未返回,法院开庭审理查明紫光古汉集团严重违法,依法判决被告 10 日内付清上述欠款,同时支付利息 8431 元,支付违约金 30 万元,共计 983574 元。为原告追回一笔巨大款项,盘活企业资金。2005—2010 年,区法院先后审理了 5 件企业破产案件,为推动企业产权改制,调节经济关系,妥善安置职工,做了大量艰辛工作。

2011—2012 年,根据中院的部署,区法院开展了“优化经济发展环境服务企业发展”的调研活动,并将此项活动与民调工作结合起来,将走访范围从中院部署的少数企业扩大到辖区内企业、街道、基层组织及普通群众。改变常规走访模式,有针对性地带着问题走访。对所办理的案件进行逐案排查,凡是可能存在上访、激化矛盾和“案结事不了”情形的,都要将当事人列入走访范围,并尽可能做好相关人员的息诉息访和矛盾化解工作。此次走访向企业介绍了法院服务经济发展的举措,共同探讨解决企业发展中遇到的困难,为辖区内的企业和百姓提供专业的法律咨询服务,当场消除企业和百姓对案件审理存在的疑问,受到企业和辖区居民的欢迎。

第七节　行政审判

2001—2012 年,区法院受理行政讼诉案件 429 件,审结 429 件,其中,2012 年受理行政案件最多,共 115 件,并全部审结。

2001 年,区法院不仅加大了对《中华人民共和国行政诉讼法》的宣传力度,扩大了案源,而且加大了对行政案件的审判力度,审判质量和效率均有提高。全年受理行政案件 24 件,全部审结。收结率均系上年的 6 倍。

2002 年,从非诉行政执行入手拓展审判职能,共审查受理 57 件非诉执行案件,全部执结。为交通局、卫生防疫站等部门收回规费及罚款 60 万元,较好地支持了行政机关依法行政。

2004—2005 年,针对行政首长出庭率极低的现状,区法院开展了"加强行政诉讼宣传,提高行政首长出庭率"的专项活动。共走访 20 余家行政机关,邀请行政首长工作人员旁听庭审 300 余人次,取得良好效果。2004 年,有 1 件案件行政首长出庭。2005 年,有 3 件案件行政首长出庭,占案件总数的 17.6%,行政庭荣获市中院"行政首长出庭应诉工作先进单位"。

2007 年,在案件审理过程中,对政府职能部门的正当行政行为坚决予以维护和支持,如王某、罗某、周某等 31 名居民作为共同原告,状告衡阳市规划局颁发给市凯富房地产开发有限公司"凯富·红叶"建设项目的建设工程规划许可证违法,认为该楼房的兴建影响了原告住宅通风、通光、通行,造成其住宅贬值,请求法院撤销被告所颁发的许可证,并与开发商共同赔偿原告住宅贬值损失费 314 万元。经审理查明:开发商所建房屋并不存在原告所诉事实,被告所颁发的许可证完全合法、合规,并无不当。原告起诉动机纯属众人一起"敲竹竿"。审判人员不惧众,依法判决驳回原告诉讼请求。

2008—2010 年,加强行政案件协调工作,引进人民陪审员、调解员等多种行政协调主体,建立法院与行政机关之间的沟通协调机制,达到较好的审判效果。各年通过协调解决的行政诉讼案件达 50% 以上。

2011—2012 年,作为全省法院行政诉讼简易程序试点单位之一,区法院全面贯彻省高院关于开展行政诉讼简易程序试点工作的要求,成立工作小组,并制定了《开展行政诉讼简易程序试点工作的实施细则》,从办案条件和制度上给予试点工作最大保障;改变观念,拓宽思路,认真组织学习调研活动,探索简易程序试点工作的方法和措施,对于符合条件的案件大胆适用简易程序进行审理。

第八节　案件执行与再审

一、案件执行工作

2001—2012 年,区法院执行各类涉诉有给付内容或交割财物内容的案件共计 3480 件,标的金额达 76999.26 万元。

在执行工作中,实行"一把手"工程,院长亲自过问执行工作,主管院长亲自指挥执行工作。严格依照法定程序进行,坚持做到法律效果与社会效果的统一。

2001 年,受理执行案件 258 件,执结 312 件(含旧存),执结率为 94%,获得市中院颁发的春夏执行工作大会执行奖。市四建公司申请执行原郊区房地产开发公司拖欠工程款一案,历时 5 年未果。区法院采取院长督办、主管院长亲自上案,排除干扰,顶住压力,通过多种方式和渠道最终促成了执行和解,全部履行完毕,并通过此案带动清理了 3 个积案,搞活了 4 个企业。该案的执行获市中院"公正与效率奖"。

2004 年,执结一起拖欠民工工资的积案。对拒不协助执行的市第二水泥厂给予经济处罚,并对该厂厂长肖某予以司法拘留,申请执行的外地民工当场领取了被拖欠 2 年之久的工资 21000 元。当年,区法院在全市法院首次推出了“委托调查令”,委托当事人的律师对被执行人的财产状况进行调查,以尽力破解“执行难”的问题,收到好的效果。

2007 年,开展“清理执行积案”专项活动,提高执行率。采取限制高消费、奖励举报执行线索、网上执行、委托调查令等执行措施。全年共受理执行案件 466 件,执结新收及旧存案件 503 件,同比收、结案分别上升 91.8% 和 136%,是 12 年中结执行率最多的一年。在执行管理上,落实了执行裁决、执行实施和执行管理“三权分离”机制。

2010 年,为了维护法律权威,保障当事人合法权益的实现,区法院始终把执行工作作为重中之重,如被执行人张某在一欠款调解协议签订后便躲藏起来,不明去向,所欠申请执行人刘某、杜某、李某货款和借款共计 704200 元拒不归还。经多方查找线索,获悉被执行人张某在某镇政府有一笔 102 万元的苗木基地拆迁赔偿费未领取,于是依法从该镇扣划 715175 元(含追加延付金和执行费)交付给刘、杜、李 3 人,使该案圆满结案。11 月,区法院被省高院评定为“全省集中清理执行积案活动先进集体”。

2011—2012 年,广泛开展规避执行宣传活动,制定有效措施,搭通“天地线”,与公安、地税、交警、银行等单位实现信息共享,对于执行人难寻、被执行财产难找,协助执行人难、被执行财产难动的“四难”案件,严格执行中院出台的十项措施,化解执行难题。对于积案逐案登记造册,查出原因,理清思路,集中时间,集中力量,采取各种手段,切实执行到位。

二、再审案件审判

2001—2012 年审理各类再审案件共计 84 件,其中刑事案件 7 件、民事 42 件、经济 34 件、行政 1 件。再审结果维持原判的 55 件,撤销和改判 19 件,撤诉或调解的 9 件,未结 1 件,撤销和改判达 22.6%。对撤销和改判的案件按《错案责任追究制度》和院里有关规定处罚原承办法官,教育审判人员引以为戒、树立办好案办铁案的观念。2006 年 2 月,法院监督庭被省民政厅评为 2005 年度“再审案件优秀单位”。

2001—2012 年蒸湘区人民法院审结(执)各类案件情况一览表

表 17 - 6

区分	年度 数目	2001	2002	2003	2004	2005	2006	2007	2008	2009	2010	2011	2012	合计	每年平均
刑事	公诉(件)	77	108	138	173	195	185	182	184	128	150	166	173	1859	154.9
	自诉(件)	9	—	—	3	5	8	13	7	1	5	1	1	53	4.4
	小计(件)	86	108	138	176	200	193	195	191	129	155	167	174	1912	159.3
	判决犯罪人数	128	170	248	344	359	355	331	372	236	239	279	252	3313	276
民事(件)		392	260	270	262	287	277	314	379	361	484	443	463	4192	349.3
商事经济	件数	215	197	106	244	142	159	230	261	278	209	263	339	2643	220.3
	标的金额(万元)	3500	2700	1900	4130	2100	5590	4300	9750	5670	4244.7	7094.2	6385.8	57364.7	4780.4
行政(件)		24	11	25	23	20	25	24	10	15	40	97	115	429	35.8

续表 17－6

区分	年度/数目	2001	2002	2003	2004	2005	2006	2007	2008	2009	2010	2011	2012	合计	每年平均
再审案件	刑事	3	—	—	—	—	—	—	—	—	—	1	3	7	0.58
	民事	14	5	6	4	1	2	3	2	4	1	—	—	42	3.5
	经济	5	6	3	2	6	3	2	3	—	—	1	3	34	2.8
	行政	—	—	—	—	—	—	—	1	—	—	—	—	1	0.1
	小计	22	11	9	6	7	5	5	6	4	1	2	6	84	6.7
执行案件	件数	312	300	300	291	216	213	503	280	296	270	337	252	3480	290.0
	标的金额	2800	2800	2800	2920	6370	7700	15050	3580	3730	4716.26	19653	4900	76999.26	6416.6

第六章　司法行政

第一节　机　构

衡阳市蒸湘区司法局的前身为衡阳市郊区司法局，成立于1984年5月。2001年5月，衡阳市行政区划调整后更名为衡阳市蒸湘区司法局。内设机构有：办公室（加挂依法治理办公室牌子）、基层司法工作股、两劳延伸工作办公室。6个乡镇、街道（不含华兴街道）建有司法所。2012年局在职干部、职工8人。办公地点驻红湘北路97号。

历任局领导及任职时间：

局　　长：陈恒星（2001.5—2003.4）　戴经良（2003.4—2006.4）　钟柏喜（2006.4— ）

纪检组组长：沈慧敏（女，2003.2—2006.6）　李昌朝（2006.6— ）

副　局　长：罗美生（2001.5—2007.10）　沈慧敏（2006.8— ）　唐立清（女，2003.5—2011.4）

第二节　普法宣传教育

2002年3月15日，区委、区政府印发衡蒸发〔2002〕8号《关于在全区公民中开展法制宣传教育的第四个五年规划（2001—2005年）的通知》（简称“四五普法规划”）。司法局以每年5月“法制宣传月”、9月的“法制宣传周”、12月4日“全国法制宣传日”为契机，开展法律宣传，先后将《中华人民共和国宪法》《人民调解组织条例》《法律援助条例》等宣传手册和挂图，印发到全区各社区、村及中小学，营造学法用法的良好氛围。

2003年6月，蒸湘区普法志愿者协会成立。全区7个乡镇、街道均成立普法志愿者协会分会，共有160名法制宣传志愿者。7月，区委调整、充实区依法治区工作领导小组，由区委书记任组长，区人大、区政府、区政协7位区级领导任副组长。领导小组每年召开一次工作会议，及时掌握全区普法工作进度，抓好重点，解决难点。

2004—2005 年,加强领导干部法制教育,蒸湘区建立区、乡(镇)党委中心组学法制度。先后学习了宪法、刑法、民法通则、行政诉讼法、劳动合同法、刑事诉讼法、民事诉讼法、公司法等法律法规。2005 年,广泛开展"送法下乡、服务社会"和"法律进社区(村)"活动,红湘街道联合新村社区被评为全省"民主法制示范社区"。

"四五"普法期间,全区培训普法骨干 12 次。发放法律法规宣传材料 43254 册,展出普法展板 780 块,为群众提供法律政策咨询 3 万余人次,群众参加普法活动达 89273 人次。全区有 34305 人次参加了普法考试,合格率为 97%。区司法局在国、省、市各媒体发表稿件 17 篇。

2006 年 1 月,蒸湘区组建了由南华大学、区人大内司委、区检察院、区法院、区司法局、区法律援助中心共 14 名法律工作者组成的普法讲师团,先后向不同人群讲授了行政诉讼法、劳动合同法、民法通则 3 部法律法规。12 月 12 日,区委、区政府印发《关于在全区公民中开展法制宣传教育的第五个五年规划(2006—2010 年)的通知》。蒸湘街道太平一社区被评为全省"民主法制示范社区"。局长戴经良被司法部评为"全国司法行政系统'四五'普法先进个人"。

2007 年 4 月,区依法治区办公室聘请 35 名南华大学文法学院学生分别担任各社区、村法制义务辅导员,开展送法下社区(村)活动 156 次,为中小学上法律课 125 课时,发放普法宣传资料 20000 余份,开展其他普法活动 49 次。雨母山乡雨母村被评为全市"民主法制示范村"。

2008 年,组织全区中小学生参加湖南省青少年"青春与法相伴"法制作品征文比赛,雨母山中学、衡钢小学分别获得二、三等奖。联合街道大栗新村社区、华兴街道金山社区分别被评为全省"民主法制示范社区"。长湖乡衡邵社区、华兴街道银光社区被评为全市"民主法制示范社区"。

2009 年 9 月,区政法委、区司法局、区教文体局、区团委共同组织法律进校园宣教活动,重点加强对学生的宪法、刑法、义务教育法、未成年保护法等法规教育,举办法制板报、图片展,给青少年上法制课,并以服刑人员的现身说法、典型案例影视片为反面教材,告诫青少年学法守法,防微杜渐。从政法机关选派 14 名政治、业务素质较好的干部到中小学担任法制校长。

2010 年,蒸湘区党政门户网开设专栏,宣传区社会主义民主法制建设成就,展示普法成果,扩大学法用法成效。参加全国普法办开展的"公务员学法用法征文比赛",区依治办沈慧敏(女)的《学法,我的遗憾与骄傲》获全国三等奖。华兴街道银光社区被评为全省"民主法治示范社区"。华菱衡钢集团有限公司打赢印度反倾销诉讼案,入选年度湖南最具影响力法治事件。

"五五"普法期间,全区培训普法骨干 14 次,发放普法宣传材料 50000 余份,展出普法图版 860 余块,为群众提供法律政策咨询 4 万余人次,参加普法活动的群众达 112364 人次。全区共有 34305 人次参加了普法考试,合格率为 98%。区司法局在国、省、市各媒体发表普法稿件 26 篇。衡钢集团有限责任公司获全国"普法先进单位"称号;衡阳市实验中学获全省"普法先进单位"称号;区教文体局、市第二精神病医院、蒸湘街道司法所、红湘街道司法所获全市"普法先进单位"称号,区司法局副局长沈惠敏获全市"普法先进工作者",区委宣传部刘峥嵘、长湖乡司法所杜告生、雨母山乡司法所杨如玖、呆鹰岭镇中平村伍南华获全市"普法先进个人"。

2011 年 4 月,举办全区重点项目工程建设协调服务法律专业知识培训班,有 61 人参加培训。5 月 9 日在呆鹰岭镇举办全区农村"法制宣传月"活动启动仪式,9 月在实验小学举行 "法制宣传周"大型法制宣传版报展,12 月 4 日"全国法制宣传日"与市依治办、各城区依治办和南华大学文法学院、设计艺术学院在莲湖广场联合举办宪法大型宣传活动。12 月 31 日,区委、区政府印发《关于在全区公民中开展法制宣传教育的第六个五年规划(2011—2015 年)的通知》。当年,全区有 6231 人参加普法考试,合格率为 99%。华兴街道银光社区获全省"民主法治示范社区"。

2012 年,开展"送法进村入户"活动,送给农民《农村普法简明读本》1380 册,《法律援助宣传手册》2000 册,免费接受村民咨询 50 余人次;开展"律师进社区"活动,按照辖区对应、统一推荐和双向选择相结合的原则,让辖区内执业律师与相关社区挂钩结对、签订统一的服务协议书。全区有 33 个社区分别与南舫、湘华、君杰、德巍4个律师事务所的33名律师签订了协议书，按协议内容进行宣传、服务；开展“拆除‘两违’法律援助”活动，出动宣传车50余台次，到全区城市规划重点工程建设区域进行宣传，为拆除“两违”建筑，提供法律援助。全年共有6345人参加普法考试，合格率为99%。

第三节　人民调解

一、人民调解组织网络

从2006年起，蒸湘区区、乡（镇）、村（社区）均建立人民调解委员会，有条件的企业单位也建立了人民调解组织。至2012年，全区建有各级人民调解委员会91个，人民调解员591人。

二、人民调解工作

为提高各级人民调解员的专业知识与调解技能，区司法局每年都要组织调解员进行业务培训、知识竞赛、演讲比赛。各级人民调解委员会坚持定期或不定期做好社会矛盾纠纷，特别是重大矛盾纠纷的排查、调处工作，并坚持重大矛盾纠纷与不稳定因素报告制和信息预警。

2006年，全区各级人民调解组织排查各类矛盾纠纷225起，化解调处218起，化解群众性上访事件38起，制止群体性械斗3起，防止民转刑案件5起。长湖乡司法所杜告生被司法部授予2005年度“全国模范人民调解员”称号。

2007年，排查各类矛盾纠纷342起，化解调处324起，化解群众性上访45起，防止民转刑案件7起。

2008年，排查各类矛盾纠纷445起，化解调处438起，化解群众上访性事件55起，制止群体性械斗4起，防止民转刑案件11起。

2009年，排查各类矛盾纠纷512起，化解调处494起，化解群众上访性事件59起，制止群体性械斗7起，防止民转刑案件13件。

2010年，排查各类矛盾纠纷561起，化解调处538起，化解群众上访性事件48起，制止群体性械斗5起，防止民转刑案件12起。联合街道司法所长喻萍被司法部授予“全国模范人民调解员”称号。

2011年，排查各类矛盾纠纷1463起，成功调处1434起，调处成功率达到98%以上。

2012年，排查各类矛盾纠纷914起，调处成功率达99%，成功化解重大复杂矛盾17起。

第四节　法律援助

一、法律援助网络

2002年6月，蒸湘区法律援助中心成立。2004年，在6个乡（镇）、街道（不含华兴街道）建立法律援助工作站。2008年，在73个社区和村民委员会建立法律援助工作站。2008年11月14日，衡阳市首家残疾人法律援助中心在蒸湘区法律援助中心正式挂牌。法律援助服务网络覆盖全区。

二、法律援助工作

区援助中心办理法律援助案件，一是接受法院指定的刑事辨护案件，二是办理民事法律援助案件，三是突出对未成年人、妇女、残疾人、老年人、农民工、下岗职工为援助对象，维护弱势群体的合法权益。

2007 年,共办理各类法律援助案件 105 件,减免诉讼代理费用 12 万元以上。区法律援助中心在全省交叉检查中被评为优秀组织,进入全省第一类行列。

2008 年,办理残疾人维权案件 63 件,被湖南省残联确定为衡阳市唯一残疾人维权自愿合作单位。为企业提供法律咨询 110 余起,代写法律文书 81 件,提供法律意见 54 件,代理诉讼 31 件,代理非诉案件 89 件。

2009 年,围绕"关注民生、改善民生、保障民生"开展法律援助工作,办理各类援助案件 90 余件,解答群众法律咨询 500 余人次。4 月,区法律援助中心被中共衡阳市委、衡阳市团委等 14 个部门授予"优秀青少年维权岗"称号。

2010 年,全省开展"法律援助为民办实事"专项活动,上级分配该区援助中心办理援助案件 140 起。区司法局高度重视,成立了专项活动领导小组,制订了活动方案。针对法律援助中心公职律师少、工作任务重的实际情况,积极整合办案力量,采取法律援助中心与其他法律服务部门相结合、专业力量与辅助力量相结合,全年办理各类法律援助案件 108 件,解答法律咨询 230 人次,代写法律文书 90 余件。

2011 年,办理各类援助案件 160 件,比省、市分配的 141 件多办了 19 件,在办案的数理、质量上,在全市名列前茅。

2012 年,为提升法律服务,该局收回繁华地带临街门面,投资 30 余万元改造装修 200 余平方米的门面和添置设施,作为法律援助服务窗口,进一步方便了群众。全年办理各类法律援助案件 190 件,解答法律咨询 980 人次,超额完成省、市分配的 148 件法律援助任务。

案例一:呆鹰岭镇新民村一蒋姓村民因房屋破旧不能继续居住,1999 年经批准新建住房,新房建到一层时,邻居却以阻挡他家风水为由,不准其建第二层而发生纠纷。因邻居家有人当村干部家族势力强,蒋家斗不过,无处居住,只有在外务工租房住。蒋家积怨甚久,准备伺机报复。2007 年,镇司法所了解到这一隐患后迅速介入,所长找到该村干部谈心说理,晓之以法,然后召集两家进行调解,在司法所的法律援助下,两家达成调解协议,处于弱势的蒋姓村民新房得以顺利竣工,一件拖了 8 年险些酿成恶性事件的矛盾终于化解。

案例二:2010 年 9 月 6 日,残疾人罗××的丈夫余××以其与罗××"缺乏基本了解,性格差异较大,婚后夫妻之间经常吵闹,从来没有建立起真正的夫妻感情和罗××隐瞒婚前病史"为由,提出与罗××离婚。罗××接到蒸湘区法院送达的民事诉状等法律文书后,情绪十分激动,在其家人的陪同下于 9 月 16 日来到残疾人法律援助中心申请法律援助。中心主任龙斌接待了罗××及其亲属,经了解得知,罗××系精神病患者,残疾等级为二级,享受低保待遇,符合法律援助条件,中心当即予以受理,确定由龙斌、匡平祥两位律师承办。两位律师经大量调查取证工作后指出:罗××婚前未隐瞒病史,婚后虽有时发病,但并非完全丧失意识和劳动能力,也未威胁到对方和子女的人身安全;双方并非无共同生活基础,双方原来夫妻感情好,结婚时间也较长,并生育了子女;罗××在精神正常时能操持家务,照顾小孩,从事一定的劳动。因此,余××提出离婚不符合离婚的条件。法院于 10 月 22 日作出〔2010〕衡蒸民一初字第 342 号民事判决书,驳回余××要求与罗××离婚的诉讼请求。

第五节　安置帮教与社区矫正

一、安置帮教

从 2007 年开始,蒸湘区在乡镇(街道)、村(社区)逐步成立安置帮扶工作站,对在册刑释解教人员,坚持把"教育、感化、挽救"的工作方针贯穿安置帮教工作始终,纳入年度目标管理考核,采取有力措施,做好帮教、帮扶工作,树立自信心理,防止重新犯罪。

区安置帮教办收到《刑满释放人员通知书》《解除劳教人员通知书》后,及时登记并按辖地管理的原则下发到各安置帮教工作站,各工作站认真落实社区民警、司法所长、村主任"3 帮 1"帮教措施,不断进行谈心、家庭走访,进行思想教育引导。同时,积极为刑释解教人员解决实际困难,创造自食其力条件。2012年,走访重点对象46名,慰问特困对象10名,在册119名刑释解教人员全部得以安置,其中蒸湘区刑释解教人员过渡性安置帮教基地安置59名,乡镇、街道、村(社区)安置28名,自谋职业、个体经商32名,安置率100%。列入帮教对象119名,帮教率100%。

二、社区矫正

蒸湘区社区矫正工作自2010年4月开始试点,经过调研准备、部署计划、各方协调、组织实施四个阶段后,于2011年3月4日成立区社区矫正工作领导小组,各司法所建立了社区矫正工作站,4月在全区全面展开。接收矫正对象29人,开通了辖区内"司法E通"系统,给每位矫正对象配备带卫星定位的3G智能手机,使矫正对象每天24小时都能处于监管之中,没有发生漏管、脱管现象。2012年,社区矫正对象66人,均实施有效监管。

第十八篇　教育　文化　体育

蒸湘区通过教育体制改革，推进素质教育，合理调整教育布局，改善教育教学条件，发展现代技术教育，提高教师待遇，教育事业蓬勃发展。2004年，被市委、市政府评定为“巩固提高‘普九’成果先进区”。2008年，获“湖南省电化教育工作先进单位”称号。危房改造全部完成，有3次被评为衡阳市“危改工作先进单位”。建成合格学校27所，2011、2012年分别排名全市第一名。中、小学教师合格率分别从2001年的95.12%、97.2%提高到100%。教师高级职称由12人增加到39人。2012年，全区公办中、小学32所，在校生15227人，小学适龄儿童入学率100%，小升初升学率100%，中学生辍学率为零。各类民办教育机构由2001年的15所增加到2012年的75所，涵盖了幼儿教育、基础教育、成人教育、职业教育各个层次。

蒸湘区文化体育设施齐全。各乡镇、街道成立了文化站，社区建有文化活动中心。区有文化馆，乡镇、街道、社区（村）建有图书室。境内有足球场、篮球场、羽毛球场（馆）、门球场、滑冰场、乒乓球场、棋牌室、电影院、电子游戏厅，各大楼盘和80%的社区、10%的乡村安装了健身器材。境内还有市跳水中心、市全民健身中心、市全民文化健身广场。群众文化体育丰富多彩。中、小学每年举办田径运动会，区机关每年举办多次单项比赛，重大节日和纪念日均举办大型文艺汇演，开展了“广场旬旬演、社区周周乐”活动，自发组建起来的民间文化体育组织经常开展活动。学校体育、职工体育、居民体育协调发展。参加上级举办的各项竞赛获奖甚多。全区文化体育呈现出群众性、多样性、持续性特点。

第一章　教　　育

第一节　机　　构

一、区教育文化体育局

蒸湘区教育文化体育局的前身系衡阳市郊区教育局、衡阳市郊区文化体育局。2001年5月，郊区教育局更名为蒸湘区教育局；郊区文化体育局更名为蒸湘区文化体育局。2002年3月，蒸湘区教育局和文化体育局合并为蒸湘区教育文化体育局（简称教文体局）。2012年内设机构有：办公室、人事师训股、基础教育股、体育卫生艺术股、职业教育与成人教育股、政策法规股、文化管理股、计财审计股、民办教育管理股、纪检监察室。二级机构有：教师培训中心、教育教学研究室、教学仪器装备站、勤工俭学管理站、教育信息中心、文化馆、学生资助管理中心、基建股。直属单位有：蒸湘中学、实验小学、西站路小学、蒸湘北路小学、胜利小学、红湖逸夫小学、衡钢小学、联合中心校、长湖中心校、呆鹰岭镇中心校、雨母山乡中心校。局在职干部职工39人。办公地点驻红湘北路73号。

历任局领导及任职时间：

局　　长：龙睦习(2001.5—2002.3)　肖隆喜(2002.3—2011.9)　钟家友(2011.9—)

书　　记：肖隆喜(2001.5—2002.2)　阳莼良(2002.3—)

纪委书记：罗嗣佑(2001.5—2009.5)　曹玉平(2009.5—)

副 局 长：余良骞(2001.5—2003.1)　罗锡政(2001.5—2003.1)　汪诚虔(2001.5—)

邹少杰(2001.5—)　云　平(2001.5—)　唐超英(女,2003.1—2009.6)

陈慧娴(女,2005.8—)　欧志军(2009.7—)

二、区人民政府教育督导室

(一)机构

1997年3月之前,郊区教育督导室是郊区教育局下属机构,为正股级单位。1997年3月,郊区教育督导室更名为郊区人民政府教育督导室,为副科级单位。2001年5月,变更为蒸湘区人民政府教育督导室,挂靠区教文体局,定编3人。

历任主任及任职时间：

主　　任：谢鸿飞(2001.5—2004.12)　李淑梅(女,2004.12—2007.9)

罗嗣佑(2007.10—2008.10)　贺青春(女,2008.11—)

(二)主要工作

2001—2003年,对全区实行“普及九年义务教育”(简称“普九”)进行年度检查。

2001年5月,教育督导室会同区人大、区政协和区教育局、区建设局等单位,对全区中小学布局、办学条件、机关人员分流等情况进行调研,写出《关于衡阳市蒸湘区2001—2005年中小学布局调整规划》《关于衡阳市蒸湘区2001—2005年中小学危房改造的建议》《关于蒸湘区中小学基本情况调查及情况分析与建议》《关于蒸湘区教育文化体育局内部机构设置、人员分流的建议》4个报告,供区委、人大、政府、政协领导参考。

2002年,深入乡、镇、街道中、小学校进行调研,写出《广开门路、筹措资金、弥补教育投入不足——关于加快蒸湘区中小学现代教育技术建设,促进教育事业蓬勃发展的建议》《关于制订蒸湘区(2002—2005年)现代教育技术装备工作规划的建议》《衡阳市蒸湘区(2002—2005年)现代教育技术装备工作规划》《关于适度调整衡阳市城镇中小学生收费项目及标准的建议》《关于蒸湘区“普九”教育情况调查报告》《关于蒸湘区“联合小学”“冶金设备厂小学”两校合办可行性的调研报告》《关于调整蒸湘区学校设点布局的调查报告》7篇调查报告及建议。

2003年,写出《蒸湘区教师队伍基本情况的调查与思考》《关于2003年全区学杂费预算外收支情况调研报告》《关于我区义务教育资源整合的调研报告》3篇调查报告。

2004年,写出《关于全区中小学“普九”债务从学校剥离纳入政府消赤减债规范的问题》,得到区政府高度重视,解决了全区中小学“普九”债务偿还问题。

2004—2006年,区教育督导室的督政、督学工作,分年度接受市教育督导室检查,连续3年被评为全市先进单位。区委组织部和教文体局联合行文,提出对乡(镇)、街道党政主要领导教育工作实绩进行年度考核,明确由教育督导室具体组织实施,考核结果与主要领导政绩挂钩。

2005年,为迎接全省两项督导评估检查,汇编《蒸湘区教育工作督导评估》综合资料册,制作《到中流击水——蒸湘区党政领导重教纪实》电视专题片,全面反映了蒸湘区教育的发展变化。

2001—2006年,逐年会同教文体局有关股室对全区中小学、幼儿园办学情况进行检查评估,促进了办学水平的提高。

2007年,将各年度书写的报告、建议汇编成《专项调查报告建议》,呈送区委、区政府领导参考。

2008年,完成2007年首轮县级教育工作“两项督导评估考核”后存在问题的整改工作,制定《蒸湘区

2008—2012 年普通中小学办学水平评估规划》，对衡钢小学义务教育合格学校进行督导评估。

2009 年，对辖区内民办学校、幼儿园、托管中心和培训机构进行教育安全工作专项督查及办学、办园水平督导评估，对联合街道北塘小学义务教育合格学校进行督导评估。

2010 年，成立蒸湘区教育随访督导团；建立督学责任区，将全区划分为 3 个督学责任区，制定《蒸湘区督学责任区实施办法》；对胜利小学、西站路小学义务教育合格学校进行督导评估；针对区内城区小学"大班额"现象开展专项督查，严格规定规模较大、学生过多的班次，一律杜绝接收插班生。

2011 年，开展教育"三评"迎市检工作，即第二轮两项督导评估考核、教育强县（市、区）视导及职业教育督导评估。市检后被评为市先进单位，并被市推荐参加迎省检。

2012 年，进一步完善了督学责任区，做好了"三评"迎省检工作。

第二节　教育体制改革

一、教育管理体制改革

2001 年，区教育局印发《衡阳市蒸湘区教育系统管理制度》，改革干部选拔任用制度，进一步完善校长负责制。

2002 年，区教文体局制订《蒸湘区教育文化体育系统管理机构及人事制度改革方案》《蒸湘区教育文化体育局机关、二级机构人员定岗、竞争上岗实施方案》，把定岗定编与人事制度改革结合起来，采取编制总额控制，在批准的编制总额内，实行城区配编与县乡配编相结合、班额与生源相结合的原则分配人员编制。下发《财务管理若干规定》，成立大宗物品采购小组，对全区中小学重大物品实行集体采购，对基建维修项目实行公开招投标。

2003 年，认真落实中小学教职工全员聘任制，实行合同制管理。全区由超编单位调整到缺编单位 22 人，转岗安置 8 人，辞退 2 人。撤销呆鹰岭、雨母山、长湖、联合 4 个学区机构，设立乡镇教育管理办公室，改乡镇初中为中心校（无中学的乡镇，中心小学为中心校），由中心校校长兼任乡镇教育管理办公室主任，在中心校编制内安排两名专职人员，协助校长做好辖区内教育人、财、物和具体教育教学工作。向社会公开招聘 15 名合同制教师。是年，区教文体局被评为衡阳市"勤工俭学先进单位"。

2004 年，推行"教师末位淘汰制和首席学科教师制"，分别出台《教师末位淘汰方案》和《首席学科教师评选方案》。当年有 2 位小学教师被评选为"首席学科教师"，有 2 位教师被末位淘汰管理。

2005 年，撤销乡镇教育管理办公室，工作职责由乡镇中心校担任。推行城镇中小学教师到乡村服务制度和区域内城乡"校对校"教师定期交流制度，城镇中有 6 位优秀青年教师自愿申请到雨母山乡中心校支教，城乡参加结对交流的学校有 10 所。6 月，局党委对全区教育系统 10 个单位领导班子从德、能、勤、绩四个方面进行全面考察考核。本年度，对全区在编不在岗人员进行一次全面清理。

2006 年，城区有 5 名小学教师、2 名管理干部自愿申请到乡村学校支教。有 6 名教师主动申请从中学、中心小学到乡镇边远学校支教。

2007 年，全面实行教职员工目标管理量化考核制，推行教职工低职高聘和高职低聘分配激励机制。通过竞争上岗，有 17 名中学教师到小学任教。

2010 年，组织 19 名城区教师到呆鹰岭镇、雨母山乡边远农村小学支教，实行 8 所优秀学校与薄弱学校对口支援和捆绑考核。

二、教育投资体制改革

2001 年 10 月，蒸湘区成立教育经费集中核算管理中心。核算管理中心接受区财政局管理，设主办会计、会计、出纳3个职位(由财政局2人和教育局1人共同组成)。核算管理中心依照《中华人民共和国会计法》《预算管理条例》对各学校的财务收支进行统一核算监督。

2004年,蒸湘区财政预算内教育经费支出为1340万元,财政支出为3831万元,预算内教育经费支出占财政支出比例为34.98%。区财政经常性收入的增长率为4.92%,区财政给教育拨款增长6.94%,高于区财政经常收入2.02个百分点。教育专项经费做到专款专用。

2005年,区财政把教师生活津贴76元/月纳入财政预算,随同教师工资每月按时发放。教师医保、养老保险得到落实,做到与当地党政干部一视同仁。当年,区财政对教育的投入比2004年净增273万元,增长20.66%。

2006年,区财政教育拨款(不含上级追加)1855.4万元,比2005年净增261.2万元,增长16.38%。

2007年,区政府成立以常务副区长为组长,主管教育的副区长为副组长,财政、教育、发改局等部门负责人为成员的农村义务教育保障机制改革领导小组,负责"两免一补"资金按上级要求及时、足额拨付到位。

2008年,对农村义务教育阶段的中、小学生杂费进行全部减免,并实行城市中小学生杂费免费试点工作。

2009年,免除城区义务教育阶段的学生杂费,对农村义务教育阶段学生免费提供教科书,并对家庭经济困难寄宿生生活费进行补助。

三、推进素质教育

2001年,教育局成立素质教育领导小组,制订《关于全面推进素质教育的意见》《蒸湘区素质教育发展"十五"计划》,提出"校长队伍专业化、学校建设特色化、教师队伍专业化、学生个性特色化"的"四化"目标。是年,全区"学校、家庭、社会"三结合德育工作初步形成以学校为阵地,以家庭为基础,以社会为依托的"三位一体"新格局。举办了第一届中小学生田径运动会。

2002年,全区中、小学全面实施《国家体育锻炼标准》。在全区小学生中开展海、陆、空模型运动竞赛和中小学广播体操比赛。

2003年,按照衡阳市的统一部署,新课程改革在全区起始年级和小学三年级起始学科全面铺开,一些学校初步开发具有本校特色的校本课程,如:区实验小学的"口语交际"、西站路小学的"影视文化"、联合教育办的"诗词欣赏"、四一七子校的"矿产品开采"、雨母山乡教育办的"雨母文化"等。是年,全区中小学生在各级各类报刊杂志上发表文章、书画作品200余篇(幅),参加各级各类竞赛活动,获全国一、二、三等奖63人次,市级一、二、三等奖563人次。参加全市中小学艺术展演有25幅作品获奖,5幅作品在省获奖。在开展创建文明城市活动中,全区组织的小学生广场文艺演出,被市文明办评为二等奖。

2004年,抓教师教育观念的转变,通过改革课程设置、改革学习方法、改革评价与考试制度等措施,切实减轻中小学生过重的课业负担。8月,全区成立未成年人思想道德建设工作领导小组,并召开动员会。11月在区实验小学召开经验交流会,进一步完善了"学校、家庭、社区"三级德育网络。

2005年,广泛开展修订后的《中小学生守则》和《中小学日常行为规范》教育,学习和贯彻中共中央、国务院《关于进一步加强和改进未成年人思想道德建设的若干意见》,积极探索新形势下学校德育工作的新途径、新方法。不断美化、净化校园环境,营造健康向上的校园文化氛围。深入进行弘扬和培育民族精神教育活动,加强对中小学生心理健康教育、环保教育、法制教育和禁毒教育。

2006年,结合"八荣八耻"教育,在各中小学广泛开展"校园文明天天见"活动,并在实验小学举办"校园文明天天见"现场经验交流会。开展丰富多彩的城乡学校结对活动,如红湖逸夫小学与梓木小学开展"手拉手·心连心"文明共建活动,胜利小学与雨母山乡中心小学开展师生综合素质大拉练、学生艺术素质大展示活动等。

2007年,认真落实新的《中小学德育工作规程》和《中小学德育大纲》,继续开展城乡"校对校、手拉手"结对活动。加强校园文化建设,为学生提供良好的育人环境。重视对学校辅导员、班主任的选拔与培养,建立一支以班主任、学校辅导员为骨干的高素质德育工作队伍。

2009 年,加强学校、家庭联系,做好"留守学生"关爱工作,建立了"留守学生"档案,及时了解和记录他们的家庭情况、心理状况,并对困难学生及时给予帮助,对心理困惑者热情进行疏导。加强对全区小学毕业生的学业成绩、德育和体育三个方面进行综合评价。加强对 3 所初中"三维发展水平评估"工作的指导。加强青少年校外活动中心建设,深入开展"文明行为养成活动月"活动。年内举办了蒸湘区第一届中小学生科技创新大赛。

2010 年,把学生德育教育摆在首位,将德育融入日常教学、日常生活实践中,并通过升旗仪式上的讲话、参加社会实践、出黑板报、举办红领巾广播站等活动,加强学生思想品德教育。建立名优教师巡回授课制度,开展首席学科教师送课下乡活动。组织学生参加科技创新活动,获省二等奖 1 人次、三等奖 1 人次。

2012 年,围绕庆祝党的十八大开展一系列主题教育活动。在全区中小学生中开展"文明美德伴我成长"主题教育读书征文系列活动,获国家教育部一等奖 4 名,二等奖 5 名,三等奖 7 名。组织开展三湘读书月——2012 年全市少年儿童"学习雷锋好榜样"读书活动,实验小学欧阳乐妍同学获第二届"衡阳市少年儿童阅读之星"称号,立新小学罗林恩同学代表全区学校参加文艺演出获全省少儿组第 1 名。组织 47 名学生参加全市"三独"(独唱、独舞、独奏)比赛,获一等奖 17 个,二等奖 18 个,三等奖 12 个。

第三节 普通教育

一、幼儿教育

(一)发展概况

2001 年,衡阳市行政区划调整后,全区有幼儿园 17 所,在园幼儿 2543 人。

2002 年,根据省教育厅规定,城市学前教育与义务教育分离,区办城区各小学全部取消学前班,学前教育实行政府引导,社会力量为主的办学体系。

2004 年,全区幼儿园 32 所,其中城区 29 所,乡镇 3 所。幼儿教师、保育员 516 人,学前一年教育入学率 91%,学期三年教育入学率 86%。针对某些幼儿园存在的证件不全、消防器材不足、周边环境差、师资力量不够、制度不健全等问题,对所有幼儿园进行检查,提出整改的 25 所,重点整改 3 所,取缔 1 所。

2008 年,区教文体局出台《关于进一步加强民办教育机构管理工作的意见》,对全区 36 所幼儿园的安全工作进行全面督查,对存在安全隐患的 14 所幼儿园下发整改通知书,并吊销了 1 所幼儿园的办学许可证。通过督查,对幼儿园的消防安全、食品卫生、营养食谱、日常防疫等方面知识进行全面培训。

2009 年,全区有幼儿园 39 所,在园幼儿 6750 人,学前一年教育入学率 98.9%,学前三年教育入学率 91.8%。其间,涌现出一批办学条件好、教学质量高的园所,如:育林幼儿园,2008 年前为杭州珠心算总部衡阳珠心算分部,2009 年以来突出经典文学、经典成语教学;绿茵幼儿园成为武汉音乐学院考级基地;广东英豪幼儿园成为湖南省第一批民办示范幼儿园。

2010 年,引进民间资金 940.8 万元,提质改造幼儿园 10 所,配合市重点工程建设整体搬迁 2 所、新建 5 所,幼儿办学条件明显改善。

2011 年,区政府投入 200 余万元,建设农村公办幼儿园 1 所,即呆鹰岭镇中心幼儿园。提质改造幼儿园 6 所,冠都幼儿园成功创建衡阳市示范性幼儿园。

2012 年,区政府投入 175 万元,建设农村公办幼儿园 1 所,即雨母山乡中心幼儿园。创建省级骨干民办学校项目校 1 所,即蒸湘区英豪幼儿园;市级 1 所,即冠都幼儿园。

2001—2012 年蒸湘区幼儿园(班)基本情况一览表

表 18－1

年　度	幼儿园(班、所)	在园幼儿(人)	3—6 周岁入园率(%)	幼儿教师、保育员(人)	备　　注
2001	17	2543	82	270	公办 4 所,企业办 3 所,民办 10 所
2002	11	2780	92	325	公办 4 所,企业办 3 所,民办 4 所
2003	22	4275	96.3	327	公办 4 所,企业办 3 所,民办 15 所
2004	32	—	86	516	
2005	34	4208	—	—	
2006	36	4417	—	671	
2007	39	5508	—	777	
2008	36	4709	90.5	676	
2009	39	6750	91.8	—	民办转公办 1 所
2010	49	5726	92	718	公办 1 所
2011	50	7079	86	954	公办 2 所
2012	56	7559	89	1032	公办 2 所

(二)幼儿园选介

衡阳市绿茵音乐艺术幼儿园　成立于 1994 年 8 月。坐落在蒸湘区红湘街道红湖塘社区,是全市唯一一所以音乐教育为特色的幼儿园。该园在完成幼儿教育大纲常规教育前提下,引进奥尔夫音乐教学,让音乐教育渗透于教学、游戏及日常生活之中,通过音乐教育开发幼儿智力,陶冶幼儿情操,发掘和培养有艺术才能的音乐幼苗。开设钢琴、小提琴、琵琶、柳琴、二胡、扬琴、古筝、架子鼓等中西乐器课程,并特聘武汉音乐学院、衡阳师范学院和各区青少年活动中心的共 10 余位专家、教授为幼儿园的音乐专业教学把关。历年来,该园参加武汉音乐学院器乐专业委员会考级的幼儿累计达 300 余名,合格率达 100%,优秀率达 93%,到幼儿毕业时,普遍达到 3 级水平,钢琴最高达到 4 级,古筝最高达到 6 级。多次参加省、市及全国各种音乐比赛,取得卓越成绩,还在国际音乐大赛中获得殊荣。衡阳电视台多次对该园进行采访报道。

二、小学教育

(一)发展概况

2001 年行政区划调整后,撤并了只有 71 名学生的雨母山乡湘桂小学。蒸湘区有公办小学 31 所,另有厂矿、部队子弟学校 8 所。在实行区属学校区办、乡级学校乡办、村级学校村办的三级办学体制的基础上,制订了《蒸湘区 2001—2005 年中小学布局调整规划》。

2002 年 4 月,由香港邵逸夫捐款修建的红湖小学逸夫教学楼竣工,并更名为红湖逸夫小学。

2003 年,太平小区小学更名为蒸湘区实验小学。撤销湖大分校附小,撤并呆鹰岭镇松陂小学。全区公办小学 30 所,厂矿、部队子弟学校 7 所。当年实验小学、西站路小学成为第 4 批“湖南省现代教育技术实验学校”,蒸湘北路小学成为第 2 批“衡阳市现代教育技术实验学校”。

2004 年,全区公办小学在校学生 11021 人,教学班 327 个。厂矿、部队子校 7 所,在校学生 4152 人。西站路小学被共青团湖南省委少工委评定为“湖南省红领巾示范学校”。

2005 年,为确保学生不流失,区教文体局组成督查小组,到各学校了解学生流失情况、流失原因。除督促学校上门劝学外,还为 636 名农民工、残疾人、低保户的子女减免学杂费 5.72 万元,免费提供教科书 8.08

万元。西站路小学被市委、市政府授予“文化教育优胜单位”称号。长湖乡立新小学被共青团湖南省委少工委评定为“湖南省红领巾示范学校”。

2006 年 1 月 31 日,衡阳市氮肥厂、衡阳市汽车制配厂、衡阳市三建公司子弟学校(简称三厂子校),整体移交给蒸湘区;4 月 1 日,衡阳冶金汽修设备厂子弟小学整体移交给蒸湘区;11 月 31 日,蒸湘区接收衡阳钢管(集团)有限公司小学(简称衡钢小学)。是年,区教文体局将“三厂子校”和“冶金汽修设备厂子校”并入联合小学,撤销南华大学子弟小学,撤销呆鹰岭镇堰头小学。

2007 年,根据省、市有关文件精神,区委、区政府把义务教育合格学校建设工作纳入为民办实事的重要内容,制订《蒸湘区义务教育合格学校建设工作方案》《衡阳市义务教育阶段学校办学类别及办学规模规划表》。是年,衡汽集团育才学校(湘运子校)整体移交给蒸湘区,其中中学部改名为蒸湘二中,小学部并入联合小学,联合小学更名为联合中心校。至此,辖区内厂矿子弟学校移交工作全部完成。实验小学被评为“湖南省安全文明学校”。10 月,区教文体局获省教育厅“全省教育系统关心下一代工作先进集体”称号。

2008 年,全区成立合格学校建设领导小组,实行任务分解制度,并建立相关责任追究制和奖惩措施。7 月,撤销呆鹰岭镇中平小学、新平小学。

2009 年,联合街道北塘小学、衡钢小学经湖南省检查验收,分别被评定为“合格学校”。蒸湘区合格学校建设考核得分 100 分,排名衡阳市城区第一名。

2010 年,通过采取“严格划片招生,避免盲目跟风择校”“引进民间资金,发展民办教育”“积极筹措资金,改扩校舍规模”等方法,增加小学学位 2130 个,有效化解城区小学大班额问题,小学一年级班额均控制在 60 人以内。是年,联合街道胜利小学、西站路小学分别被评为“合格学校”。

2011 年,投资 2000 余万元的民办小学蒸湘区清华园小学开始招生。同年,投入建设资金 662.86 万元建设合格学校 2 所,即蒸湘区实验小学、蒸湘北路小学。合格学校建设考核全市排名第一。西站路小学被省综治委、省教育厅、省公安厅评定为“2010 年度湖南省安全文明校园”;被共青团湖南省委少工委授予“湖南省优秀少先队集体”。衡钢小学被市人民政府授予“市体育工作先进集体”。

2012 年,投入建设资金 2097 万元,建设合格学校 21 所。即红湖小学、立新小学、长湖小学、蒸湘中学、呆鹰岭中学、新阳小学、同西小学、新民小学、鸡市小学、土桥小学、振兴小学、联合小学、蒸湘南路小学、岳屏小学、雨母山中学、东阳小学、梓木小学、竹灵小学、群益小学、二塘小学、新中小学。合格学校建设考核全市排名第一。

2001—2012 年蒸湘区公办小学情况一览表

表 18-2

年度	所数	分布状况	在校学生(人)	教学班(个)	校均规模	城区			“三类”残疾儿童入学率(%)
						入学率	毕业率	辍学率	
2001	31	区直5所,长湖乡4所,联合街道4所,雨母山乡6所,呆鹰岭镇12所	13324	259	426	100%	100%	0	95
2002	31	区直5所,长湖乡4所,联合街道4所,雨母山乡6所,呆鹰岭镇12所	12250	223	395	100%	100%	0	95
2003	30	区直5所,长湖乡4所,联合街道4所,雨母山乡6所,呆鹰岭镇11所	11891	260	397	100%	100%	0	
2004	30	区直5所,长湖乡4所,联合街道4所,雨母山乡6所,呆鹰岭镇11所	11021	327	395	100%	100%	0	88
2005	30	区直5所,长湖乡4所,联合街道4所,雨母山乡6所,呆鹰岭镇11所	11224	—	—	100%	100%	0	
2006	31	区直6所;长湖乡4所,联合街道5所,雨母山乡6所,呆鹰岭镇10所	12062	256	402	100%	100%	0	
2007	31	区直6所;长湖乡4所,联合街道5所,雨母山乡6所,呆鹰岭镇10所	13936	257	450	100%	100%	0	90

续表 18－2

年度	所数	分布状况	在校学生(人)	教学班(个)	校均规模	城区			“三类”残疾儿童入学率(%)
						入学率	毕业率	辍学率	
2008	29	区直6所;长湖乡4所,联合街道5所,雨母山乡6所,呆鹰岭镇8所	14272	260	492	100%	100%	0	
2009	29	区直6所;长湖乡4所,联合街道5所,雨母山乡6所,呆鹰岭镇8所	11762	278	509	100%	100%	0	90
2010	29	区直6所;长湖乡4所,联合街道5所,雨母山乡6所,呆鹰岭镇8所	14525	277	501	100%	100%	0	90
2011	29	区直6所;长湖乡4所,联合街道5所,雨母山乡6所,呆鹰岭镇8所	14286	279	493	100%	100%	0	
2012	29	区直6所;长湖乡4所,联合街道5所,雨母山乡6所,呆鹰岭镇8所	13246	285	457	100%	100%	0	

2001—2012 年蒸湘区厂矿、部队子弟学校情况一览表

表 18－3

年度	学校(所)	在校学生(人)	教学班(个)	校均规模(人)	在职教职工(人)	专任教师大专以上学历	
						人数	比例(%)
2002	8	4635	—	579	—	—	—
2003	7	4233	—	604	238	—	—
2004	7	4152	—	593	217	187	48.4
2005	7	4354	—	622	203	141	69.4
2006	5	3549	—	710	97	70	72.16
2007	3	1411	23	470	55	37	70.1
2008	1	563	—	563	21	17	80.9
2009	1	482	9	482	19	17	89.4
2010	1	481	9	481	19	17	89.4
2011	1	479	9	479	19	17	89.4
2012	1	390	9	390	18	17	89.4

2001—2012 年蒸湘区民办小学情况一览表

表 18－4

年度	学校(所)	在校学生(人)	教学班(个)	校均规模(人)	备注
2001—2003	1	—	—	—	船山英文学校
2004—2006	1	—	—	—	第二成章实验学校小学部
2007	3	1915	42	638	文英学校、红太阳小学、第二成章实验学校小学部
2008	3	2175	45	725	文英学校、红太阳小学、第二成章实验学校小学部
2009	3	2673	59	891	文英学校、红太阳小学、船山英文学校小学部
2010	3	2744	62	915	文英学校、红太阳小学、船山英文学校小学部
2011	4	3231	92	808	文英学校、红太阳小学、船山英文学校小学部、清华园小学
2012	4	3410	97	853	文英学校、红太阳小学、船山英文学校小学部、清华园小学

注:2003 年,船山英文学校更名为第二成章实验学校;2004 年,第二成章实验学校分设小学部、中学部;2009 年,第二成章实验学校仍恢复船山英文学校名称。

(二)小学选介

蒸湘区实验小学 坐落在蒸湘区蒸湘街道,创办于1992年,原称太平小区小学,2003年9月更名为蒸湘区实验小学。学校占地面积15.76亩,建筑面积8526平方米。2001年6月以来,总投资1000万余元,建设现代化教育设施,办学条件发生巨大变化。学校拥有100兆以上的校园网,实现了"班班通"工程。多媒体教室、电脑室、语音室、电子阅览室、教学软件制作室、藏书室、阅览室、舞蹈室、实验室、仪器室、音乐室、美术室、劳技室、体育器材室、卫生室等一应俱全。2003年,学校被中共衡阳市委、市政府评定为"安全文明校园",获湖南省教育厅"现代教育技术实验学校"称号,学校少先队大队部被全国少工委、团中央授予"全国红旗大队"称号。2005年7月,获市委、市政府"创建省级文明城市工作红旗单位"。2007年后学校先后被授予"全国优秀家长学校""全国青少年文明礼仪教育示范基地""湖南省基础教育教学研究实验(优秀)学校""湖南省现代教育技术实验学校""湖南省贯彻体育工作条例优秀学校""湖南省示范性家长学校""湖南省红领巾示范学校""湖南省安全文明学校"等称号。2012年秋,有教学班44个,在校生2569人,教师102人。

三、中学教育

2001年5月行政区划调整后,蒸湘区境内只有原衡郊一中(后更名为蒸湘中学)、呆鹰岭中学、雨母山中学3所初级中学,教学班61个,在校学生3006人,校均规模1002人,专任教师242人。

2002—2004年,投入200余万元先后对3所中学进行改造,改造面积3170平方米。2003年,蒸湘中学被评为"衡阳市现代教育技术实验学校"。2004年,初中年巩固率99.36%,初中毕业生合格率96%,升学率83.8%。当年,蒸湘区被市委、市政府评为"巩固提高'普九'成果先进区"。

2005年,对公办和民办中小学的办学行为展开整治,规范中小学招生秩序,严格执行教学计划,控制各类竞赛活动、学生作业总量和考试次数,杜绝节假日成建制补课、乱订资料、有偿家教、体罚和变相体罚等现象。

2006年,认真落实《衡阳市2006年初中毕业考试与高中招生制度改革方案》,加大宣传力度,确保改革方案顺利执行。为确保学生不流失,全区对城镇低保户子女、农村贫困家庭子女、特困家庭子女及残疾人子女中1262名中学生免书款12.61万元,295人免杂费3.25万元。

2007年,湘运子校移交给蒸湘区后,其中学部改名为蒸湘二中,至此,全区有初级中学4所,教学班47个,在校学生2440人,校均规模610人。

2008年,区教文体局获省教育厅"湖南省电化教育工作先进单位"称号。

2011年,仁爱中学筹办,2012年正式招生。2012年蒸湘二中停办。

2001—2012年蒸湘区公办中学情况一览表

表18-5

年 度	学校数(所)	在校学生(人)	教学班(个)	校均规模(人)	巩固率%	合格率%	升学率%
2001	3	3006	61	1002	97.7	97.2	80
2002							
2003	3	4207	62	1402	99.25	97.3	75.7
2004	3	3723	59	1261	99.36	96	83.8
2005	3	2827	51	942			85.7
2006	3	2259	44		93.3	99.6	85.7
2007	4	2440	47	610	99.2		88.1

续表 18－5

年　度	学校数（所）	在校学生（人）	教学班（个）	校均规模（人）	巩固率%	合格率%	升学率%
2008	4	2545	45	636.25	99.3		88.1
2009	4	2380	44	595	99.31		87.5
2010	4	2235	42	559	99.59		88.1
2011	3	2113	18	704	99.72		89
2012	3	1981	16	660	99.76		94

2012 年蒸湘区民办中学情况一览表

表 18－6

学校名称	地　　址	教职员工（人）	教学班（个）	在校学生（人）
船山英文学校中学部	蒸湘区立新路 20 号	98	35	2283
船山实验中学	市高新技术开发区延安路	114	60	3000
仁爱中学	呆鹰岭镇	70	10	540

第四节　职教成教

一、职业教育

2001 年行政区划调整后，区内呆鹰岭镇、长湖乡、雨母山乡各有一所农校，常年开设葡萄、草莓、板栗、甜柚、蔬菜种植和养猪、养鱼、养鸡及特种养殖培训。

2003 年，雨母山乡农校由原东阳乡农科教中心大楼迁入雨母村小学，建筑面积 600 平方米，配备专职副校长、教务主任，并在全乡聘用 7 名兼职教师。乡政府与农校一道制订了“十五”发展规划，与“村两委”协调，修好了农校铁门和路面，为农校解决了种植养殖示范基地。成为全市首批通过的“乡镇农校 50 强”验收合格的 13 所农校之一。

2004—2005 年，呆鹰岭镇农校、长湖乡农校经市教育局验收合格。各乡镇农校创办以来，每年都配合区人事劳动局与科技局开展岗位培训和送科技下乡活动，年培训达 3000 余人次。

2011 年，高度重视全民终身教学，建设社区学院 1 所、社区学校 2 所，社区学习中心 5 所。

二、成人教育

蒸湘区成人教育主要是组织参加湖南省自学考试和成人高考。2001—2012 年，共组织自学考试报名 20 次，报名人数 30360 人，报考科目 77372 科，毕业人数 1051 人，建档 12000 份；组织成人高考报考人数 28959 人，建档人数 2506 人。

2001—2012 年蒸湘区成人教育情况一览表

表 18－7

年度	自学考试					成人高考	
	自考第次	报名人数	报考科目	毕业人数	建档份数	报考人数	建档人数
2001	34.35.36.37	4600	11536	158	—	1300	1163
2002	38.39.40.41	11000	22088	286	—	1600	1343
2003	42.43.44.45	7449	14158	80	—	2456	—
2004	46.47	1640	4014	64	—	1198	—
2005	48.49	2789	6130	110	—	2211	—
2006	50.51	1284	2870	56	12000	5209	—
2007	52.53	1023	2316	97	—	3110	—
2008	—	1614	3900	32	—	3355	—
2009	—	1054	2450	49	—	2695	—
2010	—	1114	2730	65	—	2592	—
2011	—	—	1968	54	—	1893	—
2012	—	—	2062	—	—	1394	—
合计	20 次	30360	77372	1051	12000	28959	2506

第五节　民办教育

一、发展概况

2001 年,区内民办教育以幼儿教育为主体,短期培训、辅导班、自学助考为补充。全区有民办幼儿园 10 所,民办小学 1 所,汽车驾驶员短期培训班 1 所,小学辅导班 2 所,自学助考班 1 所。

2003 年,由湖南省电信公司衡阳分公司控股的船山英文学校加入衡阳市八中教育集团,更名为第二成章实验学校。

2004 年,《湖南省实施〈民办教育促进法〉办法》颁布实施后,全区民办教育迅速发展。有民办幼儿园 27 所,托幼中心 2 所,语言培训中心 1 所。民办第二成章实验学校分设小学部、中学部。9 月 1 日,从 2003 年 2 月动工修建的衡阳市第一大民办高校——湖南科技经贸职业学院(原名中南财经科技管理学院)建成招生。12 月,区教文体局设立民办教育管理股。

2005 年 4 月,由教文体局牵头,成立蒸湘区民办教育协会。辖区内有各级各类民办教育机构 46 所,其中民办中、小学及幼儿园在校(园)人数达 6700 余人。全区有省级示范性幼儿园 1 所,市级示范性幼儿园 9 所。

2006 年,船山实验中学成功实现股份制改造,并随衡阳市一中从雁峰区整体搬迁至市高新技术开发区延安路。

2007 年,教文体局制定《蒸湘区民办教育机构年检评估奖惩办法》,年末对全区民办教育机构进行年检评估,评出优秀单位 5 所,优良单位 4 所,合格单位 22 所,不合格单位 2 所。

2008 年,区教文体局根据湖南省人民政府《关于促进民办教育发展的决定》精神,结合本区实际情况,制订《蒸湘区关于进一步加强民办教育机构管理工作意见》。

2009 年，第二成章实验学校仍恢复船山英文学校名称。全区民办教育涵盖高职、中职、高中、基础教育、幼儿教育、成人教育等所有层次。

2010 年，全区民办教育机构均安装电子监控系统。10 月，对民办教育机构进行年检评估，评出优秀单位 4 个、优良单位 7 个、合格单位 26 个。

2011 年，依法审批 9 所民办教育机构，蒸湘区创“学前三年教育先进县市区”。

2012 年，审批 8 所民办教育机构。全区有各级各类民办教育机构 75 所，其中高职 2 所，中职 5 所、中学和小学 7 所、自学助考 1 所、短期培训 7 所，托幼机构 3 所、幼儿园 54 所。

二、民办学校选介

船山英文学校　创办于 1998 年，始名衡阳市船山英文学校，由湖南省电信公司衡阳分公司和深圳金天茂实业发展有限公司合资 1.8 亿元建成。校园占地 200 余亩，建筑面积近 8 万平方米。2003 年春，学校加入衡阳市八中教育集团，更名为第二成章实验学校。学校设有幼儿园、小学部、中学部，建有独立的教学楼、图书馆、实验楼、体育馆、学生宿舍、食堂、风雨走廊等。校园内 4.3 万平方米的绿化面积，树木葱茏、绿草如茵、景色宜人。2009 年 7 月，衡阳电信分公司将在校的股份和部分债权划转给衡阳弘湘国有资产经营有限公司，学校仍恢复船山英文学校校名。

2010 年，幼儿园设 14 个班，在园幼儿 410 余人。小学部有教学班 25 个，在校学生 1262 人。中学部有初中班 20 个，在校学生 1262 人，有高中班 15 个，在校学生 1021 人。共有教职员工 350 余人。

多年来，学校以“弘扬王船山的治学精神”为宗旨，努力创建“高品位、高质量、重特色”的三湘名校，赢得了社会的广泛认可和赞誉，先后获得衡阳市“民办学校教育教学质量先进单位”、湖南省“民办教育特色实验学校”、全国“民办教育先进单位”等称号。

湖南科技经贸职业学院　学院董事长刘福生于 1991 年创办“中南职业技术学校”，1995 年，扩大办学规模，学校更名为“中南科技财经管理学院”。2002 年，为进一步提升学校档次，打造一流办学条件，该院重新在蒸湘区呆鹰岭镇鸡市村征地，2003 年 2 月动工修建，2004 年 9 月 1 日建成招生，学校更名为“湖南科技经贸职业学院”。2005 年 3 月，经湖南省人民政府批准，教育部备案，升格为衡阳市第一所全日制民办普通高等院校。2005 年 10 月，经教育部、财政部评定为重点建设的“国家综合性实训基地”。至 2012 年，该院占地面积近 1000 亩，总建筑面积 26.8 万平方米。拥有 14000 平方米的图书馆，藏书 43 万册。有 6000 多平方米的实训大楼，可同时容纳 1000 余人进行实训。设有 5 系 40 个专业，25 个校外实习基地，1 个在校大学生创业培训一条街。在校学生 12000 余人。470 名教师中，专职教师 427 名，占 91%。

该院坚持以服务为宗旨，以就业为导向，以能力为本位的办学方针，努力践行“厚德、善思、强技、笃行”的校训，打造以工科为主、文理兼招的综合性高职学院。2007 年，被评为湖南省职业教育先进单位；2008 年，教育部人才培养水平评估为优秀学院；2009 年，被评为全国电子信息应用教育工作先进单位。

第六节　教　师

一、教师队伍

2001 年衡阳市行政区划调整后，蒸湘区公办学校在编教职员工 882 人（含学区编 9 人）。其中：小学教师 631 人，教师学历合格率 97.2%，中学教师 242 人，教师学历合格率 95.12%。

经过不断调整，多渠道培训，教师的学历和教学水准大幅度提升。至 2012 年，公办学校在编、在岗教职工 837 人，内有高级职称 39 人，中级 689 人，初级 101 人。其中：小学在职教职工 649 人（专任教师 647 人），有大专以上学历535人,占小学教师总数82.4%;中学在职教职工188人(专任教师182人),有本科以上学历121人,占初中教师总数的64.3%。小学、中学教师学历合格率均为100%。

境内有95338部队子校1所,有专任教师18人,其中大专以上学历17人,占教师总数的94.4%。

2001—2012年蒸湘区公办学校教师队伍情况一览表

表18-8 单位:人

年度	公办学校									退休教师
	在编在岗教职工数	职称				小学教师		中学教师		
		中高	中级	初级	其他	人数	学历合格率(%)	人数	学历合格率%)	
2001	882	12	385	445	40	631	97.2	242	95.12	180
2002	897	15	403	448	31	623	100	232	97.5	190
2003	873	18	414	365	76	612	100	216	94.9	202
2004	882	20	413	400	49	606	100	230	94.5	210
2005	854	23	407	382	42	571	100	225	94.7	219
2006	868	22	449	360	35	661	100	215	96.7	301
2007	911	24	483	375	29	677	100	234	100	337
2008	870	27	485	335	23	648	100	222	100	376
2009	911	24	483	375	29	667	100	222	100	412
2010	847	34	693	113	7	663	100	184	100	444
2011	818	39	718	61	11	631	100	187	100	477
2012	837	39	689	101	8	649	100	188	100	504

二、教师培训

(一)培训机构

蒸湘区教师培训中心的前身是郊区教师培训中心,成立于1986年5月,2001年5月易为今名,系区教文体局二级机构。主要职责是:负责组织中小学教师继续教育培训、教师学历提升培训、新课程改革师资培训、信息技术与普通话培训、校长岗位培训、骨干教师培训、教师学科培训等。历任主任及任职时间:朱诗良(2001年5月至2003年12月)、董桂荣(女,2004年1月—)。

(二)培训情况

2001年,举办2期电脑等级培训班,培训教师150余人,考试合格率95%以上;举办普通话培训班3期,培训教师340余人,通过测试获证300余人,合格率90%;选送教师进修高层次学历80人。

2002年,举办信息技术培训班4期,培训教师162人,经省电教馆主考,合格率为100%;举办普通话等级培训班3期,培训教师301人,参加补考20人,经测试合格283人,合格率88.16%;组织选拔中青年优秀骨干教师参加省级骨干教师培训15人,参加市级各学科骨干教师培训3人。全区中小学教师参加自考和成人高校就读240人,占教师总人数的28%。对全区中小学教师的培训情况进行一次全面清理登记,建立教师培训台账。

2003年,举办普通话培训班3期,培训教师183人次;举办计算机培训班6期,培训教师178人次,经考试合格率100%;组织送培35名教师参加市级骨干教师培训班学习;组织17名中小学校长参加岗位培训;组织480名中小学教师参加市、区两级新课程改革通识培训和学科培训。

2004 年,举办信息技术初级培训班 1 期,培训教师 42 人,经省电教馆主考,合格率 100%,举办高级培训班 6 期,培训教师 169 人。举办普通话等级培训班 1 期,培训教师 138 人。全区中小学教师报考成人高校本科 16 人,参加自考和成人高校就读的有 129 人,占教师总人数的 15.6%。组织参加省级骨干教师培训 7 人,参加市级各学科骨干教师培训 28 人。全区共有 25 个学科,114 名教师参加新课改培训。

2005 年,培训中心先后组织 6 人参加省级,18 人参加市级骨干教师培训,组织 20 个学科 143 名教师参加新课程改革培训。全年共举办信息技术高级培训班 5 期,参培教师 184 人,获证 183 人。举办普通话培训班 1 期,培训教师 84 人,举办中小学美术教师创作能力短训班 1 期,培训中小学教师 34 名。2005 年中小学教师继续教育工作,基础教育课程改革工作分别被评为衡阳市先进单位。

2006 年,举办信息技术高级培训班 10 期,培训教师 401 人次,获证 330 人,合格率 82%。组织 192 名教师(其中农村中小学教师 134 人)参加市级新课程改革培训学习,16 名中小学校长、幼儿园园长岗位培训,选送 20 名中小学骨干教师参加英特尔未来教育培训。

2007 年,组织 2 名教师参加省级、38 名教师参加市级骨干教师培训,4 名教师参加省级音乐、美术学科教师培训,9 名中小学校长参加岗位培训,28 名教师参加市英特尔未来教育培训。全年举办中小学信息技术高级培训班 12 期,培训教师 528 人次。完成第一轮班主任的全员培训,参培教师 378 人。

2008 年,组织 14 名中小学教师参加湖南省、衡阳市骨干教师培训;6 名小学语文、数学教师参加衡阳市骨干教师培训;选派 7 名中小学校长、26 名幼儿园园长分别参加湖南省、衡阳市的业务培训,举办中小学教师信息技术高级培训班 2 期,培训教师 80 人,合格率 96.35%;举办中小学教师普通话培训班 2 期,参培教师 130 人。

2009 年,为近 4 年来新招聘的 53 名青年教师进行学习培训,并对其中 30 名教师进行岗前培训;组织 50 名班主任和 103 名骨干教师参加远程教育培训;组织 30 名教师参加英特尔未来教育技术进课堂项目培训;组织 8 名中小学、幼儿园教育干部参加各级行政部门组织的培训;组织 9 名中、小学校长参加湖南省校长论坛。

2010 年,举办中小学教师信息技术高级培训班 2 期,参培教师 81 人,国培计划参培教师 142 人次;组织 30 名教师参加英特尔未来教育培训;50 名教师参加远程教育培训;9 名校长参加湖南省校长论坛;7 名校长参加省、市教育干部培训;对新招 28 名教师完成了岗前培训;组织 2 名幼儿教师参加省级幼儿园教师培训班;31 名幼儿园园长参加市级园长培训班;对全区中小学教师继续教育证进行网络化年检。

2011 年,举办信息技术高级培训班 2 期,培训 100 人,合格率 96%。组织教师参加国、省、市三级教育部门举办的各项培训 437 人次。其中国家级培训 326 人次,省级培训 20 人次,英特尔未来教育培训 32 人次,非学历远程培训 50 人次,中小学校长培训 9 人次。全区教师学历合格率 100%。组织 4 名幼儿园园长和 6 名骨干教师参加省幼教师资培训学习,10 名园长参加市园长任职资格培训。

2012 年,对 2011 年新招的 40 名教师进行岗前培训。举办信息技术高级培训班 2 期,培训 200 人,合格率 93%。举办普通话培训 2 期,培训 173 人,合格率 88.3%,组织教师参加国、省、市三级教育部门举办的各项培训 1044 人次。其中国家级培训 886 人次,省级培训 12 人次,英特尔未来教育培训和非学历远程培训 146 人次。全区教师学历合格率 100%,组织 6 名幼儿园园长参加第六届湖南省幼儿园园长学术年会,联系衡阳幼师 80 名实习生到本区顶岗实习一年。

三、教师待遇

(一)政治待遇

从 2002 年 9 月 9 日起,区委、区政府在每年庆祝教师节时,表彰国家、省、市、区级优秀校长、优秀教师、优秀班主任,师德标兵、人民满意教师。至 2012 年共表彰 563 名教师,评选首席学科教师 19 名。

2004 年,评选市优秀教师 4 名,省优秀教师 1 人。

2007 年,评选市优秀教师 4 人。

2009 年,评选市师德标兵 2 人,全国优秀教师 1 人。

2011 年,评选区师德标兵 20 人,首席学科教师 2 人,市优秀教师 2 人,省优秀教师 1 人,全国优秀教师 1 人。

2012,评选蒸湘区十佳教师 10 人,优秀教师 55 人,市优教师 2 人,省优教师 1 人。

2002—2012 年蒸湘区教师政治待遇情况一览表

表 18－9　　单位:人

名称 年度	优秀校长			优秀班主任	优秀教师				师德标兵		人民满意教师	小计	首席学科教师	合计	区人大代表		区政协委员	
	省级	市级	区级	区级	国家级	省级	市级	区级	市级	区级	区级		区级		一届	二届	一届	二届
2002	—	—	—	—	—	—	—	—	—	—	—	—	—	—	2	—	7	—
2004	—	—	—	—	—	1	4	125	—	—	—	—	2	—	—	—	—	—
2005	—	—	—	—	—	—	—	—	—	—	51	—	2	—	—	—	—	—
2006	—	—	—	—	—	—	—	66	—	—	—	—	2	—	—	—	—	—
2007	—	—	—	—	—	—	4	67	—	—	—	—	1	—	—	2	—	7
2008	1	1	14	10	—	—	—	—	—	—	—	—	4	—	—	—	—	—
2009	—	—	—	—	1	—	—	85	2	—	—	—	4	—	—	—	—	—
2010	—	—	—	10	—	—	—	—	—	—	—	—	—	—	—	—	—	—
2011	—	—	—	10	1	1	2	—	—	20	—	—	2	—	—	—	—	—
2012	—	—	—	10		1	2	55	—	—	—	—	—	—	—	—	—	—
小计	1	1	14	40	2	3	12	398	2	20	51	544	19	563	2	2	7	7
合计	16			40	415				22		51	544	19	563	4		14	

(二)经济待遇

行政区划调整后,区委、区政府按照政策规定的标准,将全区教职员工的经济待遇落实到位。在落实医保方面走在各城区前列。

2004 年,为全区教育系统 556 名女职工购买两癌(乳腺癌、子宫癌)保险。

2005 年,区财政把教师生活津贴 76 元/月纳入财政预算,随同教职员工工资按月发放。教师医保、养老保险也得到落实,做到了与当地党政干部一视同仁。

2006 年,区委、区政府在第 22 个教师节拨款 12.3 万元慰问全区教职员工。为教育系统 868 名教职工购买意外伤害险。教师大病互助纳入财政预算。

2007 年,为全区教职工办理住房公积金,并建立教职员工定期体检制度。

2009 年,全区教师绩效工资由区财政全额拨付到位;为全区教职工办理工伤保险,保面覆盖率 90% 以上。慰问 56 户特困教职工,发放慰问金 12400 元。对边远山区教职工每人每月发放 120 元、80 元、40 元特殊岗位补贴。

2010 年,教师全面实行绩效工资,人平全年增加 1500 元。

第七节 教学研究

一、教研机构

衡阳市郊区教育局教学研究室(简称教研室)成立于1984年,属教育局二级机构。2001年行政区划调整后更名为蒸湘区教育教学研究室,配教研员8人,其中中学7人,小学1人。2012年,配专职教研员2人、兼职2人,其中中学1人,小学3人。教研室历任主任及任职时间:蔡源(2001年5月至2003年1月)、雷春莲(女,2003年2月—)。

二、教研活动

2001年,全区教改教研工作做到有课题、有计划、有部署。开展"学校、家庭、社会"即"三位一体"课题的研讨活动。在教学过程中,把"学生发展的主动权交给学生",着力培养学生的创新精神和实践能力,在师生中广泛开展"评名师、名生"活动。

2002年,开展以学生发展为本,以培养学生创新精神和实践能力为重点的基础教育教学研究。全区中小学共开展8项课题研究。6月,举办学具应用评比赛;10月,举办小学生"贝贝乐"美术作品大赛。

2003年,完善"区、乡、校"三级教研网络,组建中小学语文、数学、英语等9科中心教研组。全年共组织全区性教研活动15次,参加教研活动的教师总数达1000余人次,组织教师参加各级各类教学竞赛共13次。在衡阳市率先实行小学课改年级语文、数学教师集体备课制度。是年,在认真调查研究的基础上,结合蒸湘区实际,确定"以学校为中心,构建学习型社区"的教研课题,并被省教育科学规划办列为省级17个重点资助项目之一,由省里拨出3万元资助该课题。为交流教育教学经验,推广教研成果,教研室编创《蒸湘教研》刊物。

2004年5月,教文体局申报"以学校为中心,构建学习型社区" 的省级课题,并顺利通过省级专家的开题论证。围绕省级课题,针对各学校实际,全区共分6个子课题进行研究,由子课题带动并促进本校教研工作。10月,组织全区教师参加由衡阳市教育局举办、蒸湘区承办的学具优质课比赛。是年,在全区范围内建立集体备课制度。

2005年,把由原来区教文体局统一组织的集体备课改为以乡镇教育办和各学校为主、教研室指导为辅的集体备课制度。5月,举办第二届小学生学具应用美术创作竞赛活动。6月,举办小学数学学具教学比武和小学学具论文评选活动。当年,组织全区40余名教师参加省、市级教学科研比赛。

2006年5月,举办蒸湘区小学自然(科学)学具教学比武。全年组织60人次参加省、市教学科研比赛。

2007年,全区共举办区级教学竞赛、示范课观摩、教学讲座等教研活动15次,各校组织教师参加教研活动26次。同时,校本教研扎实推进,区实验小学、立新小学、联合中心校、西站路小学不仅编写出特色各异的校本课程教材,且在本校各年级学生中授课,推进了基础教育向纵深发展。

2008年,教研室举办区级教研活动3次,指导并参加区内学校教研活动6次,组织教师参加省、市教研活动19次,组织中、小学生竞赛7次。

2009年,教研室举办区级教研活动4次,指导并参加各校教研活动11次,组织参加省、市两级教研活动17次,组织中小学生竞赛6次。

2010年,组织教师参加省小学语文,市小学英语、初中英语等一系列竞赛。组织区内数学教师开展优质课竞赛活动、区首席学科教师送课下乡活动、全区幼儿教师优质课竞赛等。

2011年,教研室组织基层学校集体备课13次,组织首席学科教师送教下乡7次,组织青少年教师教学业务培训387人次,组织教师说课、授课等比赛400人次。

2012年,创办《蒸湘教改》,全年编发2期。全区从2月份开始,开展新课程改革,打造高效课堂。11月,衡阳市新课程改革观摩会在蒸湘区实验小学、立新小学举行。

三、教研成果

2001年,西站路小学《在劳动教育中培养学生创新能力》课题研究成果获市级奖并报省参评获奖;蒸湘中学初中历史"导练式"课堂教学模式研究结题参市评奖。全年共有236篇论文参区赛,178篇参市赛,6篇参省赛。在7月份的教育教学质量检测中,全区小学生毕业合格率97.2%、升学率达80%,升入重点中学的达30%。在省、市体育优质课比武中,衡钢小学陈虹获省二等奖、市金奖,蒸湘北路小学范莉莉获市银奖。西站路小学郑珊参加省、市《音乐录像》课比赛,获省二等奖、市一等奖。刘美玲参加市《美术录像》课比赛获二等奖。在全市"三优联评"中,太平小区小学冯瑞、蒸湘北路小学邓柳获综合一等奖,衡钢小学李莉、联合小学胡芳、蒸湘中学肖何灵、李如愚获综合三等奖。

2002年,西站路小学《在劳动教育中培养学生的创新素质》课题和南华附小《小学英语"功能-语境-功能"教学实验》课题分获衡阳市第六届基础教育优秀教研教改成果一等奖;蒸湘中学《中学历史"导练式"教学研究》课获市三等奖。太平小区小学、西站路小学分别被评为衡阳市教研教改示范校一星级学校。同年教师参加各种竞赛获国家级一等奖2人,优胜奖1人,省一等奖3人、二等奖1人、三等奖3人,市级奖20余人次。全区教师论文获省奖40余篇,市奖250余篇。

2003年,全区教师在各级各类竞赛活动中获省一等奖1人、二等奖2人,市一等奖8人、二等奖2人。全区有6人被选为全市送课下县(乡)任课教师,为全市城区入选教师人数最多的一个区。全区教师论文获省级奖29篇,市级奖200余篇。

2004年,全区教师撰写论文300余篇,其中获省级以上奖32篇,市级奖194篇。在各类竞赛活动中,获省级一等奖1人、二等奖3人、三等奖1人,市级一等奖24人、二等奖16人。

2005年,全区教师在各级比赛中,获省一等奖1人,二等奖3人,市级一等奖17人,二等奖22人,教师撰写的论文在省、市获奖211人次。

2006年,全区教师参加省、市级竞赛60余人次,获省特等奖1人、一等奖7人、二等奖7人、三等奖4人,市级一等奖19人、二等奖22人。教师撰写的论文在省级以上获奖6人次。

2007年,在省、市两级教学竞赛和国家、省、市级说课及课件制作竞赛中,获国家一等奖1人次、省一等奖3人次、市一等奖16人次;在教师"下水文"竞赛中,获市一等奖17篇,教学论文获市一等奖22篇;在衡阳市第七届基础教育优秀教研教改成果评比中,蒸湘区有5个课题获奖,其中二等奖2个,三等奖3个。

2008年,区内部分教师参加各级各类比赛获省级奖4人次,市一等奖35人,二等奖21人。教师撰写的论文在省、市获奖206篇次。

2009年,组织教师参加各级教学、说课、基本功、课堂教学设计等竞赛,获市一等奖15人,二等奖22人;省级课题《以学校为中心,构建学习型社区》结题。

2010年,组织参加科技创新活动获省二等奖1人、三等奖1人,实现了该项目零的突破;教师参加省、市论文评选竞赛活动,上交论文55篇,获市一等奖20篇;教师课件制作获市一等奖66人次;自制教具获市一等奖4件;三优联评获省一等奖3人;电脑作品获省一等奖2件,市一等奖18件。

2011年,教师论文获市一等奖4篇,二等奖9篇,课件获省一等奖7件,二等奖19件,市一等奖17件,二等奖11件。组织教师参加全市实验教师创新大赛,获化学类一等奖,生物类二等奖。

2012年,举办蒸湘区首届音乐、美术教师基本功比赛,在组织教师参加市级的学科竞赛获一等奖13人次。

第八节　教育设施

一、校　舍

衡阳市行政区划调整后，区内部分学校校舍破烂不堪，严重影响教育教学工作。根据上级指示精神，区政府逐年加大教育经费投入，经过多年努力，至2005年全区危房改造全部完成，并维修和新建部分校舍，中、小学校貌焕然一新。

2001年，蒸湘区向上级争取危改专项资金96万元，逸夫教育捐赠款15万港元，自筹资金35万元，改造危房面积2417平方米，合格率100%，在衡阳市中小学危改中排名第一位。

2002年1—3月，区财政投入15万元，改造呆鹰岭镇旧教学楼1212平方米。暑假期间，雨母山乡投资25万元，对竹灵完小的教学楼和厨房进行改造，改造面积1476平方米。呆鹰岭镇投入20万元对中心小学进行全面维修，改造面积1068平方米。此外，全区中小学和幼儿园加强了对各自食堂的维修改造。全年共投入165万元，改造危房面积3756平方米(不含红湖小学改造面积)。当年被评为“衡阳市危改工作先进单位”。

2003年，投入危改资金132万元，完成危改面积2460平方米，新砌围墙1014米，新建校门2个，新砌护坡70米，硬化水泥路面690.37平方米，加固护栏400米。同时自筹资金127.7万元，为蒸湘区实验小学新建一幢面积为2321平方米的教学楼。

2004年，投入危改资金233万元，重点改造蒸湘中学、胜利小学、立新小学、长湖小学、堰头小学、土桥小学、高岭小学，改造危房面积3620平方米。新建立新小学北栋教学楼1700平方米，并改造了学校大门和围墙。对立新小学、长湖小学旧教学楼进行全面装修。

2005年，全区投入危改资金353.5万元，重点对胜利小学、梓木小学、高岭小学、同西小学、立新小学、红湖小学、呆鹰岭中学、雨母山中心小学的危房进行改造，改造D级危房7634平方米，维修和新建面积3822平方米。至此，蒸湘区学校危房改造工作全部完成。当年蒸湘区中小学危房改造被评为衡阳市先进单位。

2007年，全区共筹集维修资金140余万元，对联合、北塘、二塘、鸡市等6所学校进行维修，维修面积3000平方米。

2008年，筹集维修资金210余万元，对新民小学、新阳小学、呆鹰岭中心校、群益小学、西站路小学、蒸湘北路小学、联合小学、蒸湘南路小学、蒸湘中学9所学校进行维修，维修面积15000余平方米。

2009年，共投入经费300余万元，对实验小学、蒸湘北路小学、西站路小学、鸡市小学、梓木小学、联合小学、蒸湘南路小学等7所学校进行维修改造，维修改造面积6513平方米。

2010年，共投入建设资金492.7万元，新建教学楼面积1114平方米，维修和加固面积13694平方米。新建围墙813米，拆除面积520平方米，保质保量完成校安工程加固建设任务。在全市考核评比中，蒸湘区名列城区组第一名。

2011年，投入800余万元，维修学校9所，面积9600平方米，新建面积6400平方米。

2012年，投入改造资金1200余万元，全区32所中小学校得到不同程度改造，改造面积17000平方米，新建运动场5个，新建教学楼3栋，面积1650平方米。

二、教学仪器

2001年行政区划调整后，全区中小学电教仪器严重缺乏。为有效提高全区现代教育水平，2001—2012年全区共投入1690.3万元，按照高标准建设和装备了仪器室、实验室、多功能室。局装备站，2004年获省教育厅“湖南省教育装备先进单位”称号;2004 年和 2005 年分获“湖南省音像出版先进单位”称号;2007 年获“全省教育技术先进单位”称号;2008 年获“湖南省电教工作先进单位”称号。

2001—2012 年蒸湘区增添教学仪器设备情况一览表

表 18 - 10

年度	投入资金(万元)	添置设备
2001	37.3	装备了太平小区小学、西站路小学和立新小学多媒体教室,为局培训中心、雨母山中学、太平小区小学配备了电脑室,给中心小学以上单位配备了一台高档办公电脑、打印机等现代信息技术装备
2002	200	新建语音室 2 个、34 座,建电脑室 5 个,配备电脑 193 台,建多媒体教室 2 个,课件制作室 2 个,新建实验室 6 个,更换实验桌 150 张,安装中广三维卫星接收器 5 套,建音、美教室 2 个,添置常规教学仪器 18 万元
2003	260	新建多媒体教室 5 个,配备电脑 150 台;电脑制作室 3 个,配备电脑 24 台。多媒体投影教室 1 个,搬迁升级电脑室 2 个,新装修实验室 5 个,更换实验桌 88 套,高标准装备电子图书阅览室 2 个,装饰音乐、舞蹈教室 2 个,建成域内 3 所学校实现班班通,添置常规教学仪器 38 万元,音响教材 7 万元,教学软件 5 万元
2004	110	新建语音室 3 个,制作室 1 个,电脑室 7 个,投影教室 3 个,添置常规教学仪器 4.5 万元、音像教材 7 万元,实验桌 50 套,语音入音机 50 台,投影仪 50 台,高档电子琴 7 台,打印机 3 台
2005	140	新建多媒体投影教室 2 个,语音室 2 个,课件制作室 1 个,多媒体教室 3 个。完成了立新小学、胜利小学的局域网建设。为学校办公室添置品牌电脑 23 台,数码相机 10 台,摄影机 2 台,激光打印机 17 台,语言放音机 50 台。装饰实验室 1 个,更换实验桌 25 套。添置常规教学仪器、音响教材和教学软件 3.95 万元
2006	100	新建多媒体投影教室 3 个,语音室 2 个、124 座,制作室 1 个。完成了立新小学、胜利小学的局域网建设。为学校办公室添置品牌电脑 12 台,投影机 3 台
2007	130	新建语音室 2 个,多媒体电教室 2 个,制作室 1 个,升级改造电脑室 4 个,新建 3 套校园广播系统,添置实验仪器 3.45 万元,为 20 所农村中小学安装了远程教育接收站点
2008	130	升级改造电脑室、语音室各 1 个,建投影教室 4 间,添置移动投影机 9 套,电脑 83 台,打印机 27 台,DVD62 台,显示器 7 台。添置了卫生、体育、科学实验仪器 18 万元
2009	160	新建固定投影教室 11 个,升级改造电脑室 4 个,添置办公电脑 79 台,移动投影机 14 台,激光打印机 18 台,空调 10 台,数码相机 9 台,添置常规教学仪器 3.6 万元。北塘小学新建一栋两层面积 402 平方米的多功能室
2010	170	新建固定多媒体室 34 个,电脑教室改造升级 2 个,购置办公电脑 20 台,收录机 15 台,空调 20 台,激光打印机 10 台,数码相机 5 台,电子琴 1 台,光纤进学校 2 所 7.8 万元,添置常规教学仪器 8.5 万元,设备维修 9 万元
2011	150	建多功能室 3 个,电脑室 2 个,实验室 3 个,多媒体教室 62 个,新建校园广播系统一套,改造校园网络 1 所
2012	273	新建语音室 3 个,电脑室 4 个,实验室 8 个,多媒体教室 70 个,添置电脑 121 台
合计	1690.3 万元	

三、图　书

(一)中小学校图书

2001 年行政区划调整后,全区中小学生图书人均不足 18 册。从 2004 年起,逐年共投入 400 万元,为中小学添置图书 8.0225 万册、教育期刊 1200 余份。

2004—2012 年蒸湘区中小学图书添置情况一览表

表 18－11　　单位：人

年度	添置图书（册）	配　置　单　位
2004	15000	长湖教育办、蒸湘中学
2005	15000	实验小学、胜利小学、蒸湘北路小学、联合教育办、呆鹰岭教育办
2006	10000	西站路小学、蒸湘北路小学、立新小学、雨母山中心小学、呆鹰岭中学、呆鹰岭中心小学
2007	6500	呆鹰岭中心校、联合中心校、红湖小学、立新小学、衡钢小学、雨母山中学
2008	6500	衡钢小学
2009	10000	北塘小学、实验小学
2010	3000	胜利小学、西站路小学
2011	4651	实验小学、蒸湘北路小学
2012	9574	红湖小学、立新小学、长湖小学、呆鹰岭中学、新阳小学雨母山中学、梓木小学、联合小学、蒸湘南路小学、蒸湘中学

2012 年蒸湘区中小学图书藏书情况一览表

表 18－12

类　别	学校所数	图书藏量（册）	学生人数	生均图书（册）
初　　中	3	117484	1984	59.2
中心小学	10	235940	9873	23.9
完全小学	15	95525	4014	23.8
合　　计	28	448949	15871	28.3

说明：以上不含实验小学、西站路小学电子版图书 8.0 万册。

（二）幼儿园图书

区划调整时，因管理体制处于无序状况，全区幼儿园图书藏量严重缺乏。经过多年努力，理顺了市、区两级管理体制，至 2012 年 12 月，全区 56 所幼儿园，入园幼儿 7559 人，藏书 1622301 册，生均图书 21.46 册。

第九节　教育经费

一、教育投入

蒸湘区教育经费的来源，一是区财政拨款，二是中央、省、市教育专项经费。

2001—2012 年蒸湘区教育经费投入情况

表 18－13　　　　单位:万元

年　度	区财政拨款	上级专项经费	教育总投入	增长率(%)
2001	437	488	925	
2002	1056	153	1209	3.07
2003	1195	34	1229	1.65
2004	1324	114	1438	17.0
2005	1444	215	1659	15.36
2006	1558	417	1975	19.0
2007	1762	1378	3140	59.0
2008	1933	2534	4467	42.26
2009	2205	3076	5281	18.22
2010	2675	3391	6066	14.86
2011	3456	3738	7194	15.68
2012	4102	6981	11083	35.09

二、“两免一补”

“两免一补”是中国政府对农村义务教育阶段贫困家庭学生就学实施的一项资助政策。主要内容是对农村义务教育阶段贫困家庭学生“免杂费、免书本费、逐步补助寄宿生生活费”。

蒸湘区“两免一补”工作从 2005 年春季开始启动。全年共减免进城务工农民子女低保户、残疾人子女和乡镇农村贫困家庭子女 1027 人次,减免学杂费 10.4 万元。全年免教科书 3339 人次,免学生书款 19.3 万元。

2006 年,全区共免教科书 3290 人次,书款 20.94 万元。其中小学 2028 人,免书款 8.34 万元;中学 1262 人,免书款 12.6 万元。共减免城镇低保户子女、乡镇农村贫困家庭子女、特困、残疾人子女杂费 1254 人次,减免各种费用 11.88 万元。为家庭经济困难的贫困住宿生补助 36 万元。

2007 年,减免农村学生杂费 18482 人次,减免费用 353 万元。

2008 年,全区减免学生杂费 36574 人次,减免费用 835 万元,免教科书 11955 套,金额 79 万元,对家庭经济困难寄宿生补助生活费 109 万元。为中等职业学校发放助学金 1227 万元。

2009 年,免除学生学杂费 4 万人次,减免费用 800 余万元。免教科书 15835 套,减免金额 101.55 万元。补助学生 1200 人次,补助生活费 88 万元。发放中专、职业技术学院助学金 946.65 万元。

2010 年,免教科书 16462 人次,减免资金 103 万元;免杂费 33724 人次,资金 641 万元;补助贫困寄宿生 871 人次,资金 39 万元;发放中职助学金 5511 人次,资金 413.325 万元,中职免学费 1024 人次,资金 102.4 万元。

2011 年,中职免学费 483 人次,资金 48.5 万元,发放中职助学金 2549 人次,资金 191.175 万元。全年免教科书 17197 人次,资金 47.23 万元,免杂费 58900 多人次,资金 699.71 万元,补助贫困寄宿生生活费 683 人次,资金 35.41 万元。

2012 年,成立学生资助管理中心,加大学生资助工作力度,全年办理生源地信用助学贷款 17 人次,发放贷款 10 余万元。发放中职助学金 3734 人次,资金 560.1 万元,中职免学费 656 人次,资金 65.6 万元;“两免一补”共拨付 843.37 万元,其中,免教科书 19874 人次,资金 134 万元,补助贫困寄宿生生活费 1200 人次,资金116.4万元。

三、“普九”债务

2008年，区教文体局配合区财政局、审计局、监察局等部门，对呆鹰岭镇、长湖乡、雨母山乡和联合街道30所农村中小学1996—1998年3年“普九”债务进行清查，锁定债务1325.5万元。市审核小组通过现场察看、走访和审计，认定全区“普九”债务989.8万元。

从1996—2008年2月，蒸湘区通过多种渠道已偿还债务598.1万元，余下债务391.7万元。

2008年年底，全区共化债215.6万元，到2009年3月，又化债187.4万元，全面完成403万元(含利息)“普九”债务化解任务。

附:蒸湘区民办教育协会

一、组织机构

蒸湘区民办教育协会成立于2005年4月，组成人员如下:

协会会长:肖隆喜(区教文体局局长)

理 事 长:汪诚虔(区教文体局副局长)

理　　事:罗　文(红太阳幼儿园董事长)、刘诗玉(女，群星文艺幼儿园园长)

秘 书 长:王家春(区教文体局民办教育股股长)(2005年4月至2009年12月)、祝鹏(区教文体局民办教育股股长)(2010年1月—)。

理事单位:31个(略)

二、主要活动

2006年5月29日，举办区内民办幼儿园首届“向阳花庆六一”文艺汇演。

2007年4月22日，组织区内部分民办幼儿园负责人赴上海参观学习。

2007年12月10日，邀请北京儿童英语教育教授吴心奕和巴西外教阿里克斯在康年国际大酒店举办幼儿园儿童英语教学观摩学习研讨会。

2008年5月19日，区民办教育协会会员单位向四川汶川地震灾区募捐47035.1元。

2009年12月31日，举办全区民办教育机构迎新年联谊会。

2010年10月13日，举办全区民办幼儿园优质课竞赛。12月31日举办全区民办教育机构迎新年联谊会。

第二章　文　　化

第一节　机　构

1996 年 8 月,郊区文化局与体育运动委员会合并为郊区文体局。2001 年 5 月行政区划调整后,郊区文体局更名为蒸湘区文体局。局长:阳莼良。2002 年 3 月,蒸湘区文体局与教育局合并为蒸湘区教育文化体育局,下设文化管理股、文化馆、文化市场稽查队,由区教文体局 1 名副局长负责领导。各乡镇、街道设文化站,文化站行政上受乡镇、街道领导,业务上接受区教文体局指导。2012 年,区教文体局中有文化管理人员 14 人(其中文化馆 4 人、文化市场稽查队 10 人)。3 个乡镇、3 个街道(华兴街道除外)有文化管理专干 10 人。各社区居委会设有文化活动中心。

蒸湘区群众文化团体登记情况一览表

表 18 - 14　　　　单位:万元

成立时间	团体名称	法定代表人	登记证号	主管部门	办公地点
2008 年 12 月	蒸湘诗词楹联学会	谢鸿飞	湘衡蒸 110012	区委宣传部	区教文体局
2010 年 1 月	蒸湘书法绘画摄影协会	陈光社	湘衡蒸 110019	区委宣传部	区老干局办公室

第二节　文化设施

2002 年后,区内先后建成立新广场、晶珠广场、太阳广场、大栗新村文化体育广场、平湖公园活动场等,可开展群众体育、文化娱乐活动。除教育系统 28 个中小学图书室外,34 个社区(不含华兴街道 6 个社区),有 25 个社区建立了图书室或文化活动室,图书室平均藏书 2300 册,活动室平均面积 120 平方米。有区文化馆 1 个,建筑面积 2500 平方米。有区档案馆 1 个,建筑面积 1280 平方米(其中库房面积 680 平方米)。坐落在区内的南华大学图书馆,建筑面积 2.5 万平方米,阅览室 28 间,可容纳读者 5000 余人,藏书 173 万册。坐落区内的市广电中心于 2009 年建成,内有 1200 平方米的演播中心,是融新闻宣传和影视娱乐为一体的多功能广播电视大楼。2010 年,境内有网吧 90 家,电子游戏厅 31 家,高档 KTV 娱乐场所 9 家,茶楼、牌馆 100 余家。从 2010 年到 2012 年,共建设乡镇综合文化站 6 个,农家书屋 34 家,社区文化活动中心 29 家。

第三节　社区文化

蒸湘区成立以后,在多数社区建立文化活动中心,组建社区文化指导员、业务文保员、社会体育指导员"三员队伍",他们积极组织社区文艺爱好者经常开展快板、相声、小品、歌舞、诗歌朗诵等群众喜闻乐见的宣传表演活动,2003 年共演出 250 场,2004 年共演出 364 场,参演人员 2656 人,观众达 4 万余人次。民间自发组织起来的腰鼓队、扇舞队、健身队，每天晚饭后或是节假日，均在广场、球场练习、表演。一些村、组的龙灯队，每年春节期间都要到当地单位和各家各户要龙灯，舞狮子。还有不少社区居民走出家门，离开牌桌，三五成群地在广场、球场、山坡上、树荫下练习击剑、武术、交际舞 、太极拳等等。2005 年 8 月，启动“电影进社区、文明进家庭”活动，每年都要在社区广场放映露天电影 50 – 150 场，进行爱国主义和革命传统教育。2006 年，立新社区开展庆国庆群众文艺汇演；长湖乡开展“改陋习、树新风、争创文明城市、建设社会主义新农村”巡回演出。2007 年 2 月，中国文化报以《衡阳蒸湘区“社区文化”惠泽 10 万居民》为题，报道蒸湘区社区文化开展的盛况。2008 年，蒸湘区有各类社区文体组织 607 个，固定成员 1.50 万余人。2009 年 6 月，启动“广场旬旬演”“社区周周乐”活动，使群众集体文化娱乐活动经常化、制度化。联合街道大栗新村社区，借助衡钢集团优势，建有大型文化广场、足球场、篮球场、网球场和怡趣公园，户外健身场地 6 个。室内羽毛球馆，占地面积 1400 平方米，设有 12 片场地。面积 1358 平方米的社区服务大楼，设置了健身房、乒乓球室、书画室、娱乐室、图书馆等，实现了“文艺表演有舞台，社区活动有广场，群众休闲有场所”的目标。2010 年 6—12 月，全区开展“公共服务进社区”活动，在“六大服务”进社区中就有一项公共文化进社区。半年中，蒸湘区完成了 20 个公共文化进社区建设任务，其中大栗新村社区文化活动室，作为衡阳市公共服务进社区工作典型，在中央电视台“新闻联播”节目中播出。2012 年衡阳市国家示范性公共文化进社区工作推进会在蒸湘区召开。

第四节　文艺活动

2001 年是蒸湘区的开局之年，12 月下旬，区委、区政府与坐落单位一起举行迎新年文艺汇演。

2002 年 1 月 1 日，区教文体局举办首届教职员工“庆元旦迎新春”文艺晚会。9 月 28 日，区委、区政府在南华大学礼堂举办庆国庆、迎“十六大”“旭日蒸湘”大型文艺晚会。12 月 31 日，区教文体局在红旗影剧院举办“红烛颂”教师文艺汇演。

2003 年 12 月 25 日，区委、区政府在南华大学礼堂举办“情系蒸湘”大型文艺晚会。

2004 年 9 月 20 日，区教文体局在市政府会议中心举办“师德颂”文艺汇演。9 月 22 日，区委宣传部牵头，在晶珠广场举办“腾飞蒸湘”文艺演出。

2005 年，围绕共产党员先进性教育活动，全区组织 6 支文艺宣传队，深入广场、社区、厂矿进行文艺宣传 60 余场次。8 月，区委、区政府筹划并组织拍摄大型系列电视专题片《飞越蒸湘》，连续在衡阳电视台播出，充分展示蒸湘区建区 4 年来区域经济、城市建设的发展变化。

2006 年 4 月 24 日，区委宣传部、区教文体局组织中小学生开展“构建和谐蒸湘”读书演讲竞赛，推荐 4 人参加市赛，2 人获一等奖。5 月 30 日，举办“向阳花”幼儿庆“六一”文艺汇演，推荐 4 个节目参加全市“蒲公英”少儿舞蹈大赛，获 1 银 1 铜奖励。6 月，开展中小学生艺术节系列活动。

2007 年 5 月 25 日，区教文体局在衡钢小学操场举办首届少儿书画才艺现场比赛。11 月，衡阳市举办“和风衡州”首届群众文化艺术节，教师周尊友在艺术节上获市独唱金奖。蒸湘区同时举办“和风蒸湘”首届群众文化艺术节，在 21 日艺术节闭幕式上，举办“都市风景”社区文艺汇演。同月，在全区教育系统开展“青青校园文化月”活动，在区直机关开展“公仆风流文化月”活动。活动中选拔一些艺术人员参加第三届全国艺术人才选拔大赛，获全国金奖 1 个、银奖 2 个、优秀奖 4 个。

2008 年 9 月，为纪念改革开放 30 周年，区委统战部举办“统战之歌”文艺汇演。10 月 16 日，区委宣传部、区关心下一代工作委员会、区教文体局联合在蒸湘北路小学举办“庆奥运、学英雄、树新风”文艺汇演。10 月 18 日，区教文体局在南华大学学生活动中心举办“联通杯”“蒸湘区中华经典美文诵读大赛”。10 月，教师周尊友参加衡阳市“移动彩铃杯”经典歌曲演唱大赛获冠军。11 月 9 日至 12 月初，蒸湘区开展“纪念改革开放 30 周年群众文化月”活动，其间，11 月 14 日，蒸湘区美术、书法、摄影展暨少儿现场绘画在太平小区花园举行，共展出 12 块图版、100 余幅作品，有 60 名小学生现场作画；21 日，在晶珠广场举行“和谐之声”卡拉 OK 大赛,有 20 余名选手参加比赛。

2009 年 1—2 月,由区委宣传部和教文体局组织,在晶珠广场、太平小区、立新小区、衡钢社区开展以“文明新风拂雁城”为主题的春节文化活动。3 月 24 日,为纪念改革开放 30 周年和蒸湘区双双荣获省市“文明城区”称号,区委、区政府在市政府会议中心举办“多彩蒸湘”大型文艺晚会。6 月,教师周尊友在衡阳市音乐家协会第三届音乐节声乐大赛中获独唱金奖。9 月 23 日,区委、区政协在神龙大酒店多功能会议室举行“庆祝中国人民政治协商会议成立 60 周年暨文艺演出”。9 月 29 日,区委、区政府在市政府会议中心举行庆祝新中国成立 60 周年“爱祖国、爱蒸湘”千人红歌赛。10 月,教师周尊友在衡阳市“和谐电力、唱响祖国、移动彩铃杯红歌演唱大赛”中获得冠军,在“红城恋歌 · 雁城中青年歌手大赛”中获银奖。

2010 年 2 月 23 日,区委、区政府在晶珠广场举办“春满蒸湘”大型文艺演出。6 月 1 日,区教文体局在市政府会议中心举办“六一”儿童节庆祝大会暨“多彩的蒸湘、多彩的童年”文艺汇演。8—11 月,为配合市委、市政府举办的“和风衡州”第二届群众文化艺术节,蒸湘区举办“和风蒸湘”书法、诗词、美术、摄影比赛,共有 57 人次获得一、二、三等奖和优秀奖。组织社区居民开展“广场旬旬演,社区周周乐”系列活动。

2011 年,区委宣传部和区教文体局组织参加全市“幸福衡阳”春节文化活动,组织“党在我心中”文艺汇演、“永远跟党走”大型合唱比赛、“学习的力量”纪念建党 90 周年知识抢答赛。区教文体局在市红旗影剧院举办庆六一“快乐童年”文艺汇演。

2012 年,为庆祝中共十八大胜利召开,全区组织“幸福衡阳春日美”等群众文化活动 10 余场次。在全市组织的“喜迎十八大,欢歌颂雁城”群众文艺团体大赛中,选送的《苗岭连北京》获银奖,《仙樵情缘》获铜奖,《红土谣》获优秀节目奖;区教文体局和文化馆分获市优秀组织奖。周尊友获“衡阳市十佳群众文艺明星”称号,肖筱天获“衡阳市十佳群众文艺明星”提名奖,冶金社区群众文化艺术团获“衡阳市十佳群众文艺团队”提名奖。

第五节　文艺创作

2002 年 6 月,区文化馆馆长何润成创作的丝网版画《咏梅》获省展金奖,并入选全国美展;丝网版画《公仆》获省展银奖。7 月,区委办公室副主任彭荣昭编写的《第一件大事》一书出版,公开发行。书中提出了“四权共济”的政体构想,即把国家权力分解成“立法权、行政权、司法权和监督权”四大项,对中国政治体制改革这个深层次的课题提出了建议。

2003 年 2 月,原区委顾问周泽主编的《衡阳市郊区续志》(1993—2001.5)一书出版,公开发行。5 月,第 23 届世界儿童绘画大赛在香港举行,区教文体局干部续翔辅导的学生谢心怡、陶浩琨的作品获最高奖——特别金奖。5 月,衡钢小学学生欧燕书写的隶书——《思喻道》在省艺术展演中获特等奖、全国一等奖。8 月,有 15 幅中小学生作品参加全国“中日和平友好条约签订 25 周年少儿书画大赛”,并送日参展。11 月,何润成油画《少年毛泽东》获省“五个一工程”金奖。

2004 年 3 月,原区政协办公室主任李繁荣主编的《人民公仆申希尧》一书出版,内部发行。原衡阳市政协副主席、市委统战部部长粟福久为之作序,原省委常委、省纪委书记杨敏之和原省人大常委会副主任朱东阳亲笔题词。全书由生前照片、领导题词、怀念诗词、纪念文章 4 部分组成,全面介绍了已故衡阳市副市级干部、原郊区人大常委会主任申希尧几十年如一日,甘当人民公仆的事迹。9 月,区教文体局编辑的《蒸湘区少儿书画作品集》一书出版,收集全区少儿书法类美术作品共 415 幅,内部发行。

2005 年,何润成丝网版画《端午 · 龙舟赛》被中国体育博物馆收藏。

2006 年 10 月,原区政协主席贺湘涛编写的《神奇的雨母山》一书出版,内部发行。杨敏之为之作序。此书详细介绍了雨母山的自然概况、景点风光和中国古代“三皇”“五帝”中的帝喾、舜帝在雨母山的历史活动以及雨母山民间神奇的历史传说。业余绘画雕塑者邓仕祝为该书作插图 7 幅。

2007年,何润成丝网版画《勿忘我》获第8届中国艺术节"群星奖"及第14届"群星奖"美术书法摄影创作奖。续翔油画《暖冬》《有树的房子》《边城印象》《黄昏》获2007年湖南省当代油画艺术中心年展优秀奖。

2008年年初,在抗冰救灾期间,区文明办以顺口溜的形式,编写《抗冰"七心"歌》1首,印发3.0万份,发给基层干部、群众学唱。2月,区政协编辑的《蒸湘区政协志》第一辑《风雨同舟》、第二辑《光辉历程》同时出版,内部发行。4月,在香港青少年视觉艺术研究学会举办的"第四届中华浓情少儿艺术大赛"上,续翔辅导的学生续羚宁、余智锐、杨程3人参赛作品获特等奖;汪小筱、赵丽彬、李嘉昕等6人的作品获一等奖,续翔本人获"优秀园丁"奖。8月,区民政局编写的《情满蒸湘——衡阳市蒸湘区建立社会救助长效机制为民解困备忘录》一书出版,内部发行。12月,由李繁荣主编的《雁城骄子王全松》一书出版,内部发行。此书由已故原郊区西湖乡西湖村党支部书记王全松的领导、同事、朋友和家人追述了他带领全村人民艰苦奋斗、开拓创新,大力发展经济,使西湖村成为全国先进典型的事迹。

2009年,何润成丝网版画《周恩来》、续翔丝网版画《春蕴》及中国画《金色沙塘》在湖南省艺术节获"三湘群星奖";续翔中国画《绿歌》获湖南省庆祝建国60周年美术作品优秀奖。12月,蒸湘诗词楹联学会创办《蒸湘诗联》专刊,每年出专刊2期。

2010年3月、4月,蒸湘诗词楹联学会理事、退休干部张才芝、费光明分别编辑出版了本人《杨柳诗影集》、诗词《片云集》。10月,由贺湘涛主编的《历史的见证——从衡阳市郊区到蒸湘区区划调整资料汇编》一书出版,内部发行。

2012年3月,由贺湘涛主编的《神奇的雨母山》(第二版)出版发行。此版对第一版在古文注释中的某些错误作了修正,对部分内容作了删节、修改,增补了地理概况的相关内容、6处人文景观、8幅景观照片、1个历史传说、47首诗词和8篇文章,使全书更具知识性、可读性和趣味性。在省政府组织的"湖南省重大历史题材美术创作工程"活动中,何润成的版画《庆功会上》获三等奖。李竹华的小楷《书谱》获第四届湖南艺术节铜奖,草书《毛主席诗词》获2012群星璀璨全国群众美术书法、摄影比赛优秀作品奖。9月,原郊区区委办公室主任唐厚生的个人回忆录《岁晚留真》一书出版,内部发行。12月,蒸湘区区委宣传部副部长刘峥嵘编写的《灵秀雨母》一书出版,内部发行。

第六节　文化市场管理

一、机　构

1989年4月,衡阳市郊区成立文化市场管理办公室,1994年4月改为郊区文化市场稽查队。2001年5月,行政区划调整后更名为蒸湘区文化市场稽查队;2002年4月,变更为蒸湘区文化市场稽查大队(简称稽查队)。

二、文化市场稽查管理

2001年,区内有音像制品零售店30家、录像放映厅5家、电子游戏室50家、网吧10家。在文化市场管理中,稽查队每年都要与公安、工商、城管联合执法,开展"扫黄打非"活动,清查辖区内网吧、音像制品、电子出版物等文化经营市场。

2004年,开展专项治理行动5次,出动检查人员3000余人次,收缴非法音像制品和淫秽制品8000余张、赌博电子游戏机50台和违禁电游板20块,取缔违规经营户执照12家,停业整顿6家,警告处罚11家。

2005年,为了提高稽查人员自身素质和行政执法水平,积极开展岗位学法活动,利用每周半天系统学习《中华人民共和国行政处罚法》、市场管理法规和假冒音像制品鉴别常识。稽查队实行轮班制,队员轮流到各网吧监督,同时与当地群众保持联系,共同监督,促使网吧业主文明经营。

2006 年,组织辖区内娱乐场所法定代表人和主管人员进行新《娱乐场所管理条例》学习培训,使其知法、懂法,严格按《条例》规定开展经营活动。先后开展"保护知识产权宣传周"(4 月 20—26 日)、"暑期集中执法行动""反盗版百日行动"(7 月 15 日至 10 月 25 日)等专项行动,对无证经营、网吧超时营业和违规接纳未成年人的违法行为给予重点查处。全年收缴非法音像制品 12350 张(其中淫秽音像制品 76 张),违禁电游板 121 块。

2007 年,开展惩治非法经营、治理网吧专项行动,重点对太平小区、衡钢集团周围、红湖小区、雨母山乡进行集中整治。对辖区内所有业主进行安全教育,以提高安全防范意识。全区"扫黄打非"工作、文化目标管理综合考评,分别被衡阳市文化局、湖南省文化厅评定为"先进集体",并获省文化厅"2007 年度湖南省文化市场行政执法工作先进集体"称号。

2008 年,在全区推行网吧视频监控系统,在歌厅安装 VCD 正版点歌系统。查处违规经营户 48 户,清理销售非法出版物的游商、地摊 20 起,收缴非法音像制品 11630 张(其中淫秽音像制品 63 张)、违禁电游板 23 块,对 6 家网吧下发限期整改通知书,对 19 家违规接纳未成年人和超时经营网吧进行处罚。

2009 年,认真组织开展非物质文化遗产保护宣传活动,对全区非物质文化遗产进行全面普查,共掌握 17 条资源线索,其中民间文学 15 条,民间信仰 2 条,并将《雨母山民间传说》向上申报非物质文化遗产,12 月 18 日被批准为衡阳市第二批非物质文化遗产。

2011 年,开展电游厅、网吧专项整治活动,对 90 余家互联网进行清理整治,立案查处违规经营网吧 16 家,取缔非法营业电游厅 10 家,并对个别严重违法的电游厅老板进行刑拘和追逃。开展扫黄打非活动,共收缴黄色和盗版光碟 3500 张,黄色和非法出版物 1000 余册。

2012 年,配合市文化市场综合执法局六科对学校及周边文化娱乐市场和黑网吧进行集中整治,共出动车辆 47 台次,检查人员 160 余人次,检查经营场所 113 家次,查处违法经营网吧 16 家。

2012 年 5 月,区文化稽查大队整体移交给市文化市场综合执法局管理。

第七节　文物古迹与自然遗产

一、爱国主义教育基地

陆家新屋、谢彬墓(见第九篇《交通旅游》第二章第三节《人文景观》)。

二、历史文物

帝喾祠　(见第九篇《交通旅游》第二章第三节《人文景观》)。

周子祠　周子祠又名侍郎府、爱莲堂,位于蒸湘区华兴街道柘里村露水塘。是宋代儒学大师周敦颐故居。周敦颐,字茂叔,号濂溪,谥元,故称元公。宋封汝南伯,元封道国公,皇封尊称周子。周子生于公元 1017 年 5 月 5 日道县楼田村,1022 年 8 月 20 日,其父周辅成病逝时,年仅 5 周岁。8 岁随母到衡阳投靠舅父,随舅龙图阁直学士郑向在衡阳西湖植莲、构亭读书、讲学。

周子祠原是郑向为其经营田土长工而筑的庄房,房后山林葱郁,房前正对蒸水,有相连 39 亩余水塘遍植荷花。周子逢夏来此避暑读书赏荷,他的千古名篇《爱莲说》就孕育酝酿初作于此(西湖乡)。郑向爱甥如子,后把这片房地赠给他成了周家的传世祖产。周子三世孙(曾孙)周兴继游学来衡"仰曾祖濂溪公遗迹在衡不忍离去,循公之旧址而恢廓之。"五世孙周洪官南宋吏部右侍郎,公元 1278 年因幼帝宋端宗赵昰病逝海葬,周洪跳海自溺伴驾,右丞相文天祥为其写《侍郎公墓志铭》赞称"濂溪是百代绝学之倡,公亦千古忠义之首"。1279 年,周子后裔把先人故居改作纪念周子专祠,也叫侍郎祠(府)。康熙 58 年始选袭赐衣顶封后裔奉祀生(祭祀官)四人,随缺选补直至清亡。2007年农历五月七日周恩来总理堂侄扬州市老干局局长周华瑞到此祭祖,送来周总理手书"爱莲堂"横幅制匾悬挂,人们始改称爱莲堂。

在1944年衡阳抗日保卫战中,周子祠绝大部分被毁,仅存寝房三间(167平方)。

2007年后,祠内神堂上供奉周敦颐和他33世孙鲁迅(周树人)、34世孙周恩来画像。2012年5月17日,衡阳市政府正式行文保护周子祠,定为市级文物保护单位。因周子祠碍占于华新街道"采霞路"中心,高新技术开发区于2013年9月11日立项投资1200万元,按原规模重建于华新街道蒸水防洪堤"濂溪文化园"内。

陆氏宗祠　明朝洪武年间(1369年),陆氏熹公一脉三子(名)开山、庚山、辛山,从河南迁徙辗转,经江西来到耒邑、清邑。辛山宅居清邑南乡板桥(今衡阳市蒸湘区雨母山乡群益村堆子桥组)。至2010年,已传29代,人口13700余人。

清朝乾隆八年(1743年),陆氏族人在堆子桥建家塾六间,形成祠堂雏形,后又继续扩建,到乾隆二十八年(1763年)冬,陆氏宗祠竣工。建筑面积1700余平方米,具有明代建筑风格。民国初期,祠堂内设陆氏族立初级小学。抗日战争和解放战争时期,祠堂数度被损,数度修葺。1999年,当地陆氏族人捐款重修。2000年,被衡南县人民政府列入文物保护单位;2001年5月,雨母山乡划归蒸湘区,2004年3月5日,蒸湘区将其列入区级文物保护单位。

落马桥　(见第九篇《交通旅游》第二章第三节《人文景观》)。

赤松子坛(飞来石)　(见第九篇《交通旅游》第二章第三节《人文景观》)。

雁雨寺　(见第九篇《交通旅游》第二章第三节《人文景观》)。

赤松观　(见第九篇《交通旅游》第二章第三节《人文景观》)

大王庙　长湖乡大王庙始建于清朝初,因坐落在柘里村金仙岭,俗称金仙岭庵寺。庙内因供奉大王菩萨而以灵验驰名十里八乡。清道光年间,建威将军王柏禄捐资扩建庵寺,建成四合院式大庙宇。庙里供奉菩萨几十尊,香火鼎盛时,庙里有僧尼数十人修行。

大王庙建筑为山字墙垛,青砖墙体,青瓦覆顶,具有清代宗教建筑端庄典雅风格。大革命时期,革命先烈罗增平,曾凭借大王庙教书为掩护,发展地下党员,开展革命活动。

因城市发展规划的调整,金仙岭被推为平地,大王庙于2009年12月拆迁改建于长湖乡长湖村平湖公园。

盘古庙　盘古庙坐落在长湖乡松亭村长堰组。民国十五年,由当地谢福成等四位财主共同捐资兴建。两层砖木结构,青瓦屋面,仿古式建筑,供长湖乡松亭村长堰组、大立村段家堰组、枣子坪组3个组村民专祀。

由于年久失修,庙宇破烂不堪,面临倒塌。2004年年初,松亭村陈莫锡、周小峰、陈俊国、宋国云、陈四青、段茂信、刘义富7位信众发出倡议重建庙宇。经过协商,长堰、段家堰、枣子坪3个组的村民共同捐资8万元,拆除旧庙宇,重建新庙宇。2004年8月竣工。重建后的庙宇坐北朝南,占地面积0.8亩,两层砖混结构,建筑面积200余平方米。

雨坛庙　雨坛庙,建于清咸丰时期,坐落于呆鹰岭镇高岭村高岭小学操场后50米处,占地面积约500平方米,共有5间房。庙里有玄帝等塑像47座,"文化大革命"时期被捣毁。1995年春,肖功宣、周永连、肖启明、肖高锋、肖启夏、刘治旺6位信众四处化缘10余万元,于1996年重建雨坛庙。庙堂正厅有8座神像,中间观世音盘坐在莲花宝座上,两旁伴侍着金童玉女、寿佛、财神、雨王等塑像。两侧是厢房。庙坛外两侧设有香坛,供香客求佛烧纸用。庙堂内外有楹联两副:"高山接衡岳物华天宝,岭麓濒蒸湘人杰地灵";"高山文彩照明月,岭苑霓霞注青风"。

三、自然及历史遗产

(一)古桥

棕梓桥　棕梓桥位于雨母山乡新中村梓木冲组,横跨柿江河,连接衡南县三圹镇三元村麻町组,为2拱石桥。始建时间不祥,但"雍正三年重修"。修桥出资人名单在桥东南方50米水圹中的石碑和桥第一拱东南方石头上刻有记载。1949年前,该座桥东南连栗江,西通西渡。桥东南头有似帽一样的石头,曾记载官府惩戒:坏人路此地,必须举起这300斤石头帽,才不受打。以前桥两边有石条护拦,20世纪90年代末护拦石条被拆,桥面加宽到4.6米,长45米。

竹雅桥 竹雅桥坐落在雨母山乡竹雅村雅桥组,连接衡南县三圹镇中湖村华新屋组。清朝同治年间修建,为2拱石桥,桥面2米宽,石板铺面。桥面到竹雅桥街有十几级台阶,桥上有歇气亭和神龛。该桥进行了2次大修:1944年,山洪爆发,桥面被摧毁,本地人出资进行了大修。2009年,桥拱四处破裂,蒸湘区和雨母山乡两级人民政府,拨款大修了桥墩和桥面。大修后的竹雅桥,桥面长33米,宽6.8米,两边建有护拦。

黄花桥 黄花桥位于雨母山乡竹雅桥上游1.5公里处低洼地段,是一座用石头垒砌、条石铺面的5空石板桥。连接雨母山乡黄花村和三圹镇中湖村。该桥建成已有180余年,从外观来看全桥大体原貌犹存。桥面长54米,宽5米。但因年久失修,桥上杂草纵生,东边桥面被一株古樟树根挤开裂缝。

柹江桥 柹江桥坐落于雨母山乡二圹村枫树圹和小桥两组的沛江河上,为3拱石桥。1930年民国政府修建,桥面4米宽。是东连衡阳,西至祁东、祁阳、永州的主要通道。该桥进行了2次修整:20世纪70年代,扩宽为322国道。2006年,因修衡州大道,桥墩、桥面增高、增宽,桥面长72米,宽13米,两边建有混凝土护栏。

柘里渡桥 柘里渡桥位于华兴街道香江·水岸新城小区,跨越蒸水,连接呆鹰岭镇新阳村。建于唐宪宗元和年间,是衡阳市城区通往西渡、邵东、邵阳的主要通道。抗日战争时期,侵华日军将桥炸毁,当地人用树木支撑、木板铺面免强让人过河。铺好后日军又炸,前后反复3次。1954年,在原柘里渡桥上游500米处政府重新动工修桥,1955年竣工,桥面长162米、宽9米,为8拱石桥。

(二)古渡

铜钱渡(松亭渡) 位于呆鹰岭镇新民村铜钱渡组,与蒸水东岸长湖乡松亭村相望。相传,铜钱渡为官马大道,西通衡阳县、邵阳市,东至衡州府。渡船载人过河,过渡费都用铜钱,铜钱渡由此得名。后在渡口修建了一座石桥,桥东头有一寺庙。1944年侵华日军炸毁了这一石桥,后又修一木桥,也被日军炸毁了。至今两岸人员仍乘船过渡。河西岸铜钱渡组有一小街,尽管木板房换成红砖瓦屋,但小街石板依稀可见。

(三)古树

古银杏树 境内船山西路48号有2棵古银杏树,树龄100年以上,分别编号为0001、0002。

古樟树 境内散布有100年以上的古樟树8棵。①树龄200年以上,编号0003,位于蒸湘南路2号;②树龄100年以上,编号0004,位于船山大道、蒸湘区机关大院大门左侧100米;③树龄100年以上,树高10余米,树径1.2米,位于联合街道杨柳村3组;④树龄140年以上,树高10余米,树径1.2米,枝繁叶茂,位于雨母山乡群胜村大皂组;⑤树龄200年以上,树高10米,树径1米,位于雨母山乡东阳村周家湾组;⑥树龄300年以上,树高近20米,树径1.2米,原枝叶繁茂,因多次遭雷击,后树高不足8米,位于雨母山乡东阳村社塘组;⑦树龄100年以上,树高约15米,树径1.2米。树头枝繁叶茂,葱茏劲秀,树脚旁为黄花桥。位于雨母山乡黄花村柿子湾组;⑧树龄100年以上,树高5米,树径1.3米,树干葡匐在地,沿着地面生长,因此叫葡匐樟树,位于雨母山乡青松村阳家湾。

古枫树 雨母山乡有2处存有古枫树:一处是雨母村吴家大屋荷皮塘有2棵,相传树龄超过500年,树高10余米,树径1.8米。据当地老人吴传舟回忆,村里原有古枫树4棵,有2棵因雷击和自然枯萎死掉了。现存2棵中,有一棵也因雷击断了半截。另一棵枝叶繁茂,生气盎然。第二处是群胜村六二塘组卡路巷,右边山上有1棵古枫树,树龄超过1500年,树高30米,树径1.6米,现仍生长良好。

古油柞树 位于雨母山乡东阳村母塘组,树龄200年以上,树高15米余,树径约1.0米。

古皂荚树 位于雨母山乡青松村皂荚树组,树龄600年以上,树高约14余米,树径1.4米。

古重阳木 位于雨母山乡灵山村陆八组,共有两棵,树龄均在200年以上,其中大的一棵树高约16米,树径1米,小的一棵树高13米,树径0.8米。相传在清朝年间,有四人因公修建此地的大笔桥,修建完后,大家彼此指责贪污公款,因此,四人商定分别在桥边栽种一棵树,若树木成活,则表示此人没有贪污公款,否则则贪之。现存活两棵。

第三章　体　　育

第一节　机构与设施

一、机　构

（一）体育管理机构

2001年5月蒸湘区成立后，全区体育工作由区文体局负责。2002年3月，区文体局与教育局合并为教育文化体育局，局内设体育卫生艺术股（简称体卫艺股），由区教文体局1名副局长负责领导。各乡镇、街道设体卫艺专干。2004年，乡镇街道设立由体卫艺专干主管的全民健身指导委员会。2012年，局体卫艺股有工作人员2人，6个乡镇、街道（不含华兴街道）有体卫艺专干2人，兼干4人，6个全民健身指导委员会有工作人员12人。

（二）群众体育团体（注册）

蒸湘区群众体育团体登记情况一览表

表18－15

成立时间	团体名称	法定代表人	登记证号	主管部门	办公地点
2009.8	蒸湘区乒乓球协会	彭东阳	湘衡蒸110014	教文体局	教文体局
2011.5	蒸湘区登山运动协会	罗厚坤	湘衡蒸110023	教文体局	教文体局

（三）体育培训机构

业余体校　2005年，蒸湘区恢复少儿业余体校，以体卫艺股长为校长，体育教研员为专职教练员，5所中小学为训练网点，体育教员为聘任教练。5个训练网点各具特色，如：蒸湘一中田径，实验小学围棋，西站路小学游泳、跳水，胜利小学乒乓球，衡钢小学武术，名曰“一校一品工程”。当年，区教文体局获“湖南省业余体育训练先进单位”称号。2008年，区教文体局获市人民政府“衡阳市体育后备人才输送先进单位”称号。2008年，市体育局为区业余体校教练员举办一期田径裁判员培训班，有12人获得一级田径裁判员资格证书。

社区体育辅导站　2007年，各乡镇、街道成立社区体育辅导站，教文体局体卫艺股每年举办一期社会体育指导员培训班，2007年培训40人，2008年培训60人，2009年培训100人，其中4人参加省级培训，获一级社会体育指导员证书。

二、体育设施

2001年，蒸湘区3所公办中学有300米跑道2个，31所公办小学有200米跑道8个。34所中小学共有篮球场25个，乒乓球台80张，健身器材1套。无1所学校的体育设施达到省“合格学校”标准。

2012年，全区4所公办中学和29所公办小学共有300米（200米）跑道15个（内含塑胶运动场10个），篮球场60个，乒乓球台86张，羽毛球场40个，健身器材27套。有27所中小学的体育设施达到省“合格学校”标准。

是年,区机关大院有塑胶、灯光球场2个,乡镇、街道、社区及其坐落单位共有篮球场12个、乒乓球台32张,羽毛球场41个,网球场2个,门球场3个,滑冰场5个,游泳池8个,全民健身路径39条,健身场地120处,安装健身器材1250件。位于红湘街道天马山社区的市游泳跳水中心,占地面积32亩,建筑面积12000平方米,泳池面积3335平方米,拥有1个按国际标准建设的8泳道恒温短池游泳馆,3个室外游泳、跳水池。位于蒸湘区解放西路54号的市全民健身中心,占地面积15000平方米,有前后2栋楼房,前栋4层、后栋8层,内设乒乓球、羽毛球、健美操、健身器材、体质检测、体育彩票等项目,健身活动面积达7000平方米。2007年,被国家体育总局命名为国家级全民健身中心。

第二节 学校体育

学校体育工作的重点:全面提高学生身心健康,大力开展学生体质健康标准的测试工作;严格落实“二课、二操、二活动”,积极开展大课间操,确保学生每天1小时体育活动时间;认真推行初、高中体育毕业会考制度,逐步形成让学生自愿参加体育锻炼的好习惯。

2001年,全区中小学认真贯彻实施《学校体育工作条例》。举办了首届小学生乒乓球赛、中小学生田径运动会、冬季长跑比赛。自此,每年春季中小学生田径运动会和冬季长跑比赛作为该区学校体育的传统赛事。从2009年开始,在进行冬季长跑比赛时,同时进行分年级组身体素质测试。

2002年,全区中小学全面实施《国家体育锻炼标准》。蒸湘北路小学被评为衡阳市“贯彻《学校体育工作条例》优秀学校”。蒸湘中学组队参加衡阳市初中女子组篮球比赛获第2名。

2003年,全区中小学生实施《体育合格标准》,体育合格率为98.8%;实施《国家体育锻炼标准》,体育达标率为97.9%。6月,参加全市中学生田径运动会,获团体总分第3名。7月,在全省中小学生游泳赛中,学生刘研涵获100米蛙泳第1名、100米蝶泳第2名、200米蛙泳第3名;学生刘文龙获200米仰泳第2名、100米仰泳第3名。11月,为衡阳市第11届中小学体育与健康教育优质课竞赛提供了现场,并获得2个一等奖、2个二等奖。

2004年,全面推行《学生体质健康标准》,加强学生业余训练,不断提高竞技水平。组队参加全市中小学生软式排球赛,呆鹰岭镇新阳小学获第1名。参加全市中小学田径运动会,获城区小学组团体总分第2名。参加全市中小学游泳比赛,获小学组团体总分第2名。

2005年,把中考体育成绩纳入初中教学质量综合评估。组队参加全市中小学田径运动会,获小学组第1名。

2006年,全区有26所中小学向国家《学生体质健康标准》数据库上报成功,获衡阳市先进单位。组队参加全市中小学田径运动会,获小学组团体总分第2名。参加全市小学生游泳比赛,获团体总分第2名。全年共获市级各项体育竞赛金牌45枚、银牌22枚、铜牌26枚。向上一级体育运动学校输送人才38人。

2007年,衡阳市乒乓球训练基地和蒸湘区跳水体育后备人才基地在区胜利小学挂牌成立。当年,向上一级体育运动学校输送体育苗子25人(其中省级2人)。全区全年共获市级各项竞赛个人前3名64人,获省级各项竞赛金牌9枚、银牌3枚、铜牌4枚。2007—2009年,蒸湘区体育工作连续3年被评为衡阳市“突出贡献单位”。

2008年,蒸湘区跳水体育后备人才基地被市体育局评定为合格基地,并正式授牌。组队参加衡阳市中小学田径运动会,获小学组第2名。在湖南省青少年田径运动会上,蒸湘中学周家宝获女丙跨栏全能组金牌,廖玉媛获女丙跳高全能组金牌,吴迪帮获男丙跳高全能组金牌。

2009年,组队参加全市中小学田径运动会,获小学混合组团体第2名、小学基层组第2名。参加省第二届跆拳道友谊赛,有5人次获奖。衡钢小学学生唐雨蕊参加澳门国际武术精英赛,获少儿组第1名。参加全市教师独唱、独舞、独奏比赛，获一等奖4个、二等奖4个、三等奖3个。参加全国教育系统“祖国万岁”歌咏比赛，被教育部评为优秀组织奖。

2010年，组队参加全市中小学田径运动会获小学组第2名。参加全市“沐林美郡杯”元旦环城赛跑，获小学组团体第3名。参加全市中小学健美操比赛，衡钢小学获小学组竞技健美3人操规定动作第1名，实验小学获大众健身6人组第4名。配合市体育局完成参加省十一运会各项工作，被评定为“突出贡献单位”。

2012年，举办蒸湘区少年儿童武术比赛，为全区武术人才后备基地建设，打造“一县一品”奠定了基础；组织全区中小学校田径运动会、“让我玩”冬季长跑比赛；组队参加市中小学生田径运动会获城区组第2名，参加市跳水比赛获小学城区组第1名、游泳比赛第3名；参加全市中小学生健美操比赛，实验小学获团体操一等奖，蒸湘北路小学获三等奖，衡钢小学吴乐妍同学获小学组单人操第4名；实验小学代表衡阳市参加全国“佑嘉杯”排舞挑战赛，获得团体规定动作和自选动作一等奖，单人赛获得4个二等奖、2个三等奖；清华园小学参加市中小学生足球赛获第4名，参加省级足球锦标赛获得第7名，成为衡阳市校园足球布点学校之一。

第三节　群众体育

蒸湘区群众传统体育项目有打篮球、羽毛球、乒乓球、下棋、打牌、游泳、骑自行车、舞龙舞狮、划龙舟、练武术等。

2001年，全区举行第一届机关篮球赛。组队参加全市首届太极拳展示大会，获一等奖2名、三等奖4名，并获集体组织二等奖。

2002年，全区举行第一届机关乒乓球赛（以后每年举行一次）。华菱衡钢集团获衡阳市中国象棋比赛团体冠军，职工肖革联获个人冠军。长湖乡在立新广场举办“立新杯”群众运动会，全乡9支代表队580人参加了比赛。2002—2003年，长湖乡获湖南省“群众体育工作先进单位”。

2003年，呆鹰岭镇成立足球队。教育系统职工举行软式排球赛。

2004年，参加衡阳市元旦环城赛跑（以后年年参加）。组织2个腰鼓队、3个秧歌队、3个太极拳队参加市健身周群众竞赛活动。区妇联组织50名妇女参加全市南岳健身比赛，区老干局欧美琪和区政法委吴珍分获青年组二、三等奖。蒸湘街道组建的腰鼓队参加全市腰鼓大赛获第2名。雨母山乡群胜村村民组队，参加湖南省第二届大众体育运动会获“男子团体拔河”第1名，村民陆锦社获“男子双人拔河”第1名。

2005年，华菱衡钢集团李梅英，在第四届湖南省工会运动会株洲“金龙杯”保龄球赛中，获女子个人第1名。教育系统职工举行篮球赛。

2006年，区教育系统组队参加全市大众广播体操比赛，获一等奖2个、二等奖1个。区委统战部举办全区统一战线乒乓球赛。华菱衡钢集团荣获“湖南省职工体育工作先进单位”称号。

2007年，组队参加市“全民健身与奥运同行”“阳光伙伴”竞赛获第2名。参加市“奥运五环潇湘行”社区趣味体育竞赛获团体第1名。参加市“迎奥运国税杯”乒乓球赛获男子团体第2名。教育系统职工举行气排球比赛。

2008年，组队参加市“趣味乐拼拼”系列活动，获团体总分第1名。教师陈攀、綦衡宇参加双升级扑克比赛，获湖南省第1名、全国第34名。区委统战部举办全区统一战线保龄球赛。区妇联组织开展“迎奥运亲子运动会”。区老干局组织离退休老干部开展趣味体育竞赛。

2009年，举办蒸湘区第二届篮球赛。组队参加市第一届“移动客户杯”羽毛球赛，获团体第3名。华菱衡钢集团参加全市职工羽毛球赛，获团体亚军；能源分厂员工游林辉获市“雁能杯”网球精英赛单打亚军、双打冠军。教育系统职工举行篮球赛。

2010年，举办蒸湘区第三届篮球赛。组队参加市第二届“移动客户杯”羽毛球赛，获团体第1名。参加市“全民健身日”活动，获男子拔河比赛第 1 名、跳绳比赛第 2 名，家庭趣味比赛 1、2、4 名。华菱衡钢集团舞龙队参加省第十一届运动会，获 1 块银牌、1 块铜牌；能源分厂员工游林辉在市“建行杯”网球锦标赛中，获 45 岁以下组单打第 3 名、双打第 2 名。雨母山乡组队参加市“全民健身日”拔河比赛，获男子组第 1 名。组队参加市第二十一届中壮年篮球赛，蒸湘区获“体育道德风尚奖”。

2011 年，组队参加全市“庆元旦，迎新年机关乒乓球邀请赛”“万人健步行”“百龙百狮迎新年”等大型活动；组队参加市“三独”比赛，省健身气功普及功法交流比赛，获二等奖；组织参加市“内参杯”乒乓球比赛，获领导干部女子单打第二名；举行蒸湘区首届小学生围棋赛；在平湖公园开展 8 · 8“全民健身展示暨市九运会电子火炬传递”活动；组织全区小学生冬季长跑比赛；组队参加市九运会，参赛队员达 388 人，为七县五区人数之最，参加了除排球外所有项目的比赛，取得了 97 枚金牌，总分 2979.3 分的好成绩，8 项锦标全部获奖（2 个第一、2 个第二、2 个第三、2 个第四），同时获得市优秀组织奖。教文体局获省体育局“全民健身日活动先进单位”称号。

2012 年，组队参加市“百龙百狮闹新春”活动，组织 300 余名教师参加“万人健步大拜年”活动。组队参加第二十二届中老年篮球赛获全市第 3 名。参加湖南省红牛城市羽毛球大赛，获衡阳赛区第 7 名。组织开展全区教职工羽毛球赛、区机关第九套广播体操比赛 8 · 8“全民健身日展示活动”。在首届全市全民健身大会中获全市第 1 名。

第十九篇　科技　卫生

1996 年 12 月,衡阳市郊区被评为全国科技工作先进区。以后,科技部每两年进行一次复查考核,到 2000 年郊区继续保持这一称号。蒸湘区成立后,从 2001—2012 年,科技部进行 6 次复查考核,确定蒸湘区"全国科技工作先进区"不变。

遵循"科学技术是第一生产力"的指导思想,全区加强队伍建设,组织科技培训,开展科普宣传,提高科技服务,实施"产学研"相结合,获得可喜科技成果。2001—2012 年,全区撰写学术论文 146 篇,其中获市二等奖 38 篇、三等奖 67 篇。境内企事业单位获市科技进步奖 52 项,其中一等奖 10 项、二等奖 28 项、三等奖 14 项。帮助企业申请专利 1220 项,批准 913 项。推广科技成果 37 项。全区科技对经济增长贡献率达 68%。2008 年 12 月,人事部外专局批准区科技局引进的澳大利亚"美人指"葡萄示范基地为"全国引进国外智力成果推广示范基地"。

蒸湘区医疗卫生工作,坚持"预防为主"的方针,以改革为动力,建立起区级医院、社区卫生服务中心(乡镇卫生院)、村卫生室为主体的三级医疗卫生体系,使疾病防治、计划免疫、妇幼保健、人口和计划生育工作不断增强。各种传染病得到有效控制,麻疹疫苗、卡介苗、小儿麻痹症糖丸疫苗、百白破三联疫苗各年接种率都达到 97% 以上,取缔家庭接生,全部孕妇实行住院分娩,儿童系统管理走上轨道,人口和计划生育工作 2001—2012 年分别被评为衡阳市、湖南省优质服务先进单位,2012 年被国家人口和计生委评定为"全国计划生育工作优质服务先进单位"。

第一章　科　　技

第一节　机　构

蒸湘区科学技术局的前身系衡阳市郊区科学技术监督局。2001 年 5 月衡阳市行政区划调整时,将技术监督职能上收到市技术质量监督局,郊区科学技术监督局更名为蒸湘区科学技术局(简称科技局)。内设机构有:办公室、情报研究所、专利办。2012 年在职干部、职工 6 人。办公地点原驻莲湖路郊区机关大院内,2003 年 8 月搬迁至红湘北路 84 号。

历任局领导及任职时间:

局　　长:雷　鸣(2001.5—2011.9)　邓冬福(女,2011.9—)

副 局 长:许先西(2001.5—2005.8)　胡金山(2003.6—)

　　　　刘巧兰(女,2005.6—2012.8)

第二节 科技队伍

2001年年末,蒸湘区有科技人员2670人,包括国有企事业单位1770人,集体企事业单位801人,供销系统99人。其中,区机关、事业单位及区属企业共有1040人,占全区总人口的0.54%。按职称分,具有高级职称32人,占科技人员总数的3.08%;中级职称471人,占45.29%;初级职称537人,占51.63%。2012年年末,区直管科技人员1307人,占全区总人口的0.55%,有高级职称81人,占区管科技人员总数的6.20%;中级职称868人,占66.41%;初级职称358人,占27.39%。

2001—2012年,由科技人员牵头,全区先后成立了振兴牲猪养殖协会、鸿发渔业专业养殖协会、欧亚葡萄协会、中心蔬菜种植协会、群益蔬菜种植协会、呆鹰岭养鸡协会等11个专业种养殖协会;成立了首牧渔业、陈华葡萄、怡箐源种养、鑫旺种养、鸡窝山草莓、雨母山大兴养殖、盛华良种肉鸽养殖、堰头村翠冠梨、灵山蔬菜种植、鱼苗繁育养殖、国瑞种养、衡阳市新农种养殖、鸡窝山种养、鸿发种养殖等27个专业合作社,建立农村科技示范户1500户。

第三节 科普活动

一、科普宣传

蒸湘区的科普宣传,主要采取4种固定时间与方式:一是每年4月份第3周为全区"科技活动周";二是每年开展一次"科技下乡服务月"活动;三是每年6月29日启动"全国科技活动周";四是全国科协组织的、从2005年开始的每年9月份第3周星期日的"全国科普日"。每个活动之前,由科技局制定实施方案,对活动主题、目的、内容、时间及组织领导提出明确要求。

2002年"科技活动周"期间,开设科普讲座2次,组织宣传车巡回宣传1次,安排360块宣传图板在太平小区展出,有3000余人观看展览。组织11名科技(医务)人员到呆鹰岭镇土桥村上门服务,发放科技书籍100本,义务诊疗300余人次,送药8300元。5月25日,组织200名学生参加市科协邀请国家有贡献科学家主讲的科普知识报告会。

2003年在"科技下乡服务月"活动中,全区抽调108名干部组成26个工作组,进驻呆鹰岭镇和雨母山乡的26个村,进行水果栽培和水产养殖知识的宣传与帮教,发放图片、宣传资料5000余份。

2006年,全国、省、市科技大会之后,蒸湘区先后分三个层次(区直领导干部、乡镇街道科技专干、科技界人士及科技示范户代表)进行传达贯彻。在"科技活动周"及"全国科普日"两次活动中,举办科普讲座6场、科普广播讲座10次,科普图版巡展1次,放映科普电影10场,发放宣传资料2000余份。6月,科技局与计生局、卫生局联合举办5千人参加的"提倡文明生活、预防艾滋病"大型图片展览。10月,又联合农办、卫生局举行预防禽流感报告会。

2008年4月,在第八个"知识产权日"(4月26日)前后,开展"保护知识产权宣传周"活动,出动宣传车5辆,巡回宣传"保护知识产权,促进创新发展",发放宣传资料、画册2000余份(册)。9月,围绕"携手建设创新型国家、节约能源资源、保护生态环境、保障安全健康"主题,开展"科技活动周""全国科普日"宣传活动。在晶珠广场、雁雨寺门前广场举行启动仪式,副区长杨艳斌(女)发表讲话,开设技术咨询台,展出科技成果展板20余块,发放各种科技宣传资料10000余份。活动期间,组织11个科技小分队,实施科技入户工程,及时解决农民咨询的各类科技问题。

2010 年 5 月 16 日为“防灾减灾日”，科技局与科协组织制作防水灾、风灾、地震知识图版 30 块，在晶珠广场展出。全区建立科普宣传栏 10 个、科普橱窗 6 个。

2011 年，以“携手创新型城区—科技支撑跨越式发展”为主题开展科普活动，在“科技活动周”和“全国科普日”共设 8 个场地，面向农村、社区广大居民，进行科技知识宣传教育，活动中要求乡镇、街道举办科普知识讲座，请省、市科技专家进村、社区讲课，提高群众的科普意识。当年，区科学技术协会获省科协“全国科普日、防灾减灾日”活动先进集体。

2012 年 5 月，在“科技活动周”期间，全区共展示 50 多块科普知识展板，发放科普宣传资料 5000 余份、赠送书刊 1500 册，悬挂标语 80 条，宣传防艾滋、环保、防震减灾、安全自救、农业技术、知识产权保护、申报专利、节能减排等相关知识，并开展义诊 300 余人次。6 月 11 日，区科技局会同区卫生局、食品药品监督管理分局、工商分局、教文体局、农办等部门在晶珠广场举行题为“共建诚信家园，同铸食品安全”的食品安全宣传周活动。是年，区科协获省科协“全国科普日”活动先进集体。

二、科技培训

2002 年，蒸湘区科技局会同有关部门在呆鹰岭镇、长湖乡和雨母山乡建立集教学、科研、示范为一体的科普培训基地，配备专兼职教师 10 人，建立实验基地 200 亩。

2003 年 3 月 16—20 日，全区以村为单位，举办一期农业实用技术培训班，共 34 期，有 1680 人参加培训。

2004、2005、2007、2008 年先后 4 次邀请澳大利亚专家阮清武来区讲学，内容为“欧亚葡萄丰产栽培技术”和“欧亚葡萄产业发展前景”；2006 年 4 月，邀请湖南农大教授石雪辉来区教授“葡萄栽培技术”及“葡萄贮藏加工技术”等。

2009—2012 年，科技局会同农办、水利农机局开办欧亚葡萄栽培技术、水产品丰产健康养殖技术、良种猪优质养殖技术、极早熟蔬菜无公害栽培技术、脆冠梨栽培、畜禽养殖、优质香瓜西瓜栽培、葡萄病虫害防治和地震防御等培训班，以及农机、饲料、林业等各类培训班 187 期，培训人员 10020 人。与湖南大学、中南大学、华中科技大学、中南工业大学、湖南农业大学、南华大学、湖南省农科院合作办学，培训各类专业技术人员 630 人。

三、科技服务

2001 年 12 月，区科技局在雨母山乡雨母村成立“衡阳欧亚葡萄研究所”，进行欧亚葡萄栽培技术研究。

2002 年，搜集、发布科技信息 600 余条。重点扶持 10 余个企业，其中千山集团被省科技厅评定为高新技术企业，消防化工厂、富康公司、默澳电器集团被认定为民营科技企业。农业方面引种肉丝瓜、夏秋芹、泰国空心菜、美国珍珠南瓜等科技新品种。

2003 年，区科协在雨母山乡群胜村成立“衡阳市雨母山农业科技示范园”，示范园面积 330 亩，示范种植及推广名、特、优水果。当年引进欧亚系列和国内葡萄新品种 39 个。与省内外 20 余个科研院校建立科技信息网络，搜集科技信息 1000 余条，其中从武汉大学、湖南大学引进的“轻重型车前后车桥完成制造技术”，从北京建筑建材研究院引进的“水泥添加剂配比技术”，分别被欣凯实业公司和银利化工厂采用。

2004 年，引进优质水果、蔬菜种苗新品种 17 个，配套技术 5 个。推广软盘抛秧、耐寒育秧、葡萄套袋保果和避雨设施栽培、蔬菜电热加温育苗、猪沼鱼、猪沼蔬菜等适用新技术。从高等科研院所引进科研项目 10 个，其中欣凯实业公司与武汉理工大学、湖南大学共同开发的“非铸造整体成型汽车驱动桥”项目，填补了国内空白。

2006 年，着力引导企业向科技进步轨道转变，对天力电器有限公司开发的“大容量计量仪”、四重机械有限公司开发的“化工烧烤炉”、衡阳新雁城农业机械有限公司开发的“小型挖机”等，科技部门从各方面给予支持，使之经济效益不断提升。启动“科技帮扶结百对”活动，要求每个村至少选 1－2 户科技示范户与 1－2 户贫困户结对进行科技帮扶。

2008年,在实施省科技厅、农业厅“现代畜牧业综合技术推广应用与产业化开发”项目过程中,蒸湘区被列为全省科技富民强县专项行动试点区之一。全区按照“把畜牧业建成继葡萄之后的又一支柱产业”的工作思路,加大科技投入,强化规模养殖,使畜牧业科技含量明显提高,畜牧养殖业形成气候,规模效益全省领先。

2011年,以科技创新加快农业经济的发展。振兴牲猪养殖基地利用猪尿制作沼气的技术有新的突破,已成为全省科技系统沼气技术推广典型;富康实业、金雁米业和怡和湖之酒已成为全市较有名气的拳头农副产品。全区从高等院校科研所引进开发钢管深加工、铭仕铜套、新型墙体材料、水泥添加剂等科技项目5个,并投入大量财力帮助钢管深加工企业新产品开发,如衡阳鸿瑞石油管材有限公司开发的“新型石油井管特殊螺纹扣”新产品投入市场后,深受用户欢迎。

2012年,积极申报国家、省、市科技计划项目14个,其中国、省项目6个。争取国省市项目经费220万元,其中国家创新基金衡阳鸿菱石油材管有限公司的“深井钻探HLC特殊螺纹套管项目”、衡阳市银利实业有限公司的“新型公路、桥梁路基等功能低掺膨胀剂项目”和衡阳市国旺机械加工有限公司获得科技部无偿支持,分别得到无偿资助金额70万元,共计210万元,另国家外专局引智项目10万元。重点支持了茂泰雁城农业机械有限公司、鸿大特种钢管有限公司、鸿菱石油管材有限公司科技成果转化项目3项。

截至2012年,科技服务农业,先后建立欧亚葡萄示范推广基地、振兴牲猪标准化养殖基地、雨母山水产品养殖基地、同康无公害蔬菜生产基地、灵山—竹雅片蔬菜基地、松陂—土桥片等11个农业科技示范基地,建设了富康实业、金雁米业、怡和湖之酒等14个科技型农产品加工龙头企业。全区的葡萄生产,从最初的1300亩扩大到6400亩,成为全省最大的葡萄栽培和销售集散地之一。服务工业,共帮助企业从高等院校、科研院所引进开发科技项目62个,其中,引进开发了“新型油井管特殊螺纹扣”“一体化彩色柔性版印刷技术”“小型智能挖掘机”等16个高新技术项目。同时,与企业签订产、学、研项目32个,引进高科技人才19人。帮助建立国家高新技术企业1家,省级民营型科技企业67家。帮助企业争取科技资金2100万元以上。2010年3月,区科技局获省人事厅“湖南省引智工作先进单位”称号。

四、科技竞赛

2009年,区科技局、区教文体局联合举办蒸湘区第一届青少年科技创新大赛,评出一等奖33个、二等奖98个、三等奖38个,组织奖5个,优秀辅导员9个。

2010年,举办蒸湘区第二届青少年科技创新大赛活动,并组织全区25件优秀作品参加衡阳市第24届青少年科技创新大赛,获一等奖2个、二等奖7个、三等奖10个;参加湖南省第31届青少年科技创新大赛,获二等奖1个、三等奖1个、园丁奖2个。

2011年,举办蒸湘区第三届青少年科技创新大赛。区内中小学生报送科学幻想画、科学实践、科学小论文、优秀辅导员论文、小发明、小制作等类别的作品200余件,并从中筛选出30余件优秀作品上报全市参评,获得省、市一、二、三等奖共20项奖次。

2012年10月,举办蒸湘区第四届青少年科技创新大赛,并组织全区34件作品参加市第二十七届青少年科技创新大赛,4件学生作品及雨母山中学罗章青老师的科技辅导员方案获市一等奖,7件作品获市二等奖,15幅作品获市三等奖。

五、科技经费

科技经费的来源,主要是两条渠道,一是科技三项费用(指新产品试剂、中间实验、重大科研补助经费),由区财政拨款;二是向省、市科技部门申请项目补助资金。科技经费由科技局掌握使用。

2001—2012 年蒸湘区科技经费投入情况一览表

表 19－1

年度	省级(万元)	市级(万元)	本级(万元)	合计(万元)
2001	30	10	6	46
2002	30	8	6	44
2003	40	11	6	57
2004	20	15	6	41
2005	30	10	6	46
2007	150	8	6	164
2008	160	10	6	176
2009	170	19	6	195
2010	300	20	8	328
2011	320	22	10	352
2012	340	26	10	376

第四节 科技成果

蒸湘区 2001—2012 年，撰写科技学术论文 146 篇，其中获市二等奖 38 篇，三等奖 67 篇；帮助企业申请专利 1220 项，批准 913 项；推广科技成果 37 项；获市科技进步奖 52 项，其中一等奖 10 项，二等奖 28 项，三等奖 14 项。全区科技对经济增长贡献率达 68%。

2003 年 7 月 13 日，湖南省人事厅批准蒸湘区科技局引进的澳大利亚“美人指”葡萄种植基地为“湖南省国外引智工程示范推广基地”，2008 年 12 月，人事部外专局批准为“全国引进国外智力成果推广示范基地”。在衡阳市科技工作目标管理考核中，蒸湘区 2003—2008 年连续 6 年名列第一。在 1996 年 12 月衡阳市郊区被评为全国科技工作先进区之后，科技部委托省科技厅每 2 年一次复查审核，蒸湘区在 2001—2012 年连续 12 年保持了“全国科技工作先进区”称号。

2001—2012 年蒸湘区科技专利申请批准统计一览表

表 19－2

年　度	申请(项)	批准(项)	年　度	申请(项)	批准(项)
2001	21	16	2007	50	42
2002	19	15	2008	70	56
2003	26	20	2009	107	86
2004	25	20	2010	246	194
2005	27	22	2011	259	232
2006	40	33	2012	330	177

2001—2012 年蒸湘区科技成果推广情况

表 19 – 3

项 目 名 称	类 别	承 担 单 位	起止年限
非铸造整体成型汽车桥	新产品	衡阳市欣凯实业有限公司	2002—2006 年
高品质特殊无缝钢管经济洁净度研究与应用	科 研	衡阳市华菱连轧管有限公司	2005—2009 年
建筑垃圾在节能墙体材料中的循环应用	新产品	衡阳市三春建材实业公司	2007—2009 年
铸钢用铍钴合金衬套的研究与开发	新产品	衡阳市铭仕铜套有限公司	2001—2005 年
混凝土 FDN 和 U 系列外添加剂	新产品	衡阳市银利实业有限公司	2007—2010 年
HRC 新型油井管特殊螺纹接头	新产品	衡阳鸿瑞石油管材有限公司	2003—2008 年
一体化彩色柔性版印刷技术	新工艺	衡阳市金坤包装有限公司	2004—2008 年
古汉养生精口服液(Ⅰ–Ⅳ)	新产品	蒸湘区白云路 42 号紫光古汉集团股份有限公司	2001—2009 年
水平连铸中间包湍流控制器	新产品	衡阳华菱连轧管有限公司	2008—2010 年
动态轻压下控制系统产业化	科 研	衡阳镭目科技有限公司	2007—2010 年
节能高效真空太阳能集热管镀膜机	新产品	衡阳市真空机电设备有限公司	2004—2008 年
“美人指”葡萄新品种及配套技术引进推广	新品种	衡阳市欧亚葡萄研究所	2001—2010 年
送风除尘系统系列产品开发	新产品	衡阳三力高科技开发公司	2007—2009 年
无公害蔬菜栽培技术的推广	新技术	呆鹰岭镇同康村	2005—2010 年
名特优水产养殖技术的推广	新技术	雨母山乡湘桂村	2009—2010 年
瘦肉型猪养殖技术的推广	新技术	呆鹰岭镇振兴村	2001—2010 年
翠冠梨栽培技术推广	新品种	衡阳市欧亚葡萄研究所	2007—2010 年
葡萄黑痘病综合防治技术试验	科 研	衡阳市欧亚葡萄研究所	2001—2010 年
SCTN 外墙复合空心砌块	新产品	衡阳市三春建材实业公司	2006—2009 年
三排孔新型墙体材料对建筑空调采暖能耗的影响分析	科 研	衡阳市三春建材实业公司	2007—2009 年
新型墙体材料的热工性能分析和节能研究	科 研	衡阳市三春建材实业公司	2008—2010 年
新型空心砌块墙体材料的热工性能分析和节能研究	科 研	衡阳市三春建材实业公司	2009—2010 年
振动式大包下渣检测系统开发及产业化	科 研	衡阳镭目科技有限责任公司	2011—2012 年
三室四锁真空太阳能集热管镀膜技术	新工艺	衡阳市真空机电设备有限公司	2011—2012 年
伸缩臂式叉吊装机	新产品	衡阳市鼎威工程机械有限公司	2011—2012 年
黑蜜葡萄无公害优质高效栽培示范	新品种	蒸湘区陈华葡萄专业合作社	2011—2012 年
无冲击重载启动节能球磨机	新产品	衡阳伟业冶金矿山机械有限责任公司	2011—2012 年
大输液软袋用硬双口管及易折式组合盖	新产品	湖南乐福地医药包材科技有限公司	2011—2012 年
低温余热发电锅炉	新产品	衡阳长宏锅炉有限公司	2011—2012 年
高强瓷外绝缘干式电流互感器	新产品	衡阳华瑞电气有限公司	2011—2012 年
发电用太阳能高温集热管镀膜机	新产品	衡阳市真空机电设备有限公司	2011—2012 年
多功能低碱低掺膨胀剂的开发及其在高性能混凝土中的应用研究	科 研	衡阳市银利实业有限公司	2011—2012 年
油气开采用新型双金属复合管的研究	科 研	衡阳华菱钢管有限公司	2011—2012 年
铸钢用合金衬套主要元素最佳配方试制及生产应用	科 研	衡阳铭仕铜套金属有限公司	2011—2012 年
连铸机结晶器振动在线检测系统开发及产业化	科 研	衡阳镭目科技有限公司	2011—2012 年
非 PVC 多层共挤复合膜医药包材开发及产业化	科 研	湖南乐福地医药包材科技有限公司	2011—2012 年
低碱低掺膨胀剂在高性能混凝土中的应用研究	科 研	衡阳市银利实业有限公司	2011—2012 年

2001—2012 年蒸湘区获衡阳市科技进步奖项情况

表 19－4

获奖年度	获奖项目	奖励等级	完成单位
2001	环保防氡乳胶漆	一等奖	南华大学
	血氨直接测定方法及检测试剂合研究	一等奖	南华大学
	弹塑性拉移反分析的智能化方法及其地下工程中的应用	一等奖	南华大学
	电解性氧自由基损伤血管内皮模型的建立与应用	二等奖	南华大学
	水口山铅锌矿选厂设备(碎矿部分)工矿参数优化研究与设备改进设计	二等奖	南华大学
	具有复杂运动轨迹的机械产品三维动态仿真制作新工艺理论及应用研究	二等奖	南华大学
	基于“两本”理论动态比较法的研究与实践	二等奖	南华大学
	烹调油烟致大鼠肺部病理改变及其相关机理研究	三等奖	南华大学
2002	急性疟原虫海南珠、云南珠抗原基因研究	二等奖	南华大学
	有机化学物分子结构与性质的定量关系及其应用研究	三等奖	南华大学
	石化阀门激光熔覆层质量控制研究	二等奖	南华大学
	实验性胃癌及癌前病变的病理生物学与防治系列研究	二等奖	南华大学
	国人胚胎消化管组织结构及其功能的发生、演变和分化	二等奖	南华大学
	粉碎设备磨机负荷模糊自组织控制研究	三等奖	南华大学
2004	超级稻配套高产栽培技术研究	一等奖	衡阳市农业局
	显齿蛇葡萄繁殖技术及开发利用研究	二等奖	湖南环境生物职业技术学院等
	凹 R 面药物冲头的强化工艺与数值仿真研究	三等奖	南华大学
	湘黄鸡散养组装技术研究	三等奖	湖南环境生物职业技术学院等
2005	豪猪人工饲养繁殖技术与开发利用研究	二等奖	湖南环境生物职业技术学院等
	脯氨酸肽酶药盒的研究	三等奖	南华大学
	“乳核丸”治疗乳腺增生病	三等奖	衡阳市中医医院
2006	硫化修饰引物结合 PEU 聚和酶 PRC 体系在穿窖蛋白 CAV－1 功能分析中的应用	二等奖	南华大学
	生物活性分子检测新方法新技术及应用研究	二等奖	南华大学
	果子狸的产品深加工技术研究	三等奖	湖南环境生物职业技术学院等
	实用植物离体快速繁殖技术研究	三等奖	湖南环境生物职业技术学院等
	复杂曲线数控插补算法及应用	三等奖	南华大学
2007	K55、N80－1 成品套管开发	一等奖	南华大学
	合金钢气瓶用管开发	二等奖	衡阳华菱连轧管有限公司
	南岳松墨天牛生物学特性与防治研究	二等奖	衡阳华菱连轧管有限公司
	节能高效真空太阳能集热管镀膜机	二等奖	湖南环境生物职业技术学院等
	金粉蕨素防治心血管疾病作用及机制研究	二等奖	衡阳市真空机电设备有限公司
	颌面部整形美容的应用解剖学研究	三等奖	南华大学
	中医从益气开窍透骨论治恶性肿瘤放、化疗后血细胞减少症的研究	三等奖	南华大学

续表 19-4

获奖年度	获奖项目	奖励等级	完成单位
2008	超微晶高压顶付费计量系统	一等奖	衡阳市中医医院
	氧化锆及氧化钛的相结构与其性能的关系研究	二等奖	衡阳市天立电器设备制造有限公司
	HSM770 起重机臂架及管开发	二等奖	南华大学
	衡阳市风能资源普查评估及区划	二等奖	衡阳华菱连轧管有限公司
	梅素新诊断方法的建立、临床应用及梅毒螺旋体分子亚型的研究	二等奖	南华大学
2008	优良枣树品种引种及其矮化密植优质丰产配套栽培技术的研究	二等奖	湖南环境生物职业技术学院
	蛋壳资源开发利用研究	二等奖	湖南环境生物职业技术学院
	石鼓智能搜索引擎的研究与应用	三等奖	南华大学
2009	RAMON 非正弦振动控制系统	一等奖	衡阳镭目科技有限责任公司
	超级稻高产栽培技术示范推广	一等奖	衡阳市农业局等
	高品质特殊无缝钢管经济洁净度研究与应用	一等奖	衡阳华菱连轧管有限公司
	CFA2031 分段式车架和前后独立悬架臂项目的开发	一等奖	衡阳风顺车桥有限公司
	RAMON 连铸动态轻压下技术	二等奖	衡阳镭目科技有限责任公司
	多排孔承重保温砌块生产及应用技术	二等奖	衡阳市三春建材实业有限公司
	抗乙肝药叶下珠活性成分提取及指纹图谱研究	二等奖	湖南环境生物职业技术学院
2010	基于分布式抽样测量的 Intranet 行为研究	二等奖	南华大学
	几种药用、花卉、木本植物无菌繁殖与快速成菌技术研究	二等奖	湖南环境生物职业技术学院
2011	流式细胞检测技术参数的标化及应用	三等奖	南华大学
2012	VYSP-12 系列户内高压交流固封式真空断路器的研发与应用	三等奖	湖南雁能森源电力设备有限公司

第二章 卫　　生

第一节 机　　构

2001 年 5 月,衡阳市行政区划调整后,郊区卫生局更名为蒸湘区卫生局。内设机构有:办公室、医政股、疾控股、基层妇幼管理股、规划财务股、人事科教股。办公地点原驻向农路 45 号,2009 年 10 月搬迁到船山大道 18 号蒸湘区机关办公大楼 1 楼。2012 年,有在职干部、职工 14 人。

历任局领导及任职时间:

局　　长:王国华(2001.5—2003.1)　　邹顺徕(2003.2—2008.5)

　　　　廖东笙(2008.8—)

党委书记：罗齐佑（2001.5—2005.7） 肖松柏（2005.10—2007.10）
夏 敏（女，2008.6— ）
纪委书记：敖志强（2001.5—2001.10） 夏 敏（2001.11— ）
副 局 长：敖志强（2001.5—2001.10） 颜小平（2001.5— ）
胡太辉（2003.1—2006.8） 龙素珍（女，2005.8— ）
夏 敏（2006.8—2008.6） 刘志文（2007.2— ）

第二节 网点队伍

一、医疗网点

2001年，蒸湘区有区管医疗卫生机构79个，其中医院2所（区中西医结合医院、长湖医院），区卫生防疫站、妇幼保健站各1所，乡（镇）街道卫生院5所，村卫生室38所，个体私人诊所32家。共有病床205张，医疗卫生工作人员361人。境内还有市中医医院、市第二精神病医院、湖南环境生物职业技术学院附属医院、衡钢集团公司职工医院、衡汽集团公司职工医院、衡阳417队职工医院6所公立医院，共有病床1158张，医疗卫生工作人员1083人。

2007年，蒸湘区成立蒸湘街道、红湘街道、联合街道、长湖、衡钢5个社区卫生服务中心，共有医疗卫生工作人员102人。

2012年，全区有区管医疗卫生机构121个，其中区辖医院4所（区人民医院、蒸湘医院、区妇幼保健院、长湖医院）、区疾病预防控制中心、区卫生监督所各1所，乡镇街道卫生院4所（呆鹰岭镇中心卫生院、蒸湘街道太平卫生院、长湖乡卫生院、雨母山乡卫生院），社区卫生服务中心5所，村卫生室38所，个体私人诊所68家。共有病床420张，医疗卫生工作人员753人。境内还有市中医医院、市第二精神病医院、湖南环境生物职业技术学院附属医院、南华大学附属二院（新院）、市中心医院妇儿中心、衡钢医院、417队职工医院、华新医院8所公立医院；有衡汽集团职工医院、衡阳爱尔眼科医院2所股份制医院；有衡阳市康阳骨科医院、衡阳市船山医院、衡阳长江泌尿医院、衡阳协和微创医院、衡阳远大肛肠医院、衡阳男科医院、衡阳雅美医疗美容医院7所民营医院，共有病床2495张，医疗工作人员2761人。

二、医疗队伍

2012年，蒸湘区区直医疗机构共有工作人员395人，其中35岁以下的182人，36－55岁的188人，56岁以上的25人；大专及以上学历的140人，中专203人，无学历52人；有初级职称227人，中级职称78人，高级职称1人。

2012 年蒸湘区区直医疗队伍结构分析一览表

表 19－5　　　　　　　　　　　　　　　　　　　　　　　　　　　　　单位:人

机构名称	工作人员数	年龄结构				学历结构				职称结构		
		35 岁以下	36－45 岁	46－55 岁	56 岁以上	无学历	中专	大专	本科	初级	中级	高级
疾病预防控制中心(含卫生监督所)	15	3	5	6	1	—	4	6	5	6	8	1
妇幼保健院	50	35	10	5		—	5	40	5	15	5	—
区人民医院(呆鹰岭镇中心卫生院)	165	63	48	36	18	27	96	35	7	100	35	—
蒸湘医院												
蒸湘街道社区卫生服务中心(含太平卫生院)	67	26	27	10	4	6	42	15	4	48	18	—
红湘街道社区卫生服务中心												
联合街道社区卫生服务中心	22	8	8	5	1	1	16	4	1	15	3	—
长湖社区卫生服务中心	43	35	5	3	—	4	22	13	4	30	9	—
长湖乡卫生院	13	3	8	2	—		12	1		13	—	—
雨母山乡卫生院	20	9	6	4	1	14	6	—	—	—	—	—
合　计	395	182	117	71	25	52	203	114	26	227	78	1

三、医疗机构选介

(一)区人民医院(呆鹰岭镇中心卫生院)

前身为衡阳县“6·26”医院,始建于 1970 年,位于呆鹰岭正街,2001 年 5 月随行政区划调整划入蒸湘区,更名为蒸湘区呆鹰岭镇卫生院,2007 年 7 月升格为区人民医院,同时保留镇中心卫生院牌子。该院区划调整前,房屋破旧,业务滑坡,资不抵债,人心涣散,面临倒闭。区划调整后,于 2002 年医疗用房全部推倒重来,新建 5 层门诊、住院大楼 1 栋,医技楼 1 栋以及供应楼、食堂、花园等。2007 年,又建住院楼 1 栋、职工宿舍 2 栋,并投入 320 万元添置医疗设备。与此同时,先后派出 198 人次外出进修,参加省、市各类学习班培训 312 人次。有病床 100 张,设有门诊、内、外、五官、妇产、中医、理疗、特检等科室,成为一所集医疗、预防于一体的一级甲等医院。

(二)蒸湘医院

前身系原郊区岳屏乡卫生院,原址位于天马山,1991 年,搬迁至解放西路 33 号;1992 年,转为郊区中西医结合医院;2002 年,更名为蒸湘医院。2005 年,引进社会资金办院,并搬迁到解放西路 42 号(租用原衡阳市工商局办公大楼)。有病床 100 张,设有内、外、妇、产科、中医科等临床科室,检验、心电图、B 超、放射等医技科室,设备先进,配套齐全。通过常年聘请全国 20 多家知名医院生殖医学领域的教授、博士组成专家顾问团定期来院会诊,社会声望逐步扩大,尤其是男科、妇科、不孕不育科在市内外享有盛誉。

(三)蒸湘街道社区卫生服务中心

创建于 2007 年 5 月,原租赁蒸湘街道太平小区 91 栋一、二层房。2009 年,争取上级项目经费和自筹资金 715 万元,对原租赁房购买后进行改扩建,新建与改造了国粹养生堂、中医馆、基本医疗区、公共卫生服务区,总面积 2150 平方米。添置了 40 台(件)医疗、教学设备。业务覆盖面积 7 个社区居委会、13.4 平方公里,服务居民 31000 余人。中心有工作人员 27 人(含聘请专家 4 人),其中:执业医师 12 人(中高级职称 8 人),助理执业医师 1 名,注册护士 10 人,药剂师 2 人,医技人员 1 人,后勤人员 1 人。该中心秉承“情系社区、呵护健康”的服务宗旨,给居民提供优质实惠的医疗服务和多项公共卫生免费服务,实现“小病治疗不出社区，防疫、康复在社区"的目标，得到居民的充分认可。2010年，被评为全市社区卫生服务中心项目建设样板工程，并接待全市社区卫生项目建设现场会。2012年，获省卫生厅"省级示范社区卫生服务中心"，11月27日，该社区卫生服务中心被卫生部授予"全国示范社区卫生服务中心"称号，并跻身中国社区卫生协会培训基地行列。

第三节　卫生制度改革

2001年，蒸湘区将辖内医疗机构进行营利性、非营利性分类，对非营利性医疗机构实行发证管理。

2002年1月，全区机关、企事业单位实行职工医疗保险，行政事业单位公费医疗制度和企业职工劳保医疗制度改为社会基本医疗保险制度，区卫生局公费医疗管理职能自行终止，改由区人事劳动和社会保障局医疗保险基金管理中心管理。坚持"政府主导，社会参与，立足社区，服务群众"的方针，先后在23个社区居委会建立社区卫生服务站。依法实施医疗机构、人员准入制度，对医疗机构组织进行评审，并换发医疗机构执业许可证。对执业医师、执业护士进行注册登记。

2003年10月，全区乡镇医院、卫生院由原来乡镇（块块）管理为主，"上划"给区卫生局，实行条条管理为主。

2005年，严禁非营利性医疗机构的科室和项目对外承包、合资、合作，责成区中西医结合医院终止外包科室的承包合同。明确要求各医疗机构立即停止在所有媒体刊播的未经省卫生厅审批的含有诊疗科目、诊疗项目、诊疗方法的医疗广告。

2007年4月，根据《蒸湘区社区卫生服务机构设置规划（2006—2010年）》，区卫生局批准成立5个社区卫生服务中心，即：蒸湘街道社区卫生服务中心（由蒸湘街道卫生院承办）、红湘街道社区卫生服务中心（由蒸湘医院承办）、联合街道社区卫生服务中心（市局安排由市第三人民医院承办）、长湖社区卫生服务中心（由长湖医院承办）、衡钢社区卫生服务中心（由衡钢职工医院承办）。

2008年3月，启动城镇居民医疗保险。7月，启动农村新型合作医疗保险。

2009年4月1日，启动农村孕产妇住院分娩补助；在5家社区卫生服务中心试行国家基本药物制度，对100种常用药物实行零差率销售。对免疫接种、孕产妇管理、慢性病管理、建立电子健康档案等14类公共卫生项目实行免费服务。

2010年，在5个社区卫生服务中心和3个乡镇卫生院全面推行国家基本药物制度，零差率销售的常用药物从100种扩大到505种。经区人民政府批准，由计生局管辖的计划生育服务站合并到由卫生局管辖的妇幼保健院。12月，区卫生监督所食品卫生（餐饮行业）监督职能划出，由市食品药品监督管理局蒸湘分局管理。

2012年8月1日，将国家基本药物制度推广覆盖到34个村卫生室。8月6日，区政府常务会确定，区本级财政对村卫生室实施基本药物制度每年投入不少于54.1万元，对3个乡镇卫生院及5个社区卫生服务中心每年补助300万元。

第四节　卫生防疫

一、机　构

2001年5月，衡阳市行政区划调整后，郊区卫生防疫站更名为蒸湘区卫生防疫站。2007年2月6日，区卫生防疫站更名为区疾病预防控制中心(简称疾控中心),与区卫生监督所实行两块牌子,一套人马。区疾控中心内设机构有:办公室、免疫规划科、性病及艾滋病防治科、结核病防治科、职业危害因素控制科、消毒与病媒生物控制科、慢性非传染病防治科、预防医学门诊部、财务科、检验科、健康教育所、公共卫生监测科。办公地点原驻向农路45号,2007年8月搬迁至红湘北路6号。2012年,有在职干部、职工15人。历任领导及任职时间:站长:邹顺徕(2001年5月至2003年1月)、谢品刚(2003年1月至2007年2月);疾控中心主任:谢品刚(2007年2月—)。

二、计划免疫

蒸湘区计划免疫工作按规定进行,每年"四苗"(麻诊疫苗、卡介苗、小儿麻痹症糖丸疫苗、百白破三联疫苗)接种率均达到95%以上。

2001年,卡介苗接种513人次,麻疹苗583人次,百白破1760人次,接种率均为100%。投服糖丸10482人次,投服率99.8%。

2002年,"四苗"全程接种率99.13%。9、10月份开展计划免疫整改工作,随机抽查29名儿童,接种率96.58%,乙肝疫苗接种率农村为86.24%,城市为100%。

2004年,以消灭脊髓灰质炎为重点,抓基础免疫工作,"四苗"全程接种率为99.15%,通过卫生部审评。

2007年,开展对学校、幼儿园新生入学查验预防接种工作,75名防疫人员亲临现场,补发接种证426人,补种562人次。是年,对24个行政村(居委会)198名适龄儿童"四苗"接种情况进行调查,结果为:麻疹98.67%,糖丸100%,卡介苗99.53%,百白破99.53%。

2008年4月,开展为期一周的免疫规划宣传活动。8月,举办"扩大国家免疫规划暨预防接种人员培训班",90人参加培训。是年,"四苗"应接种12945人次,实接种12915人次,接种率99.77%。

2009年2月,开展儿童预防接种信息系统培训,辖区7个预防接种门诊共17人参加培训。开展麻疹疫苗强化免疫活动,共派出102名工作人员,对适龄儿童进行麻疹疫苗接种36094针次,接种率98.12%。9月,组织乡镇(街道)防疫专干参加乙肝疫苗接种技术培训。

2010年9月1日至10月20日,对全区36所小学和45所幼儿园入学入托儿童接种证进行查验,应查验儿童4817人,实查4817人,查验率为100%;持接种证人数4330人,应补证404人,实补证376人,补证率为93.07%;应补种人数741人,实补种712人,补种率为99.7%。10月,开展对8月龄至4岁儿童的麻疹疫苗强化免疫,模底应种人数为8189人,实种8011人,接种率为97.8%。

2011年,开展12次冷链运转,其中卡介苗接种2696人次,糖丸接种7629人次,百白破接种7644人次,麻风接种2694人次,乙肝接种7631人次。加强接种糖丸1569人次、百白破1622人次、麻腮2247人次,预防接种共达到33732针次。五苗接种率95%以上,全区未发生"五苗"接种相关疾病。

2012年,开展12次冷链运转,其中卡介苗接种2437人次,糖丸接种7311人次,百白破接种7537人次,麻风接种2445人次,乙肝接种7298人次。加强接种糖丸6124人次、百白破1644人次、麻腮2136人次,预防接种共36932针次;对全区2—47月龄儿童及特殊人群进行第二轮糖丸强化免疫工作,共接种7466针次;制订《蒸湘区免疫规划工作督查方案》,对计划免疫接种率、生物制品管理、儿童建卡建证等项工作进行4次督查,推动了全区免疫规划工作正常、有序开展。

三、传染病防治

蒸湘区成立后,全区成立传染病防治领导小组,乡镇、街道成立防治小组,乡镇、街道的防疫专干及时联系各村(居委会),建立传染病防治网络,规范肠道门诊及发热门诊,严格遵守传染病报告制度。

2001年,全区发生传染病231例,年发病率为132/10万,较2000年下降7.2%。

2003年4—5月,在"非典"疫情期间,全区成立防治工作领导小组和应急指挥部,制定应急预案;成立5个督查组,派出300名干部指导防治工作;印发宣传资料19.8万份,制作横幅、板报、宣传栏1434块(个);培训860名医护人员，规范建设发热门诊7个；对1034名外来人员进行了登记、留观和监测；公共场所累计消毒面积213万平方米，公交车辆消毒16800台次。全区没有发生1例“非典”病人。

2004年2—3月，全区有3个乡镇的5个村发现高致病性禽流感，对此，指挥部果断采取严格处理措施，使之得到及时有效控制。7月18日，雨母山乡湘桂村6组发生霍乱疫情，卫生防疫部门立即启动防治预案，迅速处置，确保无二代病例和死亡病例发生。

2006年，对3家综合医院进行传染病报告情况的调查，共调查135例传染病，其中漏报2例，漏报率为1.48%。开展内、外环境疫源检索，共检索采样523份，经实验室血清学鉴定，未发现霍乱弧菌。

2007年7—11月，对辖区医院、卫生院、医务室、个体诊所进行消毒监测，采样125个单位467份，合格393份，不合格74份，合格率为84%，对不合格的进行整改。投资222万元兴建的疾病预防控制大楼投入使用。

2008年，以霍乱为重点，积极开展内外环境检测，采集样品401份，经实验室培养检测，结果全部为阴性。区疾控中心成立手足口病防治小组，印制7万份宣传资料，发放到各基层单位和居民户，提高自防自控能力。

2009年3月23日，呆鹰岭镇新阳村毛林组发现1起疑似禽流感病例，区疾控中心立即开展流行病学调查及疫情处理工作。4月23日，南华大学经济管理学院内发生1起流行性腮腺炎，区疾控中心采取有效措施，隔离治疗5人，预防服药126人，疫情得到及时控制，未出现二代及重症病例。5月16日，南华大学发现从国外乘航班返校人员中，有1例可疑甲型HLNI流感疫情患者，市、区疾控中心立即采取紧急措施，对疑似患者及60名密切接触者进行流行病学调查，对其曾经逗留的场所全面消毒处理，后经省、市疾控中心检测，结果为阴性后，解除隔离观察。

2010年4月27日，英豪幼儿园发生1起聚集性手足口病疫情，发病7人。区疾控中心随即开展调查处理，隔离治疗7人，预防服药293人，使疫情得到有效控制，7名患者痊愈。当年，全区发生传染病15种1202例，发病率为471/10万，较2009年下降9.13%。发病数前5位的是：手足口病、肝炎、肺结核、感染性腹泻、梅毒，占发病总数的93.36%。

2011年，辖区医疗单位共报告3起突发公共卫生事件，其中：红湘街道联合村发生1例O139型霍乱疫情，长湖乡长湖小学发生1起水痘暴发疫情，蒸湘中学发生1起疑似食源性疾病暴发疫情，区疾控中心均第一时间赶赴现场，开展流行病学调查及疫情处置，疫情得到有效控制，病例均痊愈，未出现二代及重症病例。

2012年，辖区医疗单位共报告3起突发公共卫生事件，其中，湖南环境生物学院发生1起食源性疾病，雨母山乡梓木村发生2起食源性疾病，区卫生局、疾控中心应急小分队第一时间赶赴现场，使疫情得到有效控制，未出现二代及重症病例。

2001—2012年蒸湘区传染病发病及死亡情况一览表

表19－6　　单位：人

年度	传染病发病总数	总发病率x/10万	发病种类及人数																				死亡情况		
			病毒性肝炎	痢疾	肺结核	感染性腹泻	麻疹	伤寒十副伤寒	流型性腮腺类	梅毒	淋病	艾滋病	霍乱	非淋病尿道炎	风疹	出血热	尖锐	流感	甲型HLNI流感	疟疾	急性出血性结膜炎	手足口病	猩红热	死亡病种	死亡人数	死亡率(%)
2001	231	132	80	28	23	92	3	3	—	—	—	1	1	—	—	—	—	—	—	—	—	—	—	—	—	—
2002	216	120	155	28	21	6	—	2	1	1	2	—	—	—	—	—	—	—	—	—	—	—	—	—	—	—
2003	296	147.48	176	69	39	4	—	—	3	—	3	1	—	—	1	—	—	—	—	—	—	—	—	—	—	—
2004	357	170.9	120	78	70	2	20	18	34	4	8	—	1	1		—	1	—	—	—	—	—	—	—	—	—
2005	439	207.23	89	33	157	47	8	8	49	20	21	5	—	—	—	2	—	—	—	—	—	—	—	乙肝	1	1.4706
2006	482	222.96	112	45	159	41	56	3	14	28	15	6	—	—	2	—	—	1	—	—	—	—	—	—	—	—
2007	623	356.5	248	30	172	38	46	11	16	33	18	3	—	—	4	—	—	2	—	1	1	—	—	肺结核	1	0.5814

续表 19－6

年度	传染病发病总数	总发病率x/10万	发病种类及人数																					死亡情况		
			病毒性肝炎	痢疾	肺结核	感染性腹泻	麻疹	伤寒十副伤寒	流型性腮腺类	梅毒	淋病	艾滋病	霍乱	非淋病尿道炎	风疹	出血热	尖锐疣	流感	甲型HLNI流感	疟疾	急性出血性结膜炎	手足口病	猩红热	死亡病种	死亡人数	死亡率(%)
2008	928	441.9	221	24	193	31	74	2	68	30	11	5	—	—	27	—	—	33	—	1	—	208	—	艾滋病	1	20.0
2009	1198	488.26	285	22	186	24	32	3	51	42	11	2	—	—	—	1	—	23	59	—	—	457	—	—	—	—
2010	1202	471	268	21	265	38	—	1	28	38	8	10	—	—	—	1	—	16	2	—	16	489	1	艾滋病 手足口病	3 1	30.0 0.2045
2011	1196	468.64	317	32	278	37	—	5	73	58	4	10	1	—	5	1		16	—	1	10	348	—	艾滋病 肺结核	1 1	10 0.3597
2012	2821	1105.38	508	29	303	40	—	2	196	97	3	40	—	—	48	—	—	2	—	1	6	1538	—	艾滋病	1	2.5

四、防治艾滋病

2005 年,对高危人群进行初筛检测,有 5 人经血样检测,确认为 HIV 感染者。

2006 年,建立艾滋病咨询室,接受咨询 67 人次,对 10 名高危人员进行检测,确认 6 人为 HIV 感染者。对公共场所 48 个单位的 611 名工作人员进行检测,未发现艾滋病感染者。

2007 年,对公共场所 109 个单位的 543 名工作人员进行 HIV 检测,未发现 HIV 感染者。

2008 年,对 132 人进行初筛检测,查出 HIV 抗体阳性 2 例,经血样检测,确认为 HIV 感染者。

2009 年,蒸湘区成立预防与控制艾滋病领导小组,制订《蒸湘区艾滋病综合防治示范区工作方案》。7 月 23 日,对 30 名社区志愿者举办艾滋病防治知识培训班。7 月 31 日,对 44 名乡村医生组织进行培训。10 月全面开展艾滋病现况调查,将调查资料录入电脑。

2010 年,接受群众咨询 199 人,在公共场所体检 296 人,初筛 2 例阳性,经血样检测确诊为 HIV 感染者。对新进羁押的 150 人进行抽血检查,确认 1 名 HIV 感染者。招聘 3 名吸毒同伴宣传员,组织培训后,由同伴宣传者向吸毒者发放宣传资料及提供戒毒用的清洁注射器 6942 支,回收已用注射器 6826 支,经消毒后予以销毁。5 月,市、区两级疾控中心利用全球项目基金,与衡阳彩虹工作组(同性恋组织)合作,通过手机、QQ 等方式,对同性恋者进行问卷调查与血样检测。

2011 年,艾滋病自愿咨询门诊共接受咨询 402 人,免费检测 402 人,公共场所体检 1251 人,在检查的 1653 人中,初筛发现 7 例阳性病例,送市疾控中心检测确诊为 HIV 感染者。是年,区妇幼保健院被市委、市政府批准为“文明单位”。

2012 年,艾滋病自愿咨询门诊共接受咨询 525 人,免费检测 525 人,初筛发现 7 例阳性病例,送市疾控中心检测确诊为 HIV 感染者。对公共场所检测 1384 人,结核病人初筛 223 人,娱乐场所初筛 684 人,结果均为阴性。

第五节　妇幼保健

一、机　构

2001 年 5 月,郊区妇幼保健站更名为蒸湘区妇幼保健站,2004 年 5 月升格为妇幼保健院。原办公地点驻向农路 45 号,2009 年 10 月搬迁至红湘北路 92 号。2010 年年初,经区人民政府批准整合区计划生育技术服务站,形成涵盖基本医疗、妇幼保健、计划生育技术服务为一体的综合性医疗卫生单位。迁入新址后累计投资 600 余万元,建成计划生育手术区域 200 平方米,康复病房 700 平方米,功能配套用房 600 平方米,规范建设了层流净化手术室,达到全省同行业一流水平。2011 年被市委、市政府授予“文明单位”称号。在全区计生工作创国优活动中,计划生育服务站于 2012 年 9 月顺利完成创国家示范评估验收工作。2012 年有在职干部、职工 51 人。

历任站(院)长及任职时间:站长:黄列国(女,2001 年 5 月至 2002 年 10 月)、熊建平(女,2002 年 10 月至 2004 年 5 月)。院长:熊建平(2004 年 5 月至 2009 年 6 月)、彭琳(2009 年 7 月—)。

二、主要工作

2001 年,健全妇幼保健队伍,乡镇、街道卫生院确定妇幼专干,村确定妇幼保健员。全区 824 名孕产妇全部建卡建册。0 - 6 岁儿童全部建卡建册。开展婚前医学检查 307 对,检出各类疾病 18 人。

2002 年,开展妇科病查治 246 人,儿童体检 2389 人。依法对托幼园所进行监督管理,核发卫生保健合格证 11 家,幼师体检 84 人,责令调离有病幼师 3 人。

2003 年,按分级分类管理原则,规定:婚前健康检查必须在区妇幼保健站进行,助产技术和结扎技术必须在乡镇卫生院开展,上环和终止妊娠可以在卫生服务中心或院外网点开展,村一级妇幼保健员只能做产前检查和产后访视。对已怀孕和已分娩的妇女实行产前检查和产后 42 天访视的预约制度。规范母婴专项技术服务,对母婴技术服务人员实行资格审查,重新认定 39 人具备服务资格。

2004 年,进一步完善孕产妇、婴幼儿急救中心各项制度,并开展孕产妇、新生儿死亡评审。开展群众健康教育,举办“新婚学校”“孕妇学校”“父母学校”,把孕前、孕中、儿童保健知识直接传播到目标人群。

2005 年,全部完成接生员转轨,取缔了家庭接生,全年住院分娩 1862 人,住院分娩率达 98%。对全区 27 家幼儿园,下达 12 项卫生保健制度和 8 项登记制度。规定所有入托儿童必须在区妇幼保健院进行体检,体检合格者方可入托。全年入托儿童体检 2085 人,入托体检率 100%。

2006 年,开办幼儿园保健知识、孕妇增补叶酸、新生儿窒息复苏 3 期培训班,共 65 人参加学习。加强健康教育,印发《儿童健康知识手册》1020 份、增补叶酸宣传资料 800 份。3—5 月及 9—10 月分两次对辖区内 30 所幼儿园的入园儿童进行体检,共检 2423 人,体检率 100%,查出乙肝表面抗原阳性 9 人。对散居儿童建卡 1089 人,体检 889 人,体检率 81.6%,查出体弱儿童 35 人。

2007 年,全面开展孕妇叶酸增补工作,举办 1 期叶酸增补培训班,发放叶酸 300 瓶,服用人数 83 人。对 24 所幼儿园进行卫生保健考核,其中 19 所幼儿园考核合格。对 180 名幼儿教师和保育员进行体检,查出乙肝表面抗原阳性 3 人,责其调离托幼岗位。较好地解决 66 名社区(村)级妇幼保健员的工资待遇问题,每人每年平均工资 600 元,由财政拨款。

2009 年,先后开展产前胎儿筛查、新生儿疾病筛查和新生儿听力筛查工作,对发现的 5 例阳性患儿,均转上级医院确诊与治疗。当年,全区共有孕产妇 2005 人,住院分娩率达 100%。通过产前检查,发现高危产妇 249 人,全部实行高危妊娠管理。对农村孕产妇住院分娩实行财政补助的惠民政策,共补助对象 159 人。在妇科病免费普查普治活动中,抽查 3 个乡镇中 14 个村的 625 人,查出患有阴道炎、慢性宫颈炎、乳腺小叶增生等疾病 208 人,均采取有效治疗措施。

2010 年,全面加强孕产妇和儿童两个系统管理。全年孕产妇 2002 人,管理建卡 1857 人,孕产妇系统管理 1650 人,系统管理率达 82%。共出生婴儿 2011 人,住院分娩率达 100%;3 岁以下儿童系统管理达 1509 人,其中筛查出高危儿 15 例。对 2400 名儿童进行入托前健康检查,入托健康检查率 100%,查出乙肝 9 例,采取了科学指导和有效治疗。

2011 年,全区有孕产妇 2140 人,早孕建卡建册 1995 人,筛查出高危孕产妇 362 人,对筛查出的高危妊娠管理率达 100%。孕产妇艾滋病、梅毒筛查 1940 例,筛查率 92% 以上。孕产妇产前健康管理率 90%,产后访视率 90%。筛查 2142 例新生儿,筛查率 100%,听力筛查人数共 1775 人,筛查率 82%,对查出的 21 例阳性患儿,均已转到上级医院进一步确诊及治疗。新生儿访视率 90%,儿童系统管理率 60%。全年未发生新生儿破伤风。发放妇幼常识宣传资料 3 万余份,免费发放叶酸 7100 余瓶,规范服用人数 2100 余人。

2012 年,新生儿疾病筛查率为 100%,孕产妇系统管理率达 93%,产后访视率 95%,孕产妇住院分娩率达 100%,孕产妇艾滋病、梅毒筛查率达 100%;新生儿听力筛查率 76%,访视率 95%,儿童系统管理率 83%。5 岁以下儿童死亡率控制在 10‰以下,均较好地达到省定的指标要求。

第六节　爱国卫生运动

一、机　构

2001 年,蒸湘区爱国卫生运动委员会办公室(简称爱委办)设在卫生局机关内。主要职责:负责拟定全区爱国卫生和农村改水改厕工作规划、政策和措施,并组织实施;协调有关部门搞好城乡爱国卫生工作。

历任爱委办主任及任职时间:罗齐佑(2001 年 5 月至 2005 年 7 月)、龙素珍(女,2005 年 8 月—)。

二、主要工作

2002 年,开展春季灭鼠活动,组织各机关、乡镇(街道)、村委会(居委会)投入灭鼠经费 8 万元,村民自制灭鼠器具 3 千余件,填堵鼠洞近万个。老鼠密度由灭前 7.2% 下降到 1.3%。4 月,组织开展湖南省第 14 个"爱卫月"活动,以宣传贯彻《湖南省爱国卫生条例》为重点,区、乡两级出动干部、群众 2 万余人次,大小车辆 43 台次,清除不卫生死角 21 处,清除垃圾 150 余吨。

2003 年 9 月 5 日,全区开展第一个"全民卫生日"活动。到 12 月 12 日的第 15 个卫生日,在市每周一次的督查通报中,蒸湘区共有 80 个单位 150 次登上红旗榜,其中区政府上红榜 5 次。

2005 年,全区 14 所中小学在"全民卫生日"组织学生开展"弯腰活动",在解放西路、蒸湘北路、船山西路等主要干道捡果皮、纸屑、垃圾,连续 8 周,共有万名学生参加。

2007 年 4 月,是第 19 个"全民卫生月",也是纪念爱卫活动开展 50 周年,全区开展了声势浩大的宣传活动,下发各类宣传资料 6.3 万份,其中健康知识宣传单(册)4.6 万份,改水改厕宣传资料 1.7 万份;组织送健康活动,在蒸湘、红湘、华兴 3 个街道设立义诊点,在呆鹰岭镇和雨母山乡派医疗队巡回义诊,共接待义诊群众 2.2 万人次,免费发放药品 1.6 万元。活动期间,蒸湘街道组织一支 22 人"义务清扫志愿队",赴蒸水南堤风光带,松土锄草,清理果皮、纸屑、垃圾,连续工作 11 个半天,将风光带内外清理得干干净净。当年,全区制订《2007—2011 年改厕规划》,派出专干到省学习改厕技术,并选择振兴村、雨母村作为示范点,普遍推广下水道冲洗和三格式化粪池。在湖南省爱卫办组织进行的爱国卫生工作检查中,蒸湘区获全市城区第一名。

2008 年 1 月中旬至 2 月上旬,一场罕见的低温冰雪袭击衡阳,境内大面积停电停水,交通受阻,农业、林业、道路、居民住房受到严重损失。期间,全区每天出动 1000 - 1300 名机关干部、职工全面开展"四清两保"(清积雪、清垃圾、清路障、清树枝、保畅通、保安全)活动。当年,全区农村的爱国卫生运动纳入新农村建设范畴,发挥农民主体作用,强力推行清垃圾、清路障、清淤泥,改水,改厕、改圈、改厨、改路的"三清五改"工作。

2009 年,开展城乡环境大整治,部门包街道、乡镇,干部包路段,对各行政村派出驻村人员。共出动 1 万余人次,车辆 3000 余台次,清运垃圾、残土 3719 吨,清理乱堆乱放 89 处共 1127 平方米,整治乱搭乱建 15 处。狠抓除"四害"(老鼠、苍蝇、蚊子、蟑螂)工作,投放灭鼠药 5 吨,不漏单位,不留死角。

2010 年,贯彻落实卫生部、国家中医药管理局、总后勤部卫生部、武警部队后勤部《关于 2011 年起全国医疗卫生系统全面禁烟的决定》,蒸湘区制订了《蒸湘区医疗卫生系统全面禁烟工作的实施方案》,禁烟工作在该区医疗卫生系统全面铺开。继续推进农村改厕工作,至年底,农村卫生厕所普及率达到 75% 以上。为引导、动员全民参与城乡环境整治工作,12 月 3 日,区委书记唐文峰、区长陈树生亲自带领机关干部、部队、民兵2000人,在校学生1000人,坐落单位工作人员和部分居民3000余人在6个乡镇、街道同时开展城乡卫生大整顿。此次活动共出动翻斗车12辆,垃圾运输车20辆,清理积存、暴露垃圾460处、280车,清理乱堆乱放37处,并按属地管理原则,建立长效机制。全区环境卫生进一步改观。

2012年顺利通过创建国家卫生城市除“四害”检查验收,各项工作在衡阳市五个城区排名第一。

第七节　公共卫生

一、食品卫生

2001年,对境内2450名食品从业人员进行卫生知识培训,培训率100%,对1850名从业人员进行体检,发现乙肝阳性39人,全部调离。为使市民吃上“放心粉”,按照《衡阳市米粉生产企业卫生规范》的要求,历时半年对辖区内38家米粉生产小作坊采取关、停、并、转等措施进行全面整顿,形成有规模、上档次、保质量的9家米粉加工厂。全年开展7次专项执法检查,共销毁无生产日期、保质期的糕点600余公斤,标识不全的饮料254瓶,不合格保健品105盒,不合格卤腊制品150余公斤等,标值2.1万元。

2002年,对境内538家食品生产经营单位换发卫生许可证,为2843名从业人员进行健康检查,查出“五病”(肝炎、痢疾、矽肺、伤寒、化脓性皮肤病)人员179人,全部责令调离。对不服从管理、生产场所不符合卫生要求的2家米粉厂进行整顿和处罚。开展一次性发泡塑料餐具的专项检查,收缴、销毁一次性发泡塑料餐具9000余个。

2003年,监督食品生产经营单位517户2172次,合格率90%。对2025名从业人员进行体检,合格1874人,合格率93%,调离“五病”人员151人。监测食品240件,合格201件,合格率84%。监测餐具475件,合格417件,合格率87%。对不合格者分别给予改正、销毁、处罚等处理,并责令停业生产经营8户,取缔非法经营7户。

2005年,监督食品生产经营单位594家,调离“五病”人员161人。取缔无证生产经营窝点4个,收缴过期变质食品300余公斤。

2006年,举办2期卫生监督员全员培训,培训率100%,考试合格率96%。对3904名食品生产经营人员进行健康培训。全年收缴、销毁不合格食品482公斤,责令停业整顿12家。

2007年,开展食品专项执法检查10次,查处无证经营55家。

2008年2月,检查12家经营“年夜饭”单位。5月,对25家销售“农家乐”食用油单位和10家销售桶装水单位进行检查。6月,检查了52家餐饮单位。9月,检查6家月饼加工场和26家月饼销售店。对其中发现的问题,分别出具整改文书。

2010年,开展了“地沟油”和不合格一次性筷子流入餐饮环节的执法检查,出动执法人员70人次,检查餐饮服务单位110家,未发现使用“地沟油”行为,但发现21家早餐店及流动摊担均在使用不合格的一次性筷子,当场进行收缴和销毁。督促各餐饮单位完善进货查验记录制度。

二、饮水卫生

为解决部分村民长期饮用塘水问题,蒸湘区把饮水安全问题摆在重要位置,纳入每年为民办实事的目标考核内容。水利部门积极筹措资金,先后在雨母山乡青松村、东阳村和联合街道杨柳村建集中供水3处,在呆鹰岭镇的鸡市村、新阳村、振兴村和雨母山乡的雨母村、群胜村、二塘村、群益村实施分散打井工程72处,全区农村手压机井发展到4972座。2010年,争取市自来水公司将自来水管跨过蒸水,到达呆鹰岭镇新阳村、振兴村。至此,全区饮用自来水和简易自来水的村民29400人,占农村总人口(70523人)的41.69%;

饮用井水的村民41123人,占农村总人口的58.31%。

三、学校卫生

区内学校的健康教育列入教学计划,各中小学均开展健教课,开办健教宣传栏,有条件的开通健教广播。学校室内外卫生,做到每天一小扫,每周一大扫。对区内7所学校食堂办理食品卫生许可证,从业人员35人办理健康证。对7所学校食堂和各校小卖部,每年由卫生防疫部门进行两次食品安全检查。学校中考、高考期间,均由防疫部门进行食品安全监督。根据《学校卫生工作条例》的要求,2001—2007年,均对部分学校学生进行体质调研和学生常见病、多发病普查普治,分别建立健康卡片。

2001—2012年蒸湘区部分中小学生身体普查结果

表19-7 单位:人

年度	普查学校(所)	普查总人数	普查结果					
			视力不良	砂眼	龋齿	贫血	乙肝	营养不良
2001	17	7228	1037	472	633	2552	294	—
2002	12	9180	1850	705	348	3491	—	2764
2003	19	11330	3874	3116	4219	3524	—	—
2004	20	17256	5886	1088	1359	930	—	—
2005	33	15109	4923	1024	1270	900	—	—
2006	33	14083	2327	3208	926	890	—	—
2007	19	11775	2327	2810	978	880	—	—
2008	32	11875	3125	1015	3260	875	—	—
2009	32	12436	3217	986	4320	916	—	—
2010	32	12569	3815	876	5120	910	—	—
2011	32	12781	4916	765	6210	875	—	—
2012	32	13169	3916	654	7610	889	—	—

附:蒸湘区红十字会

一、机　构

衡阳市郊区红十字会成立于1989年4月1日,挂靠区卫生局管理。2001年5月蒸湘区成立后变更为蒸湘区红十字会(简称区红会)。2012年在职干部1人。办公地点原驻莲湖路郊区卫生局办公楼内,2009年10月搬迁到船山大道18号蒸湘区机关办公大楼1楼。

全区各街道、乡镇均建立红十字会组织。2012年有红会团体分会97个,会员6850人(其中学生会员5800人),区红会招募的红会志愿工作人员15人。

历任领导及任职时间:

会　　长:许满意(女,副区长兼,2001.5—2003.1)
　　　　　彭东阳(副区长兼,2003.1—2006.11)
　　　　　杨艳斌(女,副区长兼,2007.11—)

秘 书 长:龙素珍(女,2001.5—)

二、主要活动

区红会每年组织急救技术培训300余人次。各街道、乡镇红十字会不定期地向居民、村民宣讲《红十字会法》《红十字标志使用办法》及心脑血管疾病、糖尿病、四项急救技术等知识。区红会每年组织推动无偿献血200人次以上,献血20000－30000毫升。对长湖乡和呆鹰岭镇的4名孤儿实行捐资助学,直至完成九年义务教育。区红会及时上报各年度区内发生的各种灾情,积极向上争取救灾物资和资金,救灾期间组织人员参加防疫、防病工作。每年发放大病救灾款8000－10000元;对孤寡老人、残疾人、特困家庭等弱势群体发放慰问金5000－7000元。12年间为因病致贫或遭遇突发性灾难急需救助的家庭,发动社会募捐救助,共募集资金30余万元。

2001—2012年,区红会组织红十字会会员、医疗技术人员先后到呆鹰岭镇的土桥村、松陂村、振兴村,雨母山乡的灵山村、东阳村等边远村,为村民义诊2780人次,义检4960人次,免费送药66500元。汶川地震、玉树地震、台湾特大泥石流发生后,区红会组织社会捐款12万余元,汇入衡阳市红十字会专账,转交灾区。

第二十篇　民　　政

蒸湘区在抓紧基层组织建设的同时，始终关注民生工程。2001 年 7 月启动城市居民最低生活保障，2012 年享受城市低保 5302 户、9978 人，月人均补差 279 元。2005 年 6 月，建立城乡医疗救助，包括门诊救助、住院救助、大病救助等，到 2012 年累计救助 2812 人，救助金额 613.85 万元。2006 年 1 月，启动农村低保工作，2012 年全区享受农村低保 1864 户、2893 人，月人均补差 121.92 元。2005—2012 年，新建"爱民房"211 栋，为农村 211 户解决因灾害、贫困、病残等原因造成的无房栖身问题。2012 年，农村"五保"供养 151 人，其中集中供养 42 人，年人均供养标准 6000 元，分散供养 109 人，年人均供养标准 2600 元。2001—2012 年，蒸湘区共接收退伍义务兵 930 人（其中城镇退伍士兵和士官 376 人），安置就业 376 人；共进行婚姻登记 27134 对，其中结婚登记 22678 对，离婚登记 4456 对。2001—2012 年，辖区共发生水灾、旱灾、冰灾、台风等各种自然灾害 33 次，累计发放救灾款 1477.46 万元，粮食 56 吨，棉衣棉被 15600 件，帮助农民重建房屋 560 栋。

第一章　机　　构

第一节　机构沿革

2001 年 5 月，衡阳市行政区划调整后，郊区民政局更名为蒸湘区民政局。局内设机构有办公室、基层政权和社会建设股、优抚安置股、救灾救济股、民间组织和社会事务管理股、计划财务股、老龄办、军休办、慈善募捐办、廉租住房办、区划地名办。二级机构有社会救助局、婚姻登记处。局办公地点原驻莲湖路郊区机关大院内，2009 年 11 月，搬迁至红湘北路 4 号（原蒸湘区计生局和计划生育服务站）。2012 年在编干部、职工 18 人。

第二节　领导名录

局　　长：蔡冬云（2001.5—2009.4）　汪仲兆（2009.4— ）

党组书记：陈经忠（2001.5—2002.3）　杨　程（2002.3—2007.4）

刘湘涛（女，2007.4—2009.4）

纪检组长：邓光海（2001.5— ）

副 局 长：蒋大平（2001.5—2002.3）　曾凡才（2001.5—2002.3）

李跃秀(女,2001.5—2003.1)　周孝斌(2002.3—)
洪余剑(2003.1—2005.8)　闵会林(2003.7—)
刘湘涛(2004.4—2009.4)　许先西(2005.5—2010.11)
张伶俐(女,2006.4—)

老龄办主任:唐永红(女,2004.7—2010.12)　周丽华(女,2010.12—)
社会救助局局长:梁吉德(2004.7—2011.9)　胡玉彬(2011.9—)

第二章　基层组织建设

第一节　村委会建设

一、村民委员会选举

2002年,蒸湘区进行第1次村委会换届选举。区委、区政府成立第1次村委会换届选举领导小组,区人民政府下发《蒸湘区第1次村委会换届选举工作实施方案》,各乡镇、街道也相应成立领导小组。区委、区政府在长湖乡立新村进行换届选举工作试点,召开换届选举动员大会,举办换届选举业务培训班。先采用直接、平等、差额、无记名的原则,选举产生各村委会候选人,然后在候选人中依法选举产生村委会主任34人(未含华兴街道8个村)、副主任和委员68人。

2005年,蒸湘区第2次村委会的换届选举,在各级党委、政府的领导下,成立专门领导小组,精心制订换届选举工作实施方案,全区以立新村委会基层建设为榜样,召开各村支部书记、村委会主任参加的经验交流会和业务培训会。通过"海选"(指村民直接提名候选人,并根据提名得票多少,按照差额选举的原则,确定正式候选人)提名候选人、选民直接投票选举的方式,选举产生34名村委会主任、副主任和委员74名。

2008年,蒸湘区进行第3次村委会换届选举。按照各村大、中、小规模,班子成员限定在5、4、3人范围内。本届选举应参加人数46300人,实际参加投票人数46290人,投票率99.98%。34个村委会选出村委会主任33人(鸡市村缺),其中19个村的支部书记和村委会主任"一肩挑",委员81人,平均年龄40岁,达到严格控制职数要求。

2011年,全区进行第4次村委会换届选举。换届前,对换届选举有关法律法规进行广泛宣传,引导选民依法行使自己的权力,并明文规定对在选举中以贿赂等不正当手段破坏选举工作正常进行的依法予以查处。全区34个村选出村委会主任34人,有19个村的支部书记和村委会主任"一肩挑",委员79人。113人中女委员32人,占总数的29%。35岁以下1人,35－55岁62人,55岁以上50人,平均年龄44.6岁。

二、村务公开

从1998年起,衡阳市郊区就开始实行村务公开。蒸湘区成立后,继续坚持这一制度,全区34个行政村(华兴街道8个村除外),100%实行村务公开。

2004年6月22日,中共中央办公厅、国务院办公厅下发《关于健全和完善村务公开和民主管理制度的意见》,随后,省、市也下发相关文件。蒸湘区认真传达贯彻文件精神,对村务公开的要求、内容、形式进行全面规范。确定村务公开的内容为:财务收支、农民负担、计划生育管理、救灾救济物资发放、宅基地审批、种粮补贴、购置农机具补贴等。村务公开的形式为公示栏、村民小组长会议、村民代表大会。各村设立村民意见箱,实行民主监督。

2008年5月,为使公布形式标准化,区民政局投入2.6万元,统一制作34个1.5米×3米的铝合金公示栏,安装在各村最醒目之处。通过总结村务公开实施以来的经验教训,进一步充实村务公开的内容,并将其归并为三大类,即政务公开、财务公开、事务公开。政务公开的内容为:党和国家涉农政策的主要条款、计划生育管理、宅基地审批、优抚落实、救灾救济物资发放、各种政策补贴等。财务公开的内容为:村集体财务收支情况、单位与个人经费往来情况、土地征用补偿及分配、退耕还林补助、村干部工资报酬等。事务公开的内容为:村集体经济项目立项承包方案、村机动地发包、村干部承担的社会事务等。以上三大内容共计23条。区民政局将公开内容目录上报省民政厅,在全省公布。当年,雨母山乡雨母村和呆鹰岭镇振兴村定为全区村务公开示范村。

第二节 社区建设

一、社区调整

2001年4月,蒸湘区成立前,有居民委员会25个,其中城北区划入蒸湘街道17个居委会,城南区西站街道划入7个居委会,衡阳县呆鹰岭镇划入1个居委会。

2001年5月,蒸湘区成立后,全区建有50个居民委员会,其中长湖乡7个、呆鹰岭镇2个、蒸湘街道10个、红湘街道13个、联合街道12个、华兴街道6个。

2001年12月6日,中共衡阳市委办公室、衡阳市人民政府办公室下发《衡阳市城市社区建设工作的实施方案》,确定将原城市居民委员会改名为城市社区居委会;按照每个社区1000至3000户的规模,适度调整,合理划分,以主要街巷、道路为界,避免社区间相互“插花”;将原居民委员会工作人员全部解散,另行安置,新的社区居委会干部一律采取面向社会公开招聘、公平竞争、先聘后选等办法产生,每个社区由主任、副主任、委员3-5人组成,同时一个社区安排1名民警。蒸湘区严格按照上述指示精神,进行改革与调整。2002年1月8日,区人民政府发文,将全区50个居民委员会调整为31个社区居委会。其中,长湖乡由7个调整为4个,呆鹰岭镇由2个调整为1个,蒸湘街道由10个调整为7个,红湘街道由13个调整为8个,联合街道由12个调整为8个,华兴街道由6个调整为3个。

2005年11月,经市民政局批准,华兴街道新成立祥光社区居委会。2008年10月,雨母山乡成立雨城社区居委会。2009年3月,华兴街道新成立祥云、蒸水2个社区居委会。2011年2月,蒸湘街道新成立太平三社区居委会,长湖乡新成立立新三、平湖、徐家洲、蒸湘世纪城4个社区居委会。至此,蒸湘区共建有40个社区居委会,除华兴街道6个社区居委会划归市高新技术开发区代管外,蒸湘区直接管理的社区居委会为34个。

按照衡阳市统一部署,蒸湘区各社区居委会分别于2002年、2006年、2009年、2012年进行了第1次、第2次、第3次、第4次换届选举。

二、办公设施建设

2004年6月以前,蒸湘区34个社区居委会中只有5个单位有办公用房。对此,区人民政府采取两步走的办法:第一步暂时借用或租赁,第二步抓紧兴建。2004年6月15日,中共蒸湘区委员会、蒸湘区人民政府下发《关于进一步加强社区建设的意见》,指出:“社区办公用房标准为:一般社区用房不少于200平方米,示范社区用房不少于300平方米。办公用房未达标的社区居委会要按‘六个一部分’的思路(区财政投入一部分、辖区单位赞助一部分、开发商建筑商无偿提供一部分、政策优惠减免一部分、区直部门捐赠一部分、向上级争取解决一部分）逐步解决。区政府采取‘以奖代投’的方式，按落实自有产权面积每平方米奖励200－300元。”之后，各街道、乡镇把解决社区办公用房当作一件大事来抓。2004年6月，联合街道幸福路社区在全市第一个自建办公楼，建筑面积570余平方米。7月，红湘街道联合新村社区建成4层楼房780平方米。同年，衡邵社区、廖家湾社区、立新二社区及南三角线社区也相继解决办公及服务用房。2010年6月，中共衡阳市委、市人民政府作出“公共服务进社区”的安排部署后，蒸湘区加快社区办公用房建设步伐，到2012年年底，34个社区居委会中，有17个自建、8个借用、3个租赁、2个购买、1个划拨、2个开发商配套、1个拆迁赔偿。其中，23个社区的办公与服务用房自有产权，占社区总数的67.6%。

34个社区全部安装了电话，配备了电视机、电脑、音响、对外宣传橱窗，建立了统一规范的警务室，实现“一区一警”。除2011年新建的5个社区外，其余均设立了图书阅览室、文化娱乐室。各社区建立了党支部（个别社区建立了党总支）、团支部、妇代会、居民代表大会，各楼栋栋长、居民小组长等。

蒸湘区2012年社区居委会办公、服务用房使用情况一览表

表20－1

所在单位	社区名称	办公服务用房面积（平方米）	房屋来源
蒸湘街道	太平一	55	借　用
	太平二	400	自　建
	太平三	50	租　赁
	莲　花	350	自　建
	大元头	300	自　建
	红　湖	300	拆迁赔偿
	阳辉桥	180	自　建
	温家台	124	开发商配套
红湘街道	南　华	300	借　用
	吉　祥	460	自　建
	联合新村	780	自　建
	衡　祁	440	自　建
	学院路	315	公司划拨
	冶　金	300	自　建
	石　坳	310	开发商配套
	红湖塘	410	自　建
联合街道	南三角线	330	自　建
	风　口	642	自　建
	意　兴	301	借　用
	莲子塘	475	自　建
	洪家湾	177	租　赁
	西　站	320	租　赁
	幸福路	570	自　建
	大栗新村	1300	1180平米借用 120平米自建
呆鹰岭镇	新　阳	312	购　买

续表 20－1

所在单位	社区名称	办公服务用房面积(平方米)	房屋来源
长湖乡	立新一	640	自　建
	立新二	400	购　买
	立新三	20	借　用
	衡　邵	450	自　建
	廖家湾	420	自　建
	平　湖	90	借　用
	徐家洲	70	借　用
	蒸湘世纪城	42.5	借　用
雨母山乡	雨　城	429	自　建

说明:以上统计到2012年12月底,不含华兴街道。

三、社区服务

(一)社会保障服务

面向下岗职工和失业人员,以社区社保中心为平台,努力创办经济实体,开发就业岗位;积极向单位、企业(公司)推介,组织劳务输出;引导下岗失业人员树立正确的择业观,转变观念,适应市场,自主创业,不断扩大就业人员。

(二)社会救助服务

面向老年人、残疾人、儿童、优抚对象及社会贫困者,积极宣传养老保险政策,动员社区居民参加养老保险,实现养老保险逐年扩面;做好城市居民最低生活保证,经常了解受保护户的情况变化,做到动态下的“应保尽保”。2008年,红湘街道联合新村社区创造性地建立“爱心超市”,在各部门、单位及社会热心人士的大力资助下,对困难群众按时定量提供某些生活必需品,受到群众称赞,之后在全区推广这一成功经验。2010—2012年,全区34个社区、34个村的“爱心超市”共募集资金和物资963万余元,救助困难群众3726人。

(三)便民利民服务

面向社会居民和社区单位,组织开展家教、维修、保姆、搬家、存车、医疗保健、物业管理、婚姻介绍、报纸杂志、养老托幼、红白喜事等方面的服务活动,打造近距离的“服务圈”,方便人民群众的日常生活。有的社区还成立了义务巡逻队、守楼护院队等,对维护社会治安起到了积极作用。

除2011年新成立的5个社区外,前29个社区,在实现全部达标的基础上,创市“示范社区”11个,创市“红旗社区”4个,创省“和谐社区”4个,创省“最充分就业示范社区”4个,创省“文明社区”2个(太平一社区、联合新村社区)。2004年,太平一社区被评定为出席全国“星光计划”先进单位;2010年,洪家湾社区被评定为全国妇联基层组织示范单位;2012年,联合新村社区分别被评为全国科普示范社区、全国创先争优先进基层党组织。2003年,立新二社区主任谢美丽被国家民政部评为“全国社区先进工作者”;2006年,区民政局局长蔡冬云被省人事厅、省民政厅评定为“全省社区建设工作先进个人”,并记二等功;2007年,区民政局副局长许先西被省人事厅、省民政厅评定为“全省社区建设工作先进个人”,并记二等功。

第三章 社会救助

2001年6月,蒸湘区整合社区救助资源,逐步建立和完善城乡低保、医疗救助、临时救助、灾害救济、“五保”供养、“爱民房”建设为主要内容的社会救助体系。2010年,蒸湘区被评定为全省社区救助规范化建设先进区。

第一节 城乡最低生活保障

2001年6月,蒸湘区启动城市居民最低生活保障。持有区内常住户口的城镇居民,共同生活的家庭成员人均收入低于城乡居民最低生活保障标准的均可申请享受城乡最低生活保障待遇。城市居民低保标准2001年为130元/人·月,2005年6月提高到166元/人·月,2009年7月又提高到200元/人·月。确定城市低保先由个人书面申请,街道、社区对申请对象的姓名、人口、家庭收入状况在公示栏进行公示,公示时间不少于7天。与此同时,入户调查,社区与对象排查见面100%,街道与对象见面50%,民政局重点排查与对象见面10%。2010年,全区享受城市低保户5868户、12430人,每月发放城市低保金188.69万元。2012年,全区享受城市低保户5302户、9978人,每月发放低保金250.9万元,月人均补差为279元,超额完成为民办实事要求的人均补差248元的标准。

蒸湘区农村低保工作于2006年1月启动。确定农村低保由个人书面申请,村委会和乡镇政府分别审核公示后,报区民政局批准,民政局批准后又返回乡镇、村委会再次公示,群众无异议者确定为低保对象。当年农村低保标准为30元/人·月,2009年提高到50元/人·月。2010年,全区享受农村低保户1309户2273人,每月发放农村低保金11.83万元。2012年,全区享受农村低保户1864户、2893人,每月发放农村低保金35.4万元,月人均补差121.92元,超额完成为民办实事要求的人均补差105元的标准。

2001—2012年蒸湘区城市低保统计一览表

表20-2

年　度	年均低保户数	年均低保人数	月发放低保金额(万元)	人均月补差(元)
2001	396	1150	8.68	75.4
2002	4270	11881	41.07	34.5
2003	6020	16451	53.73	32.6
2004	5757	13940	72.96	52.3
2005	6093	13798	90.01	65.2
2006	6412	14421	115.87	80.3
2007	6353	14322	136.54	95.3
2008	6198	14235	140.21	98.5
2009	6036	13393	156.18	116.6
2010	5868	12430	188.69	151.8
2011	5764	11577	199.58	172.4
2012	5302	9978	250.9	279.0

2006—2012 年蒸湘区农村低保统计一览表

表 20 - 3

年　度	年均低保户数	年均低保人数	月发放低保金额(万元)	人均月补差(元)
2006	518	911	2.30	25.3
2007	527	946	2.96	31.2
2008	905	1688	6.53	38.7
2009	1019	1756	9.18	52.2
2010	1309	2273	11.83	52
2011	1549	2685	20.19	75.2
2012	1864	2893	35.4	121.92

第二节　医疗救助

2005 年 6 月,蒸湘区建立和启动城乡医疗救助工作。属区内常住户口的农村“五保户”、城市“三无”人员(无生活来源、无法定抚养人、无劳动能力)、城乡低保户、特困户,患有需救助的病种,在规定的医疗机构治疗的居民,均可享受医疗救助,按病情和患者家庭困难程度给予 1000 - 3000 元的救助。自 2009 年起,对农村“五保户”、城乡低保户、城市“三无”人员中的重病重残人员的参合参保给予全额资助。

2005—2012 蒸湘区年医疗救助统计一览表

表 20 - 4

年　度	救助人员(人)	救助金额(万元)	资助城镇参保与农村参合	
			人　数	金额(万元)
2005	165	16.9	—	—
2006	206	21.7	—	—
2007	186	22.5	—	—
2008	163	24.5	—	—
2009	154	28.7	3024	3.12
2010	380	71.8	3061	11.10
2011	592	134	6356	29.5
2012	966	293.75	15000	73.15

第三节　临时救助

2007 年 1 月,蒸湘区建立临时生活困难救助制度,对区内常住户口的城乡低保户、特困户或其他特殊困难人群,因临时性、突发性等特殊原因,造成家庭基本生活出现暂时困难者给予非定期、非定量生活救助。

2007—2012 年蒸湘区临时救助统计

表 20－5

年　度	救助人数(人)	救助金额(万元)	年　度	救助人数(人)	救助金额(万元)
2007	56	3.4	2010	215	11.3
2008	134	7.3	2011	270	14.32
2009	176	8.6	2012	321	16.64

为确保低保对象中的“三无”人员、重病重残人员在遇到特殊困难时基本生活物资得到保障,区民政局创新社会管理方式,于 2008 年 5 月在红湘街道联合新村社区建立第一家“爱心超市”。取得成功后,迅速向全区社区和村一级推广,至 2012 年,全区 34 个社区、34 个村(均不含华兴街道)建成“爱心超市”54 家,占社区(村)总数的 79.4%。“爱心超市”建成后,由民政局统一配置货架,拨付资金购买一批物资,以后逐年给每个超市配发 5000 元物资。“爱心超市”根据困难群众的困难程度分成 3 个等级,依照等级按时、定量放发生活物资。“爱心超市”开设后,得到各级领导、各部门单位和社会各界的关怀、支持和帮助,并逐渐演绎成“全民学雷锋”的场所,许多单位和个人纷纷捐款捐物,有的单位还在“爱心超市”设立“爱心专柜”,因而成为“爱心超市”物资不竭的源泉。“爱心超市”也由临时性救助转化成经常性救助的平台。

第四节　灾害救济

2002 年 7 月,全区 3 个乡镇遭受暴雨、洪涝灾害,受灾人口 29000 余人,农作物受灾面积 12400 亩,倒塌房屋 100 余间。全区募捐救灾款 3.6 万元,动用救灾预备金 13 万元,从上级部门争取救济款 29 万元,对灾区人民及时给予救助,确保灾民有饭吃、有衣穿、有住所,杜绝了灾民流离失所现象。

2006 年 7 月 15—19 日,因受热带风暴“碧利斯”的影响,湘江水位陡涨,超过警戒水位 4.2 米。蒸湘区 3.6 万人受灾,倒塌房屋 120 间,全倒户 11 户,因灾直接经济损失 2320 万元。区委、区政府组织全区人民有条不紊地开展抗洪救灾和生产自救,同时在全区范围内组织募捐活动,共募得 106200 元,帮助 11 户房屋全倒户重建 11 栋 3－4 间砖瓦结构平房。

2008 年年初,衡阳出现建国以来罕见的冰冻天气,大面积停电停水,交通受阻,区内 18.5 万人受灾,农作物受灾面积 48000 亩,绝收面积 19500 亩,630 户房屋倒塌,3500 间民房被损坏,冻死大牲畜 2200 头,580 根电杆被压倒。面对严重自然灾害,区、乡两级共投入救灾资金 360 万元,走访慰问灾区特困户 8500 人次,送慰问金 120 万元,下发棉被 300 床,棉衣 600 件,大米 6 吨,给所有低保户每户发御寒费 100 元,有效缓解了灾区群众生活困难。

2001—2012 年,蒸湘区共发生各种自然灾害 33 次,其中水灾 16 次、旱灾 10 次、冰灾 1 次、台风灾害 3 次,其他灾害 3 次。累计受灾 5.6 万户、32 万余人次,累计发放救灾款 1477.46 万元,粮食 54 吨,棉衣棉被 15600 件,帮助灾民重建房屋 560 户。

第五节 “五保”供养

“五保”供养是指在吃、穿、住、医、葬方面给予生活照顾和物资帮助。农村“五保”供养包括以下内容：①供给粮油、副食品和生活用燃料；②供给服装、被褥等生活用品和零用钱；③提供符合基本居住条件的住房；④提供疾病治疗，对生活不能自理的给予照料；⑤办理丧葬事宜。

2001 年，蒸湘区有五保户 174 人，其中集中供养 11 人(雨母山乡敬老院)，分散供养 163 人。对散居供养对象实行代管制度，由各乡镇民政办、受委托的抚养人与五保对象订立“抚养协议书”，包户供养，挂牌服务。所需经费，由乡统筹。

2004 年，呆鹰岭镇积极配合区民政局，筹资 12 万元，在原镇林场建起呆鹰岭镇敬老院，将全镇五保老人集中供养。

2005 年，全区五保户 206 人，其中集中供养 62 人(雨母山乡敬老院和呆鹰岭镇敬老院)，分散供养 144 人。区财政落实五保供养转移支付 17.9 万元。对分散供养的五保户，采取村、组干部定人包户帮扶的办法，确保五保供养工作落到实处。

2008 年，全区五保供养对象 179 人，其中集中供养 63 人，每人年均生活费 1800 元；分散供养 116 人，每人年均生活费 1575 元。

2010 年，为进一步提高农村敬老院集中供养对象的生活质量，区、乡两级共投入 25 万元经费，对两所敬老院进行维修改造，添置生活用具、文化娱乐、图书、健身器材等，敬老院面貌大改观。当年，全区有五保供养对象 165 人，其中集中供养 47 人，年人均供养标准为 3140 元；分散供养 118 人，年人均供养标准为 1540 元。

2012 年，全区五保供养和敬老院管理进入规范化轨道。对分散供养的五保户，按月实行“银行卡”发放，足额到位。对乡镇 2 所敬老院，区政府明确了机构设置、人员配备、经济保障。确定每所敬老院定编 3 人，区财政给每所敬老院每年下拨工作经费 2 万元，职工工资和工作经费均纳入财政预算。同时，区、乡两级又投入 20 余万元，对 2 所敬老院进一步维修改造，统一添置了床铺、被子、衣柜、碗柜等日常生活用品用具。当年，全区“五保”供养对象 151 人，其中分散供养 109 人，年人均供养标准为 2600 元；集中供养 42 人，年人均供养标准为 6000 元。

第六节 “爱民房”建设

为认真落实省人民政府为民办好 8 件实事的指示精神，衡阳市从 2004 年开始启动“爱民房”建设工程，主要是为农村因灾害、贫困、病残等原因造成的无房户解决无处栖身问题。为了严把对象关，先由各乡镇对无房户进行摸底调查，张榜公示，再由区民政局逐户调查核实，然后确定对象。经过科学选址、严格规划后，由乡镇统一组织实施，竣工后统一组织验收，并镶贴“爱民房”标牌。

2005—2012 年蒸湘区“爱民房”建设情况一览表

表 20－6

年 度	新建“爱民房”(栋)	年 度	新建“爱民房”(栋)
2005	11	2010	20
2006	11	2011	50
2007	9	2012	80
2008	15	合计	211
2009	15		

第七节 廉租房补贴

蒸湘区廉租房租赁补贴,从 2008 年 6 月开始启动。按照衡阳市文件规定,享受廉租房补贴的条件是:①户主具有市内城区常住 2 年以上;②享受衡阳市城市居民最低生活保障待遇;③家庭住房(包括自有私房、租住单位公房或国家直管公房)人均建筑面积低于 10 平方米。

补贴标准:1 人户 100 元/月,2 人户 120－140 元/月,3 人户 150 元/月,4 人及 4 人以上户 180 元/月。2008 年累计发放廉租房补贴 625 户、77.59 万元;2009 年累计发放 2506 户、193.8 万元;2010 年累计发放 5034 户、388.98 万元。2011 年 10 月此项工作由民政局划入住建局,当年累计发放 2765 户、405 万元;2012 年累计发放 2835 户、416 万元。

第四章 优抚安置

第一节 优待抚恤

根据《军人抚恤优待条例》规定,优抚工作的保障对象主要包括中国人民解放军现役军人、服现役或退出现役的残疾军人以及复员军人、退伍军人、烈士遗属、因公牺牲军人遗属、病故军人遗属、现役军人家属等。

2001 年,为保证优抚对象的合法权益,区民政局集中人员,历时 2 个月对全区烈军属、伤残军人、在职在乡老复员军人进行一次全面摸底普查,填写各种表格近万张,建立电脑档案 462 人,动员社会力量,帮助 28 户烈军属、伤残军人、在乡老复员军人解决住房、医疗困难。全年发放优待抚恤金 30 万元。

2002 年,在市局的指导下完成优抚经费核查和对优抚对象的全面普查换证。区财政落实配套优抚经费 7 万元,保障全区烈军属、伤残军人、在乡老复员军人优待面达 100%,人平月补助金额为 55－60 元。在乡老复员军人继续落实合作医疗经费人平 110 元以上,二等乙级以上伤残军人继续落实公费医疗。全年发放优抚经费 36 万元。

2005 年,建立完善义务兵家属和重点优抚对象优待保障机制,将优待金列入财政预算,城乡义务兵家属优待金按每户每年 1000 元标准发放;城镇退伍士兵待安置期间每人发放 6 个月(每月 160 元)的生活补助费,自谋职业者每人一次性发放补助金 10000 元。

2008 年,全区共有优抚对象 1013 人,其中:革命伤残人员 161 人;烈属 37 人,因公牺牲军人遗属 12 人,病故军人遗属 17 人;享受定期补助的在乡老复员军人 50 人,享受定期补助的带病回乡退伍军人 23 人,享受定期补助的参战退役人员 384 人,享受定期补助的参加核试验军队退伍人员 13 人;享受优抚双定(定期、定量)退伍军人 316 人。

2009 年 10 月,区人民政府出台《蒸湘区优抚对象医疗保障实施细则》,资助重点优抚对象参加城镇职工、城镇居民基本医疗保险和新型农村合作医疗,将重点优抚对象纳入医疗救助体系。当年,全区及时足额为各类优抚对象发放优待抚恤金 280.54 万元。

2010 年,全区共有优抚对象 1116 人,发放各类抚恤补助金 420 余万元,重点解决优抚对象医疗补助 12.6 万元。

2012 年,全面落实优待抚恤各项政策,配合乡镇、街道做好涉军群体稳定工作,全区涉军群体的政策待遇得到保障和落实,涉军群众基本稳定。全年发放各类抚恤金 458 万元。

第二节　接收安置

一、退伍军人接收安置

按照“从哪里来,回哪里去”的原则,义务兵由原征集的县、自治县、市、市辖区的人民政府接收安置。家居农村的由乡镇人民政府安排生产和生活,家居城镇的由政府安排工作或者自谋职业安置。自谋职业安置的,服役 2 年者发放一次性补助 10000 元,每增加 1 年增发 1000 元;服役 10 年者一次性补助 20000 元,每增加 1 年增发 1000 元。机关、团体、企业事业单位,不分所有制性质和组织形式,都有按照国家有关规定安置退伍军人的义务。2001—2012 年,全区共接收退伍义务兵 930 人(其中城镇退伍士兵和士官 376 人),安置就业 376 人。2007—2012 年,蒸湘区连续 6 年获市安置工作先进单位称号。

2001—2012 年蒸湘区退伍军人接收安置情况一览表

表 20－7

年　度	接收(人)	其中城镇退伍士兵和士官(人)	安置(人)
2001	58	18	18
2002	63	26	26
2003	56	24	24
2004	62	16	16
2005	86	15	15
2006	82	19	19
2007	76	17	17
2008	86	20	20
2009	72	30	30
2010	90	61	61
2011	90	68	68
2012	109	62	62
合计	930	376	376

二、军队离退休干部、职工接收安置

按照上级有关政策规定，民政局负责军队离退休干部、退休士官和无军籍职工的接收安置工作。至2010年，共接收军队离退休干部4人，退休士官1人，无军籍退休职工38人。民政局负责其退休费的发放和政治待遇、生活待遇的落实。军休职工津补贴从2009年1月开始全面落实，军休干部增加的补贴及定期增资得到及时发放，并为军休干部的住房进行测算和申报，军休干部职工群体稳定。2012年发放军休资金168万元。

第五章 婚姻登记与民间组织登记管理

第一节 婚姻登记管理

婚姻登记包括结婚登记和离婚登记，是婚姻登记机关依法确立或终止当事人之间婚姻关系的具体行政行为。

2001年5月至2003年7月，蒸湘区共设立民政局、长湖乡、雨母山乡、呆鹰岭镇4个婚姻登记点。办理婚姻登记时，需由当事人工作单位或村（居）委会出具证明。

2003年8月，根据国务院颁布的新《婚姻登记条例》规定的"内地居民办理婚姻登记的机关是县级人民政府民政部门"，蒸湘区取消长湖乡、雨母山乡和呆鹰岭镇3个婚姻登记点，婚姻登记集中在区民政局办理。同时取消当事人工作单位或村（居）委会出具证明的作法，改由当事人作出无配偶及双方无禁止结婚的亲属关系的签字证明。婚姻登记中的行政管理色彩逐渐弱化，服务意识逐渐强化。

2007年8月，蒸湘区婚姻登记实行计算机管理，民政与公安部门实行信息联网。

2001—2012年蒸湘区婚姻登记情况一览表

表20－8

年 度	结婚登记(对)	离婚登记(对)	年 度	结婚登记(对)	离婚登记(对)
2001	1226	197	2007	1934	361
2002	1285	208	2008	2108	384
2003	1314	215	2009	2426	412
2004	1460	263	2010	2200	459
2005	1346	292	2011	2559	626
2006	2250	379	2012	2570	660

第二节 民间组织登记管理

一、管理机构

区民政局下设民间组织和社会事务管理股,成立于2001年5月,具体职责是:负责全区社团的登记、管理、年检工作,监督社团活动,查处社团组织的违法行为和未经登记而以社团名义开展活动的非法组织;负责全区民办非企业单位的登记和年检工作,查处民办非企业单位的违法行为和未经登记的民办非企业单位,做好民办非企业单位的管理工作。

到2012年年底,蒸湘区登记的民间组织共61个,其中社会团体21个,民办非企业40个。

二、社会团体

蒸湘区社会团体组织一览表

表20-9

登记时间	单位名称	法定代表人	登记证号	业务主管部门
1983.12	蒸湘区个体劳动者私营企业协会	肖晓春	湘衡蒸110001	市个私协
2001.12	衡阳市欧亚葡萄研究所	张维华	湘衡蒸040001	区科协
2002.8	衡阳市前进民间医药研究所	刘吉元	湘衡蒸040002	农工民主党衡阳市委
2003.3	衡阳市高新技术开发区个体劳动者私营企业协会	肖东芳	湘衡蒸110002	市工商局开发区分局
2006.1	衡阳市蒸湘区振兴牲猪养殖协会	张家国	湘衡蒸110005	区农办
2006.8	衡阳市蒸湘区医学会	颜小平	湘衡蒸110004	区卫生局
2006.8	衡阳市高新开发区消费者协会	胡小根	湘衡蒸110006	市工商局消费者委员会
2006.8	衡阳市蒸湘区消费者委员会	桂兹军	湘衡蒸110007	市工商局消费者委员会
2007.4	蒸湘区呆鹰岭镇养鸡协会	肖万谦	湘衡蒸110002	区经作局
2007.9	蒸湘区雨母山乡二塘村葡萄种植协会	李远胜	湘衡蒸110017	区农办
2008.12	衡阳市蒸湘区诗词楹联学会	谢鸿飞	湘衡蒸110012	区委宣传部
2009.7	雨母山乡大兴养殖专业合作社	夏忠晓	湘衡蒸110013	区农办
2009.9	蒸湘区葡萄专业合作社	陈　华	湘衡蒸110018	区农办
2010.1	蒸湘书法绘画摄影协会	陈光社	湘衡蒸110021	区老干局
2010.1	蒸湘区欧亚葡萄协会	陈　华	湘衡蒸110022	区科协
2011.5	蒸湘区登山运动协会	罗厚坤	湘衡蒸110023	区教文体局
2011.6	蒸湘区民办教育协会	肖隆喜	湘衡蒸110024	区教文体局
2011.7	蒸湘区企业家协会	罗厚坤	湘衡蒸110025	区商务局
2011.8	蒸湘区食品药品质量安全协会	陈　勇	湘衡蒸110026	市食品药品监督局蒸湘分局
2012.11	蒸湘区总商会	谢云亚	湘衡蒸110027	区工商业联合会
2012.12	衡阳华新家居商会	李联建	湘衡蒸110028	区工商业联合会

三、民办非企业

蒸湘区民办非企业组织一览表

表20－10

登记时间	单位名称	法定代表人	登记证号	业务主管部门
2004.1	衡阳市群星文艺学校	刘诗玉	湘衡蒸010001	华新开发区教育办
2004.6	蒸湘区小神童幼儿园	刘国莉	湘衡蒸0130557	区教文体局
2005.1	蒸湘区育林幼儿园	周剑云	湘衡蒸010005	区教文体局
2006.7	衡阳市蒸湘区米奇艺术幼儿园	封忠玉	湘衡蒸010006	区教文体局
2006.12	衡阳市蒸湘区爱丁堡幼儿园	肖　拓	湘衡蒸010007	区教文体局
2007.6	衡阳双语艺术幼儿园	吕彩云	湘衡蒸110014	区教文体局
2008.12	衡阳市真爱幼儿园	李才英	湘衡蒸110016	区教文体局
2009.8	金鹰卡通幼儿园衡阳分园	欧阳珊	湘衡蒸110017	区教文体局
2010.1	蒸湘区红十字医院	龙素珍	湘衡蒸55070368－3	区卫生局
2010.3	新华实验小学	刘诗玉	湘衡蒸110019	区教文体局
2010.3	蒸湘区呆鹰岭老年公寓养老院	熊青松	湘衡蒸110021	区民政局
2010.7	高新技术开发区湘疆艺术幼儿园	洪峙生	湘衡蒸110023	华新开发区教育办
2010.7	高新技术开发区七田阳光早教园	谢艳平	湘衡蒸041321	华新开发区教育办
2011.3	高新技术产业开发区华新艺术幼儿园	肖　凌	湘衡蒸110031	华新开发区教育办
2011.4	高新技术开发区金色梯田香江幼儿园	袁曼恒	湘衡蒸110032	华新开发区教育办
2011.5	蒸湘区恒企会计培训学校	邹　静	湘衡蒸110033	人力资源和社会保障局
2011.7	蒸湘区幼狮实验幼儿园	陈任元	湘衡蒸110034	区教文体局
2011.10	蒸湘区弘英幼儿园	杨厚智	湘衡蒸110035	区教文体局
2011.10	高新技术开发区艺馨幼儿园	陆细爱	湘衡蒸110036	华新开发区教育办
2011.11	蒸湘区乖乖幼儿园	李　芳	湘衡蒸01006	区教文体局
2011.11	蒸湘区世纪贝贝幼儿园	许爱莲	湘衡蒸110037	区教文体局
2011.11	蒸湘区星之海艺术培训学校	易国魂	湘衡蒸110038	区教文体局
2011.11	蒸湘区世纪宝贝幼儿园	谢蓉芳	湘衡蒸110040	区教文体局
2011.11	蒸湘区小神童幼儿园	刘国莉	湘衡蒸110041	区教文体局
2011.11	蒸湘区英杰幼儿园	彭玉明	湘衡蒸110042	区教文体局
2011.11	蒸湘区大拇指幼儿园	曾　晖	湘衡蒸110043	区教文体局
2011.11	蒸湘区大拇指冶金幼儿园	肖孝阳	湘衡蒸110044	区教文体局
2011.11	蒸湘区红苹果实验幼儿园	何荣华	湘衡蒸110045	区教文体局
2011.12	蒸湘区关爱低视力康复中心	谢雁斌	湘衡蒸110046	区残联
2011.12	蒸湘区红雁幼儿园	郭　昀	湘衡蒸110047	区教文体局
2012.1	蒸湘区英才艺术幼儿园	蒋凤英	湘衡蒸110048	区教文体局
2012.2	蒸湘区金太阳幼儿园	张　燕	湘衡蒸110049	区教文体局
2012.3	蒸湘区残疾人托管服务中心	曹　玲	湘衡蒸110050	区残联

续表 20 - 10

登记时间	单位名称	法定代表人	登记证号	业务主管部门
2012.7	蒸湘区新星艺术幼儿园	徐　芳	湘衡蒸 110052	区教文体局
2012.7	蒸湘区迪尼布朗幼儿园	姜润娟	湘衡蒸 110053	区教文体局
2012.7	蒸湘区华特英语教育中心	胡　伟	湘衡蒸 110054	区教文体局
2012.8	蒸湘区亲亲宝贝幼儿园	李　娟	湘衡蒸 110055	区教文体局
2012.11	蒸湘区金门桥英语培训中心	陈卫国	湘衡蒸 110056	区教文体局
2012.12	蒸湘区金色摇篮幼儿园	黄晓锋	湘衡蒸 110057	区教文体局
2012.12	蒸湘区仁爱实验中学	王朝辉	湘衡蒸 110058	区教文体局

附:蒸湘区老年人工作委员会

一、机　构

1998 年 4 月,成立衡阳市郊区老年人工作领导小组。2001 年 5 月,行政区划调整后更名为蒸湘区老年人工作领导小组,2007 年 7 月更名为蒸湘区老年人工作委员会(简称老龄委),下设办公室(简称老龄办)。2002 年 6 月之前,老龄办属区老干局管理,之后挂靠区民政局,为副科级事业单位。2012 年,有在职干部 1 人,办公地点驻红湘北路 4 号区民政局内。

历任老龄委领导及任职时间:

顾　　问:彭燮斋(2004.7—)　罗联芳(2004.7—)　邓先传(2004.7—)

主任(组长):夏俊生(1998.4—2004.7)　曾巧敏(女,2004.7—2006.4)　单国平(2006.8—2012.3)

常务副主任:罗为广(2004.7—)

副主任(副组长):邓准德(1998.4—2004.7)　罗厚坤(1998.4—2004.7)　陈光华(1998.4—2006.8)　李康平(2004.7—)　蔡冬云(2004.7—)　周承富(2004.7—)　李先宏(2004.7—)　高子清(女,2006.8—)

历任老龄办主任及任职时间:

唐永红(女,2004.7—2010.12)　周丽华(女,2010.12—)

二、主要工作

办理老年优待证　2002—2008 年,为年满 70 周岁以上的老年人办理老年优待证 6100 本。2009 年,办证年龄从 70 周岁以上降低到 65 周岁以上,当年办理老年优待证 1800 本。2010—2012 年,办理 65 周岁以上老年优待证 3729 本。

办理贫困老人低保　2002 年,参加全国贫困老人普查,按国家规定标准,全区有 60 岁以上的贫困老人 2194 人。2003—2004 年增加到 4010 人。从 2005 年起,将城乡贫困老人和“五保”老人全部纳入最低生活保障范围。

为寿星老人申报发放补贴　2002—2012 年,共为 90 - 99 岁高龄的 117 名老人申报发放生活补贴,每人每年 1000 元。2005—2012 年,共为 8 名 100 岁以上的寿星申报发放生活补贴,2005—2009 年每人每年 2400 元,2010—2012 年每人每年 3000 元。

组织老年人参加全市活动 2002 年,选送 1 个有 20 余人组成的舞蹈节目参加全市老年文艺调演。2006 年,参加全市敬老爱老助老活动中的 11 个项目,分别获得好成绩。2008 年,参加全市“首届雁城风采大赛”,获书画一等奖、舞蹈优秀奖。2010 年,参加第四届全国敬老爱老助老主题教育活动评选,推荐 1 名孝亲敬老之星;参加第二届中国老年文化艺术节,推荐 2 幅书法和 1 幅绘画作品。

加强乡镇敬老院建设 蒸湘区先后建有雨母山乡敬老院和呆鹰岭镇敬老院。通过扩展、装修与改造,2 所敬老院建设得到提升。2009 年,申报雨母山乡敬老院为省级老年福利服务中心示范点,2010 年通过省老龄办验收合格。2010 年,申报呆鹰岭镇敬老院为市级老年福利服务中心示范点,当年经市老龄办验收合格。

2004 年,区老龄办主任唐永红获市老龄工作先进个人,并记三等功;2009 年获市老龄工作先进个人。

第二十一篇　人事劳动和社会保障

蒸湘区成立后，进行了一系列人事制度改革。2001 年取消大中专院校毕业生的计划分配，实行自主择业。机关事业单位接收工作人员，采取公开招聘、"凡进必考"办法。2002 年，划定任职年龄界线，到龄者改任非领导职务或提前离岗休息。2003 年，对事业机关和乡镇街道的中层干部实行竞聘上岗，教育系统还实行教师末位淘汰制。2004 年，完成乡镇街道借调、雇请人员的清退工作等。在干部管理上，按照编制要求，及时做好调配与交流工作，严格干部考核、奖励机制。对国家公务员和参照管理人员，依照《中华人民共和国公务员法》进行管理。2012 年，全区有机关、事业单位干部 2970 人，其中国家公务员 440 人、参照管理人员 86 人。

在社会保障方面，蒸湘区不断巩固和完善社会保障体系，认真落实就业再就业政策，构建区、街道（乡镇）、社区三级就业服务网络，广泛开展就业宣传，积极组织就业培训，定期或不定期地举办招聘活动，想方设法搭建就业平台，使就业与再就业人数不断上升。2001—2012 年，全区城镇新增就业 61900 人，失业人员再就业 46232 人，就业困难人员再就业 9325 人，农村劳动力转移就业 16226 人。养老保险、医疗保险参保人数逐年扩大。2012 年，全区参加社会养老保险 10985 人，是 2001 年 2390 人的 4.6 倍；累计参加职工医疗保险 5647 人，是 2002 年（启动年）2300 人的 2.46 倍；累计参加居民医疗保险 75703 人，是 2008 年（启动年）49358 人的 1.53 倍；累计参加新型农村合作医疗 49523 人，是 2008 年（启动年）49358 人的 1.16 倍。城乡人民生活水平普遍提高。2012 年，城镇居民可支配收入 21271 元，是 2001 年 5900 元的 3.61 倍；农民人平纯收入 10733 元，是 2001 年 2436 元的 4.4 倍；城镇居民人均住房面积 41.08 平方米，农村人均住房面积 46.07 平方米。

第一章　人　　事

第一节　机构编制

蒸湘区人力资源和社会保障局的前身系衡阳市郊区人事劳动局，2001 年 5 月衡阳市行政区划调整后更名为蒸湘区人事劳动和社会保障局，2010 年 12 月更名为人力资源和社会保障局。2012 年内设机构有：办公室、人事工资福利股。二级机构有：劳动就业服务局、社会保险局、医疗保险基金管理中心、城乡居民社会养老保险管理服务中心、劳动保障监察大队。全局在编干部、职工 43 人。局办公地点原在莲湖路郊区机关大院内，2001 年 11 月搬迁至红湘北路 90 号 17 栋，2010 年 12 月又搬迁至船山大道 18 号蒸湘区机关办公大楼东楼 2 楼。

2006—2009 年,该局连续 4 年被衡阳市人民政府评定为"全市劳动和社会保障工作优秀(先进)单位"称号;2011 年,获省厅"全省人力资源和社会保障宣传信息工作先进单位";2012 年,获衡阳市人民政府"全市人力资源和社会保障为民办实事工作先进单位""事业单位岗位设置和公开招聘工作先进单位""构建和谐劳动关系工作先进单位",获湖南省人民政府"全省农民工工作先进集体"称号。

历任局长以及副科以上实职领导及任职时间:

局　　长:丁平涛(2001.5—2003.1)　周承富(2003.1—2008.6)
　　　　肖芳云(女,2008.6—2012.12)　易艳云(女,2012.12—)
党组书记:刘克幼(女,2001.5—2003.1)　刘国永(2003.1—2011.4)
纪检组长:唐耀林(2001.5—2005.7)　刘国永(兼,2005.8—2006.12)
　　　　贺　芯(女,(2006.12—)
副 局 长:罗远光(2001.5—2005.7)　谢正清(2003.1—)
　　　　邓小华(2004.2—)　欧阳健虹(女,2005.7—)
　　　　阳素华(女,2005.8—)
劳动就业服务局局长:杨卫平(2001.5—2002.4)　周波勇(2002.5—2005.6)
　　　　颜　辉(2005.6—)
社会保险局局长:谢正清(2001.5—2005.6)　周波勇(2005.7—)
医疗保险基金管理中心主任:谢正清(2001.12—2004.5)　杨　英(女,2004.6—)
劳动保障监察大队大队长:钟卫华(2005.5—)
城乡居民社会养老保险管理服务中心主任:刘建兴(2012.10—)

第二节　人事制度改革

2001 年,国家计划部门取消对大中专院校毕业生的计划分配,实行自主择业。机关事业单位接收工作人员,采取"凡进必考"办法。

2002 年 3 月 23 日,区委常委会议研究确定,男年满 53 周岁、女年满 49 周年的科级及科以下干部,改任非领导职务。男满 55 周岁、女满 50 周岁的干部,实行提前离岗休息。离岗后待遇不变,属在职干部系列。3 月 26 日,区检察院、区法院、呆鹰岭镇、长湖乡和雨母山乡等单位内设股室开展竞争上岗工作,一些年富力强的干部走向了中层领导岗位。

2003 年,蒸湘区建设局、蒸湘街道在中层干部中实行竞聘上岗。教育系统对中、小学教员实行全员竞聘制。卫生系统中的医院、卫生院实行合同聘用制。环卫局对员工实行末位淘汰制。按照"凡进必考"原则,全区面向社会公开招聘街道社区劳动保障机构工作人员 17 名、计划生育工作人员 28 名以及特长教师 12 名。区人事劳动和社保局对各改制企业职工档案实行人事代理。

2004 年,完成乡镇借调、雇请人员的清退工作。教育系统实行教师末位淘汰制。全区面向社会公开招考特长教师 9 名、汽车司机 7 名。区人事劳动和社保局对社区居委会和劳动保障服务中心人员实行人事代理,对乡镇机关及事业单位人事档案进行全面托管。

2005 年,教育系统推行城镇中小学教师到乡村小学任教制度和区域内城乡"校对校"教师定期交流制度。全区公开招聘文秘人员 8 名。

2007 年,教育系统推行教职工低职高聘和高职低聘分配激励机制。全区面向区直、乡镇、街道机关干部子女,公开招考 17 名事业单位工作人员;卫生系统面向社会公开招考 9 名医院、卫生院工作人员。

2008 年,停止实行提前离岗休息政策,只实行到龄改非政策。公开招考小学教师 30 名,其中面向社会招考 8 名,面向区内教职员工子女及配偶招考 12 名,面向区机关干部子女及配偶招考 10 名。

2010 年,面向社会公开招考农村小学教师 28 名。

2011 年,面向全市招聘小学教师 40 名。

2012 年,从全市选调计生工作人员 17 人,面向社会选聘社区工作人员 30 名,面向全市招聘教师 50 名。

第三节　干部人事管理

2001 年,蒸湘区有机关、事业单位干部 1875 人(机关 549 人、事业 1326 人),其中党委系统 102 人,政府系统 1616 人,人大 22 人,政协 15 人,法院、检察院 107 人,人民团体 13 人。2012 年,有机关、事业单位干部 2970 人(机关 453 人、事业 2517 人),其中党委系统 81 人,政府系统 2744 人,人大 16 人,政协 11 人,法院、检察院 110 人,人民团体 8 人。

一、调配与交流

2001 年,在区划调整过程中,蒸湘区向珠晖区、雁峰区、石鼓区及市直有关部门移交原郊区行政事业单位在职干部、职工 2789 人,离退休人员 428 人,企业干部 285 人,企业职工 1899 人;接收原城北区、城南区及衡阳县、衡南县行政事业单位在职干部、职工 1366 人,离退休人员 265 人,企业干部 65 人,企业职工 1038 人;保留原郊区在职干部、职工 1378 人,离退休人员 239 人。

蒸湘区的干部来源,一是按照编制结构比例面向社会公开招考;二是接收上级分配的选拔(调)生;三是接收计划内安置的军队转业干部;四是接收企事业单位因其改制所产生的部分权属管理的干部。

在干部交流方面,采取"大稳定、小调整"的原则,从有利于发挥干部专业知识、个人业务特长,避免一岗工作年限过长等方面出发,适当进行岗位轮换和单位交流。2006 年,区委下发了《党政干部交流的实施意见》,对干部交流的对象、范围、方法、程序、纪律等方面作了详细规定,促进了干部交流的规范化、制度化和经常化。

2001—2012 年蒸湘区科级以下干部岗位轮换、交流情况一览表

表 21-1

年　度	单位内部岗位轮换	部门单位之间交流				乡镇街道之间交流			
		领导职务		非领导职务		领导职务		非领导职务	
			升职		升职		升职		升职
2001	—	—	—	—	—	—	—	—	—
2002	22	2	—	6	2	1	—	11	2
2003	17	1	—	3	1	—	—	3	1
2004	8	2	1	2	1	2	1	2	1
2005	13	1	—	3	2	1	—	6	2
2006	1	9	3	7	2	9	3	17	11
2007	6	—	—	6	1	2	—	3	1
2008	9	2	—	5	2	1	—	2	1
2009	11	—	—	5	1	3	1	1	—
2010	8	3	1	2	1	2	—	5	2
2011	4	1	8	—	1	1	9	—	—
2012	1	—	7	—	—	2	10	—	—
合　计	100	21	20	39	14	24	24	50	21

说明:①建区首年(2001 年)未作统计;②专业技术人员中的教师和一般职员岗位调整未统计。

二、考核与奖励

机关各单位每年均制订《目标管理考核责任状》，对各项考核目标量化到每个责任人。区机关、事业单位工作人员考核委员会对各机关实行年度考核。机关工作人员由本单位进行考核，按照德、能、勤、绩进行综合评定，成绩优异者按行政职务等级分别报记嘉奖（奖金 120 元）、三等功（240 元）、二等功（480 元）。被抽调参加重点工作（如经济普查、农业普查、人口普查、重点工程项目等）的人员，在重点工作完成时，由该项工作的主管或组织者对成绩优异者报政府予以奖励。2012 年，为加强机关事业单位工作人员年度考核工作，出台了《蒸湘区机关事业单位工作人员年度考核奖励及结果运用暂行办法》，明确对连续 3 年记功或嘉奖人员，在提拔重用和作为各级"党代表""人大代表""政协委员""劳动模范"时的优先推荐人选。

2001—2012 年蒸湘区个人年度目标考核和参加重点工作奖励情况一览表

表 21－2

年　度	目标考核奖			重点工作奖		
	嘉奖	三等功	二等功	嘉奖	三等功	二等功
2001	180	28	4	20	2	1
2002	169	18	4	11	1	
2003	169	15	4	24	3	1
2004	158	18	—	—	6	1
2005	167	16	3	—	5	1
2006	174	24	4	—	4	1
2007	156	16	4	—	—	—
2008	130	24	—	12	2	1
2009	155	24	—	—	—	—
2010	116	18	—	—	—	—
2011	149	22	5	—	—	—
2012	151	27	5	—	—	—
合　计	1874	250	33	67	23	6

三、公务员过渡

2003 年 5 月，蒸湘区组织政府系统 123 名工作人员参加公务员过渡考试，并填报实施国家公务员制度管理单位基本情况表。同年 12 月 21 日，组织 230 名参照管理人员参加全市组织的公务员过渡考试，做到应考尽考。

2005 年 4 月 27 日，第十届全国人大常委会第十五次会议通过《中华人民共和国公务员法》（以下简称《公务员法》）（自 2006 年 1 月 1 日起施行）后，区人事劳动和社保局与区委组织部联合举办全区正副科级干部《公务员法》培训班，参训人员 370 余人。

2006 年，是《公务员法》颁布实施的第一年。区人事劳动和社保局在区直机关及乡镇、街道重新进行公务员登记，具备资格人员填写公务员登记表；对机关违规进人人员进行全面清理；对符合条件参照管理的 40 余个事业单位作了申报，进行了单位性质、领导与非领导职务、学历、任职年限认定、工资数目核定等公务员工资套改的各项准备工作。一季度举办有各机关单位负责人参加的工资套改培训班。

2007 年，完成公务员审批工作。全区核定国家公务员单位和参照管理单位共 41 个、425 人。

区委系统(含人民法院、人民检察院)13个,208人。即:纪委、区委办、组织部、宣传部、统战部、政法委、编办、区直工委、信访局、区人大常委会、区政协、区人民法院、区人民检察院。

政府系统18个,111人。即:政府办、财政局、人事劳动和社会保障局、审计局、环保局、科技局、卫生局、人口计生局、司法局、农村工作办公室、水利农机局、人防办、城管办、发展和改革局、建设局、民政局、教育文化体育局、商务局。

乡镇、街道6个,102人。即:蒸湘街道办事处、红湘街道办事处、联合街道办事处、呆鹰岭镇、长湖乡和雨母山乡。

参照《公务员法》管理的群团组织4个,4人。即:区总工会、区团委、区妇联、区残联。

2008年,完成实施《公务员法》入轨扫尾工作,妥善处理公务员登记中的遗留问题。12月,省委组织部、省人力资源和社会保障厅、省公务员局等单位,批复蒸湘区区委党校、档案局、社会保险局、医疗保险基金管理中心、劳动就业服务局、非税局、国库集中支付中心共7个单位为参照《公务员法》管理事业单位。

2011年8月19日,省委组织部、省人力资源和社会保障厅、省公务员局等单位批复蒸湘区党员干部现代远程教育管理中心、社会救助管理局、乡镇财政管理局、会计核算中心、工资统发中心、政府采购办公室、绿化委员会办公室、卫生监督所、城管执法大队、重点工程项目管理领导小组办公室、劳动保障监察大队、文化市场稽查队、农机安全监理站共14个单位为参照《公务员法》管理事业单位。

2012年,全区国家公务员单位37个,参照管理单位25个,国家公务员440人,参照管理人员86人。

第四节 工资福利

一、工 资

2001年1月1日起,机关行政工作人员的级别工资由原来一至十五级每人每月85－720元提高到115－1166元;基础工资由原来每人每月180元提高到230元。从10月1日起,职务工资由原来的180－855元提高到269－1450元。机关行政事业单位人员年度考核合格以上者每2年晋升一个工资档次,每5年晋升一个工资级别。

2003年7月1日起,国家机关行政工作人员的职务工资由原来的269－1450元提高到299－1750元。

2006年7月,实行公务员工资制度。公务员工资包括职务工资和级别工资,取消基础工资、工龄工资和湖南省内的保留工资。职务工资从下至上分为12类;12－1类每人每月为340－4000元;级别工资分为27类,27－1类每人每月为290－3820元。级别工资又分为14个档次,每个级别根据不同的工作年限分设若干个档次。套改公务员工资后,较大幅度地提高了公务员的工资水平。

2009年1月1日起,蒸湘区人民教师实施绩效工资,人均增资超过机关一般公务员工资水平。10月,卫生事业单位开始实施绩效工资,由于效益、经费方面的原因,未能全部实施,只是部分到位。

二、福 利

(一)津贴

公务员按国家规定享受地区附加津贴、艰苦边远地区津贴、岗位津贴等。

地区附加津贴(含工作津贴、生活补贴)。蒸湘区机关单位在职工作人员,从2008年1月1日起按衡阳市标准执行,人均16500元/年。离休人员按同职级在职人员标准的85%确定。退休人员按同职级在职工作人员标准的78%确定。2010年1月1日起,地区附加津贴标准适当提高,在职工作人员年人均津贴增加至18000元,离退休人员执行标准保持不变。

岗位津贴。在实行公务员工资制度后，仍然保留了密码人员岗位津贴、税务征收津贴、司法助理员岗位津贴、人民法院和人民检察院办案人员岗位津贴、审计机关审计人员工作补贴、纪检监察办案人员补贴，新增加了人民警察警衔津贴、人民警察执勤岗位津贴、海关工作人员津贴、检察官津贴、法官津贴。共计12种特殊岗位津贴。

（二）补贴

公务员法实施以前，蒸湘区统一有3项补贴，即：下乡补贴（亦称误餐费）每人每月60元，煤气补贴每人每月16元，适当补贴（亦称生活补贴）每人每月145元（科员以上逐级增加5元）。《公务员法》实施以后，上述补贴一律取消，统一按国家规定享受住房、医疗补贴补助。行政事业单位工作人员，从2011年1月1日起，人平每月增加津补贴300元，退休人员按同职级工作人员标准的78%补给。

住房补贴。即住房公积金。住房公积金缴存数额，蒸湘区2001—2007年，单位和个人各缴存职工本人月基本工资的6%，2008年调整为7%，2009年调整为8%，2010年调整为基本工资+津贴的8%。单位和个人缴存的住房公积金，统一由衡阳市住房公积金管理中心管理。凡所在单位正常缴存住房公积金一年以上（含一年）且本人正常缴存六个月（含六个月）的在职职工，在购买、建造、翻建、大修自住住房行为发生之日起二年内，可以申请个人贷款。贷款最长期限单身职工为25万元，双职工为40万元，最长贷款期限为30年。职工退休后，住房公积金可一次性领取。

医疗补贴。医疗补贴是在城镇职工基本医疗保险制度基础上对国家公务员的补充医疗保障。从2002年开始，国家公务员的门诊费用由个人帐户支付（45岁以下按本人上年度工资总额的0.7%划入个人帐户，45岁以上按1.2%划入，退休人员按用人单位上年度职工平均工资的3.4%划入）。住院医疗费用自费部分分别按三个年龄段（即50岁以下、50岁至退休、退休以后）进行补助，具体标准从略。

（三）奖金

《公务员法》规定：根据年终考核结果，对考核称职以上的国家公务员，以本年度12月基本工资额为标准，每年年终一次性发给一个月奖金（俗称第13个月工资）。蒸湘区机关行政事业单位在职人员从2006年度开始实行，离退休人员仿照市机关作法从2010年度开始实行。

第五节　职称管理

2001年5月，原郊区职称改革领导小组更名为蒸湘区职称改革领导小组。辖区中学二级以下及小学一级的初级职称由本区组织评审评定，教师中的高级职称须报省教师高级职务资格评审委员会审定。其它各专业的初、中级职称须参加全国统一考试，取得相应职称资格证书均获准聘任（用），高级职称则须经省相关专业技术职务资格评审委员会审定。当年，全区具有职称的科技人员共1040人，其中高级32人，中级471人，初级537人。

从2001年起，实行职称评聘分开。专业技术人员评定职称后不直接与工资挂钩，须由用人单位在结构比例控制范围内聘用后方可兑现职称工资，对超结构比例评申人员，只评不聘。具有职称人员如调任行政领导干部，则不能享受职称工资。

2006年，在职称评审中，对教师男年满55周岁、女年满53周岁仍未评上中级职称的，给予考评机会，让其全部参评。对在乡村学校任教工龄满20年，任初中二年级5年、小学一年级7年的教师给予部分解决其中级职称，有效地调动了教师积极性。

2012年，全区具有职称的科技人员1307人，其中高级81人，中级868人，初级358人。

蒸湘区部分年度高级职称人员基本情况一览表

表 21 - 3

年度	总数		专业分类							学历			年龄				
		女	高级工程师	高级农艺师	高级畜牧、畜医师	高级经济师	高级检验师	高级政工师	中学高级教师	研究生	大、专科生	高中(中专)生	30 岁以下	31 - 40 岁	41 - 50 岁	51 - 60 岁	60 岁以上
2001	32	11	5	2	2	6	—	3	14		30	2	—	6	12	13	1
2004	36	12	7	2	2	6	—	3	16		34	2	—	7	13	15	1
2007	52	18	9	2	3	6	—	3	29		50	2	—	7	23	17	5
2010	78	36	12	2	3	6	1	3	51		76	2	—	8	39	19	12
2012	81	37	12	2	3	6	1	3	54		79	2	—	2	43	20	16

第六节　转业安置及离退休人员管理

一、转业军官安置

2001—2012 年,蒸湘区对转业军官的安置采取了两种方式:一是计划安置。根据安置计划,将转业军官安置在行政机关或事业单位。营级(含营级)以下一般不安排实际职务,副团级以上安排适当职务。二是自主择业。根据国家政策,转业军官自愿自主择业者,由部队一次性发给补偿后回地方,组织不再安排工作,以后按月领取转业退职费(国家拨款)。其转业时个人档案由当地组织、人事部门存档备案。

二、军嫂及随军家属安置

对在役军人家属(军嫂)、转业军官(含三级以上士官)配偶(随调家属),根据本人申请,蒸湘区尽力给予安置,并尽可能地安置在机关、事业单位。

2001—2012 年蒸湘区安置转业军官、军嫂、随军家属情况一览表

表 21 - 4　　单位:人

年　　度	2001	2002	2003	2004	2005	2006	2007	2008	2009	2010	2011	2012
计划安置转业军官	0	1	2	1	0	1	1	1	2	1	1	2
自主择业军官	3	3	7	12	1	4	2	4	1	2	5	8
接收安置军嫂	1	0	4	1	1	0	0	1	1	0	0	0
接收安置随军家属	0	1	1	2	1	1	0	2	1	1	2	2

三、离退休干部管理

蒸湘区成立后,区内有 1949 年 10 月 1 日前参加革命工作的享受供给制待遇的离休老干部 7 人,2002—2009 年先后去世 4 人,2010 年有 3 人,以后未新增离休人员。

2001—2012 年,蒸湘区严格执行"国家机关、企事业单位的职工凡在中华人民共和国参加工作年满 60 周岁,女满 55 周岁可以办理退休"的政策规定,同时执行"对不符合退休条件的年老体弱职工,经医院检查证明认为不能坚持工作者给予办理退休手续”之规定,全区共有退休干部1051人(死亡者除外),其中机关退休干部291人,事业单位退休干部760人。

对离休干部和退休人员中的副处级以上干部,行政方面由区委老干局负责管理,党内生活参加原支部组织生活。正科及以下退休干部均由原单位负责管理。

第二章　劳动和社会保障

第一节　就业与再就业

蒸湘区人力资源和社会保障局内的劳动就业服务局,前身为郊区劳动就业服务局,2001年5月更名如此。内设机构有:办公室、农村就业股、城镇就业股、失业保险股,下属机构有:人力资源市场、职业技术培训中心。

2002年,根据区划调整后的新变化,劳动就业服务局对全区外出、外来人员的用工情况进行调查登记,对国企下岗职工进行摸底清查,启动了下岗失业工人和城镇待业青年的培训工作,就业服务开始向街道、乡镇延伸。

2003年,全区成立再就业工作领导小组,由政府主管领导任组长。蒸湘、红湘、联合3个街道及呆鹰岭镇、长湖乡、雨母山乡在全市率先建立劳动保障服务站,29个社区分别建立劳动保障服务中心,形成区、街(乡镇)、社区三级就业服务网络。举办各类培训班9期,免费发放再就业优惠证5560个。工商、税务部门落实下岗失业人员再就业优惠政策,减免各项税款50余万元。向上为大龄就业困难人员争取就业优惠政策各项补贴60.6万元。12月,通过市劳动局初审,省劳动厅考察,批准该区成立职业技能鉴定所,可直接受理鉴定、办理初级技术工种等级证。

2004年,开展再就业优惠政策集中宣传月活动,免费办理再就业优惠证6690个。免费开办各类培训班6期。积极构筑就业服务体系,全面推行空岗申报和就业援助制度,实现乡镇街道、社区与区劳动力市场的供求信息联网,建立了供求信息定期发布制度。认真开展职业介绍与职业指导工作,区人力资源市场每月25日举办现场招聘会。努力组织劳务输出,与省内外123家用人单位达成劳务输出合作协议。当年,省劳动和社会保障厅确定该区为湖南省农村劳动力转移培训骨干基地。

2005年,广泛开展就业宣传,实行街头宣传、阵地宣传、入户宣传,共印发宣传资料1万余份,集中或个别指导就业500余人次。11月在晶珠广场举办大型人才劳动力招聘会,参加招聘单位78家,用工岗位4000余个,60余家用人单位达成用工意向1200余个。

2006年,建立劳动保障服务、监督、求助热线电话,制作了“政策宣传栏”“服务指栏”“办事须知”。新办社区就业实体35个,新开发就业岗位1611个。对“零就业”家庭进行了摸底调查。由上级核拨专款160万元购买红湘北路85号福康园三楼680平方米场地兴建的区人力资源市场投入使用,8月16日在新市场举办了“招工扶贫光彩大行动”大型招聘会,达成用工意向1500余个。

2007年,召开各类人才劳动力招聘会12场,提供岗位10178个,达成用工意向3000余个。开展就业指导4180人次。首次通过政府购买公益性岗位(保洁、保绿、保安、公益设施保护等)的形式安置“零就业”家庭347户,使每户至少1人就业。

2008年,举办再就业典型现身说法,帮助失业人员树立正确的择业观,做到自主创业,自强不息。积极劝导个体、私营企业,吸纳再就业人员。5月16日与团委及10月15日与区委统战部、工商联、农办联合举办了了2次大型招聘会,达成求职意向近3000人。为44户“零就业”家庭实现每户1人就业。

2009年7月,对全区34个行政村(华兴街道8个村除外),在全市率先建立了村级劳动保障服务平台,安排45名劳动保障工作人员,统一对其进行了业务培训。狠抓以创业促就业,通过与残疾人肖跃莲创办的蒸湘区腾跃工艺厂联合举办失业工人、失地农民、返乡农民工免费工艺培训班,实现了“三赢”效果,即失业工人、失地农民、返乡农民工赢得技能与岗位,企业赢得技术工人上岗,政府赢得失业人员找到出路、减轻再就业压力,从而打造了“以创业促就业”的典型,市委组织部部长曾仁忠、市劳动局局长徐建中对此给予高度评价。

2010年,为提高全区劳动保障服务功能,完善劳动保障平台建设,共投入230万元专项资金,为6个乡镇街道的劳保站、29个社区的劳保中心,统一制作了单位牌、宣传栏、工作职责,统一配置了电脑、打印机、复印机、显示屏等办公设施。不断扩大就业新途径、新办法,4月与长城计算机教育学校签定合作协议,让该校提供求职者,整合利用社会培训资源;5月29日,带着用工单位人员,到衡阳师范学院(东院)举办大学生专场招聘会,受到学校、用人单位、求职者的一致好评;从7月份开始,在全市首开先河,与衡阳电视台娱乐频道合作,共同打造一栏专为求职者量身定做节目,名为“寻找杜拉拉职场圆梦大赛”,此活动共举办24期,参与企业200余家,提供岗位近千个,参与电视求职竞聘达500余人,实现就业近300人。

2011年,为17户城镇“零就业”家庭提供就业援助,实现每户1人就业,动态清零100%。8月6日,区人力资源市场携手广东“智通人才”在莲湖广场举行“相约莲湖?智通人才连锁衡阳大型招聘会”。此次招聘会,有衡阳、郴州、长沙、南昌、广东等地300余家企业进场,提供5000余个就业岗位。9—11月,红湘街道劳保站通过对60余名农村剩余劳动力的培训需求和意向的摸底调查,选择了中西面点这一职业,并与市内一家大型酒店签订了培训和就业协议。培训结束后,所有参加培训的学员全部在该酒店正式上岗。10月30日,由区人力资源和社会保障局、团区委共同举办全市首届营销人才大型专场招聘会,共吸引参会企业100余家,提供2000余个相关岗位,到位求职者3000余人,当场达成就业意向1000余人。

2001—2012年蒸湘区劳动就业培训及初级技能鉴定统计一览表

表21-5　　单位:人

年　度	培训类别					初级技能鉴定
	20830					
	城镇失业人员转岗培训(人)	农村劳动力转移培训(人)	创业培训(人)	企业职工培训(人)	劳动预备制度培训(人)	
2001—2002	—	—	—	600	300	0
2003—2004	300	—	—	700	300	180
2005—2006	320	1000	—	800	350	200
2007—2008	350	1250	160	900	400	300
2009—2010	450	1300	200	1200	450	2800
2011—2012	4280	1340	380	3200	300	2570
合　计	5700	4890	740	7400	2100	6050

2005—2012 年蒸湘区人力资源市场工作数据统计一览表

表 21 -6　　单位:人

年　度	求职登计(人次)	职业指导(人次)	职介成功(人次)	召开现场招聘会(场次)
2005—2006	3860	3481	3255	18
2007—2008	8530	8043	6720	32
2009—2010	11240	10300	9960	40
2011—2012	15780	14560	11800	48
合　计	39410	36384	31735	138

2001—2012 年蒸湘区就业再就业情况统计一览表

表 21 -7

年　度	城镇新增就业(人)	失业人员再就业(人)	就业困难人员再就业(人)	农村劳动力转移就业(人)
2001	4118	3789	417	623
2002	4203	3851	456	679
2003	4486	4117	509	695
2004	4651	4293	593	712
2005	5077	4510	720	761
2006	5535	4386	825	731
2007	5220	3972	750	660
2008	7169	3907	1134	812
2009	5085	3392	945	4000
2010	6318	3821	1112	2095
2011	5500	3493	960	2360
2012	4538	2701	904	2098
合计	61900	46232	9325	16226

注:"就业困难人员"中含"4050"人员和"零就业"家庭人员。

第二节　养老保险

2001 年 5 月衡阳市区行政区划调整后,原郊区社会保险局更名为蒸湘区社会保险局。职工养老保险费缴费费率统一调整为:单位按工资总额 20% 缴费,个人按工资总额 8% 缴费,企业建帐比例由原来的 16% 调整为 11%,机关事业单位比例仍维持 16% 不变。

2002 年,开始对私营企业、个体工商户的社保扩面工作。

2003 年,正式启动"金保工程",实现省、市、区三级联网。将企业改制下岗失业人员纳入养老保险范围。当年,企业参保人员人平调高待遇 25 元/月,事业参保人员人平调高待遇 60 元/月。

2004 年,事业养老保险继续向差额和自收自支单位推进,农村村干部纳入城镇职工养老保险范围。全区企业、事业养老保险工作全部进行电脑管理。当年企业参保离退休人员人平调高待遇 25 元/月。

2005 年,社会养老保险扩面工作列入政府办实事考核项目和全市十项重点工作考核内容。蒸湘区除加大扩面征缴力度外,同时加大了对欠款大户的清欠力度,确保清欠任务完成。企业参保离退休人员人平调高待遇 45 元/月,事业参保离退休人员人平调高待遇 20 元/月。

2006 年,企业参保离退人员人平调高待遇 50 元/月,事业参保离退休人员人平调高待遇 210 元/月。落实未参保的城镇集体企业职工、下放知青及城镇退伍军人等群众参保事宜。

2007 年,全区各乡镇站所人员、乡镇医院(卫生院)差额和自收自支事业编制人员纳入事业养老保险范围。区政府机关大院周围 8 个公司(站、所)改制后建卡职工纳入企业养老保险范围。企业参保退休人员人平调高待遇 65 元/月。

2008 年,全区应保未保的集体企业职工,下放知青、军队退役人员纳入企业养老保险范围。企业参保退休人员人平调高待遇 80 元/月。

2009 年,蒸湘区在全市率先启动被征地农民社会保障工作,有 126 名被征地农民参加了养老保险。全区事业养老保险基本实现了应保尽保。企业参保退休人员人平调高待遇 100 元/月。

2010 年,在继续推进被征地农民社保工作外,加大对城镇居民养老保险的宣传与推进。企业参保退休人员人平调高待遇 120 元/月。

2011 年,为 547 名集体企业职工办理参保手续。解决联合街道 3 个村被征地农民的参保问题,办结手续 519 人。机关事业养老保险工作规范运行,欠费情况逐步消除。企业参保退休人员第 8 次人平调高待遇 145 元/月。当年实现了企业养老保险系统升级和数据省、市联网。

2012 年,加大对《中华人民共和国社会保险法》宣传贯彻力度。解决辖区内小集体企业职工、家属工、“五七”工参保问题,办结手续 526 人。被征地农民养老保险继续推进,年内解决杨柳汽车贸易街区建设、愉景东城建设及红湘南路建设所涉联合街道杨柳村、红湘街道联合村、呆鹰岭镇新阳村失地农民参保问题,办结手续 410 人。企业参保退休人员第 9 次人平调高待遇 152 元/月。

是年 4 月,蒸湘区被纳入新型农村社会养老保险(简称新农保)和城镇居民社会养老保险(简称城居保)第四批试点区。7 月,成立蒸湘区城乡居民社会养老保险管理服务中心(简称城乡居保中心),正式启动全区新型农村养老保险和城镇居民养老保险工作。参保对象:凡具有本区户籍、年满 16 周岁(不含在校学生)、非国家机关和事业单位工作人员及不属于职工基本养老保险制度覆盖范围的城乡居民,均可在本人户籍所在地参保。缴费标准:农村居民参加新农保和城镇居民参加城居保的缴费标准均为每人每年 100、200、300、400、500、600、700、800、900、1000 元 10 个档次,参保人自主选择缴费档次,在规定时间内(自然年度内)缴纳保费,多缴多得,长缴多得。养老待遇:当参保居民年满 60 周岁,就可提出领取养老金待遇申请,经审批符合条件后即可按月领取养老金,养老金由基础养老金和个人账户养老金两部分组成。基础养老金为中央直接补贴,为每人每月 55 元,个人账户养老金 = 个人账户储存额(包括个人缴费部分、政府的缴费补贴部分和利息等总和)/计发月数(139)。至 12 月底,全区共有 17329 名城乡居民缴费参保,累计征缴基金 784.01 万元(其中个人账户基金 219.61 万元,中央基础养老金补贴 564.40 万元),共有 8195 人按时足额领取养老待遇,累计发放金额 258.66 万元,累计结余基金 525.35 万元。

2001—2012 年蒸湘区养老保险统计一览表

表 21 - 8

年　度		2001	2002	2003	2004	2005	2006	2007	2008	2009	2010	2011	2012
在职人员(人)	企业	1410	1534	1668	1946	2116	2321	2686	4050	4878	5066	5389	7874
	事业	268	273	284	308	334	337	703	703	740	760	790	810
离退人员(人)	企业	617	685	744	715	777	810	895	993	1035	1248	1589	2044
	事业	95	103	112	122	133	151	195	211	214	247	248	257
基金征缴(万元)	企业	105	123	194	531	432	799	1337	1473	1247	1834	2827	3482
	事业	63	80	87	75	136	153	741	466	303	381	439	355
基金发放(万元)	企业	187	203	355	352	446	594	758	1001	1130	1405	1989	2704
	事业	87	63	108	125	147	146	613	398	324	384	357	329
基金结余(万元)	企业	213	238	145	426	559	764	1343	2375	3278	4326	5915	7749
	事业	417	428	475	426	415	422	550	598	617	615	720	763

说明:企业在职人员中,从 2009 年开始,含有失地农民数。于 2012 年 7 月启动的城乡居民养老保险未列入表内。

第三节　医疗保险

区划调整前至 2001 年年底,区行政事业单位实行公费医疗制度,企业职工实行劳保医疗制度。2002 年 1 月,成立蒸湘区医疗保险基金管理中心(简称医保中心),全区机关、企事业单位开始实行基本医疗保险制度。

一、职工医保

2002 年 1 月,蒸湘区启动职工医疗保险。医保中心按职工当年度工资总额的 8% 征集,其中个人 2%,单位 6%。此标准执行到 2005 年年底。

2006 年至 2008 年 3 月,医保中心按职工年平均工资的 9% 征集,其中个人 2%,单位 7%。

2008 年 4 月至 2009 年 3 月,医保中心按职工年平均工资 8% 征集,其中个人 2%,单位 6%。

从 2009 年 4 月起,医保中心按职工年平均工资 9% 征集,其中个人 2%,单位 7%。

职工医保给付。①凡参保人均在医保中心建立个人帐户,由中心核发医保 IC 卡(俗称医保卡),医保中心依据规定向参保人 IC 卡注资,持卡人可用 IC 卡向定点医疗机构、药店支付医疗费(门诊、药品费);②参保人住院医疗,由医保中心在定点医疗机构按规定标准、比例,分别不同情况核准、核算支付。

二、城镇居民医保

2008 年 3 月,启动城镇居民医保。参保人含盖:①城镇无职工基本医疗保险的灵活就业人员、个体工商业者、破产法人下的退休及特困(省政府批复的)企业职工;②在校大中专、中小学生、少儿、婴幼儿及其他无业居民;③有公安、社区、用人单位证明,居住本辖内城区的固定农民工。为方便缴费,采取居民由所在街道社区居委会委托办理,学生由学校统一收缴的方式进行。

参保标准：

2008—2012 年蒸湘区城镇居民参加医保标准

表 21 - 9

年　度	人　员　类　别		个人缴费(元/年)	政府补助(元/年)	全　年
2008	未成年人	一般人员	20	40	60
		低保、重度残疾	10	50	60
		“三无”人员	0	60	60
	未从业居民	一般人员	160	40	200
		低保、重度残疾	100	100	200
		“三无”人员	0	200	200
2009	未成年人	一般人员	20	80	100
		低保、重度残疾	10	90	100
		“三无”人员	0	100	100
	未从业居民	一般人员	160	80	240
		低保、重度残疾	100	140	240
		“三无”人员	0	240	240
2010	未成年人	一般人员	30	120	150
		低保、重度残疾	20	130	150
		“三无”人员	0	150	150
	未从业居民	一般人员	160	120	280
		低保、重度残疾、”三无”人员	100	180	280
		“三无”人员	0	280	280
2011	未成年人 未从业居民	一般人员	30	200	230
		低保、重度残疾、”三无”人员	0	230	230
2012	未成年人 未从业居民	一般人员	30	240	270
		低保、重度残疾	0	270	270

注：“三无”人员指无劳动能力、无生活来源、无法定赡(扶、抚)养义务的人员。“重度残疾”指 1 - 2 级残疾人员。

医保给付　参保人在不同等级医疗机构住院，按照起付线的不同比例给付，2008 年最高支付标准：成人 3.2 万元，未成年人 5 万元；2010 年最高支付标准为 6 万元。2011 年、2012 年最高支付标准为 8.3 万元(未分人群)

三、新型农村合作医疗

2008 年 7 月，启动新型农村合作医疗保险(简称新农合)。参加合作医疗对象：①辖区内常住户口农业人口(含外出务工、经商、上学者)；②失地农民；③外地人口与本地通婚或长期居住本地区但户口尚未迁入以及计划外生育未登记户口的农业人口。

参合标准：

2008—2012年蒸湘区参加新型农村合作医疗标准一览表

表21－10

年　度	个人缴费部分(元/年)	财政补助部分(元/年)	筹资标准(元/年)
2008	20	40	60
2009	20	80	100
2010	20	120	140
2011	30	200	230
2012	50	240	290

医保给付　参保人在不同等级医疗机构住院，按照起付线的不同比例给付，2008年累计支付最高封顶线为3万元，2010年累计支付最高封顶线为6万元，2011年最高封顶线为8万元，2012年最高封顶线为10万元。

2002—2012年蒸湘区医保基金运行情况一览表

表21－11

险种	年度	累计参保人数(人)	基金收入(万元)	基金支出(万元)	基金累计结余(万元)
职工医保	2002	2300	166	51	115
	2003	2642	185	152	148
	2004	3008	193	166	175
	2005	3008	309	111	373
	2006	3356	327	270	430
	2007	3792	567	235	762
	2008	4643	696	374	1084
	2009	4821	380	510	954
	2010	5601	358	673	639
	2011	5647	625	846	418
	2012	5647	755	716	457
居民医保	2008	49358	529	31	498
	2009	70408	605	605	498
	2010	72185	1171	730	939
	2011	72402	1765	1192	1512
	2012	75703	2458	1444	2526
新型农村合作医疗	2008	42864	340	35	305
	2009	42976	413	334	384
	2010	45400	613	607	390
	2011	45800	1056	952	494
	2012	49523	1494	1200	788

第四节　其他保险

一、失业保险

蒸湘区成立时就开展了失业保险工作,由区劳动就业服务局的失业保险股具体负责。失业保险的范围是:辖区内所有城镇企业、事业、民办非企业单位及职工。失业保险基金征缴比例,单位按职工工资总额的2%缴纳,个人按本人工资总额的1%缴纳。城镇企、事业单位招用的农民合同工本人不缴纳失业保险金。上述单位的职工失业后可按规定享受失业保险待遇。

2001—2012 年蒸湘区失业保险金征、发情况一览表

表 21－12

年　度	失业保险单位(个)	失业保险(人)	缴纳失业保险金(万元)	领取失业保险金(人)	发放失业保险金(万元)	结存失业保险金(万元)
2001—2002	25	1989	17.2	0	0	103.28
2003—2004	28	2013	18.9	0	0	131.11
2005	32	2157	20.1	0	0	161.43
2006	42	2177	31.02	14	5.62	187.43
2007	57	2209	34.49	17	5.41	194.63
2008	68	2583	37.24	12	3.93	225.73
2009	75	3317	40.82	17	6.72	261.39
2010	81	5652	48.26	34	7.3	299
2011	83	5550	55.44	51	10.8	347.33
2012	85	5725	73.60	83	73.6	380.59

二、生育保险

蒸湘区于 2004 年 9 月 1 日正式启动生育保险工作,由区医保中心具体负责。生育保险的范围是:辖区内所有城镇用人单位,包括企业、机关、事业单位、社会团体、民办非企业单位、有雇工的个体工商户及其职工。征收生育保险金的比例为用人单位上年度职工工资总额的 0.7%,职工个人不缴纳生育保险金。女职工住院分娩所必须的床位费、检查费、特殊检查费、诊查费、治疗费、手术费、药费、护理费按规定标准由生育保险金支付。

2004—2012 年蒸湘区生育保险金征、发情况一览表

表 21－13

年度	累计参保人数(人)	基金收入(万元)	基金支出(万元)	基金累计结余(万元)	年度	累计参保人数(人)	基金收入(万元)	基金支出(万元)	基金累计结余(万元)
2004	2500	5	0	5	2009	3936	10	3	42
2005	2700	11	3	13	2010	4336	12	9	45
2006	2720	10	8	15	2011	4372	16	6	55
2007	3022	13	5	23	2012	4372	27	9	73
2008	3531	17	5	35					

三、工伤保险

蒸湘区于2004年9月启动工伤保险工作。工伤保险的范围是辖区内的各类企业及有雇工的个体工商户及职工。工伤保险金的基准费率按国家规定的三级行业分别控制在用人单位职工工资总额的0.5%、1%、2%左右,职工个人不缴纳工伤保险金。职工发生工伤事故后,须由市劳动保障行政部门进行工伤认定和劳动能力鉴定后,对各种不同情况分别按有关规定给予支付。由于工伤保险金由市人力资源和社会保障局统管,蒸湘区没有具体负责机构,故全区工伤保险的参保人数及基金的征发情况无法统计。

第五节　劳动监察

蒸湘区成立后,原郊区劳动保障监察中队更名为蒸湘区劳动保障监察中队,隶属于区人事劳动和社会保障局。2005年5月升格为劳动保障监察大队,为副科级事业单位,定编3人。

2002年,检查用人单位103家,办理劳动用工手续57家,签订劳动合同近200人,对不依法签订劳动合同的13家用人单位下达了限期整改指令书,依法取缔非法民办职业中介所2家。全年依法受理和处理投诉案件10起,为劳动者追回押金3000余元,参与劳动仲裁5起。

2003年,检查各类用人单位115家,责令用人单位补签劳动合同320人,受理投诉、举报案件17件,为劳动者追回工资、押金2.2万元。

2004年,检查各类用人单位128家,责令用人单位补签劳动合同360人,受理案件13件,结案10件,为劳动者追回工资、押金1.2万元。

2005年是国家《劳动保障监察条例》实施的第一年,蒸湘区开展了形式多样的宣传活动。对78家用人单位进行执法检查,补签劳动合同1600份,办理职业资格证书103人。受理投诉、举报案件13件,立案11件,结案11件,为劳动者追回押金3550元。

2006年,开展大型法律、法规宣传活动2次,发放宣传资料2000份,到用工单位上门宣传102次。检查各类用人单位106家,补签劳动合同385人。受理投诉、举报案件20件,结案18件,为劳动者追回工资、押金3.37万元。依法取缔非法民办职业中介所6家。

2007年,先后开展了清理整顿劳动力市场秩序、医疗卫生机构劳动用工、劳动密集型企业劳动用工、整治非法用工等专项执法检查,共检查各类用人单位168家,责令116家用人单位补签劳动合同1680人。受理投诉、举报案件14件,立案12件,结案9件,为劳动者追回工资、押金16.07万元。

2008年,通过专项监察、日常巡视监察和举报专查,共检查用人单位303家,督促181家用人单位补签劳动合同2446份,查处劳动违法行为76起,受理举报、投诉案件40件,立案40件,结案40件,为劳动者追回工资、押金3.7万元。

2009年,根据省、市部署,开展“打非”专项行动,检查87家“四小”企业。受理举报、投诉案件26起,立案26起,结案26起,为劳动者追回工资、押金3.8万元。劳动合同签订率达100%。

2010年,重点对辖区内的餐饮、娱乐、汽车销售与服务、民营企业等行业开展日常巡视监察,共检查用人单位180家,督促170家用人单位补签劳动合同2400份,查处劳动违法行为62件。受理举报、投诉案件26起,立案25起,结案25起,为劳动者追回工资、押金29万元,其中处理突发群体性拖欠工资案4起,为劳动者挽回经济损失26万元。依法取缔8家非法民办职介机构。

2011年,重点对辖区内的建筑行业、汽车销售、餐饮宾馆、娱乐等行业开展日常巡视监察,共检查用人单位140家,涉及劳动者8000余人。立案查处劳动违法案件38件,下达限期改正指令书38份,行政处理(罚)17件。督促47家用人单位补签劳动合同2300份。受理举报、投诉案件23起,立案21件,为劳动者追讨工资和押金35万余元。

2012年,重点对辖区内的建筑、制砖、餐饮、娱乐等行业开展日常巡视监察,共查用人单位155家,立案查处违法案件35件,下达限期改正指令书28份,行政处理(罚)15件,责令45家用人单位补签劳动合同1240份。受理投诉、举报案件29件,为劳动者追回工资、押金49万余元。实行企业工资协商制度,有77个单位签订了工资集体协商协议。

第二十二篇　社会风尚

第一章　文明新风

第一节　学而不厌

肖玲玲　女,1973年6月出生,大专文化,中共党员。1992年7月高中毕业后,原本怀揣大学梦的她意外落榜,成了衡阳烧碱厂的一名工人。至此,她志存高远,做起了文学梦,开启了自学之旅。她每天背诵四书五经、唐诗宋词等古典文学,广泛阅读中外名著、报刊杂志,每月坚持阅读2－3本理论书籍,并撰写学习笔记和学习心得,共计写了32本。通过自学,于1996年获得汉语言文学大专学历,2010年获得国家三级心理咨询师资格证。在学习过程中,她努力刻苦,坚持写作,自1997年以来,在全国300余报刊上发表文学作品1000余篇、200余万字。2006年,被《衡阳晚报》聘为特约记者。2008年,加入衡阳市、湖南省作家协会,并成为《读者》《小小说选刊》等杂志的签约作者。其作品《慢慢地陪着你走》《心相连、爱无痕》被评为《读者》杂志最受欢迎读者奖;作品《岳屏村12对夫妻主动放弃再生育》获2007年度全省好新闻奖;作品《传承孝行,传递幸福》《非典时期的按摩》《蚂蚁之爱,壮美如诗》《月是故乡明》等20余篇作品获全国性征文一、二、三等奖。她撰写的“留守儿童青春期教育”系列调研文章和“农民工的流浪幸福”系列纪实文章,在报刊上发表后受到广泛关注和肯定。

肖玲玲坚持自学的同时,还积极带动身边的同事和亲友读书学习。2004年3月,由她发起成立“三人行”读书圈,以后发展固定成员22人。每月召开读书会,交流学习心得,相互推荐好书。10年中,读书圈组织读书会400余次,推荐好书1500余本。读书圈还建立了网络QQ群,参加人员近1000人。读书圈被市委宣传部、市广播电视局列为重点报道对象,制作了专题报道片,肖玲玲曾作为节目嘉宾。

肖玲玲2002年参加全市统一招考,成为一名社区工作者,2006年担任蒸湘区联合街道党政办主任,2011年,调区人大办公室任秘书工作。2010年,被评为衡阳市“百强秘书”;2011年。被评为蒸湘区“十大杰出青年”;2012年,被评为衡阳市“十佳学习型党员”;其家庭,2008年被评为湖南省“五好文明家庭”;2009年。分别被评为衡阳市“十佳书香家庭”和“全国平安家庭”。

欧　商　1937年7月出生,中共党员,初中文化(速成二年),1956年参加工作,在衡阳市供销合作社任一般干部。1958年全民大办钢铁,被调往衡阳市轧钢厂,担任加料工。1973年不幸遭遇工伤,虽然想尽办法治疗,但腰部脊椎还是严重变形。按照厂里的相关政策,1982年提前退休。退休后着实清闲了一段时间,用他自己的话说,每天“混迹于麻将、扑克之中”。但时间一长,便觉得这样的生活实在是虚度年华。通过自我反省之后,他决心重拾少年时想做“一个文化人”的梦。于是,不顾邻居、牌友们的闲言碎语,毅然决然闭门自学,走高考自考之路。

1988年,中华全国律师函授中心登报面向全国招生,并且无需通过考试即可入学。欧商获悉后欣喜不已,在当时月工资只有58元的情况下,毅然汇去90余元的学杂费,报告参加了函授学习。后来得知要想取得国家承认的学历,必须通过自学考试的信息,他毫不犹豫地到衡阳市郊区自考办(后改为蒸湘区自考办)

报考了湘潭大学法律专业专科班。通过3年努力,不仅获得了法律大专文凭,而且还荣获中华全国律师函授中心优秀学员特等奖。他想:“既然专科顺利过关了,为何不考本科呢?”这样,他又开始准备本科考试。虽然考了几次都失败了,但他并没有气馁,反而以更大的精力投入到学习中。如此6年后的1998年,他终于拿到了第一张法律本科文凭。在两次自学考试尝到甜头后,他从此一发不可收拾,孜孜以求,学而不厌。他每天坚持8－10个小时的看书学习。他老伴为了支持他的学习,不让他从事任何家务,在晚上看电视时,将电视机调到静音,一直坚持看“哑巴电视”。2001年12月,欧商获得湘潭大学律师专业本科文凭;2003年12月,欧商荣获全国高等教育自学考试指导委员会颁发的首届“华夏大地教育网优秀自考生奖”;2007年12月,他又获得行政管理学本科文凭;2010年6月,他再获得行政法本科文凭。此时,他已年寿73岁,仍然没有终止学习,继续向秘书学发起冲击,预计2014年完成学业。

欧商从51岁到73岁勤奋自学22年,已攻下了1张大专文凭和4张本科文凭。他以顽强的毅力实现了自己的梦想,做到梦想不灭,精神不灭,信念不灭。

第二节　身残志坚

李　丽　女,1962年出生,致公党党员,湖南省侨联委员,衡阳市人大代表,蒸湘区政协委员。她1岁多时,不幸患上小儿麻痹症,腰肌以下全部瘫痪。7岁那年,去医院治疗,在一年多的时间里,经历40多次埋“羊肠线”手术,终于在数块钢板的支撑下扶着拐仗第一次站了起来。9岁那年,在“特别护送队”的帮助下,她高兴走进了学校,直到初中、高中毕业。1982年,在党组织的关怀下,残疾的她成为衡阳市有色冶金设备厂的一名描图员,曾任厂团支部宣传委员、女工委员,多次被评为“先进工作者”“优秀团干部”“工会积极分子”。1991年,该厂经济效益急转直下,李丽主动停薪留职“下海”创业。先后摆过烟摊,卖过水饺,开过打字店、加油站,纺织过毛衣,但均以失败告终。挫折没有磨灭她的斗志,2001年,她注册成立了衡阳市高夫绿园林园艺有限公司并任董事长,获得成功。正当她事业如日中天时,厄运又一次降临到她头上。2002年5月,她不幸遭遇车祸,左腿三处关节都断了,其中膝关节成粉碎性骨折,如花的面部缝了89针,拄着拐仗的她不得不重新回到轮椅上。在以后的两年中,她多次被邀请到湖南、陕西等省市监狱、戒毒所及市内大、中、小学校巡回演讲,听众达10万余人次,收到服刑人员的来信1000余封,并一一回复。接听电话800多个,寄送书籍500余本,义务推荐、安置52名两劳刑释刑解人员就业。2005年春节过后,她自费8万多元到北京参加心理咨询师课程培训,取得心理咨询师资格。回衡后创办了“李丽家庭教育工作室”,创建了公益网站—“丽爱天空”,并开通了24小时心理疏导热线,面向社会那些一时迷途需要帮助的少年儿童和他们的家长,开展服务。她先后帮助近百名厌学孩子重返校园,数十名中学生戒除网隐,为近万名学生树立起自信心,使一些监狱服刑人员立功减刑,获得新生。她不愧为是一个用“心灵”书写美丽、用“精神”漫步人生的女强人,是一个把“挫折当存折,把苦难当享受,把失败当财富,把残疾当资源”的女超人。她被群众誉为“轮椅英雄”“精神慈母”“家庭110”。时任湖南省委书记的毛致用称赞她是“湖南的张海迪”。她先后获得衡阳市“文明标本市民”“十大杰出女性”“十大新闻人物”,湖南省“雷锋家乡学雷锋先进个人”“十大热心禁毒公益事业人士”“未成年人思想道德建设先进个人”,全国“2007年度感动中国十大新闻人物”、第二届全国道德模范提名奖等奖励。

第三节　孝老爱亲

曾存粮　2002年,祁东伢子曾桂粮接手别人的水厂,创办“飞翔”纯净水厂,经过6年打拼,水厂生意蒸蒸日上。在曾桂粮水厂做事的二哥曾存粮也为此感到由衷高兴。可他万万没有想到,这种喜悦竟如此短暂。2008年年初，衡阳市遭遇百年不遇的冰灾，在冰灾期间，一场车祸致使弟弟胰腺断裂、生命垂危。曾存粮面临着既要救弟弟、又要救“飞翔”两付重担。弟弟住院每天都有成千乃至上万元的支出，一旦欠费，药品就会断供。开始一段时间，还可用家中积蓄开销，可时间长了，医费接济不上。为了筹集弟弟的医疗费，曾存粮打烂了电话跑断了腿，将亲戚朋友借了个遍。弟弟住院4个多月，在付出了高昂的手术治疗费用后，仍然人财两空，最后，因内脏器官衰竭医治无效身亡。住院期间，曾家共欠下27万元的债务；清理弟弟遗物时，又发现投资办厂时的借款27万元未还，共计54万元。于是有人提出，干脆卖掉水厂，还掉27万元的医疗费贷款；至于那27万元的商债，由于当事人已死，于法于理，曾家人都可以名正言顺地规避。可曾存粮坚决不同意这样做，他认为“飞翔”水厂凝聚了弟弟多年的心血，就这么卖了，一走了之，无论是对尸骨未寒的弟弟，还是对危难中帮助过曾家的人们以及水厂11名员工，都无法交待。最终，曾存粮主动要求承接“飞翔”水厂，偿还这笔高达54万元的巨债。于是，他将债主请来，郑重承诺：“请给我3年时间，这些债我一定还，一分不少，全部还清。”当场，将那些不是自己签名的借条，全部重开自己签名的借条，债主无不为之动容。从此以后，他用自己的脊梁，支撑着艰难发展的水厂和岌岌可危的家庭。用自己的诚信经营，赢得了消费者的信任。他通过艰辛的付出，偿还了一笔又一笔的债款。在践行承诺的同时，也升华了诚信和爱亲的道德风范。2008年，曾存粮获衡阳市“十大新闻人物”；2009年，获衡阳市首届“青年创业之星”，并获得全国第二届道德模范（孝老爱亲）提名奖。

第四节　拾金不昧

王卫华　2003年9月7日，蒸湘区实验小学王卫华老师的丈夫彭文义在吉林省公主岭市农业银行存款1万元。王卫华用全国通存通兑的储蓄卡在衡阳市农行取款，发现电脑打印的存单上不是1万元，而是101万元。她大吃一惊，立即打电话给丈夫，夫妻俩分析肯定是存款银行搞错了，便商定“不是自己的钱，一分也不要”，于是双方各自向农行反映，并将100万元巨款退还给银行。为此，公主岭市农行给彭文义赠送了“拾金不昧、高风亮节”的锦旗和奖金，彭文义所在部队作出了向好军嫂王卫华学习的决定，衡阳市教育局党委发出了开展向王卫华同志学习活动的通知。

第五节　助人为乐

李繁荣　原蒸湘区政协办公室主任，2001年退休。他一直坚持学雷锋办好事，以此为乐。他的家乡—湘江乡金龙村3组有一口井，是当地百姓的用水井，时间长了，井壁长满苔藓、杂草，影响水质，必须经常清理。李繁荣从1962年起，每年回到家乡淘一次井，将井壁的苔藓、杂草除尽，井底洗干净，井口周围修平，挑水行走的道路修好。直到1980年，持续17年不间断。他曾帮助3位患者转危为安：在湘江中学任教时，一天晚上，学校工友肚子痛得厉害，豆大的汗珠往外涌，他得知情况后，立即到附近的省测绘队叫医生，经诊断为急性囊尾炎，便迅速送进医院动手术，使病人解除了生命威胁。另一次是，一位老师星期六回家，走在半路上，腹部痛得厉害，不能站立。他发现后，马上到公路上拦车，将其护送到市内医院，诊断为胃穿孔，由于抢救及时，老师得以治疗康复。第三次是他陪原郊区政协主席刘舜楼到东阳渡乡兴湘村了解情况，发现村民陈时解夫妇眼泪汪汪，原来是他们16岁的儿子陈纯得了重病，已花去2万多元医疗费，病情不见好转反而越来越重，病历记载为“神经病”，他和刘主席都怀疑诊断有误，于是他自告奋勇地带着小陈到市中心医院，请陈业煌博士检查，结果诊断为“脑积水”。经一个多月的住院治疗，原本等死的小陈又恢复了青春活力。他从1982年起，被选为商业新村第4栋的楼栋长，管卫生、管安全，帮助解决邻里纠纷、查找漏水、漏电、抓小偷，组织扑灭居民家中失火等，不怕麻烦，任劳任怨。到现在已经义务服务30年，深得住户们的信任。他们说:“只要你不搬走,这个栋长就是你的终身职务”。退休以后,从2003年开始,他担任了石鼓区青山街道健身辅导站站长,10年来,带领近100名老年健身队伍天天做健身操—通背拳,每天负责开录音机,热心为老年人服务。他还参与了科普教育读本《新编通背拳健身法》的编辑工作。2006年,被评为衡阳市“有突出贡献的老年人”“最受尊重的老年人”,多次获得蒸湘区“优秀共产党员”称号。

范进秀 女,1908年7月生,原籍衡阳县台源镇。丈夫早在1938年过世,儿子儿媳也在上世纪80年代因病相继去世,留下她孤身一人,撑着残疾的右腿,带着一个孙子艰难度日。1998年,范奶奶无证迁到长湖乡立新村一组,租一间10多平方米的房子住下来。2001年,孙子突然不辞而别,杳无音讯。其时,范奶奶已年过9旬,无任何生活来源。面对老人的孤独和饥寒,立新村第一任房东唐运旺把她当作自己的亲人,送米送油送菜成了家常便饭,家里有什么好吃的,总不忘给老人送上一份。周围邻居看到老人可怜,也都伸出援助之手,时不时送点物资过来,尤其是逢年过节,从不拉下。后来,老奶奶换了个地方,邻居唐运贵、陈优英夫妇接过了照顾的责任,帮助提水、做饭、洗衣裳,一天要到老人住房转上七八趟。2004年年底,老人患病卧床不能起来,唐运贵夫妇毫无怨言,日日侍奉床前,家中四个女儿也加入到照料的行列。时任乡党委书记陈硕果得知情况后,专程上门慰问,并发动乡机关干部每人捐助一天的工资。区纪委书记李艳丽(女)多次上门看望。2005年,李艳丽和区民政局商量,决定将这一外来户收留到雨母山乡敬老院颐养。在长达7年的时间里,立新村一组关爱范奶奶的村民多达30余人,减免的房租水电费达2000余元,送去的各种物品超过千元。在他们看来,助弱帮困是天经地义的事,他们所做的一切都是“本分”而已。

第六节 爱岗敬业

雷 鸣 1985年,在衡阳市原郊区(现为蒸湘区)工作的雷鸣,通过层层选拔,被农业部选派到日本宫崎大学学习蔬菜栽培技术。在留学的两年时间里,他对宫崎县连片种植过万亩的葡萄园产生了浓厚的兴趣,因为种植葡萄的经济效益要高出水稻20倍。他想:那里的气候条件与湖南基本相似,湖南是否也可以种葡萄呢?带着这一想法,他利用各种机会收集了一些关于葡萄栽培的技术资料。回国后,雷鸣就把包括葡萄种植在内的几个农业技术推广项目的报告书,提交给省、市有关部门。其中葡萄栽培项目被省科委批准立项,为此,区委、区政府成立了以雷鸣为组长的葡萄课题研究组。1988年,他们引进30株巨峰葡萄苗开始试种,由于栽培技术不过关,葡萄长势不好。雷鸣就到北京植物园找专家请教。按当时的“行规”,学栽培技术要交5000元的技术转让费。由于交不出这笔费用,3天过去了,仍然一无所获。第4天一清早,雷鸣就到植物园葡萄研究所办公室帮助打扫卫生,当起了“清洁工”。雷鸣的诚意感动了所里专家,他们分文不取传授了全套葡萄栽培技术,还赠送了不少防治病虫害的药品。回衡后,他连续半个月守在试验田里,与技术人员一起开展技术攻关,引种终于成功。为了推广该技术,他积极向区、市、省争取资金,建设葡萄基地;组织了近500名示范户,免费开展葡萄栽培技术培训班;帮助农户与银信部门衔接,争取前期贷款;免费向困难户提供苗木;成立葡萄协会,解决苗木供应和销售问题……到2000年,衡郊葡萄种植面积达3300亩,并形成了凌塘、新桥两个全省有名的葡萄专业村,新桥村农民种植的藤稔、红瑞宝葡萄,在1998年和1999年湖南省农博会上分别获得金奖。葡萄基地还为周边地市和江西、贵州等省提供苗木2000万株。2001年5月,蒸湘区成立后,身为区科技局局长的雷鸣仍然抓住葡萄不放,尽管区划调整时凌塘村划归给珠晖区,蒸湘区仅保留新桥村的1300亩,他又在雨母山乡的二塘、湘桂等村发动群众扩种,并在雨母山乡成立了“欧亚葡萄研究所”。经过全区上下努力,到2010年,蒸湘区葡萄种植面积达到4600余亩。其中,澳大利亚引进的“美人指”葡萄种植基地被人事部外专局批准为国家引进国外智力成果示范推广基地。

雷鸣先后担任衡阳市原郊区科委副主任、蒸湘区科技局局长共24年。24年中,全区组织引进各类科技项目93个,引进科技人员200余名,培训、扶持各类科技示范户8500多户。他所经手的项目均产生了较好的经济和社会效益，其中，葡萄种植推广项目、不锈钢纤维项目获省科技进步三等奖，良种瘦肉型猪推广养殖、蔬菜电热育苗、高效节能素项目获市科技进步一等奖。从1997年起，郊区和蒸湘区连续15年保持全国科技先进区称号。他本人10余次荣立二、三等功；2003年10月，被科技部评为"创建全国科技工作先进区先进个人"；2004年10月，被人事部、科技部授予"全国科技管理系统先进工作者"称号。

何庆大　1969年9月出生，1986年入伍，1990年加入中国共产党，在部队多次获嘉奖。1999年转业到衡阳市环卫处，原安排在机关工作，他婉言谢绝，主动提出要从一线干起，于是成了一名清运垃圾车的司机。开始父母不支持，妻子不理解，亲人嫌弃他，战友质问他，他毫不动摇扎根一线，辛勤工作。为保证垃圾日产日清，他每天坚持提前1小时上班，多运一趟垃圾。每天清运垃圾后，不管收班有多晚，他都要把车辆洗得干干净净，做到清洁无异味。由于他工作务实肯干，很快被提升为清运公司副经理。2002年1月，随着市环卫工作分别下放到四个城区管理，他被分配到蒸湘区环卫局。2003年又被提升为清运公司经理。清运公司管理着300多号人，每天都要检查工作人员是否到岗到位，白天也常要开着车沿着街道四处检查，发现垃圾就立马下车清扫。晚上还常常不能休息好，上晚班的工作人员如遇到什么麻烦，或者道路上发生什么交通事故，一个电话打来，他半夜也要起来处理。有时辖区内有重大活动要办，他常常带着几个人在头天晚上整晚不睡觉，确保过往街道整齐干净。由于过度劳累，加之马路上灰尘多，他患上了肺结核，于2004年8月病倒了，医生劝他住院，他放不下手头工作，仍咬牙坚持，后来几个同事生拉硬拽将他送到医院，可他住院不到10天时间，又回到工作岗位。

何庆大不仅工作身先士卒，以身作则，而且大胆管理，大胆创新。他针对环卫清扫保洁人员队伍庞大、且人员素质普遍偏低的实情，深入一线掌握作业情况，及时总结、编写了一系列清扫培训教材，强化职工技能培训，开展道路现场清、洗、运作业竞赛。他将辖区路段划分为18个标段，每个标段安排1个标段长，率先在全市实行清扫保洁标段承包责任制，将人员工资、生产工具费、劳动组合权下放到标段，由标段长直接管理，充分调动了标段长的责任心和工作积极性。城区内交通扫栏日益增多，且扫栏底部最易藏污纳垢，用洒水车冲洗效果不佳，而且浪费水。于是，他从广州引进细水管的高压清洗机，再把这种清洗机安装在三轮车上，不仅行动方便，节约用水，而且洗得特别干净。

2003—2012年，何庆大负责的蒸湘区环卫清扫业务考核成绩，连续6年在全市城区排名第一。他年年被评为先进工作者，2007年当选为区人大代表，2008年被评为全市文明城区创建工作先进个人，并荣记三等功。2010年9月被评为湖南省劳动模范。

第七节　无私奉献

陆秀恒　1932年出生，系蒸湘区雨母山乡二塘村人，原在福建省建阳公路分局担任养路工。1996年退休回乡以后，他看到自家附近的322国道二塘段，路上常有垃圾，便习惯地拿起扫帚每天清扫一次。别人问他为什么？他说："作为一名退休回乡的养路工人，每当看到道路受损或不清洁，心里特别不是滋味。国家投资这么大，建起了公路，大家都有义务来爱护。我扫扫马路，既可以保持道路清洁卫生，又可以活动活动身板，一举两得的事怎么不做呢？"就这样，退休后的陆秀恒再次与道路结上了缘，从1996年到2010年，一干就是14年。附近村民说起他，无不竖起大拇指："无论刮风下雨，还是烈日高照，他秋天扫落叶，冬天铲冰雪，一年四季从未间断过。"2008年年初，衡阳遭遇百年不遇的冰冻灾害，322国道全线结冰，很多车辆滞留。为更快地扫清障碍，他由原来一天一次清扫改为一天多次，并且让家人一道上路铲冰雪。14年的义务清扫，他用坏了百多把扫帚，全是从自己的退休金中拿出来购买的。自清扫公路以来，他遇到过许多难处，但他始终坚持下来，不怕脏，不怕累，心甘情愿地奉献余力。

徐燕燕 女，1947 年出生，中共党员，原市棉纺厂退休干部，家住蒸湘街道太平一社区。她利用自己爱跳舞、会跳舞的优势，很快拉起一支姐妹队伍，在广场、花园跳舞健身，天天如此。2003 年 7 月的一天，她留意到社区内的周围墙上有许多“牛皮癣”，严重影响了社区环境卫生，她想，自己退休在家，有的是时间，跳舞是锻炼身体，清洗“牛皮癣”也可以锻炼身体，还可以为美化环境作一点贡献，何不做做这项工作呢？于是，她向姐妹们宣布，不再跳舞了，清洗“牛皮癣”去！从此，她每天带着水桶、钢丝球等工具清洗墙面、卷闸门上的“牛皮癣”，不管寒冬酷暑，风雨无阻。在她的带动下，社区其他退休老年朋友也纷纷加入这一行动，形成了一支义务清洗“牛皮癣”的队伍。2006 年，徐燕燕主动申请当了一名社区清扫保洁员，不要报酬、为社区打扫卫生。2007 年起，她扛起了太平一社区清扫班班长的工作，每天清晨 5 点多钟便开始上路清扫保洁，不怕脏、不怕累，一心一意搞好社区卫生。2008 年冰灾期间，她每天工作 12 小时以上，清扫中摔得头青脸肿的她仍然坚守岗位。如有队员因事请假，她二话不说自己顶替。有段时间因缺人手，她一人干两个人的活，达半年之久。有一次在晶珠广场清运积雪时，因任务太重，她累得鼻子大出血，病倒在家，躺在床上仍不忘社区卫生，嘱托老伴请人代替自己的工作。她担任清扫班长以后，在社区的一再坚持下，她虽然领取了报酬，但把大部分工资又用到了社区环卫上：队员病了，她主动掏钱买药送上门；队员家里有困难，她解囊相助；她自掏腰包为社区的一些商店购置垃圾桶，要求店主保持门前清洁，还为社区购置了一台垃圾斗车。有人不解地问她：你是退休干部，家境宽裕，不愁吃穿，这样辛苦图啥呀？她淡淡地说：“我是一名共产党员，我只求能尽自己的一点点力量，为社区做点什么，改变什么。”

第八节　见义勇为

廖道君 蒸湘区长湖乡长湖村村民廖道君，2009 年 7 月 27 日晚上 9 点多钟，驾着一台翻斗车由船山西路向呆鹰岭方向驶去，途径蒸水防洪堤时，发现前面正在行驶的红色小轿车不断左右摇摆。随后，在两辆车平行驾驶过程中，为避免碰撞，廖道君紧急刹车，小车也停住了。廖道君发现小车顶棚灯亮着，车里一男子搂住女司机的脖子，右手持刀戳向女司机的手，鲜血喷到了车玻璃上。他马上意识到小轿车遇到了抢劫，赶紧和三个朋友跳下车向小车奔去，不料小车突然发动，加大油门开走了。廖道君和朋友马上回到车上，加大油门紧追不舍，一边拨打 110 报警。在追出两公里后，廖道君不顾一切将大车横斜在小车前面，小车被截住了。这时女司机大呼救命，廖道君和三个朋友跳下车，手持防盗锁杆，准备打开车门解救被害人。这时蒸湘公安分局巡逻队赶来了，歹徒见无路可逃，只好束手就擒。公安人员抓捕了两名流窜作案的歹徒。女司机和车上另一名受害人身上都被歹徒刺了十几刀，浑身是血。经送医院及时抢救，两人均脱离了生命危险。廖道君奋勇驱车追歹徒的壮举，弘扬了中华民族扶危济困、见义勇为的可贵精神，在雁城传为美谈，他本人也因此被评为蒸湘区见义勇为先进个人。

王飞跃 2011 年 1 月 7 日 21 时 18 分，衡阳市芙蓉路与一环西路交汇的 T 型路口有 7 根高压电线杆不明原因倒地，电线悬空横在路面。一辆小车行至该路段时，被一根悬空的高压线挂坏车挡风玻璃和引擎盖，造成现场交通堵塞。市公安局 122 指挥中心立即指派蒸湘交警大队出警。事故处理民警朱正才、张爱国迅速赶到现场，发现高压电杆倒地引发周围大面积停车，现场一片漆黑，交通秩序混乱。由于事发路段系交通要道，车流量很大，两人请求大队派警增援。大队长刘伟指派在解放西路巡逻的巡逻中队代理中队长王飞跃（1966 年 3 月出生，中共党员）带民警聂胜平赶赴现场。为了保证过往车辆和司乘人员的生命财产安全，王飞跃决定采取车辆分流方式疏堵保畅。王飞跃正在北头分流，这时，他发现事故小车司机正向落地高压线走近，军人出身的王飞跃敏锐地意识到危险即将发生，他大喊一声：“危险，不要靠近！”同时一个箭步猛扑过去奋力将司机推开。突然一声巨响，1 万伏的高压电流瞬间将王飞跃击倒在地，当场壮烈牺牲，年仅 44 岁。他用自己的生命及时挽救了小车司机，践行了入警时“立警为公、执法为民”的铮铮誓言。

第二章　社会陋习

第一节　赌　博

20世纪80年代以来,随着改革开放不断深化,社会经济和文化生活逐步活跃,赌博之风开始兴起。一些赌博人员利用扑克、字牌、麻将、桌球等工具参与赌博;一些业主开设电子游戏厅、地下"六合彩"等从事赌博行当。对此,区公安分局除加强宣传教育外,还经常派出警力进行突击检查,持续不断开展专项整治活动。及时抓获赌博人员,收缴与冻结赌资,销毁赌博用的机具。

第二节　卖淫嫖娼

在市场经济条件下,卖淫嫖娼死灰复燃。一些女青年受利益驱动,一些男人为追求一时快乐,常常在旅社、宾馆、出租屋、发廊、按摩、足浴等场所进行卖淫嫖娼。为制止此种行为,公安部门在以上场所张贴广告,设立举报电话,并适时派人清查,发现一起,处理一起。

第三节　吸毒贩毒

20世纪90年代后,吸毒、贩毒案件呈上升趋势。吸毒者主要是男女青年;贩毒者以中青年为主,均为团伙,有的甚至是武装团伙。区公安分局为禁止吸毒贩毒案件的发生,成立了禁毒大队,开展"无毒社区"创建工作及"除黑打恶""百日会战"等专项行动。对吸毒人员强制戒毒,对贩毒人员严厉惩罚。

此外,烧香化钱纸、求神问卦、看相算命等封建迷信行为仍然存在。

第二十三篇　乡镇街道简介

第一章　乡　镇

第一节　长湖乡

一、政区概况

地理位置　长湖乡因境内长湖塘而得名。位于北纬 26°54′21″－26°55′58″，东经 112°32′37″－112°35′30″。地处蒸湘区北郊，东接红湘北路，南与南华大学和市高新技术产业开发区毗邻，西与呆鹰岭镇隔河相望，北以蒸水河为界。乡人民政府驻衡邵社区船山西路 81 号。机关内设党政办、企业办、计生办、城建城管站、财政所、司法所。2012 年在职干部、职工 59 人。

建制沿革　解放前，原衡阳市第六区的广福、致和乡系长湖乡前身，解放初期演变为生产、互助、团结、友爱 4 个乡，归属衡阳市第四区。1955 年并 4 个乡为王家湾乡，归属衡郊区公所。1956 年称大元头乡。1958 年 9 月成立人民公社，称上游（后称岳屏）人民公社。1965 年析团结大队入西湖公社（后归东方红渔场），1976 年析进步大队入东方红渔场。1980 年 9 月，恢复衡阳市郊区建制，归属郊区管辖。1984 年改公社为乡建制，称长湖乡，辖长湖、立新、大立、松亭、金星、柘里、新桥、光辉、互助、长胜、华新、农场村 12 个村民委员会。1994 年 10 月，衡阳市建立市高新技术产业开发区，将光辉、互助、长胜、华新 4 个村成建制划入高新技术产业开发区代管。1995 年郊区长湖乡、西湖乡合并为西湖乡。2001 年 4 月，衡阳市行政区划调整，撤销郊区，成立蒸湘区，同时将金星、柘里、新桥、农场村 4 个村划归市高新技术产业开发区代管。西湖乡更名为长湖乡。

行政区划　2001 年辖立新一、二、三、四、五，红湘、衡邵 7 个居民委员会，长湖、立新、大立、松亭 4 个村民委员会，下设 38 个居小组、34 个村民小组。2012 年辖立新一、二、三，廖家湾、衡邵、平湖、徐家洲、蒸湘世纪城 8 个社区居委会，长湖、立新、大立、松亭 4 个村民委员会，下设 44 个居民小组、34 个村民小组。行政区划代码 430408200。

人口面积　2012 年户籍人口 22559 人，其中男性 11270 人，女性 11289 人，人口密度为 2050.8 人/平方公里。总面积 11 平方公里，其中陆地 10.61 平方公里，占 96.46%；水域 0.39 平方公里，占 3.54%。东西最大直线距离 4.1 公里，南北最大直线距离 2.8 公里。

二、经济状况

农业　2001 年水稻播种面积 2168 亩，总产量 817 吨；蔬菜种植面积 3080 亩，总产量 5135 吨；出栏牲猪 4500 头，家禽出笼 21000 羽，禽蛋产量 50 吨，水产品总量 273 吨。后因长湖乡 4 个村全部纳入城市规划范围，75% 的土地被征用。2012 年种植水稻 862 亩，总产量 290 吨；种植蔬菜 1003 亩，总产量 4100 吨；牲猪饲养量 0.94 万头，出栏 0.73 万头；鸡饲养量 1.6 万羽，上市 1.2 万羽；水产品总量 200 吨。

工业　1961年创建长湖公社农机厂,1971年国家投资18.96万元建造车间,添置专用设备,让其为衡阳市拖拉机厂配套生产耕田机水田轮,冠以"衡阳市拖拉机厂一分厂"厂名。1982—1986年与衡阳市自行车厂联营,生产自行车把手。1987—1992年为耒阳插秧机厂生产零配件。1992年有职工106人,完成工业总产值236.4万元,销售收入203.38万元。2006年11月,衡拖一分厂破产拍卖。1975年后,长湖电焊条厂、长湖玛钢件厂相继建成投产。20世纪90年代初期,长湖电焊条厂投资50万元上了一条不锈钢电焊条生产线,因产品质量低,市场销路不好,经济效益差,90年代中期停产。玛钢件厂生产的司令箱(电器接线盒)出口英国,1997年获乌兰巴托国际金奖。当年,电焊条厂和玛钢件厂被新组建的"宏大集团公司"租赁,生产锅炉、空调、电焊条等产品。2001年,境内有工业企业226家,从业人员1336人,完成工业总产值3611万元,实现工业增加值810万元。2012年,境内有工业企业3家,从业人员210人,完成工业总产值2.164亿元,其中规模工业1家,从业人员140人,规模工业总产值1.989亿元。金雁粮油购销公司生产的"金雁米"为湖南省优质产品。

商贸服务业　1994年2月,原衡阳市郊区区委、区政府作出《关于建立衡阳市个体私营经济小区的决定》,明确区人民政府与市国土管理局在长湖乡立新村范围内新建"衡阳市个体私营经济小区",规划用地500亩,第一期工程300亩,采用总体规划、分散建设的开发方式和"前店后厂、下店上宅"的整体布局,从1994年8月开始动工,到2000年3月第一期完工,共完成40多万平方米建筑面积,形成3纵6横的街区布局,建成1000余个商业门面,成为长湖乡内比较集中的商贸服务区。2001年,境内有商品流通和饮食服务企业558个,职工1017人,销售总额976万元。2003年5月,按照衡阳市"划行归市"的要求,区委、区政府组成专门班子,将区域内分散经营五金、机电户集中迁往立新村,将原郊区兴建的立新个体私营经济小区整合成衡阳市立新五金机电大市场,引进经营户253家,年交易额过亿元。2009年7月,长湖乡立新大道建成通车后,经过几年努力,沿途1.5公里大道两旁发展餐饮业数十家,2012年5月获省级餐饮安全示范街匾牌。2012年,全乡有商贸服务网点3770家,职工16965人,实现社会商品销售总额15亿元,其中限额以上商业企业2家,限额以上消费品零售总额0.12亿元。境内有集贸市场4个,年成交额1.38亿元。有规模以上服务企业2个,从业人员162人,年营业收入0.33亿元。

三、社会发展

教育　2001年,境内有幼儿园1所,在园幼儿89人,教师、保育员11人;小学4所,在校生2089人,专任教师146人;中学1所(蒸湘中学),在校生983人,专任教师67人。普通高校1所(长沙医学院衡阳校区),在校生2100余人,专任教师130人。2003年,蒸湘中学被评为"衡阳市现代教育技术实验学校"。2012年,境内有幼儿园9所,在园幼儿1336人,教师、保育员146人;小学4所,在校生2008人,专任教师148人,小学适龄儿童入学率、小升初升学率均达100%;中学1所,在校生838人,专任教师71人,九年义务教育覆盖率100%;普通高校1所,在校生3900余人,专任教师200余人。

文化体育　2001年,乡设文化站1个,村文化活动室4个,2002年建立社区文化活动中心4个。有公共图书阅览室5个,藏书4600册。境内有300余平方米的立新广场,经常开展文化娱乐活动,曾多次在该广场举行全区性的"广场旬旬演、社区周周乐"活动。2011年,在全区示范片区改造中,对立新广场进行提质改造,新建2个塑胶羽毛球场、1个塑胶篮球场,增添6张乒乓球台,在广场周边配备了价值20万元的健身器材,将立新广场打造成小区健身广场。同年,在新成立的4个社区居委会中,各建立社区文化活动中心1个。2012年,乡有文化站1个,社区文化活动中心8个,村文化活动室4个。有各类图书室17个,藏书30余万册,音乐、美术、摄影、书画创作人员47人。群众文艺团体2个,电影院1家,KTV歌厅3家,书店2家。有体育场地28处,健身场地9处。衡阳市广播电视中心坐落境内。

医疗卫生　2001年,乡有区管医疗卫生机构8个,其中长湖医院1所,乡卫生院1所,村卫生室4所,个体私人诊所2家。共有病床36张,医疗卫生工作人员68人。2003年,坐落在船山西路88号的衡阳市船山医院建成开业,有病床120张,医疗卫生工作人员105人。2007年4月,成立社区卫生服务中心(保留长湖医院牌子)1 所。2012 年,衡汽集团职工医院从汽车西站搬迁至境内立新小区道源路 21 栋,有病床 20 张,医疗卫生工作人员 25 人。

2012 年,境内有各类医疗卫生机构 19 个,其中医院 3 所,社区卫生服务中心 1 所,乡卫生院 1 所,村卫生室 4 所,个体私人诊所 10 家。共有病床 190 张,医疗卫生工作人员 216 人。

社会保障 2012 年,城镇新增就业人员 408 人,失业人员再就业 138 人,就业困难人员再就业 59 人,农村劳动力转移就业 154 人。有 1068 名企业职工参加养老保险,8771 名城镇居民参加医疗保险,农民参加新型合作医疗 7302 人,参合率 99.8%。城镇最低生活保障户 594 户、1034 人,月人均补差 284.5 元;农村最低生活保障户 341 户、506 人,月人均补差 114.9 元。

四、获奖情况

长湖乡在 2001—2012 年 12 年中,共获奖 85 人次,其中获区委、区政府奖励 64 次,获市委、市政府及以上奖励 21 次。在 85 次获奖中,突出的有获人口和计划生育奖 21 次,获社会治安综合管理奖 12 次,党风廉政建设(反腐倡廉)获奖 6 次。

长湖乡获区委、区政府重点工作奖励情况一览表

表 23-1

年度	获奖名称
2001	先进基层党组织(乡党委)
2002	宣传思想工作先进单位、财政税收目标管理先进单位、开放型经济目标管理先进单位、城建城管目标管理先进单位、乡镇企业(民营经济)目标管理先进单位、社区居委会建设目标管理先进单位、计划生育模范单位
2003	民营经济工作第一名、社区建设第一名、社会保障和再就业第二名、"创建文明城市、争做文明市民"活动目标管理先进单位、宣传思想工作先进单位、计划生育模范单位
2004	招商引资第一名、城市建设第一名、优化经济发展环境第二名、维护社会稳定第二名、社区建设第二名、宣传思想工作先进单位、创建省级文明城市先进单位、计划生育优质服务先进单位
2005	社会治安综合治理第一名、环卫设施建设第一名、推动工业化进程和民营经济第二名、计划生育优质服务先进单位
2006	城市建设第一名、党风廉政建设第一名、招商引资第二名、社会治安综合治理第二名、计划生育优质服务先进单位
2007	财政税收第一名、招商引资第一名、环卫设施建设第一名、党风廉政建设先进单位、计划生育优质服务先进单位
2008	优化经济发展环境第一名、城市建设第一名、社会治安综合治理第一名、招商引资与旅游工作第二名、重点工程工作第二名、计划生育优质服务先进单位
2009	社会治安综合治理第二名、党风廉政建设先进单位、文明城区创建先进单位、基层文明建设活动三等奖、计划生育优质服务先进单位
2010	城市建设第一名、项目建设和固定资产投资第二名、政府绩效评估先进单位、党风廉政建设先进单位、人口和计划生育目标管理优质服务先进单位
2011	城市建设第一名、项目建设第二名、党风廉政建设先进单位、为民办实事先进单位、人口和计划生育优质服务模范单位
2012	现代服务业第一名、为民办实事乡镇组第一名、项目建设第二名、城乡环境综合整治第二名、反腐倡廉工作先进单位、人口和计划生育优质服务模范单位

长湖乡获市委、市政府及以上奖励情况一览表

表 23－2

获奖时间	奖励名称	授予机关
2003	计划生育工作先进单位	市委、市政府
2004	社会治安综合治理先进单位	市委、市政府
	人口和计划生育优质服务先进单位	市委、市政府
2005	全市文明村镇	市人民政府
	社会治安综合治理先进单位	市委、市政府
	人口和计划生育优质服务先进单位	市委、市政府
2006	人口和计划生育优质服务先进单位	市委、市政府
	社会治安综合治理先进单位	市委、市政府
2007	人口和计划生育优质服务先进单位	市委、市政府
	社会治安综合治理先进单位	市委、市政府
2008	社会治安综合治理先进单位	市委、市政府
	人口和计划生育优质服务先进单位	市委、市政府
2009	社会治安综合治理先进单位	市委、市政府
	人口和计划生育优质服务先进单位	市委、市政府
2010	社会治安综合治理先进单位	市委、市政府
	人口和计划生育优质服务先进单位	市委、市政府
2011	社会治安综合治理先进单位	市委、市政府
	人口和计划生育优质服务先进单位	市委、市政府
2012	人口和计划生育优质服务模范单位	市委、市政府
	创先争优活动先进单位	市委、市政府
	五好乡镇	市委、市政府

五、领导名录

乡党委书记：周承富（2001.5—2003.1）

尹熙明（2007.12—2011.7）

乡　　长：文建常（2001.5—2004.3）

刘朝荣（2008.5—2011.7）

人大主席团主席：朱平均（2001.12—2006.6）

王成纲（2011.3— ）

政协联络工委主任：周建明（2001.10—2007.12）

张梅云（女，2011.3—2012.10）

乡党委副书记：文建常（2001.5—2004.3）

朱平均（2001.10—2006.6）

贾志祥（2002.1—2003.9）

王　晶（2003.9—2006.6）

刘朝荣（2007.12—2011.7）

陈硕果（2003.1—2007.12）

刘朝荣（2011.7— ）

尹熙明（2004.3—2007.12）

冯时旺（2011.7— ）

杨良斌（2006.6—2011.3）

王成纲（2007.12—2011.3）

陈国安（2012.10— ）

周建明（2001.10—2007.12）

陈祥明（2001.10—2003.1）

罗锡桂（女，2003.1—2004.3）

尹熙明（2004.3—2007.12）

冯时旺（2011.7— ）

谢茂群(2012.10—)

乡纪委书记:陈祥明(2001.10—2003.1) 罗锡桂(2003.1—2004.3)
杨良斌(2004.5—2007.10) 张梅云(2007.10—2011.3)
谢茂群(2011.3—2012.10) 谢美丽(女,2012.10—)

乡武装部长:刘朝荣(2001.5—2007.12) 祝玉选(2007.12—2012.11)
李　兵(2012.11—)

副　乡　长:罗锡桂(2001.12—2006.4) 张玲俐(女,2001.12—2006.4)
尹熙明(2001.12—2004.3) 王成纲(2004.11—2007.11)
刘朝荣(2007.11—2008.5) 陈国安(2007.11—2012.3)
谢茂群(2008.5—2011.3) 李　兵(2008.5—2012.11)
陈忠军(2012.11—) 周　晴(女,2012.11—)
周　平(2012.11—)

乡工会主席:张梅云(2006.8—2008.2) 谢美丽(2008.2—2012.11)

第二节　雨母山乡

一、政区概况

地理位置　雨母山乡因境内有座“雨母山”而得名。位于北纬26°48′27″-26°53′34″,东经112°28′20″-112°34′16″。地处蒸湘区西南部,东与雁峰区岳屏镇接壤,西南与衡南县三塘镇相邻,北临蒸水与呆鹰岭镇隔河相望。乡人民政府驻雨城社区雨母路1号。机关内设党政办、企业办、综治办、民政办、计生办、财政所、建管所、环保所、经管站、安监站、农技站、文化站、广播站、畜牧站、林业站、劳保站、水管站、排灌站。2012年在职干部、职工72人。

建制沿革　明末清初时属衡阳县。清乾隆二十一年(1756年)属清泉县。中华民国十八年(1929年)属衡阳县第二区。新中国诞生时属衡阳县第四区。1952年7月,由衡阳县分置衡南县时属第一区。1956年,撤区并乡设立东阳乡。1961年,恢复区级建制,属衡南县三塘区。1995年撤区并乡,东阳乡撤销,归属三塘镇。2001年4月衡阳市行政区划调整,从衡南县三塘镇析出13个村委会,设立雨母山乡,属蒸湘区。

行政区划　2001年,辖黄花、灵山、竹雅、二塘、雨母、东阳、新中、湘桂、群益、联胜、群胜、梓木、青松13个村民委员会,下设197个村民小组。2008年10月,经市民政局批准,雨母山乡成立雨城社区居委会。2012年,辖1个社区居委会、13个村民委员会,下设6个居民小组、197个村民小组。行政区划代码:430408201。

人口面积　2012年户籍人口24327人,其中男性12433人,女性11894人。人口密度为621.06人/平方公里。总面积39.17平方公里,其中陆地34.96平方公里,占89%;水域4.21平方公里,占11%。东西最大直线距离13.2公里,南北最大直线距离14.3公里。

二、经济状况

农业　2001年,水稻播种面积31321亩,总产12382吨;油料播种面积3168亩,总产165吨;棉花播种面积204亩,总产32吨;蔬菜种植面积2472亩,总产3028吨;瓜果种植面积300亩,总产390吨;出栏牲猪27610头,出笼家禽66156羽,禽蛋上市280吨,水产品总量1109吨。从2002年开始,区农机水利局在雨母山乡二塘村租用土地开挖6口渔塘共90亩水面,修建6个钓鱼台、4栋休闲用房,为农业产业结构调整、建立休闲农业发挥了带动作用。二年后，带动全乡4个村成片开发渔塘2000亩，其中雨母村发展水产养殖面积1580亩，占全村耕地面积的85%，年产量2100吨，产值1680万元，成为衡阳市"渔业第一村"。2007年，雨母山乡无公害水产品养殖基地被农业部列为全国健康养殖示范区，17种水产品获无公害农产品认证。2008年被湖南省畜牧水产局授予"全省先进养殖示范区"，其生产的草鱼，经国家工商行政管理总局批准，成功注册"雨母鱼"商标。该乡葡萄生产发展迅速，先后从二塘村扩大到新中、湘桂、雨母等村，面积由600亩扩大到4200亩，成为全省最大的栽培和销售集散地之一。境内建立了金枝实业、子仪农场、金雨农业、雨联农业、湘南花木园等近10个庄园经济，发展冬枣、水果、花卉、苗木1000余亩。2012年，全乡水稻播种面积27429亩，总产9244吨；蔬菜种植面积6697亩，总产27700吨，其中灵山村和竹雅村建立了1200亩蔬菜种植基地，灵山村建有蔬菜大棚263个；牲猪饲养量4.23万头，出栏3.23万头；鸡饲养量39.1万羽，上市29.7万羽，禽蛋上市11.8吨；水产养殖面积6620亩，水产品总量24700吨。

工业　1986年，客商周双喜在梓木村创办衡阳欣凯实业有限公司，占地面积38600平方米，建筑面积8400平方米，主要生产各种类型的轻、重型汽车前后桥，1988年成为国家机械工业部车桥定点生产厂家之一。1997年，客商高翊杰在东梓路1号创办衡阳市银利实业有限公司，占地面积20000余平方米，是一家专业从事新型建材研制、生产的股份制科技企业，先后研制出聚羧酸高性能减水剂等外加剂系列产品20余种、新型防水材料4种，注册商标为"雁星"和"三通"牌，其中"三通"牌STA高效水泥助磨剂被中国产品质量体系认证中心授予全国"十佳名优"品牌。2001年，境内有工业企业52家，从业人员648人，工业企业总产值2174万元，工业企业增加值622万元。2004年，引进客商冯李在梓木村创办衡阳市润泰车轮有限公司，占地面积6.8万平方米，是一家专业化生产摩托车、三轮车、拖拉机、载重汽车、农用运输车、工程车、轿车、电瓶车等各式车轮总成厂家，产品规格近50余种，年生产车轮50万套。2009年，客商屈志勇在二塘村创办邦奥伟业环保建材科技有限公司，专业从事研制、开发建材外加剂，以砂浆外加剂系列、混凝土外加剂系列、外墙外保温系列、干粉砂浆系列四大全新、节能、环保型产品为主，所研制生产的全部建材外加剂各项技术指标，均达到国际先进水平。2012年全乡有工业企业23家，从业人员2763人，实现工业总产值16.84亿元，其中规模工业企业10家，从业人员2008人，规模工业总产值15.61亿元。

商贸服务业　2001年，境内有商品流通和饮食服务企业115个，职工259人，销售总额444万元。2012年，辖区内有商贸服务网点388个，职工1236人，社会商品销售总额3.04亿元，其中限额以上商业企业10家，限额以上消费品零售总额0.97亿元。城乡集贸市场1个，年成交额39万元。长江钢材市场已有31家商户正式营业，国药城、中储粮、湘桂物流商圈等商贸物流企业正在建设中。

三、社会发展

教育　2001年，境内有幼儿园2所，在园幼儿226人，教师、保育员35人；小学6所，在校生2199人，专任教师82人。另有湖大分校附小1所(2003年撤销)。中学1所(雨母山中学)，在校生1013人，专任教师78人。2012年，境内有幼儿园4所，在园幼儿453人，教师、保育员64人。小学6所，在校生1189人，专任教师129人，小学适龄儿童入学率、小升初升学率均达100%。中学1所，在校生265人，专任教师43人，九年义务教育覆盖率为100%。

文化体育　2001年，乡设文化站、广播站各1个，村文化活动室13个。2008年10月，成立雨城社区居委会，建立社区文化活动中心1个。2008年，《雨母山的历史传说》被湖南省批准为非物质文化遗产。2012年，乡有文化站、广播站各1个，村(社区)文化活动中心14个，农家书屋4个，各类图书室19个，藏书27.3万册，音乐、美术、书法、摄影及文学创作人员15人。有学校体育场4个、乡文化体育广场1个，健身场地10处。群胜村有2支业余龙灯队，队员50余人。

医疗卫生　2001年，乡有区管医疗卫生机构16个，其中乡卫生院1所，村卫生室13所，个体私人诊所2家。共有病床12张，医疗卫生工作人员24人。2012年，境内有各类医疗卫生机构18个，其中乡卫生院1所，村卫生室13所，个体私人诊所4家。共有病床20张，医疗卫生工作人员45人。

社会保障 2012 年,城镇新增就业人员 101 人,失业人员再就业 50 人,就业困难人员再就业 10 人,农村劳动力转移就业 918 人。有 267 名企业职工参加养老保险,913 名城镇居民参加医疗保险,农民参加新型合作医疗 17853 人,参合率 99%。城镇最低生活保障户 166 户、308 人,月人均补差 289 元;农村最低生活保障户 919 户、1297 人,月人均补差 122.6 元。

四、地方特色

境内雨母山是“三皇五帝”之一的“帝喾”巡幸之地,山上有“舜帝”为纪念“帝喾”而修建的“帝喾祠”,系全国仅有的 2 处“帝喾”纪念地之一(另一处在河南省内黄县的“帝喾陵”)。山上自然资源丰富,森林面积 12736 亩,植物 53 科 246 种,有“衡阳后花园”“雁城大氧吧”之称,极具开发价值。2001 年以来,山上已建成雨母山庄、雁雨寺、赤松观,正在建设的有雅仕林休博园。山周围已建成碧桂山庄、母塘山庄、牛头山庄、王爷山庄、春怡山庄等 33 家农家乐,正在建设的有大兴垂钓乐园、三堰市民开心菜园、大皂花卉苗木休闲园、青松福乐农业观光园、二塘长江农业展示园等近 10 个项目。雨母山的开发、建设逐渐加温。一个集休闲、渡假、餐饮、娱乐、观光、体验的新型生态旅游区正在形成。

五、获奖情况

雨母山乡在 2001 年至 2012 年 12 年中,共获奖 49 次,其中获区委、区政府奖励 38 次,获市委、市政府及以上奖励 11 次。在 49 次获奖中,突出的有获人口和计划生育奖励 11 次,获农业农村工作奖励 6 次。先后被评定为衡阳市“文明村镇”,湖南省“文明村镇”“农业生产和新农村建设先进单位”“安全生产示范乡镇”“农村基层党风廉政建设先进单位”“环境优美乡镇”。

雨母山乡获区委、区政府重点工作奖励情况一览表

表 23 - 3

年　度	获　奖　名　称
2002	财政税收目标管理先进单位、乡镇企业(民营经济)目标管理先进单位、推进工业化进程目标管理先进单位、计划生育目标管理进步奖
2004	推进工业化进程和民营经济工作第一名、农业产业化和农民负担监管工作第一名、党风廉政建设先进单位、计划生育一类单位
2005	党风廉政建设第二名、计划生育一类单位
2006	农业发展和新农村建设第一名、计划生育一类单位
2007	计划生育一类单位
2008	农业农村与新农村建设第一名、党风廉政建设第一名、新型工业化第二名、为民办实事先进单位、计划生育一类单位
2009	乡村清洁工程专项考核第一名、优化经济发展环境第二名、文明城区创建工作优胜单位、计划生育一类单位
2010	农业农村与新农村建设第一名、社会治安综合治理第一名、基层文明建设二等奖、党风廉政建设先进单位、为民办实事先进单位、人口和计划生育一类单位
2011	社会治安综合治理乡镇组第一名、政府绩效评估先进单位、党风廉政建设先进单位、安全生产先进乡镇街道
2012	政府绩效评估乡镇组第一名、项目建设第一名、农业农村工作第一名、社会管理综合治理乡镇组第一名、安全生产第二名、人口和计划生育优质服务先进单位

雨母山乡获市委、市政府及以上奖励情况一览表

表 23－4

获奖时间	奖励名称	授予机关
2008	全市抗冰救灾先进单位	衡阳市人民政府
2009	省农业生产和新农村建设先进单位	湖南省人民政府
2010	省安全生产示范乡镇	湖南省人民政府
2011	衡阳市文明村镇	市人民政府
	湖南省环境优美乡镇	省人民政府
	省农村基层党风廉政建设先进单位	中共湖南省委
2012	市人口和计划生育优质服务先进单位	市委、市政府
	市社会管理综合治理先进单位	市委、市政府
	市安全生产先进单位	市委、市政府
	省人口与计划生育依法行政示范乡镇	省人民政府
	湖南省文明村镇	省人民政府

六、领导名录

乡党委书记：张成生（2001.5—2003.1）　刘红丹（2003.1—2004.3）
汤九生（2004.3—2006.6）　文建常（2006.6—2007.10）
肖军生（2007.10—2014.4）

乡　　长：刘红丹（2001.12—2003.1）　华连生（女，2003.1—2006.5）
邓　成（2006.6—2007.10）　阳宏伟（2007.11—2011.9）
谢轶平（2011.9—　）

人大主席团主席：
肖泽荣（2002.12—2003.5）　彭伟初（2003.6—2005.6）
杨安平（2005.6—2008.6）　彭克俊（2008.6—　）

政协联络工委主任：
谢显良（2001.12—2003.3）　杨安平（2003.3—2005.6）
陈金生（2005.6—2007.10）　全碧雄（2007.10—2011.3）
刘友良（2011.3—　）

乡党委副书记：
周建明（2001.5—2001.10）　谢显良（2001.10—2003.3）
刘红丹（2001.10—2003.1）　肖泽荣（2001.10—2002.12）
彭伟初（2001.10—2006.4）　唐跃斌（2002.1—2003.9）
杨安平（2003.1—2005.6）　凌受平（2003.1—2007.7）
彭克俊（2002.1—2007.7）　罗　东（2003.9—2009.　）
全碧雄（2005.7—2007.8）　邓　成（2006.4—2007.10）
阳宏伟（2007.10—2011.9）　贺才利（2012.3—2012.10）
何顺生（2012.10—　）

乡纪委书记：彭伟初（2001.11—2003.1）　凌受平（2003.1—2007.7）
全碧雄（2005.7—2008.7）　刘友良（2008.7—2011.3）

汤初生(2011.3—)

乡武装部长:吴利生(2001.5—2003.2)　汤初生(2003.2—2005.6)

彭克俊(2005.6—2007.3)　范立强(2007.3—2011.9)

副 乡 长:罗文峰(2001.12—2003.1)　全碧雄(2001.12—2005.6)

闵会林(2001.12—2003.7)　廖雪森(2002.4—2004.5)

周海青(2005.12—)　陈金生(2006.6—2007.8)

乡工会主席:阳宏伟(2006.8—2007.10)　贺才利(2007.11—)

第三节 呆鹰岭镇

一、政区概况

地理位置 呆鹰岭古名为“崖鹰岭”,后取“崖”的方言谐音“呆”而得名。位于北纬26°53′18″－26°57′39″,东经112°29′06″－112°33′46″。地处蒸湘区西北部,东与华兴街道和长湖乡隔河相望,南与雨母山乡相连,西与衡阳县樟树乡接壤,北与石鼓区角山乡和衡阳县板市乡毗邻。镇人民政府驻新阳社区呆鹰岭正街1号。机关内设党政办、企业办、经贸办、综治办、民政办、计生办、财政所、城建站、安监站、劳保站、文化站、广播站。2012年在职干部、职工196人。

建制沿革 西汉时属烝阳、钟武二县。东汉时属烝阳、重安二候国。三国时属烝阳、重安、临蒸县。隋时属衡阳县。清乾隆二十一年(1756年),衡阳县分为衡阳、清泉二县,属衡阳县。新中国成立初期属衡阳县第三区。1952年为第十六、十七区。1956年撤区并乡时,为角山、板桥、集福3个乡。1958年属跃进、东风人民公社。1961年始建立板桥区,辖角山、潮江、杉桥、石元、板桥、樟树、呆鹰岭、松木8个人民公社,区公所驻呆鹰岭。1981年,板桥区更名为呆鹰岭区。1984年4月,呆鹰岭人民公社改称呆鹰岭镇。1995年5月,撤区并乡,呆鹰岭区也改称为呆鹰岭镇,由老呆鹰岭镇、板市乡、樟树乡组成。2001年4月,衡阳市行政区划调整,将老呆鹰岭镇及所辖的11个村、2个居委会和板市乡的土桥村、堰头村划归蒸湘区。

行政区划 2001年,辖呆鹰岭街、新民街2个居民委员会,高岭、松陂、振兴、中心、新平、鸡市、同康、溪田、新民、中平、新阳、土桥、堰头13个村民委员会,下设6个居民小组,149个村民小组。2012年辖新阳1个社区居委会和13个村民委员会,下设7个居民小组,149个村民小组。行政区划代码:430408100。

人口面积 2012年户籍人口28873人,其中男性14802人,女性14071人。人口密度为975.4人/平方公里。总面积29.6平方公里,其中陆地27.12平方公里,占91.62%;水域2.48平方公里,占8.38%。东西最大直线距离8公里,南北最大直线距离7.6公里。

二、经济状况

农业 镇内农业生产以水稻、蔬菜、水产、牲猪、家禽为主。1950年开始试验水稻单季改双季,1955年单季改双季在全镇推广。1958年成立人民公社后,连遇三年自然灾害,粮食减产。1962年改进耕作制度,推行“稻—稻—绿肥”两年五熟制,以地养地,提高稻田肥力,加强病虫害防治。同时,淘汰高杆品种,大面积推广以“珍珠矮”“农垦58”等矮杆品种为主的水稻新品种,粮食产量逐步提高。1976年开始推广杂交水稻品种,实行“早常晚杂”,推广“稻—稻—油菜”耕作制。1982年开始试种双季杂交稻,取得成功。1983年全镇大面积种植双季杂交稻,早稻广泛采用湿润育秧为基础的泥浆塌谷加覆盖物和薄膜低拱育秧,早稻烂秧现象得以基本克服,粮食产量向吨粮田发展,亩产提高到830公斤。1996年推广软盘育秧抛秧技术。

2001年,全镇水稻播种面积15180亩,总产6260吨;油料播种面积225亩,总产21.5吨;蔬菜播种面积838亩,总产1026吨;瓜果种植面积185亩,总产280吨;出栏牲猪5429头,出笼家禽43800羽,水产品总量

477吨。2012年,水稻播种面积18177亩,总产6126吨。蔬菜种植面积14950亩,总产61800吨,其中同康、中心、振兴、新阳、松陂、土桥6个村已发展成蔬菜生产基地,面积近8000亩。水产养殖面积4300亩,总产1680吨。牲猪饲养量8.85万头,年出栏牲猪6.34万头,其中振兴村依托蒸湘外贸出口良种场,将牲猪养殖做大做强,成为全省牲猪养殖专业村之一,尔后逐步向周边松陂、新阳、溪田、鸡市等村发展,培育一年中喂养100头以上的规模猪场84个,形成标准化的牲猪养殖基地。家禽以鸡为主,年饲养量48.1万羽,上市33.5万羽,禽蛋上市12800公斤。

水利　蒸水及支流鸡市引河、杉旭何、旭东河流经镇境,河水常年供给人、畜引用和农田灌溉。呆鹰岭镇地处衡邵干旱走廊,前涝后旱。汛期,洪水泛滥,受湘江水位影响洪水倒灌、农田受淹;旱季,田土干涸,危害农业生产。建国后,镇建成了小Ⅱ型水库2座,1964—1974年修筑蒸水防洪堤西岸,先后修建4处排渍机埠总功率195千瓦,修建排灌机埠13处,总功率345千瓦,修筑排渍、排灌水渠1万米,整修水塘500余口,灌溉农田1.4万亩,基本达到旱涝保收。1975年修筑杉旭河堤、旭东河堤、鸡市引河堤防。2003年投资300万元扩建石狮港涵闸。2004年重新整修、新建山坪塘200口(原有800口)。2008年投资400万元对松陂塘水库、四塘水库大坝整修除险加固。2010年投资800万元对杉旭河土桥、堰头段涵闸进行改造和堤防加固。2011年筹资350万元修建伍家岗排渍机埠;市直部门对蒸水南堤新阳段修建绿化风光带长1公里。蒸水防洪堤鸡市段保护工程和蒸水西堤南段风光带正在建设施工中。

农机　2001年,全镇有耕地机械50台,总动力600马力,机耕率达50%。后在国家农机补贴政策的引导下,农户购机热情高潮,农机数量、种类增多。2012年,全镇有农用汽车21台,大中型拖拉机27台,插秧机3台,收割机5台,增氧机105台,碾米机7台。当年,全镇成立了第一个农机专业合作社,入社农户20户,拥有各类农业机械30台。

工业　2001年,境内有工业企业47家,从业人员228人,工业企业总产值1239万元。2006年,在区委、区政府的支持与领导下,经市人民政府批准,创建了呆鹰岭中小企业聚集区(后改为中小企业创业园),先后有31家企业入驻,涉及机械、电子、冶金、制冷、医药器械、玻璃制品、纸业加工、农产品加工等多个行业,2012年实现工业产值13.2亿元,创利税2240万元,成为蒸湘区第二大工业板块。2012年,全镇共有工业企业72家,从业人员9152人,实现工业总产值57.7亿元,其中规模工业15家,从业人员4526人,规模工业总产值53.696亿元。

商贸服务业　2001年,全镇有商品流通和饮食服务企业175个,职工312人,销售总额810万元。2012年,全镇有商贸服务网点487个,职工1520人,社会商品销售总额3.76亿元,其中限额以上商业企业2家,限额以上消费品零售总额0.5亿元。城乡集贸市场1个,年成交额600万元。境内有鸡窝山饮食服务一条街。

财政金融　1999年,设立镇财政金库(试点),完成财政收入679.78万元。2000年取消财政金库试点,启动农村税费改革,取消乡统筹费、农村教育集资费、屠宰税,调低农业税税率,完成财政收入184.39万元。2012年完成财政收入919.3万元。境内有金融机构3家,其中商业银行1家,农村信用社1家,邮政储蓄1家。

三、社会发展

教育　2001年,境内有幼儿园3所,在园幼儿423人,教师、保育员54人;小学12所,在校生2115人,专任教师185人;中学1所(呆鹰岭中学),在校生1013人,专任教师78人。县属高中1所(衡阳县六中)。2002年,民办"中南职工技术学院"准备搬迁,在呆鹰岭镇鸡市村征地,2003年2月动工修建,2004年9月建成招生,学校更名为"湖南科技经贸职业学院"。2003年,撤销松陂小学。2006年,撤销堰头小学。2008年,撤销中平小学和新平小学。2010年,民办仁爱实验中学建成招生。2011年,由衡阳籍爱国人士广州锦宏商务酒店董事长刘仲元创办的清华园小学建成招生。2012年,境内有幼儿园12所,在园幼儿1389人,教师、保育员219人。小学8所,在校生1907人,专任教师166人,小学适龄儿童入学率、小升初升学率均达100%。中学1所,在校生878人,专任教师76人。另有县属高中1所、民办中学1所。九年义务教育覆盖率100%;民办高等院校1所(湖南科技经贸职业学院),在校生12000余人,专(兼)职教师520人。

文化体育 2001年,镇有文化站1个,村文化活动室13个。2002年,建立社区文化活动中心1个。平时,镇内居民自发组织下棋、打牌、跳广场舞等,村民则在每年春节期间开展"闹元宵、要龙灯"活动。2012年,境内有文化站1个,社区文化活动中心1个,村文化活动室13个,各类图书室18个,藏书10万余册。有农家书屋13个,书店2家。有农村花鼓戏团、舞蹈团、老年秧歌队3个民间文艺团体。有网吧12家,卡拉OK 3家,电游室、台球室15家。有学校体育场3个,农民健身广场5个,健身活动点5处,健身路径2条。

医疗卫生 2001年,镇有区管医疗卫生机构20个,其中镇卫生院1所,村卫生室17所,个体私人诊所2家。有病床65张,医疗卫生工作人员151人。2002年7月,呆鹰岭镇卫生院升格为区人民医院,同时保留镇中心卫生院牌子。2012年,境内有各类医疗卫生机构26个,其中医院1所,镇卫生院1所,综合门诊部1所,村卫生室17所,个体私人诊所6家。共有病床115张,医疗卫生工作人员238人。

社会保障 2012年,城镇新增就业人员210人,失业人员再就业75人,就业困难人员再就业20人,农村劳动力转移就业915人。有267名企业职工参加养老保险,3573名城镇居民参加医疗保险,农民参加新型合作医疗18495人,参保率99.6%。城镇最低生活保障户459户、735人,月人均补差288.6元;农村最低生活保障户523户、972人,月人均补差127.8元。2004年,呆鹰岭镇配合区民政局,筹资12万元,在原镇林场建起1座可同时容纳50人的敬老院。2010年,区、镇两级投资,对敬老院进行维修改造,并建成1200平方米的娱乐休闲区,开辟16.2亩的生产基地,大大改善了"五保"老人的生活条件。2012年,敬老院集中供养27名"五保"老人,年人均供养标准6000元。

四、获奖情况

呆鹰岭镇在2001—2012年的12年中,共获奖60次,其中获区委、区政府奖励49次,获市委、市政府及以上奖励11次。在60次获奖中,突出的有获推进新型工业化奖7次,获优化经济发展环境奖5次,并先后获得"湖南省安全生产示范乡镇""湖南省环境优美乡镇""湖南省敬老模范单位""湖南省文明村镇"奖励。

呆鹰岭镇获区委、区政府重点工作奖励情况一览表

表23-5

年度	获奖名称
2001	社会治安综合治理先进单位
2002	推进工业化进程目标管理先进单位、开放型经济目标管理先进单位、治理经济发展环境目标管理先进单位、农村经济发展和农民减负目标管理先进单位、党风廉政建设先进单位、宣传思想工作先进单位、社会治安综合治理先进单位、计划生育进步奖
2003	优化经济发展环境第二名、民营经济工作第二名、财税税收目标管理先进单位、农业产业化和农民负担监管工作先进单位、党风廉政建设先进单位、计划生育目标管理先进单位
2004	财政税收第一名、优化经济发展环境第一名
2005	财政税收第一名、农业产业化和农民负担监管工作第一名、招商引资第一名
2006	财政税收第一名、优化经济发展环境第二名、工业化和民营经济第二名、计划生育一类单位
2007	财政税收第一名、农业产业化和农村工作第一名、社会治安综合治理第一名、新型工业化第二名、优化经济发展环境第二名、落实八件实事先进单位、计划生育一类单位
2008	乡村清洁工程专项考核第一名、计划生育一类单位
2009	农业农村与新农村建设第一名、新型工业化第一名、为民办实事先进单位、文明城区创建工作优胜单位、计划生育一类单位
2010	新型工业化商贸工作和安全生产第二名、人口和计划生育一类单位
2011	项目建设第一名、新型工业化第二名、农业农村工作第一名、人口和计划生育优质服务先进单位
2012	城乡环境综合整治第一名、新型工业化第二名、安全生产第一名、乡镇反腐倡廉工作第二名、人口和计划生育优质服务先进单位

呆鹰岭镇获市委、市政府及以上奖励情况一览表

表23－6

获奖时间	奖　励　名　称	授予机关
2009	安全生产示范乡镇	市人民政府
2011	全市文明村镇	市人民政府
	湖南省安全生产示范乡镇	
	湖南省环境优美乡镇	
2012	人口和计划生育优质服务先进单位	市委、市政府
	社会管理综合治理先进单位	市委、市政府
	全市安全生产示范乡镇	市人民政府
	湖南省敬老模范单位	省委宣传部 省民政厅等
	省级安全生产示范乡镇	省人民政府办公厅
	统计工作规范化建设先进单位	省统计局
	湖南省文明村镇	省人民政府

五、领导名录

镇党委书记：冯加业（2001.5—2006.4）　曹禄永（2006.4—2011.9）
夏　冰（2011.9—）

镇　　长：汤九生（2001.5—2002.3）　邹可成（2002.3—2003.1）
曹禄永（2003.1—2006.4）　肖军生（2006.6—2007.10）
夏　冰（2007.11—2011.9）　刘　新（2011.9—）

人大主席团主席：
蒋恒祝（2001.12—2008.8）　黄伟生（2008.8—2011.4）
赵国文（2011.5—）

政协联络工委主任：
洪余剑（2001.6—2003.3）　肖松柏（2003.3—2005.2）
黄伟生（2005.2—2008.8）　吴利生（2008.8—2012.10）
贺才利（2012.10—）

党委副书记：汤九生（2001.5—2002.3）　蒋恒祝（2001.11—2006.4）
洪余剑（2001.11—2003.1）　肖松柏（2001.11—2003.1）
邓振华（2002.1—2005.9）　邹可成（2002.3—2003.1）
曹禄永（2002.3—2006.4）　黄伟生（2004.5—2006.4）
刘前进（2004.5—2008.6）　肖军生（2005.7—2007.10）
高志勇（2005.9—）　夏　冰（2007.11—2011.9）

镇纪委书记：刘著章（2001.5—2001.10）　肖松柏（2001.11—2004.5）
刘前进（2004.5—2008.6）　罗细森（2008.7—2012.10）
刘平衡（2012.10—）

镇武装部长：盛　夏（2001.5—2002.4）　曹禄永（2002.4—2002.12）
吴利生（2003.1—2008.7）　文晓辉（2008.7—2011.4）
石　磊（2011.5—）

副　镇　长:肖远桔(2001.5—2001.12)　黄仕芳(2001.5—2007.10)
邱德爱(2001.5—2007.10)　曾国富(2002.6—2007.10)
肖文珠(2004.6—2011.10)　何顺生(2007.11—2011.4)
伍小乔(2007.11—2011.4)　欧阳孝买(2012.4—)
周　健(2012.11—)　罗棋轩(2012.11—)
镇工会主席:谢纯竹(2001.6—2007.3)　肖启良(2007.3—)

第二章　街　　道

第一节　蒸湘街道

一、政区概况

地理位置　蒸湘街道因境内蒸水流入湘江而得名。位于北纬26°54′09″-26°55′11″,东经112°35′11″-112°35′48″。地处蒸湘区东部边缘,东起蒸湘北路与石鼓区青山街道毗邻,南连常胜西路与红湘街道接壤,西接红湘北路与红湘街道、长湖乡交界,北抵蒸水与石鼓区黄沙湾街道和角山乡隔河相望。街道办事处驻太平一社区88栋。机关内设党政办、经济办、综治办、城管办、重点办、计生办、财政所、民政办、文化站、安监站、统计站、劳保站、环卫办、司法所。2012年在职干部、职工43人。

建制沿革　1950年,境域属衡阳市第三区青山街道委员会,1952年属第二区西湖中心居委会,1955年8月属城北区西湖街道办事处,1960年4月属医学院分社,1967年属红湖分社,1971年9月属红湘街道办事处,1981年12月属青山街道办事处,1984年9月从青山街道析出为蒸湘街道,辖衡祁、衡邵、解西、高岭、联合、联合新村、太平一、太平二、太平三、太平四、大元头、阳辉桥,学院路、学院村、学院西路、红湖塘、冶金汽修17个居民委员会,2001年4月,衡阳市行政区划调整,蒸湘街道成建制划归蒸湘区,析出衡祁、衡邵、解西、高岭、联合新村、学院路、学院村、学院西村、红湖塘、冶金汽修10个居委会划归红湘街道。

行政区划　2001年辖太平一、二、三、四,大元头、莲花、阳辉桥、红湖、温家台、马步桥10个居民委员会,设159个居民小组。2012年辖太平一、二、三,红湖、温家台、大元头、莲花、阳辉桥8个社区居委会,设132个居民小组。行政区划代码:430408001。

人口面积　2012年户籍人口31055人,其中男性15536人,女性15519人。人口密度为20297人/平方公里。总面积1.53平方公里,其中陆地1.46平方公里,占95.42%;水域0.07平方公里,占4.58%。东西最大直线距离1.5公里,南北最大直线距离约1公里。

二、经济状况

农业　街道无农村,无农业生产。

工业　1966年创办人民工具厂,以电机、机械修理为主,1977年与人民机械厂合并,更名为衡阳市工具机械厂,生产锉刀、三爪卡盘、跟刀架、机锯条等产品。1974年,创办衡阳市制刷厂,生产钢丝刷、铜丝刷、工业用刷等产品。1995年,街道工业总产值641.77万元,销售收入646.81万元,利润14.07万元。2001年,区域内有工业企业24家,从业人员154人,完成工业总产值2720万元,实现工业增加值774万元。2003年,引进衡阳铭仕铜套金属有限公司,生产机械润滑铜套、铜衬套和轴瓦。2004年,引进衡阳市云龙电器设备有限公司,生产经营配电屏、电表箱、控制柜、电器开关箱。2012年,境内有工业企业35家,从业人员2115人,完成工业总产值3.68亿元。其中规模工业企业2家,从业人员145人,规模工业总产值1.751亿元。

商贸服务业　2001年,境内有商品流通和饮食、服务企业580个,职工1499人,销售总额4080万元。11月,引进台商朱克伟收购莲花大厦与来雁饭店,实行整体爆破后启动晶珠商业广场建设。2002年,街道投资30万元,对大元头综合市场进行全面装修(市场建成10年未启用)和清除市场内外近千车垃圾,通过招商引资,市场开始运转。2003年2月,引进长沙客商曹金罗,租用富安大厦场地开办泰阳电器商城;8月,引进长沙阿波罗集团投资4000万元,进驻晶珠商业广场。2004年,引进客商段亮亮,租用富安大厦场地,开办昇昇泰珠宝城,经营黄金、珠宝。2012年,境内有商贸服务网点1198个,职工4862人,商品销售总额约9亿元。其中限额以上商贸企业7个,限额以上商品销售总额4.48亿元。城市集贸市场3个,年成交额1.5亿元。境内有大型综合市场"崇盛晶珠广场"、大型超市"家润多衡阳晶珠店"、大型电器市场"泰阳电器蒸北旗舰店"及大元头汽车摩托车配件一条街。

区域内有规模以上服务企业5个,从业人员2372人,年营业收入4.57亿元。

三、社会发展

教育　2001年,境内有幼儿园4所,在园幼儿661人,教师、保育员55人;小学2所,在校生2683人,专任教师158人;中学2所(市实验中学、船山英文学校中学部)。2002年,红湖小学由香港邵逸夫先生投资修建后改名为红湖逸夫小学。2003年,太平小区小学更名为实验小学。2012年,境内有幼儿园9所,在园幼儿1451人,教师、保育员198人;公办小学2所,在校生2985人,专任教师156人。民办小学1所,在校生1400人,专任教师68人。小学适龄儿童入学率100%;中学2所(市实验中学、船山英文学校中学部),在校生4684人,专任教师275人,小升初升学率、九年义务教育覆盖率均达100%;职业学院1所(湖南环境生物职业技术学院南校区),在校生3400人,专任教师275人。

文化体育　2001年,街道设立文化站1个,公共阅览室1个。2002年,建立社区文化活动中心7个;崇盛晶珠广场建有户外活动场,太平小区花园建有广场。同年,组建一支老年腰鼓队,在"5·16"全市秧歌比赛中获得三等奖,并组建了一支老年扇舞队和一支老年健身队。2006年在红湖电力小区配备健身器材12件。2010年在太平小区花园配备健身器材10件。2012年,街道有文化站1个,社区文化活动中心7个,公共图书室8个,藏书12000余册。境内有自发组建的文艺团体7个、体育社团8个。拥有4个体育场、2个体育馆,健身场地4处,配有健身器材48件。经常参加文化体育活动的人员占常住人口的60%以上。

医疗卫生　2001年,街道有区管医疗卫生机构10个,其中街道卫生院1所、太平卫生院1所,个体私人诊所8家,共有病床24张,医疗卫生工作人员44人。坐落在境内船山西路20号的湖南环境生物职业技术学院附属医院有病床120张,医疗卫生工作人员130余人。2002年,坐落境内红湘北路85号的衡阳协和微创医院建成开业,有病床36张、医疗卫生工作人员58人。2007年4月,蒸湘街道卫生院改建成街道社区卫生服务中心,总建筑面积2150平方米,设置了国粹养生堂、中医馆、基本医疗区、公共卫生服务区,2010年被评为全市社区卫生服务中心项目建设样板工程,2012年获省卫生厅"省级示范社区卫生服务中心",并被卫生部授予"全国示范社区卫生服务中心"荣誉称号。2009年10月,蒸湘区妇幼保健院从向农路45号搬迁至境内红湘北路92号,有病床36张、医疗卫生工作人员60人。2011年,坐落境内立新大道3号的衡阳雅美医疗美容医院建成开业,有病床20张、专业卫技人员55人。

2012年,境内有各类医疗卫生机构22个,其中医院4所,社区卫生服务中心1所,太平卫生院1所,个体私人诊所16家,共有病床236张、医疗卫生工作人员386人。

社会保障　2001年,街道新增城镇就业985人,失业人员再就业906人,就业困难人员再就业100人,农村劳动力转移就业147人。2003年,街道在全市率先成立劳动保障服务站,7个社区居委会设立劳动保障服务中心,建立下岗失业人员台账,为全区乃至全市提供了学习榜样。2004年,街道劳动保障服务站与太平一社区共同创办家政服务中心,2005年在太平小区创办下岗职工摊担一条街,在太平路、红湘路、易赖西街等路段开办50余个流动早餐点和夜宵摊点,扩大了就业平台,有效解决了下岗失业人员再就业难问题。2012年,街道新增城镇就业1203人,失业人员再就业825人,就业困难人员再就业247人;有1870名企业职工参加养老保险,8795名居民参加医疗保险;城镇最低生活保障户749户、1531人,月人均补差266.7元。

四、获奖情况

蒸湘街道在2001—2012年的12年中,共获奖80次,其中获区委、区政府奖励55次,获市委、市政府及以上奖励25次。在80次获奖中,突出的有获人口和计划生育奖21次,获社会治安综合治理奖9次,获城市建设和城市管理奖7次。

蒸湘街道获区委、区政府重点工作奖励情况一览表

表23-7

年　度	获　　奖　　名　　称
2001	社会治安综合治理先进单位
2002	社会治安综合治理先进单位、治理经济发展环境目标管理先进单位、开放型经济目标管理先进单位、计划生育模范单位、社区居委会建设目标管理先进单位
2003	社会保障和再就业第一名、社区建设第二名、城镇建设管理先进单位、“创建文明城市、争做文明市民”活动目标管理先进单位、计划生育目标管理先进单位
2004	城市建设管理第一名、环境卫生第一名、社会保障和再就业第一名、社区建设第一名、招商引资第二名、党风廉政建设先进单位、宣传思想工作先进单位、创建省级文明城市先进单位、计划生育优质服务先进单位
2005	城市建设第一名、城市管理第一名、环卫业务第一名、党风廉政建设第一名、社会治安综合治理第二名、计划生育优质服务先进单位
2006	城市建设第一名、党风廉政建设第二名、社会治安综合治理第二名、计划生育优质服务先进单位
2007	城市建设第一名、环境卫生第一名、党风廉政建设先进单位、计划生育优质服务先进单位
2008	城市管理第一名、商贸工作第二名、党风廉政建设第二名、计划生育优质服务先进单位
2009	文明城区创建工作先进单位、计划生育优质服务先进单位
2010	环境卫生第一名、党风廉政建设先进单位、人口和计划生育目标管理优质服务先进单位
2011	城市管理第一名、现代服务业第一名、社会治安综合治理街道组第一名、党风廉政建设先进单位、为民办实事先进单位、安全生产先进乡镇街道、人口和计划生育目标管理优质服务模范单位
2012	城市建设第一名、为民办实事街道组第一名、现代服务业第二名、安全生产先进乡镇街道、人口和计划生育目标管理优质服务模范单位

蒸湘街道获市委、市政府及以上奖励情况一览表

表23-8

获奖时间	获　　奖　　名　　称	授予机关
2001	计划生育工作先进单位	市委、市政府
2002	计划生育工作先进单位	市委、市政府
	全省民政工作先进单位	湖南省民政厅
	全省社区就业先进单位	湖南省劳动和社会保障厅
2003	基层人武部建设先进单位	市委、警备区
	全省社区就业先进单位	省劳动和社会保障厅

续表 23－8

获奖时间	获　奖　名　称	授予机关
2004	先进基层党组织	中共衡阳市委
	人口和计划生育优质服务先进单位	市委、市政府
	全省最充分就业街道	湖南省人民政府
	“星光老年人之家”“中国老年人之星”	湖南省人民政府
2005	人口和计划生育优质服务先进单位	市委、市政府
2006	人口和计划生育优质服务先进单位	市委、市政府
2007	文明街道创建工作先进单位	衡阳市人民政府
	理论教育先进单位	中共衡阳市委
	人口和计划生育优质服务先进单位	市委、市政府
	社会治安综合治理先进乡镇街道	市委、市政府
2008	消防工作先进单位	市人民政府
	先进基层党组织	中共衡阳市委
	衡阳市平安乡镇街道	市人民政府
	人口和计划生育优质服务先进单位	市委、市政府
2009	衡阳市平安乡镇街道	市人民政府
2010	人口和计划生育工作模范单位	市委、市政府
	衡阳市平安乡镇街道	市人民政府
2011	人口和计划生育工作模范单位	市委、市政府
2012	人口和计划生育工作模范单位	市委、市政府

五、领导名录

工委书记：宋顺定（2001.5—2001.10）　彭东阳（2001.10—2002.12）
汪仲兆（2003.1—2009.4）　易艳云（女，2009.4—2012.12）

街道主任：刘国永（2001.5—2003.1）　李桂生（2003.1—2005.4）
易艳云（2005.4—2009.4）　刘　新（2009.4—2011.9）
李　松（2011.9—2012.12）

人大联络工委主任：
宋顺定（2001.5—2001.10）　彭东阳（2001.10—2002.12）
汪仲兆（2003.1—2009.4）　易艳云（2009.4—2012.11）
杨邦生（2012.11—　）

政协联络工委主任：
刘国永（2001.5—2003.1）　李桂生（2003.1—2005.4）
易艳云（2005.4—2009.4）　刘　新（2009.4—2011.9）
李　松（2011.9—2012.10）　黄露青（女，2012.10—　）

工委副书记：刘国永（2001.5—2003.1）　吕孝加（2001.5—2003.1）
张国衡（2002.1—2003.4）　唐林峰（2002.3—2005.7）
朱天宝（2003.1—2011.9）　李桂生（2003.1—2006.4）
刘国骅（2003.9—2005.8）　刘锦玲（女，2005.7—2006.4）

	封晨辉(2005.9—2009.6)	易艳云(2006.4—2009.4)
	刘　新(2009.4—2011.9)	李　松(2011.9—2012.12)
工委纪委书记:	唐林峰(2002.3—2005.7)	刘锦玲(2005.7—2006.4)
	唐振荣(2006.4—2008.7)	龙　剑(2008.7—)
街道武装部长:	李　文(2004.6—2007.12)	杨邦生(2008.7—)
街道副主任	杨安平(2001.5—2003.1)	李桂生(2001.5—2008.9)
	刘锦玲(2001.6—2006.4)	陈金生(2002.6—2006.4)
	唐振荣(2003.1—2006.4)	陈永义(2005.4—2012.11)
	朱　坤(2006.4—2012.11)	许智卓(2006.8—)
	刘　颖(2009.5—2012.10)	钟奕铭(2012.11—)
街道工会主席:	朱天宝(2006.8—2011.9)	陈永义(兼,2011.9—2012.12)
	许智卓(兼,2012.12—)	

第二节　红湘街道

一、政区概况

地理位置　红湘街道因境内红湘路贯穿南北而得名。位于北纬26°53′07″-26°54′35″,东经112°34′20″-112°35′40″。地处蒸湘区东部,东以蒸湘北路为界,南连解放西路和衡祁路,西临一环西路,北至常胜西路、红湘北路、船山西路。街道办事处驻冶金社区解放西路29号。机关内设党政办、经济办、综治办、城管办、计生办、财政所、环卫办、劳保站等。2012年在职干部、职工37人。

建制沿革　2001年4月衡阳市行政区划调整时蒸湘区新组建单位,由原城北区蒸湘街道析出的解西、红湖塘、学院路、学院村、学院西村、联合新村、衡邵、冶金汽修、高岭、衡祁10个居民委员会和原郊区岳屏乡的联合村民委员会组成。

行政区划　2001年辖解西、红湖塘、学院路、学院村、学院西村、联合新村、冶金汽修、高岭、衡祁、吉祥、石坳、水库塘、联合西村13个居民委员会和联合村1个村民委员会,下设159个居民小组、6个村民小组。2012年,辖吉祥、南华、红湖塘、石坳、学院路、联合新村、冶金汽修、衡祁8个社区居委会和联合村1个村委会,下设155个居民小组、6个村民小组。行政区划代码:430408002。

人口面积　2012年户籍人口38124人,其中男性20051人,女性18073人,人口密度10590人/平方公里。总面积3.6平方公里,全部为陆地。东西最大直线距离2.1公里,南北最大直线距离2.6公里。

二、经济状况

农业　红湘街道联合村因纳入城市建设规划,土地被征用,无农业生产。村民房前屋后剩下少许土地,仅种植一些蔬菜和水果。

工业　境内衡阳市油漆厂始建于1956年6月,为全国定点涂料、油漆生产厂家,其中"雁峰塔"牌油漆产品通过国际质量体系认证,被评为消费者信赖品牌和衡阳市名牌产品。衡阳市有色冶金设备厂始建于1975年,主要生产、经营冶炼设备件,20世纪70年代至80年代末产品红极一时,远销海内外,1998年开始改制。衡阳市湘衡化工厂于1981年7月挂牌成立,主要生产、销售香蕉水、醋酸乙酯等,2006年改制。2001年,境内有乡镇工业企业13家,从业人员98人,完成工业总产值2720万元,实现工业增加值750万元。还有市属工业企业市四机械厂、市互感器厂等。2012年,境内有工业企业10家,从业人员484人,工业总产值

1.65 亿元。其中有衡阳市油漆厂、衡阳市万选冶金制造有限公司、衡阳市铭艺特种钢化玻璃有限公司、衡阳市华圣印刷有限公司、衡阳市三春建材实业有限公司 5 家规模工业企业，从业人员 331 人，规模工业总产值 1.394 亿元。

商贸服务业　2001 年，境内有商品流通、饮食服务企业 900 家，职工 1821 人，销售总额 4080 万元。2002 年，引进湖南四海神龙实业集团有限公司租用衡阳市商业大厦，改造成神龙大酒店，于 2003 年 8 月开始营业。2003 年 7 月至 2004 年 5 月，区人民政府将老衡邵路一段改造成红湖仿古商业步行街，全长 550 米，宽 13 米，建有 9 栋综合楼、89 个门面，建筑全部采用仿古园林式风格。2006 年，由共创集团有限公司投资的鸿运数码广场建成开业，总建筑面积近 27000 平方米，地下一层，主体五层，一至三层定位于衡阳市首个 IT 数码旗舰店。地下一层办成衡阳潮流步行前线，主要经营潮流服饰、精品服饰、皮具箱包、动漫等产品。2009 年，由共创集团在境内兴建省级大项目——衡阳商业步行街，规划用地 175 亩，建筑总面积 52 万平方米，总投资 40 亿元，2012 年仍在建设中。2012 年，境内有商贸服务网点 1147 个，职工 7713 人，社会商品销售总额 10.3 亿元，其中限额以上商业企业 12 个，限额以上消费品零售总额 5.31 亿元。城乡集贸市场 3 个，年成交额 3.64 亿元。有规模以上服务企业 1 个，人业人员 119 人，年营业收入 0.47 亿元。

三、社会发展

教育　2001 年，境内有幼儿园 3 所，在园幼儿 438 人，教师、保育员 53 人；有小学 1 所，在校生 1066 人，专任教师 71 人，有冶金汽修设备厂办子弟小学 1 所、95338 部队子弟学校 1 所；有中等职业院校 2 所（市广播电视大学中专部、市艺术学校）；有省属高等院校 1 所（南华大学）。2006 年，冶金汽修设备厂子弟小学移交给蒸湘区，并入联合街道联合小学。2007 年，成立红太阳小学，属民办私立小学。2012 年，境内有幼儿园 13 所，在园幼儿 1540 人，教师、保育员 227 人；公办小学 2 所，在校生 1596 人，专任教师 81 人。民办小学 1 所，在校生 379 人，专任教师 18 人。小学适龄儿童入学率、小升初升学率、九年义务教育覆盖率均达 100%；中等职业院校 2 所，在校生 874 人，专任教师 153 人；省属高等院校 1 所，在校生 35000 余人，教职工 2360 余人。

文化体育　2001 年，街道设立文化站 1 个，村文化活动室 1 个。2002 年，建立社区文化活动中心 8 个，均配置安装了娱乐和健身器材。2003—2005 年，居民自发成立了群艺表演队、腰鼓队、秧歌队、龙灯队等民间文艺团体，有队员 300 余人。2007 年开始，先后成立了 7 支广场舞队伍，各文艺团体积极参加“广场旬旬演”“社区周周乐”活动。每年春节期间，联合村村民组织 200 余人的龙灯队参加区、市“闹元宵”活动。2011 年，街道成立 1 支文化艺术团，多次参加区、市演出竞赛活动。2012 年，街道有文化站 1 个，社区文化活动中心 8 个，社区公共图书室 8 个，藏书 20000 册；辖区大中专院校图书馆 3 所，藏书 180 万册。境内拥有衡阳市全民健身中心 1 所、单位体育场地 18 个、公共健身场地 5 处。经常参加文化体育活动的人员占常住人口的 52%。

医疗卫生　2001 年，街道有区管医疗卫生机构 9 个，其中：区中西医结合医院 1 所，村卫生室 1 所，个体私人诊所 7 家，共有病床 60 张，医疗卫生工作人员 63 人。坐落境内蒸湘北路 25 号的市中医医院有病床 800 张，医疗卫生工作人员 700 余人。2002 年，区中西医结合医院更名为蒸湘医院。2003 年 6 月，坐落境内解放西路 33 号的衡阳爱尔眼科医院建成开业，有病床 89 张，医疗卫生工作人员 180 人。2007 年 4 月，建立街道社区卫生服务中心 1 所；8 月，区疾病预防控制中心从向农路 45 号搬迁至境内红湘北路 6 号。2008 年 4 月，坐落境内解放西路 173 号的衡阳长江泌尿医院建成开业，有病床 20 张、医疗卫生工作人员 45 人。2012 年，坐落境内解放西路 84 号的衡阳远大肛肠医院建成开业，有病床 20 张、医疗卫生工作人员 30 人。

2012 年，境内有各类医疗卫生机构 24 个，其中医院 5 所，疾病预防控制中心 1 所，卫生监督机构 1 所，社区卫生服务中心 1 所，村卫生室 1 所，个体私人诊所 15 家。共有病床 979 张、医疗卫生工作人员 1052 人。

社会保障　2001 年，街道城镇新增就业人员 988 人，失业人员再就业 909 人，就业困难人员再就业 99 人，农村劳动力转移就业 151 人。2012 年，街道新增城镇就业人员 1259 人，失业人员再就业 750 人，就业困难人员再就业 284 人。有 1870 名企业职工参加养老保险,43278 名城镇居民(含南华大学)参加医疗保险,农民参加新型合作医疗 1471 人,参合率 99.7%。城镇最低生活保障户 1348 户、2637 人,月人均补差 264.9元。

红湘街道联合新村社区群众工作和社区管理已成为省、市典型。2008 年,该社区积极摸索推行"议事会提议、代表会决议、理事会践议、监事会督议"的"四会四议"新机制,让社区管理与居民自治相互结合起来,切实做到群众的事让群众做主、群众实施、群众监督,激发了居民参与社区建设的热情,各项民生事项顺利推进。社区创造性地建立"爱心超市",在各部门、单位及社会热心人士的大力资助下,对困难群众按时定量提供生活必需品。为此,衡阳市创先争优现场会、群众工作现场会均作为典型推介。多年来,该社区居委会分别接待了省公安厅、省政法委、省民政厅、省劳动和社会保障厅、省党建工作领导小组、省文明办等领导机关领导成员和省政协副主席孙载夫,省委常委、副省长郭开朗,省委常委、组织部部长黄建国,省委副书记梅克保,省委副书记、省长徐守盛,省委书记、省人大常委会主任周强亲临视察、检查与指导。

四、获奖情况

红湘街道在 2001—2012 年的 12 年中,共获奖 60 次,其中获区委、区政府奖励 54 次,获市委、市政府及以上奖励 6 次。在 60 次获奖中,突出的有获人口和计划生育奖 11 次,获社会治安综合治理(维护社会稳定)奖 9 次,获优化经济发展环境奖 5 次。

红湘街道获区委、区政府重点工作奖励情况一览表

表 23 - 9

年　度	获　奖　名　称
2002	财政税收目标管理先进单位、计划生育先进单位
2003	优化经济发展环境第一名、推进工业化进程第二名、维护社会稳定第二名、城镇建设管理先进单位、环卫管理先进单位、"创建文明城市、争做文明市民"活动目标管理先进单位、计划生育先进单位
2004	维护社会稳定第一名、推进工业化进程和民营经济工作第二名
2005	社区建设第一名、招商引资第二名、计划生育一类单位
2006	财政税收第一名、招商引资第一名、社会治安综合治理第一名、优化经济发展环境第一名、城市管理第一名、环卫业务第一名、计划生育一类单位
2007	商贸工作第一名、优化经济发展环境第一名、城市管理第一名、环卫业务第一名、招商引资第二名、计划生育一类单位
2008	商贸工作第一名、环境卫生第一名、优化经济发展环境第二名、社会治安综合治理第二名、计划生育一类单位
2009	优化经济发展环境第一名、城市管理第一名、招商引资与商贸工作第二名、重点工程工作第二名、基层文明建设活动二等奖、文明城区创建工作先进单位、计划生育一类单位
2010	城市管理第一名、社会治安综合治理第二名、政府绩效评估先进单位、党风廉政建设先进单位、人口和计划生育目标管理一类单位
2011	环境卫生第一名、政府绩效评估街道组第一名、现代服务业第二名、安全生产先进乡镇街道、社会治安综合治理先进单位、人口与计生目标管理优质服务先进单位
2012	政府绩效评估街道组第一名、社会管理综合治理街道组第一名、反腐倡廉工作先进单位、人口与计划生育目标管理优质服务先进单位

红湘街道获市委、市政府及以上奖励情况一览表

表 23－10

获奖时间	奖 励 名 称	授予机关
2006	全省建设和谐社区示范街道	湖南省民政厅
2009	社会治安综合治理先进乡镇街道	市委、市政府
2010	衡阳市平安乡镇街道	市人民政府
	社会治安综合治理先进乡镇街道	市委、市政府
2011	衡阳市 2010 届文明单位	市委、市政府
2012	人口和计划生育优质服务先进单位	市委、市政府

五、领导名录

工委书记：王　华（2001.5—2007.11）　彭顺利（2007.12—2011.7）
郑　刚（2011.7— ）

街道主任：肖芳云（女，2001.5—2003.1）　粟　晓（2003.1—2006.4）
彭顺利（2006.4—2007.12）　郑　刚（2007.12—2011.7）
何湘衡（2011.9— ）

人大联络工委主任：
王　华（2001.5—2007.11）　彭顺利（2007.12—2011.9）
郑　刚（2011.9—2012.11）　唐振荣（2012.11— ）

政协联络工委主任：
肖芳云（2001.5—2003.1）　粟　晓（2003.1—2006.4）
彭顺利（2006.4—2008.3）　郑　刚（2008.3—2011.9）
何湘衡（2011.9—2012.10）　廖志娟（女，2012.10— ）

工委副书记：肖芳云（2001.5—2003.1）　曹禄永（2001.5—2002.3）
王明成（2002.1— ）　朱天宝（2002.3—2003.1）
粟　晓（2003.1—2006.4）　刘湘涛（女，2003.1—2004.5）
何英雄（2003.1—2010.11）　罗　健（2004.5—2008.7）
彭顺利（2006.4—2008.1）　郑　刚（2008.1—2011.9）
何湘衡（2011.9— ）

工委纪委书记：刘湘涛（2003.1—2004.5）　罗　健（2004.5—2008.7）
唐振荣（2008.7— ）

街道武装部长：罗　健（2001.10—2007.8）　何湘衡（2007.8—2009.6）
范立强（2009.6— ）

街道副主任：杨艳斌（2001.5—2002.4）　何英雄（2001.5—2003.1）
成吉东（2001.5—2005.7）　朱天宝（2001.10—2003.1）
盛　夏（2003.1—2011.9）　易艳云（女，2003.1—2004.12）
郑　刚（2004.4—2007.4）　肖旭兰（女，2004.12—2006.4）
何湘衡（2006.4—2008.9）　谢　涛（2007.6—2010.12）
偶志廉（2008.3— ）　朱章亮（2008.9—2010.12）
王晓文（2012.6—2012.11）　范立强（2012.11— ）

工 会 主 席:何英雄(2006.8—2010.11)　　廖志娟(2010.11—)

第三节　华兴街道

一、政区概况

地理位置　因华兴街道是市华新高新技术产业开发区内的唯一街道,故由此得名。位于北纬26°52′09″-26°55′19″,东经112°31′18″-112°34′22″。地处蒸湘区中部,东与红湘街道为邻,南与联合街道相连,西与雨母山乡、呆鹰岭镇接壤,北与长湖乡搭界。街道办事处驻银山社区解放大道11号。机关内设综治办、民政办、计生办、人民武装部。2012年在编干部8人。

建制沿革　1994年10月,衡阳市人民政府设立市华新高新技术产业开发区,将原郊区长湖乡的华新、长胜、互助、光辉4个村析出,由开发区代管。2001年4月,衡阳市行政区划调整,又从长湖乡析出金星、柘里、新侨、农场4个村,由开发区代管。与此同时,市民政局批准,组建蒸湘区华兴街道,区域范围与市高新技术产业开发区范围一致。

行政区划　2001年辖大吉、大利、金光、银光、紫金、紫银6个居民委员会,下设99个居民小组。另有华新、长胜、互助、光辉、金星、拓里、新桥、农场8个村民委员会,设69个村民小组,由开发区社会工作部管辖。2012年辖金山、银山、银光、祥光、蒸水、祥云6个社区居委会,下设99个居民小组。另有华新、长胜、互助、光辉、金星、拓里、农场8个管理处,下设69个管理小组,由开发区社会工作部管辖。行政区划代码:430408003。

人口面积　2012年户籍人口38124人,其中男性20051人,女性18073人。人口密度为10590人/平方公里。总面积11.6平方公里,其中陆地11.52平方公里,占99.31%;水域0.08平方公里,占0.69%。辖区东西最大直线距离4.9公里,南北最大直线距离4公里。

二、经济状况

农业　境内共有8个村,全部纳入城市建设范围,2012年征地拆迁后剩余耕地面积仅300余亩,主要种植蔬菜与葡萄。

工业　境内高新技术产业开发区工业以高新技术产业为主,内有紫光古汉、风顺车桥、镭目科技、金化科技、显前科技、实盟科技、真空机电、长丰六和、华瑞电器、巨子电器等28家工业企业,初步形成了先进制造、新材料、电子信息、生物医疗等四大高新技术产业群,2012年完成工业总产值34.4亿元,其中规模工业17家,规模工业总产值28.36亿元,规模工业增加值8.2亿元。税收过千万元的企业有风顺车桥有限公司、镭目科技有限公司和娃哈哈恒枫饮料衡阳公司3家。"紫光古汉"为全国驰名商标。

商贸服务业　2012年,境内有商贸服务网点3200余家,职工11300余人。内有步步高广场,香江百货延安店、水岸店、光辉店等大型超市,有林隐假日酒店准五星级涉外酒店等。其中销售总额上亿元的有湖南民生堂药店、衡阳沪湘汽车有限公司、湖南省烟草公司衡阳分公司、王一实业集团公司等13家。王一实业集团公司下辖5个子公司、1家大酒店、7家大型超市、1座养殖场、1家配送中心。境内有三泰、君升、万家惠新街3个农贸市场,年成交额4.6亿元。西园蔬菜批发市场2007年从红湘街道解放西路59号搬迁至境内衡州大道21号,年成交额16亿元,另有日鑫建材市场和延安路花鸟市场各1个。

三、社会发展

教育　2012年年末,境内有幼儿园18所,在园幼儿2948人;小学6所,在校生5637人,专任教师283人。小学适龄儿童入学率100%;初中2所(华新实验中学、船山实验中学),在校生5100余人,专任教师288

人，九年义务教育覆盖率100%。高中1所（衡阳市第一中学），在校生2000余人，专任教师211人，其中特级教师6人，高级教师116人。系湖南省历史最悠久的省级重点中学、湖南省首批省级示范性高中。是全国教育综合实力百强学校、中国特色学校、全国现代教育技术实验学校、全国青少年劳技教育发明创造实验学校。

文化体育　2012年，街道有文化站1个，社区文化活动中心6个，农家书屋3个，共有藏书5000余册。蒸水社区文化活动中心1500平方米，设有阅览室、娱乐活动室、多功能电脑室、舞蹈排练室等，省、市领导多次视察，受到各级好评。辖区内有老年腰鼓队、广场舞蹈队、交谊舞蹈队等各种文化组织50余个，其中祥瑞社区成立了戏曲队、器乐队、模特队等10支队伍，演职人员158人，编排60个成熟节目。各社区每年开展"社区周周乐"活动3次以上。街道每年开展"广场旬旬演"活动2次以上。境内有太阳广场、船山广场、生态公园、平湖公园，可供居民休闲、娱乐、健身；有1个足球场、1个溜冰场、2个室内篮球场、23个露天篮球场、2个室内羽毛球馆、5个乒乓球馆、48处健身场所。

医疗卫生　2012年，境内有各类医疗卫生机构34个，其中医院5所：华新医院（同时挂社区卫生服务中心牌子），有病床20张，医疗卫生工作人员68人；坐落在解放大道4号的衡阳417队职工医院，有病床18张，医疗卫生工作人员20人；坐落在解放大道24号的衡阳康阳骨科医院，有病床50张，医疗卫生工作人员60人；坐落在解放大道35号的南华大学附二院新院，有病床800张，医疗卫生工作人员900余人；坐落在光辉街31号的市中心医院妇儿中心，有病床140张，医疗卫生工作人员160余人。此外，有个体私人诊所29家。

社会保障　2012年发放城市低保金688.8万元、农村低保金39.5万元。取消医疗救助的病种限制，降低起付线，加强医疗救助制度，全年发放救助金31.4万元。参加城镇居民医疗保险18943人，农民参加新型合作医疗10545人，参合率100%。为2325名被征地农民办理了社会养老保险。

四、获奖情况

华兴街道在2001—2012年12年中，共获市委、市政府及以上奖励14次，其中最突出的是人口和计划生育工作，获奖9次；其次是群众文化工作，获奖3次。

华兴街道获市委、市政府及以上奖励情况一览表

表23－11

获奖时间	奖励名称	授予机关
2004	全市人口和计划生育先进单位	市委、市政府
2004	社会治安综合治理先进单位	市委、市政府
2005	全市人口和计划生育先进单位	市委、市政府
2006	全市人口和计划生育先进单位	市委、市政府
2007	全市人口和计划生育先进单位	市委、市政府
2008	全市人口和计划生育先进单位	市委、市政府
2009	全市人口和计划生育先进单位	市委、市政府
2010	全市人口和计划生育先进单位	市委、市政府
2010	"和风衡州"衡阳市第二届群众文化艺术节一等奖	市委、市政府
2011	全市人口和计划生育先进单位	市委、市政府
2011	社会治安综合治理先进单位	市委、市政府
2011	"广场旬旬演、社区周周乐"活动先进单位	市委、市政府
2012	全市人口和计划生育先进单位	市委、市政府
2012	"广场旬旬演、社区周周乐"活动先进单位	市委、市政府

五、领导名录

工委书记(兼人大联络工委主任):贺　军(2001.10—)
街道主任(兼政协联络工委主任):肖东生(2001.10—2008.9)　　葛　明(2008.9—)
工 委 副 书 记:肖东生(2001.10—2008.9)　　周　斌(2001.10—2006.2)
唐跃斌(2002.3—2009.3)　　葛　明(2008.9—)
街道武装部长:肖远胤(2001.10—2003.8)　　安国军(2003.8—)
街 道 副 主 任:罗本渊(2001.10—2003.10)　　肖远胤(2001.10—2003.8,2008.5—)
安国军(2003.9—)　　李晓芳(女,2008.9—)

第四节　联合街道

一、政区概况

地理位置　因联合街道是由原衡阳市郊区、城南区各一部分地域联合组成而得名。位于北纬 26°51′25″－26°54′09″,东经 112°33′08″－112°36′00″。地处蒸湘区东南部,东与雁峰区天马山街道相邻,南与雁峰区岳屏镇、雁峰街道相接,西与蒸湘区雨母山乡、华兴街道相连,北与红湘街道交界。街道办事处最初租用天马山南路 1 号岳屏招待所办公,2007 年 6 月搬迁至意兴社区西站正街 8 号。机关内设党政办、经济办、综治办、城管办、计生办、财政所等。2012 年在职干部、职工 32 人。

建制沿革　2001 年 4 月,衡阳市行政区划调整时蒸湘区新组建单位,由原城南区西站街道的西站、洪家湾、幸福路、大栗新村、风口、张飞岭、南三角线 7 个居委会和原郊区湘江乡的杨柳村,岳屏乡的岳屏村、北塘村 3 个村民委员会组成。

行政区划　2001 年年末,辖南三角线、洪家湾、风口、大栗新村、幸福路、樟树塘、西站、意兴、张飞岭、莲子塘、杏花村、麻家塘 12 个居委会和杨柳、岳屏、北塘 3 个村委会,下设 97 个居民小组、24 个村民小组。2012 年末,辖风口、西站、意兴、莲子塘、洪家湾、大栗新村、幸福路、南三角线 8 个社区居委会和杨柳、岳屏、北塘 3 个村委会,下设 122 个居民小组、27 个村民小组。行政区划代码:430408004。

人口面积　2012 年户籍人口 41418 人,其中男性 21859 人,女性 19559 人,人口密度 9204 人/平方公里。总面积 4.5 平方公里,其中陆地 4.4 平方公里,占 98%;水域 0.1 平方公里,占 2%。东西最大直线距离 1.5 公里,南北最大直线距离 5 公里。

二、经济状况

农业　2001 年,街道粮食播种面积 2762 亩,总产量 792 吨;油料播种面积 15 亩,总产 20 吨;花生种植面积 10 亩,总产 1.5 吨。牲猪出栏 2250 头,家禽出笼 6790 羽,水产品总量 276 吨。后因城市建设发展,3 个行政村全部纳入城市建设总体规划,土地相继被征用,2012 年剩余耕地 960 亩,其中种植早稻 632 亩,总产 213 吨;种植蔬菜 350 亩,总产 1400 吨;生猪饲养量 0.4 万头,出栏 0.3 万头;鸡饲养量 0.3 万羽,上市 0.1 万羽;水产养殖面积 180 亩,水产品总量 50 吨,总产值 40 万元。

工业　2001 年,境内有乡镇工业企业 81 家(含个体私营企业),从业人员 448 人,工业总产值 3396 万元,乡镇工业增加值 813 万元。有衡钢集团、衡阳市氮肥厂、衡阳市水泥厂、衡阳市二水泥厂、衡阳市客车厂、衡阳市机动车灯厂、衡阳市无线电二厂、衡阳市锰制品厂等 30 余家国有、集体大中型企业。从 2002 年开始,国有、集体工业企业逐步进入改制阶段。2006 年,衡钢集团和蒸湘区在境内创办“衡钢钢管深加工产业园”,

街道全力以赴支持区委、区政府"围绕衡钢、服务衡钢、配套衡钢"的战略决策，努力做好征地拆迁、项目支持及各个细微环节的协调服务工作，到2012年，"衡钢钢管深加工产业园"入驻企业29家，成为蒸湘工业板块的第一大板块，2010年12月26日被国家工信部批准为"国家新型工业化产业示范基地"。2012年，境内拥有工业企业54家，从业人员15780人，实现工业总产值157.8亿元，其中规模工业企业36家，职工14611人，规模工业总产值154.646亿元。

商贸服务业 2001年，境内有商品流通企业和饮食服务企业375家，职工1166人，销售总额3043万元。2003年，区委、区政府在该街道杨柳村创建"杨柳汽车贸易销售街区"，街道积极配合做好各项工作，到2012年先后有28家企业入驻汽贸街区。2005年，杨柳农贸市场、金海岸洗浴中心先后建立。2008年，德瑞宾馆、海福商务酒店开业。2011年，满园春酒店和七天四季酒店开业。2012年，境内有商贸服务网点883个，职工3190人，社会商品销售总额28.23亿元，其中限额以上商业企业15家，限额以上消费品零售总额22.75亿元。城乡集贸市场4个，年成交额2.8亿元。区域内有规模以上服务企业4个，从业人员773人，年营业收入1.23亿元。

三、社会发展

教育 2001年，境内有幼儿园2所，在园幼儿696人，教师、保育员62人；小学6所，在校生3270人，专任教师175人。另有衡钢小学和"三厂子校"(市氮肥厂、市汽车制配厂、市三建公司子弟小学)各1所；中学2所(衡钢中学、衡阳市六中)。2006年1月，"三厂子校"移交给蒸湘区；11月，衡钢小学移交给蒸湘区，"三厂子校"并入联合小学。2007年，联合小学更名为联合中心校。2008年，新增民办小学文英学校。2012年末，境内有幼儿园9所，在园幼儿1390人，教师、保育员178人。公办小学7所，在校生3561人，专任教师157人。民办小学2所，在校生1631人，专任教师78人。小学适龄儿童入学率、小升初升学率、九年义务教育覆盖率均达100%；市属重点中学2所(市六中、衡钢中学)，在校生4709人，专任教师261人。

文化体育 2001年，街道设立文化站1个，村文化活动室3个。2002年，建立社区文化活动中心8个，有公共图书室11个，藏书28000余册。2012年，街道社区(村)图书室藏书40000册。有3个农家书屋，藏书4500册。坐落在莲子塘社区的市熊倪跳水学校和市游泳跳水中心属湖南省跳水人才基地，为国家培养了世界冠军何敏等大批优秀运动员。境内有劲通广场、石化广场、大栗新村文化广场等休闲、健身文化活动场所。有1个足球场，1个室内篮球场、8个露天篮球场，2个羽毛球馆，3个乒乓球馆。有15支群众文体组织，参与人员350人。

医疗卫生 2001年，街道有区管医疗卫生机构14个，其中村卫生室3所，个体私人诊所11家，共有医疗卫生工作人员15人。坐落在境内天马山南路20号的衡阳市第二精神病医院，有病床80张，医疗卫生工作人员108人；坐落在大栗新村10号的衡钢集团公司职工医院，有病床120张，医疗卫生工作人员100人。2005年5月，坐落境内蒸湘南路4号的衡阳男科医院建成开业，有病床20张，医疗卫生工作人员17人。2007年4月，成立街道社区卫生服务中心1所、衡钢社区卫生服务中心1所。

2012年，境内有各类医疗卫生机构25个，其中医院3所、社区卫生服务中心2所、村卫生室3所、个体私人诊所17家。共有病床240张，医疗卫生工作人员287人。

社会保障 2012年，城镇新增就业人员1357人，失业人员再就业863人，就业困难人员再就业284人，农村劳动力转移就业56人。有2137名企业职工参加养老保险，10373名城镇居民参加医疗保险，农民参加新型合作医疗4402人，参合率99.8%。城镇最低生活保障户1986户、3733人，月人均补差279.8元。农村最低生活保障户81户、118人，月人均补差122.3元。街道大栗新村社区居委会，把居民就业摆在重中之重位置，搭建平台，开拓渠道，贴心服务，数年来一直保持"零就业"家庭动态清零，使居民中有就业愿望和就业能力的全部实现了就业。先后获得衡阳市"示范社区"、湖南省"最充分就业社区"等荣誉称号。省政协主席胡彪，省长徐守盛，省委书记周强，中共中央政治局委员、书记处书记、中宣部部长刘云山先后到该社区视察、指导。

四、获奖情况

联合街道在2001—2012年的12年中,共获奖67次,其中获区委、区政府奖励58次,获市委、市政府及以上奖励9次。在67次获奖中,突出的有获人口和计划生育工作奖16次;获推进工业化进程(新型工业化和民营经济)奖11次,其中获全区第1名8次;获重点工程工作第1名2次。

联合街道获区委、区政府重点工作奖励情况一览表

表23-12

年 度	获 奖 名 称
2001	社会治安综合治理先进单位
2002	治理经济发展环境目标管理先进单位、财政税收目标管理先进单位、推进工业化进程目标管理先进单位、乡镇企业(民营经济)目标管理先进单位、社会治安综合治理先进单位、城建城管目标管理先进单位、计划生育先进单位
2003	推进工业化进程第一名、维护社会稳定第一名、财政税收工作目标管理先进单位、党风廉政建设先进单位、宣传思想工作先进单位、"创建文明城市、争做文明市民"活动目标管理先进单位、计划生育先进单位
2004	财政税收第一名、推进工业化进程和民营经济工作第二名、社会保障和再就业第二名、计划生育一类单位
2005	推进工业化进程和民营经济工作第一名、计划生育一类单位
2006	工业化和民营经济工作第一名、社区建设第一名、环卫设施建设第一名、计划生育一类单位
2007	新型工业化第一名、财政税收第二名、商贸工作第二名、落实八件实事先进单位、计划生育一类单位
2008	新型工业化第一名、招商引资与旅游工作第一名、重点工程工作第一名、环卫设施建设第一名、为民办实事先进单位、计划生育优质服务先进单位
2009	招商引资与商贸工作第一名、社会治安综合治理第一名、重点工程工作第一名、环卫设施建设第一名、新型工业化第二名、基层文明竞赛活动一等奖、文明城区创建工作先进单位、为民办实事先进单位、计划生育优质服务先进单位
2010	项目建设和固定资产投资第一名、新型工业化商贸工作和安全生产第一名、基层文明竞赛活动一等奖、为民办实事先进单位、人口和计划生育目标管理优质服务先进单位
2011	新型工业化第一名、党风廉政建设先进单位、人口和计划生育优质服务模范单位
2012	新型工业化第一名、创建文明城市第二名、街道反腐倡廉工作第一名、机关效能建设和优化经济发展环境测评第三名、人口和计划生育优质服务模范单位

联合街道获市委、市政府及以上奖励情况一览表

表23-13

获奖时间	奖 励 名 称	授予机关
2007	省达标司法所先进单位	省司法厅
2008	人口和计划生育优质服务先进单位	市委、市政府
2009	人口和计划生育优质服务先进单位	市委、市政府
2010	人口和计划生育优质服务先进单位	市委、市政府
	市安全生产示范乡镇	市人民政府
2011	人口和计划生育优质服务先进单位	市委、市政府
	社会治安综合治理先进乡镇街道	市委、市政府
	省第六次全国人口普查先进单位	省第六次全国人口普查领导小组
2012	人口和计划生育优质服务模范单位	市委、市政府

五、领导名录

工 委 书 记:廖东笙(2001.5—2006.4)　粟　晓(2006.4—)
街 道 主 任:刘红丹(2001.5—2001.10)　汪礼禄(2001.10—2006.4)
刘著章(2006.4—)
人大联络工委主任:
廖东笙(2001.5—2006.4)　粟　晓(2006.4—2012.11)
段德辉(2012.11—)
政协联络工委主任:
刘红丹(2001.5—2001.10)　汪礼禄(2001.10—2006.4)
刘著章(2006.4—2012.10)　廖俊平(2012.10—)
工委副书记:刘红丹(2001.5—2001.10)　肖泽荣(2001.5—2001.10)
李志明(2001.5—2002.6)　汪礼禄(2001.10—2006.4)
钟成海(2001.10—2006.4)　谭绪茂(2002.1—)
刘著章(2003.1—)
工委纪委书记:钟成海(2001.10—2006.4)　陈锡国(2006.8—)
街道武装部长:刘著章(2001.10—2002.12)　周德应(2003.1—2005.7)
雷广宇(2005.7—2007.5)　陈锡国(2007.5—)
街道副主任:郑成庚(2001.5—2003.1)　黄亚君(女,2001.5—2002.6)
谭敏雄(2001.5—2005.8)　唐佐倦(2001.10—2008.6)
肖旭兰(女,2003.1—2004.12)　易艳云(女,2004.12—2006.4)
成吉东(2005.8—)　李江文(2007.6—2013.5)
陈　玲(女,2006.4—2007.12)　蒋　承(2007.6—2010.11)
段德辉(2007.12—2012.10)　谢美玲(女,2012.10—)
街道工会主席:肖远平(2006.8—2010.6)　李　文(2010.6—)

第二十四篇　人　　物

第一章　人物传略

（以卒年为序）

陆成祖

陆成祖(1838—1891)　字东美,号友滨,蒸湘区雨母山乡群益村人。陆4岁时丧父,陆家4兄弟和母亲一道过着清贫的生活。清咸丰五年(1856年),18岁的陆成祖在一长者的指点下,孤身一人乘船到湖北襄阳投入清军,成了一名伙头军。襄阳军在一次战斗中几乎全军覆没,陆因背着4口铁锅免遭枪弹射杀,他用腰上的澡巾搅落追军的枪支,而后策马反身杀敌,被清廷派去增援的曾国藩部队救出。曾国藩为这个年轻人的英勇无畏所感动,便推荐他去部队带兵,从此陆成祖开始了戎马生涯。由于作战勇敢,连战连捷,深得朝廷赏识,一路飚升,曾统领襄河水师正左营、健捷正营、健捷左营和陆军成胜左、右营,因战功突出,被保荐"记名提督",晋赠"振威将军"。因陆成祖的功名,其夫人被诰封为一品夫人。

为光宗耀祖,陆成祖于光绪元年(1875年)回老家选址造房,次年动工,历时6年落成,取名"陆家新屋",坐落在蒸湘区华兴街道新桥村,分与家人居住。

陆成祖一生基本都在湖北襄阳度过。光绪十七年(1891年),陆成祖在襄阳率军训练时,不慎坠马身亡,终年54岁。

萧　度

萧　度(1861—1939)　字叔康,号评斋,呆鹰岭镇鸡窝山士子湾人。1903年,留学日本明治大学法律系,返国后任湖南高等学堂法律教师,继任广西南宁地方法院推事,首席检察官。回湘后,与刘人熙等秘密策划反清革命活动。辛亥革命成功后,出任第一任长沙县知事。袁世凯篡权,刺杀宋教仁,大兴党祸,列萧为要犯,悬赏缉捕。他逃到岳家高真寺井堂,蜗居楼上一年。复又潜逃日本,在日本追随林修梅、程潜,共谋反袁。民国4年(1915)回国投入反袁之役。民国8年3月由西南唐继尧军政府荐为湖南省高等检察厅检察长,至民国16年冬退休。著有《评斋史评》《评斋诗存》《评斋联语》若干卷。

谢　彬

谢　彬(1887 —1948)　号晓钟。祖籍蒸湘区雨母山乡群益村(原衡南县东阳乡石桥村),1887年出生于衡阳县金兰寺。1905年加入同盟会。1912年入日本早稻田大学学习政治经济。1914年参加中华革命

党，为阐发孙中山的三民主义、捍卫共和、反对帝制写了许多文章，甚为孙中山所赏识。

1916年，谢彬从日本学成归国，奉孙中山之命，以财政部特派员身份前往新疆考察。历时15月，就考察所得，写成《新疆游记》，共30余万字，是介绍西北边疆知识的专著。孙中山亲笔作序，称赞他为“有识之士”，是一个“不立志做大官，而立志做大事”的“大丈夫”。他参加过“五四”运动，在上海主编过《民心周报》，任过中华书局特约编辑，与当时名流李大钊、陈独秀、蔡元培、胡适之等人均有交往。1921年，他回到衡阳，讲学于第三师范。

1923年，谢彬应孙中山之召，在广州大本营任经济顾问。不久，专程赴云南考察，归来后，写成《云南游记》《中国丧地史》《全国一周》等书。1926年参加北伐战争，先后任国民革命军第六军、第八军秘书长。以后调任国民党政府军事参议院参议，代行参议院院务，授中将军衔。

20世纪30年代以后，他以主要精力著书立说，著有《中国铁道史》《短篇游记》《经济学新论》《家庭经济新论》《中国政治学》《中国债史》《新湘军志》等。抗战期间，除潜心研究王船山学术思想外，还写了《中英藏案交涉史》《经济学常识》《新疆事情》《小柬山房日记》等。1947年，任衡阳船山中学校长。

谢彬是一位著名的爱国者，杰出的著作家。他毕生著述30多种1000万余字，公开出版的就有27种。周恩来总理赞扬他“是个宝贝……是一位博学多才的人，是一本活字典”。他长期潜心学术研究，积劳成疾，1948年9月病逝于衡阳市故居，葬于雨母山乡群益村六组。

廖仁福

廖仁福（1898—1957）　衡阳市郊长湖乡长湖村人，贫农出身。解放前做过长工，精于农业技术，人称“田状元”。他1951年加入中国共产党。同年3月，他联合17名农户组成衡阳市第一个互助组—廖仁福互助组。当时，山西著名劳动模范李顺达互助组向全国发起“爱国丰产竞赛”倡议。廖仁福互助组积极应战，充分发挥集体智慧和力量，组织30多条水车统一车水抗旱，并首创评工记分办法，终于夺得早中稻大丰收，平均亩产317.5公斤，比上年每亩增产72.5公斤。同时，积极发展副业生产，17户组员户户增产增收。廖仁福被评为市特等劳动模范。随后不久，廖仁福出席省劳模大会，评为甲等劳动模范。1952年，廖仁福互助组在选种、育秧、改造瘦田、荒坡、制造土杂肥等方面都作出突出成绩，农副业生产又获得大丰收，组内3.14亩双季稻，平均亩产556.5公斤，较当地平均亩产高出149公斤。国家农业部给廖仁福互助组颁发了“爱国丰产新纪录”的奖状、奖章。当时，各地前往廖仁福互助组参观学习者甚多。志愿军归国报告团团长柴川若前往祝贺并与廖仁福合影留念。苏联驻广州总领事莫特科夫专程到组访问座谈。北京电影制片厂新闻摄影队前往拍摄纪录片并在全国放映。

1951年7月，衡阳市二届一次人民代表大会，廖仁福被特邀为代表，同年12月为市二届人民代表协商委员会委员。1952年12月，选为市三届人民代表大会代表，并当选为市人民政府委员，湖南省人大代表。

1953年，廖仁福互助组最早转为初级生产合作社，1955年9月转为高级社。1957年1月廖仁福因病逝世，终年60岁。

萧企云

萧企云（1882—1959）　又名雍，笔名艺兰、秋庐，别号谑翁，衡阳县鸡窝山（现为蒸湘区呆鹰岭镇鸡市村）人。民国初年，入岳麓高等学堂，攻读法政。学成后，襄理司法。1921年，投笔从戎，助孙中山北伐，佐讨陈炯明叛军，后被荐为文昌县知事，复调广西博白、上林、梧州等县。每临一县，兴利除弊，为官清正，尝谓：“万分廉洁，只是小善；一点贪污，便是大恶”。他痛感当时政治腐败，乃于1924年毅然辞官归里，继承父业，将宝华堂书店改为新文化书社，除自印课本、碑帖外，并贩运进步书籍、刊物。不意国民党政府竟加以宣传

马列传播赤化罪名,查封书店。其时契友姚尊任衡阳图书馆馆长,以振兴文化相勉,委以主任之职,遂欣然应命,乃于新旧秘籍,搜罗整理,不遗余力。复又建议当局,补刊船山遗书及衡阳县志,使先哲鸿篇,得以传播士林。并被誉称为衡阳著名收藏家、鉴赏家。他酷好金石书,平时自奉菲薄,惟于收藏事业,不惜代价,幸有宝华堂书店旧业,能筹措资金,用以收藏艺术珍品。

萧企云还热衷于教育事业和其他社会事业,率先捐款,筹办萧族初小三所,高小两所,后来发展为完全中学、自任校长,历时八载办学不取报酬,甚至连祖遗田租也全部献给大桥铺和南塘两校。家乡有座罗洪桥,圮废不堪,他便发起修理。1946 年,衡阳大水成灾,饿殍载道,乡人公推他为赈灾主任,一文一票从未染指。并自带干粮,冒暑往来城乡,协商账贷,济贫扶危,恢复生产。

1949 年解放前夕,中共代表、二野战军部长李强到衡阳,以其子萧健在四川任国民党军长要职,商谈策动起义一事。他毫不犹豫立即给萧健写信,晓以大义,敦促当机立断,弃暗投明,并命其长子萧伯麟前往川西,亲递家书。事果成。1949 年 9 月,他应邀出席全国第一届政治协商会议,毛泽东主席举杯相庆,称道"乡有遗贤"。回衡后,当选为市政协副主席,市民革副主委,1950 年,由谢觉哉推荐任衡阳市中级人民法院院长。他秉公执法,不徇私情。1959 年 3 月 4 日病逝。生前著述有《艺兰馆联话》《忆秋簃文存》《湘影诗草》《书画录什记》等 20 余卷。

何贻焜

何贻焜(1908—1959)　字一风,衡南县东阳乡(现蒸湘区雨母山乡竹雅村)人。自幼沉默寡言,读书刻苦用功。1933 年 7 月毕业于湖南大学;同年 9 月,又考入北平师范大学中文系,1937 年毕业。先后在北平高级商科学校、湖南省立二中、衡阳成章、船山和省立一师等中学任教。1943 年出任衡阳县立师范学校校长。1951 年至 1957 年任衡阳铁路第一中学教员。

在湖南大学读书时,他写的《续文心雕龙》,使湘中著名学者李少聃大为震惊,经李推荐,在《长沙晚报》中连载。在北师大学习时,他深得国学大师黎锦熙器重,在黎的指导下进行学术研究。1936 年 9 月,他写成《曾国藩评传》,甚得海内外学者推崇,该书 1975 年在台湾再版。解放前,他还出版了《顾亭林学术评述》和《蒋中正评传》。

何贻焜潜心研究船山学说,通读《船山遗书》,走访船山旧居,写出了《王船山先生思想研究的片断》(之一至之三)、《论船山思想通讯)等论文和著作。他发现和阐述了王船山的进化宇宙观、进化人生观和进化文学观,得到著名历史学家徐炳昶的赏识,说:"何先生致力船山之学,著作丰富、思想深远,能从多方面研究船山先生之生活与思想,至深钦佩,是我辈所不及。"他的巨著《船山生活与思想》,书稿盈尺,100 余万字。1954 年,他将书稿交给黎锦熙,黎准备为其出版。不料 1957 年,何贻焜被划为右派,判刑 7 年,1959 年病故于王家湾监狱中,1979 年得以平反纠正。书稿至今存放在黎的遗稿中。

刘　炜

刘　炜(1927.1—1967.7)　又名景衎,蒸湘区呆鹰岭镇中心村人。中共党员。大专文化。1938 年后,先后在私立成章中学、醴陵湘东中学、衡阳私立平智高中学习。1945 年 3 月参加革命工作。抗日战争胜利后,省工委书记周里指示其父亲刘莘田在三塘开设"寿康"药栈,作为党的地下联络站,开展工作。他协助父亲经营药栈,接济党内外同志。1947 年 8 月,经谷子元、李灿英(郭亮烈士的夫人)介绍入党,后按李灿英的指示以卖米、卖土布等生意作掩护,从事党的地下交通工作。先后担任过支部书记、区工委委员。解放战争

时期，与党内同志在衡阳市开办“万春药店”“雁峰粉馆”“大兴旅社”，以上述单位为革命据点，从事地下工作。1948 年，与表兄周炳杰（革命烈士）成立江东特别支队，策划粤汉铁路工人年关罢工运动，并取得胜利。1949 年 5 月，在谷子元领导下，与党内同志组织成立湘南游击队第十一大队，并任十一大队政委，与湘南游击队第八大队共同作战，在衡宝公路上夹击国民党白崇禧部。1949 年 10 月，先后在衡阳县民政科、县公安局、县人民法院工作。1952 年 8 月，调衡南县人民法院，任副院长。1954 年 1 月，到武汉中南政法学院学习。1954 年 9 月，调湖南省人民法院，历任省劳改局新生电机厂党委宣传部部长、省高院科级、处级审判员、刑事审判庭庭长等职。1966 年在“文化大革命”中受到不公正待遇，1967 年 7 月 15 日被迫害致死。1979 年 11 月 25 日，省高院党组为其平反昭雪，并妥善安排其遗孀和子女。

刘莘田

刘莘田(1898.2—1970.3)　蒸湘区呆鹰岭镇中心村人。曾就读湖南第三师范。1926 年，参加国民革命军第八军，积极投身北伐战争。同年，加入共产主义青年团，由夏曦直接领导，在军内从事革命宣传鼓动工作。1927 年，北伐战争失败，同组织上失去联系。1928—1930 年，他两次旅沪寻找党组织，终于找到了中共中央军委特科上海情报小组成员刘道衡。1935 年 5 月入党，成为中央情报局湖南情报小组（隶属军委特科上海情报小组）成员，负责保管党内秘密文件。1937 年“七·七”芦沟桥事变后，他与地下党同志一道，帮助革命青年奔赴延安。1937 年冬，党组织决定委派他将长沙的一所自治女校迁移到衡阳县西乡牌楼冲，并担任该校行政事务负责人。后不久建立牌楼冲党支部，他是支部负责人之一。之后，又与地下党同志一道就近开办“雪竹山民众学校”，培养一批青年学生、农民骨干，充实党的基层队伍。1945 年，他与党内同志一道，在牌楼冲地区建立湘衡游击支队。之后，又与李灿英等同志一道开辟三塘革命据点，以创办云章小学、静庵小学，督办三塘小学和开设中药店行医作掩护，建立三塘党支部。逐步将工作重点由乡村转移到城市，组织码头工人和印刷工人进行秘密革命活动。1948 年春，省工委派他到湘西桑植县做策反工作，以县主任秘书、代理副县长的公开身份争取桑植县县长等人起义投诚获得成功。解放后，历任中共衡阳地委秘书、衡阳市政协副主席、湖南省参事室参事、湖南省第三届人大代表。1968 年，在“文件大革命”中遭受迫害，于 1970 年 3 月 25 日含冤去世。1979 年 1 月 20 日，中共衡阳市委、市革委会为之平反昭雪，将其骨灰安葬在衡阳市北郊烈士陵园。

刘先和

刘先和(1926.4—1993.2)　蒸湘区呆鹰岭镇人。茶叶专家。1955 年毕业于湖南农学院。同年 9 月分配到湖南省农业厅工作，先后在农业厅经济作物局担任副科长、科长、农艺师、高级农艺师等职务。多次被评为省农业厅先进工作者和省直机关优秀共产党员，曾获湖南省优秀技术工作者、有突出贡献的优秀专家等荣誉。1993 年被评为湖南省十大新闻人物。

1985 年，与同为省农业厅高级农艺师的妻子肖玲一起到岳阳县黄沙街茶场搞技术承包，先后挖掘、创制了“南岳云雾”“碣滩茶”“洞庭茶”“洞庭春芽”等 8 种名茶。“洞庭春”茶从 1985 年起连续 4 次被评为部级名茶，2 次获农业部金杯奖，1990 年获国家金质奖。1992 年，黄沙街茶场产值由 1985 年的 37 万多元增加到 240 万元，扭转了严重亏损的局面，成为全国名优茶基地。按照承包合同,八年应得奖金64万元,但他分文未取,全留给茶场发展公益事业;县政府奖励他一辆伏尔加轿车,也留茶场使用。

1993年2月25日刘先和因心脏病猝发去世。去世后,省委、省政府授予其献身农业科技事业的优秀共产党员称号,并作出《关于向献身农业科技事业的优秀共产党员刘先和同志学习的决定》。1994年1月2日,国家农业部、人事部追授他为全国农业劳动模范,《人民日报》《湖南日报》等20多家新闻传媒报道了他的优秀事迹。省直工委、省农业厅与潇湘电影制作厂联合摄制了以他为原型的电视剧《秋之魂》在全省播映。湖南省农业厅于1994—1995年将刘先和同志故居改建为"先和堂",在二楼设置了"刘先和同志生平事迹陈列室"。1996年春,在刘先和诞生70周年之际正式展出,以表示对一代茶师的崇敬之情和深切怀念。

罗有信

罗有信(1930.4—1993.8) 衡阳市郊区西湖乡人。20世纪50年代初期,积极投入农业合作化运动。1956年加入中国共产党,同年任西湖高级农业合作社社长,1958年起任西湖大队党支部书记。工作期间,带领群众改江河捕捞鱼苗为人工孵化,推广家鱼人工繁殖技术,创造"菜、猪、鱼"三结合的养种方式,在演武坪建造活水养鱼工厂222平方米,把池塘养鱼推向工厂化,致使西湖大队、西湖公社成为全国淡水养殖先进典型。1974年后,任西湖公社党委副书记、东方红渔塘党总支书记、中共衡阳市委常委(1974年5月至1980年11月)、郊区人民政府调研员。他先后7次被评为市级劳动模范,3次被评为省级先进生产工作者,1958年出席全国农业社会主义建设先代会,1973年和1978年被选为全国党代表,出席中共第十次、第十一次全国代表大会。

罗 济

罗 济(1931.12—2002.4) 衡阳市郊区岳屏乡人。1950年加入中国新民主主义青年团,任衡阳市湘南中学团支部书记。1951年由团市委选派到省委宣传干部训练班学习,结业后分配到中共衡阳市第七区委员会任宣传干事,1954年任衡阳市郊区区公所文化卫生干事。1956年转入罗家湾小学任教。1958年因大哥罗光在台湾任天主教团团长,被错划为"右派分子",送农村监督劳动。1960年摘掉"右派分子"帽子仍留在家乡劳动。1978年被平反纠正后,安排在衡阳市郊区岳屏学区工作。1984年起担任政协衡阳市郊区第一、二、三届委员会副主席。同时还担任政协衡阳市第七、八届委员会委员。1988年起任全国政协第七、八届委员会委员,中国和平统一促进会理事。为祖国和平统一做了大量工作。

罗济生于一个信仰天主教的家庭,是一名天主教教徒。曾任中国天主教衡阳市副主任、湖南省天主教爱国会副主任、全国天主教爱国会常委。1997年退休,2002年4月7日去世,享年70岁。

王 道

王 道(1919.10—2003.10) 衡阳县石市乡东田冲人。大专学历,主任医师,心脑血管医学专家,世界中医药学会会员,入编《中国专家名人合集典》第六卷、《中国名医一万家》。

1938年参加抗日战争,曾在岳阳、临湘、通城、崇阳一带与日军苦战二年,后参加了昆明保卫战,并获国家一等干城(捍卫者)奖章。1939年毕业于黄埔军校十五期,历任排长、副营长、营长、副团长、师部作战参谋

等职。1949 年,参加北平和平起义,时任傅作义部队九十二军作战科科长。

王道生于中医世家(其父王景农为衡阳市中医医院首任院长)。1958 年毕业于湖南省立中医进修学院大专班(现湖南中医医科大学),供职于衡阳市郊长湖卫生院,从事医疗卫生工作 40 余年。1970 年初,独自研究发明的“王道心血安”粉剂,对高血压、冠心病、动脉硬化、心律不齐、心绞痛、心衰、血脂过高等症的治疗具有显著疗效,取得国家专利,荣获“97 国际名医学术研讨会产品”金奖、“第七届中国专利新技术新产品博览会”银奖。他研制发明的《乙肝独圣散》经临床验证,疗效较好,属中医的一项新成果。根据多年的临床经验,他编写了《中医实践录》一书。他多次参加学术研究会,并发表论文,其中“王道心血管研究”参加全国老年医学会第五届学术论文交流,入编《老年医学新进展》《世界名医论著》等专著;“肝硬化论治”一稿,入选《98 国际杰出医学交流展示会论文集》和《中华医学研究论文集》。

2002 年 8 月,王道协同关门弟子范千荣开设“王道心脑血管专科”,并将“心血安”秘方传予范千荣。

万克和

万克和(1950.9—2006.6)　衡阳市郊区人。中共党员,大专文化。1971 年 12 月参加工作,历任衡阳市郊长湖公社干事、团委副书记、公社党委委员、武装部副部长,松木公社党委副书记、管委会主任、乡长。期间,1984 年 9 月至 1986 年 12 月,参加湖南农学院衡阳分院农学专业学习。1987 年 1 月至 1990 年 12 月,任衡阳市郊区东阳渡乡党委书记。1990 年 12 月调入郊区机关工作,先后担任区蔬菜经作局局长,区计经委主任,区委政法委副书记,区委常委、政法委书记。2001 年 5 月至 2002 年 11 月,任中共蒸湘区委常委、政法委书记。2002 年 12 月至 2006 年 6 月,任蒸湘区人大常委会副主任、党组副书记。工作期间,1988 年 3 月获市委、市政府“计划生育先进工作者”,1989 年 6 月获市委“优秀共产党员”,1998 年 2 月获省委政法委、省委组织部“1997 年度全省政法系统创‘三好’活动先进个人”,2001 年 10 月获市委、市政府“‘三五’普法依法治理先进个人”。1983 年 10 月任衡阳市第八届人民代表大会代表。2003 年 8 月特聘为衡阳市人民检察院执法监督员。2006 年 6 月 7 日因病去世,享年 56 岁。

谭承令

谭承令(1936.3—2008.1)　女,湖南省茶陵县人,生于上海市,高级农艺师。1985 年加入九三学社。1963 年 12 月毕业于湖南农学院园艺系,先后在衡阳市农业局、市多种经营局、衡阳市郊区蔬菜经作局工作。在郊区工作期间,根据衡阳自然条件和气候、土壤特点,推广 7 类 40 多个蔬菜新品种及栽培技术,试行了“一年一地、三淡配套”的栽培方法。曾与其夫江锦秀合编《衡阳市蔬菜品种资源考察报告》,获省农业区划三等奖,所著《无公害蔬菜生产技术推广与应用》获市科技进步奖。

从 1983 年起,历任政协衡阳市郊区第一、二届委员会副主席(兼),政协衡阳市第五届委员会常委,政协衡阳市第六届委员会副主席(兼),政协湖南省第七届委员会委员,湖南省妇女联合会第六、七届委员会执委,第七、八届全国人民代表大会代表。

刘景行

刘景行(1921.12—2009.3)　字平康,号行之。蒸湘区呆鹰岭镇中心村人,大学文化。1937 年,协助父亲刘莘田(早期中共党员),与党的地下工作负责人李灿英等,将党的秘密联络点"自治女子学校"从长沙迁移到衡阳西乡牌楼冲。1938 年抗日战争爆发后,他在李华楫(早期中共党员,衡阳中心县委书记)开办的"新知书店"工作,接受革命熏陶。1942 年,经省工委领导周里、谢介眉批准,考入"国民党办公厅电讯班"(军统训练机构)学习。1943 年后,在国民党航空委员会参谋处第二科从事党的地下情报工作。1945 年 5 月,由周寿彭、刘逊夫介绍入党,并受组织委派,携带党的"七大"文件、毛主席《论联合政府》和朱总司令《论解放区战场》等重要文件,越过封锁线回到湖南,先后向党的军委特科上海情报小组在衡负责人熊子烈等和省工委领导周里、谢介眉汇报。后留在衡阳三塘地下党支部工作。解放战争时期,从事农运工作,组织农民护桥、护路、护仓,与表兄周炳杰策划粤汉铁路工人年关加薪大罢工,并取得胜利。1946 年,考入武汉大学法律系。在校期间,组织反饥饿、反压迫、反内战的学生运动,由于叛徒告密,被迫离开学校回衡阳。衡阳解放前夕,在谷子元领导下,与其弟刘炜策划党的地下武装斗争,组织参加了湘南游击队第十一大队、第八大队在衡宝公路沿线夹击白崇禧部的行动。1949 年 10 月,在中共衡阳县委宣传部工作,其间,组织开办"新华书店""人民书店""湘衡印刷厂",并任经理。后调衡阳市土产公司、副食品公司、衡阳市七中、市职工学校等单位工作。1968 年,因"军统特务"的"历史问题"遭到迫害。1978 年,党的十一届三中全会后,重新恢复工作,享受处级干部待遇,任衡阳市第五届政协委员、衡阳市党史领导小组成员。1986 年 7 月离休。离休后,曾主办九嶷山学院,亲自讲授文学、政治经济学、外语等课程。著有《半砚斋诗文集》1 - 3 卷。2009 年 3 月 5 日病逝,享年 88 周岁。

陈才隆

陈才隆(1931.10—2009.10)　衡阳市郊区人。中共党员,高小文化。1970 年 1 月参加工作。1974 年 9 月至 1977 年 12 月,历任衡阳市郊酃湖公社革委会副主任、主任、公社党委书记。1977 年 12 月至 1979 年 6 月,任衡阳市革委会农村办公室主任、党组书记。1979 年 6 月至 1983 年 8 月,任衡阳市革委会农村办副主任。1980 年 9 月至 1990 年 2 月,任衡阳市郊区人大常委会副主任,其间,1980 年 9 月至 1985 年 4 月,任中共衡阳市郊区第一届委员会常委。1990 年 2 月至 1994 年 8 月,任郊区人大常委会正县级干部。1994 年 8 月退休。2009 年 10 月 3 日因病去世。

何传彩

何传彩(1933.4—2010.1)　湖南省衡阳市郊区人。中共党员,高中文化。1950 年 10 月参加工作,任衡阳市四区江合乡副乡长兼秘书。1951 年 2 月至 1955 年 7 月,先后任生产乡小学校长、王家湾完小教员,东阳乡东市小学校长。同年 11 月调任西郊区公所任文教助理、区秘书。1956 年 8 月至 1964 年 5 月,历任市委农村工作部干事、市委组织部组织科干事、组织科副科长、市委农村办调研科科长。1964 年 6 月至 1968 年 10 月,任衡阳专署农村办秘书科副科长、生产指挥组农林水组副组长。1968 年 11 月至 1969 年 12 月,参加衡南三塘学习班学习,然后下放家乡劳动。1970 年 1 月至 1979 年

12月,先后担任衡阳地区革委会生产指挥组成员,水电局领导小组副组长,农办综合科副科长、科长,多种经营科科长。1980年1月之后,历任衡阳市人民政府办公室第一副主任、市人民政府蔬菜领导小组副组长。1988年1月至1992年2月,任南岳区第一届政协主席,系六届市政协委员,中共南岳区第一届区委委员。1992年3月任郊区政协正县级顾问。1993年退休。2010年1月13日因病去世。

廖魁元

廖魁元(1919—2011.6)　衡阳市人。家居蒸湘区联合街道莲子塘社区。曾加入国民革命军第5军200师,在远征军进入缅甸作战时,任野战医院中校院长。他在民族英雄师长戴安澜身边,参加了枪林弹雨的残酷战斗,爬过人迹罕见的雨林野山,包扎过抗日将士(包括戴师长)的伤口。

第一次赴缅抗日回来后,在昆明云南大学附属医院工作期间,与护士康利华相识相爱并结合。在远征军第二次赴缅甸大反攻时,夫妻携手共同加入远征军的队伍,在200师野战医院工作。抗战胜利后,廖入国防医学院进修。后因不愿参加内战,夫妻脱离部队回到衡阳老家。

1949年10月,廖魁元夫妇都在衡阳市第一医院工作。文化大革命期间,夫妻共同下放农村。落实政策回城后,在衡阳市第二精神病医院工作,直到退休。2011年6月病故,享年92岁。

曾宪伟

曾宪伟(1925.10—2011.11)　衡阳市郊区人。中共党员,高小文化。1951—1955年10月任郊区民主乡农会主席、乡长。1955年11月至1956年6月任衡阳市西郊区公所区长。1956年12月至1958年3月任衡阳市交通局副局长。1958年3月至1960年2月任衡阳市上托乡副书记兼乡长。1960年2月至1963年8月任衡阳市郊酃湖公社党委副书记。1963年8月至1970年12月,历任茶山公社党委书记、核心小组组长,和平公社核心小组组长、和平公社革委会主任。1970年12月至1981年11月,先后担任衡阳市农业站副书记、副组长,衡阳市农办林业科科长、农林局副局长。1981年11月至1987年2月,任衡阳市郊区人大常委会副主任。退休后享受正县级待遇。卒于2011年11月3日。

第二章 人物名录

第一节 领导干部名录

蒸湘区历任区副处级以上实职领导名录一览表

（以任区正、副职先后为序）

表 24－1

姓　名	性别	出生年月	籍贯	参加工作时间	文化程度	政治面貌	主要职务及任职时间
李安平	男	1955.8	祁阳县	1976.10	函授本科	中共党员	2001.5—2008.5 中共蒸湘区委书记
徐建中	男	1954.4	常宁市	1972.12	大专	中共党员	2001.5—2006.5 中共蒸湘区委副书记、区人民政府区长
彭燮斋	男	1944.10	湘潭县	1968.12	大学	中共党员	2001.5—2002.12 蒸湘区人大常委会主任
贺湘涛	男	1945.2	湘谭县	1961.7	大专	中共党员	2001.5—2002.12 蒸湘区政协主席
常印平	男	1959.9	山东省费　县	1976.12	大专	中共党员	2001.5—2004.3 中共蒸湘区委常委、区人武部部长
晋敦琦	男	1955.9	山东省费　县	1978.11	大学	中共党员	2001.5—2003.3 蒸湘区人武部政委
夏俊生	男	1951.2	衡阳县	1968.9	自考本科	中共党员	2001.5—2003.3 区人大常委会主任
毛菊桂	男	1953.9	祁阳县	1973.11	函授本科	中共党员	2002.12—2012.12 区政协主席
邓国军	男	1963.7	桂阳县	1981.11	大学	中共党员	2005.4—2008.9 区人武部部长 2008.9—2009.2 区委常委、区人武部部长
万荣禄	男	1963.3	祁阳县	1980.11	大学	中共党员	2006.2—2008.2 区委常委、区人武部政委
唐文峰	男	1967.6	衡阳市	1985.1	函授本科	中共党员	2006.5—2008.5 区委副书记、代区长、区长 2008.5—2012.2 中共蒸湘区委书记
罗厚坤	男	1955.5	衡南县	1978.9	函授本科	中共党员	2007.11—2012.12 区人大常委会主任
刘环建	男	1964.1	江西省萍乡市	1982.11	函授本科	中共党员	2008.2—2009.6 区人武部政委、部长 2009.6—2010.4 区委常委、区人武部部长
陈树生	男	1963.3	祁东县	1984.7	研究生	中共党员	2008.9—区委副书记、区长
李定慧	男	1965.12	衡南县	1983.11	大学	中共党员	2009.1—2010.5 区人武部政委 2010.5—2011.4 区委常委、区人武部政委
曾　臻	男	1969.8	邵东县	1988.9	军事学硕士	中共党员	2010.4—2012.2 区人武部部长
李　欣	男	1967.7	湖北省钟祥县	1986.10	大学	中共党员	2011.4—2011.7 区人武部政委 2011.7—区委常委、区人武部政委
王文豪	男	1971.4	湘潭县	1989.10	大学	中共党员	2012.2—区人武部部长
白一峰	男	1963.11	山西省武乡县	1981.12	函授本科	中共党员	2012.3—中共蒸湘区委书记

续表 24－1

姓　名	性别	出生年月	籍贯	参加工作时间	文化程度	政治面貌	主要职务及任职时间
单国平	男	1961.12	衡东县	1978.9	大学	中共党员	2006.7—2012.12 区委常委、区政府常务副区长 2012.12—区人大党委会主任
汪秋明	男	1958.9	江苏省沭阳县	1975.3	函授本科	中共党员	2002.9—2012.12 区委常委、政法委书记、组织部长 2012.12—区政协主席
陈光社	男	1942.10	耒阳市	1959.1	大专	中共党员	2001.5—2002.12 区人大常委会常务副主任（正县级）
谭伟龙	男	1955.12	衡东县	1974.12	函授本科	中共党员	2001.5—2002.9 中共蒸湘区委副书记
谭树理	男	1956.11	耒阳市	1976.9	自考大专	中共党员	2001.5—2002.9 中共蒸湘区委副书记
邓准德	男	1957.10	桂阳县	1980.7	函授本科	中共党员	2001.5—2011.7 区委常委、纪委书记、区委副书记 2011.7—区委正县级干部
祝和东	男	1955.8	衡阳市	1975.11	大专	中共党员	2001.5—2011.7 区委常委、区委办主任 2011.7—区委正县级干部
曾巧敏	女	1966.4	衡阳县	1985.1	函授本科	中共党员	2001.5—2005.4 区委常委、区政府常务副区长
李艳丽	女	1962.11	道　县	1981.9	函授本科	中共党员	2001.5—2006.6 区委常委、宣传部长 2006.6—2011.6 区委常委、纪委书记
周顺发	男	1945.10	广东省普宁市	1965.11	大专	中共党员	2001.5—2002.12 区人大常委会副主任 2005.11—区人大常委会正县级干部
郭裕泉	男	1951.9	广东省增城市	1969.2	大专	中共党员	2001.5—2007.11 区人大常委会副主任 2007.11—2011.10 区人大常委会正县级干部
罗章琪	男	1952.10	常宁市	1970.12	中专	中共党员	2001.5—2007.11 副区长、区人大常委会副主任 2007.11—2012.12 区人大常委会正县级干部
刘建辉	男	1955.9	衡南县	1974.12	函授本科	中共党员	2001.12—2012.11 副区长、区人大常委会副主任 2012.12—区人大常委会正县级干部
高冬生	男	1948.12	祁东县	1968.9	大专	中共党员	2001.5—2002.12 区人大常委会副主任 2003.1—区人大常委会调研员（正县级）
罗佑生	男	1949.6	祁东县	1966.8	大专	中共党员	2001.5—2007.11 区人大常委会副主任 2007.12—区人大常委会正县级干部
罗联方	男	1945.7	邵阳县	1965.3	中专	中共党员	2001.5—2002.4 区人民政府副区长 2002.5—区人民政府调研员（正县级）
许满意	女	1953.3	临湘县	1970.2	大专	农工民主党员	2001.5—2004.5 区人民政府副区长
阳春生	男	1951.12	衡阳市	1977.12	大专	中共党员	2001.5—2007.11 副区长、区人大常委会副主任 2007.11—区人大常委会正县级干部
颜朝林	男	1943.12	衡南县	1966.7	中专	中共党员	2001.5—2002.12 区政协副主席 2002.12—区政协正县级干部
丁永水	男	1945.6	衡阳市	1961.7	初中	中共党员	2001.5—2002.12 区政协副主席
谢鸿飞	男	1947.7	衡阳县	1968.7	大学	无党派人士	2001.5—2007.11 区政协副主席（兼）
陆魁伟	男	1955.12	衡阳市	1977.1	函大专科	民进党员	2001.5—2004.4 区政协副主席（兼） 2004.4—2012.9 副区长、区人大常委会副主任 2012.9—2012.12 区人大常委会副主任（正县级）
陈功元	男	1947.7	衡南县	1969.7	大学 三级高检	中共党员	2001.5—2001.12 区人民检察院党组书记 2001.12—2007.7 区人民检察院正处级检察员
黄茂林	女	1954.4	衡南县	1977.10	自考本科	中共党员	2001.5—2012.10 区人民检察院检察长 2012.10—区人民检察院正处级检察员
孙齐文	男	1953.12	祁阳县	1970.3	大专	中共党员	2001.5—2007.11 区人民法院院长 2007.11—区人民法院正处级审判员
贺熙欢	男	1962.4	祁东县	1984.7	函大本科	中共党员	2001.5—2011.6 区委常委、统战部长
刘景友	男	1965.8	衡阳县	1983.10	大学	中共党员	2002.1—2004.3 区人武部副部长

续表 24 - 1

姓　名	性别	出生年月	籍贯	参加工作时间	文化程度	政治面貌	主要职务及任职时间
康小鹰	男	1954.12	衡山县	1969.1	硕士研究生	中共党员	2002.7—2007.11 区人民政府副区长 2007.11—区人民政府正县级干部
刘一华	男	1960.3	衡南县	1976.12	硕士研究生	中共党员	2002.9—2006.6 中共蒸湘区委副书记(正处级)
罗为广	男	1958.12	衡阳市	1978.8	函授本科	中共党员	2002.11—2007.11 区人民政府副区长 2007.12—2012.9 区人大常委会副主任 2012.9—区人大常委会正县级干部
陶敦建	男	1953.1	永州市	1969.8	高中	中共党员	2002.11—2012.12 区政协副主席 2012.9—区政协正县级干部
彭东阳	男	1967.1	祁东县	1989.8	大学	中共党员	2002.11—2006.7 区人民政府副区长 2006.7—2011.7 区委常委、宣传部长 2011.7—区委常委、纪委书记
刘红丹	男	1971.8	祁东县	1991.8	中央党校研究生	中共党员	2002.11—2006.7 区委常委(2002.11—2004.3 兼雨母山乡党委书记) 2006.7—2011.7 区委常委、区政府副区长
丁平涛	男	1952.3	衡阳市	1976.1	高中	中共党员	2003.1—2007.11 区政协副主席
杨艳斌	女	1966.1	吉林省长春市	1985.1	函授本科	无党派人士	2003.1—2007.11 区政协副主席(兼) 2007.11—区人民政府副区长
陈政军	男	1964.2	韶山市	1987.7	大学	民革成员	2004.11—2012.12 区政协副主席(兼) 2007.11—区人大常委会副主席(兼)
冯加业	男	1960.5	衡阳县	1981.12	函授本科	中共党员	2005.11—2006.6 蒸湘区副处级干部兼呆鹰岭党委书记 2006.7—区委常委、政法委书记
刘定安	男	1967.1	衡阳县	1985.12	大学	中共党员	2005.4—2006.6 中共蒸湘区委副书记、区纪委书记
王　华	男	1966.3	邵阳市	1985.7	大学	中共党员	2007.11—2011.7 区人民政府副区长 2011.7—区委常委、区人民政府副区长
邓三德	男	1963.7	桂阳县	1980.11	函授本科	中共党员	2007.11—2012.12 区人民政府副区长 2012.12—区人民政府正县级干部
陈硕果	男	1968.8	祁东县	1988.8	函授本科	中共党员	2007.11—区人民政府副区长
陈光华	男	1959.5	衡南县	1978.12	函授大专	中共党员	2007.11—2012.9 区人大常委会副主任 2012.9—区人大常委会正县级干部
周承富	男	1957.8	衡阳市	1976.7	大专	中共党员	2007.11—2012.9 区人大常委会副主任 2012.9—区人大常委会正县级干部
王国保	男	1956.9	辽宁省彰武县	1973.1	中专	中共党员	2007.11—区政协副主席
陈金生	男	1969.9	衡南县	1989.12	函授本科	无党派人士	2007.11—区政协副主席(兼)
云　平	男	1963.7	河南省武陟县	1976.6	大专	无党派人士	2007.11—区政协副主席(兼)
张荣华	男	1956.8	常宁市	1980.8	大专	中共党员	2007.12—2012.11 区公安分局党委书记、局长 2008.11—2012.11 区人民政府区长助理
欧洪波	男	1974.3	衡阳市	1989.3	大学	中共党员	2009.2—区人武部副部长兼军事科长
谢云亚	男	1965.2	衡阳市	1979.11	大学	无党派人士	2011.3—区政协副主席(兼)
李来清	男	1970.12	衡山县	1992.7	大学硕士	中共党员	2011.7—中共蒸湘区委副书记
邹可成	男	1974.1	衡阳县	1991.7	党校研究生	中共党员	2006.6—2011.9 区委常委、财政局局长 2011.7—区委常委、区委办公室主任
张永英	女	1971.4	常宁市	1989.6	函授研究生	中共党员	2011.7—区委常委、组织部部长、统战部部长

续表24－1

姓　名	性别	出生年月	籍贯	参加工作时间	文化程度	政治面貌	主要职务及任职时间
尹熙明	男	1972.10	衡阳县	1996.10	党校研究生	中共党员	2011.7—区委常委、宣传部部长
肖立建	男	1972.10	衡阳市	1995.7	法学硕士	中共党员	2011.7—区委常委、区人民政府常务副区长
彭顺利	男	1973.1	衡阳市	1990.7	成教本科	中共党员	2011.7—区人民政府副区长
吴小平	男	1963.10	衡阳市	1982.8	自考本科	中共党员	2012.10—区人民政府副区长、区公安分局局长
罗名志	男	1974.1	衡南县	1994.8	自考本科	中共党员	2012.12—区人民检察院检察长
邹顺徕	男	1963.8	祁东县	1985.7	函授本科	中共党员	2012.12—区人大常委会副主任
王殿生	男	1960.6	衡阳市	1981.4	函授大专	中共党员	2012.12—区人大常委会副主任
肖芳云	女	1965.8	祁东县	1989.7	大学	中共党员	2012.12—区人大常委会副主任
罗锡桂	女	1963.11	衡阳市	1979.8	电大专科	中共党员	2012.12—区人大常委会副主任
李正金	男	1963.9	常德市	1982.10	函授本科	中共党员	2012.12—区人民政府副区长
罗　琼	女	1982.2	衡南县	2000.10	大学	中共党员	2012.12—区人民政府副区长
汪仲兆	男	1964.11	衡阳县	1985.7	硕士研究生	中共党员	2012.12—区政协副主席(排第一)
吴兰湘	女	1964.1	辽宁省沈阳市	1981.9	大学	中共党员	2012.12—区政协副主席

蒸湘区管理的副处级以上实职领导名录一览表

(以出生年月为序)

表24－2

姓　名	性别	出生年月	籍贯	参加工作时间	文化程度	政治面貌	主要职务及任职时间
刘文星	男	1927.12	衡阳市	1951.4	高中	中共党员	1984.3—1990.2 衡阳市郊区政协主席
戴明昌	男	1928.8	衡阳市	1950.10	初中	中共党员	1980.9—1987.2 衡阳市郊区人大常委会主任
李德文	男	1932.4	长沙市	1951.6		中共党员	1990.3—1992.11 衡阳市郊区人大常委会副主任
周贤新	男	1932.7	衡南县	1951.9	初中	中共党员	1984.3—1992.12 衡阳市郊区政协副主席
刘声斐	男	1932.8	衡阳市	1951.1	初中	中共党员	1974—1983 衡阳市农林局局长 1984—1992.9 衡阳市郊区人民政府调研员(正县级)
唐厚生	男	1933.2	祁东县	1949.12	高中	中共党员	1984.1—1992.12 衡阳市郊区区委常委、区委办主任
欧阳卓	男	1933.7	衡南县	1950	高中	中共党员	1990.2—1992.12 衡阳市郊区政协副主席
夏忠和	男	1933.8	衡阳县	1953.10	高中	中共党员	1980.9—1990.4 郊区人民法院院长 1990.4—1994.6 郊区区委政法委书记
蔡友芝	男	1935.11	衡阳市	1955.5	初中	中共党员	1990—1992.11 郊区区委统战部部长 1992.12—1997.3 郊区政协副主席
刘靖东	男	1936.4	长沙市	1951	中专	中共党员	1987.3—1996.3 郊区人大常委会副主任 1996.4—郊区人大常委会正县级干部

续表 24－2

姓　名	性别	出生年月	籍贯	参加工作时间	文化程度	政治面貌	主要职务及任职时间
沈芝龙	男	1937.2	浙江省宁波市	1952	初中	中共党员	1990.3—1997.12 郊区人大常委会副主任
罗永柏	男	1937.7	衡阳市	1955.9	中专	中共党员	1987.3—1992.12 郊区区委副书记、区政府区长 1992.12—1997.12 郊区人大常委会主任
刘舜楼	男	1937.8	祁东县	1955.12	初中	中共党员	1990.2—1997.12 郊区政协主席
杨金玉	女	1937.12	辰溪县	1963.1	大学	中共党员	1984.3—1990.2 郊区人民政府副区长 1990.3—1992.11 郊区人大常委会副主任 1998.1—郊区人大常委会调研员(正县级)
王济鹄	男	1942.9	衡阳县	1962	大专	中共党员	1990.12—1997.12 郊区政府区长助理、副区长 1997.12—郊区政府调研员(正县级)
段汉清	男	1946.11	衡东县	1964.9	大专	中共党员	1984.1—1985.11 郊区区委常委、组织部部长 1985.12—1997.12 郊区政府区长助理、副区长 1997.12—郊区政府调研员(正县级)
何际仿	男	1950.6	衡南县	1975	大专	中共党员	1996.4—2001.2 郊区人民法院院长 2001.3—郊区人民法院正处级审判员
陆魁志	男	1951.2	衡阳市	1976.12	中专	中共党员	1996.5—2000.7 郊区区委常委、区纪委书记 2000.7—郊区区委助理调研员

蒸湘区籍副处级以上实职领导名录一览表

(以出生年月为序)

表 24－3

姓　名	性别	出生年月	籍　贯	文化程度	政治面貌	2012 年前任职单位及主要职务
刘谋发	男	1935.10	呆鹰岭镇鸡市村	大专	中共党员	衡阳市人民政府正厅级巡视员
肖德富	男	1936.6	雨母山乡青山村	高中	中共党员	衡阳市水口山矿务局保卫处长、公安处长
杨如祥	男	1942.12	华兴街道柘里村	大学	中共党员	广州军区总医院政治部主任
唐耀碧	男	1947.8	华兴街道长胜村	大学	中共党员	衡阳市珠晖区政协副主席、调研员
肖逢春	男	1948.12	呆鹰岭镇土桥村	大专	中共党员	中共衡阳市委副秘书长、市委办正处级督办员
李远福	男	1950.1	华兴街道柘里村	大专	中共党员	衡阳市人大常委会副主任、正厅级干部
刘利果	男	1950.6	呆鹰岭镇中心村	大学	中共党员	衡阳市纪委正处级纪检监察员
刘谋新	男	1956.4	呆鹰岭镇中心村	大专	中共党员	广东省湛江市教委副主任
张朝维	男	1951.7	呆鹰岭镇新阳村	研究生	中共党员	湖南省公安厅副厅长
陆秀良	男	1954.1	雨母山乡二塘村	大专	中共党员	中共衡阳市委副秘书长、正县级干部
谢厚新	男	1954.2	长湖乡大立村	大学	中共党员	中共衡阳市委宣传部副部长、调研员
左珍文	男	1954.8	雨母山乡联胜村	大学	中共党员	广西壮族自治区人工降雨办公室副主任
朱传禄	男	1955.3	长湖乡大立村	大专	中共党员	广西桂林市人大常委会调研员
华联友	男	1955.8	雨母山乡新中村		中共党员	广西壮族自治区石油总公司安监处副处长
杨安东	男	1957.11	雨母山乡群益村	大学	中共党员	衡阳市公安局经警支队政委
刘诗秋	男	1958.7	呆鹰岭镇松陂村	大学	无党派人士	衡阳市衡阳县人大常委会副主任、县政府副县长
刘运定	男	1962.2	呆鹰岭镇中平村	研究生	中共党员	衡阳市人大常委会副主任
夏　剑	男	1962.9	雨母山乡雨母村	大学	中共党员	衡阳市公安局监管支队支队长
陆亚利	男	1965.4	雨母山乡湘桂村	大学	中共党员	衡阳市编办副主任
陆　峰	男	1966.11	雨母山乡湘桂村	大学	中共党员	中国人民解放军 76146 部队部队长(上校军衔)
肖　晗	男	1968.11	呆鹰岭镇振兴村	大学	中共党员	中国人寿保险总公司研发中心总经理助理

续表 24-3

姓　名	性别	出生年月	籍　贯	文化程度	政治面貌	2012 年前任职单位及主要职务
谢先进	男	1969.1	雨母山乡灵山村	研究生	中共党员	衡阳市公安局副局长
王先庆	男	1969.10	华兴街道互助村	大学	中共党员	中国人民解放军海军某部部队长
阳永军	男	1969.12	长湖乡长湖村	大学	中共党员	衡阳市常宁市人武部部长
李家胜	男	1971.8	雨母山乡梓木村	硕士研究生	中共党员	广州市番禺区小谷围街道办事处副主任(副处级)
陆魁员	男	1972.9	雨母山乡联胜村	硕士研究生	中共党员	中国人民解放军 92730 部队司令部作战处副处长
李一帆	男	1974.8	雨母山乡二塘村	硕士研究生	中共党员	衡阳市民政局副局长
何谋军	男	1974.12	雨母山乡竹雅村	硕士研究生	中共党员	中共贵阳市委政法委员会委员、常务副书记
谢　韬	男	1982.11	长湖乡大立村	公共管理硕士	中共党员	共青团衡阳市委员会副书记

第二节　高级职称人员名录

2001 年 5 月至 2012 年蒸湘区高级职称人员名录一览表

表 24-4

姓名	性别	出生年月	最高学历	参加工作时间	所 在 单 位	评聘时间	专业技术类别
李枫秋	男	1959.8	大专	1978.11	区水利农机局	2001.5	高级经济师
方美群	女	1961.6	大专	1979.9	区建设局	2001.5	高级经济师
张平清	女	1954.2	大专	1971.3	区建设局	2001.5	高级经济师
欧阳玲	女	1950.9	大专	1966.3	区建设局	2001.5	高级经济师
王文明	男	1955.8	大专	1979.10	区鸿达房地产开发总公司	2001.10	高级政工师
刘国华	男	1962.8	大学	1984.11	衡阳市第四建筑公司	2002.1	高级工程师
吴小平	男	1963.10	大学	1982.8	市公安局	2002.4	技侦高级工程师
蒋智超	女	1968.9	大学	1992.8	湖南长坤建设有限公司	2004.9	高级工程师
黄小玲	女	1963.5	大专	1983.8	区农办	2005.5	高级兽医师
郑春平	男	1966.2	大学	1989.7	湖南长坤建设有限公司	2005.9	高级工程师
谢云亚	男	1965.2	大学	1979.7	蒸湘工程建设总公司	2005.10	高级工程师
周建生	男	1966.4	大专	1987.2	衡阳迪尔建筑设计有限公司	2008.6	高级工程师
邓子红	女	1970.9	大学	1992.8	湖南长坤建设有限公司	2008.9	高级工程师
蔡剑辉	男	1967.11	大专	1992.8	区卫生防疫站	2008.12	高级检验师
彭飞霞	女	1963.8	大学	1983.7	区水利农机局	2010.5	高级工程师

2001 年 5 月至 2012 年蒸湘区高级职称教师、特级教师名录一览表

表 24-5

姓　名	性别	出生年月	最高学历	参加工作时间	所 在 单 位	资格名称	评聘时间	专业技术类别
魏启秀	女	1952.8	专科	1972.8	蒸湘中学	中高	2001.12	教学人员
邹建设	男	1964.12	本科	1980.7	长湖中心校	中高	2002.8	教学人员
唐镇楚	男	1955.7	专科	1978.8	蒸湘中学	中高	2003.1	教学人员
戴　翼	女	1968.11	本科	1991.7	蒸湘中学	中高	2003.1	教学人员

续表 24－5

姓　名	性别	出生年月	最高学历	参加工作时间	所 在 单 位	资格名称	评聘时间	专业技术类别
钟　兴	男	1967.04	大专	1989.12	呆鹰岭中学	中高	2003.9	教学人员
李淑梅	女	1960.7	本科	1978.8	实验小学	中高	2003.12	教学人员
周玉霖	女	1962.8	大学	1981.7	区教文体局	中高	2004.9	教研人员
陆秀颀	男	1963.7	本科	1984.7	雨母山中心校	中高	2004.9	教学人员
宋德喜	男	1951.5	专科	1974.7	蒸湘中学	中高	2004.11	教学人员
赵春明	男	1966.5	本科	1989.7	红湖小学	中高	2005.11	教学人员
罗梅珍	女	1955.6	专科	1974.4	蒸湘中学	中高	2005.12	教学人员
屈中宏	男	1954.12	专科	1983.7	蒸湘二中	中高	2005.12	教学人员
吴明海	男	1964.2	本科	1983.8	雨母山中心校	中高	2005.12	教学人员
徐　涛	男	1970.8	专科	1991.7	蒸湘中学	中高	2006.1	教学人员
陈　伟	男	1965.9	本科	1988.7	雨母山中心校	中高	2006.12	教学人员
李少华	男	1963.10	大专	1983.7	呆鹰岭中学	中高	2006.12	教学人员
周孝勇	女	1967.2	本科	1988.7	蒸湘中学	中高	2006.12	教学人员
欧迎秀	女	1963.8	大专	1982.7	雨母山中心校	中高	2007.12	教学人员
张小平	男	1971.6	本科	1988.7	呆鹰岭中学	中高	2007.12	教学人员
罗阳春	女	1967.1	本科	1989.7	蒸湘中学	中高	2007.12	教学人员
雷春莲	女	1964.1	本科	1982.7	教育局教研室	中高	2008.12	教学人员
喻　波	女	1974.9	本科	1993.7	实验小学	中高	2008.12	教学人员
谢仁翠	女	1965.1	大专	1983.7	雨母山中心校	中高	2008.12	教学人员
莫四清	男	1964.8	本科	1990.7	蒸湘中学	中高	2008.12	教学人员
何宏开	男	1964.7	大专	1982.6	雨母山中心校	中高	2009.12	教学人员
陈永军	男	1971.2	本科	1990.7	雨母山中心校	中高	2009.12	教学人员
杜勋荣	男	1966.8	函本	1989.7	呆鹰岭中学	中高	2009.12	教学人员
王　燕	女	1971.9	大专	1989.7	新阳小学	中高	2009.12	教学人员
徐莺晖	女	1971.8	本科	1990.7	实验小学	中高	2009.12	教学人员
王晓红	女	1967.8	本科	1985.1	立新小学	中高	2009.12	教学人员
李　宏	女	1964.7	本科	1983.8	教育局教研室	中高	2009.12	教学人员
王亦平	女	1971.12	本科	1994.7	蒸湘中学	中高	2009.12	教学人员
蒋　娟	女	1964.1	本科	1988.8	蒸湘中学	中高	2009.12	教学人员
曾常青	女	1969.1	本科	1991.8	蒸湘中学	中高	2009.12	教学人员
严　军	男	1966.2	函本	1988.7	呆鹰岭镇中学	中高	2010.12	教学人员
盛朝晖	女	1968.8	函本	1989.7	呆鹰岭镇中学	中高	2010.12	教学人员
邓友良	女	1970.1	本科	1988.8	蒸湘中学	中高	2012.12	教学人员
蒋双甫	男	1960.11	本科	1981.7	蒸湘中学	中高	2012.12	教学人员
段丽华	女	1972.1	本科	1995.7	蒸湘中学	中高	2012.12	教学人员
李　艳	女	1965.1	本科	1983.7	实验小学	特级教师	2008.12	教学人员

蒸湘区籍高级职称人员名录一览表

表 24－6

姓 名	性 别	出生年月	籍 贯	所在单位	职务、职称
刘 斌	男	1930.12	联合街道北塘村	济南大学外文系	副 教 授
刘文细	男	1934.9	联合街道北塘村	建设部干部学院	高级工程师
刘和风	男	1935.9	华兴街道金星村	衡阳勘测规划设计院	高级建筑师
廖义芳	男	1937.2	长湖乡立新村	衡阳市医疗器械厂	高级工程师
刘文礼	男	1937.10	联合街道北塘村	中纺部国营邵阳第二纺织机械厂	高级工程师
刘 辉	男	1937.12	长湖乡长湖村	能源部天生桥水力发电总厂运行分厂	高级工程师
许刚清	男	1938.2	长湖乡松亭村	国营江雁机械厂	高级工程师
唐荣斌	男	1938.10	华兴街道互助村	衡阳市档案馆	副研究员
廖相国	男	1939.9	华兴街道华兴村	沈阳高压开关厂	高级工程师
刘章立	男	1940.7	联合街道北塘村	核工业部国营405厂	高级工程师
唐耀偿	男	1944.2	华兴街道长胜村	衡阳市湘衡化工厂	高级工程师
欧迪才	男	1946.10	红湘街道联合村	衡阳市机械工业总公司	高级工程师
唐跃细	男	1947.1	华兴街道互助村	核工业第二十五建设公司	高级工程师
唐其宪	男	1951.10	华兴街道长胜村	总装备部重庆军代局	高级工程师

第三节 寿星名录

蒸湘区寿星名录一览表

表 24－7

姓 名	性 别	出生年月	住 址	备 注
邓春秀	女	1903.2	联合街道西站社区石坳路85号	2005.2 逝世
吕换弟	女	1904.7	衡邵路87号	2008.4 逝世
颜元秀	女	1905.5	红湘街道联合村二组	2008.2 逝世
肖远桂	女	1908.3	红湖小区7栋1单元202室	2011.1 逝世
范进秀	女	1908.7	从衡阳县台元镇迁徒到蒸湘区长湖乡大立村，现住雨母山敬老院	健在
周满秀	女	1909.2	联合街道南三角线社区96栋5单元401室	健在
莫家幼	女	1911.5	联合街道北塘村	健在
唐先功	男	1912.2(农历)	红湘北路联合小区	健在

第四节 革命烈士英名录

蒸湘区革命烈士英名录一览表

(以卒年为序)

表24－8

姓　名	性别	出生年月	出生地点	参加革命时间	牺牲时所在单位及职务	牺牲时间、原因、地点
莫　逆	男	1892	郊区西湖乡	1922.4	衡阳县总工会纠察队长	1927年被国民党抢杀于耒阳
左松生	男	1904	衡南县三塘镇	1927.2	衡阳县西乡农协会执行委员	1927年底被叛徒出卖就义于演武坪
周振美	男	1927	衡阳市	1949.1	47军140师战士	1949年7月在湖北沙市作战时牺牲
彭树全	男	1927	衡阳市	1948.10	37支队71大队1分队战士	1950年1月在广西武宣县剿匪中牺牲
肖莲玉	男	1926.1	郊区岳屏乡	1949.10	志愿军29军班长	1952年6月在朝鲜作战时牺牲
曾　能	男	1916.3	衡阳县界牌镇	1949.1	志愿军40军118师班长	1952年12月在朝鲜作战时牺牲
易福厚	男	1926.3	郊区长湖乡	1947.5	志愿军26军服役	1953年2月在朝鲜作战时牺牲
莫景明	男	1929.6	衡阳县呆鹰岭镇	1950.12	志愿军47军139师战士	1953年2月在朝鲜战场牺牲
肖远勋	男	1934.1	衡阳县呆鹰岭镇	1953.6	9028部队120炮连排长	1958年7月在福建莆田抗洪抢险中牺牲
林建洲	男	1918.11	河北顺义县	1941.11	衡阳专员公署副专员	1964年9月因肝癌病故
刘发富	男	1936.11	祁东县石门乡	1959.3	31军野战医院班长	1965年7月在广东风顺县抢救小孩时牺牲
罗忠学	男	1949.3	衡阳县呆鹰岭镇	1970.12	4788部队勤务1连班长	1971年9月在四川万源县施工中牺牲
杨松林	男	1949.9	衡山县白果镇	1966.3	4433部队10大队389舰班长	1974年1月在西沙永乐群岛反击战中牺牲
王积桂	男	1958.9	衡南县	1974.11	广西来宾19分部服役	1976年5月在对越自卫还击战中执行运输任务牺牲
李远和	男	1955.5	衡阳市郊区	1977	53019部队班长	1979年2月在对越自卫还击战中牺牲
谢先重	男	1956.9	衡南县东阳乡	1977.1	53014部队40火箭炮手	1979年2月在对越自卫还战中牺牲
廖仁秋	男	1958.8	衡南县廖田乡	1978.3	53053部队班长	1979年2月在对越自卫还击战中牺牲
李先德	男	1955	衡南县东阳乡	1973.12	169医院医务处处长	1995年1月在执行公务时因车祸牺牲
赵书和	男	1954.4	衡阳县石市乡	1974.12	蒸湘工商分局公平交易股股长	2002年4月在与纵火犯搏斗中严重烧伤时致死
杨如告	男	1958.5	衡阳县岘山乡		工商银行城北支行家属院物业管理员	2008年1月28日在除冰排雪中从树上摔下致死
王飞跃	男	1966.3	湖南湘潭县		市公安交警支队蒸湘大队代理中队长	2011年1月7日在抢救交通事故中触电身亡

第五节　先进人物名录

2001 年 5 月至 2012 年蒸湘区省(部)级劳动模范、先进个人名录一览表

(以卒年为序)

表 24－9

姓　名	性别	出生年月	所在单位及职务	荣誉称号	授予机关	授予时间
黄茂林	女	1954.3	检察院检察长	全国三八红旗手	妇联	2002.3
雷　鸣	男	1956.8	科技局局长	全国创建全国科技工作先进区先进个人	科技部	2003.10
				全国科技管理系统先进工作者	人事部、科技部	2004.10
谢美丽	女		长湖乡立新二社区主任	全国社区先进工作者	民政部	2003.12
张国英	女	1959.4	环卫局清扫班长	劳动模范	人事部、建设部	2004.1
李　丽	女	1962.10	市高夫绿园林园艺有限公司	全国归桥桥眷先进个人	国务院侨务办公室、中华全国归国华侨联合会	2004.6
陈寿年	男	1948.1	呆鹰岭镇高岭小学教师	劳动模范	湖南省人民政府	2005.4
王春生	男	1962.1	雨母山乡二塘村	劳动模范	湖南省人民政府	2005.4
尹念军	男	1977.8	市百信仓行员工	劳动模范	湖南省人民政府	2005.4
陈善菊	女	1950.5	呆鹰岭镇振兴村村民	“双学双比”女能手	全国妇联	2005
吴文杰	女	1970.8	发展和改革局科员	全国第一次经济普查国家先进个人	国务院第一次经济普查领导小组	2005
冯加业	男	1960.5	呆鹰岭镇党委书记	全省发展乡镇企业先进个人	湖南省人民政府	2006.3
戴金良	男	1954.10	政法委副书记、司法局局长	全国“四五”普法先进个人	司法部	2006.8
王　岳	男	1981.2	实验小学总务	消防宣传先进个人	公安部	2006
赵柏秀	女	1953.7	计生服务站医师	全国计划生育手术先进工作者	计生委	2007
李　艳	女	1965.6	实验小学校长	全国文明礼仪教育标兵	教育部	2007
廖雪花	女	1967.11	实验小学党支部书记	全国文明礼仪教育标兵	教育部	2007
谢　灿	女	1982.7	实验小学教务主任	全国文明礼仪教育标兵	教育部	2007
刘云群	女	1982.9	实验小学	全国文明礼仪教育标兵	教育部	2007
肖玲玲	女	1973.6	联合街道党政办主任	全国平安家庭	中央政法委	2008.2
唐立清	女	1972.11	司法局副局长	全国三八红旗手	全国妇联	2008.3
彭东阳	男	1968.1	宣传部部长	全省宣传系统“四创四争”先进个人	中共湖南省委	2008
汤文选	女	1966.6	统计局党组书记、副局长	二等功	湖南省人民政府	2008
刘洪元	男	1972.12	长湖乡大立村党支部书记	农村青年致富带头人	团中央	2009.3
李竹华	男	1968.1	衡钢小学校长	全国中小学优秀德育课教师	教育部	2009.9
				全国优秀教师	教育部	2009

续表 24－9

姓　名	性别	出生年月	所在单位及职务	荣誉称号	授予机关	授予时间
王殿生	男	1960.6	商务局局长	全省发展乡镇企业先进个人	中共湖南省委、湖南省人民政府	2009.9
			经贸局局长	全省发展非公有制经济先进个人	中共湖南省委、湖南省人民政府	2011.8
				全省创先争优优秀共产党员	中共湖南省委	2012.6
邓冬福	女	1971.3	妇联主席	妇女工作先进个人	湖南省人民政府	2009
易艳云	女	1969.2	蒸湘街道党工委书记	全国巾帼建功标兵	全国妇女"巾帼建功"活动领导小组	2009.2
张年传	男	1968.1	呆鹰岭镇安监站站长	省安全生产先进个人	湖南省人民政府	2009
				全国安全生产先进个人	安监总局	2010
贺淑君	女	1975.7	统计局办公室主任	全国第二次经济普查国家先进个人	国务院第二次经济普查领导小组	2010.1
蒋家林	男	1954.4	环保局主任科员	全国污染源普查工作先进个人	国务院全国污染源普查领导小组、国家环保部、统计局、农业部	2010.3
夏忠晓	男	1965.9	雨母山乡雨母村党支部书记	劳动模范	湖南省人民政府	2010.9
何庆大	男	1969.9	环卫局清扫公司经理	劳动模范	湖南省人民政府	2010.9
邓仕元	男	1966.9	雨母山乡安监站站长	全省安全生产先进个人	湖南省人民政府	2010.9
段正浩	男	1975.11	公安分局禁毒大队大队长	全省杰出青年卫士	中共湖南省委	2010.9
谷丽萍	女	1964.4	雨母山乡文化站站长	省优秀社会体育工作指导员	湖南省人民政府	2011
孙　俊	女	1975	区国税局局长	全国巾帼建功标兵	全国妇联	2011
肖跃莲	女	1962.6	腾跃工艺厂董事长	全国就业创业优秀个人	国务院	2012.7
李　阳	女	1987.12	环保分局干部	全国排污费征收工作先进个人	环保部	2012
尹　钢	男	1976.3	公安分局治安大队大队长	全国优秀人民警察	公安部	2012
黄　力	男		红湘派出所副所长	"清缴火患"战役成绩突出个人	公安部	2012

2001 年 5 月至 2012 年蒸湘区厅(局)级劳动模范、先进个人名录一览表

表 24－10

姓　名	性 别	出生年月	所在单位及职务	荣誉称号	授予机关	授予时间
李枫秋	男	1959.8	水利农机局局长	全市水利系统"十佳个人"	衡阳市人民政府	2001.8
				一等奖	省防汛抗旱指挥部省人事厅	2002.9
杨安平	男	1968.10	蒸湘街道副主任	省第五次全国人口普查工作先进个人	省人事厅	2001.12
			政法委副书记、"610"办主任	防范和处理邪教工作先进个人	衡阳市人民政府	2011.6
陈永义	男	1960.8	呆鹰岭镇政府	三等功	衡阳市人民政府	2002.12
欧阳健虹	女	1964.12	计统局	省第五次全国人口普查工作先进个人	省人事厅	2001.12
				省第二次基本单位普查工作先进个人	省第二次基本单位普查工作领导小组	2002.12

续表24－10

姓　名	性别	出生年月	所在单位及职务	荣誉称号	授予机关	授予时间
石爱斌	男	1951.9	区人大	人大工作先进个人	市人大常委会	2002.1
				优秀人民陪审员	省高级人民法院	2006.7
谢孝玲	男	1956.3	区经管局局长	二等功	衡阳市人民政府	2002.3
			城管办主任	二等功	衡阳市人民政府	2003.6
武奇峰	女	1973.11	团委副书记	优秀团干部	团省委	2002.5
			编办副主任	二等功	省人事厅、省编办	2007.2
廖章海	男	1975.10	组织部办公室主任	全省组织部门优秀信息员	省委组织部	2002.8
彭荣昭	男	1961.6	区委督查室主任	2001—2002年度全省党史工作先进个人	省党史研究室	2002.12
阳桔芳	女	1969.5	实验小学教师	师德先进个人	衡阳市人民政府	2002
夏　冰	男	1977.1	区团委书记	全省“雷锋家乡学雷锋”活动先进个人	团省委	2003.3
陆魁志	男	1957.11	信访局局长	三等功	衡阳市人民政府	2003.3
				全市信访工作先进个人	中共衡阳市委、衡阳市人民政府	2004.2
				全市信访工作先进个人二等功	中共衡阳市委、衡阳市人民政府	2007.5
				二等功	中共衡阳市委、衡阳市人民政府	2008.6
陈光华	男	1959.5	区委组织部副部长 老干局局长	二等功	中共衡阳市委	2003.6
刘翔飞	男	1978.12	长湖乡党政办干事	全市抗击非典先进个人	衡阳市人民政府	2003.8
肖隆喜	男	1962.8	教文体局局长	全市“艰苦奋斗、勤廉为民”优秀领导干部	中共衡阳市委、衡阳市人民政府	2003.10
				湖南省优秀教育工作者	省人事厅、教育厅	2004.9
刘成前	男	1952.8	法院副院长	严打整治斗争先进个人二等功	省高院	2003.12
龙朴香	女	1955.9	编办主任	二等功	省人事厅、省编办	2004.1
刘素珠	女		城管大队城管队员	市“十佳城管队员”	中共衡阳市委、衡阳市人民政府	2004.2
张国英	女	1959.4	环卫局清扫班长	市“十佳清扫保洁员”	中共衡阳市委、衡阳市人民政府	2004.2
李小玲	女		环卫局清扫公司	市“十佳清扫保洁员”	中共衡阳市委、衡阳市人民政府	2004.2
涂　辉	女		市交警大队民警	市“十佳交警”	中共衡阳市委、衡阳市人民政府	2004.2
朱清明	男	1954.3	交巡警大队民警	市“十佳交警”	中共衡阳市委、衡阳市人民政府	2004.2
				2006年春运道路交通安全先进个人	衡阳市人民政府	2006
				2008年春运道路交通安全先进个人	衡阳市人民政府	2008
夏俊生	男	1951.2	人大常委会主任	三等功	中共衡阳市委	2004.2
				二等功	衡阳市人民政府	2007.4
			区计生协会会长	全省计划生育协会先进个人	省人口和计生委、省计划生育协会	2010.1
肖三元	男	1962.4	市四建公司六工区楼栋长	劳动模范	衡阳市人民政府	2004.4

续表 24 - 10

姓　名	性 别	出生年月	所在单位及职务	荣 誉 称 号	授 予 机 关	授予时间
周德春	男	1968.1	市消防器材总厂保管员	劳动模范	衡阳市人民政府	2004.4
欧美琪	女	1974.4	老干局副局长	全市老干部工作优秀个人	中共衡阳市委、衡阳市人民政府	2004.10
杨善玲	女	1951.6	长湖中心校书记	全市优秀教师	衡阳市人民政府	2004
贺青春	女	1963.4	蒸湘北路小学校长	全市优秀教师	衡阳市人民政府	2004
邓晓萍	女	1952.6	西站路小学	全市优秀教师	衡阳市人民政府	2004
祝和柏	男	1957.2	呆鹰岭镇中学校长	全市优秀教师	衡阳市人民政府	2004
蒋福员	男	1970.10	区委宣传部	文明创建工作先进个人	衡阳市人民政府	2004
王爱保	男	1656.11	区检察院控申科长	优秀接待员	省检察院	2005.3
唐家军	男	1968.8	区委督查室副主任	全省党史工作先进个人	省委党史研究室	2005.3
				全省党史工作先进个人	省委党史研究室	2009.3
				全省党史工作先进个人	省委党史研究室	2011.3
谷　敏	男	1965.5	区法院民事庭庭长	优秀青年卫士	市委、市政府	2005.12
			区法院院长	二等功	衡阳市人民政府	2012.12
华方社	男	1957.5	民政局低保中心副主任	全省城市低保工作先进个人	省民政厅、省财政厅	2005
蔡冬云	男	1954.10	民政局局长	全省社区建设先进个人二等奖	省委组织部、省人事厅、省民政厅	2005
				全省民政系统先进个人二等功	省人事厅、省民政厅	2006
李向东	男	1965.6	区检察院侦监科科长	二等功	省检察院	2006.2
王殿生	男	1960.6	商务局局长	二等功	衡阳市人民政府	2006.4
				二等功	衡阳市人民政府	2007.6
				二等功	衡阳市人民政府	2008.6
郑　珊	女	1981.12	西站路小学少先队辅导员	三等功	衡阳市人民政府	2006.5
李　丽	女	1962.10	李丽家庭教育工作室主任	全省十大热心禁毒公益人士	省禁毒委员会	2006.6
				省未成年人思想道德建设先进个人	省精神文明建设指导委员会	2006.7
				衡阳市文明标兵市民	中共衡阳市委、衡阳市人民政府	2007.9
				省第六届“雷锋家乡学雷锋”先进个人	团省委、省“雷锋家乡学雷锋”活动办公室	2007.9
郭裕泉	男	1951.9	区人大常委会副主任	优秀人民陪审员	中共衡阳市委、衡阳市人民政府	2006.7
蔡　源	男	1952.4	教文体局法制股股长	“四五”普法依法治理先进个人	中共衡阳市委、衡阳市人民政府	2006
李　艳	女	1965.6	实验小学校长	省支持少先队工作十佳校长	省教育厅、团省委、省少工委	2006
				省优秀家庭教育工作者	省教育厅、省关工委	2006
				优秀校长	省教育厅	2008
				二等功	衡阳市人民政府	2008

续表24－10

姓　名	性 别	出生年月	所在单位及职务	荣 誉 称 号	授 予 机 关	授予时间
李　蓉	女	1962.11	联合街道西站社区居委会主任	文明创建工作先进个人	市委、市政府	2006
刘功松	男	1964.3	区交警大队副大队长	2006年春运道路交通安全先进个人	省公安厅	2006
				2008年春运道路交通安全先进个人	衡阳市人民政府	2008
				2010年春运道路交通安全先进个人	省公安厅	2010
吴春明	男	1955.2	教文体局装备站站长	湖南省教育装备工作先进个人	省教育厅	2006
				湖南省教育技术先进个人	省教育厅	2007
				湖南省教育技术先进个人	省教育厅	2008
罗　卫	男	1964.9	区国土分局局长	嘉奖	衡阳市人民政府	2006
徐有富	男	1955.4	区国土分局副局长	嘉奖	衡阳市人民政府	2006
桂若钢	男	1970.10	区国土分局副局长	嘉奖	衡阳市人民政府	2006
张灵芝	女	1957.3	区国土分局办公室主任	嘉奖	衡阳市人民政府	2006
何传美	女	1954.6	区国土分局用地股	嘉奖	衡阳市人民政府	2006
贺登元	男	1963.9	信访局	全市信访工作先进个人	中共衡阳市委、衡阳市人民政府	2006、2007 2008、2009
刘　娜	女	1968.9	区农办能源办	全省农村能源建设先进个人	省农村能源办	2006、2007 2008、2009
刘湘涛	女	1971.5	民政局副局长	二等功	衡阳市人民政府	2007.3
陈祖国	男	1958.5	人大办公室主任	先进工作者	衡阳市人民政府	2007.4
雷　鸣	男	1956.8	科技局局长	全省引智工作先进个人	省人事厅	2007.4
周孝斌	男	1960.8	民政局副局长	湖南省《三湘英雄传》编撰工作先进个人	省民政厅	2007
				全市信访工作先进个人	衡阳市人民政府	2009.2
				全市信访工作先进个人	衡阳市人民政府	2011.2
罗锡桂	女	1963.11	环卫局局长	三等功	衡阳市人民政府	2007.8
				二等功	中共衡阳市委、衡阳市人民政府	2008.3
				湖南省巾帼建功标兵	省妇联	2008.3
				三等功	衡阳市人民政府	2008.3
				优秀共产党员	中共衡阳市委	2011.8
贺玉华	男	1961.9	区交警大队办公室主任	全省公安交警部门“三基一化”工程建设先进个人	省公安厅	2012.6
				创建全国文明城市工作先进个人	衡阳市人民政府	2007
朱　骏	男	1969.9	区交警大队副大队长	2007年春运道路交通安全先进个人	省公安厅	2008
黄　登	男	1956.11	法制办主任	2007年春运道路交通安全先进个人	衡阳市人民政府	2007
刘利民	男	1968.5	区交警大队大队长	二等功	衡阳市人民政府	2007
				全省交警系统大整顿工作先进个人	省公安厅	2007
				2009年春运道路交通安全先进个人	衡阳市人民政府	2009

续表 24－10

姓　名	性 别	出生年月	所在单位及职务	荣 誉 称 号	授 予 机 关	授予时间
文书广	男	1958.11	区交警大队教导员	二等功	衡阳市人民政府	2007
				2011 年春运道路交通安全先进个人	省公安厅	2011
汪诚虔	男	1964.10	教文体局副局长	湖南省教育技术先进个人	省教育厅	2007
刘修友	男	1968.1	蒸湘中学教师	市优秀教师	衡阳市人民政府	2007
谢美云	女	1960.3	区国土分局信访办	嘉奖	衡阳市人民政府	2007
封亚平	女	1977.12	区国土分局地藉窗口	嘉奖	衡阳市人民政府	2007
唐君明	男	1976.1	区国土分局执法大队	嘉奖	衡阳市人民政府	2007
屈少莲	女	1960.7	区国土分局财务股	嘉奖	衡阳市人民政府	2007
谢志红	女	1976.1	档案局副局长	二等功	省人事厅、省档案局	2008.1
廖雪森	男	1970.12	检察院纪检组长	全省优秀警察干部三等功	省检察院	2008.3
胡国平	男	1970.3	检察院预防科科长	全省检察机关“预防调查业务能手”	省检察院	2008.3
汪仲兆	男	1964.9	蒸湘街道党工委书记	二等功	衡阳市人民政府	2008.6
			民政局局长	全省民政工作先进个人二等功	省民政厅	2012
邓　柳	女	1980.6	长湖乡立新小学副校长	劳动模范	衡阳市人民政府	2008.9
彭清林	男	1963.4	市鸿宇机械制造公司董事长	劳动模范	衡阳市人民政府	2008.9
肖玲玲	女	1973.6	联合街道党政办主任	湖南省“五好文明家庭”	省委宣传部	2008.11
			区人大常委会秘书	全市十佳学习型党员	中共衡阳市委	2012
朱忠清	男	1972.12	纪委办公室主任	全省纪检监察调研法规工作先进个人	省纪委办公室	2008.12
邓冬福	女	1971.3	妇联主席	省妇联系统信访工作先进个人	省妇联	2008.12
梁吉德	男	1955.12	民政局低保中心股长	2008 年度省“农村安居工程”建设工作先进个人、三等功	省民政厅	2008
李骠骑	男	1981.2	区交警大队民警	全省公安系统抗冰救灾先进个人	省公安厅	2008
			区交警大队中队长	全省公安交警系统规范执法示范标兵	省公安厅	2011
张爱国	男	1972.7	区交警大队民警	全市公安系统抗冰救灾先进个人	衡阳市人民政府	2008
段吉祥	男	1963.12	区交警大队副大队长	2008 年春运道路交通安全先进个人	衡阳市人民政府	2008
肖德善	男	1950.6	呆鹰岭镇土桥小学	优秀教师	衡阳市人民政府	2008
肖芳云	女	1965.8	人力资源和社会保障局局长	市三八红旗手	衡阳市人民政府	2008
				市巾帼建功标兵	衡阳市人民政府	2012
李鸽鸣	女	1965.5	长湖乡大立小学校长	优秀教师	衡阳市人民政府	2008
陈永军	男	1971.12	雨母山中学	优秀教师	衡阳市人民政府	2008
宋小平	男	1977.12	环卫局清运公司经理	“三整、三化、四清、两保”活动先进个人	中共衡阳市委	2008
				优秀城市美容师	衡阳市人民政府	2008
何玉龙	男	1959.3	环卫局	“三整、三化、四清、两保”活动先进个人	中共衡阳市委	2008

续表 23－10

姓　名	性别	出生年月	所在单位及职务	荣誉称号	授予机关	授予时间
吴中凤	女	1974.9	环卫局	模范共产党员	市委、市政府	2008
万孝菊	女	1966.7	环卫局	优秀城市美容师	衡阳市人民政府	2008
龙海英	女	1976.8	实验小学教师	优秀教师	衡阳市人民政府	2008
许先西	男	1955.9	民政局副局长	省"和谐社区"建设先进个人二等功	省人事厅、省民政厅	2008
李永桥	男	1965.9	区地税局副局长	二等功	省人事厅、省文明办	2008
				省"扶残助残"先进个人	省政府残疾人工作委员会	2011
李长久	男	1974.8	区国土分局办公室主任	嘉奖	衡阳市人民政府	2008
颜昌慧	女	1973.2	区国土分局用地股长	嘉奖	衡阳市人民政府	2008
廖红芳	男	1975.5	区国土分局长湖所所长	嘉奖	衡阳市人民政府	2008
刘洪元	男	1972.12	长湖乡大立村党支部书记	农村青年致富带头人	团省委	2009.3
高子清	女	1973.12	老干局局长	全省老干部宣传工作先进个人	省委老干局	2009.6
				全省关心下一代先进个人	省关工委	2009.11
				省老干部工作先进个人	省委老干局	2013.3
董桂荣	女	1967.1	教文体局培训中心主任	师训工作先进个人	省教育厅	2009.10
陈光社	男	1942.10	区关工委主任	全省关心下一代先进个人	省关工委	2009.11
				全省离退休干部先进个人	省关工委	2010
陈高军	男	1967.9	环保局党组书记	全省污染源普查工作先进个人	省污染源普查领导小组办公室	2009.12
周　军	男	1979.2	环保局	全省污染源普查工作先进个人	省污染源普查领导小组办公室	2009.12
阳福业	男	1959.9	雨母山乡东阳村党支部书记	2008 年抗冰救灾抢险一等功	衡阳市人民政府	2009
王秀英	女	1964.1	环卫局清扫班长	优秀城市美容师	衡阳市人民政府	2009
张荣华	男	1956.8	公安分局局长	全省维护社会稳定先进个人	省公安厅	2009
王明成	男	1961.4	红湘派出所所长	全省公安机关"三基一化"工作先进个人	省公安厅	2009
尹　钢	男	1976.3	雨母山派出所教导员	全省优秀人民警察	省公安厅	2009
			公安分局治安大队大队长	优秀党务工作者	衡阳市人民政府	2011
段正浩	男	1975.11	公安分局禁毒大队大队长	二等功	省公安厅	2009
			华兴派出所所长	全省杰出青年卫士	省公安厅	2010
				全省大走访"开门评警"先进个人	省公安厅	2011
阳勤耕	男	1976.9	公安分局经侦大队	全省联合整治银行卡违法犯罪专项行动优秀个人	省公安厅	2009
周才生	男	1963.4	华兴派出所	湖南省"十佳社区民警"	省公安厅	2009

续表 24－10

姓 名	性 别	出生年月	所在单位及职务	荣 誉 称 号	授 予 机 关	授予时间
王 颖	男	1968.1	红湘派出所	湖南省"优秀社区和驻村民警"	省公安厅	2009
刘谋云	女	1971.12	公安分局人口大队	全省换发第二代身份证先进个人	省公安厅	2009
梁 斌	男	1957.3	公安分局人口大队	全省换发第二代身份证先进个人	省公安厅	2009
周启应	男	1963.9	人财保险公司副经理	优秀党员	人才保险公司湖南省分公司	2009
谭绪茂	男	1962.1	联合派出所所长	二等功	衡阳市人民政府	2009
				全省"三基一化"工程建设先进个人	衡阳市人民政府	2010
佘南涛	男	1964.1	区地税局局长、书记	二等功	省人事厅、省文明办	2009
胡梦麟	女	1971.7	区地税局副局长	省巾帼建功先进个人	省妇联	2009
郭金桃	女	1975.7	国土分局地籍股长	嘉奖	衡阳市人民政府	2009
周能雄	男	1963.4	国土分局用地股	嘉奖	衡阳市人民政府	2009
乃维成	男	1973.7	国土分局雨母山所	嘉奖	衡阳市人民政府	2009
申 弼	男	1967.1	信访局局长	北京国庆60周年信访维稳工作先进个人	省联席办、省维稳办	2009
				上海世博会信访维稳工作先进个人	省联席办、省维稳办	2010
				全市信访工作先进个人	中共衡阳市委、衡阳市人民政府	2010
汤文选	女	1966.6	统计局党组书记、副局长	省第二次全国经济普查先进个人	省第二次全国经济普查领导小组	2010.2
				省第六次全国人口普查先进个人	省第六次全国人口普查领导小组	2012
李云生	男	1968.10	统计局法规股股长	省第二次全国经济普查先进个人	省第二次全国经济普查领导小组	2010.2
				省第六次全国人口普查先进个人	省第六次全国人口普查领导小组	2012
谢铁平	男	1975.5	信息化办主任	全省政府网路建设先进个人	省政府办公厅	2010.1
				全省政府网络建设先进个人	省政府办公厅	2011.3
				全市信息化工作先进个人二等功	衡阳市人民政府	2011.5
李 松	男	1973.6	保密局局长	全省保密工作先进个人	省委保密委、省保密局	2010.3
				全省保密工作先进个人	省委保密委、省保密局	2010.12
肖跃莲	女	1962.6	腾跃工艺厂厂长	劳动模范	衡阳市人民政府	2010.4
				衡阳市"创业能手"	中共衡阳市委、衡阳市人民政府	2010.4
				湖南省自强模范	省政府残疾人工作委员会	2011.11
				树立和践行社会主义核心价值观先进人物	省委统战部	2011.12
莫亚平	男	1981.7	呆鹰岭镇鸡市村	劳动模范	衡阳市人民政府	2010.4
周 清	男	1968.5	组织部副部长	全省深入学习科学发展观先进个人	省委组织部、省人事厅	2010.4
				全省创先争优活动办公室系统先进个人	省委组织部、省人力资源和社会保障厅	2012.9

续表24－10

姓　名	性别	出生年月	所在单位及职务	荣誉称号	授予机关	授予时间
周三清	男	1970.10	组织部组织组长	组织学习科学发展观活动先进个人	中共衡阳市委	2010.4
粟　晓	男	1972.5	联合街道党工委书记	三等功	衡阳市人民政府	2010.9
刘著章	男	1972.7	联合街道办事处主任	三等功	衡阳市人民政府	2010.9
冯加业	男	1960.5	区委常委、政法委书记	全省集中清理执行积案活动先进个人	省委政法委、省高院	2010.10
刘　军	男	1977.6	区法院民事庭庭长	全省法院办案标兵	省高院	2010.12
			区法院民事一庭庭长	优秀青年卫士	省高院等14部门	2012.4
李志锋	男	1976.10	区法院民一庭副庭长	全省法院办案标兵	省高院	2010.12
				全省办案标兵	省高院	2012.4
唐　葵	女	1969.11	环保分局管理股股长	全市污染源普查工作先进个人	市污染源普查领导小组办公室	2010.12
			环保分局污防股股长	省“十一五”环境统计工作先进个人	省环保厅	2010.12
朱宇轩	男		蒸湘街道	第三届全省百户优秀学习型家庭	省教育厅、省关工委	2010
陆黎明	男		华兴派出所中队长	全市“三基一化”工程建设先进个人	衡阳市人民政府	2010
邬小平	男			全省农村信用社先进个人	省农村信用联合社	2010
段浙湘	女	1978.4	统计局科员	国家统计局湖南调查总队先进个人	国家调查局湖南调查总队	2010
				湖南省城市调查优秀指导员	省城镇居民收入调查队	2010
唐续武	男	1963.4	钢管深加工工业园管委会主任	全市企业服务年活动优秀个人	衡阳市人民政府	2010
罗衡志	男	1969.10	国土分局局长	嘉奖	衡阳市人民政府	2010
周雪亮	男	1963.1	国土分局副局长	嘉奖	衡阳市人民政府	2010
万孝全	男	1956.6	长湖乡计生协会会长	三等功	省人力资源和社会保障厅、省人口和计生委	2010
邹少杰	男	1963.8	教文体局副局长	三等功	衡阳市人民政府	2010
魏国峻	男	1977.11	公安分局刑侦大队中队长	三等功	省公安厅	2010
				全省公安机关“破案能手”	省公安厅	2011
罗立林	男	1978.6	联合派出所中队长	二等功	衡阳市人民政府	2010
万　俊	男	1979.11	公安分局刑侦大队大队长	全市“破案能手”	中共衡阳市委	2010
易　明	男	1979.6	公安分局西站执勤室主任	全市春运工作先进个人	衡阳市人民政府	2010
龙　波	男	1973.8	公安分局副局长	二等功	衡阳市人民政府	2010
				全市十佳学习型党员	中共衡阳市委	2012
钟家友	男	1962.10	人防办主任	三等功	衡阳市人民政府	2010
谢　辉	女	1984.1	实验小学大队辅导员	优秀辅导员	团省委、省少工委	2010
				优秀共青团员	团省委	2010
成振锋	男	1979.11	区委宣传部	全省对外宣传工作先进个人	省外宣办、省新闻办	2011.1

续表 24－10

姓　名	性别	出生年月	所在单位及职务	荣誉称号	授予机关	授予时间
罗　琼	女	1982.3	区团委书记	全省优秀团干部	团省委	2011.5
肖启良	男		呆鹰岭镇工会主席	工会先进工作者	省总工会	2011.7
李　文	女	1968.2	联合街道党工委委员	2011年度宣传工作先进个人	省妇联	2011.7
唐　莉	女	1974.10	教文体局体卫股股长	市十佳社会体育工作指导员	衡阳市人民政府	2011.9
朱　坤	男	1963.7	蒸湘街道办事处副主任	市十佳社会体育工作指导员	衡阳市人民政府	2011.9
凌君润	女	1963.6	长湖乡文化站站长	市十佳社会体育工作指导员	衡阳市人民政府	2011.9
刘　玺	男	1979.7	衡钢小学教师	市体育工作先进个人	衡阳市人民政府	2011.9
李穗萍	女	1961.8	联合街道大粟新村社区主任	全省社区建设先进工作者	省委组织部、省民政厅	2011.10
刘锦玲	女	1971.1	档案局局长	二等功	省人力资源和社会保障厅、省档案局	2011.10
				先进个人	省人力资源和社会保障厅、省档案局	2012.1
陈　虹	女	1966.11	衡钢小学教师	市“十佳领操员”	衡阳市人民政府	2011
付粤湘	男	1958.11	区交警大队指导员	2011年国庆期间道路交通安全先进个人	省公安厅	2011
许　明	男	1970.4	蒸湘北路派出所所长	全省优秀人民警察	省公安厅	2011
刘恒炜	男	1969.1	公安分局刑侦大队教导员	全省公安机关“打黑除恶”先进个人	省公安厅	2011
				一等功	省公安厅	2012
谢庭剑	男	1969.10	国土分局执法大队	嘉奖	衡阳市人民政府	2011
曹爱平	女	1968.11	国土分局副局长	嘉奖	衡阳市人民政府	2011
成吉东	男	1969.9	联合街道办事处副主任	省第六次全国人口普查先进个人	省第六次全国人口普查领导小组 省人力资源和社会保障厅	2012.1
周云波	男	1957.10	联合街道机关支部书记	省第六次全国人口普查先进个人	省第六次全国人口普查领导小组 省人力资源和社会保障厅	2012.1
贺端华	男	1973.9	检察院法警队队长	“民警练兵”优秀学员	省检察院	2012.3
黄茂林	女	1954.3	检察院检察长	二等功	省人力资源和社会保障厅、省文明办	2012.3
唐　葵	女	1969.11	环保局污防股股长	省“十一五”环境统计工作先进个人	省环保厅	2012.12
何文汇	男		农村信用联社	全省农信社先进个人	省农村信用联社	2012
朱霞云	女		农村信用联社	全省农信社先进个人	省农村信用联社	2012
肖晓春	女	1965.1	工商分局副局长	全省个私协会系统优秀党务工作者	省工商局	2012
肖昌旺	男	1963.10	工商分局副主任科员	2012年度湖南省消委系统宣传工作先进个人	省工商局	2012
彭治安	男	1962.7	物价监督局副局长	价格监督检查先进个人	省物价局	2012
何　星	男		公安分局刑侦大队副大队长	二等功	省公安厅	2012
张馨月	女		公安分局人口与出入境大队副大队长	全省优秀人民警察	省公安厅	2012

续表 24－10

姓 名	性 别	出生年月	所在单位及职务	荣 誉 称 号	授 予 机 关	授予时间
曹治平	男		联合派出所民警	全省公安机关创先争优“爱民标兵”	省公安厅	2012
张同生	男		公安分局副局长	全市消防工作先进个人	衡阳市人民政府	2012
唐继红	女	1965.6	统计局局长	省第六次全国人口普查先进个人	省第六次全国人口普查领导小组	2012
吴文杰	女	1970.8	统计局业务股股长	省第六次全国人口普查先进个人	省第六次全国人口普查领导小组	2012
肖 剑	男	1981.8	统计局科员	省第六次全国人口普查先进个人	省第六次全国人口普查领导小组	2012
刘 勇	男	1979.12	国土分局中心所	嘉奖	衡阳市人民政府	2012
蒋丰收	女	1972.7	国土分局杲鹰岭所	嘉奖	衡阳市人民政府	2012
刘德意	女	1952.10	联合小学退休教师	关心下一代工作先进个人	湖南省教育厅	2012
阳宏伟	男	1977.6	财政局局长	二等功	中共衡阳市委、衡阳市人民政府	2013.3
肖 红	女	1966.10	财政局副局长	二等功	中共衡阳市委、衡阳市人民政府	2013.3

附　　录

一、文件选登

国　务　院
关于同意湖南省调整衡阳市市辖区行政区划的批复

国函〔2001〕34 号

湖南省人民政府：

你省《关于调整衡阳市辖区行政区划的请示》（湘政〔2000〕48 号）收悉。现批复如下：

一、同意撤销衡阳市江东区、城南区、城北区、郊区，设立衡阳市珠晖区、雁峰区、石鼓区、蒸湘区。

二、珠晖区辖原江东区的行政区域和原郊区的和平乡、酃湖乡、东阳渡乡、茶山坳镇。区人民政府驻湘江东路。

三、雁峰区辖原城南区的雁峰、白沙洲、黄茶岭、天马山、先锋路 5 个街道和原郊区的湘江乡（不含杨柳村）、岳屏乡（不含联合、岳屏、北塘 3 个村）以及原属衡南县的文昌乡。区人民政府驻湘江南路。

四、石鼓区辖原城北区的人民路、潇湘、青山、五一、合江 5 个街道和原郊区的黄沙湾街道、松木乡、西湖乡的五一、建设、友爱、江霞 4 个村以及原属衡阳县的角山乡。区人民政府驻司前街。

五、蒸湘区辖原城北区的蒸湘街道、原城南区的联合街道和原郊区的西湖乡（不含五一、建设、友爱、江霞 4 个村）、湘江乡的杨柳村、岳屏乡的联合、岳屏、北塘 3 个村以及原属衡南县的雨母山乡、原属衡阳县的呆鹰岭镇。区人民政府驻船山路。

上述行政区划调整涉及的各类机构要按照“精简、效能”的原则设置，所需人员编制和经费由你省自行解决。

中华人民共和国国务院

二〇〇一年四月四日

湖南省人民政府
关于调整衡阳市市辖区行政区划的通知

湘政函〔2001〕76 号

各市、州、县人民政府，省政府有关单位：

根据《国务院关于同意湖南省调整衡阳市市辖区行政区划的批复》（国函〔2001〕34 号）精神，经省人民政府研究，现通知如下：

一、撤销衡阳市江东区、城南区、城北区、郊区,设立衡阳市珠晖区、雁峰区、石鼓区、蒸湘区。

二、珠晖区辖原江东区的行政区域和原郊区的和平乡、酃湖乡、东阳渡乡、茶山坳镇。区人民政府驻湘江东路。

三、雁峰区辖原城南区的雁峰、白沙洲、黄茶岭、天马山、先锋路5个街道和原郊区的湘江乡(不含杨柳村)、岳屏乡(不含联合村、岳屏村、北塘村)以及原属衡南县的文昌乡。区人民政府驻湘江南路。

四、石鼓区辖原城北区的人民路、潇湘、青山、五一、合江5个街道和原郊区的黄沙湾街道、松木乡、西湖乡的五一村、建设村、友爱村、江霞村以及原属衡阳县的角山乡。区人民政府驻司前街。

五、蒸湘区辖原城北区的蒸湘街道、原城南区的联合街道和原郊区的西湖乡(不含五一村、建设村、友爱村、江霞村)、湘江乡的杨柳村、岳屏乡的联合村、岳屏村、北塘村以及原属衡南县的雨母山乡、原属衡阳县的呆鹰岭镇。区人民政府驻船山路。

湖南省人民政府

二〇〇一年五月八日

湖南省民政厅
关于调整衡阳市市辖区内部行政区划的批复

湘民行发〔2001〕8号

衡阳市人民政府:

你市《关于调整衡阳市市辖乡(镇)街道办事处行政区划的请示》(衡政〔2001〕35号)收悉。经研究,并经省人民政府批准,同意你市市辖区内部行政区划作如下调整:

一、撤销东阳渡乡和东阳街道,以其行政区域设立东阳渡镇。东阳渡镇辖4个居委会、20个村委会,全镇面积88平方公里,人口4万人,镇人民政府驻东阳渡。

二、撤销文昌乡和岳屏乡,设立岳屏镇。岳屏镇辖原属黄茶岭街道的三〇一、芝麻塘和增设的罗金桥、文昌4个居委会以及原属文昌乡的文昌、斯林、山田寺、复龙、公益、东风和原属湘江乡的水东、前进、金桥、兴隆10个村委会,全镇面积38平方公里,人口2.8万人,镇人民政府驻罗金桥。

三、将角山乡的灵官庙村委会划归松木乡。调整后的角山乡辖10个村委会,全乡面积36平方公里,人口1.75万人,乡人民政府仍驻下岭。调整后的松木乡辖12个村委会,全乡面积51平方公里,人口1.68万人,乡人民政府仍驻松木。

四、将原属文昌乡的联胜村划归雨母山乡。调整后的雨母山乡辖13个村委会,全乡面积43平方公里,人口1.95万人,乡人民政府驻东阳铺。

五、将原属西湖乡的建设村委会划归五一街道,江霞、友爱、五一3个村委会划归合江街道。调整后的五一街道辖13个居委会、1个村委会,街道面积8.2平方公里,人口3.1万人,办事处驻建设村。调整后的合江街道辖11个居委会、3个村委会,街道面积8.7平方公里,人口2.7人,办事处驻五一路。

六、从原西湖乡析出长胜、光辉、华兴、互助、金星、拓里、农场、新桥8个村委会设置华兴街道。华兴街道辖6个居委会,街道面积10平方公里,人口1.6万人,办事处驻西外环路。

七、调整后的西湖乡更名为长湖乡。长湖乡辖6个居委会(新设)、4个村委会,全乡面积11平方公里,人口1.2万人,乡人民政府仍驻廖家湾。

八、从蒸湘街道析出解西、红湖塘、学院路、学院村、学院西村、联合新村、衡邵路、冶金汽修、高岭、衡祁路10个居委会并划入原岳屏乡的联合村委会,设置红湘街道。红湘街道辖14个居委会(其中4个为增设)、1个村委会,街道面积3.6平方公里,人口2.6万人,办事处驻红湘路。调整后的蒸湘街道辖10个居委会,面积1.5平方公里,人口3.1万人,办事处驻太平小区。

九、将雁峰街道的大码头、马嘶塘、黄青巷3个居委会划归先锋街道。调整后的先锋街道辖13个居委会(其中1个为增设),街道面积1.1平方公里,人口2.3万人,办事处仍驻爱民路。调整后的雁峰街道辖16个居委会(其中4个为增设)和从原岳屏乡岳屏村析置的岳东村委会,街道面积5平方公里,人口4.4万人,办事处仍驻雁南村。

十、将原属岳屏乡的红旗村委会划归黄茶岭街道。调整后的黄茶岭街道辖17个居委会(其中7个为增设)、1个村委会,街道面积5平方公里,人口4万人,办事处仍驻黄茶岭。

十一、将原属湘江乡的杨柳和原属岳屏乡的北塘、岳屏3个村委会划归联合街道。调整后的联合街道辖12个居委会(其中5个为增设)、3个村委会,街道面积4.5平方公里,人口1.8万人,办事处驻解放西路。

十二、将原属湘江乡的朔田、金龙2个村委会划归白沙洲街道。调整后的白沙洲街道辖17个居委会(其中3个为增设)、2个村委会,街道面积10平方公里,人口3.7万人,办事处仍驻黄白路。

十三、将原属岳屏乡的东洲、湘江2个村委会划归湘江乡。调整后的湘江乡辖9个村委会,全乡面积28平方公里,人口2.5万人,乡人民政府驻高兴村。

特此批复。

湖南省民政厅

二〇〇一年五月十五日

衡阳市人民政府
关于市辖市区和衡阳县衡南县行政区划调整的通知(摘要)

衡政发〔2001〕12号

各县(市)区人民政府,市直机关各单位,各企事业单位:

根据湖南省人民政府《关于调整衡阳市市辖区行政区划的通知》(湘政函〔2001〕76号)和省民政厅《关于衡阳县和衡南县部分乡镇行政区划调整的批复》(湘民行发〔2000〕35号)、《关于调整衡阳市市辖区内部行政区划的批复》(湘民行发〔2001〕8号)精神,对我市市辖市区行政区划和衡阳、衡南县部分乡(镇)行政区划进行调整,现通知如下:

一、将衡阳县的呆鹰岭镇、角山乡、集兵镇的灵官庙村委会和衡南县的雨母山乡、车江镇的复龙、山田寺、文昌、斯林4个村委会划入市区。

二、撤销市江东区、城南区、城北区、郊区,调整设立市珠晖区、雁峰区、石鼓区、蒸湘区。

(一)珠晖区

(二)雁峰区

(三)石鼓区

(四)蒸湘区

1、保留蒸湘、联合2个街道和雨母山乡、呆鹰岭镇。

2、雨母山乡辖二塘、新中、竹雅、黄花、群胜、东阳、湘桂、雨母、灵山、群益、梓木、青松、联胜13个村委会,面积43平方公里,人口1.95万人,乡政府驻东阳铺。

3、设置红湘街道。红湘街道辖从蒸湘街道析出的解西、红湖塘、学院路、学院西村、联合新村、衡邵路、冶金汽修、高岭、衡祁路和增设的联合西村、石坳、吉祥、水库塘共计14个居委会和从原岳屏乡划入的联合村委会,面积3.6平方公里,人口2.6万人,办事处驻红湘路。

4、调整后的蒸湘街道辖红湖、温家台、马步桥、莲花、大元头、太平小区1、2、3、4、阳辉桥10个居委会,面积1.5平方公里,人口3.1万人,办事处驻太平小区。

5、将原属湘江乡的杨柳和原属岳屏乡的北塘、岳屏3个村委会划归联合街道。联合街道辖西站、洪家湾、幸福路、大栗新村、风口、张飞岭、南三角线和增设的莲子塘、麻家塘、意兴、樟木塘、杏花村共计12个居委会和岳屏、北塘、杨柳3个村委会。面积4.5平方公里,人口4.4万人,办事处驻解放西路。

6、设置华兴街道。华兴街道辖从原西湖乡析出的长胜、光辉、华兴、互助、金星、拓里、农场、新桥8个村委会和紫金路、紫银路、金光路、银光路、大吉路、大利路6个居委会,面积12平方公里,总人口1.8万人,办事处驻解放西路。

7、调整后的西湖乡更名为长湖乡。长湖乡辖立新、大立、松亭、长湖4个村委会和立新1、2、3、4、5、红湘6个居委会,面积11平方公里,人口1.2万人,乡人民政府驻廖家湾。

蒸湘区辖蒸湘、红湘、华兴、联合4个街道和呆鹰岭镇、长湖乡、雨母山3个乡(镇)。区人民政府驻船山路。

三、调整衡阳县、衡南县部分乡(镇)行政区划

(一)衡阳县

(二)衡南县

衡阳市人民政府

2001年5月16日

中共蒸湘区委一届二次全体(扩大)会议关于加快民营经济发展的决议

(2004年9月8日通过)

衡蒸发〔2004〕16号

2004年9月8日,中共蒸湘区委召开一届二次全体(扩大)会议。全会分析了当前我区民营经济发展的形势,明确了加快发展民营经济的指导思想、目标任务和工作重点,号召全区各级党组织进一步统一思想,围绕“主题是发展,主体是民营,主导是服务”,突出发展二、三产业,加快发展民营经济,推动区域经济实现跨越式发展,并作出如下决议:

一、高度统一思想认识。加快发展民营经济,首先要统一思想,形成共识。区划调整以来,我区坚持“城市带动、民营推动、开放促动、项目拉动”的发展战略,经济建设特别是民营经济发展取得了明显进步。但与先进地区相比,我区发展民营经济的氛围不浓,总体水平还很落后。实践证明:发展民营经济是壮大区域经济必须突破的重大课题。对我区而言,解决当前经济社会中存在的突出问题必须靠发展民营经济,农村税费改革后的乡镇财税形势逼迫我们必须发展民营经济,当前面临发展民营经济的良好机遇,今后我区加快发展的出路就在发展民营经济。因此,各级党组织、广大党员干部要充分认识民营经济在区域经济中的主体地位和重要作用,深刻反思我区民营经济发展的差距和不足,不断增强加快民营经济发展的紧迫感和责任感。

二、着力突出发展重点。发展民营经济要以招商引资为手段,以项目带动为抓手,坚持以项目开发促发展。力争通过五年努力,使全区民营经济有大的突破,民营企业总产值、民营工业总产值、民营企业和民营工业增加值、民营企业实交税金等主要指标增速快于全市平均水平,财政收入在2003年的基础上再翻一番。重点要在四个方面下功夫。一是围绕关联产业抓项目。依托骨干工业企业,抓好配套项目,发展上下游产品,形成一批产品相互关联的企业群体,并以此作为发展民营经济的主攻方向。二是围绕企业改制抓项目。在大力配合支持区内省市属企业改制的同时,进一步加快区乡(街)企业改制步伐。采取相应措施鼓励引导

和支持民营企业参与国有、集体企业改制。三是围绕服务城市抓项目。要在发展第三产业上多下功夫,城区街道尤其要以此作为发展民营经济的主攻方向。大力支持引导发展商贸餐饮娱乐项目,重点抓好几个有影响的大商场建设和专业商业街,形成特色;建设培育壮大几个专业市场,吸引更多的经营户聚集发展。要积极抓好雨母山生态旅游项目建设,带动休闲观光农业发展。四是围绕农产品加工抓项目。重点扶持发展前景好、对农户和农产品生产辐射带动力强的龙头民营企业和农产品基地建设,拉长产业链条,加快产业进程。鼓励土地流转,大力发展新型农村合作组织,大力发展庄园经济,增加农民收入。

三、用足用活发展民营经济的优惠政策。一是认真贯彻落实市委、市政府政策。放宽市场准入条件,切实解决民营经济发展用地困难,为民营经济留足发展空间。二是调动民营企业的积极性。加大财税扶持力度,支持企业扩大融资,设立民营企业发展基金和科技发展基金,推动企业扩大生产规模,做大做强。同时,今后区里将定期召开民营经济工作会议,表彰"优秀民营企业"和"优秀民营企业家"。三是调动乡镇街道抓民营经济工作的积极性。按照"稳定存量、调整增量分配"的原则和实际情况,调整理顺乡镇(街道)财税体制,当年新增税收实得部分尽可能地向基层倾斜。四是调动各级干部的积极性。鼓励机关工作人员在区内投资兴办、领办、承包、租赁工业企业和农业开发企业,3 年内保留编制,职别、待遇不变,3 年期满可以继续留在民营企业,也可以回原单位工作;机关工作人员辞去公职在本区从事民营经济的,按有关规定一次性发给辞职补助费;机关离岗、提前退休人员在本区从事民营经济,按机构改革分流人员待遇的有关政策规定,从优对待和办理。五是要敢于创新。用发展的眼光看待和分析情况,对政策法律法规没有禁止性规定,实践中又确实需要解决的问题,要善于变通,大胆创新。

四、大力推进科技进步。以科技项目实施为切入点,扶持引导民营企业加大技改投入力度,积极争取民营科技项目进入国、省、市计划笼子;引导民营企业引进推广先进适用技术项目和具有知识产权的产品,提高企业产品科技含量和竞争力;引导民营企业加强科技人才队伍建设和对外科技合作,增强企业科技创新能力;鼓励民营企业创建名牌产品,对获得全国驰名商标、省著名商标的民营企业,按市里奖励标准给予对等奖励。推进农业科技示范基地建设,加大农业科技成果引进和推广力度,强化科技培训,抓好农业实用技术培训和科普宣传,落实"百、千、万"人才工程。用活用好国家对科技的优惠政策。

五、竭力优化经济环境。要把主动服务作为优化环境的重要标志,力求多服务、不干扰,多帮忙、不添乱,多设路标、不设路障。主要要落实好"五项制度"。一是项目代理制。对民营经济项目提供"一条龙"服务,从项目立项、报建、用地到登记注册等各类证照,给予全程免费代办,及时解决企业在建设、开业、投产过程中遇到的各种困难和问题。二是检查报批制。任何单位和个人到企业进行专项检查,必须经区优化办批准。三是挂牌保护制。四是环境评议制。每年对企业周边环境和有关职能部门的服务质量、执法情况进行一次评议。五是责任追究制。对破坏经济发展环境的事件,不仅要追究当事人的乱作为,更要追究主要负责人的不作为。对环境投诉案件,也要实行责任追究。同时,要加强对村组干部和村(居)民的专项教育,坚决打击漫天要价、强揽工程、强供建材以及阻工的行为。

六、强化组织领导。把发展民营经济作为首要大事抓紧抓好。各级都要成立由主要领导挂帅的民营经济发展领导小组。各乡镇街道党政一把手要确定一人为主抓民营经济,并明确分管领导,配备专职人员。区四大家班子领导和乡镇街道主要负责人各要挂钩帮扶 1 户民营企业。建立发展民营经济台帐,落实"一个项目、一名区级领导、一个联系单位、一名联络员"的"四个一"民营企业项目包干制。改进考核机制,今后全区只着重对公务员、领导班子、重点工作进行考核,每项考核都侧重项目指标和财政收入、农民人均纯收入及服务、环境等主要指标。强化奖惩激励机制,将发展民营经济和抓项目的成效与干部奖励和任用挂钩。全会要求,全区各级党组织要充分调动一切积极因素,举全区之力、集全民之智,真抓实干、开拓创新,全力推进我区民营经济的大发展。

中共蒸湘区委员会　蒸湘区人民政府
关于进一步改进领导作风的意见

衡蒸发〔2005〕14号

一、严格控制会议

（一）党政机关召开会议，要坚持从严控制、突出重点、综合平衡、注重实效的原则，提倡少开会、开短会。对上级会议精神，已经贯彻到乡镇街道或者可以综合传达贯彻的，不再专门对口开会，确有必要召开的会议，也应严格控制会期和参会人数。会议文件、材料和领导讲话应简明扼要，不搞长篇大论。

（二）严格规范会议审批程序。凡以区委、区政府名义召开的会议，一律由区委办公室、区政府办公室归口负责。区直部门需以区委、区政府名义召开会议，应提前3天申报，由区委办公室或区政府办公室按程序报请区委或区政府领导审批；区委、区政府统一组织召开的有关全局工作重要会议，由区委常委会议审批；召开乡镇街道书记、乡镇长（主任）和区直各部门主要负责人参加的会议，必须提请区委书记或区长审批；召开有各乡镇街道、区直各部门副职的会议，需经分管副书记、副区长审批。分管副书记、副区长，一般情况下应向区委书记或区长报告。凡通知乡镇街道、区直部门副职以上参加的会议，一律由区委办、区政府办发文通知。区直各部门召开的工作会议一般只开到乡镇、街道；区直各部门召开的专业会议，只能通知下一级对口部门派员出席。区直各部门召开的会议，区委、区政府分管领导视情况参加，非分管领导原则上不参加。

（三）严明会议纪律。被通知参会的人员必须按时参加，因特殊情况不能参加的，需向下发通知的单位报告，经会议主持人批准请假后，可另派人参加。党政机关召开各类会议，一律不准在风景名胜区和高档豪华宾馆举行，不准赠送礼品和纪念品，不准组织以公款支付费用的高消费娱乐活动，不准以开会为名游山玩水，不准向企业事业单位摊派会议费。

二、大力精简文件

（一）各级各部门制发文件，要坚持少而精和及时高效的原则，讲求规范，严格按程序办文。办公室要按有关规定协助领导严格把关，对可发可不发的文件坚决不发，可长可短的文件尽量要短。

（二）严格控制发文数量和范围。已开会部署和可用电话或当面议定的事项，不再发文件。贯彻上级文件精神，没有提出实质性意见，属表态性质或照抄照转的文件，不予行文。领导同志的讲话，一般也不行文，必要时可发《区委通报》或《区政府通报》。会议文件、会议纪要，部门职责范围内的工作和事项，以及可以公开宣传的事项，不再以党委、政府或其办公室的名义行文。同时，要严格控制文件的发放范围和份数。

（三）坚持党政职能分开，减少联合行文。属政府职权范围内的工作由政府或职能部门行文；须联合行文的事项，应是区委、区政府事关全局的重要决策、重大工作部署。

（四）严格规范行文、办文。各级各单位不得越级向上级党委、政府请示问题；各级各单位需要向上级业务主管部门请示的事项，应直接向上级业务主管部门呈报，不得要求上级党委、政府转办。各类临时机构、议事协调机构、部门内设机构、事业单位及各类学会、协会等不得对外发布指示性、政策性文件。区直各部门不得对下一级党委（支部）、政府发布指示性公文。凡送区委、区政府的报告、请示和要求发文的文稿，一律送区委办公室或区政府办公室按程序办理，不得直接送给区委、区政府领导同志个人。

三、切实精减领导同志的事务性活动，严格控制各类检查评比和达标升级活动

（一）安排党委、政府领导同志出席公务活动，实行统一归口管理。坚持从严管理、综合平衡、突出重点、统筹安排的原则，着重安排好有利于领导加强同人民群众的联系，有利于推进全局工作的活动。

（二）邀请区委、区政府领导出席重要的节日、纪念日活动的庆典等，由区委办公室、区政府办公室统筹安排，各单位不得直接向区委、区政府领导个人发送邀请函。各种开业或成立庆典、剪彩、奠基等活动，除有重大政治意义和有重大影响的以外，一律不安排区委、区政府领导出席。

(三)区级以上党政领导干部不得兼任社会团体领导职务(含社会团体分支机构负责人),因特殊情况确需兼任的,必须按干部管理权限进行。

(四)严格控制各类检查、评比和达标升级活动。除法律、法规规定和经区委、区政府批准外,不得组织开展全区性或行业性的检查、评比和达标升级活动。确有必要组织开展的个别检查、评比和达标升级活动,须经有关主管部门或单位严格审核同意,统一归口区委办公室、区政府办公室从严审查,报区委、区政府审批。涉及到区内企业的检查、评比、达标升级活动,须经区优化经济环境办公室批准方可进行。各类检查、评比和达标升级活动,一律不得向企事业单位和基层单位及个人收费或变相收费,不得增加基层负担。对未经批准的检查、评比和达标升级活动,有关部门要坚决予以制止,并追究主办单位领导的责任。

四、进一步加强调查研究工作

(一)努力完善民主科学决策制度。对涉及全局的重大问题,必须实行民主的科学决策,逐步形成深入了解民情、充分反映民意、广泛集中民智的决策机制,不断提高决策水平和工作效率。要坚决克服对重大问题决策不做深入调查研究,不倾听群众意见,草率决策的不良作风。

(二)建立和完善对重大问题的调查研究制度。对重大问题调查研究工作的组织协调由区委办公室、区政府办公室负责,并就重点调研课题提出意见,报区委、区政府同意后下发各地各部门。在重点调研课题中:综合性重点调研课题由区委办公室、区政府办公室组织;有关部门参加,必要时请区委、区政府有关领导挂帅;专题性重点调研课题由主管部门牵头,相关部门参与。

(三)重大问题决策要坚持按程序办事。要从本区实际出发,开展深入细致的调查研究,在此基础上提出可行性方案或两个以上可供比较选择的方案。重大问题决策方案在讨论决策之前,应认真听取区人大、区政协、区级老同志意见,如有必要还应听取基层单位意见或组织专家学者进行咨询论证,然后提请区委全会或区委常委会讨论表决。

(四)建立区委、区政府领导同志对重大问题带头进行集中调查研究的制度。对于关系全区工作大局或涉及人民群众利益的重大问题,今后每年都由区委、区政府领导同志带队,选择一两个专题进行一至两次集中调查。区委、区政府领导同志,每人每年都要选择一两个专题,撰写一两篇有份量的调查报告。

(五)各级党政领导都要坚持基层工作联系制度。区委、区政府领导同志要经常到联系点开展调研和工作,全年下基层的时间不少于90天;乡镇街道的负责同志应该拿出更多的时间下基层,密切同人民群众的联系。

(六)进一步改进领导同志下基层的接待工作。区委、区政府领导同志下基层,一律轻车简从,各级各单位尽量减少陪同人员。区委、区政府领导同志下基层,一般不在基层用餐,特殊情况需就餐的,应在机关食堂吃工作餐。

(七)各级领导干部要重视并善于了解社情民意。要经常深入基层,深入群众,排查各类矛盾纠纷和不稳定因素,把问题解决在基层,把矛盾化解在萌芽状态。要亲自接待群众来访,处理群众来信,要在工人、农民、知识分子和其他劳动群众中结交一批敢于反映真实情况的知心朋友,从群众中汲取智慧和营养,对群众提出的正确意见要虚心接受和采纳,对不同的意见要认真考虑,对不正确的意见要耐心细致做好解释和思想教育工作。要特别注意到困难的地方、艰苦的地方和问题多的地方去。要多为人民办实事,把对上级负责与对群众负责统一起来,对群众反映的实际问题能解决的要及时尽力帮助解决,一时做不到的也要据实说明情况和原因。

五、狠抓工作落实

(一)要坚持谁决策谁负责抓落实的原则。从决策方案的研究制定、安排部署、组织实施到检查总结都要把能否落实、是否落实作为考虑问题、指导工作的基本出发点之一,坚决克服重决策、轻落实和有"始"无"终"的不良作风,使各项决策真正落实到实处。

(二)要坚持以责任制为核心狠抓工作落实。要按照集体领导和分工负责相结合的原则,根据分工情况把重要工作和重大项目责任分解到有关领导同志和有关部门,做到有领导分管、有部门负责、有工作目标、有时限要求,防止出现工作上的"空档"。

（三）要坚持督促检查。工作部署以后，要根据不同的工作内容，运用不同的形式对贯彻落实情况进行重点抽查或普遍检查，对一些重大决策和涉及面广、落实难的问题，领导同志要亲自带队督促检查，促进问题的解决和决策的落实。对一些跨越时间长的事项，要开展系列检查，一环紧扣一环，持续跟踪，以保证工作落实。

（四）要建立健全抓工作落实的责任追究制度。要切实加强对抓工作落实的监督检查，把党员监督、群众监督和法纪监督结合起来，促进各项工作的落实。凡发现对上级决策、部署采取敷衍应付态度，甚至唱反调、顶着不办，搞"上有政策，下有对策"的，以及讲假话、汇假报，搞花架子欺骗上级组织、骗取荣誉的，必须严肃查处；对其中性质特别严重，造成恶劣影响或严重后果的，要依法依纪追究有关领导和当事人的责任。

（五）对于区委、区政府作出的重大决策和重要工作部署，各级各部门要及时向区委、区政府报告贯彻落实的情况。既要报告本地本部门贯彻执行的部署和安排，又要报告抓落实的具体行动和措施；既要报告决策实施初期的情况，又要报告决策实施过程中各个阶段的情况；既要报告落实决策所取得的成绩和经验，又要报告决策执行过程中遇到的困难、出现的矛盾、存在的问题及改进工作的建议。各乡镇街道和区直各部门党委（党组）书记，每年至少向区委书面报告一次工作情况，要亲自动手，不得由工作人员代劳。

（六）各级领导要带头狠抓落实。要坚持一般号召与个别指导结合、点面结合的工作方法，提倡面对面地具体领导。要改进检查指导工作的方式。提倡直接深入到企业、学校、乡镇、街道、村组开展蹲点调查和督促检查，直接了解和掌握第一手材料。要从群众最关心、最需要解决的实际问题入手开展工作，把党的全心全意为人民服务的宗旨真正落实到各项工作中，落实到广大人民群众身上。要及时发现先进典型，总结推广基层和群众在三个文明建设中创造的新经验，不断推动面上工作的落实。

2005 年 8 月 9 日

中共蒸湘区委员会
关于进一步加强和改进新形势下群众工作的意见

衡蒸发〔2011〕11 号

为进一步加强和改进新形势下的群众工作，全面贯彻落实科学发展观，进一步密切党和政府同人民群众的联系，夯实党的群众基础，提高党的执政能力，根据中央、省、市委有关文件精神，结合我区实际，现就群众工作提出如下意见。

一、建立联系群众制度

1. 建立调查研究制度。区党政领导班子成员和职能部门领导干部一年要有 2 个月的时间深入基层调研，撰写 1－2 篇调研报告。乡镇干部要人手一本民情记录本，建立完善的民情台帐。

2. 建立定期接访制度。区党政主要领导每月安排 1 天时间接访，其他领导班子成员每月安排 2 天时间接访，区直部门单位的领导干部、乡镇（街道）领导干部要随时接访。接访领导的名单、职务和接待时间、地点要公布。对群众的合理诉求实行"三定四包"责任制，即定领导、定人员、定时限，包调查研究、包协调处理、包督办落实、包教育稳控。

3. 建立集中下访制度。在重要节日、重大政治活动等敏感时期，集中开展下访活动，掌握社情民意，排查矛盾纠纷。对排查出的矛盾纠纷，能解决的及时就地化解，一时难以解决的逐一登记造册，及时报告，协调解决。

4. 建立定点联系制度。每个领导干部要联系一个乡镇、一个村（社区）、一家企业、一所学校，协调解决联系点群众反映强烈、急需解决的疑难问题。

5. 建立驻村办点制度。乡镇（街道）干部要全部驻村（社区）办点，做到"人人都有办点村（社区），户户都有联系人"。乡镇干部驻乡、村每周不得少于 4 天。

6. 建立包村制度。每个机关单位包扶1个村(社区),按照“党政部门包难村、政法部门包乱村、经济部门包穷村、技术部门包专业村”的原则来安排,包村一定3年不变。

二、加大服务群众力度

7. 构建民生财政。区级财政每年民生支出必须占财政总支出的45%以上。财政支出更多地向农业和农村基础设施建设、教育、科技、卫生、社会保障等方面倾斜,加快建立民生财政、公共财政体系。

8. 加强宣传教育。通过上门访谈、会议宣讲、文艺演出、远程教育、广播电视等形式,宣传党的政策和法规,宣传党的发展思路和举措,宣传好的经验和做法,引导群众,教育群众。通过政策下乡、科技下乡、文化下乡、法律下乡、卫生下乡等“五下乡”活动,提高群众素质,丰富群众生活。

9. 帮助群众致富。因地制宜地帮助群众选择致富渠道,采取“一户一策一干部”的帮扶机制,为群众提供生产服务、技术服务、信息服务、市场服务,帮助群众致富。对特困群众和特困家庭,在落实城乡低保政策基础上给予临时救济,对遭遇灾祸大病等突发性困难家庭给予经济救助,对“零就业”家庭实施就业援助。

10. 大力改善民生。着力解决征地拆迁、企业改制、社会保障、就业就医、子女上学、住房饮水、出行困难、社会治安等群众最关心、反映最强烈的民生问题。着力推进农村“五通”(通路、通电、通水、通讯、通广播电视)工程和农村清洁工程;重点抓好城镇就业和再就业,切实推进“公共服务”进社区,大力建设廉租房,加大安置房建设力度,着力改造棚户区;完善城乡社会保障体系,实现应保尽保;把生活困难的失地农民纳入低保。

11. 竭力化解矛盾。各级各部门按照“属地原则、谁主管谁负责”的原则,认真做好矛盾排查化解工作。乡镇街道干部要把矛盾纠纷排查列入民情台帐重要内容。对排查出来的矛盾纠纷,实行限时办结制度。对一般性的矛盾纠纷要求15天内化解,对有重大隐患的矛盾纠纷要求一个月内化解,对信访老户或历史遗留问题产生的矛盾纠纷要求一年内化解。完善健全人民调解、行政调解、司法调解的“三调联动”机制,切实发挥“三调联动”化解矛盾纠纷的作用,把矛盾发现在基层,化解在基层,做到小事不出村(社区)、大事不出乡镇(街道)、群体性事件不出区。

三、创新群众工作机制

12. 建立群众工作领导机制。建立由党委政府统一领导、组织部门牵头抓总、职能部门齐抓共管、社会组织广泛参与的群众工作新格局。区委要成立群众工作领导小组,由邓准德副书记任组长,负责群众工作的协调指导。进一步健全群众工作联席会议制度,每季度召开一次情况分析会,协调解决疑难问题。

13. 健全接访处访机制。以区信访局为主体,成立中共蒸湘区委群众工作部,实行两块牌子、一套人马合署办公。以区人民来访接待中心为平台,对人民群众来信来访及信访问题和矛盾进行统一受理、集中梳理、归口管理、依法处理、限期办理,实行“一站式接待、一条龙办理、一揽子解决”,确保案结事了,矛盾不上交。各乡镇建立群众工作站,各村(社区)建立群众工作室,领导干部随时接访。

14. 强化督查督办机制。督查督办由群众工作领导小组负责组织实施,实行联合督办和挂牌督办。联合督办每季度开展1次。对本地复杂矛盾和上级交办的重要信访事项,要实行挂牌督办。复杂疑难信访问题30天内办结,一般信访问题15天内办结。

15. 畅通民意表达机制。凡是涉及群众的重大决策、重要决定,都要邀请人大代表、政协委员、党员代表、群众代表参加讨论;凡是涉及群众利益的重大事项,都要实行公开、公示、听证等制度,广泛征求意见,充分进行协商。

16. 创新社会管理机制。高度重视网络虚拟社会和新经济新社会组织的群众工作,把“网络群众”与各种新出现的群众团体、社会组织纳入党的群众工作范围。关注“网络群众”的热议话题,及时回应网民关切,正确引导网络舆情。组建流动人口管理办公室,配齐配强流动人口信息员队伍,探索“以证管人、以房管人、以业管人”的模式,加强对“流动群众”的管理。探索建立“社区管理社会化”的综合管理机制。

四、加强群众工作领导

17. 明确工作职责。各级各部门的主要领导是群众工作的第一责任人。党委政府要把群众工作列入重要议事日程,定期研究和部署群众工作。区委每月要召开一次常委会议,分析研究和解决群众工作存在的问题。各部门要把群众工作与业务工作紧密结合起来,统筹安排,同步落实。乡镇干部的主要职责是做群众工作。

18. 转变工作作风。推行“一线工作法”,干部在一线工作、民情在一线掌握、矛盾在一线解决、发展在一线促成,深入到困难大、矛盾多的地方去,点对点、面对面地研究情况,解决问题。接待群众必须做到“五个一”:一张笑脸相迎、一把椅子相让、一杯热茶相待、一片真情相交、一句祝福相送,坚决纠正“门难进、脸难看、话难听、事难办”的衙门作风。

19. 严肃工作纪律。不准与民争利,以权谋私;不准侵占群众的物质利益及损害群众合法权益;不准搞特权,对群众逞威风、耍权势,欺压群众;不准压制群众的民主权利;不准以官僚主义的态度对待群众。

20. 强化工作考核。将群众工作情况纳入各级领导班子和领导干部考核内容。联点驻村干部的工作表现、工作实绩,年底要接受联系点党员群众的考核评分,并作为年度综合考核和提拔使用的重要依据。

21. 强化责任追究。对在信访工作中疏于职守、工作不力、失职渎职、给我区乃至全市造成恶劣影响受到上级主要领导批评或有关部门通报等处理的责任单位和责任人,依照《蒸湘区信访工作责任追究暂行办法》的相关规定和程序严格责任追究。

2011 年 4 月 14 日

中共蒸湘区委员会
关于加快推进山水宜居新城建设的意见

衡蒸发〔2012〕10 号

1. 区划调整以来,特别是近几年来,区委、区政府先后组织实施“二三并重、项目兴区”和富民强区“十个一”行动计划等重大战略部署,使我区经济社会发展驶入了快车道,也为我区下一轮发展打下了坚实基础。建设山水宜居新城,是我区“十二五”规划明确提出的新的战略任务,更是市委、市政府对我区提出的新的期望和要求。当前,加快推进山水宜居新城建设,对于我区抢占新一轮发展制高点,提升长远竞争力,加快经济转型,保持又好又快发展势头具有重要的战略意义和现实意义。

一、在思想认识上加快推进山水宜居新城建设

2. 认真组织学习。各级各部门党委中心组要认真学习和深刻领会市委、市政府对我区发展战略定位所做的重要指示精神,充分认识到打造山水宜居新城的重要性和必要性,把思想认识统一到市委、市政府的要求上来,统一到区委、区政府对形势的研判上来,最大限度地形成建设山水宜居新城的共识。

3. 广泛进行座谈。以乡镇街道、区直部门为单位,邀请党代表、人大代表、政协委员、坐落单位代表、居民群众代表参加,分别召开“我为打造山水宜居新城作贡献”座谈会,紧密结合本辖区、本部门、本单位的实际,广泛宣传发动,认真听取意见建议,加强正面引导,把广大党员干部群众的智慧和力量凝聚到加快推进山水宜居新城建设上来。

4. 深入进行研讨。要组织邀请高等院校、科研机构和上级相关部门的专家学者和领导来我区实地考察,在此基础上采取“论坛”或“研讨会”的形式,立足于高起点、高标准,就我区加快推进山水宜居新城建设的基础、优势、条件、主攻方向、步骤和举措等进行深入的研讨,并作为区委、区政府科学决策的重要指导和参考。

5. 深刻把握战略定位。要认真总结“二三并重、项目兴区”的成功经验,坚定不移地实施富民强区“十个一”行动计划,以产业新城、生态新城、文化新城和和谐新城等为重要支撑,争取用 3 - 5 年的时间,初步把我区建设成为生态环境优美、社会文明和谐、产业结构合理、城市功能完善的现代山水宜居新城区。

二、在项目建设上加快推进山水宜居新城建设

6. 优先推进现代服务业项目。紧紧围绕建设衡阳中央商务区这一目标,坚持“以点布线,以线带面”的

发展思路，着力实施“185”工程（即建设1个商业中心、8条特色商业带和5大商业片区），突出引进大物流、大商场、大市场、大宾馆、大金融，抓好总部经济建设，充分发挥“五大一总”对我区现代服务业的强大拉动和有力支持作用。

7. 稳步推进新型工业化项目。以钢管深加工产业园、呆鹰岭中小企业创业园为平台，大力实施“工业倍增”计划，切实加快工业集中布局、集群发展、集约经营步伐，力争引进一批投资5000万元以上的重大工业项目，新增一批进入省规模工业企业笼子的企业，实现工业总量、效益、投资翻番。同时，通过扩大“产、学、研”对接力度，力促工业科技含量大幅上升，能耗和主要污染物排放达到国家要求，不断提高工业经济增长的质量。

8. 高效推进现代农业项目。要按照城乡统筹、一体发展的总要求，以各类基地为依托，以新农村建设为抓手，用新型工业化、新型城市化和现代服务业的思路和理念，重点发展集农业体验、农业休闲、农业观光、农业旅游等为一体的现代农业，推动农业经济发展，推动农村面貌改观，推动农民收入增加。

9. 扎实推进城市基础设施项目。坚持“依托高开区、对接高开区、服务高开区”的总体思路，以构筑水、电、路、气等网络为骨架，重点实施老城区改造提质工程、衡钢工业新城再造工程、长湖片区开发工程、呆鹰岭镇跑步融城工程、雨母山乡两型社会建设示范工程、南华大学新城建设工程等六大塑城工程，切实加快我区新型城市化建设步伐。

10. 集中打好近期重点工程（项目）建设攻坚战。加快推进衡阳商业步行街、杨柳4S街区二期、亿源宇航、呆鹰岭中小企业创业园（二期）、湘南花鸟市场、珠江合创大桥等一批在建工程项目推进步伐；力促巨银钢材市场、红星美凯龙、蒸水南堤风光带（三期）、潭衡西高速出口匝道、福泰医药城、雨母山生态休博园、雨母山农村环境连片综合整治等一批重大项目尽快开工建设；力争内环路、华欣塑胶城、豪德现代物流城、古汉养生园、衡山古窑、吉利汽车、天和国际灯饰城等一批招商引资项目尽快落地。

三、在环境整治上加快推进山水宜居新城建设

11. 巩固和发展文明城区创建成果。以城管数字化、标准化、精细化、网格化和环卫市场化改革为抓手，进一步推进城管、环卫体制改革创新。积极落实乡镇街道二期绿化提质工程，着力打造一批园林绿化示范小区。在全社会大力倡导文明新风，全方位提升市民文明素质，从而以优美的城市形象、良好的社会秩序、开放的人文环境和文明的市民素质，全面巩固和发展文明城区创建成果。

12. 集中开展农村环境综合整治。要在全区34个村集中开展农村环境综合整治，全面实现“三清三基二统一化”。“三清”即清洁家园、清洁水源、清洁田园；“三基”即基本不见垃圾、基本消除马路市场、基本完成“五改”（改水、改厨、改厕、改浴、改圈）；“二统”即垃圾统一分类处置、中心镇污水统一处理；“一化”即抓好路边、屋边、水边“三边”全面绿化。年内重点要在“全面消灭暴露的生活垃圾、全面取缔国道和省道旁的马路市场、全面禁止小二型以上水库化肥养鱼、全面实现规模养殖户垃圾无害化处理”上明显见效，并形成长效机制。

13. 继续强化社会治安环境综合整治。以群众工作统揽信访工作和社会管理创新工作为核心，进一步健全党委领导、政府负责、社会协同、公众参与的社会管理格局，加强社会矛盾隐患排查和风险评估。重点加强打击“两抢一盗”、吸毒贩毒等严重刑事犯罪；维护医疗机构正常秩序，加强医疗机构内部安全保卫工作；进一步强化社会治安基础环境治理，着力构建社会治安立体防控体系，确保社会治安形势持续稳定好转。

14. 切实优化经济发展环境。以建设效能政府、法治政府、责任政府、诚信政府为目标，大力推进依法行政，加快政府职能转变，着力营造优良的经济环境。深入开展企业服务年活动，积极创新服务方式，着力提高服务效能，及时解决企业发展中遇到的困难和问题，破除和有效化解制约企业发展的瓶颈，确保在全球金融危机的大背景下，为投资经营者创造一个宽松的环境。

15. 全面营造良好文化环境。以社会主义核心价值体系建设为根本，大力弘扬科学精神和人文精神，扫除各种污染身心健康、败坏社会风气的精神文化垃圾，兴起全民读书热潮，总结提炼“蒸湘精神”，努力打造与现代山水宜居新城建设相适应的健康向上、开放自信、文明礼仪的良好社会风尚和文化环境。

四、在改善民生上加快推进山水宜居新城建设

16. 提高困难弱势群体生活最低保障水平。以关心困难弱势群体的生产生活为重点，广泛开展"爱心妈妈"结对帮扶活动，在农村和社区全面普及"爱心超市"，使之成为社会爱心人士与农村和社区困难弱势群体爱心传递的载体和平台。从今年起，把农村低保标准提高到105元/月，把城市低保标准提高到248元/月。同时，进一步健全临时救助机制，对困难群体、低保边缘人群和低收入家庭给予临时救助。积极抓好法律援助工作，帮助弱势群体依法维权。

17. 提高人民群众对公共教育的满意水平。以解决农村儿童"上好学"问题和城镇义务教育"大班额"问题为核心，加快完成全区21所合格学校建设任务，积极推进教师、设备、图书、校舍等教育资源向农村和薄弱学校倾斜。同时，以农村小学学生、城乡幼儿上学、放学集中用车为重点，解决学生用车安全问题，切实消除校车安全隐患。通过组织城区教师到农村边远地区支教、城乡教师互动等办法，进一步优化城乡师资力量，促进义务教育均衡发展。

18. 提高基本医疗保障水平。以满足群众基本医疗卫生需求为目标，积极稳妥推进医药卫生体制改革，继续巩固3个乡镇卫生院及5个社区卫生服务中心国家基本药物制度实施工作，并推广覆盖到34个村卫生室；重点抓好长湖卫生院、区妇幼保健院、区卫生监督所建设和蒸湘街道社区卫生服务中心创建省级示范社区单位工作；逐步建立健全覆盖城乡的公共卫生服务体系。同时，进一步加强食品药品监管，确保人民群众饮食用药安全。

19. 提高计划生育优质服务水平。在全面完成省、市人口和计划生育工作任务的基础上，深入开展计划生育优质服务，按照"四有一满意"的要求，确保计划生育优质服务到位率达93%以上，人口自然增长率控制在7‰以内，年内顺利通过国家和省验收评估，跻身全国计划生育优质服务先进县(市)区行列，使广大育龄妇女能够充分享受计划生育优质服务。

20. 提高各类群体社会保障水平。着力完善区、街道(乡镇)、社区公共就业信息平台，进一步扩大各项社会保障的覆盖范围，今年突出抓好城乡居民社会养老保险试点工作，努力将各类群体纳入相应的社会保障制度，做到应保尽保；全力加强防灾减灾和应急响应能力建设，提高救灾救济水平，确保受灾群众的基本生活不受影响。

五、在形象宣传上加快推进山水宜居新城建设

21. 强化媒体舆论引导。充分利用报纸、杂志、广播、电视等传统新闻媒体，网站、电子邮箱、微博等新媒体和户外广告媒体，大力宣传我区打造山水宜居新城的新思路、新举措、新成就，全面树立和充分展示"宜居蒸湘"的良好形象和独特风采，让世界了解蒸湘，让蒸湘走向世界，不断增强外商来我区投资兴业的吸引力和辐射力。

22. 精心策划重大主题活动。要紧紧围绕山水宜居新城的主旋律，以产业新城、生态新城、文化新城、和谐新城为内涵，着力开展和精心举办博览会、展销会、展示会等内容丰富、形式多样的主题活动，深化山水宜居新城建设，助推经济社会发展，增强广大干部群众对打造山水宜居新城的归属感、认同感和自豪感。

23. 注重开展大型群众性文体活动。要有目的、有计划、有组织地开展一些群众性体育运动会、旅游文化节、文化创意大赛、广场音乐会等文化体育活动，不断满足人民群众精神文化需求，充分展现我区建设现代山水宜居新城的活力和魅力。

六、在组织领导上加快推进山水宜居新城建设

24. 建立健全区委统一领导、政府统筹实施、社会共同参与的领导体制和工作机制；各乡镇街道和区直有关部门都要结合实际制定本单位加快推进山水宜新城建设的行动计划和实施方案。要全面整合政府和社会资源，精心策划包装一批重大项目，扎实有效开展招商引资。要加大争资跑项力度，主动对接上级相关部门，积极争取国家和省市的高度重视和政策支持，力争更多资金和项目落户我区。要大力实施人才战略，注重引进、培养和建设一支高素质的人才队伍，为山水宜居新城建设提供强有力的人才保障。要充分发挥基层党组织和党员干部的战斗堡垒和示范带头作用。区委、区政府督查室要加强督促检查和绩效考核，确保打造山水宜居新城各项工作顺利推进。

2012年7月7日

二、诗联选录

(一) 古人诗联

帝喾赞

三国·曹植

祖有轩辕，玄器之裔。
生言其名，木德治世。
抚宁天地，神圣灵察。
教讫四海，明并日月。

帝喾赞

明朝·孙承恩

惟帝聪明，知远察微。
执中御世，仁威并施。
其德嶷嶷，其色郁郁。
式修厥身，九有咸服。

衡湘道上

明朝·高珩

山水高深各异方，
兼长合是数蒸湘。
东吴回首无乔岳，
妩媚青山似女郎。

雨母山望祀帝舜

清朝·白允廉

神区当紫极，毓秀敞珠宫。
致祭帝祠外，灵祇升降中。
蒸水流不尽，云阜气遥通。
典祀宁劳颂，升歆拜舞同。

雨母山

清朝·左修位

雨母名山迹久湮，晴岚浓处望嶙峋。
俯临湘水开图画，遥与衡峰结比邻。
六御时巡传大舜，千年庙祀垂高辛。
赤松坛在仙踪杳，矫首云天感慨频。

帝喾祠

清朝·江恂

荒祠传汉代，螺篆人云封。
遗像冠裳古，崇山气势钟。
鸡豚罢春社，竹树隐霜钟。
剩有山巅石，遗坛指赤松。

三湘棹歌·蒸湘

清朝·魏源

溪山雨后湘烟起，杨柳愁杂鹭鸥喜。
棹歌一声天地缘，回首浯溪已十里。
雨前方恨湘水平，雨后又嫌湘水奔。
浓于酒更碧于云，熨不能平剪不分。
山复山重行未尽，压来七十二峰影。
篙篙打碎碧玉屏，家家汲得桃花井。

(二) 今人诗联

赞蒸湘

陕西·铁蒲

云蒸霞蔚咏蒸湘，农裕工兴旺贾商。
雨母山峦春似锦，呆鹰岭畔凤飞翔。
日新月异托伟业，海阔天高沐曙光。
和谐春风人意暖，蒸蒸日上创辉煌。

腾飞的蒸湘

衡阳·陈敬祖

登临山顶望蒸湘，巨舰乘风正远航。
争创品牌扬雨母，增添项目赞衡钢。
建成雅士休闲地，打造加洲示范场。
经济腾飞添锦绣，与时共进创辉煌。

贺蒸湘区成立十周年

衡阳·黄仲端

衡西盛庆彩旗扬，十载蒸湘政绩煌。
公路新修联百道，城区扩展接三塘。
华菱机器隆隆响，群胜油粮喷喷香。
经济腾飞财路广，工农商学竞高翔。

欣逢建业十周年，政绩多多春满园。
社会和谐人气旺，公园秀丽水流妍。
翠微雨母珍稀树，山顶禅林可口泉。
且看蒸湘新世纪，豪情壮志绘新篇。

蒸湘礼赞

衡阳·陈永义

一

十年巨变看蒸湘，物阜民丰乐小康。
雁雨钟声彰盛世，华新灯火耀辉煌。
公园街市添新采，小巷民房换靓妆。
燕舞莺歌春意好，和谐幸福万年长。

二

蒸湘山水誉衡阳，引得骚人赋韵长。
校苑南华多学子，名山雨母好风光。
衡钢炉火流金管，长町高楼近上苍。
更有雁声传梵呗，征程虔祝更辉煌。

浣溪沙·采风雨母山

衡阳·旷瑜炎

一、帝喾祠

帝喾千年美誉留，为平叛乱解民忧。如今祠里焚香稠。
满目青山时念远，民安国泰胜天酬。尊前莫道醉无愁。

二、雨母山远眺

日丽风和秀此山，长空一抹淡云间。湖边水色好休闲。
绰约风姿仙女美，神奇故事有千篇。风雷唤雨壮前川。

三、飞来石

一石飞来雨母山，聪灵独具傲人间。经霜斗雪质尤坚。
世事由来多变幻，石顽地瘦换新颜。骚人墨客采风还。

四、美女峰

美女今朝化碧峰，相思俊杰梦中逢。痴心待到两情钟。
玉立亭亭凝靓女，千秋遍觅影无踪。乘风驾鹤仰长空。

五、雨母农家乐

曲径通幽百卉香，青山岚气满农庄。池塘碧水映新房。
若问休闲何处去？奔劳何苦到他乡。佳肴美酒任君尝。

偕诗友登雨母山

衡阳·李昂

雨母艳阳秋，喾祠邀伴游。
涧流千虑释，钟撞一天幽。
野蔌香红袖，霜枫醉白头。
岫云赊几尺，此地好居留。

蒸湘胜境—雨母山

衡阳·熊尚鸿

蒸湘胜境展新图，雨母山乡景更殊。
青嶂空濛浮薄雾，碧潭澄澈漾轻凫。
飞来石异经霜雪，帝喾祠兴溯舜虞。
神秘面纱终揭去，风姿绰约亮名姝。

蒸湘胜境不寻常，四季鲜明着靓装。
春蕊争荣秋果灿，冬梅傲雪夏荷香。
休闲垂钓耆年乐，种草还林志士忙。
最爱山庄清气满，葱茏绿韵沁心房。

蒸湘胜境望中收，有幸轻车实地游。
水库波柔腾细浪，山陵树茂蓄清流。
蓝图绘就添新意，序幕拉开扩远眸。
生态平衡时雨足，何须祈拜苦煎忧？

雪梅香·秋日登雨母山

衡阳·周泽

问秋信，黄花叶落有谁怜。念萋萋芳草，残阳未尽斑斓。松鹤同春遗佳话，寿龟千秩隐清泉。有多少，雨母知情，留滞山川。　　微寒，景萧索，帝喾祠空，虫鸟停喧。可惜当年，烽烟熳锁层峦。一片深愁酒消解，恨将今日吐箴言。明国耻，警视东赢，兴我中原。

游雨母山（古风）

衡阳·刘舜楼

轻烟小楼入翠微，樟香侵衣绿欲滴。
帝喾钟声清夜起，客朋高卧闻玉笛。
曲栏垂钓鱼相逐，女峰赏景鹤飞舞。
凉风冷月叹夜促，雁叫衡阳寻归宿。

雨母采风

衡阳·张春桂

帝喾祠

帝喾御骝骅，平妖雨母夸。
挥师擒术器，率卒驭云车。
拔戟随弓影，横戈拂剑花。
危祠供圣火，岁岁逸香霞。

雁雨寺

入雁播和风，禅林气势雄。
甘霖缘雨母，福祉仰雷公。
诵梵连松韵，焚香入桂丛。
名山留胜景，大地荷成功。

飞来石

亘古飞来石，奇峰倚万年。
春风鸣凤岭，秋月饮龙川。
枫叶迷蝴蝶，闲云托杜鹃。
斑斓如画景，独立一山巅。

美女峰

天生美女峰，雨母喜相逢。
媚眼含羞影，丹唇逐笑容。
施朱称绝代，着粉觅孤踪。
忘却归时路，情深又几重。

雨母湖

荡漾雨母湖，潋滟清波殊。
绿水沉苍岭，青山映翠梧。
花开花落众，云去云来孤。
一棹归何处，芳村新画图。

颂雨母山

衡阳·刘安元

一析青山一扇屏，青山连绵蕴诗情。
茫茫林海鸟声脆，胜境衡州享盛名。

蝶恋花·帝喾祠

衡阳·周念先

雨母山腰云雾绕。绿树阴浓，处处闻啼鸟。帝喾祠中香袅袅，千年遗惠人人道。　　曾记当时除逆暴，泽被潇湘，圣德春阳照。海宴河清今日好，临风遥看春山晓。

蒸湘三游

衡阳·谢鸿飞

游雨母山

青山入画载车行，绿水流音雨母惊。
栋栋楼房凌玉宇，条条道路贯新城。
财源丰盛黎民富，社会和谐俊彦明。
虎跃龙腾催奋进，高歌数曲唱繁荣。

游雨母山乡二塘村

秋风送爽乐悠悠，为爱二塘结伴游。
稻谷飘香收眼底，葡萄入画喜心头。
鲜花翠柳添幽静，喜鹊肥鱼竞自由。
不见当年酸与苦，欣逢盛世赞衡州。

夜登平湖公园眺望阁

远眺群山暮霭临，华灯璀璨映星明。
平湖弄色晚风爽，皓月悬空碧水清。
几处歌声飘旷野，千张画卷绘新城。
悠悠直上云中阁，一首新诗咏太平。

游雨母山观银杏树

衡阳·何灿

雨母山峰观银杏，亭亭玉立成奇景。
风摇细叶映斜阳，远眺栏杆画倩影。

忆江南·二塘巨变（五阕）

衡阳·费光明

惊巨变，雨母二塘花，松柏柳笼庄院，莺歌燕舞笛声哗，公铁夹流霞。

惊巨变，栉比玉楼稠，翘角飞檐龙凤阁，彩砖墙地铝窗俦，形态各千秋。

惊巨变，公路把村连，电视手机人尽有，出行运物就门前，扭阀水如泉。

惊巨变，喜笑在眉头，机灌机耕优快省，水车农具已离休，黎庶愿望酬。

惊巨变，塘库白鳞妍，漫野葡萄铺锦绣，梁稻千倾秀山川，定又是丰年。

赞雨母山乡王爷山庄（古风）

衡阳·王光宣

美居农舍，王爷山庄；田园景色，旖旎风光。
山清水秀，鸟语花香；四季如画，空气清凉。
果蔬鲜翠，粮丰盈仓；成群鸡鸭，满圈牛羊。
荷绿藕白，鱼跃池塘；绿色食品，任君品尝。
邀朋请友，来此一方；休闲娱乐，体验农桑。
齐全土菜，美酒芬芳；笑声朗朗，宾客满堂。
文人雅士，兴致未央；观后感慨，留有诗章。

赞杨柳汽车城（新声韵）

衡阳·谭太生

蒸湘杨柳汽车城，企业名声与日升。
老板经营凭信誉，员工服务沐春风。
资金雄厚财源广，生意兴隆效益丰。
成就斐然骚客赞，前程展望放光明。

鹧鸪天·平湖公园儿童乐园

衡阳·武力平

稚子游玩好乐园，如茵碧草入眸妍。小猪举重呈憨态，鸷鸟挥杆现猛颜①。　　摇晃板，荡秋千。孩娃嬉戏笑声喧。天真可爱显童趣，旭日初升霞满天。

注：①园内有一小猪肩负杠铃和一不知名猛禽挥杆打棒球雕塑。

赞衡钢小学（古风）

衡阳·张国棋

校园绿化最怡神，继往开来物候新。
表表高标贤师道，列列群星垂拱辰。
谁不夸张校风好，只缘领导是廉人。

参观衡阳抗战纪念城感赋

衡阳·陆魁伟

衡岳耸丰碑，阳春花木辉。
抗倭英杰跃，战恶烈魂归。
纪史传千代，念诗颂万回。
城头悬日月，感悟震心扉。

蒸水筑堤歌

衡阳·王晨牧

去年筑堤蒸河南，红旗遍舞歌声酣。今年筑堤蒸河北，千军万马风云色。

蜿蜒相对双游龙，夹束蒸河绝灾凶。良用从此庆丰稔，直过神禹疏凿功！

冬晴日丽天宇净，倾城空巷齐赴阵。好风吹面汗如珠，堤渐高兮心更兢。

薄暮欲再进一篑，肩脚依然未减劲。禽能填海人移山，计程限日全功竞。

有客昨过蒸河浔，一睹双堤快胸心。为何悠悠奔流水，往古岁月何如今？

赞蒸水风光带

衡阳·杨桂慈

十里长堤十里风，鲜花浅草绿茸茸。
旧时零乱脏污地，现换新装炫彩虹。

街城难见眼前春，十里江堤柳色新。
草长莺飞花灼灼，悠然陶醉漫游人。

咏雨母山

衡阳·陆魁义

名山文化播天涯，四面新风处处嘉。
幸福河沿鸥弄影，鲤鱼山岭鹭飞花。
氧吧待客无须酒，泉水清喉远胜茶。
共道农家蔬果美，蜿蜒小路泊豪车。

咏雨母八景（古风）

衡阳·龙睦习

赤松祈雨甘霖下，雁雨问禅佑桑麻。
黄花桥畔香樟秀，东阳古铺徽派家。
百万花海汇爱侣，雨母绿道鸟语哗。
更喜青松幽谷静，美女峰头揽烟霞。

题青松幽谷

衡阳·王亚东

幽谷青松美女峰，霞光异彩显佳人。
观音杨柳白蛇镇，一唱雄鸡孳魔沉。
百步梯阶过客盛，龙泉井露曲如神。
双鱼共舞歌新曲，鹅颈关前览绿橙。

美女峰

朝霞脂粉绣峰茵，对镜梳妆疑是神。
艳色招来骚扰客，为尼削发弃红尘。

蒸湘区政府迁址志庆长联

衡阳·刘德民

濛濛雨母，祀高辛而存史。上下五千年。闻道东阳古铺，毗邻货栈商家；柘里河滩，铺落茅檐碧瓦；呆鹰野岭，连通滇桂川黔；稻米长湖，养育英雄儿女。更有北皂铜鬲，廖湾旧址，松亭驿路，抗日传说。往事数从头，观地理人文，多采雁城增秀色；

冉冉蒸湘，乘巨舰以启航。方圆三百里，幸得钢管集团，带动周边企业；南华院校，培植改革良才；步润晶珠①，荟萃名优土产；神龙饭店，迎来四海宾朋。重辟立新广厦，世纪②安居，示范农田，休闲景点。科学图发展，听民生政声，两型社会促和谐。

注：①指步步高，家润多，晶珠广场三超市；
②指蒸湘世纪城。

雨母山题联

衡阳·曹中庆

一、题雨母山五副

（一）

曲径通幽，清风爽气消尘俗；
名山毓秀，奇石茂林成景观。

（二）

兴废因时，盛世风光千帧画；
沧桑有感，名山雨母万首诗。

（三）

漫踏清歌，寻仙可悟赤松子；
独藏特色，怀古最宜帝喾祠。

（四）

仰观帝喾祠，玉气凝云为雨母；
感念赤松子，梵音人韵合仙歌。

（五）

雨母山中听雨声，吟仙迹古祠，何其妙也；
飞来石上观飞雾，赏山光水色，不亦乐乎！

二、题雨母山玉泉亭四副

1. 玉液瑶池荷溢彩；泉源福地水生香。
2. 玉岭如臣朝帝喾；泉香胜酒醉秋枫。
3. 玉池可洁清廉志；泉月亦明忧乐心。
4. 世外寻芳，千叠玉峰藏胜境；
亭前聘目，四时泉气润生机。

雨母山赋

衡阳·蔡　源

崔巍雨母，吾郡名山，仰通帝座，俯临蒸湘；钟灵毓秀，地灵人杰。帝喾诛术器，武德安天下；舜帝祀高辛，孝德播万方；二帝遗圣迹，文明薪火传。子建赋赞诗、王诏题碑文；悠悠文脉远，绵绵福泽长。

神哉雨母，佛仙居焉。女娲补天炼奇石，雄踞山巅名“飞来”，赤松筑坛祈甘霖，风调雨顺万民康。唐时吕知府，清代朱道台，入山祈雨纾民困，顷刻雨露从天降，山川孕毓“雨之坛”，仙坛美誉不虚传。

美哉雨母，天赐宝山。嘉木四时秀，幽谷百卉香；天然氧吧地，雁城后花园。春时杜鹃红烂漫，夏时翠竹绿意凉；秋时山果满山岗，冬日群峰裹银装。溪汇千涧水，林聚百鸟喧，四时风景殊，风光总宜人。

雄哉雨母，虎踞龙盘，兵家要地，衡州屏障。当年日寇犯衡阳，我军拒敌战此山。将士杀倭贼，热血浸沙场。山中长眠烈士魂，至今犹闻侠骨香。

斗转星移看今朝，改革潮涌波澜壮。东阳古舖惊嬗变，雨母旧貌变新颜。建设新农村，一村一品牌；文明树新风，书画进山乡；路网村村通，香飘农家乐；旅游成胜地，四海来宾朋；佛门香火旺，道观钟磬响，物阜民风敦厚礼，福山圣水瑞气长。

三、民间传说

借谷滩

坐落在衡阳市蒸湘区呆鹰岭镇东侧的蒸水河旁，有一个小沙滩，名叫借谷滩。

传说很久以前，居住在这个小沙滩附近的农民，常遭洪水侵袭，年年有种无收。即使能收几粒谷子，总是扮桶一响，地主催粮，富豪逼债，官府派捐，农民挂起禾镰没饭呷(衡阳土话，意即“没饭吃”)，只好四处觅食借粮。有一天，一个善良的农民，清早出去借粮，借了一整天，没有借到一粒粮，便拖着沉重的步子回家，当他来到一个小沙滩时，再也无力移动脚步了，便就地坐下，仰头叹息：“天呀，天呀，借点谷子救救百姓吧！”说完之后，就不知不觉打起瞌睡来。当他醒来时，眼前出现一担金黄色的谷子和一张字条。他惊喜交集地拿起纸条仔细地端详着，只见上面写道：“借谷壹石，收禾归还；有借有还，再借不难”。这位善良的农民高高兴兴地把谷子挑回去了。

这个消息很快传到附近村庄，缺粮的百姓都挑起空箩来到沙滩，写上一张借条，随箩放在滩上，第二天就能借到一担谷子挑回去。到收割时，他们又及时归还。后来一些财主绅士知道了，也挑起空箩向沙滩借谷。可是他们不安好心，借来的是谷，归还的却是糠秕。从此，再也借不到谷子了。后来人们就把这个沙滩叫“借谷滩”。

瓦子坪

衡阳市蒸湘区蒸湘街道有个瓦子坪。可是老班人都说原先这里不叫瓦子坪，而叫“剐子坪”。为什么叫一个这样惨的地名呢？还得从很久很久以前说起：

一年春天，天气晴朗，一个年轻的女子背着崽到这里来挖野菜。挖累了就到一棵大樟树底下歇气。这棵樟树有多大呢？四个人手拉手都围不拢。这女子坐下来以后，把背上的崽解下来，放在膝头上逗着玩。娘拍拍崽的屁股，崽打打娘的脸；娘边逗崽边笑着说：“你们看嘞，崽打娘嘞！”两娘崽高高兴兴地逗耍着。

这时，一个官老爷带着随从骑马从这里经过，看到这个场面就停住下马。开始，官老爷没说什么。后来，忽然把脸一沉，高声喝道：“哪有这种事，这点子大就打娘，长大了还了得！真是个大逆不道的孽种！必须按照刑律处以剐刑。”说着就命令随从把小孩子从女子手中硬抢过来，活活地剐死在这棵大樟树下。从此以后，这个地方就被人们叫做“剐子坪”。

民国三十三年八月十五日，日本鬼子飞机轰炸衡阳城，把小西门一带的房屋全炸光，剐子坪成了一片废墟，到处是破瓦堆。“剐子坪”慢慢地就被改叫“瓦子坪”了。

永寺湖

永寺湖位于雨母山乡东阳村,是一个天然形成的小湖泊。湖面现长60余米,宽20余米,湖水清冽。湖中有一泉眼,深不可测。永寺湖虽小却从不干涸,遭遇大旱之年,农夫从湖中车水灌田,昼夜不歇,终不见底,令人称奇。更可奇的是,湖中常有瓦片、雕木残片随泉涌出,飘至岸边。识者考之,竟是数百年前古建筑之遗物。

当地百姓世代相传,永寺湖所在地原是一座小山,山上竹茂林密,古柏苍苍,庙宇轩昂,俨然是一洞天福地。庙中所奉菩萨极有灵验,凡诚心进香祈福者,求财财旺,求子如愿,逢凶化吉,遇难呈祥,因此远近闻名,四时香火不断,庙号“永福寺”。忽然有一日,庙里大和尚都外出做法事去了,只留下小沙弥一人看家。时近晌午,小沙弥正准备用膳,突然门外犬声大作,小沙弥探头一看,是一只小狗朝庙里狂叫不止,小沙弥用手挥赶,小狗不仅不走,而且越叫越急,小沙弥转念一想:莫非小狗饿急求食?于是招呼小狗进屋,从锅里取出一瓢饭准备喂狗。谁知饭瓢刚从锅里伸出来,小狗便一跃而起,咬住饭瓢就向门外跑。小沙弥急了,赶紧追了出来,小狗一路狂奔,足足跑出来2里多地,直追得小沙弥气喘嘘嘘,再一看小狗一闪就不见了。小沙弥正在寻找时,身后传来一声巨响,脚下振荡不止,几乎站立不稳,过了好一阵音息地静。小沙弥回头一看,吓得目瞪口呆:眼前一座小山不见了,永福寺也没了!地面竟出现一个大坑,泉水从里面不断喷出,顷刻之间,水漫地坑,变成一片湖泊。小沙弥回过神来,方才醒悟到小狗原来是菩萨点化,前来搭救,也是他素有善根,命不该绝。永福寺消失了,但当地百姓没有忘记它,便把这小湖叫做“永寺湖”。

“雨母”“南岳”斗法术

相传很久以前,雨母山和南岳山是姐妹山,南岳山是姐姐,雨母山是妹妹。后来,乌龟精来南岳山修道,虫麻 蝈精(青蛙)到雨母山修道,经过千年修炼,道法都已练就。一天姐妹俩比试法术,看谁长得高、长得快。姐姐祭起南岳山的乌龟精,每夜将头向上升一次,头伸多高山就长多高。妹妹祭起雨母山的虫麻 蝈精,每夜向上跳一次,跳多高山就长多高。结果乌龟精赛不过虫麻 蝈精,南岳山比雨母山长得慢。俗话说“乌龟计,在肚里。”姐姐唯恐失败,便心生一计:从口中吐出5粒飞弹,朝雨母山飞去。弹越飞越远,也越长越大,到达雨母山顶已变成5座巨石,并以泰山压顶之势,向虫麻 蝈精的头部压下去,

虫麻 蝈精本能地把头一偏,5座巨石就压在了虫麻 蝈精的右肩上(即雨母山上的飞来石)。虫麻 蝈精不能向上跳,雨母山就再也不长了。妹妹不甘示弱,便忍着剧痛,用尽浑身力气,口吐一座铁钟,向南岳山飞去,企图用此罩住乌龟精,使它向上伸不了。不料大铁钟在飞经城中时,遇到一群鸿雁,鸿雁感到蹊跷,就把铁钟团团围住,最后迫使铁钟降落在城南的一座山头上(即现在的迴雁峰)。由于妹妹法术失败,南岳山夜夜长高,比雨母山高出许许多多。南岳姐姐不忘鸿雁情,便把迴雁峰排列为南岳山七十二峰的第一峰。

蛇山的传说

从前,在长湖柘里一带,有一座弯弯曲曲的山,看起来就像一条龙,人们都叫它蛇山。蛇山左边有一块坪叫做竹山坪。竹山坪周围,树木茂盛,特别是竹子,长得又粗、又高、又青秀,早上竹林鸟语喧哗。竹山坪对门是一片良田,其中一田中有口玉印,印上长满了嫩绿的小草,据说有一条蛇在保护着它,谁也不敢动印上一根小草。竹山坪里居住着一位老人和一崽一媳,一家三口以耕作为业。

忽有一日，金銮殿皇帝感到坐立不安，心头纳闷，便喊拢身边文武大臣决计大事。皇帝开口说："近一段时间来，朕越来越觉得皇位在摇摇欲坠，孤家皇位恐有不稳。"突然，有一谋臣上前奏道："皇上不用发愁，臣掐算一下，在湖南衡阳西部一带必然要出天子，现在还没有养出来，刚刚巴肚（怀孕）不久，望皇上打发人去明访暗察，根除后患，永保龙廷永固。"皇帝反问："真有此事吗？"谋臣答道："当着皇上和文武大臣面前，卑职可以立下军令状！"皇帝道："朕令你带领人马在百日之内查出此案。"

谋臣立即带着人马分散在湖南衡阳西部各地到处察访。一天，有一支差役来到衡阳蛇山。只见蛇山山势起伏，相互连接，和龙一模一样，蛮有生气。山上树木茂盛，楠竹有水桶粗一根。差使见情议长论短，他们说从来没有看到楠竹有咯粗咯大一根，莫不这里就是出天子的地方？于是赶快打发人回报谋臣。谋臣骑马来这里看时，心中一惊，说：这真是块好地盘。抬头一望，发现良田中间还有一口印，断定天子必定出在这里。又仔细观察山势，山的确象一条活龙，有头有尾。谋臣就回奏皇上，打发人来挖山，把蛇山的七寸挖断。挖山人挑山不止，但等到夜里睡觉后，挖断的山又长拢来了，就和没有挖一样，仍然长草长树。就这样，反复多次挖断又长，长满又挖，总是挖不断。谋臣眼看限期就要到了，急得汗如雨淋，昏倒在帐棚里。忽然一阵阴风吹进帐棚，土地老公公送一个梦给此臣："不怕你日里挑夜里挑，就怕童子来钉腰；童子必把山腰断，断掉山腰保当朝。"说完土地老公公随风离去。谋臣醒来觉得梦中说到童子钉腰和自己算到要出天子而又应在巴肚婆身上是一码事，心想童子钉腰一定是要巴肚婆肚子里那个毛毛（婴儿）。于是谋臣特别注意观察一些在这里过往的巴肚婆，研究童子钉腰的事来。

此时正是收割季节，一天，谋臣发现有个巴肚婆在禾坪上晒谷，虽是红火大太阳，她连草帽都冒戴。她梳谷时，天上有一朵乌云象一把凉伞帮她遮太阳。这巴肚婆到哪里，乌云就帮她遮荫到哪里，巴肚婆根本晒不到大阳。当巴肚婆回屋去时，乌云也就散开了。巴肚婆出来梳谷时，乌云又出现了。于是谋臣就启奏皇上，派兵来围打蛇山，捉拿竹山坪这个巴肚婆。兵马一到，就拿巴肚婆开刀。开斩时，巴肚婆肚子里突然跳出一个童子，飞刀打杀，武艺高强。由于寡不敌众，童子一纵身跳到木马上，准备夺路逃走。因木马只有三条腿，跑得慢，被追兵杀死。刀刚刚落地，蛇山的楠竹统统爆开，每爆开的楠竹内都有一个人、一匹马、一把刀、一张弓、一支箭。由于时机未到，这些人马全部死在竹子里。最后谋臣令差士将童子尸体埋在蛇山七寸中。从此蛇山断开一截大口子，山再也长不拢了，竹子全都枯死了。

鸡窝山的传说

鸡窝山位于蒸湘区呆鹰岭镇，原属衡阳县，据《衡阳县志》记载：鸡窝山，山形如一母鸡，古木参天，风景秀丽，南岳七十二峰之一的咸蒸峰位于此。山上原有庙，两比丘尼在山修行，附近居民到南岳烧香拜佛，先来鸡窝山庙里敬第一柱香。

自古以来，鸡窝山流传着许多动人的传说：一说鸡窝山上有金鸡。古时傍晚，一过路人听到山上有母鸡唤小鸡的叫声，觉得很奇怪，寻声找去，发现是一窝金鸡。过路人心想：天上金鸡叫，地上锦鸡鸣，金鸡只有天上有，人间难得见到，遂起了歹心，顺手拿起一块石头打去，打死了一只小金鸡，母鸡见状非常愤怒，冲过来琢了这人一口，带着小金鸡飞天上去了。过路人捡到那只打死的小金鸡，心想这下发财了，有了这只金鸡，不怕没钱花了。那知他回去后，被金鸡琢过的地方溃烂不已，只好用鸡钱延医服药，花完了这只金鸡的钱，脚伤才愈。

二说山上有陈香木。一天，蒸水河一渔夫上山打柴，无意之中砍到了陈香木，烧火做饭时，陈香木烟冲上九天，玉帝打发神仙下凡查看，神仙化作凡人，见是一渔夫在做饭，就问他有什么求没有，有没有需要帮助的，渔夫不知是神仙，便说：我没所求的，只要我这个打渔船不翻就行了！神仙当即赐封渔夫："任凭风浪起，稳坐钓鱼船"，从此这个渔夫的船无论多大风浪，再也没翻过。

三说地仙杨九平铜钱定地脉。传说地仙杨九平看到鸡窝山风景优美，地含灵脉，甚是欢喜，便摆起八卦、法器，步罡踩斗，终于找到灵穴，带给自己和家庭甚多好处。民间称：“鸡窝鸡窝，地在八角，人若得到，八代八托”。

抗日战争时期，方先觉、张灵甫等率部在鸡窝山一带进行过激烈抗战，现在峭壁上还刻着：“炸平咸蒸峰，苦战三个月”的摩岩石刻。

从1958年开始，因修防洪堤，在鸡窝山取石，鸡窝山受到严重破坏，古木被砍。1962年，寺庙被毁，鸡窝山百废待兴。

莲花塘的传说

相传三百多年前，在雨母山灵山村发生了一场可怕的瘟疫，短短数日之内，全村人都不知不觉地染上了恶疾，个个腹泻不止。人们四处求医问药，请来名医，求得秘方，可都无济于事，只见大人小孩一天比一天消瘦，腿脚发软，走路都打哆嗦，恐惧情绪不断弥漫开来。这时，一个更为不妙的消息在村里传开，说是瘟神降临在这里，即使是扁鹊在世也无计可施。顿时，死亡的阴影笼罩着整个山村。当人们在绝望中煎熬时，一天夜里，村里人都梦到南岳圣帝在梦中嘱托，人们不要惊慌，只要诚心向善，他将派遣莲花仙子前来相救。于是，大家都在心里祈祷神明保佑。果然，次日凌晨寅时，村里一口水塘突然冒出无数莲叶，刹那间布满了整个塘面。村民纷纷来到塘边，只见朵朵莲花竞相开放，其中一朵硕大的金莲闪闪发光，花朵中婷婷玉立着一位仙女，她身着霓裳羽衣裙，手持绿玉金莲盒，姿容妙曼，美胜西子。就在人们看傻了眼时，姑娘凌空飘然来到眼前，从莲盒中取出一粒粒莲子，分送给人们服食。说来奇怪，这莲子一入口中，便觉得清香沁人心脾，大家顿时神清气爽，力量倍增，往日沉疴宿疾，霍然而愈。村子里又恢复了以往的勃勃生机。人们为了报答莲花仙子的救命之恩，就选了一块高地建起了一座莲花庵，塑造了莲花仙子神像，岁岁祭祀供奉。从此，灵山村周边一带，再也没有灾祸出现，人们都说这是莲花仙子在庇护一方平安。一来二去，莲花仙子的名声远播，四方信众纷纷前来拜祭，庵寺的香火也越来越旺。到清末民初时，庵堂已发展成一正二横的宏大规模，正殿上端坐着莲花仙子，配殿内还供着数百尊罗汉佛像，数十名道姑在庵里修行。暮鼓晨钟，响传四方，盛极一时。

据村里老人说，灵山村原有5口大水塘，都长满了莲叶，都叫莲花塘，究竟哪口塘才是莲花仙子现身的地方呢？年代一久，村人便起了争执，人人都以自家附近那口塘为仙迹正宗。传说仙子总是在夏夜某日寅时现身，到庵里来享用人间香火供奉，于是每逢夏夜莲花将开之际，村民相约守候在这几口塘边过夜，一来是想目睹莲花仙子的仙容，二来也好为正宗的莲花塘正名。可惜，尽管村民年年诚心守望，莲花仙子却一直未曾显容。

1944年，日本侵略军进攻衡阳，雨母山成了抗敌战场。小鬼子把好端端一座莲花庵糟塌得不成样子，数百尊佛像毁掉了一大半，庵内道姑四处逃难，二百多年未断的香火从此冷落了，莲花庵衰败了。到1958年大跃进时，上面号召破除迷信，莲花庵被彻底拆除了。

如今，当人们来到灵山村时，传说中的莲花塘已扩建成了一座水库。水面清波浩淼，四周青山环绕，湖光山色，相映成趣，风光秀美，景色宜人。人在湖中游，宛若画中行。

昔日仙境何处寻？化作千顷水晶宫。

仙人一去不复返，功绩犹存传说中。

古枫树的传说

雨母山乡群胜村六二塘组，有一条远近闻名的卡路巷和一株神奇的古枫树，其来历得追溯到千年以前。

六二塘组方圆十余里都是山地，何、蒋两姓族人世居于此。两姓居所相距不过一里，中间却横亘着一道陡峭的山梁，这一带正是衡州府通往西乡的必经之地，因山梁阻隔，从东向西行都要绕道十几里，极为不便。隋末唐初，两姓族长相聚共商，择山梁最窄处，两侧各派人手开山凿石，打出一条便捷通道。经双方努力，数月后终于凿通了一条长十余丈、宽丈余的狭窄通道，起名为“卡路巷”。

卡路巷两侧石壁夹峙，四周林木阴森，巷的右侧边建有一个凉亭和一个小客栈，供往来商旅歇脚。当时这一带人烟稀少，时有强人在此聚啸山林，拦路打劫。往来客商来到巷口，不敢只身行走，只好到客栈歇脚，等到人多时结伴而行。卡路巷由此而远近闻名。

相传在初唐某年，两位道士云游天下，傍晚时刻在巷口客栈不期而遇，一并在此打住。是夜，二道互夸道行，言语不合，互不相让，一时兴起，各展神通，欲决高下，直至天明竟未分胜负。清晨，二道走出客栈来到山上，意犹未尽，再赌神通。两人各从山上拔出一株枫树苗，用手指钻一洞穴，将树苗倒插其中，施出平生解数，咒法成活，并发毒誓，如树不活，人如其树。一年后，两株树苗成活一株，枯死一株。据说栽树枯死的这名道人真的应了誓言，魂飞魄散随树而逝了。活下来的那株枫树，历经千年风霜，如今仍生机勃勃，高达30余米、树围5米。

说来奇怪，自二道斗法成活一株枫树后，每逢夜间山岚风起，山中便传出锣鼓之声，十余里内仍清晰可闻，宛如有人唱大戏，又好似法师做道场，四周乡人莫不惊异。有好奇者结伴夜间循声探究，发现声源来自枫树近旁，仔细查寻，周围并无它物。正疑惑间，又一阵罡风袭来，锣鼓声大作，一行人不由得浑身冷颤，头皮发麻。不知是谁喊了声：“有鬼！”众人慌不择路，急速而逃。从此，古枫鸣声的消息不胫而走。

当地百姓对古枫敬若神明，每逢家中小孩夜间哭闹，只要到枫树旁烧纸祷告，就能不治而愈。据居住在巷边的一位蒋姓老人讲，他小时候听惯了古枫发出的锣鼓之声，可不知为什么，到了1962年这一声音就消失了。老人言之凿凿地说：古枫极有灵验，只要有敬，就有福报；不敬古枫，必有恶报。他举例说：1970年，当地一位极有权势的人物，素闻古枫传说，心中不快，执意不信邪，便以修建集体猪场需要木材为由，派了3位村民将枫树砍掉，3位村民上树锯下6根枝杆后，便觉得天旋地转，头青脸黑，不知不觉有2人栽了下来，另1人也吓得心惊胆战跳了下来。更为可骇的是，下令者当晚就突发疾病，送医院根本查不出病因，两年后便莫名其妙地撒手人间。此后几年，又有村民邓某、蒋某、李某3人，贪图古枫材质，偷偷上树锯枝，好端端的3条壮汉不到一年也不明不白地相继谢世了。从此，村民对古枫更加敬畏，爱护有加，再也无人敢动这棵古枫了。

美女峰的传说

美女峰位于雨母山的北面，山头尖而圆。传说以前，山顶上有一小屋，住着一位美丽的姑娘，山脚有一眼清泉井。每天清晨，姑娘都定时到井边，用清澈见底的泉水梳洗乌黑的长发，每洗一次，姑娘头发要长一分，肤色也增色一成。姑娘越洗越美，招来了贪色老财主的骚扰，姑娘被逼无奈，削发为尼进了山上的尼庵。多年以后，人们记起山上的尼姑，便去看望，却已人去庵空，在庵旁有座坟，坟头及山坡上均未长树，只生长着长长的丝毛草，在风中摇曳，犹如姑娘的一头长发在微风中飘逸。此后，人们便把此峰称作美女峰，把山坡称作美女梳妆台，把山下的清泉称作美女泉，把山上的尼庵称作美女庵。

美女桥的传说

呆鹰岭镇愉景新城后面,新阳小学右边沿村道往下,有一条清清的小河,河水流入蒸水河,河上面有一座石拱桥,当地人叫她美女桥。说起这座桥,还有一个动人的传说。

相传很久以前,这条河上没有桥,来往的人们只能涉水过河。因为涉水过河风险很大,常有人溺水身亡,造成了一幕幕人生悲剧。

河岸边有两姐妹,心地善良,人也长得漂亮,因父母早逝,两人相依为命。姐姐十八九岁,妹妹十五六岁。两姐妹住在河边,常常看见人们失足落水,溺水身亡,悲痛不已。姐姐心想:这都是没有桥惹的祸,如果能有一座石拱桥,就不会有这样的事情发生了。于是暗下决心,一定尽一生之力把这座桥修起来。姐姐把这个决定跟妹妹一说,妹妹也高兴地答应了。两姐妹平时都靠做鞋子为生,为了筹集更多的银子,两姐妹不分日夜地干活,卖的钱全部省下来准备修桥。就这样日复一日、年复一年,经过了大概十年的光阴,修桥的银子终于筹集了。这时候,两姐妹向乡亲们发出了修桥的号召,乡亲们听闻此事,都十分感动,纷纷赶来出力帮忙,一个多月后,一座石拱桥连通了南北两岸。通桥那天,乡亲们云集两岸,欢呼不已,泪流满面,终于过河不再有生命危险了,大家都从内心感谢这两姐妹。这时,从人群中走出一个面目慈祥的长者,手上端着一碗清水,对两姐妹说:“我老者代表众乡亲,敬二位姑娘一碗水!以这碗水代表乡亲们的无穷谢意!”两姐妹推辞不掉,一人喝了一口水。此时,天空中突然霞光万丈,仙乐阵阵,香气扑鼻,两姐妹脚下一团赤霞腾空而起,带着两人飞向天空,慢慢消失在万道霞光中。

原来是南岳大帝知晓了此事,特来点化二人成仙,喝的那碗水就是仙丹化成的。

从此,当地人为了纪念二姐妹的功德,便把这座石拱桥取名为美女桥。

“神龙翻身”的传说

雨母山乡灵山村,依山傍水,钟灵毓秀。山村三面环山,远望是重重叠叠的山峦。村的南面山脚下有一条长约1里来路的长冲,从上至下连续排列着九口山塘,故称九塘冲。民间传说,九塘冲是真龙栖息之地,在上世纪50年代,有人在塘里看见水桶粗的“蛇”,不见头不见尾,金光闪闪,都说那是“龙身显灵”。1978年,公社党委决定将九口塘合并,修建一座小Ⅱ型水库。经过勘察设计,水库大坝修在第一口塘(冲口塘)的塘干上,坝底长50余米,宽40余米,高10米,坝顶宽2米。双抢过后,附近几个受益村的300多劳力上工地,分工分段,抢筑大坝。经过3个多月的挑土、打夯、垒石,大坝于1978年1月16日竣工,指挥部决定1月18日召开九塘冲水库竣工庆祝及表彰大会。可18日上午,开会的人群来到水库工地,个个惊得目瞪口呆,浑身不寒而栗;刚刚建成的一座10米高的大坝,竟不见了踪影。查看四周,没有发现任何痕迹,只是在坝的下游不到50米的范围内,有像水波纹一样的旋圈,坝底平坦如操场,就像被压路机压过一样。县领导和水利专家闻讯后立即赶到现场,并进行调查研究,均没有作出令人信服的结论。对此,人们议论纷纷,有的说:“是九龙发威,不允许人们把它们的家园毁了,它们困在塘里习惯了”,也有的说:“是因为坝基建在龙背上,神龙翻身把大坝移走了”。九塘冲水库大坝的突然消失,给人们留下无比的神秘、无限的遐想。

索　　引

说明：

一、本索引把《衡阳市蒸湘区志(2001—2012)》的章、节用主题分析的方法，按汉语拼音字母顺序排列。

二、总述、大事记、附录未作索引。

三、章、人名用黑体字标明。

四、索引名称后的阿拉伯数字表示内容所在页码。

F

G

H

J

K

L

M

N

P

Q

R

S

《衡阳市蒸湘区志》初稿采编或资料提供人员

（排名不分先后）

唐家军	李　嵩	汤　伟	罗荣英（女）	周　晴（女）
陈　鹏	肖玲玲（女）	龙　盘	陈智荣	王延仁
陈卫兵	邓志开	刘翔飞	蒋福员	邓立安
刘衡学	王　伟	尹完仁	刘怡衡	伍　健
王　羿（女）	武奇峰（女）	欧美琪（女）	彭伟初	凌小梅（女）
李　松	秦　祎（女）	王　丹（女）	章喜平（女）	朱天宝
罗　琼（女）	邓冬福（女）	申　弼	刘　莉（女）	李英杰
曾　良	杨　静（女）	贺淑君（女）	吴文杰（女）	李康平
张　彦	陈永义	唐耀林	邓小华	周波勇
杨卫平	颜　辉	钟卫华	杨　英（女）	唐　菱（女）
刘建兴	周　伟	谢品刚	郭　健	刘亚鹏
张晓玲（女）	李丽霞（女）	陈振东	彭升平	刘亚玲（女）
黄小玲（女）	罗林生	刘　娜（女）	张　立	李孝桥
刘晓玲（女）	晏建才	方美群（女）	张卫东	刘永芳（女）
尹宝运	朱　倩（女）	聂　虹（女）	谢云勇	刘巧兰（女）
胡金山	邓丹华（女）	李　艳（女）	段　威	李桂生
周忠平	贺登元	钟祥元	唐续武	陈建华
雷丽萍（女）	何智宝	肖高峰	周云波	周　萍（女）
王湘林	李　晟	欧阳孝买	蒋向阳	杨冰如
颜亨国	郭晓云	周　琼（女）	刘伯监	文书广
陈　峰	彭治安	蔡树生	涂小云	欧阳召君
王小军	刘晨光			

《衡阳市蒸湘区志》照片提供人员

刘安元	刘　莉（女）	王海丽（女）	陆　意（女）	雷　云（女）
刘　露（女）	吴恢辑	廖雪森		

后　　记

2010年6月2日，中共蒸湘区委、区人民政府决定编修《中共蒸湘区历史》和《衡阳市蒸湘区志（2001—2012）》，将原区委党史办公室和原政府区志办公室合并为区史志办公室，并从全区退休人员中，挑选原区政协主席贺湘涛、原区政协副主席谢鸿飞、原区政府助理调研员龙睦习、原区教文体局教研室主任蔡源4位老同志担任党史、区志的编修工作。6月9日，区委办公室、政府办公室下发《关于成立区史志编纂委员会的通知》。6月18日，区委、区政府召开动员大会并进行业务培训，正式启动《衡阳市蒸湘区志（2001—2012）》的编修工作。

《衡阳市蒸湘区志（2001—2012）》编修工作经历了三个阶段。

广泛征集资料阶段（2010.6—2012.1）。区史志办公室编制出《区志目录》和小样本，要求区直各部门单位、各乡镇街道、辖区内各市垂直管理单位，广泛征集与《目录》相关的文字、图表、口碑、照片资料，并整理成单位初稿上交史志办公室。这期间，史志办共收集资料320余万字。

组织合成统稿阶段（2012.2—2013.8）。单位初稿上交后，史志办进行全面审查，对不符合要求的，指导相关部门进行修改或重新撰写，然后打破部门、单位界限，统一合成篇、章专志。全志分为“序言”“凡例”“总述”“大事记”“人物”“附录”“索引”“后记”及24个专志篇。编辑人员的具体分工是：贺湘涛任全志主编，拟定编修目录，编纂“序言”“凡例”“总述”“大事记”、第十篇《城市建设》、第二十二篇《社会风尚》，编辑第二篇《人口》、第十一篇《城市管理》、第二十篇《民政》、第二十一篇《人事・劳动和社会保障》、第二十三篇《乡镇街道简介》，并负责全志的审定修改工作。龙睦习撰写第一篇《地理》。蔡源编纂第五篇《工业》、第六篇《商贸服务业》、索引、后记，编辑第三篇《经济综合管理》、第七篇《财政・税务》、第九篇《交通・旅游》、第十七篇《军事・法制》，并负责全志稿的校对和补遗。谢鸿飞编辑第四篇《农业》、第八篇《金融》、第十二篇《中共地方组织》、第十三篇《人民代表大会》、第十四篇《人民政府》、第十五篇《人民政协》、第十六篇《民主党派・工商联与群众团体》、第十八篇《教育・文化・体育》、第十九篇《科技・卫生》、第二十三篇《人物》，并负责单位和个人照片的收集。《附录》由编纂人员集体收集整理。

反复修改定稿阶段（2013.8—2016.3）。合成稿完成后，史志办采取了以下四个步骤：一是将合成稿发送给各单位，再次征求意见，统一修改后形成《修改稿》；二是召开座谈会，邀请部分单位领导、骨干、老同志进行座谈，当面听取意见，然后形成《送审稿》；三是将《送审稿》分别呈送区委各常委委员，已退休的原区委书记、区长、人大常委会主任、政协主席和衡阳市志办公室进行审查，区史志办将11位区委常委、7名老领导和市志办7名专家的意见集中综合修改后，形成评审稿；四是将《评审稿》呈送湖南省地方志编纂委员会方志处和衡阳市各县（市、区）地方志办公室帮助审查。2015年11月12日，省地方志编委方志处委托衡阳市志办公室主持召开了有衡阳市各县（市、区）志办部门的领导与专家参加的评审会议。区史志办针对评审会议提出的意见与建议进行逐一修改后，于2016年3月底形成验收稿，呈送湖南省地方志编纂委员会审查验收。省地方志编委于2016年8月16日下文批复：同意《衡阳市蒸湘区志（2001—2012）》公开出版发行。

《衡阳市蒸湘区志（2001—2012）》的编纂出版，得到了区委、人大、政府、政协的高度重视与大力支持。区委、区政府专门成立了蒸湘区史志编纂委员会，并进行了3次人事调整，以加强编纂工作的组织领导。区委办、政府办为征集资料下发了专门文件，并两次召开调度会议，检查、督促各单位初稿的编写工作。全区69个单位的107人参与了单位初稿的撰写或提供了资料，并有8人提供了区志所需要的照片。编辑部的4名编辑人员更是勤勤恳恳，潜心修志，付出了艰辛劳动，为编修《衡阳市蒸湘区志》做出了巨大贡献。

在《衡阳市蒸湘区志（2001—2012）》的编纂过程中，衡阳市志办、湖南省地方志编委的领导和专家们以及全市各县(市、区)志办的成兆祥、周海波、谢迪、贺文君、熊仲荣、王文成、陈华良、胡青燕、高志军、徐文成、郑久芳、邓育芬、廖爱国、段云旗、周岳红、罗红宇、曾林华、肖晓初、李云志、崔佳生、李兴华、张四和等同仁,倾注了大量心血,认真审查评议,提出了许多宝贵意见,对本志的修改和完善起到了重要指导作用。在此,我们对全体编纂人员和各位领导、专家一并表示衷心感谢。

本志虽经多方努力,但由于业务水平有限,难免还有疏漏之处和值得商榷的地方,敬请社会各界人士和广大读者批评指正。

《衡阳市蒸湘区志》编纂委员会

2016 年 9 月 16 日